# 中国残疾人事业
# 重要文件选编

(1978—2018)

(上)

图书在版编目（CIP）数据

中国残疾人事业重要文件选编：1978—2018／《中国残疾人事业重要文件选编：1978—2018》编辑组编．－－北京：华夏出版社，2018.3
ISBN 978－7－5080－9433－5

Ⅰ．①中… Ⅱ．①中… Ⅲ．①残疾人－社会福利事业－文献－汇编－中国 Ⅳ．①D669.69

中国版本图书馆CIP数据核字（2018）第033512号

中国残疾人事业重要文件选编：1978—2018

| 编　　者 | 本书编辑组 |
|---|---|
| 责任编辑 | 贾洪宝　霍本科 |
| 封面制作 | 李媛格　殷丽云 |
| 出版发行 | 华夏出版社 |
| 经　　销 | 新华书店 |
| 印　　装 | 三河市少明印务有限公司 |
| 版　　次 | 2018年3月北京第1版　2018年9月北京第1次印刷 |
| 开　　本 | 720×1030　1/16开本 |
| 印　　张 | 69.25 |
| 字　　数 | 1200千字 |
| 定　　价 | 218.00元（全2册） |

华夏出版社　社址：北京市东直门外香河园北里4号　邮编：100028
　　　　　　网址：www.hxph.com.cn　电话：010－64663331（转）
　　　　　　投稿邮箱：hxkwyd@aliyun.com　互动交流：010－64672903
若发现本版图书有印装质量问题，请与我社营销中心联系调换。

# 前　言

习近平总书记指出："改革开放以来，在党和国家关心重视下，在社会各界支持帮助下，我国广大残疾人和残疾人工作者，高举中国特色社会主义伟大旗帜，积极投身改革开放伟大事业，坚持弘扬人道主义精神，推动我国残疾人事业上了一个大台阶、开创了一个蓬蓬勃勃的局面。"

2018年，是我国改革开放四十周年，中国残联成立三十周年。在中国特色残疾人事业发展的历程中，党和国家出台了一系列推进残疾人事业发展的重大决策，产生了一系列政策法规以及组织建设和业务建设等方面的重要文件。整理汇集这些反映残疾人事业发展脉络和残疾人事业思想理论的文件，对于全面了解中国特色残疾人事业发展的历程，总结中国特色残疾人事业发展的成就与经验，深刻认识中国特色残疾人事业是党领导人民建设中国特色社会主义的生动实践，更加坚定道路自信、理论自信、制度自信、文化自信，全面贯彻落实习近平新时代中国特色社会主义思想和党的十九大精神，推动新时代中国特色残疾人事业持续健康发展，都具有十分重要的意义。为此，中国残联决定编辑出版《中国残疾人事业重要文件选编（1978—2018）》。

此次出版收录的内容包括党中央、国务院关于残疾人事业的重要文件，残疾人事业重要法律法规，残疾人事业发展规划，残疾人事业重要会议文件，残疾人事业统计与监测，残疾人事业相关国际条约文件等，时限为1978年12月—2018年9月。附录部分收录了中国残疾人联合会章程、残疾人事业相关机构人员名单等。

本书编辑组<br>
2018年9月

# 目 录

## 上 册

### 第一编 党中央、国务院关于残疾人事业的重要文件

#### 一、党中央文件

中共中央、国务院关于促进残疾人事业发展的意见 ……………（3）

中共中央、国务院关于打赢脱贫攻坚战
　　三年行动的指导意见 ………………………………………（11）

#### 二、国务院文件

国务院关于加快推进残疾人小康进程的意见 …………………（32）

国务院关于全面建立困难残疾人生活补贴
　　和重度残疾人护理补贴制度的意见 ………………………（40）

国务院关于加快发展康复辅助器具产业的若干意见 …………（44）

国务院关于建立残疾儿童康复救助制度的意见 ………………（51）

#### 三、国务院办公厅文件

国务院办公厅转发民政部
　　关于组建中国残疾人联合会报告的通知 …………………（56）

国务院办公厅转发国家教委等部门
　　《关于发展特殊教育的若干意见》的通知 ………………（61）

国务院办公厅转发劳动保障部等部门
　　关于进一步做好残疾人劳动就业工作若干意见的通知 ……（68）

国务院办公厅转发教育部等部门关于"十五"期间
　　进一步推进特殊教育改革和发展意见的通知 …………（75）
国务院办公厅转发卫生部等部门
　　关于进一步加强残疾人康复工作意见的通知 …………（83）
国务院办公厅转发民政部等部门关于进一步加强
　　扶助贫困残疾人工作意见的通知 …………………………（88）
国务院办公厅关于进一步加强残疾人体育工作的意见 …（94）
国务院办公厅转发教育部等部门关于进一步加快
　　特殊教育事业发展意见的通知 …………………………（97）
国务院办公厅转发中国残联等部门和单位
　　关于加快推进残疾人社会保障体系
　　和服务体系建设指导意见的通知 ………………………（103）

# 第二编　残疾人事业重要法律法规

## 一、中华人民共和国宪法 ……………………………………（115）

## 二、残疾人保障法

中华人民共和国残疾人保障法（1990年）………………（116）
中华人民共和国残疾人保障法（2008年修订）…………（126）

## 三、残疾人事业行政法规

残疾人教育条例（国务院令第161号）……………………（138）
残疾人教育条例（国务院令第674号，2017年修订）……（145）
残疾人就业条例（国务院令第488号）……………………（155）
无障碍环境建设条例（国务院令第622号）………………（160）
残疾预防和残疾人康复条例（国务院令第675号）………（165）

# 目 录

## 第三编 残疾人事业发展规划

### 一、国家总体规划

中华人民共和国国民经济和社会发展
  十年规划和第八个五年计划纲要 ·················· (175)
中华人民共和国国民经济与社会发展
  "九五"计划和2010年远景目标纲要 ················ (175)
中华人民共和国国民经济与社会发展
  第十个五年计划纲要 ···························· (176)
中华人民共和国国民经济与社会发展
  第十一个五年计划纲要 ·························· (176)
中华人民共和国国民经济和社会发展
  第十二个五年规划纲要 ·························· (177)
中华人民共和国国民经济和社会发展
  第十三个五年规划纲要 ·························· (178)

### 二、事业发展规划

中国残疾人事业五年工作纲要 ······················· (181)
中国残疾人事业"八五"计划纲要 ···················· (192)
中国残疾人事业"九五"计划纲要 ···················· (201)
中国残疾人事业"十五"计划纲要 ···················· (218)
中国残疾人事业"十一五"发展纲要 ·················· (234)
中国残疾人事业"十二五"发展纲要 ·················· (248)
"十三五"加快残疾人小康进程规划纲要 ··············· (274)

### 三、公共服务规划

国家基本公共服务体系"十二五"规划 ················ (296)
"十三五"推进基本公共服务均等化规划 ··············· (322)

## 四、其他专项规划或计划

残疾人扶贫攻坚计划（1998—2000年） …………………（350）
农村残疾人扶贫开发计划（2001—2010年） ……………（356）
农村残疾人扶贫开发纲要（2011—2020年） ……………（362）
贫困残疾人脱贫攻坚行动计划（2016—2020年） ………（372）
特殊教育提升计划（2014—2016年） ……………………（382）
第二期特殊教育提升计划（2017—2020年） ……………（388）
国家手语和盲文规范化行动计划（2015—2020年） ……（395）
全国精神卫生工作规划（2015—2020年） ………………（401）
残疾人职业技能提升计划（2016—2020年） ……………（411）
国家残疾预防行动计划（2016—2020年） ………………（415）

# 第四编　残疾人事业重要会议文件

## 一、中国残疾人联合会全国代表大会

团结奋斗，开创残疾人事业的新局面
　　——在中国残疾人联合会
　　　　第一次全国代表大会上的报告 ………… 邓朴方（425）
为祖国的繁荣昌盛和残疾人事业的发展而奋斗
　　——在中国残疾人联合会
　　　　第二次全国代表大会上的报告 ………… 邓朴方（438）
为实现我国跨世纪的宏伟目标
　　和残疾人事业的持续发展而奋斗
　　——在中国残疾人联合会
　　　　第三次全国代表大会上的报告 ………… 邓朴方（447）
努力实践"三个代表"重要思想，
　　团结带领广大残疾人为全面建设小康社会而奋斗
　　——在中国残疾人联合会
　　　　第四次全国代表大会上的报告 ………… 邓朴方（453）

高举中国特色社会主义伟大旗帜，
　　为加快残疾人事业全面发展而奋斗
　　　　——在中国残疾人联合会
　　　　　　第五次全国代表大会上的报告 ………… 邓朴方（462）
自强不息，团结奋斗，
　　为残疾人兄弟姐妹创造美好生活
　　　　——在中国残疾人联合会
　　　　　　第六次全国代表大会上的报告 ………… 张海迪（474）
以习近平新时代中国特色社会主义思想为指引，
　　团结带领残疾人兄弟姐妹共奔美好小康生活
　　　　——在中国残疾人联合会
　　　　　　第七次全国代表大会上的报告 ………… 张海迪（480）

## 二、全国残疾人事业工作会议

在第一次全国残疾人事业工作会议
　　闭幕式上的总结讲话 …………………………… 徐志坚（496）
加快事业发展，共创美好未来
　　——在第二次全国残疾人事业
　　　　工作会议上的报告 …………………………… 邓朴方（499）
积极发展残疾人事业，为构建
　　社会主义和谐社会做出新的贡献
　　——在第三次全国残疾人事业
　　　　工作会议上的报告 …………………………… 邓朴方（508）
全面推进残疾人社会保障体系和服务体系建设，
　　为构建社会主义和谐社会做出新的贡献
　　——在第四次全国残疾人事业
　　　　工作会议上的报告 …………………………… 王新宪（519）
肩负起团结带领残疾人共奔小康的历史责任
　　——在第五次全国残疾人事业
　　　　工作会议上的报告 …………………………… 鲁　勇（530）

# 下　　册

## 第五编　残疾人事业统计与监测

### 一、全国残疾人抽样调查

关于全国残疾人抽样调查主要数据的公报 …………………… （543）
第二次全国残疾人抽样调查主要数据公报（第一号） ………… （545）
第二次全国残疾人抽样调查主要数据公报（第二号） ………… （547）

### 二、全国残疾人状况及小康进程监测报告（2007—2013年）

2007年度全国残疾人状况监测主要数据报告
　和2007年度残疾人小康实现程度分析报告 …………… （551）
2008年度全国残疾人状况及小康进程监测报告 ………… （572）
2009年度全国残疾人状况及小康进程监测报告 ………… （593）
2010年度全国残疾人状况及小康进程监测报告 ………… （617）
2011年度全国残疾人状况及小康进程监测报告 ………… （642）
2012年度全国残疾人状况及小康进程监测报告 ………… （667）
2013年度全国残疾人状况及小康进程监测报告 ………… （694）

### 三、全国残疾人基本状况和需求动态更新工作报告（2015—2017年）

2015年度全国残疾人基本服务状况和需求
　专项调查工作情况报告 …………………………………… （721）
2016年度全国残疾人基本服务状况和需求
　信息数据动态更新工作报告 ……………………………… （728）
2017年度全国残疾人基本服务状况和需求
　信息数据动态更新工作报告 ……………………………… （737）

## 四、全国残疾人事业发展统计公报（2003—2017 年）

2003 年中国残疾人事业发展统计公报 …………………………（745）
2004 年中国残疾人事业发展统计公报 …………………………（754）
2005 年中国残疾人事业发展统计公报 …………………………（763）
2006 年中国残疾人事业发展统计公报 …………………………（775）
2007 年中国残疾人事业发展统计公报 …………………………（788）
2008 年中国残疾人事业发展统计公报 …………………………（801）
2009 年中国残疾人事业发展统计公报 …………………………（816）
2010 年中国残疾人事业发展统计公报 …………………………（831）
2011 年中国残疾人事业发展统计公报 …………………………（845）
2012 年中国残疾人事业发展统计公报 …………………………（856）
2013 年中国残疾人事业发展统计公报 …………………………（864）
2014 年中国残疾人事业发展统计公报 …………………………（871）
2015 年中国残疾人事业发展统计公报 …………………………（879）
2016 年中国残疾人事业发展统计公报 …………………………（886）
2017 年中国残疾人事业发展统计公报 …………………………（893）

## 第六编　残疾人事业相关国际条约文件

关于残疾人的世界行动纲领 ……………………………………（901）
残疾人机会均等标准规则 ………………………………………（923）
残疾人权利公约 …………………………………………………（947）
变革我们的世界：2030 年可持续发展议程 ……………………（972）
琵琶湖千年行动纲要 ……………………………………………（983）
亚洲及太平洋残疾人"切实享有权利"仁川战略 ………………（1011）

附录一　中国残疾人联合会章程 ………………………………（1039）
附录二　残疾人事业相关机构人员名单 ………………………（1066）

中国残疾人事业重要文件选编（1978—2018）

# 第一编
## 党中央、国务院关于残疾人事业的重要文件

○ 党中央文件
○ 国务院文件
○ 国务院办公厅文件

# 一、党中央文件

## 中共中央　国务院
## 关于促进残疾人事业发展的意见

中发〔2008〕7号

关心残疾人，是社会文明进步的重要标志。残疾人事业是中国特色社会主义事业的重要组成部分。为贯彻落实党的十七大精神，进一步促进残疾人事业发展，现提出以下意见。

### 一、增强促进残疾人事业发展的责任感和使命感

（一）认清残疾人事业发展的形势。残疾人是一个数量众多、特性突出、特别需要帮助的社会群体。我国有8300多万残疾人，涉及2.6亿家庭人口。党和政府历来十分关心残疾人，高度重视发展残疾人事业，特别是改革开放以来，采取了一系列重大举措，推动残疾人事业不断发展壮大，残疾人参与社会生活的环境和条件明显改善，生活水平和质量不断提高，我国残疾人事业发展在国际上赢得广泛赞誉。但是，必须清醒地看到，我国残疾人事业基础还比较薄弱，残疾人社会保障政策措施还不够完善，残疾人在基本生活、医疗卫生、康复、教育、就业、社会参与等方面还存在许多困难，总体生活状况与社会平均水平存在较大差距。一些地方和部门对发展残疾人事业重视不够，一些人扶残助残意识不强，歧视残疾人、侵害残疾人权益的现象时有发生。促进残疾人事业发展，改善残疾人状况，已成为全面建设小康社会和构建社会主义和谐社会一项重要而紧迫的任务。

（二）认识促进残疾人事业发展的重要意义。促进残疾人事业发展，

有利于维护残疾人合法权益，促进社会公平正义，实现全体人民共享改革发展成果；有利于调动残疾人的积极性、主动性和创造性，发挥残疾人在促进改革发展稳定中的重要作用，实现经济社会又好又快发展；有利于促进我国人权事业全面发展，体现社会主义制度的优越性，树立我国良好的国际形象。各级党委和政府要从坚持立党为公、执政为民的高度，从全面建设小康社会、构建社会主义和谐社会的高度，充分认识发展残疾人事业的重要意义，进一步增强责任感和使命感，切实采取有力措施，促进残疾人事业在新的起点上加快发展。

（三）明确促进残疾人事业发展的总体要求。促进残疾人事业发展，必须高举中国特色社会主义伟大旗帜，以邓小平理论和"三个代表"重要思想为指导，深入贯彻落实科学发展观，紧紧围绕全面建设小康社会奋斗目标，着眼于解决残疾人最关心、最直接、最现实的利益问题，坚持政府主导、社会参与，国家扶持、市场推动，统筹兼顾、分类指导，立足基层、面向群众，完善促进残疾人事业发展的法律法规和政策措施，健全残疾人社会保障制度，加强残疾人服务体系建设，营造残疾人平等参与的社会环境，缩小残疾人生活状况与社会平均水平的差距，实现残疾人事业与经济社会协调发展，努力使残疾人同全国人民一道向着更高水平的小康社会迈进。

## 二、加强残疾人医疗康复和残疾预防工作

（四）保障残疾人享有基本医疗卫生服务。覆盖城乡居民的基本医疗卫生服务体系要为残疾人提供安全、有效、方便、价廉的服务。将残疾人纳入城镇职工基本医疗保险、城镇居民基本医疗保险和新型农村合作医疗制度，落实和完善残疾人医疗保障有关政府补贴政策。逐步将符合规定的残疾人医疗康复项目纳入城镇职工基本医疗保险、城镇居民基本医疗保险和新型农村合作医疗范围，保障残疾人的医疗康复需求。城乡医疗救助制度要将贫困残疾人作为重点救助对象。做好残疾人参加社会医疗保险和医疗救助的衔接工作。

（五）健全残疾人康复服务保障措施。将残疾人康复纳入国家基本医疗卫生制度和基层医疗卫生服务内容，逐步实现残疾人人人享有康复服

务。大力开展社区康复,推进康复进社区、服务到家庭。继续实施国家重点康复工程,着力解决农村及边远地区贫困残疾人康复难的突出问题。制定和完善残疾人康复救助办法,对贫困残疾人康复训练、辅助器具适配等基本康复需求给予补贴。优先开展残疾儿童抢救性治疗和康复,对贫困残疾儿童康复给予补助,研究建立残疾儿童康复救助制度。支持开展残疾人康复科学技术研究和应用,提高康复质量和水平。

(六)建立健全残疾预防体系。制定和实施国家残疾预防行动计划,建立综合性、社会化预防和控制网络,形成信息准确、方法科学、管理完善、监控有效的残疾预防机制。广泛开展以社区为基础、以一级预防为重点的三级预防工作。提高出生人口素质,开展心理健康教育和保健,注重精神残疾预防,做好补碘、改水等工作,强化安全生产、劳动保护和交通安全等措施,有效控制残疾的发生和发展。制定国家残疾标准,建立残疾报告制度,加强信息收集、监测和研究。普及残疾预防知识,提高公众残疾预防意识。

## 三、保障残疾人基本生活

(七)做好残疾人生活救助工作。按照重点保障和特殊扶助的要求,研究制定针对残疾人特殊困难和需求的社会保障政策措施。进一步完善城乡居民最低生活保障、农村五保供养等生活救助政策,保证符合条件的贫困残疾人能够享受城乡居民最低生活保障和有关生活救助待遇。着力解决好重度残疾、一户多残、老残一体等特殊困难家庭的基本生活保障问题,做好低收入残疾人家庭生活救助。安置和照顾好伤残军人。加快实施农村贫困残疾人家庭危房改造项目,城市廉租住房政策和农村危房改造计划优先照顾贫困残疾人家庭。

(八)完善残疾人社会保险政策。加强监督检查,确保城镇残疾职工按照规定参加基本养老、失业、工伤和生育保险。落实城镇贫困残疾人个体户参加基本养老保险补贴政策,鼓励并组织个体就业残疾人参加社会保险。已开展试点的地区帮助农村残疾人参加农村社会养老保险。

(九)发展残疾人社会福利和慈善事业。完善残疾人社会福利政策,逐步扩大残疾人社会福利范围,适当提高残疾人社会福利水平。重点做好残疾老人和残疾儿童的福利服务。各级政府要按照彩票公益金的使用宗旨,逐步加大彩票公益金支持残疾人事业的力度。鼓励社会捐赠,支持发展残疾人社会福利和慈善事业。

## 四、促进残疾人全面发展

(十)发展残疾人教育。鼓励从事特殊教育,加强师资队伍建设,提高特殊教育质量。完善残疾学生的助学政策,保障残疾学生和残疾人家庭子女免费接受义务教育。发展残疾儿童学前康复教育,加快发展高中阶段特殊教育,鼓励和支持普通高等学校开办特殊教育专业。逐步解决重度肢体残疾、重度智力残疾、失明、失聪、脑瘫、孤独症等残疾儿童少年的教育问题。采取多种措施扫除残疾青壮年文盲。积极开展残疾人职业教育培训,有条件的地方实行对残疾人就读中等职业学校给予学费减免等优惠政策。支持师范院校培养特殊教育师资。实施中西部地区特殊教育学校建设工程,落实特殊教育学校教师特殊岗位津贴政策。各级各类学校在招生、入学等方面不得歧视残疾学生。

(十一)促进残疾人就业。认真贯彻促进残疾人就业的法律法规和政策措施,保障残疾人平等就业的机会和权利。依法推进按比例安排残疾人就业,鼓励和扶持兴办福利企业、盲人按摩机构、工(农)疗机构、辅助性工场等残疾人集中就业单位,积极扶持残疾人自主择业、自主创业。多形式开发适合残疾人就业的公益性岗位。党政机关、事业单位及国有企业要带头安置残疾人。完善资金扶持、税费减免、贷款贴息、社会保险补贴、岗位补贴、专产专营等残疾人就业保护政策措施。同等条件下,政府优先采购残疾人集中就业单位的产品和服务。将难以实现就业的残疾人列入就业困难人员范围,提供就业援助。加强残疾人职业培训和就业服务,增强残疾人就业和创业能力。切实将国家关于农村扶贫开发政策措施和支农惠农政策落实到农村贫困残疾人家庭,制定和完善针对残疾人特点的扶贫政策措施。扶持农村残疾人从事种养业、手工业和多种经营,有序组织农村残疾人转移就业,促进残疾人增加收入。

(十二)繁荣残疾人文化体育事业。组织残疾人开展形式多样、健康有益的群众性文化、艺术、娱乐活动,丰富残疾人精神文化生活,激发残疾人参与社会主义先进文化建设的热情和潜能。扶持残疾人文化艺术产品生产和盲人读物出版等公益性文化事业。发展残疾人特殊艺术,培养优秀特殊艺术人才。落实全民健身计划,开展残疾人群众性体育健身活动,增强体质、康复身心。开展残疾人体育科研和体育教育。实行公共文化、体育设施对残疾人优惠开放。开展残奥、特奥、聋奥运动,举办和参加国内外重大残疾人体育赛事。办好2008年北京残奥会和2010年广州亚洲残运会。

## 五、改善对残疾人的服务

（十三）健全残疾人服务体系。针对残疾人特殊性、多样性、类别化的服务需求,建立健全以专业机构为骨干、社区为基础、家庭邻里为依托,以生活照料、医疗卫生、康复、社会保障、教育、就业、文化体育、维权为主要内容的残疾人服务体系。公共服务机构要为残疾人提供优先优惠的服务。残疾人专业服务机构要改善条件,完善功能,规范管理,扩大受益面,提高服务水平。研究制定残疾人服务领域的国家和行业标准,完善行业管理政策,加强对残疾人服务的支持引导和监督管理。

（十四）加快无障碍建设和改造。制定、完善并严格执行有关无障碍建设的法律法规、设计规范和行业标准。新建改建城市道路、建筑物等必须建设规范的无障碍设施,已经建成的要加快无障碍改造。小城镇、农村地区逐步推行无障碍建设。加快推进与残疾人日常生活密切相关的住宅、社区、学校、福利机构、公共服务场所和设施的无障碍建设和改造,有条件的地方要对贫困残疾人家庭住宅无障碍改造提供资助。交通运输、铁路及城市公共交通要加大无障碍建设和改造力度。公共交通工具要配置无障碍设备,完善残疾人驾驶机动车的有关规定和管理办法,公共停车区要优先设置残疾人专用停车泊位。切实加强无障碍设施设备的管理和维护。积极推进信息和交流无障碍,公共机构要提供语音、文字提示、盲文、手语等无障碍服务,影视作品和节目要加配字幕,网络、电子信息和通信产品要方便残疾人使用。

（十五）发展残疾人服务业。依托社区开展为重度残疾人、智力残疾人、精神残疾人、老年残疾人等提供生活照料、康复养护、技能培养、文化娱乐、体育健身等公益性、综合性服务项目，推广"阳光之家"经验。鼓励发展残疾人居家服务，有条件的地方建立残疾人居家服务补贴制度。积极培育专门面向残疾人服务的社会组织，通过民办公助、政府补贴、政府购买服务等多种方式，鼓励各类组织、企业和个人建设残疾人服务设施，发展残疾人服务业。残疾人综合服务设施及康复、医疗卫生、教育、就业服务、托养、文化体育等服务设施建设要纳入城乡公益性建设项目，给予重点扶持，并适当向中西部地区和农村地区倾斜。鼓励和支持残疾人服务领域的科技研究、引进、应用和创新，提高信息化水平，扶持残疾人辅助技术和辅助器具研发、生产和推广，促进相关产业发展。

## 六、优化残疾人事业发展的社会环境

（十六）增强全社会扶残助残意识。围绕建设社会主义核心价值体系，在全社会大力弘扬人道主义思想和中华民族传统美德，倡导"平等、参与、共享"的现代文明社会残疾人观，消除对残疾人的歧视和偏见，形成人人理解、尊重、关心、帮助残疾人的良好社会风尚。宣传、文化、新闻、出版等部门和单位要采取有效措施，积极宣传残疾人事业，宣传残疾人自强模范和扶残助残先进事迹。教育部门要结合中小学德育等课程，开展人道主义、自强与助残教育。结合群众性精神文明创建活动，广泛开展形式多样的扶残助残活动。组织好"全国助残日"、"国际残疾人日"等活动。激励广大残疾人自尊、自信、自强、自立，融入社会，参与发展，共享发展成果。

（十七）加强残疾人事业法律法规和制度建设。认真贯彻执行《中华人民共和国残疾人保障法》和相关法律法规，加强执法监督检查。进一步完善残疾人事业法律法规体系。制定、修订各项相关法律法规和政策规定，要充分保障残疾人的平等权益，尊重残疾人对相关立法和残疾人事务的知情权、参与权、表达权、监督权。加强法制宣传教育，增强全社会依法维护残疾人权益的法制观念，提高残疾人依法维权的意识和能力。建立残疾人法律救助体系，做好残疾人法律服务、法律援助、司法救助工作。加大对侵害残疾人合法权益案件的查处力度。

（十八）推进残疾人事业国际交流合作。拓展国际交流领域，提高国际合作水平，积极参与国际残疾人事务，做好《残疾人权利公约》的批约和履约工作，充分展示我国社会发展和残疾人人权保障成就，借鉴国外残疾人事业的有益经验和做法，增进相互了解和友谊，促进我国残疾人事业发展。

## 七、加强对残疾人工作的领导

（十九）健全残疾人工作领导体制。各级党委和政府要高度重视残疾人事业，把残疾人工作列入重要议事日程，进一步完善党委领导、政府负责的残疾人工作领导体制。党委和政府要分别明确一位领导同志联系和分管残疾人工作，定期听取汇报，认真研究部署。各级政府残疾人工作委员会要强化职责，及时研究解决重大问题，统筹协调有关促进残疾人事业发展的方针、政策、法规、规划的制定和实施，监督检查落实情况。中央和国家机关各有关部门、单位要将残疾人工作纳入职责范围和目标管理，密切配合协作，切实提高为残疾人提供社会保障和公共服务的水平。农村基层组织要抓好残疾人工作的落实。各地要把残疾人事业纳入当地国民经济和社会发展总体规划、相关专项规划和年度计划。残疾人事业经费要列入各级财政预算，并随着国民经济发展和财政收入增长逐步增加，建立稳定的残疾人事业经费保障机制。

（二十）发挥残疾人组织作用。各级残疾人联合会（以下简称"残联"）是党和政府联系广大残疾人的桥梁和纽带。要支持残联依照法律法规和章程开展工作，参与残疾人事业社会管理和公共服务。政府对残联承办的社会事务和专业服务项目要给予相应的政策支持。充分发挥残疾人组织和残疾人代表在国家经济、政治、文化、社会生活中的民主参与、民主管理和民主监督作用，拓宽残疾人组织民主参与渠道。各级残联要切实履行职能，代表残疾人共同利益，维护残疾人的合法权益，努力为残疾人服务，发展和管理残疾人事业。要加强各级残联的建设，健全基层残疾人组织，解决好人员待遇问题，为残疾人工作提供有力的组织保障。中国残联要加强对全国残疾人工作的指导。

（二十一）动员社会各界共同参与。工会、共青团、妇联等人民团体和老龄协会等社会组织要发挥各自优势，支持残疾人工作，维护残疾职工、残疾青年、残疾妇女、残疾儿童和残疾老人的合法权益。红十字会、慈善协会、残疾人福利基金会等慈善团体要积极为残疾人事业筹集善款，开展爱心捐助活动。企事业单位要增强社会责任感，为残疾人事业发展贡献力量。

（二十二）加强残疾人工作干部队伍建设。抓好残疾人专职、专业和志愿者队伍建设。选好配强各级残联领导班子，将残联干部队伍建设纳入干部队伍和人才队伍建设整体规划，加大培养、使用和交流力度，从政治上、工作上、生活上关心爱护，造就一支恪守"人道、廉洁、服务、奉献"职业道德的高素质残疾人工作干部队伍。做好残疾人干部的选拔、培养和使用工作。加强残疾人状况调查、监测、统计，重视残疾人事业政策理论研究，推进相关学科建设，加快培养高素质残疾人事业专业技术人才。培育基层残疾人工作者队伍，提高为残疾人服务的能力。广泛动员社会力量，发展壮大助残志愿者队伍。

# 中共中央 国务院
# 关于打赢脱贫攻坚战三年行动的指导意见

中发〔2018〕16号

  党的十八大以来，以习近平同志为核心的党中央把脱贫攻坚工作纳入"五位一体"总体布局和"四个全面"战略布局，作为实现第一个百年奋斗目标的重点任务，做出一系列重大部署和安排，全面打响脱贫攻坚战。过去5年，我们采取超常规举措，以前所未有的力度推进脱贫攻坚，农村贫困人口显著减少，贫困发生率持续下降，解决区域性整体贫困迈出坚实步伐，贫困地区农民生产生活条件显著改善，贫困群众获得感显著增强，脱贫攻坚取得决定性进展，创造了我国减贫史上的最好成绩。过去5年，我们充分发挥政治优势和制度优势，构筑了全社会扶贫的强大合力，建立了中国特色的脱贫攻坚制度体系，为全球减贫事业贡献了中国智慧和中国方案，谱写了人类反贫困史上的辉煌篇章。

  党的十九大明确把精准脱贫作为决胜全面建成小康社会必须打好的三大攻坚战之一，做出了新的部署。从脱贫攻坚任务看，未来3年，还有3000万左右农村贫困人口需要脱贫，其中因病、因残致贫比例居高不下，在剩余3年时间内完成脱贫目标，任务十分艰巨。特别是西藏、四省藏区、南疆四地州和四川凉山州、云南怒江州、甘肃临夏州（以下简称"三区三州"）等深度贫困地区，不仅贫困发生率高、贫困程度深，而且基础条件薄弱、致贫原因复杂、发展严重滞后、公共服务不足，脱贫难度更大。从脱贫攻坚工作看，形式主义、官僚主义、弄虚作假、急躁和厌战情绪以及消极腐败现象仍然存在，有的还很严重，影响脱贫攻坚有效推进。必须清醒地把握打赢脱贫攻坚战的困难和挑战，切实增强责任感和紧迫感，一鼓作气、尽锐出战、精准施策，以更有力的行动、更扎实的工作，集中力量攻克贫困的难中之难、坚中之坚，确保坚决打赢脱贫这场对如期全面建成小康社会、实现第一个百年奋斗目标具有决定性意义的攻坚战。

按照党的十九大关于打赢脱贫攻坚战总体部署，根据各地区各部门贯彻落实《中共中央、国务院关于打赢脱贫攻坚战的决定》的进展和实践中存在的突出问题，现就完善顶层设计、强化政策措施、加强统筹协调，推动脱贫攻坚工作更加有效开展，制定以下指导意见。

## 一、全面把握打赢脱贫攻坚战三年行动的总体要求

### （一）指导思想

全面贯彻党的十九大和十九届二中、三中全会精神，以习近平新时代中国特色社会主义思想为指导，充分发挥政治优势和制度优势，坚持精准扶贫精准脱贫基本方略，坚持中央统筹、省负总责、市县抓落实的工作机制，坚持大扶贫工作格局，坚持脱贫攻坚目标和现行扶贫标准，聚焦深度贫困地区和特殊贫困群体，突出问题导向，优化政策供给，下足绣花功夫，着力激发贫困人口内生动力，着力夯实贫困人口稳定脱贫基础，着力加强扶贫领域作风建设，切实提高贫困人口获得感，确保到2020年贫困地区和贫困群众同全国一道进入全面小康社会，为实施乡村振兴战略打好基础。

### （二）任务目标

到2020年，巩固脱贫成果，通过发展生产脱贫一批，易地搬迁脱贫一批，生态补偿脱贫一批，发展教育脱贫一批，社会保障兜底一批，因地制宜综合施策，确保现行标准下农村贫困人口实现脱贫，消除绝对贫困；确保贫困县全部摘帽，解决区域性整体贫困。实现贫困地区农民人均可支配收入增长幅度高于全国平均水平。实现贫困地区基本公共服务主要领域指标接近全国平均水平，主要有：贫困地区具备条件的乡镇和建制村通硬化路，贫困村全部实现通动力电，全面解决贫困人口住房和饮水安全问题，贫困村达到人居环境干净整洁的基本要求，切实解决义务教育学生因贫失学辍学问题，基本养老保险和基本医疗保险、大病保险实现贫困人口全覆盖，最低生活保障实现应保尽保。集中连片特困地区和革命老区、民族地区、边疆地区发展环境明显改善，深度贫困地区如期完成全面脱贫任务。

## (三) 工作要求

坚持严格执行现行扶贫标准。严格按照"两不愁、三保障"要求，确保贫困人口不愁吃、不愁穿；保障贫困家庭孩子接受九年义务教育，确保有学上、上得起学；保障贫困人口基本医疗需求，确保大病和慢性病得到有效救治和保障；保障贫困人口基本居住条件，确保住上安全住房。要量力而行，既不能降低标准，也不能擅自拔高标准、提不切实际的目标，避免陷入"福利陷阱"，防止产生贫困村和非贫困村、贫困户和非贫困户待遇的"悬崖效应"，留下后遗症。

坚持精准扶贫精准脱贫基本方略。做到扶持对象精准、项目安排精准、资金使用精准、措施到户精准、因村派人（第一书记）精准、脱贫成效精准，因地制宜、从实际出发，解决好扶持谁、谁来扶、怎么扶、如何退问题，做到扶真贫、真扶贫，脱真贫、真脱贫。

坚持把提高脱贫质量放在首位。牢固树立正确政绩观，不急功近利，不好高骛远，更加注重帮扶的长期效果，夯实稳定脱贫、逐步致富的基础。要合理确定脱贫时序，不搞层层加码，不赶时间进度、搞冲刺，不搞拖延耽误，确保脱贫攻坚成果经得起历史和实践检验。

坚持扶贫同扶志扶智相结合。正确处理外部帮扶和贫困群众自身努力的关系，强化脱贫光荣导向，更加注重培养贫困群众依靠自力更生实现脱贫致富的意识，更加注重提高贫困地区和贫困人口自我发展能力。

坚持开发式扶贫和保障性扶贫相统筹。把开发式扶贫作为脱贫基本途径，针对致贫原因和贫困人口结构，加强和完善保障性扶贫措施，造血输血协同，发挥两种方式的综合脱贫效应。

坚持脱贫攻坚与锤炼作风、锻炼队伍相统一。把脱贫攻坚战场作为培养干部的重要阵地，强化基层帮扶力量，密切党同人民群众血肉联系，提高干部干事创业本领，培养了解国情和农村实际的干部队伍。

坚持调动全社会扶贫积极性。充分发挥政府和社会两方面力量作用，强化政府责任，引导市场、社会协同发力，构建专项扶贫、行业扶贫、社会扶贫互为补充的大扶贫格局。

## 二、集中力量支持深度贫困地区脱贫攻坚

**（一）着力改善深度贫困地区发展条件**

推进深度贫困地区交通建设攻坚，加快实施深度贫困地区具备条件的建制村通硬化路工程。加快实施深度贫困地区农村饮水安全巩固提升工程。加快深度贫困地区小型水利工程建设，推进深度贫困地区在建重大水利工程建设进度。推进深度贫困地区农村电网建设攻坚，实现农网动力电全覆盖。加强"三区三州"电网建设，加快解决网架结构薄弱、供电质量偏低等问题。加大深度贫困地区互联网基础设施建设投资力度，加快实现深度贫困地区贫困村网络全覆盖。推进深度贫困地区整合资金、统一规划、统筹实施农村土地综合整治和高标准农田建设。推进西藏、四省藏区、新疆南疆退耕还林还草、退牧还草工程。加快岩溶地区石漠化综合治理、西藏生态安全屏障、青海三江源生态保护、祁连山生态保护和综合治理等重点工程建设。实施贫困村提升工程。

**（二）着力解决深度贫困地区群众特殊困难**

全面实施"三区三州"健康扶贫攻坚行动，重点做好包虫病、艾滋病、大骨节病、结核病等疾病综合防治。加强禁毒脱贫工作，分级分类落实禁毒脱贫举措。采取特殊措施和手段推动人口较少民族贫困人口精准脱贫。全面落实边民补助、住房保障等守边固边政策，改善抵边一线乡村交通、饮水等条件，启动实施抵边村寨电网升级改造攻坚计划，加快推进边境村镇宽带网络建设。稳妥推进新疆南疆土地清理再分配改革，建立土地经营与贫困户直接挂钩的利益分配机制。

**（三）着力加大深度贫困地区政策倾斜力度**

中央财政进一步增加对深度贫困地区专项扶贫资金、教育医疗保障等转移支付，加大重点生态功能区转移支付、农村危房改造补助资金、中央预算内投资、车购税收入补助地方资金、县级基本财力保障机制奖补资金等对深度贫困地区的倾斜力度，增加安排深度贫困地区一般债券限额。规范扶贫领域融资，依法发行地方政府债券，加大深度贫困地区扶贫投入。新增金融资金优先满足深度贫困地区，新增金融服务优先布局深度贫困地区，对深度贫困地区发放的精准扶贫贷款实行差异化贷款利率。保障深

贫困地区产业发展、基础设施建设、易地扶贫搬迁、民生发展等用地，对土地利用规划计划指标不足部分由中央协同所在省份解决。深度贫困地区开展城乡建设用地增减挂钩可不受指标规模限制，建立深度贫困地区城乡建设用地增减挂钩节余指标跨省域调剂使用机制。深度贫困地区建设用地涉及农用地转用和土地征收的，依法加快审批。在援藏援疆援青工作中，进一步加大对"三区三州"等深度贫困地区干部选派倾斜支持力度。

## 三、强化到村到户到人精准帮扶举措

### （一）加大产业扶贫力度

深入实施贫困地区特色产业提升工程，因地制宜加快发展对贫困户增收带动作用明显的种植养殖业、林草业、农产品加工业、特色手工业、休闲农业和乡村旅游，积极培育和推广有市场、有品牌、有效益的特色产品。将贫困地区特色农业项目优先列入优势特色农业提质增效行动计划，加大扶持力度，建设一批特色种植养殖基地和良种繁育基地。支持有条件的贫困县创办一二三产业融合发展扶贫产业园。组织国家级龙头企业与贫困县合作创建绿色食品、有机农产品原料标准化基地。实施中药材产业扶贫行动计划，鼓励中医药企业到贫困地区建设中药材基地。多渠道拓宽农产品营销渠道，推动批发市场、电商企业、大型超市等市场主体与贫困村建立长期稳定的产销关系，支持供销、邮政及各类企业把服务网点延伸到贫困村，推广以购代捐的扶贫模式，组织开展贫困地区农产品定向直供直销学校、医院、机关食堂和交易市场活动。加快推进"快递下乡"工程，完善贫困地区农村物流配送体系，加强特色优势农产品生产基地冷链设施建设。推动邮政与快递、交通运输企业在农村地区扩展合作范围、合作领域和服务内容。完善新型农业经营主体与贫困户联动发展的利益联结机制，推广股份合作、订单帮扶、生产托管等有效做法，实现贫困户与现代农业发展有机衔接。建立贫困户产业发展指导员制度，明确到户帮扶干部承担产业发展指导职责，帮助贫困户协调解决生产经营中的问题。鼓励各地通过政府购买服务方式向贫困户提供便利高效的农业社会化服务。实施电商扶贫，优先在贫困县建设农村电子商务服务站点。继续实施电子商务进农村综合示范项目。动员大型电商企业和电商强县对口帮扶贫困县，推进电商扶贫网络频道建设。积极推动贫困地区农村资源变资产、资金变股金、农民变股东改革，制定实施贫困地区集体经济薄弱村发展提升计划，通过盘活集体资源、入股或参股、量化资产收益等渠道增加集体经济收入。在条件适宜地区，以贫困村村级光伏电站建设为重点，有序推进光伏扶贫。支持贫困县整合财政涉农资金发展特色产业。鼓励地方从实际出发利用扶贫资金发展短期难见效、未来能够持续发挥效益的产业。规范和推动资产收益扶贫工作，确保贫困户获得稳定收益。将产业扶贫纳入贫困县扶贫成效考核和党政一把手离任审计，引导各地发展长期稳定的脱贫产业项目。

**（二）全力推进就业扶贫**

实施就业扶贫行动计划，推动就业意愿、就业技能与就业岗位精准对接，提高劳务组织化程度和就业脱贫覆盖面。鼓励贫困地区发展生态友好型劳动密集型产业，通过岗位补贴、场租补贴、贷款支持等方式，扶持企业在贫困乡村发展一批扶贫车间，吸纳贫困家庭劳动力就近就业。推进贫困县农民工创业园建设，加大创业担保贷款、创业服务力度，推动创业带动就业。鼓励开发多种形式的公益岗位，通过以工代赈、以奖代补、劳务补助等方式，动员更多贫困群众参与小型基础设施、农村人居环境整治等项目建设，吸纳贫困家庭劳动力参与保洁、治安、护路、管水、扶残助残、养老护理等，增加劳务收入。深入推进扶贫劳务协作，加强劳务输出服务工作，在外出劳动力就业较多的城市建立服务机构，提高劳务对接的组织化程度和就业质量。东部地区要组织企业到西部地区建设产业园区，吸纳贫困人口稳定就业。西部地区要组织贫困人口到东部地区就业。实施家政和护工服务劳务对接扶贫行动，打造贫困地区家政和护工服务品牌，完善家政和护工就业保障机制。实施技能脱贫专项行动，统筹整合各类培训资源，组织有就业培训意愿的贫困家庭劳动力参加劳动预备制培训、岗前培训、订单培训和岗位技能提升培训，按规定落实职业培训补贴政策。推进职业教育东西协作行动，实现东西部职业院校结对帮扶全覆盖，深入实施技能脱贫千校行动，支持东部地区职业院校招收对口帮扶的西部地区贫困家庭学生，帮助有在东部地区就业意愿的毕业生实现就业。在人口集中和产业发展需要的贫困地区办好一批中等职业学校（含技工学校），建设一批职业技能实习实训基地。

(三) **深入推动易地扶贫搬迁**

全面落实国家易地扶贫搬迁政策要求和规范标准，结合推进新型城镇化，进一步提高集中安置比例，稳妥推进分散安置并强化跟踪监管，完善安置区配套基础设施和公共服务设施，严守贫困户住房建设面积和自筹资金底线，统筹各项扶贫和保障措施，确保完成剩余390万左右贫困人口搬迁建设任务，确保搬迁一户、稳定脱贫一户。按照以岗定搬、以业定迁原则，加强后续产业发展和转移就业工作，确保贫困搬迁家庭至少1个劳动力实现稳定就业。在自然条件和发展环境异常恶劣地区，结合行政村规划布局调整，鼓励实施整村整组搬迁。今后3年集中力量完成"十三五"规划的建档立卡贫困人口搬迁任务，确保具备搬迁安置条件的贫困人口应搬尽搬，逐步实施同步搬迁。对目前不具备搬迁安置条件的贫困人口，优先解决其"两不愁、三保障"问题，今后可结合实施乡村振兴战略压茬推进，通过实施生态宜居搬迁和有助于稳定脱贫、逐步致富的其他形式搬迁，继续稳步推进。加强安置区社区管理和服务，切实做好搬迁群众户口迁移、上学就医、社会保障、心理疏导等接续服务工作，引导搬迁群众培养良好生活习惯，尽快融入新环境新社区。强化易地扶贫搬迁督促检查，确保高质量完成易地扶贫搬迁目标任务。

(四) **加强生态扶贫**

创新生态扶贫机制，加大贫困地区生态保护修复力度，实现生态改善和脱贫双赢。推进生态保护扶贫行动，到2020年在有劳动能力的贫困人口中新增选聘生态护林员、草管员岗位40万个。加大对贫困地区天然林保护工程建设支持力度。探索天然林、集体公益林托管，推广"合作社+管护+贫困户"模式，吸纳贫困人口参与管护。建设生态扶贫专业合作社（队），吸纳贫困人口参与防沙治沙、石漠化治理、防护林建设和储备林营造。推进贫困地区低产低效林提质增效工程。加大贫困地区新一轮退耕还林还草支持力度，将新增退耕还林还草任务向贫困地区倾斜，在确保省级耕地保有量和基本农田保护任务前提下，将25度以上坡耕地、重要水源地15—25度坡耕地、陡坡梯田、严重石漠化耕地、严重污染耕地、移民搬迁撂荒耕地纳入新一轮退耕还林还草工程范围，对符合退耕政策的贫困村、贫困户实现全覆盖。结合建立国家公园体制，多渠道筹措资金，对生态核心区内的居民实施生态搬迁，带动贫困群众脱贫。深化贫困地区集体林权制度改革，鼓励贫困人口将林地经营权入股造林合作社，增加贫困人口资产性收入。完善横向生态保护补偿机制，让保护生态的贫困县、贫困村、贫困户更多受益。鼓励纳入碳排放权交易市场的重点排放单位购买贫困地区林业碳汇。

（五）着力实施教育脱贫攻坚行动

以保障义务教育为核心，全面落实教育扶贫政策，进一步降低贫困地区特别是深度贫困地区、民族地区义务教育辍学率，稳步提升贫困地区义务教育质量。强化义务教育控辍保学联保联控责任，在辍学高发区"一县一策"制定工作方案，实施贫困学生台账化精准控辍，确保贫困家庭适龄学生不因贫失学辍学。全面推进贫困地区义务教育薄弱学校改造工作，重点加强乡镇寄宿制学校和乡村小规模学校建设，确保所有义务教育学校达到基本办学条件。实施好农村义务教育学生营养改善计划。在贫困地区优先实施教育信息化2.0行动计划，加强学校网络教学环境建设，共享优质教育资源。改善贫困地区乡村教师待遇，落实教师生活补助政策，均衡配置城乡教师资源。加大贫困地区教师特岗计划实施力度，深入推进义务教育阶段教师校长交流轮岗和对口帮扶工作，国培计划、公费师范生培养、中小学教师信息技术应用能力提升工程等重点支持贫困地区。鼓励通过公益捐赠等方式，设立贫困地区优秀教师奖励基金，用于表彰长期扎根基层的优秀乡村教师。健全覆盖各级各类教育的资助政策体系，学生资助政策实现应助尽助。加大贫困地区推广普及国家通用语言文字工作力度。开展民族地区学前儿童学习普通话行动。

（六）深入实施健康扶贫工程

将贫困人口全部纳入城乡居民基本医疗保险、大病保险和医疗救助保障范围。落实贫困人口参加城乡居民基本医疗保险个人缴费财政补贴政策，实施扶贫医疗救助。切实降低贫困人口就医负担，在严格费用管控、确定诊疗方案、确定单病种收费标准、规范转诊和集中定点救治的基础上，对城乡居民基本医疗保险和大病保险支付后自负费用仍有困难的患者，加大医疗救助和其他保障政策的帮扶力度。全面落实农村贫困人口县域内定点医疗机构住院治疗先诊疗后付费，在定点医院设立综合服务窗口，实现各项医疗保障政策"一站式"信息交换和即时结算。在贫困地区加快推进县乡村三级卫生服务标准化建设，确保每个贫困县建好1—2所县级公立医院（含中医院），加强贫困地区乡镇卫生院和村卫生室能力建设。深入实施医院对口帮扶，全国963家三级医院与832个贫困县的1180家县级医院结对帮扶，为贫困县医院配置远程医疗设施设备，全面建成从三级医院到县医院互联互通的远程医疗服务网络。贫困地区每个乡镇卫生院至少设立1个全科医生特岗。支持地方免费培养农村高职（专科）医学生，经助理全科医生培训合格后，补充到贫困地区村卫生室和乡镇卫生院。贫困地区可在现有编制总量内直接面向人才市场选拔录用医技人员，选拔录用时优先考虑当地医疗卫生事业紧缺人才。全面实施贫困地区县乡村医疗卫生机构一体化管理，构建三级联动的医疗服务和健康管理平台，为贫困群众提供基本健康服务。加强对贫困地区慢性病、常见病的防治，开展专项行动，降低因病致贫返贫风险。开展地方病和重大传染病攻坚行动，实施预防、筛查、治疗、康复、管理的全过程综合防治。贫困地区妇女宫颈癌、乳腺癌检查和儿童营养改善、新生儿疾病筛查项目扩大到所有贫困县。开展和规范家庭医生（乡村医生）签约服务，落实签约服务政策，优先为妇幼、老人、残疾人等重点人群开展健康服务和慢性病综合防控，做好高血压、糖尿病、结核病、严重精神障碍等慢性病规范管理。实施贫困地区健康促进三年行动计划。将脱贫攻坚与落实生育政策紧密结合，倡导优生优育，利用基层计划生育服务力量，加强出生缺陷综合防治宣传教育。

（七）加快推进农村危房改造

允许各省（自治区、直辖市）根据国务院主管部门制定的原则，结合各自实际推广简便易行的危房鉴定程序，规范对象认定程序，建立危房台账并实施精准管理，改造一户、销档一户，确保完成建档立卡贫困户等4类重点对象危房改造任务。明确农村危房改造基本安全要求，保证正常使用安全和基本使用功能。因地制宜推广农房加固改造，在危房改造任务较重的省份开展农房加固改造示范，结合地方实际推广现代生土农房等改良型传统民居，鼓励通过闲置农房置换或长期租赁等方式，兜底解决特殊贫困群体基本住房安全问题。落实各级补助资金，完善分类分级补助标准。加强补助资金使用管理和监督检查，支付给农户的资金要及时足额直接拨付到户。建立完善危房改造信息公示制度。

**（八）强化综合保障性扶贫**

统筹各类保障措施，建立以社会保险、社会救助、社会福利制度为主体，以社会帮扶、社工助力为辅助的综合保障体系，为完全丧失劳动能力和部分丧失劳动能力且无法依靠产业就业帮扶脱贫的贫困人口提供兜底保障。完善城乡居民基本养老保险制度，对符合条件的贫困人口由地方政府代缴城乡居民养老保险费。继续实施社会服务兜底工程，加快建设为老年人、残疾人、精神障碍患者等特殊群体提供服务的设施。鼓励各地通过互助养老、设立孝善基金等途径，创新家庭养老方式。加快建立贫困家庭"三留守"关爱服务体系，落实家庭赡养、监护照料法定义务，探索建立信息台账和定期探访制度。完善农村低保制度，健全低保对象认定方法，将完全丧失劳动能力和部分丧失劳动能力且无法依靠产业就业帮扶脱贫的贫困人口纳入低保范围。对地广人稀的贫困地区适度降低国家救灾应急响应启动条件。加大临时救助力度，及时将符合条件的返贫人口纳入救助范围。

**（九）开展贫困残疾人脱贫行动**

将符合条件的建档立卡贫困残疾人纳入农村低保和城乡医疗救助范围。完善困难残疾人生活补贴和重度残疾人护理补贴制度，有条件的地方逐步扩大政策覆盖面。深入实施"福康工程"等残疾人精准康复服务项目，优先为贫困家庭有康复需求的残疾人提供基本康复服务和辅助器具适配服务。对16周岁以上有长期照料护理需求的贫困重度残疾人，符合特困人员救助供养条件的纳入特困人员救助供养；不符合救助供养条件的，鼓励地方通过政府补贴、购买服务、设立公益岗位、集中托养等多种方式，为贫困重度残疾人提供集中照料或日间照料、邻里照护服务。逐步推进农村贫困重度残疾人家庭无障碍改造。实施第二期特殊教育提升计划，帮助贫困家庭残疾儿童多种形式接受义务教育，加快发展非义务教育阶段特殊教育。资产收益扶贫项目要优先安排贫困残疾人家庭。

**（十）开展扶贫扶志行动**

加强教育引导，开展扶志教育活动，创办脱贫攻坚"农民夜校"、"讲习所"等，加强思想、文化、道德、法律、感恩教育，弘扬自尊、自爱、自强精神，防止政策养懒汉、助长不劳而获和"等靠要"等不良习气。加大以工代赈实施力度，动员更多贫困群众投工投劳。推广以表现换积分、以积分换物品的"爱心公益超市"等自助式帮扶做法，实现社会爱心捐赠与贫困群众个性化需求的精准对接。鼓励各地总结推广脱贫典型，宣传表彰自强不息、自力更生脱贫致富的先进事迹和先进典型，用身边人身边事示范带动贫困群众。大力开展移风易俗活动，选树一批文明村镇和星级文明户，推广"星级评比"等做法，引导贫困村修订完善村规民约，发挥村民议事会、道德评议会、红白理事会、禁毒禁赌会等群众组织作用，坚持自治、法治、德治相结合，教育引导贫困群众弘扬传统美德、树立文明新风。加强对高额彩礼、薄养厚葬、子女不赡养老人等问题的专项治理。深入推进文化扶贫工作，提升贫困群众的公共文化服务获得感。把扶贫领域诚信纳入国家信用监管体系，将不履行赡养义务、虚报冒领扶贫资金、严重违反公序良俗等行为人列入失信人员名单。

## 四、加快补齐贫困地区基础设施短板

**（一）加快实施交通扶贫行动**

在贫困地区加快建成外通内联、通村畅乡、客车到村、安全便捷的交通运输网络。尽快实现具备条件的乡镇、建制村通硬化路。以示范县为载体，推进贫困地区"四好农村路"建设。扩大农村客运覆盖范围，到2020年实现具备条件的建制村通客车目标。加快贫困地区农村公路安全生命防护工程建设，基本完成乡道及以上行政等级公路安全隐患治理。推进窄路基路面农村公路合理加宽改造和危桥改造。改造建设一批贫困乡村旅游路、产业路、资源路，优先改善自然人文、少数民族特色村寨和风情小镇等旅游景点景区交通设施。加大成品油税费改革转移支付用于贫困地区农村公路养护力度。推进国家铁路网、国家高速公路网连接贫困地区项目建设，加快贫困地区普通国省道改造和支线机场、通用机场、内河航道建设。

## （二）大力推进水利扶贫行动

加快实施贫困地区农村饮水安全巩固提升工程，落实工程建设和管护责任，强化水源保护和水质保障，因地制宜加强供水工程建设与改造，显著提高农村集中供水率、自来水普及率、供水保证率和水质达标率，到2020年全面解决贫困人口饮水安全问题。加快贫困地区大中型灌区续建配套与节水改造、小型农田水利工程建设，实现灌溉水源、灌排骨干工程与田间工程协调配套。切实加强贫困地区防洪工程建设和运行管理。继续推进贫困地区水土保持和水生态建设工程。

## （三）大力实施电力和网络扶贫行动

实施贫困地区农网改造升级，加强电力基础设施建设，建立贫困地区电力普遍服务监测评价体系，引导电网企业做好贫困地区农村电力建设管理和供电服务，到2020年实现大电网延伸覆盖至全部县城。大力推进贫困地区农村可再生能源开发利用。

深入实施网络扶贫行动，统筹推进网络覆盖、农村电商、网络扶智、信息服务、网络公益5大工程向纵深发展，创新"互联网＋"扶贫模式。完善电信普遍服务补偿机制，引导基础电信企业加大投资力度，实现90％以上贫困村宽带网络覆盖。鼓励基础电信企业针对贫困地区和贫困群众推出资费优惠举措，鼓励企业开发有助精准脱贫的移动应用软件、智能终端。

## （四）大力推进贫困地区农村人居环境整治

开展贫困地区农村人居环境整治三年行动，因地制宜确定贫困地区村庄人居环境整治目标，重点推进农村生活垃圾治理、卫生厕所改造。开展贫困地区农村生活垃圾治理专项行动，有条件的地方探索建立村庄保洁制度。因地制宜普及不同类型的卫生厕所，同步开展厕所粪污治理。有条件的地方逐步开展生活污水治理。加快推进通村组道路建设，基本解决村内道路泥泞、村民出行不便等问题。

## 五、加强精准脱贫攻坚行动支撑保障

### （一）强化财政投入保障

坚持增加政府扶贫投入与提高资金使用效益并重，健全与脱贫攻坚任务相适应的投入保障机制，支持贫困地区围绕现行脱贫目标，尽快补齐脱贫攻坚短板。加大财政专项扶贫资金和教育、医疗保障等转移支付支持力度。规范扶贫领域融资，增强扶贫投入能力，疏堵并举防范化解扶贫领域融资风险。进一步加强资金整合，赋予贫困县更充分的资源配置权，确保整合资金围绕脱贫攻坚项目精准使用，提高使用效率和效益。全面加强各类扶贫资金项目绩效管理，落实资金使用者的绩效主体责任，明确绩效目标，加强执行监控，强化评价结果运用，提高扶贫资金使用效益。建立县级脱贫攻坚项目库，健全公告公示制度。加强扶贫资金项目常态化监管，强化主管部门监管责任，确保扶贫资金尤其是到户到人的资金落到实处。

### （二）加大金融扶贫支持力度

加强扶贫再贷款使用管理，优化运用扶贫再贷款发放贷款定价机制，引导金融机构合理合规增加对带动贫困户就业的企业和贫困户生产经营的信贷投放。加强金融精准扶贫服务。支持国家开发银行和中国农业发展银行进一步发挥好扶贫金融事业部的作用，支持中国农业银行、中国邮政储蓄银行、农村信用社、村镇银行等金融机构增加扶贫信贷投放，推动大中型商业银行完善普惠金融事业部体制机制。创新产业扶贫信贷产品和模式，建立健全金融支持产业发展与带动贫困户脱贫的挂钩机制和扶持政策。规范扶贫小额信贷发放，在风险可控前提下可办理无还本续贷业务，对确因非主观因素不能到期偿还贷款的贫困户可协助其办理贷款展期业务。加强扶贫信贷风险防范，支持贫困地区完善风险补偿机制。推进贫困地区信用体系建设。支持贫困地区金融服务站建设，推广电子支付方式，逐步实现基础金融服务不出村。支持贫困地区开发特色农业险种，开展扶贫小额贷款保证保险等业务，探索发展价格保险、产值保险、"保险+期货"等新型险种。扩大贫困地区涉农保险保障范围，开发物流仓储、设施农业、"互联网+"等险种。鼓励上市公司、证券公司等市场主体依法依规设立或参与市场化运作的贫困地区产业投资基金和扶贫公益基金。贫困地区企业首次公开发行股票、在全国中小企业股份转让系统挂牌、发行公司债券等按规定实行"绿色通道"政策。

（三）加强土地政策支持

支持贫困地区编制村级土地利用规划，挖掘土地优化利用脱贫的潜力。贫困地区建设用地符合土地利用总体规划修改条件的，按规定及时审查批复。新增建设用地计划、增减挂钩节余指标调剂计划、工矿废弃地复垦利用计划向贫困地区倾斜。脱贫攻坚期内，国家每年对集中连片特困地区、国家扶贫开发工作重点县专项安排一定数量新增建设用地计划。贫困地区建设用地增减挂钩节余指标和工矿废弃地复垦利用节余指标，允许在省域内调剂使用。建立土地整治和高标准农田建设等新增耕地指标跨省域调剂机制。贫困地区符合条件的补充和改造耕地项目，优先用于跨省域补充耕地国家统筹，所得收益通过支出预算用于支持脱贫攻坚。优先安排贫困地区土地整治项目和高标准农田建设补助资金，指导和督促贫困地区完善县级土地整治规划。

（四）实施人才和科技扶贫计划

深入实施边远贫困地区、边疆民族地区、革命老区人才支持计划，扩大急需紧缺专业技术人才选派培养规模。贫困地区在县乡公务员考试录用中，从大学生村官、"三支一扶"等人员中定向招录公务员，从贫困地区优秀村干部中招录乡镇公务员。

动员全社会科技力量投入脱贫攻坚主战场，开展科技精准帮扶行动。以县为单位建立产业扶贫技术专家组，各类涉农院校和科研院所组建产业扶贫技术团队，重点为贫困村、贫困户提供技术服务。支持有条件的贫困县建设农业科技园和星创天地等载体，展示和推广农业先进科技成果。在贫困地区全面实施农技推广特聘计划，从农村乡土专家、种养能手等一线服务人员招聘一批特聘农技员，由县级政府聘为贫困村科技扶贫带头人。加强贫困村创业致富带头人培育培养，提升创业项目带贫减贫效果。建立科技特派员与贫困村结对服务关系，实现科技特派员对贫困村科技服务和创业带动全覆盖。

## 六、动员全社会力量参与脱贫攻坚

### （一）加大东西部扶贫协作和对口支援力度

把人才支持、市场对接、劳务协作、资金支持等作为协作重点，深化东西部扶贫协作，推进携手奔小康行动贫困县全覆盖，并向贫困村延伸。强化东西部扶贫协作责任落实，加强组织协调、工作指导和督导检查，建立扶贫协作台账制度，每年对账考核。优化结对协作关系，实化细化县之间、乡镇之间、行政村之间结对帮扶措施，推广"闽宁示范村"模式。突出产业帮扶，鼓励合作建设承接产业转移的基地，引导企业精准结对帮扶。突出劳务协作，有组织地开展人岗对接，提高协作规模和质量。突出人才支援，加大力度推进干部双向挂职、人才双向交流，提高干部人才支持和培训培养精准性。突出资金支持，切实加强资金监管，确保东西部扶贫协作资金精准使用。将帮扶贫困残疾人脱贫纳入东西部扶贫协作范围。

实施好"十三五"对口支援新疆、西藏和四省藏区经济社会发展规划，严格落实中央确定的80%以上资金用于保障和改善民生、用于县及县以下基层的要求，进一步聚焦脱贫攻坚的重点和难点，确保更多资金、项目和工作精力投向贫困人口。

### （二）深入开展定点扶贫工作

落实定点扶贫工作责任，把定点扶贫县脱贫工作纳入本单位工作重点，加强工作力量，出台具体帮扶措施。定点扶贫单位主要负责同志要承担第一责任人职责，定期研究帮扶工作。强化定点扶贫牵头单位责任。加强对定点扶贫县脱贫攻坚工作指导，督促落实脱贫主体责任。把定点扶贫县作为转变作风、调查研究的基地，通过解剖麻雀，总结定点扶贫县脱贫经验，完善本部门扶贫政策，推动脱贫攻坚工作。选派优秀中青年干部、后备干部到贫困地区挂职，落实艰苦地区挂职干部生活补助政策。

### （三）扎实做好军队帮扶工作

加强军地脱贫攻坚工作协调，驻地部队要积极承担帮扶任务，参与扶贫行动，广泛开展扶贫济困活动。接续做好"八一爱民学校"援建工作，组织开展多种形式的结对助学活动。组织军队系统医院对口帮扶贫困县县级医院，深入贫困村送医送药、巡诊治病。帮助革命老区加强红色资源开发,培育壮大红色旅游产业,带动贫困人口脱贫。帮助培育退役军人和民兵预备役人员脱贫致富带头人。

**(四)激励各类企业、社会组织扶贫**

落实国有企业精准扶贫责任,通过发展产业、对接市场、安置就业等多种方式帮助贫困户脱贫。深入推进"万企帮万村"精准扶贫行动,引导民营企业积极开展产业扶贫、就业扶贫、公益扶贫,鼓励有条件的大型民营企业通过设立扶贫产业投资基金等方式参与脱贫攻坚。持续开展"光彩行"活动,提高精准扶贫成效。

支持社会组织参与脱贫攻坚,加快建立社会组织帮扶项目与贫困地区需求信息对接机制,确保贫困人口发展需求与社会帮扶有效对接。鼓励引导社会各界使用贫困地区产品和服务,推动贫困地区和贫困户融入大市场。实施全国性社会组织参与"三区三州"深度贫困地区脱贫攻坚行动。实施社会工作"专业人才服务三区计划"、"服务机构牵手计划"、"教育对口扶贫计划",为贫困人口提供生计发展、能力提升、心理支持等专业服务。加强对社会组织扶贫的引导和管理,优化环境、整合力量、创新方式,提高扶贫效能。落实社会扶贫资金所得税税前扣除政策。

**(五)大力开展扶贫志愿服务活动**

动员组织各类志愿服务团队、社会各界爱心人士开展扶贫志愿服务。实施社会工作专业人才服务贫困地区系列行动计划,支持引导专业社会工作和志愿服务力量积极参与精准扶贫。推进扶贫志愿服务制度化,建立扶贫志愿服务人员库,鼓励国家机关、企事业单位、人民团体、社会组织等组建常态化、专业化服务团队。制定落实扶贫志愿服务支持政策。

## 七、夯实精准扶贫精准脱贫基础性工作

**(一)强化扶贫信息的精准和共享**

进一步加强建档立卡工作,提高精准识别质量,完善动态管理机制,做到"脱贫即出、返贫即入"。剔除不合条件的人口,及时纳入符合条件但遗漏在外的贫困人口和返贫人口,确保应扶尽扶。抓紧完善扶贫开发大数据平台,通过端口对接、数据交换等方式,实现户籍、教育、健康、就业、社会保险、住房、银行、农村低保、残疾人等信息与贫困人口建档立

卡信息有效对接。完善贫困人口统计监测体系，为脱贫攻坚提供科学依据。加强贫困人口建档立卡数据和农村贫困统计监测数据衔接，逐步形成指标统一、项目规范的贫困监测体系。强化扶贫开发大数据平台共享使用，拓展扶贫数据系统服务功能，为脱贫攻坚决策和工作指导等提供可靠手段和支撑。建立脱贫成效巩固提升监测机制，对脱贫户实施跟踪和动态监测，及时了解其生产生活情况。按照国家信息安全标准构建扶贫开发信息安全防护体系，确保系统和数据安全。开展建档立卡专项评估检查。

（二）健全贫困退出机制

严格执行贫困退出标准和程序，规范贫困县、贫困村、贫困人口退出组织实施工作。指导地方修订完善扶贫工作考核评估指标和贫困县验收指标，对超出"两不愁、三保障"标准的指标，予以剔除或不作为硬性指标，取消行业部门与扶贫无关的搭车任务。改进贫困县退出专项评估检查，由各省（自治区、直辖市）统一组织，因地制宜制定符合贫困地区实际的检查方案，并对退出贫困县的质量负责。中央结合脱贫攻坚督查巡查工作，对贫困县退出进行抽查。脱贫攻坚期内扶贫政策保持稳定，贫困县、贫困村、贫困户退出后，相关政策保持一段时间。

（三）开展国家脱贫攻坚普查

2020年至2021年年初对脱贫摘帽县进行一次普查，全面了解贫困人口脱贫实现情况。普查工作由国务院统一部署实施，重点围绕脱贫结果的真实性和准确性，调查贫困人口"两不愁、三保障"实现情况、获得帮扶情况、贫困人口参与脱贫攻坚项目情况等。地方各级党委和政府要认真配合做好普查工作。

# 八、加强和改善党对脱贫攻坚工作的领导

（一）进一步落实脱贫攻坚责任制

强化中央统筹、省负总责、市县抓落实的工作机制。中央统筹，重在做好顶层设计，在政策、资金等方面为地方创造条件，加强脱贫效果监管；省负总责，重在把党中央大政方针转化为实施方案，加强指导和督导，促进工作落实；市县抓落实，重在从当地实际出发推动脱贫攻坚各项政策措施落地生根。各级党委和政府要把打赢脱贫攻坚战作为重大政治任

务，增强政治担当、责任担当和行动自觉，层层传导压力，建立落实台账，压实脱贫责任，加大问责问效力度。健全脱贫攻坚工作机制，脱贫攻坚任务重的省（自治区、直辖市）党委和政府每季度至少专题研究一次脱贫攻坚工作，贫困县党委和政府每月至少专题研究一次脱贫攻坚工作。贫困县党政正职每个月至少要有5个工作日用于扶贫。实施五级书记遍访贫困对象行动，省（自治区、直辖市）党委书记遍访贫困县，市（地、州、盟）党委书记遍访脱贫攻坚任务重的乡镇，县（市、区、旗）党委书记遍访贫困村，乡镇党委书记和村党组织书记遍访贫困户。以遍访贫困对象行动带头转变作风，接地气、查实情，了解贫困群体实际需求，掌握第一手资料，发现突出矛盾，解决突出问题。

**（二）压实中央部门扶贫责任**

党中央、国务院各相关部门单位要按照中央脱贫攻坚系列重大决策部署要求制定完善配套政策举措，实化细化三年行动方案，并抓好组织实施工作。国务院扶贫开发领导小组要分解落实各地区脱贫目标任务，实化细化脱贫具体举措，分解到年、落实到人。国务院扶贫开发领导小组成员单位每年向中央报告本部门本单位脱贫攻坚工作情况。脱贫攻坚期内，国务院扶贫开发领导小组成员以及部门扶贫干部、定点扶贫干部要按政策规定保持稳定，不能胜任的要及时调整。

**（三）完善脱贫攻坚考核监督评估机制**

进一步完善扶贫考核评估工作，充分体现省负总责原则，切实解决基层疲于迎评迎检问题。改进对省级党委和政府扶贫开发工作成效第三方评估方式，缩小范围，简化程序，精简内容，重点评估"两不愁、三保障"实现情况，提高考核评估质量和水平。改进省市两级对县及县以下扶贫工作考核，原则上每年对县的考核不超过2次，加强对县委书记的工作考核，注重发挥考核的正向激励作用。未经省里批准，市级以下不得开展第三方评估。改进约谈省级领导的方式，开展常态化约谈，随时发现问题随时约谈。完善监督机制，国务院扶贫开发领导小组每年组织脱贫攻坚督查巡查，纪检监察机关和审计、扶贫等部门按照职能开展监督工作。充分发挥人大、政协、民主党派监督作用。

**（四）建强贫困村党组织**

深入推进抓党建促脱贫攻坚，全面强化贫困地区农村基层党组织领导核心地位，切实提升贫困村党组织的组织力。防止封建家族势力、地方黑恶势力、违法违规宗教活动侵蚀基层政权，干扰破坏村务。大力整顿贫困村软弱涣散党组织，以县为单位组织摸排，逐村分析研判，坚决撤换不胜任、不合格、不尽职的村党组织书记。重点从外出务工经商创业人员、大学生村官、本村致富能手中选配，本村没有合适人员的，从县乡机关公职人员中派任。建立健全回引本土大学生、高校培养培训、县乡统筹招聘机制，为每个贫困村储备1至2名后备干部。加大在贫困村青年农民、外出务工青年中发展党员力度。支持党员创办领办脱贫致富项目，完善贫困村党员结对帮扶机制。全面落实贫困村"两委"联席会议、"四议两公开"和村务监督等工作制度。派强用好第一书记和驻村工作队，从县以上党政机关选派过硬的优秀干部参加驻村帮扶。加强考核和工作指导，对不适应的及时召回调整。派出单位要严格落实项目、资金、责任捆绑要求，加大保障支持力度。强化贫困地区农村基层党建工作责任落实，将抓党建促脱贫攻坚情况作为县乡党委书记抓基层党建工作述职评议考核的重点内容。对不够重视贫困村党组织建设、措施不力的地方，上级党组织要及时约谈提醒相关责任人，后果严重的要问责追责。

**（五）培养锻炼过硬的脱贫攻坚干部队伍**

保持贫困县党政正职稳定，确需调整的，必须符合中央规定，对于不能胜任的要及时撤换，对于弄虚作假的要坚决问责。实施全国脱贫攻坚全面培训，落实分级培训责任，保证贫困地区主要负责同志和扶贫系统干部轮训一遍。对县级以上领导干部，重点是通过培训提高思想认识，引导树立正确政绩观，掌握精准脱贫方法论，提升研究攻坚问题、解决攻坚难题能力。对基层干部，重点是通过采取案例教学、现场教学等实战培训方法，提高实战能力，增强精准扶贫工作本领。加大对贫困村干部培训力度，每年对村党组织书记集中轮训一次，突出需求导向和实战化训练，着重提高落实党的扶贫政策、团结带领贫困群众脱贫致富的本领。加强对扶贫挂职干部跟踪管理和具体指导，采取"挂包结合"等方式，落实保障支持措施，激励干部人在心在、履职尽责。加强对脱贫一线干部的关爱激励，注重在脱贫攻坚一线考察识别干部，对如期完成任务且表现突出的贫困县党政正职应予以重用，对在脱贫攻坚中工作出色、表现优秀的扶贫干部、基层干部注重提拔使用。对奋战在脱贫攻坚一线的县乡干部要落实好津补贴、周转房等政策，改善工作条件。对在脱贫攻坚中因公牺牲的干部和基层党员的家属及时给予抚恤，长期帮扶慰问。全面落实贫困村干部报酬待遇和正常离任村干部生活补贴。

（六）营造良好舆论氛围

深入宣传习近平总书记关于扶贫工作的重要论述，宣传党中央关于精准扶贫精准脱贫的重大决策部署，宣传脱贫攻坚典型经验，宣传脱贫攻坚取得的伟大成就，为打赢脱贫攻坚战注入强大精神动力。组织广播电视、报纸杂志等媒体推出一批脱贫攻坚重点新闻报道。积极利用网站、微博、微信、移动客户端等新媒体平台开展宣传推广。推出一批反映扶贫脱贫感人事迹的优秀文艺作品，加大扶贫题材文化产品和服务的供给。继续开展全国脱贫攻坚奖和全国脱贫攻坚模范评选表彰，选树脱贫攻坚先进典型。按程序设立脱贫攻坚组织创新奖，鼓励各地从实际出发开展脱贫攻坚工作创新。每年组织报告团，分区域巡回宣讲脱贫先进典型。讲好中国脱贫攻坚故事，反映中国为全球减贫事业做出的重大贡献。加强减贫领域国际交流与合作，帮助受援国建好国际扶贫示范村，为全球减贫事业贡献中国方案。适时对脱贫攻坚精神进行总结。

（七）开展扶贫领域腐败和作风问题专项治理

把作风建设贯穿脱贫攻坚全过程，集中力量解决扶贫领域"四个意识"不强、责任落实不到位、工作措施不精准、资金管理使用不规范、工作作风不扎实、考核评估不严不实等突出问题，确保取得明显成效。改进调查研究，深入基层、深入群众，多层次、多方位、多渠道调查了解实际情况，注重发现并解决问题，力戒"走过场"。注重工作实效，减轻基层工作负担，减少村级填表报数，精简会议文件，让基层干部把精力放在办实事上。严格扶贫资金审计，加强扶贫事务公开。严肃查处贪污挪用、截留私分、虚报冒领、强占掠夺等行为。依纪依法坚决查处贯彻党中央脱贫攻坚决策部署不坚决不到位、弄虚作假问题，主体责任、监督责任和职能部门监管职责不落实问题，坚决纠正脱贫攻坚工作中的形式主义、官僚主义。把扶贫领域腐败和作风问题作为巡视巡察工作重点。中央巡视机构组织开展扶贫领域专项巡视。加强警示教育工作，集中曝光各级纪检监察机关查处的扶贫领域典型案例。

（八）做好脱贫攻坚风险防范工作

防范产业扶贫市场风险，防止产业项目盲目跟风、一刀切导致失败造成损失，各地要对扶贫主导产业面临的技术和市场等风险进行评估，制定防范和处置风险的应对措施。防范扶贫小额贷款还贷风险，纠正户贷企用、违规用款等问题。防范加重地方政府债务风险，防止地方政府以脱贫攻坚名义盲目举债，防止金融机构借支持脱贫攻坚名义违法违规提供融资，坚决遏制地方政府隐性债务增量。

（九）统筹衔接脱贫攻坚与乡村振兴

脱贫攻坚期内，贫困地区乡村振兴主要任务是脱贫攻坚。乡村振兴相关支持政策要优先向贫困地区倾斜，补齐基础设施和基本公共服务短板，以乡村振兴巩固脱贫成果。抓紧研究制定2020年后减贫战略。研究推进扶贫开发立法。

# 二、国务院文件

## 国务院关于加快推进残疾人小康进程的意见

国发〔2015〕7号

各省、自治区、直辖市人民政府,国务院各部委、各直属机构:

残疾人是一个特殊困难群体,需要格外关心、格外关注。长期以来,党和政府高度重视残疾人事业,大力推动残疾人事业与经济社会协调发展,残疾人收入水平较快增长,受教育程度稳步提高,康复服务不断拓展,权益得到有效维护,残疾人生存发展状况显著改善。但是,目前我国8500万残疾人中,还有1230万农村残疾人尚未脱贫,260万城镇残疾人生活十分困难,城乡残疾人家庭人均收入与社会平均水平差距还比较大。没有残疾人的小康,就不是真正意义上的全面小康。保障和改善残疾人民生,加快推进残疾人小康进程,是深入贯彻党的十八大和十八届二中、三中、四中全会精神,全面深化改革、全面推进依法治国的重要举措,是全面建成小康社会、实现共同富裕、促进社会公平正义的必然要求。为加快推进残疾人小康进程,现提出以下意见:

### 一、总体要求

（一）指导思想

以邓小平理论、"三个代表"重要思想、科学发展观为指导,健全残疾人权益保障制度,完善残疾人基本公共服务体系,使改革发展成果更多更公平惠及广大残疾人,促进残疾人收入水平大幅提高、生活质量明显改善、融合发展持续推进,让残疾人安居乐业、衣食无忧,生活得更加殷实、更加幸福、更有尊严。

（二）基本原则

坚持普惠与特惠相结合。既要通过普惠性制度安排给予残疾人公平待遇，保障他们基本的生存发展需求；又要通过特惠性制度安排给予残疾人特别扶助和优先保障，解决他们的特殊需求和特殊困难。

坚持兜底保障与就业增收相结合。既要突出政府责任，兜底保障残疾人基本民生，为残疾人发展创造基本条件；又要充分发挥社会力量和市场机制作用，为残疾人就业增收和融合发展创造更好环境。

坚持政府扶持、社会帮扶与残疾人自强自立相结合。既要加大政府扶持力度、鼓励社会帮扶，进一步解决好残疾人生产生活中存在的突出困难；又要促进残疾人增强自身发展能力，激励残疾人自强自立。

坚持统筹兼顾和分类指导相结合。既要着眼于加快推进残疾人小康进程，尽快缩小残疾人生活状况与社会平均水平的差距；又要充分考虑地区差异，使残疾人小康进程与当地全面小康进程相协调、相适应。

（三）主要目标

到2020年，残疾人权益保障制度基本健全、基本公共服务体系更加完善，残疾人事业与经济社会协调发展；残疾人社会保障和基本公共服务水平明显提高，帮助残疾人共享我国经济社会发展成果。

## 二、扎实做好残疾人基本民生保障

做好基本民生保障，是解决残疾人基本生活困难，加快残疾人小康进程的必要基础。要进一步完善社会保障制度体系，强化各项保障制度在对象范围、保障内容、待遇标准等方面的有效衔接，在切实保障残疾人基本生活的同时，解决好残疾人的特殊需求和特殊困难。

（一）加大残疾人社会救助力度。对符合城乡最低生活保障条件的残疾人家庭应保尽保，靠家庭供养的成年重度残疾人单独立户的，按规定纳入最低生活保障范围。对纳入特困人员供养范围的残疾人，逐步改善供养条件。对纳入城乡医疗救助范围的残疾人，逐步提高救助标准和封顶线。精神障碍患者通过基本医疗保险支付医疗费用后仍有困难，或者不能通过基本医疗保险支付医疗费用的，应当优先给予医疗救助。社会救助经办机构对于残疾人申请社会救助的,应当及时受理并提供相应便利条件。

(二)建立完善残疾人福利补贴制度。建立困难残疾人生活补贴制度和重度残疾人护理补贴制度。补贴标准要与当地经济社会发展实际和残疾人基本需求相适应,与最低生活保障等制度相衔接。落实低收入残疾人家庭生活用电、水、气、暖等费用优惠和补贴政策。

(三)帮助残疾人普遍参加基本养老保险和基本医疗保险。落实贫困和重度残疾人参加城乡居民基本养老保险、城镇居民医疗保险、新型农村合作医疗个人缴费资助政策,有条件的地方要扩大资助范围、提高资助标准,帮助城乡残疾人普遍按规定加入基本医疗保险和基本养老保险。逐步扩大基本医疗保险支付的医疗康复项目。完善重度残疾人医疗报销制度,做好重度残疾人就医费用结算服务。

(四)优先保障城乡残疾人基本住房。将城镇低收入住房困难残疾人家庭纳入城镇基本住房保障制度。为符合住房保障条件的城镇残疾人家庭优先提供公共租赁住房或发放住房租赁补贴。各地在实施农村危房改造时,同等条件下要优先安排经济困难的残疾人家庭。按照农村危房改造的政策要求,采取制定实施分类补助标准等措施,对无力自筹资金的残疾人家庭等给予倾斜照顾。到2020年完成农村贫困残疾人家庭存量危房改造任务。

## 三、千方百计促进残疾人及其家庭就业增收

促进城乡残疾人及其家庭就业增收,是提高残疾人生活水平,加快残疾人小康进程的关键举措。要加大帮扶力度,努力帮助每一位有劳动能力和就业意愿的城乡残疾人参加生产劳动,使他们通过劳动创造更加幸福美好的生活。

(一)依法推进按比例就业和稳定发展集中就业。各地要建立用人单位按比例安排残疾人就业公示制度。除创业3年内、在职职工总数不超过20人的小微企业外,对达不到比例要求的严格依法征缴残疾人就业保障金;对超比例安排残疾人就业的,按规定给予奖励。各级党政机关、事业单位、国有企业应当带头招录和安置残疾人就业。完善残疾人集中就业单位资格认定管理办法,搭建残疾人集中就业单位产品和服务展销平台,政

府优先采购残疾人集中就业单位的产品和服务，培育扶持吸纳残疾人集中就业的文化创意产业基地。通过税收优惠、社会保险补贴、岗前培训补贴，鼓励用人单位吸纳更多残疾人就业。

（二）大力支持残疾人多种形式就业增收。建立残疾人创业孵化机制，残疾人创办的小微企业和社会组织优先享受国家扶持政策，对其优惠提供孵化服务。对符合条件的灵活就业残疾人，按规定给予税费减免和社会保险补贴，有条件的地方可以帮助安排经营场所、提供启动资金支持。政府开发的公益性岗位优先安排符合就业困难人员条件的残疾人。对残疾人辅助性就业机构的设施设备、无障碍改造等给予扶持，吸纳更多精神、智力和重度肢体残疾人辅助性就业。探索残疾人驾驶符合国家标准的小型汽车在符合驾驶和运营安全要求的前提下，提供城乡社区与地铁站及公交站点间的短距离运输服务。

（三）加大农村残疾人扶贫开发力度。落实好《农村残疾人扶贫开发纲要（2011—2020年）》。把农村贫困残疾人作为重点扶持对象纳入精准扶贫工作机制和贫困监测体系，将农村贫困残疾人生活水平提高和数量减少纳入贫困县考核指标。统筹培训资源，加强培训工作，帮助扶贫对象家庭掌握更多实用技术。加大对农村残疾人扶贫的支持力度，落实好扶贫贷款贴息政策，支持农村残疾人扶贫基地发展和扶贫对象家庭参与养殖、种植、设施农业等增收项目。组织农村贫困残疾人家庭参与合作经济组织和产业化经营，保障残疾人土地承包经营权和土地流转合法收益。

（四）切实加强残疾人就业服务和劳动保障监察。加强全国残疾人就业服务信息网络建设。各级残疾人就业服务机构和公共就业服务机构要免费向残疾人提供职业指导、职业介绍等就业服务，对符合就业困难人员条件的残疾人提供就业援助。残疾人就业保障金对残疾人自主参加的职业培训可以按规定予以补贴。加强劳动保障监察，严肃查处强迫残疾人劳动、不依法与残疾劳动者签订劳动合同、不缴纳社会保险费等违法行为，依法纠正用人单位招用人员时歧视残疾人行为，切实维护残疾人劳动保障权益。

## 四、着力提升残疾人基本公共服务水平

加强和改进对残疾人的基本公共服务，是改善残疾人生活质量，提高残疾人自我发展能力，加快残疾人小康进程的有力支撑。要进一步健全残疾人基本公共服务体系，强化服务能力，为残疾人融合发展创造更加便利的条件和更加友好的环境。

（一）强化残疾预防、康复等服务。制定实施国家残疾预防行动计划，强化国家基本公共卫生服务，有效控制因遗传、疾病、意外伤害、环境及其他因素导致的残疾发生和发展。逐步建立残疾报告制度，推动卫生计生部门与残联信息共享。建立残疾儿童康复救助制度，逐步实现0—6岁视力、听力、言语、智力、肢体残疾儿童和孤独症儿童免费得到手术、辅助器具配置和康复训练等服务。实施重点康复项目，为城乡贫困残疾人、重度残疾人提供基本康复服务，有条件的地方可以对基本型辅助器具配置给予补贴。建立医疗机构与残疾人专业康复机构双向转诊制度，实现分层级医疗、分阶段康复。依托专业康复机构指导社区和家庭为残疾人实施康复训练，将残疾人社区医疗康复纳入城乡基层医疗卫生机构考核内容。

（二）提高残疾人受教育水平。落实好《特殊教育提升计划（2014—2016年）》及后续行动。特殊教育学校普遍开展学前教育，对残疾儿童接受普惠性学前教育给予资助。切实解决未入学适龄残疾儿童少年义务教育问题，提高残疾人教育普及水平，提升特殊教育教学质量。推行全纳教育，建立随班就读支持保障体系。各地要加大残疾学生就学支持力度，积极推进高中阶段残疾人免费教育；对符合学生资助政策的残疾学生和残疾人子女优先予以资助；建立完善残疾学生特殊学习用品、教育训练、交通费等补助政策。制定实施国家手语、盲文规范化行动计划，推广国家通用手语和通用盲文，完善残疾考生考试辅助办法。加强特殊教育教师队伍建设，加大对特殊教育学校教师、承担残疾学生教学和管理工作的普通学校教师的培训力度。完善特殊教育教师收入分配激励机制。制定加快发展残疾人职业教育的政策措施，推动发展以职业教育为重点的残疾人高中阶段教育。

（三）强化残疾人服务设施建设。统筹规划城乡残疾人服务设施配套建设，实现合理布局。加强残疾人康复、托养等服务设施建设。推动各县（市、区）建成一批残疾人体育健身示范点，通过社会体育指导员普及一批适合残疾人的体育健身项目。公共文化体育设施和公园等公共场所对残疾人免费或优惠开放，鼓励公共图书馆设立盲人阅览室，配备盲文图书、有声读物和阅听设备。各地对残疾人搭乘公共交通工具，应当根据实际情况给予便利和优惠。

（四）全面推进城乡无障碍环境建设。各地要按照无障碍设施工程建设相关标准和规范要求，对新建、改建设施的规划、设计、施工、验收严格监管，加快推进政府机关、学校、社区、社会福利、公共交通等公共场所和设施的无障碍改造，逐步推进农村地区无障碍环境建设。有条件的地方要对贫困残疾人家庭无障碍改造给予补贴。完善信息无障碍标准体系，逐步推进政务信息以无障碍方式发布、影像制品加配字幕，鼓励食品药品添加无障碍识别标识。鼓励电视台开办手语栏目，主要新闻栏目加配手语解说和字幕。研究制定聋人、盲人特定信息消费支持政策。

## 五、充分发挥社会力量和市场机制作用

实现残疾人普遍小康，是全社会的共同责任。要在发挥政府主导作用的基础上，充分发挥社会支持作用和市场推动作用，调动更加广泛的社会资源发展残疾人事业，为加快推进残疾人小康进程注入持久动力。

（一）大力发展残疾人慈善事业。鼓励和支持社会公众、社会组织通过捐款捐物、扶贫开发、助学助医等方式，为残疾人奉献爱心，提供慈善帮扶。鼓励以服务残疾人为宗旨的各类公益慈善组织发展，采取公益创投等多种方式，在资金、场地、设备、管理、岗位购买、人员培训等方面给予扶持，引导和规范其健康发展。大力培育"集善工程"等残疾人慈善项目品牌。倡导社会力量兴办以残疾人为服务对象的公益性医疗、康复、特殊教育、托养照料、社会工作服务等机构和设施。

（二）广泛开展志愿助残服务。健全志愿助残工作机制，完善志愿者招募注册、服务对接、服务记录、组织管理、评价激励、权益维护等制度，鼓励更多的人参加志愿助残服务。广泛开展"志愿助残阳光行动"、

"万村千乡市场工程助残扶贫"、"手拉手红领巾助残"等群众性助残活动。提倡在单位内部、城乡社区开展群众性助残活动，鼓励青少年参与助残公益劳动和志愿服务。

（三）加快发展残疾人服务产业。充分发挥市场机制作用，加快形成多元化的残疾人服务供给模式，更好地满足残疾人特殊性、多样化、多层次的需求。统筹规划残疾人服务业发展，大力发展残疾人服务中小企业，培育一批残疾人服务龙头企业，在用地、金融、价格等方面给予优惠，在人才、技术、管理等方面给予扶持，支持研发具有自主知识产权的技术和产品。以培育推广残疾人服务品牌和先进技术为重点，加大政府采购力度。完善残疾人服务相关职业设置、专业技术人员和技能人员职业能力水平评价办法，加快培养残疾人服务专业人才。鼓励商业保险公司开发适合残疾人的康复、托养、护理等保险产品。扶持盲人读物、残疾人题材图书和音像制品出版。扶持发展特殊艺术，培育残疾人文化艺术品牌。制定残疾人服务行业管理制度，发挥残疾人服务行业组织自律监督作用，营造公平、有序的市场环境。

（四）加大政府购买服务力度。以残疾人康复、托养、护理等服务为重点，逐步建立完善政府购买服务指导性目录，加大政府购买服务力度，强化事前、事中和事后监管，实现政府购买服务对扩大残疾人服务供给的放大效应。

## 六、加强对推进残疾人小康进程的组织领导

（一）健全组织领导机制。地方各级政府要将加快推进残疾人小康进程纳入重要议事日程，列为政府目标管理和绩效考核内容，主要领导负总责，分管领导具体负责。各级政府残疾人工作委员会要进一步完善工作机制，切实发挥统筹协调和督促落实职能，及时解决突出困难和问题；各成员单位要各司其职、密切配合，形成合力；各级残联要进一步履行好"代表、服务、管理"职能，全心全意为残疾人服务，为实现残疾人小康铺路搭桥。

（二）完善工作保障机制。各级财政要按照支出责任合理安排所需经费，大力推进残疾人小康进程。各地要充分发挥公益慈善组织等社会力量

作用，形成多渠道、全方位投入格局。有关政策、资金、项目要重点向中西部地区、农村和基层倾斜。各地要将基层残疾人服务网络纳入以社区为基础的城乡基层社会管理和公共服务平台建设，改善服务条件，增强服务能力。要建立健全残疾人统计调查制度，完善残疾人人口综合信息。推进残疾人证智能化工作。要高度重视残疾人工作者队伍建设，进一步加强教育培训，强化职业素质，增强服务意识，更好地服务残疾人。

（三）强化残疾人权益保障机制。加快推进与残疾人权益保障、残疾人发展紧密相关的残疾人教育、残疾人康复等立法工作，制定完善配套政策和标准体系。完善残疾人权益保障机制，加强残疾人法律救助、法律服务和法律援助；建设全国统一的维权热线、残联系统网上信访工作平台；切实落实主体责任，维护残疾人合法利益诉求。广泛开展普法宣传教育，形成保障残疾人合法权益的良好社会氛围。

（四）做好宣传动员工作。充分利用报刊、广播、电视等媒体和互联网，以群众喜闻乐见的方式，大力弘扬人道主义思想和残疾人"平等、参与、共享"的现代文明理念，在全社会营造理解、尊重、关心、帮助残疾人的良好氛围。鼓励广大残疾人自尊、自信、自强、自立，不断增强自我发展能力，积极参与和融入社会，与全国人民一道共创共享小康社会。

各有关部门要根据本意见要求，按照职责和重点任务分工抓紧制定相关配套政策措施。省级人民政府要结合实际制定具体实施方案。国务院残疾人工作委员会要开展残疾人小康进程监测，督促检查本意见落实情况，重大情况及时向国务院报告。国务院将适时组织专项督查。

国务院

2015 年 1 月 20 日

# 国务院关于全面建立困难残疾人生活补贴和重度残疾人护理补贴制度的意见

国发〔2015〕52号

各省、自治区、直辖市人民政府，国务院各部委、各直属机构：

残疾人是需要格外关心、格外关注的特殊困难群体。党和政府高度重视残疾人福利保障工作。为解决残疾人特殊生活困难和长期照护困难，国务院决定全面建立困难残疾人生活补贴和重度残疾人护理补贴（以下统称残疾人两项补贴）制度。这是保障残疾人生存发展权益的重要举措，对全面建成小康社会具有重要意义。为此，现提出以下意见：

## 一、总体要求

（一）指导思想。深入贯彻党的十八大和十八届二中、三中、四中全会精神，按照党中央、国务院决策部署，以协调推进"四个全面"战略布局为统领，以加快推进残疾人小康进程为目标，以残疾人需求为导向，加强顶层制度设计，制定残疾人专项福利政策，逐步完善残疾人社会保障体系。

（二）基本原则。

坚持需求导向，待遇适度。从残疾人最直接最现实最迫切的需求入手，着力解决残疾人因残疾产生的额外生活支出和长期照护支出困难。立足经济社会发展状况，科学合理确定保障标准，逐步提高保障水平。

坚持制度衔接，全面覆盖。注重与社会救助、社会保险、公益慈善有效衔接，努力形成残疾人社会保障合力。做到应补尽补，确保残疾人两项补贴制度覆盖所有符合条件的残疾人。

坚持公开公正，规范有序。建立和完善标准统一、便民利民的申请、审核、补贴发放机制，做到阳光透明、客观公正。加强政策评估和绩效考核，不断提高制度运行效率。

坚持资源统筹，责任共担。积极发挥家庭、社会、政府作用，形成家庭善尽义务、社会积极扶助、政府兜底保障的责任共担格局。

## 二、主要内容

（一）补贴对象。困难残疾人生活补贴主要补助残疾人因残疾产生的额外生活支出，对象为低保家庭中的残疾人，有条件的地方可逐步扩大到低收入残疾人及其他困难残疾人。低收入残疾人及其他困难残疾人的认定标准由县级以上地方人民政府参照相关规定、结合实际情况制定。重度残疾人护理补贴主要补助残疾人因残疾产生的额外长期照护支出，对象为残疾等级被评定为一级、二级且需要长期照护的重度残疾人，有条件的地方可扩大到非重度智力、精神残疾人或其他残疾人，逐步推动形成面向所有需要长期照护残疾人的护理补贴制度。长期照护是指因残疾产生的特殊护理消费品和照护服务支出持续 6 个月以上时间。

（二）补贴标准。残疾人两项补贴标准由省级人民政府根据经济社会发展水平和残疾人生活保障需求、长期照护需求统筹确定，并适时调整。有条件的地方可以按照残疾人的不同困难程度制定分档补贴标准，提高制度精准性，加大补贴力度。

（三）补贴形式。残疾人两项补贴采取现金形式按月发放。有条件的地方可根据实际情况详细划分补贴类别和标准，采取凭据报销或政府购买服务形式发放重度残疾人护理补贴。

（四）政策衔接。符合条件的残疾人，可同时申领困难残疾人生活补贴和重度残疾人护理补贴。既符合残疾人两项补贴条件，又符合老年、因公致残、离休等福利性生活补贴（津贴）、护理补贴（津贴）条件的残疾人，可择高申领其中一类生活补贴（津贴）、护理补贴（津贴）。享受孤儿基本生活保障政策的残疾儿童不享受困难残疾人生活补贴，可享受重度残疾人护理补贴。残疾人两项补贴不计入城乡最低生活保障家庭的收入。领取工伤保险生活护理费、纳入特困人员供养保障的残疾人不享受残疾人两项补贴。

## 三、申领程序和管理办法

（一）自愿申请。残疾人两项补贴由残疾人向户籍所在地街道办事处或乡镇政府受理窗口提交书面申请。残疾人的法定监护人，法定赡养、抚养、扶养义务人，所在村民（居民）委员会或其他委托人可以代为办理申请事宜。申请残疾人两项补贴应持有第二代中华人民共和国残疾人证，并提交相关证明材料。

（二）逐级审核。街道办事处或乡镇政府依托社会救助、社会服务"一门受理、协同办理"机制，受理残疾人两项补贴申请并进行初审。初审合格材料报送县级残联进行相关审核。审核合格材料转送县级人民政府民政部门审定，残疾人家庭经济状况依托居民家庭经济状况核对机制审核。审定合格材料由县级人民政府民政部门会同县级残联报同级财政部门申请拨付资金。

（三）补贴发放。补贴资格审定合格的残疾人自递交申请当月计发补贴。残疾人两项补贴采取社会化形式发放，通过金融机构转账存入残疾人账户。特殊情况下需要直接发放现金的，要制定专门的监管办法，防止和杜绝冒领、重复领取、克扣现象。

（四）定期复核。采取残疾人主动申报和发放部门定期抽查相结合的方式，建立残疾人两项补贴定期复核制度，实行残疾人两项补贴应补尽补、应退则退的动态管理。定期复核内容包括申请人资格条件是否发生变化、补贴是否及时足额发放到位等。

## 四、保障措施

（一）加强组织领导。各地区、各部门要充分认识全面建立残疾人两项补贴制度的重要性，将其作为保障和改善民生的重要任务，完善政府领导、民政牵头、残联配合、部门协作、社会参与的工作机制。民政部门要履行主管部门职责，做好补贴资格审定、补贴发放、监督管理等工作，推进残疾人两项补贴制度与相关社会福利、社会救助、社会保险制度有机衔接。财政部门要加强资金保障，及时足额安排补贴资金及工作经费，确保残疾人两项补贴制度顺利实施。中央财政通过增加一般性转移支付予以支持。残联组织要发挥"代表、服务、管理"职能作用，及时掌握残疾人需求，严格残疾人证发放管理，做好残疾人两项补贴相关审核工作。

（二）加强制度落实。地方已经实施的残疾人两项补贴制度补贴对象范围小于本意见要求的，要严格按本意见执行，有条件的地方可适当扩大补贴范围。要通过政府购买服务、引导市场服务、鼓励慈善志愿服务等方式，健全补贴与服务相结合的残疾人社会福利体系，促进残疾人服务业发展。

（三）加强监督管理。地方各级人民政府要将残疾人两项补贴工作纳入年度考核内容，重点督查落实情况。残疾人两项补贴资金发放使用情况要定期向社会公示，接受社会监督，财政、审计、监察部门要加强监督检查，防止出现挤占、挪用、套取等违法违规现象。民政部门要会同残联组织定期开展残疾人两项补贴工作绩效评估，及时处理残疾人及其他群众的投诉建议，不断完善相关政策措施，切实维护残疾人合法权益。要统筹建立统一的残疾人两项补贴工作网络信息平台，加强对基本信息的实时监测、比对、归纳分析和动态管理，不断提高工作效率。

（四）加强政策宣传。各地要及时组织学习培训，全面掌握残疾人两项补贴制度精神和内容，正确组织实施残疾人两项补贴工作。要充分利用多种媒介宣传残疾人两项补贴制度，营造良好舆论氛围，引导全社会更加关心、关爱残疾人。要充分考虑残疾人获取信息的特殊要求和实际困难，采用灵活多样形式进行宣传解读，确保残疾人及其家属知晓残疾人两项补贴制度内容，了解基本申领程序和要求。要及时做好残疾人两项补贴政策解释工作，协助残疾人便捷办理相关手续。

残疾人两项补贴制度自2016年1月1日起全面实施。各地要结合实际制定贯彻实施办法，推进落实相关工作。民政部、财政部、中国残联要根据职责，抓紧制定具体政策措施。国务院将适时组织专项督查。

国务院<br>
2015年9月22日

# 国务院关于加快发展康复辅助器具产业的若干意见

国发〔2016〕60号

各省、自治区、直辖市人民政府，国务院各部委、各直属机构：

康复辅助器具是改善、补偿、替代人体功能和实施辅助性治疗以及预防残疾的产品。康复辅助器具产业是包括产品制造、配置服务、研发设计等业态门类的新兴产业。我国是世界上康复辅助器具需求人数最多、市场潜力最大的国家。近年来，我国康复辅助器具产业规模持续扩大，产品种类日益丰富，供给能力不断增强，服务质量稳步提升，但仍存在产业体系不健全、自主创新能力不够强、市场秩序不规范等问题。当前，我国经济发展进入新常态，全球新一轮科技革命与产业变革日益加快，给提升康复辅助器具产业核心竞争力带来新的机遇与挑战。发展康复辅助器具产业有利于引导激发新消费、培育壮大新动能、加快发展新经济，推动经济转型升级；有利于积极应对人口老龄化，满足残疾人康复服务需求，推进健康中国建设，增进人民福祉。为加快康复辅助器具产业发展，现提出以下意见。

## 一、总体要求

（一）指导思想

全面贯彻党的十八大和十八届三中、四中、五中全会精神，按照"四个全面"战略布局和党中央、国务院决策部署，牢固树立创新、协调、绿色、开放、共享的发展理念，以服务于人的全面发展为导向，以扩大有效供给为目标，以增强自主创新能力为动力，充分发挥市场在资源配置中的决定性作用和更好发挥政府作用，完善市场机制，激发市场活力，促进社会投资，进一步发挥社会力量在康复辅助器具产业发展中的主体作用，推动产业跨越式发展，更好地满足人民群众多层次、多样化的需求。

（二）基本原则

坚持市场主导、政府引导。遵循产业发展规律，以需求为导向，发挥各类市场主体积极性和创造力。注重规划、政策、标准的引导规范作用，营造良好市场环境。

坚持自主创新、开放合作。政产学研用协同，推动康复辅助器具技术、管理、品牌、商业模式创新，着眼全球加强交流合作，提升市场竞争力。

坚持问题导向、突出重点。瞄准制约康复辅助器具产业发展的薄弱环节，补短板、破难题，优化资源要素配置，持续扩大有效供给，促进产业转型升级。

坚持统筹兼顾、协调发展。立足全局，将康复辅助器具产业发展融入"中国制造2025"、"互联网+"、现代服务业发展进程，促进业态融合，推动产业全面发展。

（三）发展目标

到2020年，康复辅助器具产业自主创新能力明显增强，创新成果向现实生产力高效转化，创新人才队伍发展壮大，创新驱动形成产业发展优势。产业规模突破7000亿元，布局合理、门类齐备、产品丰富的产业格局基本形成，涌现一批知名自主品牌和优势产业集群，中高端市场占有率显著提高。产业发展环境更加优化，产业政策体系更加完善，市场监管机制更加健全，产品质量和服务水平明显改善，统一开放、竞争有序的市场环境基本形成。

## 二、主要任务

（四）增强自主创新能力。深入实施创新驱动发展战略，推进大众创业、万众创新，形成以人才为根本、市场为导向、资本为支撑、科技为核心的全面创新，提高康复辅助器具产业关键环节和重要领域创新能力。

激励创新人才。实施以增加知识价值为导向的分配政策和更加积极的创新人才培养、引进政策，提高创新成果转化收益分享比例，打造生物医学工程、临床医学、材料科学、信息系统学、制造科学等多学科人才聚合创新机制，造就一批创新创业领军人才和高水平创新团队。

搭建创新平台。统筹企业、科研院所、高等院校等创新资源，搭建康复辅助器具科技创新平台和基础共性技术研发平台，建立协同创新机制，加强相关基础理论、基础工艺、基础材料、基础元器件、基础技术研发和系统集成能力。支持各类研发机构通过公开竞争方式承接政府科研项目。

促进成果转化。以"互联网＋技术市场"为核心，充分利用现有技术交易网络平台，促进康复辅助器具科技成果线上线下交易。依托康复辅助器具研发、生产、应用的优势单位，开展康复辅助器具产业创业孵化和双创示范工作。支持行业组织开展产业创新评选活动，推介康复辅助器具创新产品目录、科技成果及转化项目信息。加强国际交流合作，加快引进吸收国外先进科技成果。

（五）促进产业优化升级。优化产业空间布局，显著提升产业发展整体素质和产品附加值，推动康复辅助器具产业向中高端迈进。

优化产业空间布局。依托长三角、珠三角、京津冀等区域产业集聚优势和资金、技术、人才等优势，打造一批示范性康复辅助器具产业园区和生产基地，建设国际先进研发中心和总部基地，发展区域特色强、附加值高、资源消耗低的康复辅助器具产业。支持中西部地区根据资源环境承载能力，因地制宜发展劳动密集型康复辅助器具产业。

促进制造体系升级。实施康复辅助器具产业智能制造工程，开展智能工厂和数字化车间建设示范，促进工业互联网、云计算、大数据在研发设计、生产制造、经营管理、销售服务等全流程、全产业链的综合集成应用，加快增材制造、工业机器人、智能物流等技术装备应用，推动形成基于消费需求动态感知的研发、制造和产业组织方式。推广节能环保技术、工艺、装备应用，积极构建绿色制造体系。

大力发展生产性服务。大力推进康复辅助器具全产业链整合优化，重点发展研发设计、融资租赁、信息技术服务、检验检测认证、电子商务、服务外包和品牌建设等生产性服务，促进产业要素高效流动和合理配置。推进面向产业集群和中小型企业的专业化公共服务平台建设，整合优化生产服务系统。重点围绕市场营销和品牌服务，发展现代销售体系，增强产业链上下游企业协同能力。

提高国际合作水平。支持企业着眼全球优化资源配置，开展境外并购和股权投资、创业投资，加强技术、产能、贸易等国际合作，建立海外研发中心、生产基地、销售网络和服务体系，巩固优势产品出口，持续拓展中高端产品国际国内市场份额。鼓励境外企业和科研机构在我国设立全球研发生产机构，加快产业合作由加工制造环节向研发设计、市场营销、品牌培育等高附加值环节延伸。

（六）扩大市场有效供给。推动康复辅助器具产品创新和配置服务深度融合，实现品质化、精细化、便利化发展，在满足人民群众基本需求的基础上，适应消费需求升级，打造"中国制造"品牌。

培育市场主体。支持企业战略合作和兼并重组，促进规模化、集约化、连锁化经营。培育一批全球范围内配置要素资源、布局市场网络、具有跨国经营能力的领军企业，鼓励创新型、创业型和劳动密集型中小微企业专注于细分市场发展，走"专精特新"和与大企业协作配套发展的道路。组建一批产业联盟或产业联合体。加快公办机构改革，推进服务型单位职能转型，有条件的生产型单位转制为企业。扶持社会力量兴办非营利性康复辅助器具配置服务机构。支持通过线上线下相结合的方式，举办高层次、高水平、高品质的康复辅助器具博览会、展览会和交易平台。支持行业组织开展康复辅助器具创新创业竞赛活动。

丰富产品供给。将老年人、伤病人护理照料，残疾人生活、教育和就业辅助，残疾儿童抢救性康复等作为优先发展领域，推动"医工结合"，支持人工智能、脑机接口、虚拟现实等新技术在康复辅助器具产品中的集成应用，支持外骨骼机器人、照护和康复机器人、仿生假肢、虚拟现实康复训练设备等产品研发，形成一批高智能、高科技、高品质的康复辅助器具产品。积极拓展改善普通人群生活品质的产品。加强传统中医康复技术、方法创新，形成和推广一批具有自主知识产权、疗效确切、中医特色突出的康复辅助器具。培育一批国际国内知名品牌、知名产品。

增强服务能力。大力推广康复医师、康复治疗师与康复辅助器具配置人员团队协作，重点推进骨科、眼科、耳科、康复科等医疗服务与康复辅助器具配置服务衔接融合，促进康复辅助器具在养老、助残、医疗、健康、教育、通信、交通、文体娱乐等领域广泛应用。开展康复辅助器具社区租赁和回收再利用服务试点。整合利用相关资源，建立国家康复辅助器具产品服务信息平台，完善产品目录和配置指引，促进供需有效衔接。健全主体多元、覆盖城乡、方便可及的配置服务网络。

加强质量管理。强化企业质量安全主体责任，开展质量管理示范活动,鼓励企业建立覆盖产品全生命周期的质量管理体系并通过相关认证,加强质量安全培训,优化质量控制技术。开展企业产品和服务标准自我声明公开和监督制度试点。建立强制性和自愿性相结合的产品、服务认证体系和质量追溯体系,完善服务回访制度。加强产品质量监督抽查、风险预警和缺陷产品强制召回、产品伤害监测验证评估等工作,发布产品和服务质量"红黑榜"。培育发展一批质量检验机构。

(七)营造良好市场环境。深化康复辅助器具产业领域"放管服"改革,加快建立权责明确、公平公正、透明高效、法治保障的市场监管格局,平等保护各类市场主体合法权益。

完善法规政策体系。健全完善促进康复辅助器具产业发展的法规政策体系,研究制定康复辅助器具产品和配置服务管理制度、康复辅助器具与医疗器械管理服务衔接办法。探索建立康复辅助器具产品分类分级认证制度,推进康复辅助器具产品认证国际互认。持续推进商事制度改革,降低市场准入门槛,简化注册登记流程,健全监管服务机制,营造良好营商环境。

发挥标准导向作用。加快重点产品、管理、服务标准制修订,健全康复辅助器具标准体系,充分发挥标准对市场的规范作用。将康复辅助器具配置服务纳入国家级服务业标准化试点范围。加强康复辅助器具标准国际合作,积极采用适合我国康复辅助器具产业发展的国际先进标准,积极参与国际标准制定,推动我国优势技术标准成为国际标准。建立标准分类实施和监督机制。培育一批康复辅助器具检验、检测、认证机构。

维护良好市场秩序。健全统一规范、权责明确、公正高效、法治保障的市场监管体系。严格执行反不正当竞争法、反垄断法,严肃查处违法违规行为,打击侵犯知识产权和制售假冒伪劣商品行为,维护公平竞争市场秩序。充分发挥全国企业信用信息公示系统、全国信用信息共享平台和"信用中国"网站作用,建立康复辅助器具企业信用信息公示、动态评价、守信激励和失信惩戒机制。支持行业组织完善自律惩戒机制,在行业标准制定、数据统计、信息披露、反不正当竞争等方面充分发挥作用。

## 三、政策支持

(八)落实税收价格优惠。符合条件的康复辅助器具企业可依法享受研发费用加计扣除和固定资产加速折旧政策。对符合条件的公益性捐赠支出依法在所得税税前扣除。经认定为高新技术企业的康复辅助器具企业，按规定享受企业所得税优惠。落实生产和装配伤残人员专门用品的企业和单位有关税收优惠政策。落实康复辅助器具配置服务企业用水、用电、用气、用热与工业企业同价政策。

（九）强化企业金融服务。培育壮大创业投资和资本市场，提高信贷支持的灵活性和便利性，发展知识产权质押融资和专利保险，开展股权众筹融资等试点，通过国家设立的科技成果转化引导基金、新兴产业创业投资引导基金、中小企业发展基金等吸引社会资本协同发力，按照市场化方式支持符合基金投向的康复辅助器具产业创新。支持符合条件的企业发行企业债、公司债和资产支持证券。支持企业通过发行短期融资券、中期票据、中小企业集合票据等非金融企业债务融资工具筹集资金。鼓励商业银行、保险公司、证券公司等金融机构在风险可控、商业可持续的前提下开发适合康复辅助器具企业的金融产品。

（十）加强财政资金引导。将康复辅助器具产业纳入众创、众包、众扶、众筹相关财政以及新兴产业投资支持范围。地方财政可利用奖励引导、资本金注入、应用示范补助等方式，支持非营利性康复辅助器具配置服务机构建设，以及具有良好示范效应、较强公共服务性质的康复辅助器具项目。健全政府采购机制，国产产品能够满足要求的原则上须采购国产产品。将符合条件的高端康复辅助器具产品纳入首台（套）重大技术装备保险补偿试点范围。

（十一）完善消费支持措施。鼓励有条件的地方研究将基本的治疗性康复辅助器具逐步纳入基本医疗保险支付范围。完善康复辅助器具工伤保险支付制度，合理确定支付范围。支持商业保险公司创新产品设计，将康复辅助器具配置纳入保险支付范围。鼓励金融机构创新消费信贷产品，支持康复辅助器具消费。有条件的地方可以对城乡贫困残疾人、重度残疾人基本型康复辅助器具配置给予补贴。

（十二）加强人才队伍建设。鼓励将康复辅助器具相关知识纳入临床医学、生物医学工程相关专业教育以及医师、护士、特殊教育教师、养老护理员、孤残儿童护理员等专业人员继续教育范围。依托科研院所、高等院校、企业设立康复辅助器具方面的博士后科研工作站。支持企业、院校合作建立实用型人才培养基地，鼓励企业为教师实践、学生实习提供岗位。完善康复辅助器具从业人员职业分类、国家职业标准、职称评定政策，研究建立假肢师和矫形器师水平评价类职业资格制度。

## 四、保障措施

（十三）加强组织领导。各地各有关部门要高度重视康复辅助器具产业发展，加强协调联动。建立民政部牵头的部际联席会议制度，统筹推进康复辅助器具产业发展。各级民政部门要协同发展改革、工业和信息化、财政、卫生计生、食品药品监管等有关部门及残联组织，做好康复辅助器具产业发展规划、行业指导和监督管理工作。教育、科技、司法、人力资源社会保障、商务、人民银行、海关、税务、工商、质检、银监、证监、保监、统计、知识产权等部门要各司其职，及时解决工作中遇到的问题，形成齐抓共管、整体推进的工作局面。

（十四）推进综合创新试点。国家选择条件成熟地区开展综合创新试点，在康复辅助器具产业集聚发展、服务网络建设、政产学研用模式创新、业态融合等重点领域先行先试，打造一批知名产业园区、前沿创新平台、知名企业品牌、优势特色产品和新型服务模式，为加快康复辅助器具产业发展提供经验。

（十五）健全行业统计制度。以国民经济行业分类为基础，健全康复辅助器具产业统计监测分析体系。建立以主要产品数量、生产企业、服务机构等信息为主要内容的统计指标体系，完善统计调查、行政记录和行业统计相结合的信息采集机制。

民政部、国家发展改革委要加强对本意见实施情况的督促落实，及时向国务院报告。国务院将适时组织专项督查。

国务院

2016 年 10 月 23 日

# 国务院关于建立残疾儿童康复救助制度的意见

国发〔2018〕20号

各省、自治区、直辖市人民政府，国务院各部委、各直属机构：

党和政府高度重视残疾儿童康复工作，制定了一系列法规政策措施，实施了一系列残疾儿童康复项目，残疾儿童康复状况得到显著改善。同时，也有一些残疾儿童因家庭经济困难，未能得到及时康复，还有一些残疾儿童家庭因残致贫、陷入困境，成为全面建成小康社会亟待解决的突出问题。做好残疾儿童康复救助工作，关系残疾儿童切身利益和健康成长，关系千家万户安居乐业和美满幸福，关系社会稳定和文明进步，关系健康中国建设和全面建成小康社会大局。

为全面贯彻落实党的十九大关于"发展残疾人事业，加强残疾康复服务"的重要部署，改善残疾儿童康复状况、促进残疾儿童全面发展、减轻残疾儿童家庭负担，完善社会保障体系，根据《残疾预防和残疾人康复条例》，国务院决定建立残疾儿童康复救助制度。

## 一、总体要求

（一）指导思想

以习近平新时代中国特色社会主义思想为指导，全面深入贯彻党的十九大和十九届二中、三中全会精神，认真落实党中央、国务院决策部署，统筹推进"五位一体"总体布局和协调推进"四个全面"战略布局，坚持以人民为中心的发展思想，牢固树立新发展理念，按照兜底线、织密网、建机制的要求，着力保障残疾儿童基本康复服务需求，努力实现残疾儿童"人人享有康复服务"，使残疾儿童家庭获得感、幸福感、安全感更加充实、更有保障、更可持续。

（二）基本原则

坚持制度衔接、应救尽救。加强与基本医疗、临时救助等社会保障制度的有效衔接，确保残疾儿童家庭求助有门、救助及时。

坚持尽力而为、量力而行。坚守底线、突出重点、完善制度、引导预期，着力满足残疾儿童基本康复服务需求。

坚持规范有序、公开公正。建立科学规范、便民高效的运行机制，主动接受群众和社会监督，做到公开透明、结果公正。

坚持政府主导、社会参与。更好发挥政府"保基本"作用，不断推进基本康复服务均等化；更好发挥社会力量作用，不断扩大康复服务供给，提高康复服务质量。

（三）总体目标

到2020年，建立与全面建成小康社会目标相适应的残疾儿童康复救助制度体系，形成党委领导、政府主导、残联牵头、部门配合、社会参与的残疾儿童康复救助工作格局，基本实现残疾儿童应救尽救。

到2025年，残疾儿童康复救助制度体系更加健全完善，残疾儿童康复服务供给能力显著增强，服务质量和保障水平明显提高，残疾儿童普遍享有基本康复服务，健康成长、全面发展权益得到有效保障。

二、制度内容

（一）救助对象

救助对象为符合条件的0—6岁视力、听力、言语、肢体、智力等残疾儿童和孤独症儿童。包括城乡最低生活保障家庭、建档立卡贫困户家庭的残疾儿童和儿童福利机构收留抚养的残疾儿童；残疾孤儿、纳入特困人员供养范围的残疾儿童；其他经济困难家庭的残疾儿童。其他经济困难家庭的具体认定办法，由县级以上地方人民政府制定。

有条件的地区，可扩大残疾儿童康复救助年龄范围，也可放宽对救助对象家庭经济条件的限制。

（二）救助内容和标准

县级以上地方人民政府根据本地实际确定残疾儿童康复救助基本服务项目和内容，包括以减轻功能障碍、改善功能状况、增强生活自理和社会参与能力为主要目的的手术、辅助器具配置和康复训练等。

县级以上地方人民政府依据本地财力状况、保障对象数量、残疾类别等，分类确定康复救助基本服务项目的经费保障标准，并建立动态调整机制。

（三）工作流程

申请。残疾儿童监护人向残疾儿童户籍所在地（居住证发放地）县级残联组织提出申请。监护人也可委托他人、社会组织、社会救助经办机构等代为申请。

审核。对于城乡最低生活保障家庭、建档立卡贫困户家庭的残疾儿童和儿童福利机构收留抚养的残疾儿童的救助申请，以及残疾孤儿、纳入特困人员供养范围的残疾儿童的救助申请，由县级残联组织与民政、扶贫部门进行相关信息比对后做出决定；其他经济困难家庭的残疾儿童的救助申请的审核程序，由县级以上地方人民政府规定。

救助。经审核符合条件的，由残疾儿童监护人自主选择定点康复机构接受康复服务。必要时，由地级以上地方残联组织和卫生健康等部门指定的医疗、康复机构做进一步诊断、康复需求评估。定点康复机构由县级以上地方残联组织会同卫生健康、教育、民政等部门按照公开择优原则选择确定。

结算。在定点康复机构接受康复服务发生的费用，经县级残联组织审核后，由同级财政部门与定点康复机构直接结算，结算周期由县级残联组织商同级财政部门确定。经县级残联组织审核同意在非定点康复机构接受康复服务发生的费用，由县级残联组织商同级财政部门明确结算办法。

（四）经费保障

县级以上地方人民政府应将残疾儿童康复救助资金纳入政府预算。中央财政对各地给予适当补助。

## 三、组织实施

（一）加强组织领导

残疾儿童康复救助工作实行地方人民政府负责制。地方各级人民政府要将残疾儿童康复救助工作列入重要议事日程，作为政府目标管理和绩效考核重要内容，对不作为、慢作为、乱作为的单位和个人加大行政问责力度，对违纪违法的严肃追究责任。残联组织和教育、民政、人力资源社会保障、卫生健康、市场监管等有关部门要履职尽责、协作配合，加强工作衔接和信息共享，深化"放管服"改革，努力实现"最多跑一次"、"一站式结算"，切实提高便民服务水平。

（二）加强能力建设

县级以上人民政府根据本行政区域残疾人数量、分布状况、康复需求等情况，制定康复机构设置规划，举办公益性康复机构，将康复机构设置纳入基本公共服务体系规划，支持社会力量投资康复机构建设，鼓励多种形式举办康复机构。社会力量举办的康复机构和政府举办的康复机构在准入、执业、专业技术人员职称评定、非营利组织财税扶持、政府购买服务等方面执行相同的政策。加强康复人才教育培训培养，不断提高康复服务从业人员能力素质。切实加强残疾儿童康复救助工作经办能力，确保事有人做、责有人负。推动建设残疾儿童康复救助服务管理综合信息平台。充分发挥村（居）民委员会、基层医疗卫生机构、公益慈善组织和残疾人专职委员、社会工作者、志愿服务人员等社会力量作用，做好发现告知、协助申请、志愿服务等工作。健全多渠道筹资机制，鼓励、引导社会捐赠。

（三）加强综合监管

教育、民政、卫生健康、市场监管等有关部门要商残联组织完善残疾儿童康复机构管理相关政策，共同做好康复机构监督管理。残联组织要会同有关部门加强定点康复机构准入、退出等监管，建立定期检查、综合评估机制，指导定点康复机构规范内部管理、改善服务质量、加强风险防控，及时查处违法违规行为和安全责任事故，确保残疾儿童人身安全；探索建立科学合理的康复服务定价机制，加强价格监管；建立覆盖康复机构、从业人员和救助对象家庭的诚信评价和失信行为联合惩戒机制，建立黑名单制度，做好公共信用信息记录和归集，加强与全国信用信息共享平台、国家企业信用信息公示系统的信息交换共享；积极培育和发展康复服务行业协会，发挥行业自律作用。财政、审计等部门要加强对残疾儿童康复救助资金管理使用情况的监督检查，防止发生挤占、挪用、套取等违法违规现象。残疾儿童康复救助实施和资金筹集使用情况要定期向社会公开，接受社会监督。

（四）加强宣传动员

地方各级人民政府及有关部门要充分运用传统媒体、新媒体等多种手段大力开展残疾儿童康复救助制度政策解读和宣传,使社会各界广泛了解党和政府的爱民之心、惠民之举,帮助残疾儿童监护人准确知晓残疾儿童康复救助制度相关内容,了解基本申请程序和要求。积极引导全社会强化残疾预防和康复意识,关心、支持残疾儿童康复工作,营造良好社会环境。

残疾儿童康复救助制度自2018年10月1日起全面实施。各省级人民政府要在2018年9月底前制定出台本地残疾儿童康复救助制度和配套政策措施。中国残联要会同相关部门督促指导各地做好贯彻落实各项工作,及时研究解决工作中发现的问题,重大情况向国务院报告。国务院将适时组织专项督查。

国务院<br>
2018年6月21日

# 三、国务院办公厅文件

## 国务院办公厅转发民政部关于组建中国残疾人联合会报告的通知

国办发〔1987〕75号

各省、自治区、直辖市人民政府,国务院各部委、各直属机构:

发展残疾人事业,发扬社会主义人道主义精神,努力做好残疾人工作,是社会主义优越性的体现,也是社会进步与人类文明的标志。为了进一步做好社会保障工作,推进我国残疾人事业的开展,国务院同意组建中国残疾人联合会。

中国残疾人联合会要代表残疾人的共同利益,全心全意为残疾人服务;加强政府、社会与残疾人之间的联系;为政府决策提供咨询和建议;承担政府委托的任务;动员社会力量,推进社会化管理,发展有中国特色的残疾人事业。

中国残疾人联合会享受总局级待遇,由民政部代管,在国家计划中单列户头,与国务院各部门和各省、自治区、直辖市建立业务关系。中国残疾人联合会的地方组织,由各地人民政府依据本通知精神,结合本地实际情况组建。

国务院同意民政部《关于组建中国残疾人联合会的报告》,现转发给你们,希望各部门、各地区对中国残疾人联合会的组建及其今后的工作给予支持,以促进我国残疾人事业的发展。

国务院办公厅
一九八七年十二月九日

# 关于组建中国残疾人联合会的报告

国务院：

我国残疾人有五千多万。现有两个全国性的残疾人社会团体，即：中国盲人聋哑人协会、中国残疾人福利基金会。前者创办于一九五三年，是代表盲人、聋哑人利益的群众团体；后者建立于一九八四年，是为残疾人服务的福利团体。一九八四年，国务院总理赵紫阳代表我国政府接收了联合国组织关于残疾人的《八十年代宣言》以后，我国政府成立了联合国残疾人十年中国组织委员会，并设立了秘书处。在党和政府的领导下，这些组织为发展残疾人事业做了大量工作。

随着形势的发展和改革的深化，目前的残疾人社会团体组织形式已不适应工作的需要。一是体制不顺，机构重叠，力量分散；二是组织不完善，功能不健全，占五类残疾人总数一半的肢体残疾、智力残疾、精神病残疾者，没有相应的代表组织；三是组织制度、职能和活动方式不适应推进社会化管理的要求。

为了进一步做好残疾人工作，适应社会主义建设事业发展的需要，根据广大残疾人的要求和改革的精神，本着精简、效能、统一的原则，我们建议在中国残疾人福利基金会、中国盲人聋哑人协会、联合国残疾人十年中国组织委员会秘书处的基础上，组建中国残疾人联合会。为此，我部和中国残疾人福利基金会、中国盲人聋哑人协会进行了一年多的调查研究，征求了有关部门、地方以及一些残疾人和两会理事、委员的意见，草拟了联合会章程，并向国务院领导同志做了汇报。目前各方面意见已趋一致，现将组建中国残疾人联合会的意见报告如下：

## 一

中国残疾人联合会为全国性残疾人事业团体。它由各类残疾人的代表和残疾人工作者组成，既是残疾人共同利益的代表，又为残疾人服务。同时，承担政府委托的任务，动员社会力量，推进残疾人事业。

中国残疾人联合会享受总局级待遇，由民政部代管，在国家计划中单列户头，与国务院各部门和各省、自治区、直辖市建立业务关系。

中国残疾人联合会设主席团、执行理事会、评议会。主席团委员由代表大会选举产生，实行民主集中制原则。评议会主要由残疾人代表组成，发挥咨询、监督和协商、对话的作用。执行理事会是常设执行机构，领导日常工作，理事长由主席团推举、政府批准，实行理事长负责制，下设精干的办事机构。为适应在国内外开展活动的需要，联合会内可设盲人协会、聋人协会、肢残人协会、智残人亲友会等专门协会和福利基金会，其日常工作由联合会的办事机构统一办理。从科学性和整体性出发，设置这样一个相互联系、各司其职、合理制约的组织系统，既利于发扬民主，又利于提高工作效率。

## 二

在调研中，大家认为上述方案符合政治体制改革的方向，符合我国国情，有利于推进残疾人事业的社会化管理，也符合赵紫阳同志在十三大报告中提出的"群众团体也要改革组织制度，转变活动方式"，"按照各自的特点独立自主地开展工作，能够在维护全国人民总利益的同时，更好地表达和维护各自代表的群众利益"的精神。其好处是：

（一）精简了机构，又完善和增强了残疾人组织的代表性和功能

中国残疾人联合会是全国残疾人统一的代表组织，各类残疾人不必再分别建立代表机构。同时，它又是综合性的事业团体，将残疾人的代表功能、社团的福利与服务功能、事业的社会化管理功能有机结合，从而避免机构林立、几套"人马"，有利于增进各类残疾人之间的团结，加强残疾人与残疾人工作者的联系。三种功能融为一体，转变活动方式，便于克服"官气"和行政化倾向，增强活力。由于力量集中，业务能力增强，可以进一步做好联合国残疾人十年中国组织委员会的日常工作，充分发挥组织委员会对国内残疾人工作的协调作用，更好地开展涉外活动。

（二）有利于密切党、政府与残疾人的联系，促进安定团结，体现社会主义的优越性

建国以来，在党和政府的关怀下，残疾人状况发生了根本性好转。但是，由于受国家财力的限制以及残疾人本身生理障碍等原因，残疾人仍是

全社会中特殊困难的一个群体，他们的生活、教育、就业状况远落后于社会平均水平。改革开放给国家带来了生机和活力，也给残疾人事业的发展带来了生机和活力。然而，残疾人也面临着新的问题，单凭自身的努力难以经受竞争的挑战。而残疾人能不能跟上社会发展的步伐，能不能和十亿人民一道前进，共同富裕，不仅关系到五千多万残疾人，而且影响到数以亿计的亲属，因此，这就成为一个不容忽视的社会问题。组建统一的中国残疾人组织，可作为国家发展残疾人事业的助手，联系残疾人的桥梁和纽带。一方面反映残疾人的呼声和要求，开展服务并动员社会力量为他们排忧解难；另一方面，可以团结教育残疾人，坚持爱国主义和乐观主义，自尊、自信、自强、自立，履行公民义务，为社会贡献力量。这对沟通政府、社会同残疾人的联系，增进相互理解，促进安定团结；对齐心协力，艰苦创业，促进国家和民族的繁荣；对显示社会主义优越性；对提高我国的国际声誉，都是十分有益的。

**（三）有利于协助政府动员全社会发展残疾人事业**

残疾人问题，单纯依靠福利救济，由国家包下来的做法，是政府财力无法承受的，即使在发达国家也越来越难以为继。最近，九十一个国家和八十五个组织参加的联合国会议，通过了《不久将来的社会福利政策与方案的指导原则》，强调在政府全面负责的基础上，加强非政府组织、社团、企业和人们本身的作用与贡献，政府的主要责任是制定政策、行动方案和协调，在政府的监督和资助下，可以委托非政府组织和社团承担更大的责任来执行政府的方案，以有效发挥社会的作用。在我国，随着改革的深入，蕴于企事业单位、家庭和个人的社会财力在逐步提高，政府部门的工作重点和方式在逐步向宏观调节和间接管理转化。在这种形势下，组建"半官半民"性质的中国残疾人联合会，一方面便于加强政府对残疾人事业的领导和宏观协调；联合会得到政府的支持，具有相应的工作条件和手段，可以更好地贯彻政府的意图，承担任务，在国内外也更具有号召力。另一方面，以民间的灵活多样的方式开展工作更具有活力，有利于联系群众，动员和组织社会力量，开发社会潜能，发展国际交往。这对形成部门管理与社会化管理相结合的新的工作体系，做好社会保障工作，建设具有中国特色的残疾人事业，是一种有益的尝试。

## 三

  以上报告如无不妥，待国务院批准后，我们准备即着手进行筹建工作。如工作进展顺利，拟于明年三四月份召开中国残疾人全国代表大会，通过章程，产生领导机构，抓紧开展工作。

  关于中国残疾人联合会的地方组织，建议各地人民政府在中国残疾人联合会正式成立之后，依据本报告和联合会章程，结合本地情况，逐步组建。

民政部<br>一九八七年十一月十八日

# 国务院办公厅转发国家教委等部门《关于发展特殊教育的若干意见》的通知

国办发〔1989〕21号

各省、自治区、直辖市人民政府，国务院各部委、各直属机构：

国家教委、国家计委、民政部、财政部、人事部、劳动部、卫生部、中国残疾人联合会《关于发展特殊教育的若干意见》已经国务院同意，现转发给你们，请研究执行。

国务院办公厅
1989年5月4日

# 关于发展特殊教育的若干意见

建国以后，特别是近十年来，我国的特殊教育事业有了一定发展。但由于种种原因，我国特殊教育，特别是残疾少年儿童教育，已经成为普及初等教育最薄弱的环节，目前全国盲、聋学龄儿童入学率还不足6%。这一状况引起了有关部门和社会各界的普遍关注。为加快特殊教育的发展步伐，进一步提高包括残疾人在内的全民族素质，现提出以下意见：

## 一、方针与政策

1. 我国宪法规定："国家和社会帮助安排盲、聋、哑和其他有残疾的公民的劳动、生活和教育。"有计划、有步骤地发展残疾人教育事业，切实保障残疾人受教育的权利，是国家、社会和残疾人家长的共同责任。

发展特殊教育，是提高残疾人素质的根本途径，是社会主义人道主义精神的具体体现。它对促进残疾人自强自立，平等参与社会生活，从而成为社会主义建设的参加者具有重要作用。

2. 发展特殊教育要贯彻普及与提高相结合，以普及为重点的原则。在当前和今后一个时期，发展特殊教育事业的基本方针是：着重抓好初等教育和职业技术教育，积极开展学前教育，逐步发展中等教育和高等教育。把残疾少年儿童教育切实纳入普及义务教育的工作轨道。各级教育部门把残疾少年儿童教育同当地实施义务教育工作统一规划，统一领导，统一部署，统一检查。今后，要将残疾少年儿童教育发展规划执行情况作为检查、验收普及初等教育的内容之一。

3. 各级各类特教学校都应贯彻执行德、智、体、美、劳全面发展的方针，在对残疾学生进行思想品德教育、文化教育和身心缺陷补偿的同时，切实加强劳动技能和职业技术教育，为他们参与社会生活、适应社会需要创造条件。

4. 发展残疾少年儿童教育应遵循地方负责，中央给予指导帮助，有关部门分工协作，社会各界积极支持的原则。

5. 多种渠道办学，充分调动各方面办学的积极性。在国家办学的同时，积极提倡鼓励社会团体、工矿区、林区、垦区、集体经济组织、私营经济组织和个人办学或捐资、捐物、出力助学。欢迎港澳同胞、海外侨胞和国际友好人士捐资助学。

6. 多种形式办学，加快特殊教育事业的发展

——各地要充分利用现有普通小学，积极招收虽有一定残疾，但可以在普通班学习的残疾儿童入学。

——在普通小学附设特教班，吸收随普通学习困难较大的残疾儿童入学。

——积极创造条件，举办多种形式的特教学校。可以直接办校，也可以先办班后办校；可以办全日制学校，也可以办课程设置暂不齐全的学校；可以每年招生，也可以隔年招生。

——各地学校要继续创造条件，积极吸收肢体残疾和有学习障碍、语言障碍、情绪障碍等少年儿童入学，并努力改进教学方法，探索教学规律，使他们受到适当的特殊教育。

——高等院校、中等专业技术学校和技工学校要继续认真贯彻落实招收残疾学生的有关规定。有条件的省、自治区、直辖市，要选择一两所大

专院校，试招盲、聋等残疾学生在适合的专业中学习。

——儿童福利机构要积极创造条件，采用多种形式，对残疾儿童进行特殊教育和训练。

——各地还可因制宜，积极探索其他办学形式。

7. 特殊教育的布局

——盲童教育，原则上以省、自治区、直辖市为单位划片设校，或以地市为单位设校；并有计划地在聋童学校和普通小学附设盲童班，或吸收掌握盲文的盲童在普通小学随班就读。

——聋童教育，根据生源情况原则上以县为单位办班办校。

——弱智教育，城市可以在普通小学、残疾儿童福利机构分散办班或随班就读，也可以集中办校；农村实行就近入学，随班就读，加强个别辅导；有条件的县、乡（镇）也可以办班或建校。

——在特教学校（班）合理布局的基础上，各省、自治区、直辖市及其所属地、市，应有重点地办好几所盲、聋和弱智学校或特教班，作为教学研究中心，发挥以点带面、典型示范的作用。

8. 学制和入学年龄。目前，我国残疾少年儿童实行义务教育的年限原则上与当地健全儿童相同。各类特教学校的学制应根据各地的不同情况和各类残疾少年儿童教育的特点，确定不同年限。

——盲童初等学校（班）和初级中等学校（班），原则上实行五、四制，如果需要也可以实行六、三制。各地应在盲童中，先普及五年或六年初等教育，有条件的地方可适当发展四年或三年制初级中等教育。

——聋童学校（班）原则上实行九年制，即在现行八年制的基础上，再增加一年职业技能教育。条件不具备的地方，可实行六、三分段，先在聋童中普及六年教育。

——弱智儿童学校（班）的学制一般为九年。条件不具备的地方，可实行六、三分段，先普及六年教育。

——招收残疾少年儿童随班就读的普通学校，其学制不变。残疾少年儿童的入学年龄现在一般为七至九周岁，有条件的地方可以逐步过渡到六、七周岁。初等教育阶段，在校学生的年龄一般不得超过十八周岁。

## 二、目标与任务

9.《中国残疾人事业五年工作纲要》（国发〔1988〕59号）提出："今后五年，要采取多种措施，使盲童、聋童的入学率从现在的不足6%，分别提高到10%和15%，弱智儿童入学率要大幅度提高；发达地区的残疾儿童入学率应有更大的提高。"各地要制定具体计划和措施，切实完成或超额完成这一任务。

各地应加强调查研究，摸清各类残疾少年儿童的人数，并从当地经济、文化的发展情况出发，统筹规划，分类指导，既要积极创造条件，又要稳妥可行，自下而上，上下结合，逐步制定发展残疾少年儿童教育事业的近期年度计划和中长期规划，争取在"七五"后两年和"八五"期间打好基础，并有较大的发展，到2000年，力争全国多数盲、聋和弱智学龄儿童能够入学。

10. 各地应根据本地经济、文化发展的不同情况，分别制定发展特殊教育的规划目标。

——大、中城市和经济、文化比较发达的沿海地区，以及经济、文化中等发达地区中经济条件较好的县（市），到"八五"的最后一年，盲、聋和轻度弱智学龄儿童入学率达到70%以上。"九五"期间，在继续发展、巩固、提高初等教育的基础上使初级中等以上的残疾人教育有适当的发展。

——经济、文化中等发达地区中的一般县（市），到2000年，盲、聋轻度弱智学龄儿童入学率达到50%左右，并创造条件发展初级中等以上教育。

——经济、文化不发达的地区，在普及初等教育的进程中，要积极创造条件，发展残疾少年儿童教育。

——大中城市应积极创造条件发展残疾人的初级中等以上的职业技术教育和普通教育。今后五年内，各省、自治区、直辖市的残疾人联合会应会同当地民政、劳动、教育部门，为残疾青年举办一所职业技术教育机构。

11. 早期发现、早期矫治、早期教育对于残疾儿童的身心发展具有重要意义。要在特殊教育学校、残疾儿童康复机构和普通幼儿园举办残疾儿童学前班,并依靠家庭的配合,对残疾儿童进行早期智力开发和功能训练。

12. 采取多种形式,积极开展残疾成人教育,加强在职岗位培训、农村实用技术和文化学习。要积极创办扫盲班,对残疾青少年文盲进行扫盲教育。

13. 积极开展优生优育的宣传教育,采取有力措施,降低残疾儿童出生率。残疾儿童出生率比较高的地方,要努力探索通过特殊教育提高残疾人素质的方法与途径。

## 三、领导与管理

14. 各地要认真贯彻执行《中华人民共和国义务教育法》及国务院有关文件中对发展盲、聋和弱智等各类残疾少年儿童教育的规定,并根据本地实际情况制定具体办法。

要加强特殊教育的法制建设工作,尽快制定有关残疾人教育方面的法规。各地应按照实际情况,积极制定地方性法规和规章,以保障残疾人受教育的权利。

15. 在各级人民政府的统一领导下,以教育部门为主,民政、卫生、劳动、计划、财政和残疾人联合会等部门和组织紧密配合,各司其职,共同做好特殊教育工作。

——教育行政部门负责贯彻执行国家关于特殊教育的方针政策;制定教学计划、教学大纲和有关规章制度;会同计划等部门做好特殊教育规划;对特殊教育工作进行宏观指导和具体管理;负责特教师资的培训和组织特教教材的编审。

——民政部门要负责组织儿童福利机构和社区服务机构,对残疾儿童进行学前教育、文化教育和职业技术教育。

——劳动部门要积极协助有关部门,组织推动残疾青年的就业前培训和在职培训。

——残疾青年的就业,在国家统筹规划和指导下,实行劳动部门介绍就业、自愿组织起来就业和自谋职业相结合的方针,由民政、劳动部门共同负责安排和指导。

——卫生部门负责残疾少年儿童的残疾分类分等和检查诊断，并配合做好招生鉴定工作；对特教学校（班）的残疾少年儿童的康复医疗进行指导；宣传、普及康复医学知识。

——计划和财政部门要对特殊教育事业发展规划做好综合平衡，并制订政策，在基建投资和经费方面给特殊教育事业以积极的支持。

——残疾人联合会要把发展特殊教育作为自己的重要任务之一，协助政府，动员社会，做好特殊教育工作。

——请工会、共青团、妇联等社会各界热情支持特殊教育事业。

16. 各级教育部门要加强对特殊教育的领导和管理。要充实国家教委和各省、自治区、直辖市教育部门管理特殊教育机构的人员，切实抓好特殊教育。地、市、县教育部门要有人专职或兼职管理特殊教育。

17. 多渠道筹措办学经费和基建投资

——按照基础教育由地方负责、分级管理的原则，发展特殊教育所需经费，应由地方人民政府负责安排。根据中央关于教育经费"两个增长"的原则，特殊教育经费应随着教育事业费的增加逐步增加。这是解决特殊教育经费的主要渠道。

——国家举办特殊教育学校（班）所需基建投资，由各级地方政府统筹安排，列入当地基建投资计划。

——各地应从已征收的教育费附加中，拨出一定的比例用于特殊教育。

——各地社会福利有奖募捐委员会和残疾人福利基金会要从募捐资金中拨出一部分用于发展特殊教育。

——各地政府要积极扶持特教学校开展勤工俭学，以弥补办学经费之不足。

——财政部、国家教委、中国社会福利有奖募捐委员会和中国残疾人福利基金会从1989年起，设立残疾人教育专项补助费，专款专用，扶持各地发展特殊教育事业。

18. 加强师资队伍建设

——各省、自治区、直辖市应根据本地特教事业发展的需要和实际情况，本着师资先行的原则，在五年内，积极创造条件筹办特教师资培训机构。可以单独设立特教师范学校，也可以在普通中师、特教学校或其他教育机构附设特教师范班、特教师范部。

——为补充特殊教育急需的师资，各地应统筹规划，选调一部分应届中师毕业生和普通中小学、儿童福利机构的在职教师进行专业培训，分配到特教学校（班）和残疾儿童福利机构任教。同时，还可选调一部分高中毕业生或民办教师进行专业培训，分配到特教机构任教。所需劳动指标，由省、自治区、直辖市及计划单列市在国家下达的年度增加职工人数计划指标内解决。

——各地要采取多种形式，对在职特教师资进行培训，提高他们的业务素质。

——国家教委要统筹安排，积极创造条件，在部分高等师范院校开办特教专业，为各地培训特殊教育的专门人才。

——各地普通中等师范学校、幼儿师范学校的有关专业课，可根据当地需要适当增加特殊教育内容；高等师范院校应有计划地增设特殊教育选修课程。

19. 改善特教学校（班）和残疾儿童福利机构教职工的待遇，提高他们的社会地位。各地在表彰教师时，要从特殊教育的实际出发，给予适当照顾。

20. 各地应根据特教学校（班）的特点和实际需要，本着节约、精简的原则尽快制定各类特教学校（班）的公用费标准和人员编制比例。国家教委要编制各类特教学校的校舍建筑面积定额及有关设计规范、通用教学设备和特殊教学设备的参考目录。要搞好特教学校教具、学具的研制和供应工作。残疾儿童福利机构也要根据特殊教育的需要，努力改善办学条件。

21. 特教教材工作由国家教委有关机构归口管理，负责组织教材的编写、审定，并会同有关部门做好出版、发行工作。要鼓励地方和学校自编教材，经省、自治区、直辖市教育部门审定后供学校择优选用。

22. 要高度重视特殊教育的科学研究和教改实验工作。国家教委所属的特殊教育科研机构，要充实人员，逐步完善。有条件的省、自治区、直辖市也可在教育科研机构或师范院校建立特教研究机构。特教研究机构要坚持理论联系实际和为教学实践服务的方向，积极开展工作。各地特教学校积极开展教学研究工作。

# 国务院办公厅转发劳动保障部等部门关于进一步做好残疾人劳动就业工作若干意见的通知

国办发〔1999〕84号

各省、自治区、直辖市人民政府，国务院各部委、各直属机构：

劳动保障部、国家计委、民政部、财政部、人事部、税务总局、工商局、中国残联《关于进一步做好残疾人劳动就业工作的若干意见》已经国务院批准，现转发给你们，请认真贯彻执行。

国务院办公厅<br>一九九九年九月三十日

## 关于进一步做好残疾人劳动就业工作的若干意见

劳动保障部　国家计委　民政部　财政部
人事部　税务总局　工商局　中国残联
（一九九九年八月三十一日）

党和国家历来十分重视残疾人劳动就业工作，先后制定并实施了一系列法律、法规和政策，有力地推动了残疾人劳动就业工作的开展，残疾人就业率从1987年的不足50%提高到1998年的73%。但是，由于自身障碍和环境的影响，残疾人就业仍滞后于我国劳动就业的总体水平。近年来，随着我国经济体制改革的不断深化和社会主义市场经济的发展，残疾人就业既出现了新的活力和机遇，也面临着不少新情况、新问题，有些问题还比较突出，亟须解决。

为进一步做好残疾人劳动就业工作，确保按期完成《中国残疾人事业"九五"计划纲要》规定的残疾人就业任务,推动残疾人就业在下个世纪持续、稳定发展,现提出以下意见。

## 一、充分认识残疾人劳动就业的重要意义

劳动是公民的基本权利,残疾人与健全人一样,享有法律赋予的平等就业和选择职业、取得劳动报酬或收入、获得劳动安全卫生保护、接受职业技能培训、享受社会保险等权利。《中华人民共和国宪法》、《中华人民共和国残疾人保障法》(以下简称残疾人保障法)、《中华人民共和国劳动法》,都明确规定对残疾人劳动就业要给予特别的扶持、优惠和保护。

残疾人同样是社会物质文明和精神文明的创造者。就业是残疾人改善生活状况、提高社会地位、参与社会生活的基础,是实现其人生价值的关键。搞好残疾人就业工作,使残疾人从单纯地依靠国家、社会和亲属救济、供养变为自食其力的劳动者,不仅关系到我国6000万残疾人劳动权利的实现,而且对解除近两亿残疾人亲属的后顾之忧,促进经济发展、社会进步和精神文明建设,具有重要作用。各级政府及其有关部门要充分认识残疾人劳动就业的重要意义,加强领导,采取有力措施,切实保障残疾人劳动就业权利的实现。

## 二、残疾人劳动就业的方针和今后一个时期的主要任务

残疾人劳动就业的方针是:集中与分散相结合,采取优惠政策和扶持保护措施,通过多渠道、多层次、多种形式,使残疾人劳动就业逐步普及、稳定、合理。

当前和今后相当一个时期残疾人劳动就业工作的主要任务是:进一步制定、完善有关法规和扶持政策,广泛开展职业培训和就业服务,全面实施按比例安排残疾人就业,大力扶持个体就业和自愿组织起来就业,稳定、搞活集中就业,使残疾人劳动就业工作提高到一个新水平。

## 三、依法全面推行按比例安排残疾人就业

残疾人保障法规定,应当按一定比例安排残疾人就业。按比例安排残

疾人就业，是解决残疾人就业的战略性举措，要依法全面推行。

地方各级人民政府及其有关部门要把按比例安排残疾人就业作为残疾人就业工作的重点，要切实加强领导和做好组织协调工作。凡是未开展按比例安排残疾人就业的地区（市）、县（市、区），"九五"期间都要制定实施办法，开展这项工作。一些经济困难、暂不具备条件的县，也应积极创造条件，争取尽快开展按比例安排残疾人就业工作。

机关、团体、企业事业组织、城乡经济组织，要按照本省（自治区、直辖市）制定的有关法规所规定的具体比例，安排残疾人就业；暂时未达到比例的，应按财政部发布的《残疾人就业保障金管理暂行规定》（财综字〔1995〕5号）交纳残疾人就业保障金。

用人单位必须与残疾职工签订劳动合同或办理录用手续，并安排适宜的工作岗位；提前解除残疾职工劳动合同或人事关系，应按有关法律、法规执行并报当地残疾人联合会备案。

鼓励各单位积极安排残疾人就业。对于安排残疾人就业超过规定比例或成绩突出的单位，要给予精神、物质奖励；对于拒不执行按比例安排残疾人就业规定的，要予以批评、教育，责令改正。

### 四、继续扶持和稳定集中就业

集中就业是残疾人就业的一种重要形式。福利企业是以集中安排残疾人就业为目的具有社会福利性质的特殊企业，为解决残疾人就业发挥了重要作用。当前，福利企业改革与发展面临很多困难，各地区和各有关部门要采取有力措施，稳定残疾人集中就业，并做好以下工作：

（一）进一步完善扶持保护政策，推进福利企业健康发展。

（二）按照国家关于调整和完善所有制结构，推进公有制的多种有效实现形式的要求，加快福利企业的改革、改组和改造的步伐，强化企业内部管理。要根据福利企业的特点，充分保障残疾职工合法权益，保证国有资产不流失。对改制后的多种所有制形式的福利企业，要给予政策上的扶持保护。

（三）继续做好福利企业的检查认证和清理整顿工作，严格依照有关规定对福利企业实施年检，认真清理假冒福利企业，维护国家扶持保护政策的严肃性。

（四）坚持安排残疾人就业的宗旨和方向，维护残疾人的合法权益，采取切实可行的办法，不断改善残疾职工的工作环境和福利状况。

## 五、大力扶持残疾人个体就业和自愿组织起来就业

残疾人保障法规定："政府有关部门鼓励、帮助残疾人自愿组织起来从业或者个体开业。"近十年的实践证明，残疾人个体就业和自愿组织起来就业，可以因地制宜、因人而异、机动灵活，这是社会主义市场经济条件下残疾人就业的一种有效形式，要大力扶持。

工商行政管理、税务等有关部门要根据残疾人保障法和有关税收法律、法规的规定，制定、完善扶持残疾人个体就业和自愿组织起来就业的优惠政策，在核发营业执照、办理有关手续、减免税费和落实经营场地等方面给予优先和照顾。

残疾人就业服务机构要认真做好扶持残疾人个体就业和自愿组织起来就业的工作，在选择项目、申办营业执照等方面积极、主动地做好服务，并帮助他们解决生产经营过程中遇到的困难。要积极协助有关部门，按照国务院《社会保险费征缴暂行条例》的规定，逐步将从事个体就业和自愿组织起来就业的城镇残疾人纳入社会保险范围。

## 六、扶持农村残疾人参加生产劳动

我国农村残疾人约有4800万，占残疾人总数的80%。目前，农村仍有近千万残疾人尚未解决温饱。组织农村适合劳动的残疾人参加生产，帮助他们解决温饱，摆脱贫困，并逐步致富，是残疾人劳动就业工作十分重要的组成部分。

各地区要按照《国家八七扶贫攻坚计划》和《残疾人扶贫攻坚计划（1998—2000年）》及相关文件的要求，做好农村贫困残疾人的扶贫工作，力争在本世纪末基本解决他们的温饱。对于已经解决温饱的农村残疾人，县（市、区）、乡（镇）人民政府要针对他们的特点，结合本地实际，选择适合的项目，组织他们参加种植业、养殖业和家庭手工业等多种形式的生产劳动。

各地在规划和发展小城镇时,应积极吸纳农村残疾人就业,乡镇企业和村办企业也应按比例安排残疾人就业。

## 七、以发展盲人按摩为重点,积极帮助盲人就业

盲人就业是各类残疾人就业的难点之一。盲人触觉灵敏、精力集中,十分适宜从事按摩工作。要认真贯彻、落实原劳动部、工商局、中国残联《关于做好盲人保健按摩职业技能培训、鉴定及就业工作的通知》和人事部、卫生部、中医药局、中国残联《关于盲人医疗按摩人员评聘专业技术职务有关问题的通知》精神,切实做好盲人按摩人员特别是保健按摩人员的培养、培训和就业工作。

饭店、浴室、保健康乐机构、美容美发场所等有按摩业务的服务行业和社会医疗机构的按摩、推拿科室,应优先录用具有按摩技术并持有相应资格证书的盲人按摩人员。

地方各级人民政府有关部门要采取具体措施扶持盲人按摩人员举办个体、私营及其他形式的按摩机构;鼓励、扶持社会力量开办盲人按摩院、所,集中安排盲人按摩人员就业。

要积极探索、拓展适合盲人特点的就业领域,促进盲人就业。

## 八、切实做好下岗残疾职工基本生活保障和再就业工作

《中共中央、国务院关于切实做好国有企业下岗职工基本生活保障和再就业工作的通知》(中发〔1998〕10号)指出:"要尽量避免全国及省(部)级劳动模范、烈军属、残疾人下岗。"各地区要按照这一要求,切实加强宏观调控,尽量避免残疾职工下岗,并积极帮助下岗残疾职工实现再就业。

地方各级人民政府和有关部门要对残疾职工给予特别关注。要进行专题研究,制定专门政策和措施,避免残疾职工下岗。除停产、实施兼并和宣布破产的企业外,其他有生产任务的企业,一般不安排残疾职工下岗。

对已下岗的残疾职工,有关部门和企业要切实保障其基本生活,并按规定缴纳社会保险费。积极组织残疾职工参加再就业培训,优先推荐

就业。

要关心离退休残疾人的生活，保证其养老保险金及时足额发放。

各级残联要积极协调有关部门做好工作，避免残疾职工下岗，并督促、帮助企业落实下岗残疾职工的基本生活保障和再就业，对违反国家政策或拒不执行有关规定的，要向有关部门反映并及时解决。

## 九、健全、完善残疾人就业服务机构，为残疾人就业提供全面服务

各级残联所属残疾人就业服务机构，是为残疾人就业提供服务的专门机构，是劳动就业服务体系的组成部分，在同级劳动和社会保障部门的指导下开展工作。

地方各级人民政府和有关部门，要重视和支持残疾人就业服务工作，按照残疾人事业"九五"计划纲要的要求，结合劳动就业工作，加强残疾人就业服务机构的建设，为其开展工作提供必要的条件。

各级残疾人就业服务机构，要加强内部管理，完善职能，为残疾人提供切实有效的服务。

## 十、大力开展职业培训，提高残疾人职业技能

提高残疾人职业技能和生产技术，是残疾人实现就业的重要条件。地方各级人民政府的有关部门，要重视残疾人的职业培训工作，将残疾人的职业培训纳入整体职业教育和职业培训计划，加强领导，大力支持，努力提高培训质量。

政府各有关部门所办的职业培训机构，应将残疾人纳入培训计划随班培训，可根据市场需要和残疾人的具体情况单独开设培训班；残疾人职业教育培训机构应具备特殊的培训手段和条件，为在普通培训机构中难以接受培训的残疾人提供培训；其他职业培训机构，也应接收残疾人参加培训。各类职业培训机构对生活困难的残疾人，应酌情减免培训费。

政府各有关部门及企业事业组织和社会团体，要切实抓好本部门、本系统、本单位在岗与转岗残疾职工的职业培训，并为其在培训或进修期间的学习、生活提供保障。

农村残疾人职业培训以乡（镇）为单位，依托当地各种形式的实用技术培训和科技扶贫活动，随班培训或单独设班培训。

## 十一、加强领导，密切配合，把残疾人就业工作提高到一个新水平

残疾人劳动就业是我国劳动事业和残疾人事业的重要组成部分，关系到几千万残疾人的基本权利和切身利益，意义重大，任务艰巨。地方各级人民政府和有关部门要高度重视，按照国家有关法律、法规和政策，做好残疾人就业工作。

地方各级人民政府要从当地实际情况出发，制定当前和今后一个时期残疾人就业的规划，明确目标、任务和扶持措施并督促、检查和落实；各有关部门和残联要按照各自工作职责，分工协作，密切配合，共同做好残疾人就业工作；要加强残疾人就业的法制建设，制定、完善扶持残疾人就业的政策和法规；要将残疾人就业纳入当地行政执法检查和劳动监察范围，发现问题及时解决，保障残疾人劳动权利的实现；要加强宣传，使全社会了解残疾人就业的方针、政策，理解残疾人的困难，支持、帮助残疾人就业。

# 国务院办公厅转发教育部等部门关于"十五"期间进一步推进特殊教育改革和发展意见的通知

国办发〔2001〕92号

各省、自治区、直辖市人民政府,国务院各部委、各直属机构:

教育部、国家计委、民政部、财政部、人事部、劳动保障部、卫生部、税务总局、中国残联《关于"十五"期间进一步推进特殊教育改革和发展的意见》已经国务院同意,现转发给你们,请认真贯彻执行。

国务院办公厅
二〇〇一年十一月二十七日

## 关于"十五"期间进一步推进特殊教育改革和发展的意见

教育部 国家计委 民政部 财政部 人事部
劳动保障部 卫生部 税务总局 中国残联

(二〇〇一年十月十九日)

改革开放以来,我国特殊教育事业的发展取得了显著成就,教育教学改革进一步深化,初步探索出一条具有中国特色的特殊教育发展途径,形成了特殊教育体系的基本框架,为今后的改革和发展奠定了基础。但目前我国特殊教育的发展还不能满足残疾人日益增长的教育需求。根据《国务院关于基础教育改革与发展的决定》(国发〔2001〕21号)和《中国残疾人事业"十五"计划纲要》(国发〔2001〕7号)的精神,为推进"十五"期间我国特殊教育的改革和发展,提出如下意见:

## 一、大力普及残疾儿童少年义务教育，进一步完善特殊教育体系，努力满足残疾人的教育需求

1. 切实将残疾儿童少年教育纳入义务教育体系。坚持将发展残疾儿童少年义务教育作为普及九年义务教育和巩固提高普及九年义务教育成果与水平的一项重要任务，坚持将残疾儿童少年义务教育作为特殊教育事业发展的重点，按照分区规划、分类指导、分步实施的原则，科学规划，合理安排，推进残疾儿童少年义务教育的持续发展，满足残疾儿童少年接受义务教育的需求。进一步采取积极的扶持政策，大力推进中西部地区残疾儿童少年义务教育的发展。

"十五"期间残疾儿童少年义务教育发展的目标是：

（1）占全国人口35%左右的大中城市和经济发达的地区，适龄视力、听力、智力残疾儿童少年（以下简称"三类残疾儿童少年"）义务教育阶段入学率分别达到95%以上，使入学率、保留率分别达到或接近当地义务教育水平；在此基础上努力发展高水平、高质量的残疾儿童少年义务教育，提高特殊教育质量。积极创造条件，努力满足其他各类残疾儿童少年接受义务教育的需求；努力建立为社区和家庭残疾儿童少年教育提供指导、咨询等服务的社会体系。

（2）占全国人口50%左右、已实现基本普及九年义务教育和基本扫除青壮年文盲（以下简称"两基"）的农村地区，"三类残疾儿童少年"义务教育阶段入学率分别达到85%以上，努力使之达到或接近当地义务教育水平。

（3）占全国人口15%左右、未实现"两基"的贫困地区，积极推进"三类残疾儿童少年"义务教育，入学率达到60%以上。

鼓励有条件的地区建设具有示范作用的特殊教育实验学校。

2. 积极发展残疾儿童学前教育

大中城市和经济发达地区，要积极发展残疾儿童康复、教育事业，使残疾儿童学前教育水平有较大幅度提高；积极支持幼儿教育、特殊教育机构以及社区、家庭开展3岁以下残疾儿童早期康复、教育活动。其他已经普及九年义务教育的农村地区，要进一步发展残疾儿童学前康复、教育事业。

3. 充分利用现有教育资源，发展残疾人高中阶段教育。要坚持以职业教育为主，使学生具备良好的职业道德、比较熟练的职业技能和平等参与社会生活的能力。有条件的职业学校可试办特殊教育班。在总结试点经验的基础上，进一步兴办视力、听力残疾人普通高中。

4. 积极创造条件，努力扩大残疾人接受高等教育的机会。继续办好现有的高等特殊教育学校（院）和专业（班），根据本地特殊教育事业发展需要，合理确定招生规模。有条件的地方可结合当地实际需要，在高等学校新办特殊教育学院（系）或特殊教育专业（班）。普通高等学校在招生录取工作中，不得拒绝录取符合规定条件的残疾考生。国家有关部门要研究并首先在若干普通高等学校进行放宽残疾考生录取体检标准的试点，进一步完善高等学校招收残疾考生的政策。鼓励和支持残疾人参加高等教育自学考试。

## 二、深化教学改革，全面推进素质教育，提高特殊教育的质量

5. 根据残疾学生身心特点和发展规律，积极改革特殊教育学校课程与教学，调整课程结构，注重课程的综合性、功能性、实践性等特点。"十五"期间，要完成特殊教育学校新的课程方案的制定工作。新的课程方案要坚持以全面提高残疾学生素质为根本宗旨，以培养残疾学生树立自尊、自信、自强、自立的精神和社会适应能力为主要目标；要根据学生差异提出不同的教学内容和要求，使不同类别、不同程度的残疾学生都能够通过教育得到发展；要加强劳动技能和职业教育，坚持文化知识教育和职业技能教育相结合；要更新教育观念，改进教学方法，开展个别化教学等有效的教学实验，切实提高教育教学质量。

6. 从残疾学生的实际出发，有针对性地加强德育、体育和美育工作。要按照残疾学生的年龄和残疾类别，确定德育教育内容和要求，并形成一定的目标递进层次。要加强德育的实效性，开展爱国主义、集体主义和社会主义教育，中华民族优秀传统和革命传统教育，理想、道德和法制教育，文明习惯养成教育、心理健康教育、青春期教育和安全教育，自觉抵制一切不利于残疾学生身心健康的活动和物品，依法保护残疾学生合法权

益，防止违法犯罪案件的发生。加强对残疾学生正确对待自身残疾的教育，增强其战胜自身缺陷的能力。

针对残疾学生特点开好体育课，广泛开展多种形式的体育活动和竞赛，使残疾学生掌握正确的体育锻炼方法，养成锻炼身体的习惯。各级教育行政部门要加强特殊教育学校体育设施和卫生保健设施的建设，特殊教育学校要积极组织学生课余体育活动并加强学校卫生工作，为残疾学生的健康成长提供良好的环境。

要进一步加强美育工作，开展丰富多彩的课外艺术活动。特殊教育学校要根据残疾学生的特点，组织学生课余文艺表演团体，丰富学生的课余生活。

要将残疾学生的身心康复工作贯穿于学校教育教学的全过程，针对残疾学生的生理缺陷，科学地开展康复训练。

7. 大力加强劳动技能和职业教育，提高残疾学生适应社会生活的能力，把加强劳动技能教育和多种形式、各种层次的职业教育放在重要位置，切实让学生掌握一定的职业技能，为将来平等、充分参与社会生活，适应社会需要创造条件。各级教育行政部门和学校要根据社会需求确定劳动技能和职业教育教学内容。各地教育、民政和残联等部门和单位要在经费、场地、设备等方面积极支持特殊教育学校开展劳动技能、职业教育，同时要帮助解决好学生毕业后的就业问题以及就业后的残疾职工培训、继续教育问题。各地要采取切实措施，支持特殊教育学校兴办校办企业并积极吸纳本校毕业生就业。

8. 进一步加强对普通学校特殊教育班和残疾学生随班就读工作的指导，努力提高教学质量。各级教育行政部门要把办好普通学校特殊教育班和搞好残疾学生随班就读工作，作为一项重要任务来抓；要制定切实可行的政策，鼓励普通学校招收残疾学生；要加强对普通学校特殊教育班和随班就读教学工作的指导、监控，尽快建立普通学校特殊教育班和随班就读的教学管理制度，努力提高教学质量，降低辍学率。支持随班就读学生较多的学校建立资源教室，配备指导教师，为残疾学生提供教学指导，帮助他们解决学习困难。特殊教育学校要定期派出教师对普通学校特殊教育班和残疾学生随班就读的教学工作进行巡回指导。特殊教育研究部门要努力研究提高普通学校特殊教育班和随班就读教学质量的有效途径。教育部要编写有关随班就读方面的指导手册,指导开展随班就读工作。

9. 积极开展特殊教育的教学研究和科学研究工作。各省、地(市)级教育行政部门所属的教学研究部门和科学研究部门要配备专职或兼职的特殊教育研究人员,特殊教育学校要鼓励教师结合实践进行教学与科学研究,提高教师的业务水平。教育部要编制并公布"十五"特殊教育科研课题指南。充分发挥特殊教育学术团体的作用,努力办好特殊教育的有关刊物,加强特殊教育的国际、地区交流与合作。

### 三、进一步加强特殊教育师资队伍建设,不断提高教师素质

10. 大力加强特殊教育教师的培养、培训工作。"十五"期间,要对特殊教育学校非特殊教育专业毕业的专任教师进行一次比较系统的特殊教育专业培训;加大承担普通学校特殊教育班和随班就读教学工作教师培训的力度,使任课教师都能够接受一次比较正规的短期培训,掌握基本的特殊教育教学方法。教育部要编写承担随班就读教学工作教师培训教材,制定特殊教育教师资格条件有关规定;要尽快安排特殊教育专业高等教育自学考试。要加强特殊教育学校和招收残疾学生的普通学校校长的培训工作,不断提高校长对特殊教育的管理水平。"十五"期间,全国特殊教育学校的校长应当接受一次以上的培训,招收残疾儿童少年的普通学校校长也应接受相关培训。重视特殊教育专业技术人员队伍的建设,努力提高专业技术人员的素质。

高度重视特殊教育骨干教师的培养培训工作。"十五"期间,教育部要有计划地为各地培训一批特殊教育骨干教师;各省、自治区、直辖市有关部门也要采取相应措施,加强本地特殊教育骨干教师的培养与培训,要将特殊教育师资(包括社会福利机构特殊教育师资)的培训工作纳入本地区继续教育工作和骨干教师培训计划中。特别要重视中青年骨干教师的培养和培训,力争在"十五"期间形成一支政治业务素质优良、专业和年龄结构合理的骨干教师队伍。高等师范学校的特殊教育专业要为我国特殊教育高层次人才的培养与培训做出贡献。

11. 办好特殊教育师范学院（校），努力提高办学水平和教育质量。各地要加强领导，增加投入，并结合当地需要，因地制宜，合理制定特殊教育师范学院（校、专业）的招生规模，为特殊教育提供素质优良的师资；鼓励和支持有条件的普通高等师范学校开设特殊教育专业。具备条件的地区结合师范教育的布局结构调整工作，相应提高中等特殊教育师范学校（部）的办学层次。中西部地区继续办好一批中等特殊教育师范学校（部）。特殊教育师范学校要深化教育教学改革，加强对学生进行热爱特殊教育事业的教育和教师职业道德教育，加强教学的实践环节，全面提高学生的素质。普通师范学院（校）和幼儿师范学校（专业）要有计划地开设特殊教育课程或讲座，在学生中普及特殊教育知识。

12. 各地人民政府要保证特殊教育教职工的工资和特殊教育津贴按时足额发放，有条件的地方可根据本地实际，积极改善特殊教育学校教职工的生活水平。接受残疾儿童少年入学的普通学校，在搞活单位内部分配时，应对主要承担残疾儿童少年教育任务的教师给予倾斜。

### 四、切实加强领导，采取有力措施，推动特殊教育事业的发展

13. "十五"期间，国家有关部门要在中西部地区建立残疾儿童少年义务教育项目责任制。各省、自治区、直辖市有关部门也要根据本地的实际情况，建立残疾儿童少年义务教育目标责任制，将残疾儿童少年义务教育的发展目标落到实处。

14. 加强对残疾儿童少年特别是农村地区残疾儿童少年接受义务教育的督导评估工作。各地要制定残疾儿童少年义务教育评估细则，将残疾儿童少年义务教育发展情况作为普及九年义务教育复查的重要内容，着重对已经通过普及九年义务教育验收的县（市）人民政府贯彻落实《中华人民共和国残疾人保障法》有关教育条款的情况、特殊教育学校（部、班）办学思想、办学条件、办学水平和随班就读等残疾儿童少年义务教育情况进行督导检查。

教育部要结合督导检查发布专题督导公报，通报各地特殊教育发展情况和存在问题，督促做好整改工作。各级残疾人联合会要建立义务教育阶

段未入学残疾儿童少年登记制度，及时将有关情况通报同级教育行政部门，并协助做好入学工作。各级卫生部门要积极配合做好残疾儿童少年的筛查、检测工作。

15. 进一步开展资助残疾儿童少年接受义务教育的工作。各地要继续推进资助残疾儿童少年接受义务教育工作，建立残疾儿童少年义务教育助学制度，对家庭经济困难的残疾学生酌情减免杂费和其他费用。各有关部门要按照教育部、财政部《关于对全国部分贫困地区农村中小学生试行免费提供教科书的意见》（教基〔2001〕15号），认真落实好向有关残疾学生免费提供教科书的工作。

16. 坚持特殊教育经费以地方人民政府投入为主的原则，努力增加特殊教育经费。各地要保证特殊教育必需的办学经费，并使特殊教育学校生均财政预算内教育经费、生均公用经费逐年增长。"十五"期间，中央财政将增加特殊教育补助费。各省、自治区、直辖市人民政府及其有关部门也要根据本地的实际情况，增加特殊教育经费。残疾人就业保障金中应有一部分用于支持当地特殊教育学校开展残疾人职业教育。社会福利彩票所募集的福利金也要支持特殊教育事业的发展。"十五"期间，实施国家贫困地区义务教育工程、危房改造工程、"校校通"工程项目的地方应向特殊教育学校倾斜。各地在建设青少年学生校外活动场所时，也要考虑残疾学生的需求。

17. 努力改善办学条件，为残疾学生提供良好的教育环境。各地要统筹规划特殊教育学校的建设，大中城市和经济发达地区，可根据生源情况，合理调整学校布局，提高特殊教育学校的办学效益；尚未建校的地区，一般宜在人口30万以上、"三类残疾儿童少年"较多的县（市）新建或利用现有学校改建、扩建一所综合性的、质量较好的、规模较大的学校，同时向周边县（市）辐射；在乡（镇）中心学校附设特殊教育部（班）。要加强特殊教育学校和附设特殊教育部（班）的普通学校校园校舍建设，确保校舍无危房和校园校舍的安全，努力达到国家或省、自治区、直辖市人民政府有关部门规定的校园校舍建设要求。要加强特殊教育学校图书馆（室）的建设，尤其要根据特殊教育需要配备有关图书、刊物；要加强对特殊教育学校教学仪器设备的配备和管理，争取在较短的时间达到国家规定的要求。

鼓励并加快特殊教育的信息化进程，以信息化带动特殊教育的现代化。有条件的学校要配备多媒体教学仪器等现代化的教学、康复设备，开展计算机及网络教育；配备视力、听力、智力等特殊教育的专用仪器设备。积极为普通学校特殊教育班和随班就读工作提供必要的特殊教育专业书刊、教具学具和专用设备。积极鼓励有关部门研制、开发残疾学生的康复设备、器材。

18. 保障残疾人受教育的权利是社会主义制度优越性的重要体现。各级人民政府及其教育、计划、民政、财政、人事、劳动保障、卫生、税务和残联等有关部门和单位，要充分认识发展特殊教育的意义，贯彻和落实国家有关特殊教育的法律、法规和政策，加强对特殊教育工作的领导，切实将发展特殊教育列入工作议事日程，研究制定特殊教育改革和发展的有关政策、措施；要将特殊教育事业的发展纳入经济、社会和教育发展规划，使特殊教育与其他各类教育协调发展。

19. 广泛动员全社会关心支持特殊教育事业。要加大发展特殊教育的宣传力度，为特殊教育的改革和发展营造良好的舆论氛围。鼓励社会各界捐助特殊教育，企事业单位、社会团体和个人等社会力量，通过非营利的社会团体和国家机关向农村义务教育的捐赠，按《国务院关于基础教育改革与发展的决定》的规定，在应纳税所得额中全额扣除。鼓励社会力量举办各种类型的残疾儿童少年教育、康复机构。

# 国务院办公厅转发卫生部等部门关于进一步加强残疾人康复工作意见的通知

国办发〔2002〕41号

各省、自治区、直辖市人民政府，国务院各部委、各直属机构：

卫生部、民政部、财政部、公安部、教育部、中国残联《关于进一步加强残疾人康复工作的意见》已经国务院领导同志同意，现转发给你们，请认真贯彻执行。

国务院办公厅
二〇〇二年八月二十四日

## 关于进一步加强残疾人康复工作的意见

卫生部　民政部　财政部　公安部　教育部　中国残联

（二〇〇二年八月十二日）

康复是帮助残疾人恢复或补偿功能、提高生存质量、增强社会参与能力的重要途径。我国6000万残疾人中，大多数有康复需求。党和政府十分重视残疾人康复工作，自1988年把残疾人康复工作纳入国民经济和社会发展计划以来，逐步形成了以政府为主导、有关部门各负其责、社会广泛参与的工作格局。通过实施白内障复明、聋儿语言训练、精神病防治等一批重点康复工程，600余万残疾人得到不同程度的康复。康复机构从无到有，专业队伍由小到大，社区康复稳步推进，残疾人康复意识逐步增强，初步奠定了残疾人康复工作的基础。但是，我国残疾人康复工作仍处于起步发展阶段，滞后于国民经济和社会发展的总体水平。各地残疾人康复工作发展不平衡，工作体系不完善，康复机构服务水平有待提高，专业技术人才匮乏，康复经费普遍短缺，多数残疾人特别是贫困残疾人还得不到切实的康复服务。为进一步做好残疾人康复工作，促进我国残疾人康复事业的发展，现提出以下意见：

## 一、残疾人康复工作的指导方针和总体目标

残疾人康复工作的指导方针是：以邓小平理论和江泽民同志"三个代表"重要思想为指导，适应国民经济和社会发展以及广大残疾人日益增长的对康复服务的迫切需求，坚持社会化工作方式，以社区为工作平台，加大工作力度，增强康复服务能力，提高康复技术水平，积极开发社会资源，使残疾人普遍得到康复服务。

残疾人康复工作的总体目标是：到2005年，在城市和中等以上发达地区的农村，有需求的残疾人70%得到康复服务；在经济欠发达地区的农村达到50%。到2010年，在城市和中等以上发达地区的农村，有需求的残疾人普遍得到康复服务；欠发达地区的农村达到70%以上。到2015年，实现残疾人"人人享有康复服务"。

## 二、残疾人康复工作的基本原则

（一）以残疾人的基本需求为重点。从残疾人基本康复需求出发，兼顾多样性康复需求，紧紧围绕覆盖面广、时效性强、残疾人迫切需求的康复项目开展工作。

（二）坚持政府主导和社会参与相结合的社会化工作方式。以政府为主导，有关部门各负其责，密切配合、齐抓共管；鼓励和引导社会力量广泛参与，积极探索社会主义市场经济体制下做好康复工作的有效方式，共同推进残疾人康复工作。

（三）实施重点工程与提供普遍服务相结合。选择残疾人迫切需要又有可能做到的康复项目，实施一批重点工程。推行社区与家庭康复，推广实用、易行的康复方法，普及康复服务，使残疾人普遍得到康复服务。

（四）因地制宜，开拓创新。适应经济和社会的发展，注意结合当地实际情况开展工作。拓展康复内容，增加服务项目，注重高新技术在康复领域的应用，提高服务能力和水平。

## 三、加强残疾人康复工作的主要措施

（一）完善康复工作体系，提高康复服务水平。各级残联负责康复工作的组织管理、规划制定、经费筹措以及协调实施。要以专业机构为骨干、社区为基础、家庭为依托，充分发挥医疗卫生机构、社区服务机构、学校、幼儿园、福利企事业单位、工疗站、残疾人活动场所等现有机构、设施、人员的作用，整合康复服务资源，实现资源共享；要充分发挥各级各类医疗机构、残疾人康复中心及康复协（学）会作用，建立健全专家技术指导组，确定相应机构为当地康复技术资源中心（站、点），开展技术指导、人员培训、宣传咨询、制定标准、检查评估和新技术的推广应用。根据残疾人不同的康复需求，提供康复医疗、训练指导、心理疏导、知识普及、残疾人亲友培训、简易训练器具制作、用品用具服务、咨询服务、转介服务等多种康复服务；充分利用现代信息传播手段，为残疾人提供方便、快捷、实用的康复信息服务。

（二）积极推进社区康复，把康复服务引入家庭。各级政府及有关部门在规划和部署社区建设工作时，要将残疾人康复工作列入总体规划，纳入社区建设内容。社区要组织调查摸底、建档立卡，掌握残疾人康复需求；开辟适合的场所，配置适宜的设备、器具，开展康复训练与服务。社区卫生服务机构要为残疾人提供康复服务，开展社区康复骨干培训，指导家庭进行康复训练，并做好与专业康复机构的转诊工作，逐步将康复服务引入家庭。

（三）对贫困残疾人康复提供特殊帮助。地方各级政府要对贫困残疾人康复治疗和医疗救助制定相关政策，采取分级负担、减免费用等措施，解决贫困残疾人康复治疗问题。要积极筹措专项资金用于贫困残疾人康复；充分考虑残疾人康复的特殊性，对有特殊困难的残疾人通过建立医疗救助制度给予照顾；要做好贫困残疾人康复后的职业和劳动技能培训，帮助其摆脱贫困。

国务院有关部门要对西部地区的残疾人康复工作给予政策和经费上的扶持。在实施重点康复工程中，要制定具体办法，解决贫困残疾人的治疗和康复问题；要通过东部地区与西部地区协作和对口支援等方式，增强西部地区残疾人康复工作的基础能力。

（四）加大经费投入，开发社会资源，确保残疾人康复任务的完成。地方各级政府要将残疾人康复经费列入财政预算，根据经济和社会发展水平及残疾人康复工作的需要，提供经费保障。要按照国家残疾人事业发展计划规定的残疾人康复任务指标，安排落实康复经费。同时，要制定有关政策和扶持措施，鼓励社会力量以多种形式参与残疾人康复工作；要多渠道筹措资金，用于贫困残疾人康复救助、残疾人康复基础设施建设。要从残疾人就业保障金中安排一定数量的资金用于残疾人康复后的职业和生产劳动技能的培训，为康复后的残疾人就学、就业、全面参与社会生活创造条件。要积极开展社会救助，开通专项捐助渠道，设立专项基金；要争取国际合作，推动重点康复项目的实施。鼓励志愿者积极参与残疾人康复工作，对残疾人的治疗、康复和全面参与社会生活给予援助。

（五）加强专业队伍建设，提高人员素质。国务院有关部门要将康复医学教育纳入国家教育计划，医学院校应设置康复医学课程，加强康复医学教育和继续医学教育，培养高素质的专业人才。有计划地采取多种方式对现有人员进行在职培训，不断提高其康复业务水平和工作能力；将残疾人康复业务纳入全科医生培训内容，增强基层残疾人康复服务力量。进一步完善康复医学专业技术职务聘任制。健全康复专业技术人员任职资格评价体系和管理制度，稳定和发展残疾人康复专业人员队伍，提高专业康复工作者水平。

（六）开展宣传教育，做好残疾预防。地方各级政府及有关部门要重视残疾人康复宣传工作，充分利用广播、电视、报刊、网络等媒体开展与残疾人康复工作有关的公益宣传服务，普及康复知识，提高残疾预防意识。各级各类康复机构、医院和与残疾人康复工作有关的协（学）会要主动开展宣传和咨询服务，对残疾人及其家属、社会工作者进行培训，传授康复方法，提高残疾人自我康复意识。

积极开展残疾预防工作。建立健全出生缺陷干预体系，避免常见、重大出生缺陷和先天残疾的发生；预防缺碘、氟中毒等环境因素致残；降低药物致残发生率；减少疾病致残；加强安全生产、劳动保护和交通安全工作，减少事故致残的发生。倡导早期干预和早期康复训练，控制残疾程度的加重。

## 四、加强领导，密切配合，共同做好残疾人康复工作

康复是残疾人就学、就业、全面参与社会生活的前提，是残疾人的迫切需求。残疾人康复工作是政府工作的组成部分。各级政府做好残疾人康复工作，有利于减轻社会负担、促进生产力的发展，有利于提高人权保障水平、促进社会的文明进步，是实践全心全意为人民服务宗旨的具体体现。各地区、各部门要认真贯彻落实"三个代表"的要求，充分认识残疾人康复工作的重要性，切实履行《中华人民共和国残疾人保障法》规定的职责，把残疾人康复工作作为执政为民的一项重要工作，共同做好，落实责任。

地方各级政府要切实将残疾人康复工作纳入当地经济社会发展规划和两个文明建设规划，列入议事日程，加强组织领导，统筹安排；卫生、民政、教育等部门和各级残联要将残疾人康复的有关工作纳入本部门业务范围，各司其职，在制定政策、措施和规划时，充分考虑残疾人的康复需求；各级残联要根据本地实际情况，制定康复工作计划，协调解决残疾人康复工作中的重大问题，督促检查各项残疾人康复工作。

第一编　党中央、国务院关于残疾人事业的重要文件

# 国务院办公厅转发民政部等部门关于进一步加强扶助贫困残疾人工作意见的通知

国办发〔2004〕76号

各省、自治区、直辖市人民政府，国务院各部委、各直属机构：

　　民政部、教育部、公安部、司法部、财政部、劳动保障部、卫生部、工商总局、农业银行、扶贫办、中国残联《关于进一步加强扶助贫困残疾人工作的意见》已经国务院同意，现转发给你们，请认真贯彻执行。

国务院办公厅<br>二〇〇四年十月十七日

# 关于进一步加强扶助贫困残疾人工作的意见

民政部　教育部　公安部　司法部　财政部　劳动保障部
卫生部　工商总局　农业银行　扶贫办　中国残联
（二〇〇四年九月十四日）

　　党中央、国务院历来十分关心、重视贫困残疾人，制定并采取了一系列政策措施，解决他们在生产生活等方面的问题，取得显著成效。但是，由于贫困残疾人数量较多，占我国贫困人口的1/3，加之自身身体障碍和外界环境的影响，贫困残疾人在基本生活、医疗、康复、就学、就业等方面仍面临很多突出困难，亟待解决。做好扶助贫困残疾人工作，满足他们物质和文化生活的基本需要，是政府践行"三个代表"重要思想，坚持立党为公、执政为民的具体体现，是贯彻科学发展观的必然要求，是全面建设小康社会的重要组成部分。为进一步加强扶助贫困残疾人工作，现提出以下意见：

## 一、采取切实措施，解决贫困残疾人的基本生活需求

（一）切实做好残疾人扶贫工作。要高度重视残疾人扶贫工作，并将其纳入扶贫工作的总体规划，统一组织，同步实施。要建立多渠道的扶助贫困残疾人资金投入机制，落实残疾人扶贫开发的各项优惠政策和帮扶措施。要积极解决康复扶贫贷款中的问题，提高贷款到位率，帮助贫困残疾人以最优惠的条件得到贷款扶持。加强对康复扶贫项目的管理，大力推行基地辐射、"公司加农户"等扶贫方式，继续推行小额信贷。要加强对贫困残疾人的技能、实用技术培训和产前、产中、产后的支持性、延伸性服务，扶持贫困残疾人开展种植业、养殖业、小型加工业和多种经营，增加收入。

（二）积极推进贫困残疾人就业和再就业。认真贯彻《中共中央国务院关于进一步做好下岗失业人员再就业工作的通知》（中发〔2002〕12号）、《国务院办公厅转发劳动保障部等部门关于进一步做好残疾人劳动就业工作若干意见的通知》（国办发〔1999〕84号）等有关文件精神，促进残疾人就业和再就业。要积极开发公益事业就业岗位，支持用人单位进行适合残疾人就业的设备设施改造，继续落实按比例安排残疾人就业的政策。要完善对福利企业的扶持政策，鼓励社会各方面依法兴办社会福利企业、工疗机构、盲人保健按摩机构等福利性企业和机构，认真落实国家关于福利企业的税费减免规定，稳定、扩大残疾人集中就业。要制定、完善残疾人从事个体经济和自愿组织起来就业的税费减免等优惠政策；残疾人就业保障金有结余的地区，可用残疾人就业保障金对城镇贫困残疾人个体户缴纳基本养老保险费给予适当补贴，以促进和稳定个体就业。要强化职业培训和就业服务，增强贫困残疾人在劳动力市场的竞争能力，增加就业机会。公共就业服务机构要切实将贫困残疾人纳入服务范围。残疾人就业服务机构要拓展服务项目，完善服务功能，强化服务手段。要按照劳动保障部门委托，认真做好残疾人失业登记工作，并根据劳动力市场需求开展定向免费培训，帮助失业、求职登记的残疾人及时得到职业技能培训。

（三）切实将贫困残疾人纳入社会保障体系。加强监督检查，认真落实残疾职工参加社会保险等政策。认真执行城市居民最低生活保障政策，

及时向符合条件的残疾人家庭提供最低生活保障。对不适合参加劳动、无法定扶养义务人或法定扶养义务人无扶养能力、无生活来源的重度残疾人，要按照规定予以供养、救济。有条件的地区可按照分类救助的原则，适当提高重度残疾、一户多残等特困残疾人的社会保障水平。

（四）改善贫困残疾人住房条件。目前，我国尚有100多万农村贫困残疾人无房或住危房，各地区和有关部门要采取措施，加大资金投入，有计划地改善他们的住房条件。城镇贫困残疾人住房困难的，要纳入政府廉租房制度；对特别困难的贫困残疾人家庭，要优先实行实物配租。

（五）为贫困残疾人提供社区生活服务。城乡社区要将残疾人基本生活需求纳入社区服务内容，在社区布局、功能定位、服务设施建设等方面，充分考虑贫困残疾人的需求。基层残疾人组织要在扶助贫困残疾人工作中充分发挥作用，及时反映贫困残疾人的呼声和需求，为残疾人提供就近就便的服务。

## 二、加强康复和医疗救助工作，使贫困残疾人享有基本医疗和康复服务

（六）将贫困残疾人纳入城乡医疗保障范围。认真贯彻《国务院关于建立城镇职工基本医疗保险制度的决定》（国发〔1998〕44号）、《国务院办公厅转发卫生部等部门关于建立新型农村合作医疗制度意见的通知》（国办发〔2003〕3号）和《民政部、卫生部、财政部关于实施农村医疗救助的意见》（民发〔2003〕158号），积极创造条件，帮助城镇贫困残疾职工和农村贫困残疾人加入城镇职工医疗保险和新型农村合作医疗，并对其中的特困残疾人实施医疗救助。尚未开展新型农村合作医疗的地区，也要对符合救助条件的贫困残疾人实行医疗救助，特别要对基本生活十分困难的重度残疾人给予特殊照顾，适当提高救助水平。新型农村合作医疗和城乡医疗救助工作的议事协调机构要吸收残联参加，加强工作统筹和协调。

（七）建立健全贫困残疾人康复服务体系。认真贯彻《中共中央国务院关于进一步加强农村卫生工作的决定》（中发〔2002〕13号）和《国务院办公厅转发卫生部等部门关于进一步加强残疾人康复工作意见的通

知》（国办发〔2002〕41号）精神，地方各级人民政府要积极探索建立符合当地实际的康复工作机制，逐步扩大贫困残疾人接受康复服务的受益面，使贫困残疾人的康复需求逐步得到满足。有关部门要支持基层医疗卫生机构开展残疾人康复工作，并提供必要的条件；加强基层卫生人员的康复业务培训，逐步提高基层为贫困残疾人提供康复服务的能力；支持和鼓励基层卫生人员做好残疾人康复服务工作。

## 三、落实各项扶残助学的政策措施，保障贫困残疾人受教育的权利

（八）改善贫困地区特殊教育条件。认真贯彻《国务院关于进一步加强农村教育工作的决定》（国发〔2003〕19号）精神，把残疾人教育纳入农村教育发展规划，增加资金投入，切实解决农村特别是贫困地区农村特教学校办学条件和新建特教学校问题。

（九）资助贫困残疾儿童少年接受教育。中央财政继续为中西部农村义务教育阶段家庭经济困难残疾学生提供免费教科书，并逐步扩大提供范围。到2007年年底前，使全国农村义务教育阶段家庭经济困难残疾学生都能优先享受"两免一补"（免杂费、免书本费、补助寄宿生生活费）。有条件的地区可优先对家庭经济困难的残疾儿童少年实行免费义务教育。地方各级人民政府、教育行政部门以及残联要多渠道筹措资金，开展多种形式的扶残助学活动，建立和完善助学制度，帮助家庭经济困难的残疾大、中、小学生完成学业。

（十）积极发展残疾人高中阶段教育、高等教育和成人教育。各地区和教育行政部门要在继续做好残疾儿童少年义务教育工作的同时，将残疾人高中阶段教育（含普通教育、职业教育）、高等教育和成人教育纳入教育发展总体规划，明确职责，制定相关政策和措施。要积极支持中西部地区高中阶段特殊教育事业发展，支持具备条件的普通高校开办高等特殊教育专业（班）。在高校招生工作中，要积极帮助解决考试合格的残疾考生入学问题。

### 四、维护贫困残疾人权益，加大保障力度

（十一）加大落实优惠政策力度。认真落实对贫困残疾人的各项优惠政策和措施。已经取消农业税的地区，要继续加强对残疾人的救助和扶持，通过其他优惠政策和措施，不断提高残疾人的生活水平。

（十二）切实解决贫困残疾人权益保障的突出问题。地方各级人民政府要按照国务院公布的《城市生活无着的流浪乞讨人员救助管理办法》的规定，做好对流浪乞讨残疾人的救助工作，严厉打击利用残疾儿童进行乞讨等违法犯罪活动。对因国家征用土地、城市拆迁改造造成残疾人利益受损、生活困难等突出问题，有关部门要通过法律、行政等手段予以妥善解决。在解决残疾人专用机动车营运问题时，地方各级人民政府应从实际出发，区别对待，严格管理，采取妥善的过渡措施保障以此为生的贫困残疾人的基本生活。要加大对侵害残疾人合法权益的重大恶性案件的查处力度。加强贫困残疾人信访工作，建立工作机制，畅通信访渠道，重视解决信访中反映的问题。

（十三）为贫困残疾人提供法律援助和法律服务。建立全方位、多层次的残疾人法律服务体系，努力消除贫困残疾人在获得法律服务和法律援助方面的各种障碍。地方各级人民政府要对贫困残疾人法律援助、法律服务给予经费支持。各级司法行政部门要加强对有关工作的领导，积极引导各级各类法律援助机构、法律服务机构为贫困残疾人提供"优先、优质、优惠"的法律援助和法律服务。

### 五、以政府为主导，动员社会力量参与，建立关爱帮助贫困残疾人的长效机制

（十四）充分发挥政府在扶助贫困残疾人工作中的主导作用。地方各级人民政府要把扶助贫困残疾人纳入全面建设小康社会的总体规划和工作全局，制定并落实本地扶助贫困残疾人工作的具体计划，加强综合协调和指导，及时研究解决突出问题。各有关部门要主动将扶助贫困残疾人纳入工作职责，加大工作力度。各级残联要积极协助政府，努力为贫困残疾人排忧解难。

（十五）动员社会力量参与和支持扶助贫困残疾人工作。要动员社会各界发扬扶残济困的传统美德和人道主义精神，广泛开展"一帮一"、"众帮一"、"单位包户"等各种形式的帮、包、带、扶活动，不断拓展服务内容，创新服务形式，为残疾人送去更多的温暖。要鼓励和倡导现有社会服务设施、社会资源减免收费为贫困残疾人提供服务，鼓励社会捐资扶助贫困残疾人或兴建贫困残疾人福利设施。有关部门要制定相应的政策措施鼓励和吸引社会力量支持、参与扶助贫困残疾人工作。

（十六）探索建立扶助贫困残疾人的长效机制。地方各级人民政府要切实掌握广大贫困残疾人的状况和需求，积极主动地制定并落实扶助贫困残疾人的政策措施，切实保护和实现残疾人的合法权益，探索建立关爱扶助贫困残疾人的长效机制。

第一编　党中央、国务院关于残疾人事业的重要文件

# 国务院办公厅关于进一步
# 加强残疾人体育工作的意见

国办发〔2007〕31号

各省、自治区、直辖市人民政府，国务院各部委、各直属机构：

改革开放以来，我国残疾人事业取得了举世瞩目的成就，残疾人状况有了很大改善。残疾人体育工作不断发展，残疾人群众性体育活动日趋活跃，残疾人运动员超越自我、顽强拼搏，在国际赛场上屡创佳绩，为国家赢得了荣誉，鼓舞了全国各族人民。但必须清醒认识到，我国残疾人体育事业起步晚、起点低、基础薄弱，总体发展水平不高，特别是残疾人群众性体育活动还不能适应形势发展和残疾人的需求。我国将举办2007年上海世界特殊奥运会和2008年北京残奥会，这为我国残疾人事业全面发展提供了重要机遇。切实办好这两项重大残疾人体育赛事，对于改善残疾人状况，营造良好社会环境，推动社会文明进步将发挥重要作用。为进一步加强残疾人体育工作，推进残疾人体育运动健康、稳定发展，经国务院同意，现提出以下意见：

## 一、充分认识残疾人体育工作的重要意义

（一）残疾人体育是残疾人事业和全民体育的组成部分。参加体育活动是残疾人的重要权利，是残疾人康复健身、平等参与社会、实现自身价值的重要途径。

（二）发展残疾人体育有利于促进残疾人事业发展。残疾人体育对于展示残疾人体育才华，激励残疾人自尊、自信、自强、自立，倡导社会理解、尊重、关心、帮助残疾人具有重要作用。

（三）发展残疾人体育有利于弘扬爱国主义、集体主义和革命英雄主义思想，激励自强不息的民族精神。

（四）残疾人体育是我国向世界展示经济社会发展成就，彰显人权保障和社会文明进步成果的重要舞台。

## 二、广泛开展残疾人群众性体育活动

（五）按照《全民健身计划纲要》总体要求，根据残疾人特点，组织残疾人广泛开展自强健身活动。建立健全残疾人体育组织，利用各种社会资源为残疾人参加体育活动提供场地和设施。开发、推广适合残疾人特点的健身康复体育项目，经常举办残疾人体育活动。

（六）指导、支持各类企事业单位组织残疾人开展体育活动。充分利用各种文化体育设施，积极探索适合残疾人特点的基层残疾人体育的组织方式和活动内容，开展形式多样的基层残疾人体育活动。

（七）各级各类学校要组织残疾学生开展适合其特点的日常体育活动。学校体育测试要充分考虑残疾学生的特殊情况，体现人文关怀。

（八）高度重视农村残疾人体育工作。因地制宜，创造条件，开发适合农村残疾人特点的群众性体育项目，引导农村残疾人参加自强健身体育活动。

（九）发挥残疾人体育赛事对残疾人群众体育活动的推动作用。改革完善残疾人体育竞赛制度，定期举办各级、各类残疾人体育比赛，积极参与和举办国际残疾人体育赛事。

## 三、加强残疾人体育队伍建设

（十）建立一支优秀的残疾人运动员队伍和残疾人体育管理人员队伍，促进残疾人体育事业可持续发展。

（十一）加强残疾人体育管理人员、技术人员培养工作，建立健全裁判员、分级员等人员管理制度，制订残疾人体育教练员职称评定办法。

（十二）体育、残联、民政等部门（单位）要研究制订残疾人运动员等级评定办法。人事、教育、财政、民政、劳动保障、体育、残联等部门（单位）要采取措施，切实解决残疾人运动员就学、就业、奖励和社会保障问题，保障进入中高等学校学习的贫困残疾人运动员助学金所需经费。

（十三）加强残疾人体育教育和科研工作。把残疾人体育纳入特殊教育和师范、体育教学计划，认真实施。开展残疾人体育科研工作，提高残疾人体育科技水平。

（十四）加强残疾人体育训练基地建设，发挥国家残疾人体育综合训练基地的示范作用，保证残疾人运动员管理、训练、参赛和有关科研工作需要。各地要根据实际情况设立专门为残疾人体育锻炼和残疾人运动员训练服务的体育设施。

## 四、营造有利于残疾人体育事业发展的社会环境

（十五）加强残疾人体育事业宣传工作。采取多种形式普及残疾人体育知识，宣传残疾人自强不息、顽强拼搏的精神，倡导扶残助残的社会风尚，动员社会各界关心残疾人体育事业。

（十六）动员社会力量，发挥各自优势，为残疾人体育事业发展提供志愿服务。教育部门要动员和组织学生关心、支持残疾人体育活动，在广大学生中培养助残为荣的良好风尚。

（十七）新建、改造公共体育设施要严格执行国家无障碍标准，全民健身设施、器材要考虑残疾人特殊需求。各类体育赛事要为残疾人观众提供方便。公共体育设施要向残疾人开放并提供优惠服务。

（十八）鼓励社会力量举办、赞助、支持残疾人体育事业。加强对赞助活动和捐赠资金物品使用的监督管理。

## 五、加强对残疾人体育工作的组织领导

（十九）地方各级人民政府要加强对残疾人体育工作的领导，把发展残疾人体育事业纳入经济社会发展规划，积极动员社会力量，多渠道筹集资金，促进残疾人体育事业发展。各级体育主管部门和残联要切实履行职责，制订实施残疾人体育事业发展规划，引导各类社会团体关心、支持、帮助和组织残疾人参加体育活动。

（二十）加强残疾人体育道德作风建设。反对使用违禁药物和训练、比赛中的违规行为，保证残疾人运动员身心安全和健康，维护残疾人体育比赛的公平、公正。引导残疾人体育工作者发扬人道、廉洁、服务、奉献的职业道德，全心全意为残疾人服务。

（二十一）认真实施残疾人保障法、体育法和其他相关法律法规，保障残疾人参加体育活动的权益。

（二十二）积极表彰和奖励为残疾人体育事业发展做出突出贡献的单位和个人。

国务院办公厅<br>二〇〇七年五月六日

# 国务院办公厅转发教育部等部门关于进一步加快特殊教育事业发展意见的通知

国办发〔2009〕41号

各省、自治区、直辖市人民政府，国务院各部委、各直属机构：

教育部、发展改革委、民政部、财政部、人力资源社会保障部、卫生部、中央编办、中国残联《关于进一步加快特殊教育事业发展的意见》已经国务院同意，现转发给你们，请认真贯彻执行。

国务院办公厅<br>二〇〇九年五月七日

## 关于进一步加快特殊教育事业发展的意见

教育部　发展改革委　民政部　财政部<br>人力资源社会保障部　卫生部　中央编办　中国残联

为贯彻党的十七大精神，全面落实科学发展观，促进和谐社会建设，认真贯彻落实《中共中央国务院关于促进残疾人事业发展的意见》（中发〔2008〕7号）精神，进一步加快我国特殊教育事业发展，根据《中华人民共和国义务教育法》《中华人民共和国残疾人保障法》和《残疾人教育条例》，对当前和今后一个时期我国特殊教育事业发展提出以下意见：

一、全面提高残疾儿童少年义务教育普及水平，不断完善残疾人教育体系

1. 继续提高残疾儿童少年义务教育普及水平。城市和经济发达地区，适龄视力、听力、智力残疾儿童少年（以下简称三类残疾儿童少年）入学率要基本达到当地普通儿童少年水平；已经"普九"的中西部农村地

区，其三类残疾儿童少年入学率要逐年提高；未"普九"地区要将残疾儿童少年义务教育作为普及九年义务教育的重要内容，三类残疾儿童少年入学率达到70%左右。积极创造条件，以多种形式对重度肢体残疾、重度智力残疾、孤独症、脑瘫和多重残疾儿童少年等实施义务教育，保障儿童福利机构适龄残疾儿童少年接受义务教育。

2. 加快发展以职业教育为主的残疾人高中阶段教育，为残疾学生就业和继续深造创造条件。具备条件的地市要举办残疾人高中阶段教育。特殊教育学校要根据需要举办残疾人高中教育部（班）；残疾人中等职业学校要积极拓宽专业设置，扩大招生规模；普通高中要招收具有接受普通教育能力的残疾学生；中等职业学校要积极开展残疾人职业教育。

3. 加快推进残疾人高等教育发展。进一步完善国家招收残疾考生政策，普通高校应依据有关法律和政策招收符合录取标准的残疾考生，不得因其残疾而拒绝招收。高等特殊教育学院（专业）要在保证质量的基础上，扩大招生规模，拓宽专业设置，提高办学层次。各地要为残疾人接受成人高等学历教育、自学考试、远程教育等提供更多方便，满足残疾人接受高等教育的需求。

4. 因地制宜发展残疾儿童学前教育。有条件的城市和农村地区要基本满足残疾儿童接受学前教育的需求。地方各级教育、民政、卫生部门和残联要相互协作，采取多种形式，在有条件地区积极举办0—3岁残疾儿童早期干预、早期教育和康复训练机构。鼓励社会力量举办学前特殊教育机构。

5. 大力开展面向成年残疾人的职业教育培训。以就业为导向，开展多种形式的残疾人技能培训，提高残疾人的就业和创业能力。

6. 采取多种措施，扫除残疾青壮年文盲。将扫除残疾青壮年文盲纳入当地扫盲工作整体规划，同步推进。残疾人教育机构、各有关部门和民间组织、残疾人所在单位要积极开展扫除残疾青壮年文盲工作，使残疾青壮年文盲率显著下降。

## 二、完善特殊教育经费保障机制,提高特殊教育保障水平

7. 全面实施残疾学生免费义务教育。对义务教育阶段残疾学生在"两免一补"基础上,针对残疾学生的特殊需要,进一步提高补助水平。各地应按照彩票公益金的使用宗旨,结合本地实际,支持残疾儿童少年特殊教育。

8. 加强特殊教育学校建设。国家支持中西部地区特殊教育学校建设,在人口30万以上或残疾儿童少年相对较多,尚无特殊教育学校的县,独立建设一所特殊教育学校;不足30万人口的县,在地市范围内,统筹建设一所或几所特殊教育学校。各地要统筹规划、合理布局,坚持标准,确保质量。东部地区也要加大投入,按照本地区特殊教育规划和国家有关建设标准做好特殊教育学校建设工作。

各地要统筹安排在普通学校、儿童福利机构或者其他机构附设的特教班、高中阶段特殊教育学校(班)和高等特殊教育专业的建设。

9. 做好中等教育和高等教育阶段残疾学生资助工作。普通高校全日制本专科在校生中家庭经济困难的残疾学生和中等职业学校一、二年级在校生中残疾学生要全部享受国家助学金。在特殊教育学校职业高中班(部)就读的残疾学生也应享受国家助学金。

10. 加大投入,确保特殊教育学校(院)正常运转。各地要从特殊教育学校(院)人均成本高的实际出发,研究制定特殊教育学校(院)生均公用经费标准,保证学校(院)正常的教育教学需求。

中央财政将继续设立特殊教育补助专款,地方各级人民政府要继续设立特殊教育专项补助费并不断提高。中央财政加大专项补助资金投入,鼓励和支持地方办好现有的面向全国招生的高等特殊教育学院。

各地要从残疾人就业保障金中安排一定比例的资金用于特殊教育学校(院)开展包括社会成年残疾人在内的各种职业教育与培训。

### 三、加强特殊教育的针对性，提高残疾学生的综合素质

11. 根据残疾学生的身心特点和特殊需求，加强教育的针对性。注重学生的潜能开发和缺陷补偿，培养残疾学生乐观面对人生，全面融入社会的意识和自尊、自信、自立、自强精神。加强残疾学生的法制教育、心理健康教育和安全教育。

在课程改革中，要充分考虑残疾学生特点，注重提高其生活自理、与人交往、融入社会、劳动和就业等能力的培养。

12. 全面推进随班就读工作，不断提高教育质量。重点推进县（区）级随班就读支持保障体系的建立和完善。所有实施义务教育的学校要积极创造条件，接收具有接受普通教育能力的适龄残疾儿童少年随班就读，不断扩大随班就读规模。

建立特殊教育学校定期委派教师到普通学校巡回指导随班就读工作的制度，确保随班就读的质量。

13. 大力加强职业教育，促进残疾人就业。特殊教育学校要在开足开好劳动技术、综合实践活动等课程的同时，开设符合学生特点、适合当地需要的职业课程。根据市场和社会需求，加强残疾人中等职业学校骨干专业课程的建设。不断更新高等特殊教育院校教学内容，合理调整专业结构。加强学生的生产实习和社会实践，促进职业教育实训基地共建共享。做好学生的就业指导工作。鼓励和扶持各类特殊教育学校（院）、职业学校及职业培训机构，开展各种形式的残疾人职业培训。各级政府和有关部门要加大残疾人职业培训经费投入，在生产实习基地建设、职业技能鉴定、就业安置等方面制定优惠政策和具体扶持保护措施。

14. 加快特殊教育信息化进程。建好国家特殊教育资源库和特教信息资源管理系统，促进优质特殊教育资源共享。地方各级人民政府要加强特殊教育信息化软硬件建设。特教学校要根据残疾学生的特点积极开展信息技术教育，大力推进信息技术在教学过程中的应用，提高残疾学生信息素养和运用信息技术的能力。

15. 深入开展特殊教育研究。建设一支理论素养高、专业能力强的特

殊教育科研骨干队伍，提高特殊教育科研质量和水平。各省、市（地）教育行政部门所属的教学研究部门和科学研究部门应配备专职或兼职特教教研人员，组织并指导学校开展教育教学研究。继续开展盲文、手语研究，使之更加科学、实用。

## 四、加强特殊教育师资队伍建设，提高教师专业化水平

16. 加强特殊教育教师培养培训工作。要适应残疾儿童少年教育普及水平提高的需要，加强特殊教育师范院校专业建设。统筹规划，合理布局，加大特教师资的培养力度。鼓励和支持各级师范院校与综合性院校举办特殊教育专业或开设特殊教育课程。各地在实施师范生免费教育时，要把特教师资培养纳入培养计划。加大特殊教育或相关专业研究生培养力度。注重特殊教育专业训练，提高培养质量。鼓励优秀高校毕业生到特殊教育学校、儿童福利机构等单位任教。

各地要将特殊教育教师培训纳入教师继续教育培训计划，对在职教师实行轮训，重点抓好骨干教师特别是中青年骨干教师培训。要加强对在普通学校、儿童福利机构或其他机构中从事特殊教育工作的教师和特殊教育学校巡回指导教师的培训。要高度重视残疾人职业教育专业课教师培训。依托高等特殊教育学院、其他有关院校和专业机构建设"特殊教育教师培训基地"。

17. 配齐配足教师，确保特殊教育学校正常教学和管理工作。省级有关部门要根据特殊教育学校学生少、班额小、寄宿生多、教师需求量大的特点，合理确定特殊教育学校教职工编制并保障落实。

18. 要切实采取措施落实特殊教育教师待遇。《中华人民共和国义务教育法》明确规定特殊教育教师享有特殊岗位补助津贴。各地要采取措施，确保国家规定的特殊教育教师工资待遇政策得到落实。要将承担随班就读教学与管理人员的工作列入绩效考核内容。要在优秀教师和优秀教育工作者表彰中提高特教教师和校长的比例。

## 五、强化政府职能,全社会共同推进特殊教育事业发展

19. 进一步强化政府发展特殊教育的责任。各地要把各级各类特殊教育纳入当地经济和社会发展整体规划,把特殊教育发展列入议事日程。各级人民政府要进一步明确和落实教育、发展改革、公安、民政、财政、人力资源社会保障、卫生、税务、残联等部门和社会团体发展特殊教育的职能和责任,在保障残疾孩子入学、孤残儿童抚育、新生儿疾病筛查与治疗、学校建设、经费投入、教师编制配备、工资待遇、校园周边环境治理、特教学校企业税收减免、残疾人口统计等方面通力合作,各司其职,齐抓共管,加快特殊教育事业发展。

20. 全社会共同关心支持特殊教育事业。加大特殊教育宣传力度,在全社会形成关心支持特殊教育、尊重特殊教育教师和残疾人教育工作者的舆论氛围。进一步落实国家关于捐赠及免税的政策,积极鼓励个人、企业和民间组织支持特殊教育,广泛动员和鼓励社会各界捐资助学。

# 国务院办公厅转发中国残联等部门和单位关于加快推进残疾人社会保障体系和服务体系建设指导意见的通知

国办发〔2010〕19号

各省、自治区、直辖市人民政府，国务院各部委、各直属机构：

中国残联、教育部、民政部、人力资源社会保障部、卫生部、中央宣传部、发展改革委、科技部、司法部、财政部、住房城乡建设部、交通运输部、工业和信息化部、文化部、人民银行、扶贫办《关于加快推进残疾人社会保障体系和服务体系建设的指导意见》已经国务院同意，现转发给你们，请结合实际，认真贯彻执行。

国务院办公厅
二〇一〇年三月十日

## 关于加快推进残疾人社会保障体系和服务体系建设的指导意见

中国残联　教育部　民政部　人力资源社会保障部
卫生部　中央宣传部　发展改革委　科技部
司法部　财政部　住房城乡建设部　交通运输部
工业和信息化部　文化部　人民银行　扶贫办

《中共中央国务院关于促进残疾人事业发展的意见》（中发〔2008〕7号）明确要求，健全残疾人社会保障制度，加强残疾人服务体系建设，缩小残疾人生活状况与社会平均水平的差距，实现残疾人事业与经济社会协调发展。为进一步贯彻落实党中央、国务院的要求，加快推进残疾人社会保障体系和服务体系（以下简称"两个体系"）建设，现提出以下指导意见。

第一编　党中央、国务院关于残疾人事业的重要文件

## 一、重要意义、指导原则和目标任务

（一）重要意义。我国有8300多万残疾人，直接影响2.6亿家庭人口。改革开放以来，残疾人社会保障与服务状况得到了明显改善，但还存在着体系不完备、覆盖面较窄、城乡区域差别较大、投入不足、服务设施和专业人才队伍匮乏等问题，难以有效解决残疾人最关心、最直接、最现实的特殊困难和基本需求。残疾人是一个数量众多、特性突出、特别困难的社会群体，是社会保障和公共服务的重点人群。推进残疾人"两个体系"建设是中发〔2008〕7号文件的核心内容，是深入学习实践科学发展观、维护社会公平正义、保障和改善民生、促进经济社会协调发展的必然要求，是帮助残疾人改善基本生活条件、促进残疾人全面发展、实现残疾人共享改革发展成果的根本举措。当前，国家正在加快推进覆盖城乡居民的社会保障体系建设和基本公共服务均等化，各地区、各有关部门要充分认识残疾人"两个体系"建设的重要意义，切实增强责任感和紧迫感，把残疾人"两个体系"建设作为全面建设小康社会和构建社会主义和谐社会的一项重要而紧迫的任务，纳入经济和社会发展全局，加大投入，加快推进，务求实效。

（二）指导原则。坚持以人为本，促进残疾人全面发展；坚持残疾人"两个体系"建设与经济社会发展水平相适应，保基本、广覆盖、多层次、可持续；坚持将残疾人"两个体系"纳入国家总体社会保障和公共服务体系，并予以优先发展；坚持政府主导与社会参与相结合，重点保障与特殊扶助相结合，一般性制度安排与专项制度安排相结合；坚持统筹兼顾，把解决当前突出问题与完善制度体系相结合；坚持资源共享，充分依靠现有公共服务体系和保障制度为残疾人服务；坚持分类指导，促进城乡区域均衡发展；加强残疾人社会保障和服务政策理论研究，建立健全法律法规和基本制度，构建残疾人"两个体系"建设的长效机制。

（三）任务目标。到2015年，建立起残疾人"两个体系"基本框架，使残疾人基本生活、医疗、康复、教育、就业等基本需求得到制度性保障，残疾人生活状况进一步改善。到2020年，残疾人"两个体系"更加完备，保障水平和服务能力大幅度提高，残疾人都能得到基本公共服务，

实现残疾人人人享有基本生活保障，人人享有基本医疗保障和康复服务，残疾儿童少年全面普及义务教育，残疾人文化教育水平明显提高，就业更加充分，参与社会更加广泛，普遍达到小康水平。

## 二、健全残疾人社会保障制度，提高残疾人社会保障水平

完善残疾人社会保障体系，将残疾人纳入覆盖城乡居民的社会保障体系并予以重点保障和特殊扶助，研究制定针对残疾人特殊困难和需求的社会保障政策措施，扩大残疾人社会保障覆盖面，提高残疾人社会保障待遇。

（一）加强残疾人社会救助。符合城乡低保条件的残疾人应保尽保，靠父母或兄弟姐妹供养的成年重度残疾人单独立户的，按规定纳入低保范围；对享受最低生活保障待遇后生活仍有特别困难的残疾人家庭，应当采取其他措施保障其基本生活；对一户多残、老残一体等特殊困难家庭和低收入残疾人家庭，实行临时救助；对城乡流浪乞讨生活无着的残疾人，给予及时救助和妥善安置；将符合条件的城乡贫困残疾人纳入医疗救助范围，逐步提高救助标准；对贫困残疾人实施康复救助。

将住房困难的低收入残疾人家庭纳入城市住房保障和城乡住房救助制度。城市保障性住房、农村危房改造计划等优先安排符合条件的困难残疾人家庭。对符合城市廉租住房保障条件的残疾人家庭做到应保尽保，并优先安排实物配租廉租住房。将农村贫困残疾人家庭优先纳入住房补助范围，整合资源加快实施农村贫困残疾人家庭危房改造项目。

全面实施残疾学生免费义务教育，普通高校全日制本专科在校生中残疾人家庭子女及家庭经济困难的残疾学生和中等职业学校一、二年级在校生中残疾学生要全部享受国家助学金；在特殊教育学校职业高中班就读的残疾学生也应享受国家助学金；逐步实行残疾人免费接受中等职业教育。

（二）落实残疾人社会保险补贴和各项待遇。对符合条件的贫困残疾人参加社会保险按规定给予政府补贴。鼓励城镇残疾职工按规定参加基本养老、医疗、工伤、失业、生育保险。按规定落实残疾人相关社会保险补贴和城镇贫困残疾人个体户缴纳基本养老保险费补贴政策，落实贫困残疾人参加城镇居民基本医疗保险、新型农村合作医疗以及农村重度残疾人参加新型农村社会养老保险个人缴费部分的政府补贴。对各类企业招用符合

条件的残疾就业困难人员，按规定给予基本养老保险、基本医疗保险和失业保险补贴；支持符合条件的企业为残疾职工办理补充养老保险和补充医疗保险。逐步将符合规定的残疾人康复医疗项目纳入基本医疗保险支付范围，稳步提高待遇水平；逐步增加工伤保险职业康复项目。

（三）着力提高残疾人社会福利水平。逐步提高对低收入残疾人生活救助水平；有条件的地方对重度残疾人适配基本型辅助器具、残疾人家居环境无障碍建设和改造、日间照料、护理、居家服务给予政府补贴。将所有符合条件的残疾人纳入供养范围，改善供养条件，提高供养水平。实施养育、康复、教育、就业、住房相配套的孤残儿童综合性福利政策；支持对0—6岁残疾儿童免费实施抢救性康复。改善精神病人福利机构基础设施条件。落实残疾人个人所得税减免政策。对无民事行为能力或者限制民事行为能力的残疾人实行财产信托等保护措施。做好伤病残军人等的优抚安置工作。

## 三、加强残疾人服务体系建设，提高为残疾人服务的能力和水平

加强残疾人服务体系规划和制度建设，有效整合各方资源，统筹发展残疾人康复、教育、就业、扶贫、托养、无障碍、文化体育、维权等专项服务，不断扩大残疾人服务覆盖面。制定、完善残疾人服务机构建设、服务、技术和绩效考核标准，完善行业管理制度和评价机制，推进残疾人服务体系的规范化和专业化，全面提高为残疾人服务的能力和水平。

（一）完善社会化康复服务网络，逐步实现残疾人人人享有康复服务。以专业康复机构为骨干、社区为基础、家庭为依托，发挥医疗机构、城市社区卫生服务中心、村卫生室、特教机构、残疾人集中就业单位、残疾人福利机构等的作用，形成社会化的残疾人康复服务体系，全面开展康复医疗、功能训练、辅助器具适配、心理辅导、康复转介、残疾预防、知识普及和咨询等康复服务。

加强省、市、县三级专业康复机构的建设，省、市级专业康复机构要建设成为当地残疾人康复工作的示范窗口、技术资源中心和人才培养基地，县级康复机构要开展残疾人需要的康复服务和社区康复指导。未建立专业康复机构的县的残疾人综合服务机构要充实康复服务功能，提高服务

能力，发挥对城乡社区康复的辐射带动作用。大力开展社区康复，城市社区卫生服务中心、乡镇卫生院要根据康复服务需求设立康复室，开展康复训练、家庭病床、转诊随访、亲属培训和健康教育等服务。有条件的二级以上综合医院设立康复医学科室，开展康复治疗与训练、人员培训、技术指导、临床研究等工作。制定完善聋儿语训、脑瘫、智力残疾、孤独症儿童康复训练、辅助器具适配等方面的专业康复机构建设标准和康复技术标准，推进康复机构规范化建设，提高康复服务的针对性和有效性。

（二）完善残疾人教育服务体系，不断提高残疾人受教育水平。贯彻落实《残疾人教育条例》，完善以特殊教育学校为骨干、随班就读和特教班为主体的残疾儿童少年义务教育体系；将随班就读工作纳入教师绩效工资考核内容，建立完善残疾儿童少年随班就读支持保障体系。以社区教育、送教上门等多种形式对重度肢体残疾、重度智力残疾、孤独症、脑瘫和多重残疾儿童少年等实施义务教育；有条件的地方可以举办专门招收重度残疾儿童少年的康复教育学校。依托各类残疾儿童康复机构、福利机构和学前教育机构开展学前残疾儿童早期干预、早期教育和康复，做好残疾儿童接受义务教育的转移衔接服务。依托各类教育培训、文化服务和残疾人集中就业机构，大力扫除残疾人青壮年文盲。

加快发展以职业教育为主的高级中等以上教育。有条件的设区的市和特殊教育学校举办残疾人高中阶段教育。加强残疾人中等职业学校和高等特殊教育学院（专业）建设，拓宽专业设置，扩大招生规模，提高办学质量。推动特殊教育学校和职业学校联合办学，促进职业教育培训实训基地等资源共享。鼓励各级各类特殊教育学校（院）、职业学校及其他教育培训机构开展多层次残疾人职业教育培训，建立残疾人职业培训补贴与培训质量、一次性就业率相衔接的机制。

合理配置特殊教育资源，加强特殊教育研究，加强特殊教育师资力量培训，加快特殊教育信息化建设，推进特殊教育课程改革和创新，不断提高特殊教育的质量和水平。加强特殊教育学校规划和建设，改善办学条件。充分发挥特殊教育学校在残疾儿童少年随班就读、社区教育、家长培训、选派巡回教师等工作中的作用。

（三）建立健全残疾人就业服务网络，促进残疾人稳定就业。贯彻《残疾人就业条例》，落实残疾人按比例就业、安置残疾人单位税收优惠、残疾人个体就业扶持、政府优先采购集中使用残疾人的用人单位的产品或服务等残疾人就业促进和保护政策，完善残疾人就业保障金征收使用管理等政策。政府开发的公益性岗位要按规定安置符合条件的残疾人；用人单位招用残疾人职工，应当依法与其签订劳动合同或服务协议，提供适合其身体状况的劳动条件和劳动保护，在晋职、晋级、评定职称、报酬、社会保险、生活福利等方面不得歧视残疾人。妥善解决残疾人劳动争议，依法维护残疾人劳动就业权利，切实保障残疾人享有平等就业机会。

残疾人就业服务机构是公共就业服务机构的重要组成部分。加强省、市、县三级残疾人就业服务机构的建设，将其纳入公共就业服务体系统筹管理，在人力资源社会保障部门指导和委托下，综合管理残疾人劳动就业工作，为用人单位提供就业信息发布等支持性服务，为残疾人提供职业指导、职业介绍、职业适应评估、就业和失业登记等就业服务；开展盲人按摩管理指导和服务工作；引导、支持智力、精神和重度肢体残疾人辅助性就业。加强残疾人职业技能鉴定工作。开展统一服务对象、统一业务流程、统一机构标识、统一人员标准和统一服务准则的残疾人就业服务机构规范化建设。公共就业服务机构设立残疾人服务窗口和服务项目，免费为残疾人提供就业服务和就业援助。人力资源市场信息网络将残疾人就业信息纳入其中，实现资源共享。

（四）加强农村残疾人扶贫服务，促进残疾人脱贫。政府有关部门要将农村贫困残疾人作为扶贫开发重点对象予以扶持，农村金融机构要向残疾人提供方便可及的金融服务，农民专业合作社、农业农村各种社会化服务组织等要加强对残疾人的帮扶。充分发挥县乡两级残疾人服务社的作用，依托政府有关部门、农村金融机构和农民专业合作社、农业农村各种社会化服务组织等，扶持农村残疾人从事种植业、养殖业、手工业、家庭副业等多种形式的生产劳动，提供产前、产中、产后配套服务，帮助农村残疾人获得扶贫贴息贷款，保障农村残疾人充分享受各项惠农政策和社会保障政策，推动残疾人扶贫开发政策与各项社会保障政策的有效衔接。

（五）健全残疾人托养服务体系，大力发展居家助残服务。建立健全以省级或省会城市托养服务机构为示范、设区的市和有条件的县托养服务机构为骨干、乡镇（街道）和社区日间照料服务为主体、居家安养服务为基础的残疾人托养服务体系，为精神、智力残疾人和其他各类重度残疾人提供生活照料、职业康复、辅助性就业和工疗、农疗、文化体育、心理疏导、娱乐等服务。省级托养服务机构负责全省托养工作的服务示范、业务指导和培训；设区的市和县级托养服务机构为残疾人提供基本和急需的托养服务，对日间照料和居家安养服务进行指导。乡镇（街道）、社区依托社区服务设施、福利机构开展日间照料等服务，以多种形式支持残疾人居家安养。实施好"阳光家园计划"。

（六）加快推进无障碍建设，方便残疾人生活。加强无障碍设施建设和管理，提高无障碍设施建设质量。住房城乡建设部门修订完善无障碍相关标准、规范，加快推进城市道路、公共建筑、居住建筑、居住区、公园绿地无障碍设施建设和改造。教育、民政、铁道、交通运输、残联等部门制定完善特殊教育学校、福利机构、残疾人综合服务设施、铁路旅客车站、码头、城市交通设施、民用机场旅客航站区等行业无障碍标准并监督实施。公共交通逐步完善无障碍设备。

推进信息和交流无障碍建设，提高全社会无障碍意识。有关部门要将信息交流无障碍纳入信息化建设规划，制定信息无障碍技术标准，推进互联网和手机、电脑等信息无障碍实用技术和产品研发。政府政务信息公开要采取信息无障碍措施，公共服务机构要提供语音、文字提示、盲文、手语等无障碍服务。图书和声像资源数字化建设要实现信息无障碍。

（七）发展残疾人文化体育服务，丰富残疾人精神文化生活。鼓励残疾人广泛参与基层文化体育活动，特殊教育学校、残疾人专门协会、社区残疾人组织要积极开展残疾人群众性文化体育活动，文化信息资源共享、流动舞台车、全民健身等政府重点文化体育工程要有为残疾人服务的内容。加强各级残疾人文化艺术组织和团体建设，鼓励残疾人参与文化艺术创作。

图书馆、博物馆、体育场馆、群众艺术馆、文化馆和乡镇综合文化站、社区文化中心（街道文化站）等公共文化体育设施免费向残疾人开放，并为残疾人参加文化体育活动提供便利；有条件的公共图书馆设立盲文和盲人有声读物阅览室。加强盲文出版和文化资讯建设，加大对盲文、盲人有声读物、残疾人题材的图书、音像制品出版等的扶持力度。各地电台、电视台积极创造条件，开设残疾人专题节目和手语节目，影视作品和节目要加配字幕。

（八）健全残疾人法律服务体系，维护残疾人合法权益。建立以各级司法行政部门、法律援助机构提供的法律服务和法律援助为主导，以有关部门、残联、社会力量等提供的法律救助为补充的残疾人法律救助体系。建立各级残疾人法律救助工作协调机制，充分发挥县级以上残联残疾人法律救助工作站的作用，鼓励和扶持民间组织、高等院校等通过多种形式为残疾人提供法律救助服务。进一步完善残疾人信访工作机制，畅通信访渠道，健全信访事项督查督办与突发群体性事件应急处置机制。将《中华人民共和国残疾人保障法》等法律法规纳入国家普法规划，不断增强全社会维护残疾人权益的意识。

建设残疾人口基础信息管理系统和残疾人社会保障与服务信息管理平台，实现其与社会保障和公共服务管理信息平台数据交换和资源共享。加强残疾人社会保障和服务的统计工作，开展残疾人基本状况动态监测和调查。新建、扩建、改建一批骨干服务设施，使残疾人服务设施布局合理、条件改善、服务能力增强。

## 四、建立完善残疾人社会保障体系和服务体系建设的体制机制

（一）加强组织领导。地方各级政府要把残疾人"两个体系"建设纳入本地国民经济和社会发展总体规划、相关专项规划和年度计划，各有关部门和单位要将残疾人"两个体系"建设列入职责范围和目标管理，各级政府残疾人工作委员会要加强统筹协调和监督检查，城乡基层组织要发挥在残疾人"两个体系"建设中的基础性作用，将残疾人社会保障和服务列入社区建设规划，抓好各项政策措施的落实，确保取得实效。西部地区要突出重点，优先解决残疾人的基本生活、就学、就医等迫切需求；中部地区要加快发展，缩小残疾人社会保障和服务与社会平均水平的差距；东部地区要全面建设，努力实现保障和服务的能力、水平与残疾人的需求相适应，率先实现残疾人社会保障和服务的制度化、专业化和标准化。要按照城乡一体化要求，完善农村残疾人保障制度和服务设施，加快推进城乡残疾人社会保障一体化和服务均等化。

（二）完善政策法规。建立稳定的经费保障机制，残疾人社会保障和公共服务等经费通过各级财政预算安排、社会捐助及个人与单位负担等多渠道筹集，其中财政投入随着国民经济发展和财政收入增长逐步增加；加

大彩票公益金对残疾人"两个体系"建设的支持力度。将残疾人康复、教育、就业、托养、文化体育、综合服务等专业服务设施建设纳入城乡公益性建设项目，在立项、规划和建设用地等方面优先安排，加大投入，重点扶持，并向中西部地区和农村地区倾斜。鼓励各类民间组织、企业、个人和社会资本参与发展残疾人服务业，在资金、场地、人才等方面予以扶持。大力发展残疾人慈善事业。

加快残疾人康复、教育、就业、托养、文化体育、社会工作等专门人才培养，将其纳入国家教育和人才培养计划，鼓励高等学校开设相关课程。按照国家有关规定落实对为残疾人服务的工作人员的工资待遇倾斜政策。通过国家科技支撑计划、自然科学基金、哲学社会科学基金等渠道，支持、鼓励高等院校、科研院所、企事业单位研究开发、推广应用为残疾人服务的辅助技术和产品。制定政策鼓励扶持辅助器具等相关产业发展。

研究制定无障碍建设条例、残疾预防和残疾人康复条例和残疾人社会福利、特殊劳动权益及就业保护规定，制定国家残疾人分类分级标准及配套措施，修订《残疾人教育条例》。

（三）加强宣传引导。调动各种宣传资源，运用各种宣传方式，大力宣传党中央、国务院对促进残疾人事业的高度重视，宣传加快推进残疾人"两个体系"建设的重要意义、政策措施、先进典型和新经验、新成效，营造良好的舆论氛围。大力弘扬人道主义思想和中华民族传统美德，开展形式多样的扶残助残活动，建立稳定的志愿者队伍，培育良好的社会风尚。

（四）发挥残疾人组织作用。各级残联受政府委托，承办和管理残疾人康复、就业、职业教育、托养等服务项目，做好残疾评估、鉴定和制发第二代残疾人证工作，掌握残疾人社会保障和服务的基本情况和基础数据，积极向政府反映残疾人的特殊困难和需求，协助政府做好有关政策法规、规划的制定和行业管理工作。发挥残疾人专门协会的代表、服务、维权职能。乡镇（街道）、社区（村）残疾人组织和残疾人协会专职委员要深入开展调查摸底工作，建立残疾人需求与保障档案，做好残疾人需求分析和转介服务，促进各项社会保障和服务措施的落实。

中国残疾人事业重要文件选编（1978—2018）

# 第二编
# 残疾人事业重要法律法规

○ 中华人民共和国宪法
○ 残疾人保障法
○ 残疾人事业行政法规

# 一、中华人民共和国宪法

（1982 年 12 月 4 日第五届全国人民代表大会第五次会议通过。1982 年 12 月 4 日全国人民代表大会公告公布施行。根据 1988 年 4 月 12 日第七届全国人民代表大会第一次会议通过的《中华人民共和国宪法修正案》、1993 年 3 月 29 日第八届全国人民代表大会第一次会议通过的《中华人民共和国宪法修正案》、1999 年 3 月 15 日第九届全国人民代表大会第二次会议通过的《中华人民共和国宪法修正案》、2004 年 3 月 14 日第十届全国人民代表大会第二次会议通过的《中华人民共和国宪法修正案》和 2018 年 3 月 11 日第十三届全国人民代表大会第一次会议通过的《中华人民共和国宪法修正案》修正。）

## 第二章　公民的基本权利和义务

**第四十五条**　中华人民共和国公民在年老、疾病或者丧失劳动能力的情况下，有从国家和社会获得物质帮助的权利。国家发展为公民享受这些权利所需要的社会保险、社会救济和医疗卫生事业。

国家和社会保障残废军人的生活，抚恤烈士家属，优待军人家属。

国家和社会帮助安排盲、聋、哑和其他有残疾的公民的劳动、生活和教育。

# 二、残疾人保障法

## 中华人民共和国主席令

第三十六号

《中华人民共和国残疾人保障法》已由中华人民共和国第七届全国人民代表大会常务委员会第十七次会议于1990年12月28日通过，现予公布，自1991年5月15日起施行。

中华人民共和国主席　杨尚昆<br>1990年12月28日

## 中华人民共和国残疾人保障法

### 第一章　总　则

**第一条**　宗旨与依据

为了维护残疾人的合法权益，发展残疾人事业，保障残疾人平等地充分参与社会生活，共享社会物质文化成果，根据宪法，制定本法。

**第二条**　定义、类别、标准

残疾人是指在心理、生理、人体结构上，某种组织、功能丧失或者不正常，全部或者部分丧失以正常方式从事某种活动能力的人。

残疾人包括视力残疾、听力残疾、言语残疾、肢体残疾、智力残疾、精神残疾、多重残疾和其他残疾的人。

残疾标准由国务院规定。

**第三条** 权利保护

残疾人在政治、经济、文化、社会和家庭生活等方面享有同其他公民平等的权利。

残疾人的公民权利和人格尊严受法律保护。

禁止歧视、侮辱、侵害残疾人。

**第四条** 特别扶助

国家采取辅助方法和扶持措施，对残疾人给予特别扶助，减轻或者消除残疾影响和外界障碍，保障残疾人权利的实现。

**第五条** 特别保障

国家和社会对伤残军人、因公致残人员以及其他为维护国家和人民利益残疾的人员实行特别保障，给予优待和抚恤。

**第六条** 政府职责

各级人民政府应当将残疾人事业纳入国民经济和社会发展计划，经费列入财政预算，统筹规划，加强领导，综合协调，采取措施，使残疾人事业与经济、社会协调发展。

国务院和省、自治区、直辖市人民政府，采取组织措施，协调有关部门做好残疾人事业的工作。具体机构由国务院和省、自治区、直辖市人民政府规定。

各级人民政府有关部门，应当密切联系残疾人，听取残疾人的意见，按照各自的职责，做好残疾人工作。

**第七条** 社会责任

全社会应当发扬社会主义的人道主义精神，理解、尊重、关心、帮助残疾人，支持残疾人事业。

机关、团体、企业事业组织和城乡基层组织，应当做好所属范围内的残疾人工作。

从事残疾人工作的国家工作人员和其他人员，应当履行光荣职责，努力为残疾人服务。

**第八条** 残疾人联合会职责

中国残疾人联合会及其地方组织，代表残疾人的共同利益，维护残疾人的合法权益，团结教育残疾人，为残疾人服务。

残疾人联合会承担政府委托的任务，开展残疾人工作，动员社会力量，发展残疾人事业。

**第九条** 扶养人、监护人、亲属责任

残疾人的法定扶养人必须对残疾人履行扶养义务。

残疾人的监护人必须履行监护职责，维护被监护人的合法权益。

残疾人的亲属、监护人应当鼓励和帮助残疾人增强自立能力。

禁止虐待和遗弃残疾人。

**第十条** 残疾人义务

残疾人必须遵守法律，履行应尽的义务，遵守公共秩序，尊重社会公德。

残疾人应当发扬乐观进取精神，自尊、自信、自强、自立，为社会主义建设贡献力量。

**第十一条** 残疾预防

国家有计划地开展残疾预防工作，加强对残疾预防工作的领导、宣传、普及优生优育和预防残疾的知识，针对遗传、疾病、药物中毒、事故、灾害、环境污染和其他残疾因素，制定法律、法规、组织和动员社会力量，采取措施，预防残疾的发生和发展。

**第十二条** 奖励

对在社会主义建设中做出显著成绩的残疾人，对维护残疾人合法权益、发展残疾人事业、为残疾人服务做出显著成绩的单位和个人，由政府和有关部门给予奖励。

## 第二章 康 复

**第十三条** 职责

国家和社会采取康复措施，帮助残疾人恢复或者补偿功能，增强其参与社会生活的能力。

**第十四条** 指导原则

康复工作应当从实际出发，将现代康复技术与我国传统康复技术相结

合；以康复机构为骨干，社区康复为基础，残疾人家庭为依托；以实用、易行、受益广的康复内容为重点，并开展康复新技术的研究、开发和应用，为残疾人提供有效的康复服务。

**第十五条** 组织实施

政府和有关部门有计划地在医院设立康复医学科（室），举办必要的专门康复机构，开展康复医疗与训练、科学研究、人员培训和技术指导工作。

各级人民政府和有关部门，应当组织和指导城乡社会服务网、医疗预防保健网、残疾人组织、残疾人家庭和其他社会力量，开展社区康复工作。

残疾人教育机构、福利性企业事业组织和其他为残疾人服务的机构，应当创造条件，开展康复训练活动。

残疾人在专业人员的指导和有关工作人员、志愿工作者及亲属的帮助下，应当努力进行功能、自理能力和劳动技能的训练。

国务院和有关部门分阶段确定康复重点项目，制定计划，组织力量实施。

**第十六条** 人员培养

医学院校和其他有关院校应当有计划地开设康复课程、设置康复专业，培养各类康复专业人才。

国家和社会采取多种形式对从事康复工作的人员进行技术培训；向残疾人、残疾人亲属、有关工作人员和志愿工作者普及康复知识，传授康复方法。

**第十七条** 器具

政府有关部门应当组织和扶持残疾人康复器械、生活自助具、特殊用品和其他辅助器具的研制、生产、供应、维修服务。

## 第三章 教 育

**第十八条** 职责

国家保障残疾人受教育的权利。

各级人民政府应当将残疾人教育作为国家教育事业的组成部分，统一规划，加强领导。

国家、社会、学校和家庭对残疾儿童、少年实施义务教育。

国家对接受义务教育的残疾学生免收学费，并根据实际情况减免杂费。国家设立助学金，帮助贫困残疾学生就学。

**第十九条　依特性施教**

残疾人教育，根据残疾人的身心特性和需要，按照下列要求实施：

（一）在进行思想教育、文化教育的同时，加强身心补偿和职业技术教育；

（二）依据残疾类别和接受能力，采取普通教育方式或者特殊教育方式；

（三）特殊教育的课程设置、教材、教学方法、入学和在校年龄，可以有适度弹性。

**第二十条　发展方针**

残疾人教育，实行普及与提高相结合、以普及为重点的方针，着重发展义务教育和职业技术教育、积极开展学前教育，逐步发展高级中等以上教育。

**第二十一条　办学渠道**

国家举办残疾人教育机构，并鼓励社会力量办学、捐资助学。

**第二十二条　普通教育方式**

普通教育机构对具有接受普通教育能力的残疾人实施教育。

普通小学、初级中等学校，必须招收能适应其学习生活的残疾儿童、少年入学；普通高级中等学校、中等专业学校、技工学校和高等院校，必须招收符合国家规定的录取标准的残疾考生入学，不得因其残疾而拒绝招收；拒绝招收的，当事人或者其亲属、监护人可以要求有关部门处理，有关部门应当责令该学校招收。

普通幼儿教育机构应当接收能适应其生活的残疾幼儿。

**第二十三条　特殊教育方式**

残疾幼儿教育机构、普通幼儿教育机构附设的残疾儿童班、特殊教育学校的学前班、残疾儿童福利机构、残疾儿童家庭，对残疾儿童实施学前教育。

初级中等以下特殊教育学校和普通学校附设的特殊教育班，对不具有接受普通教育能力的残疾儿童、少年实施义务教育。

高级中等以上特殊教育学校、普通学校附设的特殊教育班和残疾人职业技术教育机构，对符合条件的残疾人实施高级中等以上文化教育、职业技术教育。

**第二十四条　成人教育**

政府有关部门、残疾人所在单位和社会应当对残疾人开展扫除文盲、职业培训和其他成人教育，鼓励残疾人自学成才。

**第二十五条　师　资**

国家有计划地举办各级各类特殊教育师范院校、专业，在普通师范院校附设特殊教育班（部），培养、培训特殊教育师资。普通师范院校开设特殊教育课程或者讲授有关内容，使普通教师掌握必要的特殊教育知识。

特殊教育教师和手语翻译，享受特殊教育津贴。

**第二十六条　辅助手段**

政府有关部门应当组织和扶持盲文、手语的研究和应用，特殊教育教材的编写和出版，特殊教育教学用具及其他辅助用品的研制、生产和供应。

## 第四章　劳动就业

**第二十七条　职　责**

国家保障残疾人劳动的权利。

各级人民政府应当对残疾人劳动就业统筹规划，为残疾人创造劳动就业条件。

**第二十八条　指导方针**

残疾人劳动就业，实行集中与分散相结合的方针，采取优惠政策和扶持保护措施，通过多渠道、多层次、多种形式，使残疾人劳动就业逐步普及、稳定、合理。

**第二十九条　集中安排**

国家和社会举办残疾人福利企业、工疗机构、按摩医疗机构和其他福利性企业事业组织，集中安排残疾人就业。

**第三十条　分散安排**

国家推动各单位吸收残疾人就业，各级人民政府和有关部门应当做好组织、指导工作。机关、团体、企业事业组织、城乡集体经济组织，应当按一定比例安排残疾人就业，并为其选择适当的工种和岗位。省、自治区、直辖市人民政府可以根据实际情况规定具体比例。

**第三十一条　自谋职业**

政府有关部门鼓励、帮助残疾人自愿组织起来从业或者个体开业。

**第三十二条　农村劳动**

地方各级人民政府和农村基层组织，应当组织和扶持农村残疾人从事种植业、养殖业、手工业和其他形式的生产劳动。

**第三十三条** 优惠与扶持

国家对残疾人福利性企业事业组织和城乡残疾人个体劳动者,实行税收减免政策,并在生产、经营、技术、资金、物资、场地等方面给予扶持。

地方人民政府和有关部门应当确定适合残疾人生产的产品,优先安排残疾人福利企业生产,并逐步确定某些产品由残疾人福利企业专产。

政府有关部门下达职工招用、聘用指标时,应当确定一定数额用于残疾人。

对于申请从事个体工商业的残疾人,有关部门应当优先核发营业执照,并在场地、信贷等方面给予照顾。

对于从事各类生产劳动的农村残疾人,有关部门应当在生产服务、技术指导、农用物资供应、农副产品收购和信贷等方面,给予帮助。

**第三十四条** 保　护

国家保护残疾人福利性企业事业组织的财产所有权和经营自主权,其合法权益不受侵犯。

在职工的招用、聘用、转正、晋级、职称评定、劳动报酬、生活福利、劳动保险等方面,不得歧视残疾人。

对于国家分配的高等学校、中等专业学校、技工学校的残疾毕业生,有关单位不得因其残疾而拒绝接收;拒绝接收的,当事人可以要求有关部门处理,有关部门应当责令该单位接收。

残疾职工所在单位,应当为残疾职工提供适应其特点的劳动条件和劳动保护。

**第三十五条** 职工培训

残疾职工所在单位应当对残疾职工进行岗位技术培训,提高其劳动技能和技术水平。

## 第五章　文化生活

**第三十六条** 职　责

国家和社会鼓励、帮助残疾人参加各种文化、体育、娱乐活动,努力满足残疾人精神文化生活的需要。

**第三十七条 指导原则**

残疾人文化、体育、娱乐活动应当面向基层,融于社会公共文化生活,适应各类残疾人的不同特点和需要,使残疾人广泛参与。

**第三十八条 措 施**

国家和社会采取下列措施,丰富残疾人的精神文化生活:

(一)通过广播、电影、电视、报刊、图书等形式,反映残疾人生活,为残疾人服务;

(二)组织和扶持盲文读物、盲人有声读物、聋人读物、弱智人读物的编写和出版,开办电视手语节目,在部分影视作品中增加字幕、解说;

(三)组织和扶持残疾人开展群众性文化、体育、娱乐活动,举办特殊艺术演出和特殊体育运动会,参加重大国际性比赛和交流;

(四)文化、体育、娱乐和其他公共活动场所,为残疾人提供方便和照顾。有计划地兴办残疾人活动场所。

**第三十九条 鼓励创造**

国家和社会鼓励、帮助残疾人进行文学、艺术、教育、科学技术和其他有益于人民的创造性劳动。

## 第六章 福 利

**第四十条 职 责**

国家和社会采取扶助、救济和其他福利措施,保障和改善残疾人的生活。

**第四十一条 救济与供养**

国家和社会对生活确有困难的残疾人,通过多种渠道给予救济、补助。

国家和社会对无劳动能力、无法定扶养人、无生活来源的残疾人,按照规定予以供养、救济。

**第四十二条 保 险**

残疾人所在单位、城乡基层组织、残疾人家庭,应当鼓励、帮助残疾人参加社会保险。

**第四十三条 福利安养机构**

地方各级人民政府和社会举办福利院和其他安置收养机构,按照规定安置收养残疾人,并逐步改善其生活。

**第四十四条　特别照顾**

公共服务机构应当为残疾人提供优先服务和辅助性服务。

残疾人搭乘公共交通工具，应当给予方便和照顾；其随身必备的辅助工具，准予免费携带。

盲人可以免费乘坐市内公共汽军、电车、地铁、渡船，盲人读物邮件免费寄递。

县级和乡级人民政府应当根据具体情况减免农村残疾人的义务工、公益事业费和其他社会负担。

各级人民政府应当逐步增加对残疾人的其他照顾和扶助。

## 第七章　环　境

**第四十五条　职　责**

国家和社会逐步创造良好的环境，改善残疾人参与社会生活的条件。

**第四十六条　无障碍设施**

国家和社会逐步实行方便残疾人的城市道路和建筑物设计规范，采取无障碍措施。

**第四十七条　理解与互助**

国家和社会促进残疾人与其他公民之间的相互理解和交流，宣传残疾人事业和扶助残疾人的事迹，弘扬残疾人自强不息的精神，倡导团结、友爱、互助的社会风尚。

**第四十八条　助残日**

每年5月的第三个星期日为全国助残日。

## 第八章　法律责任

**第四十九条　申诉与起诉**

残疾人的合法权益受到侵害的，被侵害人或者其代理人有权要求有关主管部门处理，或者依法向人民法院提起诉讼。

**第五十条　行政责任**

国家工作人员违法失职，损害残疾人的合法权益的，由其所在单位或者上级机关责令改正或者给予行政处分。

**第五十一条** 民事责任

侵害残疾人的合法权益,造成财产损失或者其他损失、损害的,应当依法赔偿或者承担其他民事责任。

**第五十二条** 行政处罚与刑事责任

利用残疾人的残疾,侵犯其人身权利或者其他合法权利,构成犯罪的,依照刑法有关规定从重处罚。

以暴力或者其他方法公然侮辱残疾人,情节严重的,依照刑法第一百四十五条的规定追究刑事责任;情节较轻的,依照治安管理处罚条例第二十二条的规定处罚。

虐待残疾人的,依照治安管理处罚条例第二十二条的规定处罚;情节恶劣的,依照刑法第一百八十二条的规定追究刑事责任。

对没有独立生活能力的残疾人负有扶养义务而拒绝扶养、情节恶劣的,或者遗弃没有独立生活能力的残疾人的,依照刑法第一百八十三条的规定追究刑事责任。

奸淫因智力残疾或者精神残疾不能辨认自己行为的残疾人的,以强奸论,依照刑法第一百三十九条的规定追究刑事责任。

# 第九章 附 则

**第五十三条** 条例与地方法规

国务院有关部门根据本法制定有关条例,报国务院批准施行。

省、自治区、直辖市人民代表大会常务委员会可以根据本法制定实施办法。

**第五十四条** 生效时间

本法自1991年5月15日起施行。

第二编　残疾人事业重要法律法规

# 中华人民共和国主席令

第三号

《中华人民共和国残疾人保障法》已由中华人民共和国第十一届全国人民代表大会常务委员会第二次会议于 2008 年 4 月 24 日修订通过，现将修订后的《中华人民共和国残疾人保障法》公布，自 2008 年 7 月 1 日起施行。

中华人民共和国主席　胡锦涛<br>2008 年 4 月 24 日

# 中华人民共和国残疾人保障法

## 第一章　总　则

**第一条**　为了维护残疾人的合法权益，发展残疾人事业，保障残疾人平等地充分参与社会生活，共享社会物质文化成果，根据宪法，制定本法。

**第二条**　残疾人是指在心理、生理、人体结构上，某种组织、功能丧失或者不正常，全部或者部分丧失以正常方式从事某种活动能力的人。

残疾人包括视力残疾、听力残疾、言语残疾、肢体残疾、智力残疾、精神残疾、多重残疾和其他残疾的人。

残疾标准由国务院规定。

**第三条**　残疾人在政治、经济、文化、社会和家庭生活等方面享有同其他公民平等的权利。

残疾人的公民权利和人格尊严受法律保护。

禁止基于残疾的歧视。禁止侮辱、侵害残疾人。禁止通过大众传播媒介或者其他方式贬低损害残疾人人格。

**第四条** 国家采取辅助方法和扶持措施，对残疾人给予特别扶助，减轻或者消除残疾影响和外界障碍，保障残疾人权利的实现。

**第五条** 县级以上人民政府应当将残疾人事业纳入国民经济和社会发展规划，加强领导，综合协调，并将残疾人事业经费列入财政预算，建立稳定的经费保障机制。

国务院制定中国残疾人事业发展纲要，县级以上地方人民政府根据中国残疾人事业发展纲要，制定本行政区域的残疾人事业发展规划和年度计划，使残疾人事业与经济、社会协调发展。

县级以上人民政府负责残疾人工作的机构，负责组织、协调、指导、督促有关部门做好残疾人事业的工作。

各级人民政府和有关部门，应当密切联系残疾人，听取残疾人的意见，按照各自的职责，做好残疾人工作。

**第六条** 国家采取措施，保障残疾人依照法律规定，通过各种途径和形式，管理国家事务，管理经济和文化事业，管理社会事务。

制定法律、法规、规章和公共政策，对涉及残疾人权益和残疾人事业的重大问题，应当听取残疾人和残疾人组织的意见。

残疾人和残疾人组织有权向各级国家机关提出残疾人权益保障、残疾人事业发展等方面的意见和建议。

**第七条** 全社会应当发扬人道主义精神，理解、尊重、关心、帮助残疾人，支持残疾人事业。

国家鼓励社会组织和个人为残疾人提供捐助和服务。

国家机关、社会团体、企业事业单位和城乡基层群众性自治组织，应当做好所属范围内的残疾人工作。

从事残疾人工作的国家工作人员和其他人员，应当依法履行职责，努力为残疾人服务。

**第八条** 中国残疾人联合会及其地方组织，代表残疾人的共同利益，维护残疾人的合法权益，团结教育残疾人，为残疾人服务。

中国残疾人联合会及其地方组织依照法律、法规、章程或者接受政府委托，开展残疾人工作，动员社会力量，发展残疾人事业。

**第九条** 残疾人的扶养人必须对残疾人履行扶养义务。

残疾人的监护人必须履行监护职责,尊重被监护人的意愿,维护被监护人的合法权益。

残疾人的亲属、监护人应当鼓励和帮助残疾人增强自立能力。

禁止对残疾人实施家庭暴力,禁止虐待、遗弃残疾人。

**第十条** 国家鼓励残疾人自尊、自信、自强、自立,为社会主义建设贡献力量。

残疾人应当遵守法律、法规,履行应尽的义务,遵守公共秩序,尊重社会公德。

**第十一条** 国家有计划地开展残疾预防工作,加强对残疾预防工作的领导,宣传、普及母婴保健和预防残疾的知识,建立健全出生缺陷预防和早期发现、早期治疗机制,针对遗传、疾病、药物、事故、灾害、环境污染和其他致残因素,组织和动员社会力量,采取措施,预防残疾的发生,减轻残疾程度。

国家建立健全残疾人统计调查制度,开展残疾人状况的统计调查和分析。

**第十二条** 国家和社会对残疾军人、因公致残人员以及其他为维护国家和人民利益致残的人员实行特别保障,给予抚恤和优待。

**第十三条** 对在社会主义建设中做出显著成绩的残疾人,对维护残疾人合法权益、发展残疾人事业、为残疾人服务做出显著成绩的单位和个人,各级人民政府和有关部门给予表彰和奖励。

**第十四条** 每年5月的第三个星期日为全国助残日。

## 第二章 康 复

**第十五条** 国家保障残疾人享有康复服务的权利。

各级人民政府和有关部门应当采取措施,为残疾人康复创造条件,建立和完善残疾人康复服务体系,并分阶段实施重点康复项目,帮助残疾人恢复或者补偿功能,增强其参与社会生活的能力。

**第十六条** 康复工作应当从实际出发,将现代康复技术与我国传统康复技术相结合;以社区康复为基础,康复机构为骨干,残疾人家庭为依托；以实用、易行、受益广的康复内容为重点，优先开展残疾儿童抢救性治疗和康复；发展符合康复要求的科学技术，鼓励自主创新，加强康复新技术的研究、开发和应用，为残疾人提供有效的康复服务。

**第十七条** 各级人民政府鼓励和扶持社会力量兴办残疾人康复机构。

地方各级人民政府和有关部门，应当组织和指导城乡社区服务组织、医疗预防保健机构、残疾人组织、残疾人家庭和其他社会力量，开展社区康复工作。

残疾人教育机构、福利性单位和其他为残疾人服务的机构，应当创造条件，开展康复训练活动。

残疾人在专业人员的指导和有关工作人员、志愿工作者及亲属的帮助下，应当努力进行功能、自理能力和劳动技能的训练。

**第十八条** 地方各级人民政府和有关部门应当根据需要有计划地在医疗机构设立康复医学科室，举办残疾人康复机构，开展康复医疗与训练、人员培训、技术指导、科学研究等工作。

**第十九条** 医学院校和其他有关院校应当有计划地开设康复课程，设置相关专业，培养各类康复专业人才。

政府和社会采取多种形式对从事康复工作的人员进行技术培训；向残疾人、残疾人亲属、有关工作人员和志愿工作者普及康复知识，传授康复方法。

**第二十条** 政府有关部门应当组织和扶持残疾人康复器械、辅助器具的研制、生产、供应、维修服务。

## 第三章 教 育

**第二十一条** 国家保障残疾人享有平等接受教育的权利。

各级人民政府应当将残疾人教育作为国家教育事业的组成部分，统一规划，加强领导，为残疾人接受教育创造条件。

政府、社会、学校应当采取有效措施，解决残疾儿童、少年就学存在的实际困难，帮助其完成义务教育。

各级人民政府对接受义务教育的残疾学生、贫困残疾人家庭的学生提供免费教科书，并给予寄宿生活费等费用补助；对接受义务教育以外其他教育的残疾学生、贫困残疾人家庭的学生按照国家有关规定给予资助。

**第二十二条** 残疾人教育，实行普及与提高相结合、以普及为重点的方针，保障义务教育，着重发展职业教育，积极开展学前教育，逐步发展高级中等以上教育。

**第二十三条** 残疾人教育应当根据残疾人的身心特性和需要，按照下列要求实施：

（一）在进行思想教育、文化教育的同时，加强身心补偿和职业教育；

（二）依据残疾类别和接受能力，采取普通教育方式或者特殊教育方式；

（三）特殊教育的课程设置、教材、教学方法、入学和在校年龄，可以有适度弹性。

**第二十四条** 县级以上人民政府应当根据残疾人的数量、分布状况和残疾类别等因素，合理设置残疾人教育机构，并鼓励社会力量办学、捐资助学。

**第二十五条** 普通教育机构对具有接受普通教育能力的残疾人实施教育，并为其学习提供便利和帮助。

普通小学、初级中等学校，必须招收能适应其学习生活的残疾儿童、少年入学；普通高级中等学校、中等职业学校和高等学校，必须招收符合国家规定的录取要求的残疾考生入学，不得因其残疾而拒绝招收；拒绝招收的，当事人或者其亲属、监护人可以要求有关部门处理，有关部门应当责令该学校招收。

普通幼儿教育机构应当接收能适应其生活的残疾幼儿。

**第二十六条** 残疾幼儿教育机构、普通幼儿教育机构附设的残疾儿童班、特殊教育机构的学前班、残疾儿童福利机构、残疾儿童家庭，对残疾儿童实施学前教育。

初级中等以下特殊教育机构和普通教育机构附设的特殊教育班，对不具有接受普通教育能力的残疾儿童、少年实施义务教育。

高级中等以上特殊教育机构、普通教育机构附设的特殊教育班和残疾人职业教育机构，对符合条件的残疾人实施高级中等以上文化教育、职业教育。

提供特殊教育的机构应当具备适合残疾人学习、康复、生活特点的场所和设施。

**第二十七条** 政府有关部门、残疾人所在单位和有关社会组织应当对残疾人开展扫除文盲、职业培训、创业培训和其他成人教育，鼓励残疾人自学成才。

**第二十八条** 国家有计划地举办各级各类特殊教育师范院校、专业，在普通师范院校附设特殊教育班，培养、培训特殊教育师资。普通师范院校开设特殊教育课程或者讲授有关内容，使普通教师掌握必要的特殊教育知识。

特殊教育教师和手语翻译，享受特殊教育津贴。

**第二十九条** 政府有关部门应当组织和扶持盲文、手语的研究和应用，特殊教育教材的编写和出版，特殊教育教学用具及其他辅助用品的研制、生产和供应。

## 第四章　劳动就业

**第三十条** 国家保障残疾人劳动的权利。

各级人民政府应当对残疾人劳动就业统筹规划，为残疾人创造劳动就业条件。

**第三十一条** 残疾人劳动就业，实行集中与分散相结合的方针，采取优惠政策和扶持保护措施，通过多渠道、多层次、多种形式，使残疾人劳动就业逐步普及、稳定、合理。

**第三十二条** 政府和社会举办残疾人福利企业、盲人按摩机构和其他福利性单位，集中安排残疾人就业。

**第三十三条** 国家实行按比例安排残疾人就业制度。

国家机关、社会团体、企业事业单位、民办非企业单位应当按照规定的比例安排残疾人就业，并为其选择适当的工种和岗位。达不到规定比例的，按照国家有关规定履行保障残疾人就业义务。国家鼓励用人单位超过规定比例安排残疾人就业。

残疾人就业的具体办法由国务院规定。

**第三十四条** 国家鼓励和扶持残疾人自主择业、自主创业。

**第三十五条** 地方各级人民政府和农村基层组织，应当组织和扶持农村残疾人从事种植业、养殖业、手工业和其他形式的生产劳动。

**第三十六条** 国家对安排残疾人就业达到、超过规定比例或者集中安排残疾人就业的用人单位和从事个体经营的残疾人，依法给予税收优惠，并在生产、经营、技术、资金、物资、场地等方面给予扶持。国家对从事个体经营的残疾人，免除行政事业性收费。

县级以上地方人民政府及其有关部门应当确定适合残疾人生产、经营的产品、项目，优先安排残疾人福利性单位生产或者经营，并根据残疾人福利性单位的生产特点确定某些产品由其专产。

政府采购，在同等条件下应当优先购买残疾人福利性单位的产品或者服务。

地方各级人民政府应当开发适合残疾人就业的公益性岗位。

对申请从事个体经营的残疾人，有关部门应当优先核发营业执照。

对从事各类生产劳动的农村残疾人，有关部门应当在生产服务、技术指导、农用物资供应、农副产品购销和信贷等方面，给予帮助。

**第三十七条** 政府有关部门设立的公共就业服务机构，应当为残疾人免费提供就业服务。

残疾人联合会举办的残疾人就业服务机构，应当组织开展免费的职业指导、职业介绍和职业培训，为残疾人就业和用人单位招用残疾人提供服务和帮助。

**第三十八条** 国家保护残疾人福利性单位的财产所有权和经营自主权，其合法权益不受侵犯。

在职工的招用、转正、晋级、职称评定、劳动报酬、生活福利、休息休假、社会保险等方面，不得歧视残疾人。

残疾职工所在单位应当根据残疾职工的特点，提供适当的劳动条件和劳动保护，并根据实际需要对劳动场所、劳动设备和生活设施进行改造。

国家采取措施，保障盲人保健和医疗按摩人员从业的合法权益。

**第三十九条** 残疾职工所在单位应当对残疾职工进行岗位技术培训，提高其劳动技能和技术水平。

**第四十条** 任何单位和个人不得以暴力、威胁或者非法限制人身自由的手段强迫残疾人劳动。

## 第五章 文化生活

**第四十一条** 国家保障残疾人享有平等参与文化生活的权利。

各级人民政府和有关部门鼓励、帮助残疾人参加各种文化、体育、娱乐活动,积极创造条件,丰富残疾人精神文化生活。

**第四十二条** 残疾人文化、体育、娱乐活动应当面向基层,融于社会公共文化生活,适应各类残疾人的不同特点和需要,使残疾人广泛参与。

**第四十三条** 政府和社会采取下列措施,丰富残疾人的精神文化生活:

(一)通过广播、电影、电视、报刊、图书、网络等形式,及时宣传报道残疾人的工作、生活等情况,为残疾人服务;

(二)组织和扶持盲文读物、盲人有声读物及其他残疾人读物的编写和出版,根据盲人的实际需要,在公共图书馆设立盲文读物、盲人有声读物图书室;

(三)开办电视手语节目,开办残疾人专题广播栏目,推进电视栏目、影视作品加配字幕、解说;

(四)组织和扶持残疾人开展群众性文化、体育、娱乐活动,举办特殊艺术演出和残疾人体育运动会,参加国际性比赛和交流;

(五)文化、体育、娱乐和其他公共活动场所,为残疾人提供方便和照顾。有计划地兴办残疾人活动场所。

**第四十四条** 政府和社会鼓励、帮助残疾人从事文学、艺术、教育、科学、技术和其他有益于人民的创造性劳动。

**第四十五条** 政府和社会促进残疾人与其他公民之间的相互理解和交流,宣传残疾人事业和扶助残疾人的事迹,弘扬残疾人自强不息的精神,倡导团结、友爱、互助的社会风尚。

## 第六章 社会保障

**第四十六条** 国家保障残疾人享有各项社会保障的权利。

政府和社会采取措施，完善对残疾人的社会保障，保障和改善残疾人的生活。

**第四十七条** 残疾人及其所在单位应当按照国家有关规定参加社会保险。

残疾人所在城乡基层群众性自治组织、残疾人家庭，应当鼓励、帮助残疾人参加社会保险。

对生活确有困难的残疾人，按照国家有关规定给予社会保险补贴。

**第四十八条** 各级人民政府对生活确有困难的残疾人，通过多种渠道给予生活、教育、住房和其他社会救助。

县级以上地方人民政府对享受最低生活保障待遇后生活仍有特别困难的残疾人家庭，应当采取其他措施保障其基本生活。

各级人民政府对贫困残疾人的基本医疗、康复服务、必要的辅助器具的配置和更换，应当按照规定给予救助。

对生活不能自理的残疾人，地方各级人民政府应当根据情况给予护理补贴。

**第四十九条** 地方各级人民政府对无劳动能力、无扶养人或者扶养人不具有扶养能力、无生活来源的残疾人，按照规定予以供养。

国家鼓励和扶持社会力量举办残疾人供养、托养机构。

残疾人供养、托养机构及其工作人员不得侮辱、虐待、遗弃残疾人。

**第五十条** 县级以上人民政府对残疾人搭乘公共交通工具，应当根据实际情况给予便利和优惠。残疾人可以免费携带随身必备的辅助器具。

盲人持有效证件免费乘坐市内公共汽车、电车、地铁、渡船等公共交通工具。盲人读物邮件免费寄递。

国家鼓励和支持提供电信、广播电视服务的单位对盲人、听力残疾人、言语残疾人给予优惠。

各级人民政府应当逐步增加对残疾人的其他照顾和扶助。

**第五十一条** 政府有关部门和残疾人组织应当建立和完善社会各界为

残疾人捐助和服务的渠道，鼓励和支持发展残疾人慈善事业，开展志愿者助残等公益活动。

## 第七章　无障碍环境

**第五十二条**　国家和社会应当采取措施，逐步完善无障碍设施，推进信息交流无障碍，为残疾人平等参与社会生活创造无障碍环境。

各级人民政府应当对无障碍环境建设进行统筹规划，综合协调，加强监督管理。

**第五十三条**　无障碍设施的建设和改造，应当符合残疾人的实际需要。

新建、改建和扩建建筑物、道路、交通设施等，应当符合国家有关无障碍设施工程建设标准。

各级人民政府和有关部门应当按照国家无障碍设施工程建设规定，逐步推进已建成设施的改造，优先推进与残疾人日常工作、生活密切相关的公共服务设施的改造。

对无障碍设施应当及时维修和保护。

**第五十四条**　国家采取措施，为残疾人信息交流无障碍创造条件。

各级人民政府和有关部门应当采取措施，为残疾人获取公共信息提供便利。

国家和社会研制、开发适合残疾人使用的信息交流技术和产品。

国家举办的各类升学考试、职业资格考试和任职考试，有盲人参加的，应当为盲人提供盲文试卷、电子试卷或者由专门的工作人员予以协助。

**第五十五条**　公共服务机构和公共场所应当创造条件，为残疾人提供语音和文字提示、手语、盲文等信息交流服务，并提供优先服务和辅助性服务。

公共交通工具应当逐步达到无障碍设施的要求。有条件的公共停车场应当为残疾人设置专用停车位。

**第五十六条**　组织选举的部门应当为残疾人参加选举提供便利；有条件的，应当为盲人提供盲文选票。

第五十七条　国家鼓励和扶持无障碍辅助设备、无障碍交通工具的研制和开发。

第五十八条　盲人携带导盲犬出入公共场所，应当遵守国家有关规定。

## 第八章　法律责任

第五十九条　残疾人的合法权益受到侵害的，可以向残疾人组织投诉，残疾人组织应当维护残疾人的合法权益，有权要求有关部门或者单位查处。有关部门或者单位应当依法查处，并予以答复。

残疾人组织对残疾人通过诉讼维护其合法权益需要帮助的，应当给予支持。

残疾人组织对侵害特定残疾人群体利益的行为，有权要求有关部门依法查处。

第六十条　残疾人的合法权益受到侵害的，有权要求有关部门依法处理，或者依法向仲裁机构申请仲裁，或者依法向人民法院提起诉讼。

对有经济困难或者其他原因确需法律援助或者司法救助的残疾人，当地法律援助机构或者人民法院应当给予帮助，依法为其提供法律援助或者司法救助。

第六十一条　违反本法规定，对侵害残疾人权益行为的申诉、控告、检举，推诿、拖延、压制不予查处，或者对提出申诉、控告、检举的人进行打击报复的，由其所在单位、主管部门或者上级机关责令改正，并依法对直接负责的主管人员和其他直接责任人员给予处分。

国家工作人员未依法履行职责，对侵害残疾人权益的行为未及时制止或者未给予受害残疾人必要帮助，造成严重后果的，由其所在单位或者上级机关依法对直接负责的主管人员和其他直接责任人员给予处分。

第六十二条　违反本法规定，通过大众传播媒介或者其他方式贬低损害残疾人人格的，由文化、广播电影电视、新闻出版或者其他有关主管部门依据各自的职权责令改正，并依法给予行政处罚。

第六十三条　违反本法规定，有关教育机构拒不接收残疾学生入学，或者在国家规定的录取要求以外附加条件限制残疾学生就学的，由有关主管部门责令改正，并依法对直接负责的主管人员和其他直接责任人员给予处分。

**第六十四条** 违反本法规定，在职工的招用等方面歧视残疾人的，由有关主管部门责令改正；残疾人劳动者可以依法向人民法院提起诉讼。

**第六十五条** 违反本法规定，供养、托养机构及其工作人员侮辱、虐待、遗弃残疾人的，对直接负责的主管人员和其他直接责任人员依法给予处分；构成违反治安管理行为的，依法给予行政处罚。

**第六十六条** 违反本法规定，新建、改建和扩建建筑物、道路、交通设施，不符合国家有关无障碍设施工程建设标准，或者对无障碍设施未进行及时维修和保护造成后果的，由有关主管部门依法处理。

**第六十七条** 违反本法规定，侵害残疾人的合法权益，其他法律、法规规定行政处罚的，从其规定；造成财产损失或者其他损害的，依法承担民事责任；构成犯罪的，依法追究刑事责任。

## 第九章 附 则

**第六十八条** 本法自 2008 年 7 月 1 日起施行。

# 三、残疾人事业行政法规

## 中华人民共和国国务院令
### 第 161 号

现发布《残疾人教育条例》，自发布之日起施行。

总理 李 鹏
1994 年 8 月 23 日

# 残疾人教育条例

## 第一章 总 则

为了保障残疾人受教育的权利，发展残疾人教育事业，根据《中华人民共和国残疾人保障法》和国家有关教育的法律，制定本条例。

实施残疾人教育，应当贯彻国家的教育方针，并根据残疾人的身心特性和需要，全面提高其素质，为残疾人平等地参与社会生活创造条件。

残疾人教育是国家教育事业的组成部分。

发展残疾人教育事业，实行普及与提高相结合、以普及为重点的方针，着重发展义务教育和职业教育，积极开展学前教育，逐步发展高级中等以上教育。

残疾人教育应当根据残疾人的残疾类别和接受能力，采取普通教育方式或者特殊教育方式，充分发挥普通教育机构在实施残疾人教育中的作用。

各级人民政府应当加强对残疾人教育事业的领导，统筹规划和发展残疾人教育事业，逐步增加残疾人教育经费，改善办学条件。

国务院教育行政部门主管全国的残疾人教育工作。县级以上地方各级人民政府教育行政部门主管本行政区域内的残疾人教育工作。

县级以上各级人民政府其他有关部门在各自的职责范围内负责有关的残疾人教育工作。

中国残疾人联合会及其地方组织应当积极促进和开展残疾人教育工作。

幼儿教育机构、各级各类学校及其他教育机构应当依照国家有关法律、法规的规定，实施残疾人教育。

残疾人家庭应当帮助残疾人接受教育。

社会各界应当关心和支持残疾人教育事业。

## 第二章　学前教育

残疾幼儿的学前教育，通过下列机构实施：

（一）残疾幼儿教育机构；

（二）普通幼儿教育机构；

（三）残疾儿童福利机构；

（四）残疾儿童康复机构；

（五）普通小学的学前班和残疾儿童、少年特殊教育学校的学前班。

残疾儿童家庭应当对残疾儿童实施学前教育。

残疾幼儿的教育应当与保育、康复结合实施。

卫生保健机构、残疾幼儿的学前教育机构和家庭，应当注重对残疾幼儿的早期发现、早期康复和早期教育。

卫生保健机构、残疾幼儿的学前教育机构应当就残疾幼儿的早期发现、早期康复和早期教育提供咨询、指导。

## 第三章 义务教育

地方各级人民政府应当将残疾儿童、少年实行义务教育纳入当地义务教育发展规划并统筹安排实施。

县级以上各级人民政府对实施义务教育的工作进行监督、指导、检查,应当包括对残疾儿童、少年实施义务教育工作的监督、指导、检查。

适龄残疾儿童、少年的父母或者其他监护人,应当依法使其子女或者被监护人接受义务教育。

残疾儿童、少年接受义务教育的入学年龄和年限,应当与当地儿童、少年接受义务教育的入学年龄和年限相同;必要时,其入学年龄和在校年龄可以适当提高。

县级人民政府教育行政部门和卫生行政部门应当组织开展适龄残疾儿童、少年的就学咨询,对其残疾状况进行鉴定,并对其接受教育的形式提出意见。

适龄残疾儿童、少年可以根据条件,通过下列形式接受义务教育:

(一)在普通学校随班就读;

(二)在普通学校、儿童福利机构或者其他机构附设的残疾儿童、少年特殊教育班就读;

(三)在残疾儿童、少年特殊教育学校就读。

地方各级人民政府应当逐步创造条件,对因身体条件不能到学校就读的适龄残疾儿童、少年,采取其他适当形式进行义务教育。

对经济困难的残疾学生,应当酌情减免杂费和其他费用。

残疾儿童、少年特殊教育学校(班)的教育工作,应当坚持思想教育、文化教育、劳动技能教育与身心补偿结合;并根据学生残疾状况和补偿程度,实施分类教学,有条件的学校,实施个别教学。

残疾儿童、少年特殊教育学校(班)的课程计划、教学大纲和教材,应当适合残疾儿童、少年的特点。

残疾儿童、少年特殊教育学校(班)的课程计划和教学大纲由国务院教育行政部门制订,教材由省级以上人民政府教育行政部门审定。

普通学校应当按照国家有关规定招收能适应普通班学习的适龄残疾儿

童、少年就读，并根据其学习、康复的特殊需要对其提供帮助。有条件的学校，可以设立专门辅导教室。

县级人民政府教育行政部门应当加强对本行政区域内的残疾儿童、少年随班就读教学工作的指导。

随班就读残疾学生的义务教育，可以使用普通义务教育的课程计划、教学大纲和教材，但是对其学习要求可以有适度弹性。

实施义务教育的残疾儿童、少年特殊教育学校应当根据需要，在适当阶段对残疾学生进行劳动技能教育、职业教育和职业指导。

## 第四章 职业教育

各级人民政府应当将残疾人职业教育纳入职业教育发展的总体规划，建立残疾人职业教育体系，统筹安排实施。

残疾人职业教育，应当重点发展初等和中等职业教育，适当发展高等职业教育，开展以实用技术为主的中期、短期培训。

残疾人职业教育体系由普通职业教育机构和残疾人职业教育机构组成，以普通职业教育机构为主体。

县级以上地方各级人民政府应当根据需要，合理设置残疾人职业教育机构。

普通职业教育学校必须招收符合国家规定的录取标准的残疾人入学，普通职业培训机构应当积极招收残疾人入学。

残疾人职业教育学校和培训机构，应当根据社会需要和残疾人的身心特性合理设置专业，并根据教学需要和条件，发展校办企业，办好实习基地。

对经济困难的残疾学生，应当酌情减免学费和其他费用。

## 第五章 普通高级中等以上教育及成人教育

普通高级中等学校、高等院校、成人教育机构必须招收符合国家规定的录取标准的残疾考生入学，不得因其残疾而拒绝招收。

设区的市以上地方各级人民政府根据需要，可以举办残疾人高级中等以上特殊教育学校（班），提高残疾人的受教育水平。

县级以上各级人民政府教育行政部门应当会同广播、电视部门，根据实际情况开设或者转播适合残疾人学习的专业、课程。

残疾人所在单位应当对本单位的残疾人开展文化知识教育和技术培训。

扫除文盲教育应当包括对年满15周岁的未丧失学习能力的文盲、半文盲残疾人实施的扫盲教育。

国家、社会鼓励和帮助残疾人自学成才。

## 第六章 教 师

各级人民政府应当重视从事残疾人教育的教师培养、培训工作，并采取措施逐步提高他们的地位和待遇，改善他们的工作环境和条件，鼓励教师终身从事残疾人教育事业。

从事残疾人教育的教师，应当热爱残疾人教育事业，具有社会主义的人道主义精神，关心残疾学生，并掌握残疾人教育的专业知识和技能。

国家实行残疾人教育教师资格证书制度，具体办法由国务院教育行政部门会同国务院其他有关行政部门制定。

残疾人特殊教育学校举办单位，应当依据残疾人特殊教育学校教师编制标准，为学校配备承担教学、康复等工作的教师。

残疾人特殊教育学校教师编制标准，由国务院教育行政部门会同国务院其他有关行政部门制定。

国务院教育行政部门和省、自治区、直辖市人民政府应当有计划地举办特殊教育师范院校、专业，或者在普通师范院校附设特殊教育师资班（部），培养残疾人教育教师。

县级以上地方各级人民政府教育行政部门应当将残疾人教育师资的培训列入工作计划，并采取设立培训基地等形式，组织在职的残疾人教育教师的进修提高。

普通师范院校应当有计划地设置残疾人特殊教育必修课程或者选修课程，使学生掌握必要的残疾人特殊教育的基本知识和技能，以适应对随班就读的残疾学生的教育需要。

从事残疾人教育的教师、职工根据国家有关规定享受残疾人教育津贴及其他待遇。

## 第七章　物资条件保障

省、自治区、直辖市人民政府应当根据残疾人教育的特殊情况，依据国务院有关行政主管部门的指导性标准，制定本行政区域内残疾人学校的建设标准、经费开支标准、教学仪器设备配备标准等。

残疾人教育经费由各级人民政府负责筹措，予以保证，并随着教育事业费的增加而逐步增加。

县级以上各级人民政府可以根据需要，设立专项补助款，用于发展残疾人教育。

地方各级人民政府用于义务教育的财政拨款和征收的教育费附加，应当有一定比例用于发展残疾儿童、少年义务教育。

国家鼓励社会力量举办残疾人教育机构或者捐资助学。

县级以上地方各级人民政府对残疾人教育机构的设置，应当统筹规划、合理布局。

残疾人学校的设置，由教育行政部门按照国家有关规定审批。

残疾人教育机构的建设，应当适应残疾学生学习、康复和生活的特点。

普通学校应当根据实际情况，为残疾学生入学后的学习、生活提供便利和条件。

县级以上各级人民政府及其有关部门应当采取优惠政策和措施，支持研究、生产残疾人教育专用仪器设备、教具、学具及其他辅助用品，扶持残疾人教育机构举办和发展校办企业或者福利企业。

## 第八章　奖励与处罚

有下列事迹之一的单位和个人，由各级人民政府或者其教育行政部门给予奖励：

（一）在残疾人教育教学、教学研究方面做出突出贡献的；

（二）为残疾人就学提供帮助，表现突出的；

（三）研究、生产残疾人教育专用仪器、设备、教具和学具，在提高残疾人教育质量方面取得显著成绩的；

（四）在残疾人学校建设中取得显著成绩的；

（五）为残疾人教育事业做出其他重大贡献的。

有下列行为之一的，由有关部门对直接责任人员给予行政处分：

（一）拒绝招收按照国家有关规定应当招收的残疾人入学的；

（二）侮辱、体罚、殴打残疾学生的；

（三）侵占、克扣、挪用残疾人教育款项的。

有前款所列第（一）项行为的，由教育行政部门责令该学校招收残疾人入学。有前款所列第（二）项行为，违反《中华人民共和国治安管理处罚条例》的，由公安机关给予行政处罚。有前款所列第（二）项、第（三）项行为，构成犯罪的，依法追究刑事责任。

## 第九章　附　则

省、自治区、直辖市人民政府可以依照本条例制定实施办法。

本条例自发布之日起施行。

# 中华人民共和国国务院令

第 674 号

《残疾人教育条例》已经 2017 年 1 月 11 日国务院第 161 次常务会议修订通过，现将修订后的《残疾人教育条例》公布，自 2017 年 5 月 1 日起施行。

总理　李克强
2017 年 2 月 1 日

# 残疾人教育条例

## 第一章　总　则

**第一条**　为了保障残疾人受教育的权利，发展残疾人教育事业，根据《中华人民共和国教育法》和《中华人民共和国残疾人保障法》，制定本条例。

**第二条**　国家保障残疾人享有平等接受教育的权利，禁止任何基于残疾的教育歧视。

残疾人教育应当贯彻国家的教育方针，并根据残疾人的身心特性和需要，全面提高其素质，为残疾人平等地参与社会生活创造条件。

**第三条**　残疾人教育是国家教育事业的组成部分。

发展残疾人教育事业，实行普及与提高相结合、以普及为重点的方针，保障义务教育，着重发展职业教育，积极开展学前教育，逐步发展高级中等以上教育。

残疾人教育应当提高教育质量，积极推进融合教育，根据残疾人的残疾类别和接受能力，采取普通教育方式或者特殊教育方式，优先采取普通教育方式。

**第四条** 县级以上人民政府应当加强对残疾人教育事业的领导，将残疾人教育纳入教育事业发展规划，统筹安排实施，合理配置资源，保障残疾人教育经费投入，改善办学条件。

**第五条** 国务院教育行政部门主管全国的残疾人教育工作，统筹规划、协调管理全国的残疾人教育事业；国务院其他有关部门在国务院规定的职责范围内负责有关的残疾人教育工作。

县级以上地方人民政府教育行政部门主管本行政区域内的残疾人教育工作；县级以上地方人民政府其他有关部门在各自的职责范围内负责有关的残疾人教育工作。

**第六条** 中国残疾人联合会及其地方组织应当积极促进和开展残疾人教育工作，协助相关部门实施残疾人教育，为残疾人接受教育提供支持和帮助。

**第七条** 学前教育机构、各级各类学校及其他教育机构应当依照本条例以及国家有关法律、法规的规定，实施残疾人教育；对符合法律、法规规定条件的残疾人申请入学，不得拒绝招收。

**第八条** 残疾人家庭应当帮助残疾人接受教育。

残疾儿童、少年的父母或者其他监护人应当尊重和保障残疾儿童、少年接受教育的权利，积极开展家庭教育，使残疾儿童、少年及时接受康复训练和教育，并协助、参与有关教育机构的教育教学活动，为残疾儿童、少年接受教育提供支持。

**第九条** 社会各界应当关心和支持残疾人教育事业。残疾人所在社区、相关社会组织和企事业单位，应当支持和帮助残疾人平等接受教育、融入社会。

**第十条** 国家对为残疾人教育事业做出突出贡献的组织和个人，按照有关规定给予表彰、奖励。

**第十一条** 县级以上人民政府负责教育督导的机构应当将残疾人教育实施情况纳入督导范围，并可以就执行残疾人教育法律法规情况、残疾人教育教学质量以及经费管理和使用情况等实施专项督导。

## 第二章 义务教育

**第十二条** 各级人民政府应当依法履行职责，保障适龄残疾儿童、少年接受义务教育的权利。

县级以上人民政府对实施义务教育的工作进行监督、指导、检查，应当包括对残疾儿童、少年实施义务教育工作的监督、指导、检查。

**第十三条** 适龄残疾儿童、少年的父母或者其他监护人，应当依法保证其残疾子女或者被监护人入学接受并完成义务教育。

**第十四条** 残疾儿童、少年接受义务教育的入学年龄和年限，应当与当地儿童、少年接受义务教育的入学年龄和年限相同；必要时，其入学年龄和在校年龄可以适当提高。

**第十五条** 县级人民政府教育行政部门应当会同卫生行政部门、民政部门、残疾人联合会，根据新生儿疾病筛查和学龄前儿童残疾筛查、残疾人统计等信息，对义务教育适龄残疾儿童、少年进行入学前登记，全面掌握本行政区域内义务教育适龄残疾儿童、少年的数量和残疾情况。

**第十六条** 县级人民政府应当根据本行政区域内残疾儿童、少年的数量、类别和分布情况，统筹规划，优先在部分普通学校中建立特殊教育资源教室，配备必要的设备和专门从事残疾人教育的教师及专业人员，指定其招收残疾儿童、少年接受义务教育；并支持其他普通学校根据需要建立特殊教育资源教室，或者安排具备相应资源、条件的学校为招收残疾学生的其他普通学校提供必要的支持。

县级人民政府应当为实施义务教育的特殊教育学校配备必要的残疾人教育教学、康复评估和康复训练等仪器设备，并加强九年一贯制义务教育特殊教育学校建设。

**第十七条** 适龄残疾儿童、少年能够适应普通学校学习生活、接受普通教育的，依照《中华人民共和国义务教育法》的规定就近到普通学校入学接受义务教育。

适龄残疾儿童、少年能够接受普通教育，但是学习生活需要特别支持的，根据身体状况就近到县级人民政府教育行政部门在一定区域内指定的具备相应资源、条件的普通学校入学接受义务教育。

适龄残疾儿童、少年不能接受普通教育的，由县级人民政府教育行政部门统筹安排进入特殊教育学校接受义务教育。

适龄残疾儿童、少年需要专人护理，不能到学校就读的，由县级人民政府教育行政部门统筹安排，通过提供送教上门或者远程教育等方式实施义务教育，并纳入学籍管理。

**第十八条** 在特殊教育学校学习的残疾儿童、少年，经教育、康复训练，能够接受普通教育的，学校可以建议残疾儿童、少年的父母或者其他监护人将其转入或者升入普通学校接受义务教育。

在普通学校学习的残疾儿童、少年，难以适应普通学校学习生活的，学校可以建议残疾儿童、少年的父母或者其他监护人将其转入指定的普通学校或者特殊教育学校接受义务教育。

**第十九条** 适龄残疾儿童、少年接受教育的能力和适应学校学习生活的能力应当根据其残疾类别、残疾程度、补偿程度以及学校办学条件等因素判断。

**第二十条** 县级人民政府教育行政部门应当会同卫生行政部门、民政部门、残疾人联合会，建立由教育、心理、康复、社会工作等方面专家组成的残疾人教育专家委员会。

残疾人教育专家委员会可以接受教育行政部门的委托，对适龄残疾儿童、少年的身体状况、接受教育的能力和适应学校学习生活的能力进行评估，提出入学、转学建议；对残疾人义务教育问题提供咨询，提出建议。

依照前款规定做出的评估结果属于残疾儿童、少年的隐私，仅可被用于对残疾儿童、少年实施教育、康复。教育行政部门、残疾人教育专家委员会、学校及其工作人员对在工作中了解的残疾儿童、少年评估结果及其他个人信息负有保密义务。

**第二十一条** 残疾儿童、少年的父母或者其他监护人与学校就入学、转学安排发生争议的，可以申请县级人民政府教育行政部门处理。

接到申请的县级人民政府教育行政部门应当委托残疾人教育专家委员会对残疾儿童、少年的身体状况、接受教育的能力和适应学校学习生活的能力进行评估并提出入学、转学建议，并根据残疾人教育专家委员会的评估结果和提出的入学、转学建议，综合考虑学校的办学条件和残疾儿童、少年及其父母或者其他监护人的意愿，对残疾儿童、少年的入学、转学安排做出决定。

**第二十二条** 招收残疾学生的普通学校应当将残疾学生合理编入班

级；残疾学生较多的，可以设置专门的特殊教育班级。

招收残疾学生的普通学校应当安排专门从事残疾人教育的教师或者经验丰富的教师承担随班就读或者特殊教育班级的教育教学工作，并适当缩减班级学生数额，为残疾学生入学后的学习、生活提供便利和条件，保障残疾学生平等参与教育教学和学校组织的各项活动。

第二十三条 在普通学校随班就读残疾学生的义务教育，可以适用普通义务教育的课程设置方案、课程标准和教材，但是对其学习要求可以有适度弹性。

第二十四条 残疾儿童、少年特殊教育学校（班）应当坚持思想教育、文化教育、劳动技能教育与身心补偿相结合，并根据学生残疾状况和补偿程度，实施分类教学；必要时，应当听取残疾学生父母或者其他监护人的意见，制定符合残疾学生身心特性和需要的个别化教育计划，实施个别教学。

第二十五条 残疾儿童、少年特殊教育学校（班）的课程设置方案、课程标准和教材，应当适合残疾儿童、少年的身心特性和需要。

残疾儿童、少年特殊教育学校（班）的课程设置方案、课程标准由国务院教育行政部门制订，教材由省级以上人民政府教育行政部门按照国家有关规定审定。

第二十六条 县级人民政府教育行政部门应当加强对本行政区域内的残疾儿童、少年实施义务教育工作的指导。

县级以上地方人民政府教育行政部门应当统筹安排支持特殊教育学校建立特殊教育资源中心，在一定区域内提供特殊教育指导和支持服务。特殊教育资源中心可以受教育行政部门的委托承担以下工作：

（一）指导、评价区域内的随班就读工作；

（二）为区域内承担随班就读教育教学任务的教师提供培训；

（三）派出教师和相关专业服务人员支持随班就读，为接受送教上门和远程教育的残疾儿童、少年提供辅导和支持；

（四）为残疾学生父母或者其他监护人提供咨询；

（五）其他特殊教育相关工作。

## 第三章 职业教育

**第二十七条** 残疾人职业教育应当大力发展中等职业教育，加快发展高等职业教育，积极开展以实用技术为主的中期、短期培训，以提高就业能力为主，培养技术技能人才，并加强对残疾学生的就业指导。

**第二十八条** 残疾人职业教育由普通职业教育机构和特殊职业教育机构实施，以普通职业教育机构为主。

县级以上地方人民政府应当根据需要，合理设置特殊职业教育机构，改善办学条件，扩大残疾人中等职业学校招生规模。

**第二十九条** 普通职业学校不得拒绝招收符合国家规定的录取标准的残疾人入学，普通职业培训机构应当积极招收残疾人入学。

县级以上地方人民政府应当采取措施，鼓励和支持普通职业教育机构积极招收残疾学生。

**第三十条** 实施残疾人职业教育的学校和培训机构，应当根据社会需要和残疾人的身心特性合理设置专业，并与企业合作设立实习实训基地，或者根据教学需要和条件办好实习基地。

## 第四章 学前教育

**第三十一条** 各级人民政府应当积极采取措施，逐步提高残疾幼儿接受学前教育的比例。

县级人民政府及其教育行政部门、民政部门等有关部门应当支持普通幼儿园创造条件招收残疾幼儿；支持特殊教育学校和具备办学条件的残疾儿童福利机构、残疾儿童康复机构等实施学前教育。

**第三十二条** 残疾幼儿的教育应当与保育、康复结合实施。

招收残疾幼儿的学前教育机构应当根据自身条件配备必要的康复设施、设备和专业康复人员，或者与其他具有康复设施、设备和专业康复人员的特殊教育机构、康复机构合作对残疾幼儿实施康复训练。

**第三十三条** 卫生保健机构、残疾幼儿的学前教育机构、儿童福利机构和家庭，应当注重对残疾幼儿的早期发现、早期康复和早期教育。

卫生保健机构、残疾幼儿的学前教育机构、残疾儿童康复机构应当就残疾幼儿的早期发现、早期康复和早期教育为残疾幼儿家庭提供咨询、指导。

## 第五章 普通高级中等以上教育及继续教育

**第三十四条** 普通高级中等学校、高等学校、继续教育机构应当招收符合国家规定的录取标准的残疾考生入学，不得因其残疾而拒绝招收。

**第三十五条** 设区的市级以上地方人民政府可以根据实际情况举办实施高级中等以上教育的特殊教育学校，支持高等学校设置特殊教育学院或者相关专业，提高残疾人的受教育水平。

**第三十六条** 县级以上人民政府教育行政部门以及其他有关部门、学校应当充分利用现代信息技术，以远程教育等方式为残疾人接受成人高等教育、高等教育自学考试等提供便利和帮助，根据实际情况开设适合残疾人学习的专业、课程，采取灵活开放的教学和管理模式，支持残疾人顺利完成学业。

**第三十七条** 残疾人所在单位应当对本单位的残疾人开展文化知识教育和技术培训。

**第三十八条** 扫除文盲教育应当包括对年满15周岁的未丧失学习能力的文盲、半文盲残疾人实施的扫盲教育。

**第三十九条** 国家、社会鼓励和帮助残疾人自学成才。

## 第六章 教 师

**第四十条** 县级以上人民政府应当重视从事残疾人教育的教师培养、培训工作，并采取措施逐步提高他们的地位和待遇，改善他们的工作环境和条件，鼓励教师终身从事残疾人教育事业。

县级以上人民政府可以采取免费教育、学费减免、助学贷款代偿等措施，鼓励具备条件的高等学校毕业生到特殊教育学校或者其他特殊教育机构任教。

**第四十一条** 从事残疾人教育的教师，应当热爱残疾人教育事业，具有社会主义的人道主义精神，尊重和关爱残疾学生，并掌握残疾人教育的专业知识和技能。

**第四十二条** 专门从事残疾人教育工作的教师（以下称特殊教育教

师）应当符合下列条件：

（一）依照《中华人民共和国教师法》的规定取得教师资格；

（二）特殊教育专业毕业或者经省、自治区、直辖市人民政府教育行政部门组织的特殊教育专业培训并考核合格。

从事听力残疾人教育的特殊教育教师应当达到国家规定的手语等级标准，从事视力残疾人教育的特殊教育教师应当达到国家规定的盲文等级标准。

**第四十三条** 省、自治区、直辖市人民政府可以根据残疾人教育发展的需求，结合当地实际为特殊教育学校和指定招收残疾学生的普通学校制定教职工编制标准。

县级以上地方人民政府教育行政部门应当会同其他有关部门，在核定的编制总额内，为特殊教育学校配备承担教学、康复等工作的特殊教育教师和相关专业人员；在指定招收残疾学生的普通学校设置特殊教育教师等专职岗位。

**第四十四条** 国务院教育行政部门和省、自治区、直辖市人民政府应当根据残疾人教育发展的需要有计划地举办特殊教育师范院校，支持普通师范院校和综合性院校设置相关院系或者专业，培养特殊教育教师。

普通师范院校和综合性院校的师范专业应当设置特殊教育课程，使学生掌握必要的特殊教育的基本知识和技能，以适应对随班就读的残疾学生的教育教学需要。

**第四十五条** 县级以上地方人民政府教育行政部门应当将特殊教育教师的培训纳入教师培训计划，以多种形式组织在职特殊教育教师进修提高专业水平；在普通教师培训中增加一定比例的特殊教育内容和相关知识，提高普通教师的特殊教育能力。

**第四十六条** 特殊教育教师和其他从事特殊教育的相关专业人员根据国家有关规定享受特殊岗位补助津贴及其他待遇；普通学校的教师承担残疾学生随班就读教学、管理工作的，应当将其承担的残疾学生教学、管理工作纳入其绩效考核内容，并作为核定工资待遇和职务评聘的重要依据。

县级以上人民政府教育行政部门、人力资源社会保障部门在职务评聘、培训进修、表彰奖励等方面，应当为特殊教育教师制定优惠政策、提供专门机会。

## 第七章 条件保障

**第四十七条** 省、自治区、直辖市人民政府应当根据残疾人教育的特殊情况，依据国务院有关行政主管部门的指导性标准，制定本行政区域内特殊教育学校的建设标准、经费开支标准、教学仪器设备配备标准等。

义务教育阶段普通学校招收残疾学生，县级人民政府财政部门及教育行政部门应当按照特殊教育学校生均预算内公用经费标准足额拨付费用。

**第四十八条** 各级人民政府应当按照有关规定安排残疾人教育经费，并将所需经费纳入本级政府预算。

县级以上人民政府根据需要可以设立专项补助款，用于发展残疾人教育。

地方各级人民政府用于义务教育的财政拨款和征收的教育费附加，应当有一定比例用于发展残疾儿童、少年义务教育。

地方各级人民政府可以按照有关规定将依法征收的残疾人就业保障金用于特殊教育学校开展各种残疾人职业教育。

**第四十九条** 县级以上地方人民政府应当根据残疾人教育发展的需要统筹规划、合理布局，设置特殊教育学校，并按照国家有关规定配备必要的残疾人教育教学、康复评估和康复训练等仪器设备。

特殊教育学校的设置，由教育行政部门按照国家有关规定审批。

**第五十条** 新建、改建、扩建各级各类学校应当符合《无障碍环境建设条例》的要求。

县级以上地方人民政府及其教育行政部门应当逐步推进各级各类学校无障碍校园环境建设。

**第五十一条** 招收残疾学生的学校对经济困难的残疾学生，应当按照国家有关规定减免学费和其他费用，并按照国家资助政策优先给予补助。

国家鼓励有条件的地方优先为经济困难的残疾学生提供免费的学前教育和高中教育，逐步实施残疾学生高中阶段免费教育。

**第五十二条** 残疾人参加国家教育考试，需要提供必要支持条件和合理便利的，可以提出申请。教育考试机构、学校应当按照国家有关规定予以提供。

**第五十三条** 国家鼓励社会力量举办特殊教育机构或者捐资助学，鼓励和支持民办学校或者其他教育机构招收残疾学生。

县级以上地方人民政府及其有关部门对民办特殊教育机构、招收残疾学生的民办学校，应当按照国家有关规定予以支持。

**第五十四条** 国家鼓励开展残疾人教育的科学研究，组织和扶持盲文、手语的研究和应用，支持特殊教育教材的编写和出版。

**第五十五条** 县级以上人民政府及其有关部门应当采取优惠政策和措施，支持研究、生产残疾人教育教学专用仪器设备、教具、学具、软件及其他辅助用品，扶持特殊教育机构兴办和发展福利企业和辅助性就业机构。

## 第八章 法律责任

**第五十六条** 地方各级人民政府及其有关部门违反本条例规定，未履行残疾人教育相关职责的，由上一级人民政府或者其有关部门责令限期改正；情节严重的，予以通报批评，并对直接负责的主管人员和其他直接责任人员依法给予处分。

**第五十七条** 学前教育机构、学校、其他教育机构及其工作人员违反本条例规定，有下列情形之一的，由其主管行政部门责令改正，对直接负责的主管人员和其他直接责任人员依法给予处分；构成违反治安管理行为的，由公安机关依法给予治安管理处罚；构成犯罪的，依法追究刑事责任：

（一）拒绝招收符合法律、法规规定条件的残疾学生入学的；

（二）歧视、侮辱、体罚残疾学生，或者放任对残疾学生的歧视言行，对残疾学生造成身心伤害的；

（三）未按照国家有关规定对经济困难的残疾学生减免学费或者其他费用的。

## 第九章 附 则

**第五十八条** 本条例下列用语的含义：

融合教育是指将对残疾学生的教育最大程度地融入普通教育。

特殊教育资源教室是指在普通学校设置的装备有特殊教育和康复训练设施设备的专用教室。

**第五十九条** 本条例自2017年5月1日起施行。

# 中华人民共和国国务院令

第 488 号

《残疾人就业条例》已经2007年2月14日国务院第169次常务会议通过，现予公布，自2007年5月1日起施行。

总理　温家宝
二〇〇七年二月二十五日

# 残疾人就业条例

## 第一章　总　则

**第一条**　为了促进残疾人就业，保障残疾人的劳动权利，根据《中华人民共和国残疾人保障法》和其他有关法律，制定本条例。

**第二条**　国家对残疾人就业实行集中就业与分散就业相结合的方针，促进残疾人就业。

县级以上人民政府应当将残疾人就业纳入国民经济和社会发展规划，并制定优惠政策和具体扶持保护措施，为残疾人就业创造条件。

**第三条**　机关、团体、企业、事业单位和民办非企业单位（以下统称用人单位）应当依照有关法律、本条例和其他有关行政法规的规定，履行扶持残疾人就业的责任和义务。

**第四条**　国家鼓励社会组织和个人通过多种渠道、多种形式，帮助、支持残疾人就业，鼓励残疾人通过应聘等多种形式就业。禁止在就业中歧视残疾人。

残疾人应当提高自身素质，增强就业能力。

**第五条**　各级人民政府应当加强对残疾人就业工作的统筹规划，综合协调。县级以上人民政府负责残疾人工作的机构，负责组织、协调、指导、督促有关部门做好残疾人就业工作。

县级以上人民政府劳动保障、民政等有关部门在各自的职责范围内，做好残疾人就业工作。

**第六条** 中国残疾人联合会及其地方组织依照法律、法规或者接受政府委托，负责残疾人就业工作的具体组织实施与监督。

工会、共产主义青年团、妇女联合会，应当在各自的工作范围内，做好残疾人就业工作。

**第七条** 各级人民政府对在残疾人就业工作中做出显著成绩的单位和个人，给予表彰和奖励。

## 第二章　用人单位的责任

**第八条** 用人单位应当按照一定比例安排残疾人就业，并为其提供适当的工种、岗位。

用人单位安排残疾人就业的比例不得低于本单位在职职工总数的1.5%。具体比例由省、自治区、直辖市人民政府根据本地区的实际情况规定。

用人单位跨地区招用残疾人的，应当计入所安排的残疾人职工人数之内。

**第九条** 用人单位安排残疾人就业达不到其所在地省、自治区、直辖市人民政府规定比例的，应当缴纳残疾人就业保障金。

**第十条** 政府和社会依法兴办的残疾人福利企业、盲人按摩机构和其他福利性单位（以下统称集中使用残疾人的用人单位），应当集中安排残疾人就业。

集中使用残疾人的用人单位的资格认定，按照国家有关规定执行。

**第十一条** 集中使用残疾人的用人单位中从事全日制工作的残疾人职工，应当占本单位在职职工总数的25%以上。

**第十二条** 用人单位招用残疾人职工，应当依法与其签订劳动合同或者服务协议。

**第十三条** 用人单位应当为残疾人职工提供适合其身体状况的劳动条

件和劳动保护，不得在晋职、晋级、评定职称、报酬、社会保险、生活福利等方面歧视残疾人职工。

第十四条　用人单位应当根据本单位残疾人职工的实际情况，对残疾人职工进行上岗、在岗、转岗等培训。

## 第三章　保障措施

第十五条　县级以上人民政府应当采取措施，拓宽残疾人就业渠道，开发适合残疾人就业的公益性岗位，保障残疾人就业。

县级以上地方人民政府发展社区服务事业，应当优先考虑残疾人就业。

第十六条　依法征收的残疾人就业保障金应当纳入财政预算，专项用于残疾人职业培训以及为残疾人提供就业服务和就业援助，任何组织或者个人不得贪污、挪用、截留或者私分。残疾人就业保障金征收、使用、管理的具体办法，由国务院财政部门会同国务院有关部门规定。

财政部门和审计机关应当依法加强对残疾人就业保障金使用情况的监督检查。

第十七条　国家对集中使用残疾人的用人单位依法给予税收优惠，并在生产、经营、技术、资金、物资、场地使用等方面给予扶持。

第十八条　县级以上地方人民政府及其有关部门应当确定适合残疾人生产、经营的产品、项目，优先安排集中使用残疾人的用人单位生产或者经营，并根据集中使用残疾人的用人单位的生产特点确定某些产品由其专产。

政府采购，在同等条件下，应当优先购买集中使用残疾人的用人单位的产品或者服务。

第十九条　国家鼓励扶持残疾人自主择业、自主创业。对残疾人从事个体经营的，应当依法给予税收优惠，有关部门应当在经营场地等方面给予照顾，并按照规定免收管理类、登记类和证照类的行政事业性收费。

国家对自主择业、自主创业的残疾人在一定期限内给予小额信贷等扶持。

第二十条　地方各级人民政府应当多方面筹集资金，组织和扶持农村残疾人从事种植业、养殖业、手工业和其他形式的生产劳动。

有关部门对从事农业生产劳动的农村残疾人,应当在生产服务、技术指导、农用物资供应、农副产品收购和信贷等方面给予帮助。

## 第四章 就业服务

**第二十一条** 各级人民政府和有关部门应当为就业困难的残疾人提供有针对性的就业援助服务,鼓励和扶持职业培训机构为残疾人提供职业培训,并组织残疾人定期开展职业技能竞赛。

**第二十二条** 中国残疾人联合会及其地方组织所属的残疾人就业服务机构应当免费为残疾人就业提供下列服务:

（一）发布残疾人就业信息;

（二）组织开展残疾人职业培训;

（三）为残疾人提供职业心理咨询、职业适应评估、职业康复训练、求职定向指导、职业介绍等服务;

（四）为残疾人自主择业提供必要的帮助;

（五）为用人单位安排残疾人就业提供必要的支持。

国家鼓励其他就业服务机构为残疾人就业提供免费服务。

**第二十三条** 受劳动保障部门的委托,残疾人就业服务机构可以进行残疾人失业登记、残疾人就业与失业统计;经所在地劳动保障部门批准,残疾人就业服务机构还可以进行残疾人职业技能鉴定。

**第二十四条** 残疾人职工与用人单位发生争议的,当地法律援助机构应当依法为其提供法律援助,各级残疾人联合会应当给予支持和帮助。

## 第五章 法律责任

**第二十五条** 违反本条例规定,有关行政主管部门及其工作人员滥用职权、玩忽职守、徇私舞弊,构成犯罪的,依法追究刑事责任;尚不构成犯罪的,依法给予处分。

**第二十六条** 违反本条例规定,贪污、挪用、截留、私分残疾人就业保障金,构成犯罪的,依法追究刑事责任;尚不构成犯罪的,对有关责任单位、直接负责的主管人员和其他直接责任人员依法给予处分或者处罚。

**第二十七条** 违反本条例规定，用人单位未按照规定缴纳残疾人就业保障金的，由财政部门给予警告，责令限期缴纳；逾期仍不缴纳的，除补缴欠缴数额外，还应当自欠缴之日起，按日加收5‰的滞纳金。

**第二十八条** 违反本条例规定，用人单位弄虚作假，虚报安排残疾人就业人数，骗取集中使用残疾人的用人单位享受的税收优惠待遇的，由税务机关依法处理。

## 第六章 附 则

**第二十九条** 本条例所称残疾人就业，是指符合法定就业年龄有就业要求的残疾人从事有报酬的劳动。

**第三十条** 本条例自2007年5月1日起施行。

第二编　残疾人事业重要法律法规

# 中华人民共和国国务院令

第 622 号

《无障碍环境建设条例》已经 2012 年 6 月 13 日国务院第 208 次常务会议通过，现予公布，自 2012 年 8 月 1 日起施行。

总理　温家宝

二〇一二年六月二十八日

# 无障碍环境建设条例

## 第一章　总　则

**第一条**　为了创造无障碍环境，保障残疾人等社会成员平等参与社会生活，制定本条例。

**第二条**　本条例所称无障碍环境建设，是指为便于残疾人等社会成员自主安全地通行道路、出入相关建筑物、搭乘公共交通工具、交流信息、获得社区服务所进行的建设活动。

**第三条**　无障碍环境建设应当与经济和社会发展水平相适应，遵循实用、易行、广泛受益的原则。

**第四条**　县级以上人民政府负责组织编制无障碍环境建设发展规划并组织实施。

编制无障碍环境建设发展规划，应当征求残疾人组织等社会组织的意见。

无障碍环境建设发展规划应当纳入国民经济和社会发展规划以及城乡规划。

**第五条**　国务院住房和城乡建设主管部门负责全国无障碍设施工程建

设活动的监督管理工作，会同国务院有关部门制定无障碍设施工程建设标准，并对无障碍设施工程建设的情况进行监督检查。

国务院工业和信息化主管部门等有关部门在各自职责范围内，做好无障碍环境建设工作。

**第六条** 国家鼓励、支持采用无障碍通用设计的技术和产品，推进残疾人专用的无障碍技术和产品的开发、应用和推广。

**第七条** 国家倡导无障碍环境建设理念，鼓励公民、法人和其他组织为无障碍环境建设提供捐助和志愿服务。

**第八条** 对在无障碍环境建设工作中做出显著成绩的单位和个人，按照国家有关规定给予表彰和奖励。

## 第二章 无障碍设施建设

**第九条** 城镇新建、改建、扩建道路、公共建筑、公共交通设施、居住建筑、居住区，应当符合无障碍设施工程建设标准。

乡、村庄的建设和发展，应当逐步达到无障碍设施工程建设标准。

**第十条** 无障碍设施工程应当与主体工程同步设计、同步施工、同步验收投入使用。新建的无障碍设施应当与周边的无障碍设施相衔接。

**第十一条** 对城镇已建成的不符合无障碍设施工程建设标准的道路、公共建筑、公共交通设施、居住建筑、居住区，县级以上人民政府应当制定无障碍设施改造计划并组织实施。

无障碍设施改造由所有权人或者管理人负责。

**第十二条** 县级以上人民政府应当优先推进下列机构、场所的无障碍设施改造：

（一）特殊教育、康复、社会福利等机构；

（二）国家机关的公共服务场所；

（三）文化、体育、医疗卫生等单位的公共服务场所；

（四）交通运输、金融、邮政、商业、旅游等公共服务场所。

**第十三条** 城市的主要道路、主要商业区和大型居住区的人行天桥和人行地下通道，应当按照无障碍设施工程建设标准配备无障碍设施，人行道交通信号设施应当逐步完善无障碍服务功能，适应残疾人等社会成员通行的需要。

**第十四条** 城市的大中型公共场所的公共停车场和大型居住区的停车场，应当按照无障碍设施工程建设标准设置并标明无障碍停车位。

无障碍停车位为肢体残疾人驾驶或者乘坐的机动车专用。

**第十五条** 民用航空器、客运列车、客运船舶、公共汽车、城市轨道交通车辆等公共交通工具应当逐步达到无障碍设施的要求。有关主管部门应当制定公共交通工具的无障碍技术标准并确定达标期限。

**第十六条** 视力残疾人携带导盲犬出入公共场所，应当遵守国家有关规定，公共场所的工作人员应当按照国家有关规定提供无障碍服务。

**第十七条** 无障碍设施的所有权人和管理人，应当对无障碍设施进行保护，有损毁或者故障及时进行维修，确保无障碍设施正常使用。

## 第三章  无障碍信息交流

**第十八条** 县级以上人民政府应当将无障碍信息交流建设纳入信息化建设规划，并采取措施推进信息交流无障碍建设。

**第十九条** 县级以上人民政府及其有关部门发布重要政府信息和与残疾人相关的信息，应当创造条件为残疾人提供语音和文字提示等信息交流服务。

**第二十条** 国家举办的升学考试、职业资格考试和任职考试，有视力残疾人参加的，应当为视力残疾人提供盲文试卷、电子试卷，或者由工作人员予以协助。

**第二十一条** 设区的市级以上人民政府设立的电视台应当创造条件，在播出电视节目时配备字幕，每周播放至少一次配播手语的新闻节目。

公开出版发行的影视类录像制品应当配备字幕。

**第二十二条** 设区的市级以上人民政府设立的公共图书馆应当开设视力残疾人阅览室，提供盲文读物、有声读物，其他图书馆应当逐步开设视力残疾人阅览室。

**第二十三条** 残疾人组织的网站应当达到无障碍网站设计标准，设区的市级以上人民政府网站、政府公益活动网站，应当逐步达到无障碍网站设计标准。

第二十四条　公共服务机构和公共场所应当创造条件为残疾人提供语音和文字提示、手语、盲文等信息交流服务，并对工作人员进行无障碍服务技能培训。

第二十五条　举办听力残疾人集中参加的公共活动，举办单位应当提供字幕或者手语服务。

第二十六条　电信业务经营者提供电信服务，应当创造条件为有需求的听力、言语残疾人提供文字信息服务，为有需求的视力残疾人提供语音信息服务。

电信终端设备制造者应当提供能够与无障碍信息交流服务相衔接的技术、产品。

## 第四章　无障碍社区服务

第二十七条　社区公共服务设施应当逐步完善无障碍服务功能，为残疾人等社会成员参与社区生活提供便利。

第二十八条　地方各级人民政府应当逐步完善报警、医疗急救等紧急呼叫系统，方便残疾人等社会成员报警、呼救。

第二十九条　对需要进行无障碍设施改造的贫困家庭，县级以上地方人民政府可以给予适当补助。

第三十条　组织选举的部门应当为残疾人参加选举提供便利，为视力残疾人提供盲文选票。

## 第五章　法律责任

第三十一条　城镇新建、改建、扩建道路、公共建筑、公共交通设施、居住建筑、居住区，不符合无障碍设施工程建设标准的，由住房和城乡建设主管部门责令改正，依法给予处罚。

第三十二条　肢体残疾人驾驶或者乘坐的机动车以外的机动车占用无障碍停车位，影响肢体残疾人使用的，由公安机关交通管理部门责令改正，依法给予处罚。

第三十三条　无障碍设施的所有权人或者管理人对无障碍设施未进行保护或者及时维修，导致无法正常使用的，由有关主管部门责令限期维修；造成使用人人身、财产损害的，无障碍设施的所有权人或者管理人应当承担赔偿责任。

**第三十四条** 无障碍环境建设主管部门工作人员滥用职权、玩忽职守、徇私舞弊的，依法给予处分；构成犯罪的，依法追究刑事责任。

## 第六章 附　则

**第三十五条** 本条例自 2012 年 8 月 1 日起施行。

# 中华人民共和国国务院令

第 675 号

《残疾预防和残疾人康复条例》已经 2017 年 1 月 11 日国务院第 161 次常务会议通过，现予公布，自 2017 年 7 月 1 日起施行。

总理　李克强
2017 年 2 月 7 日

# 残疾预防和残疾人康复条例

## 第一章　总　则

**第一条**　为了预防残疾的发生、减轻残疾程度，帮助残疾人恢复或者补偿功能，促进残疾人平等、充分地参与社会生活，发展残疾预防和残疾人康复事业，根据《中华人民共和国残疾人保障法》，制定本条例。

**第二条**　本条例所称残疾预防，是指针对各种致残因素，采取有效措施，避免个人心理、生理、人体结构上某种组织、功能的丧失或者异常，防止全部或者部分丧失正常参与社会活动的能力。

本条例所称残疾人康复，是指在残疾发生后综合运用医学、教育、职业、社会、心理和辅助器具等措施，帮助残疾人恢复或者补偿功能，减轻功能障碍，增强生活自理和社会参与能力。

**第三条**　残疾预防和残疾人康复工作应当坚持以人为本，从实际出发，实行预防为主、预防与康复相结合的方针。

国家采取措施为残疾人提供基本康复服务，支持和帮助其融入社会。禁止基于残疾的歧视。

**第四条**　县级以上人民政府领导残疾预防和残疾人康复工作，将残疾预防和残疾人康复工作纳入国民经济和社会发展规划，完善残疾预防和残疾人康复服务和保障体系，建立政府主导、部门协作、社会参与的工作机制，实行工作责任制，对有关部门承担的残疾预防和残疾人康复工作进行考核和监督。乡镇人民政府和街道办事处根据本地区的实际情况，组织开展残疾预防和残疾人康复工作。

县级以上人民政府负责残疾人工作的机构，负责残疾预防和残疾人康复工作的组织实施与监督。县级以上人民政府有关部门在各自的职责范围内做好残疾预防和残疾人康复有关工作。

**第五条** 中国残疾人联合会及其地方组织依照法律、法规、章程或者接受政府委托，开展残疾预防和残疾人康复工作。

工会、共产主义青年团、妇女联合会、红十字会等依法做好残疾预防和残疾人康复工作。

**第六条** 国家机关、社会组织、企业事业单位和城乡基层群众性自治组织应当做好所属范围内的残疾预防和残疾人康复工作。从事残疾预防和残疾人康复工作的人员应当依法履行职责。

**第七条** 社会各界应当关心、支持和参与残疾预防和残疾人康复事业。新闻媒体应当积极开展残疾预防和残疾人康复的公益宣传。

国家鼓励和支持组织、个人提供残疾预防和残疾人康复服务，捐助残疾预防和残疾人康复事业，兴建相关公益设施。

**第八条** 国家鼓励开展残疾预防和残疾人康复的科学研究和应用，提高残疾预防和残疾人康复的科学技术水平。

国家鼓励开展残疾预防和残疾人康复领域的国际交流与合作。

**第九条** 对在残疾预防和残疾人康复工作中做出显著成绩的组织和个人，按照国家有关规定给予表彰、奖励。

## 第二章 残疾预防

**第十条** 残疾预防工作应当覆盖全人群和全生命周期，以社区和家庭为基础，坚持普遍预防和重点防控相结合。

**第十一条** 县级以上人民政府组织有关部门、残疾人联合会等开展下列残疾预防工作：

（一）实施残疾监测，定期调查残疾状况，分析致残原因，对遗传、疾病、药物、事故等主要致残因素实施动态监测；

（二）制定并实施残疾预防工作计划，针对主要致残因素实施重点预防，对致残风险较高的地区、人群、行业、单位实施优先干预；

（三）做好残疾预防宣传教育工作，普及残疾预防知识。

第十二条　卫生和计划生育主管部门在开展孕前和孕产期保健、产前筛查、产前诊断以及新生儿疾病筛查，传染病、地方病、慢性病、精神疾病等防控，心理保健指导等工作时，应当做好残疾预防工作，针对遗传、疾病、药物等致残因素，采取相应措施消除或者降低致残风险，加强临床早期康复介入，减少残疾的发生。

公安、安全生产监督管理、食品药品监督管理、环境保护、防灾减灾救灾等部门在开展交通安全、生产安全、食品药品安全、环境保护、防灾减灾救灾等工作时，应当针对事故、环境污染、灾害等致残因素，采取相应措施，减少残疾的发生。

第十三条　国务院卫生和计划生育、教育、民政等有关部门和中国残疾人联合会在履行职责时应当收集、汇总残疾人信息，实现信息共享。

第十四条　承担新生儿疾病和未成年人残疾筛查、诊断的医疗卫生机构应当按照规定将残疾和患有致残性疾病的未成年人信息，向所在地县级人民政府卫生和计划生育主管部门报告。接到报告的卫生和计划生育主管部门应当按照规定及时将相关信息与残疾人联合会共享，并共同组织开展早期干预。

第十五条　具有高度致残风险的用人单位应当对职工进行残疾预防相关知识培训，告知作业场所和工作岗位存在的致残风险，并采取防护措施，提供防护设施和防护用品。

第十六条　国家鼓励公民学习残疾预防知识和技能，提高自我防护意识和能力。

未成年人的监护人应当保证未成年人及时接受政府免费提供的疾病和残疾筛查，努力使有出生缺陷或者致残性疾病的未成年人及时接受治疗和康复服务。未成年人、老年人的监护人或者家庭成员应当增强残疾预防意识，采取有针对性的残疾预防措施。

## 第三章 康复服务

**第十七条** 县级以上人民政府应当组织卫生和计划生育、教育、民政等部门和残疾人联合会整合从事残疾人康复服务的机构（以下称康复机构）、设施和人员等资源，合理布局，建立和完善以社区康复为基础、康复机构为骨干、残疾人家庭为依托的残疾人康复服务体系，以实用、易行、受益广的康复内容为重点，为残疾人提供综合性的康复服务。

县级以上人民政府应当优先开展残疾儿童康复工作，实行康复与教育相结合。

**第十八条** 县级以上人民政府根据本行政区域残疾人数量、分布状况、康复需求等情况，制定康复机构设置规划，举办公益性康复机构，将康复机构设置纳入基本公共服务体系规划。

县级以上人民政府支持社会力量投资康复机构建设，鼓励多种形式举办康复机构。

社会力量举办的康复机构和政府举办的康复机构在准入、执业、专业技术人员职称评定、非营利组织的财税扶持、政府购买服务等方面执行相同的政策。

**第十九条** 康复机构应当具有符合无障碍环境建设要求的服务场所以及与所提供康复服务相适应的专业技术人员、设施设备等条件，建立完善的康复服务管理制度。

康复机构应当依照有关法律、法规和标准、规范的规定，为残疾人提供安全、有效的康复服务。鼓励康复机构为所在区域的社区、学校、家庭提供康复业务指导和技术支持。

康复机构的建设标准、服务规范、管理办法由国务院有关部门商中国残疾人联合会制定。

县级以上人民政府有关部门应当依据各自职责，加强对康复机构的监督管理。残疾人联合会应当及时汇总、发布康复机构信息，为残疾人接受康复服务提供便利，各有关部门应当予以支持。残疾人联合会接受政府委托对康复机构及其服务质量进行监督。

**第二十条** 各级人民政府应当将残疾人社区康复纳入社区公共服务

体系。

县级以上人民政府有关部门、残疾人联合会应当利用社区资源，根据社区残疾人数量、类型和康复需求等设立康复场所，或者通过政府购买服务方式委托社会组织，组织开展康复指导、日常生活能力训练、康复护理、辅助器具配置、信息咨询、知识普及和转介等社区康复工作。

城乡基层群众性自治组织应当鼓励和支持残疾人及其家庭成员参加社区康复活动，融入社区生活。

第二十一条　提供残疾人康复服务，应当针对残疾人的健康、日常活动、社会参与等需求进行评估，依据评估结果制定个性化康复方案，并根据实施情况对康复方案进行调整优化。制定、实施康复方案，应当充分听取、尊重残疾人及其家属的意见，告知康复措施的详细信息。

提供残疾人康复服务，应当保护残疾人隐私，不得歧视、侮辱残疾人。

第二十二条　从事残疾人康复服务的人员应当具有人道主义精神，遵守职业道德，学习掌握必要的专业知识和技能并能够熟练运用；有关法律、行政法规规定需要取得相应资格的，还应当依法取得相应的资格。

第二十三条　康复机构应当对其工作人员开展在岗培训，组织学习康复专业知识和技能，提高业务水平和服务能力。

第二十四条　各级人民政府和县级以上人民政府有关部门、残疾人联合会以及康复机构等应当为残疾人及其家庭成员学习掌握康复知识和技能提供便利条件，引导残疾人主动参与康复活动，残疾人的家庭成员应当予以支持和帮助。

## 第四章　保障措施

第二十五条　各级人民政府应当按照社会保险的有关规定将残疾人纳入基本医疗保险范围，对纳入基本医疗保险支付范围的医疗康复费用予以支付；按照医疗救助的有关规定，对家庭经济困难的残疾人参加基本医疗保险给予补贴，并对经基本医疗保险、大病保险和其他补充医疗保险支付医疗费用后仍有困难的给予医疗救助。

第二十六条　国家建立残疾儿童康复救助制度，逐步实现0—6岁视力、听力、言语、肢体、智力等残疾儿童和孤独症儿童免费得到手术、辅助器具配置和康复训练等服务；完善重度残疾人护理补贴制度；通过实施重点康复项目为城乡贫困残疾人、重度残疾人提供基本康复服务，按照国家有关规定对基本型辅助器具配置给予补贴。具体办法由国务院有关部门商中国残疾人联合会根据经济社会发展水平和残疾人康复需求等情况制定。

国家多渠道筹集残疾人康复资金，鼓励、引导社会力量通过慈善捐赠等方式帮助残疾人接受康复服务。工伤保险基金、残疾人就业保障金等按照国家有关规定用于残疾人康复。

有条件的地区应当根据本地实际情况提高保障标准，扩大保障范围，实施高于国家规定水平的残疾人康复保障措施。

**第二十七条** 各级人民政府应当根据残疾预防和残疾人康复工作需要，将残疾预防和残疾人康复工作经费列入本级政府预算。

从事残疾预防和残疾人康复服务的机构依法享受有关税收优惠政策。县级以上人民政府有关部门对相关机构给予资金、设施设备、土地使用等方面的支持。

**第二十八条** 国家加强残疾预防和残疾人康复专业人才的培养；鼓励和支持高等学校、职业学校设置残疾预防和残疾人康复相关专业或者开设相关课程，培养专业技术人员。

县级以上人民政府卫生和计划生育、教育等有关部门应当将残疾预防和残疾人康复知识、技能纳入卫生和计划生育、教育等相关专业技术人员的继续教育。

**第二十九条** 国务院人力资源社会保障部门应当会同国务院有关部门和中国残疾人联合会，根据残疾预防和残疾人康复工作需要，完善残疾预防和残疾人康复专业技术人员职业能力水平评价体系。

**第三十条** 省级以上人民政府及其有关部门应当积极支持辅助器具的研发、推广和应用。

辅助器具研发、生产单位依法享受有关税收优惠政策。

**第三十一条** 各级人民政府和县级以上人民政府有关部门按照国家有关规定，保障残疾预防和残疾人康复工作人员的待遇。县级以上人民政府人力资源社会保障等部门应当在培训进修、表彰奖励等方面，对残疾预防和残疾人康复工作人员予以倾斜。

## 第五章　法律责任

**第三十二条**　地方各级人民政府和县级以上人民政府有关部门未依照本条例规定履行残疾预防和残疾人康复工作职责，或者滥用职权、玩忽职守、徇私舞弊的，依法对负有责任的领导人员和直接责任人员给予处分。

各级残疾人联合会有违反本条例规定的情形的，依法对负有责任的领导人员和直接责任人员给予处分。

**第三十三条**　医疗卫生机构、康复机构及其工作人员未依照本条例规定开展残疾预防和残疾人康复工作的，由有关主管部门按照各自职责分工责令改正，给予警告；情节严重的，责令暂停相关执业活动，依法对负有责任的领导人员和直接责任人员给予处分。

**第三十四条**　具有高度致残风险的用人单位未履行本条例第十五条规定的残疾预防义务，违反安全生产、职业病防治等法律、行政法规规定的，依照有关法律、行政法规的规定给予处罚；有关法律、行政法规没有规定的，由有关主管部门按照各自职责分工责令改正，给予警告；拒不改正的，责令停产停业整顿。用人单位还应当依法承担救治、保障等义务。

**第三十五条**　违反本条例规定，构成犯罪的，依法追究刑事责任；造成人身、财产损失的，依法承担赔偿责任。

## 第六章　附　则

**第三十六条**　本条例自 2017 年 7 月 1 日起施行。

中国残疾人事业重要文件选编（1978—2018）

# 第三编
# 残疾人事业发展规划

○ 国家总体规划
○ 事业发展规划
○ 公共服务规划
○ 其他专项规划或计划

# 一、国家总体规划

## 中华人民共和国国民经济和社会发展十年规划和第八个五年计划纲要

（1991年4月9日第七届全国人民代表大会第四次会议批准）

### 七、"八五"期间经济体制改革的主要任务和措施

#### （八）改革住房制度和社会保障制度

保护残疾人的合法权益。

## 中华人民共和国国民经济与社会发展"九五"计划和2010年远景目标纲要

（1996年3月17日第八届全国人民代表大会第四次会议批准）

### 七、深化经济体制改革

#### （六）加快社会保障制度改革

制定相应政策，切实保护妇女、未成年人、老年人、残疾人等社会群体和优抚救济对象的合法权益。

# 中华人民共和国国民经济与社会发展第十个五年计划纲要

(2001年3月15日第九届全国人民代表大会第四次会议批准)

## 第十八章 积极扩大就业，健全社会保障制度

### 第三节 发展其他社会保障事业

加强残疾人事业，帮助残疾人康复、就学和就业，创造残疾人平等参与社会生活的条件。

# 中华人民共和国国民经济与社会发展第十一个五年计划纲要

(2006年3月14日第十届全国人民代表大会第四次会议批准)

## 第三十八章 全面做好人口工作

### 第五节 保障残疾人权益

倡导和鼓励社会各界关心、支持和参与残疾人事业。推进无障碍设施建设，加强残疾人康复、贫困残疾人脱贫、残疾少年儿童义务教育、残疾人就业服务和社会保障等工作，创造残疾人平等参与社会生活的条件。

| 专栏16　公共服务重点工程 |
| --- |
| 　　社会福利→建设综合福利中心、社区福利设施、农村敬老院、儿童福利机构、残疾人综合服务设施等。 |

# 中华人民共和国国民经济和社会发展第十二个五年规划纲要

(2011年3月14日第十一届全国人民代表大会第四次会议批准)

## 第十六章　大力发展生活性服务业

### 第三节　鼓励发展家庭服务业

以家庭为服务对象,以社区为重要依托,重点发展家政服务、养老服务和病患陪护等服务,鼓励发展残疾人居家服务,积极发展社区日间照料中心和专业化养老服务机构,因地制宜发展家庭用品配送、家庭教育等特色服务,形成多层次、多形式的家庭服务市场和经营机构。

## 第二十八章　加快教育改革发展

### 第二节　大力促进教育公平

改善特殊教育学校办学条件,逐步实行残疾学生高中阶段免费教育。

## 第三十三章　健全覆盖城乡居民的社会保障体系

### 第三节　积极发展社会福利和慈善事业

加强残疾人、孤儿福利服务。

## 第三十六章　全面做好人口工作

### 第五节　加快残疾人事业发展

健全残疾人社会保障体系和服务体系,为残疾人生活和发展提供稳定的制度性保障。实施重点康复和托养工程、0—6岁残疾儿童抢救性康复工程和"阳光家园"计划,推进残疾人"人人享有康复服务"。大力开展残疾人就业服务和职业培训。加大对农村残疾人生产扶助和生活救助力度。丰富残疾人文化体育生活。构建辅助器具适配体系,推进无障碍建设。制定和实施国家残疾预防行动计划,有效控制残疾的发生和发展。

## 第四十四章　繁荣发展文化事业和文化产业

### 第一节　大力发展文化事业

注重满足残疾人等特殊人群的公共文化服务需求。

# 中华人民共和国国民经济和社会发展第十三个五年规划纲要

(2016年3月16日第十二届全国人民代表大会第四次会议批准)

## 第三十四章　建设和谐宜居城市

### 第二节　加强城市基础设施建设

全面推进无障碍设施建设。

## 第五十八章　完善脱贫攻坚支撑体系

| 专栏19　脱贫攻坚重点工程 |
| --- |
| （六）教育扶贫<br>　　全面改善贫困地区义务教育薄弱学校基本办学条件，加强乡村教师培训，实施好农村义务教育学生营养改善计划，加大对贫困家庭子女学前教育、特殊教育、高中阶段教育、高等教育资助救助力度。 |

## 第五十九章　推进教育现代化

### 第一节　加快基本公共教育均衡发展

提升残疾人群特殊教育普及水平、条件保障和教育质量。

## 第六十一章　增加公共服务供给

> **专栏22　基本公共服务项目清单**
>
> （四）卫生计生
> 居民健康档案、健康教育、预防接种、传染病及突发公共卫生事件处理、儿童健康管理、孕产妇健康管理、老年人健康管理、残疾人健康管理和社区康复、慢性病管理、严重精神障碍患者管理、卫生监督协管、结核病患者健康管理服务、中医药健康管理、艾滋病病毒感染者和病人随访管理、社区艾滋病高危行为人群干预、免费孕前优生健康检查、疾病应急救助、基本药物制度、计划生育技术指导咨询、农村部分计划生育家庭奖励扶助、计划生育家庭特别扶助、药品安全保障等。
>
> （八）残疾人基本公共服务
> 困难残疾人生活补贴和重度残疾人护理补贴、重度无业残疾人最低生活保障、贫困残疾人基本型辅助器具补贴、贫困残疾人家庭无障碍改造补贴、基本社会保险个人缴费资助和保险待遇、基本住房保障、残疾人托养服务、残疾人康复、残疾人教育、残疾人职业培训和就业服务、残疾人文化体育、无障碍环境支持等。

## 第六十二章　实施就业优先战略

### 第二节　提高公共就业创业服务能力

开展贫困家庭子女、未升学初高中毕业生、农民工、失业人员和转岗职工、退役军人和残疾人免费接受职业培训行动。

> **专栏23　促进就业行动计划**
>
> （四）特殊就业人群职业培训
> 加大贫困家庭子女、大龄失业人员、转岗职工、退役军人和残疾人等劳动者职业技能和创业培训力度，按规定提供培训补贴，对农村贫困家庭学员和城市居民最低生活保障家庭学员给予生活补贴。

## 第六十六章　保障妇女未成年人和残疾人基本权益

坚持男女平等基本国策和儿童优先，切实加强妇女、未成年人、残疾人等社会群体权益保护，公平参与并更多分享发展成果。

### 第三节　提升残疾人服务保障水平

支持残疾人事业发展，建立健全残疾人基本福利制度，实现残疾人基本民生兜底保障。完善重度残疾人医疗报销制度。优先保障残疾人基本住房。完善残疾人就业创业扶持政策，健全公共机构为残疾人提供就业岗位制度。加强残疾人康复和托养设施建设，鼓励社会力量提供服务。加强残疾人无障碍设施建设和维护。实施0—6岁残疾儿童康复、贫困残疾人基本型辅助器具适配等重点康复工程。建设康复大学，培养康复专业技术人才。

---

专栏24　社会关爱行动计划

（三）扶残助残

全面实施困难残疾人生活补贴和重度残疾人护理补贴；有条件的地方对贫困残疾人基本型辅助器具配置和贫困残疾人家庭实施无障碍改造给予补贴；支持日间照料机构和专业托养服务机构为残疾人提供护理照料；实施重点康复项目，为贫困残疾人、重度残疾人提供基本康复服务。

---

# 第六十八章　丰富文化产品和服务

### 第二节　构建现代公共文化服务体系

加强老年人、未成年人、农民工、残疾人等群体的文化权益保障。

# 二、事业发展规划

## 国务院批转国家计委等部门关于中国残疾人事业五年工作纲要的通知

国发〔1988〕59号

各省、自治区、直辖市人民政府,国务院各部委、各直属机构:

为使我国残疾人事业与社会经济协调发展,国务院同意国家计委、国家教委、民政部、财政部、劳动部、卫生部及中国残疾人联合会编制的《中国残疾人事业五年工作纲要(1988—1992)》(以下简称"纲要"),现转发给你们,请研究贯彻执行。

目前,我国有残疾人5000万人以上,约占总人口的5%,这是一个有特殊困难的群体。新中国成立以来,在党、政府、社会各方面和广大残疾人的共同努力下,残疾人事业在全国城乡生机勃勃发展起来。发扬社会主义的人道主义精神,搞好残疾人工作,使残疾人能够同健全人一样,以平等的权利和机会,参与社会生活,共享社会文明的成果,是社会主义制度优越性的体现。调动社会各方面的力量,发展残疾人事业,是关系国家发展、社会稳定和人民生活普遍改善的一件大事,是各级人民政府和全社会义不容辞的责任。

今后五年,各级人民政府、各部门、各有关方面要依据纲要的精神,结合当地和部门的实际情况,采取切实有力的措施,落实纲要提出的各项任务。

国务院
1988年9月3日

第三编　残疾人事业发展规划

# 中国残疾人事业五年工作纲要
## （1988—1992）

1. 残疾人事业是我国社会主义事业的一个组成部分。为了适时地推动这项事业与社会经济协调发展，国家制定并实施本纲要。

## 一、背　景

2. 在我国，残疾人是指生理功能、解剖结构、心理状态的异常或丧失，部分或全部失去以正常方式从事活动的能力，在社会生活的某些领域中不利于发挥正常作用的人。

3. 一九八七年，我国依据五类残疾标准，进行了残疾人抽样调查。在被调查的三十六万九千八百一十六户，一百五十七万九千三百一十四人中，有残疾人的家庭占 18.10%，残疾人占 4.90%。据此抽样调查结果推算总体，全国五类残疾人总数约为五千一百六十四万人，其中约有听力语言残疾一千七百七十万人，智力残疾一千零一十七万人，肢体残疾七百五十五万人，视力残疾七百五十五万人，精神病残疾一百九十四万人，综合残疾（有两种或多种残疾）六百七十三万人。

4. 残疾人有参与社会生活的愿望和权利，绝大多数残疾人具有一定的参与社会生活的能力。事实表明，残疾人同样是物质文明和精神文明的创造者，是推进社会发展的力量。

5. 由于残疾的存在和影响，残疾人是人类社会中一个特殊困难的群体。社会有责任为他们能力的充分发挥，创造必要的条件。

6. 建国以后，特别是近十年来，在党和政府的关怀及社会各界的支持下，残疾人的社会地位提高，参与社会生活的意识增强，受教育机会、医疗卫生条件、劳动就业、精神文化生活等方面的状况改善，国际交往增多，我国残疾人事业有了明显的发展。

7. 由于历史原因和生产力水平的限制，我国残疾人事业滞后于社会经济发展的水平，残疾人受教育程度低，文盲、半文盲占多数；大多数残疾人还没有得到必要的康复医疗；相当一部分有劳动能力的残疾人没有劳动就业，已经就业的还不够稳定、合理；社会上依然不同程度地存在着对残疾人的歧视和偏见；残疾人参与公共生活存在环境障碍；残疾人的生活状况落后于社会平均水平，存在大量亟待解决的问题。

8. 我国社会正在由温饱向小康水平过渡。残疾人能否跟上社会发展的步伐，与全国人民一道前进，共同富裕，不仅关系到五千多万残疾人，影响到全国近五分之一的家庭和数以亿计的亲属，而且牵动着社会的各个方面，是关系国家发展、社会稳定和生产力进一步解放的重要问题，必须予以重视。

9. 残疾人问题，日益引起国际社会的普遍关注。一九八二年十二月，第三十七届联合国大会通过第 52 号决议，确定一九八三年——一九九二年为联合国残疾人十年，制定了《关于残疾人的世界行动纲领》，呼吁世界各国采取行动。对此，我国政府予以高度重视，成立了由政府部门和社会团体参加的"联合国残疾人十年中国组织委员会"。各国残疾人事业的发展，反映了人类社会的进步。

## 二、原　则

10. 社会主义人道主义是我国社会的基础思想之一，是人际关系的一个准则。做好残疾人工作，发展残疾人事业，是全社会义不容辞的责任，是社会进步和人类文明的标志。全社会要发扬社会主义人道主义，理解、尊重、关心、帮助残疾人，维护他们的合法权益。

11. 残疾人事业的宗旨和目标是：创造良好的物质条件和精神条件，使残疾人在事实上成为社会平等的一员，享有全面参与社会生活的权利，履行公民义务，共享由于劳动和社会经济发展所带来的物质文化成果。

12. 残疾人事业的发展，寓于国家发展和社会进步之中。实现残疾人事业的目标，需要通过政府、社会、残疾人事业工作者和残疾人的共同努力，经过有步骤分阶段的长期奋斗。发展残疾人事业，要从我国生产力水平低、人口众多的国情和残疾人事业的实际状况出发；兼顾残疾人的近期利益与长远利益，遵循讲求实效、打好基础的原则，分层次，多渠道，通过多种办法，集中力量抓好涉及面大、受益广、见效快、效益好、残疾人迫切需要解决的问题，逐步改变残疾人事业滞后的局面，使之与社会经济发展相协调，走具有中国特色的残疾人事业发展道路。

13. 随着国民经济的发展，各级政府要逐年增加对残疾人事业的投入。同时，注意开发社会潜能，以多种形式筹集资金，拓宽资金渠道。残疾人组织可以兴办经济实体，通过经济活动为残疾人事业提供资金，探索以企业养事业的途径。要创造条件，使更多的残疾人劳动就业，发挥主观能动性，走劳动福利型道路，使他们依靠自己的劳动，获得相对稳定的收入，由原来靠社会负担的人，变成为社会做贡献的人，既改善生活和地位，又促进经济建设和社会稳定。

14. 残疾人事业涉及社会生活的各个方面，是一项社会性很强的事业。要充分发挥各方面的作用，进一步完善以政府为主导，团体为纽带，街道、乡镇、企事业单位为基础，残疾人家庭、邻里为依托的残疾人工作体系，推进社会化管理。

15. 各级政府要加强对残疾人事业的领导，将残疾人事业纳入社会经济发展计划，整体研究，统筹安排，制定政策、法规和规划，落实行动措施，做好协调、分类指导和检查监督。

16. 中国残疾人联合会是全国性残疾人事业团体，要发挥协助政府、联系残疾人、动员社会的作用。中国残疾人联合会及其地方组织，要更好地代表残疾人的共同利益，加强政府、社会与残疾人之间的联系，协助国家研究、制定和实施有关法律、法规、政策和规划，承担政府委托的任务，动员社会力量，推进残疾人事业的发展。

17. 街道、乡镇、企事业单位要把基层残疾人工作搞实、搞活，因地制宜地开展残疾预防与残疾人康复、教育、劳动就业、文化体育、福利救济、社会服务等工作，逐步形成与我国社会结构相适应，体现中华民族互助互济美德的良好社区环境和基层社会保障网络。

18. 在我国，残疾人与家庭关系密切，他们更需要家庭的温暖和支持。残疾人的家庭承受着很大的精神和物质负担，为残疾人和国家分忧解难。残疾人家庭要从生活、身心康复、学习和工作等方面，给残疾人以更多的帮助，使他们从亲属的鼓励和支持中汲取力量，克服困难，增强自立能力。

19. 残疾人参与社会生活,有赖于社会的帮助,也取决于自身的奋斗。残疾人要珍惜人生的价值,热爱生活,热爱事业,以爱国主义和乐观主义精神激励自己,自尊、自信、自强、自立,努力为祖国建设贡献力量。

20. 残疾人事业是崇高的事业。从事这一事业的保育人员、教育工作者、医护和康复工作者、福利企事业职工,民政与残疾人组织、政府和社会各方面的工作者,为此付出了艰辛的劳动,受到了人们的尊敬。一切从事残疾人事业的工作者,要以人道精神,满腔热情地献身这一事业,通过自己兢兢业业、卓有成效的工作,肩负起政府和社会赋予的光荣而艰巨的任务。

## 三、任 务

21. 建立、健全保障残疾人权益的法律、法规体系,是我国法制建设的一项任务。今后五年要特别抓好这项工作。尽快制定《中华人民共和国残疾人社会保障法》,提请全国人大常委会通过,制定《残疾人劳动保障条例》《残疾人教育条例》《方便残疾人的城市道路和公共建筑设计规范》等法规。各地应根据实际情况,积极制定地方性法规和规章,以体现对残疾人的保护和优惠。

22. 近年来,国务院及有关部门,相继就残疾人劳动就业、福利企业的税收、进出口货物和物品的关税、残疾人入学、特教津贴、福利救济等做出了政策规定,各地应认真执行。随着残疾人事业的发展,有些政策规定需要进一步修改和完善;同时,要制定新的政策,为残疾人事业注入活力。

23. 积极开展预防残疾的工作,提高我国人口素质。要制定相应政策、法规和措施,动员社会力量,坚持优生优育,加强计划免疫,防治地方病,搞好环境保护,控制污染和公害,减少事故,改进保健服务,防止滥用药物,严禁生产低劣药品,以减少残疾的发生。同时,积极推广补救控制技术,减少二次损伤。

24. 保障残疾人的劳动权利,为残疾人劳动就业创造条件,提供机会,使其获得相对稳定的经济收入。要本着集中与分散相结合的原则,采取优惠政策和扶持措施，多渠道、多层次、多种形式安排残疾人劳动就业，使其朝着普及、稳定、合理的方向发展。

25. 提高残疾人的文化素质，有利于从根本上改善残疾人的状况。要采取有力措施，尽快扭转残疾人教育的落后局面。残疾人教育要结合实际，面向社会，增强残疾人自立能力；贯彻普及与提高相结合，以普及为重点的原则；实行国家、集体、个人多种渠道办学。在教育层次上，以普及初等教育为重点，抓好职业教育，逐步发展中等教育和高等教育。在教学内容上，把基础文化教育与职业技能教育结合起来。在办学形式上，采取特教学校与混校、混班相结合。

26. 盲、聋和弱智儿童特殊教育，是我国普及初等教育最薄弱的环节。今后五年，要采取多种措施，使盲童、聋童入学率从现在的不足6%，分别提高到10%和15%，弱智儿童入学率要有大幅度提高；发达地区的残疾儿童入学率应有更大的提高。

27. 科学技术的进步，使残疾人的功能和能力可以通过医疗的、工程的、心理的、社会的以及其他手段，得到恢复和补偿。康复工作在我国刚刚起步，要贯彻从实际出发，面向残疾人，注重实效，奠定基础，稳步提高的原则。着重进行广大残疾人亟待解决的白内障复明、小儿麻痹后遗症矫治、聋儿听力语言训练等康复工作。同时，借鉴国外经验，结合我国传统医学，充分利用现有医疗卫生网和社会保障网，充实康复内容，增加康复功能，开展康复工作，逐步形成以康复机构为骨干，以社区康复为基础的符合我国国情的康复体系。

28. 据抽样调查结果推算，我国约有白内障致盲患者三百四十七万人；小儿麻痹后遗症患者一百八十三万人，零至十四岁聋儿一百八十二万人，其中零至六岁七十四万人。根据我国现有条件，通过手术和训练，他们中的大多数可以复明、说话、改善功能。不失时机地使他们得到康复，是一项紧迫任务。有关部门和各地要立即制定实施方案，组织力量，五年内，为五十万名白内障患者施行复明手术，进行三十万人次的小儿麻痹后遗症矫治手术，对三万名聋儿进行听力语言训练。

29. 随着物质生活的改善，残疾人对精神生活有了新的需求。丰富残疾人的精神文化生活，既能增强身心素质，陶冶情操，锤炼意志，又能促

## 二、事业发展规划

使残疾人融于公众社会之中。要抓好群众性文化体育活动，搞好残疾人文学、艺术、影视作品的创作和书刊的出版发行。现有文化、娱乐、体育、商业及各种活动场所和公共设施，要为残疾人提供方便。同时，因地制宜地为残疾人开辟一些活动场所。

30. 增进社会和残疾人之间的相互理解，是宣传工作的重要任务。利用报刊、广播、电视等大众传播媒介，宣传残疾人渴求理解、渴求奉献的心愿和顽强拼搏的先进事迹，进一步激发广大残疾人自强不息的意志，努力成为有理想、有道德、有文化、有纪律的公民；宣传社会主义人道主义和扶残助残的先进事迹，着重在青少年中开展社会主义人道主义教育，倡导良好的社会风尚，创造友爱和谐的社会环境；宣传残疾人事业，使全社会深刻地理解这一事业，真诚地关心和支持这一事业。

31. 残疾人事业渗透许多领域，涉及许多部门，为加强领导和综合协调，建议由一名国务委员负责此项工作。

**劳动就业**

32. 要严格执行已经制定的有关残疾人劳动就业的政策，如对福利企业的税收优惠、自筹生产性建设投资免征建筑税和信贷给予优惠利率的规定；对农村残疾人贫困户，减免农业税、义务工、各种公益事业费、子女学杂费，个体或集体从事工业、商业、运输业、建筑业的税收减免；对残疾人个体开业免征营业税的规定。在进一步完善这些规定的同时，研究、制定有利于残疾人劳动就业的措施和对农村残疾人体现优惠的政策。

33. 福利企业是安排各类残疾人就业的重要渠道，要继续巩固和发展。在各级民政部门办福利企业的同时，大力提倡街道、乡镇、企业、机关、团体、事业单位办福利企业或劳动服务公司，安排残疾人和本单位职工的残疾子女就业；鼓励残疾人组织办经济实体；扶持残疾人集体或个体开业。

34. 给福利企业必要的保护。各地区和各有关部门要在技术改造、原材料供应、资金、信贷、产品销售等方面给福利企业以照顾。对那些适合残疾人生产、工艺相对简单、销路比较稳定、在福利企业具有生产优势的产品，优先安排或调剂给福利企业生产，经过探索和实践，逐步划定某些产品为福利企业专产专营。福利企业要注重社会效益和经济效益，选择适销对路产品，进一步提高管理水平，增强竞争能力。

35. 机关、团体、企事业单位分散安排残疾人就业，既方便残疾人，有利于他们融于社会之中，又能使他们充分发挥所长，是残疾人劳动就业的发展趋势。各单位有义务依据各自特点，选择适宜的岗位，录用残疾人。一些地方进行了按比例录用残疾人的尝试，有关部门要总结经验，研究制定相应的政策。

36. 在残疾人中，盲人劳动就业尤为困难。要巩固现有的盲人按摩医院（诊所），新建一批盲人按摩机构，并通过多种途径发展盲人按摩。办好盲人按摩学校和培训班。对符合条件的从事按摩工作的人员评定专业技术职务。同时，进一步开辟电话接线、手工编织等多种就业渠道。

37. 企事业单位、机关、团体在录用大专院校、中专、技校的毕业生时，对残疾学生要一视同仁，对于适宜他们的工作岗位，应给予优先录用机会。

38. 在农村，要因地制宜，通过多种形式，扶持残疾人参加养殖业、种植业和家庭手工业等多种力所能及的劳动。鼓励专业户、能工巧匠和乡镇企业发扬互助精神，带动残疾人发展生产。安排残疾人参加农村公益性辅助工作。在生产物资的供应和分配方面给残疾人以必要的照顾。将贫困残疾人的劳动和生活纳入扶贫工作，帮助他们治病、掌握生产技能。提倡以储金会等形式集资，安排好残疾人的生活。乡、镇、村兴办福利企业，吸收残疾人参加劳动。

**教　育**

39. 各级政府要健全残疾人教育的职能管理机构，充实工作人员，制定中长期规划和年度计划，采取切实有力的措施，加强对残疾人教育工作的领导。

40. 财政部在国家预算收支科目中的教育事业费内，已将特教经费专项列出，各地要执行这一规定，妥善安排；国家教委从中央已拨给的专项补助中，划出一定款额加强残疾人教育，财政部增加特教补助费；中国社会福利有奖募捐委员会从有奖募捐资金中，中国残疾人福利基金会从社会筹集资金中，拨出专款，支持残疾人教育。各地教育经费中包括特殊教育经费，应予安排，并随着教育经费的增加而逐步增加。

41. 在各级教育部门兴办残疾人教育的同时，提倡有关部门、社会团体、企事业单位、集体和个人集资办学或捐资助学。

42. 坚持多种形式办学。办好现有的盲、聋和弱智学校，新建一批特教学校。同时，采取有力措施，积极推动普通学校和幼儿园附设特教班，及普通班中吸收肢残、轻度弱智、弱视和重听（含经过听力语言训练达到三级康复标准的聋童）等残疾儿童随班就读。

43. 加强特教师资培训。各省应创造条件，兴办特教师范学校；并有计划地在部分高等师范院校开设特教专业；各地的普通中等师范学校积极开设特教师资班，举办各种特教师资培训班。按照混校、混班的需要，对普通学校的教师进行特教知识培训。注意从残疾人中选拔、培养特教师资。通过多种途径，增加特教师资数量，提高质量。

44. 开展特殊教育的研究，进一步完善特教的教学大纲，改进课程设置、教学内容和教学方法。根据社会需要和残疾人的特点，编写、修改特教教材，加强劳动技能教育，使学生既学到文化知识，又掌握劳动技能。做好盲文、手语的研究、推广和应用工作。

45. 要切实把残疾人基础教育纳入九年义务教育的轨道，作为各地普及初等教育的任务之一。采取积极措施，在宣布普及初等教育的地区，应使适龄的残疾少年儿童全部入学；尚未普及初等义务教育的地区，要努力提高残疾少年儿童的入学率。

46. 学前教育对残疾儿童尤其重要。大力提倡在残疾儿童家庭、特教学校附设的学前班、普通幼儿园增设的特教班中，对残疾儿童进行行走定向、听力语言、心理康复、智力开发和功能训练。

47. 各地教育、劳动、民政部门及残疾人组织等要共同抓好残疾人职业教育。各地的职业培训机构，要注意吸收残疾人或开办残疾人培训班；特教学校的低年级要加强劳动教育，高年级要进行职业技能教育；试办残疾人职业高中；省一级创办残疾人职业培训中心。搞好在职职工的扫盲和职业培训。

48. 认真执行中专、高等学校招收残疾青年的规定，制定技工学校招收残疾青年的试行办法，使具备条件的残疾青年进入中等和高等学校学习。

## 康 复

49. 培养康复人才，传授康复知识，开展康复研究，编写康复教材、书刊和社区康复手册。在现有医科院校和护士学校中开设康复课程，有条件的应设置康复医学和康复治疗专业，并纳入教育和卫生部门的计划；通过培训班和临床实践，从现有医护人员中培养康复工作者。加强康复工作者的业务训练和医德培养，使他们掌握从事伤残服务的知识和技能，理解残疾人的疾苦、心理和需求，更好地为残疾人服务。注意向残疾人、残疾人亲属、社区工作人员和志愿工作者传授康复知识，提高康复技能。

50. 有计划地改造和建立一些骨干康复机构，进行科研、临床实践、技术指导和人员培训。逐步在现有医院开设康复部（科、室）。充分发挥基层卫生网、社区服务网和残疾人家庭的作用，发展社区康复，使更多的残疾人在社区和家庭环境中得到有效的康复服务。

51. 把五年内实施白内障复明、小儿麻痹后遗症矫治和聋儿听力语言训练的任务，按比例落实到省、自治区、直辖市。为完成这一任务，民政部、卫生部、解放军总后勤部和中国残疾人联合会等部门要密切配合，制定实施方案，统一部署，动员组织力量，进行协调和检查。各省、自治区、直辖市人民政府要制定本地实施方案，组织医务人员、民政和残联干部，保质保量地完成任务。

52. 为配合三项康复工作，要制定质量验收标准，编写小儿麻痹后遗症康复手册、聋儿听力语言训练大纲和教材、白内障手术技术资料；组织好人员培训，做好与之配套的助听器、眼镜、文具、手术车及医疗器材设备的生产和供应。聋儿康复在我国刚刚起步，尚未建立聋儿听力语言康复中心的省份要尽快建立，以此为骨干，带动街道、幼儿园、聋校、福利院、残疾儿童寄托所和残疾儿童家庭，多种形式地开展聋儿听力语言力练。

53. 三项康复费用，属公费医疗、劳保范围内的，按现行规定由公费负担；不属此范围的，由本人、亲属或合作医疗负担；确属贫困的残疾人，经当地有关部门批准，用救济款、扶贫款予以补助。财政部和中国社会福利有奖募捐委员会、中国残疾人福利基金会，对三项康复工作予以经费支持。各地也要给以相应支持。

**其 他**

54. 开展残疾预防和残疾人事业领域的科学研究和技术开发。研制和生产先进适用、优质价廉、利于普及的残疾人专用生活物品、教具、辅助器具、康复器械、生产设备和交通工具，建立残疾人专用物品的质量标准和质量检测系统；完善残疾人用品的销售、维修服务网点，逐步在大中城市设立假肢装配及维修服务站。

55. 逐步为残疾人创造良好的环境条件。新建的城市道路和公共建筑设施应实行方便残疾人的设计规范。对省会和特大城市的主要道路、公共设施、公共建筑，在合理可行的范围内，应有计划分步骤地加以改造，为残疾人活动提供方便。

56. 做好伤残军人优抚和工伤致残人员的社会保障工作，办好荣军院、疗养院，使他们得到良好的治疗、康复和生活照顾。办好福利院、精神病院、工疗站，逐步改善在其中生活的残疾人的状况。

57. 没有条件从事劳动、鳏寡孤独和生活困难的残疾人，通过国家、集体等多渠道给予社会救济和困难补助，以保障他们的基本生活。

58. 残疾人乘坐车、船、飞机等，应提供方便。残疾人必需的辅助器具，应准予免费携带。盲文邮件免费邮递。

59. 发展国际（地区）间残疾人事业的交往，在劳动就业、教育、康复、文化体育和物质环境等方面进行交流与合作，开阔视野，借鉴经验，引进技术，增进友谊。

60. 各地方、各部门应以高度负责的精神，承担起各自的责任，调动社会各方面的力量，齐心协力，采取切实有力的措施，实施本纲要。

第三编　残疾人事业发展规划

# 国务院批转中国残疾人事业"八五"计划纲要的通知

国发〔1991〕72号

各省、自治区、直辖市人民政府，国务院各部委、各直属机构：

在我国社会主义现代化建设进入实现第二步战略目标的新阶段，为使残疾人事业与经济、社会协调发展，国家计委等十六个部门依据《国民经济和社会发展十年规划和第八个五年计划纲要》，制定了《中国残疾人事业"八五"计划纲要（1991年—1995年）》，国务院同意这一"计划纲要"，现转发给你们，请贯彻执行。

"计划纲要"明确了"八五"计划期间残疾人事业的总目标和指导方针，规定了主要任务和指标，提出了相应措施。各级人民政府和有关部门，要结合当地和本部门的实际情况，采取切实措施，认真完成"计划纲要"规定的任务。

中华人民共和国国务院

一九九一年十二月二十九日

# 中国残疾人事业"八五"计划纲要

## （1991年—1995年）

《中国残疾人事业五年工作纲要（1988年—1992年）》实施三年，已取得重大成绩。在我国社会主义现代化建设进入实现第二步战略目标的新阶段，为使残疾人事业与经济、社会协调发展，依据《国民经济和社会发展十年规划和第八个五年计划纲要》，国家制定《中国残疾人事业"八五"计划纲要（1991年—1995年）》。"五年工作纲要"后两年的任务已纳入其中，"八五"计划期间实施本计划纲要。

## 一、"五年工作纲要"前三年的执行情况

一九八八年九月国务院批转《中国残疾人事业五年工作纲要》后，各级政府和有关部门相继采取了一系列重要措施：国务院和地方政府建立残疾人事业协调机构；组建各级残疾人联合会；制定《全国残疾人三项康复工作实施方案》《关于发展特殊教育的若干意见》，并分别召开两次全国工作会议予以贯彻；宣传社会主义的人道主义，采取多种形式扶助残疾人；开展残疾人自强活动，表彰优秀残疾人；响应《关于残疾人的世界行动纲领》，参与"联合国残疾人十年"活动；公布施行《中华人民共和国残疾人保障法》（以下简称"残疾人保障法"）。

三年来，经过各地方、各部门和全社会的共同努力，我国残疾人事业以较快的速度发展，成效显著：

**康　　复**　一九八八年至一九九〇年底，全国完成白内障复明手术四十三万例、小儿麻痹后遗症矫治手术十四万例、聋儿听力语言训练一万人，分别完成五年总任务的85%、46%和33%；白内障手术脱盲率为99.7%，小儿麻痹后遗症矫治手术有效率为98.7%，聋儿语训效果明显。康复的基础性工作已经起步，社区康复逐步展开。

**教　　育**　一九八八年至一九九〇年底，进入普通学校接受义务教育的残疾学生增加；初级中等以下特殊教育学校由五百七十七所发展到八百二十所，普通学校附设的特殊教育班由五百九十九个发展到二千六百五十一个，在校学生由五万七千人发到十万五千人，分别增长42%、342%、81%；建立残疾人职业培训中心二十三个；近五千名残疾人进入普通中等职业学校和高等学校学习。

**劳动就业**　系统地重申了对福利企业的税收优惠政策，法律规定了按比例安排残疾人就业的原则，确认了盲人按摩的医疗性质，许多地区对农村残疾人生产劳动做出扶助规定。现有福利企业已达到四万一千个，六十五万残疾人在其中就业；盲人按摩医院（诊所）达到八百多所；分散在普通单位就业的残疾人，平均占职工总数的0.93%；相当一批残疾人个体从业；60%以上农村残疾人参加生产劳动。

**文化生活**　为残疾人服务、反映残疾人生活的读物和影视作品增多；

残疾人活动场所增加，文化、体育、娱乐活动活跃，参与面扩大；国际比赛与交流取得突出成果，赢得赞誉。

**福  利**  实行了盲人读物邮件免费寄递，盲人免费乘坐市内公共交通工具；残疾人服务设施有所增加；许多地方减免残疾人的税收、学杂费、公益事业费和社会负担；不少公共场所和服务机构给予残疾人优先服务和照顾。

**环  境**  颁布《方便残疾人的城市道路和建筑物设计规范》，一些城市开始采取无障碍措施。对残疾人事业的宣传，增进了理解和交流，越来越多的人支持残疾人事业，残疾人的自强精神和参与意识增强。

但是，应当看到，我国残疾人事业起点较低，仍然滞后于经济、社会发展水平，残疾人还面临相当多的困难和问题，必须继续给予高度重视。

## 二、"八五"计划期间的总目标和指导方针

残疾人事业是我国社会主义事业的组成部分。发展残疾人事业，有利于经济繁荣、社会稳定、文化进步和精神文明建设，必须认真做好"八五"计划期间的残疾人工作。

**（一）总目标**

"八五"计划期间总的要求是：进一步改善残疾人平等参与社会生活的物质条件和精神环境，缩小残疾人事业与国民经济和社会发展水平的差距，使残疾人参与机会增多，参与范围扩大，自身素质提高，生活状况改善。

——残疾人的温饱问题初步解决；

——残疾人接受康复、教育、医疗保健的人数增加；

——残疾人劳动就业率提高；

——残疾人文化生活日渐丰富；

——残疾人服务增多；

——残疾人自强精神和参与能力增强；

——有中国特色的残疾人事业法律体系、政策体系、业务体系、工作体系和残疾人组织体系初步确立。

**（二）基本指导方针**

——贯彻残疾人保障法。依法规范公民行为，依法发展残疾人事业，保障残疾人以平等权利、同等机会，充分参与社会生活，共享社会物质文

化成果。

——实行"讲求实效、打好基础"的发展方针。着重解决残疾人迫切需要又有可能满足的基本需求，以及重点实施那些受益广、见效快、效益好的项目，使残疾人得到切实利益；同时，注重残疾人事业体系和基础设施建设，为使有中国特色的残疾人事业持续、稳定、协调的发展奠定基础。

——坚持"社会化"的工作原则。将残疾人事业纳入国民经济和社会发展的全局，各项业务分别列入国家有关事业领域，整体研究，统筹规划，同步发展，形成既适应残疾人特点又与相关事业一体化的业务体系；建立以政府为主导、社会为基础、有关部门与残疾人联合会各司其职的工作体系；实行以政府为领导，广泛动员社会力量，各方密切配合，各尽其力、互为补充、相互促进的社会化管理方式。

——发挥残疾人和残疾人组织的作用。密切联系残疾人，激励残疾人的自强精神，发挥残疾人的能动性；完善残疾人组织，增强残疾人组织的活力，发挥残疾人组织的效能。

## 三、"八五"计划期间的主要任务、指标和措施

### （一）康 复

"八五"计划期间，在完成"五年工作纲要"的八十三万例三项康复任务的基础上，再完成五十万例白内障复明手术、六万例小儿麻痹后遗症矫治手术、二万名聋儿听力语言训练和二万名低视力残疾者配用助视器的任务，使重点康复项目在一九八八年至一九九五年期间累计完成一百四十三万例；探索建立社会化、开放式的精神残疾防治康复体系；开展智力残疾的预防和康复，逐步走上轨道，得到发展；开展残疾人后期康复训练，使训练渠道拓宽、内容扩充、人数增加。

实现上述任务指标的主要措施是：

1. 国务院有关部门和中国残疾人联合会制定各项实施方案，各地方和有关部门认真组织实施。

2. 逐步在全国四分之一的三级综合医院设立康复科（室）；有计划地在省及大中城市残疾人联合会建立和改造后期康复训练机构（场所）；每个县（区）至少建立一个社区康复站；编写残疾人康复丛书，指导残疾

人广泛开展家庭训练。

3. 加强聋儿听力语言训练基础建设，建立、完善三十个聋儿康复中心、四百个语训部、一批基层语训点，形成与家庭训练有机结合的听力语言训练体系；组织开发、生产和供应测听、助听、语训设备；培养专业队伍。

4. 选择三十个市、三十个县进行精神残疾综合防治康复试点，当地政府、有关部门及精神病院、社区、单位、家庭密切配合，各尽其责，使精神残疾者安定情绪、缓解症状、解除关锁、参加劳动、改善生活。取得经验后，在全国逐步推广。

5. 在智力残疾高发地区，制定地方性法规，控制遗传因素导致的智力残疾；选择若干典型地区，进行病因调查分析，采取措施防治，总结经验予以推广。家庭与幼儿园、儿童福利院、学校、社区相结合，对智力残疾儿童进行生活自理能力训练和智力开发；举办城镇工疗站、农村生产福利院以及其他福利性生产安置单位，组织成年智力残疾人参加适当劳动和能力训练。

6. 地方各级政府增加康复经费投入，国务院有关部门和社会团体继续下达专项补助经费。

（二）教 育

"八五"计划期间，使可以接受普通教育的残疾儿童、少年与当地其他儿童、少年的义务教育水平同步；使需要接受特殊教育的视力、听力、言语和智力残疾儿童、少年的初等义务教育入学率，在城市和发达与比较发达的地区达到60％左右，中等发展地区达到30％左右，困难地区有较大提高；使残疾人职业技术教育得到发展；使符合国家规定录取标准的残疾考生进入普通高级中等以上学校学习；使高级中等以上特殊教育起步。

为实现以上任务指标，各级各类普通教育机构必须依照残疾人保障法的规定，招收可以接受普通教育的残疾人；对于残疾人的特殊教育，采取以下主要措施：

1. 各级政府和教育主管部门要切实把残疾儿童、少年特殊教育纳入义务教育轨道，统筹规划、部署、实施和检查。

——统计义务教育对象时，必须包括残疾儿童、少年，并将视力、听力、言语和智力残疾儿童、少年专项列出。

——普及义务教育计划中，要明确规定特殊教育的任务指标，并制定专项实施办法。

——督导、检查、验收义务教育工作时，要将特殊教育任务指标的执行情况作为其中的内容或标准。

——建立以特殊教育学校为骨干、普通学校附设特殊教育班和随普通班就读为主体的特殊教育格局。"八五"计划期间，一九九一年前已宣布普及初等教育并有一定生源的县，力争县有特殊教育学校、乡（镇）有特殊教育班，并普遍开展随班就；对其他地区也要有明确要求。

2. 建立、完善三十所残疾人职业技术教育中心，其中十所达到国家中等职业技术学校标准。条件较好的特殊教育学校，逐步开设职业班；有条件的城市开办残疾人职业中学。

3. 有条件的省、自治区、直辖市，试办盲人、聋人普通高中。创办长春大学特殊教育学院。试点并推广残疾儿童早期教育。对残疾职工进行扫盲。鼓励残疾人自学成才。

4. 在国家教委直属师范大学增加特殊教育专业的试点。每省（自治区、直辖市）要有一个特殊教育师资培养、培训基地。陆续在各级普通师范院校开设特殊教育课程。

5. 长期以来残疾人教育经费严重不足，为尽快改变落后局面，各级政府要增加特殊教育经费投入。地方各级政府应将特殊教育学校、残疾人职业技术教育中心列入计划，安排基建投资；将其事业费纳入正常渠道，并按照"两个增长"的原则逐步增加、从征收的教育费附加中拨出一定比例用于义务教育阶段的特殊教育。"八五"计划期间，国务院有关部门及社会团体继续拨给地方特殊教育专项补助费。

（三）劳动就业

"八五"计划期间，落实对残疾人劳动就业的扶持、保护规定，使福利企业稳定、发展、提高，残疾职工数量增加；"按比例安排残疾人就业"工作起步；残疾人个体从业和农村残疾人参加生产劳动的组织、指导和服务工作得到加强；通过多种渠道和各方面努力，使城乡残疾人就业率提高10%左右。为此：

1. 各级政府和有关部门，要将残疾人劳动就业纳入各地劳动就业计划，统筹安排，做好待业登记、职业培训、就业介绍与分配；待业保险和其他就业的组织工作。

2. 加强福利企业管理，坚持以安排残疾人就业为宗旨的办厂方向，落实优惠政策、技术改造和专产保护措施；民政部门、劳动服务公司、残疾人组织、街道和乡镇要进一步办好福利企业，为残疾人提供更多的就业岗位。

3. 地方政府要进行"按比例安排残疾人就业"的试点，取得经验，逐步推广。

4. 依托各地残疾人联合会设立残疾人劳动服务机构，形成纳入城镇劳动服务系统和农村社会化服务体系的残疾人劳动服务网络。残疾人劳动服务机构协助政府和有关部门，开展残疾人待业调查、就业登记、能力评估、职业培训和就业介绍、咨询、指导；组织残疾人开办集体企业、从事个体经营和开办私营企业，帮助残疾人到工商行政管理部门办理营业执照手续，落实扶持措施；为农村残疾人生产劳动提供综合配套服务。政府有关部门要指导、支持残疾人劳动服务网的建设和工作。

（四）扶 贫

《国民经济和社会发展十年规划和第八个五年计划纲要》要求，在我国绝大多数人口是温饱的基础上，"八五"计划期间基本解决尚属贫困群众的温饱问题，进而在本世纪内使人民生活达到小康水平。目前，全国贫困人口中，残疾人占半数左右，并且随着贫困面的缩小，所占比例增大。解决残疾人的温饱问题，是实现国家第二步战略目标的要求和社会主义制度的本质体现，必须予以高度重视，采取有效措施，在"八五"计划期间使残疾人的温饱问题得到初步解决。

1. 各级政府及贫困地区经济开发领导机构，要将贫困残疾人列为扶贫对象，将扶助残疾人脱贫纳入扶贫工作，在扶贫资金和物资上给予安排和照顾。

2. 开展康复扶贫。各地贫困地区经济开发领导机构、残疾人工作机构和有关部门要密切配合，在采取生产、科技、教育、救济等扶贫措施的同时，针对残疾人的功能障碍，采取康复手段，帮助残疾人改善功能、参加生产劳动、脱离贫困。

3. 不仅贫困地区，其他地区也都有相当数量的贫困残疾人，为扶持其脱贫，"八五"计划期间国家要安排一部分扶贫贴息贷款，用于残疾人的康复扶贫。

4. 地方各级政府要规定对农村残疾人的扶持办法，减轻其社会负担，并通过农村社会化服务体系，为残疾人提供优先服务和特别扶助。

（五）用品用具

残疾人用品用具的特异性强，供需信息不通，产品的开发、生产、供应、维修缺乏组织和服务，大多数残疾人得不到必需的辅助用具、特殊用品。为逐步改变这一状况，"八五"计划期间，要建立全国残疾人用品用具供应服务总站、六十个供应服务站和一批供应服务点，逐步形成供应服务网络。供应服务站依托同级残疾人联合会，为非营利性单位，对残疾人特殊需要的生活自助具、特殊教育用具、文化体育用品、生产辅助器具、功能补偿器械以及其他用品用具等，进行供需调查、信息咨询、产品组织、商品供应、维修服务、质量监督。政府有关部门应对供应服务网络的建设和残疾人用品用具的开发、生产、供应、维修、服务给予扶持。

（六）文化生活

"八五"计划期间，发挥社会公众文化体系的作用，辅之以残疾人专门设施和特殊手段，使残疾人广泛参与各种文化、体育、娱乐活动，精神文化日趋丰富。

1. 出版、影视、文学艺术等单位，要努力为残疾人提供更多的作品。为适应残疾人特殊需要，部分影视作品增加字幕；开办电视手语节目；组织和扶持盲文读物、盲人有声读物、聋人读物、弱智人读物和特殊教育教材的编写出版。

2. 广泛开展群众性体育活动，培养残疾人运动员，提高竞技运动水平。开好第三届全国残疾人运动会，办好第六届远东及南太平洋地区残疾人运动会，参加第九届残疾人奥运会，争取优异成绩。

3. 积极开展残疾人文化娱乐活动，办好残疾人艺术团，提高特殊艺术水平，举办第三届全国残疾人艺术汇演，开展对外交流。

4. 公共文化、体育场所要为残疾人提供方便和照顾，并逐步增添适合残疾人需要的内容和设施；大中城市要设立残疾人活动场所，其他地区和残疾人集中的单位要因地制宜地开辟残疾人活动站（室）。

**（七）社会环境**

弘扬社会主义的人道主义，振奋自强不息的精神，培育团结、友爱、互助的风尚，创造文明进步的社会环境。

1. 宣传、教育、新闻、出版等单位，要通过各种形式和渠道，颂扬扶残助残的美德，倡导理解、尊重、关心、帮助残疾人的道德风尚；反映残疾人顽强拼搏的事迹，激励自尊、自信、自强、自立的精神；宣传残疾人事业，增进社会的理解与支持。

2. 在全社会开展"全国助残日"活动，在少年儿童中开展"红领巾助残"活动，在残疾人组织中开展"建家做友"活动，在残疾人中开展"自强"活动。

3. 表彰助残先进集体、先进个人和"自强模范"，评选、奖励促进残疾人事业发展与社会文明进步的优秀精神文化产品。

**（八）法制建设**

"八五"计划期间，要通过法制建设，使广大公民保障残疾人合法权益的法律意识增强，依法办事；使残疾人事业法律体系进一步完善，依法管理，依法发展。

1. 各级政府和有关部门，要认真组织学习、宣传、贯彻残疾人保障法，将其纳入"二五"普法规划，在广大公民中深入开展宣传教育；采取切实措施，保障残疾人法律、法规得到认真遵守和执行；要制定给予残疾人特别扶助的具体规定；进行督促、检查。

2. 国务院有关部门要制定《残疾人教育条例》《残疾人劳动就业条例》等行政法规和有关规章。

3. 各省、自治区、直辖市人民政府应当积极协助同级人大常委会结合本地实际，制定残疾人保障法的实施办法，将法律规定的原则具体化。

"八五"计划期间，还要完善残疾人事业的指标体系，加强信息、统计和科技工作，开展残疾预防，发展盲人按摩医疗，实施《方便残疾人的城市道路和建筑物设计规范》，开展国际交流与合作。

残疾人事业是文明、进步、高尚的事业。发展残疾人事业是国家实现第二步战略目标的重内容。各级人民政府要给予更多的关注与支持，要以高度负责的精神，采取切实有力的措施，完成本纲要规定的任务。

二、事业发展规划

# 国务院批转中国残疾人事业"九五"计划纲要的通知

国发〔1996〕15号

各省、自治区、直辖市人民政府，国务院各部委、各直属机构：

为使我国残疾人事业的发展与社会主义现代化建设第二步战略目标相适应，国务院残疾人工作协调委员会组织有关部门制定了《中国残疾人事业"九五"计划纲要（1996年—2000年）》。国务院同意这个纲要，现转发给你们，请贯彻执行。

中国残疾人事业"九五"计划纲要，在总结"八五"计划纲要执行情况的基础上，根据国家在本世纪内基本消除贫困现象、人民生活达到小康水平的要求和我国残疾人事业的实际，明确了"九五"期间的总目标和指导原则，规定了具体任务，提出了主要措施。各级人民政府和有关部门要结合当地和本部门的实际情况，采取切实措施，认真完成该纲要规定的任务。

中华人民共和国国务院<br>
一九九六年四月二十六日

# 中国残疾人事业"九五"计划纲要

（1996年—2000年）

本世纪最后5年，是承前启后、继往开来的重要时期。为使残疾人事业的发展与国家实现社会主义现代化建设的第二步战略目标相适应，依据《中华人民共和国国民经济和社会发展"九五"计划和2010年远景目标纲要》的精神，特制定实施《中国残疾人事业"九五"计划纲要（1996年—2000年）》。

## 一、"八五"计划纲要执行情况

《中国残疾人事业"八五"计划纲要（1991年—1995年）》实施5年来，在各级党委和政府的领导、关心下，经各方面共同努力，超额完成了各项任务指标，残疾人事业取得了历史性成就：

### （一）为残疾人事业打下了良好的基础

各项业务全面拓展，确立了残疾人事业的基本格局；政府建立残疾人工作协调机构，有关部门各司其职，残疾人联合会集"代表·服务·管理"三种职能于一体，形成了新型的事业管理体制；初步形成法律体系，奠定了残疾人事业的法律基础；党和国家把残疾人事业提到人权保障、人类解放的高度，为认识和解决残疾人问题提供了理论指南；多种形式的助残活动改善了社会环境；广泛开展自强活动，增强了残疾人的参与意识和奋斗精神。

### （二）给残疾人带来了实实在在的利益

残疾人自身素质提高，参与机会增多，参与范围扩大，生活状况改善。

康　复　107万白内障患者重见光明、3.9万低视力残疾者提高了视力、近6万聋儿开口说话、36万小儿麻后遗症患者经矫治手术改善了功能、10万智残儿童增强了认知和自理能力、45万重性精神病患者得到综合防治，共使208万人不同程度地康复；为残疾人提供70多万件特殊用品和辅助用具，给4290万新婚育龄妇女、孕妇、婴幼儿服用了碘油丸，使更多的人受益。

教　育　特教学校增加559所、达到1379所，特教班增加3859个、达到6148个，大量残疾儿童少年在普通学校随班就读，视力、听力言语、智力残疾儿童少年入学率均由20%提高到近60%；残疾人职业培训机构达到445个，多渠道开办中短期培训班，使105万残疾人得到职业培训；报考大中专院校达到国家规定录取标准的残疾考生录取率由不足50%提高到92%；改革了现行盲文，统一规范了中国手语。

就　业　初步建立了残疾人就业服务网络，按比例安排残疾人就业迈出了开拓性的一步，28个省、自治区、直辖市规定了具体比例，141个市、533个县全面实施；国家延续对福利企业的优惠政策，稳定了93万残疾人在其中就业；近百万残疾人个体从业；为农村残疾人生产劳动提供了综合服务。残疾人就业率由60%提高到70%。

扶　贫　国家设立康复扶贫专项贷款，在505个县用于扶助残疾人参加生产劳动，这一新举措使200万残疾人脱贫；一些地区开始设立专项补助款，保障特困残疾人的基本生活需求。

文化生活　残疾人文化生活日趋活跃；举办了全国残疾人艺术汇演，残疾人艺术团成功地出访十几个国家和地区，展示了才华和能力，受到普遍赞扬；数十万残疾人参加了各种类型的运动会，残疾人运动员在奥运会和"远南"运动会上顽强拼搏，为祖国赢得了荣誉。

法制建设　《中华人民共和国残疾人保障法》（以下简称残疾人保障法）纳入全民"二五"普法规划，得到广泛宣传，维护残疾人权益的法律意识增强；国务院发布了《残疾人教育条例》；各省、自治区、直辖市制定了残疾人保障法实施办法，70%的县制定了扶助残疾人的规定；全国人大常委会连续3年检查地方执行残疾人保障法的情况；司法部门和法律服务机构主动为残疾人提供法律服务。

社会环境　公共传播媒介积极反映残疾人生活，报道残疾人事业；广播、电视普遍开办残疾人专题节目，配制手语、字幕；"远南"运动会的成功举办和残疾人运动员的100多场报告，在全社会激起强烈反响，增进了理解，唤起了爱心，形成了强劲的"远南冲击波"；"热爱祖国、自强不息"巡回报告演出团在20个省、自治区、直辖市报告演出上百场，高度的爱国主义热忱和自强不息的民族精神在亿万人心中产生强烈共鸣；中国残联和有关部门组织干部深入基层，走遍全国1975个县（市），残疾人事业更加深入人心；通过开展"全国助残日"、"建家做友"、"红领巾助残"、"青年志愿者行动"等活动，扶残助残蔚然成风；部分大中城市主要道路和重要公共建筑实施无障碍设计规范，为残疾人参与社会生活提供了方便；国家表彰助残先进和自强模范，残疾人更加自强不息，社会更加理解、关心残疾人。

## 二、"九五"计划纲要的总目标和指导原则

"九五"期间残疾人事业的发展,必须适应建立社会主义市场经济体制的需要和国家在本世纪内基本消除贫困现象、人民生活达到小康水平的要求,缩小残疾人在基本需求方面与经济、社会发展水平的差距,改善残疾人平等参与社会生活的物质条件与精神环境。

总目标:

——残疾人温饱问题基本解决;

——残疾人普遍开展康复训练,同时通过实施一批重点工程,使300万人得到不同程度的康复;

——残疾儿童少年义务教育入学率达到80%左右,可以就业的残疾人基本得到职业培训;

——残疾人就业率达到80%左右;

——残疾人广泛参与社会生活;

——为残疾人提供服务的条件改善、能力增强;

——系统开展残疾预防,努力减少残疾发生。

指导原则:

——实行"讲求实效、打好基础"的发展方针。优先解决残疾人迫切需要又有可能满足的基本需求,重点实施受益面广、见效快、效益好的项目。同时,完善残疾人事业体系,加强基础设施建设,稳定增强服务能力。

——坚持"抓住重点、带动全盘、分类指导"的工作方法。残疾人事业领域宽广、内容众多,在各项业务中必须抓住能带动全局、整体效益好的重点。"九五"期间,康复以适应面广、简便易行、经济适用的社区、家庭训练为重点,就业以分散按比例安排为重点,教育以提高基础文化水平和就业能力的义务教育、职业培训为重点,社会保障以解困和扶贫为重点,环境条件以增进理解、友爱互助为重点,法制建设以执法和法律服务为重点。同时,针对不同情况和区域特点,实行分类指导,加强老、少、边、穷地区的残疾人工作。

——确立"融于一体、适应特性"的业务格局。将残疾人事业各项

业务分别纳入国家相关事业领域，统筹安排，兼顾特性，同步实施；残疾人教育尽可能纳入普通教育体系，残疾人就业尽可能分散到普通单位，残疾人康复尽可能在自然的社区和家庭环境中进行，残疾人文化活动尽可能融于公共文化生活之中，同时针对残疾人特点和需求，辅以专门设施和特殊手段。

——建立"各司其职、协调运作"的工作机制。残疾人事业是一项涉及面很广的事业，要发挥政府残疾人工作协调机构的综合协调作用，有关部门和残疾人联合会各尽其责、密切配合、整体运行。

——采取社会化的工作方式。残疾人的特殊性、需求的多样性、参与社会生活的全面性，决定了残疾人事业具有很强的社会性。必须调动全社会的力量，鼓励和吸引社会各界广泛支持、参与。

——切实加强基层工作。残疾人生活在基层，残疾人事业的基础是基层，各项任务的落实靠基层。必须全面加强基层建设，充实力量，完善工作手段。

——发挥残疾人组织的使用。密切联系残疾人，反映呼声，维护权益，发挥效能，为残疾人服务。

——调动残疾人自身潜能。重视残疾人在残疾人事业发展中的作用，唤起残疾人的参与意识，激励自强精神，发挥残疾人的主观能动性。

## 三、"九五"计划纲要的任务指标和主要措施

### （一）康 复

任务指标：

——完善社会化的康复服务体系，以社区和家庭为重点，广泛开展康复训练，使残疾人普遍得到康复服务。

——实施一批重点工程，使300万残疾人得到不同程度的康复，其中：白内障复明手术120万例、肢体残疾矫治手术5万例、装配假肢和矫形器30万例、低视力残疾者配用助视器4万名、聋儿听力语言训练6万名、智力残疾儿童系统训练6万名、肢体残疾者系统训练10万名、120万重性精神病患者得到综合防治。

——开发供应100种、240万件残疾人急需、简便、适用的特殊用品

和辅助用具，以利于残疾人生活自理、行动辅助、信息传送、功能训练、教学认知、生产劳动、休闲娱乐等，帮助残疾人补偿功能、增强能力。

主要措施：

1. 完善以残疾人家庭为基础、社区康复站为骨干、康复综合服务机构为指导的康复训练服务网络；建立基层康复训练员、家庭指导员队伍；编写各类康复训练大纲、评估标准、训练手册，制作简便、经济的训练器具；筛查康复对象，摸清康复需求，拟定训练方案，安排场所，传授方法，进行巡回指导；帮助残疾人树立健康的心理，增强自我康复意识，发挥残疾人的能动性和家庭的作用，因地制宜、因陋就简、实用有效地开训练。

2. 各地白内障复明中心和医院眼科对适合做手术的白内障患者施行复明手术，在所有市的城区做到有一例做一例；卫生部门和残联重点组织好县以下和广大农村的白内障手术复明工作。统一组织开发、生产、供应助视器，在所有市和有条件的县，以儿童少年中的低视力者为重点配用助视器并指导其进行视功能训练。

3. 充实、完善聋儿听力语言训练体系；多层次培养技术人员，建立稳定的师资队伍；组织开发、生产、供应经济实用的助听、语训器具与测试设备；加强对家长的培训、函授和指导，广泛开展家庭训练；在城市普遍进行新生儿听力检测，逐步推广早期干预。

4. 肢体残疾康复工作，应注重矫治手术、假肢和矫形器装配、功能训练三者之间的有机结合和系统服务。实施矫形手术的医疗机构在进行手术时，应考虑假肢或矫形器的装配以及功能训练，避免二次损伤，做好转介服务和指导；从事假肢、矫形器装配的机构和人员要掌握必要的医学工程知识，开发供应急需、面广、经济、实用的器具并提供装配、使用和维修服务。

5. 市和有条件的县建立智残儿童康复站，特殊教育学校和儿童福利院开设智残儿童学前班，普通幼教机构根据生源情况设置智残儿童班并与家庭相结合，对智力残疾儿童进行生活自理和认知能力训练。

6. 在有2亿人口、200余万精神病患者的200个市、县，开展社会化、开放式、综合性的精神病防治康复。建立社会化的精神病防治工作体系，防治康复机构、基层社区组织、单位与家庭看护组、家庭病床之间分工协作和有机配合；采取开放式管理和药物治疗、心理疏导、工疗、娱疗等综合康复措施，使精神病患者安定情绪、缓解症状、解除关锁、参加劳动、正常生活，达到显好率60%以上、肇事率0.5%以下、社会参与率50%以上。

7. 建立、完善残疾人用品用具供应服务网络，严格质量管理，提供系统服务，本着"急需先行、经济实用、水平适宜、受益面广"的原则，开发生产标准化、系列化的产品并优惠提供给残疾人。

(二) 教 育

任务指标：

——可以接受普通教育的残疾儿童少年入学率达到与当地其他儿童少年同等水平，视力、听力言语和智力残疾儿童少年义务教育入学率分别达到80%左右；残疾儿童学前教育有较大发展。

——可以就业的残疾人基本得到职业教育或培训。

——符合国家录取标准的残疾考生能够进入普通高级中等以上学校学习，试办高级中等和高等特殊教育。

——推广"汉语双拼盲文"；基本普及"中国手语"。

主要措施：

由普通教育机构对残疾人实施教育，既经济又利于融合，各级各类普通教育机构必须执行残疾人保障法和《残疾人教育条例》，招收具有接受普通教育能力的残疾人。

对残疾人特殊教育采取以下主要措施：

1. 地方各级政府和教育行政部门要将残疾儿童少年特殊教育纳入当地普及义务教育规划，统筹安排，同步实施。

——各地制定或修订本地区普及九年义务教育计划时，要制定措施有力、易于操作、分解到县的残疾儿童少年义务教育"九五"实施方案。

——统计义务教育对象必须包括残疾儿童少年并将视力、听力言语和智力残疾儿童少年专项列出。

——地方各级政府进行义务教育评估验收时，必须考核残疾儿童少年入学率指标，未达标的不得宣布实现普及九年义务教育；1996年前已验收、但未达标的县，要限期补课、进行复查。

——普遍推行随班就读，乡（镇）设特教班，30万以上人口、残疾儿童少年较多的县设立特殊教育中心学校，基本形成以随班就读和特教班为主体、特殊教育学校为骨干的残疾儿童少年义务教育格局。

——推行盲和低视力生、聋和重听生、轻度中度弱智生的分类教学。

2. 以普通职业教育机构为主、残疾人职业教育机构为辅，城市与就业相结合、农村与生产和扶贫相结合，大力开展职业培训，积极发展初、中等职业教育，适当发展高等职业教育。

——各级残疾人就业机构要切实做好本地区残疾人职业培训的调查摸底、规划安排、组织协调、转介服务、设点开班和统计汇总工作，多渠道、多形式地开展培训。

——各种普通职业教育与培训机构都要积极招收残疾人并针对需要单独开班。

——加强特殊教育学校的职业教育，开设职业初中、职业高中、中专并将其纳入职业教育体系，落实经费，积极扶持。

——完善已有的30所残疾人职业技术教育学校；各地创造条件建立残疾人职业培训机构。

——农村依托社会化服务体系和各种技术培训活动，随班或单独设班，指导残疾人掌握实用技术和生产技能。

——创办天津聋人工学院，改善长春大学特殊教育学院的办学条件，扩大招生规模。

3. 普通幼儿教育机构和普通小学附设的学前班积极招收残疾儿童随班就读并根据需要开设残疾儿童班；特教学校、儿童福利院开设学前班，与家庭相结合，开展残疾儿童的早期教育、早期康复。

4. 在残疾人中开展扫盲，鼓励残疾人自学成才。

5. 编写"双拼盲文"识字课本，改印教材、读物，抓好分级培训。

（三）就  业

任务指标：

完善残疾人就业服务网络，全面实施按比例安排残疾人就业，稳定福利企业，扶助残疾人个体开业、从事农业生产劳动，使残疾人就业率达到80%左右。

主要措施：

1. 建立和健全省、市、县残疾人就业服务机构。各级残疾人就业服务机构为同级残联所属事业单位，在劳动部门指导下，综合管理本地区残疾人劳动就业服务工作，掌握残疾人劳动力资源状况和用人单位需求；开展职业培训；组织按比例就业，管理残疾人就业保障金；扶助个体、集体从业；为残疾人就业提供服务。

2. 全面实施按比例安排残疾人就业。

——各地依据本省、自治区、直辖市制定的残疾人保障法实施办法，制定本地区按比例就业具体规定，采取切实措施普遍实行按比例安排残疾人就业。

——广泛深入地做好宣传、解释、动员工作，使社会理解、支持，各单位主动安排残疾人就业。

——根据用人单位的需要，做好残疾人定向职业培训，建立试用制度，推荐适合的劳动者。

——机关、团体、企事业单位、城乡集体经济组织，要按规定的比例安排残疾人就业。暂时达不到比例的，要采取措施尽快达到规定比例。

——严格执行财政部《残疾人就业保障金管理暂行规定》，确保残疾人就业保障金专项用于残疾人就业工作。

3. 加强福利企业管理，清理假冒福利企业；坚持安排残疾人就业的宗旨和方向，改善残疾职工工作条件和生活状况；执行、完善优惠政策和措施，扶持福利企业稳定、健康发展。

4. 鼓励残疾人开办集体、私营企业及从事个体经营，在选择项目、核发执照、落实场地、筹集资金等方面给予照顾和扶持。

5. 残疾人就业服务机构与农村社会化服务体系有机结合，为农村残疾人提供产前、产中、产后综合配套服务，在技术培训、生产指导、农用物资供应、农副产品收购和信贷等方面给予优先安排和帮助。

（四）减缩贫困

目前全国尚有1800万残疾人未解决温饱，其中有1500万人有劳动能力但未能劳动就业，另300万人（城镇30、农村270万）由于重度残疾处于特困状态。

任务指标：

——开展残疾人专项扶贫，扶持残疾人劳动就业，基本解决1500万贫困残疾人温饱问题。

——采取专项补助办法，保障300万特困残疾人基本生活。

主要措施：

1. 地方各级政府和有关部门要根据国家在本世纪内基本解决贫困人口温饱的总体要求，将扶持残疾人脱贫和保障特困残疾人基本需求列入工作议程，加强领导，落实经费，针对残疾人特点采取切实措施减缩贫困。

2. 建立康复扶贫贷款，专项开展残疾人扶贫。

——贷款的设立："八五"期间国家已设立的康复扶贫贴息贷款继续留用，"九五"期间进一步扩大贷款规模。

——贷款的投放：国家康复扶贫专项贷款的分配方案，由中国农业发展银行会同中国残联、国务院扶贫办制定，由中国农业发展银行下达各省、自治区、直辖市分行。

——贷款的使用：康复扶贫贷款主要用于扶持覆盖面广、投资少、周期短、见效快、直接解决或带动残疾人脱贫的项目。贷款项目由省农业发展银行会同省残联在地、县级残联申报的康复扶贫贷款项目计划中择优确定。

——贷款的匹配：使用国家康复扶贫贷款的地区，要安排相应资金配套使用。

——贷款的管理：国家康复扶贫专项贷款，由中国农业发展银行及各省农业发展银行依据《康复扶贫贷款管理规定》进行管理。

3. 城镇实行专项补助，农村实行统筹扶助。

——已经实行城市最低生活保障制度的地方，要将特困残疾人生活保障纳入其中；暂未实行的地方，当地政府应视情况按月给特困残疾人一定补助。

——农村以"集体经济为主，政府补贴为辅"筹集资金和实物，定期发给特困残疾人。

4. 动员社会力量，组织单位和个人广泛开展"帮、包、带、扶"活动，使残疾人得到帮助。

## （五）盲人按摩

按摩是中华民族特有的医疗、保健方法。盲人触觉灵敏、注意力集中，适宜从事按摩。我国现有1万多名盲人从事医疗按摩，占全国医疗按摩人员的一半左右。近年来，随着人民生活水平的提高，按摩尤其是保健按摩的社会需求迅速增加，为盲人服务于社会提供了新的发展机遇。

任务目标：

——培训盲人保健按摩人员1.8万名，培养盲人医疗按摩人员2000名，使盲人按摩人员达到3万名。

——建立按摩指导服务网络，实施行业管理，多渠道、多层次地为盲人按摩人员提供从业岗位，形成规范的、具有特色的按摩医疗保健业。

主要措施：

1. 实行规范化行业管理。制定盲人按摩机构管理办法，有关保健按摩人员及医疗按摩人员职业资格问题和专业技术职务责任问题，按国家有关规定制定实施办法；建立、完善盲人按摩行业管理服务网络；中国盲人按摩中心和地方盲人按摩指导机构，要协助政府有关部门对按摩进行行业指导和服务。

2. 中短期培训和学历教育相结合，以实用性保健按摩为重点，多渠道、分层次地做好培训和培养工作。统一编写按摩教学大纲、教材、培训讲义和保健按摩手册；充分发挥高等院校盲人按摩专业和盲人按摩中等专业学校的作用，培养按摩师资和医疗按摩骨干人员；依托盲校、按摩机构、职业培训机构，大力培训保健按摩人员。

3. 鼓励各地建立盲人按摩院所，扶持盲人按摩人员集体开业、个体从业，相关服务行业和单位、医疗机构的按摩科室在同等技术水平条件下要优先安排盲人按摩人员就业。

## （六）文化生活

任务目标：

——公共文化机构要努力满足残疾人的文化需求，公共文化场所应普遍对残疾人开放并提供特别服务，公共文化活动要广泛吸收残疾人参与。同时，为适应残疾人特点和特殊需要，要开辟专门活动场所，举办专项文化娱乐活动，出版特殊文化产品，发展残疾人特殊艺术。

——贯彻国家《全民健身计划纲要》和《奥运争光计划》，组织残疾人普遍开展体育健身活动并使4—6个竞技体育项目居于国际领先水平。

主要措施：

1. 公共文化机构主动为残疾人服务。

——大、中城市图书馆要提供盲文及盲人有声读物借阅，文化馆要提供特殊艺术辅导，各类文化场所都要为残疾人提供特别辅助和优惠。

——逐步增加配有字幕的影视作品。

——增加适合盲人、聋人、弱智人的读物。

——各类文化娱乐活动和比赛要积极吸收残疾人参加。

2. 开辟专门活动场所。在省残疾人综合服务设施内设立残疾人活动中心，有条件的地方及残疾人集中的单位因地制宜开辟残疾人活动站，基层残疾人组织可借用场所定期举办活动。

3. 活跃群众性文化活动。开展群众性摄影、集邮、书画、棋类比赛等，普及自娱性社区文艺活动，活跃特教学校校园文化，培养特殊艺术人才，举办第四届全国残疾人艺术汇演，发展业余建制、专业管理的残疾人艺术团（队），愉悦身心，展示才华，增进理解和交流。

4. 普及群众体育，提高竞技水平。

——完善地方各级、各类残疾人体育组织，加强管理，分类指导。

——基层残疾人组织和家庭应鼓励和帮助残疾人掌握方便、适用的健身方法，积极参与社区体育活动，经常参加体育锻炼。

——切实抓好特教学校的体育活动（课），定期对学生进行体能测试。

——各体育场（馆）应优惠或免费向残疾人开放。

——建立业余建制、相对稳定、适时更新的骨干运动员队伍，业务训练与强化集训相结合，集中力量、发挥优势、抓好重点项目，提高竞技水平。办好第四、第五届全国残疾人运动会，在第七届远南运动会和第十、第十一届残疾人奥运会上争取优异成绩。

（七）社会环境

任务目标：

弘扬爱国主义和人道主义，倡导理解、尊重、关心、帮助残疾人的社会风尚，创造文明进步的社会环境。

主要措施：

1. 宣传、教育、新闻、出版等单位要通过各种渠道和形式，反映残疾人生活，宣传残疾人事业，培育良好的舆论环境。

2. 中等以上城市电视台普遍开办配有手语的专栏节目，县级以上广播电台普遍开播残疾人专题节目。

3. 深入开展"全国助残日"活动，突出主题、形成规模，使之既深入人心、又给残疾人以切实帮助；继续组织好"红领巾助残"活动、"青年志愿者助残行动"，广泛开展多种形式的扶残助残活动；表彰助残先进集体和个人。

4. 充分发挥各级残疾人事业新闻宣传促进会的作用；评选"奋发文明进步奖"和"中国残疾人事业好新闻奖"。

5. 将执行《方便残疾人使用的城市道路和建筑物设计规范》纳入基本建设审批内容，制定相应规定；广泛宣传、逐步推广无障碍设施。

（八）法制建设

任务目标：

——形成比较完备的残疾人事业法律法规体系。

——增强全社会法律意识，加大执法力度。

——依托城乡法律服务网络，以委托或指定的律师事务所为骨干，为残疾人提供有效的法律服务。

主要措施：

1. 制定《残疾人就业条例》，各省、自治区、直辖市制定《残疾人教育条例》《残疾人劳动就业条例》的地方实施办法，各市、县、乡（镇）普遍制定扶助残疾人的规定，智力残疾高发区依据《母婴保健法》普遍制定具体实施办法。制定相关法规、政策时要与残疾人保障法相衔接，注意维护残疾人合法权益。

2. 在法制宣传教育的第三个五年规划（1996年—2000年）中，继续加强残疾人保障法的宣传教育。各级政府和有关部门要认真贯彻残疾人保障法，依法发展残疾人事业；各单位各全体公民要维护残疾人合法权益，依法办事；残疾人要自觉遵纪守法，运用法律武器维护自身权益。各级政府和有关部门要积极配合人大进行残疾人保障法的执法检查。

3. 城乡法律服务机构要积极为残疾人提供法律服务并给予特别辅助；各市、县要指定或委托一处律师事务所，集中为残疾人服务。法律援助机构要将残疾人列为重点援助对象。表彰对残疾人提供优先、优质、优惠法律服务的单位和个人。

4. 建立残疾人法律援助组织，增进法律工作者对残疾人的了解和帮助。

（九）残疾人组织建设

任务目标：

——加强各级残疾人联合会的组织、思想、作风建设，履行好"代表·服务·管理"职责。

——团结、激励残疾人奋发进取，努力提高自身素质，为祖国建设贡献力量。

主要措施：

1. 按照"进一步加强残疾人工作与残联建设"和《中国残疾人联合会机构改革方案》的精神，做好地方残联的机构改革工作，明确性质、职能，调整管理关系和规格，健全运行机制，充分发挥活力与效能。

2. 各级残联要密切联系残疾人，听取意见、了解需求，当好残疾人共同利益的代表。广泛开展"建家做友"活动；发挥评议委员会的监督咨询作用和残疾人专门协会的代表作用；大力培养残疾人从事残疾人工作，选拔优秀残疾人进入残联领导岗位，逐步增加残疾人在残联工作人员和领导班子中的比重。

3. 加强残联工作人员的培养教育和机关的勤政、廉政建设，在实践中造就一支热爱残疾人事业、恪守"人道、廉洁"职业道德、掌握社会化工作方法、具有"团结、实干、开拓、高效"工作作风、具备一专多能才干的残疾人工作者队伍。表彰优秀残疾人工作者。

4. 准确掌握残疾人状况，统一核发残疾人证。

5. 加强基础设施建设，增加服务能力。省和计划单列市的残疾人综合服务设计，要进一步完善服务功能，充分发挥效益。市、县因地制宜地建设适应残疾人康复训练、职业培训、就业指导和文化活动需要的服务设施。

6. 广泛开展"自强"活动，表彰"自强模范"。引导和带领广大残疾人树立乐观进取的人生态度，热爱生活，热爱祖国，自尊、自信、自强、自立，积极投身改革开放和现代化建设。

## （十）残疾预防

我国每年新增残疾人逾百万且呈上升趋势，主要是由遗传、疾病、中毒、意外伤害和有害环境所致。加强预防，有利于减少残疾、控制疾病、增进健康，是提高我国人口素质的一项紧迫而艰巨的战略任务。

残疾预防是多领域、跨部门的社会工程，必须综合研究、总体规划、分工协作、系统实施。

任务目标：

1. 健全由政府统筹规划和协调的各有关部门和团体齐抓共管、各司其职、密切配合的预防工作体系，逐步形成信息准确、方法科学、管理完善、监控有效的预防机制。

2. 针对危害面广、可预防的致残因素，根据工作基础和条件，实施一批重点预防工程，到 2000 年基本实现：

——控制遗传因素致残，加强孕产期保健，使先天性残疾发生率降低 1/3。

——计划免疫覆盖率达 90%，消灭脊髓灰质炎，明显降低营养不良性疾病和脑血管疾病致残。

——加强耳毒药物管理，使药物致聋发生率降低 1/3。

——控制环境缺碘危害，消除碘缺乏病及碘缺乏致残；大幅度减少区域性氟中毒致残和大骨节病发生率。

——减少工伤、交通事故等意外伤害致残。

主要措施：

1. 健全工作体系，加强综合协调。

各有关部门和团体认真履行职责，加强信息沟通和协作，充分发挥现有工作渠道、机构网络、专业力量的作用，动员社会广泛参与。国务院残疾人工作协调委员会将会同国务院妇女儿童工作委员会，做好综合协调工作。

2. 摸清情况，制定工作纲要。

组织力量调查研究，制定《全国残疾预防工作纲要》，确定工作原则、任务目标和主要措施，落实职责分工，认真组织实施。

3. 完善法规，认真执法。

优生优育、母婴保健、医疗卫生、药品管理、交通管理、安全生产、环境保护等已有的和正在制定的相关法规，要适时充实预防疾病的内容；对与预防残疾关系密切的重要法律法规，建议制定实施细则和地方实施办法，保证切实执行。

4. 普及预防知识，增强预防意识。

组织编制通俗易懂的预防科普读物、宣传画、音像制品等，广播、电视、报刊开设专栏和专题，广泛宣传，提高公众的预防意识、特别注意做好新婚夫妇、孕产期妇女、有害环境地区居民、交通和矿山行业职工、中小学生等重点人群的宣传教育工作。

5. 认真实施重点预防工程。

——减少遗传性残疾和先天性缺陷。认真执行《婚姻法》《母婴保健法》，禁止近亲结婚，进行婚前卫生指导、咨询和医学检查，做好孕产期保健和新生儿缺陷筛查。

——控制传染病、严重营养不良及脑血管疾病致残。加强计划免疫，大量减少破伤风、麻疹、流脑、结核、白喉、乙肝等传染病，消灭脊髓灰质炎；加强脑血管疾病的预防、监测和治疗，开展偏瘫患者的早期康复训练。

——降低药物致聋发生率。加强对耳毒药物的审批和生产、使用的监督管理，完善控制药物不良反应的措施和不良反应的报告制度。

——减少缺碘和氟中毒致残发生率。全国所有食用盐加碘；缺碘地区新婚育龄妇女、孕妇、儿童补用碘油丸，补碘率达95%以上；氟中毒地区，普遍进行改水、改灶降氟，使70%村屯饮水达到规定标准，使35%村屯的燃煤灶符合要求。

——严格道路交通管理，加强安全生产和劳动保护，控制、减少意外事故致残。

对以上重点预防残疾工程，有关部门要逐一制定具体方案，认真组织实施。

此外，"九五"期间，要进一步完善残疾人事业的指标体系，加强信息、统计和科技工作；探索残疾人养老、失业、医疗保险制度和社会救济办法。要加强国际交流与合作，开展对外宣传，展示我国人权保障的成就。借鉴国外先进经验，引进资金和技术。

为保证本纲要的实施，国务院残疾人工作协调委员会将组织有关部门制定配套实施方案，有关部门要筹集资金、安排必要的专项经费。各地要依据本纲要制定当地残疾人事业"九五"计划及其实施方案，并且要提供条件予以保证。

残疾人事业是文明、进步、高尚的事业，是我国人权保障的重要内容。发展残疾人事业是社会主义制度的本质要求，是各级政府和全社会义不容辞的责任。地方各级政府要关心、支持残疾人事业，以高度负责的精神，采取切实有力的措施，完成本纲要规定的任务。

# 国务院批转中国残疾人事业"十五"计划纲要的通知

国发〔2001〕7号

各省、自治区、直辖市人民政府，国务院各部委、各直属机构：

国务院残疾人工作协调委员会制定的《中国残疾人事业"十五"计划纲要（2001年—2005年）》已经国务院同意，现转发给你们，请认真贯彻执行。

新世纪开始，我国将进入全面建设小康社会、加快推进社会主义现代化的新的发展阶段。《中国残疾人事业"十五"计划纲要（2001年—2005年）》明确了"十五"期间我国残疾人事业发展的主要目标和任务，提出了相应措施。地方各级人民政府和有关部门要结合本地区和本部门的实际，采取切实有效措施，按照《中华人民共和国国民经济和社会发展第十个五年计划纲要》关于"加强残疾人事业，帮助残疾人康复、就学和就业，创造残疾人平等参与社会生活的条件"的精神，认真完成《中国残疾人事业"十五"计划纲要（2001年—2005年）》规定的任务，促进新世纪初我国残疾人事业的发展。

国务院<br>
二〇〇一年四月十日

# 中国残疾人事业"十五"计划纲要

## （2001年—2005年）

为进一步改善残疾人状况，缩小残疾人生活水平与社会平均水平之间的差距，使残疾人事业的发展与国家全面建设小康社会、加快推进社会主义现代化的战略部署相适应，依据《中华人民共和国残疾人保障法》和

《中华人民共和国国民经济和社会发展第十个五年计划纲要》，制定本计划纲要。

## 一、中国残疾人事业"九五"计划纲要执行情况

《中国残疾人事业"九五"计划纲要（1996年—2000年）》实施五年来，在各级党委和政府的领导、关心下，经各方面共同努力，各项任务指标完成或超额完成，残疾人状况得到明显改善，残疾人事业取得显著成就：

（一）形成了更加有利于残疾人事业发展的社会环境。党和政府历来十分关心残疾人，重视残疾人事业的发展。现代文明社会的残疾人观被更多的人所接受，公众对残疾人的观念发生了深刻变化，理解、尊重、关心、帮助残疾人的良好社会风尚进一步形成，人道主义在全社会得到进一步弘扬。扶残助残成为社会主义精神文明建设的重要内容。多种形式的助残活动广泛、深入开展，为残疾人解决了大量的实际困难。加强法制建设，维护了残疾人的合法权益。推行无障碍环境建设，为残疾人参与社会生活提供了便利条件。

（二）各项业务全面拓展，残疾人工作迈出新的步伐。康复、教育、就业、扶贫解困、文化生活、法制建设等各项业务工作全面推进，重点工作有所突破，薄弱环节得到加强，残疾人事业发展的基本格局和工作机制已经形成。地方各级政府充分发挥主导作用，有关部门各司其职、各负其责，社会各界广泛参与，残疾人联合会履行职能，协调运作，有力地推动了残疾人事业的发展。地方残疾人工作更加活跃，残疾人组织得到加强，广大残疾人工作者真诚奉献，努力工作。

（三）残疾人状况明显改善。430多万残疾人得到不同程度的康复；残疾儿童少年义务教育入学率进一步提高；残疾人就业率由70%提高到80%；829万农村贫困残疾人得到扶持解决温饱，269万城乡特困残疾人基本生活得到保障；残疾人文化体育生活日趋活跃，特殊艺术和残疾人体育在国内外引起强烈反响；残疾预防取得进展，多项预防措施逐步得到落实，减少了残疾的发生。广大残疾人自强不息，素质提高，参与社会生活能力增强，范围扩大，为祖国建设做出了贡献。

残疾人事业"九五"计划纲要的全面完成，使我国残疾人事业迈上

了一个新台阶，达到一个新水平，为新世纪残疾人事业的持续健康发展奠定了良好的基础。残疾人事业作为社会主义事业的一部分，在经济和社会发展中发挥着越来越重要的作用。

当前面临的主要问题是：残疾人事业仍滞后于经济和社会的发展，地区发展不平衡；残疾人状况与社会平均水平相比还存在不小的差距，有些方面甚至呈拉大趋势；残疾人参与社会生活的环境和条件有待于进一步改善。发展残疾人事业，改善残疾人状况，促进残疾人事业与经济和社会协调发展，仍然是一项长期、艰巨的任务，必须加大力度，增加投入，加快发展。

## 二、"十五"计划纲要的主要目标和指导原则

《中华人民共和国国民经济和社会发展第十个五年计划纲要》提出：加强残疾人事业，帮助残疾人康复、就学和就业，创造残疾人平等参与社会生活的条件。同时依据国家在这一关键时期的重大部署，"十五"期间我国残疾人事业发展的主要目标是：

残疾人状况进一步改善。经济发达地区残疾人生活基本达到小康，欠发达地区稳定解决温饱；残疾人普遍得到康复服务，510万残疾人不同程度地康复；努力满足残疾人的教育需求，义务教育入学率在"九五"基础上有较大的提高；登记失业的残疾人都能得到职业指导和培训，就业率达到85%左右；文化生活更加丰富，社会生活参与面扩大；社会福利有所提高，保障措施进一步完善。

残疾人参与社会生活的环境更加文明。全社会弘扬人道主义，发扬中华民族传统美德，理解、尊重、关心、帮助残疾人，维护残疾人的尊严和权利，激励残疾人实现自身价值；普遍开展志愿者助残活动，扶残助残更加广泛深入；健全法律法规体系，开展法律服务和法律援助，维护残疾人合法权益；推行城市道路和建筑物无障碍，发展信息和交流无障碍。

为残疾人提供服务的能力增强。社会公众服务业增强为残疾人服务的意识，拓展服务领域，增加扶持措施，提高服务水平；增强基层为残疾人服务的实力，市、县普遍建立残疾人综合服务设施；加强各级残联组织建设，形成一支"人道、廉洁"的残疾人工作者队伍。

残疾人素质普遍提高。团结、教育广大残疾人，表彰自强模范，激励

"自尊、自信、自强、自立"精神；提高广大残疾人科学文化素质和法律意识，增强参与社会生活能力，为社会主义现代化建设做贡献。

为实现上述主要目标，应遵循以下指导原则：

——依法维护残疾人权益，发展残疾人事业。

——将残疾人事业纳入国民经济和社会发展大局，国家对残疾人事业发展给予支持，经费列入各级财政预算，不断加大投入，加快发展，为社会发展和稳定服务。

——以政府为主导，充分发挥各级政府残疾人工作协调机构的作用，政府各有关部门将相关残疾人工作纳入职责范围，各司其职，加强协作，形成社会主义市场经济体制下发展残疾人事业的工作机制。

——坚持社会化工作方式，充分动员社会力量，开发社会资源，鼓励和引导社会各界广泛支持、参与。

——继续贯彻"讲求实效、打好基础"的方针，以保障残疾人基本生活和加强基层工作为重点，扎扎实实为残疾人办实事。

——统筹规划，分类指导。既要有统一目标、基本要求，又要因地制宜、发挥优势，创造性地开展工作；有条件的地方要加快发展，起带头示范作用；抓住西部大开发的机遇，加大西部地区残疾人工作的力度。

——发挥各级残疾人组织的作用，提高残疾人工作者队伍的素质，调动广大残疾人自身的能动性。

## 三、"十五"计划纲要的各项任务和主要措施

### （一）坚持做好康复工作，帮助残疾人改善功能、提高能力

绝大多数残疾人通过康复可以恢复或补偿功能，提高生活自理和社会适应能力。康复是残疾人工作的永恒主题，必须常抓不懈。"十五"期间，继续实施一批重点工程，使510万残疾人得到不同程度的康复；进一步完善社会化的训练服务体系，残疾人普遍得到康复服务；加强预防残疾的宣传教育，强化预防措施，减少残疾发生；加强康复人才的培养，重视高新科技成果在康复领域的应用；落实各项康复经费，确保任务完成。

1. 组织实施白内障复明手术，年手术量达到40万例以上；加强县级医院眼病治疗能力，就地实施白内障复明手术；组派医疗队为边远农村、

少数民族地区白内障患者实施复明手术。

2. 开展低视力康复工作，组织助视器的研制、开发和供应，形成医院眼科、盲校低视力班、定点眼镜店和患者家庭相互配合的低视力康复工作网络，为10万名低视力者配用助视器。

3. 巩固、完善聋儿康复网络，对8万名聋儿进行听力语言训练；办好家长学校，开展社区家庭聋儿康复；创办北京听力语言康复技术学院，将聋儿康复师资培训纳入国家教育规划；加强聋儿语训教学方法研究，提高语训质量，使25%的受训聋儿进入普通幼儿园和普通小学；推广使用质优价廉的助听器，免费或优惠向接受语训的贫困聋儿提供。

4. 大力推广"社会化、综合性、开放式"精神病防治康复工作模式，加强政府为主导、有关部门协作、社会各界广泛参与的组织管理体系，在4亿人口的地区，对240万重性精神病患者进行防治康复，达到检出率6‰、监护率90%、显好率60%、社会参与率50%，肇事率降到0.5%以下，减少精神残疾发生；为精神病康复者创造就业机会，回归社会正常生活。

5. 为现有12万麻风畸残者实施矫治手术或配备辅助用具，改善其生命质量；向社会宣传科学知识，消除畏惧心理，给麻风畸残者关爱与扶助。

6. 加强残疾人用品用具供应工作，重点搞好服务，抓住调查需求、介绍产品、提供咨询、配置服务等环节，沟通供需，培育、规范销售和装配市场，用品用具供应量达到250万件；切实提高假肢、矫形器装配人员的技术、服务水平，建立200个装配供应站，为6万名缺肢者装配普及型假肢；为肢体残疾人装配矫形器15万例；加强对用品用具质量的监督与管理；研制开发、推广使用面向贫困残疾人、价廉实用的普及型用品用具，免费或优惠向贫困需求者提供。

7. 加强社区康复工作，广泛开展康复训练，切实提供康复服务。各级残疾人康复工作办公室协助政府有关部门做好组织管理工作，制定规划，明确分工，协调实施；各级康复机构（中心、站、点）、康复协会、综合医院康复科发挥技术指导作用，培训骨干，传授方法，提供服务；以社区为基础、家庭为依托，充分发挥幼儿园、学校、福利企事业单位、工疗站、社区服务机构、社区卫生服务中心、残疾人活动场所等现有机构、设施、人员的作用，资源共享，形成康复训练服务网络，开展肢残人功能、智残人能力、盲人行走导向、聋儿听力语言、助视器配用、精神病防治康复等训练与服务,完成肢残人功能训练12万例,智残人能力训练8万例。

8. 减少和控制残疾发生,提高人口素质。开展降低出生缺陷的健康教育,建立健全出生缺陷干预体系;开展产前诊断,完善新生儿疾病筛查制度,降低出生缺陷发生率,实现残疾儿童早期干预;推行食用盐加碘,为新婚育龄妇女、孕妇、儿童补碘,预防因缺碘导致智力残疾;加强劳动保护、交通安全等工作,努力减少各类致残事故的发生;广泛开展"爱耳日"、"爱眼日"、"精神卫生日"、"防治碘缺乏病日"等活动;广泛宣传,普及残疾预防知识,提高科学与安全意识。

**(二)大力发展教育,提高残疾人素质**

残疾人提高自身素质、平等参与社会生活,根本在教育。"十五"期间,大力推广随班就读,残疾儿童少年义务教育入学率在"九五"基础上有较大提高;积极发展学前教育,特教学校合理布局;适应劳动力市场需求,大力开展残疾人职业教育。

1. 切实将残疾儿童少年教育纳入义务教育体系,以随班就读为主体,使适龄残疾儿童少年义务教育入学率在已经通过普及九年义务教育验收的地区达到或接近当地健全儿童少年水平,尚未通过普及九年义务教育验收的地区,入学率要有大幅度提高。

2. 统筹规划特殊教育学校建设,发挥中心辐射作用,带动随班就读;兴办特殊教育高中,稳步发展高中阶段教育;巩固提高残疾人高等教育,鼓励在普通高等院校开设特教专业(班);逐步形成学前教育、义务教育、高级中等教育、高等教育相互衔接的残疾人特殊教育体系。

3. 进一步完善普通高等院校招收残疾考生的政策,进行放宽体检标准的试点,拓宽残疾学生接受高等教育的渠道,扩大高等院校对残疾人的招生数量。

4. 充分发挥社会普通职业教育机构的作用,完善具有特殊教育手段的残疾人职业教育机构,广泛开展残疾人职业教育与培训;在城镇,与就业相结合,提高办学质量和层次;在农村,与生产和扶贫相结合,开展中短期实用技术培训;在特殊教育学校试行劳动预备制。

5. 加强师资队伍建设,采取切实措施办好特殊教育师范院校,有计划地在普通师范院校开设特殊教育专业或课程，提高师资培养质量；建立师资培训基地，培养一批骨干教师；通过集中办班和巡回指导，提高普通学校特教班和承担随班就读任务教师的教学水平。

6. 各地进一步建立健全助学金制度，将残疾儿童少年义务教育助学金纳入义务教育助学金体系；对接受高级中等以上教育的贫困残疾学生，减免有关费用，优先提供助学金和助学贷款；广泛动员社会力量，资助贫困残疾学生；贯彻《国务院办公厅转发民政部等部门关于加快实现社会福利社会化意见的通知》（国办发〔2000〕19号），解决残疾孤儿的教育费用。

7. 在残疾青壮年中扫除文盲；继续完善汉语双拼盲文，推广中国手语和数学、物理、化学、音乐等专业盲文符号，制定计算机等专业手语词汇；研制蒙古、藏、维吾尔、哈萨克语盲文；积极探索现代化教学手段在残疾人教育中的应用。

（三）开展服务与培训，推进残疾人就业

就业是残疾人改善生活状况、提高社会地位、参与社会生活的基础，是实现其人生价值的关键。"十五"期间，要进一步贯彻落实《国务院办公厅转发劳动保障部等部门关于进一步做好残疾人劳动就业工作若干意见的通知》（国办发〔1999〕84号），采取积极的扶持和保护措施，规范残疾人就业服务体系；加强残疾人职业培训，使登记失业的残疾人都能得到职业指导和职业培训；就业率达到85%左右。

1. 多渠道、多层次、多形式促进残疾人就业。依法全面推行残疾人按比例就业，加大行政执法和监督检查力度，做好残疾人就业保障金征管工作；制定、完善优惠政策，大力扶持残疾人个体就业和自愿组织起来就业；加快福利企业改革、改组和改造的步伐，完善并落实扶持保护政策，将智力残疾人和精神残疾人列入福利企业残疾职工范围计算比例；做好残疾职工稳定就业工作，尽量避免残疾职工失业；扶持农村残疾人参加生产劳动。

2. 健全、完善残疾人就业服务机构，为残疾人就业提供全面服务。建立全国残疾人就业信息网，并与劳动力市场信息网连接，实现资源共享；各级残疾人就业服务机构要按照劳动保障部门公共就业服务机构标准，加强管理，完善职能，根据残疾人特点，开展规范的职业培训、职业指导、职业介绍等工作，为残疾人提供切实有效的就业服务。

3. 大力开展职业培训，提高残疾人职业技能。有计划地组织社会各类培训机构，根据劳动力市场和用人单位的需求，开展残疾人职业培训；根据残疾人特点，举办具备特殊培训手段和条件的残疾人职业培训机构（班）；各级残疾人就业服务机构对在各类培训机构中接受职业培训且交纳培训费有困难的残疾人酌情予以补助，补助经费从残疾人就业保障金中支出；逐步建立以就业市场预测、职业培训、职业技能鉴定、职业资格证书制度、职业人才成长激励机制为主要内容的残疾人职业培训体系；举办残疾人职业技能竞赛，表彰残疾人职业技术能手。

（四）适应社会需求，发展盲人按摩

按摩是盲人适宜从事的职业，也是社会日益增长的需求。"十五"期间，盲人按摩事业要有较大的发展，在培养、培训、就业安置、政策扶持、行业管理等方面要加大力度，以适应社会需求和盲人就业的需要。

1. 加大培训力度，培训盲人按摩人员3.5万名，其中6000名达到医疗按摩水平；依托残疾人职业培训机构和社会职业培训机构，大力培训保健按摩人员；充分发挥中高等院校按摩专业的作用，培养医疗按摩人员；编写并提供盲文版和录音版按摩教材。

2. 广开就业渠道，鼓励盲人按摩人员个体从业，依托社区设立盲人按摩站（点），有按摩科室的医疗机构要依据当地政府规定的残疾人就业比例安排盲人医疗按摩人员就业；按照国家法律和有关规定，鼓励社会力量开办盲人按摩院（所），盲人按摩院（所）中的按摩人员应以盲人为主；有按摩业务的服务行业优先录用盲人按摩人员。

3. 给予政策扶持，对接受按摩培训的贫困盲人予以补贴；对个体从业的盲人按摩人员，在筹集资金、落实场所、核发执照等方面给予照顾；在社区开办盲人按摩站（点），从当地残疾人就业保障金中给予有偿扶持；对超比例安置盲人从事按摩的医疗单位给予适当补贴奖励；对盲人按摩院（所）优先核发执照，按照国家有关规定在税收上给予优惠。

4. 完善各级盲人按摩指导机构，制定培训计划，提供所需教材，进行指导协调，实施检查验收；开展保健按摩师技能鉴定和医疗按摩人员技术职务评聘工作；加强行业管理，规范盲人按摩市场。

## （五）加大力度，做好残疾人扶贫工作

扶贫是帮助农村贫困残疾人解决温饱、致富奔小康的重要措施。"十五"期间，扶持1200万农村贫困残疾人参加生产劳动，尚未解决温饱的要尽快解决温饱，基本解决温饱的要稳定提高经济收入，处于社会收入低层的要缩小与社会收入平均水平之间的差距。

1. 将残疾人扶贫纳入政府扶贫计划，统一安排，同步实施；中央和地方财政部门适当加大用于残疾人扶贫的资金投入。

2. 加大政策扶持力度，安排一定比例的残疾人扶贫贴息贷款，继续开展残疾人专项扶贫，提高残疾人扶贫贴息贷款呆账准备金比例。

3. 继续推行各种行之有效的扶贫方式，积极稳妥地推广小额信贷；广泛动员社会力量，对贫困残疾人开展帮包带扶。

4. 大力开展以实用技术为主的培训，提高贫困残疾人的劳动技能；紧密结合康复训练，增强贫困残疾人参加生产劳动的能力。

5. 完善农村残疾人服务社职能，与农村社会化服务体系密切结合，为农村贫困残疾人参加农业生产劳动提供及时有效的服务。地方根据残疾人服务社工作需要，落实工作经费。

## （六）切实将残疾人纳入社会保障体系，保障残疾人基本生活

在国家社会保障制度不断完善过程中，要不失时机地大力推进残疾人社会保障工作。

1. 对不适合参加生产劳动、无法定扶养人或虽有法定扶养人但扶养人无扶养能力、无生活来源的残疾人，按照规定予以供养、救济。

2. 进一步完善城市居民最低生活保障制度，切实将符合条件的残疾人纳入其中；在农村继续实行对贫困残疾人的救济、扶助政策，保障其基本生活。

3. 有条件的地方，适当提高残疾人的生活保障水平。

4. 城镇残疾职工依法参加社会保险，缴纳社会保险费，并按国家规定享受基本养老、基本医疗及失业、工伤等保险待遇；个体就业和自愿组织起来就业的残疾人按各省、自治区、直辖市人民政府规定参加社会保险；建立和完善社会医疗救助和社会救济救助等制度，帮助解决无业贫困残疾人的基本医疗和基本养老问题。

5. 加强残疾人社会福利机构建设和管理;"春蕾计划"、"幸福工程"、"青年志愿者行动"等社会救助活动切实将残疾人纳入其中;民办公助,鼓励社会力量兴办重度残疾人寄养机构。

**(七)广泛开展文化体育活动,丰富残疾人生活**

进一步活跃残疾人群众性文化、体育活动,科学健身,愉悦身心,提高素质;发挥残疾人艺术、体育的特殊作用,展示残疾人的才华,增进理解与沟通;公共文化机构努力满足残疾人的需求,为残疾人提供丰富的精神食粮。

1. 公共文化机构为残疾人提供服务。各类公共文化活动吸纳残疾人参加,场所普遍对残疾人开放,并提供特别服务和优惠;公共图书馆要积极开展盲文及盲人有声读物借阅服务,省级以上图书馆设立盲文及盲人有声读物馆(室);加大对盲文出版和满足残疾人特殊需要的图书、音像、报刊出版的政策、资金扶持力度,为残疾人提供更多更好的各类读物。

2. 广泛开展群众性文化体育活动。城市社区、农村乡(镇)、特殊教育学校、福利企事业单位和残疾人组织根据各类残疾人的特点,开展残健融合、形式多样、健康有益的文化、艺术、健身、娱乐等自娱性活动,吸引残疾人参加。经常参加体育健身活动的残疾人达到10%,参加特奥运动的智力残疾人由5万增加到50万。

3. 发展残疾人特殊艺术。培养特殊艺术人才,发挥特殊艺术委员会的作用,办好残疾人艺术团,参与国内外演出和交流;组织好全国残疾人艺术汇演和特教学校学生艺术调演。

4. 提高残疾人体育运动水平。各级体育行政部门加强对残疾人体育的指导和扶持,充分发挥各级残疾人体育协会的作用;建立残疾人运动员多级培养体系,体育院校有计划地招收、培养残疾学生,有条件的少年体校着力培养一批残疾少年运动员;形成一支专职和兼职相结合的教练员、裁判员和医学分级人员队伍,达到国际认证水平;建设好中国残疾人体育艺术培训基地,设立依托现有场馆和体育训练中心的全国残疾人体育训练基地,各地区根据残疾人运动特点,改造一部分现有的体育训练中心和体育场馆,为残疾人提供必要的体育训练场所。办好第六届全国残疾人运动会、第三届全国特奥运动会,组织参加第八届远南残疾人运动会、第十二届残疾人奥运会等重大体育赛事，争取优异成绩。

**（八）营造文明进步的社会环境，促进残疾人平等参与社会生活**

倡导理解、尊重、关心、帮助残疾人，树立文明进步的社会风尚。

1. 大力弘扬人道主义，宣传现代文明社会的残疾人观；在中小学思想品德教育课程中，增加人道主义、自强与助残等内容。

2. 倡导助残为荣的社会公德，把开展扶残助残活动纳入精神文明建设；"文明城市"、"文明社区"、"文明村镇"、"文明单位"评选标准要有扶残助残的具体要求。

3. 营造有利于残疾人事业发展的舆论环境。发挥残疾人事业新闻宣传促进会的作用，宣传文化、新闻出版等单位要积极宣传党和政府的有关政策，宣传党和政府对残疾人的关心，努力反映残疾人生活和残疾人事业的发展；省会城市及有条件的中等城市电视台争取开办手语新闻节目，广播电台争取开办残疾人专题节目，社会综合性报刊开辟有关残疾人内容的栏目；评选"奋发文明进步奖"和"残疾人事业好新闻奖"。

4. 在全社会大力开展扶残助残活动。认真组织"全国助残日"、"国际残疾人日"等活动，广泛开展"志愿者助残"、"红领巾助残"、"文化助残"、"科技助残"、"法律助残"等活动。

**（九）积极推行无障碍建设**

无障碍环境是残疾人参与社会生活的基本条件，也是方便老年人、妇女、儿童和其他社会成员的重要措施。"十五"期间，积极推行城市道路和建筑物无障碍，发展信息和交流无障碍。

1. 在新建、改建城市道路、交通设施、重要公共建筑物、居住区以及住宅时，要认真执行《城市道路和建筑物无障碍设计规范》和其他有关方便残疾人使用的强制性标准。规划、设计、施工、监理等单位要切实负起责任，保证工程建设中有关方便残疾人使用的强制性标准落到实处。建设行政管理部门、民政部门和残联等要切实加强监管力度。城市现有道路、重要公共建筑物和住宅等应按《城市道路和建筑物无障碍设计规范》的要求，逐步改造，以满足残疾人、老年人的需要。在小城镇建设中，应积极推行道路和建筑物的无障碍建设。抓紧制定《特殊教育学校建筑设计规范》。

2. 国务院建设行政管理部门组织有关部门，推动民用机场航站楼、火车站、码头和城市地铁、轻轨等公共交通设施的无障碍建设。飞机、地铁、公共汽车等公共交通工具应提高无障碍设备配置水平，并提供相应服务。

3. 发展信息和交流无障碍。电视新闻、电影、电视剧逐步加配字幕，服务行业人员学习、掌握基本手语，研制、推广适合盲人、聋人使用的通信设备。

4. 加强无障碍建设的宣传，做好无障碍设施的维护、管理工作，开展无障碍建设示范城、示范区活动。

（十）加强社区残疾人工作，为残疾人提供切实服务

广大残疾人生活在社区，社区是为残疾人提供服务最直接的工作层面。认真贯彻落实民政部等14个部门联合制定的《关于加强社区残疾人工作的意见》，加强组织领导，将残疾人工作纳入社区建设；充分利用社区资源，切实为残疾人提供服务；认真总结经验，不断提高社区残疾人工作水平。

1. 地方各级人民政府在规划和部署社区建设工作时，要将残疾人工作列入总体规划，纳入社区建设的内容；社区建设协调领导机构要吸收同级残联为成员单位；社区居民委员会要充分发挥残疾人协会的作用。

2. 资源共享，融为一体，社区各类服务机构、设施开辟适合的活动场地和服务项目，配置适宜残疾人使用的设备、器具，满足残疾人的需求。

3. 社区居民委员会要组织做好为残疾人服务的工作：积极开展以家庭康复训练为重点的社区康复；协助落实城市居民最低生活保障等社会保障政策，保障残疾人基本生活；在社区服务网点为残疾人就业提供机会；组织志愿者为残疾人提供生活、就医、家政、子女教育等帮扶服务，帮助解决实际困难；鼓励、帮助残疾人参加社区群众文体活动；为残疾人提供无障碍社区环境。

4. 社区残疾人协会要密切联系残疾人，维护残疾人权益，反映残疾人意见和需求，协助社区居民委员会为残疾人提供切实服务。

5. 各级残联要积极参与社区建设，与有关部门密切配合，加强对社区残疾人协会的指导，认真组织实施各项具体措施；重点抓好在60个市辖区开展的示范社区工作，及时总结推广经验；做好社区残疾人工作者和

社区康复员的骨干培训工作。

**（十一）加强法制建设，维护残疾人权益**

进一步完善残疾人事业法律法规体系；依法行政，加大执法检查力度；广泛开展残疾人法律服务和法律援助；深入进行法制宣传。

1. 制定残疾人就业条例、残疾人康复实施办法和保障盲人行路安全规定等法规；推动制定统一的伤残评定标准，为伤残鉴定、保险、救济等提供依据；相关法律、法规的制定、修订要将保护残疾人合法权益的内容纳入其中；农村税费改革后，继续对贫困残疾人实施减免农业税的优惠政策；继续对残疾人专用品实施免征进口税收的优惠政策；县、乡普遍制定扶助残疾人的规定，村（居）民公约中有扶残助残的内容。

2. 各级政府和有关部门加大残疾人保障法等相关法律法规的执法力度，开展执法检查，各级政府残疾人工作协调委员会组织有关职能部门进行专项检查。

3. 各类法律服务机构和各级法律援助中心为残疾人提供优先、优质、优惠的法律服务和法律援助，做好残疾人权益维护工作；政府应安排适当的资金用于法律援助，鼓励社会各界自愿捐助资金用于法律援助；在基层法律服务和法律援助机构、企事业单位、社区设立维护残疾人合法权益的示范岗。

4. 继续将残疾人保障法纳入国家普法规划，深入开展法制宣传教育，增强残疾人的法制观念，提高全社会依法维护残疾人权益的意识。打击针对残疾人的犯罪活动。

**（十二）加强残疾人组织建设，履行"代表、服务、管理"职能**

以基层为重点，进一步完善组织体系，提高干部队伍素质，增强为残疾人服务的能力；活跃专门协会工作，密切联系广大残疾人；团结、教育残疾人，激励残疾人的奋发进取精神，增强其参与社会生活的能力。

1. 进一步加强残疾人工作与残联建设，做好各级残联机构改革工作，巩固、完善组织体系，提高工作效率；县级和乡（镇）、街道残联按照国务院残疾人工作协调委员会《关于加强基层残联建设的决定》要求，完善机构、健全机制，增强活力，提高效能。

2. 做好残联领导干部的培养、教育、选拔工作，把各级残联领导班子建设成为"为公、勤政、团结、廉洁"的领导集体；重视干部的年轻化；加速选拔优秀残疾人进入领导班子。

3. 制定实施全国残联系统干部培训计划，五年内分级分批对所有干部进行较为系统的培训，提高政治素质和业务能力，造就一支热爱残疾人事业、恪守"人道、廉洁"职业道德、全心全意为残疾人服务的队伍。加大对残疾人干部的培养、培训力度，建立优秀残疾人人才库，选拔更多的优秀残疾人从事残疾人工作。

4. 中国残联和省级残联要充分发挥评议委员会的监督咨询作用。

5. 加快建立、完善专门协会组织，大中城市区级以上残联都要建立专门协会，县（市）残联从实际出发逐步建立协会组织，密切联系残疾人，反映他们的需求，积极组织各种活动，活跃残疾人生活。各级残联要重视专门协会工作，给予必要的经费、场所保障。

6. 动员社会力量开展志愿者助残，进行需求与资源调查，在志愿者和残疾人之间牵线搭桥；宣传、表彰志愿者助残先进事迹；逐步建立志愿者助残激励机制。

7. 在残疾人中广泛开展自强活动，引导广大残疾人乐观进取、热爱生活、崇尚科学、自强自立，各行各业在奖励表彰工作中要充分考虑钻研科技、勤劳致富、爱岗敬业等富有时代精神的优秀残疾人代表。

8. 做好信访工作，倾听残疾人呼声，维护残疾人权益，为稳定大局服务。

9. 做好残疾人证的发放、管理工作。

10. 各级政府、组织人事部门要关心残联干部，重视对他们的培养教育；促进其他部门与残联之间的干部交流，保持活力；表彰先进残疾人工作者。

（十三）加大综合服务设施建设力度，增强为残疾人服务的能力

各级政府要加大投入，切实改变基层基础设施匮乏、服务能力薄弱、残疾人难以得到服务的状况。

1. 市、县要积极创造条件，建设残疾人综合服务设施，切实为残疾人提供服务。

2. 综合服务设施要根据残疾人的需要，综合利用场所，开展康复训练、聋儿语训、就业服务、用品用具服务及文体娱乐等活动，规范管理，

办成残疾人之家。

3. 残疾人综合服务设施建设，以地方投资为主，地方政府在残疾人综合服务设施立项、建设用地等方面按照有关规定给予优惠。

### （十四）抓住机遇，加快西部地区残疾人事业的发展

国家实施西部大开发战略为残疾人事业的发展带来新的机遇。西部地区残疾人工作要抓住机遇，乘势而上，借势发展。

1. 加快西部地区残疾人事业发展，既要有紧迫感，又要从实际出发，积极进取，量力而行，立足当前，着眼长远，把发扬自力更生精神与争取各方支持结合起来，扎实工作，务求实效。

2. 根据西部地区广大残疾人的实际状况和迫切需求，统筹规划，突出重点，分步实施。当前和今后一段时期，特别要抓好关系到残疾人基本生存的扶贫、康复、教育、就业等各项工作，加强为残疾人提供服务的能力，力争"十五"期间取得突破性进展。

3. 加大政策支持，增加资金投入。对西部地区残疾人工作进行分类指导，在安排中央财政补贴、残疾人专项扶贫贷款时给予适当倾斜，增加基础设施建设投入。境内外的援助、支持项目，凡适合西部地区的，优先安排并在项目责任制、资金运作、监督管理等方面加强指导。

4. 将残疾人工作纳入东西部地区协作与对口支援工作中。有计划、分步骤地支持、组织东部地区残联选派干部到西部地区帮助工作，西部地区残联输送干部到东部地区挂职锻炼，开阔眼界，转变观念，互相学习，取长补短。东部地区有条件的地方，积极向西部地区提供资金、设备等方面的支持。

### （十五）建立信息网络，为残疾人事业提供现代化服务

基本实现残联系统办公自动化和信息网络化，建设公众信息网和残疾人事业数据库，为残疾人事业和残疾人提供服务。

1. 按照国家信息网络建设的总体规划，充分利用国家现有信息网络资源，发展中国残联和省级残联间高速、统一、稳定的专用业务网；有条件的省（自治区、直辖市）应努力将网络向地级、县级残联延伸。

2. 完善中国残联公众信息网，发挥中心网站宣传、沟通、联系和服务的功能；省级残联建立公众信息网站，为本地残疾人提供服务。

3. 以现行办公体制为基础，依托网络建立中国残联办公自动化系统；建立健全统计指标体系，在市和有条件的县，运用电子方式完成统计数据的传输与汇总；组织开发主要业务领域数据库。

4. 建立与政府及横向业务部门之间的网络联系，通过网络报送数据、传输政务信息。

5. 配备热爱残疾人事业、掌握现代信息技术和熟悉残联业务的专职人员；制定多层次计算机知识普及教育和培训计划，逐步提高残联系统整体运用现代化办公手段的能力。

### （十六）开展国际交流与合作

配合国家外事工作大局，积极开展国际交流与合作，扩大我国残疾人事业在国际上的影响和作用。

1. 加强残疾人事业的对外宣传，展示我国社会的文明进步和人权保障成就。

2. 加强与联合国有关机构、国际残疾人组织和外国残疾人组织的多边、双边和地域性交流与合作，借鉴国外先进经验，引进资金和技术。同时做好对外援助工作。

3. 积极参与国际残疾人事务，发挥中国残联在联合国经社理事会特别咨商地位的作用，推动制定残疾人权利国际公约，总结"亚太残疾人十年"，倡导新的行动。

残疾人事业是建设有中国特色社会主义事业的重要组成部分。残疾人事业崇高而艰巨，任重而道远。地方各级人民政府要高度重视残疾人工作，进一步加强领导，采取切实有效的措施，努力改善残疾人状况。全社会要伸出友爱之手，理解、尊重、关心、帮助残疾人，支持残疾人事业。各级残疾人联合会要密切联系残疾人，协助政府，依靠社会力量，认真做好残疾人工作，为国分忧，为残疾人解难。广大残疾人要热爱生活，乐观进取，自尊、自信、自强、自立，积极投身于改革开放和社会主义现代化建设的伟大实践。

让我们高举邓小平理论的伟大旗帜，紧密地团结在以江泽民同志为核心的党中央周围，按照"三个代表"重要思想的要求，为祖国的繁荣昌盛，为实现残疾人"平等·参与·共享"的崇高目标而努力奋斗！

# 国务院批转中国残疾人事业"十一五"发展纲要的通知

国发〔2006〕21号

各省、自治区、直辖市人民政府，国务院各部委、各直属机构：

国务院同意国务院残疾人工作委员会制定的《中国残疾人事业"十一五"发展纲要（2006年—2010年）》，现转发给你们，请认真贯彻执行。

国务院

二〇〇六年六月四日

# 中国残疾人事业"十一五"发展纲要

## （2006年—2010年）

为推动残疾人事业发展，进一步改善残疾人状况，依据《中华人民共和国国民经济和社会发展第十一个五年规划纲要》，制定《中国残疾人事业"十一五"发展纲要（2006年—2010年）》。

## "十一五"发展纲要的总目标和指导原则

"十一五"期间残疾人事业的发展，要坚持以邓小平理论和"三个代表"重要思想为指导，坚持以人为本和全面、协调、可持续的科学发展观，紧紧围绕全面建设小康社会的奋斗目标，进一步缩小残疾人生活状况与社会平均水平的差距，改善残疾人平等参与社会生活的物质条件和社会环境。

（一）总目标

——残疾人基本生活总体初步达到小康水平。

——全面推进残疾人"人人享有康复服务"工作，通过实施重点工程，使830万残疾人得到不同程度的康复。

——扶助农村贫困残疾人脱贫，并实施残疾人危房改造工程，改善32万户农村贫困残疾人家庭居住条件。

——进一步将残疾人纳入社会保障体系，保障基本生活。

——基本普及残疾儿童少年义务教育，积极开展残疾儿童学前教育，发展残疾人高级中等教育、高等教育和职业教育，切实保障残疾人接受教育的权利。

——有就业需求的残疾人得到职业指导和职业培训，残疾人就业规模进一步扩大，就业水平进一步提高。

——残疾人文化生活水平进一步提高，体育活动得到普及。

——残疾人事业的法制建设及无障碍环境建设进一步加强，残疾人的权益保障状况持续改善。

——残疾人组织体系进一步完善，为残疾人服务的能力进一步增强。

（二）**指导原则**

——坚持以人为本和全面、协调、可持续的科学发展观。将残疾人事业纳入经济社会发展大局，统筹规划、同步实施、兼顾特点、整体推进、加速发展。

——坚持政府主导的工作模式。地方各级政府要加强对残疾人事业的领导，将残疾人工作纳入公共服务体系，充分发挥残疾人工作委员会的综合协调作用。各有关部门要将有关的残疾人工作纳入职责范围，各司其职、加强配合、密切协作，形成新时期发展残疾人事业的长效工作机制。各级财政要将残疾人事业发展经费列入预算，加大投入，支持残疾人事业加快发展。

——坚持社会化工作方法。大力弘扬人道主义思想，充分开发社会资源，广泛动员社会力量，倡导和鼓励社会各界关心、支持和参与残疾人事业。

——按照"求真务实，持续推进"的工作方针，围绕提高为残疾人综合服务的能力和提高残疾人基本生活水平，扎扎实实为残疾人办实事。

——统筹规划、分类指导。按照国家发展残疾人事业的统一部署和基本要求，东部地区要充分发挥自身优势，创造性地开展工作，率先使残疾人生活实现小康；中部地区和东北地区要抓住中部崛起及振兴东北老工业基地的机遇，加快发展；西部地区要抓住西部大开发的机遇，加大工作力度，努力实现残疾人事业跨越式发展。

——完善维护残疾人权益的政策法规，依法促进残疾人事业发展。

——充分发挥残疾人组织和残疾人的作用。提高残疾人工作者的素质，造就一支恪守"人道·廉洁·服务·奉献"职业道德的工作者队伍。激励广大残疾人发扬"自尊·自信·自强·自立"精神，积极参与社会生活。

## "十一五"发展纲要的任务指标和主要措施

### （一）康　复

康复是帮助残疾人恢复和补偿功能，增强生活自理和社会适应能力，平等参与社会生活的基础。

任务指标：

——加强社会化康复服务体系建设和康复服务人才培养，提高康复服务能力。城市和发达地区农村残疾人普遍得到康复服务，欠发达地区农村70%以上的残疾人得到康复服务。

——实施一批重点康复工程。完成白内障复明手术300万例、低视力者配用助视器10万名、盲人定向行走训练3万名、肢体残疾矫治手术1万例、装配假肢和矫形器8万例、聋儿听力语言训练8万名、智力残疾儿童系统训练10万名、肢体残疾人系统训练12万名，帮助480万名重症精神病患者得到综合治疗。组织供应各类辅助器具300万件。

——开展残疾预防，减少残疾发生。

主要措施：

1. 以专业康复机构为骨干、社区为基础、家庭为依托，建立和完善社会化康复服务体系。积极推进残疾人康复服务专门机构和康复服务专业人才队伍建设；整合资源，发挥医疗卫生机构、社区服务机构、学校、幼儿园、福利企事业单位、残疾人活动场所等现有机构、设施和人员的作用，大力开展社区康复服务，建立社区康复员队伍，完善适宜的社区康复设施，将社区康复服务纳入社区建设和基层卫生工作。加强社会福利机构、残疾人养护机构、特殊教育机构中的残疾人康复工作。

2. 组织实施白内障复明手术。采取设立定点医疗机构与组派医疗队相结合的方式,实施贫困白内障患者复明手术;推动"白内障无障碍区"建设;完善低视力康复服务网络,组织开发、生产、供应助视器,推广低视力康复技术,对贫困低视力患者实施救治;开展盲人定向行走和生活技能训练服务。

3. 健全聋儿康复网络。加强中国聋儿康复研究中心和省级聋儿康复中心建设,巩固基层聋儿康复机构;办好聋儿家长学校;指导社区、家庭开展康复训练;实施贫困聋儿康复救助;开展听力语言康复教师职称评定工作;逐步推广人工耳蜗植入技术;拓宽听力语言康复服务范围。

4. 完善精神病防治工作机制。全面推行"社会化、综合性、开放式"的精神病防治康复工作模式,在覆盖8亿人口的地区,对480万名重症精神病患者进行治疗康复;对贫困精神病患者实行医疗救助;推动精神病康复托养机构建设;大力开展精神病防治社区康复工作,采用工疗、娱疗、日常照料等多种康复手段,努力提高康复效果。

5. 加强二级以上综合医院康复医学科室建设,推动基层卫生机构开展肢体残疾康复训练与服务;完善中国康复研究中心和省、市(地)级康复中心的功能与条件;组织肢体残疾人在社区和家庭广泛开展康复训练;对麻风畸残人员实施手术矫治或配备辅助用具;做好手术矫治、辅具适配、功能训练的有机衔接;帮助贫困肢体残疾儿童接受手术矫治与康复训练。

6. 发挥社区和家庭的作用,以幼儿园、特殊教育学校、社区服务机构、工疗养护机构为依托,开展智力残疾康复综合服务。调动智力残疾人亲友的积极性,对智力残疾儿童进行生活自理和认知能力与语言交流等训练,对成年智力残疾人进行简单劳动技能、社会适应能力等训练;积极创造条件,建设集教育、康复、娱乐、劳动为一体的智力残疾和重度残疾人的养护机构,提供系统、终身康复服务;对贫困智力残疾儿童实施康复救助。开展早期干预,切实做好特殊人群的补碘宣传教育工作,减少智力残疾发生。

7. 组织研制开发、生产、供应各类残疾人急需的质优价廉的实用型辅助器具。推广、使用康复服务新技术、新产品;对贫困残疾人装配普及型下肢假肢、矫形器等辅助器具实施救助。巩固和完善全国辅助器具供应服务机构；建立国家和区域辅助器具资源中心，加强信息服务，推广评估和适配技术。加强残疾人辅助器具质量监督和管理。

8. 充分利用广播、电视、报刊、网络等媒体开展残疾人康复工作公益宣传服务。普及康复知识，提高残疾人的自我康复意识；广泛开展"爱眼日"、"爱耳日"、"精神卫生日"、"防治碘缺乏病日"、"防治麻风病日"等活动；针对遗传、疾病、中毒、意外伤害、有害环境等主要致残因素，有重点地开展宣传教育，采取干预措施；倡导早期干预和早期康复训练，有效减轻和控制残疾程度。

## （二）教 育

提高残疾人受教育水平是残疾人全面实现自身价值的基本条件。

任务指标：

——基本普及残疾儿童少年义务教育，适应接受普通教育的残疾儿童少年入学率达到与当地健全儿童少年同等水平，接受特殊教育的视力、听力、语言和智力残疾儿童少年义务教育入学率达到国家要求，大力发展残疾儿童学前教育。

——符合条件的残疾人普遍得到职业教育或培训。

——保障符合国家录取标准的残疾考生接受高级中等以上教育。

——加快高级中等特殊教育发展，积极发展高等特殊教育。

主要措施：

1. 继续将残疾儿童少年教育全面纳入国家和各地区义务教育体系，统一规划，统筹安排，同步实施。

2. 继续完善以随班就读和特教班为主体、特殊教育学校为骨干的残疾儿童少年义务教育体系。全面推行随班就读和普通中、小学校设立特教班，30万人口以上且适龄残疾儿童少年较多的县（市）要建立1所九年义务教育特殊教育学校。

3. 将残疾儿童少年入学指标列入义务教育评估验收指标体系，统计义务教育对象必须包括适龄残疾儿童少年。

4. 统筹规划高中阶段特殊教育学校建设，市（地）级以上城市要建立特殊教育高中或设立特殊教育高中班；倡导、鼓励兴办残疾人高等教育，有计划地扶持有条件的普通高等学校开设特殊教育专业和创办特殊教育学院。继续办好长春大学特殊教育学院、天津理工大学聋人工学院、山东滨州医学院、北京联合大学特殊教育学院等特殊教育院校，适当扩大招生规模，增加专业设置，提高办学层次和质量。进一步完善普通高等院校招收残疾考生的政策和考试办法。继续完善学前教育、义务教育、高级中等教育、高等教育相互衔接的残疾人特殊教育体系。

5. 继续将残疾人教育纳入国民教育体系，建立健全助学金制度，将残疾儿童少年接受义务教育切实列入政府优惠政策范围，在同等条件下，接受高级中等以上教育的贫困残疾学生优先享受国家资助政策。

6. 以社会普通职业教育机构为主，充分发挥具有特殊教育手段的残疾人职业教育机构的作用，普遍开展适应劳动力市场需求的残疾人职业教育与培训；城镇与就业相结合，农村与生产和扶贫相结合，开展多层次的职业技能教育和中短期实用技术培训。

7. 加强特殊教育师资人才队伍建设。创造条件办好特殊教育师范院校，在普通师范院校开设特殊教育专业或课程，增加特殊教育师资人才队伍的数量，提高质量。依托有条件的高等院校建立国家级残疾人职业教育师资培训基地。继续办好北京听力语言康复技术学院。加强盲文、手语的研究、完善和推广工作，继续研制专业手语和盲文符号，组织开展盲文、手语特殊教育培训，规范教材的编审和出版工作，为盲人、聋人接受义务教育、高级中等教育和高等教育创造条件。

8. 采取多种形式，扫除残疾青壮年文盲；鼓励自学成才。

（三）就业与社会保障

就业是残疾人改善生活状况，实现自强自立、实现人生价值的主要途径；保障贫困残疾人的基本生活，是健全和完善我国社会保障制度的重要内容。

任务指标：

——完善残疾人就业的法律、法规和政策体系。

——城镇新增残疾人就业75万人，农村残疾人稳定就业1800万人。

——残疾人就业服务机构服务能力显著提高，残疾人就业服务需求得到基本满足。

——登记失业、求职的残疾人普遍得到职业指导和职业培训。

——培养、培训盲人按摩人员 5 万名,其中医疗按摩人员 1 万名、保健按摩人员 4 万名,使盲人按摩人员总数达到 14 万名。

——完善残疾人社会保障政策。促进城镇残疾职工按规定参加社会保险,扩大自谋职业残疾人社会保险覆盖面;按规定将残疾人纳入社会保障体系,实施分类救助,适当提高符合条件的残疾人的社会保障水平。

主要措施:

1. 全面推进按比例安排残疾人就业政策的落实。进一步规范残疾人就业保障金征收工作,严格管理残疾人就业保障金,确保专款专用。

2. 鼓励社会力量依法兴办福利企业,集中安排残疾人就业。完善优惠政策和措施,扶持福利企业稳定、健康发展;在有条件的地方开办福利性工疗机构、庇护性工场,为精神病人、智力残疾人就业创造条件。

3. 加强各级残疾人联合会的残疾人就业服务机构建设。残疾人就业服务机构要在劳动保障部门指导下,综合管理残疾人劳动就业服务工作,为残疾人个体开业、集体从业和按比例就业提供职业指导和培训服务;要拓展服务项目,不断提高服务质量和服务效率;大力推进残疾人就业信息网建设;全面开展残疾人失业登记工作,为残疾人就业提供全方位服务。

4. 以市场需求为导向,以社会化培训为重点,大力开展残疾人职业技能培训和农村残疾人实用技术培训,不断提高残疾人参与市场竞争的能力。建立健全残疾人职业技能优秀人才奖励机制,举办 2007 年第三届全国残疾人职业技能竞赛,选拔优秀人才参加第七届国际残疾人技能竞赛。

5. 发挥中、高等医学院校按摩专业优势,培养残疾人医疗按摩人员;利用残疾人各类职业培训机构,培训残疾人保健按摩人员,加强对在职盲人按摩人员的继续教育,提高其市场竞争力。编写、修订盲人按摩专业教材,建立国家级盲人按摩教研实习基地,加强学术交流与国际交往。各级残疾人联合会要依据国家规定,加强盲人按摩行业管理,规范盲人按摩市场。

6. 切实将残疾人纳入社会保障体系。加强监督、检查,确保城镇残疾职工参加基本养老、基本医疗和失业、工伤、生育保险。落实和完善城镇贫困残疾人个体工商户参加基本养老保险补贴制度,鼓励并组织个体就业残疾人参加社会保险。帮助农村贫困残疾人参加新型农村合作医疗,并按规定给予医疗救助。按规定执行城乡居民最低生活保障政策,及时向符合条件的残疾人家庭提供最低生活保障；帮助农村贫困残疾人参加农村社会养老保险。对不适合参加劳动、无法定扶养义务人或法定扶养义务人无扶养能力、无生活来源的重度残疾人，按照规定予以供养、救济。有条件的地区，可按分类救助原则，适当提高重度残疾、一户多残等贫困残疾人家庭的生活保障水平。

**（四）扶　贫**

做好农村残疾人扶贫工作，扶助农村残疾人摆脱贫困、解决温饱，是全面建设小康社会的重要任务。

任务指标：

——扶持1000万农村贫困残疾人基本解决温饱；初步解决温饱的扶助其稳定提高经济收入。

——帮助中西部地区100万名农村适合参加生产劳动的贫困残疾人接受实用技术培训。

——扶持中西部地区25万户农村贫困残疾人家庭进行危房改造，完成32万户农村贫困残疾人家庭危房改造任务。

主要措施：

1. 地方各级政府和有关部门要继续将扶持农村贫困残疾人列入扶贫工作规划，统筹安排，同步实施。要针对残疾人特点采取有效措施，加大扶持力度。

2. 国家扶贫开发工作重点县要将残疾人扶贫开发工作纳入整体规划，在"整村推进"扶贫过程中，选择适合残疾人脱贫的项目，帮助有劳动能力的贫困残疾人参加生产劳动，保证各项扶持措施真正落实到残疾人户。经济较发达的地区要将残疾人扶贫开发工作纳入当地经济社会发展规划，重点解决低收入残疾人及其家庭的相对贫困问题，稳定提高经济收入。其他地区要采取措施，保证中央扶贫贷款落实到位，扶助残疾人摆脱贫困。

3. 帮助中西部地区农村贫困残疾人接受实用技术培训，掌握脱贫致富的技能。

4. 加强康复扶贫贷款项目管理，规范运行，量化绩效考核，最大程度地保障残疾人受益。开展农村残疾人扶贫到户贷款贴息方式改革试点，有条件的地方可将中央康复扶贫贷款贴息直接核补给贫困残疾人贷款户。

5. 继续开展农村贫困残疾人危房改造工作，努力解决城镇贫困残疾人住房困难问题。对中西部地区贫困残疾人危房改造给予补助；东部地区要对贫困残疾人住房状况进行摸底调查，安排资金帮助贫困残疾人改善住房条件。

### （五）文化、体育

丰富和活跃残疾人文化、体育生活，发展残疾人特殊艺术和竞技体育，展示残疾人的才华，是激励残疾人自强不息的重要形式。

任务指标：

——倡导、动员社会公共文化机构为残疾人提供服务，普遍、深入开展群众文化活动。

——发展残疾人特殊艺术，培养优秀艺术人才。

——落实国家《全民健身计划纲要》，组织残疾人开展体育健身活动，增强残疾人体质。

——举办、参加国内外重大残疾人体育赛事，贯彻《奥运争光计划》，提高残疾人竞技运动水平。

主要措施：

1. 支持公共文化、体育设施和机构普遍对残疾人开放并提供优惠服务。公共图书馆和街道（镇）、社区、村图书阅览室要为残疾人提供图书借阅服务，有条件的地方要开辟盲文及盲人有声读物场所。

2. 城市社区、农村乡镇的残疾人组织和特殊教育学校、福利企事业单位要根据各类残疾人的特点，开展残健融合、形式多样、有益身心健康的文化、艺术、健身、娱乐活动。

3. 各级残疾人联合会的残疾人综合服务设施要为残疾人开展文化、体育活动设立专门场所，对残疾人开放并提供周到服务。县级以上残疾人联合会要定期举办文化、体育活动，活跃基层残疾人文化、体育生活。

4. 办好残疾人特殊艺术团体，培养特殊艺术人才，展示残疾人特殊艺术才华。组织第七届全国残疾人艺术汇演和盲、聋、弱智学校学生艺术调演。

5. 发展残奥、特奥和聋奥运动。组织动员各类残疾人参加残健融合、康复健身的体育活动。开发、研制适合残疾人的体育器具，开展残疾人体育科学研究，抓好特殊教育学校体育教学和活动；有条件的体育院校、师范院校和各级体校要招收、培养一定数量的优秀残疾人运动员。全民健身路径要充分考虑残疾人参加体育锻炼的要求，适当增加相应的设施。

6. 建立健全各级残疾人体育管理机构。所有公共体育活动场所都应向残疾人免费开放。市（地）级以上地区至少有一处符合残疾人公共体育活动要求的体育综合活动场所，有条件的应设立专门为残疾人服务的体育综合活动场所。建立一支相对稳定的裁判员、分级员队伍；做好国家残疾人集训队的选拔、训练和管理工作；积极解决残疾人运动员等级评定、就学、就业和保险、奖励问题，解除他们的后顾之忧，鼓励他们为国争光。

7. 办好2007年第十二届世界特奥运动会和2008年第十三届残奥会并争取取得优异成绩。办好2006年、2010年第四届、第五届全国特奥运动会和2007年第七届全国残疾人运动会。广泛动员社会力量，进一步增强全社会对残疾人体育事业的关心和支持。

（六）社会环境

大力宣传人道主义思想和现代文明社会的残疾人观，倡导理解、尊重、关心、帮助残疾人的良好社会风尚，营造残疾人平等参与社会生活的社会环境，是发展残疾人事业的重要条件。

任务指标：

——弘扬人道主义思想，加大残疾人事业的宣传力度。

——在公众传播媒介中积极推进"字幕工程"，办好手语新闻节目和残疾人专题节目。

——宣传优秀残疾人、先进残疾人工作者和扶残助残先进典型，激励残疾人自强和残疾人工作者的敬业精神，培养社会助残意识。

主要措施：

1. 新闻、出版和教育行政部门要采取有效措施，支持和动员新闻媒体通过不同形式，报道和反映残疾人生活情况，宣传残疾人事业；在中、小学思想道德课程中增加人道主义、自强与助残教育等内容，营造关爱他人、扶助弱者的良好社会环境。

2. 市（地）级以上电视台要开办手语节目，县级以上广播电台要开设残疾人专题节目，积极推进影视作品加配字幕工作。

3. 广泛动员公共媒体宣传残疾人事业的成就和优秀残疾人、残疾人工作者的先进事迹，宣传社会各界扶残助残取得的成效。

4. 继续组织好"全国助残日"活动，广泛开展"志愿者助残"、"红领巾助残"和"文化助残"、"科技助残"、"法律助残"等多种形式的扶残助残活动；举办好"国际残疾人日"等活动。

5. 大力宣传"全国自强模范"、"全国扶残助残先进集体"、"残疾人之家"、"全国扶残助残先进个人"和"全国残联系统先进工作者"的典型事迹，鼓励更多的单位和个人关心、帮助残疾人。

6. 继续组织好全国残疾人事业好新闻作品的评选工作。

（七）维　权

依法维护残疾人的合法权益是残疾人工作的主题。

任务指标：

——建立残疾人维权工作机制，进一步改善残疾人权益保障状况。

——加强残疾人事业法制建设，推动保障残疾人权益法律法规的修订，加大执法和法制宣传力度，建立残疾人法律救助机制。

——针对残疾人权益保障的需求和面临的突出问题，制定相关政策，维护残疾人权益。加大对侵害残疾人合法权益重大恶性案件的查处力度。

——全面推进无障碍设施建设，在全国100个城市开展无障碍设施建设，积极开展信息交流无障碍工作，增强社会公众无障碍意识。

主要措施：

1. 进一步完善残疾人法律、法规体系。修订残疾人保障法，积极制定、修订与残疾人切身利益密切相关的法律、法规，制定残疾人康复条例、完善无障碍建设等方面的法规和规范性文件，适时修订残疾人保障法实施办法，制定、修订残疾人优惠政策及扶助规定。

2. 加强对残疾人法律、法规的宣传，将残疾人保障法等法律、法规纳入国家"五五"全民普法教育规划，制订相应计划，倡导形成全社会尊重、理解、关心、帮助残疾人的良好社会氛围，提高广大残疾人的法律意识，增强残疾人法律工作者的维权能力。

3. 加大残疾人保障法执法力度，积极配合有关方面开展残疾人保障法及相关法规执行情况的检查、视察，依法维护残疾人权益。

4. 建立以各级法院的司法救助、各级司法行政部门的法律服务和法律援助为主导，以各级残疾人联合会和社会力量提供的法律救助为补充的残疾人法律救助体系，解决残疾人的实际困难。

5. 对因企业转制、国家征用土地、城市拆迁等造成残疾人生活困难、权益受损等突出问题，有关部门要按相关政策维护残疾人权益。加大对重大、典型侵害残疾人合法权益案件的查处力度。

6. 认真贯彻信访条例，建立相应的工作机制，加强残疾人信访工作；发挥残疾人维权示范岗的作用，听取残疾人意见，了解残疾人需求，解决残疾人困难，为维护残疾人权益和社会稳定大局服务。

7. 严格执行无障碍建设的相关法律、法规和设计规范，制定实施无障碍设施建设行业标准，加快行业无障碍建设；对城市现有道路、建筑物、公共服务设施进行无障碍改造，加大对已建无障碍设施的维护和管理力度；加强无障碍环境建设的宣传，开展全国城市无障碍设施建设工作。

8. 积极开展信息交流无障碍工作。推动信息交流无障碍法律、法规建设，采用盲文、手语、字幕、特殊通信设备等辅助技术或替代技术，为残疾人接受和传播信息，参与社会生活创造条件。

（八）信息化建设

加强残疾人事业信息化建设是国家政务信息化建设的整体要求，是实现残疾人事业现代化管理和可持续发展的重要措施。

任务指标：

——建立健全基层残疾人事业信息化工作管理体系。

——完善残疾人联合会系统网络建设，实现中国残疾人联合会和省级残疾人联合会间的网络互连和信息资源共享。

——整合残疾人事业信息资源，建立和完善全国残疾人联合会综合业务数据和信息管理系统，加强互联网网站建设与信息服务。

——完善残疾人事业统计指标体系，加强基层统计管理。

——推广信息无障碍技术的应用。

主要措施：

1. 以省级残疾人联合会信息化专业机构为骨干，以市（地）级以下残疾人联合会为基础，逐步建立完善基层残疾人联合会信息化工作组织体系。

2. 在"十五"残疾人联合会网络建设基础上，实现中国残疾人联合会与省级残疾人联合会局域网的连接，逐步建立全国残疾人联合会系统业务应用平台，实现业务数据、政务信息网上传输。

3. 根据残疾人事业发展需要，规划残疾人联合会系统业务数据库管理体系；统一标准、整合资源，逐步建立和完善全国残疾人联合会综合业务数据管理系统，提高残疾人工作管理水平。

4. 进一步推动残疾人联合会系统公众信息网建设，丰富信息内容，加强社会宣传，促进政务公开，努力为残疾人提供方便快捷的网络信息服务。

5. 做好残疾人事业信息化服务的业务指导、标准规范和政策咨询工作。统一组织和推进面向残疾人的康复、教育、就业等方面的信息服务；制定相关政策，鼓励社会机构积极参与残疾人事业信息化建设。

6. 完善残疾人事业统计指标体系，加强统计制度管理，建立基层统计台账，推进数据统计电子化，提高统计数据的科学性和准确性。

7. 积极推动信息无障碍技术标准的制定，开展信息无障碍项目和产品的研发、推广和实效评估。

（九）**残疾人组织建设**

加强残疾人组织建设，培养、造就高素质的残疾人工作者队伍，是做好残疾人工作的重要组织保障。

任务指标：

——完善残疾人组织机构，全面履行职能。

——提高工作人员素质，增强服务能力。

——健全、完善各类残疾人专门协会，密切联系残疾人。

——动员社会力量支持残疾人工作，组织志愿者扶残、助残。

——加强综合服务设施建设，创造为残疾人服务的条件。

主要措施：

1. 县级和乡镇（街道）残疾人联合会按照国务院残疾人工作协调委员会《关于加强基层残联建设的决定》和《进一步加强基层残疾人组织建设的意见》的要求，完善机构、健全机制、加强力量、提高效能。建立健全社区居民委员会、村民委员会和企事业单位的残疾人组织，形成完整的残疾人工作组织体系。

2. 采取多种形式，培养、培训残疾人工作者，认真贯彻《全国残疾人工作者职业道德规范（试行）》，制定"全国残联系统干部教育培训规划（2006年—2010年）"，提高残疾人工作者的职业道德水平和综合服务能力，培养思想好、作风硬、能力强、素质高，恪守"人道·廉洁·服务·奉献"职业道德的残疾人工作者队伍。

3. 依照《中国残疾人联合会章程》规定，建立健全各类残疾人专门协会，发挥"代表·服务·维权"作用，密切联系广大残疾人，活跃基层残疾人生活。

4. 广泛动员社会力量，普遍组织志愿者开展文化、科技、法律助残，支持残疾人工作，为残疾人提供志愿服务。

5. 组织第四次"全国自强模范"、"全国扶残助残先进个人"和"全国扶残助残先进集体"、"残疾人之家"、"全国残联系统先进工作者"的评选、表彰活动。

6. 继续做好残疾人证的核发和管理工作。

7. 加强残疾人综合服务设施建设，提高服务能力。已建成投入使用的残疾人综合服务设施要进一步完善功能，充分发挥作用，为残疾人接受康复训练、职业培训、就业指导和开展文化、体育活动提供服务；尚未建设残疾人综合服务设施的地区要创造条件，建设符合要求、规模适度的残疾人综合服务设施。中央有关部门视情对中西部困难地区的残疾人综合服务设施建设给予适当补助。

8. 认真做好第二次全国残疾人抽样调查工作。加强残疾人事业理论研究。继续做好残疾人福利基金会工作，挖掘社会资源支持残疾人事业。加强国际交流与合作，继续积极参与联合国残疾人权利公约制定工作及其他国际残疾人事务和活动；加大对外宣传力度，展示我国人权保障成就。

残疾人事业是文明、进步、崇高的事业，是建设中国特色社会主义和我国人权保障事业的重要组成部分。加快残疾人事业发展是构建社会主义和谐社会的本质要求，是各级政府和全社会义不容辞的责任。为保证本纲要的实施，国务院残疾人工作委员会将组织相关部门制定配套实施方案。各地区要依据本纲要制定本地残疾人事业"十一五"发展纲要和实施方案，采取有力措施，确保完成本纲要规定的各项任务。

# 国务院关于批转中国残疾人事业"十二五"发展纲要的通知

国发〔2011〕13号

各省、自治区、直辖市人民政府，国务院各部委、各直属机构：

国务院同意国务院残疾人工作委员会制定的《中国残疾人事业"十二五"发展纲要》，现转发给你们，请认真贯彻执行。

中华人民共和国国务院

二〇一一年五月十六日

# 中国残疾人事业"十二五"发展纲要

为全面贯彻落实《中共中央国务院关于促进残疾人事业发展的意见》（中发〔2008〕7号），加快推进残疾人社会保障体系和服务体系建设，进一步改善残疾人状况，促进残疾人平等参与社会生活、共享改革发展成果，依据《中华人民共和国国民经济和社会发展第十二个五年规划纲要》，制定《中国残疾人事业"十二五"发展纲要》（以下简称"纲要"）。

## 一、残疾人事业面临的形势

"十一五"时期，我国残疾人事业迈出历史性的新步伐。党中央、国务院印发《关于促进残疾人事业发展的意见》，对发展残疾人事业做出重大部署，提出加快推进残疾人社会保障体系和服务体系建设、努力使残疾人和全国人民一道向着更高水平小康社会迈进的目标，为未来一个时期残疾人事业的发展指明了方向。国家修订《中华人民共和国残疾人保障法》，批准加入联合国《残疾人权利公约》，制定实施《残疾人就业条例》

和残疾人社会保障、特殊教育、医疗康复等领域的一系列政策法规,为发展残疾人事业、保障残疾人权益奠定了法律制度基础。完成第二次全国残疾人抽样调查,为规划和发展残疾人事业提供了科学依据。成功举办2008年北京残奥会、上海世界特奥会、广州亚残运会,上海世博会设立生命阳光馆,开展全国残疾人职业技能竞赛、全国残疾学生技能竞赛和残疾人特殊艺术展演,宣传我国残疾人事业发展成就,表彰全国残疾人自强模范和扶残助残先进,人道主义思想广泛弘扬,扶残助残的社会氛围日益浓厚,残疾人参与社会生活的环境进一步改善。

在各级党委、政府的重视和社会各界的支持下,《中国残疾人事业"十一五"发展纲要(2006年—2010年)》各项任务指标全面完成,残疾人状况得到明显改善,政府和社会为残疾人服务的能力进一步提升:实施一批重点康复工程,1037.9万残疾人得到不同程度的康复。残疾人特殊教育学校达到1704所,在校残疾学生总数为42.6万人,残疾儿童少年义务教育入学水平明显提高;残疾人职业培训机构达到4704个,376.5万人次残疾人接受职业教育和培训。残疾人就业服务机构达到3019个,城镇新就业残疾人179.7万人次;扶持618.4万人次农村残疾人摆脱贫困;城乡残疾人接受各种形式的社会救助分别达到1623.7万人次和4237.6万人次。残疾人法律服务机构达到3231个,为57.9万人次残疾人提供法律服务和法律援助。创建100个全国无障碍建设示范城市,城市无障碍环境显著改善。基层残疾人组织得到加强,残疾人综合服务设施网络初步建立,为残疾人服务的条件得到改善。广大残疾人积极投身改革开放和社会主义现代化建设伟大实践,自强不息,顽强拼搏,在经济社会发展中发挥了重要作用。

但是,我国残疾人事业基础还比较薄弱,仍然滞后于经济社会发展;残疾人社会保障和服务政策措施还不够完善,稳定的制度性保障还需要进一步推进;残疾人总体生活状况与社会平均水平存在较大差距,在基本生活、医疗、康复、教育、就业、社会参与等方面存在许多困难;农村残疾人的社会保障与服务亟待改善,残疾儿童在接受教育、抢救性康复等方面仍面临一些问题。歧视残疾人、侵害残疾人权益的现象仍时有发生。

今后五年是全面建设小康社会的关键时期,是深化改革开放、加快转变经济发展方式的攻坚时期,也是加快发展残疾人事业的重要时期。必须加快推进残疾人社会保障体系和服务体系建设,加快改善残疾人状况,不断缩小残疾人生活状况与社会平均水平的差距,努力使残疾人同全国人民一道向着更高水平的小康社会迈进。

## 二、"十二五"时期残疾人事业发展的总目标和指导原则

"十二五"时期,残疾人事业的发展要高举中国特色社会主义伟大旗帜,以邓小平理论和"三个代表"重要思想为指导,深入贯彻落实科学发展观,全面落实《中共中央国务院关于促进残疾人事业发展的意见》,按照"政府主导、社会参与,国家扶持、市场推动,统筹兼顾、分类指导,立足基层、面向群众"的要求,健全残疾人社会保障体系和服务体系,使残疾人基本生活、医疗、康复、教育、就业、文化体育等基本需求得到制度性保障,促进残疾人状况改善和全面发展,为残疾人平等参与社会生活创造更好的环境和条件,为全面建设小康社会和构建社会主义和谐社会做出贡献。

### (一)总目标

——残疾人生活总体达到小康,参与和发展状况显著改善。

——建立起残疾人社会保障体系和服务体系基本框架,保障水平和服务能力明显提高。

——完善残疾人事业法律法规政策体系,依法保障残疾人政治、经济、社会、文化教育权利。

——加强残疾人组织和人才队伍建设,提高残疾人事业科技应用和信息化水平。

——系统开展残疾预防,有效控制残疾的发生和发展。

——弘扬人道主义思想,为残疾人平等参与社会生活、共享经济社会发展成果创造更加有利的环境。

### (二)指导原则

1. 坚持以残疾人为本。将切实改善残疾人民生、促进残疾人全面发展作为发展残疾人事业的根本出发点和落脚点。激励残疾人自尊、自信、

自强、自立，创造社会财富、实现人生价值。

2. 坚持以加快发展为主题，以残疾人社会保障体系和服务体系建设为主线。将残疾人事业纳入国民经济和社会发展大局，立足国情，讲求实效，加大投入，加快发展，缩小残疾人生活状况与社会平均水平的差距，促进残疾人事业与经济社会协调发展。

3. 坚持党委领导、政府负责的残疾人工作领导体制。将残疾人工作纳入政府重要议事日程和目标管理。建立稳定增长的残疾人事业经费投入保障机制。充分发挥残疾人和残疾人组织的作用，支持残联依照法律法规和章程开展工作，参与残疾人事业社会管理和公共服务。

4. 坚持社会化工作方式。鼓励和引导社会各界参与、支持残疾人社会保障和服务，培育理解、尊重、关心、帮助残疾人的社会风尚。

5. 坚持统筹兼顾和分类指导。政策、资金、项目重点向中西部地区、革命老区、民族地区、边疆地区、贫困地区、农村和基层倾斜，促进区域和城乡残疾人社会保障和服务均衡发展，增强基层为残疾人服务的能力。做好残疾人社会保障体系和服务体系建设省级试验区和专项试点城市工作，发挥典型示范作用。

6. 坚持解决当前问题与完善制度体系相结合。优先解决残疾人反映突出、要求迫切的实际困难。加强制度建设，完善运行机制，提高服务能力，依法发展残疾人事业。

**专栏一：主要工作目标**

| |
|---|
| 1. 社会保障 |
| ——符合条件的残疾人全部纳入城乡最低生活保障制度，实现应保尽保；提高低收入残疾人生活救助水平。 |
| ——城乡残疾人普遍加入基本养老保险和基本医疗保险。逐步提高基本医疗和康复保障水平。 |
| ——有条件的地方探索建立贫困残疾人生活补助和重度残疾人护理补贴制度。扩大残疾人社会福利范围，适当提高社会福利水平。 |
| ——实施"集善工程"、"长江新里程计划"等一批助残慈善项目，推进残疾人慈善事业加快发展。 |
| 2. 公共服务 |
| ——完善康复服务网络，通过实施重点康复工程帮助1300万残疾人得到不同程度的康复，普遍开展社区康复服务，初步实现残疾人"人人享有康复服务"目标。 |

续　表

| |
|---|
| ——完善残疾人教育体系，健全残疾人教育保障机制。适龄残疾儿童少年普遍接受义务教育，积极发展残疾儿童学前康复教育，大力发展残疾人职业教育，加快发展残疾人高中阶段教育和高等教育。 |
| ——加大职业技能培训和岗位开发力度，稳定和扩大残疾人就业，城镇新就业残疾人100万；规范残疾人就业服务体系，保障有就业需求的残疾人普遍得到就业服务和职业培训。 |
| ——加强农村残疾人扶贫开发，扶持1000万农村贫困残疾人改善生活状况、增加收入、提高发展能力；为100万农村残疾人提供实用技术培训；改善农村贫困残疾人家庭居住条件。 |
| ——建立残疾人托养服务体系，为智力、精神和重度残疾人托养服务提供200万人次补助。 |
| ——加强残疾人公共文化和体育健身服务，进一步丰富残疾人精神文化生活。 |
| ——建立残疾人法律救助工作协调机制，加快残疾人法律救助工作站建设，为符合规定的残疾人法律援助案件提供补助。 |
| ——加快推进城乡无障碍环境建设，有条件的地方为贫困残疾人家庭无障碍改造提供补助。 |
| ——制定实施国家残疾预防行动计划，开展残疾预防体系建设试点项目。 |
| 3. 支撑条件 |
| ——加强残疾人社会保障和服务法规政策建设，制定无障碍建设条例、残疾人康复条例，修订《残疾人教育条例》。 |
| ——加强残疾人组织建设，建设好专职、专业和志愿者队伍，加快残疾人康复、教育、就业、维权、托养、文化体育、社会工作等专门人才培养。 |
| ——新建、改建、扩建一批骨干残疾人服务设施。 |
| ——建立稳定增长的残疾人事业经费投入保障机制。 |
| ——做好残疾人社会保障与服务统计和残疾人状况监测。建设残疾人人口综合数据管理系统和中国残疾人服务网。 |
| ——产出一批残疾人事业科技和理论研究重大成果。 |

## 三、"十二五"时期残疾人事业的主要任务和政策措施

### （一）社会保障

主要任务：

——残疾人基本生活得到稳定的制度性保障。

——城乡残疾人普遍按规定加入基本养老保险和基本医疗保险。

——逐步扩大残疾人社会福利范围，提高社会福利水平。

政策措施：

1. 将残疾人普遍纳入覆盖城乡居民的社会保障体系并予以重点保障和特殊扶助，落实并完善针对残疾人特殊困难和需求的生活补助、护理补贴、社会保险补贴、生活救助等专项社会保障政策措施。

2. 将符合条件的残疾人全部纳入城乡最低生活保障制度，实现应保尽保；靠父母或兄弟姐妹供养的成年重度残疾人单独立户的，按规定纳入低保范围。提高对低收入残疾人的生活救助水平。地方可对符合条件的重度残疾人、一户多残、老残一体等困难残疾人家庭和低收入残疾人家庭给予临时救助。对城乡流浪乞讨生活无着的残疾人按规定给予及时救助和妥善安置。贯彻落实《关于优先解决城乡低收入残疾人家庭住房困难的通知》，将住房困难的城乡低收入残疾人家庭优先纳入基本住房保障范围。将符合条件的城乡贫困残疾人纳入医疗救助范围，逐步提高救助标准。开展残疾人康复救助，对贫困残疾人无法通过医疗保险和医疗救助渠道解决的康复费用予以补助。

3. 督促用人单位依法为残疾职工缴纳社会保险费，符合条件的残疾人按规定享受失业保险待遇。将残疾人纳入就业扶持和就业援助政策范围，对企业吸纳、灵活就业和公益性岗位安置的残疾人，按规定给予社会保险补贴。按规定落实城镇贫困残疾人个体工商户缴纳基本养老费补贴政策。支持符合条件的企业按规定为残疾职工办理补充养老保险和补充医疗保险。制定非公有制经济从业残疾人员、残疾农民工、被征地农村残疾人、灵活就业残疾人参加各类社会保险的优惠政策。对工（农）疗机构、辅助性工场等集中安置残疾人就业单位办理社会保险给予优惠政策。

在城镇居民养老保险试点过程中按照自愿参保的原则将符合规定条件的残疾人纳入其中。落实贫困残疾人参加城镇居民基本医疗保险、新型农村合作医疗个人缴费部分的政府补贴政策。落实为重度残疾人等缴费困难群体参加新型农村社会养老保险代缴部分或全部最低标准保险费政策。

逐步降低或取消医疗救助的起付线，合理设置封顶线。在将重性精神病患者经常服药费用纳入新农合、城镇居民基本医疗保险基金支付范围的基础上，对仍有困难的给予救助。逐步调整基本医疗保险药品目录、诊疗项目范围和医疗服务设施标准，提高残疾人医疗康复保障水平。逐步规范和增加工伤保险职业康复项目。鼓励开设针对残疾人特殊需求的商业保险险种。

4. 建立贫困残疾人生活补助和重度残疾人护理补贴制度。有条件的地方开展一户多残、老残一体等困难残疾人生活补助试点和重度残疾人护理补贴试点。有条件的地方对重度残疾人适配基本型辅助器具、残疾人家庭环境无障碍建设和改造、日间照料、护理和居家服务给予政府补贴。制定落实残疾人生活用水、电、气、暖费用，挂号费、诊疗费，泊车费，盲人、聋人手机短信和宽带费用以及农村筹资筹劳等方面的优惠政策。研究制定无民事行为能力和限制民事行为能力残疾人财产信托、人身和财产保险等保护措施。

5. 落实《伤病残军人退役安置规定》，做好伤病残军人移交安置工作，逐步提高伤病残军人保障待遇。保障伤病残军人优先享受康复、教育、就业、扶贫及文化、体育等公共服务。

（二）康　复

主要任务：

——完善康复服务网络，健全保障机制，加快康复专业人才培养，初步实现残疾人"人人享有康复服务"目标。

——全面开展社区康复服务；实施重点康复工程，帮助1300万残疾人得到不同程度的康复。

——构建辅助器具适配体系，组织供应500万件各类辅助器具，有需求的残疾人普遍适配基本型辅助器具。

政策措施：

1. 以专业康复机构为骨干、社区为基础、家庭为依托，发挥医疗机构、城市社区卫生服务中心、村卫生室、特教学校、残疾人集中就业单位、残疾人福利机构等的作用，建立健全社会化的残疾人康复服务网络，全面开展医疗康复、教育康复、职业康复、社会康复，提供功能技能训练、辅助器具适配、心理辅导、康复转介、残疾预防、知识普及和咨询等康复服务。重点解决中西部地区、农牧区和贫困残疾人康复服务的可及性问题。

2. 加强省、市、县三级专业康复机构的规范化建设。制定康复机构和精神病患者康复机构的建设标准和服务规范。建设一批专业化骨干康复机构以及综合医院康复医学科和康复医院。扶持一批有条件的省、市级康复机构成为区域性康复技术资源中心，扶持一批社区康复站成为基层康复工作示范点。加强综合医院、精神专科医院康复医学科室建设，规范康复医学服务行为，开展康复医疗与训练、人员培训、技术指导、康复技术研究等工作。加强民政福利机构康复设施建设。

3. 城市社区卫生服务中心、乡镇卫生院要根据康复服务需求设立康复室，配备适宜的康复设备和人员。建立示范性社区康复站。依托各级各类医疗、康复、教育机构，充分利用社区资源，加强社区康复服务能力建设，制定社区康复服务质量标准，开展规范化社区康复服务，实现康复进社区、服务到家庭，为残疾人提供基本康复服务。

4. 实施0—6岁残疾儿童免费抢救性康复项目，建立残疾儿童抢救性康复救助制度，有条件的地区逐步扩大康复救助范围。实施白内障患者复明救治、盲人定向行走训练、低视力残疾人康复、聋儿听力语言康复、肢体残疾人矫治手术及康复训练、麻风畸残矫治手术及防护用品配置、智力残疾人康复训练与服务、精神病防治康复等国家重点康复工程。

5. 制定国家扶持辅助器具产业发展政策，研究完善辅助器具等残疾人专用品进口税收优惠政策。构建辅助器具适配体系，完善辅助器具标准，实施《残疾人辅助器具机构建设规范》，发挥国家和区域残疾人辅助器具资源中心的作用，加强各级残疾人辅助器具服务中心（站）建设，推广辅助器具评估适配等科学方法，推进辅助器具服务进社区、到家庭。加强国家康复器械质量监督检验中心建设，强化辅助器具质量监督检验工作。扶持研发、生产一批残疾人急需的辅助器具，组织供应500万件辅助器具，提高适用性和使用率。完善中国残疾人辅助器具服务网，办好中国国际康复博览会。

6. 制定康复医学发展规划，加强康复医学学科建设，提高康复医学发展水平，不断提高康复服务质量。建立国家康复人才教育基地。实施康复人才培养"百千万"工程，使康复专业人才总量增加、结构合理、水平提高。逐步建立完善康复专业技术人员和技能人员职业资格评价体系和晋升体系。制定完善听力语言康复，脑瘫、智力残疾、孤独症儿童康复训练，精神病防治康复等技术标准。

## （三）教 育

主要任务：

——完善残疾人教育体系，健全保障机制，提高残疾人受教育水平。

——适龄残疾儿童少年普遍接受义务教育，提高残疾儿童少年义务教育质量。

——发展残疾儿童学前康复教育；大力发展残疾人职业教育，加快发展残疾人高中阶段教育和高等教育。

——减少残疾人青壮年文盲。

政策措施：

1. 贯彻落实《残疾人教育条例》《国家中长期教育改革和发展规划纲要（2010—2020年）》和《国务院办公厅转发教育部等部门关于进一步加快特殊教育事业发展意见的通知》（国办发〔2009〕41号），建立完善从学前教育到高等教育的残疾人教育体系，健全特殊教育保障机制，将特殊教育纳入国家教育督导制度和政府教育评价体系，保障残疾人受教育的权利。

2. 将残疾人义务教育纳入基本公共服务体系。继续完善以特殊教育学校为骨干、以随班就读和特教班为主体的残疾儿童少年义务教育体系，加快普及并提高适龄残疾儿童少年义务教育水平。采取社区教育、送教上门、跨区域招生、建立专门学校等形式对适龄重度肢体残疾、重度智力残疾、孤独症、脑瘫和多重残疾儿童少年实施义务教育。动员和组织农牧区适龄残疾儿童少年接受义务教育，推进区域内残疾儿童少年义务教育均衡发展。建立完善残疾儿童少年随班就读支持保障体系，依托有条件的教育机构设立特殊教育资源中心，辐射带动特殊教育学校和普通学校，提高随班就读质量。支持儿童福利机构特教班建设。

3. 建立多部门联动的0—6岁残疾儿童筛查、报告、转衔、早期康复教育、家长培训和师资培养的工作机制，鼓励和支持幼儿园、特教学校、残疾儿童康复和福利机构等实施残疾儿童学前康复教育。实施"阳光助学计划"，资助残疾儿童接受普惠性学前康复教育。逐步提高残疾儿童学前康复教育普及程度。重视0—3岁残疾儿童康复教育。帮助0—6岁残疾儿童家长及保育人员接受科学的康复教育指导。鼓励、扶持和规范社会力量兴办残疾儿童学前康复教育机构。

4. 普通高中、中等职业学校要创造条件招收残疾学生。鼓励和扶持特教学校开设高中部（班），支持特教高中、残疾人中等职业学校建设，改善办学条件。扩大残疾人中等职业学校招生规模，拓宽专业设置，改革培养模式，加快残疾人技能型人才培养。帮助农村残疾人和残疾人家庭子女接受职业教育。残疾人教育机构、职业培训机构、托养机构、残疾人扶贫基地等要承担扫除残疾人青壮年文盲的任务和职责，探索残疾人青壮年文盲扫盲工作机制和模式。

5. 普通高校要创造条件扩大招收残疾学生规模，为残疾学生学习、生活提供便利。要尊重少数民族的风俗习惯，为少数民族残疾学生创造良好学习生活环境。继续办好南京特殊教育职业技术学院、长春大学特殊教育学院、北京联合大学特殊教育学院、天津理工大学聋人工学院、滨州医学院特殊教育学院等高等特殊教育学院（专业），适当扩大招生规模，拓宽专业设置，完善办学机制，提高办学层次和质量。通过自学考试、远程教育等方式帮助更多的残疾人接受高等教育。完善盲、聋、重度肢体残疾等特殊考生招生、考试办法。聋人参加各类外语考试免试听力。

6. 加大特殊教育教师培训力度，提升特殊教育师资能力。高等师范院校普遍开设特殊教育课程，鼓励和支持高等师范院校和综合性院校举办特殊教育专业，加快特殊教育教师培养。根据国家规定落实并逐步提高特教津贴。在优秀教师表彰中提高特殊教育教师比例。推进中西部地区特殊教育学校建设。国家制定特殊教育学校基本办学标准，地方政府制定学生人均公用经费标准和教职工编制标准。改善特殊教育学校办学条件。深化课程改革，完善教材建设，加强教学研究，不断提高特殊教育教学质量和水平，全面提高残疾学生思想道德、科学文化、身心健康素质和社会适应能力。

7. 全面实施残疾学生免费义务教育。对义务教育阶段残疾学生在"两免一补"基础上，针对残疾学生的特殊需要，进一步提高补助水平。逐步实施残疾学生高中阶段免费教育。普通高校全日制本专科在校生中家庭经济困难的残疾学生及残疾人家庭子女优先享受国家助学金。动员社会力量广泛开展各种形式的扶残助学活动。

8. 将手语、盲文研究与推广工作纳入国家语言文字工作规划，建立手语、盲文研究机构，规范、推广国家通用手语、通用盲文，提高手语、盲文的信息化水平。建立手语翻译员培训、认证、派遣服务制度。

（四）就　业

主要任务：

——完善残疾人就业促进和保护政策措施，稳定和扩大残疾人就业，提高残疾人就业质量，鼓励残疾人创业，城镇新就业残疾人100万人。

——规范残疾人就业服务体系，有就业需求的各类残疾人普遍获得就业服务和职业技能培训。

政策措施：

1. 全面贯彻《中华人民共和国就业促进法》和《残疾人就业条例》。落实对残疾人集中就业单位税收优惠和对从事个体经营的残疾人实施收费减免、税收扶持有关政策，完善残疾人就业保障金征收使用管理政策。编制残疾人集中就业单位专产专营和政府优先采购产品与服务目录。将残疾人就业纳入各级政府就业联动和督导工作。

2. 实施百万残疾人就业工程。切实落实按比例就业政策，党政机关、人民团体、事业单位及国有企业带头安排残疾人，促进更多残疾人在各类用人单位按比例就业，逐步建立残疾人按比例就业岗位预留制度；政府开发的适合残疾人就业的公益性岗位，应优先安排残疾人就业；落实完善残疾人就业促进税收优惠政策，鼓励用人单位吸纳残疾人就业；通过资金扶持、小额贷款贴息、经营场所扶持、社会保险补贴、税收优惠等措施，扶持残疾人自主创业和灵活就业。以社区便民服务、社区公益性岗位、家庭服务、电子商务等多种形式促进残疾人社区就业和居家就业。落实高校残疾人毕业生就业扶持政策。加强对外来务工残疾人、女性残疾人和少数民族残疾人的职业培训和就业服务。

3. 加强残疾人职业教育培训和职业能力建设。以就业为导向，鼓励各级各类特殊教育学校、职业学校及其他教育培训机构开展多层次残疾人职业教育培训，着力加强订单式培训、定向培训和定岗培训，强化实际操作技能训练和职业素质培养，着力提高培训后的就业率。建立残疾人职业培训补贴与培训质量、一次性就业率相衔接的机制。加强残疾人职业能力开发，建立健全残疾人职业技能人才奖励机制。举办全国残疾人职业技能竞赛，参加国际残疾人奥林匹克职业技能竞赛。

4. 全面实施《盲人医疗按摩管理办法》。组织好国家盲人医疗按摩人员资格考试，做好盲人医疗按摩人员执业资格和专业技术职称评审工作。扩建北京按摩医院。培养盲人医疗按摩人员。鼓励医疗机构录用盲人医疗按摩人员。帮助有执业资格的盲人开办医疗按摩所。制定盲人保健按摩管理办法，规范盲人保健按摩行业管理。培训盲人保健按摩人员并扶持就业。为听力言语残疾人提供培训，帮助听力言语残疾人就业。大力推进职业康复劳动项目，促进智力和精神残疾人辅助性就业。

5. 各地公共就业服务机构和基层劳动就业社会保障公共服务平台免费为残疾人提供有针对性的职业介绍、职业指导等就业服务。将就业困难残疾人纳入就业援助范围，通过即时岗位援助、公益性岗位安置、社会保险补贴等政策，加大就业援助力度。结合公共就业人才服务专项活动，为残疾人提供专门服务。采取有效措施积极引导经营性人力资源服务机构履行社会责任，为残疾人提供优质、高效、贴心的就业服务。加强劳动保障监察，督促各类用人单位认真遵守国家促进残疾人就业的法律法规，禁止针对残疾人的就业歧视和违法雇佣残疾人，维护残疾人公平就业权利。

6. 实施残疾人就业服务能力建设工程。加强国家残疾人就业服务指导中心建设，制定残疾人职业技能鉴定辅助标准，完善残疾人职业技能鉴定办法。加快推进残疾人就业服务机构规范化建设，县级以上残疾人就业服务机构具备独立开展就业服务的条件，建立残疾人职业指导、职业信息分析、职业能力评估和劳动保障协理相结合的专业就业保障服务队伍，为用人单位提供适合残疾人的就业信息发布和推荐残疾人就业等支持性服务，免费为残疾人提供职业指导、职业适应评估、就业和失业登记、职业介绍等服务。依托基层残疾人专职委员队伍，培训残疾人就业服务与社保协理员。加强残疾人就业服务信息网建设，将其纳入公共就业人才服务信息网络系统。

7. 依托农村扶贫开发和统筹城乡就业政策，扶持农村残疾人开展种养业、家庭服务业和其他增收项目，有序组织农村残疾人转移就业。

## (五) 扶 贫

主要任务：

——加强农村残疾人扶贫开发，扶持1000万农村贫困残疾人改善生活状况、增加收入、提高发展能力。

——为100万农村残疾人提供实用技术培训。

——继续实施"阳光安居工程"，改善农村贫困残疾人家庭居住条件。

政策措施：

1. 贯彻落实《中国农村扶贫开发纲要（2011—2020年）》，将贫困残疾人作为重点扶持群体纳入政府扶贫开发规划，统筹安排，同步实施，优先帮扶。制定并实施《农村残疾人扶贫开发规划（2011—2020年）》。完善贫困残疾人口的识别机制，将家庭年人均纯收入低于当地最低生活保障标准的农村贫困残疾人纳入农村低保范围，将有劳动能力的农村贫困残疾人纳入扶贫范围。帮助有劳动能力的贫困残疾人优先享受国家扶贫开发和惠农政策，做好农村低保制度和扶贫开发政策的有效衔接。中央和地方多渠道安排筹措资金，加大对农村贫困残疾人的帮扶力度。

2. 继续开展残疾人康复扶贫。增加中央康复扶贫贷款贴息资金。加大康复扶贫贷款管理体制改革力度，健全担保体系，简化贷款程序，提高贷款扶持贫困残疾人户的到位率和扶贫效益。加强对扶持贫困残疾人的能人大户和扶贫基地的信贷支持。开展产业化扶贫，实施"阳光助残扶贫基地建设工程"，扶持创建一批农村残疾人扶贫基地，带动贫困残疾人农户发展生产、增加收入。

3. 加强对农村贫困残疾人的培训。为100万农村贫困残疾人开展实用技术培训，合理设置适合不同类别残疾人的培训项目，使经过培训的残疾人至少掌握1—2门实用增收技术。政府举办或补助的面向"三农"的培训机构和项目免费培训残疾人。

4. 在移民扶贫和农村危房改造工程中对农牧区贫困残疾人家庭住房建设和改造予以优先安排。继续使用国家彩票公益金支持"阳光安居工程"——中西部地区农村贫困残疾人家庭危房改造项目。

5. 加强基层残疾人扶贫服务社建设，依托农村金融机构、供销合作社、农民专业合作社、贫困村互助社、各种行业协会组织等农村社会化服务体系,为残疾人提供多种形式的生产生活服务。

6. 广泛开展"帮、包、带、扶"活动,动员城乡基层组织、干部、群众、志愿者结对帮扶农村贫困残疾人。

(六) 托　养

主要任务:

——初步建立残疾人托养服务体系。

——继续实施"阳光家园计划",为残疾人托养服务提供200万人次补助。

政策措施:

1. 以智力、精神、重度残疾人为重点对象,组织开展托养服务需求调查,摸清底数,制定托养服务发展计划。

2. 建立健全以省级或省会城市托养服务机构为示范、设区的市和有条件的县托养服务机构为骨干、乡镇(街道)和社区日间照料为主体、居家托养服务为基础的残疾人托养服务体系。省级或省会城市、设区的市及有条件的县(市、区)建设一批残疾人托养服务骨干示范机构。引导支持社会组织和个人兴办非营利性残疾人托养服务机构。

3. 大力发展居家托养服务。通过政策和资金扶持,动员社会服务组织、志愿服务人员、家庭邻里等力量,依托社区和家庭,为更多居住在家并符合托养条件的残疾人提供生活照料、康复护理、生活和职业能力培训、精神慰藉、安全保护等方面的服务。

4. 坚持政府投入为主,鼓励通过社会募集等多种渠道筹措托养服务资金,逐步提高托养服务的补助标准,扩大受益面。

5. 制定实施残疾人托养服务机构建设标准和服务规范。加强行业管理,探索建立针对残疾人托养服务机构、提供残疾人居家托养服务的社会组织资助制度和服务质量监管制度。对规范达标的托养服务机构给予居民家庭水、电、气、暖费用同价优惠待遇。按照专职与志愿相结合的原则,加强托养服务队伍建设,培训管理和服务人员。

(七) 文　化

主要任务:

——加强公共文化服务,满足残疾人基本文化需求。

——丰富残疾人文化生活，发展残疾人文化艺术。

政策措施：

1. 各类公共文化场所免费或优惠向残疾人开放，提供设施及信息交流无障碍服务。群众艺术馆、文化馆、乡镇综合文化站、社区文化中心（街道文化站）、特殊教育学校、残疾人组织、社会福利机构、社会残疾人服务机构等组织残疾人开展形式多样、健康有益的群众性文化、艺术、娱乐活动。农家书屋、全国文化信息资源共享工程等国家公共文化服务重点项目中要有为残疾人服务的内容。在国家和地方各级政府组织开展的各项文化活动以及各类文化评奖、艺术比赛中，鼓励和吸纳残疾人或残疾人文化艺术团体参与。

2. 以"残疾人文化周"为载体，开展基层群众性残疾人文化活动。在城乡社区实施"残疾人文化进社区"项目。扶持出版为残疾人服务的图书、音像制品。扶持残疾人题材的影视剧、戏剧、广播剧等文艺作品的创作、发行。建设网上中国残疾人数字图书馆，拓展面向各类残疾人的数字资源服务。扶持各种音像制品、网络视频和学习课件加配字幕。

3. 各级公共图书馆应设立盲人阅览室，配置盲文图书及有关阅读设备，做好盲人阅读服务。资助中西部地区设区的市、县两级公共图书馆盲人阅览室建设。充分发挥中国视障文化资讯服务中心（中国盲文图书馆）资源辐射和公共文化服务作用。盲人读物出版规模比"十一五"翻两番，加强盲人信息化产品研发、生产和应用。

4. 扶持以特殊教育学校为主的残疾人特殊艺术人才培养基地。举办全国残疾人艺术汇演、全国特教学校学生艺术汇演和全国残疾人文化艺术博览会。鼓励扶持残疾人参加工艺美术、书画、文学、摄影等艺术活动和创作，培育残疾人文化艺术品牌。开展残疾人文化艺术国际交流。

（八）体　育

主要任务：

——加强残疾人群众体育工作，促进残疾人康复健身，提高社会参与能力。

——提高残疾人竞技体育水平，在重大残疾人国际赛事中争取优异成绩。

政策措施：

1. 公共体育设施免费向残疾人开放，为残疾人参加体育健身提供便利。社会体育指导员要积极组织、帮助残疾人参加体育健身活动。社区和社会福利机构、特殊教育学校、康复机构、托养服务机构等残疾人相对集中的基层单位要结合康复训练、职业培训、特殊教育等，广泛开展残疾人群众性体育健身活动。重视农村残疾人体育工作，引导农村残疾人因地制宜参加健身活动。推动残奥、聋奥、特奥均衡发展，经常参加特奥运动的智力残疾人发展到120万人。

2. 贯彻落实《全民健身计划（2011—2015年）》，实施"残疾人自强健身工程"。推广适合残疾人身心特点的健身康复体育项目，举办全国性、区域性残疾人群众性体育展示活动。为基层残疾人体育活动场所和残疾人综合服务设施配置适宜的器材器械，建设一批群众体育活动示范点。积极做好残疾人体育健身服务，培养残疾人社会体育健身指导员。开展残疾人群众性体育促进康复健身效果的评估和科学研究。

3. 改革残疾人体育竞赛制度。实施残疾人运动员等级评定办法。建立优秀残疾人运动员集训队伍，培育残疾人体育技术人员、管理人员队伍。发挥国家残疾人体育训练基地的示范作用，进一步加强残疾人体育基地建设和管理。加强残疾人体育教育、科研工作和道德作风建设。解决退役残疾人运动员社会保障和教育、就业等问题。

4. 办好全国残运会、特奥会、聋人运动会等赛事。组团参加残奥会、特奥会、听障奥运会等重要国际赛事，争取优异成绩，为国争光。

（九）无障碍环境

主要任务：

——加快推进无障碍建设与改造，开展全国无障碍建设市、县、区创建工作。

——加强信息无障碍建设，公共服务信息方便残疾人使用。

——开展残疾人家庭无障碍改造，对贫困残疾人家庭提供改造补助。

政策措施：

1. 制定实施无障碍建设条例，依法开展无障碍建设。完善无障碍建设标准体系，新建、改建、扩建设施严格按照国家相关规范建设无障碍设施，加快推进既有道路、建筑物、居住小区、园林绿地特别是与残疾人日常生活密切相关的已建设施无障碍改造。提高无障碍建设质量和水平，加强无障碍设施日常维护与管理。开展创建全国无障碍建设市、县、区工作。普及无障碍知识，加强宣传与推广。

2. 实施无障碍环境建设工程。将无障碍建设纳入社会主义新农村和城镇化建设内容，与公共服务设施同时规划、同时设计、同时施工、同时验收。航空、铁路及城市公共交通要加大无障碍建设和改造力度，公共交通工具要逐步完善无障碍设备配置，公共停车区要设置残疾人停车位。广泛开展残疾人家庭无障碍改造工作，有条件的地方要对贫困残疾人家庭无障碍改造提供补助。基本完成残疾人综合服务设施的无障碍改造。

3. 将信息无障碍纳入信息化相关规划，更加关注残疾人享受信息化成果、参与信息化建设进程。制定信息无障碍技术标准，推进通用产品、技术信息无障碍。推进互联网和手机、电脑、可视设备等信息无障碍实用技术、产品研发和推广，推动互联网网站无障碍设计。各级政府和有关部门采取无障碍方式发布政务信息。推动公共服务行业、公共场所、公共交通工具建立语音提示、屏显字幕、视觉引导等系统。推进聋人手机短信服务平台建设。推进药品和食品说明的信息无障碍。图书和声像资源数字化建设实现信息无障碍。

(十) 法制建设和维权

主要任务：

——进一步完善残疾人事业法律法规政策体系，加强普法宣传，提高全社会依法维护残疾人权益的意识，为残疾人社会保障体系和服务体系建设提供良好法制环境。

——完善残疾人维权工作机制，畅通联系残疾人的渠道，深入开展残疾人法律救助工作，着力解决残疾人普遍性、群体性的利益诉求。

政策措施：

1. 进一步健全残疾人事业法律法规体系。制定无障碍建设条例、残疾人康复条例，修订《残疾人教育条例》。完成残疾人保障法地方实施办法的修改工作，指导地方适时制定和修改残疾人优惠政策和扶助规定。在涉及残疾人的立法中纳入保障残疾人权益的内容。尊重和保障残疾人在相关立法和残疾人事务中的知情权、参与权、表达权和监督权。

2. 进一步加大残疾人保障法等保障残疾人权益法律法规的实施力度，积极配合各级人大、政协开展执法检查、视察和调研，依法维护残疾人合法权益。建立健全残联系统人大代表、政协委员服务工作机制，充分发挥残疾人组织和残疾人代表在国家政治、经济、社会、文化生活中的民主参与、民主管理和民主监督作用。

3. 将残疾人保障法等法律法规纳入国家"六五"普法规划，开展形式多样的普法宣传活动，提高全社会依法维护残疾人权益的意识，提高残疾人对残疾人保障法等法律法规的知晓率，提升残疾人运用法律武器维护自身合法权益的能力。对残联系统工作人员开展法制教育培训，培训残疾人维权工作人员。

4. 深入推进残疾人法律救助工作。切实加强残疾人法律救助工作协调机制建设，在政策制定、重大案件解决上发挥有效作用。拓展残疾人法律服务工作领域和服务内容，开展"送法进社区"、"送法进乡村"等活动，把残疾人法律服务向社区、乡村和老少边穷地区延伸，为残疾人提供个性化、专业化服务，依法解决残疾人切身利益问题。继续推动将残疾人权益保护事项纳入法律援助补充事项范围，扩大残疾人法律援助覆盖面。加快残疾人法律救助工作机构建设，在省、市和有条件的县建立残疾人法律救助工作站。为符合规定的残疾人法律援助案件提供经费补助。加强残疾人法律救助工作的信息化管理和基础理论研究。

5. 进一步完善残疾人信访工作机制，畅通信访渠道，健全信访事项督查督办与突发群体性事件应急处置机制。加大矛盾纠纷排查化解力度，将残疾人信访反映的困难和问题解决在基层。根据各类别残疾人的不同特点、需求，制定出台相关政策，解决残疾人在社会保障和服务等方面普遍性、群体性的权益诉求。加大重大侵害残疾人权益的信访案件协调督办力度，严厉打击侵害残疾人权益的违法犯罪行为，维护残疾人权益和社会稳定。

### （十一）残疾预防

主要任务：

——建立综合性、社会化预防和控制网络，形成信息准确、方法科学、管理完善、资源共享、监控有效的残疾预防机制。

——实施重点预防工程，有效控制残疾的发生和发展。

政策措施：

1. 制定和实施国家残疾预防行动计划。开展残疾预防体系建设试点项目。广泛开展以社区为基础、以一级预防为重点的三级预防工作，健全政府统筹规划和协调、各有关部门和团体齐抓共管、各司其职、密切配合的残疾预防工作体系和工作机制。

2. 针对危害面广、可预防的致残因素，实施一批重点预防工程。开展免费孕前优生健康检查试点。逐步建立健全全国产前筛查诊断网络，做好孕期保健和产前诊断，开展新生儿疾病筛查、诊断和治疗，建立残疾儿童早发现、早报告、早治疗制度，有效控制孤独症、脑瘫、重度智力残疾等先天残疾的发生，有效控制先天性苯丙酮尿症和先天性甲状腺功能低下所引起的儿童智力残疾的发生。强化计划免疫和基本医疗卫生保健，大量减少传染病致残。积极开展高血压、冠心病、脑血管疾病等慢性病的预防监测和治疗，倡导健康生活方式，减少慢性病致残。有效落实各项地方病防治措施，防止出现地方性克汀病新发病例、重度氟骨症患者、大骨节病临床新发病例和急性、亚急性克山病病例。加强初级眼保健工作，提高白内障手术能力，普及青少年视力检查和眼保健，减少白内障、糖尿病视网膜病变、低视力、儿童盲、屈光不正等导致的可避免盲。规范临床药物使用管理，完善控制药物不良反应的措施和不良反应的报告制度，减少药物致残。加强环境保护、安全生产、工伤预防、交通安全和防灾减灾工作，提高应急处理和医疗急救能力，控制、减少环境因素和事故致残。重视精神残疾预防，对重点人群开展心理健康教育和心理干预。

3. 普及残疾预防知识，提高公众残疾预防意识。组织好世界精神卫生日、全国爱耳日、爱眼日、预防出生缺陷日、防治碘缺乏病日等主题宣传教育活动，重点做好新婚夫妇、孕产期妇女、有害环境地区居民、交通和矿山行业职工、中小学生等重点人群的宣传教育工作。普及婚前卫生指导、孕前优生咨询和医学检查。

4. 加强有关残疾预防法律法规建设。执行《残疾人残疾分类分级》国家标准，实施残疾报告制度。加强信息收集，建立残疾预防的综合信息网络平台和数据库,开展致残因素监控和残疾预防对策研究。加强国家社科基金重大项目"中国残疾预防对策研究"的组织实施和成果转化应用工作。

**专栏二:"十二五"主要助残服务项目**

> 1. 0—6岁残疾儿童抢救性康复工程:为残疾儿童实施免费抢救性康复,建立残疾儿童抢救性康复救助制度和0—6岁残疾儿童筛查、报告、转衔、早期康复教育工作机制。
> 2. 千万残疾人康复工程:开展白内障患者复明救治、精神病防治康复等国家重点康复工程,帮助1300万残疾人得到不同程度的康复。适配500万件辅助器具。
> 3. 阳光助学计划:为贫困残疾儿童提供学前康复教育资助。
> 4. 百万残疾人就业工程:扶持城镇新就业残疾人100万名。
> 5. 阳光助残扶贫基地建设工程:扶持创建农村残疾人扶贫基地,带动农村贫困残疾人家庭发展生产、增加收入。
> 6. 阳光家园计划:对残疾人托养服务提供200万人次补助。
> 7. 阳光安居工程:继续使用彩票公益金支持中西部地区农村贫困残疾人家庭危房改造,有条件的地方要对贫困残疾人家庭无障碍改造给予补助。
> 8. 残疾人文化建设工程:在城乡社区实施"残疾人文化进社区"项目。支持中西部地区设区市、县两级公共图书馆盲人阅览室建设和省、市两级电视台开办手语节目。扶持特殊艺术人才培养基地。
> 9. 残疾人自强健身工程:建设一批残疾人群众体育活动示范点,为基层残疾人体育活动场所、残疾人综合服务设施配置器材器械,推广适合残疾人的体育健身项目。
> 10. 志愿助残阳光行动:开展志愿助残阳光行动,注册助残志愿者达到1000万人,受助残疾人达到1.5亿人次。

## (十二)残疾人组织和工作队伍建设

主要任务:

——完善残疾人组织体系,履行"代表、服务、管理"职能。

——加强基层残疾人组织建设和社区残疾人工作,提高为残疾人服务的能力。

——建设高素质的残疾人工作专职、专业和志愿者队伍。

——充分发挥残疾人专门协会作用。

政策措施:

1. 进一步加强残联组织建设,完善各级残联机构设置,配备适应工作需要的人员编制。加强与残疾人的血肉联系,切实履行职能;掌握残疾人社会保障和服务的基本情况和基础数据,积极向政府反映残疾人的特殊困难和需求；协助政府做好有关政策、法规、规划的制定和行业管理工作。做好第二代残疾人证发放管理工作。

2. 按照《关于进一步加强和规范基层残疾人组织建设的意见》的要求，在规划城乡基层组织建设的过程中，对基层残疾人组织给予积极指导和支持，进一步推进基层残疾人组织规范化建设。建立健全乡镇（街道）、村（社区）残疾人组织，除分类指导地区外，城乡基层残疾人组织实现全覆盖。加大基层残疾人组织的工作经费投入。着力培育基层残疾人工作者和残疾人专职委员队伍。加强残疾人专职委员培训，改善工作条件，妥善解决好其待遇问题，为基层残疾人工作提供组织和人才保障。

3. 将残疾人社会保障和服务纳入城乡社区建设规划和内容。社区建设协调领导机构要吸收同级残联为成员，城乡社区居民委员会要充分发挥残疾人协会和残疾人专职委员的作用，整合社区资源开展残疾人康复、社保经办、就业服务、日间照料、文化体育、法律服务、无障碍等工作。

4. 县级以上残联全部建立残疾人专门协会，省、设区的市残联建立残疾人专门协会活动场所，进一步加强专门协会规范化建设，活跃专门协会工作，切实发挥"代表、服务、维权"职能。加强对残疾人社会组织的联系、指导和支持。

5. 加强残联干部队伍建设，将残联干部队伍建设纳入干部队伍和人才队伍建设整体规划，加大培养、使用和交流力度。选好配强各级残联领导班子。做好残疾人干部的选拔、培养和使用工作，省级残联配备盲人、聋人专职理事，逐步配备智力、精神残疾人亲属理事。建立完善残疾人人才库。深入开展残疾人工作者"人道、廉洁、服务、奉献"的职业道德教育，加大设区的市、县级残联干部培训力度。进一步发挥各级残联代表大会代表作用。

6. 制定并实施《中国残疾人事业中长期人才发展规划纲要（2011—2020年）》。加快培养残疾人社会保障和服务等专业人才队伍。建立完善人才保障和激励机制，按照国家有关规定落实对为残疾人服务工作人员的工资待遇倾斜政策。

7. 将志愿助残工作纳入国家志愿服务总体规划，开展"志愿助残阳光行动"。建立健全助残志愿者招募注册、服务对接、评价激励、权益维护等机制，促进志愿助残服务的专业化、常态化和长效化。助残志愿者注册人数达到1000万。

8. 大力弘扬自强不息精神，鼓励和帮助残疾人参与社会生活，充分发挥残疾人在残疾人事业中的作用。广泛开展自强活动，培育、发现自强典型。召开第五次全国"自强与助残"表彰大会。

（十三）科技、信息化和基础设施建设

主要任务：

——加强残疾人事业领域的科技创新和成果应用及信息化建设工作，提高残疾人事业的信息化管理水平，为残疾人社会保障体系和服务体系提供技术支撑。

——加强残疾人事业基础设施建设，完善布局，改善条件，增强服务能力。

政策措施：

1. 建设残疾人人口综合数据管理系统，实现与社会保障和公共服务管理信息平台的数据交换和资源共享，为残疾人享有社会保障和服务提供身份认证和基础信息，为残疾人事业发展提供客观真实的基础数据。建设全国统一的中国残疾人服务网，开展个性化、多形式的网上便民、惠民服务。继续加强中国残联和地方残联网站资源和无障碍建设，加大政务信息公开力度。建立和完善残联系统信息化标准体系。加强信息化机构、队伍建设和基层信息专业技术人才培养。

2. 国家科技支撑计划、自然科学基金、社会科学基金等支持、推动残疾人事业领域的科技创新、政策理论研究和科技应用。发挥中国残疾人信息和无障碍技术研究中心作用，加快"中国残疾人信息无障碍关键技术支撑体系及示范应用"研究成果的转化与应用。继续实施"科技助残行动计划"。开展残疾人康复服务平台研发及应用示范等研究。鼓励和支持高等院校、科研机构和企事业单位研究残疾鉴定、康复、特殊教育、职业技能鉴定、辅助器具等领域的标准和技术。培育一批以科技为先导的为残疾人服务的产业品牌和企业。

3. 加强对残疾人服务设施的统筹规划，将残疾人康复、教育、就业、福利、托养、文化体育、综合服务等专业服务设施建设纳入城乡公益性建设项目,在立项、规划和建设用地等方面优先安排,加大投入,重点扶持,使残疾人服务设施布局合理、条件改善、服务能力增强。实施残疾人综合服务设施建设标准,继续完善残疾人综合服务设施建设。应建未建地区要建设符合要求的残疾人综合服务设施;无障碍设施不规范的残疾人综合服务设施应进行改造;建设规模不达标的残疾人综合服务设施应进行扩建。中央对中西部困难地区的残疾人综合服务设施建设继续给予适当补助。

**(十四)统计、监测和政策研究**

主要任务:

——加强统计和监测,掌握残疾人基本状况和基础数据,及时跟踪残疾人事业有关工作的进展情况和取得的成效。

——加强残疾人社会保障和服务理论与实践研究,完善管理运行制度和服务标准。

政策措施:

1. 完善残疾人社会保障体系和服务体系统计指标,制定统计数据标准。加强基层业务台账工作,推行统计电子化和网络化管理应用。开展残疾人事业统计季报工作,提高统计数据的准确性和实效性。加强对各类统计数据资源的综合分析,发布残疾人事业年度统计公报。推进残疾人事业相关统计指标纳入社会保障和公共服务统计指标体系。加强统计队伍建设,定期做好培训、检查、监督、管理工作。

2. 做好残疾人状况监测工作,稳定工作队伍,落实保障条件,提高数据质量,加强分析利用。筹备第三次全国残疾人抽样调查,推进残疾人抽样调查的制度化、规范化。

3. 加强有关学科建设,充分发挥高校和研究机构残疾人事业研究基地的学术优势,办好残疾人事业发展研究会,进一步加强残疾人事业的理论与实践研究。重点开展残疾人公民权利、人道主义思想等基础性研究和残疾人社会福利、劳动权益保护、残疾人服务业、残疾人服务提供模式、服务机构运行管理、服务质量标准与监管、无障碍等方面政策研究。编写出版残疾人社会保障和服务研究、培训系列丛书。

### (十五）社会环境和残疾人慈善事业

主要任务：

——进一步弘扬人道主义思想，广泛宣传"平等、参与、共享"的现代文明社会残疾人观，为残疾人社会保障体系和服务体系建设营造良好社会环境。

——发挥残疾人社会服务组织作用，大力发展残疾人慈善事业，建立社会力量参与残疾人社会保障和服务的有效机制。

政策措施：

1. 宣传、文化、广播影视、新闻出版等部门和单位采取有效措施，进一步支持残疾人事业。新闻媒体要加大残疾人事业宣传力度，广泛宣传党和政府扶残助残优惠政策措施、社会各界的助残善举和残疾人的自强精神，加强网络等新媒体宣传。中央、省、设区的市广播电台要积极创造条件开设残疾人专题节目、电视台要积极创造条件开办手语栏目。对困难地区广播电台开设残疾人专题节目、电视台开设手语栏目给予扶持。继续推进影视剧和电视节目加配字幕。组织好全国残疾人事业好新闻作品评选和各地人民广播电台残疾人专题节目展播活动。组织好全国助残日、国际残疾人日等主题宣传活动。继续开展"手拉手红领巾助残"等活动。

2. 通过用地保障、信贷支持和政府采购等形式，鼓励民间资本参与发展残疾人社会福利事业，兴办残疾人康复、托养服务等各类社会福利机构。采取公办民营、民办公助、政府购买服务等多种形式，通过资金、场地、人才等扶持措施鼓励各类社会组织、企事业单位和个人参与发展残疾人服务业。改进和完善对残疾人社会服务组织资助办法，建立服务质量标准和监管制度，有条件的地方可以试点竞争性投标，确保服务的效率和质量。加强残疾人服务业规划和行业管理。

3. 大力发展残疾人慈善事业。残疾人福利基金会要积极为残疾人事业筹集善款，开展爱心捐助活动。发展中国狮子联会。实施好"集善工程"、"长江新里程计划"等残疾人慈善品牌项目。红十字会、慈善会等社会组织要积极开展残疾人慈善项目，鼓励社会单位和个人增强慈善意识，为残疾人事业发展贡献力量。

### （十六）国际交流与合作

做好联合国《残疾人权利公约》履约工作，建立健全国家履约机制，促进残疾人事业发展和残疾人权益保障。积极参与国际残疾人事务，加强对外宣传，展示我国残疾人人权保障和社会发展的成就。

加强与联合国有关机构、各国政府、国际残疾人组织、各国残疾人组织和民间机构的交流与合作，拓展国际交流领域，提高国际合作水平，增进与各国残疾人之间的相互了解和友谊，借鉴国外残疾人事务的有益经验和做法，促进我国残疾人事业的发展。

专栏三："十二五"主要能力建设项目

---

1. 残疾人综合服务设施新建、扩建、改造：扶持应建未建设施新建，建设规模未达标的设施扩建，进行无障碍设施改造。
2. 专业康复机构建设：建设一批专业化的省、市级骨干残疾人康复机构。
3. 示范性社区康复站建设：建设一批示范性社区康复站。
4. 专业托养服务机构建设：建设一批专业化的市、县级骨干残疾人托养服务机构。
5. 特殊教育机构建设：推进中西部特殊教育学校建设，建设一批中高等残疾人职业教育示范校，建立一批高等院校残疾人学生实习训练基地。
6. 就业服务能力建设：支持省级和各省会城市、计划单列市残疾人就业服务机构规范化建设。
7. 残疾人人口综合数据管理系统建设：建设覆盖3000万残疾人口的综合数据管理系统，与社会保障和公共服务管理信息平台实现数据交换和资源共享。
8. 科技助残行动计划：开展残疾人康复服务平台研发及应用示范等科技助残项目。
9. 残疾预防综合信息网络平台和数据库建设：整合各部门数据资源，对主要致残因素进行监测和分析，为残疾预防工作提供科学依据。
10. 残疾人事业专业人才培养：加快培养残疾人康复、特殊教育、就业服务、托养服务、体育健身、维权等专业人员和残联专职工作人员、基层残疾人专职委员队伍。

---

## 四、纲要的实施、监测和绩效评估

残疾人事业是中国特色社会主义事业的重要组成部分。残疾人工作是保障和改善民生的重点。实施好《中国残疾人事业"十二五"发展纲要》是各级政府和全社会义不容辞的责任。

各地区要依据本纲要制定当地残疾人事业"十二五"发展纲要，各部门要制定配套实施方案，各地区、各部门要将本纲要的主要任务指标纳入当地国民经济和社会发展总体规划、民生工程及部门规划，统一部署、统筹安排、同步实施。要综合运用各种财税支持手段，积极引导社会力量投入，形成多渠道、全方位的资金投入格局，建立投入稳定增长的残疾人事业发展经费保障长效机制，确保纲要规定的各项任务落到实处。

各级政府残疾人工作委员会及相关部门要根据纲要执行评估指标体系开展年度监测评估和跟踪问效，及时发现和解决执行中的问题。各部门每年要向同级政府残疾人工作委员会报告纲要执行情况。各级政府残疾人工作委员会在"十二五"中期和期末对纲要实施情况进行考核、绩效评估和信息公开。

专栏四：残疾人事业"十二五"发展纲要执行评估指标体系

| | 监测指标 | 单位 | 权重 | 目标值 |
|---|---|---|---|---|
| 社会保障 | 1. 贫困残疾人生活补助比例 | % | 4 | ≥50 |
| | 2. 重度残疾人护理补贴比例 | % | 4 | ≥30 |
| | 3. 城镇残疾人参加基本养老保险比例 | % | 6 | ≥80 |
| | 4. 城镇残疾人参加基本医疗保险比例 | % | 6 | ≥90 |
| | 5. 农村残疾人参加新农合比例 | % | 6 | ≥98 |
| | 6. 农村残疾人参加新农保比例（试点地区） | % | 6 | ≥85 |
| | 7. 农村残疾人生活救助和扶贫开发人数 | 万人 | 4 | ≥1000 |
| 公共服务 | 1. 重点康复工程服务人数 | 万人 | 5 | ≥1300 |
| | 2. 康复服务比例 | % | 4 | ≥80 |
| | 3. 学龄残疾儿童少年接受义务教育比例 | % | 5 | ≥90 |
| | 4. 城镇新增残疾人就业人数 | 万人 | 5 | ≥100 |
| | 5. 农村残疾人实用技术培训人数 | 万人 | 5 | ≥100 |
| | 6. 残疾人接受托养服务人数 | 万人/次 | 4 | ≥200 |
| | 7. 社区服务比例 | % | 4 | ≥70 |
| | 8. 社区活动参与率 | % | 4 | ≥65 |
| 生活水平 | 1. 城镇残疾人家庭人均可支配收入 | 元 | 7 | ≥13700 |
| | 2. 农村残疾人家庭人均纯收入 | 元 | 7 | ≥6900 |
| | 3. 城镇残疾人家庭恩格尔系数 | % | 5 | ≤42 |
| | 4. 农村残疾人家庭恩格尔系数 | % | 5 | ≤44 |
| | 5. 百户残疾人家庭彩色电视机拥有量 | 台 | 4 | ≥90 |

# 国务院关于印发"十三五"加快
# 残疾人小康进程规划纲要的通知

国发〔2016〕47号

各省、自治区、直辖市人民政府,国务院各部委、各直属机构:

现将《"十三五"加快残疾人小康进程规划纲要》印发给你们,请认真贯彻执行。

国务院

2016年8月3日

# "十三五"加快残疾人小康进程规划纲要

为贯彻落实党中央、国务院关于残疾人事业发展的一系列重要部署,全面实施《国务院关于加快推进残疾人小康进程的意见》(国发〔2015〕7号),进一步保障和改善残疾人民生,帮助残疾人和全国人民共建共享全面小康社会,依据《中华人民共和国残疾人保障法》和《中华人民共和国国民经济和社会发展第十三个五年规划纲要》,制定本纲要。

## 一、编制背景

党中央、国务院高度重视残疾人民生改善,推动残疾人事业与经济社会协调发展。"十二五"时期,特别是党的十八大以来,残疾人权益保障制度不断完善,基本公共服务体系初步建立,残疾人生存发展状况显著改善。588万农村贫困残疾人脱贫,950多万困难和重度残疾人得到生活补贴或护理补贴。残疾人就业稳中向好,收入较快增长。1000多万残疾人得到康复服务,残疾儿童少年义务教育入学率持续提高,残疾人文化体育服务不断拓展,无障碍环境建设加快推进。人道主义思想深入人心,扶残助残的社会氛围更加浓厚。残疾人社会参与日益广泛，各行各业涌现出一大批残疾人自强自立典型，越来越多的残疾人实现人生和事业的梦想。

但是与此同时，目前我国仍有相当数量的农村贫困残疾人、近200万城镇残疾人生活还十分困难，残疾人就业还不够充分，城乡残疾人家庭人均收入与社会平均水平差距仍然较大。康复、教育、托养等基本公共服务还不能满足残疾人的需求，残疾人事业城乡区域发展还很不平衡，基层为残疾人服务的能力尤其薄弱，专业服务人才相当匮乏。残疾人平等参与社会生活还面临不少困难和障碍。残疾人群体仍然是全面建成小康社会的难中之难、困中之困。

"十三五"时期是全面建成小康社会的决胜阶段。残疾人是一个特殊困难群体，需要格外关心、格外关注。残疾人既是全面小康社会的受益者，也是重要的参与者和建设者。没有残疾人的小康，就不是真正意义上的全面小康。"十三五"时期，必须补上残疾人事业的短板，加快推进残疾人小康进程，尽快缩小残疾人状况与社会平均水平的差距，让残疾人和全国人民共同迈入全面小康社会。

## 二、总体要求

### （一）指导思想

高举中国特色社会主义伟大旗帜，全面贯彻党的十八大和十八届三中、四中、五中全会精神，以邓小平理论、"三个代表"重要思想、科学发展观为指导，深入贯彻习近平总书记系列重要讲话精神，认真落实党中央、国务院决策部署，围绕"四个全面"战略布局，牢固树立和贯彻创新、协调、绿色、开放、共享的发展理念，把加快推进残疾人小康进程作为全面建成小康社会决胜阶段的重点任务，聚焦农村、贫困地区和贫困、重度残疾人，健全残疾人权益保障制度和扶残助残服务体系，增加残疾人公共产品和公共服务供给，让改革发展成果更多、更公平、更实在地惠及广大残疾人，使残疾人收入水平明显提高、生活质量明显改善、融合发展持续推进，让广大残疾人安居乐业、衣食无忧，生活得更加殷实、更有尊严。

**（二）基本原则**

坚持普惠与特惠相结合。既要通过普惠性制度安排给予残疾人公平待遇，保障他们的基本生存发展需求；又要通过特惠性制度安排给予残疾人特别扶助和优先保障，解决好他们的特殊困难和特殊需求。

坚持政府主导与社会参与、市场推动相结合。既要突出政府责任，确保残疾人公平享有基本民生保障和基本公共服务，依法维护好残疾人平等权益；又要充分发挥社会力量、残疾人组织和市场机制作用，满足残疾人多层次、多样化的需求，为残疾人就业增收和融合发展创造便利化条件和友好型环境。

坚持增进残疾人福祉和促进残疾人自强自立相结合。既要解决好残疾人最关心、最直接、最现实的利益问题，不断增进残疾人福祉；又要充分发挥残疾人的积极性、主动性和创造性，提高残疾人自我发展能力，帮助残疾人通过自身努力创造更加幸福的生活。

坚持统筹兼顾与分类指导相结合。既要加强对农村、老少边穷地区和贫困、重度残疾人的重点扶持，统筹推进城乡区域和不同类别残疾人小康进程；又要充分考虑城乡和地区差异，使残疾人小康进程与当地全面小康进程相协调、相适应。

**（三）主要目标**

到2020年，残疾人权益保障制度基本健全、基本公共服务体系更加完善，残疾人事业与经济社会协调发展；残疾人社会保障和基本公共服务水平明显提高，共享全面建成小康社会的成果。

农村贫困残疾人实现脱贫，力争城乡残疾人家庭人均可支配收入年均增速比社会平均水平更快一些，残疾人普遍享有基本住房、基本养老、基本医疗、基本康复，生活有保障，居家有照料，出行更便利。

残疾人平等权益得到更好保障，受教育水平明显提高，就业更加充分，文化体育生活更加丰富活跃，自身素质和能力不断增强，社会参与更加广泛深入。

残疾人基本公共服务基础条件明显改善，服务质量和效益不断提高，基层残疾人综合服务能力显著增强，形成理解、尊重、关心、帮助残疾人的良好社会环境。

专栏1　加快残疾人小康进程主要指标

| 指　　标 | 目标值 | 属　性 |
|---|---|---|
| 1. 残疾人家庭人均可支配收入年均增速 | >6.5% | 预期性 |
| 2. 困难残疾人生活补贴目标人群覆盖率 | >95% | 约束性 |
| 3. 重度残疾人护理补贴目标人群覆盖率 | >95% | 约束性 |
| 4. 残疾人城乡居民基本养老保险参保率 | 90% | 预期性 |
| 5. 残疾人城乡居民基本医疗保险参保率 | 95% | 预期性 |
| 6. 农村建档立卡贫困残疾人脱贫率 | 100% | 约束性 |
| 7. 农村贫困残疾人家庭存量危房改造率 | 100% | 约束性 |
| 8. 残疾人基本康复服务覆盖率 | 80% | 约束性 |
| 9. 残疾人辅助器具适配率 | 80% | 约束性 |
| 10. 残疾儿童少年接受义务教育比例 | 95% | 约束性 |

## 三、主要任务

### （一）保障残疾人基本民生

1. 提高残疾人社会救助水平。将符合条件的残疾人家庭及时纳入最低生活保障范围。生活困难、靠家庭供养且无法单独立户的成年无业重度残疾人，经个人申请，可按照单人户纳入最低生活保障范围。对以老养残、一户多残等特殊困难家庭中，因抚养（扶养、赡养）人生活困难、事实无力供养的残疾人，符合特困人员救助供养有关规定的，纳入救助供养范围，对纳入城乡医疗救助范围的残疾人，稳步提高救助水平。加强严重精神障碍患者救治救助工作，建立严重精神障碍患者防治管理和康复服务机制。对精神障碍患者通过基本医疗保险支付医疗费用后仍有困难，或者不能通过基本医疗保险支付医疗费用的，应当优先给予医疗救助。对生活无着的流浪、乞讨残疾人给予及时救助，健全流浪、乞讨残疾人返乡保障制度，对因无法查明身份信息而长期滞留的流浪、乞讨残疾人给予妥善照料安置。有条件的地方可将困难残疾人纳入惠民殡葬政策范围。

2. 建立完善残疾人基本福利制度。全面实施困难残疾人生活补贴制度和重度残疾人护理补贴制度，适时调整补贴标准，有条件的地方可逐步扩大补贴范围。建立残疾儿童康复救助制度，逐步提高残疾儿童少年福利保障水平。有条件的地方可对残疾人基本型辅助器具适配和贫困残疾人家庭无障碍改造予以补贴。落实已出台的低收入残疾人家庭生活用水、电、气、暖等基本生活支出费用优惠和补贴政策，制定实施盲人、聋人特定信息消费支持政策。各地对残疾人搭乘市内公共交通工具给予便利和优惠。公园、旅游景点和公共文化体育设施对残疾人免费或者优惠开放。

3. 确保城乡残疾人普遍享有基本养老保险和基本医疗保险。落实符合条件的贫困和重度残疾人参加城乡居民社会保险个人缴费资助政策，有条件的地方可扩大资助范围、提高资助标准，帮助残疾人按规定参加各项社会保险。完善重度残疾人医疗报销制度，逐步扩大基本医疗保险支付的医疗康复项目范围。支持商业保险机构对残疾人实施优惠保险费率，鼓励开发适合残疾人的补充养老、补充医疗等商业保险产品。鼓励残疾人个人参加相关商业保险。

4. 优先保障残疾人基本住房。对符合住房保障条件的城镇残疾人家庭给予优先轮候、优先选房等政策。农村危房改造同等条件下优先安排经济困难的残疾人家庭。按照农村危房改造政策要求，采取制定实施分类补助标准等措施，对无力自筹资金的残疾人家庭给予倾斜照顾。到2020年完成农村贫困残疾人家庭存量危房改造任务。有条件的地方可采用集体公租房、过渡房等多种方式解决贫困残疾人家庭的基本住房问题。

5. 加快发展残疾人托养照料服务。建立健全以家庭为基础、社区为依托、机构为支撑的残疾人托养服务体系，实现与儿童、老年人护理照料服务体系的衔接和资源共享。逐步提高残疾人托养服务能力，扩大受益面。继续实施"阳光家园计划"，提高托养机构规范化服务水平。为盲、聋、智障等残疾老人提供养老服务，提升专业化服务水平。对收养残疾儿童的家庭给予更多政策优惠支持，使更多的残疾儿童回归家庭生活。充分考虑少数民族残疾人的风俗习惯，健全惠及各族残疾人的托养照料服务体系。

専栏2　残疾人民生兜底保障重点政策

1. 最低生活保障制度
将符合条件的残疾人家庭及时纳入最低生活保障范围。生活困难、靠家庭供养且无法单独立户的成年无业重度残疾人，经个人申请，可按照单人户纳入最低生活保障范围。

2. 困难残疾人生活补贴制度和重度残疾人护理补贴制度
为低保家庭中的残疾人提供生活补贴，有条件的地方可逐步扩大到低收入残疾人及其他困难残疾人。为一级、二级且需要长期照护的各类重度残疾人提供护理补贴，有条件的地方可扩大到非重度智力、精神残疾人或其他残疾人。

3. 残疾儿童康复救助制度
逐步实现0—6岁视力、听力、言语、智力、肢体残疾儿童和孤独症儿童免费得到手术、辅助器具适配和康复训练等服务。

4. 残疾人基本型辅助器具补贴
有条件的地方对残疾人适配基本型辅助器具给予补贴。

5. 贫困残疾人家庭无障碍改造补贴
有条件的地方对贫困残疾人家庭无障碍改造给予补贴。

6. 困难残疾人社会保险个人缴费资助
对符合条件的贫困和重度残疾人参加城乡居民基本养老保险、基本医疗保险个人缴费予以资助。

7. 重度残疾人医疗报销制度
积极做好符合条件的重度残疾人医疗救助工作，鼓励地方探索提高重度残疾人大病保障水平，完善残疾人医保结算、救助流程。

8. 盲人聋人特定信息消费支持
对盲人、聋人有线（数字）电视费用、宽带和手机上网流量费用等给予优惠照顾。

9. "阳光家园计划"
支持日间照料机构和专业托养服务机构为100万人次就业年龄段智力、精神、重度肢体残疾人提供护理照料、生活自理能力和社会适应能力训练、职业康复、劳动技能培训、辅助性就业等服务。

## （二）大力促进城乡残疾人及其家庭就业增收

1. 确保农村贫困残疾人如期脱贫。制定实施《贫困残疾人脱贫攻坚行动计划（2016—2020年）》。将农村贫困残疾人全部纳入精准扶贫建档立卡范围，强化分类施策和精准帮扶，政策、项目向贫困残疾人倾斜。加强实用技术培训、社会化生产服务和金融信贷支持，充分发挥农民专业合作社、龙头企业和残疾人扶贫基地的辐射带动作用，确保农村贫困残疾人家庭至少参与一项养殖、种植、设施农业等增收项目。有序组织农村残人转移就业。在资产收益扶贫工作中,财政专项资金形成的资产可折股量化优先配置给贫困残疾人家庭。积极引导贫困残疾人家庭采取土地托管或林权、农村土地承包经营权入股等方式,实现家庭资产增值增收。第一书记等驻村干部要将残疾人贫困户作为重点帮扶对象,选好配强帮扶责任人。将残疾人减贫成效纳入地方各级政府扶贫开发工作成效考核范围。持续实施"农村基层党组织助残扶贫工程",依托"光伏扶贫"、"农家书屋"、"农村电商"等项目搭建社会力量参与残疾人扶贫开发平台。

2. 依法大力推进残疾人按比例就业。研究建立用人单位按比例安排残疾人就业公示制度。各级党政机关、事业单位、国有企业应当带头招录(聘)和安置残疾人就业。各级党政机关在坚持具有正常履行职责的身体条件的前提下,对残疾人能够胜任的岗位,在同等条件下要鼓励优先录用残疾人。切实维护残疾人平等报考公务员的权利,为残疾人考生创造良好的考试环境。未安排残疾人就业的事业单位申请使用空编招聘时,应优先招聘符合条件的残疾人。加大对超比例安排残疾人就业用人单位的奖励力度。将安排残疾人就业情况纳入全国信用信息共享平台,列为企业履行社会责任内容。各类医疗机构要积极吸纳符合条件的盲人医疗按摩人员就业执业。积极做好残疾军人退役安置工作。培育残疾人就业辅导员队伍,发展支持性就业。加强残疾人就业保障金管理,建立征收使用情况公示制度。

3. 稳定发展残疾人集中就业。落实税收优惠政策,完善残疾人集中就业单位资格认定管理办法。福利企业、盲人按摩机构和残疾人辅助性就业机构等残疾人集中就业单位参照社会福利机构享受城市建设与公用事业收费优惠。搭建残疾人集中就业单位产品和服务展销平台,制定政府采购残疾人集中就业单位产品和服务的有关政策。培育残疾人集中就业产品和服务品牌,扶持带动残疾人就业能力强的龙头企业。继续开展"千企万人就业行动"。支持盲人按摩业发展,鼓励盲人按摩规模化、品牌化。扶持残疾人文化创意产业基地建设。

4. 多渠道扶持残疾人自主创业和灵活就业。完善对残疾人自主创业、灵活就业和为残疾人提供就业岗位的个体工商户的扶持政策。对符合条件的自主创业、灵活就业残疾人,按规定给予税费减免和社会保险补贴,帮助安排经营场所、提供启动资金支持。建立完善残疾人创业孵化机制，扶持残疾人创业致富带头人。对符合条件的残疾人全面做好创业担保贷款支持和配套金融服务。借助"互联网+"行动，鼓励残疾人利用网络就业创业，给予设施设备和网络资费补助。扶持残疾人社区就业、居家就业。支持残疾人参与非物质文化遗产传承、振兴传统工艺、家庭手工业等项目。促进残疾妇女就业创业，拓宽盲人、聋人就业渠道。

5. 大力发展残疾人辅助性就业和多种形式就业。东部地区基本满足精神、智力和重度肢体残疾人等适宜人群的辅助性就业需求，中西部地区每个县（市、区）至少建有一所辅助性就业机构。为辅助性就业残疾人提供工资性补贴和社会保险补贴，对辅助性就业机构设施设备、无障碍改造等给予补助。政府开发的公益性岗位优先安排符合就业困难人员条件的残疾人。扶持残疾人亲属就业创业，实现零就业残疾人家庭至少有一人就业。

6. 加强残疾人就业服务和劳动权益保护。为有就业意愿和相应能力的残疾人普遍提供职业技能培训、岗位技能提升培训、创业培训和就业创业服务。为就业困难残疾人提供就业援助和就业补助。实现城镇新增50万残疾人就业。公共就业服务机构和基层网点将残疾人作为重点服务对象。各级残疾人就业服务机构加强绩效管理，提高服务的针对性和有效性，发挥服务示范作用。加强残疾人教育机构、就业服务机构和用人单位之间的转衔服务。完善残疾人就业创业网络服务平台，加快推进残疾人就业创业服务信息化，实现部门间和区域内残疾人就业信息互联互通。建立高校残疾人毕业生数据库，推进就业见习、实习，提供重点帮扶。继续举办全国残疾人职业技能竞赛暨全国残疾人展能节，组团参加国际残疾人职业技能竞赛。消除影响残疾人平等就业的制度障碍，加强劳动保障监察，依法查处违法行为。

专栏3　残疾人就业增收重点项目

1. 残疾人职业技能提升计划
   有就业意愿和相应能力的残疾人普遍得到就业创业培训，技能岗位的残疾人普遍得到岗位技能提升培训。

2. 农村残疾人"阳光扶贫基地"和实用技术培训项目
   扶持一批带动辐射能力强、经营管理规范、具有一定规模的农村残疾人"阳光扶贫基地"，安置和带动残疾人稳定就业、生产增收；为中西部地区50万名农村贫困残疾人提供实用技术培训。

3. 农村基层党组织助残扶贫工程
   全国农村基层党组织结对帮扶贫困残疾人家庭，帮助改善基本生活条件，扶持发展生产，实现稳定脱贫。

4. 党政机关按比例安排残疾人就业推进项目
   推动各级党政机关、政府残工委成员单位及其所属单位（机构）普遍按比例安排残疾人就业。

5. 残疾人创业孵化示范基地和文化创意产业基地建设项目
   建立一批残疾人创业孵化示范基地，为残疾人创业者提供低成本、便利化、全要素、开放式的综合服务平台和发展空间。扶持一批吸纳较多残疾人从业、具有较好市场发展前景的残疾人文化创意产业基地。

6. 残疾人辅助性就业示范机构建设项目
   扶持100所残疾人辅助性就业示范机构，为有就业意愿和相应能力的残疾人提供辅助器具和无障碍环境支持，促进职业重建辐射，带动各县（市、区）普遍建立一所残疾人辅助性就业机构。

7. 支持性就业推广项目
   扶持建设残疾人就业辅导员培训专业机构，培训2500名就业辅导员，帮助更多智力、精神残疾人实现支持性就业。

8. 低收入残疾人就业补助项目
   对公益性岗位就业、辅助性就业、灵活就业及就业年龄段内暂时未能就业，收入达不到最低工资标准、生活确有困难的残疾人予以救济补助。

## （三）提升残疾人基本公共服务水平

1. 强化残疾预防。制定实施国家残疾预防行动计划。加强残疾预防工作组织领导，加大残疾预防人才培养、设施设备和工作经费投入力度。广泛开展以社区和家庭为基础、以一级预防为重点的三级预防工作。推动建立完善筛查、诊断、随报、评估一体化的残疾监测网络，形成统一的残疾报告制度。针对遗传、疾病、意外伤害等主要致残因素，实施重点干预工程。加强出生缺陷综合防治，建立覆盖城乡居民，涵盖孕前、孕期、新生儿各阶段的出生缺陷防治服务制度。加强残疾预防宣传，广泛开展残疾预防"进社区、进校园、进家庭"宣传教育活动，增强全社会残疾预防和康复的意识与能力。探索建立残疾风险识别和预防干预技术体系，制定完善相关技术规范和标准。

2. 保障残疾人基本康复服务需求。制定实施《残疾预防和残疾人康复条例》。以残疾儿童和持证残疾人为重点，采取多种形式，实施精准康复，为残疾人提供基本康复服务。继续实施残疾儿童抢救性康复、贫困残疾人辅助器具适配、防盲治盲、防聋治聋等重点康复项目。加强康复医疗机构建设，健全医疗卫生、特殊教育等机构的康复服务功能。加强残疾人专业康复机构建设，建立医疗机构与残疾人专业康复机构双向转诊制度。加强残疾人健康管理和社区康复，依托专业康复机构指导社区和家庭为残疾人实施康复训练，推动基层医疗卫生机构普遍开展残疾人医疗康复。建设康复大学，加快康复高等教育发展和专业人才培养。

3. 加强辅助器具推广和适配服务。扶持便利、经济、实用、舒适、环保、智能辅助器具研发生产，推广个性化辅助器具适配服务，普及助听器、助视器、假肢、轮椅、拐杖等残疾人急需的辅助器具。充分发挥残联、民政、卫生等系统和社会力量的作用，构建多元化的辅助器具服务网络。发挥国家及区域残疾人辅助器具服务资源中心作用，提升残疾人辅助器具服务机构规范化水平。鼓励高等院校、科研机构、企业、社会组织等参与辅助器具研发、生产、流通、适配、租赁和转借服务。

4. 提高残疾人受教育水平。贯彻实施《残疾人教育条例》，依法保障残疾人受教育权利。为家庭经济困难的残疾儿童、青少年提供包括义务教育、高中阶段教育在内的12年免费教育。鼓励特殊教育学校实施学前教育。鼓励残疾儿童康复机构取得办园许可，为残疾儿童提供学前教育。鼓励普通幼儿园接收残疾儿童。进一步落实残疾儿童接受普惠性学前教育资助政策。继续采取"一人一案"方式解决好未入学适龄残疾儿童少年义务教育问题。规范为不能到校学习的重度残疾儿童送教上门服务。加快发展以职业教育为主的残疾人高中阶段教育。各地要加大残疾学生就学支持力度，对符合资助政策的残疾学生和残疾人子女优先予以资助；建立完善残疾学生特殊学习用品、教育训练、交通费等补助政策。大力推行融合教育，建立随班就读支持保障体系，在残疾学生较多的学校建立特殊教育资源教室，提高普通学校接收残疾学生的能力，不断扩大融合教育规模。完善中高等融合教育政策措施，中等职业学校、普通高校在招生录取、专业学习、就业等方面加强对残疾学生的支持保障服务。制定实施残疾青壮年文盲扫盲行动计划，全面开展残疾青壮年文盲扫盲工作。

5. 巩固特殊教育发展基础。落实好特殊教育提升计划。继续改善特殊教育学校办学条件，依托现有具备条件的特殊教育学校，加强对普通学校实施融合教育的指导和支持。加强残疾人中高等特殊教育职业院校建设。各省（区、市）要在现有编制总量内，落实特殊教育学校开展正常教学和管理工作所需编制，配足配齐教职工。对适合社会力量提供的教学辅助和工勤等服务，鼓励探索采用政府购买服务等社会化方式解决。改革特教教师培养模式，培养一批复合型特教教师。鼓励有条件的师范院校开设特殊教育必修课程，加强高等院校特殊教育专业建设，发挥南京特殊教育师范学院和北京师范大学、华东师范大学特殊教育院系等骨干特教师资培养作用。完善特教教师收入分配激励机制。深化特殊教育课程改革，组织编写新课程标准教材，提高特殊教育教学质量和水平。提高特殊教育信息化水平，利用网络远程教育资源，为残疾人提供方便快捷的受教育机会。组织实施《国家手语和盲文规范化行动计划（2015—2020 年）》，推广国家通用手语和通用盲文，提高手语、盲文信息化水平。支持国家手语和盲文研究中心和推广中心发挥作用。开展听力、视力残疾人普通话水平测试工作，加强手语主持研究和人才培养。建立手语翻译培训、认证、派遣服务制度。

6. 丰富残疾人文化体育生活。将残疾人作为公共文化体育服务的重点人群之一，公共文化惠民工程、全民健身工程、全民阅读工程、公共文化体育服务机构和基层综合性文化服务中心要提供适合残疾人的服务内容和活动项目。有条件的市（地）、县（市、区）公共图书馆设立盲人阅览室，配置盲文图书、有声读物、大字读物及阅读辅助设备。开展残疾人文化周、残疾人阅读推广等群众性文化活动。扶持盲文读物、有声读物、残疾人题材图书和音像制品出版。继续建设中国残疾人数字图书馆和移动数字图书馆，通过建设中国盲人数字图书馆构建盲文数字出版和数字有声读物资源平台。开展残疾人特殊艺术项目发掘保护，加强特殊艺术人才培养，扶持特殊艺术团体建设和创作演出。支持创作、出版残疾人文学艺术精品力作，培育残疾人文化艺术品牌。

实施"残疾人体育健身计划"，推动残疾人康复体育和健身体育广泛开展。创编、推广残疾人康复体育和健身体育项目，研发适合不同类别和等级残疾人使用的小型体育器材，推动残疾人体育进社区、进家庭。加强特教学校体育教学和课外体育锻炼。促进残奥、特奥、聋奥运动均衡发展。办好全国第十届残运会暨第七届特奥会。加强残疾人运动员队伍培养、管理、教育和保障，提高残疾人体育竞技水平，力争在巴西里约热内卢、日本东京残奥会等重大国际赛事中再创佳绩。实施"冬季残奥项目振兴计划"，推动残疾人冰雪运动发展，提高残疾人冬季残奥运动项目的参与率和竞技水平。积极备战北京2022年冬季残奥会。

7. 全面推进无障碍环境建设。贯彻落实《无障碍环境建设条例》，完善无障碍环境建设政策和标准，加强无障碍通用产品和技术的研发应用。确保新（改、扩）建道路、建筑物和居住区配套建设无障碍设施，加快推进政府机关、公共服务、公共交通、社区等场所设施的无障碍改造。公共交通工具逐步配备无障碍设备，公共停车区按规定设立无障碍停车位。加强无障碍设施日常维护管理和监督使用，改进方便残疾人交通出行的服务举措。制定推广家居无障碍通用设计。加大贫困重度残疾人家庭无障碍改造工作力度。开展无障碍环境市县村镇创建工作。

大力推进互联网和移动互联网信息服务无障碍，鼓励支持服务残疾人的电子产品、移动应用软件（APP）等开发应用。推进政府信息以无障碍方式发布，地市级以上政府新闻发布会逐步增加通用手语服务，公共服务机构、公共场所和公共交通工具为残疾人提供语音和文字提示、手语、盲文等信息交流无障碍服务。鼓励省（区、市）、市（地）电视台开设手语栏目，逐步推进影视剧和电视节目加配字幕。加快推进食品药品信息识别无障碍。扶持导盲犬业发展。特殊教育、托养等残疾人集中的机构和相关行业系统制定自然灾害和紧急状态下残疾人无障碍应急管理办法，加强残疾人无障碍应急救助服务。

8. 建立残疾人基本公共服务标准体系。加快制定残疾人基本公共服务国家标准体系。制定实施残疾人康复、辅助器具、教育、就业服务、托养、盲人医疗按摩等服务机构设施建设、设备配置、人员配备、服务规范、服务质量评价等标准，加强绩效考评，提高服务制度化、均等化、专业化水平。培育建立残疾人服务品牌。

专栏4　残疾人基本公共服务重点项目

1. 残疾人社区康复服务项目

   为有需求的残疾人普遍建立康复服务档案，提供康复评估、训练、心理疏导、护理、生活照料、辅具适配、咨询、指导和转介等服务。

2. 残疾儿童、青少年教育项目

   逐步提高残疾儿童学前教育普及水平，适龄听力、视力、智力残疾儿童少年接受义务教育比例达到95%，完成义务教育且有意愿的残疾学生都能接受适宜的中等职业教育。

3. 残疾人中等职业教育和高中阶段教育示范项目

   依托现有特殊教育和职业教育资源，每个省（区、市）集中力量办好至少一所面向全省（区、市）招生的残疾人中等职业学校、一所盲生高中、一所聋生高中；改善残疾人中等职业学校办学条件，加强实训基地建设，提高教育教学质量。

4. 残疾青壮年文盲扫盲项目

   依托特殊教育、成人教育和残疾人集中就业等机构，结合残疾人职业培训、农村残疾人实用技术培训、托养服务和辅助性就业服务等开展残疾青壮年文盲扫盲工作。

5. 国家通用手语和通用盲文研究推广项目

   开展国家通用手语和通用盲文研究与推广，建立国家通用手语、通用盲文语料库与标准化协同工作平台。

6. 文化进家庭"五个一"项目

   帮助中西部和农村地区10万户贫困、重度残疾人家庭每年读一本书、看一次电影、游一次园、参观一次展览、参加一次文化活动。

7. 残疾人体育健身计划

   建成一批残疾人体育健身示范点，创编普及一批适合残疾人的体育健身项目，巩固培养残疾人社会体育指导员队伍，为10万户重度残疾人家庭提供康复体育器材、方法和指导进家庭服务。

8. 信息无障碍促进项目

   加强政府和公共服务机构网站无障碍改造，推进电信业务经营者、电子商务企业等为残疾人提供信息无障碍服务；窗口服务行业开展学习通用手语活动，推动在全国大中城市建设聋人信息中转服务平台。

### （四）依法保障残疾人平等权益

1. 完善残疾人权益保障法律法规体系。社会建设和民生等领域立法过程应听取残疾人和残疾人组织意见。加快残疾人保障法配套行政法规立法进程，研究修订《残疾人就业条例》，开展残疾人社会福利、教育、盲人按摩、反残疾歧视等立法研究。促进地方残疾人权益保障立法和优惠扶助政策制定。建立残疾人权益保障法律、法规、规章信息公开系统。

2. 加大残疾人权益保障法律法规的宣传执行力度。将残疾人保障法等相关法律法规宣传教育作为国家"七五"普法重要任务。积极开展议题设置，运用互联网和新媒体加大普法宣传力度。开展残疾人学法用法专项行动，提高残疾人对相关法律法规政策的知晓度和维权能力。政府部门要带头落实残疾人权益保障法律法规，依法开展残疾人工作，依法维护残疾人权益。企事业单位、社会组织和公众要认真履行扶残助残的法定义务。配合各级人大、政协开展执法检查、视察和调研，促进残疾人权益保障法律法规的有效实施。严厉打击侵犯残疾人合法权益的违法犯罪行为。

3. 创新残疾人权益保障机制。推动建立残疾人权益保障协商工作机制。拓宽残疾人和残疾人组织民主参与渠道，有效发挥残疾人、残疾人亲友和残疾人工作者人大代表、政协委员在国家政治生活中的重要作用。大力推进残疾人法律救助，帮助残疾人及时获得法律援助、法律服务和司法救助，扩大残疾人法律援助范围。办好12385残疾人服务热线和网络信访平台，实现12110短信报警平台的全覆盖和功能提升。建立完善残疾人权益保障应急处置机制。

（五）凝聚加快残疾人小康进程的合力

1. 大力发展残疾人慈善事业。倡导鼓励公众、企事业单位、社会组织和群团组织帮扶贫困残疾人、捐助残疾人事业，兴办医疗、康复、特殊教育、托养照料、社会工作等服务机构和设施。积极培育扶持助残社会组织健康发展，支持引导其开展助残活动。培育壮大"集善工程"等残疾人慈善事业品牌，建立调动社会力量帮扶残疾人的机制和平台。进一步鼓励和规范网络助残慈善活动。

2. 有效开展志愿助残服务。开展"志愿助残阳光行动"、"邻里守望"等群众性助残活动，为残疾人提供扶贫解困、生活照料、支教助学、社区导医、文化体育、出行帮助等服务。完善助残志愿者招募注册、服务记录、组织管理、评价激励、权益维护和志愿服务供需对接等机制，推行结对接力等服务方式，促进志愿助残服务常态化、制度化、专业化和有效化。

3. 加快发展残疾人服务业。完善落实残疾人服务业的市场准入、用地保障、投融资、人才引进等扶持政策。着力推动残疾人辅助器具、康复护理、托养照料、生活服务、无障碍产品服务等产业发展，使残疾人康复护理、托养照料和生活服务产业形成一定规模；辅助器具、无障碍产品研发制造水平有较大提升，具有自主知识产权产品、自主品牌市场占有率大幅提高。针对残疾人面临的意外伤害、康复护理、托养等问题，鼓励信托、保险公司开发符合残疾人需求的金融产品。大力发展残疾人服务中小企业，扶持一批残疾人服务龙头企业。加强残疾人服务行业管理，健全行业管理制度，依法成立行业组织，营造公平、有序的市场环境。支持有条件的地方探索建立残疾人服务业的支持政策和服务标准。

4. 加大政府购买助残服务力度。将残疾人基本公共服务作为政府购买服务的重点领域，以残疾人康复护理、托养照料、生活服务、扶贫解困、职业培训、就业创业服务、专业社会工作服务、家居无障碍环境改造等为重点，逐步完善政府购买助残服务指导性目录，扩大购买规模。强化事前、事中和事后监管，加强对政府购买助残服务的质量监控和绩效考评，实现政府购买服务促进专业服务组织发展、扩大服务供给、提高服务质量效益的综合效用。

5. 营造良好的扶残助残社会环境。结合培育和践行社会主义核心价值观，进一步加强和改进残疾人事业宣传工作。充分利用报刊、广播、电视和互联网等媒体，鼓励支持残疾人组织借助微博、微信和移动客户端及有关移动新媒体，大力弘扬人道主义思想、扶残助残的中华民族传统美德和残疾人"平等、参与、共享、融合"的现代文明理念，营造理解、尊重、关心、帮助残疾人的社会环境。加强对残疾儿童家长的指导支持，为残疾儿童成长提供良好的家庭环境。

6. 加强残疾人事务国际交流合作。广泛传播《残疾人权利公约》的理念，完善履约工作机制。主动参与落实联合国2030年可持续发展议程。支持康复国际等国际残疾人组织发展。充分发挥亚太经济合作组织（APEC）残疾人事务合作机制作用，继续在亚欧会议框架下推动残疾人事务合作，围绕"一带一路"发展战略加强南北合作、深化南南合作，促进残疾人事务的对外开放与交流合作，学习借鉴国际残疾人事务的有益经验，助力残疾人小康进程。

## 四、保障条件

### （一）充分发挥政府主导作用

地方各级政府要将加快残疾人小康进程纳入全面建成小康社会大局、纳入重要议事日程，列为政府目标管理和绩效考核内容。主要领导负总责，分管领导具体负责，政府常务会议每年至少研究一次推进残疾人小康进程工作。坚持政府主导、社会参与、残疾人组织充分发挥作用的工作机制，各级政府残疾人工作委员会加强统筹协调，各部门、单位进一步明确责任，形成齐抓共管、各负其责、密切配合的工作局面。

### （二）建立多元投入格局

各级财政继续加大对残疾人民生保障和残疾人事业的投入力度，按照支出责任合理安排所需经费。充分发挥社会力量作用，鼓励采用政府和社会资本合作模式，形成多渠道、全方位的残疾人事业资金投入格局。

### （三）加强基础设施和服务机构建设

统筹规划城乡残疾人服务设施建设，新型城镇化进程中要配套建设残疾人服务设施，实现合理布局。继续实施残疾人康复和托养设施建设项目，扩大覆盖范围。加强残疾人就业、盲人医疗按摩等设施建设和设备配置。研究制定残疾人服务机构用地、资金、技术、人才、管理等优惠扶持政策。加强残疾人服务机构能力建设，开展资质等级评估，建立可持续发展的管理运行机制。

### （四）加快专业人才队伍和基础学科建设

完善残疾人服务相关职业和职种，完善残疾人服务专业技术人员和技能人员职业能力评价办法，加快培养残疾人服务专业人才队伍。按照国家有关规定落实对为残疾人服务工作人员的工资待遇倾斜政策。加强残疾人口学、康复医学、特殊教育、手语、盲文、残疾人体育、残疾人社会工作等基础学科建设。深化中国特色残疾人事业理论与实践研究。

### （五）强化科技创新和信息化建设

通过国家科技计划（专项、基金等）支持符合条件的残疾人服务科技创新应用，实施"互联网＋科技助残行动"。提高残疾人事业信息化水平，加强对残疾人人口基础数据、服务状况和需求专项调查数据、残疾人事业统计数据、残疾人小康进程监测数据的综合管理和动态更新，加强与国家人口基础信息和相关政府部门数据资源的交换共享。加强中国残疾人服务网建设，推动"互联网＋助残服务"模式的创新应用。加快推进智能化残疾人证试点。

### （六）增强基层综合服务能力

实施县域残疾人服务能力提升项目，构建县（市、区）、乡镇（街道）、村（居）三级联动互补的基层残疾人基本公共服务网络。建立健全县级残疾人康复、托养、职业培训、辅助器具适配、文化体育等基本公共服务平台，辐射带动乡镇（街道）、村（居）残疾人工作开展。以社区为基础的城乡基层社会管理和公共服务平台加强对残疾人的权益保障和基本公共服务。加强残疾人社会工作和残疾人家庭支持服务。严格规范残疾等级评定和残疾人证发放管理，进一步简化办证流程。支持各类社会组织、社会工作服务机构、志愿服务组织到城乡社区开展助残服务。

### （七）协调推进城乡区域残疾人小康进程

在城乡发展一体化进程中加快促进农村残疾人增收、切实改善农村残疾人基本公共服务，鼓励引导城市优质残疾人公共服务资源向农村延伸。新型城镇化进程中确保把符合条件的农业转移人口中的残疾人转为城镇居民，确保进城残疾人享有社会保障、基本公共服务并做好就业扶持。逐步实现残疾人基本公共服务由户籍人口向常住人口扩展。加大对革命老区、民族地区、边疆地区和贫困地区残疾人事业的财政投入和公共资源配置力度，政策、资金、项目向西藏和四省藏区、新疆等地倾斜。促进京津冀残疾人社会保障和基本公共服务协同创新发展，鼓励长三角、珠三角等发达地区发挥先行先试和引领示范作用。将残疾人工作作为重点内容纳入对口支援总体部署，加大支援力度。

### （八）充分发挥残疾人组织作用

残疾人组织是推进残疾人小康进程不可或缺的重要力量。各级残联要按照《中共中央关于加强和改进党的群团工作的意见》的要求，进一步加强自身建设，切实增强政治性、先进性、群众性，自觉防止机关化、行政化、贵族化、娱乐化，依法依章程切实履行"代表、服务、管理"职能。建立残疾人基本服务状况和需求信息动态更新机制，反映残疾人的呼声愿望，协助政府做好有关法规、政策、规划、标准的制定和行业管理。实施残疾人组织建设"强基育人工程"，进一步扩大残疾人组织覆盖面，提升县域残疾人组织治理能力，改善工作条件，解决好待遇问题。支持残疾人专门协会和村（社区）残疾人协会开展服务残疾人和维护残疾人合法权益工作，加强经费、场地、人员等工作保障。壮大专兼结合的残联干部队伍，加大对残联干部的培养、交流和使用力度，提升残联干部思想政治素质和代表、服务、管理能力。探索通过设立残疾人公益性岗位等方式，加强基层残疾人专职委员队伍建设，改善保障条件，充分发挥其作用。广大残疾人工作者要恪守"人道、廉洁、服务、奉献"职业道德，增强服务意识，强化职业素质，做残疾人的贴心人，全心全意为残疾人服务。鼓励广大残疾人自尊、自信、自强、自立，不断增强自我发展能力，积极参与和融入社会，在全面建成小康社会进程中建功立业，与全国人民一道创造更加幸福美好的生活。

**专栏5　保障条件和服务能力建设重点项目**

| |
|---|
| 1. 残疾人服务设施建设项目<br>　　支持省、市、县级残疾人康复设施和市、县级残疾人托养设施建设；尚未建设残疾人综合服务设施的县（市、区），可随康复和托养设施配建县级残疾人综合服务设施。 |
| 2. 残疾人服务专业人才培养项目<br>　　加快建立残疾人康复、特殊教育、就业服务、托（供）养服务、文化体育、维权和社会工作等方面的专业人才队伍，培养一批残疾人服务领域的领军人才、实用型专业人才和创新型团队。 |
| 3. "互联网+科技助残"行动<br>　　加强残疾预防和康复相关科研基地（平台）建设；开展基于大数据和互联网的残疾人服务平台及示范应用、新一代智能辅具装备与产品研发示范、主要致残原因机理及预防干预技术等研究。 |

续表

| |
|---|
| 4. "互联网＋助残服务"平台建设项目<br>完善残疾人人口基础信息和残疾人基本服务需求信息数据管理系统；依托中国残疾人服务网，以全国残疾人就业创业网络服务平台为重点，逐步建立残疾人基本公共服务"网上受理—协同办理—监督评价"的新型服务模式。 |
| 5. 志愿助残服务示范项目<br>实施1000个志愿助残示范项目，支持助残志愿服务组织与残疾人、残疾人家庭和残疾人服务机构开展长期结对服务，推动志愿助残服务的项目化运作和制度化管理，提升专业化水平。 |
| 6. 助残社会组织培育项目<br>采取政府购买服务、设立公益性岗位、提供管理和人员培训等方式，对符合条件的助残社会组织和专业服务组织给予扶持培育。 |
| 7. 县域残疾人服务能力提升项目<br>完善县域残疾人工作机制，落实残疾人优惠扶持政策，建立健全残疾人基本公共服务平台，全面开展残疾人基本服务需求信息动态更新、服务提供、转介和监督评估等工作，为基层提供人员培训、技术指导等支持。 |
| 8. "温馨家园"社区服务示范项目<br>依托社区综合服务设施，建立一批"温馨家园"残疾人社区服务站，开展残疾人康复、照料、助学、辅助性就业、无障碍改造、文化体育、社会工作等服务。 |
| 9. 中国特色残疾人事业研究项目<br>通过国家社科基金、留学基金和高等院校社科项目等支持残疾人事业理论与实践研究，系统总结中国特色残疾人事业发展经验，不断推进残疾人事业理论创新和成果转化，为加快残疾人小康进程提供理论支撑。 |

## 五、纲要实施和监测评估

实施好本纲要是各级政府和全社会义不容辞的责任。各地区要依据本纲要制定当地残疾人事业"十三五"规划或加快残疾人小康进程规划，各部门要根据职责制定配套实施方案。各地区、各部门要将本纲要的主要任务指标纳入当地国民经济和社会发展总体规划及专项规划，统筹安排、同步实施，确保纲要确定的各项任务落到实处。

各级政府残疾人工作委员会及相关部门要对纲要执行情况进行督查、监测和跟踪问效，开展第三方评估，及时发现和解决执行中的问题。省级以上人民政府残疾人工作委员会在"十三五"中期和期末对纲要实施情况进行考核、绩效考评，并将结果向社会公开，对先进典型予以表彰。

附　件

**重点任务分工**

| 序号 | 工作任务 | 负责单位 |
|---|---|---|
| 1 | 生活困难、靠家庭供养且无法单独立户的成年无业重度残疾人，经个人申请，可按照单人户纳入最低生活保障范围 | 民政部、财政部、中国残联 |
| 2 | 全面实施困难残疾人生活补贴制度和重度残疾人护理补贴制度 | 民政部、财政部、中国残联 |
| 3 | 建立残疾儿童康复救助制度 | 中国残联、民政部、财政部、国家卫生计生委、教育部 |
| 4 | 制定实施盲人、聋人特定信息消费支持政策 | 中国残联、工业和信息化部、财政部 |
| 5 | 落实符合条件的贫困和重度残疾人参加城乡居民社会保险个人缴费资助政策，帮助残疾人按规定参加各项社会保险 | 人力资源和社会保障部、国家卫生计生委、财政部、民政部、中国残联 |
| 6 | 优先保障残疾人基本住房。到2020年完成农村贫困残疾人家庭存量危房改造任务 | 住房城乡建设部、财政部、中国残联 |
| 7 | 继续实施"阳光家园计划"。为盲、聋、智障等残疾老人提供养老服务 | 中国残联、财政部、民政部 |
| 8 | 确保农村贫困残疾人如期脱贫，将残疾人减贫成效纳入地方各级政府扶贫开发工作成效考核范围 | 国务院扶贫办、财政部、民政部、中国残联 |
| 9 | 各级党政机关、事业单位、国有企业带头招录（聘）和安置残疾人就业。研究建立用人单位按比例安排残疾人就业公示制度 | 中国残联、人力资源和社会保障部、财政部、国务院国资委 |
| 10 | 落实税收优惠政策，稳定发展残疾人集中就业 | 财政部、税务总局、民政部、中国残联 |
| 11 | 建立一批残疾人创业孵化示范基地。鼓励残疾人利用网络就业创业。扶持残疾人社区就业、居家就业 | 中国残联、人力资源和社会保障部、工业和信息化部、商务部、民政部 |
| 12 | 大力发展残疾人辅助性就业和多种形式就业。发展残疾人支持性就业。扶持残疾人亲属就业创业，实现零就业残疾人家庭至少有一人就业 | 中国残联、人力资源和社会保障部、财政部 |
| 13 | 实施残疾人职业技能提升计划。为就业困难残疾人提供就业援助和就业补助。推进高校残疾人毕业生就业见习、实习 | 人力资源和社会保障部、教育部、财政部、中国残联 |

续表1

| 序号 | 工作任务 | 负责单位 |
|---|---|---|
| 14 | 制定实施国家残疾预防行动计划。广泛开展三级预防，实施重点干预工程 | 中国残联、国家卫生计生委、公安部、人力资源和社会保障部、民政部、财政部等 |
| 15 | 继续实施残疾儿童抢救性康复、贫困残疾人辅助器具适配、防盲治盲、防聋治聋等重点康复项目。加强残疾人健康管理和社区康复 | 中国残联、财政部、国家卫生计生委、民政部 |
| 16 | 建设康复大学，加快康复高等教育发展和专业人才培养 | 中国残联、人力资源和社会保障部、国家发展改革委、财政部、国家卫生计生委、教育部、有关地方政府 |
| 17 | 扶持辅助器具研发生产，推广个性化辅助器具适配服务，普及残疾人急需的辅助器具 | 中国残联、民政部、科技部、国家卫生计生委、工业和信息化部、财政部 |
| 18 | 为家庭经济困难的残疾儿童、青少年提供包括义务教育、高中阶段教育在内的12年免费教育。继续改善特殊教育学校办学条件，完善特教师收入分配激励机制，提高特殊教育教学质量和水平 | 教育部、人力资源和社会保障部、民政部、国家发展改革委、财政部、中国残联 |
| 19 | 制定实施残疾青壮年文盲扫盲行动计划，全面开展残疾青壮年文盲扫盲工作 | 中国残联、教育部 |
| 20 | 组织实施《国家手语和盲文规范化行动计划（2015—2020年）》，推广国家通用手语和通用盲文 | 中国残联、教育部、新闻出版广电总局、国家语委 |
| 21 | 扶持盲文读物、有声读物、残疾人题材图书和音像制品出版。实施文化进家庭"五个一"项目 | 文化部、新闻出版广电总局、中国残联 |
| 22 | 实施"残疾人体育健身计划"和"冬季残奥项目振兴计划" | 中国残联、体育总局 |
| 23 | 公共交通工具逐步配备无障碍设备，改进方便残疾人交通出行的服务举措。制定推广家居无障碍通用设计。大力推进互联网和移动互联网信息服务无障碍 | 住房城乡建设部、工业和信息化部、公安部、交通运输部、中央网信办、中国残联 |
| 24 | 建立残疾人基本公共服务标准体系，培育建立残疾人服务品牌 | 中国残联、国家发展改革委、质检总局、民政部 |
| 25 | 研究修订《残疾人就业条例》，开展残疾人社会福利、教育、盲人按摩、反残疾歧视等立法研究 | 中国残联、人力资源和社会保障部、教育部、民政部、国务院法制办 |

## 二、事业发展规划

续表2

| 序号 | 工作任务 | 负责单位 |
|---|---|---|
| 26 | 将残疾人保障法等法律法规纳入国家"七五"普法规划。开展残疾人学法用法专项行动 | 司法部、中国残联 |
| 27 | 扩大残疾人法律援助范围。办好12385残疾人服务热线和网络信访平台。建立完善残疾人权益保障应急处置机制 | 司法部、公安部、中国残联 |
| 28 | 大力发展残疾人慈善事业,有效开展志愿助残服务,积极培育扶持助残社会组织健康发展,建立调动社会力量帮扶残疾人的机制和平台。鼓励和规范网络助残慈善活动 | 民政部、中央网信办、共青团中央、中国残联 |
| 29 | 完善落实残疾人服务业扶持政策,推动残疾人辅助器具、康复护理、托养照料、生活服务、无障碍产品服务等产业发展。加强残疾人服务行业管理 | 中国残联、国家发展改革委、民政部 |
| 30 | 逐步完善政府购买助残服务指导性目录,扩大购买规模。强化事前、事中和事后监管 | 财政部、民政部、中国残联 |
| 31 | 大力弘扬人道主义思想、扶残助残的中华民族传统美德和残疾人"平等、参与、共享、融合"的现代文明理念,营造理解、尊重、关心、帮助残疾人的社会环境。为残疾儿童成长提供良好的家庭环境 | 中央宣传部、文化部、新闻出版广电总局、中央网信办、共青团中央、全国妇联、中国残联 |
| 32 | 支持省、市、县级残疾人康复设施和市、县级残疾人托养设施建设;尚未建设残疾人综合服务设施的县(市、区),可随康复和托养设施配建县级残疾人综合服务设施 | 国家发展改革委、民政部、中国残联、财政部、地方各级政府 |
| 33 | 研究制定残疾人服务机构优惠扶持政策,开展资质等级评估 | 中国残联、民政部、国家发展改革委 |
| 34 | 通过国家科技计划(专项、基金等)支持符合条件的残疾人服务科技创新应用,实施"互联网+科技助残"行动 | 科技部、财政部、民政部、中国残联 |
| 35 | 完善残疾人人口基础信息和残疾人基本服务需求信息数据管理系统,推动"互联网+助残服务"模式的创新应用 | 中国残联、国家发展改革委、工业和信息化部、国家统计局 |
| 36 | 建立健全县级残疾人基本公共服务平台,构建县(市、区)、乡镇(街道)、村(居)三级联动互补的基层残疾人基本公共服务网络 | 中国残联、国家发展改革委、教育部、民政部、人力资源和社会保障部、国家卫生计生委、文化部、财政部、地方政府 |

注:负责单位中列第一位者为牵头单位,其余为主要参与单位。

# 三、公共服务规划

## 国务院关于印发国家基本公共服务体系"十二五"规划的通知

国发〔2012〕29号

各省、自治区、直辖市人民政府,国务院各部委、各直属机构:

现将《国家基本公共服务体系"十二五"规划》印发给你们,请认真贯彻执行。

国务院
2012年7月11日

## 国家基本公共服务体系"十二五"规划

### 序 言

"十二五"时期是我国全面建设小康社会的关键时期,是深化改革开放、加快转变经济发展方式的攻坚时期。建立健全基本公共服务体系,促进基本公共服务均等化,是深入贯彻落实科学发展观的重大举措,是构建社会主义和谐社会、维护社会公平正义的迫切需要,是全面建设服务型政府的内在要求，对于推进以保障和改善民生为重点的社会建设，对于切实保障人民群众最关心、最直接、最现实的利益，对于加快经济发展方式转变、扩大内需特别是消费需求，都具有十分重要的意义。

本规划根据《中华人民共和国国民经济和社会发展第十二个五年规划纲要》（以下简称"十二五"规划纲要）的有关要求编制，主要阐明国家基本公共服务的制度安排，明确基本范围、标准和工作重点，引导公共资源配置，是"十二五"乃至更长一段时期构建国家基本公共服务体系的综合性、基础性和指导性文件，是政府履行公共服务职责的重要依据。

# 第一章 规划背景

## 第一节 基本概念

基本公共服务，指建立在一定社会共识基础上，由政府主导提供的，与经济社会发展水平和阶段相适应，旨在保障全体公民生存和发展基本需求的公共服务。享有基本公共服务属于公民的权利，提供基本公共服务是政府的职责。

基本公共服务范围，一般包括保障基本民生需求的教育、就业、社会保障、医疗卫生、计划生育、住房保障、文化体育等领域的公共服务，广义上还包括与人民生活环境紧密关联的交通、通信、公用设施、环境保护等领域的公共服务，以及保障安全需要的公共安全、消费安全和国防安全等领域的公共服务。

基本公共服务标准，指在一定时期内为实现既定目标而对基本公共服务活动所制定的技术和管理等规范。

基本公共服务均等化，指全体公民都能公平可及地获得大致均等的基本公共服务，其核心是机会均等，而不是简单的平均化和无差异化。

基本公共服务体系，指由基本公共服务范围和标准、资源配置、管理运行、供给方式以及绩效评价等所构成的系统性、整体性的制度安排。

## 第二节 规划范围

根据"十二五"规划纲要,为突出体现"学有所教、劳有所得、病有所医、老有所养、住有所居"的要求,本规划的范围确定为公共教育、劳动就业服务、社会保障、基本社会服务、医疗卫生、人口计生、住房保障、公共文化等领域的基本公共服务。

"十二五"规划纲要还明确了基础设施、环境保护两个领域的基本公共服务重点任务,包括:行政村通公路和客运班车,城市建成区公共交通全覆盖;行政村通电,无电地区人口全部用上电;邮政服务做到乡乡设所、村村通邮;县县具备污水、垃圾无害化处理能力和环境监测评估能力;保障城乡饮用水水源地安全等。这些内容分别纳入综合交通运输、能源、邮政、环境保护等相关"十二五"专项规划中,不在本规划中予以阐述。

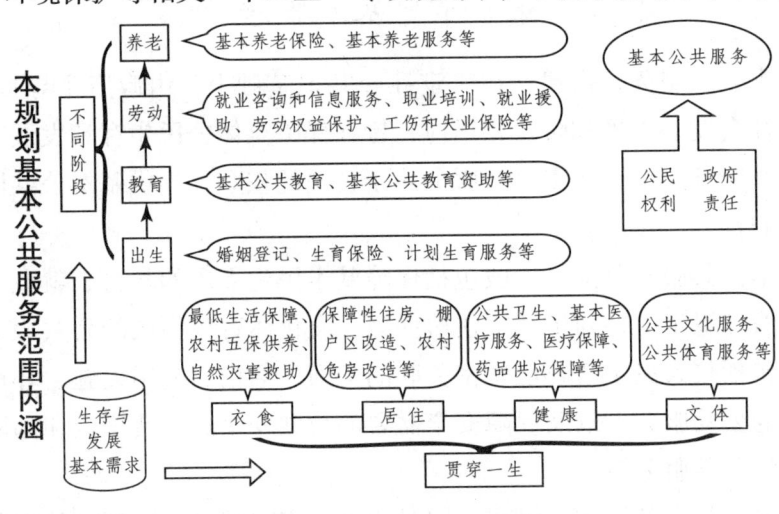

## 第三节 发展环境

经过30多年的改革开放和发展建设,我国经济实力、综合国力和国际地位显著提高,人民生活明显改善。"十一五"以来,各地区、各有关部门认真贯彻落实党中央、国务院的决策部署,我国基本公共服务体系建设取得了显著成效。城乡免费义务教育全面实施,公共教育体系日趋完备,国民平均受教育年限达到9年。实施积极就业政策,初步建立起面向全体劳动者的公共就业服务体系。社会保险制度逐步由城镇向农村、由职工向居民扩展，保障水平逐步提高，城乡社会救助体系和社会福利体系基本形成。医药卫生体制改革深入推进，免费基本公共卫生服务项目全面实施，城乡基层医疗卫生服务体系逐步健全，国家基本药物制度初步建立。保障性安居工程加快建设，以廉租住房、公共租赁住房和农村危房改造等为主要内容的基本住房保障制度初步形成。基本实现县县有文化馆图书馆、乡乡有综合文化站，广播电视全面覆盖20户以上已通电自然村，公共博物馆、纪念馆、美术馆、公共图书馆、文化馆、科技馆等公共文化设施逐步向社会免费开放。全民健身稳步推进。公共服务财政投入显著增加。从总体上看，我国基本公共服务的制度框架已初步形成，人民群众上学、就业、就医、社会保障、文化生活等难点问题得到有效缓解。

但是，我国基本公共服务供给不足、发展不平衡的矛盾仍然十分突出，建立健全基本公共服务体系仍然面临许多困难和挑战。基本公共服务的规模和质量难以满足人民群众日益增长的需求；农村、贫困地区和针对社会弱势群体的基本公共服务尚未得到充分保障；体制机制有待于进一步完善，城乡区域间制度设计不衔接，管理条块分割，资源配置不合理，服务提供主体和提供方式比较单一，基层政府财力与事权不匹配，以及监督问责缺位等问题较为突出。必须深刻认识到，基本公共服务体系不健全，不仅难以保障发展成果惠及全民，不利于社会和谐稳定，而且还会制约经济社会健康协调可持续发展。

"十二五"时期，我国发展仍处于可以大有作为的重要战略机遇期，也是加快构建基本公共服务体系的关键时期。从需求看，工业化、信息化、城镇化、市场化、国际化深入发展，城乡居民收入水平不断提高，消费结构加快转型升级，各类公共服务需求日趋旺盛。从供给看，经济继续保持平稳较快发展，财政收入不断增加，基本公共服务财政保障能力进一步加强。从体制环境看，有利于科学发展的体制机制加快建立，教育、卫生、文化等社会事业改革深入推进，建立健全基本公共服务体系的体制条件不断完善。要牢牢抓住难得的历史机遇，顺应各族人民过上更好生活新期待，努力提升基本公共服务水平和均等化程度，推动经济社会协调发展，为全面建成小康社会夯实基础。

# 第二章 指导思想和主要目标

## 第一节 指导思想

高举中国特色社会主义伟大旗帜,以邓小平理论和"三个代表"重要思想为指导,深入贯彻落实科学发展观,把基本公共服务制度作为公共产品向全民提供,着力保障城乡居民生存发展基本需求,着力增强服务供给能力,着力创新体制机制,不断深化收入分配制度改革,加快建立健全符合国情、比较完整、覆盖城乡、可持续的基本公共服务体系,逐步推进基本公共服务均等化。

把基本公共服务制度作为公共产品向全民提供,是我国公共服务发展从理念到体制的创新。我国实行社会主义制度,公民都有获得基本公共服务的权利。保障人人享有基本公共服务是政府的职责,必须着眼制度设计、系统规划、整体推进,建立健全基本公共服务体系。基本要求是:

——以人为本,保障基本。从最广大人民群众的根本利益出发,立足我国社会主义初级阶段的基本国情,坚持尽力而为、量力而行,优先保障基本公共教育、劳动就业服务、社会保险、基本社会服务、基本医疗卫生、人口和计划生育、基本住房保障、公共文化体育等服务的提供,随着经济社会发展逐步扩大范围和提高标准。

——政府主导,坚持公益。牢牢把握基本公共服务的公益性质,明确政府的主体责任,完善公共财政体系,科学划分各级政府基本公共服务事权与支出责任,健全地方政府为主、统一与分级相结合的公共服务管理体制。加强立法、规划、投入、监管和政策支持,有效促进公平公正。

——统筹城乡,强化基层。打破行业分割和地区分割,加快城乡基本公共服务制度一体化建设,大力推进区域间制度统筹衔接,加大公共资源向农村、贫困地区和社会弱势群体倾斜力度,实现基本公共服务制度覆盖全民。把更多的财力、物力投向基层,把更多的人才、技术引向基层,切实加强基层公共服务机构设施和能力建设,促进资源共建共享,全面提高基本公共服务水平。

——改革创新,提高效率。完善财政保障、管理运行和监督问责机制,形成保障基本公共服务体系有效运行的长效机制。创新基本公共服务供给模式,引入竞争机制,积极采取购买服务等方式,形成多元参与、公平竞争的格局,不断提高基本公共服务的质量和效率。

## 第二节 主要目标

今后一个时期,要把建立健全基本公共服务体系作为完善保障和改善民生制度安排、加快构建再分配调节机制的重大任务,并与全面建设小康社会战略目标和任务紧密衔接。"十二五"时期的主要目标是:

——供给有效扩大。政府投入大幅增加,基本公共服务预算支出占财政支出比重逐步提高。基本公共服务国家标准体系和标准动态调整机制逐步健全,各项制度实现全覆盖。创新公共服务供给方式,实现提供主体和提供方式多元化。

——发展较为均衡。资源布局更趋合理,优质资源共享机制加快建立,县(市、区)域内基本公共服务均衡发展基本实现,农村和老少边穷地区基本公共服务水平明显提高。

——服务方便可及。以基层为重点的基本公共服务网络全面建立,设施标准化和服务规范化、专业化、信息化水平明显提高,城乡居民能够就近获得基本公共服务。

——群众比较满意。城乡居民基本公共服务需求表达机制有效建立,服务成本个人负担比率合理下降,绩效评价和行政问责制度比较健全,社会满意度不断提高。

经过努力,"十二五"时期,覆盖城乡居民的基本公共服务体系逐步完善,推进基本公共服务均等化取得明显进展;到2020年实现全面建设小康社会奋斗目标时,基本公共服务体系比较健全,城乡区域间基本公共服务差距明显缩小,争取基本实现基本公共服务均等化。

## 第三章 基本公共教育

国家建立基本公共教育制度，保障所有适龄儿童、少年享有平等受教育的权利，提高国民基本文化素质。

"十二五"时期，政府提供如下基本公共教育服务：

◆为适龄儿童、少年提供免费九年义务教育，为农村义务教育阶段寄宿生提供免费住宿，并为家庭经济困难寄宿生提供生活补助；

◆为贫困地区农村义务教育学生实施营养改善计划；

◆为农村学生、城镇家庭经济困难学生和涉农专业学生提供免费中等职业教育；

◆为家庭经济困难学生接受普通高中教育提供资助；

◆为家庭经济困难儿童、孤儿和残疾儿童接受学前教育提供资助。

### 第一节 重点任务

重点巩固提高九年义务教育，基本普及高中阶段教育和学前一年教育，完善以政府为主导、多种方式并举的家庭经济困难学生资助政策，建立健全基本公共教育服务体系。

……

——普惠性学前教育。建立政府主导、社会参与、公办民办并举的办园体制，构建覆盖城乡、布局合理的学前教育公共服务体系。为家庭经济困难儿童、孤儿和残疾儿童接受学前教育提供资助。大力发展公办幼儿园，鼓励优质公办幼儿园举办分园或合作办园。鼓励社会力量举办幼儿园，积极扶持民办幼儿园特别是面向大众、收费较低的普惠性民办幼儿园发展，采取政府购买、减免租金、以奖代补、派驻公办教师等方式，引导和支持民办幼儿园提供普惠性服务。根据居住区规划和居住人口规模，充分考虑农民工随迁子女接受学前教育的需求，配套建设城镇幼儿园。逐步完善县、乡、村学前教育网络，乡镇和大村独立建园，小村设分园或联合办园，人口分散地区举办流动幼儿园、季节班等。充分利用中小学布局调整富余的校舍和教师举办幼儿园（班）。积极发展民族地区学前双语教育。加强幼儿教师队伍建设。

## 第二节 基本标准

......

**"十二五"时期基本公共教育服务国家基本标准**

| 服务项目 | 服务对象 | 保障标准 | 支出责任 | 覆盖水平 |
|---|---|---|---|---|
| 学前教育 ||||| 
| 学前教育资助 | 家庭经济困难儿童、孤儿和残疾儿童 | 具体资助方式和标准由地方确定 | 地方政府负责,中央财政适当补助 | 目标人群覆盖率100%,学前一年毛入园率达到85% |

......

# 第四章 劳动就业服务

国家建立劳动就业公共服务制度,为全体劳动者就业创造必要条件,加强劳动保护,改善劳动环境,保障合法权益,促进充分就业和构建和谐劳动关系。

"十二五"时期,政府提供如下劳动就业公共服务:

◆为全体劳动者免费提供就业信息、就业政策咨询、职业指导和职业介绍、就业失业登记等服务;

◆为就业困难人员和零就业家庭提供就业援助;

◆为失业人员、农民工、残疾人、新成长劳动力等提供职业技能培训和技能鉴定补贴;

◆为全体劳动者免费提供劳动关系协调、劳动人事争议调解仲裁和劳动保障监察执法维权等服务。

## 第一节 重点任务

建立健全覆盖城乡的劳动就业公共服务体系,以高校毕业生、农村转移劳动力、城镇就业困难人员和零就业家庭为重点服务对象,全面提升就业全过程公共服务能力,努力创造平等就业机会,积极构建和谐劳动关系。

——就业服务和管理。完善并全面实施就业政策法规咨询、信息发布、职业指导和职业介绍、就业失业登记等免费服务，推进服务规范化和标准化，拓展服务功能。推进分类服务和管理，加快推行就业失业登记证实名制，尽快实现一人一证、全国通用。健全人力资源市场调查统计制度，建立全国就业信息监测制度，加强失业动态监测预警。完善就业援助政策，加大资金投入，完善税费减免、社会保险补贴、岗位补贴等办法，开发社区服务、养老服务、助残服务、交通协管、保洁、绿化等公益性岗位。加强公共就业服务网络建设，整合职业介绍和人才交流服务的公共资源，推动就业信息全国联网，提升就业创业和人才服务能力。

……

## 第二节 基本标准

……

**"十二五"时期劳动就业公共服务国家基本标准**

| 服务项目 | 服务对象 | 保障标准 | 支出责任 | 覆盖水平 |
| --- | --- | --- | --- | --- |
| 职业技能培训和技能鉴定 | 失业人员、农村转移就业劳动力、残疾人、新成长劳动力 | 失业人员、农村转移就业劳动力、残疾人等享有职业技能培训补贴，符合条件的新成长劳动力享有6—12个月的补贴性劳动预备制培训；符合条件的人员享有职业技能鉴定补贴 | 地方政府负责，中央财政适当补助 | 为1亿人次提供各类职业技能培训，培训后就业率不低于60%；为7500万人次提供技能鉴定 |

……

# 第五章 社会保险

国家建立基本养老保险、基本医疗保险、工伤保险、失业保险、生育保险等社会保险制度，保障公民在年老、疾病、工伤、失业、生育等情况下依法从国家和社会获得物质帮助的权利。

"十二五"时期，政府提供如下社会保险服务：

◆职工享有职工基本养老保险，农村居民享有新型农村社会养老保险，城镇居民享有城镇居民社会养老保险；

◆职工享有职工基本医疗保险,农村居民享有新型农村合作医疗,城镇居民享有城镇居民基本医疗保险;

◆职工享有失业保险、工伤保险、生育保险。

……

## 第二节 基本标准

……

"十二五"时期社会保险服务国家基本标准

| 服务项目 | 服务对象 | 保障标准 | 支出责任 | 覆盖水平 |
|---|---|---|---|---|
| | 失业、工伤和生育保险 |||||
| 工伤保险 | 职工 | 基金支付工伤医疗和康复、伤残、护理及工亡等待遇,用人单位支付停工留薪期的工资福利及护理待遇、5—6级伤残津贴待遇及一次性伤残就业补助金等 | 个人不缴费,用人单位根据行业差别费率和行业内费率档次缴费,基金出现支付不足时由县级以上政府给予补贴 | 参保人数2.1亿人左右 |

……

# 第六章 基本社会服务

国家建立基本社会服务制度,为城乡居民尤其是困难群体的基本生活提供物质帮助,保障老年人、残疾人、孤儿等特殊群体有尊严地生活和平等参与社会发展。

"十二五"时期,政府提供如下基本社会服务:

◆为城乡困难群体提供最低生活保障和专项救助;

◆为农村五保对象提供吃、穿、住、医、葬方面的生活照顾和物质帮助;

◆为自然灾害受灾人员提供救助;

◆为城市生活无着的流浪乞讨人员提供救助;

◆为残疾人、孤儿、精神病人等特殊群体提供福利服务;

◆为老年人提供基本养老服务;

◆为优抚安置对象提供优待抚恤和安置服务；
◆为城乡居民免费提供婚姻登记服务；
◆为身故者提供基本殡葬服务。

## 第一节 重点任务

着力健全以城乡最低生活保障制度为核心，以农村五保供养、自然灾害救助、医疗救助、流浪乞讨人员救助制度为主要内容，以临时救助制度为补充的社会救助体系。以扶老、助残、救孤、济困为重点，逐步拓展社会福利的保障范围，推动社会福利由补缺型向适度普惠型转变，逐步提高国民福利水平。加强优抚安置工作。

——社会救助。完善城乡最低生活保障制度，健全低保标准动态调整机制。采取多种措施提高老年人、残疾人、未成年人和重病患者的保障水平。建立低收入家庭认定体系，健全收入核查制度。加强城乡低保与最低工资、失业保险和扶贫开发等政策的衔接。将专项救助逐步延伸至低保边缘家庭，重点解决其医疗、教育、住房等方面的困难。加强医疗救助与基本医疗保险制度的衔接，逐步实行诊疗费用即时救助，降低医疗救助起付线，有条件的地方可以取消医疗救助起付线。健全自然灾害监测预警、评估调查、信息发布、应急救援和应急物资储备体系，完善救助技术标准和补助项目。完善临时救助制度。加强城市生活无着的流浪乞讨人员救助管理，加大流浪未成年人保护力度。

——社会福利。建立健全孤儿保障体系，合理确定孤儿养育标准，建立自然增长机制。拓展孤儿安置渠道，鼓励家庭养育。扩大福利机构收养能力。加强贫困和重度精神疾病患者收养和治疗服务。推动婚姻登记标准化和全国信息联网，推行婚姻免费登记。有条件的地方可向城乡基本生活困难家庭发放基本殡葬服务补贴，提供遗体运送、火化和绿色安葬等服务。加快实施免费地名公共服务。依托社区综合服务平台，为社区居民提供公益便民利民社区服务。

……

——优抚安置。全面落实优抚对象各项优待政策，确保军人的抚恤优待与经济和社会发展相适应。实施残疾军人辅具改造。改善优抚设施条件，健全孤老优抚对象和重残退役军人集中供养制度。落实退役士兵安置改革各项政策，组织引导符合条件的退役士兵免费参加职业教育和技能培训。

## 第二节　基本标准

......

**"十二五"时期基本社会服务国家基本标准**

| 服务项目 | 服务对象 | 保障标准 | 支出责任 | 覆盖水平 |
|---|---|---|---|---|
| 社会救助 | | | | |
| 医疗救助 | 最低生活保障家庭、五保户以及低收入重病患者、重度残疾人、低收入家庭老年人等特殊困难群体 | 医疗救助起付线逐步降低或取消，政策范围内住院自负费用救助比例原则上不低于50% | 地方政府负责，中央财政对困难地区适当补助 | 目标人群覆盖率100% |
| 社会福利 | | | | |
| 农村五保供养 | 无劳动能力、无生活来源又无法定赡养、抚养、扶养义务人，或者法定赡养、抚养、扶养义务人无赡养、抚养、扶养能力的老年、残疾或者未满16周岁的村民 | 不低于当地村民的平均生活水平，并根据当地村民平均生活水平的提高适时调整，由地方政府确定 | 地方政府负责，中央财政对困难地区适当补助 | 目标人群覆盖率100%，集中供养能力达到50%以上 |

## 第三节　保障工程

按照应保尽保、应助尽助的要求，实施一批基本社会服务保障工程，提升基本社会服务水平。

......

——孤残儿童保障服务工程。推进儿童福利机构建设，配备必要的专业救治和康复设施，培养培训2万名具有资质的孤残儿童护理员。拓展流浪未成年人保护设施功能，发挥庇护救助作用。

......

# 第七章 基本医疗卫生

国家建立基本医疗卫生制度，为城乡居民提供安全、有效、方便、价廉的基本医疗卫生服务，切实保障人民群众身体健康。

"十二五"时期，政府提供如下基本医疗卫生服务：

◆为城乡居民免费提供居民健康档案、健康教育、预防接种、传染病防治、儿童保健、孕产妇保健、老年人保健、高血压等慢性病管理、重性精神疾病管理、卫生监督协管等国家基本公共卫生服务；

◆实施国家免疫规划，艾滋病和结核病、血吸虫病等重大传染病防治，农村妇女住院分娩补助、适龄妇女宫颈癌乳腺癌检查等重大公共卫生项目；

◆实施国家基本药物制度，基本药物全部纳入基本医疗保障药物报销目录，并实行零差率销售；

◆为公众安全用药提供保障，确保药品质量和安全。

……

## 第二节 基本标准

……

**"十二五"时期基本医疗卫生服务国家基本标准**

| 服务项目 | 服务对象 | 保障标准 | 支出责任 | 覆盖水平 |
| --- | --- | --- | --- | --- |
| 基本公共卫生服务 ||||||
| 重性精神疾病管理 | 重性精神疾病患者 | 免费享有登记管理、随访和康复指导 | 地方政府负责，中央财政适当补助 | 重性精神疾病患者管理率达到70% |

……

# 第八章 人口和计划生育

国家建立人口和计划生育基本服务制度，为城乡居民提供计划生育、优生优育、生殖健康以及人口和计划生育信息等服务。

"十二五"时期,政府提供如下人口和计划生育基本服务:

◆为育龄人群免费提供避孕药具和避孕、节育技术服务;

◆为符合条件的育龄夫妇免费提供再生育技术服务;

◆为城乡居民免费提供计划生育、优生优育、生殖健康等科普宣传教育和咨询服务;

◆为符合条件的计划生育家庭提供奖励扶助。

……

# 第九章 基本住房保障

国家建立基本住房保障制度,维护公民居住权利,逐步满足城乡居民基本住房需求,实现住有所居。

"十二五"时期,政府提供如下基本住房保障服务:

◆为城镇低收入住房困难家庭提供廉租住房或租赁补贴;

◆为城镇中等偏下收入住房困难家庭、新就业无房职工和城镇稳定就业的外来务工人员提供公共租赁住房;

◆为符合条件的棚户区居民实施住房改造;

◆为农村困难家庭危房改造提供补助。

……

## 第二节 基本标准

……

**"十二五"时期基本住房保障服务国家基本标准**

| 服务项目 | 服务对象 | 保障标准 | 支出责任 | 覆盖水平 |
|---|---|---|---|---|
| 农村危房改造 | 居住在危房中的农村分散供养五保户、低保户、贫困残疾人家庭和其他贫困户 | 每户建筑面积一般控制在40—60m²,户均中央补助不低于6000元,地方补助标准自行确定 | 省级政府负总责,中央财政安排补助资金、省级财政给予资金支持、个人自筹等相结合 | 改造农村危房800万户以上 |

……

# 第十章 公共文化体育

国家建立公共文化体育服务制度，保障人民群众看电视、听广播、读书看报、进行公共文化鉴赏、参加大众文化活动和体育健身等权益。

"十二五"时期，政府提供如下公共文化体育服务：

◆向全民免费开放基层公共文化体育设施，逐步扩大公共图书馆、文化馆（站）、博物馆、美术馆、纪念馆、科技馆、工人文化宫、青少年宫等免费开放范围；

◆为全民免费提供基本的广播电视服务和突发事件应急广播服务；

◆为农村居民免费提供文化信息资源共享、电影放映、送书送报送戏等公益性文化服务；

◆加强文化遗产保护和综合利用；

◆为城乡居民参加全民健身活动提供免费指导服务。

## 第一节 重点任务

围绕建设社会主义核心价值体系和满足城乡居民精神文化需求的要求，坚持公益性、基本性、均等性、便利性，建立健全公共文化服务体系，扩大公共文化产品和服务的供给。推进全民健身公共服务体系建设。

——公益性文化。继续实施文化惠民工程，以农村基层和中西部地区为重点，加快公共文化基础设施建设。推进建立公共电子阅览室和未成年人公益性上网场所。促进城乡基层公共文化服务资源的共建共享。逐步实现公共文化场馆向全社会免费开放。推动文化科技卫生"三下乡"、"送欢乐下基层"等活动制度化，充分发挥流动文化服务车、流动电影放映车作用。广泛开展社区文化、村镇文化、校园文化、家庭文化等群众性文化活动，积极开展面向农民工和残疾人等群体的公益性文化服务。完善公益性演出补贴制度。加大对地方特色和民族特色文化的支持力度。加大文化和自然遗产、非物质文化遗产保护力度，逐步提高面向公众开放、展示的水平。

……

# 三、公共服务规划

## 第二节 基本标准

......

**"十二五"时期公共文化体育服务国家基本标准**

| 服务项目 | 服务对象 | 保障标准 | 支出责任 | 覆盖水平 |
|---|---|---|---|---|
| 广播影视 | | | | |
| 盲文出版 | 盲人 | 可以获得价格适宜的盲文出版物,政府给予出版物资助 | 中央和地方政府共同负责 | 年生产盲文书刊1600种、70万册 |
| 文化遗产展示 | | | | |
| 文化遗产展示门票减免 | 未成年人、老年人、现役军人、残疾人和低收入人群 | 减免参观文物建筑及遗址类博物馆的门票 | 中央和地方财政分别负担 | 目标人群覆盖率100% |

......

# 第十一章 残疾人基本公共服务

国家为残疾人提供适合其特殊需求的基本公共服务,营造残疾人平等参与的社会环境,为残疾人生活和发展提供稳定的制度性保障。

"十二五"时期,政府提供如下残疾人基本公共服务:

◆ 为符合条件的贫困残疾人参加社会保险按规定给予补贴;

◆ 为0—6岁残疾儿童免费提供抢救性康复;

◆ 为适龄残疾儿童、少年免费提供义务教育,并针对残疾学生的特殊需要适当提高补助水平;

◆ 为残疾人免费提供就业服务和就业援助;

◆ 为残疾人提供盲人阅读、聋人手语及影视字幕、特殊艺术、自强健身等公共文化体育服务;

◆ 为残疾人提供无障碍环境。

## 第一节 重点任务

按照平等、参与、共享的原则,以重度残疾人、农村残疾人和残疾儿童为重点，优先发展社会急需、受益面广、效益好的残疾人基本公共服务，增强供给能力，健全残疾人社会保障体系和服务体系。

——残疾人社会保障。落实和完善贫困残疾人参加社会保险保费补贴政策，提高残疾人社会保险参保率和待遇水平。逐步将符合规定的残疾人医疗康复项目纳入基本医疗保险支付范围，逐步增加工伤保险职业康复项目。着力解决好重度残疾、一户多残、老残一体等特殊困难家庭的基本生活保障问题，做好低收入残疾人家庭生活救助。有条件的地方实施贫困残疾人生活补助和重度残疾人护理补贴制度。构建辅助器具适配体系，有条件的地方对重度残疾人适配基本型辅助器具给予补贴。

——残疾人基本服务。建立健全以专业康复和托养服务机构为骨干、社区为基础、家庭为依托的社会化残疾人康复、托养服务体系。加强残疾人服务设施建设，继续实施"阳光家园计划"，实施国家重点康复工程，建立残疾儿童抢救性康复救助制度。完善残疾学生助学政策，保障残疾学生和残疾人家庭子女免费接受义务教育，逐步实行残疾学生高中阶段免费教育，推进特殊教育学校标准化建设。加大残疾人就业促进和保护力度，开展多层次残疾人职业技能培训，为农村残疾人提供实用技术培训，落实残疾人按比例就业、安置残疾人单位税收优惠、残疾人个体就业扶持等政策。公共就业服务机构和残疾人就业服务机构免费为残疾人提供有针对性的职业介绍、职业指导等就业服务。将住房困难的城乡低收入残疾人家庭优先纳入基本住房保障制度。加强针对盲人和聋人特殊需求的公共文化服务，实行公共文化体育设施对残疾人优惠开放，扩大盲人读物出版规模。加快无障碍建设和改造，推进公共设施设备和信息交流无障碍，有条件的地方为有需求的贫困残疾人家庭无障碍改造提供补助。建立健全残疾预防体系。

## 第二节 基本标准

加快建立健全残疾人基本公共服务国家标准体系。依据国家残疾人事业相关法律法规，为保障残疾人基本公共服务的规模和质量，明确工作任务的事权与支出责任，缩小残疾人生活状况与社会平均水平的差距，制定"十二五"时期残疾人基本公共服务国家基本标准。

## "十二五"时期残疾人基本公共服务国家基本标准

| 服务项目 | 服务对象 | 保障标准 | 支出责任 | 覆盖水平 |
|---|---|---|---|---|
| 残疾人社会保障 | | | | |
| 社会保险保费补贴 | 重度和贫困残疾人 | 参加城镇居民基本医疗保险、新型农村合作医疗、新型农村社会养老保险和城镇居民社会养老保险按规定享受政府社会保险费补贴 | 中央和地方财政共同负担 | 目标人群覆盖率100% |
| 基本医疗保障医疗康复项目 | 参保残疾人 | 运动疗法、偏瘫肢体综合训练、脑瘫肢体综合训练、截瘫肢体综合训练、作业疗法、认知知觉功能康复训练、言语训练、吞咽功能障碍训练、日常生活能力评定等医疗康复项目纳入基本医疗保险范围 | 基本医疗保险基金支出 | 目标人群覆盖率100% |
| 残疾人基本服务 | | | | |
| 义务教育阶段特殊教育 | 适龄残疾儿童、少年 | 在"两免一补"基础上,针对残疾学生特殊需要,进一步提高补助水平;大中城市不能到校上学的残疾儿童、少年接受送教上门服务 | 中央和地方财政共同负担 | 学龄残疾儿童少年接受义务教育比率达到90% |
| 残疾人教育资助 | 家庭经济困难的残疾儿童、青少年 | 义务教育、学前教育和高中阶段教育寄宿生享受生活费用和特殊学习用品、教育训练补助,高中阶段教育学费、杂费、课本费免费 | 中央和地方财政共同负担 | 义务教育和高中阶段教育资助目标人群覆盖率100%,为5.14万人次贫困残疾儿童提供学前教育训练费和生活补助 |
| 残疾儿童抢救性康复 | 0—6岁残疾儿童 | 对接受手术、辅具配置和康复训练等服务提供资助 | 中央和地方财政共同负担 | 覆盖93万人(次)左右目标人群 |
| 残疾人就业服务 | 城乡有就业愿望的残疾人 | 免费在公共就业服务机构和基层劳动就业社会保障公共服务平台享有职业介绍、职业指导等就业服务;对就业困难残疾人提供就业援助;免费在残疾人就业服务机构享有就业信息发布、残疾人职业培训等服务 | 地方政府负责,中央财政适当补助 | 实现城镇残疾人新增就业100万,为100万农村贫困残疾人提供实用技术培训 |

续表

| 服务项目 | 服务对象 | 保障标准 | 支出责任 | 覆盖水平 |
| --- | --- | --- | --- | --- |
| 残疾人文化服务 | 残疾人 | 能够收看到有字幕和手语的电视节目，在公共图书馆得到盲文和有声读物等阅读服务 | 中央和地方财政共同负担 | 各级公共图书馆设立盲人阅览室，配置盲文图书及有关阅读设备；省市两级电视台普遍开办手语节目；影视剧和电视节目加配字幕 |
| 残疾人体育健身服务 | 残疾人 | 免费享有体育健身指导服务 | 中央和地方财政共同负担 | 建立1200个残疾人体育健身示范点，经常参加体育健身的残疾人比率达到15%以上 |

## 第三节 保障工程

针对残疾人基本公共服务的特殊性和专业性，实施残疾人基本公共服务保障工程，提升残疾人基本公共服务能力。

——残疾人康复和托养设施建设工程。建设一批残疾人康复设施，配备相应的设备和专业人员，全面开展康复医疗、功能训练、辅助器具适配、心理辅导、康复转介、残疾预防、知识普及和咨询等康复服务；支持一批示范性专业托养机构建设，实施"阳光家园计划"，增强托养服务能力。

——特殊教育学校建设工程。改扩建和新建一批特殊教育学校，添置必要的教学、生活和康复训练设施，使每个地级市和人口30万以上、残疾儿童少年较多的县（市、区）都至少有1所按国家标准建设的特殊教育学校。

# 第十二章 促进城乡、区域基本公共服务均等化

按照推进基本公共服务均等化和实施主体功能区规划、国家区域发展战略的要求，逐步建立城乡一体化的基本公共服务制度，健全促进区域基本公共服务均等化的体制机制，促进公共服务资源在城乡、区域之间均衡配置，缩小基本公共服务水平差距。

## 第一节 促进城乡基本公共服务均等化

——加强城乡基本公共服务规划一体化。涉及公共服务的各类规划，要贯彻区域覆盖、制度统筹的原则要求，以服务半径、服务人口为基本依据，打破城乡界限，统筹空间布局，制定实施城乡统一的基本公共服务设施配置和建设标准。

——推进城乡基本公共服务制度衔接。以制度统一为切入点，抓紧制定和实施统筹城乡基本公共服务制度的工作目标和阶段任务。鼓励各地开展统筹城乡基本公共服务制度改革试点，有条件的可率先把农村居民纳入城镇基本公共服务保障范围；暂不具备条件的，要注重缩小城乡服务水平差距，预留制度对接空间。

——加大农村基本公共服务支持力度。进一步加大公共资源向农村倾斜力度，新增预算内固定资产投资要优先投向农村基本公共服务项目。制定并推行各类机构服务项目及其规范标准，提高农村基层公共服务人员专业化水平。鼓励和引导城市优质公共服务资源向农村延伸，包括充分利用信息技术和流动服务等手段，促进农村共享城市优质公共服务资源。

——以输入地政府管理为主，加快建立农民工等流动人口基本公共服务制度，逐步实现基本公共服务由户籍人口向常住人口扩展。结合户籍管理制度改革和完善农村土地管理制度，逐步将基本公共服务领域各项法律法规和政策与户口性质相脱离，保障符合条件的外来人口与本地居民平等享有基本公共服务。积极探索多种有效方式，对符合条件的农民工及其子女，分阶段、有重点地纳入居住地基本公共服务保障范围。

## 第二节 促进区域基本公共服务均等化

——推进落实主体功能区基本公共服务政策。对优化开发区域和重点开发区域，要根据工业化、城镇化需要，加强基本公共服务能力建设，使基本公共服务设施布局、供给规模与人口分布、环境交通相适应。对限制开发和禁止开发区域，要加大财政转移支付力度和财政投入，保障不因经济开发活动受限制而影响基本公共服务水平的提高。

——加大困难地区基本公共服务支持力度。加大对贫困地区、革命老区、民族地区、边疆地区和集中连片特殊困难地区的基本公共服务财政投入和公共资源配置力度,政府基本公共服务投资项目优先向这些地区倾斜。鼓励发达地区采用定向援助、对口支援和对口帮扶等多种形式,支持这些地区发展基本公共服务,并形成长效机制。

——建立健全区域基本公共服务均等化协调机制。加强国务院各部门与省级政府间的磋商协调,保持区域间基本公共服务范围和标准基本一致,推动相关制度和规则衔接,做好投资、财税、产业、土地和人口等政策的配套协调。健全地方政府为主、统一与分级相结合的公共服务管理体制,着力加强省级政府推进省域内基本公共服务均等化的统筹职能。适应区域一体化发展要求,完善现有各类区域协调机制,强化其促进区域内基本公共服务协作、资源共享、制度对接作用。鼓励和倡导长三角、珠三角等发达地区率先实现基本公共服务一体化。

## 第十三章 增强公共财政保障能力

建立与经济发展和政府财力增长相适应的基本公共服务财政支出增长机制,切实增强各级财政特别是县级财政提供基本公共服务的保障能力。

### 第一节 明确政府间事权和支出责任

——综合考虑法律规定、受益范围、成本效率、基层优先等因素,合理界定中央政府与地方政府的基本公共服务事权和支出责任,并逐步通过法律形式予以明确。中央政府主要负责制定国家基本公共服务标准和政策法规,提供涉及中央事权的基本公共服务,协调跨省(区、市)的基本公共服务问题,以及对各省级政府提供的基本公共服务进行监督、考核与问责。按照国家统一制度框架,省级政府主要负责制定本地区基本公共服务标准和地方政策法规,提供涉及地方事权的基本公共服务,以及对市级和县级政府提供的基本公共服务进行监督、考核与问责。市级和县级政府具体负责本地基本公共服务的提供以及对基本公共服务机构的监管。

——逐步将适合更高一级政府承担的事权和支出责任上移,增加中央和省级政府在基本公共服务领域的事权和支出责任。强化省级政府在教育、就业、社会保险、社会服务、医疗卫生等领域基本公共服务的支出责任。

## 第二节　完善转移支付制度

——科学设置、合理搭配一般性转移支付和专项转移支付。在明确划分各级政府基本公共服务事权和支出责任的基础上，逐步做到属于地方政府事务，其自有收入不能满足支出需求的，中央财政原则上通过一般性转移支付给予补助；属于中央委托事务，中央财政通过专项转移支付足额安排资金；属于中央地方共同事务，明确各自支出的分担比例。

——完善转移支付办法。增加一般性转移支付特别是均衡性转移支付规模和比例，加大对中西部地区转移支付力度，优先弥补禁止开发区和限制开发区的收支缺口。规范专项转移支付，充分发挥专项转移支付资金促进基本公共服务均等化的积极作用。

——加快完善省以下转移支付制度。充分发挥省级财政转移支付有效调节省内基本公共服务财力差距的功能。已实施省直管县财政改革的地区，省级政府要根据本地区实际情况，加大对县级政府的转移支付力度。没有实施省直管县财政改革的地区，省、市级政府要采取多种方式，增加对县级政府的转移支付。

## 第三节　健全财力保障机制

——完善公共财政预算，优化财政支出结构。各级政府要优先安排预算用于基本公共服务，并确保增长幅度与财力的增长相匹配、同基本公共服务需求相适应，推进实施按照地区常住人口安排基本公共服务支出。加快构建以政府为主导、充分体现社会公平的再分配调节机制。

——拓宽基本公共服务资金来源。继续安排中央资金，支持贫困地区和薄弱环节提高基本公共服务能力，地方各级政府特别是省级政府要安排相应资金。充分利用国际金融组织贷款等有效融资形式，拓宽政府筹资渠道，增加基本公共服务基础设施投入。加大国有资本经营预算用于基本公共服务的支出比重。扩大全国社会保障基金规模。

——提高县级财政保障基本公共服务能力。中央财政制定县级基本公共服务财力保障范围和保障标准,并根据相关政策和因素变化情况动态调整。省、市级财政要按照本行政区划内基本公共服务均等化的要求,逐步提高县级财政在省以下财力分配中的比重,帮助困难县(市、区)弥补基本财力缺口。县级政府要强化自我约束,科学统筹财力,规范预算管理。中央财政要完善县级财政保障基本公共服务的激励约束机制,根据基层工作实绩实施奖励。

## 第十四章　创新供给模式

在坚持政府负责的前提下,充分发挥市场机制作用,推动基本公共服务提供主体和提供方式多元化,加快建立政府主导、社会参与、公办民办并举的基本公共服务供给模式。

### 第一节　建立多元供给机制

——在政府实施有效监管、机构严格自律、社会加强监督的基础上,扩大基本公共服务面向社会资本开放的领域。各地区、各部门在制定规划和配置公共服务资源时,要给非公立机构留有合理空间,特别是配置新增资源时要统筹考虑由社会资本举办服务机构和提供服务。鼓励和引导社会资本参与基本公共服务设施建设和运营管理。公平开放基本公共服务准入,大力发展民办幼儿园和职业培训机构,鼓励和引导社会资本举办医疗机构和参与公立医院改制,推动社会资本兴办养(托)老服务和残疾人康复、托养服务等机构以及建设博物馆、体育场馆等文体设施。

——在实践证明有效的领域积极推行政府购买、特许经营、合同委托、服务外包、土地出让协议配建等提供基本公共服务的方式,抓紧研究制定分领域、分行业具体政策,包括规范准入标准、资质认定、登记审批、招投标、服务监管、奖励惩罚及退出等操作规则和管理办法。提供基本公共服务的民办机构,在设立条件、资质认定、职业资格与职称评定、税收政策和政府购买服务等方面,与事业单位享有平等待遇。

——充分发挥公共投入引导和调控作用,合理利用政府补贴供给方和补贴需求方的调节手段,探索财政资金对非公立基本公共服务机构的扶持,并积极采取财政直接补贴需求方的方式,增加公民享受服务的选择权和灵活性,促进基本公共服务机构公平竞争。

——提升社区基本公共服务能力,构建以社区为基础的城乡基层社会管理和公共服务平台。实施社区服务体系建设工程,以居民需求为导向,加强基层公共服务资源整合,因地制宜建设社区综合公共服务设施,行政办公、就业和社会保障、卫生计生、文化体育、科普宣传等设施加大共建共享力度。在外出就业较为集中的农村地区,要重点解决好留守家属的关爱服务,充分利用布局调整后闲置资源用于开展托老、托幼等服务。加快建设社会工作专业人才队伍,并建立专业人员引领志愿者服务的机制。

——提高基本公共服务信息化水平。积极构建国家数字化教学资源库和公共教育服务平台,加强就业、社会保险、基本社会服务、医疗卫生、人口和计划生育、保障性住房、文化体育等信息系统建设,促进信息资源整合共享。积极利用信息技术提高公共服务机构管理效率,创新服务模式和服务业态。

——逐步有序扩大基本公共服务领域对外开放,鼓励采用合资、合作等多种形式开展高水平的国际合作办医、养老以及文化体育等交流,鼓励中外合作办学。

## 第二节 分类推进事业单位改革

——按照政事分开、事企分开和管办分离的要求,分类推进事业单位改革。对提供公共服务的事业单位,要强化公益属性,改革和完善政府投入方式,加强监督管理。承担义务教育、公共文化、公共卫生及基层的基本医疗服务等基本公益性服务,不能或不宜由市场配置资源的事业单位,划入公益一类;承担非营利医疗等公益服务,可部分由市场配置资源的事业单位,划入公益二类。

——探索管办分离的有效实现形式,完善法人治理结构,使事业单位真正转变为独立的事业单位法人和公共服务提供主体。积极推进体制改革,完善运行机制,配套推进机构编制、国有资产管理、人事管理、收入分配、社会保险改革。

## 第三节 鼓励社会力量参与

——强化社会公众对基本公共服务供给决策及运营的知情权、参与权和监督权,健全基本公共服务需求表达机制和反馈机制,增加决策透明度。

——发挥各类社会组织在基本公共服务需求表达、服务供给与监督评价等方面的作用,把适合由社会承担的基本公共服务事项,以购买服务等方式交由社会组织承担。

——大力发展志愿服务,完善志愿服务管理制度和服务方式,促进志愿服务经常化、制度化和规范化,推动志愿服务与政府服务优势互补、有机融合。

——积极发展慈善事业,增强全社会慈善意识,积极培育慈善组织,完善慈善捐赠的法律法规和税收减免政策,充分发挥慈善在基本公共服务提供和筹资等方面的作用。

# 第十五章 规划实施

本规划确定的目标和任务,是政府对人民群众的承诺,要切实加强组织领导和统筹协调,建立健全规划实施机制,全力确保完成。

## 第一节 明确责任分工

本规划确定的各项指标和任务,要分解落实到国务院各有关部门和各省级人民政府。国务院各有关部门要按照职责分工,抓紧制定行业基本公共服务的具体标准,切实做好相关专项规划与本规划的衔接,并明确工作责任和进度。各省级人民政府要在国务院有关部门指导下,结合本地区实际,编制实施省级基本公共服务专项规划或行动计划,以国家基本标准为依据制定本地基本公共服务标准体系,并加强对市县级政府的绩效评价和监督问责。要建立高层次综合协调机制,协调解决规划实施中跨地区跨部门跨行业的重大问题。

各级政府要加大财力统筹,特别是中央财政和省级财政要合理确定与下级财政基本公共服务支出的分担比例,保证本规划确定的各项基本公共服务目标任务及保障工程的投入,保证本级财政承担的投入分年、足额落实到位。严格规范财政转移支付管理和使用,确保资金按时足额拨付。

## 第二节 加强监督问责

发展改革委要加强对规划实施情况的跟踪分析,以开展全国基本公共服务水平综合评价为重要手段,制定评价指标体系和评价方案,牵头组织开展中期评估和终期评估,并向国务院提交评估报告,以适当方式向社会公布。

国务院各有关部门和各省级人民政府要开展本行业和本地区的基本公共服务水平监测评价,注意研究新情况,解决新问题。要自觉接受同级人大、政协和人民群众的监督。积极开展基本公共服务社会满意度调查。鼓励多方参与评估,积极引入第三方评估。

完善基本公共服务问责机制,增加基本公共服务绩效考核在政府和干部政绩考核中的权重。健全基本公共服务预算公开机制,增强预算透明度。切实加强对建设工程和专项拨款使用绩效的审计、监管。建立基本公共服务设施建设质量追溯制度,对学校、医院、福利机构、保障性住房等建筑质量实行终身负责制。

# 国务院关于印发"十三五"推进基本公共服务均等化规划的通知

国发〔2017〕9号

各省、自治区、直辖市人民政府，国务院各部委、各直属机构：

现将《"十三五"推进基本公共服务均等化规划》印发给你们，请认真贯彻执行。

国务院

2017年1月23日

## "十三五"推进基本公共服务均等化规划

基本公共服务是由政府主导、保障全体公民生存和发展基本需要、与经济社会发展水平相适应的公共服务。基本公共服务均等化是指全体公民都能公平可及地获得大致均等的基本公共服务，其核心是促进机会均等，重点是保障人民群众得到基本公共服务的机会，而不是简单的平均化。享有基本公共服务是公民的基本权利，保障人人享有基本公共服务是政府的重要职责。推进基本公共服务均等化，是全面建成小康社会的应有之义，对于促进社会公平正义、增进人民福祉、增强全体人民在共建共享发展中的获得感、实现中华民族伟大复兴的中国梦，都具有十分重要的意义。

本规划依据《中华人民共和国国民经济和社会发展第十三个五年规划纲要》编制，是"十三五"乃至更长一段时期推进基本公共服务体系建设的综合性、基础性、指导性文件。

# 第一章 规划背景

## 第一节 发展基础

"十二五"以来,我国已初步构建起覆盖全民的国家基本公共服务制度体系,各级各类基本公共服务设施不断改善,国家基本公共服务项目和标准得到全面落实,保障能力和群众满意度进一步提升。截至2015年,义务教育均衡发展深入推进,国民受教育机会显著增加,九年义务教育巩固率达到93%,进城务工人员随迁子女在流入地公办学校就读的比例超过80%;实施就业优先战略,公共就业创业服务和职业培训不断强化,全国就业人员达到77451万人,劳动者参加就业技能培训后就业率平均达70%以上;覆盖城乡的社会保障体系进一步健全,城乡居民养老保险制度实现整合,保障水平稳步提高,社会服务体系继续完善,临时救助制度全面实施,残疾人小康进程加快推进;基本公共卫生服务项目增加到12类,全民医保体系加快健全,基本医保参保率超过95%,大病保险覆盖全部城乡居民医保参保人员,国家基本公共卫生服务经费和城乡居民基本医疗保险补助标准分别提高到每人每年40元和380元,人民健康水平总体上达到中高收入国家平均水平;城镇保障性安居工程和农村危房改造力度加大,全国累计开工城镇保障性安居工程住房4013万套,其中改造棚户区住房2191万套,改造农村危房1794万户;现代公共文化服务体系建设积极推进,农村公共文化服务能力增强,全民健身活动蓬勃开展,广播、电视人口综合覆盖率均达到98%。

同时,我国基本公共服务还存在规模不足、质量不高、发展不平衡等短板,突出表现在:城乡区域间资源配置不均衡,硬件软件不协调,服务水平差异较大;基层设施不足和利用不够并存,人才短缺严重;一些服务项目存在覆盖盲区,尚未有效惠及全部流动人口和困难群体;体制机制创新滞后,社会力量参与不足。

## 第二节 发展环境

"十三五"时期是全面建成小康社会的决胜阶段，我国发展仍处于可以大有作为的重要战略机遇期，完善国家基本公共服务体系、推动基本公共服务均等化水平稳步提升，面临新的机遇和挑战。

——经济进入新常态。经济增长从高速转向中高速，经济结构深度调整，发展动力加快转换，保民生兜底线的任务更加艰巨。同时民生持续改善也会为经济发展创造更多有效需求，为推进供给侧结构性改革提供强大内生动力。

——人口形成新结构。人口总量增长势头明显减弱，劳动年龄人口减少，人口老龄化加速，老年抚养比上升，新型城镇化推动城乡人口结构变化，对公共服务供给结构、资源布局、覆盖人群等带来较大影响。

——社会呈现新特征。社会结构深刻变动、利益格局深刻调整，人民群众的公平意识、民主意识、权利意识不断增强，合理引导社会预期、加快基本公共服务均等化任务更加艰巨。

——消费体现新需求。中等收入群体规模不断扩大，群众提高生活水平和改善生活质量的愿望更加强烈，消费需求更加多样化多层次，提高公共服务供给质量和水平的要求更加紧迫。

——科技孕育新突破。新一轮科技革命和产业变革正在兴起，移动互联网、物联网、大数据、云计算等技术快速发展，推动公共服务新业态不断发展、供给方式不断创新、服务模式更加丰富。

# 第二章 指导思想和主要目标

## 第一节 指导思想

高举中国特色社会主义伟大旗帜，全面贯彻党的十八大和十八届三中、四中、五中、六中全会精神，深入贯彻习近平总书记系列重要讲话精神和治国理政新理念新思想新战略，认真落实党中央、国务院决策部署，统筹推进"五位一体"总体布局和协调推进"四个全面"战略布局，牢固树立和贯彻落实新发展理念,坚持以人民为中心的发展思想,坚持以社会主义核心价值观为引领,从解决人民群众最关心最直接最现实的利益问题入手,以普惠性、保基本、均等化、可持续为方向,健全国家基本公共服务制度,完善服务项目和基本标准,强化公共资源投入保障,提高共建能力和共享水平,努力提升人民群众的获得感、公平感、安全感和幸福感,实现全体人民共同迈入全面小康社会。

——兜住底线,引导预期。立足基本国情,充分发挥基本公共服务兜底作用,牢牢把握服务项目,严格落实服务指导标准。坚持尽力而为、量力而行,合理引导社会预期,通过人人参与、人人尽力,实现人人共享。

——统筹资源,促进均等。统筹运用各领域各层级公共资源,推进科学布局、均衡配置和优化整合。加大基本公共服务投入力度,向贫困地区、薄弱环节、重点人群倾斜,推动城乡区域人群均等享有和协调发展。

——政府主责,共享发展。深化简政放权、放管结合、优化服务改革,划清政府与市场界限,增强政府基本公共服务职责,合理划分政府财政事权和支出责任,强化公共财政保障和监督问责。充分发挥市场机制作用,支持各类主体平等参与并提供服务,形成扩大供给合力。

——完善制度,改革创新。推进基本公共服务均等化、标准化、法制化,促进制度更加规范。加快转变政府职能,创新服务提供方式,消除体制机制障碍,全面提升基本公共服务质量、效益和群众满意度。

## 第二节　主要目标

到2020年,基本公共服务体系更加完善,体制机制更加健全,在学有所教、劳有所得、病有所医、老有所养、住有所居等方面持续取得新进展,基本公共服务均等化总体实现。

——均等化水平稳步提高。城乡区域间基本公共服务大体均衡,贫困地区基本公共服务主要领域指标接近全国平均水平,广大群众享有基本公共服务的可及性显著提高。

——标准体系全面建立。国家基本公共服务清单基本建立,标准体系更加明确并实现动态调整,各领域建设类、管理类、服务类标准基本完善并有效实施。

——保障机制巩固健全。基本公共服务供给保障措施更加完善,基层服务基础进一步夯实,人才队伍不断壮大,供给模式创新提效,可持续发展的长效机制基本形成。

——制度规范基本成型。各领域制度规范衔接配套、基本完备,服务提供和享有有规可循、有责可究,基本公共服务依法治理水平明显提升。

"十三五"时期基本公共服务领域主要发展指标

| 指标 | 2015年 | 2020年 | 累计 |
|---|---|---|---|
| 基本公共教育 | | | |
| 九年义务教育巩固率(%) | 93 | 95 | - |
| 义务教育基本均衡县(市、区)的比例(%)[1] | 44.48 | 95 | |
| 基本劳动就业创业 | | | |
| 城镇新增就业人数(万人)[2] | - | - | >5000 |
| 农民工职业技能培训(万人次) | - | - | 4000 |
| 基本社会保险 | | | |
| 基本养老保险参保率(%)[3] | 82 | 90 | - |
| 基本医疗保险参保率(%)[4] | | >95 | - |
| 基本医疗卫生 | | | |
| 孕产妇死亡率(1/10万) | 20.1 | 18 | |
| 婴儿死亡率(‰) | 8.1 | 7.5 | - |
| 5岁以下儿童死亡率(‰) | 10.7 | 9.5 | |
| 基本社会服务 | | | |
| 养老床位中护理型床位比例(%) | - | 30 | - |
| 生活不能自理特困人员集中供养率(%)[5] | 31.8 | 50 | - |
| 基本住房保障 | | | |
| 城镇棚户区住房改造(万套) | - | - | 2000 |
| 建档立卡贫困户、低保户、农村分散供养特困人员、贫困残疾人家庭等4类重点对象农村危房改造(万户) | - | | 585 |
| 基本公共文化体育 | | | |
| 公共图书馆年流通人次(亿) | 5.89 | 8 | - |
| 文化馆(站)年服务人次(亿) | 5.07 | 8 | |
| 广播、电视人口综合覆盖率(%)[6] | >98 | >99 | |
| 国民综合阅读率(%)[7] | 79.6 | 81.6 | |
| 经常参加体育锻炼人数(亿人)[8] | 3.64 | 4.35 | |

## 三、公共服务规划

续表

| 指 标 | 2015年 | 2020年 | 累 计 |
|---|---|---|---|
| 残疾人基本公共服务 | | | |
| 困难残疾人生活补贴和重度残疾人护理补贴覆盖率(%)[9] | - | >95 | - |
| 残疾人基本康复服务覆盖率（%）[10] | - | 80 | - |

注：1. 指通过省级评估、国家认定程序认定的义务教育均衡发展县（市、区）占全国所有县（市、区）的比例。

2. 指城镇累计新就业人数减去累计自然减员人数。其中城镇累计新就业人数是指报告期内城镇累计新就业的城镇各类单位、私营企业和个体经济组织、社区公益性岗位就业人员和各种灵活形式就业人员的总和；累计自然减员人数是指报告期内因退休、伤亡等自然原因造成的城镇累计减少的就业人员数。

3. 指按照国家有关法律和社会保险政策规定，实际参加基本养老保险的人数与法定应参加基本养老保险的人数之比。

4. 指按照国家有关法律和社会保险政策规定，实际参加基本医疗保险的人数与法定应参加基本医疗保险的人数之比。

5. 指在机构集中供养的生活不能自理特困人员与生活不能自理特困人员总数之比。

6. 指在对象区内能接收到中央、省（区、市）、市（地、州）、县（市、区）广播、电视传输机构以无线、有线、卫星等方式传输的广播、电视节目信号的人口数占对象区总人口数的比重。

7. 指全国每年有阅读行为（包括阅读书报刊物和数字出版物、手机媒体等各类读物）的人数与总人口数的比例。

8. 指每周参加体育锻炼3次及以上、每次体育锻炼持续时间30分钟及以上、每次体育锻炼的运动强度达到中等及以上的人数。

9. 指困难残疾人享受生活补贴和重度残疾人享受护理补贴的人数达到应享受补贴人数的比例。

10. 指有康复需求的残疾儿童和持证残疾人接受康复评估、手术、药物、功能训练、辅具适配等基本康复服务的比例。

# 第三章 国家基本公共服务制度

## 第一节 制度框架

国家基本公共服务制度紧扣以人为本，围绕从出生到死亡各个阶段和不同领域，以涵盖教育、劳动就业创业、社会保险、医疗卫生、社会服务、住房保障、文化体育等领域的基本公共服务清单为核心，以促进城乡、区域、人群基本公共服务均等化为主线，以各领域重点任务、保障措施为依托，以统筹协调、财力保障、人才建设、多元供给、监督评估等五大实施机制为支撑，是政府保障全民基本生存发展需求的制度性安排。

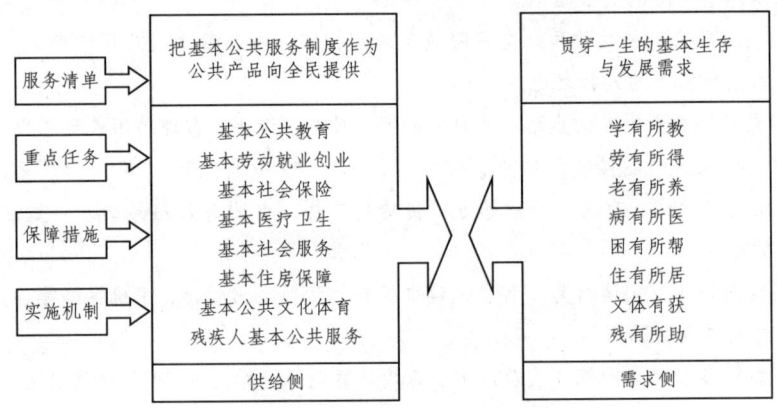

**国家基本公共服务制度框架**

## 第二节 服务清单

国家建立基本公共服务清单制，依据现行法律法规和相关政策确定基本公共服务主要领域，以及各领域具体服务项目和国家基本标准，向社会公布，作为政府履行职责和公民享有相应权利的依据。《"十三五"国家基本公共服务清单》（以下简称"清单"，详见附件1）包括公共教育、劳动就业创业、社会保险、医疗卫生、社会服务、住房保障、公共文化体育、残疾人服务等八个领域的81个项目。每个项目均明确服务对象、服务指导标准、支出责任、牵头负责单位等。其中，服务对象是指各项目所面向的受众人群；服务指导标准是指各项目的保障水平、覆盖范围、实现程度等；支出责任是指各项目的筹资主体及承担责任；牵头负责单位是指国家层面的主要负责单位，具体落实由地方各级人民政府及有关部门、单位按职责分工负责。

清单是"十三五"时期实现基本公共服务均等化的重要基础，各项目服务内容和标准要在规划期内落实到位。在本规划实施过程中，可结合经济社会发展状况，按程序对清单具体内容进行动态调整。

## 第三节　实施机制

国家建立健全科学有效的基本公共服务实施机制，改善人财物等基础条件，以推动规划目标顺利实现，确保国家基本公共服务制度高效运转。

——统筹协调机制。加强中央和地方、政府和社会的互动合作，促进各级公共服务资源有效整合，形成实施合力。

——财力保障机制。拓宽资金来源，增强县级政府财政保障能力，稳定基本公共服务投入。

——人才建设机制。加强人才培养培训，强化激励约束，促进合理流动，相关政策重点向基层倾斜，不断提高服务能力和水平。

——多元供给机制。积极引导社会力量参与，推进政府购买服务，推广政府和社会资本合作（PPP）模式。

——监督评估机制。坚持目标导向和问题导向，完善信息统计收集和需求反馈机制，加强对本规划实施的动态跟踪监测，推动总结评估和督促检查。

# 第四章　基本公共教育

国家完善基本公共教育制度，加快义务教育均衡发展，保障所有适龄儿童、青少年平等接受教育，不断提高国民基本文化素质。本领域服务项目共8项，具体包括：免费义务教育、农村义务教育学生营养改善、寄宿生生活补助、普惠性学前教育资助、中等职业教育国家助学金、中等职业教育免除学杂费、普通高中国家助学金、免除普通高中建档立卡等家庭经济困难学生学杂费。

## 第一节　重点任务

......

——高中阶段教育。重点支持中西部贫困地区尤其是集中连片特困地区高中阶段教育发展，积极发展中等职业教育。逐步分类推进中等职业教育免除学杂费，率先从建档立卡等家庭经济困难学生（含非建档立卡的家庭经济困难残疾学生、农村低保家庭学生、农村特困救助供养学生）实施普通高中免除学杂费。

——普惠性学前教育。大力发展公办幼儿园，积极扶持民办幼儿园提供普惠性服务。扩大集中连片特困地区、少数民族地区学前教育资源。支持地方健全学前教育资助制度，资助普惠性幼儿园在园家庭经济困难儿童、孤儿和残疾儿童接受学前教育。

......

## 第五章　基本劳动就业创业

国家实施就业优先战略，大力推动大众创业、万众创新，鼓励以创业带动就业，健全覆盖城乡的公共就业创业服务体系，加强职业培训，维护职工和企业合法权益，构建和谐劳动关系，推动实现比较充分和更高质量的就业。本领域服务项目共10项，具体包括：基本公共就业服务、创业服务、就业援助、就业见习服务、大中城市联合招聘服务、职业技能培训和技能鉴定、"12333"人力资源和社会保障服务热线电话咨询、劳动关系协调、劳动人事争议调解仲裁、劳动保障监察。

### 第一节　重点任务

......

——职业培训。大力开展就业技能培训、岗位技能提升培训和创业培训，开展贫困家庭子女、未升学初高中毕业生、农民工、失业人员和转岗职工、退役军人、残疾人免费接受职业培训行动，打通技能劳动者从初级工、中级工、高级工到技师、高级技师的职业发展通道。

## 第六章　基本社会保险

国家构建全覆盖、保基本、多层次、可持续的社会保险制度，实施全民参保计划，保障公民在年老、疾病、工伤、失业、生育等情况下依法从国家和社会获得物质帮助。本领域服务项目共7项，具体包括：职工基本养老保险、城乡居民基本养老保险、职工基本医疗保险、生育保险、城乡居民基本医疗保险、失业保险、工伤保险。

……

## 第七章　基本医疗卫生

国家建立健全覆盖城乡居民的基本医疗卫生制度，推进健康中国建设，坚持计划生育基本国策，以基层为重点，以改革创新为动力，预防为主、中西医并重，提高人民健康水平。本领域服务项目共20项，具体包括：居民健康档案、健康教育、预防接种、传染病及突发公共卫生事件报告和处理、儿童健康管理、孕产妇健康管理、老年人健康管理、慢性病患者管理、严重精神障碍患者管理、卫生计生监督协管、结核病患者健康管理、中医药健康管理、艾滋病病毒感染者和病人随访管理、社区艾滋病高危行为人群干预、免费孕前优生健康检查、基本药物制度、计划生育技术指导咨询、农村部分计划生育家庭奖励扶助、计划生育家庭特别扶助、食品药品安全保障。

### 第一节　重点任务

——重大疾病防治和基本公共卫生服务。继续实施国家基本公共卫生服务项目和国家重大公共卫生服务项目。开展重大疾病和突发急性传染病联防联控，提高对传染病、慢性病、精神障碍、地方病、职业病和出生缺陷等的监测、预防和控制能力。加强突发公共事件紧急医学救援、突发公共卫生事件监测预警和应急处理。深入开展爱国卫生运动，继续推进卫生城镇创建工作，开展健康城市、健康村镇建设，实施全国城乡环境卫生整洁行动，加快农村改厕，农村卫生厕所普及率提高到85%。加强居民身心健康教育和自我健康管理，做好心理健康服务。

......

## 第二节 保障措施

......

——疾病防治和基本公共卫生服务能力强化。加强卫生应急、疾病预防控制、精神卫生、血站、卫生计生监督能力建设。提高肿瘤、心脑血管疾病、呼吸系统疾病等疑难病症防治能力。支持肿瘤、心脑血管疾病、糖尿病、精神病、传染病、职业病、地方病等薄弱领域服务能力建设。

......

# 第八章 基本社会服务

国家建立完善基本社会服务制度，为城乡居民提供相应的物质和服务等兜底帮扶，重点保障特定人群和困难群体的基本生存权与平等参与社会发展的权利。本领域服务项目共13项，具体包括：最低生活保障、特困人员救助供养、医疗救助、临时救助、受灾人员救助、法律援助、老年人福利补贴、困境儿童保障、农村留守儿童关爱保护、基本殡葬服务、优待抚恤、退役军人安置、重点优抚对象集中供养。

## 第一节 重点任务

......

——社会福利。全面建立针对经济困难高龄、失能老年人的补贴制度，并做好与长期护理保险的衔接。提高城乡社区卫生服务机构为老年人提供医疗保健服务的能力，加快社区居家养老信息网络和服务能力建设，推进医养结合发展。进一步完善孤儿基本生活保障制度，做好困境儿童保障工作，统筹推进未成年人社会保护试点和农村留守儿童关爱保护。全面推进精神障碍患者社区康复服务。

......

## 第二节　保障措施

......

——养老服务体系建设。支持主要面向失能、半失能老年人的老年养护院，医养结合设施和社区老人日间照料中心，荣誉军人休养院、光荣院，农村特困人员救助供养服务机构等服务设施建设，增加护理型床位和设施设备。推进无障碍通道、老年人专用服务设施、旧楼加建电梯建设，以及适老化路牌标识、适老化照明改造。积极开展养老护理人员培养培训。搭建养老信息服务网络平台，推广应用便携式体检、紧急呼叫监控等设备。

——社会福利服务设施建设。结合地区实际，建设一批县级儿童福利设施。依托现有设施资源，试点建设县级未成年人保护设施。支持尚无精神病人福利设施的地市建设一所精神病人福利设施，为特殊困难精神障碍患者提供集中养护服务。

......

## 第九章　基本住房保障

国家建立健全基本住房保障制度，加大保障性安居工程建设力度，加快解决城镇居民基本住房问题和农村困难群众住房安全问题，更好保障住有所居。本领域服务项目共3项，具体包括：公共租赁住房、城镇棚户区住房改造、农村危房改造。

## 第一节　重点任务

......

——农村危房改造。合理确定农村危房改造补助对象和标准，优先帮助住房最危险、经济最贫困农户解决最基本的住房安全问题。加快推进贫困地区危房改造，按照精准扶贫、精准脱贫要求，重点解决建档立卡贫困户、低保户、农村分散供养特困人员、贫困残疾人家庭的基本住房安全问题。

......

## 第十章 基本公共文化体育

国家构建现代公共文化服务体系和全民健身公共服务体系，促进基本公共文化服务和全民健身基本公共服务标准化、均等化，更好地满足人民群众精神文化需求和体育健身需求，提高全民文化素质和身体素质。本领域服务项目共10项，具体包括：公共文化设施免费开放、送地方戏、收听广播、观看电视、观赏电影、读书看报、少数民族文化服务、参观文化遗产、公共体育场馆开放、全民健身服务。

……

### 第二节 保障措施

……

——新闻出版服务体系建设。举办"书香中国"系列活动，充分利用现有设施，统筹建设社区阅读中心、数字农家书屋、公共数字阅读终端等设施。合理规划建设农村和中小城市出版物发行网点，建设城乡阅报栏（屏），支持革命老区、民族地区、边疆地区、贫困地区公共阅读设施建设。实施少数民族新闻出版东风工程、盲文出版工程、儿童阅读书报发放计划、市民阅读发放计划。

……

## 第十一章 残疾人基本公共服务

国家提供适合残疾人特殊需求的基本公共服务，为残疾人平等参与社会发展创造便利化条件和友好型环境，让残疾人安居乐业、衣食无忧，生活得更加殷实、更加幸福、更有尊严。本领域服务项目共10项，具体包括：困难残疾人生活补贴和重度残疾人护理补贴、无业重度残疾人最低生活保障、残疾人基本社会保险个人缴费资助和保险待遇、残疾人基本住房保障、残疾人托养服务、残疾人康复、残疾人教育、残疾人职业培训和就业服务、残疾人文化体育、无障碍环境支持。

## 第一节　重点任务

——残疾人基本生活。全面落实困难残疾人生活补贴和重度残疾人护理补贴制度。生活困难、靠家庭供养且无法单独立户的成年无业重度残疾人，经个人申请，可按照单人户纳入最低生活保障范围。对获得最低生活保障后仍有困难的重度残疾人采取必要措施给予生活保障。完成农村贫困残疾人家庭存量危房改造。

——残疾人就业创业和社保服务。为有劳动能力和就业意愿的城乡残疾人免费提供就业创业服务，按规定提供免费职业培训。落实好针对就业困难残疾人的各项就业援助和扶持政策，为智力、精神和重度肢体残疾人提供辅助性、支持性就业服务等。落实贫困和重度残疾人参加社会保险个人缴费资助政策，完善重度残疾人医疗报销制度，做好重度残疾人就医费用结算服务。

——残疾人康复、教育、文体和无障碍服务。继续实施残疾儿童抢救性康复、贫困残疾人辅助器具适配、防盲治盲、防聋治聋等重点康复项目，加强残疾人健康管理和社区康复。积极推进为家庭经济困难的残疾儿童、青少年提供包括义务教育和高中阶段教育在内的12年免费教育。加强国家通用手语、通用盲文的规范与推广。推动公共文化体育场所设施免费或优惠向残疾人开放，为视力、听力残疾人等提供特需文化服务。加快推进公共场所和设施的无障碍改造。

## 第二节　保障措施

——残疾人服务体系建设。支持各地建设一批专业化残疾人康复设施、托养设施和综合服务设施，配备基本服务设备，推动形成功能完善、网络健全的残疾人专业康复和托养服务体系。

——县域残疾人综合服务能力提升。强化县级残疾人康复、托养、职业培训、辅助器具适配、文化体育等服务能力，充分发挥基层公共服务设施助残功能，推动形成县（市、区）、乡（镇）、村（居）三级联动互补的残疾人基层服务网络。

——特殊教育基础能力提升。依托现有特教学校构建特殊教育资源中心,提升特殊教育普及水平、保障条件和教育质量。完善特殊教育体系,积极创造条件保障完成义务教育且有意愿的残疾学生有机会接受适宜的中等职业教育。

——残疾人服务专业人才培养。建设康复大学,提升高等院校特殊教育专业办学水平,推动师范院校开设特殊教育课程。加快培养残疾人康复、托养、特殊教育、护理照料、就业服务、社会工作等方面的人才队伍。

——残疾人服务信息化。完善残疾人人口基础信息和基本服务需求信息数据管理系统。依托中国残疾人服务网,搭建残疾人就业创业网络服务平台。加快推进智能化残疾人证试点。鼓励支持服务残疾人的电子产品、移动应用软件等开发应用。

## 第十二章  促进均等共享

以贫困地区和贫困人口为重点,着力扩大覆盖范围、补齐短板、缩小差距,不断提高城乡、区域、人群之间基本公共服务均等化程度。

### 第一节  推动基本公共服务全覆盖

——开展贫困地区脱贫攻坚。加大革命老区、民族地区、边疆地区、集中连片特困地区脱贫攻坚力度,保障贫困人口享有义务教育、医疗卫生、文化体育、住房安全等基本公共服务,推动贫困地区基本公共服务主要领域指标接近全国平均水平。深入开展教育扶贫、健康扶贫、文化扶贫。在易地扶贫搬迁、整村推进、就业促进等工作中,按照精准扶贫、精准脱贫的要求,确保基本公共服务不留缺口。推动地区对口帮扶,加大基本公共服务资金、项目和人才支援力度。

——重点帮扶特殊困难人群。对农村留守人员、困境儿童和残疾人进行全面摸底排查,建立翔实完备、动态更新的信息台账。逐步完善救助管理机构、福利机构场所设施条件,满足农村留守儿童临时监护照料需要。在外出就业较为集中的农村地区,充分利用布局调整后闲置资源开展托老、托幼等关爱服务。健全孤儿、弃婴、法定抚养人无力抚养儿童、低收入家庭重病重残等困境儿童的福利保障体系。对低保家庭中的老年人、未成年人、重度残疾人等重点救助对象,提高救助水平,保障基本生活。

——促进城镇常住人口全覆盖。深化户籍制度改革,推动有能力在城镇稳定就业和生活的农业转移人口举家进城落户。推进居住证制度覆盖全部未落户城镇常住人口,加大对农业转移人口市民化的财政支持力度并建立动态调整机制,保障居住证持有人在居住地享有教育、就业、卫生等领域的基本公共服务。为农民工提供新市民培训服务,提高农民工综合素质和融入城市的能力。

## 第二节　促进城乡区域均等化

——缩小城乡服务差距。加快义务教育、社会保障、公共卫生、劳动就业等制度城乡一体设计、一体实施。重点以县(市、区)为单位,有步骤、分阶段推动规划、政策、投入、项目等同城化管理,统筹设施建设和人员安排,推动城乡服务内容和标准统一衔接。把社会事业发展重点放在农村和接纳农业转移人口较多的城镇,补齐农村和特大镇基本公共服务短板。鼓励和引导城镇公共服务资源向农村延伸,促进城市优质资源向农村辐射。

——提高区域服务均等化水平。强化省级人民政府统筹职能,加大对省域内基本公共服务薄弱地区扶持力度,通过完善事权划分、规范转移支付等措施,逐步缩小县域间、地市间服务差距。强化跨区域统筹合作,促进服务项目和标准水平衔接。着力推进京津冀地区、长江经济带等重点区域基本公共服务均等化,形成可复制、可推广的经验。

——夯实基层服务基础。整合相关资源,持续改善基层各类公共服务设施条件。依托政府综合服务大厅完善相关经办服务设施,推动基层综合公共服务平台统筹发展和共建共享。简化基层办事环节和手续,优化服务流程,明确办理时限,推行一站式办理、上门办理、预约办理等服务方式。在山区、草原等地广人稀、居住分散地区,配备必要的教学点,开展卫生巡诊等上门服务。

## 第十三章　创新服务供给

紧扣增进民生福祉，加快推进社会事业改革，吸引社会力量参与，扩大基本公共服务有效供给，提高服务质量和水平。

### 第一节　培育多元供给主体

——加快事业单位分类改革。理顺政府与事业单位在基本公共服务供给中的关系，强化提供基本公共服务事业单位的公益属性，推动去行政化和去营利化，逐步将有条件的事业单位转为企业或社会组织。进一步落实事业单位法人自主权，深化人事、收入分配等配套制度改革，确保依法决策、独立自主开展活动并承担责任。

——积极引导社会力量参与。进一步规范和公开基本公共服务机构设立的基本标准、审批程序，严控审批时限，鼓励有条件的地方采取招标等方式确定举办或运营主体。积极推动基本公共服务领域民办非营利性机构享受与同行业公办机构同等待遇。

——大力发展社会组织。深化社会组织登记管理制度改革，落实税收优惠政策。加强社会组织孵化培育和人才扶持，采取人员培训、项目指导、公益创投等多种途径和方式，提升社会组织承接政府购买服务能力。采取降低准入门槛、加强分类指导和业务指导等办法，大力培育发展社区社会组织，支持其承接基层基本公共服务和政府委托事项。

### 第二节　推动供给方式多元化

——推进政府购买公共服务。能由政府购买服务提供的，政府不再直接承办，交由具备条件、信誉良好的社会组织、机构、事业单位和企业等承担。制定实施政府购买公共服务指导性目录，确定政府购买公共服务的种类、性质和内容，规范项目遴选、信息发布、组织购买、项目监管、绩效评价等流程，加强政府购买公共服务的财政预算管理。

——加强政府和社会资本合作。能由政府和社会资本合作提供的，广泛吸引社会资本参与。政府通过投资补助、基金注资等多种方式，优先支持PPP项目。在实践证明有效的领域，推行通过公开招标、邀请招标、竞争性磋商、竞争性谈判等多种方式，公平选择具有相应管理经验、专业能力、融资实力以及信用状况良好的社会资本作为合作伙伴。

——鼓励发展志愿和慈善服务。广泛动员志愿服务组织与志愿者参与基本公共服务提供，定期发布志愿服务项目需求和岗位信息，建立健全志愿服务记录制度，完善激励保障措施。发挥慈善组织、专业社会工作服务机构在基本公共服务提供中的重要补充作用，落实慈善捐赠的相关优惠政策。

——发展"互联网+"益民服务。加快互联网与政府公共服务体系的深度融合，推动公共数据资源开放，促进公共服务创新供给和服务资源整合，构建面向公众的一体化在线公共服务体系。推动具备条件的服务事项实行网上受理、网上办理、网上反馈、实时查询，对暂不具备条件的事项提供全程在线咨询服务。积极应用大数据理念、技术和资源，及时了解公众服务需求和实际感受，为政府决策和监管提供支持。

——扩大开放交流合作。鼓励通过合资、合作等方式，支持合作办医，共建养老和残疾人托养机构。加强公共教育、公共文化体育等领域对外交流与合作。借鉴国际先进管理和服务经验，提升基本公共服务供给质量和水平。

## 第十四章　强化资源保障

优化资源配置，加强财力保障，加大重大工程项目、服务管理人才和规划用地等投入力度，为促进基本公共服务均等化提供支撑。

### 第一节　提升财政保障能力

——加大财政投入力度。稳定基本公共服务投入，明确保障措施和清单项目支出责任，确保服务项目及标准落实到位。中央和地方各级财政要为提高贫困地区基本公共服务水平提供必要支持。加大地方政府债券对基本公共服务保障的支持力度。

——优化转移支付结构。合理划分中央和地方财政事权与支出责任，适度加强中央政府承担基本公共服务的职责和能力。推进转移支付制度改革，增加一般性转移支付规模和比例，重点增加对老少边穷地区的转移支付，缩小地区间财力差距，提高县级财政保障能力，引导地方将一般性转移支付资金投入民生等重点领域。对新疆维吾尔自治区、新疆生产建设兵团、西藏自治区、四省藏区、革命老区、集中连片特困地区的民生保障和改善、基础设施建设、基层政权和社会管理能力建设等项目，中央预算内投资给予倾斜支持。

——提高资金使用效率。清理、整合、规范专项转移支付，完善资金管理办法，提高项目管理水平。简化财政管理层级，扩大省直管县财政管理体制改革覆盖面，加大省级人民政府转移支付对省域内基本公共服务财力差距的调节力度。统筹安排、合理使用、规范管理各类公共服务投入资金。对医院、学校、保障性住房等建筑质量实行单位负责人和项目负责人终身负责制。

## 第二节 加强人才队伍建设

——加强人才培养培训。支持高等院校和中等职业学校开设相关学科专业，扩大专业服务和管理人才培养规模。健全从业人员继续教育制度，强化定岗、定向培养，完善远程教育培训。建立政府、社会、用人单位和个人相结合的投入机制，对参加相关职业培训和职业技能鉴定的人员，按规定给予补贴。探索公办与非公办公共服务机构在技术和人才等方面的合作机制，对非公办机构的人才培养、培训和进修等给予支持。

——促进人才合理流动。实施东部带西部、城市带农村的人才对口支持政策，引导公共服务和管理人才向中西部地区和基层流动。深化公办机构人事制度改革，健全公开招聘和竞争上岗制度，推动服务人员保障社会化管理，逐步由身份管理向岗位管理转变。

——提升基层人员能力。完善基层人员工资待遇、职称评定、医疗保险及养老保障等激励政策。推进基层公共服务队伍轮训，实施高校毕业生基层培养计划，继续做好"三支一扶"计划、西部志愿者计划、大学生村官计划、农村教师特岗计划、全科医生特岗计划、社会工作专业人才队伍建设等工作。鼓励通过优化编制资源配置、积极推进政府购买服务等方式，保障基层服务力量。

## 第三节　完善配套政策体系

——加强规划布局和用地保障。综合服务半径、服务人口、资源承载能力等因素，对城乡公共服务设施进行统筹布局。结合新型城镇化和人口发展趋势，对土地供给进行前瞻规划，优先保障基本公共服务建设用地。新建居住区要按相关规定，完善教育、卫生、文化体育、养老托幼、社区服务等配套设施，并在合理服务半径内尽量集中安排。

——建立健全服务标准体系。各行业主管部门会同国务院标准化行政主管部门等，分别制定实施基本公共服务各领域设施建设、设备配置、人员配备、经费投入、服务规范和流程等具体标准，推动城乡、区域之间标准衔接。推进基本公共服务标准化工程建设，在有条件的地区开展公共服务标准化试点。

——强化社会信用体系支撑。增强全民诚信意识，健全个人信用档案。加强公共服务行业自律和社会监督，将公共服务机构、从业人员、服务对象诚信情况记入信用记录，纳入全国信用信息共享平台，对严重失信主体采取失信惩戒或依法强制退出等措施。

# 第十五章　推进规划实施和监督评估

按照长效可行、分工明晰、统筹有力、协调有序的要求，扎实推进规划实施和监督评估，促进政策和项目落地。

## 第一节　明确责任分工

——国务院各有关部门要按照职责分工，做好行业发展规划、专项建设规划与本规划的衔接，明确工作责任和进度安排，推动各领域重点任务、保障措施和清单项目有效落实。要加强部门间统筹协调，共同研究推动解决基本公共服务均等化工作中跨部门、跨行业、跨区域及政策创新等重大问题。

——省级人民政府要强化主体责任，以本规划为指导，结合实际制定推进本地区基本公共服务均等化规划、行动计划或基本公共服务清单，科学确定服务范围和项目内容，分年足额落实财政投入，切实促进省域内基本公共服务均等化。

——市、县级人民政府负责推进落实国家和省级人民政府确定的基本公共服务清单及相关政策措施，制定办事指南，明确责任单位，优化服务流程，提高质量效率，保证清单项目落实到位，并及时向上级政府和有关部门报告进展情况。

## 第二节　加强监督问责

——国家发展改革委要会同国家统计局等有关部门，建立健全基本公共服务综合评估指标体系，推进基本公共服务基础信息库建设，开展年度统计监测。适时组织开展本规划实施情况中期评估，重大情况及时向国务院报告。

——国务院各有关部门、地方各级人民政府要建立政府主导与社会参与的良性互动机制，推动政务公开和政府信息公开，拓展公众参与渠道，做好舆情监测预警和应对，定期开展基本公共服务需求分析和社会满意度调查，及时妥善回应社会关切。

——地方各级人民政府要加强绩效评价和监督问责，强化过程监管，把本规划落实情况纳入绩效考核。要依法接受同级人大及其常委会的监督，自觉接受人民政协的民主监督，接受社会和人民群众监督。

附件：1."十三五"国家基本公共服务清单
　　　2. 重点任务分工方案

附件1

## "十三五"国家基本公共服务清单

| 序号 | 服务项目 | 服务对象 | 服务指导标准 | 支出责任 | 牵头负责单位 |
|---|---|---|---|---|---|
| 一、基本公共教育 ||||||
| 4 | 普惠性学前教育资助 | 经县级以上教育行政部门审批设立的普惠性幼儿园在园家庭经济困难儿童、孤儿和残疾儿童 | 减免保育教育费,补助伙食费,具体资助方式和资助标准由省级人民政府结合本地实际自行制定。 | 地方人民政府负责,中央财政予以奖补。按照"地方先行,中央补助"的原则开展相关工作。 | 财政部、教育部 |
| 8 | 免除普通高中建档立卡等家庭经济困难学生学杂费 | 公办普通高中建档立卡等家庭经济困难在校学生(含非建档立卡的家庭经济困难残疾学生、农村低保家庭学生、农村特困救助供养学生),符合条件的民办普通高中学生 | 按各省(区、市)人民政府及其价格、财政主管部门确定的学费标准免除学杂费(不含住宿费)。中央财政逐省(区、市)核定免学杂费财政补助标准。符合条件的民办学校学生参照当地同类型公办学校免除学杂费标准予以补助。 | 中央和地方财政按比例分担:西部地区中央与地方分担比例为8:2;中部地区分担比例为6:4;东部地区除直辖市外,按照财力状况分省确定。 | 财政部、教育部 |
| 三、基本社会保险 ||||||
| 25 | 工伤保险 | 企业、事业单位、社会团体、民办非企业单位、基金会、律师事务所、会计师事务所等组织的职工和个体工商户的雇工 | 保障因工作遭受事故伤害或者患职业病的职工获得医疗救治和经济补偿,促进工伤预防和职业康复。工伤保险基金和用人单位按规定支付工伤医疗和康复费用、伤残津贴和补助、生活护理费及工亡补助等。参保人数达到2.2亿人以上。 | 工伤预防的宣传、培训等费用,劳动能力鉴定费用和工伤保险待遇费用依法由工伤保险基金和用人单位支付。 | 人力资源社会保障部 |

续表1

| 序号 | 服务项目 | 服务对象 | 服务指导标准 | 支出责任 | 牵头负责单位 |
|---|---|---|---|---|---|
| 四、基本医疗卫生 ||||||
| 34 | 严重精神障碍患者管理 | 严重精神障碍患者 | 提供登记管理、随访指导服务。在册患者管理率和精神分裂症治疗率逐步均达到80%以上。 | 地方人民政府负责，中央财政适当补助。 | 国家卫生计生委 |
| 44 | 计划生育家庭特别扶助 | 符合条件的独生子女伤残、死亡的父母及节育手术并发症三级以上人员 | 根据不同情况，给予适当扶助，并根据经济社会发展水平实行特别扶助标准动态调整。 | 中央和地方财政按比例共同负担。 | 国家卫生计生委、财政部 |
| 五、基本社会服务 ||||||
| 47 | 特困人员救助供养 | 无劳动能力、无生活来源且无法定赡养、抚养、扶养义务人，或者其法定义务人无赡养、抚养、扶养能力的老年人、残疾人以及未满16周岁的未成年人 | 提供基本生活条件；对生活不能自理的给予照料；提供疾病治疗；办理丧葬事宜；对符合规定标准的住房困难的分散供养特困人员，给予住房救助；对在义务教育阶段就学的特困人员，给予教育救助；对在高中教育（含中职）、普通高等教育阶段就学的特困人员，根据实际情况给予适当教育救助。 | 地方人民政府负责，中央财政对困难地区适当补助。 | 民政部、财政部 |
| 53 | 困境儿童保障 | 因家庭贫困导致生活、就医、就学等困难的儿童，因自身残疾导致康复、照料、护理和社会融入等困难的儿童，以及因家庭监护缺失或监护不当遭受虐待、遗弃、意外伤害、不法侵害等导致人身安全受到威胁或侵害的儿童 | 为困境儿童提供基本生活、基本医疗、教育等服务，落实监护责任。各地统筹考虑困境儿童的困难类型、困难程度、致困原因，完善落实社会救助、社会福利等保障政策。 | 地方人民政府负责。 | 民政部、财政部 |

续表 2

| 序号 | 服务项目 | 服务对象 | 服务指导标准 | 支出责任 | 牵头负责单位 |
|---|---|---|---|---|---|
| 58 | 重点优抚对象集中供养 | 需要常年医疗或者独身一人不便分散安置的一级至四级残疾退役军人，老年、残疾或者未满16周岁的烈士遗属、因公牺牲军人遗属、病故军人遗属和进入老年的残疾军人、复员军人、退伍军人中无法定赡养人（扶养人、抚养人）或赡养人（扶养人、抚养人）无赡养（扶养、抚养）能力且享受国家定期抚恤补助待遇的优抚对象 | 建立完善优抚对象待遇与贡献相一致的优抚保障体系，依托优抚医院、光荣院，给予符合条件的重点优抚对象集中供养、医疗等保障。 | 中央和地方人民政府共同负责。 | 民政部、财政部 |
| 六、基本住房保障 ||||||
| 61 | 农村危房改造 | 居住在危房中的建档立卡贫困户、分散供养特困人员、低保户、贫困残疾人家庭等贫困农户 | 支持符合条件的贫困农户改造危房，各省份确定不同地区、不同类型、不同档次的省级分类补助标准，中央财政给予适当补助，基本完成存量危房改造任务。地震设防地区结合危房改造，统筹开展农房抗震改造。 | 地方人民政府负责，中央财政安排补助资金、地方财政给予资金支持、个人自筹等相结合。 | 住房城乡建设部、财政部 |
| 七、基本公共文化体育 ||||||
| 69 | 参观文化遗产 | 未成年人、老年人、现役军人、残疾人和低收入人群 | 参观文物建筑及遗址类博物馆实行门票减免，文化和自然遗产日免费参观。 | 中央和地方财政分别负担。 | 国家文物局、财政部 |

续表3

| 序号 | 服务项目 | 服务对象 | 服务指导标准 | 支出责任 | 牵头负责单位 |
|---|---|---|---|---|---|
| 八、残疾人基本公共服务 | | | | | |
| 72 | 困难残疾人生活补贴和重度残疾人护理补贴 | 困难残疾人和重度残疾人 | 为低保家庭中的残疾人提供生活补贴,为残疾等级被评定为一级、二级且需要长期照护的重度残疾人提供护理补贴。有条件的地方可逐步提高补贴标准、扩大补贴范围。 | 地方人民政府负责,中央财政适当补助。 | 民政部、财政部、中国残联 |
| 73 | 无业重度残疾人最低生活保障 | 生活困难、靠家庭供养且无法单独立户的成年无业重度残疾人 | 经个人申请,可按照单人户纳入最低生活保障范围。 | 地方人民政府负责,中央财政适当补助。 | 民政部、中国残联 |
| 74 | 残疾人基本社会保险个人缴费资助和保险待遇 | 贫困和重度残疾人 | 为参加居民基本养老保险、居民基本医疗保险的服务对象按规定提供个人缴费补贴,将符合规定的医疗康复项目、基本的治疗性康复辅助器具逐步纳入基本医疗保障范围。 | 缴费资助由地方人民政府负责或医疗救助基金支出,报销由基本医疗保险基金支出。 | 人力资源社会保障部、民政部、国家卫生计生委、中国残联 |
| 75 | 残疾人基本住房保障 | 残疾人 | 对符合基本住房保障条件的城镇残疾人家庭给予优先轮候、优先选房等政策;同等条件下优先为经济困难的残疾人家庭实施农村危房改造,完成农村贫困残疾人家庭存量危房改造任务。 | 由地方人民政府负责,中央财政安排补助资金、地方财政给予资金支持、个人自筹等相结合。 | 住房城乡建设部、中国残联 |
| 76 | 残疾人托养服务 | 就业年龄段智力、精神及重度肢体残疾人 | 支持日间照料机构和专业托养服务机构为100万残疾人提供护理照料、生活自理能力和社会适应能力训练、职业康复、劳动技能培训、辅助性就业等服务。 | 地方人民政府负责,中央财政适当补助。 | 中国残联、财政部 |

续表4

| 序号 | 服务项目 | 服务对象 | 服务指导标准 | 支出责任 | 牵头负责单位 |
|---|---|---|---|---|---|
| 77 | 残疾人康复 | 有康复需求的持证残疾人、残疾儿童 | 提供康复建档、评估、训练、心理疏导、护理、生活照料、辅具适配、咨询、指导和转介等基本康复服务；开展残疾儿童康复救助，逐步为0—6岁视力、听力、言语、智力、肢体残疾儿童和孤独症儿童免费提供手术、辅助器具配置和康复训练等服务。 | 地方人民政府负责，中央财政适当补助。 | 中国残联、国家卫生计生委、民政部 |
| 78 | 残疾人教育 | 残疾儿童、青少年 | 逐步为家庭经济困难的残疾学生提供包括义务教育、高中阶段教育在内的12年免费教育，对残疾儿童普惠性学前教育予以资助，对残疾学生特殊学习用品、教育训练、交通费等予以补助。 | 地方人民政府负责，中央财政适当补助。 | 财政部、教育部、中国残联 |
| 79 | 残疾人职业培训和就业服务 | 有劳动能力和就业意愿的城乡残疾人 | 各级公共就业服务机构及残疾人就业服务机构按规定为城镇残疾人提供有针对性的职业技能培训、岗位技能提升培训、创业培训等就业创业服务，为50万中西部地区农村贫困残疾人提供农业实用技术培训。 | 地方人民政府负责，中央财政适当补助。 | 中国残联、人力资源社会保障部、农业部 |
| 80 | 残疾人文化体育 | 残疾人 | 能够收看到有字幕或手语的电视节目，在公共图书馆得到盲文和有声读物等阅读服务；为基层残疾人体育活动场所和残疾人综合服务设施配置适宜的器材器械。 | 地方人民政府负责，中央财政适当补助。 | 中国残联、文化部、新闻出版广电总局、体育总局 |
| 81 | 无障碍环境支持 | 残疾人、老年人等 | 推进公共场所和设施无障碍改造，对贫困重度残疾人家庭继续开展无障碍改造，逐步开展互联网和移动互联网无障碍信息服务。 | 地方人民政府负责。 | 住房城乡建设部、工业和信息化部、中国残联 |

第三编 残疾人事业发展规划

附件2

## 重点任务分工方案

| 序号 | 重点任务 | 责任单位 |
| --- | --- | --- |
| 1 | 完善国家基本公共服务制度，建立基本公共服务清单制，建立健全科学有效的基本公共服务实施机制。 | 国家发展改革委牵头，其他有关部门按职责分工负责 |
| 2 | 推动基本公共教育领域发展指标、重点任务、保障措施有效落实。 | 教育部牵头，其他有关部门按职责分工负责 |
| 3 | 推动基本劳动就业创业领域发展指标、重点任务、保障措施有效落实。 | 人力资源社会保障部牵头，其他有关部门按职责分工负责 |
| 4 | 推动基本社会保险领域发展指标、重点任务、保障措施有效落实。 | 人力资源社会保障部牵头，其他有关部门按职责分工负责 |
| 5 | 推动基本医疗卫生领域发展指标、重点任务、保障措施有效落实。 | 国家卫生计生委、食品药品监管总局、国家中医药局分别牵头，其他有关部门按职责分工负责 |
| 6 | 推动基本社会服务领域发展指标、重点任务、保障措施有效落实。 | 民政部牵头，其他有关部门按职责分工负责 |
| 7 | 推动基本住房保障领域发展指标、重点任务、保障措施有效落实。 | 住房城乡建设部牵头，其他有关部门按职责分工负责 |
| 8 | 推动基本公共文化体育领域发展指标、重点任务、保障措施有效落实。 | 文化部、新闻出版广电总局、体育总局、国家文物局分别牵头，其他有关部门按职责分工负责 |
| 9 | 推动残疾人基本公共服务领域发展指标、重点任务、保障措施有效落实。 | 中国残联牵头，其他有关部门按职责分工负责 |
| 10 | 开展贫困地区脱贫攻坚。 | 国务院扶贫办牵头，其他有关部门按职责分工负责 |
| 11 | 重点帮扶特殊困难人群。 | 民政部牵头，其他有关部门按职责分工负责 |
| 12 | 促进基本公共服务城镇常住人口全覆盖。 | 公安部牵头，其他有关部门按职责分工负责 |
| 13 | 缩小城乡基本公共服务差距，提高区域服务均等化水平，夯实基层服务基础。 | 国家发展改革委、财政部牵头，其他有关部门按职责分工负责 |
| 14 | 加快事业单位分类改革，理顺政府与事业单位在基本公共服务供给中的关系。 | 中央编办牵头，其他有关部门按职责分工负责 |
| 15 | 大力发展社会组织，支持其承接基层基本公共服务和政府委托事项。 | 民政部牵头，其他有关部门按职责分工负责 |

续 表

| 序号 | 重点任务 | 责任单位 |
|---|---|---|
| 16 | 推进政府购买公共服务。 | 财政部牵头,其他有关部门按职责分工负责 |
| 17 | 积极引导社会力量参与基本公共服务供给,加强政府和社会资本合作。 | 财政部、国家发展改革委牵头,其他有关部门按职责分工负责 |
| 18 | 鼓励发展志愿和慈善服务,扩大基本公共服务供给。 | 民政部牵头,其他有关部门按职责分工负责 |
| 19 | 加大财政对基本公共服务的投入力度,优化转移支付结构,提高资金使用效率。 | 财政部牵头,其他有关部门按职责分工负责 |
| 20 | 加强公共服务人才培养培训。 | 教育部、人力资源社会保障部牵头,其他有关部门按职责分工负责 |
| 21 | 促进公共服务人才合理流动,提升基层人员能力。 | 人力资源社会保障部牵头,其他有关部门按职责分工负责 |
| 22 | 加强公共服务设施规划布局和用地保障。 | 住房城乡建设部、国土资源部牵头,其他有关部门按职责分工负责 |
| 23 | 建立健全公共服务标准体系。 | 质检总局牵头,其他有关部门按职责分工负责 |
| 24 | 加强公共服务行业自律和社会监督,强化社会信用体系支撑。 | 国家发展改革委牵头,其他有关部门按职责分工负责 |
| 25 | 建立健全基本公共服务综合评估指标体系,推进统计信息库建设,开展年度统计监测。 | 国家发展改革委、国家统计局牵头,其他有关部门按职责分工负责 |
| 26 | 组织规划评估,加强绩效评价和监督问责。 | 国家发展改革委牵头,地方各级人民政府和其他有关部门按职责分工负责 |

# 四、其他专项规划或计划

## 国务院扶贫开发领导小组、中国人民银行、财政部等关于印发《残疾人扶贫攻坚计划（1998—2000年)》的通知

〔1998〕残联教就字第62号

各省、自治区、直辖市人民政府，扶贫开发领导小组、人民银行、财政厅（局）、农业银行、残疾人联合会：

经国务院领导同志同意，现将《残疾人扶贫攻坚计划（1998—2000年）》印发给你们，请贯彻执行。

1994年《国家八七扶贫攻坚计划》实施以来，全国大规模进行的扶贫及针对残疾人特殊情况设立康复扶贫贷款开展的残疾人专项扶贫，已使300万贫困残疾人解决了温饱。但是，目前贫困残疾人仍约占全国贫困人口的三分之一，事关国家扶贫攻坚的全局。

为切实做好残疾人扶贫工作，实现国家在本世纪末基本解决贫困人口温饱问题的战略目标，完成国务院批转的《中国残疾人事业"九五"计划纲要》规定的任务，依据国家扶贫攻坚的有关方针、要求和残疾人工作的实际，国务院扶贫开发领导小组、中国人民银行、财政部、中国农业银行、中国残疾人联合会共同制定了《残疾人扶贫攻坚计划（1998—2000年）》。为管好、用好康复扶贫贷款，充分发挥作用，有关部门还将制定下发康复扶贫贷款管理的具体办法；康复扶贫贷款，除执行国家统一的扶贫贷款利率之外，再按扶贫贷款利率的50%给予贴息，其中中央财政和接受扶贫贷款的地方财政各负担一半。

扶持贫困残疾人解决温饱，使他们与全国人民一道前进，体现了党和国家对广大残疾人的关怀，体现了我国社会主义制度的优越性和人权保障的真实性、公平性、广泛性，是各级政府和全社会的共同责任。地方各级人民政府、有关部门和残疾人联合会要高度重视，结合实际情况，采取切实措施，认真组织实施，确保残疾人扶贫攻坚目标的实现。

国务院扶贫开发领导小组<br>
中国人民银行　财政部<br>
中国农业发展银行<br>
中国残疾人联合会<br>
1998年4月10日

# 残疾人扶贫攻坚计划
## （1998—2000年）

我国贫困残疾人约占全国贫困人口的三分之一。解决这部分人的温饱问题，事关国家扶贫攻坚的全局。为实现国家本世纪末基本解决贫困人口温饱问题的战略目标，必须切实做好残疾人扶贫工作。为此，依据《国家八七扶贫攻坚计划》《中共中央、国务院关于尽快解决农村贫困人口温饱问题的决定》《中国残疾人事业"九五"计划纲要》，以及扶贫工作的新形势、新要求，特制定《残疾人扶贫攻坚计划》。

## 一、形　势

（一）成　绩

——自1994年实施《国家八七扶贫攻坚计划》以来，各地大规模进行的扶贫，以及针对残疾人特殊情况设立康复扶贫贷款开展的残疾人专项扶贫，已使300万贫困残疾人解决温饱。

——伴随国家扶贫攻坚的深入及残疾人事业的发展，政府和社会对残疾人的温饱问题更加关注。

## （二）困　难

——目前1700万贫困残疾人中，有1400万人能参加生产劳动，可通过扶贫开发解决温饱，但在扶贫工作中，常因残疾而被忽视，相当数量的残疾人未被列入扶持对象。

——由于残疾影响和外界障碍，扶持残疾人脱贫难度更大，是扶贫攻坚的难点。

——全国70%的贫困人口生活在国定贫困县，国家为此投入大量扶贫资金；而70%的贫困残疾人生活在非国定贫困县，缺少国家的特别扶持，解决这近千万贫困残疾人的温饱问题，是扶贫攻坚的薄弱点。

## 二、目　标

### （一）目　标

经过三年左右的努力，争取达到：

——通过扶贫开发，基本解决适合参加生产劳动的贫困残疾人的温饱；

——通过社会保障，基本解决缺乏劳动条件的特困残疾人的温饱。

（二）标准残疾人贫困户年人均纯收入达到政府确定的温饱线标准。

## 三、方　针

残疾人扶贫，必须扶持到户到人。

## 四、方　式

以直接扶贫为主，扶持农村贫困残疾人从事有助于直接解决温饱的种植业、养殖业、手工业和家庭副业。

——小额信贷对残疾人是直接扶贫到户的有效方式，要积极推行。

——发挥扶贫实体、基地的作用，辐射到户、带动到户。

——倡导机关、单位、城乡组织及党员、干部和各界人士"帮、包、带、扶"到户。

——优惠政策落实到户、科技推广到户、技术培训到户、生产服务到户。

——城市落实最低生活保障制度,农村落实五保供养制度、推广最低生活保障制度,广泛开展社会互助。

## 五、途　径

残疾人扶贫的途径是:切实纳入各级政府扶贫攻坚实施计划,统一安排、同步实施,并予以特别扶助。

——国定贫困县:扶贫开发、解决温饱已是一切工作的中心,集中了中央和地方的扶贫资金,有逐级分解的扶贫计划、完善的扶贫工作体系、严格的目标责任制,要将残疾人贫困户真正纳入其中,切实解决温饱。

——其他地区:主要由地方政府采取措施、安排资金开展残疾人扶贫工作;同时,中央在扶贫贷款中设立康复扶贫贷款,专项用于残疾人扶贫。

## 六、资　金

(一)国定贫困县　国定贫困县的残疾人扶贫资金在当地的中央和地方扶贫资金中统筹安排,并视情予以优先考虑和支持。

(二)其他地区　国定贫困县以外的地区,残疾人扶贫资金主要由地方政府安排,并广泛发掘社会潜能,多渠道筹措残疾人扶贫资金。同时,中央增加康复扶贫贷款投入并给予适当贴息;接受中央康复扶贫贷款的地方,配套资金不应低于1∶1,并负担扶贫工作经费和一定比例的贴息。

1. 康复扶贫贷款的计划安排　年度康复扶贫贷款的安排,由中国农业银行会同中国残疾人联合会制定计划下达,由中国农业银行各省、区、市分行根据下达的计划,商同级残联提出具体的分配使用意见,并下达有关市、县执行。

2. 康复扶贫贷款的使用　康复扶贫贷款可由县级残疾人联合会确定的承担康复扶贫开发任务的残疾人服务机构或扶贫经济实体向当地农业银行承贷承还,并确保扶贫贷款使用到户到人。

3. 康复扶贫贷款的管理　康复扶贫贷款由中国农业银行负责管理。康复扶贫贷款管理的具体办法,由中国农业银行征求国务院扶贫开发领导小组办公室、中国残疾人联合会意见制定。

## 七、组 织

——本计划在国务院扶贫开发领导小组统一领导下,中国残疾人联合会协助有关部门和各省、自治区、直辖市组织实施。

——坚持以省为主、分级负责的原则。残疾人扶贫工作在地方各级政府领导下,由各级残疾人联合会和扶贫办组织有关部门实施。

——扶贫开发是贯穿社会主义初级阶段全过程的历史任务,本世纪的目标是基本解决贫困人口的温饱问题,从下世纪开始,扶贫开发的目标是稳定地解决贫困人口的温饱并进而致富的问题。残疾人,是社会中最困难的群体。残疾人联合会,作为残疾人利益的代表与残疾人事业的工作机构,要把残疾人扶贫作为重中之重,特别是基层残疾人联合会,要采取有力措施,切实做好工作。在国定贫困县,残疾人联合会及其残疾人服务机构,要积极配合当地扶贫工作机构开展残疾人扶贫,做好调查摸底,参与计划制定,协助落实扶持措施和资金,参加扶贫检查。在其他地区,县、乡、镇残疾人联合会及其残疾人服务机构要充实工作力量,协助政府承担起残疾人专项扶贫的日常工作,全面调查掌握贫困残疾人状况,做好康复扶贫贷款的发放和回收,帮助残疾人选择适宜项目,落实扶持措施,并提供配套服务。

——贫困残疾人解决温饱、脱贫致富,需要政府和社会的帮助,也取决于自身的努力。广大残疾人要发扬自尊、自信、自强、自立的精神,积极参加生产劳动,艰苦奋斗,解决温饱,摆脱贫困。

## 八、实 施

(一)调查摸底

全面、准确掌握贫困残疾人的状况,是残疾人扶贫攻坚的首要环节。县级残疾人联合会要按照中国残疾人联合会统一印制的《残疾人贫困户调查表》,以乡、镇为单位组织调查摸底,对残疾人贫困户逐户、逐人进行登记,摸清残疾人贫困户的户数、残疾人数及贫困状况,登记造册,报当地政府和扶贫办。乡(镇)、县、市及省级残疾人联合会要按照中国残疾人联合会统一印制的《残疾人贫困户汇总表》,逐级填写并报当地政府、扶贫办及上一级残疾人联合会。首次调查、汇总工作于 1998 年 4 月底前完成。首次调查汇总工作结束后，每年仍须进行调查汇总，掌握解决温饱的情况及有待进一步扶持的对象。

（二）制定计划

——各省、自治区、直辖市依据《国家八七扶贫攻坚计划》和本计划的要求制定本地区残疾人扶贫攻坚实施计划。

——国定贫困县，要将残疾人扶贫纳入本地区扶贫攻坚实施计划，在年度扶贫任务指标中残疾人应占一定比例；其他县，要制定残疾人扶贫攻坚实施计划。

（三）狠抓落实

各级政府、扶贫办、农业银行、残疾人联合会，要高度重视残疾人扶贫，切实列入议事日程，明确任务指标，实行目标管理，精心组织，狠抓落实。

（四）加强检查

——为掌握扶贫工作进展情况，建立统计报表制度。省级残疾人联合会按照中国残疾人联合会统一印制的《残疾人扶贫解困工作统计表》，分发本省各级残疾人联合会。乡（镇）、县、市、省逐级统计汇总，并报当地政府、扶贫办及上一级残疾人联合会。统计报表每年一次，要求内容完整，数字真实，于次年 1 月底前上报。

——各级政府和扶贫办要将残疾人扶贫列入本地区扶贫工作检查范围。各级残疾人联合会要会同有关部门对残疾人扶贫进行专项检查，及时发现和解决问题。对缺乏劳动条件的特困残疾人，由有关部门另行制定工作计划，保障其尽快解决温饱问题。

## 国务院扶贫开发领导小组等部门关于印发《农村残疾人扶贫开发计划(2001—2010年)》的通知

残联教就〔2001〕161号

各省、自治区、直辖市和计划单列市、新疆生产建设兵团、黑龙江农垦扶贫开发领导小组、财政厅(局)、人民银行、农业银行、残疾人联合会:

现将《农村残疾人扶贫开发计划(2001——2010年)》印发给你们,请结合本地区、本部门的实际情况,认真贯彻执行。

国务院扶贫开发领导小组<br>
财政部　中国人民银行<br>
中国农业银行<br>
中国残疾人联合会<br>
二〇〇一年十月十六日

## 农村残疾人扶贫开发计划

### (2001—2010年)

解决残疾人温饱,是我国缓解和消除贫困的重要内容,是国家扶贫工作的重要组成部分。近十年来,特别是实施《国家八七扶贫攻坚计划》和《残疾人扶贫攻坚计划》以来,贫困残疾人数量明显减少,生活状况明显改善。到2000年底,已有1000多万贫困残疾人初步解决了温饱,贫困残疾人数量已由1992年的2000万人下降到979万人。

残疾人扶贫是一项长期而艰巨的任务。目前,尚未解决温饱的贫困残疾人占全国贫困人口总数的近三分之一;已经初步解决温饱的残疾人,多数仍处于不稳定状态,极易返贫。残疾人由于残疾影响和外界障碍,受教育程度普遍偏低，在市场竞争中处于劣势，在贫困人口中贫困程度最重，扶持难度最大。

进一步解决贫困残疾人的温饱，缩小残疾人生活水平与社会平均水平的差距，进而步入小康，关系到国家扶贫工作的全局，是贯彻邓小平同志共同富裕伟大构想和江泽民同志"三个代表"重要思想，实现残疾人"平等参与共享"目标的重大举措，是社会主义制度的本质要求和优越性的具体体现。

《中国农村扶贫开发纲要》将残疾人扶贫作为全国扶贫开发的重点之一，明确要求："要重视做好残疾人扶贫工作，把残疾人纳入扶持范围，统一组织，同步实施。"《中国残疾人事业"十五"计划纲要》也对残疾人扶贫提出了要求。这充分体现了党中央、国务院对广大残疾人的关怀，对残疾人扶贫工作的重视。

为了贯彻《中国农村扶贫开发纲要》和《中国残疾人事业"十五"计划纲要》，做好残疾人扶贫开发工作，制定本计划。

## 一、任务目标

尽快解决贫困残疾人的温饱问题，继续巩固已有的扶贫成果，提高贫困残疾人的生活质量和综合素质，缩小贫富差距，为实现共同富裕创造条件。

"十五"期间，扶持1200万农村贫困残疾人，尚未解决的基本解决温饱，初步解决温饱的稳定提高经济收入。

## 二、基本方针

1. 坚持以政府为主导。各级政府加强对残疾人扶贫工作的领导，把贫困残疾人纳入扶持范围，列入工作计划，加大工作力度和资金投入。

2. 动员社会力量共同参与。积极组织社会各界广泛参与残疾人扶贫，通过"帮、包、带、扶"等多种形式，扶持贫困残疾人。

3. 坚持扶贫开发到户到人。以增加贫困残疾人户经济收入为目的，针对残疾人特点，因地制宜，采取有效方式扶持到户到人。

4. 坚持自力更生，艰苦奋斗。残疾人要自尊、自信、自强、自立，积极参加生产劳动，发挥主动性、创造性，不断提高自我发展的能力。

## 三、途 径

根据《中国农村扶贫开发纲要》的要求,各级政府要高度重视残疾人扶贫工作,把残疾人扶贫纳入扶持范围,统一组织、同步实施。

贫困地区:国际扶贫重点县的中心任务是扶贫开发工作,集中了中央和地方的扶贫资金,有逐级分解的扶贫计划、完善的扶贫工作体系、严格的目标责任制,切实把贫困残疾人纳入其中,各项扶持措施真正落实到残疾人贫困户。

其他地区:国家扶贫重点县以外的地区,贫困人口多数是残疾人,扶贫的主要任务是解决残疾人的温饱。这些地区,当地政府要针对残疾人特点,制定计划,安排资金,开展残疾人扶贫;同时,中央将继续安排扶贫资金支持这些地区的残疾人扶贫。沿海发达省市,残疾人贫苦困难问题主要由当地政府负责解决,要根据残疾人数量和实际需要,积极采取有效措施,扶持当地贫困残疾人,帮助他们增加收入,改善生活。

## 四、资 金

国家扶贫重点县的残疾人扶贫资金在当地的中央和地方扶贫资金中统筹安排,并视情况予以优先考虑和支持。其他地区,国家继续安排和增加残疾人扶贫专项资金;地方各级政府也要多渠道筹措资金,增加对残疾人扶贫的投入。

1. 2002 至 2010 年中国农业银行继续安排康复扶贫贷款,主要用于国家扶贫重点县以外地区的残疾人扶贫。康复扶贫贷款在农村扶贫开发贷款中安排,年度计划数额由人民银行、财政部、国务院扶贫办、农业银行、中国残联共同协商,报国务院扶贫开发领导小组确定。农业银行根据确定的康复扶贫贷款计划,商中国残疾人联合会后自主下达到各省、自治区、直辖市,各地根据残疾人扶贫开发规划和项目安排资金。康复扶贫贷款在确定的贴息期限内,执行人民银行规定的优惠利率,优惠利率与基准利率之间的差额由中央财政据实补贴。

2. 中央和地方财政部门加大用于残疾人扶贫的资金投入。财政扶贫资金重点用于贫困残疾人发展种植业、养殖业、引进优良品种、推广先进使用技术和残疾人实用技术培训。

3. 积极争取机关、团体、企事业单位、其他经济组织和个人对残疾人扶贫的支持,通过募捐机构划拨、社会募集、各界捐助等途径筹措残疾人扶贫资金。

4. 扩大与国际社会在残疾人扶贫开发领域的交流与合作,积极争取国际社会对残疾人扶贫开发的帮助和支持。

## 五、方式与措施

继续坚持以直接扶贫为主,把有助于直接解决农村贫困残疾人温饱的种植业、养殖业、手工业和家庭副业作为扶持的重点。努力推行各种行之有效的扶贫方式,在规范的基础上,积极稳妥地开展小额信贷扶贫到户到人;努力开拓新的有效的扶贫方式。

1. 认真选择残疾人扶贫项目。残疾人扶贫特别要注意选择适合当地市场经济发展需要,与地方支柱产业相配套,兼顾残疾人特点的项目。要坚持以科技为动力,以市场为导向,以特色化为重点,选择覆盖面大,效益到户到人率高,与直接提高贫困残疾人收入有密切联系的项目,如各种特色种植业、养殖业和农副产品的精细加工业等。同时还要采取积极措施,鼓励科研机构、各类农村合作机构直接参加残疾人扶贫开发项目,发挥他们的作用,提高项目产品的科技含量,增强市场竞争能力,最终达到提高残疾人贫困户收入的目的。

2. 认真选择行之有效的扶贫方式。在扶持方式上,要从当地实际出发,因地制宜,选择最有效的扶贫方式。积极发展"公司加农户"和定单农业,组织贫困残疾人从事具有资源优势和市场需求的农产品加工企业,为残疾人贫困户提供系列化服务,带动残疾人脱贫。

小额信贷是直接扶贫到户的一种有效方式,投入小,见效快,覆盖面大,回收率高,特别适合扶持残疾人就地就近参加生产劳动。各地要积极稳妥地推行,做到扶持资金、干部帮扶、扶持项目到户,并提供有效的产前、产中、产后配套服务。

3. 大力开展实用技术培训,提高贫困残疾人的科技文化素质、劳动技能,是残疾人增加经济收入、脱贫致富的基础。要将培训作为残疾人扶贫的重要工作，认真抓好。要有针对性地通过各种不同类型的短期培训班和各类职业技术培训机构，广泛开展残疾人实用技术培训，增强贫困残疾人掌握实用技术的能力。基层残联和残疾人服务社做好残疾人培训的组织协调工作，同时根据残疾人的实际需要，组织科技人员或科技能手进村入户现场指导。

4. 发扬中华民族扶贫济困的优良传统，动员社会各界参与残疾人扶贫。积极倡导、动员党政机关、团体、企事业单位，领导干部、党员、团员、志愿者和其他社会热心人士，开展扶贫结对活动，单位包村、个人包户，帮助筹措资金、落实优惠政策、选项目、学技术，带动贫困残疾人脱贫。

5. 制定落实针对残疾人的优惠政策。各地要从实际出发，制定优惠政策，切实减轻贫困残疾人负担，为其发展生产创造有利条件。

6. 完善残疾人服务社职能，为贫困残疾人参加生产劳动提供全方位服务。县残疾人服务社和乡镇残疾人服务分社的主要职责是：全面调查掌握本地区农村残疾人劳动就业和生活状况；加强与农村社会化服务体系的合作，协调有关部门，扶持农村残疾人从事种植业、养殖业、手工业、家庭副业等多种形式的生产劳动，提供产前、产中、产后综合配套服务；依托农技、科协等部门，组织残疾人开展实用技术培训；配合财政、农行等有关部门，落实残疾人扶贫资金；承担残疾人扶贫的日常工作。建立定期巡访制度，对已解决温饱的贫困残疾人进行定期访问，即使帮助解决遇到的各种问题，防止返贫。

残疾人服务社要注意吸收懂管理、善经营的人才，建立健全各项规章制度，增强服务意识，提高服务水平。同时，地方根据残疾人服务社工作需要，落实工作经费，提供必要的工作条件。

## 六、组织领导

——残疾人扶贫开发在国务院扶贫开发领导小组统一领导下，中国残疾人联合会协助有关部门和各省、自治区、直辖市组织实施。

——坚持以省为主、分级负责的原则。实行责任到省、任务到省、资金到省、权力到省。省负总责，县抓落实，扶贫到户，效益到人。

——坚持一把手负责制。各级政府领导和残联一把手一定要亲自抓,以高度的责任感和使命感,切实负起帮助、扶持贫困残疾人的责任。要把残疾人扶贫开发进展的快慢、效果的好坏作为考核主要责任人政绩的重要依据。

——各级残联作为扶贫开发领导小组的成员单位积极参与扶贫规划的制定、资金和物资的分配、扶贫项目的实施等工作,确保残疾人得到有效扶持。没有扶贫领导机构的地区,要尽快成立残疾人扶贫领导机构,健全组织,全面开展工作。

——地方各级政府要根据本计划的要求,制定本地的残疾人扶贫工作计划,由残疾人联合会和扶贫办组织有关部门具体实施。

### 七、统计、监督

——认真做好残疾人扶贫的统计工作,完善统计报表制度,进行效益分析和总体评价。中国残联统一制定了残疾人扶贫年度统计报表,各地应按要求做到项目齐全、数字真实、及时报送。

——各级政府要将残疾人扶贫列入统计、监督、检查范围,特别要加强对残疾人扶贫资金的审计,准确掌握残疾人扶贫工作进展情况,发现问题及时纠正。中国残联会同有关部门定期对残疾人扶贫工作进行专项检查。

## 国务院办公厅关于印发农村残疾人扶贫开发纲要（2011—2020年）的通知

国办发〔2012〕1号

各省、自治区、直辖市人民政府，国务院各部委，各直属机构：

《农村残疾人扶贫开发纲要（2011—2020年）》（以下简称"纲要"）已经国务院同意，现印发给你们，请认真贯彻执行。

纲要是今后一个时期农村残疾人扶贫开发工作的纲领性文件。制定实施纲要，是深入贯彻落实科学发展观的必然要求，是保障和改善民生、缩小残疾人生活水平与社会平均水平的差距、促进残疾人与全体人民共享改革发展成果的重要举措，对于改善农村残疾人生产生活状况，实现全面建设小康社会奋斗目标和构建社会主义和谐社会具有重要意义。

各地区、各有关部门要进一步提高对农村残疾人扶贫开发工作的认识，切实增强做好残疾人扶贫工作的紧迫感和自觉性，加强领导，落实责任，加大投入力度，强化政策措施。要广泛深入地开展宣传活动，形成全社会关心支持残疾人扶贫开发工作的良好氛围。各地区、各有关部门要结合实际，采取有力措施，制定具体实施办法，确保纲要提出的各项任务落到实处、取得实效。

国务院办公厅<br>
二〇一二年一月三日

## 农村残疾人扶贫开发纲要

### （2011—2020年）

改革开放以来，国家开展了有计划、有组织、大规模的扶贫开发，特别是进入21世纪以来，通过实施《中国农村扶贫开发纲要（2001—2010

年)》《农村残疾人扶贫开发计划（2001—2010年）》，残疾人家庭收入水平稳步提高，生活状况明显改善。十年间，通过各种方式累计扶持农村残疾人2015.7万人次，1318万名残疾人摆脱贫困，54.6万个农村贫困残疾人家庭通过实施中央彩票公益金农村危房改造项目改善了居住条件，868万名贫困残疾人接受农村实用技术培训。农村残疾人扶贫工作取得显著成就，有力促进了经济社会发展、减贫事业推进和民生改善，为我国农村贫困人口减少、农村居民生存和温饱问题解决做出了突出贡献，有力推动了贫困地区经济发展与社会和谐。

目前，我国农村仍有2000万以上的贫困残疾人。由于残疾影响、受教育程度偏低、缺乏技能、机会不均等、扶贫资金投入不足等原因，残疾人仍是贫困人口中贫困程度最重、扶持难度最大、返贫率最高、所占比例较大的特困群体，是农村扶贫工作的重点人群。加大农村残疾人扶贫开发力度，缓解并逐步消除残疾人绝对贫困现象，缩小残疾人生活水平与社会平均水平的差距，是贯彻落实科学发展观的迫切需要，是全面建设小康社会、实现全体人民共同富裕的必然要求，是促进社会公平、构建社会主义和谐社会的重要内容。

为贯彻落实党的十七大和十七届五中、六中全会精神以及《中共中央国务院关于促进残疾人事业发展的意见》（中发〔2008〕7号），根据《中国农村扶贫开发纲要（2011—2020年）》和《中国残疾人事业"十二五"发展纲要》，制定本纲要。

## 一、总体要求

### （一）指导思想

以邓小平理论和"三个代表"重要思想为指导，深入贯彻科学发展观，认真落实党中央国务院关于扶贫事业和促进残疾人事业发展的方针政策，以残疾人社会保障体系和服务体系建设为主线，以增加贫困残疾人家庭收入、提升贫困残疾人生活质量为目标，以提高农村残疾人基本素质和生存发展能力为重点，进一步采取有效措施，加大生产扶助和生活救助力度，全面改善农村残疾人生产生活状况，促进其全面发展，与全国人民一道共享国家改革发展成果。

## （二）基本原则

加强扶贫开发与农村社会保障制度和基本公共服务政策有效衔接，把落实农村各项社会保障政策、措施作为解决残疾人温饱、稳定残疾人基本生活的根本途径，把扶持残疾人家庭发展生产、增加收入作为帮助农村贫困残疾人摆脱贫困的根本手段，把推进基本公共服务均等化、提高农村残疾人综合素质和生产生活能力作为扶助农村贫困残疾人改善状况的根本目标。

——坚持政府负责，部门落实。各级政府要加强领导，切实承担起残疾人扶贫开发工作的责任，将贫困残疾人作为重点扶持群体纳入政府扶贫开发计划，统筹安排，同步实施，优先配置人、财、物等资源。加强部门协作，明确职责，强化落实。

——坚持因地制宜，分类指导。中西部地区，要落实各项社会保障政策，保障贫困残疾人基本生活，扶持家庭发展生产，增加收入，稳定脱贫，对于集中连片特困地区，有针对性地采取措施帮扶贫困残疾人家庭稳定解决温饱。东部地区，要不断提高社会保障水平，扩大受益面，加大扶持与开发力度，稳步提高残疾人家庭收入。

——坚持城乡统筹，协调发展。将农村残疾人的生存发展纳入城乡社会建设与管理范畴，统筹安排，同步实施；各项保障和改善民生、公共服务政策措施向农村残疾人倾斜，促进城乡残疾人社会保障体系与服务体系建设协调发展。

——坚持保障优先，到户到人。摸清残疾人中低保对象和扶贫开发对象底数，优先落实各项社会保障政策，做到应保尽保；采取有针对性的扶贫开发措施，扶持到户到人。

——坚持产业带动，基地扶持。以地方特色优势产业为依托，发挥龙头企业和扶贫基地的辐射带动作用，促进农村残疾人就地就近实现就业。

——坚持社会参与，结对帮扶。动员党员干部、社会各界参与残疾人扶贫开发，通过"帮、包、带、扶"等多种形式，帮扶贫困残疾人及其家庭增加收入，摆脱贫困。

——坚持强化培训，提升技能。优先对残疾人开展多样化、多层次、灵活性培训，逐步提高残疾人科技文化素质和劳动技能。加强典型示范，激励农村贫困残疾人自尊、自信、自强、自立,增强脱贫致富的信心和决心。

## 二、任务目标

### (三)总体目标

到 2015 年,农村残疾人生活总体达到小康,基本生活得到稳定的制度性保障,参与社会和自身发展状况显著改善;农村残疾人社会保障体系和服务体系基本框架建立,保障水平和服务能力明显提高。

到 2020 年,稳定实现农村残疾人不愁吃、不愁穿,全面保障平等享受基本医疗、基本养老、教育、住房和康复服务。农村残疾人家庭收入达到或接近当地平均收入水平,基本公共服务覆盖农村残疾人并不断提高水平,残疾人生存有保障,生活有尊严,发展有基础。

### (四)主要任务

——到 2015 年,扶持 1000 万农村贫困残疾人家庭增加收入,生活状况显著改善。到 2020 年,农村贫困残疾人普遍得到有针对性扶持,发展能力显著提高。

——到 2015 年,各项社会保障制度全面覆盖农村残疾人。农村符合条件的残疾人全部纳入最低生活保障,农村残疾人按规定参加新型农村社会养老保险和新型农村合作医疗。到 2020 年,农村残疾人社会保障和福利水平进一步提高,残疾人专项社会保障和福利制度逐步建立并不断完善。

——到 2015 年,普遍开展农村残疾人社区康复和康复救助,有需求的贫困残疾人普遍适配基本型辅助器具。到 2020 年,有康复需求的农村残疾人普遍得到有效的康复服务。残疾预防知识得到普及,有效控制残疾发生和发展。

——到 2015 年,农村适龄残疾儿童少年普遍接受义务教育,入学率达到 90% 以上,并逐步提高巩固率。切实保障残疾儿童少年和贫困残疾人家庭子女顺利完成学业。积极发展残疾儿童学前康复教育、残疾人职业教育、普通高中教育和高等教育。减少农村残疾人青壮年文盲。到 2020 年,农村适龄残疾儿童少年和残疾人家庭子女受教育状况达到当地平均教育水平。基本消除农村残疾人青壮年文盲发生的现象。

——到 2015 年，为 100 万农村残疾人提供实用技术培训。到 2020 年，有劳动能力和愿望的农村残疾人普遍得到实用技术培训和职业技能培训，增加生产经营和就业收入，家庭自我发展能力明显提高。

——到 2015 年，通过保障性安居工程，特别是农村危房改造计划的落实，帮助改善农村贫困残疾人家庭居住条件。到 2020 年，农村残疾人家庭危房得到有效改善，残疾人家庭居住条件明显提高。

——到 2015 年，初步建立起农村残疾人托养服务体系框架，东部农村地区机构托养、社区日间照料、居家服务同步发展，中西部农村地区残疾人托养工作有较快发展。到 2020 年，农村残疾人托养服务体系逐步完善，托养服务水平进一步提高。

——到 2015 年，农村残疾人公共文化和体育事业得到发展。到 2020 年，农村残疾人普遍享有无障碍基本公共文化和体育服务。

## 三、政策保障

### （五）落实政策措施

落实国家各项农村社会保障制度、基本公共服务措施和扶贫开发政策。将农村贫困残疾人普遍纳入农村社会保障范围，并予以重点保障和特殊扶助；将有劳动能力的贫困残疾人作为扶贫开发重点人群。对中西部地区和边疆少数民族地区、革命老区的贫困残疾人在扶持项目和扶持资金上给予重点倾斜。落实国家和地方各项帮扶残疾人的法律法规、优惠政策和扶助规定，保障农村残疾人各项合法权益。

### （六）加大资金投入

中央和地方多渠道安排筹措资金，继续实施中西部地区农村贫困残疾人家庭危房改造、农村贫困残疾人生产和实用技术培训等项目，研究推动残疾人扶贫基地建设等扶持政策，加大残疾人就业保障金对农村残疾人就业创业的支持力度。

### （七）完善金融服务

继续安排残疾人康复扶贫贴息贷款，提高贴息额度，加大贷款投放。金融部门要针对贫困残疾人的实际情况，加大金融产品和服务方式创新力度，提高贫困残疾人金融服务水平。鼓励金融部门适当简化贷款程序，完善信贷服务政策。加强对残疾人扶贫基地的信贷支持。发展针对贫困残疾人户的免抵押小额贷款产品。鼓励融资性担保机构积极为贫困残疾人户提供融资担保服务。贫困村互助金为符合条件的残疾人及家庭发展生产提供支持。

### （八）实施特别扶持

对参加新型农村社会养老保险的重度残疾人，地方政府为其代缴部分或全部最低标准的养老保险费。通过农村医疗救助制度，帮助符合条件的贫困残疾人参加新型农村合作医疗，并随着筹资水平的提高，逐步提高门诊和住院报销比例，扩大报销范围。有条件的地方可适当提高对特困残疾人家庭危房改造补贴标准并实施居家无障碍改造。加强对农村贫困残疾人的救助，合理确定救助水平。鼓励有条件的地方探索建立困难残疾人生活补贴和重度残疾人护理补贴制度，扩大残疾人社会福利范围。帮助有发展生产愿望的贫困残疾人家庭选择合适项目，给予重点扶持，提供切实有效服务。

在社会主义新农村建设、农村实施的重大工程中，充分照顾贫困残疾人利益，在农村土地承包经营权流转政策实施过程中，切实维护贫困残疾人合法权益。各类公共资源向贫困残疾人及家庭倾斜，创造条件帮助贫困残疾人家庭享受各项支农惠农政策。

## 四、扶持措施

### （九）发挥康复扶贫贷款作用

康复扶贫贴息贷款重点投向适合残疾人特点的种植业、养殖业、农副产品加工业、家庭手工艺制作、零售商业及各类服务业项目。通过扶持项目、扶贫基地和集中安置残疾人就业单位，发挥辐射带动作用；通过小额到户贷款扶持残疾人开展就业创业项目，提高资金使用效率，帮扶贫困残疾人家庭增加收入。

### （十）创新扶贫方式

巩固"公司+农户"、"小额信贷到户到人"等行之有效的扶贫模式，推广"整村赶平均"、"一户一策滚动发展"、"农机合作社"等残疾人扶贫典型做法。在农村经济发展较好和农业产业化程度较高的地区，通过产业带动，组织残疾人发展庭院经济、设施农业和家庭手工艺生产。

### （十一）开展农村实用技术培训

政府举办或补助的面向"三农"的培训机构和项目优先培训残疾人；"阳光工程"和"雨露计划"积极培训残疾人或残疾人家庭成员；以市场需求为导向，开展不同类别的残疾人专项实用技术培训，确保每个贫困残疾人家庭至少一名劳动力掌握1至2门实用增收技术，强化培训后就业和创业扶持服务。在农村实用人才带头人能力提升工程、农村实用人才创业兴业工程及农村实用人才技能开发工程中，对符合条件且有能力的农村残疾人优先选拔和培养。

### （十二）扶持农村残疾人就业创业

在统筹城乡发展、推进城镇化过程中，积极开发适合残疾人特点的就业岗位，有序安排农村残疾人转移就业。选取符合农村实际，适合残疾人从事的投资小、见效快项目，引导扶持农村贫困残疾人及家庭成员从事维修、商贸、手工艺加工、家庭服务等多种形式的就业创业项目。扶持农村残疾人创业带头人及带动残疾人就业的农村产业龙头企业。加大在农村落实《残疾人就业条例》的力度。

### （十三）实施"阳光助残扶贫"项目

在中央和地方政府的扶持下，实施"阳光助残扶贫基地建设"项目，创建一批管理规范、辐射带动力强、培训效果好、能够稳定增加农村贫困残疾人家庭收入的扶贫基地。实施"阳光大棚"助残项目，发挥地方龙头企业和农村经济合作组织等生产经营组织的辐射带动作用，帮扶贫困残疾人家庭就地就近发展设施农业、庭院经济和其他生产经营项目，有效提高家庭收入。

### （十四）实施"阳光安居工程"

在保障性安居工程、新农村建设、小城镇建设、易地扶贫搬迁、生态移民、农民进城落户、农村危房改造过程中，对农村贫困残疾人家庭住房给予优先安排；继续实施中央彩票公益金支持的"阳光安居工程"，"十二五"期间，继续对贫困残疾人家庭危房改造进行补助，完善用水、用电等配套设施，有条件的地方对贫困残疾人家庭无障碍改造给予补贴。

**（十五）动员社会各界参与残疾人扶贫**

要动员人民团体、事业单位等以及领导干部、党团员与贫困残疾人家庭结对开展"帮、包、带、扶"，督促帮助落实扶贫和救助政策，选择项目，筹措资金，提供技术支持和市场经营服务，扶助贫困残疾人脱贫。农村基层党组织要抓好残疾人扶贫工作的落实，发挥政治优势，切实帮扶贫困残疾人改善基本生活，发展生产，增加收入。鼓励引导国有企业、非公有制企业、社会组织以及志愿者和社会各界人士，积极参与农村残疾人扶贫开发。充分发挥军队和武警部队在参与农村助残扶贫行动中的优势和积极作用。配合妇联组织开展面向残疾妇女的各类培训，为残疾妇女提供创业资金、项目扶持，关注残疾妇女的身体健康，为残疾妇女的发展营造良好的社会环境。有关部门实施的定点扶贫项目优先安排有条件的农村贫困残疾人及其家庭成员从业。通过慈善捐赠、社会募集、各界帮助等途径多渠道筹措残疾人扶贫资金。县、乡、村（社区）基层便民服务中心（站、点）将农村残疾人扶贫、社会救助、社会福利等工作纳入其中。推动建立社会帮扶残疾人扶贫工作的长效机制。

**（十六）提供教育、康复、托养、文化体育、法律援助和法律服务**

依据国家相关法律法规，加强农村残疾人教育、康复、托养、文化体育、法律援助和法律服务工作。采取多种措施，保障农村适龄残疾儿童少年接受学前康复教育和义务教育。依托乡镇、村基层公共卫生机构开展康复和残疾预防工作，优先为贫困残疾人提供知识普及、医疗康复、功能训练、辅具适配等个性化康复服务，提高其生活自理能力。坚持政府投入为主，鼓励通过社会募集等多种渠道筹措托养服务资金，逐步提高托养服务的补助标准，扩大受益面。结合残疾人实用技术培训，开展残疾人文化知识学习和扫盲工作。鼓励、引导残疾人积极参加公共文化体育活动，康复身心，丰富精神文化生活，提高适应能力和生产劳动能力，提升思想道德水平和科学文化素质。加大投入，引导组织农村残疾人因地制宜参加体育健身活动，不断提高农村残疾人的健康意识，使健身活动逐步融入农村残疾人的日常生活。充分发挥残疾人法律服务、法律援助和法律救助网络的工作职能，为农村残疾人提供法律救助服务。

## 五、组织领导

### (十七) 加强领导，落实责任

在国务院残疾人工作委员会统一领导下，各级政府将残疾人扶贫工作列入当地经济社会发展总体目标和政府扶贫规划，分解指标，量化考核，加强领导，明确部门责任并抓好落实。各级政府加大对农村残疾人扶贫工作的政策和资金支持。建立协调机制，实行省负总责、县抓落实、工作到村、扶贫到户、受益到人的工作机制。

有关部门要将农村贫困残疾人作为重点扶持对象纳入扶贫规划同步实施，在同等条件下优先扶持。要指导基层党组织帮扶贫困残疾人，落实残疾人扶贫和救助政策，改善基本生活状况。要组织各级各类新闻媒体大力宣传残疾人自立自强的先进典型，积极营造全社会关心支持残疾人扶贫工作的良好氛围。要将符合条件的农村贫困残疾人纳入最低生活保障制度等社会救助制度，实现应保尽保。要加大农村残疾人扶贫工作的投入，将农村残疾人扶贫工作经费列入年度预算统筹安排。要将支农惠农政策优先落实到有条件的贫困残疾人家庭。要在实施农村危房改造项目中优先解决贫困残疾人家庭的住房困难。要对农村残疾人扶贫监测给予指导。要动员"万村千乡市场工程"龙头企业和加盟店铺优先安置有条件的贫困残疾人及其家庭成员就业，优先扶持贫困残疾人家庭创业加盟。要积极配合当地党委、政府选择符合条件的贫困残疾人或其家庭成员从事"农家书屋"管理工作。要指导鼓励各商业银行开展农村残疾人扶贫信贷，创新产品，优惠利率，简化手续，提供无障碍服务。要优先为从事种植、养殖和手工艺加工的农村残疾人扶贫基地及残疾人家庭提供信贷支持。中国残联会同有关部门协调并指导地方残联组织实施农村残疾人扶贫开发工作。

### (十八) 充分发挥残联组织作用

各级残联作为政府扶贫开发领导小组成员单位，应发挥自身作用，参与残疾人扶贫规划制定、统筹协调扶贫资金和物资分配以及扶贫项目的组织实施；继续把基层残疾人组织建设与残疾人扶贫开发相互结合，以任务促建设，以建设保任务，促进基层残疾人扶贫服务社建设，充分发挥基层残疾人组织和残疾人专职委员作用，为残疾人扶贫提供组织保障。县级残疾人就业扶贫服务机构要将各项政策措施及服务向农村延伸,依托基层劳动就业社会保障公共服务平台、农村金融机构、贫困村互助社和农村经济合作组织,为残疾人提供多种形式的生产经营、劳动就业和参加社会保险等服务。

**(十九)加强农村残疾人扶贫资金使用管理**

完善残疾人扶贫专项资金和项目管理办法,提高扶贫资金使用效率。加大资金使用情况监督检查力度,强化审计监管,防止和杜绝挤占、挪用、贪污扶贫资金等现象,确保资金安全。

**(二十)做好统计监测绩效评估**

将农村残疾人扶贫列入政府扶贫统计、监测和检查范围,完善统计报表制度和信息管理系统,制定农村残疾人扶贫工作指标体系及评估标准,对残疾人贫困人口和残疾人扶贫规划执行情况实行年度动态监测。在规划执行中期和期末进行全面考核与绩效评估。

各省(区、市)要根据本纲要,制定具体实施办法。

附　件

**《农村残疾人扶贫开发纲要(2011—2020年)》执行评估指标体系**

| 监测指标 | 单位 | 2015年目标值 | 2020年目标值 |
| --- | --- | --- | --- |
| 1. 农村残疾人家庭人均纯收入 | 元 | 6900 | 9600 |
| 2. 农村残疾人参加新农合比例 | % | 96 | 98 |
| 3. 农村残疾人参加新农保比例 | % | 85 | 95 |
| 4. 农村重度残疾人护理补贴比例 | % | 30 | 80 |
| 5. 农村贫困残疾人生活补助比例 | % | 50 | 90 |
| 6. 农村残疾儿童少年接受义务教育比例 | % | 90 | 95 |
| 7. 农村残疾人接受托养服务人数 | 万人(次) | 80 | 160 |
| 8. 农村贫困残疾人生活救助和扶贫开发人数 | 万人 | 1000 | 2000 |
| 9. 康复扶贫贷款中央财政贴息落实率 | % | 100 | 100 |
| 10. 农村残疾人实用技术培训人数 | 万人 | 100 | 200 |
| 11. 农村残疾人扶贫基地数 | 个 | 5000 | 7000 |

## 关于印发《贫困残疾人脱贫攻坚行动计划（2016—2020年）》的通知

残联发〔2016〕77号

各省、自治区、直辖市及新疆生产建设兵团残联、党委组织部、党委宣传部、发展改革、教育、民委、民政、财政、人力资源社会保障、住房城乡建设、农业、商务、文化、卫生计生、人民银行、新闻出版广电、统计、林业、旅游、银监、保监、能源、扶贫、共青团、妇联主管部门，各战区、各军兵种、军委机关各部门、军事科学院、国防大学、国防科学技术大学、武警部队政治工作部（政治工作局、政治部），各军区善后工作办公室政工组，黑龙江垦区残联：

为贯彻落实《中共中央国务院关于打赢脱贫攻坚战的决定》（中发〔2015〕34号）及主要措施分工方案，深入实施《农村残疾人扶贫开发纲要（2011—2020年）》，以精准扶贫精准脱贫基本方略为指导，加大对贫困残疾人脱贫的扶持，中国残联、国务院扶贫办等26个部门和单位共同制定了《贫困残疾人脱贫攻坚行动计划（2016—2020年）》，经国务院扶贫开发领导小组第十二次全体会议审议通过，现印发你们，请结合实际认真贯彻落实。

中国残联　中央组织部　中央宣传部　发展改革委

教育部　国家民委　民政部　财政部

人力资源社会保障部　住房城乡建设部　农业部

商务部　文化部　国家卫计委　中国人民银行

新闻出版广电总局　国家统计局　国家林业局

国家旅游局　中国银监会　中国保监会

国家能源局　国务院扶贫办

中央军委政治工作部　共青团中央　全国妇联

2016年12月22日

# 贫困残疾人脱贫攻坚行动计划
## （2016—2020 年）

贫困残疾人精准扶贫精准脱贫是打赢脱贫攻坚战的重要内容。"十二五"以来，在党中央、国务院和地方各级党委、政府的关心支持下，《农村残疾人扶贫开发纲要（2011—2020 年）》有效贯彻落实，588 万农村贫困残疾人摆脱贫困，为国家扶贫开发工作做出了重要贡献。但目前，贫困残疾人脱贫攻坚仍面临着人口数量多、贫困程度深、致贫原因复杂、脱贫难度大等突出困难和问题，任务艰巨，形势严峻，是打赢脱贫攻坚战的重点和难点所在。确保到 2020 年贫困残疾人如期脱贫，事关广大贫困残疾人的切身利益，事关国家脱贫攻坚战的最后胜利，事关全面建成小康社会目标的实现。

为深入贯彻落实《中共中央国务院关于打赢脱贫攻坚战的决定》，深入实施《农村残疾人扶贫开发纲要（2011—2020 年）》，结合当前贫困残疾人贫困现状、致贫原因、特殊困难和需求，制定本行动计划。

## 一、总体目标

到 2020 年，稳定实现贫困残疾人及其家庭不愁吃、不愁穿，义务教育、基本医疗、住房安全有保障，基本康复服务、家庭无障碍改造覆盖面有效扩大。确保现行标准下建档立卡贫困残疾人如期实现脱贫。

## 二、主要任务

通过全面落实农村低保等社会救助政策和困难残疾人生活补贴、重度残疾人护理补贴等保障制度兜底脱贫一批。

通过减少贫困残疾人医疗康复费用刚性支出并改善其身心功能状况缓解一批。

通过加快实施易地扶贫搬迁工程和农村危房改造，推动贫困残疾人家庭住房安全解困一批。

通过加大职业教育和实用技术培训力度赋能一批。

通过产业带动、资产收益折股量化等多种方式帮带一批。

通过深入开展基层党组织和党员干部助残扶贫行动结对帮扶一批。

通过动员社会各界力量参与贫困残疾人扶贫帮助一批。

## 三、重点行动

（一）基层党组织助残扶贫行动。组织动员基层党组织和党员干部结对帮扶建档立卡残疾人贫困户，确保每一个建档立卡残疾人贫困户都有帮扶人、帮扶措施、帮扶资金。发挥驻村工作队、村第一书记、大学生村官的指导带动作用。

（二）残疾人精准康复扶贫行动。结合健康扶贫、村（社区）医生签约服务和康复辅助器具适配下乡入户等工作，推动实现有需求的残疾人享有基本康复服务。

（三）残疾青壮年文盲扫盲行动。依托农村贫困残疾人实用技术培训项目，对15—50岁有意愿的贫困残疾人文盲开展扫盲工作，着力加强教育脱贫，提高他们学习文化技能和参加生产劳动的能力。

（四）产业扶持助残扶贫行动。通过实用技术培训等方式，为贫困残疾人提供产业技能培训，利用康复扶贫贴息贷款等方式，为贫困残疾人提供资金支持，扶持残疾人贫困户因地制宜发展种养业和手工业，支持新型经营主体帮带贫困残疾人从事产业项目增收脱贫。

（五）光伏助残扶贫行动。利用多种方式筹措资金为贫困残疾人家庭建造光伏设施，或集中建设后以折股量化的形式配发给残疾人贫困户，优先保障丧失劳动能力的贫困残疾人获得资产收益。

（六）电商助残扶贫行动。依托国家电商扶贫相关政策和有利环境，借助知名电商企业，为残疾人提供电商培训，扶持有意愿且有条件的建档立卡贫困残疾人电商创业，帮助贫困残疾人从事与电商相关的增收项目。

（七）百村千户乡村旅游助残扶贫行动。依托旅游扶贫带动性强、覆盖面广的独特优势，结合中西部地区有旅游资源的贫困村实际，扶持贫困残疾人家庭在适当的岗位就业增收。

（八）"妇女编织"助残扶贫行动。通过实施开发就业岗位、开展手工技能培训等措施，帮助有就业能力和意愿的残疾妇女从事手工编织与制作，帮扶残疾妇女实现就业增收。

（九）阳光志愿者助残扶贫行动。发动各级共青团、青联、青年志愿者组织和广大志愿者，依托现有扶贫和助残政策项目，针对贫困残疾人开展日间照料、支教助学、扫盲、康复服务、文体活动、爱心捐赠、技能辅导培训、生产服务、创业扶持等志愿扶助。

（十）残疾人脱贫典型示范引领行动。遴选一批有示范引领作用的残疾人脱贫典型，在各级各类媒体广泛宣传，示范引领贫困残疾人增强脱贫信心，自觉参与到就业创业和劳动生产增收的行动中。

## 四、保障措施

（一）完善残疾人贫困户精准识别机制。将残疾人贫困户精准识别纳入贫困户建档立卡工作范围并重点核实，做到不漏一户、不落一人。完善贫困残疾人基本信息，掌握残疾人贫困户享受扶贫开发政策和项目落实信息，建立数据动态比对分析机制，在有进有出的动态管理中实现信息共享。国家扶贫开发工作重点县和集中连片特困地区县建立贫困残疾人脱贫台账管理系统，动态反映和监测贫困残疾人脱贫与返贫及政策措施惠及情况。

（二）加强社会救助等社会保障政策和扶贫开发政策有效衔接。完善农村低保制度，对符合条件的贫困残疾人实行政策性保障兜底。生活困难、靠家庭供养且无法单独立户的成年无业重度残疾人，经个人申请，可按照单人户纳入最低生活保障范围。对于以老养残、一户多残等特殊困难家庭中，因抚养（扶养、赡养）人生活困难、事实无力供养的残疾人，符合特困人员救助供养认定条件的，纳入救助供养范围。落实贫困残疾人参加城乡居民基本养老政府代缴保费保险政策。完善残疾人福利补贴制度，全面落实困难残疾人生活补贴和重度残疾人护理补贴制度。

（三）加大对建档立卡残疾人贫困户易地扶贫搬迁的扶持力度。对符合易地扶贫搬迁政策条件且自愿搬迁的建档立卡残疾人贫困户给予积极支持，优先享受迁入地社会保障、就业创业、金融信贷等扶持政策，确保残疾人搬迁对象生活稳定、有业可就、稳定脱贫。对于特殊困难残疾人搬迁户，鼓励地方采取提供安置房等方式解决住房问题。在制定和实施搬迁规划中同步做好家庭无障碍设施的规划与建设。

（四）加快农村贫困残疾人危房改造实施进度。精准识别农村贫困残疾人家庭危房存量，各地可结合实际，对贫困残疾人家庭适当提高危房改造的补贴标准。鼓励各地通过贷款贴息、集中建设农村集体公租房、过渡房等方式解决自筹资金确有困难的残疾人危房户的基本住房安全问题。在危房改造中同步做好无障碍改造。

（五）加大对贫困残疾人结对帮扶力度。发挥基层党组织在贫困残疾人脱贫攻坚中的战斗堡垒作用。开展基层党组织和党员干部助残扶贫培训。驻村工作队、村第一书记、大学生村官在脱贫攻坚中要格外关心贫困残疾人家庭，指导组织好基层党组织和党员干部与残疾人贫困户结对，通过结对帮扶，增强残疾人贫困户脱贫信心，引导村民理解尊重和关心帮助残疾人，带动文明风尚，激发更多力量带动残疾人贫困户脱贫增收。

（六）提高贫困残疾人医疗和康复服务保障水平。对符合条件的贫困残疾人参加城乡居民基本医疗保险个人缴费部分由财政按规定给予补贴。落实已纳入基本医疗保险支付范围的医疗康复项目，逐步扩大基本医疗保险支付的医疗康复项目。完善重度残疾人医疗报销制度，做好重度残疾人就医费用结算服务。对城乡居民基本医疗保险和大病保险支付后自付费用仍有困难的残疾人按规定给予医疗救助，将贫困残疾人全部纳入重特大疾病医疗救助范围，使贫困残疾人大病医治得到有效保障。实行农村贫困残疾人住院先康复医治后付费的结算机制。加大残疾人康复服务保障力度，有条件的地方对基本型康复辅助器具适配给予补贴。加快残疾人康复人才培养和残疾人康复机构建设。加大农村和贫困地区残疾预防工作力度，广泛宣传普及残疾预防知识，制定切实可行的残疾预防措施，减少贫困地区残疾发生和发展。加强贫困残疾人健康管理和社区康复工作，制定残疾人基本康复服务目录，以有需求的残疾儿童和建档立卡贫困残疾人为重点对象，以县（市、区）为单位组织开展残疾人精准康复扶贫行动，改善残疾人身心状况，提高贫困残疾人生活自理和参与生产劳动的能力。

（七）加大职业教育和实用技术培训。深入实施"雨露计划"，优先培训贫困残疾人，将适合从事农业生产的贫困残疾人纳入新型职业农民培育工程，鼓励他们在农业领域创业。加大职业技能提升计划和贫困户教育培训工程实施力度，残疾人贫困户优先接受培训，确保贫困残疾人家庭劳动力至少掌握一门致富技能。落实对残疾人贫困户培训后资金、场地、设备、市场信息、经营管理等方面的就业创业服务与扶持政策措施。结合农村残疾人实用技术培训开展残疾青壮年文盲扫盲行动，提高他们学习文化技能和参加生产劳动的能力。加大对返乡残疾人农民工职业技能培训和创业就业扶持力度。将脱贫致富的优秀残疾人纳入贫困村创业致富带头人培训工程。

（八）支持贫困地区特殊教育发展。加大特殊教育经费投入力度，特殊教育资金和项目重点向中西部地区特别是集中连片特困地区倾斜。加大对残疾儿童接受普惠性学前教育的资助，鼓励和支持普惠性幼儿园接收学前残疾儿童。积极推进残疾学生高中阶段免费教育。确保符合条件的残疾大学生优先获得助学金和助学贷款。落实义务教育阶段特殊教育学校和随班就读残疾学生公用经费补助政策，建立完善贫困残疾学生特殊学习用品、教育训练、交通费等补助政策，按照国家有关规定落实特殊教育津贴政策。加大对生活贫困残疾大学生和贫困残疾人家庭大学生子女的资助力度。鼓励有条件的特殊教育学校与贫困地区特殊教育学校建立帮扶机制。

（九）积极扶持残疾人贫困户发展产业。结合贫困地区"一村一品"产业发展实施产业扶持助残扶贫行动，支持残疾人贫困户因地制宜发展种养业和手工业。在实施产业扶贫项目中，结合残疾人特点，调整完善相关扶持政策，加大对残疾人贫困户的支持力度。通过利益联结机制，支持有意愿、有实力、带动能力强的现代农业产业园、产业扶贫园区、乡村旅游模范户、乡村旅游金牌农家乐、残疾人扶贫基地、能人大户、农民专业合作社和涉农龙头企业等新型经营主体参与产业精准扶贫，帮带残疾人贫困户从事产业项目增收脱贫。

（十）开展各种形式的助残扶贫专项行动。实施阳光助残扶贫基地项目。光伏扶贫要确保贫困残疾人家庭优先获得光伏扶贫收益。在建档立卡贫困人口转化为生态护林员的工作中，优先吸纳有管护能力的残疾人参加。加大对贫困残疾人从事电商创业的扶持，开发和推广适合残疾人从事电商产业的技术支持和服务平台，加强贫困残疾人从事电商和电商咨询服务的培训。选聘有胜任能力的贫困残疾人担任农家书屋管理员，加强农家书屋管理，提高服务效能。旅游扶贫要优先扶持贫困残疾人及家庭成员在旅游景区内公共服务设施和服务场所就业增收。继续实施千企帮万人助残脱贫行动。

（十一）加大财政资金投入。中央财政继续支持中西部地区开展农村贫困残疾人实用技术培训。各地根据本地实际，加大财政资金对贫困残疾人脱贫攻坚的投入。加大对康复扶贫贷款贴息支持力度。积极扶持农村残疾人扶贫基地建设。残疾人就业保障金纳入地方一般公共预算统筹安排，扶持农村贫困残疾人从事种植、养殖、手工业等形式的扶贫增收项目。探索通过政府购买服务支持贫困残疾人脱贫攻坚。

（十二）加大金融扶持力度。鼓励金融机构创新金融产品和服务方式，开发符合残疾人需求特点的金融产品。完善扶贫小额信贷和残疾人康复扶贫贷款政策，并抓好相关优惠政策的贯彻落实，进一步加大对建档立卡残疾人贫困户的信贷支持。村镇银行、农村信用社等金融机构开展的扶贫小额信贷优先面向符合条件的建档立卡残疾人贫困户。在国务院统一部署下开展农民合作社信用合作试点，为残疾人贫困户优先提供生产资金支持。支持政府出资的融资担保机构，优先为残疾人贫困户开展担保业务。积极发展扶贫小额贷款保证保险，优先对残疾人贫困户保证保险费予以补助，并提高补助标准。鼓励有条件的地方利用多种方式筹措资金建立贫困残疾人小额贷款风险担保金制度。

（十三）保障贫困残疾人优先获得资产收益。鼓励残疾人贫困户将农村承包土地的经营权、住房财产权折价入股，用于参与集体经济的收益分配。集体所有的经营性资产分配集体收益时，优先保障残疾人贫困户受益。在不改变用途的情况下，财政专项扶贫资金和涉农资金投入设施农业、养殖、光伏、水电、乡村旅游等项目形成的资产，具备条件的可折股量化给残疾人贫困户，尤其是丧失劳动能力的残疾人贫困户。支持农民专业合作社、龙头企业、残疾人扶贫基地和其他经营主体通过土地托管、牲畜托养和吸收土地经营权入股等方式，带动残疾人贫困户增收。

（十四）构筑农村残疾人关爱服务体系。摸清农村残疾人底数，做好信息管理。加快推进残疾人康复托养机构、服务设施、基本公共文化、体育服务能力和人员队伍建设。在贫困地区优先落实残疾人康复托养机构建设。加大贫困残疾人康复工程、特殊教育、技能培训、托养服务实施力度。

（十五）加大对重点地区贫困残疾人的扶持力度。在革命老区、少数民族地区、集中连片特困地区开展脱贫攻坚过程中，加大对贫困残疾人基本生活保障和康复、教育、扶贫等方面的扶持力度，加快推进西藏、四省藏区和新疆南疆四地州贫困残疾人脱贫工作，落实区域发展和脱贫攻坚规划中残疾人的特惠扶持政策。

（十六）加大东西部扶贫协作、定点扶贫对贫困残疾人脱贫攻坚的支持。东部地区将残疾人脱贫纳入扶贫协作内容统筹安排，针对贫困残疾人的特殊困难和需求，开展专项扶贫助残项目。定点扶贫单位加大对定点帮扶县残疾人贫困户的帮扶力度，通过专项扶持政策和项目对残疾人贫困户开展有效帮扶。

（十七）广泛动员社会力量参与残疾人脱贫攻坚。积极动员企业、社会组织和爱心人士参与贫困残疾人脱贫攻坚。充分发挥各民主党派、无党派人士在人才智力扶贫上的优势和作用。充分发挥军队和武警部队在参与残疾人脱贫攻坚行动中的优势和作用。通过政府购买服务等方式，积极引导各类社会组织和专业社会工作者参与残疾人脱贫攻坚。鼓励有条件的企业成立公益基金会，设立慈善信托或者以其他方式履行社会责任，参与支持残疾人脱贫。实施"妇女编织"助残扶贫行动。在实施阳光志愿者助残扶贫行动中优先为残疾人贫困户提供服务。充分发挥残疾人专门协会作用，动员残疾人企业家、残疾人致富能人帮助带动残疾人贫困户增收。

## 五、组织领导

（一）加强组织协调。各级党委和政府要高度重视，将贫困残疾人脱贫纳入坚决打赢脱贫攻坚战的大局并格外关心、格外关注，深入贯彻落实习近平总书记系列重要讲话精神和治国理政新理念新思路新战略，坚持精准扶贫精准脱贫基本方略，瞄准建档立卡残疾人贫困户，采取超常规举措精准施策，坚决打赢贫困残疾人脱贫攻坚战。国务院残疾人工作委员会办公室成立残疾人脱贫攻坚领导小组，加强工作领导和部门协调，将建档立卡贫困残疾人脱贫攻坚任务下达地方，逐级签订责任状，层层分解任务、落实责任，督办政策措施落实，按时通报各地贫困残疾人脱贫工作情况，督促任务目标有效落实。贫困地区、贫困县各级残联纳入当地政府扶贫开发领导小组成员单位，参与和配合做好残疾人脱贫攻坚工作。

（二）加强考核和贫困监测。将农村贫困残疾人脱贫成效纳入各地各级党委、政府扶贫开发工作成效考核办法，明确考核内容、权重分值。国务院扶贫开发领导小组扶贫督促检查，要把贫困残疾人作为重点人群，把贫困残疾人脱贫作为重要督查内容。实行年度督办机制，国务院残疾人工作委员会办公室组织有关部门进行联合督查，组织有关专家和社会组织对国家和各省（区、市）精准扶贫政策措施对贫困残疾人的扶持效果、资金投入和使用效果及各地残疾人脱贫成效进行第三方评估。建立涉及贫困残疾人的重大事件处置、反馈机制，在处置典型事件中发现问题，不断提高贫困残疾人扶贫工作水平。在实施农村贫困监测工作中，以适当的方式反映残疾人贫困状况和脱贫攻坚进展情况。将贫困残疾人脱贫工作纳入扶贫开发有关法规政策体系依法推进。

（三）加强宣传引导。依托"10·17"全国扶贫日宣传平台、残疾人扶贫信息服务网等，大力宣传残疾人脱贫攻坚。挖掘贫困残疾人脱贫攻坚中典型的人和事，发挥典型带动作用，将残疾人脱贫自强典型和残疾人扶贫助残典型纳入扶贫和助残宣传、表彰范围。

（四）提高残疾人组织参与贫困残疾人精准脱贫工作的水平。各级残联要加强与残疾人精准扶贫工作要求相适应的扶贫工作队伍和服务能力建设。贫困地区、贫困县残联要把贫困残疾人脱贫攻坚作为重中之重的工作，主要领导负总责，合理配置人员，乡镇（街道）、村（社区）专职委员和联络员要掌握脱贫攻坚政策和当地贫困残疾人底数，配合做好残疾人脱贫工作。各级残疾人就业服务机构要承担残疾人扶贫服务任务，指导乡镇残联和基层残协提高残疾人脱贫攻坚的服务水平，将各项政策措施及服务落实到贫困残疾人及其家庭。加强扶贫政策培训，提升残疾人扶贫干部队伍的能力水平。结合群团组织改革和贫困残疾人脱贫攻坚各项任务，加强基层残疾人组织建设，以任务促建设，以建设促发展。

四、其他专项规划或计划

附件

## 贫困残疾人精准脱贫专项行动重点任务分工

| 行动名称 | 任务内容 | 责任单位 |
| --- | --- | --- |
| 基层党组织助残扶贫行动 | 组织动员基层党组织和党员干部结对帮扶建档立卡残疾人贫困户,确保每一个建档立卡残疾人贫困户都有帮扶人、帮扶措施、帮扶资金。发挥驻村工作队、村第一书记、大学生村官的指导带动作用。 | 中国残联、中央组织部 |
| 残疾人精准康复扶贫行动 | 结合健康扶贫、村(社区)医生签约服务和康复辅助器具适配下乡入户等工作,推动实现有需求的残疾人享有基本康复服务。 | 中国残联、国家卫生计生委 |
| 残疾青壮年文盲扫盲行动 | 依托农村贫困残疾人实用技术培训项目,对15—50岁有意愿的贫困残疾人开展扫盲工作,着力加强教育脱贫,提高他们学习文化技能和参加生产劳动的能力。 | 中国残联、教育部、农业部、共青团中央、全国妇联 |
| 产业扶持助残扶贫行动 | 通过实用技术培训等方式,为贫困残疾人提供产业技能培训,利用康复扶贫贴息贷款等方式,为贫困残疾人提供资金支持,扶持残疾人贫困户因地制宜发展种养业和手工业,支持新型经营主体帮带贫困残疾人从事产业项目增收脱贫。 | 中国残联、农业部、中国人民银行 |
| 光伏助残扶贫行动 | 利用多种方式筹措资金为贫困残疾人家庭建造光伏设施,或集中建设后以折股量化的形式配发给残疾人贫困户,优先保障丧失劳动能力的贫困残疾人获得资产收益。 | 中国残联、国家能源局 |
| 电商助残扶贫行动 | 依托国家电商扶贫相关政策和有利环境,借助知名电商企业,为残疾人提供电商培训,扶持有意愿且有条件的建档立卡贫困残疾人电商创业,帮助贫困残疾人从事与电商相关的增收项目。 | 中国残联、商务部 |
| 百村千户乡村旅游助残扶贫行动 | 依托旅游扶贫带动性强、覆盖面广的独特优势,结合中西部地区有旅游资源的贫困村实际,扶持贫困残疾人家庭在适当的岗位就业增收。 | 中国残联、国家旅游局 |
| "妇女编织"助残扶贫行动 | 通过实施开发就业岗位、开展手工技能培训等措施,帮助有就业能力和意愿的残疾妇女从事手工编织与制作,帮扶残疾妇女实现就业增收。 | 中国残联、全国妇联 |
| 阳光志愿者助残扶贫行动 | 发动各级共青团、青联、青年志愿者组织和广大志愿者,依托现有扶贫和助残政策项目,针对贫困残疾人开展日间照料、支教助学、扫盲、康复服务、文体活动、爱心捐赠、技能辅导培训、生产服务、创业扶持等志愿扶助。 | 中国残联、共青团中央 |
| 残疾人脱贫典型示范引领行动 | 遴选一批有示范引领作用的残疾人脱贫典型,在各级各类媒体广泛宣传,示范引领贫困残疾人增强脱贫信心,自觉参与到就业创业和劳动生产增收的行动中。 | 中央宣传部、中国残联 |

# 国务院办公厅关于转发教育部等部门特殊教育提升计划（2014—2016年）的通知

国办发〔2014〕1号

各省、自治区、直辖市人民政府，国务院各部委、各直属机构：

　　教育部、发展改革委、民政部、财政部、人力资源社会保障部、卫生计生委、中国残联《特殊教育提升计划（2014—2016年）》已经国务院同意，现转发给你们，请认真贯彻执行。

国务院办公厅<br>2014年1月8日

# 特殊教育提升计划
## （2014—2016年）

教育部　发展改革委　民政部　财政部<br>人力资源社会保障部　卫生计生委　中国残联

　　为贯彻落实党的十八大和十八届二中、三中全会精神，深入实施《国家中长期教育改革和发展规划纲要（2010—2020年）》，加快推进特殊教育发展，大力提升特殊教育水平，切实保障残疾人受教育权利，特制定本计划。

## 一、重要意义

　　发展特殊教育是推进教育公平、实现教育现代化的重要内容，是坚持以人为本理念、弘扬人道主义精神的重要举措，是保障和改善民生、构建社会主义和谐社会的重要任务。新世纪以来特别是近年来，我国特殊教育事业取得较大发展，各级政府投入明显增加，残疾儿童少年义务教育普及水平显著提高，非义务教育阶段特殊教育办学规模不断扩大，基本实现了

30万人口以上的县独立设置一所特殊教育学校的目标，残疾学生在国家助学体系中得到优先保障。但总体上看，我国特殊教育整体水平不高，发展不平衡。农村残疾儿童少年义务教育普及率不高，非义务教育阶段特殊教育发展水平偏低，特殊教育学校办学条件有待改善，特殊教育教师和康复专业人员数量不足、专业水平有待提高。因此，必须加快推进特殊教育发展，提升特殊教育水平，进一步保障残疾人受教育权利，帮助残疾人全面发展和更好融入社会，使广大残疾人共享改革发展成果，在全面建成小康社会、实现"两个百年"目标和中国梦的进程中实现幸福人生。

## 二、总体目标和重点任务

（一）总体目标

全面推进全纳教育，使每一个残疾孩子都能接受合适的教育。经过三年努力，初步建立布局合理、学段衔接、普职融通、医教结合的特殊教育体系，办学条件和教育质量进一步提升。建立财政为主、社会支持、全面覆盖、通畅便利的特殊教育服务保障机制，基本形成政府主导、部门协同、各方参与的特殊教育工作格局。到2016年，全国基本普及残疾儿童少年义务教育，视力、听力、智力残疾儿童少年义务教育入学率达到90%以上，其他残疾人受教育机会明显增加。

（二）重点任务

1. 提高普及水平。针对实名登记的未入学残疾儿童少年残疾状况和教育需求，采用多种形式，逐一安排其接受义务教育。积极发展残疾儿童学前教育，大力发展以职业教育为主的残疾人高中阶段教育，加快发展残疾人高等教育，逐步提高非义务教育阶段残疾人接受教育的比例。

2. 加强条件保障。提高特殊教育学校生均预算内公用经费标准。建立健全覆盖全体残疾学生的资助体系。改善特殊教育办学条件，加强残疾学生学习和生活无障碍设施建设。

3. 提升教育教学质量。研究制订盲、聋和培智三类特殊教育学校课程标准。健全适合残疾学生学习特点的教材体系。扩大特殊教育教师培养规模，加大特殊教育教师培训力度，提高特殊教育教师的专业化水平。逐步建立特殊教育质量监测评价体系。

## 三、主要措施

（一）扩大残疾儿童少年义务教育规模

扩大普通学校随班就读规模。尽可能在普通学校安排残疾学生随班就读，加强特殊教育资源教室、无障碍设施等建设，为残疾学生提供必要的学习和生活便利。有条件的儿童福利机构可设立特教班。

提高特殊教育学校招生能力。国家支持建设的中西部地区特殊教育学校，要在2014年秋季开学前全部开始招生。支持现有特殊教育学校扩大招生规模、增加招生类别。

组织开展送教上门。县（市、区）教育行政部门要统筹安排特殊教育学校和普通学校教育资源，为确实不能到校就读的重度残疾儿童少年提供送教上门或远程教育等服务，并将其纳入学籍管理。

（二）积极发展非义务教育阶段特殊教育

学前教育。各地要将残疾儿童学前教育纳入当地学前教育发展规划，列入国家学前教育重大项目。支持普通幼儿园创造条件接收残疾儿童。支持特殊教育学校和有条件的儿童福利机构增设附属幼儿园（学前教育部）。

高中阶段教育。普通高中和中等职业学校要积极招收残疾学生。鼓励特殊教育学校根据需要举办残疾人高中部（班）。扩大残疾人中等职业学校招生规模，紧密结合经济社会发展需求和残疾人特点合理调整专业结构，为残疾学生提供更多选择。

高等教育。各地要根据需要，有计划地在高等学校设置特殊教育学院或相关专业，满足残疾人接受高等教育的需求。高等学校要按照有关法律法规和政策，努力创造条件，积极招收符合录取标准的残疾考生，不得因其残疾而拒绝招收。要为残疾人接受成人高等学历教育提供便利。加强残疾人职业培训，提高就业创业能力。

（三）加大特殊教育经费投入力度

切实保障特殊教育学校正常运转。义务教育阶段特殊教育学校生均预算内公用经费标准要在三年内达到每年6000元，有条件的地区可进一步提高。目前标准高于每年6000元的地区不得下调。随班就读、特教班和送教上门的义务教育阶段生均公用经费参照上述标准执行。

进一步提高残疾学生资助水平。针对义务教育阶段残疾学生的特殊需要，在"两免一补"基础上进一步提高补助水平。各地可根据实际对残疾学生提供交通费补助，纳入校车服务方案统筹解决。完善非义务教育阶段残疾学生资助政策，积极推进高中阶段残疾学生免费教育。

各级财政支持的残疾人康复项目优先资助残疾儿童。安排一定比例的残疾人就业保障金，支持特殊教育学校开展劳动技能教育。中央专项彩票公益金继续支持特殊教育发展。鼓励企事业单位、社会团体和公民个人捐资助学。

（四）加强特殊教育基础能力建设

继续实施特殊教育学校建设项目。合理布局，科学规划，支持残疾人中等职业学校和高等院校新建或改扩建一批急需的基础设施，扩大残疾人接受中、高等教育的规模。支持高等学校特殊教育师范专业建设，扩建教学设施，提高特教教师培养培训能力。鼓励有条件的地区试点建设孤独症儿童少年特殊教育学校（部）。

继续实施改善特殊教育办学条件项目。支持承担随班就读残疾学生较多的普通学校设立特殊教育资源教室（中心），配备基本的教育教学和康复设备，为残疾学生提供个别化教育和康复训练。支持特殊教育学校配备必要的教育教学、康复训练等仪器设备，开展"医教结合"实验，探索教育与康复相结合的特殊教育模式。加大对薄弱特殊教育学校配备教育教学和康复设施的支持力度。

（五）加强特殊教育教师队伍建设

完善教师管理制度。各省（区、市）要落实特殊教育学校开展正常教学和管理工作所需编制，配足配齐教职工。针对特殊教育学校学生少、班额小、寄宿生多、残疾差异大、康复类专业人员需求多、承担随班就读巡回指导任务等特点，可结合地方实际出台特殊教育学校教职工编制标准。全面落实国家规定的特殊教育津贴等特殊教育教师工资待遇倾斜政策。对在普通学校承担残疾学生随班就读教学和管理工作的教师，在绩效考核中给予倾斜。各地要为送教教师和承担"医教结合"实验的相关医务人员提供工作和交通补贴。

提高教师专业水平。研究建立特殊教育教师专业证书制度，逐步实行特殊教育教师持证上岗。制订特殊教育学校教师专业标准。推动地方确定随班就读教师、送教上门指导教师和康复训练人员等的岗位条件。将特殊教育相关内容纳入教师资格考试。教师职务（职称）评聘向特殊教育教师倾斜，将儿童福利机构特教班教师职务（职称）评聘工作纳入当地教师职务（职称）评聘规划。加大特殊教育教师培养力度，鼓励各省（区、市）择优选择师范类院校和其他高校增设特殊教育专业。鼓励高校在师范类专业中开设特殊教育课程，培养师范生的全纳教育理念和指导残疾学生随班就读的教学能力。加大国家级教师培训计划中特殊教育教师培训的比重。采取集中培训和远程培训相结合的方式，逐级开展特殊教育教师全员培训和校长、骨干教师培训。加强普通学校随班就读、资源指导、送教上门等特殊教育教师培训。

（六）深化特殊教育课程教学改革

健全课程教材体系。根据国家义务教育课程标准，结合残疾学生特点和需求，制订盲、聋和培智三类特殊教育学校课程标准。加强特殊教育教材建设，新编和改编盲、聋和培智三类特殊教育学校的义务教育阶段课程教材，覆盖所有学科所有年级。注重培养学生自尊、自信、自立、自强的精神，注重学生的潜能开发和功能补偿。增加必要的职业教育内容，强化生活技能和社会适应能力培养。

改革教育教学方法。加强个别化教育，增强教育的针对性与有效性。开展"医教结合"实验，提升残疾学生的康复水平和知识接受能力。探索建立特殊教育学校与普通学校定期举行交流活动的制度，促进融合教育。以培养就业能力为导向，强化残疾人中、高等职业学校专业特色，建好实习实训基地，进一步加强对残疾学生的就业指导。

## 四、组织领导

（一）加强统筹规划。各地要将发展特殊教育作为落实教育规划纲要和办好人民满意教育的重要任务，明确各级政府责任，结合本地实际制订特殊教育提升计划实施方案，明确路线图和时间表。要本着特教特办、重点扶持的原则，统筹安排相关资金，合理配置特殊教育和康复资源，切实解决制约特殊教育事业发展的瓶颈问题。

（二）建立工作机制。各地要建立政府领导负责、相关部门协同推进计划实施的工作机制，落实目标任务和主要措施，确保计划如期完成。教育部门要统筹制定特殊教育计划实施方案，加强对承担特殊教育工作学校的指导，开展特殊教育教师培养培训，依托全国中小学生学籍信息管理系统等平台，加强残疾儿童少年教育信息监测服务和动态管理。发展改革部门要把特殊教育纳入当地经济社会发展规划，加强特殊教育学校建设。财政部门要完善特殊教育投入政策，支持改善特殊教育办学条件，加大对特殊教育学生资助力度。民政部门要做好福利机构孤残儿童抚育工作。人力资源社会保障部门要完善和落实工资待遇、职称评定等方面对特殊教育教师的支持政策。卫生计生部门要做好对残疾儿童少年的医疗与康复服务。残联要继续做好未入学适龄残疾儿童少年实名调查登记工作，加强残疾儿童少年康复训练和辅具配发等工作。

（三）加强督导检查和评估验收。各地要以县（市、区）为单位，对基本普及残疾儿童少年义务教育进行评估验收，将残疾儿童少年入学率、特殊教育教师专业化水平和特殊教育保障水平等作为评估验收的主要指标，评估结果向社会公布。国家有关部门组织开展对特殊教育提升计划实施情况的专项督导检查。残疾儿童少年义务教育入学率不达标的县（市、区），不得申报全国义务教育基本均衡县。

# 教育部等七部门关于印发《第二期特殊教育提升计划（2017—2020年）》的通知

教基〔2017〕6号

各省、自治区、直辖市人民政府，国务院各部委、各直属机构：

《第二期特殊教育提升计划（2017—2020年）》已经国务院同意，现印发给你们，请认真贯彻执行。

教育部　国家发展改革委
民政部　财政部
人力资源社会保障部
卫生计生委　中国残联
2017年7月17日

# 第二期特殊教育提升计划

## （2017—2020年）

为全面贯彻党中央、国务院关于办好特殊教育的要求，落实《国家教育事业发展"十三五"规划》《"十三五"加快残疾人小康进程规划纲要》，进一步提升特殊教育水平，特制定本计划。

## 一、重要意义

近年来，各地按照党中央、国务院的决策部署，认真实施特殊教育提升计划（2014—2016年），残疾人受教育机会不断扩大，普及水平明显提高；财政投入大幅增长，保障能力持续增强；教师队伍建设和课程教材建设取得显著成效，教育质量进一步提升。但是，残疾儿童少年义务教育在中西部农村地区特别是边远贫困地区普及水平仍然偏低，非义务教育阶段特殊教育发展整体相对滞后，特殊教育条件保障机制还不够完善，教师队伍数量不足、待遇偏低、专业水平有待提高。

实施第二期特殊教育提升计划（2017—2020年），是巩固一期成果、进一步提升残疾人受教育水平的必然要求，是推进教育公平、实现教育现代化的重要任务，是增进残疾人家庭福祉、加快残疾人小康进程的重要举措。各级政府要充分认识实施二期提升计划的重要意义，履职尽责，攻坚克难，持续推进特殊教育改革发展。

## 二、总体要求

### （一）基本原则

1. 坚持统筹推进，普特结合。以普通学校随班就读为主体、以特殊教育学校为骨干、以送教上门和远程教育为补充，全面推进融合教育。普通学校和特殊教育学校责任共担、资源共享、相互支撑。

2. 坚持尊重差异，多元发展。尊重残疾学生的个体差异，注重潜能开发和缺陷补偿，提高特殊教育的针对性。促进残疾学生的个性化发展，为他们适应社会、融入社会奠定坚实基础。

3. 坚持普惠加特惠，特教特办。普惠性教育政策和工程项目要加大支持特殊教育的力度。根据特殊教育实际，专门制定特殊的政策措施，给予残疾学生特别扶助和优先保障。

4. 坚持政府主导，各方参与。落实各级政府及相关部门发展特殊教育的责任，加强省一级对特殊教育的统筹。充分发挥社会力量的作用，学校、家庭和社会相互配合。

### （二）总体目标

到2020年，各级各类特殊教育普及水平全面提高，残疾儿童少年义务教育入学率达到95%以上，非义务教育阶段特殊教育规模显著扩大。特殊教育学校、普通学校随班就读和送教上门的运行保障能力全面增强。教育质量全面提升，建立一支数量充足、结构合理、素质优良、富有爱心的特教教师队伍，特殊教育学校国家课程教材体系基本建成，普通学校随班就读质量整体提高。

### (三) 重点任务

1. 完善特殊教育体系。全面普及残疾儿童少年义务教育，提高巩固水平，解决实名登记的未入学适龄残疾儿童少年就学问题。加大力度发展残疾儿童学前教育，加快发展以职业教育为主的残疾人高中阶段教育，稳步发展残疾人高等教育。

2. 增强特殊教育保障能力。统筹财政教育支出，倾斜支持特殊教育。加强无障碍设施建设。全面改善特殊教育办学条件。全面加强随班就读支持保障体系建设。健全特殊教育教师编制动态调整机制和待遇保障机制。提高残疾学生资助水平，实行家庭经济困难的残疾学生从义务教育到高中阶段教育的12年免费教育。

3. 提高特殊教育质量。促进医教结合，建立多部门合作机制，加强专业人员的配备与合作，提高残疾学生评估鉴定、入学安置、教育教学、康复训练的有效性。加强特殊教育教师培养培训，提高专业化水平。增强特殊教育教科研能力，加强特殊教育学校教材和教学资源建设，推进课程教学改革。

## 三、主要措施

### (一) 提高残疾儿童少年义务教育普及水平

以区县为单位，逐一核实未入学适龄残疾儿童少年数据。通过特殊教育学校就读、普通学校就读、儿童福利机构（含未成年人救助保护机构）特教班就读、送教上门等多种方式，落实"一人一案"，做好教育安置。儿童福利机构特教班就读和接受送教上门服务的残疾学生纳入中小学生学籍管理。

优先采用普通学校随班就读的方式，就近安排适龄残疾儿童少年接受义务教育。以区县为单位统筹规划，重点选择部分普通学校建立资源教室，配备专门从事残疾人教育的教师（以下简称"资源教师"），指定其招收残疾学生。其他招收残疾学生5人以上的普通学校也要逐步建立特殊教育资源教室。依托乡镇中心学校，加强对农村随班就读工作的指导。有条件的儿童福利机构继续办好特教班或特殊教育学校。

发挥特殊教育学校在实施残疾儿童少年义务教育中的骨干作用。到

2020年，基本实现市（地）和30万人口以上、残疾儿童少年较多的县（市）都有一所特殊教育学校。不足30万人口没有特殊教育学校的县，由地市对行政区域内的特殊教育学校招生进行统筹。鼓励各地积极探索举办孤独症儿童少年特殊教育学校（部）。

对不能到校就读、需要专人护理的适龄残疾儿童少年，采取送教进社区、进儿童福利机构、进家庭的方式实施教育。以区县为单位完善送教上门制度，为残疾学生提供规范、有效的送教服务。

（二）加快发展非义务教育阶段特殊教育

支持普通幼儿园接收残疾儿童。在特殊教育学校和有条件的儿童福利机构、残疾儿童康复机构普遍增加学前部或附设幼儿园。在有条件的地区设置专门招收残疾孩子的特殊幼儿园。鼓励各地整合资源，为残疾儿童提供半日制、小时制、亲子同训等多种形式的早期康复教育服务。为学前教育机构中符合条件的残疾儿童提供功能评估、训练、康复辅助器具等基本康复服务。

普通高中和中等职业学校通过随班就读、举办特教班等扩大招收残疾学生的规模。招生考试机构为残疾学生参加中考提供合理便利。依托现有特殊教育和职业教育资源，各省（区、市）集中力量至少办好一所面向本地区招生的盲人高中（部）、聋人高中（部）和残疾人中等职业学校。特教高中资源不足的地市在特殊教育学校增设高中部。加强职业教育，支持校企合作，使完成义务教育且有意愿的残疾学生都能接受适宜的中等职业教育。

普通高等学校积极招收符合录取标准的残疾考生，进行必要的无障碍环境改造，给予残疾学生学业、生活上的支持和帮助。修订普通高等学校招生体检指导意见。统筹残疾人高等教育资源的布局，支持高校增设适合残疾人学习的相关专业，增加招生总量。

支持普通高校、开放大学、成人高校等面向残疾学生开展继续教育，支持各种职业教育培训机构加强残疾人职业技能培训，拓宽和完善残疾人终身学习通道。加强就业指导，做好残疾人教育与就业衔接工作。实施《"十三五"残疾青壮年文盲扫盲行动方案》，多种形式开展残疾青壮年文盲扫盲工作。

### (三) 健全特殊教育经费投入机制

在落实义务教育阶段特殊教育学校生均公用经费6000元补助标准基础上,有条件的地区可以根据学校招收重度、多重残疾学生的比例,适当增加年度预算。各省(区、市)根据残疾学生类别多、程度重、教育成本高等特点,在制定学前、高中阶段和高等教育的生均财政拨款标准时,重点向特殊教育倾斜。随班就读、特教班和送教上门的义务教育阶段生均公用经费标准按特殊教育学校执行。县级以上人民政府可根据需要,设立专项补助资金,加强特殊教育基础能力建设,改善办学条件。中央财政特殊教育专项补助资金重点支持困难地区和薄弱环节。

加大残疾学生资助力度。义务教育阶段在"两免一补"的基础上,针对残疾学生特殊需要,统筹资源倾斜支持残疾学生,提高补助水平。对家庭经济困难的残疾学生实行高中阶段免费教育。学前教育和高等教育阶段优先资助残疾学生,逐步加大资助力度。建立完善残疾学生特殊学习用品、教育训练、交通费等补助政策。

鼓励和引导社会力量兴办特殊教育学校,支持符合条件的非营利性社会福利机构向残疾人提供特殊教育。积极鼓励企事业单位、社会组织、公民个人捐资助学。

### (四) 健全特殊教育专业支撑体系

区县建立由教育、心理、康复、社会工作等方面专家组成的残疾人教育专家委员会,健全残疾儿童入学评估机制,完善教育安置办法。建立部门间的信息交流共享机制。

支持特殊教育学校建立特殊教育资源中心,提供特殊教育指导和支持服务。没有特殊教育学校的区县,依托有条件的普通学校,整合相关方面的资源建立特殊教育资源中心。

各级教研机构配备专职和兼职特殊教育教研员。鼓励高等学校、教科研机构以多种形式为特殊教育提供专业服务。建立健全志愿者扶残助学机制。发挥乡镇(街道)、村(居)民委员会在未入学残疾儿童少年信息收集、送教上门、社会活动等方面的支持作用。加强家校合作,充分发挥家庭在残疾儿童少年教育和康复中的作用。

### (五) 加强专业化特殊教育教师队伍建设

支持师范类院校和其他高校扩大特殊教育专业招生规模，提高培养质量。加大特殊教育专业硕士、博士研究生培养力度。各地采取公费培养、学费减免、助学贷款代偿等措施，为中西部贫困地区定向培养特殊教育教师。鼓励有条件的高等学校加强学前、普通高中及职业教育的特教师资培养。普通师范院校和综合性院校的师范专业普遍开设特教课程。在教师资格考试中要含有一定比例的特殊教育相关内容。到2020年，所有从事特殊教育的专任教师均应取得教师资格证，非特殊教育专业毕业的教师还应经过省级教育行政部门组织的特殊教育专业培训并考核合格。加大培训力度，对特殊教育教师实行5年一周期不少于360学时的全员培训。"国培计划"加强特殊教育学校校长和骨干教师的培训。省一级承担特殊教育学校教师培训，县一级承担普通学校随班就读教师、资源教师和送教上门教师培训，增强培训的针对性和实效性。

各省（区、市）可结合地方实际制定特殊教育学校教职工编制标准，加强康复医生、康复治疗师、康复训练人员及其他专业技术人员的配备，并对招收重度、多重残疾学生较多的学校，适当增加教职工配备。为招收残疾学生的普通学校配备专兼职资源教师。落实并完善特殊教育津贴等工资倾斜政策，核定绩效工资总量时适当倾斜。对普通学校承担随班就读教学管理任务的教师，在绩效工资分配上给予倾斜。为送教上门教师、承担"医教结合"实验相关人员提供必要的工作和交通补助。根据特殊教育的特点，在职称评聘体系中建立分类评价标准。将儿童福利机构特教班教师职务（职称）评聘工作纳入当地教师职务（职称）评聘规划，拓宽晋升渠道。关心特教教师的身心健康，改善特教教师的工作和生活环境。表彰奖励教师向特殊教育教师倾斜。

### (六) 大力推进特殊教育课程教学改革

依据盲、聋和培智三类特殊教育学校义务教育阶段课程标准（2016年版），编写完成中小学各科教材。将新课标新教材的有关培训统筹纳入"国培计划"和省级全员培训。研制多重残疾、孤独症等学生的课程指南。加强学前、普通高中及职业教育课程资源建设。

推进差异教学和个别化教学，提高教育教学的针对性。加强特殊教育信息化建设和应用，重视教具、学具和康复辅助器具的开发与应用。加强特殊教育学校图书配备，开展书香校园活动，培养残疾儿童良好阅读习惯。创新随班就读教育教学与管理模式，建立全面的质量保障体系。完善特殊教育质量监测制度，探索适合残疾学生发展的考试评价体系。

## 四、组织实施

### （一）加强组织领导

各地要高度重视第二期特殊教育提升计划实施方案的编制和实施工作，把提升计划的实施列入政府工作议事日程和相关部门年度任务，确保各项目标任务落到实处。各省（区、市）第二期特殊教育提升计划实施方案经省级人民政府批准后，于2017年9月1日前报教育部备案。

### （二）深化体制机制改革

加强省级统筹，加大对贫困地区和特殊教育薄弱环节的支持力度。建立健全多部门协调联动的特殊教育推进机制，明确教育、发展改革、民政、财政、人力资源社会保障、卫生计生、残联等部门的任务，形成工作合力。深化用人制度改革，探索学校、医院、康复机构之间人才资源共享的途径和方法。

### （三）营造关心和支持特殊教育的氛围

各地要广泛宣传实施特殊教育提升计划的重要意义，宣传特殊教育改革发展成就和优秀残疾人典型事迹，引导学生和家长充分认识特殊教育对促进残疾人成长成才和终身发展的重要作用。动员社会各界采用多种形式扶残助学，提供志愿服务，形成关心和支持特殊教育的良好氛围。

### （四）加强督导检查

省级人民政府组织开展对第二期特殊教育提升计划实施情况的专项督导检查。各地要建立督导检查和问责机制，将提升计划目标任务和政策措施落实情况纳入地方各级政府考核体系。国务院教育督导部门适时组织特殊教育专项督导，结果向社会公布。

四、其他专项规划或计划

# 关于印发《国家手语和盲文规范化行动计划（2015—2020年）》的通知

残联发〔2015〕47号

各省、自治区、直辖市残联、教育厅（教委）、新闻出版广电局，新疆生产建设兵团残联、教育局、新闻出版广电局：

为加快手语和盲文规范化工作进程，依据国家有关法律法规，中国残联、教育部、国家语委、国家新闻出版广电总局联合制定了《国家手语和盲文规范化行动计划（2015—2020年）》，现印发给你们，请结合实际，认真贯彻执行。

中国残疾人联合会　教育部<br>
国家语委　国家新闻出版广电总局<br>
2015年10月13日

# 国家手语和盲文规范化行动计划
## （2015—2020年）

语言文字是人类最重要的交际工具和信息载体。我国有三千多万听力残疾人和视力残疾人，手语和盲文是他们使用的特殊语言文字，是国家语言文字的重要组成部分。规范手语和盲文，关乎残疾人语言文字权益的实现，关乎残疾人文化素质的提高和融合发展，关乎残疾人实现全面小康的进程，必须加快规范与推广。

新中国成立以来，国家进行了一系列手语和盲文的规范化工作，成绩显著。但是，目前我国各地听力残疾人使用的手语仍存在较大差异，尚没有形成一种通用的手语；现行盲文使用的不规范给视力残疾人学习、生活带来不便；上述问题影响着听力残疾人、视力残疾人学习的质量，制约了手语和盲文的信息化进程。我国手语和盲文学科起步晚,从事手语和盲文研究、规范和推广的专业人员严重匮乏,研究基础薄弱,研究水平和推广服务水平亟待提高;手语和盲文的社会服务十分缺乏。手语和盲文的现状与广大听力、视力残疾人的迫切需求不相适应,与我国语言文字事业、残疾人事业的发展水平及要求不相适应。

手语和盲文规范化工作是一项长期持久的系统工程。为加快这一进程,有序有效开展相关工作,保障听力残疾人和视力残疾人的语言文字权利,在全社会构建和谐、无障碍的沟通环境,依据《中华人民共和国残疾人保障法》《中华人民共和国国家通用语言文字法》和《无障碍环境建设条例》等法规制定本行动计划。

## 一、指导思想

以邓小平理论、"三个代表"重要思想、科学发展观为指导,全面贯彻落实党的十八大和十八届三中、四中、五中全会精神,落实"四个全面"战略布局要求,按照《国务院关于加快推进残疾人小康进程的意见》和《国家中长期语言文字事业改革和发展规划纲要(2012—2020年)》的要求,以手语和盲文规范化工作为中心,加快国家通用手语和国家通用盲文的研制。统筹规划手语和盲文的科学研究、应用推广、学科建设和人才培养。以学校和公共服务领域为重点,全面推广使用国家通用手语和国家通用盲文,为听力残疾人和视力残疾人提供更加公平、平等和便利的参与社会生活的条件,保障他们的语言文字权利和融合发展。

## 二、任务目标

到2017年,颁布国家通用手语方案和国家通用盲文方案,基本形成手语和盲文规范化工作机制。

到2020年,颁布国家通用手语和国家通用盲文相关规范标准;分级开展国家通用手语和国家通用盲文培训,在特殊教育学校(院)和社会公共服务领域推行国家通用手语和国家通用盲文,初步实现手语和盲文的信息化,手语和盲文的学科建设和人才培养得到加强,建立健全与手语和盲文相关的法律法规。

## 三、主要措施

### （一）加快推进手语盲文规范化信息化建设

1. 2015年完成"国家通用手语标准"和"国家通用盲文标准"重大课题，形成《国家通用手语方案（试行）》和《国家通用盲文方案（试行）》。2015—2017年，选择部分特殊教育学校（院）和在社会一定范围对试行方案进行试点。2017年年底前总结试点经验，修改完善试行方案，形成正式的《国家通用手语方案》和《国家通用盲文方案》，并启动国家标准的申报工作。

2. 研制国家通用手语和通用盲文水平等级标准和测试大纲，建立测试题库，逐步开展国家通用手语和国家通用盲文等级测试；开展专业类国家通用手语和国家通用盲文方案研究。完善通用盲文分词连写规则。

3. 完成国家通用手语词汇语料库和句法数据库的一期建设，建立国家通用盲文规范词库，建成公益性国家通用手语、盲文网络学习平台，加强国家盲文资源与服务网络平台建设，设计、改进汉盲翻译、盲文编辑、电子盲文朗读等软件。大力扶持科研单位和企业运用新媒体手段、现代信息技术研制具有高科技含量、性能优越、使用方便、价格适中的手语可视媒体、学习软件、翻译软件，以及盲文书写、阅读新器具、新产品。规定与手语和盲文相关的软件及信息技术产品使用国家通用手语和国家通用盲文。

### （二）大力推广国家通用手语和国家通用盲文

1. 招收听力残疾、视力残疾学生的特殊教育学校（院）在教育教学中应推广使用国家通用手语和国家通用盲文；各种国家考试逐步统一使用国家通用盲文为视力残疾人提供试卷。逐步将国家通用手语和国家通用盲文分别列入聋教育教师和盲教育教师任职考试。服务视力残疾需要，加强视力残疾人员汉语普通话水平测试工作。

2. 采取多种形式广泛深入宣传国家通用手语和国家通用盲文，地市级以上电视台的电视手语新闻全面使用国家通用手语；依托中国教育电视台开办国家通用手语教学栏目，鼓励国家和有条件的省级电视台试办使用通用手语的电视手语栏目；结合实际举办国家通用手语和通用盲文知识技能竞赛。

3. 国家重大活动有听力、视力残疾人员参加时，应安排国家通用手语翻译，向与会视力残疾人员提供国家通用盲文相关材料；在现场直播或录播中配播国家通用手语。司法、医疗、交通、银行、商业、旅游等公共服务部门提供国家通用手语服务。有关公共场所和设施标志使用国家通用盲文。

4. 依托特殊教育师资培养培训机构，举办国家通用手语和国家通用盲文骨干培训班。到 2020 年培训 1600 名通用手语骨干和 300 名通用盲文骨干。各级残联及其盲人协会和聋人协会、特殊教育学校（院）要结合实际，逐级开展培训。加大对听力残疾人和视力残疾人教师的培养培训力度，将国家通用手语和国家通用盲文培训计入特殊教育教师继续教育学分。

5. 研制国家通用盲文出版行业标准，加强盲文书籍、电子盲文制品的出版工作。在推动各级公共图书馆建立盲人阅览室、做好盲人阅读服务工作的同时，推广国家通用盲文。

（三）积极开展手语盲文科学研究，加强学科建设和人才培养

1. 在全国哲学社会科学基金、全国自然科学基金、国家语言文字和全国教育科学等国家级研究规划项目和重大研究项目中，增加手语和盲文基础研究和应用研究项目。在全国建立若干听力残疾人语言生活监测点，每年定期收集手语新语汇，充实丰富国家通用手语，形成动态规范机制；定期发布全国手语和盲文使用情况报告；继续开展手语和盲文使用情况专项调查。加强手语主持研究与推广，开展手语和盲文规范化研究的国际与地区交流合作。

2. 加强高等院校现有手语相关专业学科建设。到 2020 年，在有条件院校的相关学科开展手语和盲文研究方向的研究生培养，鼓励跨学校、跨学科培养具有复合型知识结构的手语和盲文高层次专业人才。

3. 将手语和盲文方向专业人才培养以及手语、盲文相关专业的学科建设纳入国家特殊教育学校建设工程，予以专门支持。教育部在年度招生计划编制和管理工作中，引导地方教育行政部门和相关高校对手语和盲文等相关专业予以积极支持。

4. 造就专业化的手语和盲文翻译队伍。实施全国统一的国家通用手语、国家通用盲文等级考试，鼓励社会力量举办手语和盲文翻译专业服务机构。加快建立手语翻译培训、认证、派遣服务制度。

**（四）加强推广国家通用手语和通用盲文的法律保障**

1. 明确国家通用手语和通用盲文的法律地位。通过《中华人民共和国国家通用语言文字法》修订、解释或制定国家通用语言文字法实施办法，增加有关国家通用手语和通用盲文的条款。

2. 以立法保障国家通用手语和通用盲文的使用。通过修订相关法规、规章，如《残疾人教育条例》《教师资格条例》和制定《特殊教育教师专业标准》时，将使用国家通用手语或国家通用盲文作为特殊教育学校聋教育教师和盲教育教师的基本要求。

## 四、保障条件

**（一）建立健全工作机制**

1. 建立中国残联牵头，教育部、国家语委、国家新闻出版广电总局和有关部门参与的国家手语和盲文规范化工作协调机制，定期研究重大问题，推动工作落实。各级残联要切实履行统筹职能，积极争取相关部门、各级聋人协会和盲人协会以及社会组织的支持，分工协作，确保手语和盲文规范化工作有序开展。

2. 将手语和盲文规范化工作纳入教育专项督导，加大对国家通用手语和国家通用盲文应用的监督检查力度。加强对学校、新闻出版、广播影视、公共服务行业和公共场所使用国家通用手语和国家通用盲文情况的监督检查，加强对教材、图书等文化产品和信息技术产品使用国家通用手语和国家通用盲文情况的监督检查。

3. 完善议事制度，充分发挥国家手语和盲文研究中心及其专家委员会的作用。加强手语和盲文标准化机构建设和标准规范建设。

4. 成立国家通用手语和国家通用盲文考试委员会，领导和组织全国统一的国家通用手语、国家通用盲文等级考试。

**（二）加大经费扶持力度**

1. 建立手语和盲文规范化工作经费保障机制。各级财政要将手语、盲文规范化工作经费纳入年度预算内统筹安排，加大投入力度，确保本行动计划所规定任务的顺利完成。支持多渠道筹措经费，鼓励企业、团体和个人捐赠。

2. 对研发生产国家通用手语和通用盲文应用新器具、新产品的企业参照残疾人辅助器具生产企业在财税方面的优惠政策予以相应优惠。对购买国家通用手语学习用品或国家通用盲文用品用具的贫困残疾人予以补贴。逐步建立和实施国家通用手语、通用盲文翻译服务补贴制度。

（三）加强手语和盲文研究和推广基地建设

加强国家手语和盲文研究中心的建设，在人员编制、办公条件、人才培养、经费投入等方面予以政策倾斜和保障。充分发挥中国盲文出版社、中国视障文化资讯服务中心、中国聋人协会手语研究推广委员会、中国盲文手语推广服务中心等机构的作用，促进相关研究和推广工作。

# 国务院办公厅关于转发卫生计生委等部门全国精神卫生工作规划（2015—2020 年）的通知

国办发〔2015〕44 号

各省、自治区、直辖市人民政府，国务院各部委、各直属机构：

卫生计生委、中央综治办、发展改革委、教育部、公安部、民政部、司法部、财政部、人力资源社会保障部、中国残联《全国精神卫生工作规划（2015—2020 年）》已经国务院同意，现转发给你们，请结合实际认真贯彻执行。

国务院办公厅

2015 年 6 月 4 日

## 全国精神卫生工作规划
### （2015—2020 年）

卫生计生委　中央综治办　发展改革委　教育部　公安部
民政部　司法部　财政部　人力资源社会保障部　中国残联

精神卫生是影响经济社会发展的重大公共卫生问题和社会问题。加强精神卫生工作，是深化医药卫生体制改革、维护和增进人民群众身心健康的重要内容，是全面推进依法治国、创新社会治理、促进社会和谐稳定的必然要求，对于建设健康中国、法治中国、平安中国具有重要意义。为深入贯彻落实《中华人民共和国精神卫生法》和《中共中央国务院关于深化医药卫生体制改革的意见》，加强精神障碍的预防、治疗和康复工作，推动精神卫生事业全面发展，制定本规划。

## 一、规划背景

党和政府高度重视精神卫生工作,先后采取一系列政策措施,推动精神卫生事业发展。特别是"十二五"期间,精神卫生工作作为保障和改善民生以及加强和创新社会管理的重要举措,被列入国民经济和社会发展总体规划。在党中央、国务院的重视与支持下,有关部门加强协作,围绕《中华人民共和国精神卫生法》的贯彻落实,组织实施精神卫生防治体系建设与发展规划,安排资金改扩建精神卫生专业机构,改善精神障碍患者就医条件,通过基本公共卫生服务项目和重大公共卫生专项支持各地开展严重精神障碍患者管理服务,将严重精神障碍纳入城乡居民大病保险、重大疾病保障及城乡医疗救助制度范围,依法依规对不负刑事责任的精神障碍患者实施强制医疗,积极开展复员退伍军人、流浪乞讨人员、"三无"(无劳动能力、无生活来源且无法定赡养、抚养、扶养义务人,或者其法定赡养、抚养、扶养义务人无赡养、抚养、扶养能力)人员中精神障碍患者救治救助。各地认真贯彻党中央、国务院部署要求,落实政府责任,完善保障机制,强化工作措施,深入开展严重精神障碍管理治疗工作,取得了显著成效,各级精神卫生工作政府领导与部门协调机制逐步建立,全国精神卫生防治体系和服务网络基本形成。截至2014年年底,全国已登记在册严重精神障碍患者430万人,其中73.2%的患者接受了基层医疗卫生机构提供的随访管理及康复指导服务。

随着经济社会快速发展,生活节奏明显加快,心理应激因素日益增加,焦虑症、抑郁症等常见精神障碍及心理行为问题逐年增多,心理应激事件及精神障碍患者肇事肇祸案(事)件时有发生,老年痴呆症、儿童孤独症等特定人群疾病干预亟须加强,我国精神卫生工作仍然面临严峻挑战。

目前,我国精神卫生服务资源十分短缺且分布不均,全国共有精神卫生专业机构1650家,精神科床位22.8万张,精神科医师2万多名,主要分布在省级和地市级,精神障碍社区康复体系尚未建立。部分地区严重精神障碍患者发现、随访、管理工作仍不到位,监护责任难以落实,部分贫困患者得不到有效救治,依法被决定强制医疗和有肇事肇祸行为的患者收治困难。公众对焦虑症、抑郁症等常见精神障碍和心理行为问题认知率低，社会偏见和歧视广泛存在，讳疾忌医多，科学就诊少。总体上看，我国现有精神卫生服务能力和水平远不能满足人民群众的健康需求及国家经济建设和社会管理的需要。世界卫生组织《2013—2020年精神卫生综合行动计划》提出，心理行为问题在世界范围内还将持续增多，应当引起各国政府的高度重视。

## 二、总体要求

（一）指导思想。以邓小平理论、"三个代表"重要思想、科学发展观为指导，深入贯彻党的十八大和十八届二中、三中、四中全会精神，认真实施《中华人民共和国精神卫生法》，按照党中央、国务院部署要求，以健全服务体系为抓手，以加强患者救治管理为重点，以维护社会和谐为导向，统筹各方资源，完善工作机制，着力提高服务能力与水平，健全患者救治救助制度，保障患者合法权益，维护公众身心健康，推动精神卫生事业全面发展。

（二）总体目标。到2020年，普遍形成政府组织领导、各部门齐抓共管、社会组织广泛参与、家庭和单位尽力尽责的精神卫生综合服务管理机制。健全完善与经济社会发展水平相适应的精神卫生预防、治疗、康复服务体系，基本满足人民群众的精神卫生服务需求。健全精神障碍患者救治救助保障制度，显著减少患者重大肇事肇祸案（事）件发生。积极营造理解、接纳、关爱精神障碍患者的社会氛围，提高全社会对精神卫生重要性的认识，促进公众心理健康，推动社会和谐发展。

（三）具体目标。

到2020年：

1. 精神卫生综合管理协调机制更加完善。省、市、县三级普遍建立精神卫生工作政府领导与部门协调机制。70%的乡镇（街道）建立由综治、卫生计生、公安、民政、司法行政、残联、老龄等单位参与的精神卫生综合管理小组。

2. 精神卫生服务体系和网络基本健全。健全省、市、县三级精神卫生专业机构，服务人口多且地市级机构覆盖不到的县（市、区）可根据需要建设精神卫生专业机构，其他县（市、区）至少在一所符合条件的综合性医院设立精神科。积极探索通过政府购买服务方式鼓励社会力量参与相关工作。

3. 精神卫生专业人员紧缺状况得到初步缓解。全国精神科执业（助理）医师数量增加到4万名。东部地区每10万人口精神科执业（助理）医师数量不低于3.8名，中西部地区不低于2.8名。基层医疗卫生机构普遍配备专职或兼职精神卫生防治人员。心理治疗师、社会工作师基本满足工作需要，社会组织及志愿者广泛参与精神卫生工作。

4. 严重精神障碍救治管理任务有效落实。掌握严重精神障碍患者数量，登记在册的严重精神障碍患者管理率达到80%以上，精神分裂症治疗率达到80%以上，符合条件的贫困严重精神障碍患者全部纳入医疗救助，患者肇事肇祸案（事）件特别是命案显著减少，有肇事肇祸行为的患者依法及时得到强制医疗或住院治疗。

5. 常见精神障碍和心理行为问题防治能力明显提升。公众对抑郁症等常见精神障碍的认识和主动就医意识普遍提高，医疗机构识别抑郁症的能力明显提升，抑郁症治疗率在现有基础上提高50%。各地普遍开展抑郁症等常见精神障碍防治，每个省（区、市）至少开通1条心理援助热线电话，100%的省（区、市）、70%的市（地、州、盟）建立心理危机干预队伍；发生突发事件时，均能根据需要及时、科学开展心理援助工作。

6. 精神障碍康复工作初具规模。探索建立精神卫生专业机构、社区康复机构及社会组织、家庭相互支持的精神障碍社区康复服务体系。70%以上的县（市、区）设有精神障碍社区康复机构或通过政府购买服务等方式委托社会组织开展康复工作。在开展精神障碍社区康复的县（市、区），50%以上的居家患者接受社区康复服务。

7. 精神卫生工作的社会氛围显著改善。医院、学校、社区、企事业单位、监管场所普遍开展精神卫生宣传及心理卫生保健。城市、农村普通人群心理健康知识知晓率分别达到70%、50%。高等院校普遍设立心理咨询与心理危机干预中心（室）并配备专职教师，中小学设立心理辅导室并配备专职或兼职教师，在校学生心理健康核心知识知晓率达到80%。

## 三、策略与措施

### （一）全面推进严重精神障碍救治救助

加强患者登记报告。各级卫生计生、综治、公安、民政、司法行政、残联等单位要加强协作，全方位、多渠道开展严重精神障碍患者日常发现登记和发病报告。村（居）民委员会要积极发现辖区内的疑似精神障碍患者，可应其家属请求协助其就医。具有精神障碍诊疗资质的医疗机构要落实严重精神障碍发病报告管理制度，按要求报告确诊的严重精神障碍患者。基层医疗卫生机构发现辖区内的确诊严重精神障碍患者要及时登记，并录入国家严重精神障碍信息管理系统。

做好患者服务管理。各地要按照"应治尽治、应管尽管、应收尽收"的要求，积极推行"病重治疗在医院，康复管理在社区"的服务模式，对于急性期和病情不稳定的患者，基层医疗卫生机构要及时转诊到精神卫生专业机构进行规范治疗，病情稳定后回到村（社区）接受精神科基本药物维持治疗。各级综治组织应当协调同级相关部门，推动乡镇（街道）建立精神卫生综合管理小组，动员社区组织、患者家属参与居家患者管理。基层医疗卫生机构要按照国家基本公共卫生服务规范要求，为辖区内严重精神障碍患者建立健康档案，提供随访管理、危险性评估、服药指导等服务。基层医务人员、民警、民政干事、综治干部、网格员、残疾人专职委员等要协同随访病情不稳定患者，迅速应对突发事件苗头，协助患者及其家属解决治疗及生活中的难题。各级政府及相关部门要研究建立肇事肇祸精神障碍患者收治管理机制，畅通有肇事肇祸行为或危险的严重精神障碍患者收治渠道，设立应急医疗处置"绿色通道"，并明确经费来源及其他保障措施。中央财政继续通过重大公共卫生专项对各地严重精神障碍管理治疗工作予以支持。

落实救治救助政策。各地要做好基本医疗保险、城乡居民大病保险、医疗救助、疾病应急救助等制度的衔接，发挥整合效应，逐步提高精神障碍患者医疗保障水平。对于符合条件的贫困患者，要按照有关规定，资助其参加基本医疗保险并对其难以负担的基本医疗费用给予补助。对于无法查明身份患者所发生的急救费用和身份明确但无力缴费患者所拖欠的急救费用，要按照有关规定，先由责任人、工伤保险和基本医疗保险等各类保险，以及医疗救助基金、道路交通事故社会救助基金等渠道支付；无上述渠道或上述渠道费用支付有缺口时，由疾病应急救助基金给予补助。对于因医保统筹地区没有符合条件的精神卫生专业机构而转诊到异地就医的患者，医保报销比例应当按照参保地政策执行。民政、卫生计生、人力资源社会保障、财政等部门要研究完善符合精神障碍诊疗特点的社会救助制度，做好贫困患者的社会救助工作。对于符合最低生活保障条件的，各级民政部门要及时纳入低保；对于不符合低保条件但确有困难的，或获得最低生活保障后生活仍有困难的，应当通过临时救助等措施帮助其解决基本生活困难。

完善康复服务。各地要逐步建立健全精神障碍社区康复服务体系，大力推广社会化、综合性、开放式的精神障碍和精神残疾康复工作模式，建立完善医疗康复和社区康复相衔接的服务机制，加强精神卫生专业机构对社区康复机构的技术指导。研究制定加快精神卫生康复服务发展的政策意见，完善精神卫生康复服务标准和管理规范。加强复员退伍军人、特困人员、低收入人员、被监管人员等特殊群体中精神障碍患者的康复服务保障。随着保障能力的提升，逐步扩大基本医疗保险对符合条件的精神障碍治疗性康复服务项目的支付范围。开展精神障碍社区康复机构示范性项目建设，促进社区康复机构增点拓面，通过政府购买服务鼓励和引导社会资源提供精神障碍社区康复服务，促进精神障碍患者回归社会。

(二) 逐步开展常见精神障碍防治

各级各类医疗卫生机构要开展医务人员精神障碍相关知识与技能培训，高等院校要加强对其心理咨询机构工作人员和学生工作者相关知识与技能培训，对就诊或求助者中的疑似精神障碍患者及时提供就医指导或转诊服务。精神卫生专业机构要建立会诊、转诊制度，指导其他医疗机构正确识别并及时转诊疑似精神障碍患者；要按照精神障碍分类及诊疗规范，提供科学规范合理的诊断与治疗服务，提高患者治疗率。各地要将抑郁症、儿童孤独症、老年痴呆症等常见精神障碍作为工作重点，关注妇女、儿童、老年人、职业人群的心理行为问题，探索适合本地区实际的常见精神障碍防治模式，鼓励有条件的地区为抑郁症患者提供随访服务。充分发挥中医药的作用，加强中医医疗机构精神类临床科室能力建设，鼓励中医专业人员开展常见精神障碍及心理行为问题防治和研究。

**（三）积极开展心理健康促进工作**

各地要依法将心理援助内容纳入地方各级政府突发事件应急预案，依托现有精神科医师、心理治疗师、社会工作师和护士，分级组建突发事件心理危机干预队伍，定期开展培训和演练，发生突发事件后及时组织开展心理援助。鼓励、支持社会组织提供规范的心理援助服务信息，引导其有序参与灾后心理援助。具备条件的城市要依托12320热线及精神卫生专业机构建设心理援助热线和网络平台，向公众提供心理健康公益服务。精神卫生专业机构应当配备心理治疗人员，为精神障碍患者及高危人群提供专业的心理卫生服务。综合性医院及其他专科医院要对就诊者进行心理健康指导，基层医疗卫生机构要向辖区内居民提供心理健康指导。各级各类学校应当设置心理健康教育机构并配备专职人员，建立学生心理健康教育工作机制，制订校园突发危机事件处理预案。高等院校要与精神卫生专业机构建立稳定的心理危机干预联动协调机制，并设立心理健康教育示范中心。用人单位应当将心理健康知识纳入岗前和岗位培训，创造有益于职工身心健康的工作环境。监狱、看守所、拘留所、强制隔离戒毒所等要加强对被监管人员的心理咨询和心理辅导。

**（四）着力提高精神卫生服务能力**

加强机构能力建设。"十三五"期间，国家有关部门重点支持各地提高基层精神卫生服务能力。各地要充分利用现有资源，大力加强县级精神卫生专业机构和精神障碍社区康复机构服务能力建设。各级卫生计生部门要委托同级精神卫生专业机构承担精神卫生技术管理和指导职能，负责医疗、预防、医学康复、健康教育、信息收集、培训和技术指导等工作。暂无精神卫生专业机构的地区，卫生计生部门要委托上一级或邻近地区精神卫生专业机构承担技术指导任务，并指定同级疾病预防控制机构负责相关业务管理。要鼓励社会资本举办精神卫生专业机构和社区康复机构，并通过政府购买服务发挥其在精神卫生防治管理工作中的作用。尚未建立强制医疗所的省（区、市），当地政府应当指定至少一所精神卫生专业机构履行强制医疗职能，并为其正常运转提供必要保障。

加强队伍建设。各地要建立健全精神卫生专业队伍，合理配置精神科医师、护士、心理治疗师，探索并逐步推广康复师、社会工作师和志愿者参与精神卫生服务的工作模式。各级精神卫生专业机构要按照区域内人口数及承担的精神卫生防治任务配置公共卫生人员,确保预防工作落实。每个基层医疗卫生机构至少配备1名专职或兼职人员承担严重精神障碍患者服务管理任务。教育部门要加强精神医学、应用心理学、社会工作学等精神卫生相关专业的人才培养工作,鼓励有条件的地区和高等院校举办精神医学本科专业,在医学教育中保证精神病学、医学心理学等相关课程的课时。卫生计生部门要加强精神科住院医师规范化培训、精神科护士培训;开展在精神科从业但执业范围为非精神卫生专业医师的变更执业范围培训,以及县级综合医院和乡镇卫生院(社区卫生服务中心)中临床类别执业医师或全科医师增加精神卫生执业范围的上岗培训。开展中医类别医师精神障碍防治培训,鼓励基层符合条件的精神卫生防治人员取得精神卫生执业资格。制订支持心理学专业人员在医疗机构从事心理治疗工作的政策,卫生计生、人力资源社会保障部门共同完善心理治疗人员职称评定办法。落实国家对精神卫生工作人员的工资待遇政策,提高其待遇水平,稳定精神卫生专业队伍。

(五)逐步完善精神卫生信息系统

国家有关部门将精神卫生纳入全民健康保障信息化工程。省级卫生计生部门要统筹建设本地区精神卫生信息系统,并使其逐步与居民电子健康档案、电子病历和全员人口数据库对接。承担精神卫生技术管理与指导任务的机构要做好严重精神障碍患者信息审核、分析等,定期形成报告,为相关部门决策提供依据。各地应当逐级建立卫生计生、综治、公安、民政、人力资源社会保障、司法行政、残联等单位的严重精神障碍患者信息共享机制,重视并加强患者信息及隐私保护工作。要依法建立精神卫生监测网络,基本掌握精神障碍患者情况和精神卫生工作信息,有条件的地区每5年开展一次本地区精神障碍流行病学调查。

(六)大力开展精神卫生宣传教育

各地要将宣传教育摆到精神卫生工作的重要位置。宣传部门要充分发挥传统媒体和新媒体作用,广泛宣传"精神疾病可防可治,心理问题及早求助,关心不歧视,身心同健康"等精神卫生核心知识,以及患者战胜疾病、回归社会的典型事例,引导公众正确认识精神障碍和心理行为问题,正确对待精神障碍患者。要规范对有关肇事肇祸案(事)件的报道,未经鉴定避免使用"精神病人"称谓进行报道，减少负面影响。教育、司法行政、工会、共青团、妇联、老龄等单位要针对学生、农村妇女和留守儿童、职业人群、被监管人员、老年人等重点人群分别制订宣传教育策略，有针对性地开展心理健康教育活动。各级卫生计生部门要组织医疗卫生机构开展多种形式的精神卫生宣传，增进公众对精神健康及精神卫生服务的了解，提高自我心理调适能力。

## 四、保障措施

（一）加强政府领导。各地要认真贯彻实施《中华人民共和国精神卫生法》，将精神卫生工作纳入当地国民经济和社会发展总体规划，制订年度工作计划和实施方案。建立完善精神卫生工作政府领导和部门协调机制。充分发挥基层综合服务管理平台作用，统筹规划，整合资源，切实加强本地区精神卫生服务体系建设。要将精神卫生有关工作作为深化医药卫生体制改革的重点内容，统筹考虑精神障碍患者救治救助、专业人才培养、专业机构运行保障等，推动精神卫生事业持续、健康、稳定发展。

（二）落实部门责任。各有关部门要按照《中华人民共和国精神卫生法》规定及相关政策要求，切实履行责任，形成工作合力，确保工作落到实处。综治组织要发挥综合治理优势，推动精神卫生工作重点、难点问题的解决。各级综治组织要加强调查研究、组织协调和督导检查，将严重精神障碍患者救治救助工作纳入社会治安综合治理（平安建设）考评，加大检查考核力度，对因工作不重视、监督不到位、救治不及时，导致发生已登记严重精神障碍患者肇事肇祸重大案（事）件的，严肃追究相关责任人和部门的责任。发展改革、卫生计生、公安、民政、司法行政等部门要按照"应治尽治、应管尽管、应收尽收"的要求，切实加强精神卫生防治网络建设。综治、卫生计生、公安、民政、司法行政、残联等单位要强化协作，进一步完善严重精神障碍防治管理与康复服务机制。发展改革、卫生计生、人力资源社会保障等部门要加强对包括精神障碍在内的医疗服务价格形成机制的研究与指导。民政部门要会同残联、发展改革、卫生计生、财政等单位探索制订支持精神障碍患者康复服务工作发展的保障政策，加强康复服务机构管理，不断提高康复服务规范化、专业化水平。

各级残联组织要认真贯彻落实《中华人民共和国残疾人保障法》有关规定和中国残疾人事业发展纲要提出的精神残疾防治康复工作要求，推行有利于精神残疾人参与社会生活的开放式管理模式，依法保障精神残疾人的合法权益。卫生计生、人力资源社会保障、工商行政管理等部门要加强研究论证，探索心理咨询机构的管理模式，制订发展和规范心理咨询机构的相关政策。

（三）保障经费投入。各级政府要将精神卫生工作经费列入本级财政预算，根据精神卫生工作需要，加大财政投入力度，保障精神卫生工作所需经费，并加强对任务完成情况和财政资金使用绩效的考核，提高资金使用效益。各地要扎实推进基本公共卫生服务项目和严重精神障碍管理治疗工作，落实政府对精神卫生专业机构的投入政策。要建立多元化资金筹措机制，积极开拓精神卫生公益性事业投融资渠道，鼓励社会资本投入精神卫生服务和社区康复等领域。

（四）加强科学研究。各地区、各有关部门及研究机构要围绕精神卫生工作的发展要求，针对精神分裂症等重点疾病以及儿童青少年、老年人等重点人群的常见、多发精神障碍和心理行为问题，开展基础和临床应用性研究。重点研发精神障碍早期诊断技术以及精神科新型药物和心理治疗等非药物治疗适宜技术。加强精神障碍流行病学调查、精神卫生法律与政策等软科学研究，为精神卫生政策制订与法律实施提供科学依据。促进精神障碍和心理行为问题的生物、心理、社会因素综合研究和相关转化医学研究。加强国际交流，吸收、借鉴和推广国际先进科学技术及成功经验，及时将国内外相关研究成果应用于精神卫生工作实践。

## 五、督导与评估

卫生计生委要会同有关部门制订规划实施分工方案，相关部门各负其责，共同组织本规划实施。各级政府要对规划实施进展、质量和成效进行督导与评估，将规划重点任务落实情况作为政府督查督办重要事项，并将结果作为对下一级政府绩效考核的重要内容。2017年，卫生计生委会同相关部门对规划实施情况进行中期考核；2020年，组织开展规划实施的终期效果评估。

# 人力资源社会保障部办公厅、中国残疾人联合会办公厅关于实施《残疾人职业技能提升计划（2016—2020年）》的通知

人社厅发〔2016〕69号

各省、自治区、直辖市及新疆生产建设兵团人力资源社会保障厅（局）、残联，各计划单列市人力资源社会保障局、残联：

为贯彻《国务院关于加快推进残疾人小康进程的意见》（国发〔2015〕7号）和《国务院关于进一步做好新形势下就业创业工作的意见》（国发〔2015〕23号）要求，进一步提高残疾人职业技能水平和就业创业能力，保障和改善残疾人民生，决定实施残疾人职业技能提升计划（2016—2020年）。现就有关事项通知如下：

## 一、指导思想

贯彻落实党的十八大和十八届三中、四中、五中全会精神，牢固树立创新、协调、绿色、开放、共享的发展理念，以促进残疾人就业为宗旨，大力开展面向残疾人的职业技能培训，将残疾人职业培训纳入终身职业技能培训制度，不断提升残疾人职业素质和就业创业能力，促进残疾人就业增收，加快推进残疾人小康进程。

## 二、基本原则

（一）统筹规划，分工负责。各地人力资源社会保障部门、残联要科学统筹，制定工作规划，全面部署安排。加强与相关部门协调配合，建立任务明确、分工负责、政策共享、运转协调的工作机制。

（二）突出重点，分类实施。残疾人职业技能提升计划实施的重点对象是青壮年残疾人。要根据不同类别残疾劳动者的需求，分类组织实施各

具特色的职业培训,大力开展就业技能培训、岗位技能提升培训和创业培训。

(三)广泛动员,形成合力。充分发挥政府、行业企业、社会团体、院校和职业培训机构等各方面作用,综合运用各类激励政策和措施,调动各方面积极性。整合职业培训资源,培育残疾人职业培训基地,采取政府购买服务等方式,广泛开展残疾人职业培训。

## 三、目标任务

适应残疾人实现就业和稳定就业的需要,大力开展残疾人职业培训,鼓励引导有就业愿望和培训需求的残疾人接受相应的职业培训,掌握就业技能,提升技能等级,帮助残疾人就业创业。到2020年,力争使新进入人力资源市场的残疾人都有机会接受至少一次相应的就业技能培训,使企业技能岗位的残疾人都有机会得到一次以上岗位技能提升培训或高技能人才培训,使具备一定创业条件或已创业的残疾人都有机会接受创业培训。

## 四、主要内容

(一)就业技能培训。对残疾人中新成长劳动力和城镇登记失业人员开展专项技能或初级技能培训。以就业为导向,依托技工院校、职业院校、企业培训机构、就业培训中心、民办职业培训机构等教育培训机构开展培训,强化实际操作技能训练和职业素质培养,使培训对象达到上岗要求或掌握初级以上职业技能,着力提高培训后的就业率。重点加强适合残疾人特点的职业培训,扶持一批民间工艺和民族传统文化技艺传承人。

(二)岗位技能提升培训。对用人单位在岗残疾职工开展提高技能水平的培训。由用人单位依托所属培训机构或其他各类培训机构,根据行业特点和岗位技能需求,结合技术进步和产业升级对职工技能水平的要求,对新录用残疾职工开展岗前培训或学徒培训,对已在岗残疾职工开展岗位技能提升培训或高技能人才培训。

(三)创业培训。对有创业意愿并具备一定创业条件的残疾人开展提高创业能力的培训。依托培训机构,结合当地产业发展和创业项目,根据培训对象特点和需求组织开展创业培训。重点开展创业意识教育、创业项目指导和企业经营管理培训，提高培训对象的创业能力。

## 五、保障措施

（一）加强组织领导。各地要建立在政府统一领导下，残联为主要工作部门，人力资源社会保障部门积极支持，相关部门各司其职、密切配合的工作机制，共同推动残疾人职业技能提升计划的组织实施。

（二）加大政策落实力度。充分发挥残疾人就业保障金等资金在残疾人职业培训中的重要作用，提高残疾人就业保障金对残疾人职业培训的支出额度和比例，保障残疾人职业培训工作开展，确保完成培训目标任务。人力资源社会保障部门要将符合条件的残疾人纳入就业补助资金补贴范围，落实职业培训补贴和职业技能鉴定补贴政策。鼓励企事业单位、社会团体和个人捐资用于残疾人职业培训。进一步创新政策支持方式，提高资金使用效率。

（三）加强培训监管和评估考核。人力资源社会保障部门、残联要严格按照程序和标准确定残疾人职业培训基地，承担政府补贴性职业培训任务。执行开班申请、过程检查、结业审核制度，加强培训过程管理，确保培训质量和效果。要会同财政等相关部门开展考核检查和绩效评估，加强资金监管工作，确保培训任务按时完成。

（四）加强就业服务和权益保障。各级残联所属的残疾人就业服务机构要充分发挥职能作用，促进残疾人实现就业。各级各类就业服务机构要积极为残疾劳动者提供相关就业服务。加强残疾人创业指导和创业服务，强化创业培训与小额担保贷款、税费减免等扶持政策及创业咨询、创业孵化等服务手段的衔接，提升其创业成功率。指导和督促用人单位与残疾人依法签订并履行劳动合同，缴纳社会保险费，加强残疾人职业健康保护，加强劳动保障监察，切实维护残疾人劳动保障权益。

（五）加强基础能力建设。结合区域经济发展，围绕吸纳残疾人就业集中的产业行业，选择现有技工院校、职业院校、企业培训机构、就业训练中心、民办职业培训机构等教育培训机构，择优确定承担政府补贴性职业培训任务的定点培训机构。依托定点培训机构建设残疾人职业培训基地。拓宽残疾人培训项目，丰富培训课程内容。加强师资队伍建设，有条件的地区可选派培训教师进行不同等级的培训进修，提高教学能力水平。

（六）加强舆论宣传。创新宣传方式，充分运用各类新闻媒体，采取群众喜闻乐见的形式，扩大残疾人对职业培训相关政策的知晓率。加强对残疾人教育引导，树立劳动光荣、技能宝贵的理念。通过宣传技能就业、技能成才的残疾人先进典型，进一步营造全社会关心尊重残疾人、重视支持残疾人职业培训工作的良好社会氛围。

各地要根据本通知精神，结合地区实际情况，研究制定残疾人职业技能提升计划实施方案，并于2016年7月底前报送上级人力资源社会保障部门和残联。

人力资源社会保障部办公厅<br>
中国残联办公厅<br>
2016年5月17日

# 国务院办公厅关于印发《国家残疾预防行动计划（2016—2020年）》的通知

国办发〔2016〕66号

各省、自治区、直辖市人民政府，国务院各部委、各直属机构：

《国家残疾预防行动计划（2016—2020年）》已经国务院同意，现印发给你们，请认真贯彻执行。

国务院办公厅<br>
2016年8月25日

## 国家残疾预防行动计划

### （2016—2020年）

残疾风险伴随每个人，残疾预防与个人健康、家庭幸福、经济社会健康发展息息相关。我国有8500多万残疾人，数量多，负担重，采取适当措施可以有效预防多数残疾的发生。近年来，在党和政府的高度重视以及全社会共同努力下，我国医疗卫生、安全生产、交通安全、残疾人康复等工作不断加强，传染性疾病、营养不良、药物中毒等造成的残疾大幅减少，残疾预防工作取得显著成效。但同时，我国残疾预防工作体系尚不健全，残疾预防公共服务能力、科技创新能力、公众参与能力仍待提高。我国正处于人口老龄化、工业化、城镇化进程中，遗传性、先天性残疾尚未有效控制，慢性病、精神障碍、意外伤害等导致残疾的风险在显著增加，进一步采取措施加大残疾预防工作力度十分紧迫、必要。

为贯彻落实《中共中央国务院关于促进残疾人事业发展的意见》《国务院关于加快推进残疾人小康进程的意见》（国发〔2015〕7号），进一步加强残疾预防工作，有效减少、控制残疾的发生、发展，推进健康中国建设，制定本行动计划。

## 一、总体要求

### （一）指导思想

全面贯彻落实党的十八大和十八届二中、三中、四中、五中全会精神，以邓小平理论、"三个代表"重要思想、科学发展观为指导，深入贯彻习近平总书记系列重要讲话精神，认真落实党中央、国务院决策部署，按照"五位一体"总体布局和"四个全面"战略布局，牢固树立和贯彻落实创新、协调、绿色、开放、共享的新发展理念，以维护人民群众健康、保障经济社会健康发展为根本出发点和落脚点，坚持关口前移、预防为主、重心下沉、全民动员、依法推进、科学施策，努力提高全社会残疾风险综合防控能力，有效控制和减少残疾发生。

### （二）基本原则

坚持政府主导，全民参与。强化政府责任，建立健全残疾预防政策法规体系，加强残疾预防知识宣传教育和社会动员，形成政府、单位、个人各负其责、协调联动的防控工作体系。

坚持立足基层，综合干预。广泛开展以社区和家庭为基础、以一级预防为重点的三级预防，综合运用医学、经济、法律、社会等手段，着力针对主要致残因素、高危人群，采取专门措施，实施重点防控。

坚持立足实际，科学推进。立足基本国情和各地实际，充分发挥现代科技作用，选择推广适宜有效的预防措施和技术，提高残疾预防工作的专业化、信息化、科学化水平。

### （三）工作目标

到2020年，残疾预防工作体系和防控网络更加完善，全社会残疾预防意识与能力显著增强，可比口径残疾发生率在同等收入国家中处于较低水平。

## 二、主要行动

### （一）有效控制出生缺陷和发育障碍致残

加强婚前、孕前健康检查。积极推进婚前医学检查，加强对严重遗传性疾病、指定传染病、严重精神障碍的检查并提出医学意见。实施孕前优生健康检查,为计划怀孕夫妇提供健康教育、医学检查、风险评估、咨询指导等孕前优生服务,推进补服叶酸预防神经管缺陷。孕前健康检查率达80%以上。(国家卫生计生委牵头,全国妇联、中国残联按职责分工负责)

做好产前筛查、诊断。落实《产前诊断技术管理办法》,资助开展唐氏综合征、严重体表畸形重大出生缺陷产前筛查和诊断,逐步实现怀孕妇女孕28周前在自愿情况下至少接受1次出生缺陷产前筛查。产前筛查率达60%以上。(国家卫生计生委负责)

加强新生儿及儿童筛查和干预。落实《新生儿疾病筛查管理办法》,普遍开展新生儿疾病筛查,逐步扩大疾病筛查病种和范围。做好儿童保健工作,广泛开展新生儿访视、营养与喂养指导、生长发育监测、健康咨询与指导,建立新生儿及儿童致残性疾病和出生缺陷筛查、诊断、干预一体化工作机制,提高筛查覆盖率及转诊率、随访率、干预率。新生儿及儿童残疾筛查率达85%以上,干预率达80%以上。(国家卫生计生委、中国残联按职责分工负责)

(二)着力防控疾病致残

有效控制传染性疾病。加强传染病监测,开展疫情报告、流行病学调查等预防控制措施,做好传染病患者的医疗救治。全面实施国家免疫规划,继续将脊髓灰质炎、流行性乙型脑炎等致残性传染病的疫苗接种率维持在较高水平,适时调整纳入国家免疫规划的疫苗种类。落实《疫苗流通和预防接种管理条例》,保证疫苗使用安全。适龄儿童国家免疫规划疫苗接种率达90%以上。(国家卫生计生委负责)

有效控制地方性疾病。针对地方病流行状况,实施补碘、改炉改灶改水、移民搬迁、食用非病区粮食、学龄儿童异地养育等防控措施,基本消除碘缺乏病、大骨节病等重大地方病致残。控制和消除重大地方病的县(市、区)达95%以上。(国家卫生计生委牵头,各省级人民政府按职责分工负责)

加强慢性病防治。开展全民健康生活方式行动,推动科学膳食、全民健身、控烟限酒。倡导居民定期健康体检,引导鼓励政府机关、企事业单位、社会组织等建立健康体检制度。开展脑卒中、心血管病等高危人群筛查，提供健康咨询、干预指导，做好高血压、糖尿病规范治疗及管理。开展致聋、致盲性疾病早期诊断、干预。已管理高血压、糖尿病患者的规范管理率达到60%以上，百万人口白内障复明手术率（CSR）达到2000以上。（国家卫生计生委、体育总局、中国残联按职责分工负责）

加强精神疾病防治。积极开展心理健康促进工作，加强对精神分裂症、阿尔茨海默症、抑郁症、孤独症等主要致残性精神疾病的筛查识别和治疗康复，重点做好妇女、儿童、青少年、老年人、残疾人等群体的心理健康服务。将心理援助纳入突发事件应急预案，为遭遇突发公共事件群体提供心理援助服务。加强严重精神障碍患者救治救助工作，落实监管责任。登记在册的严重精神障碍患者管理率达80%以上。（国家卫生计生委牵头，中央综治办、公安部、民政部、中国残联按职责分工负责）

**（三）努力减少伤害致残**

加强安全生产监管。强化工作场所职业安全健康管理，开展职业安全健康教育，提高劳动者安全健康防护能力。重点做好待孕夫妇、孕期妇女劳动保护，避免接触有毒有害物质，减少职业危害。开展工矿商贸企业安全生产隐患排查治理，提高事故风险防范、事故救援和应急处置能力，预防工伤、尘肺病、职业中毒及其他职业病致残。加强消防安全管理，排查整治易燃易爆单位和养老院、敬老院、福利院、医院、未成年人保护中心、救助管理站、中小学校、幼儿园等人员密集场所火灾隐患。生产安全事故发生起数、伤亡人数均下降10%以上。（安全监管总局、公安部牵头，教育部、民政部、人力资源社会保障部、国家卫生计生委按职责分工负责）

加强道路交通安全管理。开展道路隐患排查治理，确保公路及其附属设施始终处于良好技术状况。优化机动车产品结构，提升车辆安全标准。加强驾驶人教育培训，普及中小学生交通安全宣传教育，推广使用汽车儿童安全座椅。加强旅游包车、班线客车、危险品运输车、校车及接送学生车辆安全管理，严格落实运输企业主体责任。依法严厉查处严重交通违法行为。完善道路交通事故应急救援机制，提高施救水平。道路交通万车死亡率下降6%。（教育部、工业和信息化部、公安部、交通运输部、国家卫生计生委、质检总局、安全监管总局、国家旅游局按职责分工负责）

加强农产品和食品药品安全监管。加强对农产品和食品中致病性微生物、农药残留、兽药残留、重金属、污染物质以及其他危害人体健康物质的检测和监管力度，有效防范、妥善应对食品安全事件。严肃查处制售假药、劣药行为，规范临床用药，加强药物不良反应监测。（食品药品监管总局、国家卫生计生委、农业部、质检总局按职责分工负责）

加强饮用水和空气污染治理干预。严格保护良好水体和饮用水水源，全面加强全国城乡饮用水卫生监测，及时掌握全国饮用水水质基本状况，确保达到生活饮用水卫生标准。实施农村饮水安全巩固提升工程，指导涉水病区改水。开展空气污染等环境污染对人群健康影响监测，及时治理干预。（环境保护部、水利部、国家卫生计生委按职责分工负责）

增强防灾减灾能力。健全气象、洪涝、海洋、地震、地质灾害等监测和预警预报系统，发挥国家突发事件预警信息发布系统作用，提高突发自然灾害现场应急处置能力和水平。完善社区、学校、医院、车站、工厂等人员密集场所灾害防御设施、措施。加强疏散逃生和自救互救等防灾减灾宣传培训、应急演练及救治。（民政部牵头，教育部、国土资源部、交通运输部、水利部、国家卫生计生委、中国地震局、中国气象局等按职责分工负责）

减少儿童意外伤害和老年人跌倒致残。开展儿童意外伤害社区、家庭综合干预，创造儿童安全生活环境。积极开展儿童步行、乘车、骑车和防范溺水、跌落、误食等风险的安全教育。完善产品风险和伤害监测体系，实施产品安全预警和风险通报等干预措施，减少儿童意外伤害发生。加强对玩具、电子产品的质量监督和分级管理，减少对儿童青少年视力、听力、精神等方面的伤害。改造易致跌倒的危险环境，提高老年人及其照料者预防跌倒的意识和能力。（教育部、公安部、民政部、质检总局、全国妇联按职责分工负责）

**（四）显著改善康复服务**

加强康复服务。建立残疾儿童康复救助制度，普遍开展残疾儿童早期康复。推广疾病早期康复治疗，减少残疾发生，减轻残疾程度。将残疾人健康管理和社区康复纳入国家基本公共服务清单，为残疾人提供登记管理、健康指导、康复指导、定期随访等服务。制定残疾人基本康复服务目录，实施精准康复服务行动。残疾人基本康复服务覆盖率达 80% 以上。（教育部、民政部、国家卫生计生委、中国残联按职责分工负责）

推广辅助器具服务。开展残疾人辅助器具个性化适配，重点普及助听器、助视器、假肢等残疾人急需的辅助器具。将贫困残疾人基本型辅助器具补贴纳入基本公共服务项目清单，鼓励有条件的地方对残疾人基本型辅助器具适配给予补贴。开展辅助器具租赁和回收再利用等社区服务，就近就便满足残疾人短期及应急辅助器具需求。残疾人基本型辅助器具适配率达 80% 以上。（民政部、中国残联按职责分工负责）

推进无障碍环境建设。推进政府机关、公共服务、公共交通、社区等场所、设施的无障碍改造，新（改、扩）建道路、建筑物和居住区严格执行国家无障碍设计规范。有条件的地方对贫困残疾人家庭无障碍改造给予补贴。加强信息无障碍建设，鼓励省（区、市）、市（地）电视台开设手语栏目，市（地）级以上政府网站无障碍服务能力建设达到基本水平。（中央网信办、工业和信息化部、住房城乡建设部、交通运输部、新闻出版广电总局、中国残联等按职责分工负责）

## 三、保障措施

### （一）加强组织领导，完善工作机制

将残疾预防工作纳入经济社会发展总体规划及相关部门工作职责。相关部门负责在各自职责范围内做好遗传和发育、疾病、伤害等因素致残的预防工作。各级政府残疾人工作委员会负责组织开展残疾预防和残疾人康复工作，统筹实施本行动计划。（各级残疾人工作委员会及其成员单位、各省级人民政府按职责分工负责）

### （二）健全法规政策，加大投入力度

加强残疾预防相关立法，推动完善母婴保健、疾病防控、安全生产、道路交通安全、食品药品安全、环境保护、残疾康复等重点领域的法律法规。制定完善残疾预防相关技术规范、标准。不断完善工伤保险辅助器具管理制度。落实好将康复综合评定等 20 项医疗康复项目纳入基本医疗保险支付范围的政策。加强对重大致残性疾病患者群体的救治救助，将符合条件的贫困严重精神障碍患者全部纳入医疗救助。实施重点康复项目，为

城乡贫困残疾人、重度残疾人提供基本康复服务。在安排重大公共卫生服务项目时适当向残疾预防领域倾斜。（国家发展改革委、教育部、科技部、民政部、财政部、人力资源社会保障部、国家卫生计生委、质检总局、安全监管总局、国务院法制办、中国残联按职责分工负责）

**（三）完善服务体系，强化人才队伍**

以基层为重点加强公共卫生、卫生应急、医疗服务、安全保障和监管、应急救援、环境污染防治、农产品和食品药品安全监管、康复服务等体系建设，改善基础设施条件，提高服务能力。充分发挥专业服务机构的重要作用，指导社区、家庭做好残疾预防，形成综合性、社会化的残疾预防服务网络。加强医务人员残疾预防知识技能教育培训，加大残疾预防相关人才培养力度，做好相关专业人员的学历教育和继续教育。加快残疾预防领域学科带头人、创新型人才及技术技能人才培养，支持高等学校和职业学校开设康复相关专业。加强专业社会工作者、助残志愿者培训，打造适应残疾预防工作需要的人才队伍。（国家发展改革委、教育部、民政部、人力资源社会保障部、国家卫生计生委、安全监管总局、食品药品监管总局、中国残联按职责分工负责）

**（四）优化支持政策，引导社会参与**

推广政府和社会资本合作模式，吸引社会资本参与残疾预防项目投资、运营管理，提高残疾预防服务供给能力和效率。推进民办公助，通过补助投资、贷款贴息、运营补贴等方式，支持社会力量举办医疗、康复、辅助器具等相关服务机构，并鼓励其参与承接政府购买服务，在学科建设、人才培养等方面，享受与公立机构同等政策待遇。鼓励各类创业投资机构和融资担保机构对残疾预防领域创新型新业态、小微企业开展业务。鼓励老年人、残疾人、高风险职业从业者等群体投保健康保险、长期护理保险、意外伤害保险等人身保险产品，鼓励和引导商业保险公司开展相关业务。倡导各类企业、社会组织开展形式多样的慈善活动，通过捐款捐赠、志愿服务、设立基金会等方式，支持和参与残疾预防工作。（国家发展改革委、民政部、财政部、人力资源社会保障部、国家卫生计生委、保监会、中国残联按职责分工负责）

## （五）加强科学研究，实施重点监测

加强科技部署，按照科技计划（专项、基金等）管理改革要求，统筹布局残疾预防相关科研工作。鼓励高校、科研机构等积极开展致残原因、机理、预防策略与干预技术等方面研究，促进先进、适宜技术及产品在残疾预防领域的应用推广。推进残疾预防综合试验区试点，加强对残疾预防基础信息的收集、分析和研究，建立统一的残疾报告制度，利用互联网、物联网等信息技术，提升残疾预防大数据利用能力，及时掌握残疾发生的特点特征和变化趋势，有针对性地采取应对措施。对出生缺陷、慢性病、意外伤害、环境污染、食品药品安全等重点领域实施动态监测，及时发布预警信息。（中央网信办、教育部、科技部、民政部、财政部、人力资源社会保障部、国家卫生计生委、安全监管总局、食品药品监管总局、中国残联按职责分工负责）

## （六）加强宣传教育，提高预防意识

推动设立"全国残疾预防日"。加强残疾预防法治宣传教育，提高政府部门、医疗卫生机构、企事业单位、社会组织、家庭和个人的残疾预防法治观念、责任意识。利用全国爱耳日、全国爱眼日、国际减灾日、全国防灾减灾日、全国中小学生安全教育日、全国消防日、全国交通安全日等宣传节点，发布残疾预防信息，宣讲残疾预防知识，广泛开展残疾预防"进社区、进校园、进家庭"宣传教育活动，增强全社会自我防护的意识和能力。采取针对性措施，做好残疾高发地区、领域及围孕围产期妇女、儿童、青少年、老年人、高风险职业从业者等重点群体的宣传教育工作。（中央宣传部、中央网信办、教育部、工业和信息化部、公安部、民政部、人力资源社会保障部、环境保护部、国家卫生计生委、新闻出版广电总局、安全监管总局、全国总工会、共青团中央、全国妇联、中国残联按职责分工负责）

## 四、督导检查

国务院残疾人工作委员会适时组织开展督导检查，2020年实施终期检查。地方各级残疾人工作委员会负责做好本地的督导检查。

中国残疾人事业重要文件选编（1978—2018）

# 第四编
# 残疾人事业重要会议文件

○ 中国残疾人联合会全国代表大会
○ 全国残疾人事业工作会议

# 一、中国残疾人联合会全国代表大会

## 团结奋斗,开创残疾人事业的新局面
——在中国残疾人联合会第一次全国代表大会上的报告

中国残联筹备领导小组组长  邓朴方

(1988年3月11日)

同志们!

中国残疾人联合会首届全国代表大会今天在北京开幕了。这是建国以来,我国各族残疾人、残疾人亲属和残疾人工作者代表的一次规模空前的盛会。大家汇聚一堂,共商大计,标志着我国残疾人事业进入了一个新的发展阶段。

现在,我受中国残疾人联合会筹备领导小组委托,向大会做报告,请各位代表审议。

### 历史的回顾

当我们回顾过去岁月的时候,深深感到,我国残疾人的命运和祖国的命运紧紧相连。推翻三座大山,建立中华人民共和国,使苦难深重的残疾人摆脱了贫病交加、流离失所的悲惨境地,开始走向新的生活。国家扶贫济残,收容救济残疾人,兴办了盲童学校、聋哑学校、社会福利院、福利工厂等各种福利企事业,农村残疾人也有了自己的土地。劳动就业的残疾人增多,文化体育活动有所开展,残疾人生活初步改善,残疾人事业逐步发展。一九五三年和一九五六年,先后建立了两个全国性残疾人组织——

中国盲人福利会和中国聋哑人福利会。一九六〇年，在两会基础上成立了中国盲人聋哑人协会。

十年动乱，国家蒙难，经济凋敝，残疾人也遭厄运。中国盲人聋哑人协会被迫停止工作，一些福利企事业停办，残疾人事业遭受严重损失，不少人被迫害致残。

党的十一届三中全会以后，我国进入了以经济建设为中心的新的历史时期。改革开放方针的实行，为我国残疾人事业带来新的生机和活力。一九七八年，中国盲人聋哑人协会恢复活动。一九八四年中国残疾人福利基金会成立。一九八六年"联合国残疾人十年中国组织委员会"成立。与此同时，与残疾人事业有关的其他组织相继成立。残疾人工作日趋活跃。近十年来，在党和政府的关怀、领导、支持下，经过各方面的共同努力，残疾人事业出现了前所未有的新气象：

**第一，残疾人劳动就业进展显著**

目前，大中城市有劳动能力的残疾人大部分得到就业。农村的一些残疾人也参加了多种形式的生产劳动。在政府优惠政策的推动下，全国福利企业发展到二万四千多个，安排了三十八万五千名残疾人就业，比一九八〇年分别增加二万二千多个和三十三万人。盲人按摩医院（诊所）发展到五百多个，从业人员五千多人。多渠道、多层次的就业局面正在逐步形成。由于劳动就业的发展，残疾人收入增加，社会地位改善，也为国家创造了财富。

**第二，残疾人教育有了进展**

全国已办盲聋哑和弱智学校五百零四所，一些普通学校增设了特教班，一些盲聋哑学校试办职业初中、高中班，在校学生已有五万二千余人，比一九八〇年分别增加百分之六十六和百分之五十三。"金钥匙盲童教育计划"正在试点。私人办学开始出现。各地用多种形式培训特教师资，有的地方建立了特教师范学校。北京师范大学、华东师范大学相继开办特教专业。中央教育科学研究所设置了特殊教育研究室。六个省、市建成残疾人职业培训中心，九个省正在筹建。滨州医学院专设医疗二系培养残疾青年。长春大学开办残疾人音乐大专班和美术大专班。一九八五年以来，进入高等院校学习的残疾青年近三千人。《汉语盲文"七五"方案》

得到试点学校的肯定。我国第一部手语辞典《中国手语》即将出版。

**第三，康复工作有了良好的开端**

康复事业，在我国是新兴事业，近几年出现了好的发展势头。许多地方开展了盲症、聋症检查，受检者达三十余万人。大体查明了致盲、致聋原因，并开展了盲症治疗和聋儿听力语言训练，使一些盲人复明，聋儿走出无声世界。中国残疾人福利基金会康复协会六次派医疗队，为一千七百多名小儿麻痹后遗症患者施行矫治手术，有效率达百分之九十五以上。解放军等五十二家医院设立一千五百多张床位，固定为儿麻患者进行手术治疗。社区康复的试点面不断扩大。以多种形式出现的康复机构、康复网络，因地制宜开展工作，受到残疾人欢迎。举办了两次国际康复学术报告会，召开了社区康复学术研讨会和康复工作座谈会。中国康复医学研究会出版了书刊，培训了人才。我国第一座现代化的中国康复研究中心，边基建边工作，在康复学术研究、临床实践和康复工程等方面做了有益的探索。

**第四，立法工作有了进展**

一九八二年颁布的《中华人民共和国宪法》规定了国家和社会对发展残疾人福利事业的责任。特殊教育作为专门章节写进义务教育法。民法通则等基本法律对维护残疾人正当权益做了规定。《残疾人保障法（草案）》和《无障碍设计暂行规定（草案）》，已呈报国家审议。保障残疾人合法权益的地方性法规、政策和优惠措施逐渐增多，北京、辽宁、黑龙江、广东、内蒙古、山东、云南、上海、武汉等地制定了相应规定。

**第五，社会主义人道主义宣传取得成效**

社会主义人道主义作为社会主义社会的基础思想之一，作为社会主义人际关系的准则，初步得到社会确认。理解、尊重、关心、帮助残疾人正在形成社会舆论。对少年儿童进行社会主义人道主义教育取得成效。华夏出版社、盲文出版社和《三月风》《盲聋之音》《盲人月刊》等逐渐办出特色。报刊、广播、电视等公共宣传媒介对残疾人和残疾人事业的宣传增多。中央人民广播电台和中央电视台相继举办《残疾人生活》专题节目。残疾人事业的宣传渠道逐渐拓宽，社会影响日益扩大。

### 第六，残疾人参与社会生活的意识增强

随着经济发展，社会前进，人们视野开阔，残疾人的地位逐渐变化，萌发了全面参与社会生活的意识。渴求理解，渴求奉献，成为广大残疾人的迫切愿望。他们热爱生活，乐观进取，以顽强的意志投身四化建设，做出了贡献。他们以主人翁身份参加生产劳动，参与企事业管理，参政、议政。他们之中有人当了厂长、经理，有人成了生产能手、技术标兵、教授、工程师，有人被选为劳动模范、职工代表，还有人被推选为人大代表、政协委员。各条战线涌现出一批优秀残疾人。为保卫祖国致残的战斗英雄们，又自强不息地投入了祖国的建设事业。一批残疾青年主动组织起来，正在成为两个文明建设的活跃力量。

### 第七，文化体育活动活跃

我国举办了两届全国伤残人运动会。在近两年的国际体育比赛中，获得奖牌一百八十一枚，其中金牌八十七枚。组织了全国盲人音乐录音比赛和聋人表演艺术录像比赛。北京、上海等地残疾人文艺团组赴国外演出，受到好评。残疾人的影视和文学作品逐渐增多。许多地方组织了残疾人书画展、集邮展、摄影展，兴办了残疾人俱乐部、文化室等活动场所。一九八七年组建中国残疾人艺术团，参加了中国首届艺术节演出。这些活动展示了残疾人的才华和意志，取得了良好的社会效果。

### 第八，资金来源扩大

几年来，政府逐步增加对残疾人事业的财政投入。同时，以多种形式募集资金，开发社会潜能，拓宽了资金来源渠道。国务院特别批准开展中国社会福利有奖募捐活动，其部分收入将用于发展残疾人事业。一九八七年成立中国康华发展总公司，各地残疾人组织也兴办经济实体，通过经济活动为残疾人事业提供资金，探索以企业养事业的新途径。

### 第九，进行了全国残疾人抽样调查

经国务院批准，经过两年的准备，一九八七年，我国首次对残疾人进行了抽样调查，基本摸清了残疾人的人数、地区分布、年龄结构和致残原因。对残疾人的康复、教育、就业、婚姻、家庭等也掌握了丰富资料，为进一步做好残疾人工作，解决残疾人问题，提供了可靠的依据。

**第十，国际交往增多**

本着"和平、进步、友谊、人道"的精神，与几十个国家、地区和国际组织建立了联系。参加了"世界盲人联盟"、"世界聋人联合会"、"国际康复会"、"国际伤残人体育运动委员会"、"国际特殊奥林匹克运动会"等国际组织。通过交流合作，借鉴了经验，引进了资金、技术和设备，推动了残疾人事业的发展。同时，扩大了我国的国际影响，增进了与各国人民之间的友谊。

**第十一，理论研究取得成果**

我们一面推进残疾人事业，一面研究、总结实践经验，从中探索规律性的认识。几年来，对残疾人的概念、地位和人生态度，残疾人工作的社会和历史意义，残疾人事业的旗帜、总目标和发展战略，残疾人工作的任务、工作体系和工作方式，残疾人工作者的职业道德等重大问题进行了探讨，大体勾画了有中国特色的残疾人事业的理论轮廓，初步形成了指导残疾人事业发展的基本原则。

**第十二，残疾人组织进一步发展和完善**

中国残疾人福利基金会已建立省级组织二十一个，地市级组织七十四个。中国盲人聋哑人协会在省、市两级普遍建立了组织，县级组织发展到六百四十多个，基层分会四千三百多个。中国伤残人体育协会、特殊奥运会中国组织委员会、中国聋人体育协会、中国特殊教育研究会、中国康复医学研究会、中国残疾人福利基金会康复协会、中国盲人按摩学会、北京聋儿家长联谊会，以及大连、兰州、沈阳等城市的残疾人青年组织相继成立。各类各级残疾人组织广泛开展活动，成为协助政府，动员社会，推进残疾人事业的积极力量。

一九八六年，国务院批准成立了由政府有关部门和残疾人团体参加的"联合国残疾人十年中国组织委员会"，进一步加强了政府对残疾人工作的协调。去年年底，国务院批准组建中国残疾人联合会。

十一届三中全会以来的十年，是我国残疾人事业取得较大进展的十年，是我国残疾人事业崛起的十年。

上述成就的取得，是各级政府、社会各方面和残疾人，特别是民政、卫生、教育、劳动等部门及广大基层民政干部、残疾人工作者和残疾人亲属共同努力的结果。我代表广大残疾人向他们表示深切的谢意。

今天，在党和政府的亲切关怀下，在广大残疾人和残疾人工作者的共同努力下，中国残疾人联合会诞生了。从此，我国各类残疾人有了自己统一的组织。这是我国残疾人的大喜事，也是国家政治生活中的一件大事。

## 面临的问题

尽管残疾人事业取得很大成就，但是，由于历史的原因和生产力水平的限制，当前我国残疾人事业仍滞后于社会经济的发展，残疾人的生活、教育、就业状况远落后于社会平均水平，存在大量亟待解决的困难和问题。

全国残疾人抽样调查结果表明，我国有五千一百六十四万残疾人，约占全国人口的百分之五。其中听力语言残疾一千七百七十万人，智力残疾一千零十七万人，肢体残疾七百五十五万人，视力残疾七百五十五万人，精神病残疾一百九十四万人，综合残疾六百七十三万人。

残疾人受教育机会少，文盲、半文盲占多数。据一九八七年统计，视力残疾儿童入学率只有百分之二点七，听力语言残疾儿童入学率只有百分之五点五，智力残疾儿童入学率（不含在普通小学随班就读的轻度智力残疾儿童人数）只有百分之零点三三。全国儿童平均入学率在百分之九十以上。两者相差甚远。残疾儿童教育，已成为普及初等义务教育和全面实现九年义务教育的突出薄弱环节。

残疾人康复亟待引起各方重视。据卫生部门估算，全国约有三百万小儿麻痹后遗症患者，有二百万左右的人因白内障致盲（含单盲），聋儿每年以三万人的数字递增。从现有条件看，通过手术或训练，这些残疾人的大多数可以康复或使功能得到补偿，尚待采取有力措施予以解决。

残疾人由于受到教育、康复和身体条件的影响，在接受知识，交流信息，掌握技能等方面受到限制。在竞争环境中，感到不适应，加上社会生活和某些环节上依然存在着不同程度的歧视与偏见，致使残疾人已经就业的，还不够稳定、合理；部分残疾人没有劳动就业，相当一些人还没有得到稳定的维持温饱的收入。

目前，我国正由温饱向小康水平过渡。残疾人能否跟上社会发展的步伐，和十亿人民一道前进，共同富裕，不仅涉及五千多万残疾人，影响到数以亿计的亲属，而且牵动着社会的各个方面，是关系到国家发展和社会稳定的重要问题。

我们承担的事业是崇高的，面临的问题是严峻的，肩负的任务是艰巨的。改善残疾人的状况，有赖于国家的发展和社会的进步，需要一个长期的艰苦奋斗过程。我们的事业任重而道远。

改革，给我们的国家带来勃勃生机，也给残疾人事业带来希望。国家的繁荣富强，是包括残疾人在内的全国各族人民的根本利益所在。我们要适应形势的要求，积极参加祖国四化建设，献身于残疾人事业的发展，完成历史赋予我们的光荣使命。

## 指导思想与战略

开创残疾人事业的新局面，应该明确哪些具有长远意义的指导思想和发展战略呢？

### 一、残疾人问题是不容忽视的社会问题

自有人类社会，就有残疾人。由于残疾的存在和影响，残疾人是特殊困难的一个群体。残疾人问题，任何社会都无法回避。帮助他们随同社会前进，是全社会义不容辞的责任。

我国平均每五个家庭中，就有一个残疾人。残疾人能否跟上国家发展的步伐，与全国人民共同富裕，必须引起全社会的极大关注，给予必要的保障。

### 二、残疾人同样是社会财富的创造者，是人类历史的推进者

残疾人有参与社会生活的愿望，绝大多数残疾人具有参与社会生活的能力。历史和现实生活表明，残疾人同样是物质文明和精神文明的创造者，是推动社会前进的力量。

### 三、高举社会主义人道主义旗帜

由于残疾人存在功能障碍，为他们平等参与社会生活创造必要的条件，是全社会不可推卸的责任，也是社会进步与人类文明的标志。社会主义制度要求我们，高举社会主义人道主义的旗帜，理解、尊重、关心、帮助残疾人，维护他们的合法权益和尊严。

### 四、树立乐观进取的人生态度

残疾人参与社会生活，有赖于社会的帮助，也取决于自身的奋斗。残疾人应当珍惜人生的价值，热爱生活，热爱事业，以爱国主义和乐观主义精神激励自己，自尊、自信、自强、自立，履行公民义务，努力为祖国建设贡献力量。残疾人为国家发展奋斗，也是为自身解放奋斗。

### 五、残疾人事业的总目标

残疾人事业的总目标是：通过政府、社会、残疾人和残疾人工作者的共同努力，创造良好的物质条件和精神条件，使残疾人在事实上成为社会平等的一员，享有全面参与社会生活的权利，履行公民义务，共享由于劳动和社会经济发展所带来的物质文化成果。

### 六、发展战略

我国残疾人事业发展战略的制定，必须以社会主义初级阶段理论为依据，以社会经济的发展为条件。实现残疾人事业的总目标，要经过长期的有步骤分阶段的艰苦努力。从残疾人的实际状况和残疾人事业的现实水平看，在本世纪内，我们的奋斗目标是，使残疾人的状况有较大改善，使残疾人事业的发展与国家社会经济发展的差距逐步缩小，力争大体同步。

在这个阶段，必须执行讲求实效、打好基础的战略。

这个战略的基本要求是，扎扎实实地为残疾人办事，使他们得到实惠；在组织体系、事业体系、政策法规体系和思想理论体系等方面打好基础，为今后的大发展创造条件。

为实现这一目标，必须着重解决好以下重要问题：

第一，把残疾人事业摆进国家发展大局，列入社会经济发展规划，整体研究，统筹安排，协调发展。

残疾人事业，是社会主义建设事业的一个组成部分。残疾人事业的总目标，寓于国家发展的总目标之中。改变残疾人事业滞后的局面，是国家发展、社会进步的需要。要把残疾人事业置于国家整体发展中统筹安排，利用残疾人抽样调查的数据，分析研究残疾人事业的状况，制定发展规划，并认真加以实施。

第二，采取有力措施，切实抓好残疾人迫切需要解决的就业、教育、康复问题。

——把劳动就业作为解决残疾人问题的中心环节。劳动就业是改善残疾人社会地位和生活状况,使残疾人平等参与社会生活的关键所在。劳动福利型是我国残疾人事业的特色。要研究、制定、完善有利于残疾人劳动就业的政策,体现保障和优惠;本着集中与分散相结合的原则,促进劳动就业朝着普及、稳定、合理的方向发展。

——加快发展残疾人教育。从根本上改善残疾人状况,最终取决于残疾人科学文化素质的提高。要尽快扭转残疾人教育的落后局面。特殊教育要普及与提高相结合,以普及为重点。增加特教学校,在普通学校设特教班,提高盲、聋和弱智儿童的入学率,贯彻实施义务教育法。抓好职业教育、成人扫盲和职工的技术培训。

——大力推进康复工作。科学技术的进步,给残疾人功能的恢复和补偿带来希望。要积极开展康复研究,培养康复人才,探索经验,形成适合我国国情的康复体系。要组织制定康复工作规划,动员社会力量,不失时机地开展残疾人亟待解决的康复项目。加强残疾预防工作。

第三,完善工作体系,加强社会化管理,扩大资金来源,保证事业发展。

政府是推进残疾人事业的主导力量,社会团体是联系政府、社会、残疾人的纽带,街道、乡镇、企事业单位是残疾人工作的基础单元,家庭、邻里是残疾人生活的依托。这一体系符合我国国情,要进一步完善和强化。

残疾人事业是一项社会性很强的事业。要推进社会化管理,开发社会潜能,增加资金来源,各方紧密配合,共同做好工作。

## 五年后的任务

同志们!残疾人事业是社会各方面关心、期待其发展的事业。我们要有紧迫感、使命感,在政府、社会各界和残疾人团体的共同努力下,大力推进这项事业,为残疾人谋福利。

今后五年的任务是:

### 一、开拓就业门路,扩大就业范围

采取多渠道、多层次、多种形式,把残疾人劳动就业抓出成效。积极提倡按照不同特点,在各行各业分散安排残疾人劳动就业。要抓住乡镇企业发展的有利时机,大力发展福利企业。厂矿、企业、街道和劳动服务公司兴办多种形式的福利企业，安排职工的残疾子女就业，迈出了可喜的步伐，这条路子要继续拓宽。残疾人组织办经济实体，实践证明是可行的，各地要按政策规定的精神，积极发展。鼓励并帮助残疾人集体组织起来就业和个体开业。大力发展按摩事业，力争五年内，使盲人按摩医院（诊所）增加到一千个，提倡在普通医院增设按摩门诊。通过多种渠道使农村残疾人参加力所能及的劳动。研究、探索残疾人专产、专营问题，对适合残疾人生产的项目，要优先安排给残疾人生产。建议地方政府把残疾人劳动就业列入规划，并制定法规给以保障。对于歧视残疾人，不实行同工同酬，劳动就业以后又"放长假"等问题，要妥善加以解决。办好全国残疾人职业技能比赛。编好《残疾人劳动就业指导手册》。

## 二、大力发展残疾人教育，提高文化素质

残疾儿童普及义务教育，使特殊教育事业有较大发展，力争五年内，使在校学生翻一番。积极创办特教学校。同时在普通小学设特教班，这是个方便、省力、省钱的办法，应予推广。提倡厂矿、集体、私营经济组织、团体和个人办学或捐资办学。特教基础好的经济发达地区，应积极创造条件，试办职业高中或普通高中。以多种形式培训师资，条件成熟的省份，建立特教师范学校。研究改进特教教材。提高特教师资质量。增加数量。继续拓宽残疾人接受高等教育的渠道，使达到录取分数线的残疾考生，更多地进入高等学校学习。探索在普通高校中办残疾人专业班和"残疾人教育中心"的路子。中等技术教育应调整、修改不利于残疾考生的规定。尚未建立职业培训中心的省份，要积极创造条件建立。进一步搞好职业技术培训，在普及的基础上，适当提高层次。特教学校的高年级应加强职业教育。抓好在职职工的扫盲和文化技术教育。福利企业要积极创造条件、推行业余文化技术教育，根据"干什么，学什么"的原则，提高在职职工的文化技术素质。做好盲文和手语的研究、推广和应用工作。

## 三、积极开展康复工作，增强参与能力

从我国条件出发，逐步发展康复事业。为五十万名白内障患者施行手术，使其重见光明。为儿麻患者施行矫治手术三十万人次，取得成效。已建的聋儿康复中心，要积极开展工作，尚未建立的省份要尽快建立。通过多种渠道对三万名聋儿进行听力语言训练，使其开口说话。在五分之一的

地级城市建立假肢装配站和残疾人用品服务部。办好工疗站,逐步改善弱智者和精神病残疾者的状况。发挥骨干康复机构的作用,开展研究,培训人才,进行示范。充分利用现有条件和网络,在试点的基础上,总结经验,扩大范围,提高水平,因地制宜地开展社区康复,使越来越多的残疾人得到康复服务,形成符合我国国情的康复体系。要广开门路,培训康复人才。派医疗队赴老区、边远地区和少数民族地区帮助开展医疗康复工作。抓好残疾人用品、康复器材的科研、生产和应用。在公共建筑和公共设施中,推广无障碍设计。宣传优生优育,加强劳动保护,避免工伤、交通事故,预防残疾发生。

**四、大力宣传残疾人事业和社会主义人道主义**

要深入进行社会主义人道主义宣传。着重在青少年、福利企事业职工和残疾人家庭中开展社会主义人道主义教育。宣传残疾人志在奉献的精神和顽强拼搏的事迹,宣传残疾人事业的发展。办好现有的为残疾人服务的出版社和刊物,创办中国残疾人联合会会刊。要创造条件,提供方便,充分利用公共宣传媒介,使更多的残疾人和残疾人之友的事迹出现在报刊上,展示在屏幕中。协助中央和地方电台、电视台继续办好残疾人专题节目。协助《人民日报》办好残疾人专栏。建立残疾人事业新闻工作者联谊会,设立"残疾人事业好新闻"奖。繁荣残疾人事业的文艺创作,评选反映残疾人事业的优秀影视、文学作品。出版更多的残疾人读物(含盲文有声读物),丰富残疾人的精神生活。在"残疾人活动日"试点取得经验的基础上,加以推广。开好社会主义人道主义实践研讨会和全国优秀残疾人表彰大会。

**五、文体活动要抓普及,促提高**

因地制宜、灵活多样地抓好群众性文体活动,支持和帮助各种业余文化、体育组织的建立和活动的开展。因陋就简,开辟活动场所。已经建立基层残疾人组织的地方,尽可能建立活动站(室),并配置一定的活动用品。选择五十所特教学校,重点培训文体人才。建立半脱产的中国残疾人艺术团,使其进入社会文艺舞台,参加国内外演出。抓好残疾人体育队伍建设,力争在世界性比赛中取得好成绩。举办全国残疾人艺术调演。搞好全国残疾人美术作品展览。参加第三届全国伤残人运动会和第二三届中国艺术节。

### 六、促进法规建设,加强理论研究

力争残疾人保障法和《无障碍设计规范》尽快公布,并配合做好宣传实施工作。围绕制定《残疾人劳动保障条例》和《残疾人教育保障条例》,做好调查研究和起草工作。搞好地方法规建设,各地应大胆探索,勇于实践,总结经验,推动全国。修改、调整不利于残疾人平等参与社会生活的政策和规定,使其既符合国家根本利益,又要使残疾人的正当权益得到保护。

选择一批对残疾人事业发展具有长远意义的理论课题,开展调查研究,在总结实践经验的基础上,探索残疾人事业的理论体系。

### 七、扩大资金来源,提高使用效果

随着改革的深入,蕴于企事业单位、家庭和个人的社会财力逐步增加。在政府继续增加残疾人事业经费的同时,要多渠道、多途径,以多种形式扩大资金来源。办好经济实体,以更好的经济效益实现"以企业养事业"。把募集资金的活动寓于社会主义人道主义和残疾人事业的宣传之中。动员企事业单位解决好管辖范围内的残疾人及职工的残疾子女的困难。要合理使用资金,优先用于受益面广、效益好、见效快的项目。

### 八、广泛开展国际交往

外事工作要为残疾人事业的发展服务。着重在劳动就业、教育、康复和文体活动等方面开展国际交流,探索合作项目。加强国际、地区间和国际组织间的联系。积极参加国际会议和国际残疾人艺术节、国际残疾职业技能竞赛和国际伤残人奥运会等活动。组织好在我国召开的国际会议,特别是国际康复会亚太地区大会和国际康复会年会。各地残疾人组织也要积极开拓渠道,扩大国际交往。

### 九、重视"老、少、边、穷"地区的工作

"老、少、边、穷"地区及广大农村的残疾人一般都比较困难。对这些地区的残疾人工作应给以关注。要与扶贫相结合,帮助残疾人治病、掌握技能、参加劳动,使他们的状况,随着经济的发展逐步有所改善。

完成以上任务,必须在政府领导下,充分发挥各方面的作用,承担起各自的责任,齐心协力,共同奋斗。

## 加强自身建设

我们肩负着光荣、艰巨、复杂的任务。加强残疾人联合会组织建设和思想建设,是完成任务必不可少的保证。

### 一、抓好各级残疾人联合会的组建

中国残疾人联合会是全国性残疾人事业团体。它是将代表功能、服务功能、社会化管理功能融为一体的,半官半民性质的综合性社会团体,既是残疾人共同利益的代表,又为残疾人服务,同时,承担政府委托的任务,动员社会力量,推进残疾人事业。

搞好各级残疾人联合会的组建,对残疾人事业的发展十分重要。各地残联的组建应根据国务院文件精神和《中国残疾人联合会章程》,抓紧进行。地方联合会的组建,以有利于推动本地区残疾人事业的发展和残疾人工作的开展为目的,并将其作为衡量残联组建工作好坏的标准。要本着积极、稳妥、求实的原则,在当地政府领导下,积极地有步骤地组建地方联合会。一面推进残疾人工作,一面组建联合会,工作、组建两不误。

在保证质量的前提下,用一年左右的时间,基本上把省级和计划单列市的残疾人联合会建立起来。要积极创造条件组建市、县级残疾人联合会。在组建的过程中,要抓好队伍建设,特别是领导班子的建设。要建设一个热心残疾人事业、政策思想水平高、社会活动能力强、具有开拓精神、年龄结构合理的领导班子。

鼓励街道、乡镇和残疾人比较集中的单位建立残疾人基层群众组织。支持其他各种残疾人组织开展活动。同各有关团体加强联系,密切配合,开展工作。

### 二、提高残疾人工作者的素质

建立一支善于协助政府,与各方面紧密配合,协同作战的干部队伍。要以社会化管理的要求培训残疾人工作者。各级残疾人组织要以培训班等多种形式提高干部的政治、业务素质,使他们有理论,懂政策,熟悉业务,具有社会活动能力。提倡残疾人工作者学习盲文和手语。特别要注意培养残疾人,从中选拔表现优秀的,从事残疾人工作。

### 三、培养良好职业道德和工作作风

残疾人工作者要树立"人道、廉洁"的职业道德,改进工作作风,竭诚为残疾人服务。要深入基层,联系群众,倾听残疾人的意见和呼声,交流思想,解决问题,为他们排忧解难,办实事,做好事。

### 四、开展"建家做友"活动

开展"建设残疾人之家"和"做残疾人之友"活动,使这一活动向社会、向基层发展,让更多的残疾人组织成为"残疾人之家",更多的人成为"残疾人之友"。

同志们!我们的事业是高尚的事业,进步的事业,光荣的事业。我们要在政府领导和全社会支持下,勇于探索,克服困难,开拓前进。让我们团结起来,为开创我国残疾人事业的新局面而奋斗!


# 为祖国的繁荣昌盛和残疾人事业的发展而奋斗
——在中国残疾人联合会第二次全国代表大会上的报告

中国残联主席　邓朴方

(1993年10月6日)

各位代表、同志们、朋友们:

我代表中国残疾人联合会第一届主席团向大会做报告,请予审议。

## 一、历史性的成就

中国残联第一次全国代表大会以来的五年,是不平凡的五年。在党和政府的关怀与领导下,在改革开放和现代化建设大好形势的推动下,经过各地方、各有关部门、社会各界和广大残疾人的共同努力,我国残疾人事业取得历史性的成就;颁布残疾人保障法,奠定了残疾人事业的法律基础,为实现残疾人的公民权利提供了法律保障;制定实施《中国残疾人事业五年工作纲要(1988—1992年)》和《中国残疾人事业"八五"计划纲要(1991—1995年)》,将残疾人事业纳入国家经济、社会发展计划;康复、教育、劳动就业、文化生活、福利、环境等各业务领域全面拓展,初步确立了残疾人事业的基本格局;建立残疾人工作协调机构,加强了残疾人工作体系;组建各级残疾人联合会,完善了残疾人组织体系;发扬爱国主义、集体主义、社会主义和乐观进取精神,在残疾人中广泛开展自强活动,增强了残疾人的参与意识和奋斗精神;弘扬社会主义人道主义,全社会进行多种形式的助残活动,越来越多的人理解、尊重、关心、帮助残疾人;党和国家从人权保障和人类解放的高度,阐明了残疾人事业的意义,为认识和解决残疾人问题提供了理论依据。这一切,既给残疾人带来实实在在的利益,又为残疾人事业的长远发展奠定了基础。

1. 康　复

"三项康复"工作取得巨大成效,使90余万白内障患者重见光明,3.8万聋儿开口说话,32万小儿麻痹后遗症患者得到矫治,共126万残疾人康复,超额52%完成五年任务。

开拓了精神病综合防治、智力残疾预防和低视力康复工作:在每省的一市一县,采取社会化、开放式、综合性的措施,在覆盖7000多万人口、70多万精神病人的大范围内进行具有深远意义的防治精神病实践;建立了近百个低视力康复点,为低视力残疾者配用助视器,使其脱离盲人生活状态;针对导致智力残疾的遗传和缺碘两大因素,6个省和13个高发县制定了控制遗传性智力残疾的法规和规定,向全国部署了食用盐加碘及对新婚育龄妇女、孕妇和婴幼儿补用碘油制品,以提高儿童智能、消除碘缺乏病、预防残疾。广泛开展社区康复训练,建立了1200多个社区康复站和300多个特殊用品辅助用具供应服务站,与残疾人家庭相配合,帮助残疾人补偿和训练功能,增强其生活自理和参与社会的能力。适当开办了骨干康复机构,三级综合医院普遍设立康复科(室),6所医学院校开设了康复医学专业,发挥着人才培养和技术指导作用。

2. 教　育

义务教育入学率大幅度提高:普通中小学普遍接收肢体残疾学生入学;特殊教育学校增加一倍多、达1108所,普通学校附设特教班增加5倍,达3568个,盲、聋、弱智儿童随普通班就读的人数大幅度增长,在校学生共增加6倍多,达到37万人。五年的发展,超过了我国自有特殊教育以来百余年的总和。职业技术教育广泛开展:普通技校、中专五年累计招收残疾学生4300人；建立了残疾人职业高中89所、技工学校9所、中等专业学校15所及各类培训机构268个，开办各类中短期职业培训班4500多期，共培养培训13万人。高级中等以上教育初见成效：普通高校五年累计录取3859名残疾学生，山东滨州医学院专设医学二系招收肢体残疾学生；开办了青岛盲人高中、南京聋人高中、长春大学特殊教育学院，新疆、南京中医学院开设盲人按摩专业，天津理工学院开设聋人机电专业。盲文、手语的改革和推广取得成果：制定了《汉语双拼盲文方案》、盲文数理化和民族器乐符号，出版了首部统一、规范的《中国手语》和盲人触摸世界地图集。

3. 劳动就业

集中安排残疾人的福利企业在稳定的基础上有所发展，各类福利企业达到4.9万个，80余万残疾人在其中就业，1992年实现产值618亿元、创利税65亿元。分散按比例就业迈出了开拓性的一步：140多万残疾人分散在各单位就业，占全国职工总数1%；在此基础上，残疾人保障法规定各单位按比例安排残疾人就业，上海、福建及广州、沈阳、武汉、大连、青岛、无锡、九江、洛阳、深圳和其他一批市、县已按1.5%—2%的比例实施，结果表明难度比预料的小，成效比预想的好。个体从业的残疾人大幅度增加，人数已达数十万。残疾人劳动服务网络正在形成，建立了435个残疾人劳动服务机构，与城镇劳动服务系统和农村社会化服务体系相结合，开展残疾人待业登记、能力评估、职业培训、就业介绍，组织并指导农村残疾人参加生产劳动。在83个国家参加的第三届残疾人职业技能奥林匹克竞赛中，我国获金牌、银牌、铜牌及总分四个第一，集中展示了残疾人的能力，表明他们同样是社会财富的创造者。

4. 扶 贫

针对贫困残疾人及其家属占全国贫困人口半数的状况，为弥补以往的扶贫措施对存在生理和功能缺陷的残疾人难以奏效，国家设立了"康复扶贫"专项贴息贷款，首先在500个县帮助残疾人恢复补偿功能、培训提高劳动技能、组织参加生产劳动，使其解决温饱。扶贫工作和残疾人事业的这一新举措，已初见成效。

### 5. 文化生活

精神产品增多：公众文化单位努力为残疾人服务，并适应残疾人特殊需要，在影视作品中增加字幕，开办电视手语节目，摄制了《启明星》等引起强烈反响的10多部影片和50余部电视剧；残疾人文化出版单位发行盲人、聋人、弱智人读物和教育、康复、就业的书刊1200余种数千万册。文化活动活跃：公共活动场所为残疾人提供方便，并开辟了2100多个残疾人活动场所和51个盲人有声读物图书馆（室）；两万多名残疾人参加了自下而上的两届艺术汇演，演出万余场，展示了才华，感动了社会；中国残疾人业余艺术团出访12个国家和香港，引起轰动，被誉为"一流表演，一流精神，美和友谊的使者"。体育成绩显著：广大残疾人踊跃参加体育活动，参加县级以上运动会的达14万人；第三届全国残疾人运动会刷新238项全国纪录；在残疾人奥运会等重大国际赛事中获金牌133枚、银牌62枚、铜牌29枚，破29项世界纪录。

### 6. 社会环境

环境条件改善，国家发布了《方便残疾人的城市道路和建筑物设计规范》，一些大中城市的主要道路和重要公共建筑逐步采取无障碍措施，为残疾人参与社会创造了条件。公众助残意识提高：公众传播媒介积极反映残疾人渴求理解、志在奉献的心愿和顽强拼搏的精神，报道残疾人事业的进展，展现团结、友爱、互助之情，唤起了社会的爱心；残疾人组织开展建"残疾人之家"做"残疾人之友"活动；五千多万少先队员参加了历时8年的"红领巾助残"活动；残疾人保障法颁布后的三年间，分别以"宣传保障法"、"走进每个残疾人家庭"和"扶助与共进"为主题，开展了三次"全国助残日"活动，各级领导看望残疾人，数千万人为残疾人办实事、送温暖；国家表彰了助残先进集体和个人，越来越多的人理解、尊重、关心、帮助残疾人。

### 7. 残疾人组织建设

1988年中国残疾人联合会成立后，地方各级残联相继建立，我国各民族、各类别的残疾人有了自己的统一组织。残联本着"边工作边建设、以任务带队伍、以建设促事业"的原则，在组织、思想、作风和业务建设上取得了成绩。广大残疾人，虽然遭遇不幸，却依然奋发进取，自强不息，努力投身祖国建设，涌现出许多先进人物和感人肺腑的事迹，被国家授予"自强模范"称号。

8. 法制建设

颁布《中华人民共和国残疾人保障法》，以国家意志规定了每个公民和一切组织对待残疾人问题的行为规范，确定了国家发展残疾人事业的法律准绳，明确了残疾人维护自身权益的法律依据和履行公民义务的行为准则，残疾人事业开始进入法制的新阶段。广泛开展残疾人保障法的宣传教育：国务院专门发出宣传贯彻的通知；国家将其列入"二五"普法规划，各地也纳入普法计划；发行汉文、盲文及7种少数民族文字的法律文本近一千万册；从中央到地方的各级领导和人大代表带头宣讲，并以各种宣传工具和生动有效的形式，在公民中普及基本知识，增强法律意识。积极制定配套法规："残疾人教育条例"已报请审议；8个省人大常委会颁发了残疾人保障法实施办法，近20个省已将实施办法提请审议；各级政府普遍制定了扶助残疾人的规定。认真进行执法检查：全国人大连续两年检查了5个省执行残疾人保障法的情况，并在29个省的义务教育检查中将残疾人教育列为专题；全国人大新闻局组织20多家新闻单位赴地方采访，发表大量报道，进行舆论督导；今年又召开了全国宣传实施残疾人保障法工作座谈会，进行总结和进一步的部署。

9. 国际交流与合作

我国响应《关于残疾人的世界行动纲领》，积极参与"联合国残疾人十年（1983—1992）"和"亚太残疾人十年（1993—2002）"行动。参加了各大残疾人国际组织，与50多个国家（地区）进行了残疾人事业领域的交流与合作，承办了12次重要国际会议。在第四十七届联大关于残疾人问题特别全会等重要国际会议上，我国提出的原则和建议，得到普遍响应；我国残疾人事业的做法和发展，受到高度赞扬。通过交流，增进了相互了解，发展了合作，扩大了影响，展现了我国人权保障的广泛性、真实性和公平性。荣获联合国"残疾人十年特别奖"与"和平使者奖"。

五年的成就，饱含着党和国家的深切关怀，饱含着各部门、各方面的热忱帮助，饱含着社会各界的深情厚意，饱含着广大残疾人的自身奋斗。

我代表全国五千多万残疾人及其两亿多亲属，向一切关心、帮助残疾人、支持残疾人事业的人们,表示由衷的感谢和崇高的敬意!

我们知道,残疾人状况与社会平均水平相比还存在不小的差距。残疾人群体的文盲率为60%左右,近80%的盲、聋、弱智儿童没有入学,40%的残疾人未能就业,农村残疾人的人均收入只及全国农村居民人均收入的一半,近半数成年残疾人没有配偶,大多数残疾人缺乏康复医疗,三分之二的残疾人靠亲属供养。

我们理解,这是由于历史的原因,又受经济、社会发展水平的制约,残疾人事业起点低,基础薄弱。

我们认识到,建立社会主义市场经济体制,必将极大地增强综合国力,为残疾人状况的改善提供日趋有利的条件,这是残疾人根本利益所在。残疾人为国家发展奋斗,也是为自身解放奋斗。我们要引导和带领广大残疾人,积极支持和投身改革与振兴经济的伟大实践。

我们也看到,竞争机制、效率原则,使比较脆弱、处于不利地位的残疾人,面临一些新问题。这就需要研究新情况,采取相应的措施。

江泽民总书记和李鹏总理曾经指出:残疾人事业是社会主义事业的一部分,发展残疾人事业已成为全社会面临的紧迫而艰巨的任务。

## 二、今后的工作

今后的五年,是实现我国现代化建设第二步战略目标的关键性五年,也是加快发展残疾人事业,进一步改善残疾人状况的关键性五年。各级残联作为残疾人和残疾人工作者的组织,对此要有使命感、责任感、紧迫感。

关于残疾人事业的宗旨与总目标,残疾人工作的基本指导方针,各业务领域的工作原则、发展途径和主要任务,在残疾人保障法和残疾人事业的国家计划及工作方案中,已有明确规定。我们作为残疾人共同利益的代表,政府发展残疾人事业的助手,社会与残疾人之间的桥梁,应当熟悉并全面贯彻这些规定:

### (一) 宗 旨

中国残疾人事业旨在:创造良好物质条件和精神环境,保障残疾人以平等的权利,充分参与社会生活,共享社会物质文化成果。

要达到这一根本目的,需要经过与国民经济和社会发展水平相适应的分阶段的长期努力。

**（二）总目标**

今后五年乃至本世纪末，残疾人事业发展的总目标是：在残疾人的基本需求方面，缩小残疾人事业与经济、社会发展水平的差距，使残疾人参与机会增多，参与范围扩大，自身素质提高，生活状况改善。

——解决残疾人的温饱问题。

——残疾儿童少年义务教育入学率达到80%，80%左右的待业残疾人得到职业技能培训。

——城镇残疾人就业率、农村残疾人在业率达到80%左右。

——帮助多数残疾人在社区和家庭进行康复训练；实施一些急需的、效益好的康复项目，使200万左右的残疾人康复。

——残疾人文化生活日趋丰富。

——针对导致残疾的主要因素，开展预防。

**（三）遵循的基本指导方针**

——全面贯彻残疾人保障法。依法规范公民行为，依法发展残疾人事业。

——实行"讲求实效、打好基础"的发展方针。着重抓好残疾人迫切需要的、受益广、见效快、效益好的工作，进一步完善残疾人事业的业务体系、工作体系、政策法规体系和基础设施。

——坚持"社会化"的工作原则。残疾人群体的特殊性，需求的多样性，参与社会领域的全面性，决定了残疾人事业具有很强的社会性。这样一个业务广泛、多边介入的工作，有赖于发挥各方面的积极性，有关部门各司其职，密切配合，并广泛动员社会力量。

——充分发挥残疾人和残疾人组织的作用。密切联系残疾人，激励残疾人的自强精神，发挥残疾人的能动性；完善残疾人组织，增强活力，发挥效能。

**（四）主要业务领域的工作原则与发展途径**

1. 康　复

将现代康复技术与我国传统康复技术相结合；以康复机构为骨干，社区康复为基础，残疾人家庭为依托；以实用、易行、受益广的康复内容为重点，为残疾人提供有效的康复服务。保质保量完成白内障复明、小儿麻痹后遗症矫治、低视力残疾者配用助视器、聋儿听力语言训练任务。采取符合科学、体现人道和文明、节省经费的先进方法，降低精神病的发病率，提高治愈率。食用盐普遍加碘，并对新婚育龄妇女、孕妇、婴幼儿等特需人群补用碘油制品。做好残疾人特殊用品辅助用具供应服务。

2. 教　育

残疾人教育要依特性施教，加强身心补偿，以义务教育和职业技术教育为重点，依据残疾类别和接受能力，采取普通教育方式或特殊教育方式。凡是可以通过普通教育方式接受教育的残疾儿童少年，尽量进入普通学校学习，以利于他们增强参与社会正常生活的能力，也有利于残健融合，又节省教育经费。职业技术教育，面向农村生产和城镇劳动市场，重点抓好中短期培训，帮助残疾人掌握急需的实用技术和技能。

3. 劳动就业

采取集中与分散相结合的方式安排残疾人就业，认真做好各单位按比例安排残疾人就业的试点和推广，稳定并发展福利企业，鼓励并帮助残疾人个体从业。

4. 扶　贫

各类地区都有贫困残疾人，国家依三种类型地区通过不同途径开展康复扶贫。凡列为国家和省的贫困县，将贫困残疾人列为扶贫对象，在扶贫资金和物资上给予安排和照顾；得到中央康复扶贫贷款的县，要用好贷款，尽快见到实效；其他地区，由各省安排一定的信贷资金，用于对贫困残疾人的康复扶贫。

至于各领域的具体任务，在残疾人事业"八五"计划纲要和16个配套实施方案及这次会议印发的6个专题报告中已明确，这里不再赘述。国家还会适时制定"九五"计划纲要。只要我们以主人翁的态度、服务者的身份、社会化的方式，协助政府和有关部门，扎扎实实去落实，创造性地去实践，就一定能够做好工作。

## 三、加强自身建设

我们要切实加强各级残联的组织、思想和作风建设。

加强残联的组织建设。进一步完善各级残疾人联合会；加强党的建设和思想政治工作；认真培养残疾人从事残疾人工作，注意选拔优秀残疾人进入各级残联领导岗位；建设"为公、团结、勤政、务实、廉洁"的领导班子；履行"代表、服务、管理"职能，充分发挥活力与效能。

残疾人工作者要全面提高自身素质。我们所从事的是人道、高尚、艰巨的事业。要求残疾人工作者必须具有奉献精神，恪守"人道、廉洁"的职业道德，为国分忧，为残疾人解难；努力提高思想、政治、业务素质，发扬"团结、实干、开拓、高效"的工作作风；掌握社会化的工作方式，培养一专多能的才干；深入基层，面向实际，密切联系残疾人，全心全意为残疾人服务。

开展"建家做友"活动。把建设"残疾人之家"和做"残疾人之友"活动，向社会、向基层发展，使更多的基层残疾人组织和残疾人比较集中的单位成为"残疾人之家"，更多的人成为"残疾人之友"。

残疾人要树立乐观进取的人生态度。残疾人平等参与社会生活，有赖于社会的帮助，也取决于自身的奋斗。残疾人应当珍惜人生的价值，热爱生活，热爱事业，热爱祖国；遵守法律，履行应尽义务，尊重社会公德；自尊、自信、自强、自立，为社会主义建设贡献力量。

当前，我国政治稳定，经济发展，社会进步，改革开放和现代化建设事业进入新的发展阶段。我们要在党的十四大精神指引下，紧密地团结在以江泽民同志为核心的党中央周围，再接再厉，为祖国的繁荣，民族的振兴，人民的幸福，残疾人状况的改善而奋斗。

# 为实现我国跨世纪的宏伟目标
# 和残疾人事业的持续发展而奋斗
## ——在中国残疾人联合会第三次全国代表大会上的报告

**中国残联主席  邓朴方**

(1998年10月16日)

各位代表、同志们:

我代表中国残疾人联合会第二届主席团向大会做报告,请予审议。

中国残疾人联合会第三次全国代表大会,是在世纪之交召开的承前启后、继往开来的重要会议。这次大会的主题是:以邓小平理论和党的十五大精神为指导,回顾我国残疾人事业走过的道路,展望新世纪的发展前景,明确今后五年残疾人联合会的主要任务,团结带领残疾人为改革开放和社会主义现代化建设贡献力量。

## 一、事业发展的回顾

即将过去的二十世纪,中华民族的命运沧桑巨变。新中国建立,苦难深重的残疾人走向新生活。改革开放给我国经济、社会生活带来了生机与活力,也为残疾人事业的崛起和发展带来了机遇与条件。改革开放、特别是近十多年来,我国残疾人事业走过了不平凡的历程。

国家为发展残疾人事业、改善残疾人状况采取了一系列重大措施:进行首次全国残疾人抽样调查,摸清了基本状况;颁布残疾人保障法和残疾人教育条例;制定实施残疾人事业的三个五年计划和残疾人扶贫攻坚计划;设立政府残疾人工作协调机构;建立新型、统一的残疾人组织;开展残疾人自强活动;进行宣传和公众教育,倡导文明的社会风尚;发展残疾人领域的国际交往。

在党和政府的关怀、领导下,经过各地区、各部门、社会各界以及广大残疾人和残疾人工作者的共同努力,我国残疾人事业取得了历史性的进展和举世瞩目的成就:

**残疾人状况明显改善** 十年间：416万残疾人得到不同程度的康复，其中211万白内障患者重见光明，9万聋儿开口说话，60万儿麻后遗症患者经矫治手术改善了功能，87万重症精神病患者经社会化、开放式、综合性防治，解除关锁，融入社会，14万智力残疾儿童通过康复训练，增强了认知和自理能力。盲、聋、弱智儿童入学率由6%提高到64.3%，残疾人职业教育快速发展，150万残疾人得到职业技能培训，高级中等以上特殊教育起步，改革现行盲文，推广中国手语。集中与分散相结合，多渠道扶持残疾人就业，就业率由不足50%提高到73.3%，盲人按摩人员由4千人发展到2万余人。普遍进行的扶贫以及残疾人专项扶贫，扶持800多万贫困残疾人解决温饱，通过社会保障使600万残疾人得到温饱。公共文化场所为残疾人提供方便和服务，大众传媒开设残疾人专题（栏），残疾人艺术团出访20多个国家，残疾人在重大国际体育赛事中获得1291枚金牌。

在残疾预防方面，国家通过计划免疫消灭了脊髓灰质炎；控制遗传因素致残；全民食盐加碘，并为9000多万孕妇、2岁以内婴幼儿等特需人群补用碘油丸，减少了残疾发生。

**社会对残疾人的观念发生深刻变化** 残疾人不再被称为"残废人"。人们尊重他们的权利，肯定他们的能力，歧视与偏见大为减少，全社会更加重视残疾人事业。普遍开展红领巾助残、青年志愿者助残、一助一送温暖等多种形式的活动，"全国助残日"持续八年，各级领导和数以亿计的群众参加。残疾人参与社会生活的环境大为改善。

**残疾人自强不息贡献社会** 广大残疾人"自尊、自信、自强、自立"，在各条战线上为祖国建设做出了贡献，创造了可歌可泣的业绩。国家和地方政府先后两次表彰了一大批残疾人自强模范。

我国残疾人事业的做法和成就受到海内外的广泛赞誉。联合国和有关国际组织授予我国"联合国残疾人十年特别奖"等十余个奖项。

各位代表，经过探索与实践，我国残疾人事业由小到大，由点到面，从较低的起点走上了一条适合国情、具有特色、系统发展的道路：

**从国情出发，讲求实效，打好基础** 我国处于社会主义初级阶段，人口多、底子薄。残疾人事业必须从这一国情出发，与经济社会的发展相适应，既要缩小差距，又不能超越现实。针对残疾人迫切而又可能满足的基本需求，着眼于残疾人潜能的发挥，重点抓好抢救性的康复工程、社区和家庭训练、残疾儿童义务教育、劳动就业、扶贫解困等受益面广、适用易行、花钱少、见效快的工作，给残疾人带来了实实在在的利益。同时，在残疾人事业的业务体系、组织工作体系、政策法规体系、思想理论体系和环境条件等方面打好基础，为残疾人事业的长远发展创造了条件。

**依法发展残疾人事业，保障残疾人合法权益** 以残疾人保障法为基础，辅以行政法规、地方法规和扶助规定，确认残疾人的权利和义务，规范公民的行为，确定政府和社会各界的责任，明确残疾人事业各领域的指导原则和工作方针，使残疾人事业走上法制轨道。通过法律宣传、执法检查、法律服务和法律援助，保障残疾人的权利在事实上得到实现。

**建立政府为主导、社会各界参与、协调运作的工作机制** 残疾人事业是多学科、跨部门、业务广泛、综合性很强的社会事业，必须以政府为主导，各方协调运作。十年来，政府将残疾人事业纳入国民经济和社会发展计划，兼顾特性，统筹安排，同步实施，协调发展；政府残疾人工作协调机构发挥综合协调作用，有关部门各司其职，社会各界广泛参与，形成了各尽其责、密切配合、齐抓共管、协调运作的工作机制，有效地推动了残疾人事业的发展。

**发挥残疾人组织的作用，发掘残疾人的自身潜能** 建立了定位合理、职能得当的新型残疾人组织，并充分发挥其作用，符合机构改革的方向，适应客观需要，推进了残疾人事业。残疾人是残疾人事业的主体，发挥他们的主观能动性，唤起参与意识，激励奋斗精神，发掘自身潜能，促进了残疾人创造社会财富、实现人生价值。

**总结、概括了指导残疾人事业的理论** 残疾人问题的提出始于本世纪初，经过半个多世纪的演进，逐步拓展为新兴的残疾人事业。同其他事业一样，残疾人事业既需要大胆探索、不断实践，也需要正确理论的指导。近十年来，党的第三代领导集体、特别是江泽民总书记发表了一系列重要文章和讲话，以马克思主义的观点，结合世界和我国残疾人事业的实践，着眼于我国残疾人状况的改善和经济社会的协调发展，从残疾人存在的客观性，残疾人的权利和能力，残疾影响、外界障碍和特别扶助，社会环境，国家和社会责任，残疾人事业的宗旨，残疾人自身义务等方面，历史、全面、深刻地阐述了现代文明社会的残疾人观。江泽民总书记指出：自有人类，就有残疾人。残疾人，有人的尊严和权利，有参与社会生活的愿望和能力，同样是社会财富的创造者。残疾人的问题，是关系到充分实现公民权利和生产力解放的问题。人，既有物质的需求，又有精神的需求，人们在追求物质生活和精神生活进步的过程中，需要平等友爱的人际关系和团结互助的社会环境。人道主义，是处理人与人之间关系的一个道德规范。人权保障，是国家的责任。残疾人这个社会最困难群体的解放，是人类文明发展和社会进步的一个重要标志。尊重残疾人的公民权利和人格尊严，保护其不受侵害；同时，对这个特殊而困难的群体给予特别扶助，通过发展残疾人事业使他们的权利得到更好的实现，使他们以平等的地位和均等的机会，参与社会生活和国家建设，共享社会物质文化的成果。这些论述，为残疾人事业提供了理论基础，是我们解决残疾人问题的行动指南。我们要认真学习，深刻领会，切实贯彻。

各位代表：

经过十年艰苦努力，可以欣慰地说，我们基本实现了中国残联一大、二大提出的奋斗目标，为下一个世纪残疾人事业的发展奠定了比较好的基础。

残疾人事业的发展，饱含着党和政府的亲切关怀，饱含着社会各界的深情厚意。在此，我代表全国六千万残疾人和他们的亲属，向所有关心、支持、帮助残疾人和残疾人事业的人们，表示由衷的感谢和崇高的敬意！关于中国残联二大以来五年的工作，《残疾人工作专题报告》已有具体总结，这里不再赘述。

## 二、世纪之交的展望

我国跨世纪的宏伟目标是：在本世纪内基本消除贫困现象，人民生活达到小康水平；到2010年使人民的小康生活更加宽裕，形成比较完善的社会主义市场经济体制；到下个世纪中叶，基本实现现代化，把我国建成富强民主文明的社会主义国家。

我国残疾人事业起点低、基础弱，仍然滞后于经济社会发展，残疾人的生活状况与社会平均水平还存在不小差距，贫困残疾人约占全国贫困人口的三分之一，残疾人在基本需求方面仍面临相当多的困难和问题。在实现我国跨世纪宏伟目标的过程中，发展残疾人事业，改善残疾人状况，是摆在我们面前的重要任务。

与国家发展的阶段性目标相适应，残疾人事业跨世纪的奋斗目标大体是：

本世纪内，全面完成《中国残疾人事业"九五"计划纲要》规定的任务目标：残疾人温饱问题基本解决；残疾人普遍开展康复训练，同时通过实施一批重点工程，使300万残疾人得到康复；残疾儿童少年义务教育入学率达到80%，可以就业的残疾人基本得到职业培训；残疾人就业率达到80%左右；残疾人广泛参与社会生活；系统开展残疾预防，努力减少残疾发生。

到2010年，进一步改善残疾人平等参与社会生活的物质条件和精神环境，缩小残疾人事业与经济社会发展水平的差距，稳定解决残疾人的温饱，并使相当一部分残疾人的生活达到小康水平。

到下个世纪中叶，使残疾人事业与国家经济社会发展大体同步，残疾人状况有更大的改善，残疾人"平等·参与·共享"的目标在政治、经济、文化等方面基本得到体现。

从现在开始到下次中国残联全国代表大会的五年，各级残联要努力完成残疾人事业"九五"计划纲要和届时制定的"十五"计划纲要所规定的任务，使残疾人事业上一个新台阶、达到一个新水平。为此，特别要做好以下工作：

**把扶贫解困作为工作的重中之重** 温饱，是人生存的起码条件。残联工作千头万绪，保障残疾人温饱首当其要。这项工作做不好，上影响国家大局，有负政府的重托；下愧对残疾人，有失残疾人的信赖。我们务必高度重视。要将解决残疾人温饱问题纳入政府扶贫开发计划和社会保障制度，统一安排，同步实施，并予以特别扶助。各级残联，要协助政府，配合有关部门，切实做好残疾人扶贫解困工作。

**以按比例就业为重点推进残疾人劳动就业** 各单位依法按比例安排残疾人就业，是在社会主义市场经济条件下，促进残疾人劳动就业的战略性举措，也是各级残联的一项重要工作。要全面分散推行按比例就业，继续稳定福利企业，鼓励残疾人个体从业，扶持农村残疾人参加生产劳动，同时，按照中央文件的要求，尽量不使已就业的残疾人下岗。

**抓好义务教育和职业教育** 义务教育、职业教育对提高残疾人素质至关重要，是残疾人教育工作的重点。将会同教育部适时召开第三次全国特殊教育工作会议，推进残疾人义务教育的发展，特别要大力推广盲童随普通班就读，提高盲童入学率。要通过多种渠道，抓好残疾人职业技术教育和农村残疾人实用生产技术培训。

**加强康复训练和服务** 在诸多康复手段中，康复训练适应面广、简便易行。绝大多数残疾人，都可以通过康复训练，补偿功能，增强能力。要着力向残疾人普及康复知识，传授训练方法，提供经济适用的辅助用具，指导和帮助广大残疾人在家庭和社区进行自我训练。

**进一步创造良好的社会环境** 结合精神文明创建活动，以多种形式扶残助残。执行国家无障碍设计规范和建设审批程序，推广适用的无障碍设施，为残疾人、老人、妇女和儿童出行提供便利。

还要办好第五届全国残疾人运动会，在第七届"远南"残疾人运动会和第十一届残疾人奥运会上，再创佳绩，为国争光。

## 三、残疾人组织的建设

实现跨世纪的艰巨任务，必须加强各级残联的组织、思想和作风建设。今后五年重点抓好以下工作：

**切实加强基层残联建设** 广大残疾人生活在基层，残疾人事业的基础也在基层。应当看到，残疾人组织体系和工作体系虽已基本形成，但县及县以下基层的力量比较薄弱，影响了各项业务工作在基层、特别是在农村的开展。地方残联要进一步贯彻落实《关于加强基层残联建设的决定》，按照"一体化的机构、一专多能的队伍、有机结合的业务、统筹安排的经费、综合利用的场所"的原则，切实加强基层残联建设。广大残疾人工作者，要努力提高思想、政治和业务素质，恪守"人道、廉洁"的职业道德，发扬"团结、实干、开拓、高效"的工作作风，深入基层，全心全意为残疾人服务。

**密切与残疾人的血肉联系** 由于基层残疾人组织比较薄弱，加之我们在思想作风、工作作风方面还有许多不足，尚未与广大残疾人交融在一起。对此，我们必须有清醒的认识，给予足够的重视，采取切实有效的措施，真正把各级残联建成残疾人自己的家。

**加速培养残疾人从事残疾人工作** 残疾人联合会是残疾人的代表组织。代表性是残联存在的基础，代表职能是残联"代表·服务·管理"三种职能的核心。各级残联要积极、主动、加速培养残疾人从事残疾人工作，选拔优秀残疾人进入领导岗位。

**进一步激励残疾人自强不息的精神** 残疾人的命运与祖国的命运紧密相连。广大残疾人要热爱生活，刻苦学习，不断提高自身素质，超越自我，融入社会，投身改革开放和现代化建设，同全国人民一道，共创更加美好的未来。

各位代表、同志们：

让我们紧密团结在以江泽民同志为核心的党中央周围，高举邓小平理论伟大旗帜，再接再厉，开拓前进，为实现我国跨世纪的宏伟目标和残疾人事业的持续发展而奋斗！

## 努力实践"三个代表"重要思想
## 团结带领广大残疾人为全面建设小康社会而奋斗
——在中国残疾人联合会第四次全国代表大会上的报告

中国残联主席 邓朴方

（2003年9月8日）

各位代表、同志们：

我代表中国残疾人联合会第三届主席团向大会做报告，请予审议。

中国残疾人联合会第四次全国代表大会，是进入新世纪召开的第一次全国代表大会，是在党的十六大精神指引下召开的一次十分重要的会议。会议的主题是：高举邓小平理论伟大旗帜，全面贯彻"三个代表"重要思想，承前启后，开拓进取，促进残疾人事业持续、健康发展，充分调动广大残疾人的积极性，与全国人民一道全面建设小康社会。

## 一、五年工作的回顾

第三次全国代表大会以来的五年,是不平凡的五年。党中央带领全国人民解放思想、实事求是、与时俱进、开拓创新,开创了中国特色社会主义事业的新局面,经济建设、社会发展和改革开放取得巨大成就。残疾人事业与全国各项事业一样,适应新形势,迈出新步伐,各项工作取得新进展,呈现出勃勃生机。

五年来,国家为改善残疾人的生存状况,采取了一系列重大措施:党的十六大明确提出"发展残疾人事业";国务院颁发了发展残疾人事业的"十五"计划纲要;全国人大和全国政协多次组织残疾人保障法执法检查和视察;国务院残疾人工作协调委员会加强领导,明确分工,各成员单位将残疾人工作纳入部门职责;地方各级党委、政府把关心残疾人、为残疾人办实事作为立党为公、执政为民的具体体现;各级残联在机构改革中进一步得到加强,基层残疾人工作更加活跃。特别是最近,胡锦涛总书记为反映残疾人自强模范和助残先进事迹的《自强之歌》(2003年卷)一书作序,深刻阐述了新时期残疾人事业的重要性,对发展残疾人事业提出殷切希望,广大残疾人和残疾人工作者深受鼓舞。

五年来的成就是举世瞩目的:

**残疾人生活质量进一步提高**　不同程度得到康复的残疾人由416万增至880万,其中白内障复明、精神病防治和听力助残、普及型假肢等康复工作效果尤为显著。盲、聋、智残儿童少年义务教育入学率平均由64%提高到76%,职业教育进一步发展,从学前教育到高等教育的特殊教育链初步形成。残疾人就业率由73%提高到84%,就业渠道不断拓宽,就业服务日趋完善。普遍进行的扶贫开发和残疾人专项扶贫,扶持近千万贫困残疾人解决了温饱。通过实施最低生活保障,采取救济、补助、供养等措施,499万特困残疾人解决了基本生活问题。

**残疾人参与社会生活的环境大为改善**　社会对残疾人的认识发生深刻变化,现代文明社会的残疾人观日益深入人心。教育、卫生、民政、劳动保障、司法、文化、体育等社会管理部门和公共服务机构更加重视残疾人的需求,为残疾人创造平等、参与、共享的条件。社会各界广泛开展形式多样的助残活动,为残疾人生活、医疗、就学、就业解决了许多实际困难。城市道路、建筑物和信息无障碍建设发展迅速,为残疾人走出家门、参与社会生活、享受公共服务提供了便利,拓展了空间。

公共媒体积极宣传残疾人事业,营造文明进步的舆论环境。

全社会依法维护残疾人权益的观念不断增强,发展残疾人事业的法制环境进一步完善。

**残疾人自身素质明显提高** 广大残疾人热爱祖国,乐观进取,自强不息,顽强拼搏,不断提高思想道德和科学文化素质,参与社会的能力不断增强,为改革开放和社会主义现代化建设做出了应有的贡献。越来越多的残疾人自食其力,其中一部分人勤劳致富。各行各业的英模群体中都有残疾人的杰出代表。一些优秀残疾人进入各级人大、政协,参政议政,建言献策。展示残疾人意志与才华的特殊艺术享誉海内外。残疾人运动员在重大国际赛事中为祖国赢得荣誉。更多的残疾人走上各级残联领导岗位,专门协会工作更加活跃,残疾人在残疾人组织中的主人翁地位和主体作用得到加强。

**在国际残疾人事务中的影响日益扩大** 我国政府和残疾人组织积极参与、推进国际残疾人事务。中国残联配合国家外交大局,协助政府,积极发挥联合国经社理事会特别咨商地位的作用,全面参与国际残疾人事务,积极介入联合国"残疾人权利公约"制定进程,大力支持并推动两个"亚太残疾人十年"行动。与国际残疾人组织和有关国际机构建立并发展了良好的合作关系;积极拓展国际合作项目;承担与我国国际地位相符的国际义务。残疾人事业取得的成就受到国际社会的广泛赞誉,为树立我国重视社会发展和人权保障的良好形象做出了贡献。

各位代表、同志们:

五年来的成就,是在改革开放、特别是中国残联成立十五年以来的实践基础上取得的。十五年来,我国的残疾人事业由小到大,从单一的收养救济型发展为以"平等·参与·共享"为目标的综合性社会事业;残疾人由受助者成为参与者,生活状况发生深刻变化。十五年来,我们不断加深对残疾人事业的认识,积极探索中国特色残疾人事业发展道路,积累了十分宝贵的经验,概括起来主要有:

——大力弘扬人道主义思想，树立现代文明社会残疾人观，尊重残疾人的尊严和权利，倡导和谐友爱、团结互助的人际关系；

——建立健全残疾人事业法律法规体系，依法发展残疾人事业，依法保障残疾人权益；

——纳入国民经济和社会发展大局，形成以政府为主导、各部门密切配合、全社会广泛参与的社会化工作机制；

——从我国社会主义初级阶段的基本国情出发，打好基础，讲求实效，重点保障残疾人基本生活、加强基层残疾人工作，努力拓展为残疾人服务的业务领域；

——因地制宜，分类指导，尊重并汲取地方和基层的创新精神、实践经验；

——充分发挥残疾人组织沟通政府、社会和残疾人的桥梁、纽带作用，扎扎实实为残疾人做实事；发挥残疾人的主观能动性，激励奋斗精神，实现人生价值。

这些成绩和经验，是党和政府关怀、社会各界支持的结果，是残疾人自身努力和残疾人工作者艰苦奋斗的结果。在此，我谨向所有关心、支持残疾人和残疾人事业的各级领导、各界人士表示由衷的感谢和崇高的敬意！

## 二、本世纪头二十年残疾人事业的奋斗目标

我们已经圆满地完成了中国残联第一、二、三次全国代表大会确定的各项任务，为残疾人事业的持续发展奠定了基础。但是，必须清醒地看到，在我国人民生活总体上已达到小康水平的情况下，残疾人作为一个最困难的弱势群体总体上还没有实现小康。我国有6000万残疾人，2亿多残疾人亲属，全面建设小康社会，不能忽视这两个数字。目前我国3000万贫困人口中，残疾人占到三分之一以上；残疾人文盲率高达60%，盲童义务教育入学率仅有59%；多数残疾人的康复需求尚未得到满足；残疾人的生活状况远低于社会平均水平，而且这种差距还有继续拉大的趋势。残疾人参与社会生活的障碍依然存在，歧视残疾人、侵害残疾人合法权益的现象还时有发生。

党的十六大提出，用二十年左右的时间全面建设惠及十几亿人口的更高水平的小康社会，使经济更加发展、民主更加健全、科教更加进步、文化更加繁荣、社会更加和谐、人民生活更加殷实。带领残疾人与全国人民一道共同进入全面小康社会，是广大残疾人的政治诉求，是各级残疾人组织的历史责任，也是残疾人事业为国家发展大局应当做出的贡献。

残疾人实现全面小康，要与国家的发展目标相适应，统一标准，兼顾特性，同步实施，大体一致，残疾人"平等·参与·共享"的目标进一步得到体现。主要应包括以下内容：

——生活状况根本改善，与社会平均水平差距拉大的趋势得到遏制。基本消除贫困，稳定解决温饱，绝大部分过上富足的小康生活。社会就业比较充分，劳动收入和家庭财产普遍增加。丧失劳动能力者充分得到社会保障。人人享有康复服务，康复水平和质量有较大提高。残疾预防的政策、措施更加完善、落实。

——政治、经济和文化权益得到切实尊重和保障，特殊需求得到特别扶助。社会生活参与面扩大，参与率提高。在残疾人组织中的主人翁地位和主体作用得到充分体现。理解、尊重、关心、帮助残疾人成为全社会的普遍风尚。

——思想道德和科学文化素质明显提高。大幅度减少文盲，基本普及义务教育，提高高中阶段以上教育入学率。精神世界更加充实，文化生活更加丰富。普遍树立自尊、自信、自强、自立意识。素质得到全面发展，潜能得到充分发挥。

——残疾人事业与经济、社会发展更加协调，与社会管理和公共服务更加融合，法制建设更加完善。获得的社会资源更加丰富，为残疾人提供更充分的服务。形成健康、稳定的可持续发展机制。

各地要从实际出发，根据本地经济社会发展规划，具体细化各项指标，采取切实有效措施，分阶段、有步骤、分层次地努力实现。有条件的地方，指标可以更高一些，内容可以更丰富一些，发展得更快一些。东部发达地区，要满足残疾人日益增长的需求，逐步达到中等发达国家的水平。中部地区要把现代社会残疾人事业的基本框架搭建起来，根据经济发展与残疾人的需求，逐步充实、丰富，提高水平。西部地区，要以残疾人的基本生活保障为重点,省会城市和中心城市率先发展起来,发挥辐射、带动作用,逐步普及。北京作为首都,上海作为国际大都会,天津、广州等大城市,残疾人事业的发展要与率先基本实现现代化相适应。

实现残疾人进入全面小康社会的目标,需要各级党委、政府的重视与支持,需要社会各方面的大力帮助,更需要各级残疾人组织与广大残疾人的共同努力奋斗。

### 三、抓住机遇,加快发展,开创残疾人事业新局面

深入贯彻"三个代表"重要思想、全面建设小康社会,为残疾人事业的发展提供了难得的机遇。"三个代表"重要思想的着眼点和落脚点,是代表最广大人民的根本利益,兼顾不同方面群众的利益,使全体人民朝着共同富裕的方向稳步前进。在"三个代表"重要思想指引下,各级党委和政府将更加重视和解决残疾人的实际问题,使他们的基本生活得到保障,生活条件不断改善,享受到经济和社会发展的成果。以经济建设为中心,综合国力不断增强,必将为发展社会公益、福利保障事业提供坚实的物质基础。政府转变职能,更加重视经济和社会的协调发展,加强社会管理和公共服务职能,健全完善社会保障体系,建立一个效率与公平兼顾的社会。随着社会文明程度的提高,全社会将更加团结互助、友爱和谐。这些都为进一步做好残疾人工作提供了极为有利的条件。

同时,也必须看到,我国将长期处于社会主义初级阶段。残疾人事业起步晚、底子薄,残疾人在日趋激烈的社会竞争中处于不利地位。尤其是当前我国处于体制转轨、结构转型的关键时期,社会主义市场经济体制尚不完善,法制建设相对滞后,增加了各种社会不公倾向,残疾人和残疾人工作面临的困难更加突出。实现残疾人奔小康目标,任务光荣而艰巨。

我们必须抓住机遇,充分利用有利条件,正确估计和勇敢面对困难,迎接挑战。要坚持解放思想,实事求是,与时俱进,开拓创新,自觉地从不合时宜的观念、做法和体制的束缚中解放出来,把残疾人事业融入国家发展大局,跟上时代前进步伐,开创残疾人工作新局面。

今后五年,是残疾人事业加快发展的重要时期。这个时期的工作指导方针是:解放思想、更新观念,顺应大局、乘势而上,理顺关系、整合资

源,突出重点、攻克难点,全面推进、加快发展。第三届主席团建议:

(一)抓紧落实残疾人事业"十五"计划,继续千方百计解决贫困残疾人生产生活困难问题,对中西部欠发达地区实行政策倾斜,确保各项任务圆满完成。在此基础上,结合残疾人进入全面小康社会的目标,制定实施国家"十一五"期间的残疾人事业工作计划。

今后五年,各项业务要有新拓展,发展要有新思路,工作要有新举措。康复工作要在继续抓好重点康复工程的基础上,普及康复服务,推进"人人享有康复服务"目标的实现。教育要与救助相结合,大力普及残疾儿童少年义务教育,推进高级中等以上特殊教育,拓宽残疾人受教育途径。参与制定实施《残疾人就业保障条例》,加强职业培训和再就业培训,依法推进按比例就业,大力倡导多种形式就业,巩固集中就业。

在确保符合条件的残疾人纳入社会保障的基础上,扩大保障覆盖面,增加残疾人专项保障内容,提高保障水平。解决贫困无业残疾人的基本医疗和养老保险,兴办重度残疾人寄养机构,启动农村贫困残疾人危房改造工程。加大扶贫工作力度,增加资金投入,解决政策性贷款与商业运作的矛盾,与农业产业化密切结合,提高扶贫成效,加快脱贫步伐。

健全法律法规体系,加强残疾人维权工作,完善优免扶助规定,确保在农村税费改革和就业再就业工作中残疾人得到保护。加强农村乡镇和城市社区残疾人工作,县、区普遍建立残疾人综合服务设施,增强基层为残疾人服务的能力。

为残疾人提供的各项服务,在争取政府支持的同时,要大力开发社会资源,根据社会保障与市场经营的不同性质,该保的要保,加大政策、资金支持;该放的要放,鼓励社会力量参与、介入,争取社会捐赠与救助,充分调动多方面的积极性,为残疾人提供内容更加丰富的社会服务。

(二)要抓好关系残疾人事业长远发展的几件大事:

**加强残疾人事业的理论研究,深入宣传人道主义思想** 人道主义是残疾人事业的一面旗帜。在这面旗帜下,能够最大化地凝聚各界爱心人士,优化扶残助残的社会环境。要发扬中华民族传统文化中的人道主义因素,研究人道主义在社会文明进程中的积极作用,融入社会主义精神文明的时代内容,丰富人类优秀文化的内涵。

**进行残疾人基本状况抽样调查** 第一次全国残疾人抽样调查以来的十多年，残疾人状况发生了很大变化。有必要进行新一轮的残疾人基本状况抽样调查，摸清底数，为制定新时期残疾人事业的发展规划和适时修改《中华人民共和国残疾人保障法》提供科学依据。

**办好2007年国际特奥会和2008年残疾人奥运会** 组建中国残疾人奥林匹克运动管理机构和国家残疾人运动队，建设综合训练基地，培养队伍，提高水平，力争优异成绩。以残奥会和特奥会为契机，展示残疾人的才华能力和顽强拼搏精神，增进全社会对残疾人的理解，促进残疾人事业发展。让世界了解我国的残疾人事业，我国的残疾人事业进一步融入世界。

**推动制定国际"残疾人权利公约"** 积极参与、推动联合国"残疾人权利公约"的制定进程，发挥建设性作用。支持第二个"亚太残疾人十年"活动的开展。拓展全方位、多领域的国际交流与合作。做好残疾人事业的对外宣传。

## 四、加强和改进自身建设，肩负起历史使命

为胜利完成带领残疾人奔小康的历史使命，各级残疾人组织必须深入学习、贯彻"三个代表"重要思想，加强思想、组织、作风建设，团结教育广大残疾人，建设一支充满生机和活力的高素质的残疾人工作者队伍。

**牢固树立全心全意为残疾人服务的思想** 各级残疾人组织和广大残疾人工作者要用马列主义、毛泽东思想和邓小平理论武装头脑，深入学习、贯彻"三个代表"重要思想，牢牢把握立党为公、执政为民的本质，倾听残疾人的呼声，代表残疾人的利益，反映残疾人的愿望，全心全意为残疾人服务。"代表、服务、管理"三种职能，代表性是第一位的，是基础和核心。只有增强代表意识，才能做好服务工作，取得管理的资格。各级残联要始终保持与广大残疾人的血肉联系，把残疾人的冷暖安危时刻放在心上，带着深厚的感情，从广大残疾人关心的问题入手，把好事办在关键处，把温暖送到心坎上。要自觉接受广大残疾人的监督，把残疾人拥护不拥护、赞成不赞成、高兴不高兴、答应不答应，作为检验我们一切工作成

败得失的根本标准。

**大力发扬谦虚谨慎、艰苦奋斗的作风**　广大残疾人工作者要牢记两个"务必"，发扬"团结、实干、开拓、高效"的优良传统，保持创业初期奋发有为、勇于创新的精神风貌。要努力学习，掌握新知识，积累新经验，不断有所创造、有所前进。要扎实肯干，求真务实，防止形式主义和官僚主义。要深入基层，联系群众，到最困难的残疾人中去，不仅要锦上添花，更要雪中送炭，敢于解决棘手的难点问题。随着事业的发展和条件的改善，要警惕脱离广大残疾人群众的危险，防范各种腐朽思想的侵蚀，恪守"人道、廉洁"的职业道德。

**努力建设充满活力、富有效率的组织**　适应新形势，完善组织体系，调整组织架构，增强代表性和服务能力。发扬民主，扩大残疾人对残疾人事务的参与，提高决策水平，增强工作活力。加强队伍建设，开展干部培训，优化知识结构，提高工作效率。加强基层尤其是城市社区和农村乡镇残疾人组织建设，充分发挥专门协会的作用，大力培养优秀残疾人进入残联工作，不仅领导班子中要有，工作队伍中也要有，使残疾人在残疾人组织中更加活跃，残疾人组织在基层更加活跃，残疾人和残疾人组织在社会更加活跃。

各位代表、同志们：

这次大会是一次继往开来、新老交替的大会。一批为残疾人事业的创立和发展做出突出贡献的同志，由于年龄原因从领导岗位上退了下来，让我们向他们表示崇高的敬意！一批年富力强的同志进入各级残联领导岗位，希望这些同志树立大局意识，发扬创新精神，开阔视野，脚踏实地，勤奋工作，肩负起广大残疾人的重托。

在全面建设小康社会的伟大实践中，广大残疾人要进一步发扬自强不息精神，努力提高自身素质，充分发挥积极性、创造性，同全国人民一道，共同创造我们的幸福生活和美好未来。

让我们紧密团结在以胡锦涛同志为总书记的党中央周围，高举邓小平理论伟大旗帜，全面贯彻"三个代表"重要思想，团结带领广大残疾人积极投身全面建设小康社会的伟大实践，为实现残疾人"平等·参与·共享"的目标而努力奋斗！

# 高举中国特色社会主义伟大旗帜
# 为加快残疾人事业全面发展而奋斗
——在中国残疾人联合会第五次全国代表大会上的报告

中国残联主席 邓朴方

(2008年11月11日)

各位代表、同志们:

我代表中国残疾人联合会第四届主席团向大会做报告,请予审议。

中国残疾人联合会第五次全国代表大会,是在党的十七大和十七届三中全会精神指引下召开的一次承前启后、继往开来的重要会议。大会的主题是:高举中国特色社会主义伟大旗帜,以邓小平理论和"三个代表"重要思想为指导,深入贯彻科学发展观,全面落实《中共中央国务院关于促进残疾人事业发展的意见》,回顾总结残疾人事业的发展历程和基本经验,抓住机遇,开拓进取,促进残疾人事业在新的起点上加快发展,团结带领广大残疾人为全面建设小康社会而奋斗。

## 一、过去五年的工作

第四次全国代表大会以来的五年,是我国残疾人事业快速发展、取得重要突破的五年。在党中央、国务院的关怀和领导下,通过各地方、各有关部门、社会各界和广大残疾人、残疾人工作者的共同努力,残疾人事业取得了新的重大进展。

这五年,是残疾人事业进一步融入大局、打牢基础、扎实推进的五年。党中央、国务院对促进残疾人事业发展做出重大部署;全国人大常委会修订残疾人保障法;国务院发布《残疾人就业条例》;就业促进法、义务教育法、《农村五保供养工作条例》等法律法规将残疾人权益保障纳入其中;国务院残疾人工作协调委员会更名为国务院残疾人工作委员会,职能作用进一步加强;各级政府进一步加大对残疾人事业的投入,社会各界更加支持残疾人事业;圆满完成第二次全国残疾人抽样调查,启动常态化的残疾人状况监测,残疾人事业理论与实践研究取得新进展;《中国残疾人事业"十一五"发展纲要》执行情况良好,各项工作稳步推进。为残疾人服务的基础设施建设明显加快:残疾人综合服务设施达到2125个,残疾人康复训练服务机构达到19000多个,特殊教育学校发展到1667所,残疾人就业服务机构达到3127个,残疾人托养服务机构达到1056个。全国大中城市普遍开展无障碍环境建设。创建残疾人法律服务中心和维权示范岗5998个。地方残疾人工作更加活跃,涌现出许多鲜活的典型和经验;地方残联圆满换届,残联系统专职残疾人工作者达到9.4万人,城市社区和农村残疾人协会的残疾人专职委员达到40余万人,基层残疾人工作得到加强,为残疾人服务的能力明显提高。

这五年,是残疾人状况显著改善、获得更多实惠的五年。通过扶贫开发,634.67万农村贫困残疾人解决了温饱问题;实行城乡最低社会保障等社会救助措施,1067.2万残疾人基本生活得到保障;通过实施白内障复明手术、聋儿康复、精神病防治康复等重点康复工程和广泛开展社区康复,850多万残疾人得到不同程度的康复;对140多万城镇残疾人进行职业培训,对396.8万农村残疾人进行实用技术培训,433.7万城镇残疾人实现就业,1696.6万农村残疾人参加劳动;残疾儿童少年义务教育入学率大幅度提高,在校的盲、聋、智残学生达到58.3万人,通过开展扶残助学活动,累计资助贫困残疾学生16万人次;实施危房改造项目,28.7万户农村残疾人家庭改善了居住条件;93%的农村残疾人参加了新型农村合作医疗,越来越多的贫困残疾人解决了看病难、看病贵的问题;残奥、特奥、聋奥等运动得到新的发展,残疾人运动员达到260多万人;各级法律援助服务机构为残疾人提供法律援助10万件,有力地维护了残疾人的合法权益。

这五年,是残疾人领域的国际交流与合作取得重大进展的五年。倡导并支持第二个"亚太残疾人十年"活动,为亚太地区残疾人创造平等、包容、无障碍和以权利为本的社会环境注入新的活力。中国作为发起国,从促进残疾人事业发展和人类文明进步的高度积极参与和推动《残疾人权利公约》的制定,为国际残疾人事务的发展和人权状况的改善发挥了重要影响,做出了积极贡献。

特别令我们自豪的是，不久前我国成功举办了北京2008年残奥会，圆满实现了"两个奥运，同样精彩"。这是参加国家和地区最多、参赛运动员最多的一次残疾人体育盛会，是全球残疾人"超越·融合·共享"的盛大节日。我国残奥健儿顽强拼搏，屡创佳绩，继雅典残奥会之后再次取得了金牌总数和奖牌总数双第一，实现了运动成绩和精神文明双丰收，为祖国赢得了重大荣誉。我国残奥健儿再一次向世界充分展示了自尊、自信、自强、自立的良好形象，充分展示了中华民族自强不息的精神风貌，极大地鼓舞了全国各族人民，增进了世界各国人民的了解和友谊。北京2008年残奥会让全社会强烈地感受到残疾人对和谐世界和美好生活的梦想与渴望，让全世界欣喜地看到了一个文明、进步、和谐的中国。我们还于2007年在上海成功举办了第十二届世界夏季特奥会，向世界展示了人文中国的风采。中国残疾人艺术团出访60多个国家和地区，以精湛的艺术和美丽的心灵感染了世界，被誉为"美和友谊的使者"。

今年五月以来，面对历史罕见的四川汶川5·12特大地震灾害，广大残疾人和残疾人工作者积极响应党的号召，和全国人民一道投入抗震救灾之中，中国残联组派工作组与康复医疗队奔赴灾区调研和救治伤员，地方残联全力做好对口支援工作，为抗震救灾做出贡献。

经过五年的努力，我们全面完成了中国残联第四次全国代表大会确定的各项任务，残疾人事业站在了一个新的历史起点上。

## 二、改革开放进程中的中国残疾人事业

党和国家历来关心残疾人，重视残疾人工作和发展残疾人事业。毛泽东同志曾动情地说，盲人是世界上最痛苦的人，要为他们解决困难谋福利。邓小平同志满怀深情地指出，中国需要改进对残疾人的服务。江泽民同志明确指出，关心帮助残疾人是社会文明进步的标志。胡锦涛同志深刻指出，在经济社会发展中加快发展残疾人事业，让关爱的阳光照亮每一个残疾人的心灵。这些精辟的论述和殷切的希望，时刻鼓舞激励着广大残疾人和残疾人工作者。

今年是改革开放三十周年，中国残联成立二十周年。三十年前，改革开放这一历史性的关键抉择，决定了当代中国的命运，开启了中华民族伟

大复兴的历史进程。改革开放以来,中国社会发生了深刻的变革,中国的面貌发生了历史性的变化,中国特色社会主义事业日益焕发出勃勃生机。伟大的时代成就崇高的事业,在波澜壮阔的改革开放进程中,残疾人事业乘势而起,迎来了新的春天。1978年,中国盲人聋哑人协会恢复工作。1984年,中国残疾人福利基金会成立。1986年,"联合国残疾人十年中国组织委员会"成立。这期间,一些民间残疾人组织也活跃在社会上。1988年,中国残疾人联合会成立,残疾人工作翻开了新的一页,我国残疾人事业进入了快速发展的新时期,在改革开放和建设中国特色社会主义道路上,谱写了壮丽篇章,取得了举世瞩目的历史性成就,残疾人的面貌发生了根本性变化。

二十多年来,在经济快速发展、社会全面进步的进程中,党和国家实施了一系列发展残疾人事业、改善残疾人状况的重大举措。开展两次全国残疾人抽样调查,摸清了残疾人的基本情况;《中共中央国务院关于促进残疾人事业发展的意见》,对发展残疾人事业做出全面部署;颁布实施残疾人保障法,推动残疾人事业走上依法发展的轨道;设立政府残疾人工作机构,健全残疾人工作领导体制;实施五个发展残疾人事业的国家规划,全面推进各项残疾人工作;建立新型、统一的残疾人组织,充分发挥作用;大力开展扶残助残活动,营造文明进步的社会环境;激励残疾人自强精神,促进残疾人充分平等参与社会生活。所有这些,极大地推动了残疾人事业的发展,为广大残疾人带来了实实在在的利益。

二十多年来,残疾人事业走过了不平凡的历程,为改革开放和社会主义现代化建设做出重要贡献。残疾人事业从一个较低的起点起步,由小到大,由救济为主的社会福利工作,逐步发展成为包括康复、教育、就业、扶贫、社会保障、维权、文化、体育、无障碍环境建设、残疾预防等领域广阔的综合性社会事业,初步形成了比较完整的组织体系、比较系统的业务体系、比较完善的政策法规体系和科学的思想理论体系,在经济建设、政治建设、文化建设和社会建设中发挥着越来越重要的作用。

二十多年来,残疾人参与社会生活的环境大为改善。人道主义思想广泛传播,"平等·参与·共享"的现代文明社会残疾人观日益深入人心,社会对残疾人的观念发生深刻变化,理解、尊重、关心、帮助残疾人的良好社会风尚进一步形成，残疾人的政治、经济、文化和社会权利受到尊重和保障，参与和创造能力得到肯定，对残疾人的歧视和偏见大为减少。发展残疾人事业的社会资源日益丰富，为残疾人提供的公共服务逐步增多。广大群众积极参与各种形式的扶残助残活动，帮助残疾人解决困难和问题。无障碍环境建设稳步推进，为残疾人参与社会生活提供了越来越多的便利。

二十多年来，我国残疾人的面貌发生了根本性变化。残疾人由被动的受助对象变为平等参与的主体，成为经济社会发展的一支重要力量。广大残疾人紧跟时代步伐，发扬自尊、自信、自强、自立精神，乐观进取，融入社会，参与发展，奉献力量，履行应尽义务，实现人生价值。残疾人的精神世界更加充实，文化生活更加丰富，受教育水平明显提高，能力得到更好发挥，越来越多的残疾人实现了自食其力，为社会创造了财富。在改革和发展中涌现出一批又一批体现着民族精神和时代风貌的优秀残疾人代表，他们那特有的人性光芒和自强不息精神，感染、激励和鼓舞着一代又一代人；一些优秀残疾人在国际舞台上展示了动人的风采，为祖国赢得了荣誉，为中华民族增添了光彩。

二十多年来，我国残疾人事业的国际影响不断提升，赢得国际社会的广泛赞誉。积极参与国际残疾人事务，广泛开展国际交流与合作。响应《关于残疾人的世界行动纲领》，积极参与"联合国残疾人十年"行动，倡导并支持两个"亚太残疾人十年"行动，与国际残疾人组织和有关国际机构建立了良好的合作关系，在国际残疾人事务中发挥着重要的建设性作用。今年六月，我国批准了《残疾人权利公约》，向世界做出了保障残疾人人权、改善残疾人状况的庄严承诺。残疾人事业的发展，展示了我国社会发展的成就，进一步树立了我国尊重和保障人权、关注和改善民生的良好形象，受到国际社会的普遍赞誉，荣获联合国人权奖、联合国残疾人十年特别奖等多个奖项。

经过二十多年的艰苦奋斗和积极探索，我国残疾人事业走出了一条适合国情、具有特色的健康持续发展之路，积累了十分宝贵的经验。

（一）必须坚持解放思想、实事求是、与时俱进，顺应改革开放的历史潮流，学习借鉴国际残疾人事务先进理念，从我国的基本国情出发，走中国特色残疾人事业发展道路。没有解放思想和改革开放,就没有我们国家的发展和壮大,更没有我国残疾人事业的崛起和发展。顺应改革开放和人类文明进步的大趋势,汲取国际残疾人事务先进理念和有益做法,结合我国实际,以勇于创新的精神,立足于代表残疾人的根本利益,为残疾人服务,在开拓中前进,在前进中开拓,创造了我国残疾人事业的辉煌业绩。

(二)必须坚持党委领导、政府负责、社会参与、残联组织充分发挥"代表、服务、管理"职能,把残疾人事业纳入国家发展大局。党委把残疾人事业列入重要议事日程,认真研究部署,政府承担发展残疾人事业的主要责任,在经济社会发展全局中统筹规划、同步实施、兼顾特点、协调发展,这是残疾人事业发展的根本保障。残疾人事业是一个领域广阔的综合性社会事业,社会各界的广泛支持参与是这项事业发展的社会基础。残联组织作为党和政府联系残疾人的桥梁纽带,始终代表残疾人的共同利益,全心全意为残疾人服务,在管理和发展残疾人事业中发挥着不可替代的重要作用。

(三)必须坚持讲求实效、打好基础,始终把改善残疾人状况作为残疾人工作的根本出发点和落脚点。针对残疾人迫切需要而又可能满足的基本需求,重点抓好康复、教育、就业、扶贫等受益面广、适用有效的工作,以业务促建设,以建设带业务,不断拓展工作领域和服务内容,逐步满足残疾人日益增长的需求。将工作重心放在基层,注重解决实际问题,直接为残疾人服务,同时不断完善残疾人事业的业务体系、组织体系、政策法规和思想理论体系与长效机制,夯实残疾人事业发展的基础。

(四)必须坚持依法发展残疾人事业,切实保障残疾人合法权益。建立和完善残疾人事业的法律法规体系,认真贯彻残疾人保障法和相关法律法规,加强依法行政、执法检查、法制宣传和法律救助,将残疾人权益保障和事业发展纳入法制化轨道,促进残疾人权利的实现,为残疾人事业持续健康发展提供根本性的制度保障。

(五)必须坚持弘扬人道主义思想,树立现代文明社会残疾人观。人道主义是马克思主义的重要组成部分,是社会的基础思想之一。我们高扬人道主义旗帜,始终站在先进思想文化的前沿,倡导"平等·参与·共享"的现代文明社会残疾人观,坚持以人为本,尊重残疾人的权利、价值和尊严,追求社会公平正义,丰富了社会主义核心价值体系的内容。残疾人事业唤起广泛的爱心,赢得了普遍的支持,促进了社会的文明进步。

(六)必须坚持发挥残疾人的积极性、主动性和创造性,激励自强不息精神,走劳动福利型道路。残疾人平等参与社会生活,有赖于社会的帮助,更取决于自身的奋斗。残疾人自身蕴藏着丰富的智慧和力量,是重要的人力资源,必须充分发掘残疾人潜能,促进残疾人劳动就业,创造社会财富,实现人生价值。

二十多年残疾人事业的发展成就,饱含着党和政府的亲切关怀,饱含着社会各界的深情厚谊,凝聚着广大残疾人和残疾人工作者的辛勤努力和倾力奉献,在此我谨向所有关心、支持残疾人事业的各级领导和各界人士表示衷心的感谢和崇高的敬意!

各位代表、同志们,

在充分肯定成就的同时,我们必须清醒地认识到,我国残疾人事业还滞后于经济社会的发展,基础还比较薄弱,城乡和地区之间残疾人事业发展还不平衡,基层尤其是农村基层为残疾人服务的能力亟待提高。残疾人总体生活状况与社会平均水平存在较大差距,残疾人在基本生活、医疗卫生、康复、教育、就业、社会参与等方面还存在许多困难,残疾人社会保障和公共服务政策措施还不完善,歧视残疾人、侵害残疾人权益的现象仍时有发生。残疾人实现全面小康任重而道远,我们必须为此付出长期艰苦的努力。

## 三、在新的起点上加快发展残疾人事业

党的十七大提出了实现全面建设小康社会奋斗目标的新要求,明确指出"发扬人道主义精神,发展残疾人事业"。今年三月,党中央、国务院下发了《关于促进残疾人事业发展的意见》,从立党为公、执政为民和落实科学发展观的高度,从建设中国特色社会主义事业全局出发,深刻阐明了促进残疾人事业发展的重大意义、指导思想、工作原则和目标任务,对发展残疾人事业做出重大部署。这是指导未来一个时期我国残疾人事业发展的纲领性文件,是我国残疾人事业发展史上的一个光辉里程碑,充分体

现了党中央、国务院对8300多万残疾人的特殊关爱和对残疾人事业的高度重视。意见不仅对促进残疾人事业在新的起点上加快发展具有重要的指导意义和巨大的推动作用，而且对全面建设小康社会和构建社会主义和谐社会也具有重大的现实意义和深远的历史意义。

意见明确要求紧紧围绕全面建设小康社会奋斗目标，着眼于解决残疾人最关心、最直接、最现实的利益问题，完善促进残疾人事业发展的法律法规和政策措施，健全残疾人社会保障制度，加强残疾人服务体系建设，营造残疾人平等参与的社会环境，缩小残疾人生活状况与社会平均水平的差距，实现残疾人事业与经济社会协调发展，努力使残疾人同全国人民一道向着更高水平的小康社会迈进。

我们要深刻领会意见的精神实质和丰富内涵，全面贯彻落实党中央、国务院对残疾人事业的重大部署，开拓进取，努力奋斗，扎实工作，到2020年全面建设小康社会目标实现之时，使残疾人事业与经济社会协调发展，残疾人政治、经济、社会、文化权益得到切实尊重和保障，生活状况得到根本改善，人人享有基本生活保障，人人享有基本医疗卫生和康复服务，人人享有安全的住房，残疾儿童少年人人享有九年义务教育，残疾人文化教育水平明显提高，就业更加充分，参与社会更加广泛，普遍达到小康水平。

发展是第一要义。今后五年是全面建设小康社会的关键时期，也是以科学发展观为指导贯彻落实意见、加快发展残疾人事业、推进残疾人实现全面小康目标的战略机遇期。要以加强残疾人社会保障和公共服务体系建设为重点，着重做好以下几个方面的工作：

（一）建立完善残疾人社会保障体系，进一步改善残疾人生活状况。

按照重点保障和特别扶助、一般性制度安排和专项制度安排相结合的原则，将残疾人作为重点对象切实纳入城乡社会救助、社会保险和社会福利体系，研究制定针对残疾人特殊困难和需求的专项社会保障政策措施。建立完善残疾人社会保障体系，使社会保障成为残疾人基本生活稳定可靠的安全网。

——落实最低生活保障、五保供养、医疗救助、康复救助、教育救助等社会救助政策，重点推进困难残疾人专项生活救助措施，确保贫困残疾人、低收入和特殊困难残疾人家庭的基本生活。城市廉租房和农村危房改造计划优先照顾贫困残疾人家庭。

——推行残疾人参加社会保险的政府补贴制度,大幅度提高城乡残疾人参加医疗、养老等社会保险的比例。将白内障复明、精神病人服药、聋儿助听器验配、残疾人辅助器具适配、康复训练等残疾人急需的基本医疗康复项目纳入医疗保险报销范围。

——完善残疾人社会福利政策,重点做好残疾老人和残疾儿童的福利服务。大力发展残疾人慈善事业。

(二)加强残疾人服务体系建设,切实改进对残疾人的服务。

残疾人服务体系是政府公共服务体系的重要组成部分,是维护残疾人基本权益、帮助残疾人分享经济社会发展成果的主要途径,是当前和今后残疾人事业的重点工作。要以公共服务均等化为契机,建立健全以生活照料、医疗卫生、康复、社会保障、教育、就业、文化体育、无障碍环境建设、维权等为主要内容的残疾人服务体系,让广大残疾人享受到公共服务的阳光。未来五年,要切实将残疾人服务纳入政府公共服务的大局,重点完善残疾人公共服务政策,加强服务机构、服务设施、服务能力和人才队伍建设,注重服务资源向农村、基层和欠发达地区倾斜,建立残疾人服务体系的基本格局,努力提高制度化、规范化和专业化水平。

——完善落实残疾人康复服务保障和救助政策。在城市和农村广泛深入开展社区康复,继续实施重点康复工程,大力推进实现残疾人"人人享有康复服务"。建立儿童早期筛查、早期干预等康复工作机制。

——普及、巩固和提高残疾儿童少年义务教育,多种形式对重度肢体残疾、重度智力残疾、脑瘫、孤独症等残疾儿童少年实施义务教育。实施"中西部地区特殊教育学校建设规划",使特殊教育学校办学条件明显改善。地(市)级城市要积极举办高中阶段特殊教育机构。建设残疾人中等职业学校骨干专业课程,建立残疾人职业教育教师培训基地,继续推进残疾人高等教育发展。

——贯彻落实《残疾人就业条例》。完善税费减免、专产专营等残疾人就业保护制度,落实公益岗位开发、社会保险补贴等残疾人就业促进政策措施,加强残疾人就业服务,巩固多元化就业格局,进一步扩大就业规模。建立多元化残疾人扶贫资金投入机制，充分发挥扶贫基地的辐射带动作用，有效增加贫困残疾人家庭收入。继续实施农村残疾人危房改造工程。

——发展残疾人文化艺术和体育。深入开展残疾人群众性文化活动，成立残疾人文学艺术联合会，培养优秀残疾人文学艺术人才，扶持残疾人文学艺术创作，打造残疾人特殊艺术精品。大力扶持盲文、盲人有声读物出版等公益性文化事业。办好上海世博会残疾人事业馆。深入开展残疾人群众性体育健身活动和残奥、特奥、聋奥运动，努力实现经常参加体育活动的残疾人达到残疾人总数15%的目标。办好第八届全国残疾人运动会、第五届全国特奥运动会和2010年广州亚洲残疾人运动会。

——严格执行无障碍建设的法律法规、设计规范和行业标准。开展无障碍城市创建工作，推进小城镇、农村无障碍建设。加快残疾人服务基础设施和社区及残疾人家庭无障碍改造。加强信息无障碍科技研究与创新，推进制定相关规范和标准，构筑信息无障碍服务支撑平台。加快推进影视作品加配字幕、手语新闻节目和网络等信息无障碍。

——推动人民法院、人民检察院、司法行政等部门深入开展残疾人法律救助工作，完善残疾人法律救助多部门协调机制。建立直接为残疾人服务的法律救助工作站。畅通残疾人信访渠道，加大对侵害残疾人权益重大案件的处理力度。

——推广"阳光之家"、"温馨家园"经验，加快推进智力、精神及重度残疾人托养服务工作。积极发展残疾人社区服务、居家服务。研究制定残疾人服务领域的国家和行业标准，完善行业管理政策，加强支持引导和监督管理。

（三）推进制度建设，建立残疾人事业发展的长效机制。

进一步健全残疾人事业法律法规体系，完善残疾人工作机制，统筹城乡和地区残疾人事业发展，履行《残疾人权利公约》，建立残疾人事业健康、持续发展的长效机制。

——进一步完善党委领导、政府负责的残疾人工作领导体制。将残疾人事业纳入国民经济和社会发展总体规划、相关专项规划和年度计划，残疾人工作纳入有关部门职责范围，建立稳定的残疾人事业经费保障机制。

——积极参与涉及残疾人权益的法律法规的制定、修改;推动制定残疾人康复条例和无障碍条例;及时完成残疾人保障法地方实施办法的修改;完善残疾人优惠政策和扶助规定。

——统筹城乡和东中西部残疾人事业发展。着力加强农村残疾人社会保障,千方百计解决好农村贫困残疾人的基本生活,促进农村残疾人增收,缩小城乡残疾人事业差距。中西部地区要进一步夯实基础、加快发展,使残疾人的基本生活、就学、就医得到稳定的制度性保障;东部地区要发展得更快更好,努力实现为残疾人服务的能力、水平与残疾人的需求相适应,残疾人事业与经济社会发展相协调。

——确保完成残疾人事业"十一五"发展纲要规定的各项任务。适时制定实施残疾人事业"十二五"规划,建立残疾人事业国家专项规划制定和实施机制。制定和实施国家残疾预防行动计划。制定国家残疾标准。做好残疾人调查统计、状况监测和信息化建设工作,加强残疾人事业理论研究和学科建设。推进残疾人事业领域的科学技术研究和应用。

——建立《残疾人权利公约》履约机制,促进履约工作与各项残疾人工作有机结合。加强国际交流与合作。

——加强人道主义思想和现代文明社会残疾人观宣传教育,进一步形成扶残济困、团结友爱的良好社会风尚。组织好第四次"全国自强模范和助残先进"表彰活动。

(四)以改革创新精神加强残疾人组织建设。

加快残疾人事业发展,必须以改革创新精神进一步加强组织建设,恪守"人道、廉洁、服务、奉献"的职业道德,始终保持与残疾人的血肉联系,不断提高为残疾人服务的能力和水平,承担起新的历史使命。

——健全残疾人组织体系。以农村基层残疾人组织建设为重点,完善"横向到边、纵向到底"的残疾人组织体系。加强对专门协会工作的研究和宏观指导,探索活跃专门协会工作的新思路、新办法。加强对民间残疾人组织的指导。

——加强残疾人组织的能力建设。始终坚持解放思想、实事求是,始终牢记全心全意为残疾人服务的宗旨,始终保持与残疾人的血肉联系,始终发扬谦虚谨慎、艰苦奋斗和勇于创新的精神,不断提高运用中国特色社会主义理论指导残疾人工作的能力,不断提高参与社会建设和社会管理的能力,不断提高社会化工作能力,不断提高依法发展、管理残疾人事业和为残疾人服务能力,切实履行好"代表、服务、管理"职能。

——造就高素质的干部队伍和人才队伍。将残联干部队伍建设纳入干部队伍和人才队伍建设整体规划,加大培养、使用和交流力度。做好残疾人干部的选拔、培养和使用工作。加快培养高素质残疾人事业专业技术人才,适应专业化服务的要求。培育基层残疾人工作者队伍。发展壮大助残志愿者队伍。

——要充分发挥广大残疾人的智慧和力量,鼓励残疾人参与、创造和奉献,带领他们积极投身改革开放和现代化建设的伟大实践,共建小康社会,共享社会和谐。

各位代表、同志们:

残疾人事业伴随着国家改革开放而发展壮大,广大残疾人在改革开放的进程中创造着幸福生活和美好未来。让我们更加紧密地团结在以胡锦涛同志为总书记的党中央周围,高举中国特色社会主义伟大旗帜,以邓小平理论和"三个代表"重要思想为指导,深入贯彻落实科学发展观,团结带领广大残疾人,为夺取全面建设小康社会新胜利、谱写美好生活新篇章而努力奋斗!

# 自强不息　团结奋斗
# 为残疾人兄弟姐妹创造美好生活
—— 在中国残疾人联合会第六次全国代表大会上的报告

中国残联主席　张海迪

（2013年9月17日）

各位代表、同志们：

我代表中国残疾人联合会第五届主席团向大会做报告，请予审议。这次大会的主题是：高举中国特色社会主义伟大旗帜，以邓小平理论、"三个代表"重要思想、科学发展观为指导，深入贯彻落实党的十八大精神，加快残疾人事业发展，努力实现残疾人与全国人民同步小康，促进残疾人平等参与社会生活、共享社会发展成果，团结带领残疾人兄弟姐妹为实现美好理想而努力奋斗。

## 一、过去五年的工作

自从1988年中国残疾人联合会成立以来，中国残疾人事业已经走过了25年的历程。在党中央、国务院的亲切关怀和高度重视下，在邓朴方同志和几代残疾人工作者的努力下，残疾人事业从创业之初走到了蓬勃发展的今天，残疾人的生存状况发生了巨大的变化。过去的五年，是我国残疾人事业快速发展，残疾人生活状况进一步改善的五年。我们全面贯彻《中共中央国务院关于促进残疾人事业发展的意见》，实施新修订的《中华人民共和国残疾人保障法》，落实中国残疾人事业"十一五"、"十二五"发展纲要，圆满地完成了第五次全国代表大会确定的任务目标，残疾人事业取得了新成就，越来越多的残疾人实现人生和事业的梦想，过上了幸福而有尊严的生活。

（一）残疾人生存状况显著改善。480多万（人次）农村贫困残疾人实现脱贫，1070多万城乡困难残疾人享受最低生活保障。城镇新增160多万残疾人就业，农村在业残疾人稳定在1700万，城乡残疾人家庭人均可支配收入分别增长了65.5%和83.3%。近一半的省份建立了贫困残疾人生活补助和重度残疾人护理补贴制度，为近55万户农村贫困残疾人家庭实施危房改造，为30万户贫困残疾人家庭实施无障碍改造，为250万（人次）残疾人发放机动轮椅车燃油补贴。落实社会保险个人缴费政府补贴制度，城镇残疾人至少参加一项社会保险的比例提高了30多个百分点。实施"阳光家园计划"，共为110多万（人次）残疾人提供了托养服务。残疾人康复特别是残疾儿童抢救性康复普遍开展，通过实施一批重点康复工程，1200多万残疾人得到不同程度的康复，为残疾人适配辅助器具520多万件，在近2800个县（市、区）开展了社区康复服务，康复服务覆盖率由23.3%上升到55.2%。农村残疾人参加新型农村合作医疗的比例达到97.4%，残疾人急需的康复医疗项目逐步纳入城乡医疗保障范围。残疾儿童少年义务教育入学率逐年提高，在校残疾学生近38万人；高中以上特殊教育加快发展，特殊高中阶段在校学生近2万人，3万余名残疾大学生在普通高校和高等特教学院学习；140多万（人次）城镇残疾人得到职业培训。五年来，实施了特殊教育学校、康复和托养服务设施建设规划，残疾人服务设施建设初见成效；中央财政残疾人事业资金投入总量近110亿元，地方财政投入大幅增加，有力推进了残疾人事业的发展。

（二）残疾人社会参与明显增强。越来越多的残疾人融入社会生活，他们以顽强的意志、积极的人生态度不断开拓前进的道路，各行各业涌现出一大批残疾人自强不息的典型，他们不怕困难，顽强奋斗，不屈的精神和为社会做出的贡献感动和鼓舞着千千万万的人。他们当中有在平凡岗位上无私奉献、勤奋敬业的工人、农民、教师、医生，有执着追求、为科技进步做出贡献的专家学者，还有积极参政议政的人大代表和政协委员。近年来，残疾人文化体育生活更加丰富活跃，残疾人文学艺术工作者创做出一批高扬自强不息精神、反映残疾人生活和精神世界的优秀艺术作品，引起强烈的社会反响。中国残疾人艺术团带着"我的梦"，出访58个国家和地区，展现了中国残疾人的精神风貌和特殊艺术的魅力，传播了爱心和友谊。中国残疾人体育代表团在伦敦残奥会再创佳绩，实现了金牌榜和奖牌榜的"三连冠"，为祖国和人民赢得了荣誉。残疾人像健全人一样参与社会生活已不再是梦想。他们也为经济社会发展做出了重要贡献，成为推动社会文明进步的重要力量。

（三）残疾人事业体制机制逐步完善。确立了党委领导、政府负责、社会参与、残疾人组织充分发挥作用的残疾人事业领导体制和工作机制。全国人大常委会开展残疾人保障法执法检查和立法后评估，社会保险法、精神卫生法等法律加强对残疾人权益的保障，国务院颁布实施《无障碍环境建设条例》，残疾人事业法制建设取得显著进展，为发展残疾人事业和维护残疾人权益奠定了良好基础。残疾人事业纳入国民经济和社会发展规划，国家基本公共服务规划做出重点安排部署，继续实施发展残疾人事业的国家五年规划。制定实施《关于进一步加快特殊教育事业发展的意见》等一系列扶持政策，发布实施《残疾人残疾分类和分级》《无障碍设计规范》等国家标准和行业标准，成立中国残疾人体育运动管理中心、中国视障文化资讯服务中心、中国残联残疾预防与控制中心，残疾人事业发展格局进一步拓展。残疾人状况统计和监测工作更加规范化、常态化，残疾人事业科技应用、信息化工作和理论实践研究逐步深入。建成了覆盖近4000万残疾人的综合数据管理系统，为政策制定和执行评估提供了可靠依据。地方残疾人工作不断创新，充满活力。基层残疾人组织建设进一步加强和规范，社区（村）残疾人协会普遍建立，近60万残疾人专职委员活跃在残疾人工作一线。五个残疾人专门协会完成社团登记，工作更加活跃规范。

（四）残疾人平等参与的社会环境更加优化。自2008年北京残奥会之后，进一步加强人道主义思想的宣传普及；成功举办了广州亚残运会、第八届全国残疾人运动会等文化体育活动，世博会159年历史上首次在上海设立残疾人主题馆，扶残助残的社会风气日益浓厚，残疾人参与社会的环境进一步改善。志愿助残阳光行动广泛开展，助残志愿者达到700多万；残疾人慈善事业进一步发展，中国残疾人福利基金会"集善工程"汇集各方爱心，直接为100多万残疾人提供了实实在在的帮助。残疾人社会组织蓬勃发展，在为残疾人提供多层次、个性化服务中发挥着越来越重要的作用。建成了中国盲文图书馆等示范性服务设施。开展文化进社区和文化助残活动。城乡无障碍环境建设全面推行，交通运输、金融服务、公共文化、互联网等行业无障碍服务逐步拓展，为各类残疾人提供了更多的便利。铁路列车实施无障碍改造，设置残疾人专座和无障碍卫生间、预留车票；机场旅客航站区和航空公司配备无障碍设施和轮椅；地市级以上广播电台普遍设有残疾人专题栏目，中央电视台每天都有手语新闻，实现春晚同步字幕网上直播；大部分省市级电视台开办了手语节目，影视作品逐步加配字幕；479个地市级以上图书馆开设了盲人阅览室；一些网站和电讯公司实现了信息无障碍；开通了聋人手机短信报警服务，一部分药品已经标注盲文，导盲犬出入公共场所有了法律保障，很多残疾人实现了驾驶汽车的梦想。残疾人出行更加方便，信息交流更加顺畅，参与社会生活的天地越来越广阔。

（五）残疾人事业的国际影响力日益提升。作为《残疾人权利公约》的积极倡导者和第一批签署、加入公约的国家，我们认真履行公约规定的义务，如期提交了首次国家履约报告并顺利通过审议，我国在残疾人扶贫、无障碍环境建设等方面取得的成绩受到国际社会充分肯定。2012年在北京举办了"消除障碍·促进融合"国际论坛，联合国秘书长潘基文发来贺词，论坛通过的《北京宣言》呼吁国际社会加强合作，促进残疾人融合发展；我们推动实施了第三个"亚太残疾人十年"，并荣获联合国"亚太残疾人权利领袖奖"。过去的五年，残疾人事业成为展示我国改革开放、经济社会发展和人权保障成就的一个突出亮点。

在过去五年的工作中，我们坚持以中国特色社会主义理论体系为指导，不断深化对中国特色残疾人事业发展规律的认识，从实践中探索出一些重要经验和做法。

（一）坚持党委领导、政府负责的领导体制。加强党和政府对残疾人工作的领导，健全残疾人工作领导体制，发挥政府残疾人工作委员会综合协调作用，坚持广泛动员社会力量参与，形成残疾人工作合力。这是发展残疾人事业的体制机制保障。

（二）坚持努力营造残疾人事业发展的法制环境。完善残疾人事业政策法规建设，加强残疾人保障法等法律法规的监督执行力度，增强政府和社会依法维护残疾人平等权利的观念，反对一切基于残疾的歧视。这是发展残疾人事业的根本保障。

（三）坚持将保障和改善残疾人民生作为工作重点。推进普惠与特惠相结合的制度安排，着力解决好残疾人基本生活保障、康复、教育、就业等问题，努力缩小残疾人状况与社会平均水平的差距，不断促进残疾人全面发展。这是朝着共同富裕方向稳步前进的基本要求。

（四）坚持充分发挥残疾人组织的作用。残疾人组织始终是推动社会建设的重要力量。我们始终保持与残疾人的血肉联系，把握新形势下残疾人工作的特点和规律，忠实履行"代表、服务、管理"职能，全心全意为残疾人服务，不断推进残疾人事业制度创新、实践创新。这是发展残疾人事业的重要组织保证。

五年来，残疾人事业取得了新的进步，有了新的发展，这些成就是党和政府亲切关怀、高度重视的结果，是社会各界广泛参与、大力支持的结果，是残疾人和残疾人工作者百折不挠、辛勤努力的结果，在此，我谨向所有关心、支持残疾人事业的各级党委政府、残工委各成员单位、社会各界人士，向残疾人兄弟姐妹及其亲属和残疾人工作者表示衷心的感谢！

## 二、残疾人事业面临的形势和发展目标

残疾人事业是中国特色社会主义事业的重要组成部分，是崇高的人道主义事业。它尊重生命的价值，维护人的尊严，保障人的权利，彰显社会公平正义，是社会文明进步的标志。改革开放30多年来残疾人事业蓬勃发展。党和政府对残疾人事业高度重视，残疾人自强不息，残疾人工作者艰苦奋斗，开创了残疾人"平等、参与、共享"的新生活，探索出一条中国特色残疾人事业发展道路。只有沿着这条道路前进，残疾人兄弟姐妹才能实现未来更美好的愿景。

残疾人事业是不断发展的社会事业，我们已经做的工作，与党和政府的要求、残疾人的期待相比还远远不够，我们始终要有忧患意识。当前，残疾人仍然是最困难、最需要帮助的社会群体之一。1500万农村残疾人还生活在贫困之中，260多万城镇残疾人生活还十分困难，还有280多万农村残疾人家庭没有房屋或是住在危房里。残疾人家庭人均可支配收入仅为社会平均水平的一半，残疾人小康实现程度比全国小康实现程度低17个百分点。残疾人社会保障水平还比较低，康复、教育、就业、无障碍等基本公共服务还难以满足残疾人基本需求。残疾人事业城乡区域发展还不

平衡，农村和基层为残疾人服务的能力还比较薄弱。在一些地方，残疾人受歧视、权益受侵害的现象依然存在，残疾人和残疾人工作还面临着很多困难和挑战。推动残疾人事业加快发展，带领广大残疾人和全国人民共同进入全面小康社会，任重道远，需要我们付出长期艰苦的努力。

党的十八大提出了全面建成小康社会的宏伟目标，明确要求"健全残疾人社会保障和服务体系，切实保障残疾人权益"。国家富强、民族振兴、人民幸福的中国梦承载着残疾人兄弟姐妹的美好向往。只有残疾人生活改善了，能够平等、参与、共享社会文明进步的成果，我们的中国梦才更加美丽。习近平总书记指示，抓民生要抓住人民最关心最直接最现实的利益问题，抓住最需要关心的人群。李克强总理强调，要下决心把残疾人等特困群体的问题解决好。这些都为进一步做好残疾人工作指明了方向。我们要尽可能地为残疾人兄弟姐妹创造一切机会，让他们能够得到康复，能够平等接受各个阶段的教育，要让残疾孩子能够走进学校的大门，要让更多的残疾人实现劳动的权利，更要让重度残疾人、贫困残疾人和残疾老人得到更多的关怀和照料，让他们能有生命的尊严，感受社会的温暖。因此，我们要促进残疾人事业全面发展，加快残疾人全面小康进程，努力实现以下目标：

——残疾人事业与经济社会总体协调发展。残疾人社会保障水平显著提高，社会福利逐步拓展；公共服务供给更加充足，逐步走上社会化、科学化、标准化轨道；残疾人政治、经济、社会、文化等平等权利得到更好的保障。

——残疾人生存和发展状况明显改善。残疾人普遍享有基本生活保障，拥有安全适用的住房，贫困和重度残疾人普遍享有福利津贴。保障残疾人劳动就业权益，劳动收入较快增长，与社会平均水平的差距显著缩小。残疾人普遍享有康复服务，系统开展残疾预防；残疾儿童少年全面普及义务教育，残疾人受教育水平明显提高，文化体育生活更加丰富，无障碍环境全面改善。

——残疾人组织履职能力全面提升。增强调查研究能力，坚持从残疾人中来，到残疾人中去，真实反映残疾人的利益诉求。增强公共服务能力，熟悉掌握政策法规，协助政府做好残疾人公共服务的规划布局、标准制定和行业管理。增强社会管理能力,掌握社会化工作方式,更好地运用社会组织、民间资本、市场主体等资源发展残疾人事业。

——为残疾人创造友爱和谐的人文环境。残疾人既是我们服务的对象,也是建设社会主义物质文明和精神文明的重要力量。全社会都要弘扬人道主义,关心、帮助残疾人,残疾人更要有不怕困难、顽强生活的斗志,以坚韧不拔的品格、奋发向上的精神,自尊、自信、自强、自立,努力学习,增长本领,广泛参与社会生活,即使残缺的生命也要绽放出绚丽的光彩!

## 三、今后五年的主要工作任务

今后五年,依然要坚持以残疾人为本,以实现残疾人全面小康为主题,进一步贯彻落实《中共中央国务院关于促进残疾人事业发展的意见》,实施好《国家基本公共服务体系"十二五"规划》和《中国残疾人事业"十二五"发展纲要》,制定实施残疾人事业"十三五"发展纲要,推进残疾人社会保障体系和服务体系建设,扎实推动残疾人事业与经济社会协调发展,不断增进残疾人福祉,显著缩小残疾人状况与社会平均水平的差距。要重点做好以下六个方面的工作:

(一)保障残疾人基本民生,提高残疾人生活水平。优先解决近1800万城乡生活困难残疾人的民生问题,确保基本生活有保障、住房有保障、义务教育有保障、基本医疗和康复护理有保障。尽快实现残疾人社会保险全覆盖和最低生活保障应保尽保。研究制定残疾人提前领取养老金政策,推动更多残疾人康复医疗项目纳入城乡医疗保障范围。积极拓展残疾人社会福利,完善贫困残疾人生活补贴和重度残疾人护理补贴制度,推动建立重度残疾人单独施保、辅助器具补贴和交通补贴制度,加快发展托养服务和残疾人养老服务。要大力促进城乡残疾人就业和创业,消除对残疾人的就业歧视,帮助有劳动能力的残疾人实现就业权利。推动党政机关、人民团体、事业单位、国有企业带头按比例安排残疾人就业,扶持发展适合残疾人就业的行业和产业,促进残疾人公益性岗位就业,积极发展辅助性就业,扶持残疾人扶贫基地和专业合作社建设,努力实现残疾人收入较快增长,让更多的残疾人家庭生活得更加富裕、更加幸福。

(二)加强残疾人基本公共服务,促进社会融合发展。要进一步加强残疾人事业顶层设计和总体规划，完善残疾人社会保障和公共服务基本制度建设。建立稳定增长的经费保障机制，推动形成政府主导、社会参与、公办民办并举的残疾人公共服务供给模式，积极推进政府购买社会组织助残服务，大力发展残疾人慈善事业。研究制定残疾人服务领域的国家和行业标准，加强基础设施和人才队伍建设。建立残疾儿童康复救助制度，让更多的残疾儿童在最佳康复期得到有效的救治。普及社区和家庭康复，增加国家重点康复工程项目，让更多的残疾人得到质优价廉、方便可及的服务。加强康复机构和康复人才队伍建设，大力提高康复服务水平。编制实施《残疾预防国家行动计划》。建设设施更加完备的特教学校，提高师资水平和教育质量，加强教育督导。资助残疾儿童接受普惠性学前教育，全面普及残疾儿童少年义务教育，帮助更多的残疾孩子在普通学校就读。加快发展残疾人职业教育和高中阶段以上教育，不断提高残疾人的受教育水平，让知识照亮残疾人的未来。

（三）依法发展残疾人事业，保障残疾人平等权利。进一步完善残疾人事业法律法规体系，推动《残疾预防和残疾人康复条例》的制定和《残疾人教育条例》的修改。加大残疾人保障法等法律法规的实施力度，保障残疾人政治、经济、社会、文化等平等权益，给予残疾人更多的爱护和保护。加强普法宣传，消除基于残疾的歧视，在全社会树立起依法维护残疾人权益的意识；深入开展残疾人法律救助和法律援助，帮助残疾人依法维护自身合法权益。要认真做好残疾人信访工作，及时稳妥解决信访反映的问题。积极发挥残疾人组织和残疾人代表的民主参与、民主管理和民主监督作用。切实保障残疾人对相关立法和残疾人事务的知情权、参与权、表达权、监督权。要全面推进城乡无障碍环境建设，让更多的城市实现无障碍化，为更多的社区和残疾人家庭进行无障碍改造，做好信息交流无障碍建设和服务，为残疾人参与社会创造更好的条件。要进一步丰富残疾人文化体育生活，积极实施残疾人自强健身工程，开展残疾人体质测评。办好第九届全国残疾人运动会。组团参加第十五届里约残奥会。鼓励残疾人的文化艺术创作，发展残疾人文化产业。加强人道主义思想宣传和政策理论研究。广泛开展自强活动，做好全国自强模范与助残先进集体和个人的评选工作，激励残疾人积极参与社会生活，实现美好的理想。要认真履行联合国《残疾人权利公约》，建立健全国家履约机制，将公约倡导的先进理念充分融入残疾人服务和权益保障工作中。执行亚太经社会"仁川战略"，实施第三个"亚太残疾人十年"行动。

（四）加强农村和社区工作，推进残疾人事业均衡发展。要把工作的重心放到基层，放到广大的农村地区，特别是偏远困难地区，让那里的残疾人得到更多的帮助。要进一步支持老少边穷地区和农村残疾人工作，加强对新疆、西藏、原中央苏区残疾人工作的对口支援，政策、资金、项目要向这些地方倾斜，努力推动城乡区域残疾人事业均衡发展，让全国各地的残疾人逐步享受到均等化的公共服务。要下大力气加强基层残疾人工作，搭建社区残疾人服务平台，改善服务条件，增强服务能力，让城乡社区真正成为残疾人的温馨家园。

（五）完善残疾人工作基础数据，提升工作信息化水平。要加大残疾人相关统计数据基础建设力度，完善残疾人评定、统计标准，定期开展残疾人调查统计监测工作，及时掌握动态基础信息，适时启动第三次全国残疾人抽样调查，建立健全残疾人工作数据平台，加强评估与监督，为加快残疾人事业发展提供科学扎实的数据支撑。要运用信息科技成果创新工作方式方法，提升组织和管理能力，建立适应信息化社会的残疾人工作机制；推进信息系统在部门间、区域间的互联互通，运用移动互联网、物联网等信息科技成果优化工作流程，提高管理水平，改进服务方法，提升工作质量和效率。

（六）保持艰苦奋斗的作风，全心全意为残疾人服务。做好残疾人工作，必须建设一支好队伍，建设好全心全意为残疾人服务的残联组织，这是发展残疾人事业的重要组织保障。要按照党的十八大提出的"强化企事业单位、人民团体在社会管理和服务中的职责"的要求，进一步加强残疾人组织建设，恪守"人道、廉洁、服务、奉献"的职业道德，更好地履行"代表、服务、管理"职能。今后五年，要把组织建设的重点放在基层。按照基层残疾人组织规范化建设要求，加强县（市）、乡镇（街道）残联建设，巩固和发展社区（村）残疾人协会，实现基层残疾人组织全覆盖。积极培育专门协会，完善协会运行机制，增强协会工作活力，支持协会充分发挥自身优势，忠实履行好"代表、服务、维权"职能。

推动残疾人社会组织规范建设、健康发展,深入开展志愿助残服务。要加强教育培训,全面提升残疾人工作者的综合素质和服务能力,培育一支知识化、专业化的残疾人工作者队伍。关心、爱护残疾人工作者,特别是基层残疾人工作者,努力改善他们的工作条件和生活待遇。认真做好残疾人干部的选拔、配备和培养工作。

我们的队伍要不断改进工作作风。密切联系残疾人群众是我们的最大优势,脱离残疾人群众是我们的最大危险。各级残联要成为残疾人最可亲近的地方,成为他们可以倾诉内心、可以得到鼓励和帮助的地方。每一位残疾人工作者都要与残疾人心连心,成为他们的朋友,成为他们的亲人。一定要察实情、说实话、办实事、见实效。要深入基层,多到最困难的地方去,多到残疾人最需要的地方去,把工作做到乡镇、社区(村)和残疾人身边。要始终保持艰苦奋斗的优良作风,勤俭办一切事情。要坚决反对形式主义、官僚主义、享乐主义和奢靡之风,坚决反对一切消极腐败现象。残疾人工作者的队伍要永远保持蓬勃朝气和浩然正气,残疾人工作者要做让人民放心的人。

各位代表、同志们,残疾人事业的发展给残疾人带来希望和未来,也给社会带来温暖和大爱。展望未来,我们肩上的担子重、责任大,中国残疾人事业的画卷正等待我们去描绘更新更美的图景。让我们紧密团结在以习近平同志为总书记的党中央周围,高举中国特色社会主义伟大旗帜,以邓小平理论、"三个代表"重要思想、科学发展观为指导,团结带领残疾人兄弟姐妹,在全面建成小康社会、实现中华民族伟大复兴中国梦的实践中创造更加美好的生活!

# 以习近平新时代中国特色社会主义思想为指引 团结带领残疾人兄弟姐妹共奔美好小康生活

——在中国残疾人联合会第七次全国代表大会上的报告

中国残联主席　张海迪

(2018年9月14日)

各位代表，同志们：

我代表中国残疾人联合会第六届主席团向大会做报告，请予审议。大会的主题是：以习近平新时代中国特色社会主义思想为指引，深入贯彻落实党的十九大精神，不忘初心，牢记使命，努力开创新时代残疾人事业发展新局面，促进残疾人全面发展和共同富裕，帮助残疾人和全国人民一道实现全面小康生活，在实现中华民族伟大复兴中国梦的实践中创造美好未来。

## 一、过去五年的工作

党的十八大以来，在以习近平同志为核心的党中央坚强领导下，各级党委和政府高度重视，社会各界关心支持、积极参与，残疾人事业发展迈上一个新台阶，取得了新成就，残疾人状况得到显著改善，残疾人事业在全面建成小康社会的征程中取得新进展。

过去的五年，农村贫困残疾人脱贫攻坚取得重大进展。500多万贫困残疾人摆脱了贫困，帮助170多万贫困残疾人家庭改造了危房。2100多万残疾人得到了困难残疾人生活补贴和重度残疾人护理补贴。900多万贫困残疾人有了最低生活保障，其中260多万成年无业重度残疾人作为单人户纳入低保，近百万特困残疾人得到救助。扶持100多万城镇残疾人实现了各种形式的就业，残疾人收入较快增长、生活明显改善。残疾人服务纳入国家基本公共服务体系，2000多万（人次）残疾人得到康复服务，400多万（人次）残疾人得到托养照料。视力、听力、智力三类残疾儿童少年义务教育入学率超过90%，残疾学生随班就读的比例超过50%。为残疾考生参加普通高考提供便利措施，累计已有4.43万残疾考生进入普通高校学习。发布推广国家通用手语和通用盲文，聋人有了"普通话"，盲人有了"规范字"。

实施"盲人数字阅读推广工程"，公共图书馆盲人阅览室座席达到2.5万个，地级以上电视台普遍开设了手语栏目。推动残疾人健身体育、康复体育和竞技体育均衡发展。城乡无障碍环境明显改善，211万残疾人家庭得到无障碍改造，残疾人辅助器具研发和生产不断进步，辅助器具的种类越来越多，科技含量越来越高。全国16万残疾人考取了汽车驾驶证，出行更加便利。

过去的五年，残疾人自强不息的精神继续发扬，精神面貌发生深刻变化。越来越多的残疾人顽强奋斗，为社会发展贡献出自己的一份力量。在脱贫攻坚的一线，在科技创新的前沿，在残奥赛场上，在平凡的岗位上，涌现出一大批残疾人先进模范，有全国优秀共产党员、全国劳动模范、八一勋章获得者，有全国道德模范、全国脱贫攻坚奖获得者，还有全国技术能手，很多残疾人金牌运动员获得了全国五一劳动奖章、中国青年五四奖章和全国三八红旗手称号。

中国残疾人体育代表团实现了残奥会金牌榜和奖牌榜四连冠，在平昌冬残奥会上实现了金牌零的突破，为祖国争得了荣誉。中国残疾人艺术团出访100多个国家和地区，精彩的演出受到热烈欢迎和高度赞誉，成为传播友谊的使者。中国残疾人代表团参加第九届国际残疾人职业技能竞赛，金牌总数和奖牌总数超过往届，展现了残疾人的卓越技能和工匠精神。

过去的五年，残疾人权益保障的法规和制度更加完善。《民法总则》《中医药法》等多部法律法规维护了残疾人的平等权利。国务院颁布了《残疾预防和残疾人康复条例》，修订了《残疾人教育条例》，制定了《关于加快推进残疾人小康进程的意见》《关于全面建立困难残疾人生活补贴和重度残疾人护理补贴制度的意见》《关于建立残疾儿童康复救助制度的意见》等一系列重要文件。国家《"十三五"推进基本公共服务均等化规划》等专项规划将残疾人公共服务纳入其中，国务院印发了《"十三五"加快残疾人小康进程规划纲要》《国家残疾预防行动计划（2016—2020年）》，残疾人事业进一步融入经济社会发展大局。各级财政对残疾人事业的专项资金投入超过1800亿元，比上一个五年增长123%。残疾人服务设施达到3822个，中央预算内投资规模比上一个五年大幅增长。

过去的五年，残疾人事业发展环境持续优化。全国"两会"提案议案更多聚焦残疾人和残疾人事业，全国政协连续三年将残疾人事务纳入双周协商座谈会，最高人民法院、最高人民检察院对维护残疾人权益提出新要求。成功举办第九届全国残疾人运动会暨第六届特奥会、第九届全国残疾人艺术汇演和第五届全国残疾人职业技能竞赛等，开展"全国助残日"、"残疾预防日"、"志愿助残阳光行动"、"集善工程"等活动，残疾人精神生活更加充实，人道主义思想更加深入人心，理解尊重关心帮助残疾人的社会氛围更加浓厚。残疾人的权利得到更加充分的保障，残疾人参与社会的深度和广度不断加大。5000多名残疾人、残疾人亲友和残疾人工作者担任各级人大代表和政协委员，积极参政议政、建言献策，为推动社会文明进步做出积极努力。

过去的五年，中国残疾人事业国际影响力不断扩大，开展了更广泛的国际交流合作。认真履行联合国《残疾人权利公约》，推动将残疾人事务纳入联合国《2030年可持续发展议程》。推动建立了亚太经合组织、亚欧会议、中国－东盟等框架下的残疾人事务区域合作机制。积极开展"一带一路"残疾人领域合作。成功举办2013—2022年亚太残疾人十年中期审查高级别政府间会议；"亚太残疾人十年"由中国首倡、在北京发起，已成为残疾人事务区域合作的典范。2014年，我当选康复国际主席，几年来应邀出席联合国社发大会、联合国人权理事会社会论坛、亚太经社会会议、全球残疾人事务高峰会议等，与很多国家和地区分享了中国残疾人事业发展的经验，中国在国际残疾人事务中有了更多的话语权。中国残疾人权益保障成就得到了国际社会的普遍赞誉。

过去的五年，各级残联落实全面从严治党要求，党的建设和自身建设显著增强。各级残联全面加强党的建设，扎实开展党的群众路线教育实践活动、"三严三实"专题教育，推进"两学一做"学习教育常态化制度化，切实增强了政治意识、大局意识、核心意识、看齐意识，更加坚定地同以习近平同志为核心的党中央保持高度一致。坚持作风建设永远在路上，认真落实中央八项规定和实施细则精神。强化巡视整改落实，建立长效机制。努力以全面从严治党新成效引领残疾人事业新发展，确保党中央方针政策和决策部署得到贯彻落实。

中国残联认真贯彻落实中央党的群团工作会议精神，围绕保持和增强政治性、先进性、群众性，推进各级残联建设和改革，推进服务创新，研究为残疾人服务的新方法。加强信息化建设，建立残疾人口基础数据库，采集了残疾人康复、教育、就业等41项信息，实现数据动态更新；初步建立残疾人事业大数据，同有关部委建立数据交换共享机制，为制定规划和出台政策提供决策依据。积极探索"互联网＋助残服务"，充分利用互联网、大数据等现代信息技术手段，为残疾人提供更加便捷有效的服务。专门协会工作不断创新，"希望之家"等服务项目受到残疾人的欢迎。各级残联专职工作人员达到11.3万人，残疾人专职委员达到59万人，基层残疾人组织基本实现全覆盖。"残疾人之家"、"阳光家园"等成为残疾人信得过的基层服务机构。各级残联想方设法为残疾人服务，不断创新工作方法，创造了一些新经验。驻马店等地创新贫困重度残疾人托养工作和日间照料服务方式；宁波、扬州等地积极探索智慧残联，推动残疾人证智能化，无论隔着多远，都能了解残疾人的具体情况，解决各种问题。这些工作减轻了残疾人的痛苦，解放了很多家庭和生产力，为改善残疾人的生活状况做出了积极的努力，得到了各级党委和政府的肯定以及残疾人的好评。

各位代表、同志们，

今年是改革开放40周年。40年来，在党和政府的关心重视下，在社会各界的支持帮助下，千百万残疾人的命运发生了根本变化，中国残疾人事业也取得了举世瞩目的成就。在邓朴方同志和几代残疾人工作者的不懈努力下，人道主义精神不断弘扬，不断建立健全政策法规体系和公共服务体系，探索为8500万残疾人带来福祉的残疾人事业发展道路。我们始终坚持从五个方面推进事业发展。

一是坚持党的领导。残疾人工作必须紧紧依靠党的领导，健全党委领导、政府负责的领导体制，坚持政府主导、社会参与、残疾人组织充分发挥作用的工作机制。残疾人事业要融入大局，为党和国家事业做贡献。

二是坚持以人民为中心。我们弘扬人道主义精神，维护残疾人的权利和尊严,把改善残疾人的状况作为一切工作的中心,全心全意为残疾人服务,不断增进残疾人福祉,为残疾人提供稳定的保障,促进残疾人全面发展,帮助残疾人过上更有尊严、更有意义的生活。

三是坚持依法发展残疾人事业。我们始终重视残疾人事业立法、执法和法律服务、法制宣传等工作,不断提高残疾人事业法治化水平,帮助残疾人依法维护自己的权益,为保障残疾人平等权利和促进残疾人事业持续发展提供法治保障。

四是坚持与经济社会发展相适应。残疾人事业发展始终立足社会主义初级阶段的基本国情,我们坚持改革创新,努力与经济社会共同发展、协调发展,努力缩小残疾人状况与社会平均水平的差距,朝着共同富裕的方向稳步前进。

五是坚持发挥残疾人组织密切联系群众的作用。全国各类残疾人、残疾人亲友及残疾人工作者共同组成的中国残疾人联合会和地方组织,是党和政府联系残疾人的桥梁纽带,真正做到联系广泛,服务群众,代表残疾人的利益,反映残疾人的诉求,为残疾人服务,发挥积极的作用。

残疾人事业随着经济社会的发展不断进步,而社会主要矛盾的变化在残疾人事业中也有深刻的体现,残疾人事业发展不平衡不充分的问题还相当突出,我们的工作与残疾人对美好生活的向往还有很大差距。残疾人在当前和今后一段时间仍然是特殊困难的人,是最需要帮助的人。目前还有相当数量的贫困残疾人生活比较困难,他们在医疗康复、教育就业、托养照料、无障碍环境等方面仍然面临很多困难。提高残疾人的生活水平仍然是经济社会发展中要深入研究和解决的问题,现在制度安排还不完备,保障条件还比较薄弱,城乡区域发展不平衡,基本公共服务还不能满足各类残疾人的需求。对残疾人的偏见、歧视和侵害残疾人权益的现象依然存在。各级残联的基层工作还比较薄弱,凝聚力与亲和力还要加强。这些问题必须在改革的进程中加以重视和解决。

各位代表、同志们,

五年来,残疾人事业在党中央、国务院高度重视和亲切关怀下快速发展,各级党委和政府大力支持残疾人事业,各部门协同配合,社会各界热情相助,8500万残疾人及其家庭得到更多的福祉和帮助。在这里,我向所有关心支持残疾人事业的各级党委和政府以及社会各界表示衷心的感谢！向不怕困难、顽强奋斗的残疾人兄弟姐妹，向辛勤工作、甘于奉献的残疾人工作者致以崇高的敬意！

## 二、以习近平新时代中国特色社会主义思想指引残疾人事业发展

习近平总书记对残疾人始终满怀深情，对残疾人事业做出了一系列重要论述，对怎样认识残疾人、怎样发展残疾人事业、怎样做好残疾人工作、怎样发挥好残联组织的作用提出要求，明确了新时代残疾人事业的指导思想、奋斗目标。

习近平总书记指出，残疾人是一个特殊困难的群体，需要格外关心、格外关注，强调让广大残疾人安居乐业、衣食无忧，过上幸福美好的生活，是我们党全心全意为人民服务宗旨的重要体现，是我国社会主义制度的必然要求；我国广大残疾人和残疾人工作者，高举中国特色社会主义伟大旗帜，积极投身改革开放伟大事业，坚持弘扬人道主义精神，推动我国残疾人事业上了一个大台阶；明确要求"全面建成小康社会，残疾人一个也不能少"，要把贫困残疾人作为群体攻坚的重点。我们要协助各级党委和政府，动员社会力量，把新时代残疾人事业发展的这些美好蓝图落到实处。首先要坚决打赢贫困残疾人脱贫攻坚战，确保实现"全面建成小康社会，残疾人一个也不能少"的目标。

习近平总书记要求，各级党委和政府要高度重视残疾人事业，把推进残疾人事业当作分内的责任，各项建设事业都要把残疾人事业纳入其中，不断健全残疾人权益保障制度；助残先进要把助残善举坚持做下去、做得更好，把爱传播给更多群众，鼓励更多人加入扶残助残行列。我们要更加注重发挥社会力量和市场机制的作用，凝聚起各方面的力量，为残疾人事业注入更强大更持久的动力。

习近平总书记强调，群团事业是党的事业的重要组成部分。新形势下，党的群团工作只能加强、不能削弱，只能改进提高、不能停滞不前；群团组织要更多把注意力放在困难群众身上，多做雪中送炭的事情；各级残联要发扬优良传统，切实履行职责，为残疾人解难、为党和政府分忧，

团结带领残疾人继续开创工作新局面。我们要保持和增强政治性、先进性、群众性，坚决去除机关化、行政化、贵族化、娱乐化倾向，坚持眼睛向下，面向基层和残疾人，把各级残联建设得更加充满活力、更加有凝聚力，发挥好桥梁纽带作用，把党和政府的温暖送到残疾人身边。

习近平总书记关心残疾人事业的国际交流合作，强调保障残疾人平等权益、促进残疾人融合发展越来越成为国际社会和各国的普遍共识和共同行动，残疾人是人类大家庭的平等成员，中国将进一步发展残疾人事业，促进残疾人全面发展和共同富裕，一如既往推动国际残疾人事业共同发展。我们要配合国家外交大局，继续深化残疾人领域的国际交流合作，为国际残疾人事务发展做出新的贡献。

习近平总书记对残疾人事业的重要论述，体现了我们党全心全意为人民服务的宗旨和以人民为中心的发展思想。我们要把习近平总书记的重要论述作为根本遵循，认真落实到工作的各个方面。

各位代表、同志们，

新时代为残疾人事业发展带来前所未有的机遇。我们对残疾人事业更好更快的发展充满期盼，也充满信心。到2020年，随着"十三五"规划目标如期实现，现行标准下的贫困残疾人将摆脱贫困，残疾人生活质量会进一步改善，一定会同全国人民一道进入全面小康社会。今后一个时期，我们要系统研究新时代残疾人事业发展的重大课题，科学设计残疾人事业现代化的目标、路径和策略。要统筹推动解决城乡残疾人相对贫困问题，提高残疾人康复、教育、就业、托养、安居、文化体育和无障碍等基本公共服务的质量效益。要加强和改善农村残疾人服务，提高保障水平，努力不让残疾人返贫。要研究残疾人事业可持续发展的路径，创新工作机制，面向基层、服务残疾人群众，推动建立更好的福利保障制度，为新时代残疾人事业更好发展继续拓展道路。

## 三、今后五年的主要任务

今后五年，我们要实现"全面建成小康社会，残疾人一个也不能少"的目标；我们要坚决打赢贫困残疾人脱贫攻坚战，也要统筹城乡区域、促进残疾人事业高质量发展。我们要落实好党中央、国务院对残疾人事业的一系列部署安排,继承和发扬光荣传统和组织优势,以改革创新和艰苦奋斗精神,完成好各项工作任务。重点做好以下十个方面的工作。

(一)坚决打赢贫困残疾人脱贫攻坚战,织密筑牢残疾人民生保障安全网。这是当前残疾人工作的首要任务。目前,我国还有280多万农村建档立卡贫困残疾人,脱贫攻坚任务十分繁重。我们要认真落实《中共中央国务院关于打赢脱贫攻坚战三年行动的指导意见》和《贫困残疾人脱贫攻坚行动计划(2016—2020年)》,协助党委和政府实施好贫困残疾人脱贫行动,因户因人落实帮扶措施。重点推动"两项补贴"提高标准、扩大覆盖范围,解决好贫困重度残疾人托养照料、贫困家庭残疾儿童康复、残疾儿童少年义务教育、辅助器具适配、残疾人家庭无障碍改造等问题,尽一切努力帮助贫困残疾人如期脱贫。要建立城乡统筹、东西协作的贫困残疾人帮扶机制。加快研究解决特殊困难残疾人家庭支持、重性精神障碍患者医疗康复、精神和智力残疾人监护等突出问题,努力帮助困难残疾人家庭解除后顾之忧。

(二)千方百计促进残疾人就业创业,帮助残疾人过上更有尊严的生活。现在,全国就业年龄段内未就业的残疾人还有740多万,很多人都有就业的能力和愿望。我们要动员一切力量,帮助残疾人实现更加充分和更高质量的就业。依照残疾人保障法,推动落实按比例安排残疾人就业,加大国家机关招录残疾人公务员、国有企业带头招收残疾人就业工作力度,鼓励企事业单位招收残疾人就业,推动实现残疾人平等就业。全面推广政府购买残疾人就业服务,积极开发适合残疾人的就业岗位,为有就业能力和意愿的残疾人提供职业培训和有针对性的就业服务。要创新按比例就业形式,发展辅助性就业和支持性就业,扶持残疾人自主创业和灵活就业。运用"互联网+"拓宽残疾人就业渠道。加强残疾人劳动权益保护,努力消除对残疾人的就业歧视。

(三)推动实现残疾人"人人享有康复服务"的目标。康复是生命的重建,是残疾人最迫切的需求。要落实《残疾预防和残疾人康复条例》,持续开展精准康复服务,扩大康复服务供给。实施好残疾儿童康复救助制度,让残疾孩子得到最及时有效的康复。更加关心残疾女性婚姻家庭和生育健康。依靠科技创新加快康复辅具产业发展,建立基本辅助器具适配补贴制度，推广个性化精准适配服务，为残疾人提供更多便利、安全、实用的辅助器具。推动更多医疗康复项目纳入基本医疗保险支付范围，为残疾人康复提供稳定保障。持续实施《国家残疾预防行动计划（2016—2020年）》，减少和控制残疾发生。建立高起点、高水平、国际化的中国康复大学，加快康复等专业人才培养和基础学科建设，加强康复科技创新工作，促进信息技术、人工智能等科学技术在康复领域的应用，为残疾人谋福祉，加强残疾人健康教育和健康管理，为健康中国做贡献。

（四）提升残疾人受教育水平，促进融合教育发展。要落实《残疾人教育条例》，提升特殊教育发展质量和水平。提高残疾儿童学前教育覆盖率。"一人一案"全面普及残疾儿童少年义务教育。逐步实现残疾儿童、青少年15年免费教育。加快发展残疾人职业教育，让完成九年义务教育的各类残疾青少年尽可能接受合适的职业教育。加强高中阶段特殊教育，落实残疾人参加普通高考便利措施，推动普通高校为残疾学生提供更便利的无障碍学习环境。大力推进融合教育，普及融合理念，完善支持保障体系，让更多的残疾孩子到普通学校读书。加快残疾青壮年文盲扫盲进程，推广国家通用手语、通用盲文，使残疾人更好地融入社会。

（五）丰富残疾人精神文化生活。践行社会主义核心价值观，加强意识形态领域的工作，自觉承担起举旗帜、聚民心、育新人、兴文化、展形象的责任，做好残疾人事业宣传和舆论引导。弘扬人道主义精神，传承自强不息、厚德载物的优秀传统文化，为残疾人平等参与共享创造良好的社会环境。继续组织开展"全国残疾人文化周"，实施文化进社区等群众性活动。鼓励残疾人题材的文学艺术作品和影视剧创作，扶持残疾人参与文学艺术创作，支持特殊艺术发展，鼓励中国残疾人艺术团不断推出新作品，让"我的梦"成为更响亮的艺术品牌。让残疾人的精神文化生活更加充实、更加愉悦。

（六）全力备战2022年北京冬残奥会，促进残疾人体育全面发展。落实习近平总书记提出的"办赛精彩，参赛也要出彩"的要求，全力做好2022年北京冬残奥会筹办、备战、参赛工作。在统筹规划、人才培养、基地建设、竞赛训练、无障碍环境等方面加大力度，快速提升冬残奥运动竞技水平。积极做好冬残奥会赛事组织、赛会服务等相关工作。积极备战

2020年东京残奥会，筹办好2022年杭州亚残运会，举办好2019年全国第十届残运会暨第七届特奥会和2021年全国第十一届残运会暨第八届特奥会。让更多残疾人通过体育康复健身，更好地融合社会。

（七）完善残疾人事业政策法规体系，依法保障残疾人平等权利。推动残疾人保障法、《残疾人就业条例》的修订和残疾人社会保障条例的制定，促进残疾人保障法等法律法规的实施，提高全社会依法维护残疾人平等权利的意识，提高残疾人事业法治化水平。做好残疾人普法宣传、法律服务和法律援助工作，切实保障残疾人政治、经济、社会、文化等方面的平等权利。完善残疾人社会福利、就业促进、融合教育、康复和残疾预防等基本公共服务政策，推进基本公共服务均等化、专业化、标准化，让残疾人得到优质便捷的公共服务。要落实《无障碍环境建设条例》，推动无障碍环境建设，开展无障碍市县村镇创建工作，提高建设质量，加强监督管理，为残疾人提供安全、放心、便利的无障碍环境。

（八）提升基础保障水平，促进残疾人事业高质量发展。推动建立多元化的残疾人事业投入机制和科学合理的投入标准。建好用好残疾人事业大数据，通过动态更新，全面真实掌握残疾人基本服务状况和需求，以需求为导向加强和改进残疾人服务。推进智能化残疾人证应用普及。促进互联网、大数据在残疾人工作中的运用，建设"智慧残联"，推广"互联网＋助残服务"，提高管理和服务的效能。积极推进信息无障碍建设，更加重视支持中西部地区、边疆民族地区残疾人事业发展。提升基层残疾人服务能力和水平，建立县、乡、村联动互补的残疾人服务网络，为残疾人融合社会创造更好的条件。

（九）发挥社会力量和市场机制作用，为残疾人事业发展注入活力。加大政府购买助残服务力度，推进残疾人服务标准建设，大力扶持助残社会组织和市场主体参与残疾人服务，推动残疾人服务产业发展，满足残疾人多元化、多层次的需要。加强残疾人服务的行业管理和绩效评估。培育"集善工程"等残疾人慈善品牌，创新发展残疾人慈善事业。广泛开展"志愿助残阳光行动"、"邻里守望"等群众性助残活动，鼓励更多人特别是青年志愿者加入扶残助残行列。发展残疾人社会工作，充分发挥社区、家庭、邻里和社会组织的作用，让温暖和关爱围绕在残疾人身边。

（十）加强国际交流合作，为促进国际残疾人事务发展贡献中国力量。认真履行联合国《残疾人权利公约》，实施《2030年可持续发展议程》，积极参与国际残疾人事务。开展"一带一路"沿线国家残疾人事务务实合作。持续开展"亚太残疾人十年"活动，推动亚太经合组织和亚欧会议等框架下残疾人事务区域合作机制不断取得实效。做好康复国际工作，进一步支持发展中国家改善残疾人康复服务，促进残疾人事务的国际交流合作。

## 四、残联改革和发展

今年是中国残联成立30周年。30年来，我们始终紧紧依靠党的领导、始终深深扎根中国特色社会主义事业，始终和残疾人兄弟姐妹同呼吸、共命运、心连心。当前，我们要落实中央党的群团工作会议精神和国务院办公厅印发的《中国残疾人联合会改革方案》，保持和增强政治性、先进性、群众性，让残疾人组织在改革发展中焕发新的生机活力，承担起新时代发展残疾人事业的重任和使命。我们要重点做好五个方面的工作。

（一）坚持党的领导。党的领导是残疾人事业发展和残联改革建设的根本保障。各级残联要不断增强"四个意识"，坚定"四个自信"，坚决维护习近平总书记党中央的核心、全党的核心地位，维护党中央权威和集中统一领导，团结带领残疾人兄弟姐妹听党话、跟党走，为实现美好的理想而奋斗。要落实全面从严治党各项要求，加强党的政治建设、思想建设、组织建设、作风建设、纪律建设，把制度建设贯穿其中，深入推进反腐败斗争，不断提高党的建设质量。

（二）增强服务能力。密切联系残疾人、全心全意为残疾人服务是各级残联的生命线。今后五年，各级残联要把重点放在扩大服务覆盖面、提高服务质量上。我们的奋斗目标是让千千万万的残疾人都能过上幸福的生活。我们要立足群团职能定位，用好全国残疾人基本服务状况和需求信息，不断增强为残疾人服务的能力，多做实事和好事。要办好残疾评定、残疾人证制发。要逐步建立残疾人服务品牌和残疾人满意度调查制度。加强残疾人事业理论与实践研究。支持专门协会依法依章程开展工作，使各类别残疾人得到更贴心的服务。

（三）加强基层工作。基层是残疾人工作的根基。各级残联要坚持眼睛向下、面向基层，下大气力提升基层组织建设水平和服务能力。在组织建设上，要加强和巩固乡镇（街道）残联、城乡社区残疾人协会建设，创新基层组织联系和服务残疾人的方式。推动将残疾人基本公共服务切实纳入乡镇政府能力建设，有条件的地方将残疾人专职委员纳入村（社区）社会工作岗位。实施县级残疾人服务能力提升计划，推动县域残疾人综合服务平台建设。依托乡镇（街道）、城乡社区公共服务设施普遍建立"残疾人之家"、"温馨家园"、"阳光家园"等基层服务设施，全面提升残疾人社区康复、托养照料、辅助性就业等服务水平。

　　（四）改进工作作风。各级残联和残疾人工作者要始终保持同残疾人的血肉联系，同残疾人心连心，心里装着残疾人的苦与痛，坚决摒弃机关化、行政化、贵族化、娱乐化。善于学习新知识，不断提高推动工作的能力和水平。残疾人工作者要做高尚的、擎着火把为残疾人照亮生活道路的人。要深入基层、深入残疾人家庭，进万家门、解万家难。要恪守"人道、廉洁"的职业道德，始终保持艰苦奋斗、谦虚谨慎的作风，做全心全意为人民服务的模范。

　　（五）加强干部队伍建设。各级残联要贯彻新时期好干部标准，突出政治标准，努力建设一支忠诚干净担当、高素质专业化的干部队伍。要注重选用真心帮助残疾人、热爱残疾人事业的干部，特别要注重培养和选用残疾人干部和年轻干部。加强残疾人工作者业务素质和专业能力培训，提高为残疾人服务的能力。采取专兼挂等方式充实力量，让更多的社会各界人士加入残疾人工作。要激励广大干部新时代新担当新作为，旗帜鲜明鼓励那些敢于担当、踏实做事、不谋私利的优秀干部，让残疾人工作者队伍永远充满朝气、充满爱，永远充满创新活力。

　　各位代表、同志们，

　　残疾人对美好生活的向往激励着我们去奋斗，残疾人事业的美好蓝图等着我们去描绘。让我们更加紧密地团结在以习近平同志为核心的党中央周围，带领8500万残疾人兄弟姐妹勇敢向前，创造更加美好的生活，为实现中华民族伟大复兴的中国梦做出新的贡献！

# 二、全国残疾人事业工作会议

## 在第一次全国残疾人事业工作会议闭幕式上的总结讲话

国务院副秘书长、国务院残疾人工作协调委员会副主任　徐志坚

（1996年4月24日）

同志们：

全国残疾人事业工作会议今天就要闭幕了。这是国务院残疾人工作协调委员会召开的第一次全国残疾人事业工作会议，是总结"八五"、部署"九五"的一次重要会议。现在我对会议做一简要总结。

### 一、这次会议开得圆满成功

在党和政府的关怀、重视下，经过与会同志共同努力，圆满完成了会议预定的各项议程，开得隆重、热烈、紧凑、务实。国务院和各省、自治区、直辖市残疾人工作协调委员会的领导同志及主要成员单位的负责同志，"全国残疾人工作先进县"的部分代表，出席了会议。中共中央政治局常委、中国残联名誉主席李瑞环同志亲切接见了全体与会人员，发表了热情洋溢的讲话。他充分肯定了"八五"期间残疾人工作取得的成绩，强调了做好残疾人工作的重要意义，并对"九五"期间残疾人事业的发展寄予殷切希望；彭珮云同志代表国务院残疾人工作协调委员会做了《认真做好"九五"期间的残疾人工作，迎接光辉的21世纪》的报告，总结了残疾人工作在"八五"期间取得的成绩，并对"九五"期间的工作提出了指导意见、任务目标和具体要求。会议表彰了130个"全国残疾人工作先进县"，

进行了经验交流。会议期间，国务院残疾人工作协调委员会的几位副主任，也是国务院有关部委的主要分管领导，卫生部副部长王陇德同志、国家教委副主任柳斌同志、劳动部副部长林用三同志分别主持召开了康复、教育、就业的专题工作会议，发表了重要讲话，研究部署各业务领域的具体工作。

各级政府残疾人工作协调机构、各有关部门、残疾人组织的同志和残疾人代表聚集一堂，总结"八五"，共商"九五"大计，统一了思想，明确了任务，鼓舞了精神，增强了信心。这次会议，必将对"九五"期间的残疾人工作产生积极的推动作用。

全体与会人员以高度的责任感和使命感，认真学习文件、领会会议精神；还利用休息时间分别召开会议，分解任务，研究本地区、本部门"九五"期间的残疾人工作；各地对这次会议非常重视，会前进行了充分准备，大部分省、自治区、直辖市会前已参照《中国残疾人事业"九五"计划纲要》征求意见稿，制定了当地残疾人事业"九五"计划草案，会议期间，又根据瑞环同志指示和珮云同志报告进一步充实完善。许多同志加班加点，工作到深夜。同志们这种精神面貌、工作作风、敬业精神和对残疾人的深厚感情，令人感动。

## 二、会议收获很大

与会代表一致认为，"八五"期间，残疾人事业取得了历史性成就，不仅为残疾人带来了实实在在的利益，也为残疾人事业的长远发展奠定了良好基础。代表们还指出，"九五"时期是我国社会主义现代化建设承前启后、继往开来的重要时期，扶助占全国人口5%的残疾同胞和全国人民一道，进入富强、民主、文明的21世纪，是各级政府和全社会的共同责任。八届人大四次会议通过的《国民经济和社会发展"九五"计划和2010年远景目标纲要》，描绘了我国迈向21世纪的宏伟蓝图，《中国残疾人事业"九五"计划纲要》是这个蓝图的不可缺少的一个组成部分。代表们指出，国务院残疾人工作协调委员会拟定的《中国残疾人事业"九五"计划纲要》，目标明确，措施具体，现实可行，体现了我国第二步战略目标的要求，反映了广大残疾人的迫切需要，也是在现有条件下经过努力可以实现的。全面贯彻、实施"计划纲要"，将进一步改善残疾人状况，也将对我国经济发展、社会进步和精神文明建设产生积极的、重要的影响。

与会同志一致认为，残疾人事业是社会主义事业的一部分，是各级政府义不容辞的责任。并表示，随着经济、社会的发展，"九五"期间，将更加重视残疾人事业，创造条件，给予保障，确保"残疾人事业'九五'计划纲要"的全面完成。刚才几位省、市、县领导同志的发言都讲到了这一点，还讲到了许多具体的措施和方法。

代表们特别强调，《中国残疾人事业"九五"计划纲要》提出，加大对残疾人的扶贫力度、保障特困残疾人基本生活需求、推行分散按比例安排残疾人就业，是非常正确的，抓住了残疾人事业的要害，是在市场经济条件下，国家为切实改善广大残疾人状况，缩小残疾人在基本需求方面与社会平均水平的差距而采取的具有战略意义的举措，是解决残疾人问题的根本出路。代表们表示，将在总结"八五"经验的基础上，进一步健全、完善各项措施，抓出实效。

## 三、要认真贯彻落实会议精神

首先，要结合各地区、各部门实际，继续深入学习。学习瑞环同志的讲话和彭珮云同志的报告，学习"残疾人事业'九五'计划纲要"，同时还要向"全国残疾人工作先进县"学习，他们的认识和经验都是十分可贵的。进一步提高认识，吃透"九五"期间的方针政策和目标、任务以及为完成这些任务而采取的重要措施。第二，各省、自治区、直辖市要根据《中国残疾人事业"九五"计划纲要》和当地实际，制定好本地残疾人事业"九五"计划及配套实施方案。不要等国务院正式文件，根据这次会议的文件就可以制定了。第三，待国务院批转《中国残疾人事业"九五"计划纲要》后，各省、自治区、直辖市要召开适当会议，认真传达这次会议精神；全面总结本地残疾人事业"八五"计划执行情况，表彰、鼓励本省残疾人工作先进单位；部署贯彻实施《中国残疾人事业"九五"计划纲要》和当地残疾人事业"九五"计划纲要；动员各级地方政府和全社会进一步关心残疾人，重视残疾人事业。

国务院残疾人工作协调委员会秘书处、中国残联和民政部、卫生部、国家教委、劳动部等有关部门为筹备这次会议做了大量卓有成效的工作。

我代表国务院残疾人工作协调委员会向他们表示衷心的感谢。

同志们,"九五"期间,残疾人事业的任务光荣而艰巨。我们相信,只要各地区、各部门、社会各界和广大残疾人及残疾人工作者共同努力,开拓进取,扎实工作,一定能将残疾人事业推向一个更高的发展阶段,跟上经济、社会的发展步伐。

最后,祝大家工作顺利,"九五"期间在残疾人工作中取得更大的成绩!

## 加快事业发展　共创美好未来
——在第二次全国残疾人事业工作会议上的报告

国务院残疾人工作协调委员会副主任、中国残联主席　邓朴方

(2001年4月13日)

我们满怀豪情地迎来二十一世纪,开始了迈向现代化建设第三步战略目标的新征程。前不久召开的九届全国人大四次会议通过了《中华人民共和国国民经济和社会发展第十个五年计划纲要》,为我们描绘了世纪之初中华民族伟大复兴的宏伟蓝图。为使残疾人事业与经济和社会协调发展,国务院最近批转了《中国残疾人事业"十五"计划纲要(2001年—2005年)》。纲要确定了"十五"期间残疾人事业发展的主要目标和指导原则,提出了各项任务和主要措施。在这个重要的历史时刻,召开第二次全国残疾人事业工作会议,认真贯彻九届全国人大四次会议精神,总结残疾人事业"九五"计划纲要的执行情况,部署"十五"期间的残疾人工作,意义非常重大。现在,我代表国务院残疾人工作协调委员会,向大会做报告。

### 一、残疾人事业"九五"计划圆满完成,各项工作成效显著

1996年,国务院批转了《中国残疾人事业"九五"计划纲要(1996年—2000年)》。五年来,在各级党委和政府的重视、领导下,在各地、

各有关部门、社会各界和广大残疾人、残疾人工作者的共同努力下,"九五"计划纲要规定的各项任务圆满完成,残疾人事业取得了显著成就,残疾人状况明显改善。主要表现在:

康复任务大幅度超额完成。通过完善社会化的康复服务体系、实施"视觉第一中国行动"等一批重点康复工程,433万残疾人得到不同程度的康复,比原计划超额44%;为残疾人提供特殊用品和辅助用具3786万件;残疾预防得到重视,特需人群补碘、新生儿筛查等多项预防措施逐步落实,减少了残疾的发生。

教育有了新的发展。残疾儿童少年义务教育纳入国家义务教育体系,统筹安排,同步实施,视力、听力言语、智力残疾儿童少年义务教育入学率进一步提高;高级中等以上教育稳步发展,达到录取分数线的残疾考生90%以上进入高等院校学习;省、市、县三级残疾人职业教育和培训机构发展到970所,251万残疾人得到职业教育和培训。

就业工作全面展开。国务院办公厅批转了《关于进一步做好残疾人劳动就业工作的若干意见》,在总结经验的基础上形成系统的残疾人就业政策。4万多家福利企业集中安置了73万残疾人就业,700个地、市,2083个县、区依法实施了按比例安排残疾人就业,个体就业和自愿组织起来就业迅速发展,残疾人就业率由70%提高到80%。

扶贫解困成效显著。国家将残疾人扶贫工作纳入扶贫攻坚总体规划,同时制定实施了残疾人扶贫专项计划,加大残疾人扶贫工作力度,累计扶持1327万农村贫困残疾人参加生产劳动,其中829万人解决了温饱。通过实行最低生活保障制度,采取各种救济、补助、供养等措施,共使269万特困残疾人的基本生活得到保障。

文化体育生活日趋丰富活跃。残疾人文化体育生活逐步融入社会公共文化体育活动,适应残疾人特点的特殊艺术和体育得到发展,残疾人艺术团成功地出访了美国、日本等国家,残疾人运动员在重大国际体育赛事中获得386枚金牌,展示了我国人权保障的成就,为祖国赢得了荣誉。

社会环境更加文明进步。人道主义进一步弘扬,公众对残疾人的认识发生深刻变化,理解、尊重、关心、帮助残疾人的良好社会风尚进一步形成,残疾人事业更加深入人心。"全国助残日"、"红领巾助残"、"志愿者助残"、"法律助残"等多种形式的助残活动广泛开展，不仅帮助了残疾人，也优化了社会风气；城市道路、建筑物无障碍设施建设步伐加快，影视节目加配字幕，更多的电视台、广播电台开办了手语新闻和残疾人专题节目，残疾人平等参与社会生活的环境得到改善。

残疾人自强不息，贡献社会。广大残疾人自尊、自信、自强、自立，努力提高思想道德和科学文化素质，积极参与社会生活，在各条战线上为祖国建设做出贡献。各行各业涌现出一批富有时代精神的先进人物，120名残疾人自强模范受到国家表彰，26名优秀残疾人被评选为全国劳动模范和先进工作者。一大批残疾人经过培养和锻炼，走上各级残联领导岗位。残疾人作为残疾人事业的主体，发挥着越来越重要的作用。

"九五"期间的残疾人事业，在积极推进各项业务工作的同时，更加注重讲求实效、打好基础，着力做好关系到残疾人事业长远发展的基础性工作。

一是确立了现代文明社会的残疾人观，奠定了残疾人事业的理论基础。近年来，党的第三代领导集体，特别是江泽民总书记发表了一系列重要的文章和讲话，以马克思主义的观点，结合国际和我国残疾人事业的实践，着眼于我国残疾人状况的改善和经济、社会的协调发展，历史、全面、深刻地阐述了现代文明社会的残疾人观，为残疾人事业提供了理论基础，是我们认识和解决残疾人问题的指南。

二是基本形成了政府主导、社会各界参与、协调运作的残疾人事业工作机制。根据残疾人事业跨部门、多领域、业务广泛、综合性强的特点，适应事业发展的需要，各级政府充分发挥主导作用，将残疾人事业纳入经济和社会发展大局，加强领导，加大投入；国务院和地方残疾人工作协调委员会进行调整充实，明确了各成员单位的职责分工，综合协调作用进一步加强；有关部门各尽其职，认真做好相关残疾人工作；社会各界广泛参与，支持残疾人事业发展，对残疾人给予更多的关爱和扶助；残疾人组织得到加强，"代表、服务、管理"职能进一步发挥。政府主导、各尽其责、密切配合、协调运作的工作机制有效地推动了残疾人事业的发展。

三是贯彻国家依法治国方略，进一步将残疾人事业纳入法制轨道。残疾人事业法律法规体系初步形成并不断完善。除残疾人保障法外，已有近

40部重要法律在相关条款中规定了保障残疾人合法权益的内容,残疾人事业更加有法可依。各级政府和有关部门依法行政,加强法规和制度建设,做到各项残疾人工作职责明确,有章可循;执法检查力度加大,卓有成效;法律服务和法律援助逐步开展,为残疾人提供了大量优先、优质、优惠的服务和援助;法制宣传教育更加广泛、深入,广大残疾人的法律意识和社会公众维护残疾人合法权益的法制观念进一步增强。

四是地方工作更加活跃,基层工作得到加强。各地从实际出发,解放思想,大胆探索,积极主动地开展工作,不断迈出新的步伐,创造出许多宝贵经验。东部沿海地区积极探索残疾人事业现代化的路子,西部地区乘大开发的东风加大残疾人工作力度;各地普遍制定优惠政策和扶助规定,解决残疾人的各种困难和问题;许多地方政府将有关残疾人和残疾人工作的项目纳入每年为民办实事的承诺中;一些地方拨出专款,实施针对残疾人特殊困难的专项生活保障;"一人捐献一元钱,资助残疾小伙伴"、"千名白内障复明工程"、"爱心助残工程"等形式多样、富有特色的助残活动蓬勃开展;95%的乡镇、街道建立了残疾人组织,残疾人工作者发展到8万多人;141个市(地)、647个县(市、区)有了残疾人综合服务设施,为残疾人提供切实有效的服务。日趋活跃的地方和基层工作,为残疾人事业注入了新的活力,帮助残疾人解决了大量的实际困难。

残疾人事业"九五"计划纲要的全面完成,使我国残疾人事业迈上了一个新台阶,达到了一个新水平,给广大残疾人带来了实实在在的利益,为新世纪残疾人事业的持续健康发展奠定了良好的基础。残疾人事业作为社会主义事业的一部分,在经济和社会发展中发挥着越来越重要的作用。

残疾人事业所取得的成就,饱含着党和政府的亲切关怀,浸透着各地方、各部门的辛勤努力,也是社会各界热情支持的结果。在此,我代表国务院残疾人工作协调委员会,代表全国6000万残疾人及其亲属,向所有关心、帮助残疾人和支持残疾人事业发展的人们,表示由衷的感谢和崇高的敬意!

在肯定成绩的同时,我们必须清醒地看到,目前残疾人状况与社会平均水平相比还存在不小的差距,有些方面甚至呈拉大趋势:3000万残疾人处于社会低收入阶层，其中979万贫困残疾人尚未解决温饱；多数残疾人尚未得到基本的康复服务；残疾儿童少年义务教育入学率远低于健全儿童少年，其中盲童更低；残疾人就业机会少，障碍大，就业率低；对残疾人的歧视和偏见仍然不同程度地存在，侵害其合法权益的现象仍时有发生；残疾人自身素质还不能适应社会发展需要，有待进一步提高。残疾人问题仍是一个比较突出、亟待解决的问题，我们必须高度重视，进一步采取措施，努力加以解决。

## 二、顺应国家"十五"大局，加快残疾人事业发展

从新世纪开始，我国进入了全面建设小康社会，加快推进社会主义现代化的新的发展阶段。国家的国民经济和社会发展"十五"计划纲要规划了今后五年鼓舞人心的奋斗目标，其中特别提出：加强残疾人事业，帮助残疾人康复、就学和就业，创造残疾人平等参与社会生活的条件。这既为残疾人事业发展带来了难得的机遇和有利的条件，也提出了新的更高的要求。

国家在"十五"期间把发展作为主题，残疾人事业也必须坚持以发展为主题。发展是硬道理。残疾人事业所面临的各种问题，只有在发展中才能解决；只有发展，才能帮助广大残疾人与全国人民一道，跟上社会前进的步伐。"十五"期间，残疾人事业必须加大工作力度，增加经费投入，加快发展，进一步缩小残疾人状况与社会平均水平的差距。这既是广大残疾人的强烈愿望，也是经济和社会发展新形势对残疾人事业的客观要求，体现了我国社会主义制度的本质。

依据国家在这一重要时期的战略部署，"十五"期间残疾人事业发展的主要目标确定为四个方面：残疾人状况进一步改善；残疾人参与社会生活的环境更加文明；为残疾人提供服务的能力增强；残疾人素质普遍提高。这些目标的实现，将使残疾人事业发展到一个新的水平。

为实现上述目标，必须坚持以下指导原则：依法维护残疾人权益，发展残疾人事业；将残疾人事业纳入国民经济和社会发展大局；发挥政府主导作用，坚持社会化工作方式；继续贯彻"讲求实效，打好基础"的方针；统筹规划，分类指导；充分发挥残疾人和残疾人组织的作用。

### 三、以保障残疾人基本生活为重点，扎扎实实为残疾人办实事

"十五"期间，党中央、国务院把提高人民生活水平作为一切工作的根本出发点。残疾人工作要以保障残疾人基本生活、改善残疾人生存状况为重点，做好扶贫、就业、教育、康复、社会保障等工作。

加大扶贫工作力度，帮助农村贫困残疾人解决温饱、致富奔小康。将残疾人扶贫纳入政府扶贫计划统一实施，继续开展残疾人专项扶贫，适当加大用于残疾人扶贫的资金投入，继续推行各种行之有效的扶贫方式，扶持1200万农村贫困残疾人参加生产劳动。

认真贯彻国务院办公厅批转的《关于进一步做好残疾人劳动就业工作的若干意见》。坚持集中与分散相结合的方针，采取优惠政策和扶持保护措施，多渠道、多层次、多形式地促进残疾人就业，使残疾人就业率达到85%左右。完善残疾人就业服务体系，为残疾人就业提供全面服务；大力开展职业培训，提高残疾人劳动技能；适应社会需求，发展盲人按摩。

大力发展教育，提高残疾人素质。切实将残疾儿童少年义务教育纳入国家义务教育体系，特教学校合理布局，推广随班就读，努力提高残疾儿童少年义务教育入学率；发展高级中等以上教育；加强残疾人职业教育与培训；采取有力措施，帮助贫困残疾学生就学。

继续开展康复工作，帮助残疾人改善功能，提高能力。实施一批重点康复工程，使510万残疾人得到不同程度的康复；进一步完善社会化的训练服务体系，使残疾人普遍得到康复服务；加强残疾预防工作，减少残疾的发生。

切实将残疾人纳入社会保障体系，保障残疾人基本生活。将符合条件的残疾人纳入城市居民最低生活保障制度，做好对贫困残疾人的救济、扶助、供养，帮助城镇残疾职工参加社会保险，解决好无业贫困残疾人的基本医疗、养老问题，加强残疾人社会福利机构建设和管理，有条件的地方适当提高残疾人的生活保障水平。

为加大保障残疾人基本生活的工作力度，国务院残疾人工作协调委员会批转实施了《长江新里程计划》。这一计划由香港著名爱国实业家李嘉诚先生资助一亿元港币，旨在满足广大残疾人的迫切需求，并针对发展需

要创造基础条件。这是一项涉及康复、教育、就业和服务设施建设的宏大社会工程，各地、各有关部门要将该计划的任务指标、配套经费和主要措施纳入本地、本部门的"十五"工作，统筹安排，一并实施。

## 四、营造文明进步的社会环境，为残疾人平等参与社会生活创造条件

"十五"期间，要进一步树立良好的社会风尚，加强法制建设，推进无障碍建设，广泛开展群众性文化体育活动，为残疾人平等参与社会生活创造有利条件。

在全社会大力弘扬人道主义，宣传现代文明社会的残疾人观。倡导理解、尊重、关心、帮助残疾人，广泛开展扶残助残活动，树立良好社会风尚，培育有利于残疾人事业发展的舆论环境。

进一步加强法制建设。完善残疾人事业法律法规体系，依法行政，加大执法检查力度，广泛开展法律服务和法律援助，深入进行法制宣传，增强残疾人的法制观念，提高全社会依法维护残疾人权益的意识。

积极推行城市道路和建筑物无障碍，发展信息和交流无障碍。在新建、改建城市道路、交通设施、重要公共建筑物、居住区以及住宅时，要认真执行无障碍设计规范；推动民航、铁道、交通等行业的无障碍设施建设；电视新闻、电影、电视剧逐步加配字幕，服务行业人员学习、掌握中国手语服务用语。

广泛开展文化体育活动，丰富残疾人生活。社会公共文化机构努力为残疾人提供服务，满足残疾人的文化需求；进一步活跃残疾人群众性文化体育活动；发展残疾人特殊艺术，提高残疾人竞技体育水平。

## 五、加强基层工作，增强为残疾人服务的能力

广大残疾人生活在基层，基层是落实各项残疾人工作的基础。"十五"期间，要加强基层残疾人组织建设，推进社区残疾人工作，建好残疾人综合服务设施，增强为残疾人服务的能力。

加强残疾人组织建设，切实履行"代表、服务、管理"职能。以基层为重点，进一步完善组织体系，提高干部队伍素质；活跃专门协会工

作，密切联系广大残疾人；团结、教育残疾人，激励残疾人的奋发进取精神，增强其参与社会生活的能力。

适应社会发展，大力推进社区残疾人工作。加强组织领导，将康复训练与服务、生活保障、劳动就业、文化教育、无障碍环境建设等各项残疾人工作纳入社区建设，充分利用社区资源，切实为残疾人提供服务。

加大残疾人综合服务设施建设力度，增强为残疾人服务的能力。要创造条件，增加投入，每个市、县都要有1处残疾人综合服务设施，为残疾人提供康复训练、聋儿语训、职业培训和用品用具供应服务，办成残疾人之家，切实改变基层基础设施匮乏、服务能力薄弱、残疾人难以得到服务的状况。

## 六、抓住机遇，加快西部地区残疾人事业的发展

国家实施西部大开发战略，为西部地区残疾人事业的发展带来历史性的机遇。西部地区残疾人事业要抓住这一机遇，乘势而上，加快发展。

西部地区残疾人工作，要从实际出发，积极进取，把发扬自力更生精神与争取各方支持结合起来，扎实工作，务求实效。

抓住重点，分步实施。要根据西部地区广大残疾人的实际状况和迫切需求，统筹规划，重点抓好关系到残疾人基本生存的扶贫、康复、教育、就业等各项工作，加强为残疾人提供服务的能力，力争取得突破性进展。

加大政策支持，增加资金投入。中央财政补贴、残疾人专项扶贫贷款要给予适当倾斜。基础设施建设、海内外援助、国际合作项目，凡适合西部地区的，优先安排，并在项目责任制、资金运作、监督管理等方面加强指导。

将残疾人工作纳入东西部协作与对口支援工作中。有计划、分步骤地支持、组织东部地区残联选派干部到西部帮助工作，西部地区残联输送干部到东部挂职锻炼，开阔眼界，转变观念，互相学习，取长补短。东部有条件的地方，积极提供资金、设备等方面的支持。

## 七、提高认识，加强领导，确保"十五"计划纲要目标的实现

残疾人事业是社会主义事业的一部分，是我国人权保障的重要方面。

残疾人事业的发展对改革、发展、稳定的大局有积极的促进作用。发展残疾人事业，改善残疾人状况，是小平同志共同富裕理论的具体实践，是贯彻江泽民总书记"三个代表"重要思想的要求，是社会主义制度的本质所决定的，各级政府和全社会要将其作为义不容辞的责任。我们一定要提高认识，充分理解残疾人事业的重要意义，树立发展残疾人事业的使命感、责任感和紧迫感。

希望各级政府进一步发挥主导作用，加强对残疾人事业的领导，切实将残疾人事业"十五"计划纲要规定的各项任务纳入本地国民经济和社会发展计划，统筹规划，加大投入，认真实施，确保各项任务圆满完成。

各级政府残疾人工作协调委员会要充分发挥综合协调作用，进一步完善工作制度，协调各成员单位和有关方面解决好残疾人工作中的重大问题。各有关部门要各司其职，切实将相关残疾人工作纳入本部门工作之中，积极主动地做好。全社会要大力弘扬人道主义，倡导和谐友爱、团结互助的良好风尚，理解、尊重、关心、帮助残疾人，积极支持残疾人事业。各级残疾人联合会作为残疾人的组织和残疾人事业的工作机构，要认真履行职责，密切联系广大残疾人，全心全意为残疾人服务，要积极参与实施"十五"计划纲要，主动承担相应的工作任务，协助政府，依靠社会力量，认真做好残疾人工作，为国家分忧，为残疾人解难。

广大残疾人要热爱生活，乐观进取，适应社会主义市场经济新形势的要求，不断提高自身素质，发扬自强精神，增强竞争和参与意识，承担起应肩负的社会责任，履行好应尽的社会义务，积极投身改革开放和现代化建设的伟大实践，为祖国建设贡献力量。

同志们，我们肩负着发展残疾人事业、帮助6000万残疾同胞改善状况的历史使命，任务光荣而艰巨。让我们高举邓小平理论伟大旗帜，紧密团结在以江泽民同志为核心的党中央周围，按照"三个代表"重要思想的要求，振奋精神，开拓进取，扎实工作，为祖国的繁荣昌盛，为实现残疾人事业"十五"计划纲要的目标，共创美好的未来而努力奋斗！

## 积极发展残疾人事业
## 为构建社会主义和谐社会做出新的贡献
——在第三次全国残疾人事业工作会议上的报告

国务院残疾人工作协调委员会副主任、中国残联主席　邓朴方

（2006年6月8日）

十届全国人大四次会议通过了《中华人民共和国国民经济和社会发展第十一个五年规划纲要（2006—2010年）》，以科学发展观和构建社会主义和谐社会的战略思想为指导，描绘了未来5年我国经济社会发展的宏伟蓝图。为落实国民经济和社会发展"十一五"规划的总体要求，促进残疾人事业与经济社会协调发展，国务院最近批转了《中国残疾人事业"十一五"发展纲要》，确定了"十一五"期间残疾人事业发展的总目标和指导原则，提出了各业务领域的任务指标和主要措施。

为贯彻十届全国人大四次会议精神，总结残疾人事业"十五"计划纲要的执行情况，部署"十一五"期间的残疾人工作，推动我国残疾人事业全面、协调、可持续发展，国务院残疾人工作委员会召开第三次全国残疾人事业工作会议，共商"十一五"期间残疾人事业发展大计，对于全面建设小康社会，进一步改善残疾人状况，具有十分重大的意义。

现在，我代表国务院残疾人工作委员会向大会做报告。

### 一、残疾人事业"十五"计划圆满完成，成效显著

《中国残疾人事业"十五"计划纲要（2001年—2005年）》实施5年来，各级党委和政府关心残疾人，重视残疾人事业的发展，加大政策、资金支持力度，相关部门各司其职、密切配合，社会各界大力支持，全面完成或超额完成"十五"计划纲要规定的各项任务指标，残疾人事业取得显著成绩：

**（一）残疾人参与社会生活的环境更加和谐，为残疾人服务的综合能力明显增强**

现代文明社会的残疾人观日益深入人心，人道主义思想得到弘扬；公共传媒广泛宣传残疾人事业，营造了全社会更加理解、尊重、关心、帮助残疾人的良好舆论氛围；城市道路、建筑物无障碍建设全面推进，信息交流无障碍取得积极进展，越来越多的电视台开办了电视手语新闻栏目，电视节目和电影加配字幕不断增多，为残疾人走出家门、进行信息交流、参与社会生活和享受公共服务提供了便利，拓展了空间。残疾人事业法律法规体系建设得到加强，深入开展法制宣传，进一步增强了残疾人的维权意识和全社会依法维护残疾人权益的观念。残疾人"平等·参与·共享"的环境不断改善。

各级党委、政府的职能部门和社会公共服务机构更加重视残疾人事业的发展，支持残疾人工作，政府和社会为残疾人服务的综合能力明显增强：建立各级各类残疾人康复训练服务机构19600多个；残疾人特殊教育学校达到1662所，普通学校附设特殊教育班2700多个，特殊教育普通高中学校66所，残疾人中等职业教育机构158所，残疾人职业培训机构3250多个；残疾人就业服务机构3048个；法律维权服务机构2574个；法律维权示范岗4370个，3100多个法律事务所接受委托为残疾人提供法律援助。1142个县建成了残疾人综合服务设施。另外，全国建立助残志愿者联络站10多万个，登记在册志愿者300多万人。这些专门为残疾人服务的机构和设施建设，有效地促进了残疾人康复、教育、就业、文化、体育和维权工作的开展，明显地改善了为残疾人服务的基础条件，提升了服务能力。

**（二）残疾人状况进一步改善，自身素质普遍提高**

残疾人康复工作成效显著。642万残疾人得到不同程度的康复，超额25%完成"十五"计划，相当于"八五"、"九五"计划任务的总和；为残疾人提供特殊用品和辅助器具540多万件。广泛开展"爱耳日"、"爱眼日"等群众性宣传教育活动，积极开展残疾预防，提高残疾人自我康复意识，减少了残疾的发生。提出了2015年实现残疾人"人人享有康复服务"的目标，残疾人康复工作体系、服务网络、业务格局逐步完善，康复人才队伍进一步壮大。

残疾人接受教育的权利得到有效保障。视力、听力语言、智力残疾儿童少年义务教育入学率已接近80%，教育质量进一步提高；残疾儿童少年享受"两免一补"范围逐步扩大，"扶残助学"、"中西部盲童入学"、"春雨行动"和"彩票公益金助学"项目共资助近5万人次，资助对象拓展到贫困残疾高中和大学生及贫困残疾人子女。高中阶段特殊教育有了新的发展，有关部门进一步完善了普通高等院校招收残疾学生政策；重庆师范大学、西安美术学院新建特殊教育学院，填补了西部高等特殊教育空白；残疾人成人教育单考单招和网络教育的实施拓展了残疾人接受高等教育的渠道；修订了《中国手语》，研究制定国家标准，努力创造信息交流无障碍环境。

残疾人就业状况进一步改善。通过建立完善政策法规、强化培训与服务、积极开发新的就业岗位等多种措施，推进了残疾人就业工作，促进了残疾人就业权利的实现。城镇新安排就业残疾人167.3万人，总数达到463万余人，农村就业残疾人达到1800万人。残疾人通过劳动就业，增加了收入，改善了生活。

残疾人扶贫工作取得了新的进展。将残疾人扶贫纳入政府重点扶贫计划统一实施的同时，加大了残疾人专项扶贫工作力度，各地开展了各种行之有效的"帮包带扶"活动，共使700万农村贫困残疾人摆脱贫困，生活得到改善。国家彩票公益金资助实施了残疾人危房改造项目，中央补贴资金7500万元，地方各级政府和社会投入资金5.79亿元，帮助5.18万户无房或极度危房户残疾人改善了居住条件，受益残疾人6.39万人。

残疾人社会保障进一步加强。各地将贫困残疾人纳入最低生活保障范围，对农村贫困残疾人实施了救济、补助。一些地方采取"分类救助"的办法，对重度残疾、一户多残等特困残疾人给予特别扶助，提高他们的最低生活保障标准。逐步开展了残疾人失业登记工作，对失业残疾人制订了优惠扶持政策。一些地方对城镇贫困残疾人个体户参加基本养老保险给予补贴。全国共有516万残疾人通过社会保险和最低生活保障措施，有效地改善了生活状况。

维权工作扎实有效。从立法源头维护残疾人权益，在涉及残疾人利益的法律法规制定和修改过程中,听取并采纳残疾人组织和残疾人的意见;各级人大、政协定期开展残疾人保障法的执法检查和视察;广泛开展残疾人法律援助和法律服务工作,解决残疾人专用机动车运营等贫困残疾人权益保障突出问题,办理侵害残疾人合法权益的大要案447件。无障碍建设工作取得积极进展,制定、修订了《城市道路和建筑物无障碍设计规范》等无障碍规范,北京等12个城市开展了创建全国无障碍设施建设示范城市活动,探索形成了我国城市无障碍建设的工作模式。积极贯彻国务院《信访条例》,规范残疾人信访工作,努力解决残疾人反映的问题,切实维护残疾人权益和社会稳定。

残疾人文化体育生活日益活跃。文化馆、图书馆、体育场(馆)等公共文化体育场所为残疾人提供便利和服务。全国建成市(地)级以上残疾人文化活动场所1036个、体育活动场所1026个。基层残疾人群众性文化体育活动日益活跃,参加文化活动和体育健身活动的残疾人越来越多。举办了两届全国残疾人艺术汇演。特奥运动发展迅速,参加人数达到50万。特殊艺术和残疾人体育在国内外引起强烈反响。中国残疾人艺术团出访10几个国家和地区,聋人舞蹈"千手观音"登上中央电视台春节晚会的舞台,充分展示了残疾人的艺术才华,社会反响热烈。残疾人运动员在国际比赛中共获得676枚金牌,在雅典第十二届残疾人奥运会上,中国残疾人体育代表团取得了金牌总数和奖牌总数双双第一的优异成绩,实现了历史性的重要突破,为祖国和人民赢得了荣誉。

广大残疾人自强不息,乐观进取,不断提高思想道德和科学文化素质,增强了自身的能力,积极参与社会生活,为经济建设和社会发展做出贡献。越来越多的残疾人实现了自食其力,各行各业都涌现出残疾人的优秀代表。3000多名残疾人、残疾人工作者及残疾人亲属成为县级以上人大代表、政协委员,他们积极参政议政,建言献策,为国家政治文明建设做出贡献。

### (三) 关系残疾人事业长远发展的重要工作顺利推进

"十五"期间,一些关系事业长远发展的重要举措相继实施。人道主义思想和残疾人事业理论与实践研究不断得到加强。成功申办2008年残奥会,制定了整体筹备方案,设计发布了"天、地、人"为主题的会标和"同一个世界、同一个梦想"的口号,两个奥运筹备工作融为一体,进展顺利。启动了第二次全国残疾人抽样调查,高效率、高质量地完成了方案设计、标准修订、队伍组建、人员培训、调查试点、宣传动员等全部筹备工作,并于2006年4月1日开始入户调查,抽调工作全面展开。启动了《中华人民共和国残疾人保障法》的修订工作,国务院有关部门共同成立修法领导机构,在深入调查研究、广泛征求意见的基础上,提出了征求意见稿;劳动保障部、民政部、中国残联共同起草了《残疾人就业条例(送审稿)》并报送国务院审议,国务院法制办组织了立法调研和对重点问题的研究协调,可望今年出台。大力推进基层残疾人工作,城市社区残疾人工作与基层残疾人组织建设得到加强,县、乡、村三级组织网络不断完善,提升了基层残疾人组织直接为残疾人服务的能力和水平。这些重大举措的实施,必将对残疾人事业的发展产生长远影响。

（四）残疾人事业的国际影响日益扩大

我国政府和残疾人组织积极参与、推进国际残疾人事务。配合国家外交大局,积极推进联合国《残疾人权利公约》制定进程,大力支持并推动第二个"亚太残疾人十年"行动,与国际残疾人组织和有关国际机构建立并发展了良好的合作关系,积极拓展国际合作项目,残疾人事务的国际交往不断增强,承担了与我国国际地位相适应的国际义务。中国残疾人事业的成就得到国际社会的广泛赞誉,荣获"联合国人权奖",展示了我国人权保障的良好形象和人权事业发展所取得的成就。

同志们:

5年来,我们不断加深对残疾人事业的认识,积极探索中国特色残疾人事业发展道路,积累了十分宝贵的经验,概括起来主要有:

——坚持以人为本,全心全意为残疾人服务,以维护好和发展好残疾人的根本利益作为一切工作的出发点和落脚点,扎扎实实做好康复、教育、扶贫、就业、社会保障等业务工作,使残疾人得到实实在在的利益。

——始终将残疾人事业纳入国民经济和社会发展大局,充分发挥政府在残疾人事业中的主导作用,形成以政府为主导、各部门密切配合、全社会广泛参与的社会化工作机制。

——大力弘扬人道主义思想,发扬中华民族扶贫济弱的传统美德,倡导和谐友爱、团结互助的良好社会风尚,激发各界人士的爱心,广泛动员社会力量、挖掘社会资源参与支持残疾人事业。

——建立健全残疾人事业法律法规体系,依法发展残疾人事业,依法保障残疾人权益。

——充分发挥残疾人组织沟通政府、社会和残疾人的桥梁、纽带作用,扎扎实实为残疾人办实事;充分调动残疾人的积极性、主动性和创造性,树立广大残疾人的主人翁意识,激励自强精神,实现人生价值。

我们深深地体会到,这些成就和经验的取得,归功于党和政府的高度重视和大力支持,归功于各地方和各有关部门的辛勤努力,归功于社会各界的热情参与,也归功于广大残疾人和残疾人工作者的艰苦奋斗。在此,我代表国务院残疾人工作委员会,代表全国6000万残疾人及其亲属和残疾人工作者,向关心、支持残疾人事业的各级党委、政府、有关部门和社会各界人士表示衷心的感谢和崇高的敬意!

## 二、抓住机遇,顺应大局,加快发展残疾人事业

在充分肯定成绩的同时,我们也必须清醒地看到,残疾人事业的发展总体仍然滞后于经济和社会的发展。相当多的残疾人贫困状况没有得到根本改观,基本生活需求难以稳定保障;残疾人在康复、教育、就业等方面存在许多困难;改善残疾人参与社会生活的环境和条件的长效机制还很不健全;建设残疾人小康生活的任务尤为繁重。发展残疾人事业,改善残疾人状况,促进残疾人事业与经济社会全面、协调、可持续发展,使残疾人和全国人民共同奔向小康生活,是我们面临的一项紧迫而艰巨的任务。

"十一五"时期是全面建设小康社会的关键时期,具有承前启后的历史地位。《国民经济和社会发展"十一五"规划纲要》以科学发展观为指导,更加注重统筹经济和社会发展,更加注重社会公平和社会全面进步,要求立足以人为本推动发展,把提高人民生活水平作为根本出发点和落脚点,使发展由偏重于增加物质财富向更加注重促进人的全面发展和经济社会的协调发展转变;要求必须加强和谐社会建设,加快社会事业发展,使全体人民共享改革发展成果。《国民经济和社会发展"十一五"规划纲要》将残疾人权益保障作为落实科学发展观和构建社会主义和谐社会的

重点内容予以强调,要求"倡导和鼓励社会各界关心、支持和参与残疾人事业。推进无障碍设施建设,加强残疾人康复、贫困残疾人脱贫、残疾儿童少年义务教育、残疾人就业服务和社会保障等工作,创造残疾人平等参与社会生活的条件"。规划纲要还将残疾人综合服务设施建设列为公共服务重点工程,对伤残独生子女家庭扶助、孤残儿童康复和家庭寄养等制度建设提出了明确要求。这些大的形势和环境为残疾人事业在"十一五"期间的进一步发展提供了重要的机遇。

按照《国民经济和社会发展"十一五"规划纲要》的总体部署和要求,结合残疾人和残疾人工作的实际,国务院残疾人工作委员会组织制定了《中国残疾人事业"十一五"发展纲要(2006年—2010年)》,目前已经国务院批转实施。纲要要求,"十一五"期间残疾人事业的发展,必须坚持以邓小平理论和"三个代表"重要思想为指针,紧紧围绕国家全面建设小康社会的奋斗目标,坚持以人为本和全面、协调、可持续发展的科学发展观,进一步缩小残疾人在基本需求方面与经济社会发展的差距,改善残疾人平等参与社会生活的物质条件和精神环境,为构建社会主义和谐社会做出贡献。

"十一五"期间残疾人工作的总目标是:残疾人基本生活总体初步达到小康水平。具体内容包括:全面推进残疾人"人人享有康复服务",并通过实施重点工程,使830万人得到不同程度的康复;使可以扶持的农村贫困残疾人脱贫,并实施残疾人危房改造工程,使农村100万户残疾人无房户和极度危房户中的32万户居住条件得到改善;将贫困残疾人纳入社会保障范围,满足基本生活需求;基本普及残疾儿童少年义务教育,积极开展残疾儿童学前教育,发展残疾人高级中等、高等教育和职业教育,切实保障残疾人接受教育的权利;有就业需求的残疾人得到职业指导和职业培训,残疾人就业规模和水平进一步提高;残疾人文化生活水平进一步提高,群众性体育活动得到普及;进一步加强残疾人事业的法制建设及无障碍环境建设,切实改善残疾人的权益保障状况;残疾人组织体系进一步完善,为残疾人服务的能力进一步增强。

为实现上述目标,"十一五"期间残疾人事业的发展,必须遵循以下指导原则:

一要坚持以人为本和全面、协调、可持续发展的科学发展观。按照"统筹经济社会发展"的要求，将残疾人事业纳入经济社会发展大局，统筹规划，同步实施，兼顾特点，整体推进，加速发展。

二要坚持以政府为主导的工作模式，将残疾人工作纳入公共服务范畴。

三要坚持社会化工作方法，倡导和鼓励社会各界关心、支持和参与残疾人事业。

四要贯彻"求真务实，持续推进"的方针。以提高为残疾人综合服务能力和提高残疾人基本生活水平为重点，多为残疾人办实事。

五要统筹规划，对东中西部和城乡残疾人工作进行分类指导。

六要完善维护残疾人权益的法规政策，依法发展残疾人事业。

七要充分发挥残疾人组织和残疾人的作用。

## 三、以科学发展观统领残疾人工作全局，确保"十一五"发展纲要各项目标的全面实现

要坚持以科学发展观统领残疾人工作全局。发展必须是科学发展，要坚持以残疾人为本，转变发展观念、创新发展模式、提高发展质量，使残疾人事业的发展始终不偏离全面、协调、可持续发展的轨道。为此，"十一五"期间要着重做好以下几个方面的工作：

**（一）以提高为残疾人综合服务能力和残疾人基本生活水平为重点，持续推进各项业务工作**

全面推进残疾人"人人享有康复服务"，加强社会化康复服务体系建设和康复人才培养，提高康复服务能力，使城市和发达地区农村有康复需求的残疾人普遍得到康复服务，欠发达地区农村70%以上得到康复服务。继续实施一批重点工程，使830万残疾人得到不同程度的康复；组织供应各类辅助器具300万件。开展残疾预防，减少残疾发生。

基本普及残疾儿童少年义务教育，适应接受普通教育的残疾儿童少年入学率达到与当地健全儿童少年同等水平，接受特殊教育的视力、听力语言和智力残疾儿童少年义务教育入学率达到国家要求，保障符合国家录取标准的残疾考生接受高级中等以上教育。可以就业的残疾人普遍得到职业

教育或培训。大力发展残疾儿童学前教育，加快高级中等特殊教育发展，积极发展高等特殊教育。

推动残疾人就业的法规、政策体系建设，进一步提高残疾人就业服务机构服务能力，使登记失业、求职的残疾人普遍得到职业指导和职业培训。培养、培训盲人按摩人员5万名，城镇新增残疾人就业75万人，农村残疾人稳定就业1800万人。完善残疾人社会保障措施，依法将贫困残疾人纳入社会保障体系。将城镇残疾职工普遍纳入社会保险，扩大自谋职业残疾人社会保险覆盖面。实施"分类救助"，适当提高困难的残疾人的生活保障水平。

要加强残疾人事业法制建设，推动保障残疾人权益的法律法规的修订，加大执法和法制宣传力度，建立残疾人法律救助机制。加强残疾人维权工作，采取有力措施，使残疾人权益保障状况进一步得到改善。

要进一步丰富、活跃残疾人群众文化、体育生活，发展残疾人特殊艺术和体育事业，展示残疾人的才华。要着力做好2007年上海特奥会和2008年北京残奥会的筹备工作，不仅办成出色的展示残疾人意志与才华的体育盛会，还要成为体现以人为本、弘扬扶残助残良好社会风尚的盛会，成为展示我国改革开放、社会发展和人权保障成就的盛会，推动残疾人事业再上新台阶。

（二）加强扶助贫困残疾人工作，确保贫困残疾人的基本生产生活得到稳定的保障

要实现"十一五"期间残疾人基本生活总体初步达到小康水平的总目标，必须首先确保贫困残疾人的基本生产生活得到稳定的保障。加大对贫困残疾人的扶持力度、努力解决贫困残疾人在康复、教育、就业、社会保障、住房等基本生活需求方面面临的突出困难和问题，是当前残疾人工作的第一要务。

要进一步加强残疾人扶贫工作，"十一五"期间要扶持1000万农村贫困残疾人基本解决温饱；帮助中西部地区100万适合参加生产劳动的农村贫困残疾人接受实用技术培训，完成32万户农村贫困残疾人危房改造任务。要继续将残疾人扶贫开发纳入国家扶贫工作整体规划，保证"整村推进"等各项扶持措施真正落实到残疾人户。要帮助中西部地区农村贫

困残疾人接受实用技术培训，掌握脱贫致富的一技之长。

要加强康复扶贫贷款项目管理和贷款贴息方式改革，实行规范运行，量化绩效考核，最大程度地保障残疾人受益。经济较发达地区要重点解决低收入残疾人及其家庭的相对贫困问题，稳定提高经济收入。

在康复方面，要着力开展康复救助，探索贫困残疾人康复和医疗保障制度。在教育方面，要真正将残疾人教育纳入国家教育总体规划，建立健全助学金制度，将残疾儿童少年接受义务教育切实列入政府优惠政策范围，减免有关费用；对接受高级中等以上教育的贫困残疾学生，优先提供助学金和教育贷款。在社会保障方面，要进一步完善残疾人社会保障措施，依法将贫困残疾人纳入社会保障范围，积极探索智力残疾和重度残疾人的安养问题。实施"分类救助"，适当提高符合条件的残疾人的社会保障水平。

### （三）加强分类指导，统筹不同地区和城乡残疾人事业发展

残疾人事业的发展与其他社会事业一样，明显存在着地区之间、城乡之间的不平衡。"十一五"期间，要加强分类指导，统筹不同地区和城乡之间残疾人事业发展。东部地区要充分发挥自身优势，创造性地开展工作，率先使残疾人走上小康生活之路；中部地区和东北地区要抓住中部崛起及振兴东北老工业基地的机会，加快发展；西部地区要切实抓住西部大开发的机遇，加大工作力度，实现残疾人事业跨越式发展。城市和农村要根据残疾人的不同需求，结合各自的特点，首先解决残疾人在生活上面临的困难和问题。

围绕建设社会主义新农村，要把加快解决农村残疾人的困难放在更加突出的位置上。党中央、国务院高度重视"三农"问题，提出建设社会主义新农村的战略任务。我国残疾人大部分生活在农村，残疾人工作的难点和重点在农村，发展残疾人事业的着眼点和着力点应放到农村。要在建设社会主义新农村的进程中，高度重视残疾人生产生活问题，切实加强农村残疾人工作，将农村残疾人工作切实纳入建设社会主义新农村的各项政策和措施，特别要解决好农村贫困残疾人扶助、残疾儿童少年义务教育、残疾人医疗、养老和社会保障等问题。"十一五"期间，残疾人事业经费、项目等都要向农村残疾人工作倾斜，加大投入和扶助，努力加快改变

农村残疾人事业的滞后状况,缩小城乡之间残疾人工作的差距。

**(四)建立健全残疾人事业发展的长效机制**

要进一步建立健全政府领导、社会参与、部门协同的残疾人事业长效发展机制。随着政府职能转变,"十一五"期间,各级政府将进一步加强对残疾人事业的领导,切实把残疾人工作纳入公共服务体系,充分发挥残疾人工作委员会的综合协调作用。与发展残疾人事业相关的各部门,要将有关的残疾人工作纳入职责范围,各司其职,加强配合,密切协作,形成新时期发展残疾人事业的长效工作机制;各级财政要将发展残疾人事业的经费列入预算,加大投入,给予保证。

要进一步强化残疾人工作中的社会责任。坚持社会化的工作方法,大力弘扬人道主义思想,进一步营造全社会理解、尊重、关心、帮助残疾人的社会环境,动员更多的社会力量参与和支持残疾人事业发展。

要加强残疾人组织建设,加强残疾人工作者的素质培养,造就一支恪守"人道·廉洁·服务·奉献"职业道德的工作者队伍。要充分发挥残疾人在残疾人事业中的主体作用,激励广大残疾人"自尊、自信、自强、自立"的精神,鼓励残疾人投身全面建设小康社会的伟大实践,创造社会财富,实现人生价值。

要做好残疾人保障法修改工作,修订和制定好其他配套的法规和规章,为残疾人事业的发展奠定坚实的法律基础;要积极参与联合国"残疾人权利公约"的制定,做好加入和履约的准备工作。要充分开发和利用好第二次全国残疾人抽样调查的数据,为制定发展残疾人事业的政策、法规和规划提供科学依据。

建立健全发展残疾人事业的长效机制,是做好各项残疾人工作的制度保证,是进一步提高为残疾人服务的能力和水平,改善残疾人状况的基础,是把各项残疾人工作任务真正落到实处的条件,是构建社会主义和谐社会,全面建设小康社会的内在要求。

同志们,我们国家正站在新的历史起点上,朝着全面建设小康社会的目标阔步前进。当前,全国各族人民正万众一心,奋发图强,努力把"十一五"规划的宏伟蓝图变为美好现实,谱写社会主义现代化建设事业的新篇章。让我们在以胡锦涛同志为总书记的党中央领导下,高举邓小平理论和"三个代表"重要思想伟大旗帜，全面贯彻落实科学发展观，乘势而上，奋发进取，积极发展残疾人事业，帮助广大残疾人与全国人民一道创造幸福生活和美好未来，为全面建设小康社会和构建社会主义和谐社会做出新的更大的贡献。

## 全面推进残疾人社会保障体系和服务体系建设
## 为构建社会主义和谐社会做出新的贡献
——在第四次全国残疾人事业工作会议上的报告

国务院残疾人工作委员会副主任、中国残联理事长　王新宪

（2011年6月9日）

今天，国务院残疾人工作委员会召开第四次全国残疾人事业工作会议，认真总结残疾人事业"十一五"发展纲要执行情况，全面贯彻落实国务院颁布的《中国残疾人事业"十二五"发展纲要》，部署"十二五"期间残疾人工作，对于促进残疾人事业在新的起点上加快发展，具有十分重要的意义。

下面，我受国务院残疾人工作委员会的委托向大会做报告。

### 一、"十一五"发展纲要任务圆满完成，残疾人事业迈出历史性新步伐

"十一五"时期是我国发展进程中极不平凡的五年，也是残疾人事业发展最快、残疾人状况改善最明显的五年。党和国家亲切关怀残疾人，高度重视残疾人事业发展，各地区、各部门采取有力措施，加大工作力度，社会各界大力支持，全面完成了《中国残疾人事业"十一五"发展纲要》规定的各项任务，残疾人事业取得显著成绩。

（一）政府和社会为残疾人服务的能力显著提升

康复工作扎实推进。实施重点康复工程，大力推进实现残疾人"人人享有康复服务"目标。加强康复辅具科研，推动行业发展，为残疾人供应辅助器具514.7万件。全国2500多个县（市、区）开展了社区康复，

配备32万多名社区康复协调员。积极开展残疾预防，减少了残疾发生。一批重点康复服务设施投入使用。残疾人康复政策法规、服务网络、业务格局、人才队伍建设得到全面加强。

残疾人教育加快发展。中央投入资金35亿元支持中西部地区建设特殊教育学校930余所。特殊教育学校发展到1700多所，义务教育普通学校附设特教班达到2700多个。残疾人高中阶段特殊教育、职业教育和高等教育不断发展。广泛开展扶残助学，帮助贫困残疾人接受教育。

就业状况进一步改善。就业保护和就业促进法规政策日趋完善。各地高度重视残疾人就业工作，加强就业服务，残疾人就业方式更加多样，就业规模不断扩大。残疾人就业服务机构发展到3094个。对376.5万残疾人实施了职业教育与培训，培训后就业率稳步提高。

扶贫开发取得新成效。各级政府将农村贫困残疾人纳入扶贫开发计划，统筹安排，同步实施，《农村残疾人扶贫开发计划（2001—2010年）》全面完成。积极采取多种方式帮扶农村贫困残疾人，安排扶贫贷款40亿元，建立残疾人扶贫基地4575个，对414万残疾人进行实用技术培训。

社会保障制度加快建立。各地将残疾人纳入覆盖城乡的社会保障体系并予重点保障和特殊扶助。残疾人参保率逐步提高，城镇残疾人基本医疗保险参保率达74.4%，农村残疾人参加新农合比例达到96%。政府为参加新农保的农村重度残疾人等缴费困难群体代缴部分或全部最低标准的养老保险费，新农保试点地区持证残疾人参保率达72%。建立残疾人托养服务机构4000余个，集中托养残疾人14万人；实施"阳光家园计划"，资助智力、精神和重度残疾人30余万人次接受托养服务。

社会福利水平明显提高。各地建立多种形式的社会福利机构，优先发展护理型福利服务机构，为老年残疾人提供急需的护理服务。建立孤儿社会福利制度，将残疾孤儿的安置、生活、医疗康复、教育、住房等纳入政府保障范围。

残疾人文化体育取得新进展。"文化进社区"项目为全国1000个社区文化站配送供残疾人阅读的图书和有声读物。在农家书屋工程中配备残疾人需要的出版物，通过书屋管理员岗位安排残疾人就业。中国残疾人艺术团在国内外演出700多场，特殊艺术享誉海内外。举办全国性残疾人体育活动 100 余项次，积极开展残疾人群众性体育健身活动，参加特奥运动的智力残疾人突破 100 万人。残疾人运动员在重大国际体育比赛夺得 1100 多枚金牌，为祖国赢得了荣誉。

残疾人组织体系进一步完善。基层组织建设取得新进展，残疾人专门协会工作活跃，55.9 万名残疾人专职委员活跃在基层，积极发挥作用。基础设施建设稳步推进。中央和地方投入 46.6 亿元，加强残疾人综合服务设施建设，共建成残疾人综合服务设施 2544 个，服务能力进一步增强。

### （二）残疾人生存和发展状况明显改善

各级政府将残疾人事业作为"保障和改善民生"的重点领域，着力解决残疾人生产生活中的困难和问题。五年来，有 1037.9 万残疾人得到不同程度的康复，是"十五"期间的 1.6 倍。其中白内障复明手术 423.6 万例，对 9.8 万名聋儿进行听力语言康复训练，对 41.6 万名肢体残疾人和 13.2 万名智力残疾儿童进行康复训练与服务，对 495.2 万名重性精神病患者开展综合防治康复，对 6.6 万名残疾孤儿进行手术康复，对近 4 万名贫困残疾儿童实施抢救性康复；新安排 179.7 万城镇残疾人就业，城镇残疾人就业人数达到 441.2 万人，农村残疾人参加生产劳动达到 1749.7 万人；扶持 618.4 万农村贫困残疾人解决温饱，为 49.4 万户贫困残疾人家庭新建或改造了住房，受益残疾人 68 万人；城乡贫困残疾人基本生活得到保障，5861.3 万人次获得各种形式的救济救助，一千多万人享受最低生活保障或经常性生活救助；残疾少年儿童义务教育入学水平明显提高，3.5 万多残疾人被高等院校录取，17 万人次残疾学生得到资助。广大残疾人弘扬"自尊、自信、自强、自立"精神，为改革开放和经济社会发展做出了积极贡献。

### （三）残疾人事业发展的社会环境更加文明和谐

大力弘扬人道主义思想，不断加大残疾人事业宣传力度，残疾人事业社会影响力全面提升。隆重召开第四次全国自强模范暨扶残助残先进集体和个人表彰大会。志愿助残活动深入推进，助残志愿者发展到 530 万人。对残疾人提供法律服务和法律援助，打击侵害残疾人权益的违法犯罪活动。100 个城市开展创建无障碍城市工作，家庭无障碍改造工作成效显著。开设省、市（地）级电视手语新闻栏目 190 个，积极推动影视和文艺作品配加字幕。制定无障碍技术标准，加强质量监督管理。残疾人慈善事业迈出新步伐。残疾人事业理论与实践研究取得新进展。全社会理解、尊重、关心、帮助残疾人的社会氛围更加浓厚，为残疾人平等参与创造了更好的条件。

（四）残疾人事业的国际影响力持续提升

积极发展与国际残疾人组织和有关机构合作关系，不断拓展国际交流与合作。我国政府积极推动《残疾人权利公约》的制定，认真做好履约工作。成功举办北京残奥会、上海特奥会和广州亚残运会及上海世博会首次设立残疾人展馆，向全世界宣传我国残疾人事业的成就和残疾人自强不息的精神，展示我国重视人权保障的良好形象，增进了与各国人民的了解和友谊，赢得了国际社会的广泛赞誉。

同志们，"十一五"期间的残疾人事业在取得显著成效的同时，呈现出以下鲜明的特点：

一是党和国家高度重视，政策措施有力。党和国家十分关心残疾人民生和福祉，高度重视残疾人事业发展。胡锦涛总书记主持中央政治局会议，对促进残疾人事业发展做出重大部署。党中央、国务院颁布《关于促进残疾人事业发展的意见》。全国人大常委会修订《中华人民共和国残疾人保障法》。国务院常务会专题研究残疾人工作。党和国家领导同志走访慰问基层残疾人群众，对残疾人工作做出重要指示。圆满完成第二次全国残疾人抽样调查，为科学决策提供了可靠依据。中央财政五年投入残疾人事业经费58.97亿元，是"十五"时期的2.84倍。各地党委、政府着力保障和改善残疾人民生，积极出台政策措施，增加经费投入，加大工作力度，切实解决残疾人生存和发展面临的困难，积极推动本地残疾人事业发展。

二是各级政府残工委充分发挥作用，领导工作到位。2006年，经国务院批准，国务院残疾人工作协调委员会更名为国务院残疾人工作委员会。在回良玉副总理和邓朴方副主席坚定有力的领导下，国务院残工委统筹残疾人事业发展全局，及时总结部署工作，研究解决残疾人工作中的重大问题，组织开展"十一五"纲要执行情况中期检查和完成情况的总结检查。国务院残工委各成员单位认真履行职责，在政策制定、工作布置、经费安排、督促检查中主动将残疾人工作纳入，统一部署和落实。各成员单位密切配合,共同做好残疾人工作。地方政府残工委全面统筹推进当地残疾人工作,出台政策措施,加强督促检查,狠抓贯彻落实,工作成效显著。各级残联认真履行"代表、服务、管理"职能,密切联系广大残疾人,积极协助政府和有关部门,开拓进取,辛勤工作,发挥了不可替代的作用。

三是大力构建残疾人社会保障体系和服务体系,逐步完善长效机制。各级政府把残疾人"两个体系"建设作为加强民生和社会建设的重要内容,纳入社会保障制度建设和公共服务体系建设,围绕残疾人生产生活、康复、教育、医疗、就业、住房、托养等方面,加大制度建设力度,提高保障能力和水平。各地认真落实国务院办公厅转发的《关于加快推进残疾人社会保障体系和服务体系建设的指导意见》,普遍建立领导小组和工作机构,明确职责分工,制定实施计划,纳入督办考核内容,在建立健全保障和服务体系、制定服务标准、提升服务质量方面取得新进展。

四是更加注重政策法规建设,依法发展事业。《中华人民共和国残疾人保障法》《中华人民共和国义务教育法》《中华人民共和国就业促进法》《残疾人就业条例》等一批法律法规的制定和修订,完善了维护残疾人权益的法规体系。国务院办公厅转发《关于进一步加快特殊教育事业发展的意见》,国家有关部门相继制定《关于将部分医疗康复项目纳入基本医疗保障范围的通知》《社会福利企业资格认定办法》《盲人医疗按摩管理办法》《阳光家园计划》及残疾人机动轮椅车燃油补贴、残疾人驾驶汽车等一系列政策性文件。《残疾人残疾分类和分级》国家标准发布施行,残疾人康复条例、无障碍建设条例制定工作取得阶段性成果。涵盖残疾人事业各领域的政策法规密集出台,力度之大前所未有。

残疾人事业"十一五"发展纲要的全面完成,使我国残疾人事业迈上了一个新台阶,达到了一个新水平,给广大残疾人带来了实实在在的利益。残疾人事业作为中国特色社会主义事业的重要组成部分,日益焕发出生机和活力,在全面建设小康社会、构建社会主义和谐社会中发挥着越来越重要的作用。

我们深深体会到,五年来残疾人事业成就的取得,归功于党和政府的高度重视和大力支持,归功于各地方和各部门的辛勤努力,归功于社会各界的热情参与,也归功于广大残疾人和残疾人工作者的艰苦奋斗。在此,我代表国务院残疾人工作委员会，代表全国8300万残疾人及其亲属和残疾人工作者，向关心、支持残疾人事业的各级党委、政府、有关部门和社会各界表示衷心的感谢和崇高的敬意！

## 二、明确"十二五"工作的总体要求和指导原则，推动残疾人事业又好又快发展

在充分肯定成绩的同时，我们也清醒地看到：残疾人总体生活状况与社会平均水平仍然存在较大差距，残疾人在基本生活保障、康复、教育、就医、就业等方面面临许多困难，社会保障和服务的政策措施还不够完善，为残疾人服务的能力和水平还需不断提高。目前残疾人家庭人均收入仅为全国平均水平的60%，近30%的适龄残疾儿童未能上学，超过一半有就业能力的残疾人未能就业，近四分之一的城镇残疾人未参加任何社会保险。进一步缩小差距、实现残疾人全面小康的任务仍然十分艰巨。因此，我们要充分认识到，我国还处在社会主义初级阶段，发展残疾人事业任重道远。我们要一切从国情、从实际出发，扎扎实实推进各项工作。

"十二五"时期是全面建设小康社会的关键时期，也是加快发展残疾人事业的重要战略机遇期。国民经济和社会发展第十二个五年规划纲要顺应各族人民过上更好生活新期待，坚持以科学发展为主题，要求着力保障和改善民生，使发展成果惠及全体人民，并专设一节明确要求"加快残疾人事业发展"，这既为残疾人事业在"十二五"期间的进一步发展提供了重要的机遇，也提出了新的更高的要求。

依据国家"十二五"规划的总体要求和战略部署，今后五年残疾人事业发展的总目标是：残疾人生活总体达到小康，参与和发展状况显著改善；建立起残疾人社会保障体系和服务体系基本框架，保障水平和服务能力明显提高；完善残疾人事业法律法规政策体系，依法保障残疾人政治、经济、社会、文化教育权利；加强残疾人组织和人才队伍建设，提高残疾人事业科技应用和信息化水平；系统开展残疾预防，有效控制残疾的发生和发展；弘扬人道主义思想，为残疾人平等参与社会生活、共享经济社会发展成果创造更加有利的环境。

为实现上述目标，"十二五"时期残疾人事业的发展，必须遵循以下

指导原则：

一是要坚持以残疾人为本。将切实改善残疾人民生、促进残疾人全面发展作为发展残疾人事业的根本出发点和落脚点。鼓励残疾人自尊、自信、自强、自立，创造社会财富，实现人生价值。

二是要坚持以加快发展为主题，以残疾人社会保障体系和服务体系建设为主线。将残疾人事业纳入国民经济和社会发展大局，立足国情，讲求实效，加大投入，加快发展，缩小残疾人生活状况与社会平均水平的差距，促进残疾人事业与经济社会协调发展。

三是要坚持党委领导、政府负责的残疾人工作领导体制。将残疾人工作纳入政府重要议事日程和目标管理。建立稳定增长的残疾人事业经费投入保障机制。充分发挥残疾人和残疾人组织的作用，支持残联依照法律法规和章程开展工作，参与残疾人事业社会管理和公共服务。

四是要坚持社会化工作方式。鼓励和引导社会各界参与、支持残疾人社会保障和服务，培育理解、尊重、关心、帮助残疾人的社会风尚。

五是要坚持统筹兼顾和分类指导。政策、资金、项目重点向中西部地区、革命老区、民族地区、边疆地区、贫困地区、农村和基层倾斜，促进区域和城乡残疾人社会保障和服务均衡发展，增强基层为残疾人服务的能力。做好残疾人社会保障体系和服务体系建设省级试验区和专项试点城市工作，发挥示范作用。

六是要坚持解决当前问题与完善制度体系相结合。优先解决残疾人反映突出、要求迫切的实际困难。加强制度建设，完善运行机制，提高服务能力，依法发展残疾人事业。

## 三、全面推进残疾人社会保障体系和服务体系建设，确保"十二五"发展纲要各项目标的实现

要坚持以科学发展观统领残疾人事业全局，将残疾人事业纳入国民经济和社会发展大局，促进残疾人状况改善和全面发展。为此，"十二五"期间要着重做好以下几个方面的工作：

### （一）加强残疾人社会保障体系建设，保障残疾人基本生活

将残疾人普遍纳入覆盖城乡居民的社会保障体系并予以重点保障和特

殊扶助，落实并完善针对残疾人特殊困难和需求的专项社会保障政策措施。将符合条件的残疾人全部纳入城乡最低生活保障范围，提高低收入残疾人生活救助水平。将住房困难的城乡低收入残疾人家庭优先纳入基本住房保障范围。对贫困残疾人实施医疗救助和康复救助。

帮助城乡残疾人普遍按规定参加基本养老保险和基本医疗保险。对企业招收、灵活就业和公益性岗位安置的残疾人，按规定给予社会保险补贴。落实城镇贫困残疾人个体工商户缴纳基本养老费补贴政策。落实贫困残疾人参加城镇居民基本医疗保险、新型农村合作医疗个人缴费部分的政府补贴政策。落实为重度残疾人等缴费困难群体参加新型农村社会养老保险代缴部分或全部最低标准保险费政策。

扩大残疾人社会福利范围，提高福利保障水平。逐步建立贫困残疾人生活补助和重度残疾人护理补贴制度。有条件的地方开展一户多残、老残一体等困难残疾人生活补助试点和重度残疾人护理补贴试点，对重度残疾人适配基本型辅助器具、残疾人家庭环境无障碍建设和改造、日间照料、护理和居家服务给予政府补贴。做好伤病残军人移交安置工作，逐步提高伤病残军人保障待遇。

（二）大幅增加残疾人基本公共服务供给，促进残疾人全面发展

完善残疾人教育体系，健全保障机制，提高残疾人受教育水平。将残疾人义务教育纳入基本公共服务体系。建立完善残疾儿童少年随班就读支持保障体系，提高随班就读质量。采取多种形式对适龄重度肢体残疾、重度智力残疾、孤独症、脑瘫和多重残疾儿童少年实施义务教育。鼓励发展残疾儿童学前康复教育，大力发展残疾人职业教育，加快发展残疾人高中阶段教育和高等教育。加大特殊教育教师培训力度。改善特殊教育学校办学条件，推进中西部地区特殊教育学校建设。全面实施残疾学生免费义务教育。广泛开展各种形式的扶残助学活动。

完善残疾人就业促进和保护政策措施，稳定和扩大残疾人就业。实现城镇新增残疾人就业100万人。依法全面推进按比例安排残疾人就业；落实并完善集中安排残疾人的用人单位税收优惠政策，稳定残疾人集中就业；扶持残疾人自主创业和灵活就业。积极开发适合残疾人就业的公益性岗位。促进残疾人社区就业和居家就业。推进残疾人辅助性就业，扶助盲

人按摩行业发展。规范残疾人就业服务体系，使有就业需求的各类残疾人普遍获得就业服务和职业技能培训。将就业困难残疾人纳入就业援助范围，加大援助力度。实施残疾人就业服务能力建设工程。扶持农村残疾人开展种养业、手工业、家庭服务业和其他增收项目。

加强农村残疾人扶贫开发，扶持1000万农村贫困残疾人改善生活状况、增加收入、提高发展能力。将贫困残疾人作为重点扶持群体纳入政府扶贫开发规划，统筹安排，同步实施，优先帮扶。制定并实施《农村残疾人扶贫开发规划（2011—2020年）》。为100万农村残疾人提供实用技术培训。继续实施"阳光安居工程"，改善农村贫困残疾人家庭居住条件。加强基层残疾人扶贫服务社建设，依托农村社会化服务体系，为残疾人提供多种形式的生产生活服务。积极扶持适合少数民族残疾人特点的扶贫项目。

建立健全残疾人托养服务体系。依托社区和家庭，以智力、精神、重度残疾人为重点对象，大力发展居家托养服务。加强精神病人福利机构建设。实施"阳光家园计划"，对200万人次残疾人托养服务予以补助。引导支持社会组织和个人兴办非营利性残疾人托养服务机构。

发展残疾人文化艺术，丰富残疾人文化生活。各类公共文化场所免费或优惠向残疾人开放。国家公共文化服务重点项目中要有为残疾人服务的内容。重要群众文化活动要吸收残疾人参与。以"残疾人文化周"为载体，开展基层群众性残疾人文化活动，实施"残疾人文化进社区"项目。扶持出版为残疾人服务的图书、音像制品和残疾人作者的图书。扶持残疾人题材文艺作品的创作、发行。扶持各种音像制品、网络视频和学习课件加配字幕。建设网上中国残疾人数字图书馆，拓展面向各类残疾人的数字资源服务。各级公共图书馆应设立盲人阅览室，做好盲人阅读服务。办好残疾人艺术汇演，鼓励扶持残疾人参加艺术活动和创作，培育残疾人文化艺术品牌。

发展残疾人体育事业。贯彻落实《全民健身计划（2011—2015年）》，实施"残疾人自强健身工程"。公共体育设施免费向残疾人开放，广泛开展残疾人群众性体育健身活动，推动残奥、聋奥、特奥均衡发展。进一步加强残疾人体育基地建设和管理，提高残疾人竞技体育水平。办好全国残运会等重要赛事。组团参加重大残疾人国际体育赛事，争取运动成绩和精神文明双丰收。

加快推进无障碍建设与改造。完善无障碍建设标准体系，新建、改建、扩建设施严格按照国家相关规范建设无障碍设施。开展创建全国无障碍建设市、县、区工作。将无障碍建设纳入社会主义新农村和城镇化建设内容。航空、铁路及城市公共交通要加大无障碍建设和改造力度。加强信息无障碍建设，推进通用产品、技术信息无障碍。推动政府部门和公共服务行业等的信息无障碍服务。开展残疾人家庭无障碍改造，对贫困家庭提供补助。

（三）加强残疾人康复和残疾预防工作，有效控制残疾的发生和发展

完善社会化的康复服务网络，健全保障机制，全面开展各类康复服务。加强专业康复机构的规范化建设，扶持一批社区康复站成为基层康复工作示范点，充分利用社区资源，全面开展社区康复服务。实施国家重点康复工程，帮助1300万残疾人得到不同程度的康复。建立残疾儿童抢救性康复救助制度，实施0—6岁残疾儿童免费抢救性康复项目。实施残疾孤儿和贫困残疾人手术康复。制定落实国家辅助器具产业发展政策，构建辅助器具适配体系，组织供应500万件各类辅助器具。发展康复医学，实施康复人才培养"百千万"工程，初步实现残疾人"人人享有康复服务"目标。

广泛开展以社区为基础、以一级预防为重点的三级预防工作，健全政府统筹规划和协调、有关部门各司其职、密切配合的残疾预防工作体系。针对危害面广、可预防的致残因素，实施一批重点预防工程。普及残疾预防知识，提高公众残疾预防意识。实施残疾报告制度。建立残疾预防的综合信息网络平台和数据库，开展致残因素监控和残疾预防对策研究。

（四）优化社会环境，促进残疾人事业可持续发展

进一步弘扬人道主义思想，加大残疾人事业宣传力度，大力宣传现代文明社会残疾人观。加快发展志愿助残服务，深入开展"关爱残疾人志愿服务——志愿助残阳光行动"。广泛开展自强活动，鼓励和帮助残疾人参与社会生活，充分发挥残疾人在残疾人事业中的作用。大力发展残疾人慈善事业。

制定无障碍建设条例、残疾人康复条例，修订《残疾人教育条例》。完成残疾人保障法地方实施办法修改工作。进一步加大残疾人保障法等保障残疾人权益法律法规的实施力度。加强普法宣传，增强残疾人的法律观念，提高全社会依法维护残疾人权益的意识。完善残疾人维权工作机制，

深入开展残疾人法律救助工作,扩大残疾人法律援助覆盖面。加强残疾人信访工作,着力解决残疾人普遍性、群体性的利益诉求。严厉打击侵害残疾人权益的违法犯罪行为。

进一步加强各级残联组织建设。建设高素质的残疾人工作者队伍,提高为残疾人服务的能力。加强基层残疾人组织规范化建设,着力培育基层残疾人工作者和残疾人专职委员队伍,充分发挥基层残协和残疾人专职委员的作用。进一步加强残疾人专门协会建设,活跃专门协会工作。

加强残疾人服务设施建设,将各类残疾人服务设施建设纳入城乡公益性建设项目,优先安排,加大投入,重点扶持。建设残疾人人口综合数据管理系统,为残疾人事业发展提供基础信息和基础数据。加强残疾人事业统计,做好残疾人状况监测工作。加强残疾人事业理论与实践研究,推进相关学科建设。支持、推动残疾人事业领域的科技创新和科技应用。

加强残疾人领域的国际交流与合作,积极参与国际残疾人事务,加强对外宣传,充分展示我国残疾人人权保障和社会发展的成就。做好联合国《残疾人权利公约》履约工作,建立健全国家履约机制。

同志们:

当前,全国各族人民正万众一心,努力实现"十二五"规划的宏伟蓝图,谱写社会主义现代化建设的新篇章。让我们更加紧密地团结在以胡锦涛同志为总书记的党中央周围,以邓小平理论和"三个代表"重要思想为指导,深入贯彻落实科学发展观,团结带领广大残疾人,为全面完成残疾人事业"十二五"纲要的各项任务,夺取全面建设小康社会新胜利而努力奋斗!

# 肩负起团结带领残疾人共奔小康的历史责任

## ——在第五次全国残疾人事业工作会议上的报告

**国务院残疾人工作委员会副主任、中国残联理事长　鲁　勇**

（2016年9月26日）

我受国务院残疾人工作委员会委托，向大会报告"十二五"时期残疾人事业发展情况和"十三五"时期加快推进残疾人小康进程的主要安排。

## 一、"十二五"时期残疾人事业迈上了新台阶

过去的五年，是残疾人事业不断开创新局面的五年。在落实"四个全面"战略布局、为实现"两个一百年"奋斗目标和中华民族伟大复兴中国梦砥砺前行的实践中，以习近平同志为核心的党中央对残疾人格外关心、格外关注。习近平总书记强调"让广大残疾人安居乐业、衣食无忧，过上幸福美好的生活，是我们党全心全意为人民服务宗旨的重要体现，是我国社会主义制度的必然要求"，李克强总理要求要"拿出更实、更有针对性、更具人文关怀的措施，推进解决各类残疾人群在身体康复、教育就业、权益保障等方面存在的困难，让他们更多感受到全社会的温暖"。

五年来，党中央、国务院对残疾人事业做出了一系列新部署。党的十八大、十八届三中、四中、五中全会和历次全国"两会"政府工作报告，都专门强调了残疾人工作任务。习近平总书记致中国残疾人福利基金会成立30周年贺信、在第五次全国自强模范暨助残先进表彰大会和中央党的群团工作会议上的重要讲话，李克强总理关于加快残疾人小康进程和做好残疾人民生保障、特殊教育、就业创业等工作的指示批示，党中央、国务院致中国残联六代会贺词，成为推动新形势下残疾人工作的重要遵循。在党中央、国务院高度重视、大力推动和社会各界积极参与、共同努力下，"十二五"时期的残疾人事业取得了丰硕成果：

### （一）开启了加快残疾人小康进程的新征程

国务院出台《关于加快推进残疾人小康进程的意见》，系统安排全面

建成小康社会决胜阶段的残疾人工作。国务院残工委首次开展全国残疾人基本服务状况和需求的实名制调查，获取了2664万持证残疾人和暂未持证残疾儿童的基本服务状况和需求、70多万个村（社区）残疾人基本公共服务状况的第一手信息。坚持问题导向落实帮扶措施、推动精准服务，将残疾人基本公共服务的托底补短和贫困残疾人的脱贫解困工作整体纳入各地全面建成小康社会的工作大局。

（二）建立了残疾人基本福利补贴的国家制度

国务院印发《关于全面建立困难残疾人生活补贴和重度残疾人护理补贴制度的意见》，首次在国家层面建立了残疾人基本福利补贴的制度框架，2000万困难和重度残疾人将从中受益。1000万城乡贫困残疾人纳入最低生活保障制度，生活困难、靠家庭供养且无法单独立户的成年无业重度残疾人按照单人户纳入低保范围，9项残疾人医疗康复项目纳入基本医疗保险支付范围。完善社会保险缴费资助政策，残疾人城乡居民基本养老和基本医疗保险参保率分别达到78.2%和97.1%。国家卫生计生委等五部门联合印发了《关于进一步做好重度残疾人医疗服务及保障工作的通知》，加强重度残疾人医疗服务，完善残疾人医保报销制度。

（三）推进了残疾人基本公共服务的托底补短

实施多项康复工程，为1350多万残疾人提供了基本康复服务，为40万人次的残疾儿童减免了手术、辅具适配和康复训练等服务费用，为420多万人次残疾人提供了托养照料服务，五年发放辅助器具665.5万件。国务院办公厅印发《残疾预防国家行动计划（2016—2020年）》，对加强残疾预防做出部署。国务院办公厅转发了教育部等部门《特殊教育提升计划（2014—2016年）》，适龄残疾儿童少年义务教育入学率逐年提高，残疾人高中教育和职业教育稳步推进，并为5.5万人次家庭经济困难残疾儿童提供了学前教育资助。出台为残疾考生参加普通高校全国统一考试提供便利的管理规定，五年间45000多名残疾学生进入高等院校学习。中国残联等四部门联合印发了《国家手语和盲文规范化行动计划（2015—2020年）》，为听力、视力残疾人提供更加公平、平等和便利的受教育和参与社会生活的条件。国务院制定了《无障碍环境建设条例》、住房城乡建设部等部门制定了《加强村镇无障碍环境建设指导意见》，城乡无障碍建设水平进一步提高，铁路、民航、银行、公共服务设施等无障碍服务明显加强，并为 67.5 万户残疾人家庭进行了无障碍改造，为 300 多万人次残疾人发放了机动轮椅车燃油补贴。积极推进机动车驾驶人培训考试制度改革，逐步放宽听力障碍、下肢和上肢残疾人的驾车条件，截至目前，共有 11235 名听力残疾人、22841 名下肢残疾人和 40927 名上肢残疾人考领了驾驶证。广泛开展社区群众性残疾人文化活动，"百家出版社文化助残公益行动"累计捐赠价值 5000 万元的优秀出版物，1500 多个省、市、县级公共图书馆设立盲文及有声读物阅览室。实施"自强健身工程"，累计建设残疾人健身示范点 3590 多个，在伦敦残奥会等国际大赛上继续保持领先地位，推进了残疾人康复体育、健身体育、竞技体育的协同发展，优秀残疾人运动员免试入学政策实现突破。成功申办北京 2022 年冬奥会和冬残奥会，启动了"冬季残奥项目振兴计划"。在刚刚闭幕的里约残奥会上，中国残疾人运动员的优异表现赢得了海内外社会各界的高度评价。

**（四）展开了贫困残疾人脱贫解困攻坚行动**

落实《中共中央、国务院关于打赢脱贫攻坚战的决定》部署，推进了农村贫困残疾人精准识别和精准帮扶。为 410 万人次农村残疾人提供了实用技术培训，累计向残疾人发放康复扶贫贷款 48.5 亿元，帮助 588 万贫困残疾人实现了脱贫，中央财政支持 139 万户农村贫困残疾人家庭危房改造。中央组织部等七部门制定了《关于促进残疾人按比例就业的意见》、中国残联等八部门制定了《关于发展残疾人辅助性就业的意见》、财政部等三部门制定了《残疾人就业保障金征收使用管理办法》、中国残联等四部门制定了《关于进一步完善康复扶贫贷款和贴息资金管理有关政策的通知》等政策，为 175 万人次城镇残疾人提供职业培训，城镇新增残疾人就业 156 万。16—59 周岁城乡残疾人就业率达到 43%，接近世界发达国家的平均水平。

**（五）营造了关心支持残疾人事业的良好氛围**

中国残联第六次全国代表大会、中国残疾人福利基金会成立 30 周年纪念大会、第五届全国自强模范暨助残先进表彰大会、第五届全国残疾人职业技能竞赛暨第二届全国残疾人展能节、全国第九届残运会暨第六届特奥会、第八届全国残疾人艺术汇演等重大活动的成功举办，全国助残日、世界残疾人日、爱耳日、残奥会等重要节点的系列宣传，各行各业涌现出的自强模范和助残先进，促进了人道主义思想进一步深入人心。残疾人事业宣传阵地更加巩固，微信、微博和客户端新媒体平台快速崛起，全国省市两级广播电台开播残疾人节目235个，电视手语栏目262个。残疾人工作得到越来越多的重视，全国县级以上人大代表中残疾人、残疾人亲友及残疾人工作者达到1740名，县级以上政协委员中残疾人、残疾人亲友及残疾人工作者达到3278名。维权机制不断完善，开通了12385全国残疾人服务热线和残疾人信访工作网上服务平台，畅通残疾人诉求反映渠道，推动解决了一批信访积案。全国法律援助机构共为24.9万名残疾人提供了法律援助，为106.2万人次残疾人提供了法律咨询服务。

（六）提升了残疾人事业的保障和支撑能力

完善了党委领导、政府负责、社会参与、残疾人组织充分发挥作用的残疾人事业领导体制和工作机制，各级政府残工委构建了各司其职、密切配合、齐抓共管、主动作为的良好格局。形成了以残疾人保障法、《残疾人教育条例》、《残疾人就业条例》、《无障碍环境建设条例》为支撑的专项法律法规框架。全国人大开展残疾人保障法执法检查和立法后评估，全国政协将保障残疾人权益工作纳入双周协商座谈会，最高人民检察院推出《关于在检察工作中切实维护残疾人合法权益的意见》。深入贯彻中央党的群团工作会议精神，出台《中国残联贯彻〈中共中央关于加强和改进党的群团工作的意见〉的实施方案》。残联工作重心进一步下移，组织进一步发展壮大，专职工作者达到11.1万人，专职委员超过61.4万人。"十二五"时期，中央财政对残疾人事业的投入达到195.24亿元，比"十一五"时期增长231.1%。目前，特殊教育学校达到2053所，比2010年增长20.3%；残疾人康复、托养和综合服务设施达到3463个。政府购买助残服务取得实效，成立中国助残志愿者协会，广泛开展了志愿助残和慈善公益活动。

（七）开拓了残疾人事务合作交流的新领域

成功将残疾人发展问题纳入联合国2030年可持续发展议程，弥补了2000年联合国千年发展目标中没有关注残疾人问题的缺憾。联合国在成立70周年之际，特邀中国残联设计残疾人主题邮票纪念版张并联合主办了首发式。隆重纪念联合国《残疾人权利公约》通过10周年，我国人权保障特别是残疾人权益保障取得的成就赢得广泛赞誉。成功举办北京亚太经合组织（APEC）残疾人事务主题活动，经过一年努力，我国倡导的"残疾人与经济发展事务"成为APEC正式议题，中国代表当选"APEC残疾人事务之友小组"首任主席。举办了亚欧会议框架下残疾人合作暨全球辅助器具产业发展大会，搭建了残疾人事务合作交流新平台。我国对非洲政策文件中确定了残疾人领域合作的重点任务，建立了中美、中俄等政府间残疾人事务协调机制。中国—东盟博览会、海峡论坛等，新增了残疾人事务合作交流内容。张海迪当选国际残疾人组织——康复国际主席。中国残疾人艺术团已出访97个国家和地区，成为传播中国残疾人故事的亮丽名片。

过去的五年，是残疾人事业投入最多、发展最快的五年，也是残疾人受益面最大、获得感最强的五年。广大残疾人共奔小康的步伐明显加快，中国特色残疾人事业实现了新跨越，成为我国社会文明进步的重要标志。

成绩的取得，是党领导全国人民坚定不移走中国特色社会主义道路的必然结果，是以习近平同志为总书记的党中央治国理政新理念、新思想、新战略的生动展现。事业的发展，饱含着党中央、国务院对残疾人的格外关心、格外关注，体现着各部门、各地区和社会各界的责任担当、主动作为，浸透着广大残疾人的自强精神和残疾人工作者的辛勤汗水。在此，我代表国务院残疾人工作委员会，代表广大残疾人及其亲属和残疾人工作者，向所有关心支持残疾人事业发展的同志们、朋友们表示衷心感谢和崇高敬意！

## 二、更加自觉地肩负起不让残疾人掉队的历史重任

党的十八届五中全会吹响了决胜全面建成小康社会的时代号角。"五位一体"总体布局、"四个全面"战略布局和"创新、协调、绿色、开放、共享"发展理念，为推进"十三五"时期的残疾人事业提供了行动指南。《国民经济和社会发展第十三个五年规划纲要》和国务院《关于加快推进残疾人小康进程的意见》《"十三五"加快残疾人小康进程规划纲要》，对促进残疾人共建共享小康社会做出了系统部署。我们要深入贯彻

落实党中央、国务院指示精神，按照习近平总书记指出的"2020年全面建成小康社会，残疾人一个也不能少"重要指示和李克强总理强调的"全面建成小康社会，决不让残疾人掉队"明确要求，加快推进残疾人小康进程，团结带领广大残疾人和全国人民一道共奔小康。

现在，我们已经进入全面建成小康社会的决胜阶段。完成不让残疾人掉队的历史重任，既有开拓前行的有利基础，也面临攻坚拔寨的繁重任务。从2015年开展的全国残疾人基本服务状况和需求的实名制调查结果看，加快推进残疾人小康进程，特别是做好残疾人基本公共服务的托底补短和贫困残疾人的脱贫解困工作，任务艰巨而繁重。

总体上看，城乡之间、区域之间残疾人事业发展水平还不平衡，基层特别是农村地区服务残疾人的能力亟待加强。调查显示，农业户口残疾人中，贫困人口所占比例接近一半；城镇残疾人中，近200万生活还十分困难。特别是贫困残疾人及其亲属增收困难大、支出负担重，是精准扶贫脱贫的重点和难点。仍然有39万户农村贫困残疾人家庭还居住在危房中。同时符合托养条件的智力、精神和重度残疾人得到托养服务的比率不足15%。近60%的残疾人反映有康复服务需求，但2014年得到过服务的不足20%。近14万残疾儿童少年反映还没解决好义务教育问题，15岁及以上残疾人文盲率超过30%。残疾人文体活动参与率不足7%，缺少适合的活动项目、活动场所、相关设施和必要的组织指导。残疾人家庭无障碍改造需求量大，村（社区）无障碍建设水平亟待提高。就业年龄段中未就业的残疾人，一半以上是有一定劳动能力的三、四级残疾人。社会中侵害残疾人合法权益、歧视残疾人的行为，还时有发生。

没有残疾人的小康，就不是真正意义上的全面小康。决胜全面建成小康社会、打赢贫困残疾人脱贫攻坚战，没有退路。我们要坚决贯彻落实党中央、国务院的决策部署，充分认识残疾人共奔小康的艰巨性，加快推进残疾人小康进程。要把做好残疾人基本公共服务的托底补短工作和贫困残疾人的脱贫解困任务摆到更加突出的位置，坚持普惠与特惠相结合，政府主导与社会参与、市场推动相结合，增进残疾人福祉和促进残疾人自强自立相结合，统筹兼顾与分类指导相结合，以实名制调查反映出来的问题为导向，聚焦硬任务，倒排时间表，落实责任制，以改革创新的精神攻坚克难,以舍我其谁的勇气担当有为,切实肩负起不让残疾人掉队的历史重任,努力让残疾人生活得更加幸福、更有尊严。

### 三、突出脱贫攻坚、托底补短,加快残疾人小康进程

"十三五"时期残疾人工作的总目标是,基本健全残疾人权益保障制度,更加完善残疾人基本公共服务,努力实现残疾人事业与经济社会协调发展,大幅提高残疾人社会保障和基本公共服务水平,显著增强基层服务残疾人的综合能力,创造更加浓厚的理解、尊重、关心、帮助残疾人的社会环境,如期实现不愁吃、不愁穿和义务教育、基本医疗、住房安全有保障目标,有效扩大残疾人基本康复服务、家庭无障碍服务的两个覆盖面,让残疾人精神生活更有寄托、融入社会更有尊严,与全国人民一道共同迈进全面小康社会。

我们要按照"五位一体"总体布局和"四个全面"战略布局要求,以"创新、协调、绿色、开放、共享"发展理念为引领,认真贯彻《中共中央关于制定国民经济和社会发展第十三个五年规划的建议》《国民经济和社会发展第十三个五年规划纲要》,全面落实《"十三五"加快残疾人小康进程规划纲要》,重点做好以下八个方面工作:

(一)着力完善残疾人事业的顶层设计

坚定不移走中国特色残疾人事业发展道路,完善相关政策法规、制度安排和地方配套法规政策,积极推动制订《残疾预防和残疾人康复条例》和修订《残疾人教育条例》,加强残疾人社会保障等立法研究。把《"十三五"加快残疾人小康进程规划纲要》确定的任务有效纳入国家相关部门和各地工作大局,落实具体措施、展开推进行动。扎实落实《关于全面建立困难残疾人生活补贴和重度残疾人护理补贴制度的意见》,建立残疾儿童康复救助制度,推动有条件的地方对基本型辅助器具配置给予补贴,完善残疾人福利补贴制度。持续推进全国残疾人基本服务状况和需求实名制调查信息的动态更新工作,坚持以问题和需求为导向加强和改进残疾人工作。加强残疾人服务标准化建设,推动标准制定、试点示范、监督评价等工作。

## （二）着力推进贫困残疾人的脱贫攻坚

把贫困残疾人作为精准扶贫建档立卡的重点人群，认真落实国务院扶贫开发领导小组印发的《贫困残疾人脱贫攻坚行动计划（2016—2020年）》，分类施策、精准帮扶，通过产业发展、转移就业带动一批，通过易地搬迁、生态保护安置一批，通过康复、教育和培训赋能一批，通过降低教育医疗康复等刚性支出缓解一批，通过落实低保和"两项补贴"兜底一批，通过结对扶贫帮扶一批，确保农村贫困残疾人如期脱贫。围绕实现不愁吃、不愁穿，义务教育、基本医疗、住房安全有保障和有效扩大残疾人基本康复服务、家庭无障碍服务覆盖面目标，帮助符合条件的贫困和重度残疾人普遍参加基本养老和基本医疗保险，切实保障残疾人基本住房安全，加快发展托养照料和养老服务，织密筑牢残疾人基本民生安全网。组织实施人力资源社会保障部、中国残联印发的《残疾人职业技能提升计划（2016—2020年）》。千方百计促进有条件的残疾人就业创业，依法推进按比例就业，稳定发展集中就业，鼓励支持灵活就业，积极拓展支持性就业和辅助性就业。

## （三）着力填补残疾人公共服务的短板

按照国家"十三五"规划纲要明确的残疾人基本公共服务清单，逐项落实服务项目。制定实施县域残疾人基本公共服务能力提升计划，努力建立健全国家、省、市三级联动，县、乡、村三级互补的残疾人基本公共服务工作网络，有效打通服务残疾人的"最后一公里"。

实施《国家残疾预防行动计划（2016—2020年）》，努力控制和减少残疾的发生发展。以残疾儿童和持证残疾人为重点推进精准康复服务，逐步扩大基本医疗保险支付的医疗康复项目范围。探索建立医疗机构与康复机构双向转诊制度，健全治疗、康复、护理相衔接的服务链，加强基层医疗卫生和康复服务能力建设，指导社区和家庭为残疾人提供基本康复训练，推动基层医疗卫生机构开展医疗康复服务。推动出台《加快发展康复辅助器具产业的若干意见》，扶持辅助器具研发生产，推广个性化辅具适配服务，普及各类残疾人急需的基本型辅助器具。

大力倡导融合教育，进一步落实残疾学生在普通学校随班就读的支持保障措施，提高普通学校接收残疾学生的服务能力，不断扩大融合教育规模。制定实施第二期特殊教育提升计划（2017—2020年），资助残疾幼儿接受普惠性学前教育，基本解决适龄残疾儿童少年义务教育问题，使适龄听力、视力、智力残疾儿童少年接受义务教育比例达到95%。加快发展以职业教育为主的残疾人高中阶段及以上教育，使受过义务教育并有条件的残疾学生都能接受适宜的职业教育。继续改善特殊教育学校办学条件，深化特殊教育课程改革，完善特教教师收入分配激励机制，提高特殊教育教学质量和水平。全面开展残疾青壮年文盲扫盲工作，推广国家通用手语和通用盲文。

加快推进政府职能机构、公共服务机构、公共交通设施、社区、公共场所等的无障碍建设和改造，稳步推动村镇无障碍建设。推广家居无障碍通用设计，优先做好贫困重度残疾人家庭无障碍改造工作。加快推进政务信息公开无障碍、食品药品信息识别无障碍、应急救助无障碍等信息服务，鼓励和支持电视台增开手语栏目，推进影视作品和新闻栏目加配字幕，推动互联网和移动互联网信息无障碍，让互联网给残疾人的生活、学习、就业带来更多的便利。

**（四）着力做好残疾人权益保障工作**

建立与保障残疾人合法权益直接相关的法律、法规、规章信息查询系统，加大宣传监督，开展残疾人学法用法专项行动，依法查处侵犯残疾人合法权益的违法犯罪行为。进一步完善政府部门与残疾人组织的常态化工作联动机制，鼓励支持残疾人和残疾人组织参与相关政策措施的制定论证、执行检查和绩效评估。进一步拓宽残疾人和残疾人组织参与渠道，有效发挥残疾人、残疾人亲友和残疾人工作者人大代表、政协委员的重要作用。办好12385残疾人服务热线和残疾人信访工作网络服务平台，拓宽诉求反映渠道，加大案件督办和积案化解力度。继续推进残疾人法律救助，帮助残疾人及时获得必要的法律援助、法律服务和司法救助。

**（五）着力丰富残疾人的精神文化生活**

大力宣传社会主义核心价值观，进一步弘扬人道主义精神，倡导全社会树立现代残疾人观。深入开展"中国梦、自强梦"宣传实践活动，激发残疾人自尊、自信、自强、自立，更加勇敢地迎接生活的挑战，更加坚强地为实现人生梦想、为实现我们的共同梦想而努力。成立中国残疾人文学艺术界联合会，举办第九届残疾人艺术汇演，推动特殊艺术发展，打造精品，创建品牌。公共文化机构要为残疾人提供适宜的服务内容和项目，努力扩大盲文、有声读物、手语翻译、字幕等服务范围。社区要因地制宜开展适合残疾人参与的群众性文化体育活动。促进残疾人健身体育和康复体育、竞技体育、协调发展，扩大参与率和覆盖面。办好全国第十届残运会暨第七届特奥会。认真筹办北京2022年冬残奥会，推广普及残疾人冰雪运动。

**（六）着力聚合全社会助残力量和资源**

把残疾人基本公共服务作为政府购买服务的重点领域，完善指导性目录，强化引导和监管，努力放大带动效应。深入贯彻慈善法，加强对残疾人慈善事业的规范指导和发展引领，培育扶持助残社会组织和专业服务机构，不断提升残疾人慈善服务品牌影响力。广泛开展"阳光行动"、"邻里守望"等志愿助残活动，促进志愿助残服务常态化、制度化、专业化。充分发挥市场机制和社会力量作用，落实加快发展残疾人服务产业的扶持政策，努力壮大残疾人康复服务、辅助器具、特殊教育、托养照料、精神文化等方面服务力量，更好地满足残疾人多样性、多层次服务需求。

**（七）着力提升残疾人事业的保障能力**

认真贯彻习近平总书记关于"残疾人事业只能加强、不能削弱"重要指示精神，健全党委领导、政府负责、社会参与、残疾人组织充分发挥作用的残疾人事业领导体制和工作机制，切实将残疾人事业纳入工作大局。各级政府残工委要发挥残疾人工作牵头作用，搞好统筹协调。

深入落实习近平总书记关于"党的群团工作只能加强、不能削弱，只能改进提高、不能停滞不前"重要指示精神，落实《中国残联贯彻〈中共中央关于加强和改进党的群团工作的意见〉的实施方案》，支持残联组织认真履行"代表、服务、管理"职能。出台残联改革方案，不断改进和加强工作，切实增强政治性、先进性、群众性，真正建成"残疾人之家"。广大残疾人工作者要恪守"人道、廉洁、服务、奉献"职业道德，增强服务意识，提高职业素质，做残疾人的贴心人。

完善残疾人工作投入保障机制，进一步加强残疾人事业基础设施建设。充分发挥残联系统残疾人服务机构的引领示范和典型带动作用，推广服务规范，提升服务品质。加大对农村地区、革命老区、民族地区、边疆地区和贫困地区残疾人事业的支持力度,确保残疾人与当地人民一道共奔小康。

发展残疾人事业大数据,建立全国残疾人基本服务状况和需求实名制信息数据的应用转化机制和动态更新机制。坚持以问题和需求为导向,做好残疾人工作效果的评估和反馈,健全联动机制,实现资源共享,共同改进工作。

提高残疾人事业科技支撑能力。建设康复大学,加快培养残疾人服务领域领军人物、专业人才和创新型团队。开展残疾预防及残疾人康复科研攻关行动,推动辅助器具产品、康复设施设备等的自主创新和成果转化,推进"互联网+助残服务"创新应用。

(八)着力开拓残疾人事务合作交流新局面

在加强残疾人事务对外交流合作中,讲好中国残疾人的故事。积极落实联合国2030年可持续发展议程中有关残疾人发展问题的目标任务,推动完善《残疾人权利公约》履约机制。发挥亚太经济合作组织、亚欧会议等机制作用,促进残疾人事务对外开放与交流合作。积极参与康复国际等国际残疾人组织建设。学习借鉴国际残疾人事务的有益经验,助力我国残疾人小康进程。

同志们:

为广大残疾人创造更加幸福美好的生活,使命光荣,责任重大。让我们更紧密地团结在以习近平同志为核心的党中央周围,勇于担当,攻坚克难,加快推进残疾人小康进程,为实现"两个一百年"奋斗目标和中华民族伟大复兴的中国梦做出新的更大贡献。

# 中国残疾人事业
# 重要文件选编

(1978—2018)

(下)

# 目 录

## 第五编 残疾人事业统计与监测

### 一、全国残疾人抽样调查

关于全国残疾人抽样调查主要数据的公报 …………………（543）
第二次全国残疾人抽样调查主要数据公报（第一号） ………（545）
第二次全国残疾人抽样调查主要数据公报（第二号） ………（547）

### 二、全国残疾人状况及小康进程监测报告（2007—2013年）

2007年度全国残疾人状况监测主要数据报告
  和2007年度残疾人小康实现程度分析报告 ………………（551）
2008年度全国残疾人状况及小康进程监测报告 ……………（572）
2009年度全国残疾人状况及小康进程监测报告 ……………（593）
2010年度全国残疾人状况及小康进程监测报告 ……………（617）
2011年度全国残疾人状况及小康进程监测报告 ……………（642）
2012年度全国残疾人状况及小康进程监测报告 ……………（667）
2013年度全国残疾人状况及小康进程监测报告 ……………（694）

### 三、全国残疾人基本状况和需求动态更新工作报告（2015—2017年）

2015年度全国残疾人基本服务状况和需求
  专项调查工作情况报告 ………………………………………（721）
2016年度全国残疾人基本服务状况和需求
  信息数据动态更新工作报告 …………………………………（728）
2017年度全国残疾人基本服务状况和需求
  信息数据动态更新工作报告 …………………………………（737）

## 四、全国残疾人事业发展统计公报（2003—2017 年）

2003 年中国残疾人事业发展统计公报 …………………………（745）
2004 年中国残疾人事业发展统计公报 …………………………（754）
2005 年中国残疾人事业发展统计公报 …………………………（763）
2006 年中国残疾人事业发展统计公报 …………………………（775）
2007 年中国残疾人事业发展统计公报 …………………………（788）
2008 年中国残疾人事业发展统计公报 …………………………（801）
2009 年中国残疾人事业发展统计公报 …………………………（816）
2010 年中国残疾人事业发展统计公报 …………………………（831）
2011 年中国残疾人事业发展统计公报 …………………………（845）
2012 年中国残疾人事业发展统计公报 …………………………（856）
2013 年中国残疾人事业发展统计公报 …………………………（864）
2014 年中国残疾人事业发展统计公报 …………………………（871）
2015 年中国残疾人事业发展统计公报 …………………………（879）
2016 年中国残疾人事业发展统计公报 …………………………（886）
2017 年中国残疾人事业发展统计公报 …………………………（893）

# 第六编　残疾人事业相关国际条约文件

关于残疾人的世界行动纲领 ……………………………………（901）
残疾人机会均等标准规则 ………………………………………（923）
残疾人权利公约 …………………………………………………（947）
变革我们的世界：2030 年可持续发展议程 ……………………（972）
琵琶湖千年行动纲要 ……………………………………………（983）
亚洲及太平洋残疾人"切实享有权利"仁川战略 ……………（1011）

附录一　中国残疾人联合会章程 ………………………………（1039）
附录二　残疾人事业相关机构人员名单 ………………………（1066）

中国残疾人事业重要文件选编（1978—2018）

# 第五编
# 残疾人事业统计与监测

○ 全国残疾人抽样调查
○ 全国残疾人状况及小康进程监测报告（2007—2013年）
○ 全国残疾人基本状况和需求动态更新工作报告（2015—2017年）
○ 全国残疾人事业发展统计公报（2003—2017年）

# 一、全国残疾人抽样调查

## 关于全国残疾人抽样调查主要数据的公报

全国残疾人抽样调查领导小组、中华人民共和国国家统计局

(1987年12月7日)

经国务院批准,我国进行了第一次全国残疾人抽样调查,并由民政部、国家统计局、国家计委、卫生部、国家教委、公安部、财政部和中国残疾人福利基金会、中国盲人聋哑人协会等部门联合组成的全国残疾人抽样调查领导小组负责统一部署。经过两年多时间的充分准备,大陆29个省、自治区、直辖市于1987年4月1日开始全面调查。在各级人民政府的直接领导和调查区各族人民的大力支持下,420个调查队、10815名队员和3万余名干部、陪调员共4万多人,逐户进行认真调查登记,至5月中旬全部完成了入户调查、复查和调查质量抽查任务。经对各省、自治区、直辖市手工汇总数据和调查质量进行综合审核,证明这次调查是成功的。现将全国手工汇总的主要数据公布如下:

### 一、调查的基本情况

这次调查采用概率比例抽样方法,在29个省、自治区、直辖市抽取424个县(市、市辖区),再逐级抽取乡(镇、街道)和村民(居民)委员会,共3169个调查单位,平均每个调查单位500人左右。

全国共调查了369816户、1579314人,调查总人数占全国总人口数的1.50‰。

住户调查员入户见面1537455人,占调查总人数的97.35%;按照《残疾人调查表》,筛出可疑残疾人176888人,占调查总人数的11.20%。

眼科、耳鼻喉科、儿科、骨外科和精神科医生分科对筛出的可疑残疾人逐人进行检查、诊断，并按分类的《残疾标准》确定残疾人和划分残疾等级。

## 二、残疾人数及其比例

调查结果：有残疾人的家庭66888户，占调查总户数的18.10%；确定视力、听力语言、智力、肢体、精神病五类残疾和综合残疾共77343人，占调查总人数的4.90%。各类残疾的人数及各占调查总人数的比例分别是：听力语言残疾26516人，占16.79‰；智力残疾15233人，占9.65‰；肢体残疾11304人，占7.16‰；视力残疾11303人，占7.16‰；精神病残疾2907人，占1.84‰；综合残疾10080人，占6.38‰。

根据这次抽样调查的结果推算总体，全国各类残疾人的总数约有5164万人。其中：听力语言残疾约1770万人，智力残疾约1017万人，肢体残疾约755万人，视力残疾约755万人，精神病残疾约194万人，综合残疾约673万人。

## 三、调查质量的抽查和评价

各省、自治区、直辖市在入户调查、复查完毕后，按照《登记质量抽样检查细则》的规定，随机抽取86个调查单位重新入户核查。经对10080户、43228人的核查结果：住户调查人数的差错率为1.06‰，残疾人数的差错率为1.16‰，符合设计的质量要求。全国残疾人抽样调查的精确度在95%以上，超过了原设计的要求。

这次调查的全部资料，正由国家经济信息中心用电子计算机进行处理。经机器处理的丰富数据，将为今后发展我国残疾人事业提供可靠的依据。

注：公报发布的是手工汇总的主要数据，同经电子计算机汇总的数据略有出入。以计算机汇总的数据为准。

# 第二次全国残疾人抽样调查主要数据公报（第一号）

第二次全国残疾人抽样调查领导小组、中华人民共和国国家统计局

（2006年12月1日）

经国务院批准，我国进行了第二次全国残疾人抽样调查。由国家统计局、民政部、卫生部和中国残联等16个部委、团体组成第二次全国残疾人抽样调查领导小组，负责统一部署。经过两年多的充分准备，全国31个省、自治区、直辖市于2006年4月1日开始全面调查，通过调查工作人员的艰苦努力，调查的各项任务已基本完成。现将初步汇总的主要数据公布如下：

## 一、调查的基本情况

本次调查采取分层、多阶段、整群概率比例抽样方法，在31个省、自治区、直辖市抽取734个县（市、区），2980个乡（镇、街道），共5964个调查小区，平均每个调查小区420人左右。

本次调查标准时间为2006年4月1日零时，入户调查时间自2006年4月1日起至5月31日结束。在各级政府直接领导下，组织了738个调查队、2万余名调查员、近6千名各科医生、730余名统计员以及5万余名陪调员，逐户进行询问登记、筛查和残疾评定，现已全部完成入户调查、复查和调查质量的核查工作。

全国共调查了771797户、2526145人，调查的抽样比为1.93‰。入户见面2108410人，占调查总人数的83.46%；按照《第二次全国残疾人抽样调查残疾筛查方法》7岁以上疑似残疾人筛出率为15.66%，疑似残疾人检查率达到99.15%。

## 二、残疾人数及其比例

根据调查初步汇总，被调查户中有残疾人的家庭共142112户，确定视力、听力、言语、肢体、智力、精神和多重残疾共161479人。其中，

视力残疾 23840 人，听力残疾 38370 人，言语残疾 2510 人，肢体残疾 48045 人，智力残疾 10844 人，精神残疾 11790 人，多重残疾 26080 人。

根据调查数据推算，全国各类残疾人的总数为 8296 万人。按照国家统计局公布的 2005 年末全国人口数，推算出本次调查时点的我国总人口数为 130948 万人，据此得到 2006 年 4 月 1 日我国残疾人占全国总人口的比例为 6.34%。各类残疾人的人数及各占残疾人总人数的比重分别是：视力残疾 1233 万人，占 14.86%；听力残疾 2004 万人，占 24.16%；言语残疾 127 万人，占 1.53%；肢体残疾 2412 万人，占 29.07%；智力残疾 554 万人，占 6.68%；精神残疾 614 万人，占 7.40%；多重残疾 1352 万人，占 16.30%。

与 1987 年第一次全国残疾人抽样调查比较，我国残疾人口总量增加，残疾人比例上升，残疾类别结构变动。影响这一变化的因素有，两次调查间人口增长与结构变动、社会与环境变化、残疾标准修订等，更深入的分析有待于在详细数据汇总和更全面的资料收集后进行。

### 三、调查质量评价

各省、自治区、直辖市在入户调查、复查完毕后，按照《事后质量核查工作细则》规定，随机抽取 99 个调查小区重新入户核查。核查结果显示，登记人数的漏报率为 1.31‰，残疾人数的漏报率为 1.12‰，残疾人占全国总人口比例的允许误差为 0.97‰，符合调查方案设计的要求。经对调查实施过程和数据质量进行综合评估，本次调查是一次成功的调查，数据真实可信。调查获得的丰富数据，将为我国经济社会和残疾人事业的发展提供可靠依据。

注：1. 本公报为初步汇总数。

2. 本次调查登记对象为具有中华人民共和国国籍并居住在中华人民共和国境内大陆的常住人口，残疾人按照《第二次全国残疾人抽样调查残疾标准》评定。

3. 全国总人口数未包括中国香港特别行政区、中国澳门特别行政区、中国台湾省人口数。

# 第二次全国残疾人抽样调查主要数据公报（第二号）

第二次全国残疾人抽样调查领导小组、中华人民共和国国家统计局
2007年5月28日

现将第二次全国残疾人抽样调查计算机汇总的残疾人口的地区分布和主要社会经济数据公布如下：

## 一、残疾人口的地区分布

据推算，全国大陆31个省、自治区、直辖市2006年4月1日零时的残疾人口数及占本省（区、市）总人口的比例分别为：

| 地区 | 万人 | % | 地区 | 万人 | % |
| --- | --- | --- | --- | --- | --- |
| 北京市 | 99.9 | 6.49 | 天津市 | 57.0 | 5.47 |
| 河北省 | 495.9 | 7.23 | 山西省 | 202.9 | 6.04 |
| 内蒙古自治区 | 152.5 | 6.39 | 辽宁省 | 224.2 | 5.31 |
| 吉林省 | 190.9 | 7.03 | 黑龙江省 | 218.9 | 5.72 |
| 上海市 | 94.2 | 5.29 | 江苏省 | 479.3 | 6.40 |
| 浙江省 | 311.8 | 6.36 | 安徽省 | 358.6 | 5.85 |
| 福建省 | 221.1 | 6.25 | 江西省 | 276.1 | 6.39 |
| 山东省 | 569.5 | 6.15 | 河南省 | 676.3 | 7.20 |
| 湖北省 | 379.4 | 6.64 | 湖南省 | 408.0 | 6.44 |
| 广东省 | 539.9 | 5.86 | 广西壮族自治区 | 337.5 | 7.23 |
| 海南省 | 49.4 | 5.95 | 重庆市 | 169.4 | 6.05 |
| 四川省 | 622.3 | 7.57 | 贵州省 | 239.2 | 6.40 |
| 云南省 | 288.3 | 6.46 | 西藏自治区 | 19.4 | 7.00 |
| 陕西省 | 249.0 | 6.69 | 甘肃省 | 187.1 | 7.20 |
| 青海省 | 30.0 | 5.54 | 宁夏回族自治区 | 40.8 | 6.83 |
| 新疆维吾尔自治区 | 106.9 | 5.31 |  |  |  |

## 二、有残疾人的家庭户人口

全国有残疾人的家庭户共7050万户，占全国家庭户总户数的17.80%；其中有2个以上残疾人的家庭户876万户，占残疾人家庭户的

12.43%。有残疾人的家庭户的总人口占全国总人口的 19.98%。有残疾人的家庭户户规模为 3.51 人。

### 三、残疾人口的性别构成

全国残疾人口中，男性为 4277 万人，占 51.55%；女性为 4019 万人，占 48.45%。性别比（以女性为 100，男性对女性的比例）为 106.42。

### 四、残疾人口的年龄构成

全国残疾人口中，0—14 岁的残疾人口为 387 万人，占 4.66%；15—59 岁的人口为 3493 万人，占 42.10%；60 岁及以上的人口为 4416 万人，占 53.24%（65 岁及以上的人口为 3755 万人，占 45.26%）。

### 五、残疾人口的城乡分布

全国残疾人口中，城镇残疾人口为 2071 万人，占 24.96%；农村残疾人口为 6225 万人，占 75.04%。

### 六、残疾人口的残疾等级构成

全国残疾人口中，残疾等级为一、二级的重度残疾人为 2457 万人，占 29.62%；残疾等级为三、四级的中度和轻度残疾人为 5839 万人，占 70.38%。

### 七、残疾人口的受教育程度

全国残疾人口中，具有大学程度（指大专及以上）的残疾人为 94 万人，高中程度（含中专）的残疾人为 406 万人，初中程度的残疾人为 1248 万人，小学程度的残疾人为 2642 万人（以上各种受教育程度的人包括各类学校的毕业生、肄业生和在校生）。

15 岁及以上残疾人文盲人口（不识字或识字很少的人）为 3591 万人，文盲率为 43.29%。

## 八、残疾儿童受教育状况

6—14岁学龄残疾儿童为246万人，占全部残疾人口的2.96%。其中视力残疾儿童13万人，听力残疾儿童11万人，言语残疾儿童17万人，肢体残疾儿童48万人，智力残疾儿童76万人，精神残疾儿童6万人，多重残疾儿童75万人。学龄残疾儿童中，63.19%正在普通教育或特殊教育学校接受义务教育，各类别残疾儿童的相应比例为：视力残疾儿童79.07%，听力残疾儿童85.05%，言语残疾儿童76.92%，肢体残疾儿童80.36%，智力残疾儿童64.86%，精神残疾儿童69.42%，多重残疾儿童40.99%。

## 九、残疾人口的婚姻状况

全国15岁及以上残疾人口中，未婚人口982万人，占12.42%；在婚有配偶的人口4811万人，占60.82%；离婚及丧偶人口2116万人，占26.76%。

## 十、残疾人口的就业与有关社会保障情况

全国城镇残疾人口中，在业的残疾人为297万人，不在业的残疾人为470万人。

城镇残疾人口中，有275万人享受到当地居民最低生活保障，占城镇残疾人口总数的13.28%。9.75%的城镇残疾人领取过定期或不定期的救济。

农村残疾人口中，有319万人享受到当地居民最低生活保障，占农村残疾人口总数的5.12%。11.68%的农村残疾人领取过定期或不定期的救济。

## 十一、残疾人家庭户的收入

全国有残疾人的家庭户2005年人均全部收入，城镇为4864元，农村为2260元。12.95%的农村残疾人家庭户年人均全部收入低于683元，7.96%的农村残疾人家庭户年人均全部收入在684元至944元之间。

## 十二、残疾人曾接受的扶助、服务和需求

残疾人曾接受的扶助、服务的前四项及比例分别为：曾接受过医疗服务与救助的有35.61%，曾接受过救助或扶持的有12.53%，曾接受过康复训练与服务的有8.45%，曾接受过辅助器具的配备与服务的有7.31%。

残疾人需求的前四项及比例分别为：有医疗服务与救助需求的有72.78%，有救助或扶持需求的有67.78%，有辅助器具需求的有38.56%，有康复训练与服务需求的有27.69%。

## 十三、残疾人的生活环境

在此次调查的残疾人所在社区（村、居委会）中，68.13%的社区距离最近的法律服务所（司法所）在5公里以内，21.86%的社区距离最近的特殊教育学校（班）在5公里以内，47.35%的社区建有文化活动站（室），71.95%的社区设有卫生室（所、站）。

注：

1. 全国残疾人口数未包括中国香港特别行政区、中国澳门特别行政区、中国台湾省残疾人口数。

2. 家庭户人口不包括现役军人，也不包括相互之间没有家庭成员关系、集体居住的人。

3. 2006年第二次全国残疾人抽样调查的城乡口径为：城镇包括街道和镇的居委会，农村包括乡和镇的村委会。

4. 城镇在业和不在业残疾人指男16—59岁、女16—54岁的在业和不在业的城镇残疾人。

5. 调查中家庭全部收入包括工薪收入、经营性净收入、财产性收入、转移性收入，农村住户的全部收入还包括各种农作物、养殖等实物折算收入。

# 二、全国残疾人状况及小康进程监测报告

(2007—2013 年)

## 关于印发《2007 年度全国残疾人状况监测主要数据报告》和《2007 年度残疾人小康实现程度分析报告》的通知

残联发〔2008〕1 号

各省、自治区、直辖市及计划单列市残疾人联合会，新疆生产建设兵团残疾人联合会，黑龙江农垦总局残疾人联合会：

按照中国残疾人联合会、国家统计局、民政部、卫生部、第二次全国残疾人抽样调查办公室联合下发的《关于开展全国残疾人状况监测工作的通知》（残联发〔2007〕13 号）的要求，在各部门和各地残联的共同努力下，2007 年全国残疾人状况监测工作顺利完成。中国残联与全国抽调办组织有关专家，对监测结果进行了评估和分析论证，认为整个监测工作组织严密，数据真实可信，监测数据反映了 2006 年第二次全国残疾人抽样调查结束后一个年度残疾人基本状况的变化，为进一步分析预测残疾人状况变化与发展趋势，评估有关政策的成效，制定并完善相关政策提供了可靠依据。同时，本次监测也是对国家有关社会发展与人群调查统计体系的有益补充。各地残疾人联合会要充分认识监测工作的重要性和必要性，继续做好 2008 年度全国残疾人状况监测工作。要把残疾人状况监测作为残联一项日常工作，加强领导，落实经费，明确责任人和责任部门，充分发挥残疾人状况监测领导小组的作用，按照《全国残疾人状况监测方案》，认真做好 2008 年度残疾人状况监测各项准备与组织实施工作。现

将《2007 度年全国残疾人状况监测主要数据报告》和《2007 年度残疾人小康实现程度分析报告》印发你们。请充分利用监测及分析结果，推动残疾人事业全面、协调、可持续发展。

中国残疾人联合会<br>二〇〇八年一月七日

# 2007 年度全国残疾人状况监测主要数据报告

2006 年第二次全国残疾人抽样调查表明，我国残疾人状况正处于一个快速变动的阶段。今后十几年是全面建设小康社会的关键时期，我国经济社会快速发展，残疾人状况还将发生较大变化。联合国《残疾人权利公约》要求："缔约国承诺收集残疾人状况信息，包括统计和研究数据，以制定和实施政策，落实本公约。"为及时了解掌握我国残疾人状况的变化，给残疾人事业发展提供及时可靠的依据，加强残疾人状况监测十分必要和迫切。2006 年中国残联开始研究建立全国残疾人状况监测系统，2007 年国家统计局、民政部、卫生部、中国残联、第二次全国残疾人抽样调查办公室联合下发《关于开展全国残疾人状况监测工作的通知》（残联发〔2007〕13 号），正式启动了这项工作。监测工作得到中国残疾人福利基金会的支持。

## 一、监测基本情况

本次监测是第二次全国残疾人抽样调查的拓展和延伸，旨在更加及时、准确、全面地掌握残疾人状况的变化情况，为相关立法、政策、规划及业务工作的调整、评估提供更具有针对性的信息和依据。监测的主要内容根据中国残疾人小康指标体系和第二次全国残疾人抽样调查的主要指标确定，包括残疾人生存、发展和环境状况，涉及残疾人生活、康复、教育、就业、社区服务、无障碍环境、法律服务等方面的状况及变化情况。

本次监测在 31 个省、自治区、直辖市开展。基于第二次全国残疾人抽样调查样本框架，在734个县级样本中各抽选一个调查小区作为国家级监测样本单位，对该小区已定性的全部残疾人及其家庭状况进行监测。本次监测起止时间为2006年4月1日至2007年4月1日。

本次监测的734个小区应监测残疾人23844人，实际监测22095人，失访1749人。失访原因具体为：走失占总失访人数的2.2%；外迁占总失访人数的34.8%；死亡占总失访人数的63.0%，其中疾病死亡占总死亡人数的89.8%。

本次监测入户实际调查22095人，涉及残疾人家庭19359户。残疾类型包括：视力残疾3333人，听力残疾5108人，言语残疾699人，肢体残疾6259人，智力残疾1667人，精神残疾1680人，多重残疾3349人。

监测对象男性11447人，占51.8%；女性为10648人，占48.2%。男女性别比为107.5。从城乡看，城市为5277人，占23.9%；农村为16818人，占76.1%。

## 二、监测家庭基本情况

### （一）家庭户规模

2007年度城市残疾人家庭户规模平均为3.1人，农村残疾人家庭户规模为3.5人，平均家庭户规模为3.4人。

残疾人家庭户规模为2人的所占比例最高，为26.0%；3人户家庭比例为20.2%，4人户家庭比例为18.2%。5人户及以上家庭所占比例合计为25.6%，单人户家庭占全部监测残疾人家庭户的10.0%。

### （二）婚姻状况

18岁及以上残疾人口中，未婚占11.9%，较2006年的12.4%稍微有所下降；在婚有配偶占62.6%，比2006年的60.8%略有上升；离婚及丧偶占25.5%，较2006年26.8%下降了一个百分点。

### （三）残疾儿童监护人情况

在18岁以下残疾儿童中，父母作为监护人的情况占绝大多数，占残疾儿童总数的82.8%。但监护人仅为父亲或母亲和监护人为祖父母或外祖父母所占比例不容忽视，有5.5%的残疾儿童监护人仅为父亲或母亲，有8.2%的残疾儿童监护人是祖父母或外祖父母。

### (四) 住房基本情况

自2006年第二次全国残疾人抽样调查以来,监测对象中住房状况发生改变的占全部监测对象的3.7%。其中,农村残疾人住房状况的改变占主要部分,为84.7%,城市残疾人住房状况改变比例占全部住房状况变化的15.3%。其中,城市人均住房面积增加0.4平方米,农村人均住房面积增加2.8平方米。

监测残疾人口的人均住房面积城市为16.7平方米,农村为20.2平方米。

### (五) 家庭经济状况

1. 收入状况

在城市监测残疾人家庭中,人均总收入为7859.48元。其中转移性年收入最高,人均为4255.51元;其次是工薪年收入,人均为2675.99元;接着依次为经营年净收入(484.02元)、财产性年收入(198.85元)、借贷年收入(182.57元)、出售财物年收入(62.54元)。

在农村监测残疾人家庭中,人均总收入为3969.28元。其中经营年总收入最高,人均为1615.57元;其次是工薪年收入,人均为1326.70元;接着依次为转移性年收入(582.23元)、借贷年收入(227.62元)、财产性年收入(185.80元)、出售财物年收入(31.36元)。

相比之下,城市残疾人家庭的年收入要明显要高于农村残疾人家庭,而且收入结构也存在一定差异,城市残疾人家庭较多地依赖转移性年收入,而农村残疾人家庭较多地依赖经营年收入。

2. 支出状况

在城市监测残疾人家庭中,人均总支出为6191.03元。其中食品年支出最高,人均为2400.79元;其次是医疗保健年支出,人均为1127.18元;接着依次为居住年支出(746.84元)、教育和文化年支出(389.97元)、转移性年支出(339.46元)、交通和通信年支出(327.04元)、衣着年支出(257.37元)、社会保障年支出(198.45元)、设备用品年支出(122.73元)、杂项商品年支出(112.43元)、借贷还债年支出(109.40元)、年交纳所得税(59.37元)。

在农村监测残疾人家庭中,人均总支出为3537.10元。其中食品年支出最高，人均为1332.40元；其次是医疗保健年支出，人均为465.06元；接着依次为居住年支出（402.19元）、经营年支出（355.06元）、转移性年支出（188.64元）、交通和通信年支出（177.15元）、教育和文化年支出（176.03元）、衣着年支出（141.75元）、借贷还债年支出（116.15元）、杂项商品年支出（56.61元）、设备用品年支出（40.42元）、财产性年支出（31.67元）、社会保障年支出（20.05元）、生产性固定资产年折旧（17.35元）、税费年支出（16.57元）。

相比而言，在监测残疾人家庭中，食品年支出仍占最大份额。由于我国城乡二元结构的存在，城市和农村监测残疾人家庭在经济支出上也存在较大差异，不仅表现为支出数量上的差异，在支出项目上也存在一定差异，如农村残疾人家庭需要承担经营年支出、生产性固定资产年折旧、财产性年支出、税费年支出，而城市残疾人家庭则无这些支出项目。

（六）家庭电话、电脑及家用电器拥有情况

城市残疾家庭中固定电话拥有率为68.0%，移动通信设施手机或小灵通拥有率为43.6%；农村中对应的比例为37.7%和26.1%。

城市残疾人家庭中，电脑拥有率为13.6%，农村残疾人家庭电脑拥有率为0.9%。

城市中彩电、电冰箱、洗衣机的拥有率分别为89.3%、60.6%、61.7%，农村中彩电、电冰箱、洗衣机的拥有率分别为58.6%、11.8%、20.3%。

## 三、监测对象基本情况

（一）康复服务状况

本次监测残疾人中，有19.0%的残疾人一年内接受过康复服务，在城市这一比例为29.5%，在农村这一比例为15.7%。

城市中接受过康复服务的残疾人比例依次为治疗与康复训练（13.8%）、康复知识普及（10.5%）、辅助器具配备（7.6%）、日间照料与托养（6.2%）、心理疏导（6.1%）。农村接受过康复服务的残疾人比例依次为治疗与康复训练（8.4%）、日间照料与托养（4.6%）、心理疏导（3.6%）和康复知识普及（3.6%）、辅助器具配备（3.0%）。残疾儿童家长接受过培训的比例，城市为10.5%，农村为8.3%。

分残疾类别接受过康复服务的残疾人比例分别为：视力残疾16.2%、听力残疾13.1%、言语残疾15.6%、肢体残疾22.1%、智力残疾17.0%、精神残疾32.1%、多重残疾20.1%。

### （二）教育状况

#### 1. 儿童义务教育情况

学龄儿童接受义务教育的在学比例为63.3%，城市和农村残疾儿童在学接受义务教育比例分别为65.6%和63.0%。

#### 2. 成人受教育程度情况

18岁及以上城市残疾人中，从未上过学的比例为24.8%，小学教育程度的比例为30.3%，初中教育程度的比例为26.4%，高中教育程度的比例为9.4%，中专教育程度的比例为4.3%，大学专科教育程度的比例为2.7%，大学本科及以上教育程度的比例为2.1%。

18岁及以上农村残疾人中，从未上过学的比例为49.1%，小学教育程度的比例为36.0%，初中教育程度的比例为12.1%，高中教育程度的比例为2.1%，中专教育程度的为比例为0.5%，大学专科教育程度的比例为0.2%。

### （三）就业状况

#### 1. 职业技能培训

从监测数据看，在就业年龄段生活能够自理的残疾人中，有3.2%在一年内接受过职业技能培训，有96.8%在一年内未曾接受过职业技能培训。

#### 2. 城镇失业登记

在就业年龄段生活能够自理的城镇失业残疾人中，进行失业登记的为10.6%。

#### 3. 就业情况

城市中，有32.4%的在就业年龄段生活能够自理的残疾人有工作；农村中，有53.1%的在就业年龄段生活能够自理的残疾人有工作。

#### 4. 未就业原因

生活能自理的18到59岁的男性和18到54岁的女性残疾人中，未就业原因的前三位是，城市中依次为退休（21.2%）、丧失劳动能力（20.9%）、因单位原因失去原工作（18.6%），农村中依次为丧失劳动能力（40.8%）、料理家务（34.7%）、其他原因（16.2%）。

5. 未就业生活来源

生活能自理的18到59岁的男性和18到54岁的女性残疾人中，未就业者生活主要来源是，城市中依次为领取基本生活费（36.2%）、靠家庭其他成员供养（35.3%）、退休金（21.5%）、其他（6.1%），农村中依次为靠家庭其他成员供养（76.3%）、其他（10.5%）、领取基本生活费（9.3%）。农村中一半以上要依靠家庭供养，对家庭的依赖性较大。

（四）社会保障状况

1. 社会保险情况

16岁及以上城市残疾人中，参加社会保险的比例为42.1%。参加基本养老保险的比例为33.3%，参加基本医疗保险的比例为36.0%，参加失业保险的比例为3.3%，参加工伤保险的比例为1.6%，参加生育保险的比例为0.7%。未参加任何社会保险的比例为58.0%。

16岁以上农村残疾人中，参加社会保险的比例为10.8%。参加基本养老保险的比例为2.3%，参加基本医疗保险的比例为9.5%，参加失业保险的比例为0.1%，参加工伤保险的比例为0.3%，参加生育保险的比例为0.1%。未参加任何社会保险的比例为89.2%。

2. 最低生活保障和救济情况

城市中，领取最低生活保障金的残疾人比例为19.7%，比2006年的13.3%有所提高；农村中，领取最低生活保障金的比例为12.5%，比2006年的5.1%有较大提高。

城市中，获得救济（现金或食物）的残疾人比例为22.2%，比2006年的9.8%有很大改善；农村中，获得救济的残疾人比例为26.6%，比2006年11.7%也有所提高。

3. 救助需求情况

接受监测的残疾人中，救助需求比例最高的是医疗救助，城市为57.8%，农村为69.1%；其次为生活救助，城市为41.4%，农村为60.2%；第三位的是康复救助，城市为30.1%，农村为37.9%。最后是教育救助，城市为 10.4%，农村为 14.7%。

4. 参加农村新型农村合作医疗情况

监测的农村残疾人中，参加了新型农村合作医疗比例是 84.4%，未参加新型农村合作医疗的残疾人占 15.6%。大多数农村的残疾人参加了农村新型合作医疗。

**（五）环境和社会参与状况**

1. 社区（村）提供服务情况

有 14.3% 的残疾人接受过社区（村）为残疾人提供服务，未接受过的占 85.7%。

城市中有 24.2% 的残疾人接受过社区（村）为残疾人提供服务，农村中这一比例为 11.2%。

在接受过社区（村）服务的残疾人中，对社区（村）服务感到非常满意或满意的比例为 84.8%；感到一般的比例为 15.1%，感到不满意的比例为 0.1%。

在接受过社区（村）服务的残疾人中，城市里对社区（村）服务感到非常满意或满意的比例为 86.7%，感到一般的比例为 13.2%，感到不满意的比例为 0.1%；农村里感到非常满意或满意的比例为 83.4%，感到一般的为 16.5%，感到不满意的为 0.1%。

2. 参加社区（村）公共事务和文化、体育等社会活动情况

有 4.8% 的残疾人经常参加社区（村）组织的社会活动，20.1% 的监测残疾人偶尔参加社区（村）组织的公共事务和文化、体育等社会活动，不参加的比例最高，为 75.1%。总体上看，残疾人参加社会活动的比例较低。

有 7.7% 的城市残疾人经常参加社区（村）组织的社会活动，偶尔参加的比例为 21.1%，不参加比例为 71.2%；有 3.8% 的农村残疾人经常参加社区（村）组织的社会活动，偶尔参加的比例为 19.8%，不参加的比例为 76.4%。

3. 城镇社区无障碍设施情况

城镇社区有坡道和盲道的比例分别为 45.1% 和 43.2%，有提示字幕的占 30.4%，有扶手等设施的占 26.9%，有自动门、无障碍电梯和提示

盲文标牌的分别为9.2%、3.1%和2.2%，有路口语音辨向器的比例为1.2%。

4. 接受走访慰问活动情况

有38.7%的残疾人接受过政府、社会团体到家的走访慰问活动，未接受过的占61.3%。在城市中，有45.8%的残疾人接受过政府、社会团体到家的走访慰问活动，农村中为36.5%。

5. 《中华人民共和国残疾人保障法》的知晓率

有55.1%的残疾人知道《中华人民共和国残疾人保障法》，不知道的比例为44.9%。在城市中，有58.9%的残疾人知道《中华人民共和国残疾人保障法》，农村中为40.5%。

一年中，有14.7%的残疾人参加过法律知识学习或宣传活动，有85.3%的残疾人未参加过法律知识学习或宣传活动。一年中，城市中有21.5%的残疾人参加过法律知识学习或宣传活动，农村中有12.5%。

6. 法律需求与服务情况

在接受监测的残疾人家庭中，有法律服务需求的比例为21.3%。其中，接受过为残疾人提供的法律服务的比例为4.8%。在接受过法律服务的残疾家庭中，对提供的法律服务感到非常满意或满意的比例为84.4%，感到一般的占14.7%，不满意的为0.9%。

在有法律援助或司法救助需求的残疾人家庭中，接受到过法律援助或司法救助的为31.7%；在接受过法律援助或司法救助的监测残疾人家庭中，对提供的法律援助或司法救助感到非常满意或者满意的比例为84.5%，感到一般的占15.5%，不满意的为0。

# 2007年度全国残疾人小康实现程度分析报告

## 一、全国残疾人小康进程监测指标体系

党的十六大提出了全面建设小康社会的宏伟目标,十七大又对实现全面建设小康社会奋斗目标提出了新的更高要求。残疾人事业是全面建设小康社会的重要组成部分,残疾人是全面建设小康社会的参与者、受益者,也是实现全面建设小康社会难度最大的一个群体。国家全面建设小康社会监测指标体系难以将残疾人这一特殊困难群体的相关目标直接纳入其中,而且国家指标的平均数很可能会掩盖残疾人状况的特殊性。因此,有必要在国家全面建设小康社会监测指标体系基础上,充分考虑残疾人的特殊需求和保障,建立一套残疾人小康进程监测指标体系,以监测残疾人小康实现程度,针对存在的问题和差距制定发展规划、出台法规政策和加强管理服务,形成特殊保障机制,推动残疾人和全国人民一道共奔小康社会,促进残疾人事业全面、协调、可持续发展。

中国残疾人联合会召集各方面专家组成课题组,在国家统计局制订的《中国全面建设小康社会统计监测指标体系》基础上,经过长时间的研究论证和实地监测检验,建立了一套《全国残疾人小康进程监测指标体系》。该指标体系依据在2006年第二次全国残疾人抽样调查基础上形成的残疾人状况监测指标,结合中国残联2005年设计的残疾人小康指标体系完善而成,该体系包含残疾人生存状况、发展状况和环境状况等三个方面17项指标。

(一)生存状况。指狭义上的生活质量,是整个指标体系中最重要的部分,直接反映残疾人的生活状况,是残疾人实现全面小康的前提。它包括残疾人的收入、消费、住房和婚姻状况等。监测指标有:残疾人家庭人均可支配收入、残疾人家庭恩格尔系数、残疾人家庭人均生活用电量、残疾人家庭人均住房使用面积、适龄残疾人在婚率。

(二)发展状况。是整个指标体系中最能体现残疾人特殊性的部分,

涵盖了残疾人工作的主要方面。它包括残疾人的康复、教育、就业、社会保障以及社会参与等方面的事业发展情况，与残疾人切身利益密切相关，反映了残疾人当前最迫切的需求。监测指标有：康复服务覆盖率、学龄残疾儿童接受义务教育比例、城镇残疾人登记失业率、城镇残疾人基本社会保险覆盖率、农村残疾人合作医疗覆盖率、百户残疾人家庭电话拥有量、百户残疾人家庭彩色电视机拥有量、百户残疾人家庭家用电脑拥有量、社区活动参与率。

（三）环境状况。是残疾人实现全面小康重要的外部条件，主要包括残疾人事业的法制环境、残疾人参与社会的无障碍环境等，它们为残疾人生存、发展提供环境保障。监测指标有：残疾人对无障碍环境的满意率、社区服务覆盖率、法律服务满意率。

## 二、2007年度全国残疾人小康实现程度监测结果

### （一）总体评价

建立残疾人全面小康监测指标体系，目的是对残疾人实现全面建设小康社会进程进行监测与评价。

2007年度残疾人小康实现程度分析报告是在2007年度全国残疾人状况监测报告的基础上，充分利用监测结果，对本年度残疾人小康实现程度进行的分析。监测及分析依据为2006年4月1日至2007年4月1日残疾人状况监测结果（以下统称2007年度）。

监测表明，2007年度全国残疾人全面小康实现程度为46.5%（见表1）。

在监测指标体系的17个指标中，有8个指标实现程度在50%以下，有9个指标超过了50%，其中6个指标实现程度在70%以上。这表明，在党和政府的高度重视之下，通过残疾人事业二十多年的发展，残疾人的整体生活水平和生活质量有了较大提高。

但是，由于种种因素的影响，残疾人总体生活水平与社会平均水平还有较大差距，相当多残疾人的贫困状况没有得到根本改善，残疾人在基本生活保障、康复、教育、就业等方面还面临许多困难，实现残疾人达到小康生活的任务还非常艰巨。国家统计局监测显示，2006年全国全面建设小康社会实现程度为69.1%（参见表2），比全国残疾人小康实现程度高

出22.6个百分点。虽然两套指标体系不完全相同，但也能反映出一定的差距。

（二）残疾人生存状况亟待改善

在监测指标体系的三个方面中，生存状况实现程度为51.1%。

其中，残疾人家庭人均可支配收入是权重最大的指标。监测表明，2007年度残疾人家庭人均可支配收入实现程度为32%。残疾人家庭人均可支配收入仅占全部居民家庭人均可支配收入的58.03%。其中，城镇残疾人家庭人均可支配收入占全部城镇居民家庭人均可支配收入的62.6%，农村残疾人家庭人均纯收入占全部农村居民家庭人均纯收入的86.5%，城镇残疾人家庭人均可支配收入是农村残疾人家庭人均纯收入的2.37倍。这表明城乡残疾人之间的收入水平以及残疾人的收入水平与全社会平均收入水平差距较大。

从医疗保健支出来看：2007年度，城镇残疾人家庭人均医疗保健支出为1127.2元，是全部城镇居民家庭人均医疗保健支出的1.82倍；农村残疾人家庭人均医疗保健支出为465.1元，是全部农村居民家庭人均医疗保健支出的2.43倍。从消费支出结构来看：城镇残疾人家庭人均医疗保健支出占全部消费支出的比重为20.55%，比全部城镇居民家庭人均医疗保健支出比重7.14%高出13.41个百分点；农村残疾人家庭人均医疗保健支出占全部消费支出的比重为16.66%，比全部农村居民家庭人均医疗保健支出比重6.77%高出9.89个百分点。无论是城镇残疾人家庭，还是农村残疾人家庭，医疗保健支出在残疾人家庭消费支出中所占份额都非常大。

从交通和通信支出来看：2007年度，城镇残疾人家庭人均交通和通信支出为327.04元，占全部城镇居民家庭人均交通和通信支出的28.51%；农村残疾人家庭人均交通和通信支出为177.15元，占全部农村居民家庭人均交通和通信支出的61.35%。残疾人家庭出行和通信支出普遍低于一般居民家庭。

恩格尔系数是衡量居民生活质量的最重要指标之一。2007年度，残疾人家庭恩格尔系数为46.74%，与全部居民家庭恩格尔系数39.8%相差很大。其中，城镇残疾人家庭恩格尔系数为43.78%，与全部城镇居民家庭恩格尔系数35.8%相差甚远；农村残疾人家庭恩格尔系数为47.73%，与全部农村居民家庭恩格尔系数43%也有一定的差距。

2007年度，残疾人家庭人均生活用电量为61.4千瓦小时，仅占全部居民家庭人均生活用电量249.4千瓦小时的24.6%，显示残疾人家庭消费水平，特别是家庭电器化水平不高，与社会平均水平相差较大。

2007年度，残疾人家庭人均住房面积为19.3平方米，占全部居民家庭人均住房面积24.4平方米的79%，说明政府出台的危房改造、廉租房政策有成效，但残疾人住房水平与整体平均水平还有差距，有待进一步改善。

2007年度，适龄残疾人在婚率（男22岁以上，女20岁以上）为63.5%，与全部适龄人口在婚率84%相差较大，其主要原因是残疾人离婚率，特别是丧偶率高于全部适龄已婚人口。

**（三）残疾人社会发展还不够充分**

监测表明，2007年度，残疾人发展状况实现程度为34.7%，在生存状况、发展状况、环境状况三个方面中，其实现程度是最小的，与全面建设小康社会目标还有相当大的差距，这显示残疾人的社会发展水平总体上相对落后。

2007年度，残疾人康复需求服务覆盖面仅达19%，离残疾人"人人享有康复服务"90%的目标，差距很大，同时必须看到，目前为残疾人提供的康复服务总体上是低水平、低层次的。

在残疾人就业方面，残疾人登记失业率高达10.6%，实际失业率远不止如此，这不仅直接影响残疾人的生活，也限制了残疾人参与社会的程度。

在社会保障状况方面，农村残疾人参加农村新型合作医疗近年来得到政府的高度重视和大力支持，参保率较高，达到84.4%，仅比全国平均水平低两个百分点；城镇残疾人参加养老、医疗、失业等基本社会保险的覆盖率为24.4%，低于全国总体水平43.4%，有待进一步提高。

在残疾人信息化水平方面，每百户残疾人家庭拥有电话和彩电分别为82.6部和70.8台，均大大低于全国平均水平178.8部和110.5台。每百户残疾人家庭拥有家用电脑仅4.1台，更低于全国平均水平22.3台。

在残疾人社区活动参与方面,2007年度参与率为24.8%,说明还有许多残疾人还没有真正走出家门,融入社会。

(四)残疾人环境服务质量有待进一步提高

监测表明,2007年度,残疾人社区服务覆盖率为14.3%,说明还有相当多的残疾人没有得到社区服务。在对社区无障碍环境的满意程度进行调查时,有67.4%的残疾人回答,其中满意的残疾人占48%,还有32.6%的残疾人对无障碍满意度情况没有回答,显示无障碍宣传和无障碍设施建设有待加强。有法律服务需求的残疾人为21.23%,实际得到服务的为4.78%,其中对提供的法律服务非常满意和满意的占84.37%。

附件:1. 2007年度全国残疾人小康进程监测结果
2. 全国全面建设小康社会进程监测结果
3. 全国残疾人小康进程监测指标体系
4. 全国残疾人小康进程监测指标简要解释

附件1

### 2007年度全国残疾人小康进程监测结果

| 指标体系 | 单位 | 权重 | 全面小康标准值 | 2006年实际值 | 2007年度实现程度(%) |
|---|---|---|---|---|---|
| 一、生存状况 | | 45 | | | 51.09 |
| (一)收入状况 | | 20 | | | |
| 1. 残疾人家庭人均可支配收入 | 元 | 20 | ≥13000 | 4163 | 32.02 |
| (二)消费状况 | | 10 | | | |
| 2. 残疾人家庭恩格尔系数 | % | 5 | ≤40 | 46.7 | 85.58 |
| 3. 残疾人家庭人均生活用电量 | 千瓦小时 | 5 | ≥500 | 61.4 | 12.27 |
| (三)居住状况 | | 10 | | | |
| 4. 残疾人家庭人均住房使用面积 | 平方米 | 10 | ≥27 | 19.3 | 71.55 |
| (四)婚姻状况 | | 5 | | | |
| 5. 适龄残疾人在婚率 | % | 5 | ≥70 | 63.5 | 90.76 |
| 二、发展状况 | | 35 | | | 34.71 |
| (五)康复状况 | | 8 | | | |
| 6. 康复服务覆盖率 | % | 8 | ≥90 | 19.0 | 21.11 |

续 表

| 指标体系 | 单位 | 权重 | 全面小康标准值 | 2006年实际值 | 2007年度实现程度(%) |
|---|---|---|---|---|---|
| （六）教育状况 | | 6 | | | |
| 7. 学龄残疾儿童接受义务教育比例 | % | 6 | ≥95 | 63.3 | 66.68 |
| （七）就业状况 | | 6 | | | |
| 8. 城镇残疾人登记失业率 | % | 6 | ≤6 | 10.6 | 0.00 |
| （八）社会保障 | | 8 | | | |
| 9. 城镇残疾人基本社会保险覆盖率 | % | 4 | ≥95 | 24.4 | 25.69 |
| 10. 农村残疾人合作医疗覆盖率 | % | 4 | ≥95 | 84.4 | 88.84 |
| （九）信息化水平 | | 4 | | | |
| 11. 百户残疾人家庭电话拥有量 | 部 | 2 | ≥150 | 82.6 | 55.05 |
| 12. 百户残疾人家庭彩色电视机拥有量 | 台 | 1 | ≥100 | 70.8 | 70.79 |
| 13. 百户残疾人家庭家用电脑拥有量 | 台 | 1 | ≥60 | 4.1 | 6.78 |
| （十）社会参与 | | 3 | | | |
| 14. 社区活动参与率 | % | 3 | ≥90 | 24.8 | 27.59 |
| 三、环境状况 | | 20 | | | 52.40 |
| （十一）无障碍环境 | | 7 | | | |
| 15. 残疾人对无障碍环境的满意率 | % | 7 | ≥90 | 48.0 | 53.37 |
| （十二）社区服务 | | 7 | | | |
| 16. 社区服务覆盖率 | % | 7 | ≥90 | 14.3 | 15.93 |
| （十三）法律服务 | | 6 | | | |
| 17. 法律服务满意率 | % | 6 | ≥90 | 84.4 | 93.82 |
| 残疾人全面小康实现程度 | % | 100 | | | 46.45 |

附件2

## 全国全面建设小康社会进程监测结果

| 监测指标 | 单位 | 全面小康标准值 | 2006年实际值 | 2006年实现程度 |
|---|---|---|---|---|
| 一、经济发展 | | | | 63.82 |
| 1. 人均国内生产总值 | 元 | ≥31432 | 13284 | 42.26 |
| 2. 第三产业比重 | % | ≥50 | 39.4 | 78.71 |
| 3. 城镇人口比重 | % | ≥60 | 43.90 | 73.17 |
| 4. 失业率（城镇） | % | ≤6 | 5.24 | 100 |
| 二、社会和谐 | | | | 67.89 |
| 5. 基尼系数 | - | ≤0.4 | 0.475 | 43.75 |
| 6. 城乡居民收入比 | 以农为1 | ≤2.80 | 3.40 | 74.62 |

续 表

| 监测指标 | 单位 | 全面小康标准值 | 2006年实际值 | 2006年实现程度 |
|---|---|---|---|---|
| 7. 地区经济发展差异系数 | % | ≤60 | 64.71 | 94.44 |
| 8. 基本社会保障覆盖率 | % | ≥80 | 40.2 | 50.24 |
| 9. 高中阶段毕业生性别比 | 女生=100 | =100 | 103.40 | 97.12 |
| 三、生活质量 | | | | 64.60 |
| 10. 居民人均可支配收入 | 元 | ≥13000 | 6566 | 50.51 |
| 11. 恩格尔系数 | % | ≤40 | 39.8 | 100 |
| 12. 人均住房使用面积 | 平方米 | ≥27 | 24.4 | 90.54 |
| 13. 民用载客汽车拥有量 | 辆/千人 | ≥70 | 19.93 | 28.47 |
| 14. 居民人均生活用电量 | 千瓦小时 | ≥500 | 249.4 | 49.88 |
| 四、民主法制 | | | | 88.18 |
| 15. 公民自身民主权利满意度 | % | ≥80 | 66 | 82.50 |
| 16. 社会安全指数 | % | ≥100 | 93.87 | 93.87 |
| 五、科教文卫 | | | | 76.25 |
| 17. R&D经费支出占GDP比重 | % | ≥2.5 | 1.42 | 56.97 |
| 18. 平均受教育年限 | 年 | ≥10.5 | 8.64 | 82.30 |
| 19. 家用电脑拥有量 | 台/百户 | ≥60 | 22.24 | 37.06 |
| 20. 5岁以下儿童死亡率 | ‰ | ≤20 | 20.60 | 97.09 |
| 21. 平均预期寿命 | 岁 | ≥75 | 73.26 | 97.68 |
| 六、资源环境 | | | | 69.22 |
| 22. 单位GDP能耗 | 吨标准煤/万元 | ≤0.84 | 1.41 | 59.40 |
| 23. 万元GDP用水量 | 立方米 | ≤200 | 333 | 60.11 |
| 24. 常用耕地面积指数 | % | ≥100 | 94.32 | 67.72 |
| 25. 环境质量指数 | % | =100 | 76.0 | 76.03 |
| 全面建设小康社会实现程度 | | | | 69.05 |

注：①人均国内生产总值、居民人均可支配收入、单位GDP能耗和万元GDP用水量均按2000年价格计算。

②失业率（城镇）、基尼系数、平均受教育年限、平均预期寿命、基本社会保障覆盖率为估算数。

③公民自身民主权利满意度是根据近年来我国民主进程的发展状况进行估计的。

附件3

## 全国残疾人小康进程监测指标体系

| 指标体系 | 单位 | 权重 | 全面小康标准值 |
|---|---|---|---|
| 一、生存状况 | | 45 | |
| （一）收入状况 | | 20 | |
| 1. 残疾人家庭人均可支配收入 | 元 | 20 | ≥13000 |
| （二）消费状况 | | 10 | |
| 2. 残疾人家庭恩格尔系数 | % | 5 | ≤40 |
| 3. 残疾人家庭人均生活用电量 | 千瓦小时 | 5 | ≥500 |
| （三）居住状况 | | 10 | |
| 4. 残疾人家庭人均住房使用面积 | 平方米 | 10 | ≥27 |
| （四）婚姻状况 | | 5 | |
| 5. 适龄残疾人在婚率 | % | 5 | ≥70 |
| 二、发展状况 | | 35 | |
| （五）康复状况 | | 8 | |
| 6. 康复服务覆盖率 | % | 8 | ≥90 |
| （六）教育状况 | | 6 | |
| 7. 学龄残疾儿童接受义务教育比例 | % | 6 | ≥95 |
| （七）就业状况 | | 6 | |
| 8. 城镇残疾人登记失业率 | % | 6 | ≤6 |
| （八）社会保障 | | 8 | |
| 9. 城镇残疾人基本社会保险覆盖率 | % | 4 | ≥95 |
| 10. 农村残疾人合作医疗覆盖率 | % | 4 | ≥95 |
| （九）信息化水平 | | 4 | |
| 11. 百户残疾人家庭电话拥有量 | 部 | 2 | ≥150 |
| 12. 百户残疾人家庭彩色电视机拥有量 | 台 | 1 | ≥100 |
| 13. 百户残疾人家庭家用电脑拥有量 | 台 | 1 | ≥60 |
| （十）社会参与 | | 3 | |
| 14. 社区活动参与率 | % | 3 | ≥90 |
| 三、环境状况 | | 20 | |
| （十一）无障碍环境 | | 7 | |
| 15. 残疾人对无障碍环境的满意率 | % | 7 | ≥90 |
| （十二）社区服务 | | 7 | |
| 16. 社区服务覆盖率 | % | 7 | ≥90 |
| （十三）法律服务 | | 6 | |
| 17. 法律服务满意率 | % | 6 | ≥90 |

附件4

## 全国残疾人小康进程监测指标简要解释

1. 残疾人家庭人均可支配收入

是指残疾人家庭可以用来自由支配的收入。本指标是根据城镇残疾人家庭人均可支配收入、农村残疾人家庭人均可支配收入以及城、乡残疾人常住人口比重加权平均计算得出的结果。其计算方法为：

残疾人家庭人均可支配收入＝城镇残疾人家庭人均可支配收入×城镇残疾人人口比重＋农村残疾人家庭人均可支配收入×（1－城镇残疾人人口比重）

2. 残疾人家庭恩格尔系数

恩格尔系数是指食物支出占生活消费总支出的比重。恩格尔系数与人均可支配收入是一对相关并互补的指标，分别从收入水平和消费结构两个方面反映生活的状况。

本指标是根据城镇残疾人家庭恩格尔系数、农村残疾人家庭恩格尔系数以及城、乡残疾人常住人口比重加权平均计算得出的。其计算方法为：

残疾人家庭恩格尔系数（%）＝城镇残疾人家庭恩格尔系数×城镇残疾人人口比重＋农村残疾人家庭恩格尔系数×（1－城镇残疾人人口比重）

其中：

$$\text{城镇（农村）残疾人家庭恩格尔系数} = \frac{\text{城镇（农村）残疾人家庭食物支出}}{\text{城镇（农村）残疾人家庭生活消费总支出}} \times 100\%$$

3. 残疾人家庭人均生活用电量

是根据城镇残疾人家庭人均生活用电量、农村残疾人家庭人均生活用电量以及城、乡残疾人常住人口比重加权平均计算得出的。

生活用电是指居民家庭日常生活用电。不包括家庭和个人从事各种生产经营活动的用电量。

4. 残疾人家庭人均住房使用面积

是根据城镇残疾人家庭人均住房使用面积和农村残疾人家庭人均钢筋

砖木结构住房面积的加权平均计算而得。其计算方法为：

残疾人家庭人均住房使用面积＝城镇残疾人家庭人均使用面积×城镇残疾人人口比重＋农村残疾人家庭钢筋砖木结构人均住房面积×（1－城镇残疾人人口比重）

由于农村住房还有一部分不是钢筋砖木结构，住房质量比城镇简陋得多，达到城镇简单住房设备水平需要较长一段时间。因此，根据当前实际情况，农村采用钢筋砖木结构人均住房面积来反映居住水平。

5. 适龄残疾人在婚率

是指达到法定结婚年龄（男22岁，女20岁）在婚有配偶的残疾人数占辖区内所有达到法定结婚年龄残疾人总数的比率。

婚姻状况对于残疾人而言，不仅直接反映情感生活的丰富程度，也体现获得家庭生活保障和服务保障的水平。国外有研究表明稳定的家庭和社会支持有助于提高残疾人的主观幸福感，相反，长期的生活和劳动能力缺陷也会影响婚姻质量。由于在残疾人的年龄结构上，低龄残疾人人数（特别是15—20岁）相对较小，与健全人无法形成对比，所以本指标所指的残疾人，限定在法定婚姻年龄内。

6. 康复服务覆盖率

是指已享受康复服务的残疾人数占辖区内有康复需求的残疾人数的比例。

$$康复服务覆盖率 = \frac{已享受康复服务的残疾人数}{辖区内有康复需求的残疾人数} \times 100\%$$

康复服务包括从各类医疗卫生机构、康复机构、社区服务机构、学校、幼儿园、福利企事业单位、工疗站、残疾人活动场所等机构获得康复医疗、用品用具配用、训练指导、心理疏导、知识普及、残疾人亲友培训、简易训练器具制作和转介服务等。

7. 学龄残疾儿童接受义务教育比例

指6—14岁学龄残疾儿童正在普通教育或特殊教育学校接受义务教育人数占同龄残疾儿童人数的比率。

8. 城镇残疾人登记失业率

是指期末城镇登记失业残疾人数占期末城镇从业的残疾人总数与期末城镇登记失业残疾人数之和的比重。城乡失业残疾人数只统计有劳动能力、有就业愿望，目前失业的残疾人。

9. 城镇残疾人基本社会保障覆盖率

是指已参加三大保险〔城镇企业职工基本养老保险、城镇职工（居民）基本医疗保险、城镇失业保险〕的城镇残疾人数占应享受三大保险残疾人数的比重。

10. 农村残疾人合作医疗覆盖率

是指参加新型农村合作医疗的残疾人数占辖区内农村残疾人总数的比重。

新型农村合作医疗制度是指由政府组织、引导、支持，农民自愿参加，个人、集体和政府多方筹资，以大病统筹为主的农民互助共济制度。新型农村合作医疗是现阶段农村医疗保障的主要形式，与农村低保、农村社会养老保险一起构成了农民的三大社会保障支柱。农村残疾人参加新型农村合作医疗的覆盖面，在一定程度上反映他们的医疗保障水平。

11. 百户残疾人家庭电话拥有量

是指每百户残疾人家庭平均拥有自费或公费装配的固定电话、小灵通和移动电话（含小灵通）数量。以单独使用的号码为计算数量，不包括房间内部连接的分机。

12. 百户残疾人家庭彩色电视机拥有量

是指每百户残疾人家庭平均拥有彩色电视机数量。本指标反映残疾人的信息化水平。

13. 百户残疾人家庭家用电脑拥有量

是指每百户残疾人家庭平均拥有家用电脑数量。

电脑是信息时代最具有代表性的技术产品，同时也是文化交流和传播的重要载体。家用电脑的普及程度是反映社会信息化程度的一个重要标志。相近指标有很多，如电视机、收音机、电话、手机、家用电脑、上网人数、报纸杂志、出版图书等，从未来的发展趋势看，家用电脑将越来越具有代表性。

14. 社区活动参与率

是指参加社区（包括农村社区）文化、体育、娱乐等活动以及参与社区建设、社区服务的残疾人数占辖区内全部残疾人数的比例。

本指标直接反映残疾人社会参与的广度。社区是残疾人走出家庭、融入社会的主要场所。

15. 残疾人对无障碍环境的满意率

是指对城镇无障碍环境（包括设施无障碍和信息无障碍）满意的残疾人数占辖区内全部残疾人数的比例。

无障碍是残疾人平等参与社会的重要条件，残疾人作为无障碍环境的使用者和主要受益者，其主观评价反映无障碍环境的水平，也反映对政府建设无障碍设施的认可程度。

16. 社区服务覆盖率

是指得到社区提供各项服务的残疾人数占辖区内全部残疾人数的比例。

社区是除了家庭以外，残疾人服务的主要提供者。本指标反映残疾人社会服务水平和残疾人工作社会化水平，也反映和谐社区建设的水平。

17. 法律服务满意率

是指对政府和社会为残疾人提供法律服务和法律援助满意的残疾人数（不能作出回答的可选一名亲属代替）占辖区内全部残疾人数的比例。

本指标反映残疾人及其亲属感知残疾人的权益受到保障的程度，反映残疾人权益保障水平。

# 2008年度全国残疾人状况及小康进程监测报告

中国残联研究室、北京大学人口研究所、国家统计局统计科学研究所

2006年第二次全国残疾人抽样调查表明，我国残疾人状况正处于一个快速变动的阶段。今后十几年是全面建设小康社会的关键时期，我国经济社会快速发展，残疾人状况还将发生较大变化。联合国《残疾人权利公约》要求："缔约国承诺收集残疾人状况信息，包括统计和研究数据，以制定和实施政策，落实本公约。"为及时了解掌握我国残疾人状况的变化，给残疾人事业发展提供即时可靠的依据，加强残疾人状况监测十分必要和迫切。2006年中国残联开始研究建立全国残疾人状况监测系统，2007年国家统计局、民政部、卫生部、中国残联、中国残疾人福利基金会、第二次全国残疾人抽样调查办公室联合下发《关于开展全国残疾人状况监测工作的通知》，正式启动了这项工作。在中国残联领导下，经各级残联系统的努力和相关单位的支持，2008年度残疾人状况监测工作顺利完成，获取了丰富的数据资料，为掌握残疾人小康实现程度和更好地开展残疾人工作提供了可靠的依据。

## 一、2008年度中国残疾人状况

2008年度残疾人状况监测工作，是在2007年度监测的基础上，继续在全国31个省、自治区、直辖市，734个县、市、区的734个小区，对第二次全国残疾人抽样调查确定的残疾人进行跟踪监测。监测起止时间为2007年4月1日至2008年4月1日。监测的主要内容根据中国残疾人小康指标体系和第二次全国残疾人抽样调查的主要指标确定，包括残疾人生存、发展和环境状况，涉及残疾人生活、康复、教育、就业、社区服务、无障碍环境、法律服务等方面及其变化情况。本次实际监测20697人，男性10724人，占51.8%；女性为9973人，占48.2%。男女性别比为107.5。分城乡来看，城镇为4915人，占23.7%；农村为15782人，占76.3%。

## （一）残疾人家庭基本情况

1. 家庭户规模基本没有变。

2008年度残疾人家庭户平均规模为3.36人。残疾人家庭户规模为2人的所占比例最高，达到26.6%；3人户家庭比例为19.8%，4人户家庭比例为17.8%，5人户及以上家庭所占比例合计为24.8%；特别值得关注的是11%的一人户为残疾人。与2007年度相比，2008年度监测的残疾人家庭户规模变化不大。

2. 18岁及以上残疾人婚姻状况基本稳定。

监测数据反映18岁及以上残疾人的在婚率62%左右，离婚率稳定在2%左右，呈现一个稳定趋势（见表1）。

表1　18岁及以上残疾人的婚姻状况构成（单位:%）

|   | 2007年度 | 2008年度 |
|---|---|---|
| 未婚 | 11.9 | 12.5 |
| 初婚有配偶 | 59.3 | 58.9 |
| 再婚有配偶 | 3.3 | 3.2 |
| 离婚 | 2.1 | 2.1 |
| 丧偶 | 23.4 | 23.2 |

3. 残疾儿童监护人以父母为主。

在2008年度监测的18岁以下残疾儿童中，父母为监护人的占绝大多数，为84.2%，与2007年度比较，上升了1.4个百分点。需要特别注意由祖父母或外祖父母、其他亲属或非亲属作为监护人的残疾儿童的成长状况（见表2）。

表2　18岁以下残疾儿童的监护人构成（单位:%）

|   | 2007年度 | 2008年度 | 比上年增减 |
|---|---|---|---|
| 父母 | 82.8 | 84.2 | +1.4 |
| 仅父亲或母亲 | 5.5 | 4.9 | -0.6 |
| 仅为祖父母或外祖父母 | 8.2 | 7.8 | -0.4 |
| 其他亲属或其他非亲属 | 3.5 | 3.1 | -0.4 |

4. 住房状况有改善，住房面积增加。

从家庭住房状况改变情况看，2008年度监测残疾人中在近一年里住房状况发生改变的占全部监测对象的3.7%，与2007年度的住房变动一致。从住房面积变化看，2008年度监测的城镇残疾人人均住房面积（建筑面积）为20.2平方米，比2007年度增加了0.26平方米；农村残疾人人均住房面积为20.43平方米,比2007年度增加了0.23平方米,表明残疾人的住房状况在不断改善。

5. 残疾人家庭的收入有较大提高。

2008年度监测城镇残疾人家庭人均总收入为8970.5元,扣除价格上涨因素后为8584.2元,比2007年的7859.5元实际增加了724.7元,增长9.2%。2008年度监测农村残疾人家庭人均总收入为4836.7元,扣除价格上涨因素后为4588.9元,比2007年的3969.3元实际增加了619.6元,增长15.6%。2008年度监测城镇残疾人家庭人均可支配收入比2007年度高1130.6元,农村残疾人家庭人均可支配收入比2007年高702.6元。与2007年度比较,监测残疾人家庭人均总收入和人均可支配收入,消除了物价上涨因素的影响仍然有较大的提高;残疾人家庭人均总收入和可支配收入的增加幅度趋势都是农村高于城镇(见表3)。

表3　残疾人家庭人均收入比较

| | 单位 | 城镇 | | | 农村 | | |
|---|---|---|---|---|---|---|---|
| | | 2007年度 | 2008年度 | 变动幅度(%) | 2007年度 | 2008年度 | 变动幅度(%) |
| 总收入 | 元 | 7859.48 | 8970.5 | 14.14 | 3969.28 | 4836.7 | 21.85 |
| 可支配收入 | 元 | 7356.6 | 8487.2 | 15.37 | 3101.0 | 3803.6 | 22.66 |
| 可支配收入占总收入比重 | % | 93.6 | 94.6 | 1.08 | 78.1 | 78.6 | 0.66 |

残疾人家庭人均总收入的增加,从收入结构看,城镇主要是转移性收入和年经营净收入大幅增加所致;农村主要是人均转移性收入和经营年总收入较大幅度的提高,其次是工薪收入的提高所致(见表4)。

表4　残疾人家庭分项人均收入比较(单位:元)

| | 城镇 | | | 农村 | | |
|---|---|---|---|---|---|---|
| | 2007年度 | 2008年度 | 变动幅度(%) | 2007年度 | 2008年度 | 变动幅度(%) |
| 工薪年收入 | 2676.0 | 2786.7 | 4.14 | 1326.7 | 1636.2 | 23.33 |
| 【城镇】经营年净收入 | 484.0 | 580.9 | 20.02 | - | - | - |
| 【农村】经营年总收入 | - | - | - | 1615.6 | 2023.6 | 25.26 |
| 财产年收入 | 198.9 | 179.1 | -9.93 | 185.8 | 166.3 | -10.50 |
| 转移性年收入 | 4255.5 | 5211.0 | 22.45 | 582.2 | 734.5 | 26.15 |

续　表

|  | 城镇 | | | 农村 | | |
| --- | --- | --- | --- | --- | --- | --- |
|  | 2007年度 | 2008年度 | 变动幅度（%） | 2007年度 | 2008年度 | 变动幅度（%） |
| 出售财物年收入 | 62.5 | 64.3 | 2.81 | 31.4 | 20.1 | -35.91 |
| 借贷年收入 | 182.6 | 148.5 | -18.66 | 227.6 | 256.0 | 12.47 |

6. 残疾人家庭总支出加大，食品支出上升明显。

通过监测数据看出，城镇残疾人家庭经济支出，前三项依次是食品、医疗保健和居住，支出额度有所增加。城镇食品支出增加明显，比2007年度上升了3.1个百分点。同时，设备用品年支出、教育和文化年支出、借贷还债年支出呈现下降趋势。教育和文化年支出减少与减免残疾人学费和书本费有关，交纳所得税大幅减少与近年工资纳税标准上调有关，说明城镇残疾人群众确实得到了实惠（见表5）。

表5　城镇残疾人家庭分项人均支出比较（单位：元）

|  | 2007年度 | 2008年度 | 比上年度增减（%） |
| --- | --- | --- | --- |
| 总支出 | 6191 | 7056.6 | 13.98 |
| 食品年支出 | 2400.8 | 2954.6 | 23.07 |
| 衣着年支出 | 257.4 | 293.1 | 13.88 |
| 设备用品年支出 | 122.7 | 113.6 | -7.44 |
| 医疗保健年支出 | 1127.2 | 1150.0 | 2.02 |
| 交通和通信年支出 | 327 | 346.3 | 5.89 |
| 教育和文化年支出 | 390 | 374.1 | -4.07 |
| 杂项商品年支出 | 112.4 | 142.8 | 27.01 |
| 社会保障年支出 | 198.5 | 237.2 | 19.53 |
| 借贷还债年支出 | 109.4 | 92.3 | -15.63 |
| 居住年支出 | 746.8 | 882.7 | 18.19 |
| 年交纳所得税 | 59.4 | 33.3 | -43.91 |
| 转移性年支出 | 339.5 | 436.6 | 28.62 |

农村残疾人家庭经济支出，前三项依次是食品、居住和经营年支出。城乡残疾人家庭的支出存在着数量上和结构上的差异。农村残疾人家庭食品年支出的上升也最为突出，虽然农村食品多支出的增长幅度与城镇的大体相当，但农村食品支出增加绝对值却占到城镇增加绝对值的67.3%，说明在全国食品普遍涨价的情况下，农村残疾人家庭人均食品消费支出也随之上升。同时，医疗保健年支出、教育和文化年支出、税费年支出、生产性固定资产年折旧支出减少，说明国家对农村残疾人群众的优惠政策正

在发挥作用（见表6）。

表6 农村残疾人家庭分项人均支出比较（单位：元）

|  | 2007年度 | 2008年度 | 比上年度增减（%） |
|---|---|---|---|
| 总支出 | 3537.1 | 4154.0 | 17.44 |
| 食品年支出 | 1332.4 | 1660.2 | 24.60 |
| 衣着年支出 | 141.8 | 154.9 | 9.28 |
| 设备用品年支出 | 40.4 | 47.5 | 17.52 |
| 医疗保健年支出 | 465.1 | 449.1 | -3.43 |
| 交通和通信年支出 | 177.2 | 198.3 | 11.94 |
| 教育和文化年支出 | 176.0 | 158.8 | -9.79 |
| 杂项商品年支出 | 56.6 | 64.6 | 14.11 |
| 社会保障年支出 | 20.1 | 34.9 | 74.06 |
| 借贷还债年支出 | 116.2 | 136.7 | 17.69 |
| 居住年支出 | 402.2 | 492.0 | 22.33 |
| 经营年支出 | 355.1 | 476.4 | 34.17 |
| 生产性固定资产年折旧 | 17.4 | 13.5 | -22.19 |
| 财产性年支出 | 31.7 | 27.9 | -11.90 |
| 转移性年支出 | 188.6 | 224.5 | 19.01 |
| 税费年支出 | 16.6 | 14.7 | -11.29 |

虽然残疾人家庭的年人均总收入有所增加，但由于物价上涨，特别是食品价格上升，他们的总支出也随之上升。以2007年食品价格为基数，扣除物价上涨因素后，2008年度城镇残疾人家庭人均食品支出金额的实际购买力只相当于上年的2645.12元，一年内贬值了约10%。农村残疾人家庭人均食品支出金额的实际购买力只相当于上年的1461.4元，一年内贬值了11.97%。由于食品价格上涨，残疾人家庭对食品的实际购买力下降，残疾人家庭恩格尔系数上升。其中，城镇残疾人家庭恩格尔系数由2007年度的43.8%上升到2008年度的47.7%，农村残疾人家庭恩格尔系数由2007年度的47.2%上升到2008年度的51.5%。表明2007—2008年度我国食品价格有较大幅度上升，直接影响到低收入人群的基本生活水平，特别是残疾人的生活水平有所下降。

7. 残疾人家庭电话和家用电器拥有比例普遍上升。

监测数据显示，无论城乡，家用电器和电脑拥有的比例普遍上升，尤其是彩电上升更加明显。虽然固定电话拥有率稍有下降，但是移动电话（手机或小灵通）的拥有率有较大上升，呈明显的互补关系（见表7）。

表7 残疾人家庭家用电器拥有率（单位:%）

| | 2007年度 | | | 2008年度 | | |
|---|---|---|---|---|---|---|
| | 全国 | 城镇 | 农村 | 全国 | 城镇 | 农村 |
| 固定电话 | 44.9 | 68.0 | 37.7 | 44.2 | 67.7 | 36.9 |
| 手机或小灵通 | 30.3 | 43.6 | 26.1 | 36.2 | 48.2 | 32.5 |
| 电脑 | 3.9 | 13.6 | 0.9 | 4.6 | 14.9 | 1.4 |
| 彩电 | 65.9 | 89.3 | 58.6 | 71.2 | 91.1 | 65.0 |
| 电冰箱 | 23.5 | 60.6 | 11.8 | 25.5 | 63.0 | 13.8 |
| 洗衣机 | 30.2 | 61.7 | 20.3 | 33.6 | 65.3 | 23.7 |

8. 人均用电量增加。

月人均生活用电量大小，反映的是家庭电气化和生活质量。2008年度，城镇残疾人家庭月人均用电量为28.54度，比上年度增加2.51度；农村残疾人家庭月人均用电量为9.95度，比上年度增加1.77度。城镇残疾人家庭月人均用电量增加的幅度更大。

（二）残疾人基本情况

1. 残疾人接受康复服务的比例增加。

2008年度，残疾人接受过康复服务的比例增加显著，其中，城镇残疾人接受过康复服务的比例由2007年度的29.5%上升到36.6%，农村残疾人接受过康复服务的比例由2007年度的15.7%上升到19.2%。治疗与康复训练、辅助器具配备、心理疏导、康复知识普及、日间照料与托养等五方面比例都比2007年度有不同程度的提高，特别是城镇残疾人在康复知识普及和心理疏导两方面的比例提高较大，说明有更多残疾人重视了康复知识的学习与心理疏导，康复要求加强，并接受了服务（见表8）。

表8 残疾人接受过各项康复服务的比例（单位:%）

| | 2007年度 | | 2008年度 | |
|---|---|---|---|---|
| | 城镇 | 农村 | 城镇 | 农村 |
| 治疗与康复训练 | 13.8 | 8.4 | 15.5 | 9.0 |
| 辅助器具配备 | 7.6 | 3.0 | 9.1 | 4.4 |
| 心理疏导 | 6.1 | 3.6 | 10.0 | 4.6 |
| 康复知识普及 | 10.5 | 3.6 | 14.8 | 4.9 |
| 日间照料与托养 | 6.2 | 4.6 | 9.5 | 4.8 |
| 残疾儿童家长培训 | 10.5 | 8.3 | 9.5 | 7.1 |

从残疾类别看，2008年度七类残疾人在一年内接受过康复服务的比

例都有所增加，视力残疾人接受服务的比例增加最大，其次是精神残疾人和多重残疾人（见表9）。

表9 分残疾类别接受过康复服务的残疾人比例（单位:%）

| 残疾类别 | 2007年度 | 2008年度 | 比上年幅度 |
|---|---|---|---|
| 视力残疾 | 16.2 | 21.7 | 34.0 |
| 听力残疾 | 13.1 | 16.1 | 22.9 |
| 言语残疾 | 15.6 | 17.0 | 9.0 |
| 肢体残疾 | 22.1 | 25.1 | 13.6 |
| 智力残疾 | 17.0 | 20.0 | 17.6 |
| 精神残疾 | 32.1 | 42.1 | 31.2 |
| 多重残疾 | 20.1 | 25.9 | 28.9 |

2. 残疾人受教育程度较低，受教育状况年度变化不大，特殊教育学校就读的总体比例略有增加趋势。

2008年度学龄儿童接受义务教育的在学比例仍然有待提高，总体水平与上年度基本持平（见表10）。

表10 2007年和2008年6—15岁残疾儿童义务教育在学率（单位:%）

| | 2007年度 | | | 2008年度 | | |
|---|---|---|---|---|---|---|
| | 全国 | 城镇 | 农村 | 全国 | 城镇 | 农村 |
| 义务教育在学比例 | 63.3 | 65.6 | 63.0 | 63.8 | 64.5 | 63.7 |

从6—18岁残疾儿童就读学校的类型看，普通小学和普通中学就读的比例与上年基本持平，特殊教育学校就读的比例有增加趋势（见表11）。

表11 6—18岁残疾儿童就读学校类型构成（单位:%）

| | 2007年度 | | | 2008年度 | | |
|---|---|---|---|---|---|---|
| | 全国 | 城镇 | 农村 | 全国 | 城镇 | 农村 |
| 普通小学 | 73.0 | 63.6 | 74.4 | 72.0 | 63.4 | 73.2 |
| 普通中学 | 17.1 | 18.2 | 16.9 | 18.1 | 23.9 | 17.2 |
| 特殊教育学校 | 5.0 | 10.4 | 4.1 | 6.2 | 8.5 | 5.9 |
| 普通教育学校特教班 | 0.7 | 1.3 | 0.6 | 0.5 | 1.4 | 0.4 |
| 普通高中 | 2.8 | 3.9 | 2.7 | 2.1 | 2.8 | 2.0 |
| 中等职业学校 | 1.4 | 2.6 | 1.2 | 1.1 | – | 1.2 |

18岁及以上残疾人总体受教育程度不高，未上过学和小学的比例占到75%以上，各类受教育程度比例与2007年度非常一致，城、乡之间受教育程度结构性变化也不显著，说明18岁以上残疾人口的受教育状况基本稳定（见表12）。

## 二、全国残疾人状况及小康进程监测报告

表12 18岁及以上残疾人的受教育程度构成（单位:%）

| | 2007 年度 | | | 2008 年度 | | |
|---|---|---|---|---|---|---|
| | 全国 | 城镇 | 农村 | 全国 | 城镇 | 农村 |
| 从未上过学 | 42.4 | 24.8 | 49.1 | 42.1 | 24.2 | 47.9 |
| 小学 | 35.1 | 30.3 | 36.0 | 35.0 | 30.3 | 36.5 |
| 初中 | 15.8 | 26.4 | 12.1 | 15.9 | 26.3 | 12.6 |
| 高中 | 3.9 | 9.4 | 2.1 | 4.0 | 9.8 | 2.1 |
| 中专教育 | 1.5 | 4.3 | 0.5 | 1.5 | 4.2 | 0.6 |
| 大学专科 | 0.8 | 2.7 | 0.2 | 1.0 | 3.1 | 0.3 |
| 大学本科及以上 | 0.5 | 2.1 | 0.0 | 0.5 | 2.1 | 0.0 |

3. 残疾人就业比例基本未变，城镇登记失业率略升，未就业原因及生活来源出现变动。

2008年度，劳动年龄段生活能够自理的城镇残疾人就业比例为31.8%，农村为52.3%，均与上年基本持平。城镇劳动年龄段没有工作的残疾人，登记失业率为12.4%，比上年的10.6%上升了1.8个百分点。劳动年龄段的残疾人，接受过职业技能培训的比例由2007年度的3.2%上升到2008年度的4.4%。

生活能够自理的18到59岁男性和18到54岁女性残疾人中，未就业原因的位次如下：城镇依次为离退休、丧失劳动能力、料理家务和因单位原因失去原工作；与上年相比，"料理家务"和"因原单位原因失去原工作"两项排序发生变化，其余不变。在农村依次为丧失劳动能力、料理家务、其他原因，这三项未就业原因的比例高达92%，比城镇更为集中，两年排列次序相同（见表13）。

表13 残疾人未工作原因构成（单位:%）

| | 城镇 | | 农村 | |
|---|---|---|---|---|
| | 2007 年度 | 2008 年度 | 2007 年度 | 2008 年度 |
| 在校学生 | 0.8 | 1.3 | 1.0 | 1.3 |
| 离退休 | 21.2 | 23.1 | 0.6 | 0.8 |
| 料理家务 | 12.1 | 15.8 | 34.6 | 32.9 |
| 丧失劳动能力 | 20.9 | 19.8 | 40.8 | 38.1 |
| 毕业后未工作 | 3.2 | 2.6 | 1.0 | 0.9 |
| 因单位原因 | 18.6 | 15.6 | 0.8 | 0.6 |
| 因个人原因 | 9.2 | 7.2 | 3.7 | 3.3 |
| 承包土地征用 | 1.5 | 0.3 | 1.3 | 0.9 |
| 其他 | 12.6 | 14.3 | 16.1 | 21.2 |

18岁及以上残疾人未就业者生活主要来源,城镇按比例依次为领取离退休金、靠家庭其他成员供养以及领取基本生活费,三项合计比例高达97.8%。与2007年度比较,城镇靠家庭其他成员供养和靠离退休金的比例略有上升(见表14)。农村有78.8%的残疾人未就业者靠家庭其他成员供养。与2007年度比较,农村靠家庭其他成员供养的比例减少,靠领取基本生活费生活和其他生活来源的比例稍有上升(见表14)。

表14 18岁及以上未工作残疾人生活来源构成(单位:%)

|  | 城镇 | | 农村 | |
| --- | --- | --- | --- | --- |
|  | 2007年度 | 2008年度 | 2007年度 | 2008年度 |
| 离退休金 | 21.5 | 23.7 | 0.7 | 0.9 |
| 领取基本生活费 | 36.2 | 31 | 9.3 | 11.1 |
| 家庭其他成员供养 | 35.3 | 39.6 | 76.3 | 73.9 |
| 财产性收入 | 0.6 | 0.8 | 3.2 | 2.0 |
| 保险性收入 | 0.3 | 0.0 | 0.0 | 0.1 |
| 其他 | 6.1 | 4.9 | 10.5 | 11.9 |

4.残疾人的社会保障状况有了较明显的改善。

(1)城镇残疾人参加社会保险比例提高 2008年度城镇人口(包括城镇职工和居民)至少参加了一种社会保险的比例比2007年度有较大提高,特别是参加基本医疗保险的比例增加了22.6个百分点。其他三种保险的比例较小,变化不大。城镇残疾人职工有近三分之一没有参加任何一种社会保险,值得予以关注(见表15)。

表15 16岁及以上残疾人参加保险情况(单位:%)

|  | 2007年度 | | 2008年度 | | |
| --- | --- | --- | --- | --- | --- |
|  | 城镇 | 农村 | 城镇合计 | 城镇职工 | 城镇居民 |
| 至少参加了一种社会保险 | 42.1 | 10.8 | 62.6 | 70.9 | 46.4 |
| 参加基本养老保险 | 33.3 | 2.3 | 41.6 | 64.9 | 12.4 |
| 参加基本医疗保险 | 36.0 | 9.5 | 58.6 | 70.6 | 43.6 |
| 参加失业保险 | 3.3 | 0.1 | 4.4 | 7.9 | — |
| 参加工伤保险 | 1.6 | 0.3 | 2.2 | 3.9 | — |
| 参加生育保险 | 0.7 | 0.1 | 1.6 | 2.9 | — |

(2)农村残疾人参加新型农村合作医疗比例上升。

农村残疾人中参加了新型农村合作医疗比例为93.5%,比2007年度上升了9.1个百分点,说明医疗改革在农村受到欢迎,大多数农村的残疾人参加了农村新型合作医疗。

(3)残疾人领取最低生活保障金和救济的比例和水平都有增长。

2008年度城乡领取最低生活保障金的残疾人比例比2007年度监测和2006年第二次全国残疾人抽样调查都有所提高,农村领取最低生活保障金的比例与提高幅度都大于城镇。同时,城乡生活困难的残疾人获得的救济(包括现金或实物)都在逐年增加,比2006年有很大幅度提高(见表16)。

表16 残疾人领取最低生活保障金和得到救济的比例(单位:%)

| | | 2006年度 | 2007年度 | 2008年度 |
|---|---|---|---|---|
| 领取最低生活保障金比例 | 城镇 | 13.3 | 19.7 | 21.3 |
| | 农村 | 5.1 | 12.5 | 19.6 |
| 得到救济的比例 | 城镇 | 9.8 | 22.2 | 26.7 |
| | 农村 | 11.7 | 26.6 | 28.8 |

(4)残疾人各类需求比例仍然很高,对医疗救助需求比例高居首位。

残疾人在救助需求方面,2008年度监测城乡需求的比例顺序一致,对医疗救助需求的比例最大,其次是对生活救助的需求,第三是对康复救助的需求,最后是对教育救助的需求。与2007年度相比,残疾人对各项救助的需求比例有下降趋势(见表17)。

表17 残疾人救助需求情况构成(单位:%)

| | 2007年度 | | 2008年度 | |
|---|---|---|---|---|
| | 城镇 | 农村 | 城镇 | 农村 |
| 生活救助 | 41.4 | 60.2 | 40.6 | 61.8 |
| 教育救助 | 10.4 | 14.7 | 10.3 | 12.7 |
| 医疗救助 | 57.8 | 69.1 | 54.3 | 66.8 |
| 康复救助 | 30.1 | 37.9 | 27.9 | 35.6 |

5.残疾人生活的社会环境改善,社会参与增加。

(1)残疾人接受社区服务比例上升,满意度提高。

2008年度,城乡残疾人接受过社区提供的服务的比例由2007年度的14.3%上升到17.8%,其中,城镇由24.2%上升到30.5%,农村由11.2%上升到13.8%,城镇的比例上升幅度大,与城镇社区机构设施完善有关。对社区服务的评价中,总体满意度略有上升,其中,城镇的满意度基本持平，农村满意度上升（见表18）。

表18　残疾人对社区服务的满意度评价（单位:%）

|  | 2007 年度 | | | 2008 年度 | | |
|---|---|---|---|---|---|---|
|  | 全国 | 城镇 | 农村 | 全国 | 城镇 | 农村 |
| 满意 | 84.8 | 86.7 | 83.4 | 86.7 | 86.5 | 86.9 |
| 一般 | 15.1 | 13.2 | 16.5 | 13.1 | 13.5 | 12.8 |
| 不满意 | 0.1 | 0.1 | 0.1 | 0.2 | 0.0 | 0.3 |

（2）残疾人参与社区活动比例上升。

残疾人经常参加社区活动的比例在城乡均有上升，农村上升的幅度更大（见表19）。

表19　残疾人参加社区文化、体育活动情况构成（单位:%）

|  | 2007 年度 | | | 2008 年度 | | |
|---|---|---|---|---|---|---|
|  | 全国 | 城镇 | 农村 | 全国 | 城镇 | 农村 |
| 经常参加 | 4.8 | 7.7 | 3.8 | 5.7 | 8.4 | 4.8 |
| 偶尔参加 | 20.1 | 21.1 | 19.8 | 24.5 | 24.7 | 24.5 |
| 不参加 | 75.1 | 71.2 | 76.4 | 69.8 | 66.9 | 70.7 |

（3）政府、社团对残疾人的走访慰问。

更多政府、社团到残疾人家庭走访慰问更加普遍，频次增加，走访慰问活动受到残疾人及家庭的欢迎（见表20）。

表20　残疾人接受过政府、社会团体到家的走访慰问的情况构成（单位:%）

|  | 2007 年度 | | 2008 年度 | |
|---|---|---|---|---|
|  | 城镇 | 农村 | 城镇 | 农村 |
| 有慰问 | 45.8 | 36.5 | 50.0 | 41.4 |
| 无慰问 | 54.2 | 63.5 | 50.0 | 58.6 |
| 慰问次数 | 1.91 | 1.57 | 2.00 | 1.64 |

（4）城镇残疾人对无障碍设施的满意度提高。

对本城镇的无障碍设施和服务表示非常满意或满意比例上升，城镇残疾人对无障碍设施的满意度在提高，体现出奥运工作和无障碍建设方面的成效（见表21）。

表21　城镇残疾人对无障碍设施和服务的满意度（单位:%）

|  | 非常满意和满意 | 一般 | 不满意 |
|---|---|---|---|
| 2007 年度 | 47.9 | 48.4 | 3.4 |
| 2008 年度 | 62.9 | 34.5 | 2.6 |
| 比上年度增减 | +5.0 | -13.9 | -0.8 |

(5) 残疾人参加过法律知识学习或宣传活动比例增加。

2008年度，残疾人参加法律知识学习或宣传活动的比例由2007年度的14.7%上升到16.5%，其中，城镇残疾人参加法律知识学习或宣传活动的比例由2007年度的21.5%上升到22.7%，农村由12.5%上升到14.6%。

(6) 残疾人对法律服务满意度提高，但是需要加强法律援助或司法救助。

在接受监测的残疾人家庭中，有法律服务需求的比例有下降，但为残疾人提供法律服务的比例却上升了2个百分点。在接受过法律服务的残疾人家庭中，有85.8%感到非常满意或满意，表明服务面加大，服务质量有所提高（见表22）。

**表22　残疾人家庭接受法律服务情况构成**（单位:%）

|  |  | 2007年度 | 2008年度 |
|---|---|---|---|
| 有法律服务需求 |  | 21.3 | 14.3 |
| 其中：接受过法律服务 |  | 4.8 | 6.8 |
| 对提供的法律服务的满意度 | 满意 | 84.4 | 85.8 |
|  | 一般 | 14.7 | 12.3 |
|  | 不满意 | 0.9 | 2.0 |

在有法律援助或司法救助需求的残疾人家庭中，接受到过法律援助或司法救助比上年度略有下降；在接受过法律援助或司法救助的残疾人家庭中，感到非常满意或满意的比例也有所下降，而感到一般的比例上升，表明对残疾人的法律援助或司法救助的质量需进一步提高（见表23）。

**表23　对法律援助或司法救助情况构成**（单位:%）

|  |  | 2007年度 | 2008年度 |
|---|---|---|---|
| 接受到过法律援助或司法救助 |  | 31.7 | 30.5 |
| 对提供的法律援助或司法救助的满意度 | 满意 | 84.5 | 81.3 |
|  | 一般 | 15.5 | 18.7 |
|  | 不满意 | 0.0 | 0.0 |

## 二、2008年度中国残疾人小康进程监测报告

全面建设小康社会是党的十六大提出的本世纪头20年的奋斗目标，十七大又对实现全面建设小康社会提出了新的更高要求。残疾人事业是全面建设小康社会的重要组成部分，残疾人是全面建设小康社会的参与者、

受益者，也是实现全面建设小康社会难度最大的一个群体。由于国家全面建设小康社会监测指标体系难以将残疾人这一特殊困难群体的有关目标直接纳入其中，因此，有必要在国家全面建设小康社会监测指标体系基础上，充分考虑残疾人的特殊需求和保障，建立一套残疾人小康进程监测指标体系，以监测残疾人小康实现程度。中国残疾人联合会召集各方面专家组成课题组，在国家统计局制订的《中国全面建设小康社会统计监测指标体系》基础上，经过长时间的研究论证和实地监测检验，建立了一套《中国残疾人小康进程监测指标体系》（见附件），这套指标体系包含残疾人生存状况、发展状况和环境状况等三个方面17项指标。

为动态掌握残疾人小康实现情况，中国残疾人联合会自2007年开始根据《中国残疾人小康进程监测指标体系》，利用一年一度的全国残疾人状况监测数据对全国残疾人小康实现程度进行监测。2008年度监测结果表明，残疾人实现全面小康目标进程又向前迈进，但仍任重道远。

（一）2008年度全国残疾人小康实现程度监测结果

1.2008年度全国残疾人小康实现程度比上年度有所提高，但与全国全面小康实现程度相比，差距依然较大。

据测算，2008年度全国残疾人全面小康实现程度为50.5%，比上年度提高3.7个百分点（见附件）。

在监测的17个指标中，有13个指标的实现程度有所提高，其中提高较快的依次为：残疾人对无障碍环境的满意率、农村残疾人合作医疗覆盖率、残疾人家庭人均可支配收入、百户残疾人家庭彩色电视机拥有量、康复服务覆盖率、城镇残疾人基本社会保险覆盖率等。这说明党和政府的惠民政策已见成效。

但是，由于种种因素的影响，残疾人总体生活水平与全社会平均水平差距仍然较大，相当多残疾人的贫困状况没有得到根本改善，残疾人在基本生活保障、康复、教育、就业等方面还面临许多困难，实现残疾人达到小康生活的任务还非常艰巨。目前，国家统计局的报告显示，2007年我国全面建设小康社会实现程度达72.9%，比2008年度全国残疾人小康实现程度50.5%高出22.4个百分点。

2. 残疾人生存状况实现程度为53.5%，比上年度提高2.3个百分点，但仍需进一步改善。

2008年度残疾人生存状况实现程度为53.5%，虽比上年度提高2.3个百分点，但生存状况、发展状况、环境状况三个方面中提高幅度最小。具体来看：

（1）2008年度残疾人家庭人均可支配收入有较大幅度提高，但与全国平均水平比较差距仍然较大。残疾人家庭人均可支配收入在监测指标体系中是权重最大的指标，2008年度其实现程度为33.1%，比上年度提高5.4个百分点。从绝对量上看，2008年度，城镇残疾人家庭人均可支配收入为8487.2元，比上年度增长15.4%，农村残疾人家庭人均可支配收入为3803.6元，比上年度增长22.7%，农村残疾人家庭人均可支配收入增长幅度高于城镇残疾人家庭。但2008年度残疾人家庭人均可支配收入仅占全国居民家庭人均可支配收入的58.7%。残疾人作为社会中最困难的群体，其经济上的弱势地位需要在较长时期内给予特别关注，并切实采取措施去改善和提高。

（2）残疾人家庭医疗保健支出及占家庭消费支出份额均远高于全国平均水平，出行和通信支出大大低于一般居民家庭。2008年度，城镇残疾人家庭人均医疗保健支出为1150.0元，是全国城镇居民家庭人均医疗保健支出的1.65倍；农村残疾人家庭人均医疗保健支出为449.1元，是全国农村居民家庭人均医疗保健支出的2.14倍。城镇残疾人家庭人均医疗保健支出占生活消费支出的比重为18.4%，比全国城镇居民家庭人均医疗保健支出比重7.0%高出11.4个百分点；农村残疾人家庭人均医疗保健支出占生活消费支出的比重为13.9%，比全国农村居民家庭人均医疗保健支出比重6.5%高出7.4个百分点。2008年度，城镇残疾人家庭人均交通和通信支出为346.3元，占全国城镇居民家庭人均交通和通信支出的25.5%；农村残疾人家庭人均交通和通信支出为198.3元，占全国农村居民家庭人均交通和通信支出的60.4%。

（3）残疾人家庭恩格尔系数有所上升。受食品价格上涨的影响，2008年度残疾人家庭恩格尔系数为50.4%，比上年度上升3.7个百分点，高出全国居民家庭恩格尔系数10.4个百分点。其中，城镇残疾人家庭恩格尔系数为47.2%，高出全国城镇居民家庭恩格尔系数10.9个百分点；农村残疾人家庭恩格尔系数为51.5%，高出全国农村居民家庭恩格尔系数8.4个百分点。恩格尔系数是衡量居民生活质量最重要指标之一。根据联合国粮农组织提出的标准，恩格尔系数在59%以上为贫困，50%—59%为温饱，40%—50%为小康（总体小康），30%—40%为富裕（全面小康），低于30%为最富裕。目前，我国农村残疾人家庭生活还处在温饱状态，城镇残疾人家庭生活刚刚由温饱进入总体小康，而全国人民已由总体小康正在向全面小康迈进。

（4）残疾人家庭电器化水平不高。居民用电量是反映居民家庭电器化普及程度一个非常重要的指标。2008年度，残疾人家庭人均生活用电量为172.4千瓦小时，仅占全部居民家庭人均生活用电量274.9千瓦小时的62.7%，其全面小康目标实现程度只有34.5%，显示残疾人家庭消费水平，特别是家庭电器化水平不高，与全社会平均水平相差较大。

（5）残疾人住房条件有所改善。2008年度，残疾人家庭人均住房面积为19.6平方米，占全国全部居民家庭人均住房面积25.2平方米的77.6%。其中，城镇残疾人家庭人均住房面积（建筑面积）为20.2平方米，比2007年度增加了0.26平方米；农村残疾人家庭人均住房面积为20.43平方米，比2007年度增加了0.23平方米，均比上年度有所提高。说明政府出台的危房改造、廉租房政策初见成效，但残疾人住房水平与社会平均水平还有差距，有待进一步改善。

（6）残疾人婚姻状况需要关注。2008年度，适龄残疾人在婚率（男22岁以上，女20岁以上）为63.1%，与全国适龄人口在婚率84%相差较大，其主要原因是残疾人离婚率，特别是丧偶率高于全部适龄已婚人口。综上可以看出，残疾人生存状况有所改善，但仍不容乐观。

3. 残疾人发展状况实现程度为38.7%，比上年度提高3.1个百分点，残疾人发展水平仍然较低。

2008年度，残疾人发展状况实现程度为38.7%，比上年度提高3.1个百分点，但在生存状况、发展状况、环境状况三个方面中，其实现程度是最小的，显示出残疾人的发展水平相对落后。从各监测指标来看：

（1）残疾人康复服务覆盖率逐渐扩大。2008年度，残疾人康复需求服务覆盖面达23.3%，比上年度提高4.3个百分点，但离残疾人"人人享有康复服务"90%的目标仍差距很大，而是必须看到，目前为残疾人提供的康复服务总体上是低水平、低层次的。

（2）残疾人受教育程度依然较低。2008年度，学龄儿童接受义务教育的在学比例为63.5%，与上年基本持平。其中，城镇残疾儿童在学接受义务教育比例为64.5%，农村残疾儿童在学接受义务教育比例为63.4%。但仍有36.5%的学龄儿童没有接受义务教育。

（3）残疾人就业形势依然严峻。2008年度残疾人登记失业率达12.6%，明显高于全国登记失业率4%的水平，这不仅影响残疾人的生活状况，也限制了残疾人参与社会的程度。

（4）残疾人基本社会保险推进。2008年度农村残疾人参加新型农村合作医疗比例为93.5%，比上年度上升了9.1个百分点，也高于全国的91.05%（截止到2008年3月底）的水平，说明新型农村合作医疗制度在农村深受欢迎，在政府和社会的帮助下，残疾人成为新型农村合作医疗最大受益者之一；2008年度城镇残疾人参加养老、医疗两大基本社会保险的覆盖率为38.8%，比上年度上升4个百分点，但低于全国48.7%的总体水平，离全面小康目标95%差距很大，有待进一步提高。

（5）残疾人信息化水平也有所提高。2008年度，每百户残疾人家庭拥有电话为80.4部，比年度增加5.2部，彩电71.2台，比年度增加5.3台，但大大低于全国195.4部和113.9台的平均水平。每百户残疾人家庭拥有家用电脑4.6台，比上年度增加0.7台，也大大低于全国26.2台的平均水平。

（6）残疾人社区活动参与率提升。2008年度社区活动参与率为30.2%，比上年度上升5.4个百分点，但还仍有近70%的残疾人还没有真正走出家门，融入社会。

4. 残疾人环境状况实现程度为59.2%，比上年提高6.8个百分点，残疾人环境服务质量有待进一步提高。

2008年度，残疾人环境状况实现程度为59.2%，比上年度提高6.8个百分点，是生存状况、发展状况、环境状况三个方面中，实现程度最高的一个，也是实现程度增幅最大的一个。随着残疾人环境状况的改善，残疾人将会对环境服务质量要求越来越高。从各监测指标来看：

(1) 城镇残疾人对无障碍设施的满意度提高。2008年度城镇残疾人对无障碍设施的满意度为62.9%，比上年提高15个百分点，体现出残奥会影响和无障碍建设方面的成效。但调查也显示，只有52.6%的城镇残疾人至少知道所在城镇有一种无障碍设施，还有47.4%的城镇残疾人不知道，显示无障碍宣传和无障碍设施建设还有待加强。

(2) 残疾人接受社区服务比例上升，满意度提高。2008年度，残疾人社区服务覆盖率为17.8%，比上年度提高3.4个百分点，其中城镇为30.5%，农村为13.8%，分别比上年度提高6.3和2.6个百分点，但还有82.2%的残疾人没有接受过社区服务。调查也显示，在接受过服务的残疾人中，对社区服务满意度为86.7%，比上年度上升1.9个百分点。

(3) 残疾人法律服务满意度达到83.5%。调查显示，有6.8%残疾人家庭接受过法律服务、30.5%的残疾人家庭接受到过法律援助或司法救助，需求人群中满意度较高。

**(二) 加快残疾人全面建设小康的建议**

1. 加强教育、培训和就业服务，促进残疾人就业。

就业是民生之本，是残疾人改善生活状况，实现自强自立的主要途径。目前，残疾人就业形势十分严峻，2008年度残疾人登记失业率达12.6%，明显高于全国登记失业率4%的水平，而实际失业率不止如此。为此，政府必须采取措施：

(1) 完善残疾人教育体系，落实残疾人教育扶助政策，提高残疾人的教育质量和受教育水平。2008年，学龄儿童接受义务教育的在学比例为63.5%，仍有36.5%的学龄儿童没有接受义务教育；18岁及以上残疾人有42%以上未上过学，还有35%只上过小学，残疾人受教育程度还比较低。因此，政府必须完善残疾人教育体系，落实残疾人教育扶助政策，提高适龄残疾儿童少年入学率，通过举办残疾人特殊高级中学，扩大残疾人高等教育规模，开展残疾人成人教育和远程教育，使更多的残疾人能够接受高中以上教育；加强残疾人的职业培训、技能学习和素质教育，以市场需要为取向，进一步扩大残疾人职业培训规模，培养更多的合格的社会劳动力，不断提高残疾人的就业竞争能力。

（2）坚持多渠道、多层次、多形式促进残疾人就业。以调整残疾人就业保障金征缴方式和适当扩大使用范围为杠杆，通过经济的、法律的手段，加大残疾人按比例安排就业力度；完善福利企业优惠政策，巩固和发展残疾人集中就业；扶持残疾人个体从业和创业，开发适合不同类别残疾人的公益性就业岗位，千方百计促进残疾人就业。加大对农村残疾人的劳动扶持力度，提高农村残疾人的劳动收入水平。

2. 加强残疾人社会保障工作，保障残疾人的基本生活。

2008年，全国城镇残疾人参加养老、医疗两大基本社会保险的覆盖率为38.8%，比全国城镇平均水平低近10个百分点。今后一段时间，政府要进一步完善城镇残疾人参加社会养老、医疗等保险的优惠措施，推动农村残疾人参加社会养老保险，进一步完善低保分类救助制度，确保重度残疾、老残一体和一户多残的残疾人和农村残疾人得到更好的特别扶助和重点保障。建立专门针对重度残疾人的特殊保障制度，提高社会保障在残疾人群体中的覆盖率。

3. 加强康复工作，实现人人享有康复服务。

康复是帮助残疾人恢复和补偿功能，增强生活自理和社会适应能力，平等参与社会生活的基础。2008年，全国残疾人康复需求服务覆盖面达23.3%，离残疾人"人人享有康复服务"90%的目标，差距很大。实现残疾人"人人享有康复服务"，关键措施是要进一步完善康复管理和服务体系，切实将残疾人康复纳入医疗卫生改革和社区卫生服务体系，加强康复服务设施建设，大力开展社区康复，实施重点康复工程，积极开展康复救助工作。康复工作的重点对象是精神残疾人、智力残疾人、残疾儿童和农村地区没有能力接受康复服务的残疾人。

4. 广泛开展社区文化娱乐活动，丰富残疾人精神生活。

丰富、活跃残疾人群众文化体育生活，发展残疾人特殊艺术和竞技体育，是激励残疾人自强不息的重要途径。2008年，全国残疾人社区活动参与率为30.2%，仍有近70%的残疾人还没有真正走出家门，融入社会。政府必须采取措施，广泛开展群众性文化体育活动，将残疾人群众文体活动纳入和谐社区建设，鼓励和吸引残疾人参加形式多样、健康有益的社区文化、艺术、健身、娱乐等活动，开发残疾人群众性体育项目。还要采取措施,鼓励、支持各类公共文化体育设施管理机构,普遍对残疾人开放,并提供特别服务和优惠。全民体育健身设施建设充分考虑残疾人参加体育锻炼的需求。

5. 加强法制建设,依法维护残疾人的合法权益。

依法维护残疾人的各项合法权益,是残疾人工作的主题,是全社会的义务。2008年,全国有6.8%残疾人家庭接受过法律服务、30.5%的残疾人家庭接受到过法律援助或司法救助。政府要进一步完善残疾人事业政策法规体系,做好残疾人法律维权宣传工作,提高残疾人法律救助和维权服务的能力,依法保障残疾人合法权益。

## 二、全国残疾人状况及小康进程监测报告

附件

### 中国残疾人小康进程监测指标体系及小康进程监测结果

| 监测指标 | 单位 | 权重 | 全面小康标准值 | 2007年度 实际值 | 2007年度 实现程度（%） | 2008年度 实际值 | 2008年度 实现程度（%） |
|---|---|---|---|---|---|---|---|
| 一、生存状况 | | 45 | | | 51.2 | | 53.5 |
| （一）收入状况 | | 20 | | | | | |
| 1. 残疾人家庭人均可支配收入 | 元 | 20 | ≥15000 | 4163 | 27.8 | 4972 | 33.1 |
| （二）消费状况 | | 10 | | | | | |
| 2. 残疾人家庭恩格尔系数 | % | 5 | ≤40 | 46.7 | 85.6 | 50.4 | 79.3 |
| 3. 残疾人家庭人均生活用电量 | 千瓦小时 | 5 | ≥500 | 151.6 | 30.3 | 172.4 | 34.5 |
| （三）居住状况 | | 10 | | | | | |
| 4. 残疾人家庭人均住房使用面积 | 平方米 | 10 | ≥27 | 19.3 | 71.5 | 19.6 | 72.5 |
| （四）婚姻状况 | | 5 | | | | | |
| 5. 适龄残疾人在婚率 | % | 5 | ≥70 | 63.5 | 90.8 | 63.1 | 90.1 |
| 二、发展状况 | | 35 | | | 35.5 | | 38.7 |
| （五）康复状况 | | 8 | | | | | |
| 6. 康复服务覆盖率 | % | 8 | ≥90 | 19.0 | 21.1 | 23.3 | 25.9 |
| （六）教育状况 | | 6 | | | | | |
| 7. 学龄残疾儿童接受义务教育比例 | % | 6 | ≥95 | 63.3 | 66.7 | 63.8 | 67.1 |
| （七）就业状况 | | 6 | | | | | |
| 8. 城镇残疾人登记失业率 | % | 6 | ≤6 | 10.6 | 0.0 | 12.6 | 0.0 |
| （八）社会保障 | | 8 | | | | | |
| 9. 城镇残疾人基本社会保险覆盖率 | % | 4 | ≥95 | 34.8 | 36.7 | 38.8 | 40.8 |
| 10. 农村残疾人合作医疗覆盖率 | % | 4 | ≥95 | 84.4 | 88.8 | 93.5 | 98.4 |

续 表

| 监测指标 | 单位 | 权重 | 全面小康标准值 | 2007年度 实际值 | 2007年度 实现程度（%） | 2008年度 实际值 | 2008年度 实现程度（%） |
|---|---|---|---|---|---|---|---|
| (九) 信息化水平 | | | | | | | |
| 11. 百户残疾人家庭电话拥有量 | 部 | 4 | ≥150 | 75.2 | 50.1 | 80.4 | 53.6 |
| 12. 百户残疾人家庭彩色电视机拥有量 | 台 | 2 | ≥100 | 65.9 | 65.9 | 71.2 | 71.2 |
| 13. 百户残疾人家庭家用电脑拥有量 | 台 | 1 | ≥60 | 3.9 | 6.5 | 4.6 | 7.7 |
| (十) 社会参与 | | 3 | | | | | |
| 14. 社区活动参与率 | % | 3 | ≥90 | 24.8 | 27.6 | 30.2 | 33.6 |
| 三、环境状况 | | 20 | | | 52.4 | | 59.2 |
| (十一) 无障碍环境 | | 7 | | | | | |
| 15. 残疾人对无障碍环境的满意率 | % | 7 | ≥90 | 48.0 | 53.4 | 62.9 | 69.9 |
| (十二) 社区服务 | | 7 | | | | | |
| 16. 社区服务覆盖率 | % | 7 | ≥90 | 14.3 | 15.9 | 17.8 | 19.7 |
| (十三) 法律服务 | | 6 | | | | | |
| 17. 法律服务满意率 | % | 6 | ≥90 | 84.4 | 93.8 | 83.5 | 92.8 |
| 残疾人全面小康实现程度 | % | 100 | | | 46.8 | | 50.5 |

# 2009年度全国残疾人状况及小康进程监测报告

中国残联研究室、北京大学人口研究所、国家统计局统计科学研究所

今后十年是全面建设小康社会的关键时期，我国经济社会快速发展，残疾人状况也处于一个快速变动的阶段。为及时了解掌握残疾人状况的变化，给残疾人事业发展提供及时可靠的依据，2007年国家统计局、民政部、卫生部、中国残联、第二次全国残疾人抽样调查办公室联合下发《关于开展全国残疾人状况监测工作的通知》，正式启动了残疾人状况监测工作。2009年度监测是继2007和2008年度后的第三次全国残疾人状况监测。地方各级残联在人员培训、入户登记、数据采集等方面做了大量工作。这项工作得到中国残疾人福利基金会的支持。

## 一、2009年度全国残疾人状况

2009年的监测是2006年第二次全国残疾人抽样调查、2007和2008年度残疾人状况监测的继续和延伸。为了保证监测数据的统计代表性，2009年度监测的小区数量比2007、2008年度扩大一倍，在第二次全国残疾人抽样调查原有的734个县、市、区内，各增加了一个监测小区，由734个小区扩大到1467个。应监测残疾人38448人，实际监测残疾人34866人，其中：成人33057人，儿童1809人；男性18122人，占52%，女性16744人，占48%，男女性别比为108.2；城镇为12429人，占35.6%，农村为22437人，占64.4%。本次监测起止时间为2008年4月1日至2009年4月1日。

2009年监测的主要内容根据中国残疾人小康指标体系和第二次全国残疾人抽样调查的主要指标确定，包括残疾人生存、发展和环境状况，三个方面十七项指标，涉及残疾人基本生活、康复、教育、就业、社会保障、社区服务、无障碍环境、法律服务等方面的状况及变化情况。

## （一）残疾人家庭基本情况

1. 家庭户规模基本没有变。

2009年度残疾人家庭户平均规模为3.37人。残疾人家庭户规模为2人的所占比例最高，达到26.5%；3人户家庭比例为19.9%，4人户家庭比例为17.5%，5人户及以上家庭所占比例合计为24.9%；1人户残疾人家庭比例为11.1%。

2. 适龄残疾人婚姻状况基本稳定。

监测数据反映2007—2009年度适龄残疾人的在婚率保持在63%左右，离婚率稳定在2%左右，呈现稳定态势（见表1）。

表1 适龄残疾人的婚姻状况构成（单位:%）

|  | 2007年度 | 2008年度 | 2009年度 |
|---|---|---|---|
| 未婚 | 11.9 | 12.5 | 11.4 |
| 初婚有配偶 | 59.3 | 58.9 | 60 |
| 再婚有配偶 | 3.3 | 3.2 | 3.0 |
| 离婚 | 2.1 | 2.1 | 2.2 |
| 丧偶 | 23.4 | 23.2 | 23.3 |

3. 残疾儿童监护人以父母为主。

在2009年度监测的18岁以下残疾儿童中，以父母为监护人的占绝大多数，为85.4%，与2008年度比较，上升了1.2个百分点，父母监护有利于残疾儿童成长。需要特别关注由祖父母或外祖父母（7.3%）、其他亲属或非亲属（2.1%）作为监护人的残疾儿童的成长状况（见表2）。

表2 18岁以下残疾儿童的监护人构成（单位:%）

|  | 2007年度 | 2008年度 | 2009年度 |
|---|---|---|---|
| 父母 | 82.8 | 84.2 | 85.4 |
| 仅父亲或母亲 | 5.5 | 4.9 | 5.2 |
| 仅为祖父母或外祖父母 | 8.2 | 7.8 | 7.3 |
| 其他亲属或其他非亲属 | 3.5 | 3.1 | 2.1 |

4. 住房状况有所改善，住房面积有所增加。

2009年度监测人口中住房状况发生变化的占全部监测人口的4.6%，其中74%为农村残疾人家庭。城镇人均住房面积17.38平方米，农村人均住房面积21.09平方米，分别比上年度增加0.46平方米和0.7平方米。

**5. 残疾人家庭人均收入增加，但增幅下降。**

2007—2009年度监测残疾人家庭收入不断增加，但增幅有所下降。2009年度监测城镇残疾人家庭人均可支配收入8578.1元，比2008年度高90.9元，增长1.1%；农村残疾人家庭人均可支配收入4066.1元，比2008年高262.5元，增长6.9%。无论是城镇还是农村，监测残疾人家庭人均收入和可支配收入都在提高，但2009年度的增长幅度低于2008年度（见表3）。

表3 残疾人家庭人均收入比较

| 项目 | 城镇 | | | 农村 | | |
|---|---|---|---|---|---|---|
| | 2007年度 | 2008年度 | 2009年度 | 2007年度 | 2008年度 | 2009年度 |
| 总收入（元） | 7859.5 | 8970.5 | 9178.1 | 3969.3 | 4836.7 | 5323.8 |
| 可支配收入（元） | 7356.6 | 8487.2 | 8578.1 | 3101.0 | 3803.6 | 4066.1 |
| 可支配收入占总收入比重（%） | 93.6 | 94.6 | 93.5 | 78.1 | 78.6 | 76.4 |

从收入结构看，2009年度残疾人家庭人均总收入的增加，在城镇主要是由于工薪年收入、财产性年收入、出售财物年收入和借贷年收入大幅增加；在农村主要是由于经营年总收入、出售财物收入和借贷年收入有较大幅度的增加（见表4）。

表4 残疾人家庭分项人均收入比较（单位：元）

| 项目 | 城镇 | | | 农村 | | |
|---|---|---|---|---|---|---|
| | 2007年度 | 2008年度 | 2009年度 | 2007年度 | 2008年度 | 2009年度 |
| 工薪年收入 | 2676.0 | 2786.7 | 3086.4 | 1326.7 | 1636.2 | 1689.1 |
| 经营年净收入 | 484.0 | 580.9 | 434.1 | — | — | — |
| 经营年总收入 | — | — | — | 1615.6 | 2023.6 | 2417.8 |
| 财产性年收入 | 198.9 | 179.1 | 339.7 | 185.8 | 166.3 | 121.6 |
| 转移性年收入 | 4255.5 | 5211.0 | 4978.6 | 582.2 | 734.5 | 724.8 |
| 出售财物年收入 | 62.5 | 64.3 | 78.0 | 31.4 | 20.1 | 30.8 |
| 借贷年收入 | 182.6 | 148.5 | 261.2 | 227.6 | 256.0 | 339.8 |

**6. 残疾人家庭总支出城乡显示不同特点。**

2009年度，城镇残疾人家庭人均总支出7007.1元，比上年度下降0.7%；农村残疾人家庭总支出4649.6元，比上年度增长11.9%。

从支出结构看，2009年度城镇残疾人家庭人均分项支出，排在前四项的依次是食品支出（39.6%）、医疗保健支出（17.7%）、居住支出（13.3%）和转移性年支出（6.1%）（见表5）。农村残疾人家庭人均分项支出中，前四项依次为食品支出（36.3%）、居住支出（13.9%）、经营年支出（12.1%）和医疗保健支出（11.9%）（见表6）。

表5 城镇残疾人家庭分项人均支出比较（单位：元）

|  | 2007 年度 | 2008 年度 | 2009 年度 |
|---|---|---|---|
| 总支出 | 6191 | 7056.6 | 7007.1 |
| 食品年支出 | 2400.8 | 2954.6 | 2774.4 |
| 衣着年支出 | 257.4 | 293.1 | 292.4 |
| 设备用品年支出 | 122.7 | 113.6 | 119.8 |
| 医疗保健年支出 | 1127.2 | 1150.0 | 1241.3 |
| 交通和通信年支出 | 327 | 346.3 | 359.9 |
| 教育和文化年支出 | 390 | 374.1 | 352.3 |
| 杂项商品年支出 | 112.4 | 142.8 | 133.3 |
| 社会保障年支出 | 198.5 | 237.2 | 229.2 |
| 借贷还债年支出 | 109.4 | 92.3 | 110.3 |
| 居住年支出 | 746.8 | 882.7 | 932.8 |
| 年交纳所得税 | 59.4 | 33.3 | 31.5 |
| 转移性年支出 | 339.5 | 436.6 | 429.8 |

表6 农村残疾人家庭分项人均支出比较（单位：元）

|  | 2007 年度 | 2008 年度 | 2009 年度 |
|---|---|---|---|
| 总支出 | 3537.1 | 4154.0 | 4649.6 |
| 食品年支出 | 1332.4 | 1660.2 | 1686.4 |
| 衣着年支出 | 141.8 | 154.9 | 171.4 |
| 设备用品年支出 | 40.4 | 47.5 | 54.7 |
| 医疗保健年支出 | 465.1 | 449.1 | 551.1 |
| 交通和通信年支出 | 177.2 | 198.3 | 221.8 |
| 教育和文化年支出 | 176.0 | 158.8 | 182.7 |
| 杂项商品年支出 | 56.6 | 64.6 | 70.7 |
| 社会保障年支出 | 20.1 | 34.9 | 40.5 |
| 借贷还债年支出 | 116.2 | 136.7 | 136.5 |
| 居住年支出 | 402.2 | 492.0 | 645.6 |
| 经营年支出 | 355.1 | 476.4 | 564.0 |
| 生产性固定资产年折旧 | 17.4 | 13.5 | 18.6 |
| 财产性年支出 | 31.7 | 27.9 | 29.3 |
| 转移性年支出 | 188.6 | 224.5 | 254.4 |
| 税费年支出 | 16.6 | 14.7 | 20.9 |

城镇残疾人家庭恩格尔系数由2007年度的43.8%上升到2008年度的

47.7%，农村残疾人家庭恩格尔系数由 2007 年度的 47.2% 上升到 2008 年度的 51.5%。这反映出这一时期我国食品价格较大幅度上升，直接影响低收入人群的基本生活，残疾人的生活水平也有所下降。

城镇残疾人家庭恩格尔系数由 2008 年度的 47.7% 下降到 2009 年度的 44.7%，农村残疾人家庭恩格尔系数由 2008 年度的 51.5% 下降到 2009 年度的 47.1%。城镇和农村残疾人家庭恩格尔系数双双回落，表明 2009 年残疾人生活得到改善（见表 7）。

表 7　残疾人家庭恩格尔系数（单位:%）

|  | 城镇 | 农村 |
| --- | --- | --- |
| 2007 年度 | 43.8 | 47.2 |
| 2008 年度 | 47.7 | 51.5 |
| 2009 年度 | 44.7 | 47.1 |

7. 残疾人家庭电话和家用电器拥有比例普遍上升。

全国残疾人家庭，除了固定电话拥有率下降外，2007—2009 年家用电器和电脑拥有的比例普遍上升，彩电的拥有率已升至 74.3%，排在各类家用电器的首位。虽然固定电话拥有率稍有下降，但是移动电话（手机或小灵通）的拥有率有较大上升，呈明显的互补关系。但是，城乡呈现不同特点。农村残疾人家庭 2007—2009 年度的非固定电话和家用电器拥有率都逐年上升。城镇残疾人家庭的电话和各类家用电器拥有率均高于农村，但 2007—2009 年度各项指标有升有降（见表 8）。

表 8　全国残疾人家庭家用电器拥有率（单位:%）

|  | 2007 年度 | 2008 年度 | 2009 年度 |
| --- | --- | --- | --- |
| 固定电话 | 44.9 | 44.2 | 42.3 |
| 手机或小灵通 | 30.3 | 36.2 | 43.7 |
| 电脑 | 3.9 | 4.6 | 6.0 |
| 彩电 | 65.9 | 71.2 | 74.3 |
| 电冰箱 | 23.5 | 25.5 | 27.8 |
| 洗衣机 | 30.2 | 33.6 | 36.4 |

8. 家庭月人均用电量呈上升趋势。

月人均生活用电量大小，反映的是家庭电器化和生活质量的高低。2007—2009 年度监测残疾人家庭月人均用电量逐步上升，2007 年度为 12.7 度，2008 年为 14.5 度，2009 年为 15.9 度。

### (二) 残疾人保障与服务基本情况

1. 残疾人当年接受过康复服务的比例变动不大。

2009年度，当年接受过康复服务的残疾人占有被监测残疾人总数的23%，与2008年度基本持平。分城乡来看则有升有降，城镇残疾人当年接受过康复服务的比例由2008年度的36.6%下降到29.8%，农村残疾人当年接受过康复服务的比例由2008年度的19.2%上升到19.3%。我国每年新增加的残疾人绝对数量大，同时随着我国残疾人康复服务工作的有效宣传与开展，越来越多的残疾人认识到康复服务的重要性，产生了新的康复服务需求，对康复服务质量的要求也不断提高，而目前国家和社会为有康复需求的残疾人提供康复服务能力的增长仍低于残疾人康复服务需求的增长，这是分析2009年度残疾人接受康复服务比例应该考虑到的（见表9）。

表9　残疾人接受过各项康复服务的比例（单位:%）

|  | 2007年度 | | 2008年度 | | 2009年度 | |
| --- | --- | --- | --- | --- | --- | --- |
|  | 城镇 | 农村 | 城镇 | 农村 | 城镇 | 农村 |
| 治疗与康复训练 | 13.8 | 8.4 | 15.5 | 9.0 | 13.0 | 9.5 |
| 辅助器具配备 | 7.6 | 3.0 | 9.1 | 4.4 | 8.4 | 3.9 |
| 心理疏导 | 6.1 | 3.6 | 10.0 | 4.6 | 6.4 | 4.5 |
| 康复知识普及 | 10.5 | 3.6 | 14.8 | 4.9 | 11.9 | 4.7 |
| 日间照料与托养 | 6.2 | 4.6 | 9.5 | 4.8 | 7.8 | 6.1 |
| 残疾儿童家长培训 | 10.5 | 8.3 | 9.5 | 7.1 | 12.3 | 6.0 |

2. 残疾人受教育比例上升，但受教育程度较低。

随着义务教育阶段的"两免一补"等教育救助政策全面施行，2009年度残疾儿童少年接受义务教育比例比上年度上升了5.7个百分点，其中城镇上升9.2个百分点，达到73.7%，农村上升4.8个百分点，达到69.5%（见表10）。

表10　6—14岁残疾儿童少年义务教育在学率（单位:%）

|  | 城镇 | 农村 | 全国 |
| --- | --- | --- | --- |
| 2007年度 | 65.6 | 63.0 | 63.3 |
| 2008年度 | 64.5 | 63.7 | 63.8 |
| 2009年度 | 73.7 | 68.5 | 69.5 |

2007—2009年度18岁及以上残疾人总体受教育程度不高，从未上过学和只上过小学的比例高达75%以上，其余各类受教育程度的比例略有变动，其中上初中和高中的比例略有增加。全国从未上过学的残疾人比例

略有减少，我们注意到，从未上过学的残疾人中，城镇有81.9%、农村有61.9%是60岁及以上的老年残疾人。（见表11）。

表11 全国18岁及以上残疾人的受教育程度构成（单位:%）

|  | 2007年度 | 2008年度 | 2009年度 |
| --- | --- | --- | --- |
| 从未上过学 | 42.4 | 42.1 | 41.8 |
| 小学 | 35.1 | 35.0 | 34.8 |
| 初中 | 15.8 | 15.9 | 16.5 |
| 高中 | 3.9 | 4.0 | 4.1 |
| 中专教育 | 1.5 | 1.5 | 1.5 |
| 大学专科 | 0.8 | 1.0 | 0.9 |
| 大学本科及以上 | 0.5 | 0.5 | 0.5 |

3. 残疾人就业比例基本未变，城镇登记失业率略升。

2007—2009年度残疾人就业比例略有上升。2009年度，劳动年龄段且生活能够自理的城镇残疾人就业比例为34.3%，农村为52.9%，相比2008年度都略有上升。2007—2009年度城镇残疾人登记失业率上升，2009年度的登记失业率为13.6%，比上年度的12.6%上升了1个百分点。

2009年度生活能够自理的18—59岁的男性和18—54岁的女性残疾人中，未就业原因的前三位，城镇依次为丧失劳动能力（28.8%）、其他原因（17.8%）、离退休（17%）；农村依次为丧失劳动能力（37.3%）、料理家务（32.8%）、其他原因（23.5%）（见表12）。

表12 残疾人未工作原因构成（单位:%）

|  | 城镇 | | | 农村 | | |
| --- | --- | --- | --- | --- | --- | --- |
|  | 2007年度 | 2008年度 | 2009年度 | 2007年度 | 2008年度 | 2009年度 |
| 在校学生 | 0.8 | 1.3 | 1.0 | 1.0 | 1.3 | 1.5 |
| 离退休 | 21.2 | 23.1 | 17.1 | 0.6 | 0.8 | 0.3 |
| 料理家务 | 12.1 | 15.8 | 13.5 | 34.6 | 32.9 | 32.8 |
| 丧失劳动能力 | 20.9 | 19.8 | 28.8 | 40.8 | 38.1 | 37.3 |
| 毕业后未工作 | 3.2 | 2.6 | 2.7 | 1.0 | 0.9 | 1.2 |
| 因单位原因 | 18.6 | 15.6 | 11.2 | 0.8 | 0.6 | 0.4 |
| 因个人原因 | 9.2 | 7.2 | 7.3 | 3.7 | 3.3 | 2.7 |
| 承包土地征用 | 1.5 | 0.3 | 0.7 | 1.3 | 0.9 | 0.3 |
| 其他 | 12.6 | 14.3 | 17.8 | 16.1 | 21.2 | 23.5 |

注：城镇"承包土地被征用"是指居住在城乡接合部或镇的农业人口，他们承包的土地被征用。

2009年度未就业者生活主要来源，城市依次为靠家庭其他成员供养（40.5%）、领取基本生活费（31.4%）、退休金（17.3%）、其他（8.9%）；农村依次为靠家庭其他成员供养（76.9%）、其他（11.5%）、领取基本生活费（10.1%）。农村中3/4未就业残疾人依靠家庭供养，生活来源较为单一，城镇的未就业残疾人的生活来源相对多样化（见表13）。

表13 18岁及以上未工作残疾人生活来源构成（单位:%）

|  | 城镇 | | | 农村 | | |
| --- | --- | --- | --- | --- | --- | --- |
|  | 2007年度 | 2008年度 | 2009年度 | 2007年度 | 2008年度 | 2009年度 |
| 离退休金 | 21.5 | 23.7 | 17.4 | 0.7 | 0.9 | 0.3 |
| 领取基本生活费 | 36.2 | 31 | 31.4 | 9.3 | 11.1 | 10.1 |
| 家庭其他成员供养 | 35.3 | 39.6 | 40.5 | 76.3 | 73.9 | 76.9 |
| 财产性收入 | 0.6 | 0.8 | 1.6 | 3.2 | 2.0 | 1.1 |
| 保险性收入 | 0.3 | 0.0 | 0.2 | 0.0 | 0.1 | 0.0 |
| 其他 | 6.1 | 4.9 | 8.9 | 10.5 | 11.9 | 11.5 |

4. 残疾人的社会保障状况有较明显的改善。

（1）城镇残疾人参加社会保险比例提高。

2007—2009年度城镇残疾人参加社会保险比例提高。2009年度城镇残疾人至少参加了一种社会保险的比例比2007年度增加22.2个百分点。城镇残疾人参加的社会保险中增幅最大的是参加基本医疗保险的比例，2009年度比2007年度增加了26.1个百分点。其次是基本养老保险的参加比例增幅较大，其他保险的参保比例较小，变化也不大，其中失业保险的参保比例略有下降。2009年度城镇残疾职工参加社会保险的比例大大高于城镇残疾居民和残疾人个体工商户，残疾人个体工商户参加社会保险的比例只有3%。2009年度还有35.7%的城镇残疾人没有参加任何一种社会保险，这应予以关注（见表14）。

表14　16岁及以上残疾人参加社会保险情况（单位:%）

| | 2007年度 | | 2008年度 | | | 2009年度 | | | |
|---|---|---|---|---|---|---|---|---|---|
| | 城镇 | 农村 | 城镇合计 | 城镇职工 | 城镇居民 | 城镇合计 | 城镇职工 | 城镇居民 | 个体工商户 |
| 至少参加一种社会保险 | 42.1 | 10.8 | 62.6 | 70.9 | 46.4 | 64.3 | 92.6 | 63.7 | 3 |
| 参加基本养老保险 | 33.3 | 2.3 | 41.6 | 64.9 | 12.4 | 42.1 | 83.8 | 13.3 | 1.5 |
| 参加基本医疗保险 | 36.0 | 9.5 | 58.6 | 70.6 | 43.6 | 62.1 | 89.6 | 61.4 | 2.5 |
| 参加补充医疗保险 | - | - | - | - | - | 0 | - | - | 0.1 |
| 参加失业保险 | 3.3 | 0.1 | 4.4 | 7.9 | - | 3.9 | 8.9 | - | - |
| 参加工伤保险 | 1.6 | 0.3 | 2.2 | 3.9 | - | 2.7 | 6.1 | - | - |
| 参加生育保险 | 0.7 | 0.1 | 1.6 | 2.9 | - | 1.6 | 3.5 | - | - |

（2）农村残疾人参加新型农村合作医疗比例上升。

农村残疾人中参加了新型农村合作医疗比例持续上升，由2007年度的84.4%上升到2008年度的93.5%，再到2009年度的94.4%，绝大多数农村的残疾人参加了农村新型合作医疗。2009年度，参加农村新型合作医疗的残疾人中，87.6%的残疾人在一年内看过病，人均看病花费1570.1元。看过病的残疾人中41.7%的人通过新型农村合作医疗进行了报销，人均报销743.8元。

（3）农村残疾人参加新型农村养老保险比例低，但事出有因。

2009年度监测的农村残疾人中，参加了新型农村养老保险的比例是4%，未参加的占96%。大多数农村的残疾人没有参保，主要由于新型农村养老保险只是在个别地区试点，随着新农保试点工作在全国10%的地区推开，参保比例会有相应提高。

（4）残疾人领取最低生活保障金比例有所增长。

2007—2009年度城乡领取最低生活保障金的残疾人比例持续增长，2009年度，城乡残疾人领取最低生活保障金的比例升至22%以上。2009年城乡生活困难的残疾人得到救济的比例分别为26.6%和27.2%，比上年度略有下降（见表15）。

表15 残疾人领取最低生活保障金和得到救济的比例（单位:%）

|  |  | 2007年度 | 2008年度 | 2009年度 |
|---|---|---|---|---|
| 领取最低生活保障金比例 | 城镇 | 19.7 | 21.3 | 22.6 |
|  | 农村 | 12.5 | 19.6 | 23.6 |
| 得到救济的比例 | 城镇 | 22.2 | 26.7 | 26.6 |
|  | 农村 | 26.6 | 28.8 | 27.2 |

（5）残疾人救助需求比例仍然很高，医疗救助需求比例仍居首位。

2007—2009年度残疾人对生活、教育、医疗和康复四类救助的需求比例的排序，在城镇与农村是一致的。残疾人对医疗救助需求的比例最大，其次是对生活救助的需求，再次是对康复救助的需求，最后是对教育救助的需求。四类救助的需求比例，农村都高于城镇。2009年度与2008年度相比，残疾人对康复救助需求略有下降，城镇残疾人对生活救助和医疗救助的需求都有所增加，农村残疾人对生活救助和教育救助的需求有所增加（见表16）。

表16 残疾人救助需求情况（单位:%）

|  | 2007年度 | | 2008年度 | | 2009年度 | |
|---|---|---|---|---|---|---|
|  | 城镇 | 农村 | 城镇 | 农村 | 城镇 | 农村 |
| 生活救助 | 41.4 | 60.2 | 40.6 | 61.8 | 49.5 | 65 |
| 教育救助 | 10.4 | 14.7 | 10.3 | 12.7 | 7.6 | 13.9 |
| 医疗救助 | 57.8 | 69.1 | 54.3 | 66.8 | 56.3 | 66.2 |
| 康复救助 | 30.1 | 37.9 | 27.9 | 35.6 | 26.5 | 32 |

5. 残疾人生活的社会环境改善，社会参与增加。

（1）残疾人接受社区服务比例上升，满意度提高。

2009年残疾人接受社区服务的比例与2008年度相比变化不大（2009年为17.8%，2008年为17%），2007—2009年度残疾人对社区服务的总体满意度略有上升（2009年度为88.4%，2008年度为86.7%，2007年度为84.8%），评价一般的比例下降，评价不满意的比例基本保持不变（见表17）。

表 17　残疾人对社区服务的满意度评价（单位:%）

|  | 2007 年度 | | | 2008 年度 | | | 2009 年度 | | |
|---|---|---|---|---|---|---|---|---|---|
|  | 全国 | 城镇 | 农村 | 全国 | 城镇 | 农村 | 全国 | 城镇 | 农村 |
| 满意 | 84.8 | 86.7 | 83.4 | 86.7 | 86.5 | 86.9 | 88.4 | 88.5 | 88.3 |
| 一般 | 15.1 | 13.2 | 16.5 | 13.1 | 13.5 | 12.8 | 11.4 | 11.5 | 11.4 |
| 不满意 | 0.1 | 0.1 | 0.1 | 0.2 | 0.0 | 0.3 | 0.2 | 0.17 | 0.23 |

（2）残疾人参与社区活动比例喜忧参半。

2007—2009 年度残疾人经常参加社区文化、体育活动的比例略有上升，但仅为 5% 左右，城镇略高于农村；偶尔参加社区文化、体育活动的比例总体变化不大，为 24% 左右。应当关注的是，还有七成的残疾人未参加社区活动（见表 18）。

表 18　残疾人参加社区文化、体育活动情况（单位:%）

|  | 2007 年度 | | | 2008 年度 | | | 2009 年度 | | |
|---|---|---|---|---|---|---|---|---|---|
|  | 全国 | 城镇 | 农村 | 全国 | 城镇 | 农村 | 全国 | 城镇 | 农村 |
| 经常参加 | 4.7 | 7.7 | 3.8 | 5.7 | 8.4 | 4.8 | 5.4 | 6.3 | 4.9 |
| 偶尔参加 | 20.1 | 21.1 | 19.8 | 24.5 | 24.7 | 24.5 | 24.5 | 23.7 | 25.0 |
| 不参加 | 75.2 | 71.2 | 76.4 | 69.8 | 66.9 | 70.7 | 70.1 | 70.0 | 70.1 |

（3）对残疾人家庭的走访慰问比例略有下降。

2007—2009 年度政府、社团到农村残疾人家庭走访慰问频次增加，走访慰问活动受到残疾人及其家庭的欢迎。2009 年度与 2008 年度相比，走访慰问比例略有下降。2009 年度绝大部分接受过走访慰问的残疾人感到非常满意和满意，比例为 91.26%，城镇满意比例为 91.86%，农村为 90.99%（见表 19）。

表 19　残疾人接受过政府、社会团体到家的走访慰问的情况（单位:%）

|  | 2007 年度 | | 2008 年度 | | 2009 年度 | |
|---|---|---|---|---|---|---|
|  | 城镇 | 农村 | 城镇 | 农村 | 城镇 | 农村 |
| 有慰问 | 45.8 | 36.5 | 50.0 | 41.4 | 43.5 | 37.6 |
| 无慰问 | 54.2 | 63.5 | 50.0 | 58.6 | 56.4 | 62.4 |
| 慰问次数 | 1.9 | 1.6 | 2.0 | 1.6 | 1.8 | 1.7 |

（4）城镇残疾人对无障碍设施的满意度提高。

2007—2009 年度城镇残疾人对本城镇的无障碍设施和服务表示非常满意或满意的比例上升，表示不满意的比例下降。残疾人对无障碍设施的满意度提高,体现了北京奥运会和残奥会对社会无障碍意识及无障碍建设方面的促进作用(见表20)。

表20 城镇残疾人对无障碍设施和服务的满意度(单位:%)

|  | 非常满意和满意 | 一般 | 不满意 |
|---|---|---|---|
| 2007年度 | 48.0 | 48.5 | 3.5 |
| 2008年度 | 62.9 | 34.5 | 2.6 |
| 2009年度 | 66.8 | 31.5 | 1.5 |

(5)残疾人对法律服务满意度提高,法律援助或司法救助服务仍需加强。

2007—2009年度在接受监测的残疾人家庭中,有法律服务需求的比例趋降,实际接受法律服务的残疾人家庭比例趋升,2009年度相比2007年度上升了2.1个百分点。在接受过法律服务的残疾人家庭中,感到非常满意或满意的家庭比例持续上升,表明服务面扩大,服务质量有所提高(见表21)。

表21 残疾人家庭接受法律服务情况(单位:%)

| | | 2007年度 | 2008年度 | 2009年度 |
|---|---|---|---|---|
| 有法律服务需求 | | 21.3 | 14.3 | 11.8 |
| 其中:接受过法律服务 | | 4.8 | 6.8 | 6.9 |
| 对提供的法律服务的满意度 | 满意 | 84.4 | 85.8 | 86.6 |
| | 一般 | 14.7 | 12.3 | 10.9 |
| | 不满意 | 0.9 | 2.0 | 2.5 |

2007—2009年度有法律援助或司法救助需求的残疾人绝对数量增长迅速。2008年度有此需求的残疾人数量是2007年度的4.4倍,2009年度是2007年度的6.6倍,这反映出残疾人权利意识和维权意识的提高。同时,接受到过法律援助或司法救助残疾人数量有所下降。说明残疾人的法律援助或司法救助需求在快速增加,而提供给残疾人的法律援助或司法救助的服务亟待加强。在接受过法律援助或司法救助的残疾人家庭中,满意度略有下降(见表22)。

表22 法律援助或司法救助情况

|  |  | 2007年度 | 2008年度 | 2009年度 |
|---|---|---|---|---|
| 对法律援助或司法救助有需求的人数（人） | | 224 | 978 | 1481 |
| 接受法律援助或司法救助人数（人） | | 71 | 57 | 47 |
| 对法律援助或司法救助的满意度（%） | 满意 | 84.5 | 81.3 | 81.6 |
|  | 一般 | 15.5 | 18.7 | 15.4 |
|  | 不满意 | 0.0 | 0.0 | 2.9 |

## 二、2009年度全国残疾人小康进程监测报告

残疾人事业是全面建设小康社会的重要组成部分，残疾人是全面建设小康社会的参与者和受益者，也是实现全面建设小康社会难度最大的一个群体。由于国家全面建设小康社会监测指标体系难以将残疾人这一特殊困难群体的有关目标直接纳入其中，因此，有必要在国家全面建设小康社会监测指标体系基础上，充分考虑残疾人的特殊需求和保障，建立一套残疾人小康进程监测指标体系，以监测残疾人小康实现程度。中国残疾人联合会借助第二次全国残疾人抽样调查形成的工作基础，邀请各方面专家组成课题组，在国家统计局制定的《中国全面建设小康社会统计监测指标体系》基础上，经过长时间的研究论证和实地监测检验，建立了一套《中国残疾人小康进程监测指标体系》（见表23），该指标体系包含残疾人生存状况、发展状况和环境状况三个方面的17项指标。

为动态掌握残疾人小康实现情况，及时发现残疾人事业发展过程中的新情况、新问题，中国残疾人联合会自2007年开始根据《中国残疾人小康进程监测指标体系》的设计安排，利用一年一度的全国残疾人状况监测数据对全国残疾人小康实现程度进行监测。2009年度监测结果显示，残疾人实现小康目标进程又向前迈进一步，但与全国小康进程相比，仍不容乐观。

### （一）2009年度残疾人小康进程继续向前推进

监测显示，2009年度残疾人小康实现程度达53.5%，比上年度提高3个百分点（见表23）。在监测的17个指标中，有12个指标的实现程度有所提高，其中提高最快的是城镇残疾人基本社会保险覆盖率，其他提高较快的有残疾人家庭恩格尔系数、学龄残疾儿童接受义务教育比例、残疾人

家庭人均可支配收入、残疾人对无障碍环境的满意率、百户残疾人家庭电话拥有量、残疾人家庭人均生活用电量、百户残疾人家庭彩色电视机拥有量、百户残疾人家庭家用电脑拥有量等。这些指标的提高说明残疾人生活得到改善，反映出一系列改善民生政策措施的成效。

1. 残疾人生存状况逐渐得到改善，其实现程度为56.9%，比上年度提高3.4个百分点。

残疾人生存状况是整个监测指标体系中最重要的部分，直接反映着残疾人的生活状况，是残疾人实现全面小康的前提，它包括残疾人的收入、消费、住房和婚姻状况等。2009年度残疾人生存状况实现程度由上年度的53.5%增加到56.9%，提高3.4个百分点，在生存状况、发展状况、环境状况三个方面中实现程度提高幅度最大。

从各监测指标来看：

（1）残疾人家庭人均可支配收入实现程度继续提高。残疾人家庭人均可支配收入是反映残疾人家庭生活水平和生活质量改善的基础和核心指标。2009年度残疾人家庭人均可支配收入实现程度为37.8%，比上年度提高4.7个百分点，增幅比上年度回落0.7个百分点。从绝对量上看，2009年度，城镇残疾人家庭人均可支配收入为8578元，比2008年度增长1.1%，农村残疾人家庭人均可支配收入为4066元，比上年度增长6.9%，幅度高于城镇残疾人家庭。

（2）残疾人家庭恩格尔系数有较大下降。恩格尔系数是衡量居民生活质量最重要指标之一，一般说来，随着居民生活水平的提高，恩格尔系数呈下降的趋势。2009年度城镇残疾人家庭恩格尔系数为44.7%，比2008年度下降3个百分点；农村残疾人家庭恩格尔系数为47.1%，比2008年度下降了4.5个百分点。联合国粮农组织提出，恩格尔系数在59%以上为贫困，50%—59%为温饱，40%—50%为小康（总体小康），30%—40%为富裕（全面小康），低于30%为最富裕（现代化）。根据这一标准，我国农村残疾人家庭生活已从温饱进入总体小康，城镇残疾人家庭生活在总体小康水平上向前又迈出了一大步。

（3）残疾人家庭电器化水平不高。居民用电量是反映居民家庭电器化普及程度的一个非常重要的指标，也是反映人民生活质量的重要指标。

2009年度，残疾人家庭人均生活用电量为190.8千瓦时，其小康目标实现程度只有38.2%，显示残疾人家庭消费水平，特别是家庭电器化水平不高，离全面建设小康社会目标差距很大。

（4）残疾人住房条件有所改善。居住水平是衡量居民生活水平高低的重要指标。"小康不小康，关键看住房"，正是说明了人们对改善住房条件的重视程度。2009年度，残疾人家庭人均住房面积实现程度为73.2%，比上年提高0.8个百分点。从绝对量上看，2009年度，城镇残疾人家庭人均住房面积为17.4平方米，比2008年度的17.0平方米增加了0.4平方米；农村残疾人家庭人均住房面积为21.1平方米，比2008年度的20.4平方米增加了0.7平方米。说明政府出台的农村危房改造、城镇廉租房等保障性住房政策初见成效。

（5）残疾人婚姻状况需要关注。婚姻状况对于残疾人而言，不仅直接反映情感生活的丰富程度，也体现获得家庭生活保障和服务保障的水平。研究表明，稳定的家庭和社会支持有助于提高残疾人的主观幸福感。2009年度，适龄残疾人在婚率（男22岁以上，女20岁以上）为63%，低于全社会83.4%的水平。

2. 残疾人社会发展水平仍然较低，其实现程度为41.7%，比上年度提高3.0个百分点。

残疾人发展状况是整个指标体系中最能体现残疾人特殊性的部分，涵盖了残疾人工作的主要方面，它包括残疾人的康复、教育、就业、社会保障以及社会参与等方面的事业发展情况，与残疾人切身利益密切相关，反映了残疾人最迫切的需求。2009年度，残疾人发展状况实现程度为41.7%，比上年度提高3.0个百分点，但在生存状况、发展状况、环境状况三个方面中，其实现程度是最小的，显示出残疾人的社会发展相对滞后。

（1）残疾人康复服务覆盖率亟待提高。2009年度，在被调查的残疾人中当年接受过康复服务的占23%。同时还应该看到，目前为残疾人提供的康复服务总体上水平和层次还有待提高。

（2）残疾儿童接受义务教育应该继续得到重视。2009年度，学龄儿童接受义务教育的在学比例为69.5%，与2008年度上升了5.7个百分点。

其中，城镇残疾儿童在学接受义务教育比例为73.7%，农村残疾儿童在学接受义务教育比例为68.5%，但仍有30.5%的学龄残疾儿童没有接受义务教育。

（3）残疾人就业形势依然严峻。就业是残疾人改善生活状况，实现自强自立的根本途径。失业率是从另一个方面来反映就业情况。2009年度城镇残疾人登记失业率为13.6%，比2008年度的12.6%又上升了1个百分点。由于许多地方还没有开展残疾人失业登记服务，实际上残疾人失业率远不止如此，这不仅影响残疾人的生活状况，也限制了残疾人参与社会的机会。

（4）残疾人社会保险向前推进。新型农村合作医疗是现阶段我国农村医疗保障的主要途径，与农村低保、农村养老保险一起构成了农民的三大社会保障支柱。农村残疾人参加新型农村合作医疗的覆盖面，在一定程度上反映他们的医疗保障水平。2009年度农村残疾人参加新型农村合作医疗比例达94.4%，接近监测指标体系中规定的95%的目标。在政府和社会的帮助下，残疾人成为新型农村合作医疗最大受益者之一。2009年度，16岁及以上城镇残疾人参加基本社会保险（包括基本养老保险和基本医疗保险）的覆盖率为52.1%，比上年度上升13.3个百分点，是所有指标中升幅最大的，向目标95%跨出了一大步。

（5）残疾人信息化水平逐步提高。电话、电视机、电脑是信息时代最具有代表性的技术产品，同时也是文化交流和信息传播的重要载体。通过电话、电视机、电脑网络，残疾人足不出户就可以了解最新的信息，与他人交流，参与社会生活。2009年度，每百户残疾人家庭拥有电话为86部，比上年度增加5.6部；彩电74.3台，比上年度增加3.1台；家用电脑6台，比上年度增加1.4台。

（6）残疾人社区活动参与率依然较低。社区是残疾人走出家庭、融入社会的主要场所。社区活动参与率直接反映出残疾人社会参与的广度。2009年度社区活动参与率不足三成，很大一部分残疾人还没有真正走出家门，融入社会。

3. 残疾人参与社会生活的环境状况有待进一步改善。

残疾人环境状况是残疾人实现全面小康重要的外部条件，主要包括残疾人事业的法制环境、残疾人参与社会的无障碍环境等，是残疾人生存、发展的环境保障。2009年度，残疾人环境状况实现程度为61.5%，比上年度提高1.5个百分点，是生存状况、发展状况、环境状况三个方面中实现程度增幅最小的一个。随着残疾人生存和发展状况的改善，广大残疾人将会对环境服务的要求会越来越高。从各监测指标来看：

（1）城镇残疾人对无障碍设施的满意度提高。无障碍是残疾人平等参与社会的重要条件，残疾人是无障碍环境的主要使用者和受益者，残疾人对无障碍环境的满意率可以反映出城镇无障碍环境的水平，也反映出残疾人对无障碍设施建设的认可程度。2009年度城镇残疾人对无障碍设施的满意度为66.8%，比上年提高3.9个百分点，体现出残奥会影响和无障碍建设的成效。另外，有79.5%的城镇残疾人所生活的城镇中至少有一种无障碍设施，说明无障碍设施建设取得了很大成效。

（2）残疾人接受社区服务比例为17.0%，但满意度有所提高。除了家庭以外，社区是残疾人服务的主要提供者。社区服务覆盖率直接反映残疾人社会服务水平和残疾人工作社会化水平，也反映和谐社区建设的水平。2009年度，残疾人社区服务覆盖率为17.0%，比上年度下降了0.8个百分点，其中：城镇为23.6%，农村为13.4%，分别比上年度下降了6.9和0.4个百分点，仍有83.0%的残疾人没有接受过社区服务。但监测也显示，在接受过服务的残疾人中，对社区服务满意度为88.4%，比上年度上升1.7个百分点。

（3）残疾人法律服务满意度达到86.6%。法律服务满意度反映残疾人及其亲属感知残疾人的权益受到保障的程度，反映残疾人权益保障水平。监测显示，有需求的残疾人及家庭中只有6.9%残疾人家庭接受过法律服务，但满意度达到86.6%，3.2%的残疾人家庭接受到过法律援助或司法救助，满意度为81.6%，16.9%的残疾人参加过法律知识学习或宣传活动。残疾人法律维权宣传和法律救助工作还需进一步的加强。

**（二）残疾人小康进程与全国相比，差距仍然较大**

由于种种因素的影响，残疾人总体生活水平与全社会平均水平差距仍然较大，相当多残疾人的贫困状况没有得到根本改善，残疾人在基本生活保障、康复、教育、就业等方面还面临许多困难，实现残疾人达到小康生活的任务还非常艰巨。据国家统计局小康监测报告显示，2008年我国全面建设小康社会实现程度已达74.6%，比残疾人小康实现程度高出20多个百分点。虽然两套指标体系不完全相同，但也能反映出两者之间存在较大差距。以下为残疾人与全国部分指标数据的比较：

1. 残疾人家庭人均可支配收入仅占全国平均水平的57.9%，差距明显。

2009年度残疾人家庭人均可支配收入为5672元，占全国居民家庭人均可支配收入的57.9%，比2008年度的58.7%还下降了0.8个百分点。其中，城镇残疾人家庭人均可支配收入为8578元，仅占全国城镇居民家庭人均可支配收入的54.4%；农村残疾人家庭人均可支配收入为4066元，占全国农村居民家庭人均可支配收入的85.0%。因此，提高残疾人的经济地位与生活水平，缩小差距的任务仍非常迫切。

2. 残疾人家庭医疗保健支出及占家庭消费支出比例均远高于全国平均水平，出行和通信支出大大低于一般居民家庭。

2009年度，城镇残疾人家庭人均医疗保健支出为1241.3元，是全国城镇居民家庭人均医疗保健支出的1.58倍；农村残疾人家庭人均医疗保健支出为551.1元，是全国农村居民家庭人均医疗保健支出的2.24倍。城镇残疾人家庭人均医疗保健支出占全部消费支出的比重为20.0%，比全国城镇居民家庭人均医疗保健支出比重7.0%高出13.0个百分点；农村残疾人家庭人均医疗保健支出占全部消费支出的比重为15.4%，比全国农村居民家庭人均医疗保健支出比重6.7%高出8.7个百分点。

2009年度，城镇残疾人家庭人均交通和通信支出为359.9元，占全国城镇居民家庭人均交通和通信支出的25.4%；农村残疾人家庭人均交通和通信支出为221.8元，占全国农村居民家庭人均交通和通信支出的61.6%。城镇残疾人家庭人均交通和通信支出占全部消费支出的比重为5.8%，比全国城镇居民家庭人均交通和通信支出比重12.6%低6.8个百分点；农村残疾人家庭人均交通和通信支出占全部消费支出的比重为6.2%，比全国农村居民家庭人均交通和通信支出比重9.8%低3.6个百分点。

3. 残疾人家庭恩格尔系数高于全国平均水平，生活质量明显落后。

2009年度，残疾人家庭恩格尔系数为46.2%，比全国居民家庭恩格尔系数41.1%高出5.1个百分点。其中，城镇残疾人家庭恩格尔系数为44.7%，高出全国城镇居民家庭恩格尔系数6.8个百分点；农村残疾人家庭恩格尔系数为47.1%，高出全国农村居民家庭恩格尔系数3.5个百分点。显然，残疾人家庭生活质量明显落后于全国水平。

4. 残疾人家庭人均住房使用面积明显低于全国水平。

2009年度，残疾人家庭人均住房使用面积为19.8平方米，比全国居民家庭人均住房使用面积低6.1平方米，差距明显。其中，城镇残疾人家庭人均住房使用面积为17.4平方米，比全国城镇居民家庭人均住房使用面积低5.6平方米；农村残疾人家庭人均住房使用面积为21.1平方米，比全国农村居民家庭人均住房使用面积低7.2平方米。

5. 残疾人家庭电器化水平低于社会平均水平。

残疾人家庭人均生活用电量仅占全国居民家庭人均生活用电量的60%，表明残疾人家庭电器化水平低于社会平均水平。

6. 义务教育差距很大。

2009年度，学龄残疾儿童接受义务教育的在学比例为69.5%，还有30.5%的学龄残疾儿童没有接受义务教育，而全国学龄儿童基本上都接受义务教育，差距很大。

7. 城镇残疾人登记失业率远高于全国水平。

2009年度，城镇残疾人登记失业率高达13.6%，是全国城镇登记失业率4.2%的3.2倍，而城镇残疾人实际失业率远不止如此，说明残疾人的就业问题还需要各级政府和全社会更多的关注与支持。

8. 城镇残疾人基本社会保险覆盖率低于全国8.6个百分点。

2009年度，16岁及以上城镇残疾人基本社会保险（包括基本养老保险和基本医疗保险）覆盖率为52.1%，比全国的60.7%（估计）低8.6个百分点。其中，基本养老保险覆盖率为42.1%，比全国的55.6%（估计）低13.5个百分点；基本医疗保险覆盖率为62.1%，比全国的65.8%（估计）低3.7个百分点。

9. 新型农村合作医疗参合率高于全国水平。

2009年度，农村残疾人参加新型农村合作医疗比例达94.4%，高于全国91.5%的水平。残疾人基本上都参加了新型农村合作医疗制度，也是新型农村合作医疗制度最大的受益者。

10. 残疾人家庭信息化程度低于全国水平。

2009年度，每百户残疾人家庭拥有（固定和移动）电话86部，占全国居民家庭平均水平204.7部的42%。其中，每百户城镇残疾人家庭拥有（固定和移动）电话96.4部，占全国城镇居民家庭平均水平254部的38%；每百户农村残疾人家庭拥有（固定和移动）电话80.1部，占全国农村居民家庭平均水平163.1部的49.1%。

2009年度，每百户残疾人家庭拥有彩色电视机74.3台，占全国居民家庭平均水平114.6台的64.8%。其中，每百户城镇残疾人家庭拥有彩色电视机77.7台，占全国城镇居民家庭平均水平132.9台的58.5%；每百户农村残疾人家庭拥有彩色电视机72.4台，占全国农村居民家庭平均水平99.2台的73%。

2009年度，每百户残疾人家庭拥有电脑6台，比全国居民家庭平均水平30台少24台。其中，每百户城镇残疾人家庭拥有电脑13台，比全国城镇居民家庭平均水平59.3台少46.3台；每百户农村残疾人家庭拥有电脑2.1台，比全国农村居民家庭平均水平5.4台少3.3台。

（三）加快推进残疾人小康进程的建议

1. 加强教育、培训和就业服务，促进残疾人就业。

就业是民生之本，是残疾人改善生活状况，实现自强自立的主要途径。目前，残疾人就业形势十分严峻，近3年来，残疾人登记失业率逐年上升，2009年度高达13.6%，远高于全国登记失业率4.2%的水平，而实际失业率远不止如此。为此，政府必须采取措施：

（1）完善残疾人教育体系，落实残疾人教育救助政策，提高残疾人的教育质量和受教育水平。2009年度，学龄儿童接受义务教育的在学比例为69.5%，仍有30.5%的学龄儿童没有接受义务教育。因此，政府必须完善残疾人教育体系，落实残疾人教育救助政策，提高适龄残疾儿童少年义务教育入学率，扩大残疾人高级中等以上教育规模，积极开展残疾人成人教育和远程教育；以市场需要为导向，加强残疾人的职业培训、技能学习，进一步扩大残疾人职业培训规模，提高培训质量，培养更多的合格的社会劳动力，不断提高残疾人的就业竞争能力。

（2）坚持多渠道、多层次、多形式促进残疾人就业。以调整残疾人就业保障金征缴方式为杠杆，通过经济的、法律的手段加大残疾人按比例安排就业力度；完善集中安置残疾人就业机构和福利企业优惠政策，发展残疾人集中就业；扶持残疾人个体从业，开发适合不同类别残疾人的公益性就业岗位，千方百计促进残疾人就业。加大对农村残疾人参加生产劳动的扶持力度，提高他们的劳动收入水平。

2. 加强社会保障工作，保障残疾人的基本生活。

2009年度，全国城镇残疾人参加养老、医疗两大基本社会保险的覆盖率为52.1%，比全国城乡平均水平低8.6个百分点。今后一段时间，政府要进一步完善城乡残疾人参加社会养老、医疗等保险的优惠措施，进一步完善低保分类救助制度，确保重度残疾、老残一体和一户多残的残疾人和农村残疾人得到更好的保障。从重度残疾人做起，抓紧建立面向残疾人的生活补贴、康复补贴、托养补贴等社会福利政策，针对残疾人不同情况，发展托养服务和居家服务，提高社会保障在残疾人群体中的覆盖率和基本保障水平。

3. 加强康复工作，实现人人享有康复服务。

康复是帮助残疾人恢复和补偿功能，增强生活自理和社会适应能力，平等参与社会生活的基础。为实现残疾人"人人享有康复服务"，要进一步完善康复管理和服务体系，切实将残疾人康复纳入医疗卫生改革和基层卫生服务体系，加强康复服务设施建设和人才队伍培养，大力开展社区康复，继续实施重点康复工程，大力开展康复救助。康复工作的重点对象是残疾儿童、精神残疾人、智力残疾人、重度残疾人和农村地区没有能力接受康复服务的残疾人。

4. 广泛开展社区文体活动，丰富残疾人精神生活。

丰富、活跃残疾人群众文化体育生活，发展残疾人特殊艺术和竞技体育，是激励残疾人自强不息的重要形式。2009年度，全国残疾人社区活动参与率仅为29.9%，还有70%的残疾人没有真正走出家门，融入社会。

政府应采取有效措施，广泛开展群众性文化体育活动，将残疾人群众文体活动纳入和谐社区建设，鼓励和吸引残疾人参加形式多样、健康有益的社区文化、艺术、健身、娱乐等活动，大力发展残疾人群众性体育项目。还要采取措施，鼓励、支持各类公共文化体育设施管理机构，普遍对残疾人开放，并提供特别服务和优惠。全民体育健身设施建设要充分考虑残疾人参加体育锻炼的需求。

5. 推进无障碍建设，方便残疾人参与社会生活。

无障碍环境，是残疾人走出家门、参与社会生活的基本条件，也是方便老年人、妇女儿童和其他社会成员的重要措施。政府要在目前较好的工作基础上，继续努力为残疾人等群体创造安全、方便的无障碍环境，促进他们的社会参与。

6. 加强法制建设，依法维护残疾人的合法权益。

依法维护残疾人的合法权益，是残疾人工作的主题，也是全社会的义务。2009年度，有需求的残疾人及家庭中只有6.9%残疾人家庭接受过法律服务、3.2%的残疾人家庭接受到过法律援助或司法救助；16.9%的残疾人参加过法律知识学习或宣传活动。政府要进一步完善残疾人事业政策法规体系，做好残疾人法律维权宣传工作，加强残疾人自我维权的意识，提高政府、司法机关、法律救助机构对残疾人法律救助和维权服务的能力，依法保障残疾人合法权益。

## 表23 2007—2009年度中国残疾人小康进程监测结果

| 监测指标 | 单位 | 权重 | 标准值 | 2007年度 实际值 | 2007年度 实现程度(%) | 2008年度 实际值 | 2008年度 实现程度(%) | 2009年度 实际值 | 2009年度 实现程度(%) |
|---|---|---|---|---|---|---|---|---|---|
| 一、生存状况 | | 45 | | | 51.2 | | 53.5 | | 56.9 |
| (一) 收入状况 | | 20 | | | | | | | |
| 1. 残疾人家庭人均可支配收入 | 元 | 20 | ≥15000 | 4163 | 27.8 | 4972 | 33.1 | 5672 | 37.8 |
| (二) 消费状况 | | 10 | | | | | | | |
| 2. 残疾人家庭恩格尔系数 | % | 5 | ≤40 | 46.7 | 85.6 | 50.4 | 79.3 | 46.2 | 86.6 |
| 3. 残疾人家庭人均生活用电量 | 千瓦小时 | 5 | ≥500 | 151.6 | 30.3 | 172.4 | 34.5 | 190.8 | 38.2 |
| (三) 居住状况 | | 10 | | | | | | | |
| 4. 残疾人家庭人均住房使用面积 | 平方米 | 10 | ≥27 | 19.3 | 71.5 | 19.6 | 72.5 | 19.8 | 73.2 |
| (四) 婚姻状况 | | 5 | | | | | | | |
| 5. 适龄残疾人在婚率 | % | 5 | ≥70 | 63.5 | 90.8 | 63.1 | 90.1 | 63.0 | 89.9 |
| 二、发展状况 | | 35 | | | 35.5 | | 38.7 | | 41.7 |
| (五) 康复服务状况 | | 8 | | | | | | | |
| 6. 康复服务覆盖率 | % | 8 | ≥90 | 19.0 | 21.1 | 23.3 | 25.9 | 23.0 | 25.6 |
| (六) 教育状况 | | 6 | | | | | | | |
| 7. 学龄残疾儿童接受义务教育比例 | % | 6 | ≥95 | 63.3 | 66.7 | 63.8 | 67.1 | 69.5 | 73.2 |
| (七) 就业状况 | | 6 | | | | | | | |
| 8. 城镇残疾人登记失业率 | % | 6 | ≤6 | 10.6 | 0.0 | 12.6 | 0.0 | 13.6 | 0.0 |
| (八) 社会保障 | | 8 | | | | | | | |
| 9. 城镇残疾人基本社会保险覆盖率 | % | 4 | ≥95 | 34.8 | 36.7 | 38.8 | 40.8 | 52.1 | 54.8 |
| 10. 农村残疾人合作医疗覆盖率 | % | 4 | ≥95 | 84.4 | 88.8 | 93.5 | 98.4 | 94.4 | 99.4 |

续 表

| 监测指标 | 单位 | 权重 | 标准值 | 2007 年度 实际值 | 2007 年度 实现程度（%） | 2008 年度 实际值 | 2008 年度 实现程度（%） | 2009 年度 实际值 | 2009 年度 实现程度（%） |
|---|---|---|---|---|---|---|---|---|---|
| （九）信息化水平 | | 4 | | | | | | | |
| 11. 百户残疾人家庭电话拥有量 | 部 | 2 | ≥150 | 75.2 | 50.1 | 80.4 | 53.6 | 86.0 | 57.3 |
| 12. 百户残疾人家庭彩色电视机拥有量 | 台 | 1 | ≥100 | 65.9 | 65.9 | 71.2 | 71.2 | 74.3 | 74.3 |
| 13. 百户残疾人家庭家用电脑拥有量 | 台 | 1 | ≥60 | 3.9 | 6.5 | 4.6 | 7.7 | 6.0 | 10.0 |
| （十）社会参与 | | 3 | | | | | | | |
| 14. 社区活动参与率 | % | 3 | ≥90 | 24.8 | 27.6 | 30.2 | 33.6 | 29.9 | 33.2 |
| 三、环境状况 | | 20 | | | 52.4 | | 60.0 | | 61.5 |
| （十一）无障碍环境 | | 7 | | | | | | | |
| 15. 残疾人对无障碍环境的满意率 | % | 7 | ≥90 | 48.0 | 53.4 | 62.9 | 69.9 | 66.8 | 74.3 |
| （十二）社区服务 | | 7 | | | | | | | |
| 16. 社区服务覆盖率 | % | 7 | ≥90 | 14.3 | 15.9 | 17.8 | 19.7 | 17.0 | 18.9 |
| （十三）法律服务 | | 6 | | | | | | | |
| 17. 法律服务满意率 | % | 6 | ≥90 | 84.4 | 93.8 | 85.8 | 95.3 | 86.6 | 96.2 |
| 残疾人奔小康实现程度 | % | 100 | | | 46.8 | | 50.5 | | 53.5 |

# 2010 年度中国残疾人状况及小康进程监测报告

中国残联研究室、北京大学人口研究所、国家统计局统计科学研究所

我国正处于全面建设小康社会的关键时期，经济社会快速发展，残疾人状况也处于一个快速变动的阶段。为了及时、准确、全面地掌握残疾人状况的变化情况，2007 年国家统计局、民政部、卫生部、中国残联、第二次全国残疾人抽样调查办公室联合下发《关于开展全国残疾人状况监测工作的通知》（残联发〔2007〕13 号），正式启动了年度监测工作。

2010 年的监测是 2006 年第二次全国残疾人抽样调查和 2007、2008、2009 年度残疾人状况监测的拓展和延伸。2010 年度残疾人状况监测在第二次全国残疾人抽样调查的 734 个县级样本中各抽取二个调查小区作为监测样本单位，共计 1467 个小区，应监测残疾人 35785 人，实际监测残疾人 32645 人，其中：成人 31028 人，儿童 1617 人；男性 16974 人，占 52.0%，女性 15671 人，占 48.0%，男女性别比为 108.3；城市为 11323 人，占 34.7%；农村为 21322 人，占 65.3%。

监测主要内容包括残疾人的生存、发展和环境状况，涉及残疾人生活、康复、教育、就业、社会保障、社区服务、无障碍环境、法律服务等方面的状况及变化情况。

2010 年度监测起止时间为 2009 年 4 月 1 日至 2010 年 4 月 1 日。

监测结果表明，2010 年度残疾人生活状况得到较大改善，特别是收入水平、社会保障、社区服务和康复服务覆盖率明显提高，残疾人小康实现程度达到 57.4%，是近年来增幅最大的一年。这充分体现出各地全面贯彻落实《中共中央国务院关于促进残疾人事业发展的意见》（中发〔2008〕7 号）和国务院办公厅转发的《关于加快推进残疾人社会保障体系和服务体系建设的指导意见》（国办发〔2009〕19 号）的新成效，反映出各地加快发展残疾人事业的新变化。

本年度监测工作得到中国残疾人福利基金会的支持。

## 一、2010年度中国残疾人状况监测

### (一) 残疾人家庭基本情况

1. 家庭户规模基本没有变化。

2010年度残疾人家庭户平均规模为3.33人，与上年度的3.37人相比变化不大。其中，残疾人家庭户规模为2人的所占比例最高，达到27.1%，3人户家庭比例为19.8%，4人户家庭比例为17.1%，5人户及以上家庭所占比例合计为24.4%，1人户残疾人家庭比例为11.6%。

2. 适龄残疾人婚姻状况基本稳定。

监测结果表明适龄残疾人的在婚率为62.5%，离婚率为2.3%，婚姻状况呈现稳定态势（见表1）。

表1 适龄残疾人的婚姻状况（单位:%）

|  | 2007年度 | 2008年度 | 2009年度 | 2010年度 |
| --- | --- | --- | --- | --- |
| 未婚 | 11.9 | 12.5 | 11.4 | 11.9 |
| 初婚有配偶 | 59.3 | 58.9 | 60.0 | 59.6 |
| 再婚有配偶 | 3.3 | 3.2 | 3.0 | 2.9 |
| 离婚 | 2.1 | 2.1 | 2.2 | 2.3 |
| 丧偶 | 23.4 | 23.2 | 23.3 | 23.3 |

3. 残疾儿童监护人仍以父母为主。

在2010年度监测的18岁以下残疾儿童中，父母为监护人的占绝大多数，为86.0%，与上年度相比，上升了0.6个百分点。父母监护更有利于残疾儿童成长，因此，需要特别关注由祖父母或外祖父母、其他亲属或非亲属作为监护人的残疾儿童的成长状况（见表2）。

表2 17岁及以下残疾儿童的监护人构成（单位:%）

|  | 2007年度 | 2008年度 | 2009年度 | 2010年度 |
| --- | --- | --- | --- | --- |
| 父母 | 82.8 | 84.2 | 85.4 | 86.0 |
| 父亲或母亲 | 5.5 | 4.9 | 5.2 | 5.4 |
| 祖父母或外祖父母 | 8.2 | 7.8 | 7.3 | 6.7 |
| 其他亲属或其他非亲属 | 3.5 | 3.1 | 2.1 | 1.9 |

4. 住房面积增加，住房状况有所改善。

2010年度监测人口中住房状况发生改变的占全部监测人口的3.9%。其中，有4.8%的农村残疾人口住房状况发生改变，2.3%的城镇残疾人

口住房状况发生改变。城镇人均住房面积17.7平方米，农村人均住房面积21.6平方米，分别比上年度增加0.3平方米和0.5平方米。

5. 残疾人家庭人均收入明显提高。

2010年度监测城镇残疾人家庭人均可支配收入9365.8元，比上年度增加787.7元，增长9.2%；农村残疾人家庭人均可支配收入4739.2元，比上年度增加673.1元，增长16.6%。扣除物价影响，2010年度城乡残疾人家庭人均可支配收入是2007年以来增长幅度最大的一年。

从残疾人家庭人均收入的结构看，与上年度相比，2010年度城镇收入增幅最大的是出售财物年收入，接下来是转移性年收入、工薪年收入；农村收入的增加主要是由于转移性年收入、工薪年收入以及经营年总收入的提高（见表3）。

表3 残疾人家庭分项人均收入比较（单位：元）

| 项目 | 城镇 | | | | 农村 | | | |
|---|---|---|---|---|---|---|---|---|
| | 2007年度 | 2008年度 | 2009年度 | 2010年度 | 2007年度 | 2008年度 | 2009年度 | 2010年度 |
| 可支配收入 | 7356.6 | 8487.2 | 8578.1 | 9365.8 | 3101.0 | 3803.6 | 4066.1 | 4739.2 |
| 工薪年收入 | 2676.0 | 2786.7 | 3086.4 | 3238.8 | 1326.7 | 1636.2 | 1689.1 | 2037.2 |
| 经营年净收入 | 484.0 | 580.9 | 434.1 | 380.3 | — | — | — | — |
| 经营年总收入 | — | — | — | — | 1615.6 | 2023.6 | 2417.8 | 2548.0 |
| 财产性年收入 | 198.9 | 179.1 | 339.7 | 291.9 | 185.8 | 166.3 | 121.6 | 100.5 |
| 转移性年收入 | 4255.5 | 5211.0 | 4978.6 | 5735.2 | 582.2 | 734.5 | 724.8 | 890.4 |
| 出售财物年收入 | 62.5 | 64.3 | 78.0 | 119.9 | 31.4 | 20.1 | 30.8 | 25.8 |
| 借贷年收入 | 182.6 | 148.5 | 261.2 | 217.1 | 227.6 | 256.0 | 339.8 | 323.4 |

6. 残疾人家庭支出增加。

与2009年度城镇残疾人家庭消费性支出相比2008年度小幅下降0.8%的情况不同，2010年度城镇残疾人家庭消费性支出呈上升趋势，比2009年度增长6.0%。农村残疾人家庭消费性支出仍然持续上升，2008、2009及2010年度比上年度分别增长15.5%、11.1%和13.0%。

2007—2010年度城镇残疾人家庭支出的前三项依次是食品支出、医疗保健支出和居住支出。其中增幅较大的有，转移性年支出增加24.5%，设备用品年支出增加22.5%，社会保障年支出增加14.4%。与2009年度城镇残疾人家庭食品年支出小幅下降相比，2010年度上升了10.0%，达到人均3051.2元（见表4）。

表4 城镇残疾人家庭分项人均支出比较（单位：元）

|  | 2007年度 | 2008年度 | 2009年度 | 2010年度 |
| --- | --- | --- | --- | --- |
| **消费性支出** | 5484.4 | 6257.0 | 6206.2 | 6576.0 |
| 食品年支出 | 2400.8 | 2954.6 | 2774.4 | 3051.2 |
| 衣着年支出 | 257.4 | 293.1 | 292.4 | 306.1 |
| 设备用品年支出 | 122.7 | 113.6 | 119.8 | 146.7 |
| 医疗保健年支出 | 1127.2 | 1150.0 | 1241.3 | 1333.9 |
| 交通和通信年支出 | 327.0 | 346.3 | 359.9 | 355.1 |
| 教育和文化年支出 | 390.0 | 374.1 | 352.3 | 335.6 |
| 居住年支出 | 746.8 | 882.7 | 932.8 | 904.8 |
| 杂项商品年支出 | 112.4 | 142.8 | 133.3 | 142.7 |
| **非消费性支出** |  |  |  |  |
| 社会保障年支出 | 198.5 | 237.2 | 229.2 | 262.3 |
| 借贷还债年支出 | 109.4 | 92.3 | 110.3 | 93.9 |
| 年交纳所得税 | 59.4 | 33.3 | 31.5 | 18.2 |
| 转移性年支出 | 339.5 | 436.6 | 429.8 | 535.2 |

2007—2010年度农村残疾人家庭支出主要是食品支出、居住支出、医疗保健支出和经营年支出。相比上年度，2010年度农村残疾人家庭的社会保障、设备用品和居住年支出增幅较大，分别达到60.5%、26.9%和19.6%（见表5）。

表5 农村残疾人家庭分项人均支出比较（单位：元）

|  | 2007年度 | 2008年度 | 2009年度 | 2010年度 |
| --- | --- | --- | --- | --- |
| **消费性支出** | 2791.6 | 3225.4 | 3584.5 | 4051.5 |
| 食品年支出 | 1332.4 | 1660.2 | 1686.4 | 1918.8 |
| 衣着年支出 | 141.8 | 154.9 | 171.4 | 184.1 |
| 设备用品年支出 | 40.4 | 47.5 | 54.7 | 69.4 |
| 医疗保健年支出 | 465.1 | 449.1 | 551.1 | 602.0 |
| 交通和通信年支出 | 177.2 | 198.3 | 221.8 | 248.5 |
| 教育和文化年支出 | 176.0 | 158.8 | 182.7 | 181.6 |
| 居住年支出 | 402.2 | 492.0 | 645.6 | 772.2 |
| 杂项商品年支出 | 56.6 | 64.6 | 70.7 | 75.0 |
| **非消费性支出** |  |  |  |  |
| 社会保障年支出 | 20.1 | 34.9 | 40.5 | 65.0 |
| 借贷还债年支出 | 116.2 | 136.7 | 136.5 | 141.5 |

续表

|  | 2007 年度 | 2008 年度 | 2009 年度 | 2010 年度 |
|---|---|---|---|---|
| 经营年支出 | 355.1 | 476.4 | 564.0 | 510.3 |
| 生产性固定资产年折旧 | 17.4 | 13.5 | 18.6 | 16.7 |
| 财产性年支出 | 31.7 | 27.9 | 29.3 | 21.5 |
| 转移性年支出 | 188.6 | 224.5 | 254.4 | 277.4 |
| 税费年支出 | 16.6 | 14.7 | 20.9 | 10.9 |

2010 年度，城镇残疾人家庭恩格尔系数比上年度略有增高，为 46.4%，农村残疾人家庭恩格尔系数基本持平，为 47.4%（见表 6）。

表 6 残疾人家庭恩格尔系数（单位:%）

|  | 2007 年度 | 2008 年度 | 2009 年度 | 2010 年度 |
|---|---|---|---|---|
| 城镇 | 43.8 | 47.2 | 44.7 | 46.4 |
| 农村 | 47.7 | 51.5 | 47.0 | 47.4 |

7. 残疾人家庭电话和家用电器拥有比例普遍上升。

2010 年度家用电器和电脑拥有的比例普遍上升。虽然固定电话拥有率稍有下降，但是移动电话（手机或小灵通）的拥有率有较大上升，呈明显的互补关系。分城乡看，2010 年城镇家电拥有率较上年度呈现上升趋势，其中移动电话、电冰箱、洗衣机拥有率已接近或超过五成，而彩电拥有率高达 79.7%；农村家电拥有率在 2007—2010 年度始终保持稳定上升的趋势，其中彩电和移动电话拥有率达到 76.2% 和 50.0%，但拥有率仍低于城镇，特别是电脑和电冰箱的拥有率差距较大。

2010 年度新增家用电脑是否上网和残疾人是否会使用电脑上网的监测指标，监测结果表明残疾人家用电脑上网的比例较高，城乡均达到 80% 以上，而残疾人本人使用电脑的比例不高，城乡分别为 22.5% 和 18.0%（见表 7）。

表 7 残疾人家庭家用电器拥有率（单位:%）

|  | 2007 年度 | | 2008 年度 | | 2009 年度 | | 2010 年度 | |
|---|---|---|---|---|---|---|---|---|
|  | 农村 | 城镇 | 农村 | 城镇 | 农村 | 城镇 | 农村 | 城镇 |
| 固定电话 | 68.0 | 37.7 | 67.7 | 36.9 | 51.7 | 37.0 | 51.3 | 35.7 |
| 手机或小灵通 | 43.6 | 26.1 | 48.2 | 32.5 | 44.7 | 43.1 | 49.2 | 50.0 |
| 彩电 | 89.3 | 58.6 | 91.1 | 65.0 | 77.7 | 72.4 | 79.7 | 76.2 |
| 电冰箱 | 60.6 | 11.8 | 63.0 | 13.8 | 48.7 | 16.2 | 52.1 | 20.8 |

续 表

|  | 2007年度 | | 2008年度 | | 2009年度 | | 2010年度 | |
| --- | --- | --- | --- | --- | --- | --- | --- | --- |
|  | 农村 | 城镇 | 农村 | 城镇 | 农村 | 城镇 | 农村 | 城镇 |
| 洗衣机 | 61.7 | 20.3 | 65.3 | 23.7 | 51.2 | 28.2 | 53.5 | 33.0 |
| 电脑 | 13.6 | 0.9 | 14.9 | 1.4 | 13.0 | 2.1 | 14.5 | 2.9 |
| 其中：电脑上网 | - | - | - | - | - | - | 84.5 | 80.4 |
| 残疾人使用 | - | - | - | - | - | - | 22.5 | 18.0 |

8. 家庭人均用电量上升。

2010年度城镇和农村的家庭月人均用电量均有上升。其中，城镇月人均用电量达到26.53度，比上年度增加1.43度；农村月人均用电量达到11.85度，比上年度增加1.09度（见表8）。

表8 残疾人家庭月人均用电量（单位：度）

|  | 2007年度 | 2008年度 | 2009年度 | 2010年度 |
| --- | --- | --- | --- | --- |
| 城镇 | 26.03 | 28.54 | 25.10 | 26.53 |
| 农村 | 8.18 | 9.95 | 10.76 | 11.85 |

（二）残疾人基本情况

1. 残疾人接受康复服务的比例有较大提高。

自2006年第二次全国残疾人抽样调查四年以来，残疾人接受过康复服务的比例为48.8%，其中，城镇为53.3%，农村为46.4%。2010年度，残疾人接受过康复服务的比例为33.5%，比上年度有较大提高，其中，城镇残疾人接受过康复服务的比例由上年度的29.8%上升到38.5%，农村残疾人接受过康复服务的比例由上年度的19.3%上升到30.8%。这表明政府与社会提供康复服务的能力在2009年的基础上有较大提高，残疾人受益面扩大。

2010年度城乡残疾人在接受治疗与康复训练、辅助器具配备、心理疏导、康复知识普及、日间照料与托养、残疾儿童家长培训等六方面康复服务的比例都比上年度有不同程度增加。2010年度城乡残疾人接受康复服务的多数项目的比例都达到了近年的最高水平，其中，城镇和农村残疾人接受康复知识普及的比例与上年度相比分别提高了6.2和6.7个百分点。这表明有更多的残疾人重视康复知识的学习并接受了康复服务。2010年度康复服务监测指标增加了接受跟踪回访服务和其他服务，监测结果表明,接受了跟踪回访服务的比例城镇为 7.8%、农村为 4.7%,接受了其他康复服务的比例农村稍高于城镇,城镇为 8.1%,农村为 8.9%(见表 9)。

表 9  残疾人接受过各项康复服务的比例(单位:%)

|  | 2007 年度 | | 2008 年度 | | 2009 年度 | | 2010 年度 | |
| --- | --- | --- | --- | --- | --- | --- | --- | --- |
|  | 农村 | 城镇 | 农村 | 城镇 | 农村 | 城镇 | 农村 | 城镇 |
| 治疗与康复训练 | 13.8 | 8.4 | 15.5 | 9.0 | 13.0 | 9.5 | 14.1 | 13.3 |
| 辅助器具配备 | 7.6 | 3.0 | 9.1 | 4.4 | 8.4 | 3.9 | 11.5 | 6.7 |
| 心理疏导 | 6.1 | 3.6 | 10.0 | 4.6 | 6.4 | 4.5 | 7.0 | 6.6 |
| 康复知识普及 | 10.5 | 3.6 | 14.8 | 4.9 | 11.9 | 4.7 | 18.1 | 11.4 |
| 日间照料与托养 | 6.2 | 4.6 | 9.5 | 4.8 | 7.8 | 6.1 | 9.1 | 9.4 |
| 残疾儿童家长培训 | 10.5 | 8.3 | 9.5 | 7.1 | 12.3 | 6.0 | 16.1 | 7.9 |
| 跟踪回访服务* | – | – | – | – | – | – | 7.8 | 4.7 |
| 其他康复服务* | – | – | – | – | – | – | 8.1 | 8.9 |

注:*为 2010 年新增的康复服务指标选项。

2010 年度与上年度相比,各类残疾人在一年内接受过康复服务的比例均有大幅度的增加,其中精神残疾人接受康复服务的比例增幅最快,比上年度增加了 14.4 个百分点,其他类别的残疾人接受康复服务的比例均有较快的增长(见表 10)。

表 10  分残疾类别接受过康复服务的残疾人比例(单位:%)

| 残疾类别 | 2007 年度 | 2008 年度 | 2009 年度 | 2010 年度 |
| --- | --- | --- | --- | --- |
| 视力残疾 | 16.2 | 21.7 | 21.3 | 31.9 |
| 听力残疾 | 13.1 | 16.1 | 17.1 | 25.2 |
| 言语残疾 | 15.6 | 17.0 | 19.1 | 22.4 |
| 肢体残疾 | 22.1 | 25.1 | 24.5 | 35.9 |
| 智力残疾 | 17.0 | 20.0 | 19.5 | 30.3 |
| 精神残疾 | 32.1 | 42.1 | 41.3 | 55.7 |
| 多重残疾 | 20.1 | 25.9 | 24.1 | 36.0 |

2. 残疾儿童义务教育比例上升,就读特殊教育学校的比例基本持平,但受教育程度仍然较低。

2007 年以来,随着义务教育阶段"两免一补"等教育救助政策的全面施行,残疾儿童接受义务教育的比例不断上升,2010 年达到 71.4%。2010 年度与上年度相比,残疾儿童接受义务教育的比例上升 1.9 个百分点,城乡均比上年度上升 2.0 个百分点,但是农村仍低于城市 5.2 个百分点（见表11）。

从6—17岁残疾儿童就读学校的类型看，2010年度与上年度相比，就读特殊教育学校的比例基本持平，就读普通中学、普通教育学校特教班和中等职业学校的比例都有所上升（见表12）。

18岁及以上残疾人总体受教育程度不高，未上过学和上过小学的比例为76.1%，各类受教育程度比例与上年度基本保持一致。全国从未上过学的比例略有减少，其中，城镇和农村分别减少了1.3和0.9个百分点（见表13）。

表11　6—14岁残疾儿童义务教育比例（单位:%）

|  | 2007年度 | 2008年度 | 2009年度 | 2010年度 |
|---|---|---|---|---|
| 城镇 | 65.6 | 64.5 | 73.7 | 75.7 |
| 农村 | 63.0 | 63.7 | 68.5 | 70.5 |
| 全国 | 63.3 | 63.8 | 69.5 | 71.4 |

表12　6—17岁残疾儿童就读学校类型构成（单位:%）

|  | 2007年度 | | | 2008年度 | | | 2009年度 | | | 2010年度 | | |
|---|---|---|---|---|---|---|---|---|---|---|---|---|
|  | 全国 | 城镇 | 农村 | 全国 | 城镇 | 农村 | 全国 | 城镇 | 农村 | 全国 | 城镇 | 农村 |
| 普通小学 | 73.0 | 63.6 | 74.4 | 72.0 | 63.4 | 73.2 | 74.5 | 64.0 | 77.1 | 73.0 | 64.2 | 75.0 |
| 普通中学 | 17.1 | 18.2 | 16.9 | 18.1 | 23.9 | 17.2 | 15.3 | 17.8 | 14.7 | 16.5 | 18.0 | 16.1 |
| 特殊教育学校 | 5.0 | 10.4 | 4.1 | 6.2 | 8.5 | 5.9 | 7.1 | 11.2 | 6.0 | 7.1 | 11.7 | 6.0 |
| 普通教育学校特教班 | 0.7 | 1.3 | 0.6 | 0.5 | 1.4 | 0.4 | 0.6 | 1.5 | 0.4 | 0.7 | 1.7 | 0.5 |
| 普通高中 | 2.8 | 3.9 | 2.7 | 2.1 | 2.8 | 2.0 | 2.0 | 4.1 | 1.4 | 1.6 | 1.1 | 1.7 |
| 中等职业学校 | 1.4 | 2.6 | 1.2 | 1.1 | – | 1.2 | 0.6 | 1.5 | 0.4 | 1.1 | 2.7 | 0.7 |

表13　18岁及以上残疾人的受教育程度构成（单位:%）

|  | 2007年度 | | | 2008年度 | | | 2009年度 | | | 2010年度 | | |
|---|---|---|---|---|---|---|---|---|---|---|---|---|
|  | 全国 | 城镇 | 农村 | 全国 | 城镇 | 农村 | 全国 | 城镇 | 农村 | 全国 | 城镇 | 农村 |
| 从未上过学 | 42.4 | 24.8 | 49.1 | 42.1 | 24.2 | 47.9 | 41.8 | 34.2 | 46.2 | 40.9 | 32.9 | 45.3 |
| 小学 | 35.1 | 30.3 | 36.0 | 35.0 | 30.3 | 36.5 | 34.8 | 30.9 | 37.0 | 35.2 | 31.1 | 37.5 |
| 初中 | 15.8 | 26.4 | 12.1 | 15.9 | 26.3 | 12.6 | 16.5 | 21.2 | 13.7 | 16.7 | 21.4 | 14.1 |
| 高中 | 3.9 | 9.4 | 2.1 | 4.0 | 9.8 | 2.1 | 4.1 | 7.2 | 2.3 | 4.3 | 7.8 | 2.3 |
| 中专教育 | 1.5 | 4.3 | 0.5 | 1.5 | 4.2 | 0.6 | 1.5 | 3.2 | 0.5 | 1.5 | 3.1 | 0.6 |
| 大学专科 | 0.8 | 2.7 | 0.2 | 1.0 | 3.1 | 0.3 | 0.9 | 2.2 | 0.2 | 1.0 | 2.4 | 0.2 |
| 大学本科及以上 | 0.5 | 2.1 | 0.0 | 0.5 | 2.1 | 0.0 | 0.5 | 1.2 | 0.1 | 0.5 | 1.2 | 0.1 |

3. 残疾人就业比例与上年基本持平，未就业原因及生活来源与上年度排序相同。

2010年度，劳动年龄段生活能够自理的城镇残疾人就业比例为34.0%，农村为49.2%，与上年度相比基本持平。城乡残疾人找工作的主要途径是熟人介绍，其中，城镇为62.6%，农村为60.9%（见表14），这反映出公共就业服务和残疾人就业服务尚需加强。

表14 残疾人找工作的途径（单位:%）

|  | 全国 | 城镇 | 农村 |
|---|---|---|---|
| 网络就业信息 | 2.0 | 3.3 | 0.9 |
| 公共就业服务机构 | 12.2 | 19.4 | 5.6 |
| 残疾人就业服务机构 | 38.1 | 42.2 | 34.3 |
| 招聘会 | 11.3 | 19.0 | 4.3 |
| 熟人介绍 | 61.7 | 62.6 | 60.9 |
| 自主创业或灵活就业 | 16.9 | 23.7 | 10.7 |
| 其他 | 33.3 | 19.4 | 45.9 |

城镇残疾人登记失业率为8.6%，比上年度的13.6%有较大下降，一方面由于去年国家一系列积极促进就业的政策惠及部分残疾人，另一方面也有部分符合失业登记条件的残疾人由于各种原因未进行失业登记。

在2010年度生活能自理的18到59岁的男性和18到54岁的女性残疾人中，未就业原因的前三位是，城市中依次为丧失劳动能力（27.1%）、其他原因（20.4%）、离退休（18.0%），农村中依次为丧失劳动能力（33.6%）、料理家务（31.8%）、其他原因（27.8%）。与上年度相比，城镇和农村未就业原因的排序相同，比例略有变化（见表15）。

2010年度有劳动能力未就业残疾人的生活主要来源，城镇中依次为家庭其他成员供养（37.6%）、领取基本生活费（35.0%）、离退休金（18.2%）、其他（7.6%），农村中依次为靠家庭其他成员供养（70.0%）、其他（15.0%）、领取基本生活费（14.0%）、财产性收入（0.7%）。与上年度相比，城镇和农村未就业者的生活来源仍然以家庭供养为主，但比例均有所下降，城镇下降了2.9个百分点，农村下降了6.9个百分点，城乡残疾人领取基本生活费的比例均有小幅增加（见表16）。

表15 残疾人未工作原因构成（单位:%）

| | 城镇 | | | | 农村 | | | |
|---|---|---|---|---|---|---|---|---|
| | 2007年度 | 2008年度 | 2009年度 | 2010年度 | 2007年度 | 2008年度 | 2009年度 | 2010年度 |
| 在校学生 | 0.8 | 1.3 | 1.0 | 1.0 | 1.0 | 1.3 | 1.5 | 1.5 |
| 离退休 | 21.2 | 23.1 | 17.1 | 18.0 | 0.6 | 0.8 | 0.3 | 0.3 |
| 料理家务 | 12.1 | 15.8 | 13.5 | 14.5 | 34.6 | 32.9 | 32.8 | 31.8 |
| 丧失劳动能力 | 20.9 | 19.8 | 28.8 | 27.1 | 40.8 | 38.1 | 37.3 | 33.6 |
| 毕业后未工作 | 3.2 | 2.6 | 2.7 | 2.4 | 1.0 | 0.9 | 1.2 | 0.9 |
| 因单位原因 | 18.6 | 15.6 | 11.2 | 8.8 | 0.8 | 0.6 | 0.4 | 0.4 |
| 因个人原因 | 9.2 | 7.2 | 7.3 | 7.3 | 3.7 | 3.3 | 2.7 | 2.9 |
| 承包土地征用 | 1.5 | 0.3 | 0.7 | 0.4 | 1.3 | 0.9 | 0.3 | 0.8 |
| 其他 | 12.6 | 14.3 | 17.8 | 20.4 | 16.1 | 21.2 | 23.5 | 27.8 |

注：城镇"承包土地被征用"是指居住在城乡接合部或镇的农业人口，他们承包的土地被征用。

表16 未工作残疾人的生活来源构成（单位:%）

| | 城镇 | | | | 农村 | | | |
|---|---|---|---|---|---|---|---|---|
| | 2007年度 | 2008年度 | 2009年度 | 2010年度 | 2007年度 | 2008年度 | 2009年度 | 2010年度 |
| 离退休金 | 21.5 | 23.7 | 17.4 | 18.2 | 0.7 | 0.9 | 0.3 | 0.3 |
| 领取基本生活费 | 36.2 | 31.0 | 31.4 | 35.0 | 9.3 | 11.1 | 10.1 | 14.0 |
| 家庭其他成员供养 | 35.3 | 39.6 | 40.5 | 37.6 | 76.3 | 73.9 | 76.9 | 70.0 |
| 财产性收入 | 0.6 | 0.8 | 1.6 | 1.4 | 3.2 | 2.0 | 1.1 | 0.7 |
| 保险性收入 | 0.3 | 0.0 | 0.2 | 0.1 | 0.0 | 0.1 | 0.0 | 0.1 |
| 其他 | 6.1 | 4.9 | 8.9 | 7.6 | 10.5 | 11.9 | 11.5 | 15.0 |

4. 残疾人的社会保障状况有较明显改善。

（1）城镇残疾人参加社会保险比例提高。

2007—2010年度城镇残疾人参加社会保险比例不断提高。2008年度城镇人口至少参加了一种社会保险的比例比2007年度增加19.5个百分点，2009年度在2008年度基础上增加1.7个百分点，2010年度又比2009年度增加11.8个百分点。城镇残疾人参加的社会保险中增幅最大的是参加基本医疗保险的比例，2010年度比上年度增加12.3个百分点，其次是参加基本养老保险的比例，比上年度增加5.3个百分点。但2010年度仍有23.9%的城镇残疾人没有参加任何一种社会保险，应当予以关注（见表17）。

二、全国残疾人状况及小康进程监测报告

表17 16岁及以上残疾人参加社会保险情况（单位:%）

| | 2007年度 | | 2008年度 | | | 2009年度 | | | | 2010年度 | | | |
|---|---|---|---|---|---|---|---|---|---|---|---|---|---|
| | 城镇 | 农村 | 城镇合计 | 城镇职工 | 城镇居民 | 城镇合计 | 城镇职工 | 城镇居民 | 个体工商户 | 城镇合计 | 城镇职工 | 城镇居民 | 个体工商户 |
| 至少参加了一种社会保险 | 42.1 | 10.8 | 62.6 | 70.9 | 46.4 | 64.3 | 92.6 | 63.7 | 3 | 76.1 | 95.6 | 75.8 | 6.3 |
| 参加基本养老保险 | 33.3 | 2.3 | 41.6 | 64.9 | 12.4 | 42.1 | 83.8 | 13.3 | 1.5 | 47.4 | 83.2 | 19.4 | 3.1 |
| 参加基本医疗保险 | 36.0 | 9.5 | 58.6 | 70.6 | 43.6 | 62.1 | 89.6 | 61.4 | 2.5 | 74.4 | 93.5 | 74.5 | 5.1 |
| 参加补充医疗保险 | – | – | – | – | – | 0.0 | – | – | 0.1 | 0.0 | – | – | 0.4 |
| 参加失业保险 | 3.3 | 0.1 | 4.4 | 7.9 | – | 3.9 | 8.9 | – | – | 4.7 | 10.0 | – | – |
| 参加工伤保险 | 1.6 | 0.3 | 2.2 | 3.9 | – | 2.7 | 6.1 | – | – | 3.1 | 6.5 | – | – |
| 参加生育保险 | 0.7 | 0.1 | 1.6 | 2.9 | – | 1.6 | 3.5 | – | – | 2.1 | 4.6 | – | – |

（2）农村残疾人参加新型农村合作医疗比例上升。

2007—2010年度农村残疾人中参加了新型农村合作医疗的比例不断上升，由2007年度的84.4%上升到2010年度的96.0%（见表18）。这说明，由于落实政府补贴政策和残联积极组织，绝大多数农村残疾人参加了"新农合"。2010年度，参加"新农合"的残疾人中，有91.5%在1年内看过病，人均看病花费1631.1元；看过病的残疾人中，人均报销996.5元，比上年度的743.8元增加252.7元。

表18 农村残疾人参加新型农村合作医疗保险的比例（单位:%）

| | 2007年度 | 2008年度 | 2009年度 | 2010年度 |
|---|---|---|---|---|
| 参加新型农村合作医疗保险比例 | 84.4 | 93.5 | 94.4 | 96.0 |

（3）农村残疾人参加新型农村养老保险比例提高。

2010年度农村残疾人参加新型农村养老保险的比例为12.8%。新型农村养老保险自2009年8月开始在全国10%的地区试点，随着"新农保"在全国范围内的逐步推开，农村残疾人参保比例将不断提高。

（4）残疾人领取最低生活保障金和救济的比例有所提高。

2010年度城乡残疾人领取最低生活保障金的比例均比上年度提高，获得救济（包括现金或实物）的比例也均比上年度有所提高（见表19）。

表19 残疾人领取最低生活保障金和得到救济的比例（单位:%）

| | 2007年度 | | 2008年度 | | 2009年度 | | 2010年度 | |
|---|---|---|---|---|---|---|---|---|
| | 城镇 | 农村 | 城镇 | 农村 | 城镇 | 农村 | 城镇 | 农村 |
| 领取最低生活保障金比例 | 19.7 | 12.5 | 21.3 | 19.6 | 22.6 | 23.6 | 24.0 | 28.6 |
| 得到救济的比例 | 22.2 | 26.6 | 26.7 | 28.8 | 26.6 | 27.2 | 26.9 | 27.7 |

(5) 城乡残疾人的救助需求比例依然很高,生活救助和医疗救助需求尤为迫切。

2007—2010年度医疗救助和生活救助始终是城乡残疾人最迫切的需求。2010年度,城镇54.3%、农村63.5%的残疾人有医疗救助需求,城镇48.7%、农村66.2%的残疾人有生活救助需求(见表20)。

表20 残疾人救助需求情况(单位:%)

|  | 2007年度 | | 2008年度 | | 2009年度 | | 2010年度 | |
| --- | --- | --- | --- | --- | --- | --- | --- | --- |
|  | 城镇 | 农村 | 城镇 | 农村 | 城镇 | 农村 | 城镇 | 农村 |
| 生活救助 | 41.4 | 60.2 | 40.6 | 61.8 | 49.5 | 65.0 | 48.7 | 66.2 |
| 教育救助 | 10.4 | 14.7 | 10.3 | 12.7 | 7.6 | 13.9 | 7.0 | 13.2 |
| 医疗救助 | 57.8 | 69.1 | 54.3 | 66.8 | 56.3 | 66.2 | 54.3 | 63.5 |
| 康复救助 | 30.1 | 37.9 | 27.9 | 35.6 | 26.5 | 32.0 | 24.1 | 30.5 |

5. 残疾人生活的社会环境改善,社会参与增加。

(1) 残疾人接受社区服务比例上升,满意度提高。

2010年度残疾人接受社区服务的比例由上年度的17.0%上升至25.3%,其中城镇残疾人接受社区服务的比例从23.6%提高到31.2%,农村由13.0%提高到22.2%。

2007—2010年度残疾人对社区服务满意度一直保持在85%以上(见表21)。

表21 残疾人对社区服务的满意度评价(单位:%)

|  | 2007年度 | | | 2008年度 | | | 2009年度 | | | 2010年度 | | |
| --- | --- | --- | --- | --- | --- | --- | --- | --- | --- | --- | --- | --- |
|  | 全国 | 城镇 | 农村 | 全国 | 城镇 | 农村 | 全国 | 城镇 | 农村 | 全国 | 城镇 | 农村 |
| 非常满意和满意 | 84.8 | 86.7 | 83.4 | 86.7 | 86.5 | 86.9 | 88.4 | 88.5 | 88.3 | 86.7 | 87.9 | 85.7 |
| 一般 | 15.1 | 13.2 | 16.5 | 13.1 | 13.5 | 12.8 | 11.4 | 11.5 | 11.4 | 13.2 | 12.0 | 14.1 |
| 不满意 | 0.1 | 0.1 | 0.1 | 0.2 | 0.0 | 0.3 | 0.2 | 0.2 | 0.2 | 0.1 | 0.1 | 0.1 |

(2) 残疾人参与社区活动比例依然较低。

2007—2010年度残疾人参加社区文化、体育活动的比例较低,经常参加的比例基本保持在5%,偶尔参加活动的比例不足30%(见表22),需要在社区工作中予以关注。

表22 残疾人参加社区文化、体育活动情况(单位:%)

|  | 2007年度 | | | 2008年度 | | | 2009年度 | | | 2010年度 | | |
| --- | --- | --- | --- | --- | --- | --- | --- | --- | --- | --- | --- | --- |
|  | 全国 | 城镇 | 农村 | 全国 | 城镇 | 农村 | 全国 | 城镇 | 农村 | 全国 | 城镇 | 农村 |
| 经常参加 | 4.7 | 7.7 | 3.8 | 5.7 | 8.4 | 4.8 | 5.4 | 6.3 | 4.9 | 5.4 | 6.4 | 4.9 |
| 偶尔参加 | 20.1 | 21.1 | 19.8 | 24.5 | 24.7 | 24.5 | 24.5 | 23.7 | 25.0 | 28.3 | 27.5 | 28.7 |
| 不参加 | 75.2 | 71.2 | 76.4 | 69.8 | 66.9 | 70.7 | 70.1 | 70.0 | 70.1 | 66.3 | 66.1 | 66.4 |

(3) 对残疾人家庭的走访慰问比例上升。

2010年度政府、社会团体对城乡残疾人家庭的慰问比例与上年度相比有所上升，城乡分别提高了3.2和6.5个百分点（见表23）。有92.5%接受过走访慰问的残疾人感到非常满意和满意，满意度比上年度略有上升，城镇满意度为93.1%，农村为92.1%。

表23 残疾人接受过政府、社会团体到家的走访慰问的情况

|  | 2007年度 | | 2008年度 | | 2009年度 | | 2010年度 | |
| --- | --- | --- | --- | --- | --- | --- | --- | --- |
|  | 城镇 | 农村 | 城镇 | 农村 | 城镇 | 农村 | 城镇 | 农村 |
| 有慰问（%） | 45.8 | 36.5 | 50.0 | 41.4 | 43.5 | 37.6 | 46.7 | 44.1 |
| 无慰问（%） | 54.2 | 63.5 | 50.0 | 58.6 | 56.4 | 62.4 | 53.3 | 55.9 |
| 慰问次数 | 1.9 | 1.6 | 2.0 | 1.6 | 1.8 | 1.7 | 1.8 | 1.6 |

(4) 城镇残疾人对无障碍设施的满意度提高。

2007—2010年度城镇残疾人对无障碍设施和服务表示非常满意或满意的比例持续上升，2010年度满意度达到69.4%（见表24）。

表24 城镇残疾人对无障碍设施和服务的满意度（单位:%）

|  | 2007年度 | 2008年度 | 2009年度 | 2010年度 |
| --- | --- | --- | --- | --- |
| 非常满意和满意 | 48.0 | 62.9 | 66.9 | 69.4 |
| 一般 | 48.5 | 34.5 | 31.5 | 29.2 |
| 不满意 | 3.5 | 2.6 | 1.5 | 1.4 |

(5) 残疾人参加法律知识学习或宣传活动的比例有较大提高。

2010年度，残疾人参加法律知识学习或宣传活动的比例由上年度的16.4%提高到23.1%。其中，城镇的比例比上年度提高了6个百分点，农村的比例提高了7个百分点（见表25）。

表25 残疾人参加过法律知识学习或宣传活动比例（单位:%）

|  | 2007年度 | 2008年度 | 2009年度 | 2010年度 |
| --- | --- | --- | --- | --- |
| 城镇 | 21.5 | 22.7 | 17.5 | 23.4 |
| 农村 | 12.5 | 14.6 | 15.7 | 23.0 |
| 全国 | 14.7 | 16.5 | 16.4 | 23.1 |

(6) 残疾人对法律服务满意度提高，但是需要加强法律援助和司法救助服务。

2007—2010年度有法律服务需求的残疾人家庭比例持续下降，为残疾人提供法律服务的比例上升。在接受过法律服务的残疾人家庭中，感到

非常满意或满意的家庭比例持续上升，2010年度达到90.4%（见表26）。

表26 残疾人家庭接受法律服务情况（单位:%）

|  |  | 2007年度 | 2008年度 | 2009年度 | 2010年度 |
|---|---|---|---|---|---|
| 有法律服务需求 | | 21.3 | 14.3 | 11.8 | 7.3 |
| 其中：接受过法律服务 | | 4.8 | 6.8 | 6.9 | 7.8 |
| 对提供的法律服务的满意度 | 非常满意和满意 | 84.4 | 85.8 | 86.6 | 90.4 |
| | 一般 | 14.7 | 12.3 | 10.9 | 7.0 |
| | 不满意 | 0.9 | 2.0 | 2.5 | 2.7 |

2007—2010年度有法律援助或司法救助需求的残疾人数逐年增加，表明残疾人的权利意识增强，而2010年度仅有2.6%有需求的残疾人接受过法律援助或司法救助。在接受过法律援助或司法救助的残疾人家庭中，不满意的比例有所上升。这表明残疾人法律援助或司法救助工作亟待加强（见表27）。

表27 对法律援助或司法救助的满意度

|  |  | 2007年度 | 2008年度 | 2009年度 | 2010年度 |
|---|---|---|---|---|---|
| 对法律援助或司法救助有需求的人数（人） | | 224 | 978 | 1481 | 2384 |
| 接受法律援助或司法救助人数（人） | | 71 | 57 | 47 | 62 |
| 对提供的法律援助或司法救助的满意度（%） | 非常满意和满意 | 84.5 | 81.3 | 81.6 | 80.6 |
| | 一般 | 15.5 | 18.7 | 15.4 | 14.5 |
| | 不满意 | 0.0 | 0.0 | 2.9 | 4.8 |

## 二、2010年度中国残疾人小康进程

残疾人是全面建设小康社会的参与者和受益者，也是实现全面建设小康社会难度最大的一个群体。为动态掌握残疾人小康实现情况，及时把握残疾人事业发展过程中的新情况、新问题，中国残疾人联合会自2007年开始依据《中国残疾人小康进程监测指标体系》的设计安排，利用年度全国残疾人状况监测数据对全国残疾人小康实现程度进行监测。2010年度监测结果表明，残疾人实现小康目标进程又向前迈进一步，但与全国小康进程相比差距依然较大。

（一）2010年度残疾人小康进程向前迈进一大步

监测表明，2010年度残疾人小康实现程度达57.4%，比上年度提高

3.9个百分点,是自2007年度监测以来增幅最大的一年,可以看出我国残疾人小康进程持续稳步向前迈进(见附表)。

在监测的17个指标中,有15个指标的小康实现程度有所提高,其中康复服务覆盖率、城镇残疾人基本社会保险覆盖率、社区服务覆盖率三项指标提高最快,分别比上年度提高11.6、9.3和9.2个百分点;残疾人家庭人均可支配收入、社区活动参与率、法律服务满意率、百户残疾人家庭电话拥有量和百户残疾人家庭彩色电视机拥有量等指标均比上年度提高3个百分点以上。从实现程度来看,农村残疾人合作医疗覆盖率和法律服务满意率已达到小康目标,适龄残疾人在婚率、残疾人家庭恩格尔系数、百户残疾人家庭彩色电视机拥有量、残疾人对无障碍环境的满意率、学龄残疾儿童接受义务教育比例、残疾人家庭人均住房使用面积、城镇残疾人基本社会保险覆盖率、百户残疾人家庭电话拥有量实现程度也都在60%以上。这些指标的提高说明残疾人生活得到改善,反映出一系列改善民生政策措施的成效。

1. 残疾人生存状况逐步改善,实现程度为59.4%。

残疾人生存状况是整个监测指标体系中最重要的部分,直接反映残疾人的生活状况,是残疾人实现全面小康的前提,它包括残疾人的收入、消费、住房和婚姻状况等。2010年度残疾人生存状况小康目标实现程度由上年度的56.9%增加到59.4%,提高2.5个百分点。从各项监测指标看:

(1) 残疾人家庭人均可支配收入继续提高。

残疾人家庭人均可支配收入是反映残疾人家庭生活水平和生活质量改善的基础和核心指标,因此在监测指标体系中的权重也最大。监测表明,2010年度残疾人家庭人均可支配收入实现程度为42.3%,比上年度提高4.5个百分点。从绝对量上看,2010年度,城镇残疾人家庭人均可支配收入为9365.8元,比上年度增长9.2%;农村残疾人家庭人均可支配收入为4739.2元,比上年度增长16.6%。城镇残疾人家庭人均可支配收入高于农村,但增速低于农村残疾人家庭。

(2) 残疾人家庭恩格尔系数有所回升。

恩格尔系数是衡量居民生活质量的重要指标,一般说来,随着居民生活水平的提高,恩格尔系数呈下降的趋势。2010年度残疾人家庭恩格尔系数为47.0%，比上年度的46.2%有所回升。由于受食品价格上涨因素的影响（2009年3月至2010年3月食品价格上涨5.1%），城镇残疾人家庭恩格尔系数为46.4%，比上年度增加1.7个百分点；农村残疾人家庭恩格尔系数为47.4%，比上年度增加0.4个百分点。

(3) 残疾人家庭电器化水平不高。

居民用电量是反映居民家庭电器化普及程度的一个非常重要的指标，也是反映居民生活质量的重要指标。2010年度，残疾人家庭人均生活用电量为203.3度，比上年度的190.8度有所提高，但其小康目标实现程度仅为40.7%，显示残疾人家庭电器化水平仍然不高。2010年度，城镇残疾人家庭每百户拥有彩电、电冰箱、洗衣机分别为79.7台、52.1台、53.5台，农村残疾人家庭分别为76.2台、20.8台、33.0台，都远低于城乡一般居民家庭水平，说明残疾人家庭电器化水平及生活质量不高。

(4) 残疾人住房条件有所改善。

居住水平是衡量居民生活水平高低的重要指标。"小康不小康，关键看住房"。2010年度，残疾人家庭人均住房面积小康目标实现程度为75.0%，比上年度提高1.8个百分点。从绝对量上看，2010年度，城镇残疾人家庭人均住房面积为17.7平方米，比上年度的17.4平方米增加0.3平方米；农村残疾人家庭人均住房面积为21.6平方米，比上年度的21.1平方米增加0.5平方米，反映出国家保障性住房政策初见成效。

(5) 残疾人婚姻状况仍需关注。

残疾人婚姻状况不仅直接反映其情感生活的丰富程度，也体现其获得家庭生活保障和服务保障的水平。稳定的家庭和社会支持有助于提高残疾人的主观幸福感，而长期的生活和劳动能力缺陷则会影响婚姻质量。2010年度，适龄残疾人在婚率（男22岁以上，女20岁以上）为62.5%，远低于全社会83.1%的水平，残疾人婚姻状况应受到关注。

2. 残疾人发展状况水平仍然较低，实现程度为46.1%。

残疾人发展状况是整个指标体系中最能体现残疾人特殊性的部分，涵盖了残疾人工作的主要方面，包括残疾人的康复、教育、就业、社会保障以及社会参与等方面的情况，与残疾人切身利益密切相关，反映了残疾人最迫切的需求。2010年度，残疾人发展状况实现程度为46.1%，比上年度提高4.4个百分点,但在生存状况、发展状况、环境状况三个方面中,小康实现程度是最小的,显示出残疾人的社会发展相对滞后,也反映出针对残疾人的基本公共服务明显不足。

(1) 残疾人康复服务覆盖率较低。

2010年度,残疾人康复服务覆盖率为33.5%,比上年度有较大幅度提高,但离小康目标差距仍较大。同时,还必须看到,目前为残疾人提供的康复服务总体水平还不高,仍需大力推进和提高。

(2) 残疾儿童接受义务教育应继续得到重视。

2010年度,残疾儿童接受义务教育比例为71.4%,比上年度提高1.9个百分点。近年来,城乡残疾儿童接受义务教育比例均有增加,且城镇高于农村地区。但与全国适龄儿童的义务教育水平相比仍有较大差距。

(3) 残疾人就业形势严峻。

就业是残疾人改善生活状况,实现自强自立的主要途径。失业率从一个方面反映就业情况。2010年度,城镇残疾人登记失业率仍然高达8.6%,实际失业率不止于此,这不仅直接影响残疾人的生活状况,也限制了残疾人参与社会生活的机会。

(4) 残疾人社会保险明显推进。

新型农村合作医疗是现阶段农村医疗保障的主要途径,与农村低保、新型农村养老保险一起构成了农民的三大社会保障支柱。农村残疾人参加新型农村合作医疗的覆盖面,在一定程度上反映他们的医疗保障水平。2010年度农村残疾人参加新型农村合作医疗比例达96.0%,已实现了95%的小康目标。在政府和社会的帮助下,残疾人已成为新型农村合作医疗最大受益者之一。更值得注意的是,由于在10%的试点地区落实了政府补贴,农村16岁以上残疾人参加新型农村养老保险的参保率已达到12.8%。2010年度,16岁及以上城镇残疾人参加基本养老保险和基本医疗保险覆盖率为60.9%,比上年度提高8.8个百分点,增幅明显。

(5) 残疾人信息化水平逐步提高。

2010年度,每百户残疾人家庭拥有电话90.8部,比上年度增加4.8部;拥有彩电77.4台,比上年度增加3.1台;拥有家用电脑6.9台,比上年度增加0.9台。总体来看,残疾人信息化水平比上年度逐步提高,反映了残疾人的文化和信息交流渠道比以往有较大拓展,这也是残疾人生活质量提高的前提之一。

(6) 残疾人社区活动参与率依然较低。

社区是残疾人走出家庭、融入社会的主要场所,社区活动参与率直接反映残疾人社会参与水平。2010年度残疾人社区活动参与率为33.7%,比上年度提高3.8个百分点,但仍有近三分之二的残疾人还没有真正走出家门,融入社会。

3. 残疾人参与社会生活的环境状况逐渐得到改善,实现程度为66.8%。

残疾人社会参与的环境状况是残疾人全面小康重要的外部条件,主要包括残疾人事业的法制环境、残疾人参与社会的无障碍环境等。2010年度,残疾人环境状况实现程度为66.8%,比上年度提高5.3个百分点。从2007—2010年度的监测结果看,残疾人参与社会生活环境状况的小康实现程度稳步提高,但随着残疾人生存和发展状况的改善,他们对参与社会生活的环境和条件的需求会越来越高。从各监测指标来看:

(1) 城镇残疾人对无障碍设施的满意度提高。

无障碍是残疾人平等参与社会的重要条件,残疾人是无障碍环境的主要使用者和受益者,残疾人对无障碍环境的满意率可以反映出城镇无障碍环境的水平,也反映出残疾人对无障碍设施建设的认可程度。2010年度城镇残疾人对无障碍设施的满意度为69.4%,比上年度提高2.5个百分点,反映出无障碍设施建设的成效。

(2) 残疾人接受社区服务比例上升,满意度较高。

社区是残疾人服务的主要提供者,社区服务覆盖率直接反映残疾人社会服务水平和残疾人工作社会化水平,也反映和谐社区建设的水平。2010年度残疾人社区服务覆盖率为25.3%,比上年度提高8.3个百分点。虽然社区服务覆盖率较低,但接受过社区服务的残疾人满意度高达86.7%。

(3) 残疾人法律服务覆盖率仍较低,但满意度较高。

法律服务满意度反映残疾人及其亲属感知残疾人的权益受到保障的程度,反映残疾人权益保障水平。2010年度有需求的残疾人仅有7.8%接受过法律服务,比上年度提高0.9个百分点;在接受法律服务的残疾人中,

90.4%的人表示满意,已实现满意度超过90%的小康目标。总体来看,残疾人法律服务的覆盖率较低,做好残疾人法律维权宣传和法律救助工作,还需进一步的努力。

(二)残疾人小康进程与全国相比,差距仍然较大

由于种种因素的影响,残疾人总体生活水平与社会平均水平差距仍然较大,相当多残疾人的贫困状况没有得到根本改善,残疾人在基本生活保障、康复、教育、就业等方面还面临许多困难,实现残疾人达到小康生活的任务仍然非常艰巨。国家统计局小康监测报告表明,2009年我国全面建设小康社会实现程度已达77.1%,比2010年度(2009年4月1日至2010年3月31日)残疾人小康实现程度57.4高出19.7个百分点。虽然两套指标体系不完全相同,但也能反映出两者之间存在较大差距,以下数据为残疾人与全国监测数据的比较。

1. 残疾人家庭人均可支配收入仅相当于全国平均水平的59.0%,差距明显。

2010年度残疾人家庭人均可支配收入为6344.6元,占全国居民家庭人均可支配收入的59.0%,比上年度的57.9%上升了1.1个百分点。其中,城镇残疾人家庭人均可支配收入为9365.8元,仅占全国城镇居民家庭人均可支配收入的54.5%;农村残疾人家庭人均可支配收入为4739.2元,占全国农村居民家庭人均可支配收入的92.0%。提高残疾人的经济地位与生活水平、缩小差距的任务非常迫切。

2. 残疾人家庭医疗保健支出及其占家庭消费支出比例均远高于全国平均水平,出行和通信支出大大低于一般居民家庭。

2010年度,城镇残疾人家庭人均医疗保健支出为1333.9元,是全国城镇居民家庭人均医疗保健支出的1.56倍;农村残疾人家庭人均医疗保健支出为602.0元,是全国农村居民家庭人均医疗保健支出的2.09倍。城镇残疾人家庭人均医疗保健支出占全部消费支出的比重为20.3%,比全国城镇居民平均水平高出13.3个百分点;农村残疾人家庭人均医疗保健支出占全部消费支出的比重为14.9%,比全国农村居民平均水平高出7.7个百分点。

2010年度,城镇残疾人家庭人均交通和通信支出为355.1元,占全国

城镇居民家庭人均交通和通信支出的21.1%；农村残疾人家庭人均交通和通信支出为248.5元，占全国农村居民家庭人均交通和通信支出的61.7%。城镇残疾人家庭人均交通和通信支出占全部消费支出的比重为5.4%，比全国城镇居民家庭平均水平低8.3个百分点；农村残疾人家庭人均交通和通信支出占全部消费支出的比重为6.1%，比全国农村居民家庭平均水平低4.0个百分点。

3. 残疾人家庭恩格尔系数高于全国平均水平。

2010年度，残疾人家庭恩格尔系数为47.0%，比全国居民家庭恩格尔系数38.9%高出8.1个百分点。其中，城镇残疾人家庭恩格尔系数为46.4%，高出全国城镇居民家庭恩格尔系数9.9个百分点；农村残疾人家庭恩格尔系数为47.4%，高出全国农村居民家庭恩格尔系数6.4个百分点。这表明，残疾人家庭生活质量明显落后于全国水平。

4. 残疾人家庭人均住房使用面积明显低于全国水平。

2010年度，残疾人家庭人均住房使用面积为20.3平方米，比全国居民家庭人均住房使用面积低6.5平方米，差距明显。其中，城镇残疾人家庭人均住房使用面积为17.7平方米，比全国城镇居民家庭人均住房使用面积低5.8平方米；农村残疾人家庭人均住房使用面积为21.6平方米，比全国农村居民家庭人均住房使用面积低8.0平方米。

5. 残疾人家庭电器化水平低于社会平均水平。

2010年度，残疾人家庭人均生活用电量为203.3度，还不到全国居民家庭人均生活用电量的60%，表明残疾人家庭电器化水平低于社会平均水平。

6. 残疾儿童义务教育差距较大。

2010年度，学龄残疾儿童接受义务教育比例为71.4%，还有28.6%的学龄残疾儿童没有接受义务教育，而全国学龄儿童基本上都接受义务教育，仅从义务教育毛入学率看，两者差距仍然较大。

7. 城镇残疾人登记失业率远高于全国水平。

2010年度，城镇残疾人登记失业率为8.6%，是全国城镇登记失业率4.3%的2倍，残疾人的就业问题还需要各级政府和社会更多的关注与支持。

8. 城镇残疾人基本社会保险覆盖率低全国6.9个百分点。

2010年度，16岁及以上城镇残疾人基本养老保险和基本医疗保险覆盖率为60.9%，比全国的67.8%（估算）低6.9个百分点。其中，基本养老保险覆盖率为47.4%，比全国的56.3%（估算）低8.9个百分点；基本医疗保险覆盖率为74.4%，比全国的79.2%（估算）低4.8个百分点。

9. 新型农村合作医疗参合率高于全国水平。

2010年度，农村残疾人参加新型农村合作医疗比例达96.0%，高于全国95.0%水平。残疾人基本上都参加了新型农村合作医疗，成为新型农村合作医疗制度最大的受益者。

10. 残疾人家庭信息化程度低于全国水平。

2010年度，每百户残疾人家庭拥有（固定和移动）电话90.8部，仅占全国居民家庭平均水平217.3部的41.8%。其中，每百户城镇残疾人家庭拥有（固定和移动）电话100.5部，占全国城镇居民家庭平均水平262.9部的38.2%；每百户农村残疾人家庭拥有（固定和移动）电话85.7部，占全国农村居民家庭平均水平177.5部的48.3%。

2010年度，每百户残疾人家庭拥有彩色电视机77.4台，占全国居民家庭平均水平121.4台的63.8%。其中，每百户城镇残疾人家庭拥有彩色电视机79.7台，占全国城镇居民家庭平均水平135.7台的58.8%；每百户农村残疾人家庭拥有彩色电视机76.2台，占全国农村居民家庭平均水平108.9台的69.9%。

2010年度，每百户残疾人家庭拥有电脑6.9台，比全国居民家庭平均水平34.6台少27.7台。其中，每百户城镇残疾人家庭拥有电脑14.5台，比全国城镇居民家庭平均水平65.7台少51.2台；每百户农村残疾人家庭拥有电脑2.9台，比全国农村居民家庭平均水平7.5台少4.6台。

（三）加快残疾人全面建设小康社会的建议

1. 加快发展残疾人教育，大力促进残疾人就业。

（1）提高残疾人受教育水平是残疾人全面实现自身价值的基本条件。

2010年度，学龄儿童接受义务教育的在学比例为71.4%，仍有28.6%的学龄儿童没有接受义务教育。因此，要采取切实有效措施对适龄重度肢残、重度智力残疾、孤独症、脑瘫和多重残疾儿童少年实施义务教育，提高适龄残疾儿童少年义务教育入学率，加快普及并提高残疾儿童少年的义务教育水平。同时，扩大残疾人高级中等以上教育规模，积极开展残疾人成人教育和远程教育；以市场需要为导向，加强残疾人的职业教育与培训，培养更多的合格的社会劳动力，提高残疾人的就业竞争能力。

（2）就业是民生之本，也是残疾人改善生活状况，自强自立，实现人生价值的主要途径。

目前，残疾人就业形势严峻，2010年度残疾人登记失业率高达8.6%，远高于全国登记失业率4.3%的水平，而实际失业率更高。因此，要全面贯彻《残疾人就业条例》，完善、落实残疾人就业保护和促进政策，通过经济的、法律的手段，加大残疾人按比例安排就业力度；完善福利企业优惠政策，发展残疾人集中就业；扶持残疾人自主创业和灵活就业，促进社区就业、居家就业和辅助性就业；加强残疾人就业服务体系建设，使有就业需求的各类残疾人普遍得到就业服务和培训。要加大对农村残疾人参加劳动的扶持力度，提高他们的劳动收入水平。

2. 完善残疾人社会保险政策，保障残疾人基本生活。

保障贫困残疾人的基本生活，是健全和完善我国社会保障制度的重要内容。2010年度，全国城镇残疾人参加养老、医疗两大基本社会保险的覆盖率为60.9%，低于全国平均水平，与实现95%覆盖率的小康目标仍有较大差距。今后一段时期，政府仍要进一步完善城乡残疾人参加社会养老、医疗等保险的优惠措施，提高社会保障在残疾人群体中的覆盖率和保障水平。要完善残疾人社会救助和社会福利政策，使残疾人基本生活得到稳定的制度性保障，逐步扩大残疾人社会福利范围，适当提高残疾人社会福利水平，做好残疾老人和残疾儿童的福利服务，开展残疾人托养服务。

3. 加强残疾人医疗康复和残疾预防工作。

康复是帮助残疾人恢复和补偿功能，增强生活自理和社会适应能力，平等参与社会生活的基础。2010年度，全国残疾人康复需求服务覆盖面仅为33.5%，残疾人康复服务的覆盖率仍较低。因此，要切实将残疾人医疗康复纳入基本医疗卫生服务体系，建立健全社会化的残疾人康复服务体系，加强康复服务设施建设和人才队伍培养；普遍开展社区康复服务，实现康复进社区、服务进家庭；继续实施重点康复工程，大力开展康复救助，努力提高残疾人康复服务覆盖率。要健全残疾预防体系，抓紧制定和实施国家残疾预防行动计划；广泛开展以社区为基础、以一级预防为重点的三级预防工作；普及残疾预防知识，提高公众残疾预防意识。

4. 广泛开展社区文化活动，丰富残疾人精神生活。

丰富、活跃残疾人群众文化体育生活，发展残疾人特殊艺术和竞技体育，是残疾人自强不息、平等参与社会生活的重要内容。2010年度，全国残疾人社区活动参与率仅为33.7%，还有约三分之二的残疾人没有真正走出家门，融入社会。要加强政府基本公共文化服务，活跃残疾人文体生活，满足残疾人基本文化需求；将残疾人群众文体活动纳入和谐社区建设，鼓励和吸引残疾人参加形式多样、健康有益的社区文化、艺术、健身、娱乐等活动，大力发展残疾人群众性体育健身项目；鼓励、支持各类公共文化体育设施管理机构，普遍对残疾人开放，并提供特别服务和优惠。全民健身运动项目、设施等要充分考虑残疾人参加体育锻炼健身的需求，推广适合残疾人身心特点的健身康复体育项目。政府和社会应为残疾人走出家门融入社会创造更加适宜的社会环境。

5. 加强无障碍建设和改造，方便残疾人参与社会生活。

无障碍环境，是残疾人走出家门、参与社会生活的基本条件，也是方便老年人、妇女儿童和其他社会成员的重要措施。政府要在目前较好的工作基础上，加快城乡无障碍建设与改造，加强信息交流无障碍建设，努力为残疾人等群体创造安全、方便的无障碍环境，促进他们的社会参与。

6. 加强残疾人事业法律法规和制度建设，依法维护残疾人的合法权益。

维护残疾人的合法权益，是残疾人工作的主题，是全社会的义务。2010年度，有需求的残疾人及家庭中仅有7.8%残疾人家庭接受过法律服务，法律服务的普及率和覆盖面仍然相对较低。政府要进一步完善残疾人事业政策法规体系，完善残疾人维权工作机制，加强残疾人自我维权的意识，提高政府、司法机关、法律救助机构对残疾人法律救助和维权服务的意识和能力，依法保障残疾人权益。

附表

## 2007—2010年度中国残疾人小康进程监测结果

| 指标体系 | 单位 | 权重 | 全面小康标准值 | 2007年度 实际值 | 2007年度 实现程度(%) | 2008年度 实际值 | 2008年度 实现程度(%) | 2009年度 实际值 | 2009年度 实现程度(%) | 2010年度 实际值 | 2010年度 实现程度(%) |
|---|---|---|---|---|---|---|---|---|---|---|---|
| 一、生存状况 | | 45 | | | 51.2 | | 53.5 | | 56.9 | | 59.4 |
| （一）收入状况 | | 20 | | | | | | | | | |
| 1. 残疾人家庭人均可支配收入 | 元 | 20 | ≥15000 | 4163 | 27.8 | 4972 | 33.1 | 5672 | 37.8 | 6345 | 42.3 |
| （二）消费状况 | | 10 | | | | | | | | | |
| 2. 残疾人家庭恩格尔系数 | % | 5 | ≤40 | 46.7 | 85.6 | 50.4 | 79.3 | 46.2 | 86.6 | 47.0 | 85.1 |
| 3. 残疾人家庭人均生活用电量 | 千瓦小时 | 5 | ≥500 | 151.6 | 30.3 | 172.4 | 34.5 | 190.8 | 38.2 | 203.3 | 40.7 |
| （三）居住状况 | | 10 | | | | | | | | | |
| 4. 残疾人家庭人均住房使用面积 | 平方米 | 10 | ≥27 | 19.3 | 71.5 | 19.6 | 72.5 | 19.8 | 73.2 | 20.3 | 75.0 |
| （四）婚姻状况 | | 5 | | | | | | | | | |
| 5. 适龄残疾人在婚率 | % | 5 | ≥70 | 63.5 | 90.8 | 63.1 | 90.1 | 63.0 | 89.9 | 62.5 | 89.3 |
| 二、发展状况 | | 35 | | | 35.5 | | 38.7 | | 41.7 | | 46.1 |
| （五）康复状况 | | 8 | | | | | | | | | |
| 6. 康复服务覆盖率 | % | 8 | ≥90 | 19.0 | 21.1 | 23.3 | 25.9 | 23.0 | 25.6 | 33.5 | 37.2 |
| （六）教育状况 | | 6 | | | | | | | | | |
| 7. 学龄残疾儿童接受义务教育比例 | % | 6 | ≥95 | 63.3 | 66.7 | 63.8 | 67.1 | 69.5 | 73.2 | 71.4 | 75.2 |
| （七）就业状况 | | 6 | | | | | | | | | |
| 8. 城镇残疾人登记失业率 | % | 6 | ≤6 | 10.6 | 0.0 | 12.6 | 0.0 | 13.6 | 0.0 | 8.6 | 0.0 |
| （八）社会保障 | | 8 | | | | | | | | | |
| 9. 城镇残疾人基本社会保险覆盖率 | % | 4 | ≥95 | 34.8 | 36.7 | 38.8 | 40.8 | 52.1 | 54.8 | 60.9 | 64.1 |

二、全国残疾人状况及小康进程监测报告

续表

| 指标体系 | 单位 | 权重 | 全面小康标准值 | 2007年度 实际值 | 2007年度 实现程度(%) | 2008年度 实际值 | 2008年度 实现程度(%) | 2009年度 实际值 | 2009年度 实现程度(%) | 2010年度 实际值 | 2010年度 实现程度(%) |
|---|---|---|---|---|---|---|---|---|---|---|---|
| 10. 农村残疾人合作医疗覆盖率 | % | 4 | ≥95 | 84.4 | 88.8 | 93.5 | 98.4 | 94.4 | 99.4 | 96.0 | 100.0 |
| (九) 信息化水平 | | 4 | | | | | | | | | |
| 11. 百户残疾人家庭电话拥有量 | 部 | 2 | ≥150 | 75.2 | 50.1 | 80.4 | 53.6 | 86.0 | 57.3 | 90.8 | 60.6 |
| 12. 百户残疾人家庭彩色电视机拥有量 | 台 | 1 | ≥100 | 65.9 | 65.9 | 71.2 | 71.2 | 74.3 | 74.3 | 77.4 | 77.4 |
| 13. 百户残疾人家庭家用电脑拥有量 | 台 | 1 | ≥60 | 3.9 | 6.5 | 4.6 | 7.7 | 6.0 | 10.0 | 6.9 | 11.5 |
| (十) 社会参与 | | 3 | | | | | | | | | |
| 14. 社区活动参与率 | % | 3 | ≥90 | 24.8 | 27.6 | 30.2 | 33.6 | 29.9 | 33.2 | 33.7 | 37.4 |
| 三、环境状况 | | 20 | | | 52.4 | | 60.0 | | 61.5 | | 66.8 |
| (十一) 无障碍环境 | | 7 | | | | | | | | | |
| 15. 残疾人对无障碍环境的满意率 | % | 7 | ≥90 | 48.0 | 53.4 | 62.9 | 69.9 | 66.8 | 74.3 | 69.4 | 77.1 |
| (十二) 社区服务 | | 7 | | | | | | | | | |
| 16. 社区服务覆盖率 | % | 7 | ≥90 | 14.3 | 15.9 | 17.8 | 19.7 | 17.0 | 18.9 | 25.3 | 28.1 |
| (十三) 法律服务 | | 6 | | | | | | | | | |
| 17. 法律服务满意率 | % | 6 | ≥90 | 84.4 | 93.8 | 85.8 | 95.3 | 86.6 | 96.2 | 90.4 | 100.0 |
| 残疾人小康实现程度 | % | 100 | | | 46.8 | | 50.6 | | 53.5 | | 57.4 |

# 2011年度全国残疾人状况及小康进程监测报告

中国残联研究室、北京大学人口研究所、国家统计局统计科学研究所

我国正处于全面建设小康社会的关键时期，经济社会快速发展，残疾人状况也处于一个快速变动的阶段。为了及时、准确、全面地掌握残疾人状况的变化情况，2007年国家统计局、民政部、卫生部、中国残联、第二次全国残疾人抽样调查办公室联合下发《关于开展全国残疾人状况监测工作的通知》（残联发〔2007〕13号），正式启动了年度监测工作，经过近四年的共同努力，2007年至2010年的首轮残疾人状况监测工作圆满结束。2011年5月，中国残联、国家统计局、民政部、卫生部联合下发了《关于开展新一轮全国残疾人状况监测工作的通知》（残联〔2011〕93号），启动了2011年至2015年的新一轮残疾人状况监测工作。

2011年度新一轮残疾人状况监测工作监测了全国734个县（市、区）中的1468个小区，涉及家庭户约18万，常住人口62.6万，共计监测残疾人口42780人，其中经过筛查评定，新补充12724人，较好地解决了样本老化的问题，提高了样本的代表性。监测样本中成人40885人，儿童1895人；男性22375人，占52.3%，女性20405人，占47.7%，男女性别比为109.7；城市14459人，占33.8%，农村28321人，占66.2%。

2011年度监测起止时间为2010年11月1日0时至2011年11月1日0时。主要内容包括残疾人的生存、发展和环境状况，涉及残疾人生活、康复、教育、就业、社会保障、社区服务、无障碍环境和法律服务等方面的基本状况及变化情况。

监测结果表明，2011年度残疾人生活状况得到较大改善，特别是收入水平和社会保障、社区服务及康复服务的覆盖率明显提高，残疾人小康实现程度达到63.1%，是近年来增幅最大的一年，这反映出加快推进残疾人社会保障和公共服务两个体系建设的新成效和残疾人事业加快发展的新变化。监测工作还将为《中国残疾人事业"十二五"发展纲要》及相关国家规划的执行评估提供重要的数据支持。

本年度监测工作得到中国残疾人福利基金会的支持。

## 一、2011年度中国残疾人状况监测结果

### （一）残疾人家庭基本情况

1. 家庭户规模变化不大。

2011年度残疾人家庭户平均规模为3.5人，与上年度的3.3人相比，增加0.2人。其中，残疾人家庭户规模为2人的所占比例最高，达到25.9%，3人户家庭比例为19.4%，4人户家庭比例为17.3%，5人户及以上家庭所占比例合计为27.2%，1人户残疾人家庭比例为10.3%。

2. 适龄残疾人婚姻状况基本稳定。

2011年监测结果表明，适龄残疾人在婚率为63.5%，离婚率为2.2%，与过去4年相比，婚姻状况呈现稳定态势（见表1）。

表1　适龄残疾人的婚姻状况（单位:%）

|  | 2007年度 | 2008年度 | 2009年度 | 2010年度 | 2011年度 |
|---|---|---|---|---|---|
| 未婚 | 11.9 | 12.5 | 11.4 | 11.9 | 11.9 |
| 初婚有配偶 | 59.3 | 58.9 | 60.0 | 59.6 | 61.1 |
| 再婚有配偶 | 3.3 | 3.2 | 3.0 | 2.9 | 2.4 |
| 离婚 | 2.1 | 2.1 | 2.2 | 2.3 | 2.2 |
| 丧偶 | 23.4 | 23.2 | 23.3 | 23.3 | 22.3 |

3. 残疾儿童监护人仍以父母为主。

在2011年度监测的18岁以下残疾儿童中，父母为监护人的占84.9%，保持在过去4年的平均水平（84.6%）上。父母监护更有利于残疾儿童成长，因此需要特别关注由祖父母或外祖父母、其他亲属或非亲属作为监护人的残疾儿童的成长状况（见表2）。

表2　17岁及以下残疾儿童的监护人构成（单位:%）

|  | 2007年度 | 2008年度 | 2009年度 | 2010年度 | 2011年度 |
|---|---|---|---|---|---|
| 父母 | 82.8 | 84.2 | 85.4 | 86.0 | 84.9 |
| 父亲或母亲 | 5.5 | 4.9 | 5.2 | 5.4 | 5.3 |
| 祖父母或外祖父母 | 8.2 | 7.8 | 7.3 | 6.7 | 7.0 |
| 其他亲属或其他非亲属 | 3.5 | 3.1 | 2.1 | 1.9 | 2.9 |

#### 4. 住房面积增加，住房状况有所改善。

2011年度监测人口中，城镇残疾人人均住房面积18.2平方米，农村残疾人人均住房面积22.1平方米，城镇和农村均比上年度增加0.5平方米。

#### 5. 残疾人家庭人均收入明显提高。

2011年度监测城镇残疾人家庭人均可支配收入11757.7元，比上年度增加2391.9元；农村残疾人家庭人均可支配收入5998.2元，比上年度增加1259.0元*。

从残疾人家庭人均收入的结构看，与上年度相比，2011年度城镇收入增幅最大的是工薪年收入，增加1154.2元，接下来是转移性年收入、经营年净收入；农村收入的增加主要是由于工薪年收入、经营年总收入以及转移性年收入的提高（见表3）。

表3　残疾人家庭分项人均收入比较（单位：元）

| 项目 | 城镇 | | | | | 农村 | | | | |
|---|---|---|---|---|---|---|---|---|---|---|
| | 2007年度 | 2008年度 | 2009年度 | 2010年度 | 2011年度 | 2007年度 | 2008年度 | 2009年度 | 2010年度 | 2011年度 |
| 可支配收入 | 7356.6 | 8487.2 | 8578.1 | 9365.8 | 11757.7 | 3101.0 | 3803.6 | 4066.1 | 4739.2 | 5998.2 |
| 工薪年收入 | 2676.0 | 2786.7 | 3086.4 | 3238.8 | 4393.0 | 1326.7 | 1636.2 | 1689.1 | 2037.2 | 2663.6 |
| 经营年净收入 | 484.0 | 580.9 | 434.1 | 380.3 | 528.9 | – | – | – | – | – |
| 经营年总收入 | – | – | – | – | – | 1615.6 | 2023.6 | 2417.8 | 2548.0 | 3117.8 |
| 财产性年收入 | 198.9 | 179.1 | 339.7 | 291.9 | 422.4 | 185.8 | 166.3 | 121.6 | 100.5 | 141.6 |
| 转移性年收入 | 4255.5 | 5211.0 | 4978.6 | 5735.2 | 6826.3 | 582.2 | 734.5 | 724.8 | 890.4 | 1091.9 |
| 出售财物年收入 | 62.5 | 64.3 | 78.0 | 119.9 | 61.6 | 31.4 | 20.1 | 30.8 | 25.8 | 32.8 |
| 借贷年收入 | 182.6 | 148.5 | 261.2 | 217.1 | 161.8 | 227.6 | 256.0 | 339.8 | 323.4 | 279.8 |

#### 6. 残疾人家庭支出增加。

与2010年度相比，2011年度城镇残疾人家庭消费性支出呈上升趋势，农村残疾人家庭消费性支出也持续上升。

2011年度城镇残疾人家庭消费性支出的前三项依次是食品支出、医疗保健支出和居住支出，与2010年度相同，分别占支出总额的48.9%、19.9%和12.2%。与2010年度相比，2011年度食品支出、医疗保健支出和居住支出占支出总额的比例分别提高了2.5个百分点、下降了0.3个百分点和下降了1.6个百分点。

2011年度城镇残疾人家庭教育和文化年支出占支出总额的4.3%，与2010年度的5.1%相比，下降了0.8个百分点（见表4）。

表4 城镇残疾人家庭分项人均支出比较（单位：元）

|  | 2007年度 | 2008年度 | 2009年度 | 2010年度 | 2011年度 |
|---|---|---|---|---|---|
| **消费性支出** | 5484.4 | 6257.0 | 6206.2 | 6576.0 | 7585.2 |
| 食品年支出 | 2400.8 | 2954.6 | 2774.4 | 3051.2 | 3706.2 |
| 衣着年支出 | 257.4 | 293.1 | 292.4 | 306.1 | 383.7 |
| 设备用品年支出 | 122.7 | 113.6 | 119.8 | 146.7 | 153.6 |
| 医疗保健年支出 | 1127.2 | 1150.0 | 1241.3 | 1333.9 | 1512.7 |
| 交通和通信年支出 | 327.0 | 346.3 | 359.9 | 355.1 | 420.4 |
| 教育和文化年支出 | 390.0 | 374.1 | 352.3 | 335.6 | 328.2 |
| 居住年支出 | 746.8 | 882.7 | 932.8 | 904.8 | 922.9 |
| 杂项商品年支出 | 112.4 | 142.8 | 133.3 | 142.7 | 157.4 |
| **非消费性支出** |  |  |  |  |  |
| 社会保障年支出 | 198.5 | 237.2 | 229.2 | 262.3 | 381.8 |
| 借贷还债年支出 | 109.4 | 92.3 | 110.3 | 93.9 | 124.3 |
| 年交纳所得税 | 59.4 | 33.3 | 31.5 | 18.2 | 31.1 |
| 转移性年支出 | 339.5 | 436.6 | 429.8 | 535.2 | 578.2 |

2011年度农村残疾人家庭消费性支出主要是食品支出、医疗保健支出、居住支出，分别占支出总额的50.3%、16.8%和14.1%。与2010年度这三项支出占支出总额的比例相比，分别上升3.0个百分点、上升1.9个百分点和下降5.0个百分点。2011年度农村残疾人家庭的社会保障支出占总非消费性支出的比例为7.9%，相比2010年的6.2%增加了1.7个百分点（见表5）。

表5 农村残疾人家庭分项人均支出比较（单位：元）

|  | 2007年度 | 2008年度 | 2009年度 | 2010年度 | 2011年度 |
|---|---|---|---|---|---|
| **消费性支出** | 2791.6 | 3225.4 | 3584.5 | 4051.5 | 4595.6 |
| 食品年支出 | 1332.4 | 1660.2 | 1686.4 | 1918.8 | 2313.6 |
| 衣着年支出 | 141.8 | 154.9 | 171.4 | 184.1 | 230.9 |
| 设备用品年支出 | 40.4 | 47.5 | 54.7 | 69.4 | 75.3 |
| 医疗保健年支出 | 465.1 | 449.1 | 551.1 | 602.0 | 771 |
| 交通和通信年支出 | 177.2 | 198.3 | 221.8 | 248.5 | 271.8 |
| 教育和文化年支出 | 176.0 | 158.8 | 182.7 | 181.6 | 201.2 |
| 居住年支出 | 402.2 | 492.0 | 645.6 | 772.2 | 648 |
| 杂项商品年支出 | 56.6 | 64.6 | 70.7 | 75.0 | 83.9 |

续 表

| 非消费性支出 | 2007年度 | 2008年度 | 2009年度 | 2010年度 | 2011年度 |
|---|---|---|---|---|---|
| 社会保障年支出 | 20.1 | 34.9 | 40.5 | 65.0 | 99.8 |
| 借贷还债年支出 | 116.2 | 136.7 | 136.5 | 141.5 | 146.0 |
| 经营年支出 | 355.1 | 476.4 | 564.0 | 510.3 | 625.1 |
| 生产性固定资产年折旧 | 17.4 | 13.5 | 18.6 | 16.7 | 21.3 |
| 财产性年支出 | 31.7 | 27.9 | 29.3 | 21.5 | 32.6 |
| 转移性年支出 | 188.6 | 224.5 | 254.4 | 277.4 | 324.6 |
| 税费年支出 | 16.6 | 14.7 | 20.9 | 10.9 | 13.2 |

2011年度，城镇残疾人家庭恩格尔系数为48.9%，农村为50.3%，受食品价格上升的影响，比上年度略有增高（见表6）。

表6　残疾人家庭恩格尔系数（单位:%）

| | 2007年度 | 2008年度 | 2009年度 | 2010年度 | 2011年度 |
|---|---|---|---|---|---|
| 城镇 | 43.8 | 47.2 | 44.7 | 46.4 | 48.9 |
| 农村 | 47.7 | 51.5 | 47.0 | 47.4 | 50.3 |

7. 残疾人家庭电话和家用电器拥有比例普遍上升。

2011年度家用电器和电脑拥有的比例普遍上升。虽然固定电话拥有率稍有下降，但是移动电话（手机或小灵通）的拥有率有较大上升，呈明显的互补关系。分城乡看，2011年度城镇家电拥有率较上年度呈现上升趋势，其中移动电话、电冰箱、洗衣机拥有率已超过五成，而彩电拥有率高达83%；农村家电拥有率在2007—2011年度始终保持稳定上升的趋势，其中彩电和移动电话拥有率达到82.2%和62.2%，但拥有率仍低于城镇，特别是电脑和电冰箱的拥有率城乡差距较大。

与2010年度相比，2011年度家用电脑上网的比例有所提高，城乡分别上升了5.1个百分点和4.5个百分点；残疾人本人使用电脑的比例也有所上升，城乡分别上升了5.7个百分点和0.9个百分点（见表7）。

8. 家庭人均用电量上升。

2011年度城镇和农村的家庭月人均用电量均有较大上升。其中，城镇月人均用电量达到31.2度，比上年度增加4.7度；农村月人均用电量达到15.5度，比上年度增加3.6度（见表8）。

表7 残疾人家庭家用电器拥有率（单位:%）

|  | 2007年度 | | 2008年度 | | 2009年度 | | 2010年度 | | 2011年度 | |
|---|---|---|---|---|---|---|---|---|---|---|
|  | 城镇 | 农村 | 城镇 | 农村 | 城镇 | 农村 | 城镇 | 农村 | 城镇 | 农村 |
| 固定电话 | 68.0 | 37.7 | 67.7 | 36.9 | 51.7 | 37.0 | 51.3 | 35.7 | 48.7 | 31.1 |
| 手机或小灵通 | 43.6 | 26.1 | 48.2 | 32.5 | 44.7 | 43.1 | 49.2 | 50.0 | 59.3 | 62.2 |
| 彩电 | 89.3 | 58.6 | 91.1 | 65.0 | 77.7 | 72.4 | 79.7 | 76.2 | 83.0 | 82.2 |
| 电冰箱 | 60.6 | 11.8 | 63.0 | 13.8 | 48.7 | 16.2 | 52.1 | 20.8 | 58.0 | 31.8 |
| 洗衣机 | 61.7 | 20.3 | 65.3 | 23.7 | 51.2 | 28.2 | 53.5 | 33.0 | 58.7 | 39.7 |
| 电脑 | 13.6 | 0.9 | 14.9 | 1.4 | 13.0 | 2.1 | 14.5 | 2.9 | 17.9 | 4.8 |
| 其中：电脑上网比例 | - | - | - | - | - | - | 84.5 | 80.4 | 89.6 | 84.9 |
| 残疾人使用电脑比例 | - | - | - | - | - | - | 22.5 | 18.0 | 28.2 | 18.9 |

表8 残疾人家庭月人均用电量（单位：度）

|  | 2007年度 | 2008年度 | 2009年度 | 2010年度 | 2011年度 |
|---|---|---|---|---|---|
| 城镇 | 26.0 | 28.5 | 25.1 | 26.5 | 31.2 |
| 农村 | 8.2 | 10.0 | 10.8 | 11.9 | 15.5 |

（二）残疾人基本情况

1. 残疾人接受康复服务的比例有较大提高。

自2006年第二次全国残疾人抽样调查以来，残疾人接受过康复服务的比例呈较明显上升趋势。2011年度，残疾人接受过康复服务的比例为47.4%，比上年度有较大提高，其中，城镇残疾人接受过康复服务的比例由上年度的38.5%上升到51.4%，农村残疾人接受过康复服务的比例由上年度的30.8%上升到45.4%。这表明政府与社会提供康复服务的能力在2010年的基础上有较大提高，残疾人受益面进一步扩大。

2010年度城乡残疾人在接受辅助器具配置、心理疏导、康复知识普及等三方面康复服务的比例都比上年度有不同程度增加。2011年度城乡残疾人接受康复服务的多数项目的比例都达到了近年的较高水平，其中，城镇和农村残疾人接受康复知识普及的比例与上年度相比分别提高了5.9和4.3个百分点，这表明有更多的残疾人重视康复知识的学习并接受了康复服务。2011年度康复服务监测指标增加了诊断和需求评估，居家服务、日间照料与托养，残疾人及亲友培训以及随访和评估服务，监测结果表明，接受了诊断和需求评估的比例城镇为12.4%、农村为16.1%；接受了居家服务、日间照料与托养的比例城镇为11.9%、农村为11.8%；接受了残疾人亲友培训的比例城镇为3.0%，农村为3.6%；接受了随访和评估服务的比例城镇为4.6%，农村为5.0%（见表9）。

表9 残疾人接受过各项康复服务的比例（单位:%）

|  | 2007年度 | | 2008年度 | | 2009年度 | | 2010年度 | | 2011年度 | |
| --- | --- | --- | --- | --- | --- | --- | --- | --- | --- | --- |
|  | 城镇 | 农村 | 城镇 | 农村 | 城镇 | 农村 | 城镇 | 农村 | 城镇 | 农村 |
| 治疗与康复训练 | 13.8 | 8.4 | 15.5 | 9.0 | 13.0 | 9.5 | 14.1 | 13.3 | 15.6 | 12.7 |
| 辅助器具配置 | 7.6 | 3.0 | 9.1 | 4.4 | 8.4 | 3.9 | 11.5 | 6.7 | 12.3 | 7.3 |
| 心理疏导 | 6.1 | 3.6 | 10.0 | 4.6 | 6.4 | 4.5 | 7.0 | 6.6 | 8.8 | 8.0 |
| 康复知识普及 | 10.5 | 3.6 | 14.8 | 4.9 | 11.9 | 4.7 | 18.1 | 11.4 | 24.0 | 15.7 |
| 日间照料与托养 | 6.2 | 4.6 | 9.5 | 4.8 | 7.8 | 6.1 | 9.1 | 9.4 | — | — |
| 残疾儿童家长培训 | 10.5 | 8.3 | 9.5 | 7.1 | 12.3 | 6.0 | 16.1 | 7.9 | — | — |
| 跟踪回访服务* | — | — | — | — | — | — | 7.8 | 4.7 | — | — |
| 其他康复服务* | — | — | — | — | — | — | 8.1 | 8.9 | 11.4 | 11.4 |
| 诊断和需求评估** | — | — | — | — | — | — | — | — | 12.4 | 16.1 |
| 居家服务、日间照料与托养** | — | — | — | — | — | — | — | — | 11.9 | 11.8 |
| 残疾人及亲友培训** | — | — | — | — | — | — | — | — | 3.0 | 3.6 |
| 随访和评估服务** | — | — | — | — | — | — | — | — | 4.6 | 5.0 |

注：*为2010年度新增的康复服务指标选项，**为2011年度新增的康复服务指标选项。

相比2010年度，2011年度各类残疾人在一年内接受过康复服务的比例均有大幅度的增加，其中听力残疾人和言语残疾人接受康复服务的比例增幅最高，均比上年度增加了17.2个百分点，其他类别的残疾人接受康复服务的比例也都有较高的增加（见表10）。

表10 分残疾类别接受过康复服务的残疾人比例（单位:%）

| 残疾类别 | 2007年度 | 2008年度 | 2009年度 | 2010年度 | 2011年度 |
| --- | --- | --- | --- | --- | --- |
| 视力残疾 | 16.2 | 21.7 | 21.3 | 31.9 | 47.7 |
| 听力残疾 | 13.1 | 16.1 | 17.1 | 25.2 | 42.4 |
| 言语残疾 | 15.6 | 17.0 | 19.1 | 22.4 | 39.6 |
| 肢体残疾 | 22.1 | 25.1 | 24.5 | 35.9 | 48.4 |
| 智力残疾 | 17.0 | 20.0 | 19.5 | 30.3 | 44.5 |
| 精神残疾 | 32.1 | 42.2 | 41.3 | 55.7 | 64.0 |
| 多重残疾 | 20.1 | 25.9 | 24.1 | 36.0 | 46.8 |

## 二、全国残疾人状况及小康进程监测报告

**2. 残疾儿童义务教育总体比例上升，就读特殊教育学校比例基本持平。**

2007年以来，随着义务教育阶段"两免一补"等教育救助政策的进一步落实、中西部地区特教学校建设工程的整体推进以及彩票公益金等助学项目的实施，残疾儿童接受义务教育的比例不断上升，尤其体现在全国平均水平和农村平均水平上。2011年度全国平均水平为72.1%，城镇该比例为74.5%，农村为71.5%，分别比2007年度提高了8.8个百分点、8.9个百分点和8.5个百分点（见表11）。

表11 6—14岁残疾儿童义务教育比例（单位:%）

|  | 2007年度 | 2008年度 | 2009年度 | 2010年度 | 2011年度 |
|---|---|---|---|---|---|
| 城镇 | 65.6 | 64.5 | 73.7 | 75.7 | 74.5 |
| 农村 | 63.0 | 63.7 | 68.5 | 70.5 | 71.5 |
| 全国 | 63.3 | 63.8 | 69.5 | 71.4 | 72.1 |

从6—17岁残疾儿童就读学校的类型看，2011年度与上年度相比，就读普通小学、特殊教育学校和普通教育学校特教班的比例有所下降，就读普通中学、普通高中和中等职业学校的比例有所上升（见表12）。

表12 6—17岁残疾儿童就读学校类型构成（单位:%）

|  | 2007年度 | | | 2008年度 | | | 2009年度 | | | 2010年度 | | | 2011年度 | | |
|---|---|---|---|---|---|---|---|---|---|---|---|---|---|---|---|
|  | 全国 | 城镇 | 农村 | 全国 | 城镇 | 农村 | 全国 | 城镇 | 农村 | 全国 | 城镇 | 农村 | 全国 | 城镇 | 农村 |
| 普通小学 | 73.0 | 63.6 | 74.4 | 72.0 | 63.4 | 73.2 | 74.5 | 64.0 | 77.1 | 73.0 | 64.2 | 75.0 | 68.2 | 54.1 | 71.6 |
| 普通中学 | 17.1 | 18.2 | 16.9 | 18.1 | 23.9 | 17.0 | 15.3 | 17.8 | 14.7 | 16.2 | 18.0 | 16.1 | 20.2 | 20.4 | 20.2 |
| 特殊教育学校 | 5.0 | 10.4 | 4.1 | 6.2 | 8.5 | 5.9 | 7.1 | 11.2 | 6.0 | 7.1 | 11.7 | 6.0 | 6.5 | 12.8 | 5.0 |
| 普通教育学校特教班 | 0.7 | 1.3 | 0.6 | 0.5 | 1.4 | 0.4 | 0.6 | 1.5 | 0.4 | 0.7 | 1.7 | 0.5 | 0.1 | 0.5 | 0.0 |
| 普通高中 | 2.8 | 3.9 | 2.7 | 2.1 | 2.8 | 2.0 | 2.0 | 4.1 | 1.4 | 1.6 | 1.1 | 1.7 | 2.5 | 6.6 | 1.5 |
| 中等职业学校 | 1.4 | 2.6 | 1.2 | 1.1 | — | 1.2 | 0.6 | 1.5 | 0.4 | 1.1 | 2.7 | 0.7 | 2.5 | 5.6 | 1.6 |

18岁及以上残疾人总体受教育程度不高，未上过学和上过小学的比例高达74.6%与2010年度相比，2011年度全国从未上过学的比例有所减少，其中，城镇和农村分别减少了2.7和3.6个百分点；全国上过小学和初中的比例均有所增加，除此之外，其他各类受教育程度比例与上年度基本保持一致（见表13）。

表13 18岁及以上残疾人的受教育程度构成（单位:%）

|  | 2007年度 | | | 2008年度 | | | 2009年度 | | | 2010年度 | | | 2011年度 | | |
|---|---|---|---|---|---|---|---|---|---|---|---|---|---|---|---|
|  | 全国 | 城镇 | 农村 | 全国 | 城镇 | 农村 | 全国 | 城镇 | 农村 | 全国 | 城镇 | 农村 | 全国 | 城镇 | 农村 |
| 从未上过学 | 42.4 | 24.8 | 49.1 | 42.1 | 24.2 | 47.9 | 41.8 | 34.2 | 46.2 | 40.9 | 32.9 | 45.3 | 37.7 | 30.2 | 41.7 |
| 小学 | 35.1 | 30.3 | 36.0 | 35.0 | 30.3 | 36.5 | 34.8 | 30.9 | 37.0 | 35.2 | 31.1 | 37.5 | 36.9 | 31.8 | 39.6 |
| 初中 | 15.8 | 26.4 | 12.1 | 15.9 | 26.3 | 12.6 | 16.5 | 21.2 | 13.7 | 16.7 | 21.4 | 14.1 | 18.0 | 23.0 | 15.4 |
| 高中 | 3.9 | 9.4 | 2.1 | 4.0 | 9.8 | 2.1 | 4.1 | 7.2 | 2.3 | 4.3 | 7.8 | 2.3 | 4.4 | 8.1 | 2.5 |
| 中专教育 | 1.5 | 4.3 | 0.5 | 1.5 | 4.2 | 0.6 | 1.5 | 3.2 | 0.5 | 1.5 | 3.1 | 0.6 | 1.4 | 3.2 | 0.5 |
| 大学专科 | 0.8 | 2.7 | 0.2 | 1.0 | 3.1 | 0.3 | 0.9 | 2.2 | 0.2 | 1.0 | 2.4 | 0.2 | 1.0 | 2.3 | 0.3 |
| 大学本科及以上 | 0.5 | 2.1 | 0.0 | 0.5 | 2.1 | 0.0 | 0.5 | 1.2 | 0.1 | 0.5 | 1.2 | 0.1 | 0.5 | 1.4 | 0.1 |

3.残疾人就业比例与上年基本持平，未就业原因及生活来源与上年度排序相同。

2011年度，劳动年龄段生活能够自理的城镇残疾人就业比例为33.2%，农村为50.3%，与上年度相比，农村上升1.1%，城镇略有下降。残疾人找工作的主要途径是熟人介绍，其中，城镇为65.9%，农村为52.9%（见表14），由此反映出公共就业服务机构和残疾人就业服务的工作尚需进一步加强。农村残疾人自主创业或灵活就业的比例为32.1%，与2010年度相比，提高了2倍，这反映出政府和社会的支持力度加大，农村残疾人自主创业能力明显加强。

2011年度城镇残疾人登记失业率为9.9%，比上年度的8.6%上升了1.3个百分点。

表14 残疾人找工作的途径（单位:%）

|  | 2010年度 | | | 2011年度 | | |
|---|---|---|---|---|---|---|
|  | 全国 | 城镇 | 农村 | 全国 | 城镇 | 农村 |
| 网络就业信息 | 2.0 | 3.3 | 0.9 | 4.8 | 6.4 | 3.3 |
| 公共就业服务机构 | 12.2 | 19.4 | 5.6 | 12.4 | 17.7 | 7.5 |
| 残疾人就业服务机构 | 38.1 | 42.2 | 34.3 | 35.7 | 40.0 | 31.7 |
| 招聘会 | 11.3 | 19.0 | 4.3 | 11.5 | 17.7 | 5.8 |
| 熟人介绍 | 61.7 | 62.6 | 60.9 | 59.1 | 65.9 | 52.9 |
| 自主创业或灵活就业 | 16.9 | 23.7 | 10.7 | 26.3 | 20.1 | 32.1 |
| 其他 | 33.3 | 19.4 | 45.9 | 29.4 | 25.9 | 32.5 |

在2011年度生活能自理的18到59岁的男性和18到54岁的女性残疾人中，未就业原因的前三位是：城市依次为丧失劳动能力（29.2%）、其

他原因（22.1%）、离退休（16.7%）；农村依次为丧失劳动能力（34.9%）、料理家务（31.4%）、其他原因（26.4%）。与2010年度相比，城镇和农村未就业原因的排序相同，比例略有变化（见表15）。

表15　残疾人未工作原因构成（单位:%）

| 项目 | 城镇 | | | | | 农村 | | | | |
|---|---|---|---|---|---|---|---|---|---|---|
| | 2007年度 | 2008年度 | 2009年度 | 2010年度 | 2011年度 | 2007年度 | 2008年度 | 2009年度 | 2010年度 | 2011年度 |
| 在校学生 | 0.8 | 1.3 | 1.0 | 1.0 | 1.1 | 1.0 | 1.3 | 1.5 | 1.5 | 1.2 |
| 离退休 | 21.2 | 23.1 | 17.1 | 18.0 | 16.7 | 0.6 | 0.8 | 0.3 | 0.3 | 0.5 |
| 料理家务 | 12.1 | 15.8 | 13.5 | 14.5 | 13.4 | 34.6 | 32.9 | 32.8 | 31.8 | 31.4 |
| 丧失劳动能力 | 20.9 | 19.8 | 28.8 | 27.1 | 29.2 | 40.8 | 38.1 | 37.3 | 33.6 | 34.9 |
| 毕业后未工作 | 3.2 | 2.6 | 2.7 | 2.4 | 2.2 | 1.0 | 0.9 | 1.2 | 0.9 | 1.0 |
| 因单位原因 | 18.6 | 15.6 | 11.2 | 8.8 | 7.2 | 0.8 | 0.6 | 0.4 | 0.4 | 0.4 |
| 因个人原因 | 9.2 | 7.2 | 7.3 | 7.3 | 7.1 | 3.7 | 3.3 | 2.7 | 2.9 | 3.8 |
| 承包土地征用 | 1.5 | 0.3 | 0.7 | 0.4 | 0.9 | 1.3 | 0.9 | 0.3 | 0.8 | 0.5 |
| 其他 | 12.6 | 14.3 | 17.8 | 20.4 | 22.1 | 16.1 | 21.8 | 23.5 | 27.8 | 26.4 |

注：城镇"承包土地被征用"是指居住在城乡接合部或镇的农业人口，承包的土地被征用。

2011年度有劳动能力未就业残疾人的生活主要来源：城镇依次为家庭其他成员供养（40.0%）、领取基本生活费（32.2%）、离退休金（16.9%）、其他（9.4%），农村依次为靠家庭其他成员供养（72.3%）、领取基本生活费（13.5%）、其他（12.7%）、财产性收入（1.0%）。与2010年度相比，城镇和农村未就业者的生活来源仍然以家庭供养为主，比例均略有上升（见表16）。

表16　未工作残疾人的生活来源构成（单位:%）

| 项目 | 城镇 | | | | | 农村 | | | | |
|---|---|---|---|---|---|---|---|---|---|---|
| | 2007年度 | 2008年度 | 2009年度 | 2010年度 | 2011年度 | 2007年度 | 2008年度 | 2009年度 | 2010年度 | 2011年度 |
| 离退休金 | 21.5 | 23.7 | 17.4 | 18.2 | 16.9 | 0.7 | 0.9 | 0.3 | 0.3 | 0.5 |
| 领取基本生活费 | 36.2 | 31.0 | 31.4 | 35.0 | 32.2 | 9.3 | 11.1 | 10.1 | 14.0 | 13.5 |
| 家庭其他成员供养 | 35.3 | 39.6 | 40.5 | 37.6 | 40.0 | 76.3 | 73.9 | 76.9 | 70.0 | 72.3 |
| 财产性收入 | 0.6 | 0.8 | 1.6 | 1.4 | 1.4 | 3.2 | 2.0 | 1.1 | 0.7 | 1.0 |
| 保险性收入 | 0.3 | 0.0 | 0.2 | 0.1 | 0.1 | 0.0 | 0.1 | 0.0 | 0.0 | 0.0 |
| 其他 | 6.1 | 4.9 | 8.9 | 7.6 | 9.4 | 10.5 | 11.9 | 11.5 | 15.0 | 12.7 |

**4. 残疾人的社会保障状况有较明显改善。**

（1）城镇残疾人参加社会保险比例提高。

2007—2011年度城镇残疾人参加社会保险比例不断提高。2008、2009、2010、2011年度城镇残疾人至少参加了一种社会保险的比例分别比上一年度增加了20.5个百分点、1.7个百分点、11.8个百分点和4.8个百分点。城镇残疾人参加的社会保险中增幅最大的是参加基本养老保险的比例，2011年度比上年度增加了11.0个百分点，其次是参加基本医疗保险的比例，比上年度增加了4.1个百分点。应予关注的是2011年度仍有19.1%的城镇残疾人没有参加任何一种社会保险（见表17）。

表17　16岁及以上残疾人参加社会保险情况（单位:%）

| | 2007年度 | | 2008年度 | | | 2009年度 | | | 2010年度 | | | 2011年度 | | |
|---|---|---|---|---|---|---|---|---|---|---|---|---|---|---|
| | 城镇 | 农村 | 城镇合计 | 城镇职工 | 城镇居民 | 城镇合计 | 城镇职工 | 城镇居民 | 城镇合计 | 城镇职工 | 城镇居民 | 城镇合计 | 城镇职工 | 城镇居民 |
| 至少参加了一种社会保险 | 42.1 | 10.8 | 62.6 | 70.9 | 46.4 | 64.3 | 92.6 | 63.7 | 76.1 | 95.6 | 75.8 | 80.9 | 97.2 | 87.4 |
| 参加基本养老保险 | 33.3 | 2.3 | 41.6 | 64.9 | 12.4 | 42.1 | 83.8 | 13.3 | 47.4 | 83.2 | 19.4 | 58.4 | 91.4 | 35.2 |
| 参加基本医疗保险 | 36.0 | 9.5 | 58.6 | 70.5 | 43.6 | 62.1 | 89.6 | 61.4 | 74.4 | 93.5 | 74.5 | 78.5 | 95.2 | 83.6 |
| 参加补充医疗保险 | – | – | – | – | – | 0.0 | – | – | 0.0 | – | – | 0.0 | – | – |
| 参加失业保险 | 3.3 | 0.1 | 4.4 | 7.9 | – | 3.9 | 8.9 | – | 4.7 | 10.0 | – | 5.9 | 11.8 | – |
| 参加工伤保险 | 1.6 | 0.3 | 2.2 | 3.9 | – | 2.7 | 6.1 | – | 3.1 | 6.5 | – | 4.5 | 9.1 | – |
| 参加生育保险 | 0.7 | 0.1 | 1.6 | 2.9 | – | 1.6 | 3.5 | – | 2.1 | 4.6 | – | 3.6 | 7.3 | – |

（2）农村残疾人参加新型农村合作医疗比例上升。

2007—2011年度农村残疾人中参加了新型农村合作医疗的比例不断上升，由2007年度的84.4%上升到2011年度的97.4%（见表18）。这说明，由于政府补贴政策的落实和残联的宣传组织，绝大多数农村残疾人参加了"新农合"。2011年度，参加"新农合"的残疾人中，有91.8%在1年内看过病。

（3）农村残疾人参加新型农村养老保险比例大幅提高。

2011年度农村残疾人参加新型农村养老保险的比例为53.6%，比上年度有大幅提高，提高了40.8个百分点。这说明新型农村养老保险自2009年8月试点以来所覆盖的残疾人群不断扩大。

表18 农村残疾人参加新型农村合作医疗保险的比例（单位:%）

| | 2007年度 | 2008年度 | 2009年度 | 2010年度 | 2011年度 |
|---|---|---|---|---|---|
| 参加新型农村合作医疗保险比例 | 84.4 | 93.5 | 94.4 | 96.0 | 97.4 |

（4）残疾人领取最低生活保障金和救济的比例略有下降。

2011年度城乡残疾人领取最低生活保障金的比例均比上年度略有下降，获得救济（包括现金或实物）的比例也均比上年度略有下降（见表19）。

表19 残疾人领取最低生活保障金和得到救济的比例（单位:%）

| | 2007年度 | | 2008年度 | | 2009年度 | | 2010年度 | | 2011年度 | |
|---|---|---|---|---|---|---|---|---|---|---|
| | 城镇 | 农村 | 城镇 | 农村 | 城镇 | 农村 | 城镇 | 农村 | 城镇 | 农村 |
| 领取最低生活保障金比例 | 19.7 | 12.5 | 21.3 | 19.6 | 22.6 | 23.6 | 24.0 | 28.6 | 23.7 | 28.1 |
| 得到救济的比例 | 22.2 | 26.6 | 26.7 | 28.8 | 26.6 | 27.2 | 26.9 | 27.7 | 25.9 | 25.7 |

（5）城乡残疾人的救助需求比例依然很高，生活救助和医疗救助需求尤为迫切。

2007—2011年度生活救助和医疗救助始终是城乡残疾人最迫切的需求。2011年度城镇50.3%、农村66.6%的残疾人有生活救助需求，城镇54.9%、农村63.6%的残疾人有医疗救助需求（见表20）。

表20 残疾人救助需求情况（单位:%）

| | 2007年度 | | 2008年度 | | 2009年度 | | 2010年度 | | 2011年度 | |
|---|---|---|---|---|---|---|---|---|---|---|
| | 城镇 | 农村 | 城镇 | 农村 | 城镇 | 农村 | 城镇 | 农村 | 城镇 | 农村 |
| 医疗救助 | 57.8 | 69.1 | 54.3 | 66.8 | 56.3 | 66.2 | 54.3 | 63.5 | 54.9 | 63.6 |
| 生活救助 | 41.4 | 60.2 | 40.6 | 61.8 | 49.5 | 65 | 48.7 | 66.2 | 50.3 | 66.6 |
| 康复救助 | 30.1 | 37.9 | 27.9 | 35.6 | 26.5 | 32 | 24.1 | 30.5 | 24.8 | 29.4 |
| 教育救助 | 10.4 | 14.7 | 10.3 | 12.7 | 7.6 | 13.9 | 7 | 13.2 | 5.8 | 11.3 |

5. 残疾人生活的社会环境改善，社会参与增加。

（1）残疾人接受社区服务比例有所上升，满意度有较大提高。

2011年度残疾人接受社区服务的比例由上年度的25.3%上升至31.7%，其中城镇残疾人接受社区服务的比例从31.2%提高到37.9%，农村由22.2%提高到28.5%。

2007—2010年度残疾人对社区服务满意度一直保持在85%左右，2011年度城乡满意度均超过了90%（见表21）。

表21 残疾人对社区服务的满意度评价（单位:%）

| | 2007年度 | | | 2008年度 | | | 2009年度 | | | 2010年度 | | | 2011年度 | | |
|---|---|---|---|---|---|---|---|---|---|---|---|---|---|---|---|
| | 全国 | 城镇 | 农村 | 全国 | 城镇 | 农村 | 全国 | 城镇 | 农村 | 全国 | 城镇 | 农村 | 全国 | 城镇 | 农村 |
| 非常满意或满意 | 84.8 | 86.7 | 83.4 | 86.7 | 86.5 | 86.9 | 88.4 | 88.5 | 88.3 | 86.7 | 87.9 | 85.7 | 91.9 | 94.3 | 90.3 |
| 一般 | 15.1 | 13.2 | 16.5 | 13.1 | 13.5 | 12.8 | 11.4 | 11.5 | 11.4 | 13.2 | 12.0 | 14.1 | 8.0 | 5.7 | 9.6 |
| 不满意 | 0.1 | 0.1 | 0.1 | 0.2 | 0.0 | 0.3 | 0.2 | 0.2 | 0.2 | 0.1 | 0.1 | 0.1 | 0.1 | 0.0 | 0.1 |

（2）残疾人参与社区活动比例依然较低。

2007—2011年度残疾人参加社区文化、体育活动的比例一直较低，经常参加的比例基本保持在5%左右，2011年度略有提高，超过了6%；2011年度偶尔参加活动的残疾人比例为32.4%，比上一年度增加了4.1个百分点（见表22）。

表22 残疾人参加社区文化、体育活动情况（单位:%）

| | 2007年度 | | | 2008年度 | | | 2009年度 | | | 2010年度 | | | 2011年度 | | |
|---|---|---|---|---|---|---|---|---|---|---|---|---|---|---|---|
| | 全国 | 城镇 | 农村 | 全国 | 城镇 | 农村 | 全国 | 城镇 | 农村 | 全国 | 城镇 | 农村 | 全国 | 城镇 | 农村 |
| 经常参加 | 4.7 | 7.7 | 3.8 | 5.7 | 8.4 | 4.8 | 5.4 | 6.3 | 4.9 | 5.4 | 6.4 | 4.9 | 6.3 | 7.4 | 5.7 |
| 偶尔参加 | 20.1 | 21.1 | 19.8 | 24.5 | 24.7 | 24.5 | 24.5 | 23.7 | 25.0 | 28.3 | 27.5 | 28.7 | 32.4 | 31.5 | 32.8 |
| 不参加 | 75.2 | 71.2 | 76.4 | 69.8 | 66.9 | 70.7 | 70.1 | 70.0 | 70.1 | 66.3 | 66.1 | 66.4 | 61.3 | 61.1 | 61.5 |

（3）对残疾人家庭的走访慰问比例上升。

2011年度政府、社会团体对城乡残疾人家庭的走访慰问比例与上年度相比有所下降，城乡分别下降了3.4和2.4个百分点（见表23）。有91.9%接受过走访慰问的残疾人感到满意，满意度与上年度基本持平，城镇满意度为94.3%，农村为90.3%。

表23 残疾人接受过政府、社会团体到家的走访慰问的情况

| | 2007年度 | | 2008年度 | | 2009年度 | | 2010年度 | | 2011年度 | |
|---|---|---|---|---|---|---|---|---|---|---|
| | 城镇 | 农村 | 城镇 | 农村 | 城镇 | 农村 | 城镇 | 农村 | 城镇 | 农村 |
| 有慰问（%） | 45.8 | 36.5 | 50.0 | 41.4 | 43.5 | 37.6 | 46.7 | 44.1 | 43.3 | 41.7 |
| 无慰问（%） | 54.2 | 63.5 | 50.0 | 58.6 | 56.4 | 62.4 | 53.3 | 55.9 | 56.6 | 58.3 |
| 慰问次数 | 1.9 | 1.6 | 2.0 | 1.6 | 1.8 | 1.7 | 1.8 | 1.6 | 1.7 | 1.5 |

（4）城镇残疾人对无障碍设施的满意度提高。

2007—2011年度城镇残疾人对无障碍设施和服务表示非常满意或满意的比例持续上升，2011年度满意度达到77.9%，与上年度相比，上升

了8.5个百分点（见表24）。

表24 城镇残疾人对无障碍设施和服务的满意度（单位:%）

|  | 2007年度 | 2008年度 | 2009年度 | 2010年度 | 2011年度 |
|---|---|---|---|---|---|
| 非常满意或满意 | 48.0 | 62.9 | 66.9 | 69.4 | 77.9 |
| 一般 | 48.5 | 34.5 | 31.5 | 29.2 | 20.4 |
| 不满意 | 3.5 | 2.6 | 1.5 | 1.4 | 1.7 |

（5）残疾人参加法律知识学习或宣传活动的比例有较大提高。

2011年度，残疾人参加法律知识学习或宣传活动的比例由上年度的23.1%提高到27.0%。其中，城镇的比例比上年度提高了4.1个百分点，农村的比例提高了3.7个百分点（见表25）。

表25 残疾人参加过法律知识学习或宣传活动比例（单位:%）

|  | 2007年度 | 2008年度 | 2009年度 | 2010年度 | 2011年度 |
|---|---|---|---|---|---|
| 城镇 | 21.5 | 22.7 | 17.5 | 23.4 | 27.5 |
| 农村 | 12.5 | 14.6 | 15.7 | 23.0 | 26.7 |
| 全国 | 14.7 | 16.5 | 16.4 | 23.1 | 27.0 |

（6）残疾人对法律服务满意度提高，法律援助和司法救助服务仍需加强。

2007—2011年度有法律服务需求的残疾人家庭比例持续下降，为残疾人提供法律服务的比例则持续上升。在接受过法律服务的残疾人家庭中，感到非常满意或满意的家庭比例持续上升，2011年度达到93.1%，比上年度高出2.7个百分点（见表26）。

表26 残疾人家庭接受法律服务情况（单位:%）

|  |  | 2007年度 | 2008年度 | 2009年度 | 2010年度 | 2011年度 |
|---|---|---|---|---|---|---|
| 有法律服务需求 |  | 21.3 | 14.3 | 11.8 | 7.3 | 5.5 |
| 其中：接受过法律服务 |  | 4.8 | 6.8 | 6.9 | 7.8 | 12.7 |
| 对提供的法律服务的满意度 | 非常满意和满意 | 84.4 | 85.8 | 86.6 | 90.4 | 93.1 |
|  | 一般 | 14.7 | 12.3 | 10.9 | 7.0 | 6.6 |
|  | 不满意 | 0.9 | 2.0 | 2.5 | 2.7 | 0.3 |

2007—2011年度有法律援助或司法救助需求的残疾人数呈上升趋势，表明残疾人的权利意识增强。2011年度有法律援助或司法救助需求的残疾人数与2010年度基本持平，但实际接受法律援助或司法救助的残疾人数较上一年度增长了109.7%。但是，实际接受法律援助或司法救助的残

疾人数仅占有需求的残疾人总数的5.4%。在接受过法律援助或司法救助的残疾人家庭中，不满意的比例较上一年度明显下降（见表27）。

表27 对法律援助或司法救助的满意度

| | | 2007年度 | 2008年度 | 2009年度 | 2010年度 | 2011年度 |
|---|---|---|---|---|---|---|
| 对法律援助或司法救助有需求的人数（人） | | 224 | 978 | 1481 | 2384 | 2389 |
| 接受法律援助或司法救助人数（人） | | 71 | 57 | 47 | 62 | 130 |
| 对提供的法律援助或司法救助的满意度（%） | 非常满意和满意 | 84.5 | 81.3 | 81.6 | 80.6 | 91.5 |
| | 一般 | 15.5 | 18.7 | 15.4 | 14.5 | 8.5 |
| | 不满意 | 0 | 0 | 2.9 | 4.8 | 0 |

## 二、2011年度中国残疾人小康进程监测结果

### （一）2011年度残疾人小康进程向前迈进一大步

监测显示，2011年度残疾人小康实现程度达63.1%，比上年度提高5.7个百分点，是自2007年度监测以来增幅最大的一年（见附表）。可以看出我国残疾人小康进程持续稳步的迈进。

在监测的17项指标中，有13项指标的实现程度有所提高，其中康复服务覆盖率、残疾人家庭人均可支配收入、残疾人对无障碍环境的满意率、残疾人家庭人均生活用电量、城镇残疾人基本社会保险覆盖率、社区服务覆盖率六项指标提高较快，分别比上年度提高15.5、10.7、9.4、9.2、8.0和7.1个百分点。从实现程度来看，农村残疾人合作医疗覆盖率和法律服务满意率已达到小康目标，适龄残疾人在婚率、残疾人对无障碍环境的满意率、百户残疾人家庭彩色电视机拥有量、残疾人家庭恩格尔系数、残疾人家庭人均住房使用面积、学龄残疾儿童接受义务教育比例、城镇残疾人基本社会保险覆盖率、百户残疾人家庭电话拥有量也都在60%以上。这些指标的提高说明残疾人生活得到改善，反映出一系列改善民生措施的成效。

1. 残疾人生存状况逐渐得到改善，其实现程度为65.2%，比上年度提高5.8个百分点。

残疾人生存状况是整个监测指标体系中最重要的部分，直接反映残疾人的生活状况，是残疾人实现全面小康的前提，它包括残疾人的收入、消费、住房和婚姻状况等。2011年度残疾人生存状况实现程度由上年度的59.4%增加到65.2%，提高5.8个百分点。从各监测指标来看：

（1）残疾人家庭人均可支配收入继续提高。残疾人家庭人均可支配收入是反映残疾人家庭生活水平和生活质量改善的基础和核心指标，因此在监测指标体系中的权重也最大。监测显示，2011年度残疾人家庭人均可支配收入实现程度由2010年度的42.3%增加到53.0%，比上年度提高10.7个百分点。从绝对量上看，2011年度，城镇残疾人家庭人均可支配收入由2010年度的9365.8元上升到11757.7元，农村残疾人家庭人均可支配收入由2010年度的4739.2元上升到5998.2元，城镇残疾人家庭人均可支配收入高于农村。

（2）残疾人家庭恩格尔系数有所回升。恩格尔系数是衡量居民生活质量最重要指标之一，一般说来，随着居民生活水平的提高，恩格尔系数呈下降的趋势。2011年度残疾人家庭恩格尔系数为49.8%，比上年度的47.0%有所回升。由于受物价特别是食品价格上涨因素的影响（2011年居民消费价格上涨5.4%，食品价格上涨11.8%），城镇残疾人家庭恩格尔系数由上年度的46.4%上升到48.9%，增加2.5个百分点；农村残疾人家庭恩格尔系数由上年度的47.4%上升到为50.3%，增加2.9个百分点[①]。联合国粮农组织提出，恩格尔系数在59%以上为贫困，50%—59%为温饱，40%—50%为小康（总体小康），30%—40%为富裕（全面小

---

[①] 食品价格上涨，影响最大的是低收入群体，而大部分残疾人家庭属于低收入群体。据国家统计局安徽调查总队调查，2011年，因物价上涨，导致10%的城镇居民最低收入户人均消费多支出351.3元，其中人均食品消费多支出339.37元，食品消费多支出对全部消费多支出的影响程度高达96.6%，高出全省城镇居民平均影响程度12.7个百分点。国家统计局重庆调查总队调查显示，2011年一季度20%的低收入城镇家庭恩格尔系数为46.8%，较去年同期上升1.7个百分点，比全市平均水平高5.3个百分点。

康），低于30%为最富裕（现代化）。根据这一标准，目前我国城乡残疾人家庭生活基本进入总体小康，城镇残疾人家庭生活水平好于农村。

（3）残疾人家庭电器化水平不高。居民用电量是反映居民家庭电器化普及程度的一个非常重要的指标，也是反映居民生活质量的重要指标。2011年度，残疾人家庭人均生活用电量为249.3千瓦小时，比上年度提高46.0千瓦小时，但其小康目标实现程度仅有49.9%，显示残疾人家庭电器化水平仍然不高。2011年度，城镇残疾人家庭每百户拥有彩电、电冰箱、洗衣机分别为83.0台、58.0台、58.7台，农村残疾人家庭分别为82.2台、31.8台、39.7台，这些都远低于城乡一般居民家庭水平，也充分说明残疾人家庭电器化水平不高。

（4）残疾人住房条件有所改善。居住水平是衡量居民生活水平高低的重要指标。2011年度，残疾人家庭人均住房面积实现程度为77.0%，比上年度提高2.0个百分点。从绝对量上看，2011年度，城镇残疾人家庭人均住房面积为18.2平方米，比上年度的17.7平方米增加0.5平方米；农村残疾人家庭人均住房面积为22.1平方米，比上年度的21.6平方米增加0.5平方米，表明政府危房改造、廉租房政策的成效。

（5）残疾人婚姻状况仍需关注。婚姻状况对于残疾人而言，不仅直接反映情感生活的丰富程度，也体现获得家庭生活保障和服务保障的情况。稳定的婚姻和家庭有助于提高残疾人的幸福感。2011年度，适龄残疾人在婚率（男22岁以上，女20岁以上）为63.5%，从2007—2011年度的监测结果看，残疾人的在婚率基本维持在63%左右，远低于全社会83.1%的水平，因此，残疾人婚姻状况应受到关注。

2. 残疾人发展状况水平仍然较低，其实现程度为51.3%，比上年度提高5.2个百分点。

残疾人发展状况是整个指标体系中最能体现残疾人特殊性的部分，涵盖了残疾人工作的主要方面，它包括残疾人的康复、教育、就业、社会保障以及社会参与等方面的事业发展情况，与残疾人切身利益密切相关，反映了残疾人最迫切的需求。2011年度，残疾人发展状况实现程度为51.3%，比上年度提高5.2个百分点，但在生存状况、发展状况、环境状况三个方面中，其实现程度是最小的，显示出残疾人的社会发展相对滞后。

（1）残疾人康复服务覆盖率较低。2011年度，残疾人康复服务覆盖率为47.4%，比上年度大幅提高，增加13.9个百分点。同时还必须看到，目前为残疾人提供的康复服务的总体水平还不高，仍需大力推进。

（2）残疾儿童接受义务教育应该继续得到重视。2011年度，残疾儿童接受义务教育比例为72.1%，比上年度提高0.7个百分点。近年来，城乡残疾儿童接受义务教育比例均有增加，且城镇残疾儿童接受义务教育比例高于农村地区。但与全国适龄儿童的义务教育相比，仍属较低水平。

（3）残疾人就业形势严峻。就业是残疾人改善生活状况，实现自强自立主要途径。失业率是从另一个方面来反映就业情况。2011年度，城镇残疾人登记失业率高达9.9%，实际失业率不止如此，这不仅影响残疾人的生活状况，也限制了残疾人参与社会的机会。

（4）残疾人基本社会保险明显推进。新型农村合作医疗是现阶段农村医疗保障的主要途径，与农村低保、新型农村养老保险一起构成了农民的三大社会保障支柱。农村残疾人参加新型农村合作医疗的覆盖面，在一定程度上反映他们的医疗保障水平。2011年度农村残疾人参加新型农村合作医疗比例达97.4%，已实现了95%的目标。在政府和社会的帮助下，残疾人已成为新型农村合作医疗最大受益者之一。2011年度，16岁及以上城镇残疾人参加基本社会保险（包括基本养老保险和基本医疗保险）覆盖率为68.5%，比上年度提高7.6个百分点，增幅明显。

（5）残疾人信息化水平逐步提高。电话、电视机、电脑是信息时代最具有代表性的技术产品，同时也是文化交流和信息传播的重要载体，是残疾人生活质量提高的前提之一。通过电话、电视机、电脑网络，残疾人足不出户就可以了解最新的信息，与他人交流。2011年度，每百户残疾人家庭拥有电话98.3部，比上年度增加7.5部；彩电82.5台，比上年度增加5.1台；家用电脑9.2台，比上年度增加2.3台。总体来看，近年来残疾人信息化水平逐步提高，反映了信息交流渠道进一步拓展，残疾人的文化生活日趋丰富。

（6）残疾人社区活动参与率依然较低。社区是残疾人走出家庭、融入社会的主要场所。社区活动参与率直接反映残疾人社会参与的广度。

2011年度社区活动参与率为38.7%,虽比上年度提高5.0个百分点,但仍有超过五分之三的残疾人还没有真正走出家门,融入社会。

3. 残疾人参与社会生活的环境状况继续改善,其实现程度已达72.6%,比上年度提高5.8个百分点。

残疾人参与社会的环境状况是残疾人实现全面小康重要的外部条件,主要包括残疾人事业的法制环境、残疾人参与社会的无障碍环境等,是残疾人生存、发展的环境保障。2011年度,残疾人环境状况实现程度为72.6%,比上年度提高5.8个百分点。从2007—2011年度的监测结果看,残疾人环境状况的实现程度稳步提高,但随着残疾人生存和发展状况的改善,残疾人对环境,特别是服务改善的要求会越来越高。从各监测指标来看:

(1) 城镇残疾人对无障碍设施的满意度提高。无障碍是残疾人平等参与社会的重要条件,残疾人是无障碍环境的主要使用者和受益者,残疾人对无障碍环境的满意率可以反映出城镇无障碍环境的水平,也反映出残疾人对无障碍设施建设的认可程度。2011年度城镇残疾人对无障碍设施的满意度为77.9%,比上年度提高8.5个百分点,体现出我国残疾设施无障碍建设的成效。

(2) 残疾人接受社区服务比例上升,满意度较高。除了家庭以外,社区是残疾人服务的主要提供者。社区服务覆盖率直接反映残疾人社会服务水平和残疾人工作社会化水平,也反映和谐社区建设的水平。2011年度,残疾人社区服务覆盖率为31.7%,比上年度提高6.4个百分点。虽然社区服务覆盖率较低,但接受过社区服务的残疾人满意度高达91.9%。

(3) 残疾人法律服务覆盖率仍较低,但满意度较高。法律服务满意度反映残疾人及其亲属感知残疾人的权益受到保障的程度,反映残疾人权益保障水平。2011年度有12.7%的残疾人接受过法律服务,比上年度提高4.9个百分点;在接受法律服务的残疾人中,93.1%的人表示满意,已实现满意度超过90%的目标。总体来看,残疾人法律服务的覆盖率较低,做好残疾人法律维权宣传和法律救助工作,还需进一步的努力。

**(二) 残疾人小康进程与全国相比,差距依然较大**

由于种种因素的影响,残疾人总体生活水平与全社会平均水平差距仍然较大,残疾人在基本生活保障、康复、教育、就业等方面还面临着许多困难。据国家统计局小康监测报告显示,2010年我国全面建设小康社会实现程度已达80.1%,比2011年度(2010年11月1日至2011年10月31日)残疾人小康实现程度高出17.0个百分点。虽然两套指标体系不完全相同,但也能反映出两者之间存在较大差距,以下数据为残疾人与全国主要监测数据的比较。

1. 残疾人家庭人均可支配收入仅是全国平均水平的54.5%,差距明显。

2011年度残疾人家庭人均可支配收入为7944.9元,是全国居民家庭人均可支配收入的54.5%。其中,城镇残疾人家庭人均可支配收入为11757.7元,是全国城镇居民家庭人均可支配收入的53.9%;农村残疾人家庭人均可支配收入为5998.2元,是全国农村居民家庭人均可支配收入的86.0%。因此,提高残疾人的收入水平、缩小残疾人家庭与一般居民家庭收入差距的任务,非常迫切。

2. 残疾人家庭医疗保健支出及其占家庭消费支出比例均远高于全国平均水平,交通和通信支出大大低于一般居民家庭。

2011年度,城镇残疾人家庭人均医疗保健支出为1512.7元,是全国城镇居民家庭人均医疗保健支出的1.56倍;农村残疾人家庭人均医疗保健支出为771.0元,是全国农村居民家庭人均医疗保健支出的1.77倍。城镇残疾人家庭人均医疗保健支出占全部消费支出的比重为19.9%,比全国城镇居民平均水平高出13.6个百分点;农村残疾人家庭人均医疗保健支出占全部消费支出的比重为16.8%,比全国农村居民平均水平高出8.4个百分点。

2011年度,城镇残疾人家庭人均交通和通信支出为420.5元,占全国城镇居民家庭人均交通和通信支出的19.6%;农村残疾人家庭人均交通和通信支出为271.8元,占全国农村居民家庭人均交通和通信支出的49.7%。城镇残疾人家庭人均交通和通信支出占全部消费支出的比重为5.5%,比全国城镇居民家庭平均水平低8.6个百分点;农村残疾人家庭人均交通和通信支出占全部消费支出的比重为5.9%,比全国农村居民家庭平均水平低4.6个百分点。

3. 残疾人家庭恩格尔系数高于全国平均水平，生活质量明显落后。

2011年度，残疾人家庭恩格尔系数为49.8%，比全国居民家庭恩格尔系数38.3%高出11.5个百分点。其中，城镇残疾人家庭恩格尔系数为48.9%，高出全国城镇居民家庭恩格尔系数12.6个百分点；农村残疾人家庭恩格尔系数为50.3%，高出全国农村居民家庭恩格尔系数9.9个百分点。显然，残疾人家庭生活质量明显落后于全国水平。

4. 残疾人家庭人均住房使用面积明显低于全国水平。

2011年度，残疾人家庭人均住房使用面积为20.8平方米，比全国居民家庭人均住房使用面积低7.6平方米，差距明显。其中，城镇残疾人家庭人均住房使用面积为18.2平方米，比全国城镇居民家庭人均住房使用面积低6.3平方米；农村残疾人家庭人均住房使用面积为22.1平方米，比全国农村居民家庭人均住房使用面积低10.3平方米。

5. 残疾人家庭电器化水平低于社会平均水平。

2011年度，残疾人家庭人均生活用电量为249.3千瓦时，只占全国居民家庭人均生活用电量的60%，表明残疾人家庭电器化水平低于社会平均水平。

6. 义务教育差距较大。

2011年度，学龄残疾儿童接受义务教育比例为72.1%，还有27.9%的学龄残疾儿童没有接受义务教育，而全国学龄儿童基本上都接受义务教育，差距较大。

7. 城镇登记失业率远高于全国水平。

2011年度，城镇残疾人登记失业率为9.9%，是全国城镇登记失业率4.1%的2倍多，残疾人的就业问题还需要各级政府和社会更多的关注。

8. 城镇残疾人基本社会保险覆盖率低全国3.3个百分点。

2011年度，16岁及以上城镇残疾人基本社会保险（包括基本养老保险和基本医疗保险）覆盖率为68.5%，比全国的71.8%（估计）低3.3个百分点。其中，基本养老保险覆盖率为58.4%，比全国的60.0%（估计）低1.6个百分点；基本医疗保险覆盖率为78.5%，比全国的83.6%（估计）低5.1个百分点。

## 二、全国残疾人状况及小康进程监测报告

**9. 残疾人家庭信息化程度低于全国水平。**

2011年度,每百户残疾人家庭拥有(固定和移动)电话98.3部,仅占全国居民家庭平均水平249.5部的39.4%。其中,每百户城镇残疾人家庭拥有(固定和移动)电话108.0部,占全国城镇居民家庭平均水平274.9部的39.3%;每百户农村残疾人家庭拥有(固定和移动)电话93.3部,占全国农村居民家庭平均水平222.8部的41.9%。

2011年度,每百户残疾人家庭拥有彩色电视机82.5台,占全国居民家庭平均水平125.6台的65.7%。其中,每百户城镇残疾人家庭拥有彩色电视机83.0台,占全国城镇居民家庭平均水平135.2台的61.4%;每百户农村残疾人家庭拥有彩色电视机82.2台,占全国农村居民家庭平均水平115.5台的71.2%。

2011年度,每百户残疾人家庭拥有电脑9.2台,比全国居民家庭平均水平50.8台少41.6台。其中,每百户城镇残疾人家庭拥有电脑17.9台,比全国城镇居民家庭平均水平81.9台少64.0台;每百户农村残疾人家庭拥有电脑4.8台,比全国农村居民家庭平均水平18.0台少13.2台。

### (三)加快残疾人全面建设小康社会的建议

"十二五"时期是我国全面建设小康社会的关键时期,残疾人是实现全面建设小康社会难度最大的一个群体。为了加快残疾人全面建设小康社会进程,建议:

1. 扩大残疾儿童义务教育普及率,努力提高残疾人受教育水平。

提高残疾人受教育水平是残疾人平等参与社会生活,全面实现自身价值的根本途径。2011年度,残疾儿童少年接受义务教育的在学比例为72.1%,仍有27.9%的残疾儿童少年未接受义务教育;18岁及以上残疾人受教育程度较低,未上过学和上过小学的比例高达74.6%。因此,政府要进一步完善残疾人教育体系,落实残疾人教育救助政策,提高适龄残疾儿童少年义务教育入学率,扩大残疾人高级中等以上教育规模,积极开展残疾人成人教育和远程教育。

2. 加大就业促进力度,提高残疾人生活水平。

目前,残疾人就业形势十分严峻,2011年度残疾人登记失业率高达9.9%,远高于全国登记失业率4.1%的水平,而实际失业率不止如此。

因此，以调整残疾人就业保障金征缴方式为杠杆，通过经济的、法律的手段，加大以党政机关、事业单位、国有企业为重点的残疾人按比例安排就业力度；调整完善福利企业优惠政策，发展残疾人集中就业；扶持残疾人个体从业，开发适合不同类别残疾人的公益性就业岗位，千方百计促进残疾人就业。要加大对农村残疾人参加劳动的扶持力度，提高他们的劳动收入水平。

3. 加强社会保障体系建设。

落实并完善残疾人社会保险补贴政策，帮助城乡残疾人普遍纳入基本养老保险和基本医疗保险，抓紧制订贫困残疾人生活补助和重度残疾人护理补贴制度，逐步提高残疾人社会福利水平。对无收入、无劳动能力的成年残疾人实施分类救济。完善各项城乡低保等残疾人专项生活救助政策措施。

4. 加强残疾人医疗康复和残疾预防工作。

康复是帮助残疾人恢复和补偿功能，增强生活自理和社会适应能力，平等参与社会生活的基础。2011年度，全国残疾人康复需求服务覆盖面仅为47.4%，残疾人康复服务的覆盖率仍较低，因此要进一步完善康复管理和服务体系，切实将残疾人康复纳入医疗卫生改革和社区卫生服务体系，加强康复服务设施建设和人才队伍培养，大力开展社区康复，继续实施重点康复工程，大力开展康复救助。要建立健全残疾预防体系，制定国家残疾预防行动计划，广泛开展以社区为基础、以一级预防为重点的三级预防工作。同时，普及残疾预防知识，提高公众残疾预防意识。

5. 广泛开展社区文化体育活动，丰富残疾人精神生活。

丰富、活跃残疾人群众文化体育生活，有利于陶冶残疾人道德情操，培养积极向上的心态，改善身心健康。2011年度，全国残疾人社区活动参与率仅为38.7%，还有五分之三的残疾人没有真正走出家门，融入社会。政府应采取有效措施，将残疾人群众文体活动纳入和谐社区建设，鼓励和吸引残疾人参加"残疾人文化周"、"残疾人健身周"等形式多样、健康有益的社区文化、艺术、健身、娱乐等活动，推广适合残疾人身心特点的健身康复体育项目。鼓励、支持各类公共文化体育设施，普遍对残疾人开放，并提供特别服务和优惠。

## 2007—2011 年度中国残疾人小康进程监测结果

| 指标体系 | 单位 | 权重 | 标准值 | 2007年度 实际值 | 2007年度 实现程度(%) | 2008年度 实际值 | 2008年度 实现程度(%) | 2009年度 实际值 | 2009年度 实现程度(%) | 2010年度 实际值 | 2010年度 实现程度(%) | 2011年度 实际值 | 2011年度 实现程度(%) |
|---|---|---|---|---|---|---|---|---|---|---|---|---|---|
| 一、生存状况 |  | 45 |  |  | 51.2 |  | 53.5 |  | 56.9 |  | 59.4 |  | 65.2 |
| （一）收入状况 |  | 20 |  |  |  |  |  |  |  |  |  |  |  |
| 1. 残疾人家庭人均可支配收入 | 元 | 20 | ≥15000 | 4163 | 27.8 | 4972 | 33.1 | 5672 | 37.8 | 6345 | 42.3 | 7945 | 53.0 |
| （二）消费状况 |  | 10 |  |  |  |  |  |  |  |  |  |  |  |
| 2. 残疾人家庭恩格尔系数 | % | 5 | ≤40 | 46.7 | 85.6 | 50.4 | 79.3 | 46.2 | 86.6 | 47.0 | 85.1 | 49.8 | 80.3 |
| 3. 残疾人家庭人均生活用电量 | 千瓦小时 | 5 | ≥500 | 151.6 | 30.3 | 172.4 | 34.5 | 190.8 | 38.2 | 203.3 | 40.7 | 249.3 | 49.9 |
| （三）居住状况 |  | 10 |  |  |  |  |  |  |  |  |  |  |  |
| 4. 残疾人家庭人均住房使用面积 | 平方米 | 10 | ≥27 | 19.3 | 71.5 | 19.6 | 72.5 | 19.8 | 73.2 | 20.3 | 75.0 | 20.8 | 77.0 |
| （四）婚姻状况 |  | 5 |  |  |  |  |  |  |  |  |  |  |  |
| 5. 适龄残疾人在婚率 | % | 5 | ≥70 | 63.5 | 90.8 | 63.1 | 90.1 | 63.0 | 89.9 | 62.5 | 89.3 | 63.5 | 90.7 |
| 二、发展状况 |  | 35 |  |  | 35.5 |  | 38.7 |  | 41.7 |  | 46.1 |  | 51.3 |
| （五）康复状况 |  | 8 |  |  |  |  |  |  |  |  |  |  |  |
| 6. 康复服务覆盖率 | % | 8 | ≥90 | 19.0 | 21.1 | 23.3 | 25.9 | 23.0 | 25.6 | 33.5 | 37.2 | 47.4 | 52.7 |
| （六）教育状况 |  | 6 |  |  |  |  |  |  |  |  |  |  |  |
| 7. 学龄残疾儿童接受义务教育比例 | % | 6 | ≥95 | 63.3 | 66.7 | 63.8 | 67.1 | 69.5 | 73.2 | 71.4 | 75.2 | 72.1 | 75.9 |
| （七）就业状况 |  | 6 |  |  |  |  |  |  |  |  |  |  |  |
| 8. 城镇残疾人登记失业率 | % | 6 | ≤6 | 10.6 | 0.0 | 12.6 | 0.0 | 13.6 | 0.0 | 8.6 | 0.0 | 9.9 | 0.0 |
| （八）社会保障 |  | 8 |  |  |  |  |  |  |  |  |  |  |  |
| 9. 城镇残疾人基本社会保险覆盖率 | % | 4 | ≥95 | 34.8 | 36.7 | 38.8 | 40.8 | 52.1 | 54.8 | 60.9 | 64.1 | 68.5 | 72.1 |

续　表

| 指标体系 | 单位 | 权重 | 标准值 | 2007年度 实际值 | 2007年度 实现程度(%) | 2008年度 实际值 | 2008年度 实现程度(%) | 2009年度 实际值 | 2009年度 实现程度(%) | 2010年度 实际值 | 2010年度 实现程度(%) | 2011年度 实际值 | 2011年度 实现程度(%) |
|---|---|---|---|---|---|---|---|---|---|---|---|---|---|
| 10. 农村残疾人合作医疗覆盖率 | % | 4 | ≥95 | 84.4 | 88.8 | 93.5 | 98.4 | 94.4 | 99.4 | 96.0 | 100.0 | 97.4 | 100.0 |
| (九) 信息化水平 | | 4 | | | | | | | | | | | |
| 11. 百户残疾人家庭电话拥有量 | 部 | 2 | ≥150 | 75.2 | 50.1 | 80.4 | 53.6 | 86.0 | 57.3 | 90.8 | 60.6 | 98.3 | 65.5 |
| 12. 百户残疾人家庭彩色电视机拥有量 | 台 | 1 | ≥100 | 65.9 | 65.9 | 71.2 | 71.2 | 74.3 | 74.3 | 77.4 | 77.4 | 82.5 | 82.5 |
| 13. 百户残疾人家用电脑拥有量 | 台 | 1 | ≥60 | 3.9 | 6.5 | 4.6 | 7.7 | 6.0 | 10.0 | 6.9 | 11.5 | 9.2 | 15.4 |
| (十) 社会参与 | | 3 | | | | | | | | | | | |
| 14. 社区活动参与率 | % | 3 | ≥90 | 24.8 | 27.6 | 30.2 | 33.6 | 29.9 | 33.2 | 33.7 | 37.4 | 38.7 | 43.0 |
| 三、环境状况 | | 20 | | | 52.4 | | 60.0 | | 61.5 | | 66.8 | | 72.6 |
| (十一) 无障碍环境 | | 7 | | | | | | | | | | | |
| 15. 残疾人对无障碍环境的满意率 | % | 7 | ≥90 | 48.0 | 53.4 | 62.9 | 69.9 | 66.8 | 74.3 | 69.4 | 77.1 | 77.9 | 86.6 |
| (十二) 社区服务 | | 7 | | | | | | | | | | | |
| 16. 社区服务覆盖率 | % | 7 | ≥90 | 14.3 | 15.9 | 17.8 | 19.7 | 17.0 | 18.9 | 25.3 | 28.1 | 31.7 | 35.2 |
| (十三) 法律服务 | | 6 | | | | | | | | | | | |
| 17. 法律服务满意率 | % | 6 | ≥90 | 84.4 | 93.8 | 85.8 | 95.3 | 86.6 | 96.2 | 90.4 | 100.0 | 93.1 | 100.0 |
| 残疾人事业小康实现程度 | % | 100 | | | 46.8 | | 50.6 | | 53.5 | | 57.4 | | 63.1 |

# 2012年度全国残疾人状况及小康进程监测报告

中国残联研究室、北京大学人口研究所、国家统计局统计科学研究所

2007年中国残联、国家统计局、民政部、卫生部、第二次全国残疾人抽样调查办公室联合下发《关于开展全国残疾人状况监测工作的通知》（残联发〔2007〕13号），建立全国残疾人状况监测系统，开展年度监测工作。2011年，中国残联、国家统计局、民政部、卫生部联合下发了《关于开展新一轮全国残疾人状况监测工作的通知》（残联〔2011〕93号），残疾人状况监测工作继续进行。

2012年度残疾人状况监测工作涉及全国734个县（市、区）中的1468个小区，有效监测样本共计39825人，其中成人38145人，儿童1680人；男性20832人，占52.3%，女性18993人，占47.7%，男女性别比为109.7；城市9990人，占25.1%，农村29835人，占74.9%。

2012年度监测起止时间为2011年11月1日0时至2012年10月31日24时。主要内容包括残疾人的生存、发展和环境状况，涉及残疾人生活、康复、教育、就业、社会保障、社区服务、无障碍环境和法律服务等方面的基本状况及变化情况。

监测结果表明，2012年度残疾人生活状况得到较大改善，特别是收入水平、社会保障、社区服务及康复服务的覆盖率明显提高，残疾人小康实现程度较大幅度提高。这反映出加快推进残疾人社会保障和公共服务两个体系建设的新成效和残疾人事业加快发展的新变化。

本年度监测工作得到中国残疾人福利基金会的支持。

## 一、2012年度中国残疾人状况监测结果

### （一）残疾人家庭基本情况

1. 家庭户规模变化不大。

2012年度残疾人家庭户平均规模为3.3人，比2011年度减少0.2人。其中，残疾人家庭户规模为2人的所占比例最高，达到28.5%，3人户家

庭比例为19.0%，4人户家庭比例为16.4%，5人户及以上家庭所占比例合计为25.0%，1人户残疾人家庭比例为11.1%。与2011年度相比，2人以下户的比重略有上升，3人以上户的比重略有下降。

2. 适龄残疾人婚姻状况基本稳定。

2012年监测结果表明，适龄残疾人在婚率为63.9%，离婚率为2.3%，与过去四年相比，婚姻状况呈现稳定态势（见表1）。

表1 适龄残疾人的婚姻状况（单位:%）

|  | 2007年度 | 2008年度 | 2009年度 | 2010年度 | 2011年度 | 2012年度 |
| --- | --- | --- | --- | --- | --- | --- |
| 未婚 | 11.9 | 12.5 | 11.4 | 11.9 | 11.9 | 11.1 |
| 初婚有配偶 | 59.3 | 58.9 | 60.0 | 59.6 | 61.1 | 61.4 |
| 再婚有配偶 | 3.3 | 3.2 | 3.0 | 2.9 | 2.4 | 2.5 |
| 离婚 | 2.1 | 2.1 | 2.2 | 2.3 | 2.2 | 2.3 |
| 丧偶 | 23.4 | 23.2 | 23.3 | 23.3 | 22.3 | 22.7 |

3. 残疾儿童监护人仍以父母为主。

在2012年度监测的18岁以下残疾儿童中，父母为监护人的占83.8%，低于2011年度1.1个百分点，父母一方为监护人的占6.0%，高于2011年度0.7个百分点，父母以外人员为监护人的占10.2%，高于2011年度0.2个百分点。父母监护更有利于残疾儿童成长，因此需要特别关注不是由父母作为监护人的残疾儿童的成长状况（见表2）。

表2 17岁及以下残疾儿童的监护人构成（单位:%）

|  | 2007年度 | 2008年度 | 2009年度 | 2010年度 | 2011年度 | 2012年度 |
| --- | --- | --- | --- | --- | --- | --- |
| 父母 | 82.8 | 84.2 | 85.4 | 86.0 | 84.9 | 83.8 |
| 父亲或母亲 | 5.5 | 4.9 | 5.2 | 5.4 | 5.3 | 6.0 |
| 祖父母或外祖父母 | 8.2 | 7.8 | 7.3 | 6.7 | 7.0 | 7.7 |
| 其他亲属或其他非亲属 | 3.5 | 3.1 | 2.1 | 1.9 | 2.9 | 2.5 |

4. 住房面积增加，住房状况有所改善。

2012年度监测人口中住房状况发生改变的占全部监测人口的3.1%，其中，有3.6%的农村残疾人口住房状况发生改变，1.8%的城镇残疾人口住房状况发生改变。城镇人均住房面积18.5平方米，农村人均住房面积22.6平方米，分别比2011年度上升0.3平方米和上升0.4平方米。

5. 残疾人家庭人均收入明显提高。

2012年度监测城镇残疾人家庭人均可支配收入14050.9元，比2011

年度增加2293.2元;农村残疾人家庭人均可支配收入6971.4元,比2011年度增加973.2元。

从残疾人家庭人均收入的结构看,与2011年度相比,城乡残疾人家庭收入的增加主要是由于转移性收入和工薪年收入的提高(见表3)。

表3 残疾人家庭分项人均收入比较(单位:元)

| 项目 | 城镇 | | | | | |
|---|---|---|---|---|---|---|
| | 2007年度 | 2008年度 | 2009年度 | 2010年度 | 2011年度 | 2012年度 |
| 可支配收入 | 7356.6 | 8487.2 | 8578.1 | 9365.8 | 11757.7 | 14050.9 |
| 工薪年收入 | 2676.0 | 2786.7 | 3086.4 | 3238.8 | 4393.0 | 5076.7 |
| 经营年净收入 | 484.0 | 580.9 | 434.1 | 380.3 | 528.9 | 973.3 |
| 经营年总收入 | - | - | - | - | - | - |
| 财产性年收入 | 198.9 | 179.1 | 339.7 | 291.9 | 422.4 | 428.2 |
| 转移性年收入 | 4255.5 | 5211.0 | 4978.6 | 5735.2 | 6826.3 | 8081.8 |
| 出售财物年收入 | 62.5 | 64.3 | 78.0 | 119.9 | 61.6 | 50.9 |
| 借贷年收入 | 182.6 | 148.5 | 261.2 | 217.1 | 161.8 | 218.4 |
| 项目 | 农村 | | | | | |
| | 2007年度 | 2008年度 | 2009年度 | 2010年度 | 2011年度 | 2012年度 |
| 可支配收入 | 3101.0 | 3803.6 | 4066.1 | 4739.2 | 5998.2 | 6971.4 |
| 工薪年收入 | 1326.7 | 1636.2 | 1689.1 | 2037.2 | 2663.6 | 3117.3 |
| 经营年净收入 | - | - | - | - | - | - |
| 经营年总收入 | 1615.6 | 2023.6 | 2417.8 | 2548.0 | 3117.8 | 2979.6 |
| 财产性年收入 | 185.8 | 166.3 | 121.6 | 100.5 | 141.6 | 229.0 |
| 转移性年收入 | 582.2 | 734.5 | 724.8 | 890.4 | 1091.9 | 1734.8 |
| 出售财物年收入 | 31.4 | 20.1 | 30.8 | 25.8 | 32.8 | 26.4 |
| 借贷年收入 | 227.6 | 256.0 | 339.8 | 323.4 | 279.8 | 299.3 |

6. 残疾人家庭支出增加。

与2011年度相比,2012年度城乡残疾人家庭的消费性支出均呈上升趋势。

2012年度城乡残疾人家庭消费性支出的前三项依次是食品支出、医疗保健支出和居住支出,分别占支出总额的48.6%、18.2%和12.9%。与2011年相比,这三项支出所占比例分别下降0.3个百分点、下降1.7个百分点和上升0.7个百分点(见表4)。

表4 城镇残疾人家庭分项人均支出比较（单位：元）

| | 2007年度 | 2008年度 | 2009年度 | 2010年度 | 2011年度 | 2012年度 |
|---|---|---|---|---|---|---|
| **消费性支出** | 5484.4 | 6257.0 | 6206.2 | 6576.0 | 7585.2 | 8730.2 |
| 食品年支出 | 2400.8 | 2954.6 | 2774.4 | 3051.2 | 3706.2 | 4244.1 |
| 衣着年支出 | 257.4 | 293.1 | 292.4 | 306.1 | 383.7 | 449.2 |
| 设备用品年支出 | 122.7 | 113.6 | 119.8 | 146.7 | 153.6 | 166.1 |
| 医疗保健年支出 | 1127.2 | 1150.0 | 1241.3 | 1333.9 | 1512.7 | 1590.7 |
| 交通和通信年支出 | 327.0 | 346.3 | 359.9 | 355.1 | 420.4 | 544.2 |
| 教育和文化年支出 | 390.0 | 374.1 | 352.3 | 335.6 | 328.2 | 420.4 |
| 居住年支出 | 746.8 | 882.7 | 932.8 | 904.8 | 922.9 | 1127.8 |
| 杂项商品年支出 | 112.4 | 142.8 | 133.3 | 142.7 | 157.4 | 187.7 |
| **非消费性支出** | | | | | | |
| 社会保障年支出 | 198.5 | 237.2 | 229.2 | 262.3 | 381.8 | 456.3 |
| 借贷还债年支出 | 109.4 | 92.3 | 110.3 | 93.9 | 124.3 | 139.0 |
| 年交纳所得税 | 59.4 | 33.3 | 31.5 | 18.2 | 31.1 | 52.8 |
| 转移性年支出 | 339.5 | 436.6 | 429.8 | 535.2 | 578.2 | 763.9 |

2012年度农村残疾人家庭消费性支出主要是食品支出、医疗保健支出、居住支出，分别占支出总额的48.5%、16.9%和16.5%。与2011年度相比，这三项支出所占比例分别下降1.8个百分点、上升0.1个百分点和上升2.4个百分点（见表5）。

表5 农村残疾人家庭分项人均支出比较（单位：元）

| | 2007年度 | 2008年度 | 2009年度 | 2010年度 | 2011年度 | 2012年度 |
|---|---|---|---|---|---|---|
| **消费性支出** | 2791.6 | 3225.4 | 3584.5 | 4051.5 | 4595.6 | 5203.6 |
| 食品年支出 | 1332.4 | 1660.2 | 1686.4 | 1918.8 | 2313.6 | 2521.6 |
| 衣着年支出 | 141.8 | 154.9 | 171.4 | 184.1 | 230.9 | 253.7 |
| 设备用品年支出 | 40.4 | 47.5 | 54.7 | 69.4 | 75.3 | 74.4 |
| 医疗保健年支出 | 465.1 | 449.1 | 551.1 | 602.0 | 771 | 884.4 |
| 交通和通信年支出 | 177.2 | 198.3 | 221.8 | 248.5 | 271.8 | 305.2 |
| 教育和文化年支出 | 176.0 | 158.8 | 182.7 | 181.6 | 201.2 | 208.6 |
| 居住年支出 | 402.2 | 492.0 | 645.6 | 772.5 | 648 | 860.1 |
| 杂项商品年支出 | 56.6 | 64.6 | 70.7 | 75.0 | 83.9 | 95.4 |
| **非消费性支出** | | | | | | |
| 社会保障年支出 | 20.1 | 34.9 | 40.5 | 65.0 | 99.8 | 134.0 |
| 借贷还债年支出 | 116.2 | 136.7 | 136.5 | 141.5 | 146.0 | 124.2 |
| 经营年支出 | 355.1 | 476.4 | 564.0 | 510.3 | 625.1 | 628.0 |
| 生产性固定资产年折旧 | 17.4 | 13.5 | 18.6 | 16.7 | 21.3 | 30.1 |

续 表

|  | 2007年度 | 2008年度 | 2009年度 | 2010年度 | 2011年度 | 2012年度 |
|---|---|---|---|---|---|---|
| 财产性年支出 | 31.7 | 27.9 | 29.3 | 21.5 | 32.6 | 26.0 |
| 转移性年支出 | 188.6 | 224.5 | 254.4 | 277.4 | 324.6 | 384.4 |
| 税费年支出 | 16.6 | 14.7 | 20.9 | 10.9 | 13.2 | 20.8 |

2012年度，城镇和农村残疾人家庭恩格尔系数分别为48.6%和48.5%，其中城市下降了0.3个百分点，农村则下降了1.8个百分点（见表6）。

表6 残疾人家庭恩格尔系数（单位:%）

|  | 2007年度 | 2008年度 | 2009年度 | 2010年度 | 2011年度 | 2012年度 |
|---|---|---|---|---|---|---|
| 城镇 | 43.8 | 47.2 | 44.7 | 46.4 | 48.9 | 48.6 |
| 农村 | 47.7 | 51.5 | 47.0 | 47.4 | 50.3 | 48.5 |

7. 残疾人家庭电话和家用电器拥有比例普遍上升。

2012年度城镇移动电话、电冰箱、洗衣机拥有率已超过七成，彩电拥有率高达93.6%；农村的固定电话拥有比例呈缓慢下降趋势，作为替代品的移动电话则稳定在六成以上，彩电和电冰箱均稳定在八成和三成以上，拥有洗衣机的家庭比例约四成。电话和家用电器的相关拥有率农村仍低于城镇，特别是电脑和电冰箱的拥有率差距较大。

与2011年度相比，2012年度家用电脑是否上网的比例有所提高，城乡分别上升了1.2个百分点和0.7个百分点；残疾人本人使用电脑的比例也有所上升，城乡分别上升了2个百分点和1.1个百分点（见表7）。

表7 残疾人家庭家用电器拥有率（单位:%）

|  | 城镇 | | | | | | 农村 | | | | | |
|---|---|---|---|---|---|---|---|---|---|---|---|---|
|  | 2007年度 | 2008年度 | 2009年度 | 2010年度 | 2011年度 | 2012年度 | 2007年度 | 2008年度 | 2009年度 | 2010年度 | 2011年度 | 2012年度 |
| 固定电话 | 68.0 | 67.7 | 51.7 | 51.3 | 48.7 | 56.3 | 37.7 | 36.9 | 37.0 | 35.7 | 31.1 | 27.8 |
| 手机或小灵通 | 43.6 | 48.2 | 44.7 | 49.2 | 59.3 | 74.4 | 26.1 | 32.5 | 43.1 | 50.0 | 62.2 | 61.6 |
| 彩电 | 89.3 | 91.1 | 77.7 | 79.7 | 83.0 | 93.6 | 58.6 | 65.0 | 72.4 | 76.2 | 82.2 | 81.1 |
| 电冰箱 | 60.6 | 63.0 | 48.7 | 52.1 | 58.0 | 74.2 | 11.8 | 13.8 | 16.2 | 20.8 | 31.8 | 34.6 |
| 洗衣机 | 61.7 | 65.3 | 51.2 | 53.5 | 58.7 | 75.2 | 20.3 | 23.7 | 28.2 | 33.0 | 39.7 | 40.5 |
| 电脑 | 13.6 | 14.9 | 13.0 | 14.5 | 17.9 | 25.2 | 0.9 | 1.4 | 2.1 | 2.9 | 4.8 | 5.9 |
| 其中：电脑上网比例 | – | – | – | 84.5 | 89.6 | 90.8 | – | – | – | 80.4 | 84.9 | 85.6 |
| 残疾人使用电脑的比例 | – | – | 22.5 | 28.2 | 30.2 | – | – | – | 18.0 | 18.9 | 20.0 | |

8. 家庭人均用电量上升。

2012年度城镇和农村的家庭月人均用电量均有较大上升。其中，城镇月人均用电量达到37.7度，比2011年度增加6.5度；农村月人均用电量达到16.7度，比2011年度增加1.2度（见表8）。

表8　残疾人家庭月人均用电量（单位：度）

|  | 2007年度 | 2008年度 | 2009年度 | 2010年度 | 2011年度 | 2012年度 |
|---|---|---|---|---|---|---|
| 城镇 | 26.0 | 28.5 | 25.1 | 26.5 | 31.2 | 37.7 |
| 农村 | 8.2 | 10.0 | 10.8 | 11.9 | 15.5 | 16.7 |

（二）残疾人基本情况

1. 残疾人接受康复服务的比例有较大提高。

自2006年第二次全国残疾人抽样调查以来，残疾人接受过康复服务的比例呈上升趋势。2012年度，残疾人接受过康复服务的比例为55.2%，比2011年度有较大提高，其中，城镇残疾人接受过康复服务的比例由2011年度的51.4%上升到63.0%，农村残疾人接受过康复服务的比例由2011年度的45.4%上升到52.6%。这表明政府与社会提供康复服务的能力在2011年的基础上有较大提高，残疾人受益面扩大。

2012年度城乡残疾人大部分康复服务的比例都比2011年度有不同程度增加。其中，增长百分比最高的是康复知识普及，城乡残疾人分别较2011年度增加了11.4和8.4个百分点；其次，治疗与康复训练同样增长较快，城乡残疾人分别增加了8.9和6个百分点（见表9）。

表9　残疾人接受过各项康复服务的比例（单位:%）

|  | 城镇 | | | | | | 农村 | | | | | |
|---|---|---|---|---|---|---|---|---|---|---|---|---|
|  | 2007年度 | 2008年度 | 2009年度 | 2010年度 | 2011年度 | 2012年度 | 2007年度 | 2008年度 | 2009年度 | 2010年度 | 2011年度 | 2012年度 |
| 治疗与康复训练 | 13.8 | 15.5 | 13.0 | 14.1 | 15.6 | 24.5 | 8.4 | 9.0 | 9.5 | 13.3 | 12.7 | 18.7 |
| 辅助器具配置 | 7.6 | 9.1 | 8.4 | 11.5 | 12.3 | 18.4 | 3.0 | 4.4 | 3.9 | 6.7 | 7.3 | 12.8 |
| 心理疏导 | 6.1 | 10.0 | 6.4 | 7.0 | 8.8 | 15.6 | 3.6 | 4.6 | 4.5 | 6.6 | 8.0 | 11.8 |
| 康复知识普及 | 10.5 | 14.8 | 11.9 | 18.1 | 24.0 | 35.4 | 3.6 | 4.9 | 4.7 | 11.4 | 15.7 | 24.1 |
| 日间照料与托养 | 6.2 | 9.5 | 7.8 | 9.1 | – | – | 4.6 | 4.8 | 6.1 | 9.4 | – | – |
| 残疾儿童家长培训 | 10.5 | 9.5 | 12.3 | 16.1 | – | – | 8.3 | 7.1 | 6.0 | 7.9 | – | – |
| 跟踪回访服务* | – | – | – | 7.8 | – | – | – | – | – | 4.7 | – | – |
| 其他康复服务* | – | – | – | 8.1 | 11.4 | 18.2 | – | – | – | 8.9 | 11.4 | 19.8 |

续 表

|  | 城镇 | | | | | | 农村 | | | | | |
|---|---|---|---|---|---|---|---|---|---|---|---|---|
|  | 2007年度 | 2008年度 | 2009年度 | 2010年度 | 2011年度 | 2012年度 | 2007年度 | 2008年度 | 2009年度 | 2010年度 | 2011年度 | 2012年度 |
| 诊断和需求评估** | — | — | — | — | 12.4 | 13.7 | — | — | — | — | 16.1 | 10.4 |
| 居家服务、日间照料与托养** | — | — | — | — | 11.9 | 14.2 | — | — | — | — | 11.8 | 13.8 |
| 残疾人及亲友培训** | — | — | — | — | 3.0 | 7.2 | — | — | — | — | 3.6 | 6.0 |
| 随访和评估服务** | — | — | — | — | 4.6 | 10.9 | — | — | — | — | 5.0 | 11.6 |

注：*为2010年度新增的康复服务指标选项，**为2011年度新增的康复服务指标选项。

相比2011年度，2012年度各类残疾人在一年内接受过康复服务的比例均有大幅度的增加，其中肢体残疾人、精神残疾人和多重残疾人接受康复服务的比例增幅较高，分别比2011年度增加8.8、8.4和8.2个百分点，其他类别的残疾人接受康复服务的比例也都有较高的增加（见表10）。

表10　分残疾类别接受过康复服务的残疾人比例（单位:%）

|  | 2007年度 | 2008年度 | 2009年度 | 2010年度 | 2011年度 | 2012年度 |
|---|---|---|---|---|---|---|
| 视力残疾 | 16.2 | 21.7 | 21.3 | 31.9 | 47.7 | 54.5 |
| 听力残疾 | 13.1 | 16.1 | 17.1 | 25.2 | 42.4 | 49.2 |
| 言语残疾 | 15.6 | 17.0 | 19.1 | 22.4 | 39.6 | 47.1 |
| 肢体残疾 | 22.1 | 25.1 | 24.5 | 35.9 | 48.4 | 57.2 |
| 智力残疾 | 17.0 | 20.0 | 19.5 | 30.3 | 44.5 | 51.4 |
| 精神残疾 | 32.1 | 42.1 | 41.3 | 55.7 | 64.0 | 72.4 |
| 多重残疾 | 20.1 | 25.9 | 24.1 | 36.0 | 46.8 | 55.0 |

2. 残疾儿童义务教育总体比例稍有波动。

2007年以来，随着义务教育阶段"两免一补"等教育救助政策的全面施行，残疾儿童接受义务教育的比例不断上升并基本保持稳定。2012年度全国平均水平为71.9%，城镇该比例为74.2%，农村为71.4%（见表11）。

表11　6—14岁残疾儿童义务教育比例（单位:%）

|  | 2007年度 | 2008年度 | 2009年度 | 2010年度 | 2011年度 | 2012年度 |
|---|---|---|---|---|---|---|
| 城镇 | 65.6 | 64.5 | 73.7 | 75.7 | 74.5 | 74.2 |
| 农村 | 63.0 | 63.7 | 68.5 | 70.5 | 71.5 | 71.4 |
| 全国 | 63.3 | 63.8 | 69.5 | 71.4 | 72.1 | 71.9 |

从 6—17 岁残疾儿童就读学校的类型看，2012 年度与 2011 年度相比，就读普通小学的比例有所下降，就读普通中学和特殊教育学校的比例有所上升（见表 12）。

表12  6—17岁残疾儿童就读学校类型构成（单位:%）

| | 全国 | | | | | |
|---|---|---|---|---|---|---|
| | 2007年度 | 2008年度 | 2009年度 | 2010年度 | 2011年度 | 2012年度 |
| 普通小学 | 73.0 | 72.0 | 74.5 | 73.0 | 68.2 | 61.5 |
| 普通中学 | 17.1 | 18.1 | 15.3 | 16.5 | 20.2 | 23.5 |
| 特殊教育学校 | 5.0 | 6.2 | 7.1 | 7.1 | 6.5 | 8.9 |
| 普通教育学校特教班 | 0.7 | 0.5 | 0.6 | 0.7 | 0.1 | 0.3 |
| 普通高中 | 2.8 | 2.1 | 2.0 | 1.6 | 2.5 | 3.4 |
| 中等职业学校 | 1.4 | 1.1 | 0.6 | 1.1 | 2.4 | 2.4 |
| | 城镇 | | | | | |
| | 2007年度 | 2008年度 | 2009年度 | 2010年度 | 2011年度 | 2012年度 |
| 普通小学 | 63.6 | 63.4 | 64.0 | 64.2 | 54.1 | 47.0 |
| 普通中学 | 18.2 | 23.9 | 17.8 | 18.0 | 20.4 | 29.1 |
| 特殊教育学校 | 10.4 | 8.5 | 11.2 | 11.7 | 12.8 | 13.3 |
| 普通教育学校特教班 | 1.3 | 1.4 | 1.5 | 1.7 | 0.5 | 0.7 |
| 普通高中 | 3.9 | 2.8 | 4.1 | 1.1 | 6.6 | 5.3 |
| 中等职业学校 | 2.6 | - | 1.5 | 2.7 | 5.6 | 4.6 |
| | 农村 | | | | | |
| | 2007年度 | 2008年度 | 2009年度 | 2010年度 | 2011年度 | 2012年度 |
| 普通小学 | 74.4 | 73.2 | 77.1 | 75.0 | 71.6 | 64.2 |
| 普通中学 | 16.9 | 17.2 | 14.7 | 16.1 | 20.2 | 22.4 |
| 特殊教育学校 | 4.1 | 5.9 | 6.0 | 6.0 | 5.0 | 8.1 |
| 普通教育学校特教班 | 0.6 | 0.4 | 0.4 | 0.5 | 0.0 | 0.3 |
| 普通高中 | 2.7 | 2.0 | 1.4 | 1.7 | 1.5 | 3.0 |
| 中等职业学校 | 1.2 | 1.2 | 0.4 | 0.7 | 1.6 | 2.0 |

18 岁及以上残疾人总体受教育程度不高。与 2011 年度相比，2012 年度城镇残疾人中初中和高中教育程度的比例分别上升了 4.5 和 2.3 个百分点，而未上过学的比例下降了 9.1 个百分点，除此之外，其他各类受教育程度比例与 2011 年度基本保持一致（见表 13）。

表13 18岁及以上残疾人的受教育程度构成（单位:%）

| | 全国 | | | | | |
|---|---|---|---|---|---|---|
| | 2007年度 | 2008年度 | 2009年度 | 2010年度 | 2011年度 | 2012年度 |
| 从未上过学 | 42.4 | 42.1 | 41.8 | 40.9 | 37.7 | 36.9 |
| 小学 | 35.1 | 35 | 34.8 | 35.2 | 36.9 | 37.6 |
| 初中 | 15.8 | 15.9 | 16.5 | 16.7 | 18 | 18.2 |
| 高中 | 3.9 | 4 | 4.1 | 4.3 | 4.4 | 4.5 |
| 中专教育 | 1.5 | 1.5 | 1.5 | 1.5 | 1.4 | 1.3 |
| 大学专科 | 0.8 | 1 | 0.9 | 1 | 1 | 1 |
| 大学本科及以上 | 0.5 | 0.5 | 0.5 | 0.5 | 0.5 | 0.5 |
| | 城镇 | | | | | |
| | 2007年度 | 2008年度 | 2009年度 | 2010年度 | 2011年度 | 2012年度 |
| 从未上过学 | 24.8 | 24.2 | 34.2 | 32.9 | 30.2 | 21.1 |
| 小学 | 30.3 | 30.3 | 30.9 | 31.1 | 31.8 | 32.5 |
| 初中 | 26.4 | 26.3 | 21.2 | 21.4 | 23 | 27.5 |
| 高中 | 9.4 | 9.8 | 7.2 | 7.8 | 8.1 | 10.4 |
| 中专教育 | 4.3 | 4.2 | 3.2 | 3.1 | 3.2 | 3.6 |
| 大学专科 | 2.7 | 3.1 | 2.2 | 2.4 | 2.3 | 3 |
| 大学本科及以上 | 2.1 | 2.1 | 1.2 | 1.2 | 1.4 | 1.8 |
| | 农村 | | | | | |
| | 2007年度 | 2008年度 | 2009年度 | 2010年度 | 2011年度 | 2012年度 |
| 从未上过学 | 49.1 | 47.9 | 46.2 | 45.3 | 41.7 | 42.2 |
| 小学 | 36 | 36.5 | 37 | 37.5 | 39.6 | 39.3 |
| 初中 | 12.1 | 12.6 | 13.7 | 14.1 | 15.4 | 15.1 |
| 高中 | 2.1 | 2.1 | 2.3 | 2.3 | 2.5 | 2.5 |
| 中专教育 | 0.5 | 0.6 | 0.5 | 0.6 | 0.5 | 0.6 |
| 大学专科 | 0.2 | 0.3 | 0.2 | 0.2 | 0.3 | 0.3 |
| 大学本科及以上 | 0 | 0 | 0.1 | 0.1 | 0.1 | 0.1 |

3. 残疾人就业比例比2011年度有所上升，未就业原因及生活来源与2011年度排序相同。

2012年度，劳动年龄段生活能够自理的城镇残疾人就业比例为37.2%，农村为50.0%，与2011年度相比，城镇有所上升，农村基本持平。残疾人找工作的主要途径是熟人介绍，其中，城镇为61.6%，农村为66.7%（见表14）。由此反映出公共就业服务和残疾人就业服务在得到改善的同时，尚需进一步加强。

2012年度城镇残疾人登记失业率为9.2%，比2011年度的9.9%下降了0.7个百分点。

表14 残疾人找工作的途径（单位:%）

|  | 全国 | | | 城镇 | | | 农村 | | |
| --- | --- | --- | --- | --- | --- | --- | --- | --- | --- |
|  | 2010年度 | 2011年度 | 2012年度 | 2010年度 | 2011年度 | 2012年度 | 2010年度 | 2011年度 | 2012年度 |
| 网络就业信息 | 2 | 4.8 | 6.9 | 3.3 | 6.4 | 8.5 | 0.9 | 3.3 | 5.4 |
| 公共就业服务机构 | 12.2 | 12.4 | 12.4 | 19.4 | 17.7 | 16.4 | 5.6 | 7.5 | 8.6 |
| 残疾人就业服务机构 | 38.1 | 35.7 | 40.8 | 42.2 | 40 | 48.6 | 34.3 | 31.7 | 33.3 |
| 招聘会 | 11.3 | 11.5 | 17.1 | 19 | 17.7 | 25.4 | 4.3 | 5.8 | 9.1 |
| 熟人介绍 | 61.7 | 59.1 | 64.2 | 62.6 | 65.9 | 61.6 | 60.9 | 52.9 | 66.7 |
| 自主创业或灵活就业 | 16.9 | 26.3 | 25.3 | 23.7 | 20.1 | 23.7 | 10.7 | 32.1 | 26.9 |
| 其他 | 33.3 | 29.4 | 24.2 | 19.4 | 25.9 | 22.2 | 45.9 | 32.5 | 25.8 |

在2012年度生活能自理的18到59岁的男性和18到54岁的女性残疾人中，未就业原因的前三位是：城市依次为丧失劳动能力（26.4%）、其他原因（23.3%）、离退休（19.4%），农村依次为丧失劳动能力（35.4%）、料理家务（29.0%）、其他原因（28.3%）。与2011年度相比，城镇和农村未就业原因的排序相同，比例略有变化（见表15）。

表15 残疾人未工作原因构成（单位:%）

|  | 城镇 | | | | | | 农村 | | | | | |
| --- | --- | --- | --- | --- | --- | --- | --- | --- | --- | --- | --- | --- |
|  | 2007年度 | 2008年度 | 2009年度 | 2010年度 | 2011年度 | 2012年度 | 2007年度 | 2008年度 | 2009年度 | 2010年度 | 2011年度 | 2012年度 |
| 在校学生 | 0.8 | 1.3 | 1.0 | 1.0 | 1.1 | 1.5 | 1.0 | 1.3 | 1.5 | 1.5 | 1.2 | 1.0 |
| 离退休 | 21.2 | 23.1 | 17.1 | 18.0 | 16.7 | 19.4 | 0.6 | 0.8 | 0.3 | 0.3 | 0.5 | 0.8 |
| 料理家务 | 12.1 | 15.8 | 13.5 | 14.5 | 13.4 | 12.9 | 34.6 | 32.9 | 32.8 | 31.8 | 31.4 | 29.0 |
| 丧失劳动能力 | 20.9 | 19.8 | 28.8 | 27.1 | 29.2 | 26.4 | 40.8 | 38.1 | 37.3 | 33.6 | 34.9 | 35.4 |
| 毕业后未工作 | 3.2 | 2.6 | 2.7 | 2.4 | 2.2 | 2.5 | 1.0 | 0.9 | 1.2 | 0.9 | 1.0 | 0.7 |
| 因单位原因 | 18.6 | 15.6 | 11.2 | 8.8 | 7.2 | 7.0 | 0.8 | 0.6 | 0.4 | 0.4 | 0.4 | 0.5 |
| 因个人原因 | 9.2 | 7.2 | 7.3 | 7.3 | 7.1 | 6.8 | 3.7 | 3.3 | 2.7 | 2.9 | 3.8 | 3.9 |
| 承包土地征用 | 1.5 | 0.6 | 0.4 | 0.9 | 0.6 | 0.2 | 1.3 | 1.0 | 0.5 | 0.5 | 0.5 | 0.4 |
| 其他 | 12.6 | 14.3 | 17.8 | 20.4 | 22.1 | 23.3 | 16.1 | 21.8 | 23.5 | 27.8 | 26.4 | 28.3 |

注：城镇"承包土地被征用"是指居住在城乡接合部或镇的农业人口，他们承包的土地被征用。

2012年度有劳动能力未就业残疾人的生活主要来源：城镇依次为家庭其他成员供养（40.4%）、领取基本生活费（31.2%）、离退休金（19.5%），农村依次为靠家庭其他成员供养（67.8%）、领取基本生活费（17.3%）、其他（13.0%）。与2011年度相比，城镇未工作残疾人的生活来源中离退休金比例上升，而农村未工作残疾人的生活来源中家庭其他成员供养的比例下降，领取基本生活费的比例上升（见表16）。

表16　未工作残疾人的生活来源构成（单位:%）

|  | 城镇 | | | | | | 农村 | | | | | |
| --- | --- | --- | --- | --- | --- | --- | --- | --- | --- | --- | --- | --- |
|  | 2007年度 | 2008年度 | 2009年度 | 2010年度 | 2011年度 | 2012年度 | 2007年度 | 2008年度 | 2009年度 | 2010年度 | 2011年度 | 2012年度 |
| 离退休金 | 21.5 | 23.7 | 17.4 | 18.2 | 16.9 | 19.5 | 0.7 | 0.9 | 0.3 | 0.3 | 0.5 | 1.0 |
| 领取基本生活费 | 36.2 | 31.0 | 31.4 | 35.0 | 32.2 | 31.2 | 9.3 | 11.1 | 10.1 | 14.0 | 13.5 | 17.3 |
| 家庭其他成员供养 | 35.3 | 39.6 | 40.5 | 37.6 | 40.0 | 40.4 | 76.3 | 73.9 | 76.9 | 70.0 | 72.3 | 67.8 |
| 财产性收入 | 0.6 | 0.8 | 1.6 | 1.4 | 1.4 | 1.3 | 3.2 | 2.0 | 1.1 | 0.7 | 1.0 | 1.0 |
| 保险性收入 | 0.3 | 0.0 | 0.2 | 0.1 | 0.1 | 0.1 | 0.0 | 0.1 | 0.0 | 0.1 | 0.0 | 0.0 |
| 其他 | 6.1 | 4.9 | 8.9 | 7.6 | 9.4 | 7.6 | 10.5 | 11.9 | 11.5 | 15.0 | 12.7 | 13.0 |

4. 残疾人的社会保障状况有较明显改善。

（1）城镇残疾人参加社会保险比例提高。

2007—2012年度城镇残疾人参加社会保险比例不断提高。城镇残疾人参加的社会保险中增幅最大的是参加基本医疗保险的比例，2012年度比2011年度增加了14.8个百分点，其次是参加基本养老保险的比例，比2011年度增加了13.9个百分点。但2012年度仍有5.3%的城镇残疾人没有参加任何一种社会保险，应予以关注（见表17）。

表17　16岁及以上残疾人参加社会保险情况（单位:%）

|  | 2007年度 | | 城镇合计 | | | | |
| --- | --- | --- | --- | --- | --- | --- | --- |
|  | 城镇 | 农村 | 2008年度 | 2009年度 | 2010年度 | 2011年度 | 2012年度 |
| 至少参加一种社会保险 | 42.1 | 10.8 | 62.6 | 64.3 | 76.1 | 80.9 | 94.7 |
| 参加基本养老保险 | 33.3 | 2.3 | 41.6 | 42.1 | 47.4 | 58.4 | 72.3 |
| 参加基本医疗保险 | 36.0 | 9.5 | 58.6 | 62.1 | 74.4 | 78.5 | 93.3 |
| 参加失业保险 | 3.3 | 0.1 | 4.4 | 3.9 | 4.7 | 5.9 | 5.8 |
| 参加工伤保险 | 1.6 | 0.3 | 2.2 | 2.7 | 3.1 | 4.5 | 4.8 |
| 参加生育保险 | 0.7 | 0.1 | 1.6 | 1.6 | 2.1 | 3.6 | 3.4 |

续　表

|  | 城镇职工 | | | | |
|---|---|---|---|---|---|
|  | 2008年度 | 2009年度 | 2010年度 | 2011年度 | 2012年度 |
| 至少参加一种社会保险 | 70.9 | 92.6 | 95.6 | 97.2 | 98.1 |
| 参加基本养老保险 | 64.9 | 83.8 | 83.2 | 91.4 | 93.4 |
| 参加基本医疗保险 | 70.6 | 89.6 | 93.5 | 95.2 | 97.2 |
| 参加失业保险 | 7.9 | 8.9 | 10 | 11.8 | 10.8 |
| 参加工伤保险 | 3.9 | 6.1 | 6.5 | 9.1 | 9 |
| 参加生育保险 | 2.9 | 3.5 | 4.6 | 7.3 | 6.3 |
|  | 城镇居民 | | | | |
|  | 2008年度 | 2009年度 | 2010年度 | 2011年度 | 2012年度 |
| 至少参加一种社会保险 | 46.4 | 63.7 | 75.8 | 87.4 | 90.7 |
| 参加基本养老保险 | 12.4 | 13.3 | 19.4 | 35.2 | 47.9 |
| 参加基本医疗保险 | 43.6 | 61.4 | 74.5 | 83.6 | 88.9 |
| 参加失业保险 | — | — | — | — | — |
| 参加工伤保险 | — | — | — | — | — |
| 参加生育保险 | — | — | — | — | — |

（2）农村残疾人参加新型农村合作医疗比例较为稳定。

2007—2012年度农村残疾人中参加了新型农村合作医疗的比例不断上升，由2007年度的84.4%上升到2012年度的97.0%（见表18）。这说明，由于政府补贴政策的落实和残联的积极组织，绝大多数农村残疾人参加了"新农合"。2012年度，参加"新农合"的残疾人中，有92.2%在1年内看过病。

表18　农村残疾人参加新型农村合作医疗保险的比例（单位:%）

|  | 2007年度 | 2008年度 | 2009年度 | 2010年度 | 2011年度 | 2012年度 |
|---|---|---|---|---|---|---|
| 参加新型农村合作医疗保险比例 | 84.4 | 93.5 | 94.4 | 96.0 | 97.4 | 97.0 |

（3）农村残疾人参加新型农村养老保险比例大幅提高。

2012年度农村残疾人参加新型农村养老保险的比例为82.3%，较2011年度有大幅提高，提高了28.7个百分点。这说明新型农村养老保险自2009年8月试点以来所覆盖的残疾人群不断扩大。

(4) 残疾人领取最低生活保障金和救济的比例有所上升。

2012年度城镇残疾人领取最低生活保障金的比例比2011年度略有下降，农村残疾人领取比例有所上升。在获得救济（包括现金或实物）方面，城镇和农村残疾人都有不同程度的上升，其中城镇上升1.1个百分点，农村上升7.1个百分点（见表19）。

表19 残疾人领取最低生活保障金和得到救济的比例（单位:%）

|  | 城镇 | | | | | | 农村 | | | | | |
| --- | --- | --- | --- | --- | --- | --- | --- | --- | --- | --- | --- | --- |
|  | 2007年度 | 2008年度 | 2009年度 | 2010年度 | 2011年度 | 2012年度 | 2007年度 | 2008年度 | 2009年度 | 2010年度 | 2011年度 | 2012年度 |
| 领取最低生活保障金比例 | 19.7 | 21.3 | 22.6 | 24 | 23.7 | 22.6 | 12.5 | 19.6 | 23.6 | 28.6 | 28.1 | 29.9 |
| 得到救济的比例 | 22.2 | 26.7 | 26.6 | 26.9 | 25.9 | 27.0 | 26.6 | 28.8 | 27.2 | 27.7 | 25.7 | 32.8 |

(5) 城乡残疾人的救助需求比例依然很高，生活救助和医疗救助需求尤为迫切。

2007—2012年度生活救助和医疗救助始终是城乡残疾人最迫切的需求。2012年度城镇45.2%、农村68.6%的残疾人有生活救助需求，城镇52.7%、农村62.3%的残疾人有医疗救助需求（见表20）。

表20 残疾人救助需求情况（单位:%）

|  | 城镇 | | | | | | 农村 | | | | | |
| --- | --- | --- | --- | --- | --- | --- | --- | --- | --- | --- | --- | --- |
|  | 2007年度 | 2008年度 | 2009年度 | 2010年度 | 2011年度 | 2012年度 | 2007年度 | 2008年度 | 2009年度 | 2010年度 | 2011年度 | 2012年度 |
| 医疗救助 | 57.8 | 54.3 | 56.3 | 54.3 | 54.9 | 52.7 | 69.1 | 66.8 | 66.2 | 63.5 | 63.6 | 62.3 |
| 生活救助 | 41.4 | 40.6 | 49.5 | 48.7 | 50.3 | 45.2 | 60.2 | 61.8 | 65 | 66.2 | 66.6 | 68.6 |
| 康复救助 | 30.1 | 27.9 | 26.5 | 24.1 | 24.8 | 25.6 | 37.9 | 35.6 | 32 | 30.5 | 29.4 | 29.8 |
| 教育救助 | 10.4 | 10.3 | 7.6 | 7.0 | 5.8 | 7.6 | 14.7 | 12.7 | 13.9 | 13.2 | 11.3 | 10.2 |

5. 残疾人生活的社会环境改善，社会参与增加。

(1) 残疾人接受社区服务比例有所上升，满意度有所提高。

2012年度残疾人接受社区服务的比例由2011年度的31.7%上升至43.6%，其中城镇残疾人接受社区服务的比例从37.9%提高到52.3%，农村由28.5%提高到40.7%。

2012年全国残疾人对社区服务持非常满意或满意态度的比2011年增加了0.5个百分点，其中城镇增加了0.3个百分点，农村增加了1.2个百分点（见表21）。

(2) 残疾人参与社区活动比例依然较低。

2012年度残疾人参加社区文化、体育活动的比例比2011年度增长了1.5个百分点；2012年度偶尔参加活动的残疾人比例为36.5%，比2011年度增加了4.1个百分点（见表22）。

表21 残疾人对社区服务的满意度评价（单位:%）

|  | 全国 | | | | | |
|---|---|---|---|---|---|---|
|  | 2007年度 | 2008年度 | 2009年度 | 2010年度 | 2011年度 | 2012年度 |
| 非常满意或满意 | 84.8 | 86.7 | 88.4 | 86.7 | 91.9 | 92.4 |
| 一般 | 15.1 | 13.1 | 11.4 | 13.2 | 8.0 | 7.6 |
| 不满意 | 0.1 | 0.2 | 0.2 | 0.1 | 0.1 | 0.0 |
|  | 城镇 | | | | | |
|  | 2007年度 | 2008年度 | 2009年度 | 2010年度 | 2011年度 | 2012年度 |
| 非常满意或满意 | 86.7 | 86.5 | 88.5 | 87.9 | 94.3 | 94.6 |
| 一般 | 13.2 | 13.5 | 11.5 | 12 | 5.7 | 5.4 |
| 不满意 | 0.1 | 0.0 | 0.2 | 0.1 | 0.0 | 0.0 |
|  | 农村 | | | | | |
|  | 2007年度 | 2008年度 | 2009年度 | 2010年度 | 2011年度 | 2012年度 |
| 非常满意或满意 | 83.4 | 86.9 | 88.3 | 85.7 | 90.3 | 91.5 |
| 一般 | 16.5 | 12.8 | 11.4 | 14.1 | 9.6 | 8.5 |
| 不满意 | 0.1 | 0.3 | 0.2 | 0.1 | 0.1 | 0.0 |

表22 残疾人参加社区文化、体育活动情况（单位:%）

|  | 全国 | | | | | |
|---|---|---|---|---|---|---|
|  | 2007年度 | 2008年度 | 2009年度 | 2010年度 | 2011年度 | 2012年度 |
| 经常参加 | 4.7 | 5.7 | 5.4 | 5.4 | 6.3 | 7.8 |
| 偶尔参加 | 20.1 | 24.5 | 24.5 | 28.3 | 32.4 | 36.5 |
| 不参加 | 75.2 | 69.8 | 70.1 | 66.3 | 61.3 | 55.7 |
|  | 城镇 | | | | | |
|  | 2007年度 | 2008年度 | 2009年度 | 2010年度 | 2011年度 | 2012年度 |
| 经常参加 | 7.7 | 8.4 | 6.3 | 6.4 | 7.4 | 10.4 |
| 偶尔参加 | 21.1 | 24.7 | 23.7 | 27.5 | 31.5 | 37.5 |
| 不参加 | 71.2 | 66.9 | 70 | 66.1 | 61.1 | 52.1 |

续　表

|  | 农村 | | | | |
|---|---|---|---|---|---|
|  | 2007年度 | 2008年度 | 2009年度 | 2010年度 | 2011年度 | 2012年度 |
| 经常参加 | 3.8 | 4.8 | 4.9 | 4.9 | 5.7 | 6.9 |
| 偶尔参加 | 19.8 | 24.5 | 25 | 28.7 | 32.8 | 36.1 |
| 不参加 | 76.4 | 70.7 | 70.1 | 66.4 | 61.5 | 56.9 |

（3）对残疾人家庭的走访慰问比例上升。

2012年度政府、社会团体对城乡残疾人家庭的慰问比例与2011年度相比大幅提升，城乡分别上升了11.6和13.6个百分点（见表23）。有95.7%接受过走访慰问的残疾人感到满意，满意度与2011年度相比上升了3.8个百分点，城镇满意度为95.1%，农村为95.9%。

表23　残疾人接受过政府、社会团体到家的走访慰问的情况

|  | 城镇 | | | | | | 农村 | | | | | |
|---|---|---|---|---|---|---|---|---|---|---|---|---|
|  | 2007年度 | 2008年度 | 2009年度 | 2010年度 | 2011年度 | 2012年度 | 2007年度 | 2008年度 | 2009年度 | 2010年度 | 2011年度 | 2012年度 |
| 有慰问（%） | 45.8 | 50.0 | 43.5 | 46.7 | 43.3 | 54.9 | 36.5 | 41.4 | 37.6 | 44.1 | 41.7 | 55.3 |
| 无慰问（%） | 54.2 | 50.0 | 56.4 | 53.3 | 56.6 | 45.1 | 63.5 | 58.6 | 62.4 | 55.9 | 58.3 | 44.7 |
| 慰问次数 | 1.9 | 2.0 | 1.8 | 1.8 | 1.7 | 1.8 | 1.6 | 1.6 | 1.7 | 1.6 | 1.5 | 1.6 |

（4）城镇残疾人对无障碍设施的满意度提高。

2007—2012年度城镇残疾人对无障碍设施和服务表示非常满意或满意的比例持续上升，2012年度满意度达到81.5%，与上年度相比，上升了3.6个百分点（见表24）。

表24　城镇残疾人对无障碍设施和服务的满意度（单位:%）

| 非常满意或满意 | 48.0 | 62.9 | 66.9 | 69.4 | 77.9 | 81.5 |
|---|---|---|---|---|---|---|
| 一般 | 48.5 | 34.5 | 31.5 | 29.2 | 20.4 | 17.8 |
| 不满意 | 3.5 | 2.6 | 1.5 | 1.4 | 1.7 | 0.7 |

（5）残疾人参加法律知识学习或宣传活动的比例有较大提高。

2012年度，残疾人参加法律知识学习或宣传活动的比例由上年度的27.0%提高到31.3%。其中，城镇的比例比2011年度提高了9.5个百分点，农村的比例提高了2.7个百分点（见表25）。

表25 残疾人参加过法律知识学习或宣传活动比例（单位:%）

|  | 2007年度 | 2008年度 | 2009年度 | 2010年度 | 2011年度 | 2012年度 |
| --- | --- | --- | --- | --- | --- | --- |
| 城镇 | 21.5 | 22.7 | 17.5 | 23.4 | 27.5 | 37.0 |
| 农村 | 12.5 | 14.6 | 15.7 | 23.0 | 26.7 | 29.4 |
| 全国 | 14.7 | 16.5 | 16.4 | 23.1 | 27.0 | 31.3 |

（6）残疾人法律服务、法律援助或司法救助服务仍需加强。

2007—2012年度有法律服务需求的残疾人家庭比例持续下降，为残疾人提供法律服务的比例则连续上升。在接受过法律服务的残疾人家庭中，感到非常满意或满意的家庭比例有所下降，2012年度为89.6%，比2011年度低3.5个百分点（见表26）。

表26 残疾人家庭接受法律服务情况（单位:%）

|  |  | 2007年度 | 2008年度 | 2009年度 | 2010年度 | 2011年度 | 2012年度 |
| --- | --- | --- | --- | --- | --- | --- | --- |
| 有法律服务需求 |  | 21.3 | 14.3 | 11.8 | 7.3 | 5.5 | 3.9 |
| 其中：接受过法律服务 |  | 4.8 | 6.8 | 6.9 | 7.8 | 12.7 | 14.2 |
| 对提供的法律服务的满意度 | 非常满意和满意 | 84.4 | 85.8 | 86.6 | 90.4 | 93.1 | 89.6 |
|  | 一般 | 14.7 | 12.3 | 10.9 | 7.0 | 6.6 | 10.4 |
|  | 不满意 | 0.9 | 2.0 | 2.5 | 2.7 | 0.3 | 0.0 |

2012年度有法律援助或司法救助需求的残疾人数与2011年度相比显著下降，但实际接受法律援助或司法救助的残疾人数仅占有需求的残疾人总数的14.2%。在接受过法律援助或司法救助的残疾人家庭中，持非常满意或满意态度的比例也下降了4.9个百分点（见表27）。

表27 对法律援助或司法救助的满意度

|  |  | 2007年度 | 2008年度 | 2009年度 | 2010年度 | 2011年度 | 2012年度 |
| --- | --- | --- | --- | --- | --- | --- | --- |
| 对法律援助或司法救助有需求人数（人） |  | 224 | 978 | 1481 | 2384 | 2389 | 1546 |
| 接受法律援助或司法救助人数（人） |  | 71 | 57 | 47 | 62 | 130 | 97 |
| 对提供的法律援助或司法救助的满意度（%） | 非常满意和满意 | 84.5 | 81.3 | 81.6 | 80.6 | 91.5 | 86.6 |
|  | 一般 | 15.5 | 18.7 | 15.4 | 14.6 | 8.5 | 13.4 |
|  | 不满意 | 0 | 0 | 2.9 | 4.8 | 0 | 0 |

## 二、2012年度中国残疾人小康进程监测结果

### (一) 2012年度残疾人小康进程向前又迈进一大步

监测显示,2012年度残疾人小康进程实现程度达68.4%,比2011年度提高5.3个百分点(见附表),残疾人小康进程又向前迈进一大步。

在监测的17项指标中,有13项指标的实现程度有所提高,其中城镇残疾人基本社会保险覆盖率、社区服务覆盖率、残疾人家庭人均可支配收入、康复服务覆盖率、残疾人家庭人均生活用电量、社区活动参与率等六项指标提高较快,分别比2011年度提高15.1、13.2、9.4、8.6、7.2和6.2个百分点。从实现程度来看,农村残疾人合作医疗覆盖率和法律服务满意率基本达到小康目标,适龄残疾人在婚率、残疾人对无障碍环境的满意率、城镇残疾人基本社会保险覆盖率、百户残疾人家庭彩色电视机拥有量、残疾人家庭恩格尔系数、残疾人家庭人均住房使用面积、学龄残疾儿童接受义务教育比例、百户残疾人家庭电话拥有量、残疾人家庭人均可支配收入、康复服务覆盖率也都在60%以上。这些指标的提高说明残疾人生活得到改善,反映出一系列改善民生措施的成效。

1. 残疾人生存状况逐渐得到改善,其进程实现程度为70.9%,比2011年度提高5.7个百分点。

残疾人生存状况是整个监测指标体系中最重要的部分,直接反映残疾人的生活状况,是残疾人实现全面小康的前提,它包括残疾人的收入、消费、住房和婚姻状况等。2012年度残疾人生存状况实现程度由2011年度的65.2%上升到70.9%,提高5.7个百分点。从各监测指标来看:

(1) 残疾人家庭人均可支配收入继续提高。残疾人家庭人均可支配收入是反映残疾人家庭生活水平和生活质量改善的基础和核心指标,因此在监测指标体系中的权重也最大。监测显示,2012年度残疾人家庭人均可支配收入实现程度由2011年度的53.0%上升到62.4%,比2011年度提高9.4个百分点。从绝对量上看,2012年度,城镇残疾人家庭人均可支配收入由2011年度的11757.7元上升到14050.9元,农村残疾人家庭人均可支配收入由2011年度的5998.2元上升到6971.4元。

(2) 残疾人家庭恩格尔系数有所下降。恩格尔系数是衡量居民生活

质量最重要指标之一,一般说来,随着居民生活水平的提高,恩格尔系数呈下降的趋势。2012年度残疾人家庭恩格尔系数为48.5%,比2011年度的49.8%有所回落。其中,城镇残疾人家庭恩格尔系数由2011年度的48.9%下降到48.6%,农村残疾人家庭恩格尔系数由2011年度的50.3%下降到48.5%。联合国粮农组织提出,恩格尔系数在59%以上为贫困,50%—59%为温饱,40%—50%为小康(总体小康),30%—40%为富裕(全面小康),低于30%为最富裕(现代化)。根据这一标准,目前我国城乡残疾人家庭生活基本进入总体小康。

(3)残疾人家庭电器化水平不高。居民用电量是反映居民家庭电器化普及程度的一个非常重要的指标,也是反映居民生活质量的重要指标。2012年度,残疾人家庭人均生活用电量为285.6千瓦小时,比2011年度提高36.3千瓦小时,但其小康目标实现程度仅有57.1%。2012年度,城镇残疾人家庭每百户拥有彩电、电冰箱、洗衣机分别为93.6台、74.2台、75.2台,农村残疾人家庭分别为81.1台、34.6台、40.5台,这些都远低于城乡一般居民家庭水平,也充分说明残疾人家庭电器化水平不高。

(4)残疾人住房条件有所改善。居住水平是衡量居民生活水平高低的重要指标。2012年度,残疾人家庭人均住房面积小康实现程度为78.6%,比2011年度提高1.6个百分点。从绝对量上看,2012年度,城镇残疾人家庭人均住房面积为18.5平方米,比2011年度的18.2平方米增加0.3平方米;农村残疾人家庭人均住房面积为22.6平方米,比2011年度的22.2平方米增加0.4平方米,说明政府出台的危房改造、廉租房政策的成效。

(5)残疾人婚姻状况仍需关注。婚姻状况对于残疾人而言,不仅直接反映情感生活的丰富程度,也体现获得家庭生活保障和服务保障的水平。稳定的家庭和社会支持有助于提高残疾人的主观幸福感,而长期的生活和劳动能力缺陷则会影响婚姻质量。2012年度,适龄残疾人在婚率(男22岁以上,女20岁以上)为63.9%,从2007—2012年度的监测结果看,残疾人的在婚率基本维持在63%左右,远低于全社会83.1%左右的水平。因此,残疾人婚姻状况应受到关注。

2. 残疾人发展状况水平仍然较低,其进程实现程度为55.3%,比

2011年度提高4.0个百分点。

残疾人发展状况是整个指标体系中最能体现残疾人特殊性的部分，涵盖了残疾人工作的主要方面，它包括残疾人的康复、教育、就业、社会保障以及社会参与等方面的情况，与残疾人切身利益密切相关，反映了残疾人最迫切的需求。2012年度，残疾人发展状况进程实现程度为55.3%，比2011年度提高4.0个百分点，但在生存状况、发展状况、环境状况三个方面中，其实现程度是最小的，显示出残疾人的社会发展水平相对滞后。

（1）残疾人康复服务覆盖率较低。2012年度，残疾人康复服务覆盖率为55.2%，比2011年度有较大幅的提高，提高7.8个百分点。同时还必须看到，目前为残疾人提供的康复服务的总体水平还不高，仍需大力推进和提高。

（2）残疾儿童接受义务教育应该继续得到重视。2012年度，残疾儿童接受义务教育比例为71.9%。近年来，虽然城乡残疾儿童接受义务教育比例均有增加，但与全国适龄儿童的义务教育相比，仍属较低水平。

（3）残疾人就业形势严峻。就业是残疾人改善生活状况，实现自强自立主要途径。失业率是从另一个方面来反映就业情况。2012年度，城镇残疾人登记失业率高达9.2%，实际失业率不止如此，这不仅影响残疾人的生活状况，也限制了残疾人参与社会的机会。

（4）残疾人基本社会保险明显推进。新型农村合作医疗是现阶段农村医疗保障的主要途径，与农村低保、新型农村养老保险一起构成了农民的三大社会保障支柱。农村残疾人参加新型农村合作医疗的覆盖面，在一定程度上反映他们的医疗保障水平。2012年度农村残疾人参加新型农村合作医疗比例达97.0%，已实现了95%的目标。在政府和社会的帮助下，残疾人已成为新型农村合作医疗最大受益者之一。2012年度，16岁及以上城镇残疾人参加基本社会保险（包括基本养老保险和基本医疗保险）覆盖率为82.8%，比2011年度明显提高，提高14.3个百分点。

（5）残疾人信息化水平逐步提高。电话、电视机、电脑是信息时代最具有代表性的技术产品，同时也是文化交流和信息传播的重要载体，是残疾人生活质量提高的前提之一。通过电话、电视机、电脑网络，残疾人足不出户就可以了解最新的信息，与他人交流。2012年度，每百户残疾人家庭拥有电话103.4部，比2011年度增加5.1部；彩电85.3台，比2011年度增加2.8台；家用电脑12.4台，比2011年度增加3.2台。总体来看，近年来残疾人信息化水平比上年度逐步提高，反映了残疾人的文化和信息交流渠道进一步拓展。

（6）残疾人社区活动参与率依然较低。社区是残疾人走出家庭、融入社会的主要场所。社区活动参与率直接反映残疾人社会参与的广度。2012年度社区活动参与率为44.3%，虽比2011年度提高5.6个百分点，但仍有一半以上的残疾人还没有真正走出家门，融入社会。

3. 残疾人参与社会生活的环境状况继续改善，其进程实现程度已达78.5%，比2011年度提高5.9个百分点。

残疾人参与社会的环境状况是残疾人实现全面小康重要的外部条件，主要包括残疾人事业的法制环境、残疾人参与社会的无障碍环境等，是残疾人生存、发展的环境保障。2012年度，残疾人环境状况进程实现程度为78.5%，比2011年度提高5.9个百分点。从2007—2012年度的监测结果看，残疾人环境状况的实现程度稳步提高，但随着残疾人生存和发展状况的改善，残疾人对环境，特别是服务改善的要求会越来越高。从各监测指标来看：

（1）城镇残疾人对无障碍设施的满意度提高。无障碍是残疾人平等参与社会的重要条件，残疾人是无障碍环境的主要使用者和受益者，残疾人对无障碍环境的满意率可以反映出城镇无障碍环境的水平，也反映出残疾人对无障碍设施建设的认可程度。2012年度城镇残疾人对无障碍设施的满意度为81.5%，比2011年度提高3.6个百分点，体现出我国残疾设施无障碍建设的成效。

（2）残疾人接受社区服务比例上升，满意度较高。除了家庭以外，社区是残疾人服务的主要提供者。社区服务覆盖率直接反映残疾人社会服务水平和残疾人工作社会化水平，也反映和谐社区建设的水平。2012年度，残疾人社区服务覆盖率为43.6%，比2011年度提高11.9个百分点。虽然社区服务覆盖率较低，但接受过社区服务的残疾人满意度高达92.4%。

（3）残疾人法律服务覆盖率仍较低，但满意度较高。法律服务满意度反映残疾人及其亲属感知残疾人的权益受到保障的程度，反映残疾人权益保障水平。2012年度有14.2%的残疾人接受过法律服务，比2011年度提高1.5个百分点；在接受法律服务的残疾人中，89.6%的人表示满意，接近90%的目标。总体来看，残疾人法律服务的覆盖率较低，做好残疾人法律维权宣传和法律救助工作，还需进一步的努力。

## （二）残疾人总体生活水平与全社会平均水平差距仍然较大

由于种种因素的影响，残疾人总体生活水平与全社会平均水平差距仍然较大，残疾人在基本生活保障、康复、教育、就业等方面还面临着许多困难。

1. 残疾人家庭人均可支配收入仅是全国平均水平的56.2%，差距明显。

2012年度残疾人家庭人均可支配收入为9364.3元，是全国居民家庭人均可支配收入的56.2%。其中，城镇残疾人家庭人均可支配收入为14050.9元，是全国城镇居民家庭人均可支配收入的57.2%；农村残疾人家庭人均可支配收入为6971.4元，是全国农村居民家庭人均可支配收入的88.1%。因此，提高残疾人的收入水平、缩小残疾人家庭与一般居民家庭收入差距的任务，非常迫切。

2. 残疾人家庭医疗保健支出及其占家庭消费支出比例均远高于全国平均水平，交通和通信支出大大低于一般居民家庭。

2012年度，城镇残疾人家庭人均医疗保健支出为1590.7元，是全国城镇居民家庭人均医疗保健支出的1.50倍；农村残疾人家庭人均医疗保健支出为884.4元，是全国农村居民家庭人均医疗保健支出的1.72倍。城镇残疾人家庭人均医疗保健支出占全部消费支出的比重为18.2%，比全国城镇居民平均水平高出11.8个百分点；农村残疾人家庭人均医疗保健支出占全部消费支出的比重为17.0%，比全国农村居民平均水平高出8.3个百分点。

2012年度，城镇残疾人家庭人均交通和通信支出为544.2元，相当于全国城镇居民家庭人均交通和通信支出的22.2%；农村残疾人家庭人均交通和通信支出为305.2元，相当于全国农村居民家庭人均交通和通信支出的46.8%。城镇残疾人家庭人均交通和通信支出占全部消费支出的比重为6.2%，比全国城镇居民家庭平均水平低8.5个百分点；农村残疾人家庭人均交通和通信支出占全部消费支出的比重为5.9%，比全国农村居民家庭平均水平低5.2个百分点。

3. 残疾人家庭恩格尔系数高于全国平均水平，生活质量明显落后。

2012年度，残疾人家庭恩格尔系数为48.5%，比全国居民家庭恩格尔系数37.7%高出10.8个百分点。其中，城镇残疾人家庭恩格尔系数为48.6%，高出全国城镇居民家庭恩格尔系数12.4个百分点；农村残疾人家庭恩格尔系数为48.5%，高出全国农村居民家庭恩格尔系数9.2个百分点。显然，残疾人家庭生活质量明显落后于全国水平。

4. 残疾人家庭人均住房使用面积明显低于全国水平。

2012年度，残疾人家庭人均住房使用面积为21.2平方米，比全国居民家庭人均住房使用面积低7.5平方米，差距明显。其中，城镇残疾人家庭人均住房使用面积为18.5平方米，比全国城镇居民家庭人均住房使用面积低6.2平方米；农村残疾人家庭人均住房使用面积为22.6平方米，比全国农村居民家庭人均住房使用面积低10.7平方米。

5. 残疾人家庭电器化水平低于社会平均水平。

2012年度，残疾人家庭人均生活用电量为285.6千瓦时，相当于全国居民家庭人均生活用电量的60%—70%，表明残疾人家庭电器化水平低于社会平均水平。

6. 义务教育差距较大。

2012年度，学龄残疾儿童接受义务教育比例为71.9%，还有28.1%的学龄残疾儿童没有接受义务教育，而全国非残疾学龄儿童基本上都接受义务教育，差距较大。

7. 城镇登记失业率远高于全国水平。

2012年度，城镇残疾人登记失业率为9.2%，是全国城镇登记失业率4.1%的2倍之多，残疾人的就业问题还需要各级政府和社会更多的关注。

8. 残疾人家庭信息化程度低于全国水平。

2012年度，每百户残疾人家庭拥有（固定和移动）电话103.4部，相当于全国居民家庭平均水平261.6部的39.5%。其中，每百户城镇残疾人家庭拥有（固定和移动）电话130.7部，相当于全国城镇居民家庭平均水平281.0部的46.5%；每百户农村残疾人家庭拥有（固定和移动）电话89.4部，相当于全国农村居民家庭平均水平240.0部的37.3%。

2012年度，每百户残疾人家庭拥有彩色电视机85.3台，相当于全国居民家庭平均水平127.0台的67.2%。其中，每百户城镇残疾人家庭拥有彩色电视机93.6台，相当于全国城镇居民家庭平均水平136.1台的68.8%；每百户农村残疾人家庭拥有彩色电视机81.1台，相当于全国农村居民家庭平均水平116.9台的69.4%。

2012年度，每百户残疾人家庭拥有电脑12.4台，比全国居民家庭平均水平55.9台少43.5台。其中，每百户城镇残疾人家庭拥有电脑25.2台，比全国城镇居民家庭平均水平87.0台少61.8台；每百户农村残疾人家庭拥有电脑5.9台，比全国农村居民家庭平均水平21.4台少15.5台。

（三）加快残疾人全面建设小康社会的建议

"十二五"时期是全面建设小康社会的关键时期，而残疾人是实现全面建设小康社会难度最大的一个群体。为了加快残疾人全面建设小康社会进程，建议：

1. 多渠道增加残疾人收入，推进残疾人小康进程。

收入是全面小康的最重要的一个指标，党的十八大提出了2020年全面建成小康社会，实现国内生产总值和城乡居民人均收入比2010年翻一番的发展目标。2012年度残疾人家庭人均可支配收入相当于全国居民家庭人均可支配收入的56.2%，要千方百计促进残疾人就业、提高残疾人社会保障水平、加强残疾人扶贫开发、同时减少残疾人基本医疗康复等支出，通过多种渠道努力，以增加残疾人收入、切实缩小残疾人家庭人均收入与社会平均水平的差距。

2. 加强残疾人就业工作，提高残疾人生活水平。

就业是民生之本，也是残疾人改善生活状况，实现自强自立、实现人生价值的主要途径。目前，残疾人就业形势十分严峻，2012年度残疾人登记失业率高达9.2%，远高于全国登记失业率4.1%的水平。因此，继续完善残疾人就业税收优惠政策，加快出台贯彻《残疾人就业条例》地方性法规。加大残疾人职业培训投入力度，建立残疾人职业培训与就业实名制统计和通报制度。推动机关、事业单位和国有企业开展按比例安排残疾人就业岗位预留试点及残疾人集中就业单位产品专产专营试点工作。加大对农村残疾人参加劳动的扶持力度,提高他们的劳动收入水平。

3. 推进残疾人社会保障工作。

推进残疾人社会保障工作确保将符合条件的残疾人作为重点对象纳入城乡最低生活保障范围,探索推进分类施保。继续制定完善针对残疾人的专项保障和救助政策,增加救助手段,提高保障水平。加大残疾人基本养老、基本医疗参保、参合个人缴费补贴政策贯彻执行的督导检查,研究残疾人参加城乡居民社会养老保险优惠扶持措施。积极推动各地建立贫困残疾人生活补助和重度残疾人护理补贴制度。

4. 加强残疾人教育工作,努力提高残疾人受教育水平。

提高残疾人受教育水平是残疾人全面实现自身价值的基本条件。2012年度,学龄儿童接受义务教育的在学比例为71.9%,仍有28.1%的学龄儿童没有接受义务教育;18岁及以上残疾人受教育程度较低,未上过学和上过小学的比例高达74.5%。因此,政府必须完善残疾人教育体系,实施"残疾儿童少年义务教育攻坚计划",逐步扩大各类残疾儿童少年就学范围,提高义务教育入学率;加强特教师资队伍建设,扩大师资培养培训规模,提高教育质量。做好通用手语、通用盲文的研制、规范和推广工作。

5. 做好残疾人康复工作。

康复是帮助残疾人恢复和补偿功能,增强生活自理和社会适应能力,平等参与社会生活的基础。2012年度,全国残疾人康复需求服务覆盖面仅为55.2%,残疾人康复服务的覆盖率仍较低,因此加快推进《残疾预防和残疾人康复条例》制定进程。进一步落实部分医疗康复项目纳入基本医疗保障范围、重度精神病患者经常服药费用纳入城乡医保门诊大病或门诊统筹报销范围,推动残疾人基本辅助器具配置纳入城乡医保报销范围,做好残疾人参加新型农村合作医疗工作。落实《残联系统康复机构建设规范(试行)》,制定"残疾人康复机构管理指导意见"。推进"建立完善康复医疗服务体系"试点工作。加强在职人员继续医学教育和康复学科带头人、社区康复协调员培养,做好康复人才管理信息系统建设和新职业申报等工作。全面开展社区康复，扩大残疾人康复服务面。

6. 推进残疾人文化建设，丰富残疾人精神生活。

丰富、活跃残疾人群众文化体育生活，发展残疾人特殊艺术和竞技体育，是激励残疾人自强不息的重要形式。2012年度，全国残疾人社区活动参与率仅为44.3%，还有一半以上的残疾人没有真正走出家门，融入社会。政府应采取有效措施，贯彻落实《关于加快残疾人文化建设的意见》，将残疾人文化建设纳入国家公共文化服务体系，推进全国残疾人文化建设示范市建设。加强残疾人文化服务设施建设。继续开展"残疾人文化周"活动，实施"残疾人文化进社区"项目。加强残疾人文化艺术人才培养基地建设。加强残疾人文化对外交流。继续开展文化助残公益行动，推动残疾人文化产业发展。

## 附表

### 2007—2012年度残疾人小康进程监测结果

| 指标体系 | 单位 | 权重 | 目标值 | 2007年度 实际值 | 2007年度 实现程度(%) | 2008年度 实际值 | 2008年度 实现程度(%) | 2009年度 实际值 | 2009年度 实现程度(%) | 2010年度 实际值 | 2010年度 实现程度(%) | 2011年度 实际值 | 2011年度 实现程度(%) | 2012年度 实际值 | 2012年度 实现程度(%) |
|---|---|---|---|---|---|---|---|---|---|---|---|---|---|---|---|
| 一、生存状况 | | 45 | | | 51.2 | | 53.5 | | 56.9 | | 59.4 | | 65.2 | | 70.9 |
| (一)收入状况 | | 20 | | | | | | | | | | | | | |
| 1.残疾人家庭人均可支配收入 | 元 | 20 | ≥15000 | 4163 | 27.8 | 4972 | 33.1 | 5672 | 37.8 | 6345 | 42.3 | 7945 | 53.0 | 9364 | 62.4 |
| (二)消费状况 | | 10 | | | | | | | | | | | | | |
| 2.残疾人家庭恩格尔系数 | % | 5 | ≤40 | 46.7 | 85.6 | 50.4 | 79.3 | 46.2 | 86.6 | 47.0 | 85.1 | 49.8 | 80.3 | 48.5 | 82.5 |
| 3.残疾人家庭人均生活用电量 | 千瓦小时 | 5 | ≥500 | 151.6 | 30.3 | 172.4 | 34.5 | 190.8 | 38.2 | 203.3 | 40.7 | 249.3 | 49.9 | 285.6 | 57.1 |
| (三)居住状况 | | 10 | | | | | | | | | | | | | |
| 4.残疾人家庭人均住房使用面积 | 平方米 | 10 | ≥27 | 19.3 | 71.5 | 19.6 | 72.5 | 19.8 | 73.2 | 20.3 | 75.0 | 20.8 | 77.0 | 21.2 | 78.6 |
| (四)婚姻状况 | | 5 | | | | | | | | | | | | | |
| 5.适龄残疾人在婚率 | % | 5 | ≥70 | 63.5 | 90.8 | 63.1 | 90.1 | 63.0 | 89.9 | 62.5 | 89.3 | 63.5 | 90.7 | 63.9 | 91.3 |
| 二、发展状况 | | 35 | | | 35.5 | | 38.7 | | 41.7 | | 46.1 | | 51.3 | | 55.3 |
| (五)康复状况 | | 8 | | | | | | | | | | | | | |
| 6.康复服务覆盖率 | % | 8 | ≥90 | 19.0 | 21.1 | 23.3 | 25.9 | 23.0 | 25.6 | 33.5 | 37.2 | 47.4 | 52.7 | 55.2 | 61.3 |
| (六)教育状况 | | 6 | | | | | | | | | | | | | |
| 7.学龄残疾儿童接受义务教育比例 | % | 6 | ≥95 | 63.3 | 66.7 | 63.8 | 67.1 | 69.5 | 73.2 | 71.4 | 75.2 | 72.1 | 75.9 | 71.9 | 75.7 |

二、全国残疾人状况及小康进程监测报告

续表

| 指标体系 | 单位 | 权重 | 目标值 | 2007年度 实际值 | 2007年度 实现程度(%) | 2008年度 实际值 | 2008年度 实现程度(%) | 2009年度 实际值 | 2009年度 实现程度(%) | 2010年度 实际值 | 2010年度 实现程度(%) | 2011年度 实际值 | 2011年度 实现程度(%) | 2012年度 实际值 | 2012年度 实现程度(%) |
|---|---|---|---|---|---|---|---|---|---|---|---|---|---|---|---|
| （七）就业状况 | | 6 | | | | | | | | | | | | | |
| 8. 城镇残疾人登记失业率 | % | 6 | ≤6 | 10.6 | 0.0 | 12.6 | 0.0 | 13.6 | 0.0 | 8.6 | 0.0 | 9.9 | 0.0 | 9.2 | 0.0 |
| （八）社会保障 | | 8 | | | | | | | | | | | | | |
| 9. 城镇残疾人基本社会保险覆盖率 | % | 4 | ≥95 | 34.8 | 36.7 | 38.8 | 40.8 | 52.1 | 54.8 | 60.9 | 64.1 | 68.5 | 72.1 | 82.8 | 87.2 |
| 10. 农村残疾人合作医疗覆盖率 | % | 4 | ≥95 | 84.4 | 88.8 | 93.5 | 98.4 | 94.4 | 99.4 | 96.0 | 100.0 | 97.4 | 100.0 | 97.0 | 100.0 |
| （九）信息化水平 | | 4 | | | | | | | | | | | | | |
| 11. 百户残疾人家庭电话拥有量 | 部 | 2 | ≥150 | 75.2 | 50.1 | 80.4 | 53.6 | 86.0 | 57.3 | 90.8 | 60.6 | 98.3 | 65.5 | 103.4 | 68.9 |
| 12. 百户残疾人家庭彩色电视机拥有量 | 台 | 1 | ≥100 | 65.9 | 65.9 | 71.2 | 71.2 | 74.3 | 74.3 | 77.4 | 77.4 | 82.5 | 82.5 | 85.3 | 85.3 |
| 13. 百户残疾人家庭电脑拥有量 | 台 | 1 | ≥60 | 3.9 | 6.5 | 4.6 | 7.7 | 6.0 | 10.0 | 6.9 | 11.5 | 9.2 | 15.4 | 12.4 | 20.7 |
| （十）社会参与 | | 3 | | | | | | | | | | | | | |
| 14. 社区活动参与率 | % | 3 | ≥90 | 24.8 | 27.6 | 30.2 | 33.6 | 29.9 | 33.2 | 33.7 | 37.4 | 38.7 | 43.0 | 44.3 | 49.2 |
| 三、环境状况 | | 20 | | | | | | | | | | | | | |
| （十一）无障碍环境 | | 7 | | | 52.4 | | 60.0 | | 61.5 | | 66.8 | | 72.6 | | 78.5 |
| 15. 残疾人对无障碍环境的满意率 | % | 7 | ≥90 | 48.0 | 53.4 | 62.9 | 69.9 | 66.8 | 74.3 | 69.4 | 77.1 | 77.9 | 86.6 | 81.5 | 90.6 |
| （十二）社区服务 | | 7 | | | | | | | | | | | | | |
| 16. 社区服务覆盖率 | % | 7 | ≥90 | 14.3 | 15.9 | 17.8 | 19.7 | 17.0 | 18.9 | 25.3 | 28.1 | 31.7 | 35.2 | 43.6 | 48.4 |
| （十三）法律服务 | | 6 | | | | | | | | | | | | | |
| 17. 法律服务满意率 | % | 6 | ≥90 | 84.4 | 93.8 | 85.8 | 95.3 | 86.6 | 96.2 | 90.4 | 100.0 | 93.1 | 100.0 | 89.6 | 99.6 |
| 残疾人奔小康实现程度 | % | 100 | | | 46.8 | | 50.6 | | 53.5 | | 57.4 | | 63.1 | | 68.4 |

# 2013年度中国残疾人状况及小康进程监测报告

2007年中国残联、国家统计局、民政部、原卫生部、第二次全国残疾人抽样调查办公室联合下发《关于开展全国残疾人状况监测工作的通知》（残联发〔2007〕13号），建立全国残疾人状况监测系统，开展年度监测工作。2011年，中国残联、国家统计局、民政部、原卫生部联合下发了《关于开展新一轮全国残疾人状况监测工作的通知》（残联〔2011〕93号），残疾人状况监测工作继续进行。

2013年度残疾人状况监测工作涉及全国734个县（市、区）中的1464个调查小区，有效监测样本37199人。其中，成人35722人，儿童1477人；男性19443人，占52.3%，女性17756人，占47.7%，男女性别比为109.5（女性为100）；城镇9191人，占24.7%，农村28008人，占75.3%。

2013年度监测起止时间为2012年11月1日0时至2013年10月31日24时。监测的主要内容包括残疾人的生存、发展和环境状况，涉及残疾人生活、康复、教育、就业、社会保障、社区服务、无障碍环境和法律服务等方面的基本状况及变化情况。

监测结果表明，2013年度残疾人生活状况得到较大改善，特别是收入水平和康复服务的覆盖率明显提高，残疾人小康进程继续向前迈进。这反映出加快推进残疾人社会保障体系和服务体系建设的新成效和残疾人事业加快发展的新变化。

本年度监测工作得到中国残疾人福利基金会的支持。

## 一、2013年度中国残疾人状况监测结果

### （一）残疾人家庭基本情况

1. 家庭户规模变化不大。

2013年度，残疾人家庭户平均规模为3.3人，与上年度相同。其中，残疾人家庭为2人户的所占比例最高，达到29.6%，1人户家庭的比例为

12.1%，3 人户家庭比例为 19.3%，4 人户家庭比例为 15.9%，5 人户及以上家庭所占比例为 23.1%。与上年度相比，3 人及以下户的比例略有上升，4 人及以上户的比例略有下降。

2. 适龄残疾人婚姻状况基本稳定。

2013 年度，适龄残疾人在婚率为 63.7%，离婚率为 2.3%，与过去四年相比，婚姻状况呈现稳定态势（见表1）。

表1 适龄残疾人婚姻构成状况（单位:%）

|  | 2007 年度 | 2008 年度 | 2009 年度 | 2010 年度 | 2011 年度 | 2012 年度 | 2013 年度 |
| --- | --- | --- | --- | --- | --- | --- | --- |
| 未婚 | 11.9 | 12.5 | 11.4 | 11.9 | 11.9 | 11.1 | 11.6 |
| 初婚有配偶 | 59.3 | 58.9 | 60.0 | 59.6 | 61.1 | 61.4 | 61.2 |
| 再婚有配偶 | 3.3 | 3.2 | 3.0 | 2.9 | 2.4 | 2.5 | 2.5 |
| 离婚 | 2.1 | 2.1 | 2.2 | 2.3 | 2.2 | 2.3 | 2.3 |
| 丧偶 | 23.4 | 23.2 | 23.3 | 23.3 | 22.3 | 22.7 | 22.4 |

3. 残疾儿童监护人以父母双方为主。

2013 年度，17 岁及以下残疾儿童中父母双方为监护人的占 85.4%，比上年度增加 1.6 个百分点，父母一方为监护人的占 5.5%，比上年度减少 0.5 个百分点，父母以外人员为监护人的占 9.1%，比上年度减少 1.1 个百分点。父母监护更有利于残疾儿童成长，因此需要特别关注监护人不是父母的残疾儿童成长状况（见表2）。

表2 17 岁及以下残疾儿童的监护人构成（单位:%）

|  | 2007 年度 | 2008 年度 | 2009 年度 | 2010 年度 | 2011 年度 | 2012 年度 | 2013 年度 |
| --- | --- | --- | --- | --- | --- | --- | --- |
| 父母双方 | 82.8 | 84.2 | 85.4 | 86.0 | 84.9 | 83.8 | 85.4 |
| 父亲或母亲 | 5.5 | 4.9 | 5.2 | 5.4 | 5.3 | 6.0 | 5.5 |
| 祖父母或外祖父母 | 8.2 | 7.8 | 7.3 | 6.7 | 7.0 | 7.7 | 7.1 |
| 其他亲属或其他非亲属 | 3.5 | 3.1 | 2.1 | 1.9 | 2.9 | 2.5 | 2.0 |

4. 残疾人家庭住房状况有所改善。

2013 年度，残疾人家庭住房状况发生改变的占全部监测家庭的 3.0%，其中，有 3.2% 的农村残疾人家庭住房状况发生改变，2.5% 的城镇残疾人家庭住房状况发生改变。城镇残疾人家庭人均住房建筑面积 18.9 平方米，农村残疾人家庭人均住房建筑面积 23.9 平方米，分别比上年度增加 0.4 平方米和 1.3 平方米。

5. 残疾人家庭人均收入明显提高。

2013年度，城镇残疾人家庭人均可支配收入15851.4元，比上年度增加1800.5元；农村残疾人家庭人均纯收入7829.9元，比上年度增加858.5元。

从残疾人家庭人均收入结构看，与上年度相比，城乡残疾人家庭收入的增加主要是由于转移性收入和工薪年收入的提高（见表3、表4）。

表3 城镇残疾人家庭分项人均收入比较（单位：元）

|  | 2007年度 | 2008年度 | 2009年度 | 2010年度 | 2011年度 | 2012年度 | 2013年度 |
| --- | --- | --- | --- | --- | --- | --- | --- |
| 可支配收入 | 7356.6 | 8487.2 | 8578.1 | 9365.8 | 11757.7 | 14050.9 | 15851.4 |
| 工薪年收入 | 2676.0 | 2786.7 | 3086.4 | 3238.8 | 4393.0 | 5076.7 | 5725.6 |
| 经营年净收入 | 484.0 | 580.9 | 434.1 | 380.3 | 528.9 | 973.3 | 952.6 |
| 财产性年收入 | 198.9 | 179.1 | 339.7 | 291.9 | 422.4 | 428.2 | 471.8 |
| 转移性年收入 | 4255.5 | 5211.0 | 4978.6 | 5735.2 | 6826.3 | 8081.8 | 9287.4 |

表4 农村残疾人家庭分项人均收入比较（单位：元）

|  | 2007年度 | 2008年度 | 2009年度 | 2010年度 | 2011年度 | 2012年度 | 2013年度 |
| --- | --- | --- | --- | --- | --- | --- | --- |
| 纯收入 | 3101.0 | 3803.6 | 4066.1 | 4739.2 | 5998.2 | 6971.4 | 7829.9 |
| 工薪年收入 | 1326.7 | 1636.2 | 1689.1 | 2037.2 | 2663.6 | 3117.3 | 3637.3 |
| 经营年总收入 | 1615.6 | 2023.6 | 2417.8 | 2548.0 | 3117.8 | 2979.6 | 3049.0 |
| 财产性年收入 | 185.8 | 166.3 | 121.6 | 100.5 | 141.6 | 229.0 | 166.3 |
| 转移性年收入 | 582.2 | 734.5 | 724.8 | 890.4 | 1091.9 | 1734.8 | 2138.3 |

6. 残疾人家庭消费性支出增加。

2013年度，城镇残疾人家庭人均消费性支出为9674.5元，比上年度增加了944.3元；农村残疾人家庭人均消费性支出为5788.8元，比上年度增加了585.2元。城镇和农村残疾人家庭的消费性支出与上年度相比均有增加。

2013年度，城镇残疾人家庭人均消费性支出排在前三位的依次是食品支出、医疗保健支出和居住支出，分别占48.4%、18.5%和13.1%，比上年度分别增加了439.6元、198.7元和139.9元（见表5）。

表5 城镇残疾人家庭分项人均消费性年支出（单位：元）

|  | 2007年度 | 2008年度 | 2009年度 | 2010年度 | 2011年度 | 2012年度 | 2013年度 |
| --- | --- | --- | --- | --- | --- | --- | --- |
| 合计 | 5484.4 | 6257.0 | 6206.2 | 6576.0 | 7585.2 | 8730.2 | 9674.5 |
| 食品 | 2400.8 | 2954.6 | 2774.4 | 3051.2 | 3706.2 | 4244.1 | 4683.7 |
| 衣着 | 257.4 | 293.1 | 292.4 | 306.1 | 383.7 | 449.2 | 502.7 |

|  | 2007年度 | 2008年度 | 2009年度 | 2010年度 | 2011年度 | 2012年度 | 2013年度 |
|---|---|---|---|---|---|---|---|
| 设备用品 | 122.7 | 113.6 | 119.8 | 146.7 | 153.6 | 166.1 | 207.9 |
| 医疗保健 | 1127.2 | 1150.0 | 1241.3 | 1333.9 | 1512.7 | 1590.7 | 1789.4 |
| 交通和通信 | 327.0 | 346.3 | 359.9 | 355.1 | 420.4 | 544.2 | 550.1 |
| 教育和文化 | 390.0 | 374.1 | 352.3 | 335.6 | 328.2 | 420.4 | 455.8 |
| 居住 | 746.8 | 882.7 | 932.8 | 904.8 | 922.9 | 1127.8 | 1267.7 |
| 杂项商品 | 112.4 | 142.8 | 133.3 | 142.7 | 157.4 | 187.7 | 217.2 |

2013年度，农村残疾人家庭人均消费性支出排在前三位的依次是食品支出、医疗保健支出和居住支出。食品支出占支出的48.5%，比上年度增加了288.1元；医疗保健支出占支出的17.8%，比上年度增加了148.4元；居住支出占支出的16.0%，比上年度增加了66.3元（见表6）。

表6 农村残疾人家庭分项人均消费性年支出（单位：元）

|  | 2007年度 2007 | 2008年度 2008 | 2009年度 2009 | 2010年度 2010 | 2011年度 2011 | 2012年度 2012 | 2013年度 2013 |
|---|---|---|---|---|---|---|---|
| 合计 | 2791.6 | 3225.4 | 3584.5 | 4051.5 | 4595.6 | 5203.6 | 5788.8 |
| 食品 | 1332.4 | 1660.2 | 1686.4 | 1918.8 | 2313.6 | 2521.6 | 2809.7 |
| 衣着 | 141.8 | 154.9 | 171.4 | 184.1 | 230.9 | 253.7 | 281.6 |
| 设备用品 | 40.4 | 47.5 | 54.7 | 69.4 | 75.3 | 74.4 | 75.8 |
| 医疗保健 | 465.1 | 449.1 | 551.1 | 602.0 | 771 | 884.4 | 1032.8 |
| 交通和通信 | 177.2 | 198.3 | 221.8 | 248.5 | 271.8 | 305.2 | 326.2 |
| 教育和文化 | 176.0 | 158.8 | 182.7 | 181.6 | 201.2 | 208.6 | 230.0 |
| 居住 | 402.2 | 492.0 | 645.6 | 772.2 | 648 | 860.1 | 926.4 |
| 杂项商品 | 56.6 | 64.6 | 70.7 | 75.0 | 83.9 | 95.4 | 106.4 |

2013年度，城镇和农村残疾人家庭恩格尔系数分别为48.4%和48.5%，与上年度相比，城镇下降了0.2个百分点，农村则持平（见表7）。

表7 残疾人家庭恩格尔系数（单位:%）

|  | 2007年度 | 2008年度 | 2009年度 | 2010年度 | 2011年度 | 2012年度 | 2013年度 |
|---|---|---|---|---|---|---|---|
| 城镇 | 43.8 | 47.2 | 44.7 | 46.4 | 48.9 | 48.6 | 48.4 |
| 农村 | 47.7 | 51.5 | 47.0 | 47.4 | 50.3 | 48.5 | 48.5 |

7. 残疾人家庭移动电话和家用电器拥有比例上升。

2013年度，城镇残疾人家庭拥有固定电话的比例为53.2%，手机或小灵通为78.5%，彩电为94.2%，电冰箱为77.0%，洗衣机为76.6%，电脑为28.2%；农村残疾人家庭拥有固定电话的比例为24.8%，手机或小灵通为65.5%，彩电为82.1%，电冰箱为40.6%，洗衣机为44.1%，电脑为6.9%。城乡差距较大的为电冰箱和洗衣机的拥有比例，城镇比农村分别高36.4和32.5个百分点。

2013年度，城镇残疾人家用电脑可以上网的比例为91.1%，比上年度上升了0.3个百分点，农村残疾人家用电脑可以上网的比例为85.2%，比上年度下降了0.4个百分点；城镇残疾人本人使用电脑的比例为32.7%，比上年度上升了2.5个百分点，农村残疾人本人使用电脑的比例为20.1%，比上年度上升了0.1个百分点。从近四年的趋势来看，城镇残疾人使用电脑的比例增加了10.2个百分点，但农村残疾人仅增加了2.1个百分点（见表8、表9）。

表8　城镇残疾人家庭家用电器拥有率（单位:%）

| | 2007年度 | 2008年度 | 2009年度 | 2010年度 | 2011年度 | 2012年度 | 2013年度 |
|---|---|---|---|---|---|---|---|
| 固定电话 | 68.0 | 67.7 | 51.7 | 51.3 | 48.7 | 56.3 | 53.2 |
| 手机或小灵通 | 43.6 | 48.2 | 44.7 | 49.2 | 59.3 | 74.4 | 78.5 |
| 彩电 | 89.3 | 91.1 | 77.7 | 79.7 | 83.0 | 93.6 | 94.2 |
| 电冰箱 | 60.6 | 63.0 | 48.7 | 52.1 | 58.0 | 74.2 | 77.0 |
| 洗衣机 | 61.7 | 65.3 | 51.2 | 53.5 | 58.7 | 75.2 | 76.6 |
| 电脑 | 13.6 | 14.9 | 13.0 | 14.5 | 17.9 | 25.2 | 28.2 |
| 其中：电脑上网比例 | - | - | - | 84.5 | 89.6 | 90.8 | 91.1 |
| 残疾人使用电脑的比例 | - | - | - | 22.5 | 28.2 | 30.2 | 32.7 |

表9　农村残疾人家庭家用电器拥有率（单位:%）

| | 2007年度 | 2008年度 | 2009年度 | 2010年度 | 2011年度 | 2012年度 | 2013年度 |
|---|---|---|---|---|---|---|---|
| 固定电话 | 37.7 | 36.9 | 37.0 | 35.7 | 31.1 | 27.8 | 24.8 |
| 手机或小灵通 | 26.1 | 32.5 | 43.1 | 50.0 | 62.2 | 61.6 | 65.5 |
| 彩电 | 58.6 | 65.0 | 72.4 | 76.2 | 82.2 | 81.1 | 82.1 |
| 电冰箱 | 11.8 | 13.8 | 16.2 | 20.8 | 31.8 | 34.6 | 40.6 |
| 洗衣机 | 20.3 | 23.7 | 28.2 | 33.0 | 39.7 | 40.5 | 44.1 |
| 电脑 | 0.9 | 1.4 | 2.1 | 2.9 | 4.8 | 5.9 | 6.9 |
| 其中：电脑上网比例 | - | - | - | 80.4 | 84.9 | 85.6 | 85.2 |
| 残疾人使用电脑的比例 | - | - | - | 18.0 | 18.9 | 20.0 | 20.1 |

## 8. 残疾人家庭人均生活用电量上升。

2013年度，城镇和农村残疾人家庭月人均生活用电量均有上升。其中，城镇残疾人家庭月人均生活用电量达到39.8度，比上年度增加2.1度；农村残疾人家庭月人均生活用电量达到18.8度，比上年度增加2.1度（见表10）。

表10 残疾人家庭月人均用电量（单位：度）

|    | 2007年度 | 2008年度 | 2009年度 | 2010年度 | 2011年度 | 2012年度 | 2013年度 |
| --- | --- | --- | --- | --- | --- | --- | --- |
| 城镇 | 26.0 | 28.5 | 25.1 | 26.5 | 31.2 | 37.7 | 39.8 |
| 农村 | 8.2 | 10.0 | 10.8 | 11.9 | 15.5 | 16.7 | 18.8 |

## （二）残疾人基本情况

### 1. 残疾人接受康复服务比例有所提高。

自2007年度以来，残疾人接受过康复服务比例呈逐年上升趋势。2013年度，至少接受过一项康复服务的比例为58.3%，比上年度提高了3.1个百分点（表11）。

2013年度，城镇残疾人至少接受过一项康复服务的比例为64.8%，比上年度上升了1.8个百分点；农村残疾人接受过康复服务的比例为56.1%，比上年度上升了3.5个百分点。这表明政府与社会提供康复服务的能力有所提高，残疾人受益面扩大（表12、表13）。

表11 全国残疾人接受过各项康复服务比例（单位：%）

|  | 2007年度 | 2008年度 | 2009年度 | 2010年度 | 2011年度 | 2012年度 | 2013年度 |
| --- | --- | --- | --- | --- | --- | --- | --- |
| 治疗与康复训练 | 9.7 | 10.5 | 10.7 | 13.6 | 13.7 | 20.2 | 23.3 |
| 辅助器具配置 | 4.1 | 5.5 | 5.5 | 8.4 | 9.0 | 14.2 | 16.3 |
| 心理疏导 | 4.2 | 5.9 | 5.2 | 6.7 | 8.3 | 12.8 | 13.9 |
| 康复知识普及 | 5.2 | 7.3 | 7.3 | 13.7 | 18.5 | 26.9 | 31.2 |
| 诊断和需求评估* | — | — | — | — | 14.8 | 11.2 | 12.5 |
| 居家服务、日间照料与托养* | — | — | — | — | 11.8 | 13.9 | 14.3 |
| 残疾人及亲友培训* | — | — | — | — | 3.4 | 6.3 | 6.9 |
| 随访和评估服务* | — | — | — | — | 4.9 | 11.4 | 12.1 |
| 其他康复服务* | — | — | — | — | 11.4 | 19.4 | 24.4 |
| 至少接受过一项康复服务 | 19.0 | 23.3 | 23.0 | 33.5 | 47.4 | 55.2 | 58.3 |

注：*为2011年度新增的康复服务指标选项。

表12　城镇残疾人接受过各项康复服务比例（单位:%）

| | 2007年度 | 2008年度 | 2009年度 | 2010年度 | 2011年度 | 2012年度 | 2013年度 |
|---|---|---|---|---|---|---|---|
| 治疗与康复训练 | 13.8 | 15.5 | 13.0 | 14.1 | 15.6 | 24.5 | 27.1 |
| 辅助器具配置 | 7.6 | 9.1 | 8.4 | 11.5 | 12.3 | 18.4 | 20.7 |
| 心理疏导 | 6.1 | 10.0 | 6.4 | 7.0 | 8.8 | 15.6 | 16.4 |
| 康复知识普及 | 10.5 | 14.8 | 11.9 | 18.1 | 24.0 | 35.4 | 37.4 |
| 诊断和需求评估* | – | – | – | – | 12.4 | 13.7 | 13.6 |
| 居家服务、日间照料与托养* | – | – | – | – | 11.9 | 14.2 | 13.5 |
| 残疾人及亲友培训* | – | – | – | – | 3.0 | 7.2 | 8.3 |
| 随访和评估服务* | – | – | – | – | 4.6 | 10.9 | 13.4 |
| 其他康复服务* | – | – | – | – | 11.4 | 18.2 | 21.5 |
| 至少参加过一项康复服务 | 29.5 | 36.6 | 29.8 | 38.5 | 51.4 | 63.0 | 64.8 |

注：* 为2011年度新增的康复服务指标选项。

表13　农村残疾人接受过各项康复服务比例（单位:%）

| | 2007年度 | 2008年度 | 2009年度 | 2010年度 | 2011年度 | 2012年度 | 2013年度 |
|---|---|---|---|---|---|---|---|
| 治疗与康复训练 | 8.4 | 9.0 | 9.5 | 13.3 | 12.7 | 18.7 | 22.1 |
| 辅助器具配置 | 3.0 | 4.4 | 3.9 | 6.7 | 7.3 | 12.8 | 14.9 |
| 心理疏导 | 3.6 | 4.6 | 4.5 | 6.6 | 8.0 | 11.8 | 13.1 |
| 康复知识普及 | 3.6 | 4.9 | 4.7 | 11.4 | 15.7 | 24.1 | 29.1 |
| 诊断和需求评估* | – | – | – | – | 16.1 | 10.4 | 12.1 |
| 居家服务、日间照料与托养* | – | – | – | – | 11.8 | 13.8 | 14.6 |
| 残疾人及亲友培训* | – | – | – | – | 3.6 | 6.0 | 6.5 |
| 随访和评估服务* | – | – | – | – | 5.0 | 11.6 | 11.7 |
| 其他康复服务* | – | – | – | – | 11.4 | 19.8 | 25.3 |
| 至少参加过一项康复服务 | 15.7 | 19.2 | 19.3 | 30.8 | 45.4 | 52.6 | 56.1 |

注：* 为2011年度新增的康复服务指标选项。

2013年度，各类残疾人在一年内接受过康复服务的比例相比上年度均有增加，其中言语残疾人、智力残疾人和精神残疾人接受康复服务的比例增加较为明显，分别比上年度增加8.1、5.9和5.3个百分点（见表14）。

## 二、全国残疾人状况及小康进程监测报告

表14 分残疾类别接受过康复服务的残疾人比例（单位:%）

|  | 2007年度 | 2008年度 | 2009年度 | 2010年度 | 2011年度 | 2012年度 | 2013年度 |
|---|---|---|---|---|---|---|---|
| 视力残疾 | 16.2 | 21.7 | 21.3 | 31.9 | 47.7 | 54.5 | 58.3 |
| 听力残疾 | 13.1 | 16.1 | 17.1 | 25.2 | 42.4 | 49.2 | 51.9 |
| 言语残疾 | 15.6 | 17.0 | 19.1 | 22.4 | 39.6 | 47.1 | 55.2 |
| 肢体残疾 | 22.1 | 25.1 | 24.5 | 35.9 | 48.4 | 57.2 | 60.6 |
| 智力残疾 | 17.0 | 20.0 | 19.5 | 30.3 | 44.5 | 51.4 | 57.3 |
| 精神残疾 | 32.1 | 42.1 | 41.3 | 55.7 | 64.0 | 72.4 | 77.7 |
| 多重残疾 | 20.1 | 25.9 | 24.1 | 36.0 | 46.8 | 55.0 | 59.2 |

2. 残疾儿童接受义务教育比例略有提高，残疾人受教育程度总体稳定。

2013年度，全国6—14岁残疾儿童接受义务教育的比例为72.7%，比上年度提高0.8个百分点（见表15）。2007年以来，随着义务教育阶段"两免一补"等教育救助政策逐步加强并全面施行，残疾儿童接受义务教育的比例呈现上升的趋势。

表15 6—14岁残疾儿童接受义务教育比例（单位:%）

|  | 2007年度 | 2008年度 | 2009年度 | 2010年度 | 2011年度 | 2012年度 | 2013年度 |
|---|---|---|---|---|---|---|---|
| 全国 | 63.3 | 63.8 | 69.5 | 71.4 | 72.1 | 71.9 | 72.7 |

从6—17岁残疾儿童就读学校的类型看，2013年度与上年度相比，就读普通小学的比例有所下降，就读普通中学的比例有所上升（见表16）。

表16 6—17岁全国残疾儿童就读学校类型构成（单位:%）

|  | 2007年度 | 2008年度 | 2009年度 | 2010年度 | 2011年度 | 2012年度 | 2013年度 |
|---|---|---|---|---|---|---|---|
| 普通小学 | 73.0 | 72.0 | 74.5 | 73.0 | 68.2 | 61.5 | 59.6 |
| 普通中学 | 17.1 | 18.1 | 15.3 | 16.5 | 20.2 | 23.5 | 24.7 |
| 特殊教育学校 | 5.0 | 6.2 | 7.1 | 7.1 | 6.5 | 8.9 | 8.9 |
| 普通教育学校特教班 | 0.7 | 0.5 | 0.6 | 0.7 | 0.1 | 0.3 | 0.1 |
| 普通高中 | 2.8 | 2.1 | 2.0 | 1.6 | 2.5 | 3.4 | 4.1 |
| 中等职业学校 | 1.4 | 1.1 | 0.6 | 1.1 | 2.4 | — | — |
| 普通中等职业学校* | — | — | — | — | — | 2.1 | 2.3 |
| 残疾人中等职业学校* | — | — | — | — | — | 0.3 | 0.3 |

注：原"中等职业学校"选项从2012年度细分为"普通中等职业技术学校"与"残疾人中等职业技术学校"。

18岁及以上残疾人总体受教育程度不高，2013年度各类受教育程度

比例与上年度基本一致（见表17）。

表17 18岁及以上残疾人的受教育程度构成（单位:%）

| | 2007年度 | 2008年度 | 2009年度 | 2010年度 | 2011年度 | 2012年度 | 2013年度 |
|---|---|---|---|---|---|---|---|
| 从未上过学 | 42.4 | 42.1 | 41.8 | 40.9 | 37.7 | 36.9 | 36.3 |
| 小学 | 35.1 | 35.0 | 34.8 | 35.2 | 36.9 | 37.6 | 38.0 |
| 初中 | 15.8 | 15.9 | 16.5 | 16.7 | 18.0 | 18.2 | 18.4 |
| 高中 | 3.9 | 4.0 | 4.1 | 4.3 | 4.4 | 4.5 | 4.3 |
| 中专教育 | 1.5 | 1.5 | 1.5 | 1.5 | 1.4 | 1.3 | 1.4 |
| 大学专科 | 0.8 | 1.0 | 0.9 | 1.0 | 1.0 | 1.0 | 1.1 |
| 大学本科及以上 | 0.5 | 0.5 | 0.5 | 0.5 | 0.5 | 0.5 | 0.5 |

3. 残疾人就业比例比上年度略有波动，未就业原因及生活来源与上年度基本一致。

2013年度，劳动年龄段生活能够自理的城镇残疾人就业比例为37.3%，农村为47.3%，与上年度相比，城镇基本持平，农村略有下降。

残疾人找工作的主要途径是熟人介绍，其中，城镇为66.4%，农村为75.7%。2013年度全国寻找工作的残疾人中，通过残疾人就业服务机构找工作的比例为45.6%，比上年度增加4.8个百分点，尤其是城镇增加了12.5个百分点（见表18）。

2013年度，城镇残疾人登记失业率为10.8%，比上年度的9.2%上升了1.6个百分点。

表18 残疾人找工作的途径（单位:%）

| | 全国 | | | |
|---|---|---|---|---|
| | 2010年度 | 2011年度 | 2012年度 | 2013年度 |
| 网络就业信息 | 2.0 | 4.8 | 6.9 | 9.1 |
| 公共就业服务机构 | 12.2 | 12.4 | 12.4 | 14.1 |
| 残疾人就业服务机构 | 38.1 | 35.7 | 40.8 | 45.6 |
| 招聘会 | 11.3 | 11.5 | 17.1 | 16.3 |
| 熟人介绍 | 61.7 | 59.1 | 64.2 | 71.9 |
| 自主创业或灵活就业 | 16.9 | 26.3 | 25.3 | 19.4 |
| 其他 | 33.3 | 29.4 | 24.2 | 31.9 |

续　表

| | 城镇 | | | |
|---|---|---|---|---|
| | 2010年度 | 2011年度 | 2012年度 | 2013年度 |
| 网络就业信息 | 3.3 | 6.4 | 8.5 | 16.0 |
| 公共就业服务机构 | 19.4 | 17.7 | 16.4 | 23.7 |
| 残疾人就业服务机构 | 42.2 | 40.0 | 48.6 | 61.1 |
| 招聘会 | 19.0 | 17.7 | 25.4 | 30.5 |
| 熟人介绍 | 62.6 | 65.9 | 61.6 | 66.4 |
| 自主创业或灵活就业 | 23.7 | 20.1 | 23.7 | 17.6 |
| 其他 | 19.4 | 25.9 | 22.6 | 21.4 |
| | 农村 | | | |
| | 2010年度 | 2011年度 | 2012年度 | 2013年度 |
| 网络就业信息 | 0.9 | 3.3 | 5.4 | 4.2 |
| 公共就业服务机构 | 5.6 | 7.5 | 8.6 | 7.4 |
| 残疾人就业服务机构 | 34.3 | 31.7 | 33.3 | 34.9 |
| 招聘会 | 4.3 | 5.8 | 9.1 | 6.3 |
| 熟人介绍 | 60.9 | 52.9 | 66.7 | 75.7 |
| 自主创业或灵活就业 | 10.7 | 32.1 | 26.9 | 20.6 |
| 其他 | 45.9 | 32.5 | 25.8 | 39.2 |

2013年度，在生活能自理的18到59岁的男性和18到54岁的女性残疾人中，未就业原因中排在前三位的是：城镇依次为丧失劳动能力（占29.4%）、离退休（占20.6%）、其他原因（占20.2%），农村依次为丧失劳动能力（占34.7%）、其他原因（占29.6%）、料理家务（占28.0%）。与上年度相比，城镇和农村未就业原因比例基本稳定（见表19、表20）。

表19　城镇残疾人未就业原因构成（单位:%）

| | 2007年度 | 2008年度 | 2009年度 | 2010年度 | 2011年度 | 2012年度 | 2013年度 |
|---|---|---|---|---|---|---|---|
| 在校学生 | 0.8 | 1.3 | 1.0 | 1.0 | 1.1 | 1.5 | 1.4 |
| 离退休 | 21.2 | 23.1 | 17.1 | 18.0 | 16.7 | 19.4 | 20.6 |
| 料理家务 | 12.1 | 15.8 | 13.5 | 14.5 | 13.4 | 12.9 | 12.5 |
| 丧失劳动能力 | 20.9 | 19.8 | 28.8 | 27.1 | 29.2 | 26.4 | 29.4 |
| 毕业后未就业 | 3.2 | 2.6 | 2.7 | 2.4 | 2.2 | 2.5 | 1.7 |
| 因单位原因 | 18.6 | 15.6 | 11.2 | 8.8 | 7.2 | 7.0 | 6.4 |

续表

|  | 2007年度 | 2008年度 | 2009年度 | 2010年度 | 2011年度 | 2012年度 | 2013年度 |
|---|---|---|---|---|---|---|---|
| 因个人原因 | 9.2 | 7.2 | 7.3 | 7.3 | 7.1 | 6.8 | 7.6 |
| 承包土地被征用 | 1.5 | 0.3 | 0.7 | 0.4 | 0.9 | 0.3 | 0.3 |
| 其他 | 12.6 | 14.3 | 17.8 | 20.4 | 22.1 | 23.3 | 20.2 |

表20　农村残疾人未就业原因构成（单位:%）

|  | 2007年度 | 2008年度 | 2009年度 | 2010年度 | 2011年度 | 2012年度 | 2013年度 |
|---|---|---|---|---|---|---|---|
| 在校学生 | 1.0 | 1.3 | 1.5 | 1.5 | 1.2 | 1.0 | 1.3 |
| 离退休 | 0.6 | 0.8 | 0.3 | 0.3 | 0.5 | 0.8 | 0.9 |
| 料理家务 | 34.6 | 32.9 | 32.8 | 31.8 | 31.4 | 29.0 | 28.0 |
| 丧失劳动能力 | 40.8 | 38.1 | 37.3 | 33.6 | 34.9 | 35.4 | 34.7 |
| 毕业后未就业 | 1.0 | 0.9 | 1.2 | 0.9 | 1.0 | 0.7 | 0.6 |
| 因单位原因 | 0.8 | 0.6 | 0.4 | 0.4 | 0.4 | 0.5 | 0.4 |
| 因个人原因 | 3.7 | 3.3 | 2.7 | 2.9 | 3.8 | 3.9 | 4.1 |
| 承包土地被征用 | 1.3 | 0.8 | 0.3 | 0.8 | 0.5 | 0.4 | 0.4 |
| 其他 | 16.1 | 21.2 | 23.5 | 27.8 | 26.4 | 28.3 | 29.6 |

2013年度有劳动能力未就业残疾人的生活主要来源：城镇依次为家庭其他成员供养（占41.6%）、领取基本生活费（占28.2%）、离退休金（占20.9%），农村依次为靠家庭其他成员供养（占68.5%）、领取基本生活费（占15.3%）、其他（占14.2%）。与上年度相比，城乡残疾人领取基本生活费的比例均有所下降（见表21、表22）。

表21　城镇未就业残疾人的生活来源构成（单位:%）

|  | 2007年度 | 2008年度 | 2009年度 | 2010年度 | 2011年度 | 2012年度 | 2013年度 |
|---|---|---|---|---|---|---|---|
| 离退休金 | 21.5 | 23.7 | 17.4 | 18.2 | 16.9 | 19.5 | 20.9 |
| 领取基本生活费 | 36.2 | 31.0 | 31.4 | 35.0 | 32.2 | 31.2 | 28.2 |
| 家庭其他成员供养 | 35.3 | 39.6 | 40.5 | 37.6 | 40.0 | 40.4 | 41.6 |
| 财产性收入 | 0.6 | 0.8 | 1.6 | 1.4 | 1.4 | 1.3 | 1.5 |
| 保险性收入 | 0.3 | 0.0 | 0.2 | 0.1 | 0.1 | 0.1 | 0.2 |
| 其他 | 6.1 | 4.9 | 8.9 | 7.6 | 9.4 | 7.6 | 7.6 |

表22 农村未就业残疾人的生活来源构成（单位:%）

|  | 2007年度 | 2008年度 | 2009年度 | 2010年度 | 2011年度 | 2012年度 | 2013年度 |
|---|---|---|---|---|---|---|---|
| 离退休金 | 0.7 | 0.9 | 0.3 | 0.3 | 0.5 | 1.0 | 0.9 |
| 领取基本生活费 | 9.3 | 11.1 | 10.1 | 14.0 | 13.5 | 17.3 | 15.3 |
| 家庭其他成员供养 | 76.3 | 73.9 | 76.9 | 70.0 | 72.3 | 67.8 | 68.5 |
| 财产性收入 | 3.2 | 2.0 | 1.1 | 0.7 | 1.0 | 1.0 | 1.0 |
| 保险性收入 | 0.0 | 0.1 | 0.0 | 0.1 | 0.0 | 0.0 | 0.0 |
| 其他 | 10.5 | 11.9 | 11.5 | 15.0 | 12.7 | 13.0 | 14.2 |

4. 残疾人的社会保障状况有所改善。

（1）城镇残疾人参加社会保险比例提高。

2007—2013年度，城镇残疾人参加社会保险比例不断提高。2013年度城镇残疾人参加基本养老保险的比例为74.4%，比上年度增加了2.1个百分点，参加基本医疗保险比例增加了0.4个百分点。但2013年度仍有5.4%的城镇残疾人没有参加任何一种社会保险，应予以关注（见表23、表24、表25）。

表23 16岁及以上城镇残疾人参加社会保险情况（单位:%）

|  | 2007年度 | 2008年度 | 2009年度 | 2010年度 | 2011年度 | 2012年度 | 2013年度 |
|---|---|---|---|---|---|---|---|
| 至少参加了一种社会保险 | 42.1 | 62.6 | 64.3 | 76.1 | 80.9 | 94.7 | 94.6 |
| 参加基本养老保险 | 33.3 | 41.6 | 42.1 | 47.4 | 58.4 | 72.5 | 74.4 |
| 参加基本医疗保险 | 36.0 | 58.6 | 62.1 | 74.4 | 78.5 | 93.3 | 93.7 |

表24 16岁及以上城镇职工残疾人参加社会保险情况（单位:%）

|  | 2008年度 | 2009年度 | 2010年度 | 2011年度 | 2012年度 | 2013年度 |
|---|---|---|---|---|---|---|
| 至少参加了一种社会保险 | 70.9 | 92.6 | 95.6 | 97.2 | 98.1 | 97.0 |
| 参加基本养老保险 | 64.9 | 83.8 | 83.2 | 91.4 | 93.4 | 94.5 |
| 参加基本医疗保险 | 70.6 | 89.6 | 93.5 | 95.2 | 97.2 | 96.2 |
| 参加失业保险 | 7.9 | 8.9 | 10.0 | 11.8 | 10.8 | 13.3 |
| 参加工伤保险 | 3.9 | 6.1 | 6.5 | 9.1 | 9.0 | 12.1 |
| 参加生育保险 | 2.9 | 3.5 | 4.6 | 7.3 | 6.3 | 10.4 |

表25　16岁及以上城镇居民残疾人参加社会保险情况（单位:%）

|  | 2008年度 | 2009年度 | 2010年度 | 2011年度 | 2012年度 | 2013年度 |
| --- | --- | --- | --- | --- | --- | --- |
| 至少参加了一种社会保险 | 46.4 | 63.7 | 75.8 | 87.4 | 90.7 | 91.4 |
| 参加基本养老保险 | 12.4 | 13.3 | 19.4 | 35.2 | 47.9 | 49.1 |
| 参加基本医疗保险 | 43.6 | 61.4 | 74.5 | 83.6 | 88.9 | 90.5 |

（2）农村残疾人参加新型农村养老保险比例有所提高。

2013年度，农村残疾人参加新型农村养老保险的比例为84.7%，比上年度提高了2.4个百分点。这说明新型农村养老保险自2009年8月试点以来所覆盖的残疾人群不断扩大。

（3）农村残疾人参加新型农村合作医疗比例较为稳定。

2007—2013年度，农村残疾人中参加了新型农村合作医疗的比例不断上升，由2007年度的84.4%上升到2013年度的97.1%（见表26）。这说明，由于政府补贴政策的落实和残联的积极推动，绝大多数农村残疾人参加了"新农合"。2013年度，参加"新农合"的残疾人中，有93.2%在1年内看过病。

表26　农村残疾人参加新型农村合作医疗保险的比例（单位:%）

|  | 2007年度 | 2008年度 | 2009年度 | 2010年度 | 2011年度 | 2012年度 | 2013年度 |
| --- | --- | --- | --- | --- | --- | --- | --- |
| 全国 | 84.4 | 93.5 | 94.4 | 96.0 | 97.4 | 97.0 | 97.1 |

（4）残疾人领取最低生活保障金和救济的比例有所波动。

2013年度，城镇残疾人领取最低生活保障金的比例比上年度略有下降，农村残疾人领取比例有所上升。在获得救济（包括现金或实物）方面，城镇和农村残疾人都有不同程度的下降，其中城镇下降0.2个百分点，农村下降3.9个百分点（见表27、表28）。

表27　城镇残疾人领取最低生活保障金和获得救济的比例（单位:%）

|  | 2007年度 | 2008年度 | 2009年度 | 2010年度 | 2011年度 | 2012年度 | 2013年度 |
| --- | --- | --- | --- | --- | --- | --- | --- |
| 领取最低生活保障金的比例 | 19.7 | 21.3 | 22.6 | 24.0 | 23.7 | 22.6 | 21.7 |
| 获得救济的比例 | 22.2 | 26.7 | 26.6 | 26.9 | 25.9 | 27.0 | 26.8 |

表28 农村残疾人领取最低生活保障金和获得救济的比例（单位:%）

|  | 2007年度 | 2008年度 | 2009年度 | 2010年度 | 2011年度 | 2012年度 | 2013年度 |
| --- | --- | --- | --- | --- | --- | --- | --- |
| 领取最低生活保障金的比例 | 12.5 | 19.6 | 23.6 | 28.6 | 28.1 | 29.9 | 30.6 |
| 获得救济的比例 | 26.6 | 28.8 | 27.2 | 27.7 | 25.7 | 32.8 | 28.9 |

（5）城乡残疾人家庭的生活和医疗救助需求比例依然很高。

2007—2013年度，生活救助和医疗救助始终是城乡残疾人家庭最迫切的需求。2013年度城镇41.8%、农村65.6%的残疾人家庭有生活救助需求，城镇52.5%、农村59.7%的残疾人家庭有医疗救助需求（见表29、表30）。

表29 城镇残疾人家庭救助需求情况（单位:%）

|  | 2007年度 | 2008年度 | 2009年度 | 2010年度 | 2011年度 | 2012年度 | 2013年度 |
| --- | --- | --- | --- | --- | --- | --- | --- |
| 医疗救助 | 57.8 | 54.3 | 56.3 | 54.3 | 54.9 | 52.7 | 52.5 |
| 生活救助 | 41.4 | 40.6 | 49.5 | 48.7 | 50.3 | 45.2 | 41.8 |
| 康复救助 | 30.1 | 27.9 | 26.5 | 24.1 | 24.8 | 25.6 | 26.0 |
| 教育救助 | 10.4 | 10.3 | 7.6 | 7.0 | 5.8 | 7.6 | 7.8 |

表30 农村残疾人家庭救助需求情况（单位:%）

|  | 2007年度 | 2008年度 | 2009年度 | 2010年度 | 2011年度 | 2012年度 | 2013年度 |
| --- | --- | --- | --- | --- | --- | --- | --- |
| 医疗救助 | 69.1 | 66.8 | 66.2 | 63.5 | 63.6 | 62.3 | 59.7 |
| 生活救助 | 60.2 | 61.8 | 65.0 | 66.2 | 66.6 | 68.6 | 65.6 |
| 康复救助 | 37.9 | 35.6 | 32.0 | 30.5 | 29.4 | 29.8 | 27.5 |
| 教育救助 | 14.7 | 12.7 | 13.9 | 13.2 | 11.3 | 10.2 | 9.3 |

5. 残疾人生活的社会环境有所改善。

（1）残疾人接受社区服务比例有所上升，满意度与上年度持平。

2013年度，残疾人接受社区服务的比例由上年度的43.6%上升至44.3%，其中城镇残疾人接受社区服务的比例从52.3%提高到52.6%，农村由40.7%提高到41.5%。

2013年度，全国残疾人对社区服务持非常满意或满意态度的比例与上年度持平（见表31、表32、表33）。

表31　全国残疾人对社区服务的满意度评价（单位:%）

|  | 2007年度 | 2008年度 | 2009年度 | 2010年度 | 2011年度 | 2012年度 | 2013年度 |
| --- | --- | --- | --- | --- | --- | --- | --- |
| 非常满意或满意 | 84.8 | 86.7 | 88.4 | 86.7 | 91.9 | 92.4 | 92.4 |
| 一般 | 15.1 | 13.1 | 11.4 | 13.2 | 8.0 | 7.6 | 7.6 |
| 不满意 | 0.1 | 0.2 | 0.2 | 0.1 | 0.1 | 0.0 | 0.0 |

表32　城镇残疾人对社区服务的满意度评价（单位:%）

|  | 2007年度 | 2008年度 | 2009年度 | 2010年度 | 2011年度 | 2012年度 | 2013年度 |
| --- | --- | --- | --- | --- | --- | --- | --- |
| 非常满意或满意 | 86.7 | 86.5 | 88.5 | 87.9 | 94.3 | 94.6 | 94.4 |
| 一般 | 13.2 | 13.5 | 11.5 | 12.0 | 5.7 | 5.4 | 5.6 |
| 不满意 | 0.1 | 0.0 | 0.2 | 0.1 | 0.0 | 0.0 | 0.0 |

表33　农村残疾人对社区服务的满意度评价（单位:%）

|  | 2007年度 | 2008年度 | 2009年度 | 2010年度 | 2011年度 | 2012年度 | 2013年度 |
| --- | --- | --- | --- | --- | --- | --- | --- |
| 非常满意或满意 | 83.4 | 86.9 | 88.3 | 85.7 | 90.3 | 91.5 | 91.6 |
| 一般 | 16.5 | 12.8 | 11.4 | 14.1 | 9.6 | 8.5 | 8.4 |
| 不满意 | 0.1 | 0.3 | 0.2 | 0.1 | 0.1 | 0.0 | 0.0 |

（2）残疾人参与社区文体活动比例较低。

2013年度，全国残疾人经常参加社区文化、体育活动的比例仅为8.2%，比上年度增加了0.4个百分点。其中城镇残疾人经常参加社区文体活动的比例为10.4%，与上年度持平；农村残疾人经常参加社区文体活动的比例为7.5%，比上年度上升了0.6个百分点（见表34、表35、表36）。

表34　全国残疾人参加社区文化、体育活动情况（单位:%）

| 经常参加 | 4.7 | 5.7 | 5.4 | 5.4 | 6.3 | 7.8 | 8.2 |
| --- | --- | --- | --- | --- | --- | --- | --- |
| 很少参加 | 20.1 | 24.5 | 24.5 | 28.3 | 32.4 | 36.5 | 34.9 |
| 从不参加 | 75.2 | 69.8 | 70.1 | 66.3 | 61.3 | 55.7 | 57.0 |

表35　城镇残疾人参加社区文化、体育活动情况（单位:%）

|  | 2007年度 | 2008年度 | 2009年度 | 2010年度 | 2011年度 | 2012年度 | 2013年度 |
| --- | --- | --- | --- | --- | --- | --- | --- |
| 经常参加 | 7.7 | 8.4 | 6.3 | 6.4 | 7.4 | 10.4 | 10.4 |
| 很少参加 | 21.1 | 24.7 | 23.7 | 27.5 | 31.5 | 37.5 | 35.8 |
| 从不参加 | 71.2 | 66.9 | 70.0 | 66.1 | 61.1 | 52.1 | 53.8 |

表36 农村残疾人参加社区文化、体育活动情况（单位:%）

|  | 2007年度 | 2008年度 | 2009年度 | 2010年度 | 2011年度 | 2012年度 | 2013年度 |
| --- | --- | --- | --- | --- | --- | --- | --- |
| 经常参加 | 3.8 | 4.8 | 4.9 | 4.9 | 5.7 | 6.9 | 7.5 |
| 很少参加 | 19.8 | 24.5 | 25.0 | 28.7 | 32.8 | 36.1 | 34.5 |
| 从不参加 | 76.4 | 70.7 | 70.1 | 66.4 | 61.5 | 56.9 | 58.0 |

（3）城镇残疾人对无障碍设施的满意度提高。

2007—2013年度，城镇残疾人对无障碍设施和服务表示非常满意或满意的比例持续上升，2013年度满意度达到84.6%，与上年度相比，上升了3.1个百分点（见表37）。

表37 城镇残疾人对无障碍设施和服务的满意度（单位:%）

|  | 2007年度 | 2008年度 | 2009年度 | 2010年度 | 2011年度 | 2012年度 | 2013年度 |
| --- | --- | --- | --- | --- | --- | --- | --- |
| 非常满意或满意 | 48.0 | 62.9 | 66.9 | 69.4 | 77.9 | 81.5 | 84.6 |
| 一般 | 48.5 | 34.5 | 31.5 | 29.2 | 20.4 | 17.8 | 15.1 |
| 不满意 | 3.5 | 2.6 | 1.5 | 1.4 | 1.7 | 0.7 | 0.3 |

（4）残疾人法律服务、法律援助或司法救助服务仍需加强。

2007—2013年度，有法律服务需求的残疾人家庭比例持续下降，为残疾人提供法律服务的比例则连续上升。在接受过法律服务的残疾人家庭中，感到非常满意或满意的家庭比例有所下降，2013年度为87.2%，比上年度低2.4个百分点（见表38）。

表38 残疾人家庭接受法律服务情况（单位:%）

|  |  | 2007年度 | 2008年度 | 2009年度 | 2010年度 | 2011年度 | 2012年度 | 2013年度 |
| --- | --- | --- | --- | --- | --- | --- | --- | --- |
| 接受过法律服务的比例 |  | 4.8 | 6.8 | 6.9 | 7.8 | 12.7 | 14.2 | 23.5 |
| 接受过法律服务的满意度 | 非常满意和满意 | 84.4 | 85.8 | 86.6 | 90.4 | 93.1 | 89.6 | 87.2 |
|  | 一般 | 14.7 | 12.3 | 10.9 | 7.0 | 6.6 | 10.4 | 10.8 |
|  | 不满意 | 0.9 | 2.0 | 2.5 | 2.7 | 0.3 | 0.0 | 2.0 |

2013年度，在接受过法律援助或司法救助的残疾人家庭中，持非常满意或满意态度的比例为84.6%，较上年度下降2个百分点（见表39）。

表 39　对法律援助或司法救助的满意度（单位:%）

| | 2007 年度 | 2008 年度 | 2009 年度 | 2010 年度 | 2011 年度 | 2012 年度 | 2013 年度 |
|---|---|---|---|---|---|---|---|
| 非常满意和满意 | 84.5 | 81.3 | 81.6 | 80.6 | 91.5 | 86.6 | 84.6 |
| 一般 | 15.5 | 18.7 | 15.4 | 14.6 | 8.5 | 13.4 | 15.4 |
| 不满意 | 0.0 | 0.0 | 2.9 | 4.8 | 0.0 | 0.0 | 0.0 |

## 二、2013 年度中国残疾人小康进程监测结果

### （一）2013 年度残疾人小康进程继续向前迈进

监测显示，2013 年度残疾人小康指数①达 71.1%，比上年度提高 2.7 个百分点（见附表），残疾人小康进程继续向前迈进。

在监测的 17 项指标中，有 11 项指标指数有所提高，其中残疾人家庭人均可支配收入、残疾人家庭人均生活用电量、残疾人家庭人均住房使用面积、康复服务覆盖率、残疾人对无障碍环境的满意率、百户残疾人家庭家用电脑拥有量等六项指标提高较快，分别比上年度提高 7.8、5.0、3.7、3.4、3.4 和 2.8 个百分点。从指数的大小来看，农村残疾人参加新农合覆盖率基本达到小康目标，法律服务满意率、残疾人对无障碍环境的满意率、适龄残疾人在婚率、城镇残疾人基本社会保险覆盖率、百户残疾人家庭彩色电视机拥有量、残疾人家庭恩格尔系数、残疾人家庭人均住房使用面积、学龄残疾儿童接受义务教育比例、残疾人家庭人均可支配收入、百户残疾人家庭电话拥有量、康复服务覆盖率、残疾人家庭人均生活用电量等指标的指数均在 60% 以上。这些指标的指数提高说明残疾人生活得到改善，反映出一系列改善民生措施的成效。

---

①　残疾人小康指数是由 17 个单项指标指数加权获得，某一方面指数是由反映该方面的各单项指数加权获得；单项指标指数是由该指标实际值与目标值对比获得。需要说明的是，2013 年度残疾人小康指数达到 71.1%，不是指有 71.1% 的残疾人达到了小康水平，而是各项监测指标实际值与目标值对比的一个综合结果，指数越高，表明监测指标实际值越接近于目标值。残疾人小康监测就是观察从 2007 年以来残疾人小康指数变化过程。

1. 残疾人生存状况逐渐得到改善，指数达 75.7%，比上年度提高 4.8 个百分点。

残疾人生存状况是整个监测指标体系中最重要的部分，直接反映残疾人的生活状况，是残疾人实现全面小康的前提，它包括残疾人的收入、消费、住房和婚姻状况等。2013 年度残疾人生存状况指数由上年度的 70.9% 上升到 75.7%，提高 4.8 个百分点。从各监测指标来看：

（1）残疾人家庭人均收入继续提高。残疾人家庭人均可支配收入是反映残疾人家庭生活水平和生活质量改善的基础和核心指标。监测显示，2013 年度残疾人家庭人均可支配收入指数由 2012 年度的 62.4% 上升到 70.3%，比上年度提高 7.9 个百分点。从绝对量上看，2013 年度，城镇残疾人家庭人均可支配收入由上年度的 14050.9 元上升到 15851.4 元，增加 1800.5 元；农村残疾人家庭人均纯收入由上年度的 6971.4 元上升到 7829.9 元，增加 858.5 元。

（2）残疾人家庭恩格尔系数与上年度基本持平。恩格尔系数是衡量居民生活质量的重要指标。一般来说，随着居民生活水平的提高，恩格尔系数呈下降的趋势。2013 年度残疾人家庭恩格尔系数为 48.5%，与上年度基本持平。其中，城镇残疾人家庭恩格尔系数为 48.4%，比上年度的 48.6% 略有下降；农村残疾人家庭恩格尔系数为 48.5%，与上年度持平。联合国粮农组织提出，恩格尔系数在 60% 以上为贫困，50%—60% 为温饱，40%—50% 为小康（总体小康），30%—40% 为富裕（全面小康），低于 30% 为最富裕（现代化）。根据这一标准，我国城乡残疾人家庭生活已进入总体小康。

（3）残疾人家庭电器化水平不高。居民用电量是反映居民家庭电器化普及程度的一个非常重要的指标，也是反映居民生活质量的重要指标。2013 年度，残疾人家庭人均生活用电量为 310.8 千瓦小时，比上年度增加 25.2 千瓦小时，其指数为 62.2%。2013 年度，城镇残疾人家庭每百户拥有彩电、电冰箱、洗衣机分别为 94.2 台、77.0 台、76.6 台，农村残疾人家庭分别为 82.1 台、40.6 台、44.1 台，均远低于城乡一般居民家庭水平，这说明我国城乡残疾人家庭电器化水平不高。

（4）残疾人家庭住房条件有所改善。居住水平是衡量居民生活水平高低的重要指标。2013年度,残疾人家庭人均住房面积指数为82.3%,比上年度提高1.0个百分点。从绝对量上看,2013年度,城镇残疾人家庭人均住房面积为18.9平方米,比上年度的18.5平方米增加0.4平方米;农村残疾人家庭人均住房面积为23.9平方米,比上年度的22.6平方米增加1.3平方米。这说明我国政府将城乡残疾人优先纳入住房保障制度的各项政策措施初见成效。

(5) 残疾人婚姻状况仍需关注。婚姻对于残疾人而言,不仅直接反映情感生活的丰富程度,也体现获得家庭生活和服务保障的水平。2013年度,适龄残疾人在婚率(男22岁以上,女20岁以上)为63.7%,从2007—2013年度的监测结果看,残疾人的在婚率基本维持在63.0%左右,远低于全社会83.1%左右的水平。因此,残疾人婚姻状况应受到关注。

2. 残疾人发展状况水平仍然较低,其指数为56.6%,比上年度提高1.3个百分点。

残疾人发展状况是整个指标体系中最能体现残疾人特殊性的部分,涵盖了残疾人工作的主要方面,它包括残疾人的康复、教育、就业、社会保障、信息化水平以及社会参与等方面的情况,与残疾人切身利益密切相关,反映了残疾人最迫切的需求。2013年度,残疾人发展状况指数为56.6%,比上年度提高1.3个百分点,但在生存状况、发展状况、环境状况三个方面中,其指数最小,显示出残疾人的社会发展水平相对滞后。

(1) 残疾人康复服务覆盖率上升。2013年度,残疾人康复服务覆盖率为58.3%,比上年度有较大幅的提高,提高3.1个百分点。但要看到,目前为残疾人提供的康复服务的总体水平还不高,仍需大力推进和提高。

(2) 残疾儿童接受义务教育应继续得到重视。2013年度,学龄残疾儿童接受义务教育比例为72.7%。近年来,虽然城乡残疾儿童接受义务教育比例均有增加,但与全国适龄儿童的义务教育平均水平相比,仍有很大差距。

(3) 残疾人就业形势严峻。就业是残疾人改善生活状况、实现自强自立的主要途径。2013年度,城镇残疾人登记失业率高达10.8%,实际失业率不止如此,这不仅直接影响残疾人的生活状况,也制约了残疾人全面参与社会生活。

(4) 残疾人参加基本社会保险明显推进。新型农村合作医疗是现阶段农村医疗保障的主要途径，与农村低保、新型农村养老保险一起构成了农民的三大社会保障支柱。农村残疾人参加新型农村合作医疗的覆盖面，在一定程度上反映他们的医疗保障水平。2013年度农村残疾人参加新型农村合作医疗比例达97.1%，实现了95%的目标。在政府和社会的帮助下，残疾人已成为新型农村合作医疗最大受益者之一。2013年度，16岁及以上城镇残疾人参加基本社会保险（包括基本养老保险和基本医疗保险）覆盖率为84.1%，比上年度提高1.3个百分点。

(5) 残疾人信息化水平逐步提高。电话、电视机、电脑是信息时代最具代表性的技术产品，同时也是文化交流和信息传播的重要载体。通过电话、电视机和电脑网络，残疾人足不出户就可以了解最新的信息，与他人交流。2013年度，每百户残疾人家庭拥有电话（包括固定电话和移动电话）104.3部，比上年度增加0.9部；彩电86.2台，比上年度增加0.9台；家用电脑14.1台，比上年度增加1.7台。总体来看，近年来残疾人信息化水平逐步提高，反映了残疾人的文化和信息交流渠道进一步拓展。

(6) 残疾人社区活动参与率依然较低。社区是残疾人走出家庭、融入社会的重要场所。社区活动参与率直接反映残疾人社会参与的广度。2013年度社区活动参与率为43.1%，比上年度略有下降，仍有一半以上的残疾人还没有真正走出家门，融入社会。

3. 残疾人参与社会生活的环境状况继续改善，其指数达到79.2%，比上年度提高0.7个百分点。

残疾人参与社会的环境状况是残疾人实现同步小康重要的外部条件，主要包括残疾人事业的法制环境、残疾人参与社会的无障碍环境等，是残疾人生存、发展的环境保障。2013年度，残疾人环境状况指数为79.2%，比上年度提高0.7个百分点。从2007—2013年度的监测结果看，残疾人环境状况指数稳步提高，但随着残疾人生存和发展状况的改善，残疾人对社会环境，特别是服务质量的要求会越来越高。从各监测指标来看：

(1) 城镇残疾人对无障碍设施的满意度提高。无障碍是残疾人平等参与社会的重要条件，残疾人是无障碍环境的主要使用者和受益者，残疾人对无障碍环境的满意率可以反映出城镇无障碍环境的水平，也反映出残疾人对无障碍设施建设的认可程度。2013年度城镇残疾人对无障碍设施的满意度为84.6%，比上年度提高3.1个百分点，体现出我国城镇无障碍设施建设的进步。

（2）残疾人接受社区服务比例有所上升，满意度较高。除了家庭以外，社区是残疾人服务的主要提供者，也是家庭照料服务的重要支持者。社区服务覆盖率直接反映残疾人社会服务水平和残疾人工作社会化水平，也反映和谐社区建设的水平。2013年度，残疾人社区服务覆盖率为44.3%，比上年度提高0.7个百分点。虽然社区服务覆盖率较低，但接受过社区服务的残疾人满意度高达92.4%。

（3）残疾人法律服务覆盖率仍较低，但满意度较高。法律服务满意度反映残疾人及其亲属感知残疾人的权益受到保障的程度，反映残疾人权益保障水平。2013年度有23.5%的残疾人接受过法律服务，在接受法律服务的残疾人中，87.2%的人表示满意，但比上年度有所下降。总体来看，残疾人法律服务的覆盖率较低，做好残疾人法律维权宣传和法律救助工作，还需进一步的努力。

### （二）残疾人总体生活水平与全社会平均水平差距仍然较大

由于种种因素的影响，残疾人总体生活水平与全社会平均水平差距仍然较大，残疾人在基本生活保障、康复、教育、就业等方面还面临着许多困难。

1. 全国残疾人家庭人均可支配收入仅是全国平均水平的56.2%，差距明显。

2013年度，全国残疾人家庭人均可支配收入为10541.1元，是全国居民家庭人均可支配收入的56.7%。其中，城镇残疾人家庭人均可支配收入为15851.4元，是全国城镇居民家庭人均可支配收入的58.8%；农村残疾人家庭人均纯收入为7829.9元，是全国农村居民家庭人均纯收入的88.0%。因此，提高残疾人的收入水平、缩小残疾人家庭与一般居民家庭收入差距的任务，非常迫切。

2. 残疾人家庭医疗保健支出及其占家庭消费支出比例均远高于全国平均水平，交通和通信支出大大低于一般居民家庭。

2013年度，城镇残疾人家庭人均医疗保健支出为1789.4元，是全国城镇居民家庭人均医疗保健支出的1.6倍；农村残疾人家庭人均医疗保健支出为1032.8元，是全国农村居民家庭人均医疗保健支出的1.7倍。城镇残疾人家庭人均医疗保健支出占全部消费支出的比重为18.5%，比全国城镇居民平均水平高出12.3个百分点；农村残疾人家庭人均医疗保健支出占全部消费支出的比重为17.8%，比全国农村居民平均水平高出8.5个百分点。

2013年度，城镇残疾人家庭人均交通和通信支出为550.1元，相当于全国城镇居民家庭人均交通和通信支出的20.1%；农村残疾人家庭人均交通和通信支出为326.2元，相当于全国农村居民家庭人均交通和通信支出的41.0%。城镇残疾人家庭人均交通和通信支出占全部消费支出的比重为5.7%，比全国城镇居民家庭平均水平低9.5个百分点；农村残疾人家庭人均交通和通信支出占全部消费支出的比重为5.6%，比全国农村居民家庭平均水平低6.4个百分点。

3. 残疾人家庭恩格尔系数高于全国平均水平，生活质量明显落后。

2013年度，残疾人家庭恩格尔系数为48.5%，比全国居民家庭恩格尔系数36.2%高出12.3个百分点。其中，城镇残疾人家庭恩格尔系数为48.4%，高出全国城镇居民家庭恩格尔系数13.4个百分点；农村残疾人家庭恩格尔系数为48.5%，高出全国农村居民家庭恩格尔系数10.8个百分点。显然，残疾人家庭生活质量明显落后于全国水平。

4. 义务教育差距较大。

2013年度，学龄残疾儿童接受义务教育比例为72.7%，还有27.3%的学龄残疾儿童没有接受义务教育，而全国非残疾学龄儿童基本上都接受义务教育，二者差距较大。

5. 城镇登记失业率远高于全国水平。

2013年度，城镇残疾人登记失业率为10.8%，是全国城镇登记失业率4.1%的2.5倍之多，残疾人就业难的问题还需要各级政府和社会更多的关注。

（三）加快和推进残疾人全面建成小康社会的建议

党的十八大报告提出我国已进入全面建成小康社会的决定性阶段，2013年党中央、国务院提出了努力实现残疾人与全国人民同步小康的战略要求，为了加快推进残疾人全面小康进程，建议：

1. 加大残疾人"增收减支"力度，加快推进残疾人小康进程。

收入是全面小康最重要的一个指标，党的十八大提出了2020年全面建成小康社会，实现国内生产总值和城乡居民人均收入比2010年翻一番的发展目标。国务院批转的《关于深化收入分配制度改革若干意见》要求"低收入群体收入增长更快一些"。2013年度残疾人家庭人均可支配收入仅相当于全国居民家庭人均可支配收入的56.7%，全面提高残疾人社会保障和公共服务水平势在必行。其中，将农村残疾人作为重点对象优先纳入国家扶贫开发任务，加大农村贫困残疾人精准扶贫力度，增加残疾人收入；通过提高残疾人基本社会保险待遇和生活救助标准，全面实施贫困残疾人补贴救助和重度护理补贴制度，逐步建立重性精神障碍者免费服药和住院制度等特惠措施，减少残疾人生活及基本医疗康复等支出，切实缩小残疾人家庭人均收入与社会平均水平的差距。

2. 加强残疾人就业工作，提高残疾人生活水平。

党的十八大提出推动实现更高质量的就业，然而残疾人的就业问题仍十分突出，2013年度残疾人登记失业率高达10.8%，远高于全国登记失业率4.05%的水平。只有千方百计开发岗位、创造就业机会，努力营造公平的就业环境，同时着力提高残疾人就业能力，才能促进残疾人稳定而高质量就业。必须狠抓《残疾人就业条例》、中央组织部等七部委《关于促进残疾人按比例就业的意见》等法规政策的落实，依法推进残疾人按比例就业；完善集中安排残疾人就业税收优惠政策，振兴残疾人集中就业；扶持残疾人自主创业、公益性岗位就业和辅助性就业；加强残疾人职业培训、就业服务和劳动监察，切实维护残疾人公平就业机会和劳动就业权益。扶持农村残疾人家庭发展生产，加快提高农村残疾人劳动收入水平。

3. 建立兜底机制，保障残疾人基本生活。

着力保障贫困和重度残疾人基本生活，对重度残疾、一户多残、老残一体等特殊困难低保家庭给予重点保障，加大对丧失劳动能力、无固定生活来源的成年重度残疾人救助力度。重点保障残疾人医疗、养老等基本需求，落实重度和贫困残疾人参加城乡居民基本养老保险、城镇居民医疗保险、新型农村合作医疗制度给予残疾人的个人缴费政府补贴特惠政策，有条件的地方扩大补贴范围、提高补贴标准，将符合条件的城乡贫困残疾人纳入医疗救助范围，逐步提高救助标准和封顶线，通过医疗救助为重度残疾人解决医疗保险报销起付线以下的费用。优先保障城乡残疾人基本住房。拓展残疾人在基本生活、交通出行、文化体育等方面的社会福利。

4. 全面提升特殊教育工作,努力提高残疾人受教育水平。

提高残疾人受教育水平是残疾人全面实现自身价值的基本条件。2013年度,学龄残疾儿童接受义务教育的在学比例为72.7%,仍有27.3%的学龄残疾儿童没有接受义务教育;18岁及以上残疾人受教育程度较低,未上过学和仅上过小学的比例高达74.3%。因此,政府必须进一步完善残疾人教育体系,落实《特殊教育提升计划(2014—2016年)》,对残疾儿童接受普惠性学前教育给予资助,实施义务教育攻坚,切实解决未入学适龄残疾儿童少年就学问题,推行全纳教育,逐步提高残疾人接受高中阶段教育和高等教育的比例。深化特殊教育课程教学改革,提高特殊教育教师培养质量。完善盲、聋、重度肢体等残疾类别考生参加各类考试的辅助办法。规范和推广国家通用手语和盲文。

5. 做好残疾人康复和残疾预防工作。

康复是帮助残疾人恢复和补偿功能,增强生活自理和社会适应能力,平等参与社会生活的基础。2013年度,全国残疾人康复需求服务覆盖面仅为58.3%,残疾人康复服务的覆盖率仍较低,因此,围绕实现残疾人"人人享有基本康复服务"目标,将残疾人社区康复纳入城乡基层医疗卫生机构考核目标,将残疾筛查、残疾人健康管理等纳入国家基本公共卫生服务范围。继续实施国家重点康复项目,优先为贫困残疾人、重度残疾人、残疾儿童、农村及边远地区残疾人提供基本的康复服务。建立医疗机构与残疾人康复服务机构双向转诊制度和康复医师多点执业工作机制,实现分层级医疗、分阶段康复,提高残疾人康复服务的可及性和有效性。加快辅助器具业发展,建立以社会保险、政府补贴为主的综合支付制度,提供质优价廉的辅助器具。加快推进《残疾预防和残疾人康复条例》制定出台,制定实施《国家残疾预防行动计划》,做好残疾预防工作。

6. 丰富文化体育生活,促进残疾人社会参与和融入。

丰富、活跃残疾人群众文化体育生活,发展残疾人特殊艺术和竞技体育,是激励残疾人自强不息的重要形式。2013年度,全国残疾人社区活动参与率仅为43.1%,还有一半以上的残疾人没有真正走出家门,融入社会。因此政府应采取有力措施,促进残疾人公共文化体育服务和社区服务水平的持续提高,组织开展群众性残疾人文化体育活动,有条件的县级以上公共图书馆普遍设立盲人阅览室(区域),配备盲文图书、有声读物和阅听设备。鼓励有条件的电视台开办手语栏目,主要新闻栏目加配手语并加配字幕,影视剧、文艺节目、网络视频和音像制品全部加配字幕。扶持盲文图书、盲人有声读物、残疾人题材图书和音像制品出版。培育残疾人文化艺术品牌。加强残疾人群众体育工作,提高残疾人竞技体育训练竞赛科学化水平。

## 二、全国残疾人状况及小康进程监测报告

附表 2007—2013 年度中国残疾人小康进程监测结果

| 指标体系 | 单位 | 权重 | 小康标准值 | 2007年度 实际值 | 2007年度 指数(%) | 2008年度 实际值 | 2008年度 指数(%) | 2009年度 实际值 | 2009年度 指数(%) | 2010年度 实际值 | 2010年度 指数(%) | 2011年度 实际值 | 2011年度 指数(%) | 2012年度 实际值 | 2012年度 指数(%) | 2013年度 实际值 | 2013年度 指数(%) |
|---|---|---|---|---|---|---|---|---|---|---|---|---|---|---|---|---|---|
| 一、生存状况 | | 45 | | | 51.2 | | 53.5 | | 56.9 | | 59.4 | | 65.2 | | 70.9 | | 75.7 |
| (一) 收入状况 | | 20 | | | | | | | | | | | | | | | |
| 1. 残疾人家庭人均可支配收入 | 元 | 20 | ≥15000 | 4163 | 27.8 | 4972 | 33.1 | 5672 | 37.8 | 6345 | 42.3 | 7945 | 53.0 | 9364 | 62.4 | 10541 | 70.3 |
| (二) 消费状况 | | 10 | | | | | | | | | | | | | | | |
| 2. 残疾人家庭恩格尔系数 | % | 5 | ≤40 | 46.7 | 85.6 | 50.4 | 79.3 | 46.2 | 86.6 | 47.0 | 85.1 | 49.8 | 80.3 | 48.5 | 82.5 | 48.5 | 82.5 |
| 3. 残疾人家庭人均生活用电量 | 千瓦小时 | 5 | ≥500 | 151.6 | 30.3 | 172.4 | 34.5 | 190.8 | 38.2 | 203.3 | 40.7 | 249.3 | 49.9 | 285.6 | 57.1 | 310.8 | 62.2 |
| (三) 居住状况 | | 10 | | | | | | | | | | | | | | | |
| 4. 残疾人家庭人均住房使用面积 | 平方米 | 10 | ≥27 | 19.3 | 71.5 | 19.6 | 72.5 | 19.8 | 73.2 | 20.3 | 75.0 | 20.8 | 77.0 | 21.2 | 78.6 | 22.2 | 82.3 |
| (四) 婚姻状况 | | 5 | | | | | | | | | | | | | | | |
| 5. 适龄残疾人在婚率 | % | 5 | ≥70 | 63.5 | 90.8 | 63.1 | 90.1 | 63.0 | 89.9 | 62.5 | 89.3 | 63.5 | 90.7 | 63.9 | 91.3 | 63.7 | 91.0 |
| 二、发展状况 | | 35 | | | 35.5 | | 38.7 | | 41.7 | | 46.1 | | 51.3 | | 55.3 | | 56.6 |
| (五) 康复状况 | | 8 | | | | | | | | | | | | | | | |
| 6. 康复服务覆盖率 | % | 8 | ≥90 | 19.0 | 21.1 | 23.3 | 25.9 | 23.0 | 25.6 | 33.5 | 37.2 | 47.4 | 52.7 | 55.2 | 61.3 | 58.3 | 64.8 |
| (六) 教育状况 | | 6 | | | | | | | | | | | | | | | |
| 7. 学龄残疾儿童接受义务教育比例 | % | 6 | ≥95 | 63.3 | 66.7 | 63.8 | 67.1 | 69.5 | 73.2 | 71.4 | 75.2 | 72.1 | 75.9 | 71.9 | 75.7 | 72.7 | 76.5 |
| (七) 就业状况 | | 6 | | | | | | | | | | | | | | | |
| 8. 城镇残疾人登记失业率 | % | 6 | ≤6 | 10.6 | 0.0 | 12.6 | 0.0 | 13.6 | 0.0 | 8.6 | 0.0 | 9.9 | 0.0 | 9.2 | 0.0 | 10.8 | 0.0 |

# 续表

| 指标体系 | 单位 | 权重 | 小康标准值 | 2007年度 实际值 | 2007年度 指数(%) | 2008年度 实际值 | 2008年度 指数(%) | 2009年度 实际值 | 2009年度 指数(%) | 2010年度 实际值 | 2010年度 指数(%) | 2011年度 实际值 | 2011年度 指数(%) | 2012年度 实际值 | 2012年度 指数(%) | 2013年度 实际值 | 2013年度 指数(%) |
|---|---|---|---|---|---|---|---|---|---|---|---|---|---|---|---|---|---|
| (八) 社会保障 | | 8 | | | | | | | | | | | | | | | |
| 9. 城镇残疾人基本社会保险覆盖率 | % | 4 | ≥95 | 34.8 | 36.7 | 38.8 | 40.8 | 52.1 | 54.8 | 60.9 | 64.1 | 68.5 | 72.1 | 82.8 | 87.2 | 84.1 | 88.5 |
| 10. 农村残疾人参加新农合覆盖率 | % | 4 | ≥95 | 84.4 | 88.8 | 93.5 | 98.4 | 94.4 | 99.4 | 96.0 | 100.0 | 97.4 | 100.0 | 97.1 | 100.0 | 97.1 | 100.0 |
| (九) 信息化水平 | | 4 | | | | | | | | | | | | | | | |
| 11. 百户残疾人家庭电话拥有量 | 部 | 2 | ≥150 | 75.2 | 50.1 | 80.4 | 53.6 | 86.0 | 57.3 | 90.8 | 60.6 | 98.3 | 65.5 | 103.4 | 68.9 | 104.4 | 69.5 |
| 12. 百户残疾人家庭彩色电视机拥有量 | 台 | 1 | ≥100 | 65.9 | 65.9 | 71.2 | 71.2 | 74.3 | 74.3 | 77.4 | 77.4 | 82.5 | 82.5 | 85.3 | 85.3 | 86.2 | 86.2 |
| 13. 百户残疾人家庭家用电脑拥有量 | 台 | 1 | ≥60 | 3.9 | 6.5 | 4.6 | 7.7 | 6.0 | 10.0 | 6.9 | 11.5 | 9.2 | 15.4 | 12.4 | 20.7 | 14.1 | 23.5 |
| (十) 社会参与 | | 3 | | | | | | | | | | | | | | | |
| 14. 社区活动参与率 | % | 3 | ≥90 | 24.8 | 27.6 | 30.2 | 33.6 | 29.9 | 33.2 | 33.7 | 37.4 | 38.7 | 43.0 | 44.3 | 49.2 | 43.1 | 47.9 |
| 三、环境状况 | | 20 | | | 52.4 | | 60.0 | | 61.5 | | 66.8 | | 72.6 | | 78.5 | | 79.2 |
| (十一) 无障碍环境 | | 7 | | | | | | | | | | | | | | | |
| 15. 残疾人对无障碍环境的满意率 | % | 7 | ≥90 | 48.0 | 53.4 | 62.9 | 69.9 | 66.8 | 74.3 | 69.4 | 77.1 | 77.9 | 86.6 | 81.5 | 90.6 | 84.6 | 94.0 |
| (十二) 社区服务 | | 7 | | | | | | | | | | | | | | | |
| 16. 社区服务覆盖率 | % | 7 | ≥90 | 14.3 | 15.9 | 17.8 | 19.7 | 17.0 | 18.9 | 25.3 | 28.1 | 31.7 | 35.2 | 43.6 | 48.4 | 44.3 | 49.2 |
| (十三) 法律服务 | | 6 | | | | | | | | | | | | | | | |
| 17. 法律服务满意率 | % | 6 | ≥90 | 84.4 | 93.8 | 85.8 | 95.3 | 86.6 | 96.2 | 90.4 | 100.0 | 93.1 | 100.0 | 89.6 | 99.6 | 87.2 | 96.9 |
| 残疾人小康指数 | | 100 | | | 46.8 | | 50.6 | | 53.5 | | 57.4 | | 63.1 | | 68.4 | | 71.1 |

# 三、全国残疾人基本状况和需求动态更新工作报告

（2015—2017 年）

## 2015 年度全国残疾人基本服务状况和需求专项调查工作情况报告

为深入贯彻落实以习近平同志为核心的党中央关于残疾人事业的新部署新要求，扎实做好全面建成小康社会、全面深化改革、全面依法治国、全面从严治党新征程中的残疾人工作，为加快推进残疾人小康进程提供有力支撑，经李克强、张高丽、王勇等党和国家领导同志批准，以持有残疾人证的人员和未持证的残疾儿童为对象，自 2014 年 6 月至 2015 年 7 月，国务院残工委组织开展了首次全国残疾人基本服务状况和需求的专项调查工作（以下简称专项调查）。调查开展过程中，全国上下一盘棋，统筹规划，精心组织，科学操作，抓住关键环节，严把质量关，圆满完成了各项工作。

### 一、基本情况

根据以 2015 年 1 月 1 日为标准时间确定的调查对象数据统计，全国残疾人人口数据库中共登记持有残疾人证人员和尚未领证的 0—15 周岁残疾儿童少年 29494428 人。

在国务院残工委统一领导、在国家统计局指导下，按照准备、调查、分析三个阶段，各级残联组织具体推动调查工作有序展开。从 2015 年 1 月 1 日开始，进行"一对一"的入户调查。截至 2015 年 5 月 16 日，全国残疾人基本服务状况和需求信息管理系统实名制录入 2664 万人的相关信

息，同时获得社区残疾人基本公共服务状况调查资料70余万份。

调查数据反映出残疾人民生的基本现实状况，凸显出残疾人在脱贫解困、危房改造、教育就业、社会保障、康复服务、居家无障碍建设、文体活动等基本民生保障和服务方面存在的较大差距。

此次调查结果为推算8500万残疾人基本服务状况和需求提供了重要依据。

## 二、主要做法

### （一）高度重视，周密部署，加强专项调查工作领导

对2900多万持证残疾人和未持证残疾儿童的基本服务状况和需求进行实名制、全覆盖的专项调查，规模之大，范围之广，影响之远，是前所未有的。党中央、国务院高度重视。王勇国务委员亲赴青海视察并做出重要指示："要认真贯彻落实党中央、国务院关于保障和改善民生的重要决策部署，加强基层残疾人工作，格外关心、格外关注残疾人，完善政策措施，健全工作机制，加大投入力度，为残疾人提供更好的保障和服务，让广大残疾人共享经济社会发展成果。要认真搞好残联组织'基础管理建设年'活动，抓好抓实全国残疾人基本服务状况和需求的专项调查工作，切实做到底数清、情况明，为制定落实有针对性的服务与保障措施打下坚实基础。"国务院残工委副主任、全国专项调查部际联席会议召集人、中国残联主席张海迪对认真做好专项调查工作多次提出明确要求。

2014年4月29日，国务院残工委第二次全体会议对专项调查进行全面部署。中国残联于2014年6月22日召开全国会议，对专项调查工作做出全面安排。国务院残工委副主任，中国残联党组书记、理事长鲁勇围绕贯彻落实国务院领导同志对做好专项调查工作的指示、扎实做好各项工作提出了具体要求。

2014年8月20日，在国务院残工委统一领导下，教育部、民政部、人力资源社会保障部、卫生计生委、发展改革委、工业和信息化部、公安部、财政部、国家统计局、中国残联等十个部门成立全国残疾人基本服务状况和需求专项调查部际联席会议和办公室（以下简称全国专调办），进一步加强对全国专项调查工作的领导。

省、市、县级政府残工委认真落实国务院残工委工作部署和全国专项调查工作会议精神，加强对专项调查的领导，扎实做好专项调查各项筹备工作。

**（二）夯实工作基础，确保专项调查工作扎实开展**

一是召开专家座谈会听取建议。全国专调办于2014年4月至8月间，分别在9个省（区、市）召开专家座谈会，听取专家对专项调查任务目标、具体要求、进度安排、调查指标、重点工作的意见。全国专调办积极吸纳建议，调整完善了调查表和入户调查流程。二是通过试点查找问题。全国专调办分别于2014年7月和9月在甘肃省临洮县、河南省驻马店市开展国家级试点工作，对调查表进行模拟试填，通过国家级试点检验了调查方法、调查流程和调查项目的合理性与可行性，对调查指标进行了必要的调整和完善，为做好全国调查员培训和现场调查提供了有益的经验。三是召开推进会部署。全国专调办于2014年9月15日在河南省驻马店市召开全国专项调查工作推进会，对下一阶段任务进行专项部署。四是完善修订调查表。经专家委员会反复讨论和两次全国试点的实践检验，全国残疾人专项调查残疾人调查表和社区调查表的调查项目从48项精减至36项，涉及残疾人的基本情况以及收入、住房、康复、教育、就业、社保、无障碍等情况，个别省市又在此基础上增加了本地的相关指标。同时，将残疾人所在村（社区）的残疾人基本公共服务情况作为辅助调查内容。

**（三）狠抓信息核查和培训，强化对专项调查工作的调研督导**

一是认真抓好信息核查工作。全国专调办组织开展了核查系统全国培训，并制作了培训教材和操作视频，指导地方开展核查工作。各省也制定了本地专项调查核查工作方案和细则，层层签订保密协议和保密承诺书，部署核查工作，逐级开展核查培训。二是组织开展专项调查各级培训。全国专调办分别在江西省南昌市和陕西省咸阳市组织开展全国残疾人专项调查国家级培训，共培训省级师资170人，国家级培训为省级培训提供了示范。制作完成专项调查指标讲解、视频课件，通过专项调查信息平台发布供各地培训使用。同时，组建多个督导组深入一线推动工作落实。省级共开设96期培训班，培训县级师资骨干11922人，为培训调查员打下坚实的基础。

### (四) 搞好入户调查，保证专项调查数据填报质量

2015年1月1日专项调查入户调查在全国启动，省级残联全部组成了督导组或派员深入到农村和社区残疾人家庭，进行入户登记调研检查，对调查填表工作进行现场指导，对调查人员入户工作中存在的困难和问题及时进行答疑解惑，走访慰问残疾人家庭并送去慰问品，提高了社会和残疾人的知晓率，为专项调查入户登记营造了良好的社会舆论氛围。

各级残联把现场入户调查作为2015年开局最重要的工作认真抓好，做到"三统一"，即统一思想、统一认识、统一理解。在专项调查工作一线的调查员跋山涉水，风餐露宿，克服各种困难，发扬不怕苦、不怕累、连续作战的精神，深入到残疾人家庭，与残疾人面对面，耐心询问残疾人的衣食住行，将每一项调查指标填写准确，涌现出许多可歌可泣的感人事迹。

### (五) 细致准确录入，严格控制差错

各级残联采取有效措施，保质保量推进数据录入工作。一是各省专项调查办公室每天登入系统对数据处理工作进行实时监控，指导、督促各市数据处理工作。二是上一级对下一级组织抽查，实行调查表与录入进行比对的方式，检查各地录入的差错率，及时发现问题，督促整改。三是适时督促工作进度，确保工作质量。

### (六) 做好数据比对分析，确保专项调查数据准确可靠

一是做好部门数据比对分析。全国专调办及时把专项调查数据反馈给相关业务部门，相关部门对调查数据进行了认真梳理，结合台账、年报、统计数据进行了翔实比对分析，并同国务院扶贫办、人力资源和社会保障部、民政部、教育部、卫生计生委、住房城乡建设部对相关数据进行客观分析。为确保调查数据科学严谨可靠，鲁勇理事长先后两次主持召开部分专家及业务部门数据分析对接会。业务部门分析认为："专项调查主要数据与掌握的现有数据情况基本吻合，比较贴近工作实际，残疾人就业、社会保障、康复、扶贫等一些大的基本数据可用、好用，是制定'十三五'规划和残疾人'兜底补短'民生工作的重要依据。有的数据弥补了本部门业务上的数据空白。为今后工作思路的调整、工作方式的转变、工作方法的改进提供了可靠依据。"二是召开专家委员会分析数据。全国专调办

先后10余次召开专家委员会会议，对一些重要数据进行分析研究和论证。与会专家结合业务部门提供的数据资料，现场调取专项调查数据进行对比与分析。2015年7月14日，由国家统计局、研究机构等委派组成的专家委员会正式出具《全国残疾人基本服务状况和需求专项调查专家委员会意见书》，基本结论是："本次调查的方案设计科学可行；调查组织实施完整；各阶段工作到位，操作严谨；全程质量控制工作得力，调查获得的数据真实可靠，主要指标与抽样评估核查数据、2014年残疾人监测数据等相关数据对比，具有较好的一致性。评估结果表明，调查达到了设计要求，主要数据质量较高，为了解残疾人的基本情况，摸清残疾人基本服务状况和需求状况，为国家制定经济和社会发展规划以及推动残疾人事业的发展、对以兜底补短为重点的残疾人民生改善的精准服务、加快推进残疾人小康进程提供丰富的信息、科学可靠的数据支撑和决策参考依据。"

**（七）加大宣传力度，提升社会公众对专项调查工作的了解和支持**

在宣传部门支持下，中央各大媒体对专项调查进行了深入采访和多种形式的报道。全国专调办制定了《全国残疾人基本服务状况和需求专项调查宣传方案》，明确重点工作和重要节点，各省（区、市）专调办根据要求分别制定本省的宣传方案。特别是2015年1月1日现场调查入户启动当日，全国专调办与人民日报、新华社、中央电视台等主要中央媒体精密对接，策划新闻点，落实报道要求。《人民日报》在1月2日头版刊登消息，中央电视台当天在《新闻联播》播发了一条1分零5秒的消息。新华社、《光明日报》、《经济日报》、《中国新闻》等中央主要媒体都进行了相关报道。

各地充分发挥传统媒体和新媒体的优势，大力宣传党和政府以及社会各界对残疾人事业的关心支持，增进了社会公众和广大残疾人对调查工作的了解和支持，展示了一线调查人员吃苦耐劳、勤勉服务的精神风貌。各级残联在残联网站开设了专项调查工作专栏，及时刊发专项调查各类信息。

## 三、突出特点

### （一）调查对象覆盖所有登记在册人员

调查采取实名制的实证调查方法，覆盖所有在全国残疾人人口基础数据库中登记并持有第二代残疾人证人员及尚未领证的疑似残疾儿童。调查对象总量为2900多万人，分别是1987年第一次全国残疾人抽样调查总量的18倍和2006年第二次全国残疾人抽样调查总量的11倍。

### （二）调查方式为实名登记和信息化统计

入户前对被调查对象所在位置进行1信息核实，结果显示，在户人员占88.1%，不在户人员占11.9%。对在户的人员，以"一对一"入户询问调查为主进行信息采集，入户率达到97.97%；对于不在户的人员，以电话询问或其他方式采集信息。每一位被调查对象，都填写了调查表。在此基础上，开展调查表复核、数据录入、信息审核及上报核校工作。相关数据录入到全国统一开发的残疾人基本服务状况和需求专项调查信息管理系统之中。

### （三）调查范围基本做到了村不漏户、户不漏人

要确保专项调查数据不出问题，关键要实现工作重心下移，逐人搞好对接调查。在调查中，做到"乡镇（街道）不漏村（社区）、村（社区）不漏户、户不漏人、人不漏项"的调查目标，确保人群覆盖率、信息填报率。工作中，坚持逐级进行考核验收，落实同级残工委和同级残联负责人在上报成果上的"双签字"责任制，为总结工作也为倒查责任提供了重要依据。

### （四）调查队伍聚合了上百万专兼职人员

为确保专项调查国家级、省级、县级三级培训质量，全国专调办编制《全国残疾人专项调查工作手册》，制作完成专项调查讲解资料，供各级残联培训时使用。从2014年10月开始，各省区市陆续举办各级培训班7600余期，培训人员152万多人。

### （五）调查过程接受第三方独立评估

为科学独立评估此次专项调查，北京大学人口研究所按法定程序承担第三方评估工作，多次召开专家委员会和评估座谈会，对专项调查数据进

行论证、评估。全程跟踪专项调查，进行定性和定量研究，采取文献资料评估法、德尔菲法、抽样调查、网络调查等方法，综合比对评估调查数据、残疾人状况监测调查数据、残联工作系统数据、各部委相关数据等多源数据，比较全面地评价专项调查的调查过程质量和数据质量。第三方评估机构出具评估报告："本次调查首次比较全面系统地摸清了全国持证残疾人基本服务状况和需求，本次调查的方案设计科学可行；调查组织实施完整；各阶段工作到位，操作严谨；全程质量控制工作得力，调查获得的主要数据真实可靠，调查达到了设计要求，数据质量较高，是一次比较成功的大规模人群专项、专业社会调查。建议加强本次调查工作的经验总结，进一步提高残疾人工作队伍的专业素质和服务能力，建立和完善调查和数据开发应用综合服务平台。"评估专家认为："专项调查第三方评估，从评估调查过程质量和数据质量两个角度设计评估方案，运用了定性和定量的资料收集和分析方法，开展现场督导、二次入户抽样复查、专家评估和调查工作人员自主评估、各方面调查资料分析等工作，取得较为可靠的评估结果。"

**（六）调查工作实现部门联动和力量整合**

在国务院残工委领导下，国家统计局、教育部、民政部、人力资源社会保障部、卫生计生委、发展改革委、工业和信息化部、公安部、财政部、中国残联联合印发《关于开展全国残疾人基本服务状况和需求专项调查的通知》，组建专家委员会，委托第三方评估机构，落实省地县乡村的调查组织机构。十个部委建立的部际联席会议机制，对调查工作全过程给予及时有力的指导。

工作中，国家统计局对调查方案和调查指标设定给予了强有力的指导，财政部追加2014年调查经费，同时安排2015年预算，民政部要求基层民政机构和干部全力参与调查工作，公安部、卫生计生委在核查残疾人信息工作中提供有力的支持，教育部、人力资源社会保障部、发展改革委、工业和信息化部等部门对专项调查中相关指标的设定提供帮助，中央宣传部推动中央及各地媒体对专项调查进行了多种形式的宣传报道，中国残联会同多部门组成精干工作班子具体落实任务。省级及以下政府残工委、残联组织认真落实国务院残工委部署和全国专项调查会议精神，加强组织领导，加大人力、物力、财力投入。

此次专项调查的圆满完成，充分体现了党中央、国务院对残疾人的格外关心、格外支持。目前专项调查成果转化已经展开，对出台"两项补贴"政策、推进精准扶贫开发、解决适龄儿童未能及时入学问题、制定加快残疾人小康进程规划等主要数据提供了测算或核对依据。

下一步将按照国务院领导同志要求，认真做好专项调查数据应用和调查成果转化工作，在积极转化专项调查成果的基础上，进一步做好残疾人基本服务状况和需求信息动态更新常态工作，逐步实现"精准化了解、精细化服务"，为推进中国特色残疾人事业发展提供保障。

# 2016年度全国残疾人基本服务状况和需求信息数据动态更新工作报告

为深入贯彻党的十八大，十八届三中、四中、五中、六中全会精神和党中央、国务院关于残疾人事业的一系列重要部署，全面落实中央党的群团工作会议精神和国家《"十三五"加快残疾人小康进程规划纲要》要求，经王勇国务委员批准，在国务院残工委统一领导下，中国残联会同国家统计局等十二部门在2015年首次开展的全国残疾人基本服务状况和需求专项调查（以下简称专项调查）的基础上，组织实施了2016年度全国残疾人基本服务状况和需求信息数据的首次动态更新工作（以下简称动态更新）。

2016年，在国务院残工委领导高度重视下，在各部门大力支持和各地残联密切配合尤其是广大基层残疾人工作者的辛勤工作下，动态更新工作取得圆满成功，实现年度动态更新工作的良好开局、全国残疾人基本服务状况和需求信息数据的及时更新与有效反馈，动态更新工作的长效机制建设迈出坚实的第一步。

## 一、基本情况

### （一）动态更新工作是专项调查的延续和常态化

2014年6月至2015年7月首次开展的全国残疾人基本服务状况和需求的专项调查取得圆满成功，得到国务院领导同志的肯定、各级残联的赞同和残疾人的认可，真实了解了残疾人的基本服务状况和需求，初步建立了残疾人服务状况大数据，为制定出台保障残疾人民生政策措施提供了重要依据。事实证明，开展全国残疾人基本服务状况和需求专项调查是一项意义重大而审慎的决策。

在充分运用专项调查成果的基础上，为动态掌握残疾人服务状况的变化情况，动态更新工作延续了实名制调查的科学工作方式和"严"、"实"工作作风，继承和发展了全国残疾人基本服务状况和需求专项调查的有益经验和做法，将调查了解残疾人基本服务状况和需求工作向常态化转变，变集中调查为日常性的信息数据更新。同时，以实名制的信息数据动态更新为基础，及时掌握全面建成小康社会进程中残疾人的基本服务状况和需求。动态更新工作主要了解全国残疾人人口数据库中的持证残疾人，自上年度7月1日至本年度6月30日的基本状况和需求的信息。以实名制的信息数据动态更新为基础，以信息数据的动态更新结果为重要依据，坚持问题导向，层层分解任务，逐项落实责任，完善考核反馈，有效做好残疾人实现全面小康中最需解决的补短板、保基本工作；坚持需求导向，有力推进残疾人工作重心下移，努力把服务工作做好做实做到残疾人身边，实现精准服务。

### （二）2016年度动态更新数据采集情况

为做好与专项调查的衔接，2016年度动态更新工作调查的是自2015年1月1日至2016年6月30日的残疾人基本服务状况和需求信息。根据以2016年6月30日为标准时间确定的调查对象数据统计，全国残疾人人口数据库中共登记32393676名持证残疾人。截至2016年10月29日18时，实际完成调查32393676人，完成率100%。

除残疾人证注销、查无此人等情况外，2016年动态更新工作共获取全国29951873名持证残疾人的实名制数据，比2015年专项调查多

3312314人。全国入户登记率为96.92%，省、市级入户登记率均在90%以上。同时，获取了全国693495个村（社区）公共服务设施的基本情况。通过对比2015年专项调查和2016年动态更新工作成果，展示了专项调查结束一年半以来残疾人工作取得的成效。

## 二、主要做法

### （一）高度重视，加强组织领导

专项调查取得圆满成功并持续发挥重要作用，符合中央全面建成小康社会、全面深化改革、全面依法治国、全面从严治党等"四个全面"战略布局的要求，符合中央党的群团工作会议精神和群团改革要求的方向。

2016年6月3日，王勇国务委员在国务院残疾人工作委员会第四次全体会议上要求，"要完善全国残疾人基本服务和需求信息数据动态更新机制，逐步建立残疾人工作大数据平台，促进残工委各成员单位之间数据资源共享，及时掌握残疾人基本服务状况和需求"。张海迪主席强调，"残疾人事业的发展要靠现代化的管理手段，要建立大数据，充分利用信息化时代的条件和优势，建设好残疾人基本情况和基本需求的综合信息管理系统，做到数据全面覆盖、动态更新，具备实时查询功能，提供便捷服务"。2016年5月8日，鲁勇理事长强调，"实现残疾人基本服务状况和需求信息数据的动态更新，是残联加快推进残疾人小康进程的主要抓手和看家本事，是贯彻落实中央党的群团工作会议精神、加强和改进残联工作的必然要求，各级残联要充分认识动态更新工作的重要意义，把动态更新工作与解决全面建成小康社会决胜阶段残疾人脱贫解困、托底补短工作紧密结合起来"。

在国务院残工委统一领导下，中国残联会同统计局、发改委、教育部、工信部、公安部、民政部、财政部、人社部、住建部、卫计委、扶贫办等部门联合下发《关于做好全国残疾人基本服务状况和需求信息数据动态更新工作的意见》（残联发〔2016〕9号），共同组织做好全国残疾人基本服务状况和需求信息数据动态更新工作。

### （二）统筹协调，健全工作机构

全国残联系统在首个动态更新年度，基本建立起了常态化的工作推进机制。中国残联切实承担国务院残工委办公室职责，精心筹备、精密组织、统筹推进。在基础管理建设领导小组领导下，完善了全国残疾人基本服务状况和需求信息数据动态更新工作办公室（以下简称"全国动态更新办"），内设综合、宣传、数据处理与技术保障3个组，负责动态更新的日常工作。同时成立全国动态更新工作专家指导委员会，发挥咨询、指导和建言献策的重要作用。

省级、市级、县级残联普遍成立动态更新工作办公室，明确由组联部等业务部门负责综合协调、信息中心负责技术保障、其他业务部门密切配合。各地动态办在同级残联领导下，职责明确、通力合作，具体组织推动本级培训、试点、实名制入户信息采集、评估和督查等工作。

**（三）科学论证，完善工作流程**

由专项调查转入常态化的动态更新，建立健全实名制的信息数据动态更新机制，工作量大、涉及面广，各阶段、各环节工作紧密相连，除了参考专项调查的主要做法以外，还需要对登记表指标、质量控制等各项工作环节进行深入研究，确保动态更新工作的科学性，确保信息数据的准确可靠。

为此，全国动态更新办会同专家指导委员会，严格按照中国残联等十二部门《关于做好全国残疾人基本服务状况和需求信息数据动态更新工作的意见》（残联发〔2016〕9号）精神，有序开展各项前期论证工作，先后召开8次专家指导委员会会议、7次主任办公会议、2次地方片会（四川、甘肃），进行1次国家级试点（甘肃靖远）和5次省级试点（江苏、浙江、山东、河南、四川），广泛征求专家、国家统计局等部门以及各地残联的意见建议，最终确定了《动态更新残疾人登记表》的40项指标并得到国家统计局批准，制订了实施方案、试点细则、培训细则、数据处理细则、质量控制细则等指导性文件，印制工作手册，绘制工作流程图，具体指导地方开展动态更新工作。

**（四）抓紧抓实，强化各级培训**

培训是动态更新各工作环节中涉及面最广、参与人数最多、指导力度最大、对工作质量影响最大的一环。中国残联高度重视培训环节的工作，5月初举办全国动态更新工作研讨班暨国家级培训班，鲁勇理事长做动员部署，地方残联负责同志、有关业务部门同志和省级师资参加培训。与会同志全程参加各环节培训，提高了思想认识，较好地把握了做好动态更新工作的工作方法，掌握了各项指标解释。

31个省、自治区、直辖市和新疆生产建设兵团、黑龙江垦区残联陆续开展了省级培训，并及时部署做好县级培训，部分地方还开展了市级培训。地方各级培训严格按照国家级培训的要求，不走样、不打折扣、不走形式、保质保量。据统计，2016年开展省级培训68批次、县级培训9548批次，共计培训师资32.8万人，培训工作人员71.1万人。

### （五）严格要求，抓好质量控制

落实动态更新工作常态化工作要求，必须建立完整、严格的质量控制体系，对人为误差进行有效控制，切实保障调查数据的全面、真实、准确。

根据《中华人民共和国统计法》和中国残联等十二部门意见及其实施方案，全国动态更新办制订了严格的《质量控制细则》和《数据处理细则》，对动态更新工作实行全过程质量控制，并提出明确要求：省级残联是当地质量控制的第一责任单位，要根据本省（自治区、直辖市）情况制定质量控制细则并报全国动态更新办备案；数据质量检查验收工作采取乡级、县级、市级、省级和国家级逐级抽查的方法进行；对入户调查、数据录入、数据检查、数据改错后的重新录入等各个环节明确责任到人。同时，继续坚持残工委领导同志和残联理事长"双签字"的制度，切实明确各方责任，确保数据质量。

### （六）分层督导，有力指导基层

按照国务院残工委部署和中国残联要求，对各地工作进行分层次的督导，有力指导基层工作，同时将结果纳入全国残联系统年度工作绩效考核。

一是将动态更新工作作为全面小康进程专项调研工作中的重要督导内容，向各地反馈专项调查数据，对做好成果转化应用工作、抓好年度动态更新工作提出要求。二是中国残联领导在赴各省调研时，对当地做好动态更新工作进一步提出要求。三是全国动态更新办会同专家指导委员会对各地省级培训、县级培训、省级试点、入户调查等各工作环节进行实地督导；尤其是专家指导委员会的专家共赴23个省（自治区、直辖市）进行60余人次的督导。四是按照分级指导和督查原则，省级残联对全省信息数据动态更新工作进行督导，指导市级残联督查到每个县（市、区、旗），县级残联要指导和督查到每个乡镇（街道），乡镇（街道）残联要指导和督查到每个村（社区）。督查采用现场抽查和网络抽查相结合的方式，现场抽查包括直接到乡镇（街道）残联、村（社区）残协检查工作开展情况，到每个村（社区）中随机选择若干个残疾人家庭进行走访调查、听取意见。网络抽查是对动态更新系统中随机抽取的信息进行核实。

（七）重视宣传，提高知晓率

动态更新工作的宣传工作更加重视以基层残疾人和残疾人工作者为对象，大力宣传党和政府及社会各界对残疾人事业的关心重视和对广大残疾人的关爱帮助，重点提高动态更新工作的知晓率，增进社会公众和广大残疾人对动态更新工作的了解和支持。据统计，各级残联在中国残联"两微一端"及各级电视、广播、报刊等媒体上共发布1.5万余条消息报道，印制宣传册973.8万本，发送手机短信1115.8万条。

## 三、主要特点

由国务院残工委统一领导和周密部署，中国残联会同有关部门精心组织，认真贯彻"信息要精准、机制要常态、工作要联动、成效要反馈、固本要强基"的具体要求，推动动态更新工作顺利启动，为以后动态更新工作的开展打下了坚实的基础，构建动态更新工作长效机制取得实质进展。

（一）动态更新信息精准数据质量可靠

从调查对象来看，动态更新工作是普查性质的，是实名制的，覆盖全国残疾人人口数据库中的所有持证残疾人。从调查方式来看，以入户调查为主、电话调查等其他方式为辅，同时要求入户信息采集率达到90%以上。从调查时间来看，动态更新工作对残疾人基本状况和需求的信息进行年度调查与更新，具有实效性、可用性，能够真实地反映出持证残疾人一年来的状况变化和需求情况。

从登记表来看，经过与国家统计局的沟通、专家委员会的反复研究和对中国残联各业务部门客观需求的统筹考虑，根据加快推进残疾人小康进程、打赢脱贫攻坚战、国家卫生服务调查等工作的新情况，将动态更新残疾人登记表的内容增加至40个指标项次，能够客观全面反映出持证残疾人的社会保障、康复医疗、无障碍等方面的真实状况，也能够与主要数据进行比对，反映各级残联的工作成效。

专家指导委员会全程参与了全国动态更新工作各个环节，做出了评估结论："2016年度动态更新工作是成功的。本次动态更新工作文件完备，方案设计科学可行；组织系统完整，依从性强；各阶段工作到位，操作严谨；实施过程质量控制得力；采集的主要数据较为真实可靠，质量较高；实现了全国残疾人基本服务状况和需求相关信息数据的及时更新与有效反馈。"

### （二）动态更新工作常态化机制初步形成

一是动态更新工作重要性认识深入人心。各地残联充分认识到动态更新是一项基础性、日常性的工作，是以后较长一段时期内必须持之以恒抓好抓实的工作。全国残联系统推进动态更新工作的过程，也是进一步提高认识、革新思想、统一行动的过程，也是进一步思考如何推动残联组织改革发展、加强和改进残联工作的过程，更是进一步做好托底补短工作、加快残疾人小康进程的过程。

二是动态更新工作队伍保持相对稳定。按照中国残联关于动态更新工作队伍既要与专项调查工作队伍做好衔接确保稳定性，又要补充新鲜血液确保长期性的要求，各级残联积极加强动态更新工作者队伍建设。注重发挥参加过第二次全国残疾人抽样调查、全国残疾人状况监测、首次全国残疾人基本服务状况和需求专项调查的业务骨干的传帮带作用，同时及时补充青年骨干力量熟悉、掌握动态更新工作方式。据统计，2016年参与动态更新工作的人员约有143万人。

三是第三方工作力量充分发挥作用。专家指导委员会、第三方评估机构、基层残联系统外工作人员等第三方力量在动态更新工作中发挥着重要作用。全国动态更新办及大部分省级残联在残工委领导和统计部门指导下，成立专家指导委员会，对信息数据动态更新整体工作、具体实施、指标设计、质量控制等提出咨询意见，配合动态更新办对培训、入户信息采集等主要工作环节进行调研、督查并提出对策建议。

### （三）动态更新跨部门联动工作机制有效运转

动态更新工作由国务院领导批准开展，国务院残工委统一领导，国务院残工委办公室（中国残联）会同有关部门直接组织实施。中国残联得到其他十一个部门的大力支持，国家统计局全程指导信息采集工作，派出司局级干部担任专家指导委员会委员；财政部、工业和信息化部等提供资金和硬件保障；与公安部、教育部、国务院扶贫办等实现部门间数据资源共享与比对，与民政部、住房和城乡建设部研究实施数据共享。

在地方层面，由地方政府残工委统筹部署、残工委办公室主导推动、各部门配合联动的工作机制有效运转。残工委办公室发挥统筹协调优势，调动残联系统及各方力量扎实做好动态更新工作。在绝大部分地方，财政部门保障专项经费，统计局派专人指导，扶贫部门与残联通力合作核实建档立卡残疾人户并纳入扶贫部门工作范围，教育部门积极解决残疾儿童少年入学问题，卫生计生委、民政等部门协助动员民政助理员、村（社区）医生等参与动态更新工作。

**（四）反馈动态更新信息数据助推残疾人小康进程**

在2016年度动态更新工作有序开展的同时，专项调查成果的转化应用同步进行。各级残联在协调有关部门推进动态更新工作的过程中，将专项调查获得的各项数据，尤其是涉及残疾人教育、就业、危房改造等"托底补短"的数据，及时向党和政府做报告，并以此为依据协调有关部门解决残疾人的实际困难和需求。

针对专项调查之后各地残联对了解本地区数据的迫切需求，在确保安全保密的前提下，2016年度动态更新工作的数据采集系统和统计分析系统放在了互联网上。省、市、县级残联均可以通过互联网登录"全国残疾人基本服务状况和需求信息数据动态更新系统"，既能了解辖区内残疾人基本状况和需求的宏观统计数据，也能直接查询残疾人个体的实名制信息，有针对性地为残疾人提供服务。

**（五）动态更新工作有助于基层残联固本强基**

动态更新工作进一步增强了残联基层基础工作水平，密切了与基层残疾人的血肉联系。动态更新的信息采集要求覆盖全部持证残疾人、实名制且入户率要在90%以上。2016年度动态更新工作的完成，意味着各级残联及残疾人工作者与3000多万持证残疾人或亲属进行了直接的联系，残疾人与残疾人工作者双方都能看得见、够得着、说得了话。每一次填表就是一次联系，就是一次了解残疾人近况的沟通，就是残联组织存在和发挥作用的检验。

各级残联认真贯彻落实中央党的群团工作会议精神，抓住契机切实提高基层专职委员的履职能力，推动解决残疾人专职委员的职责落实、培训落实、待遇落实等问题，确保广大专职委员能够担当起相应工作职责。据统计，有约45万专职委员参与2016年度动态更新工作，其中约30万专职委员直接负责入户登记，约15万专职委员陪同入户登记，为基层残联固本强基提供了支撑。

**（六）动态更新工作继续坚持第三方评估**

2016年度动态更新工作引入第三方评估机制，通过公开招标确定北京大学作为第三方机构全程独立评估。北京大学对动态更新工作采取文献资料评估法、专家德尔菲法、实地观察法、电话抽样调查等方法，科学、客观、独立进行了全程第三方评估，其评估结论为："本次动态更新工作是我国现有社会经济发展条件下一次较为成功的数据登记，实现了全国残疾人基本服务状况和需求相关信息数据的及时更新与有效反馈。数据具有完整性、可靠性和可用性，能为国家制定经济和社会发展规划以及残疾人的法律法规、政策和规划提供依据。"

2016年度动态更新工作的圆满完成，充分体现了党中央国务院对残疾人事业的格外关心与格外支持，充分体现了各部门对残疾人事业的重视与支持。29951873实名制数据的获得，是国务院残工委统一领导的结果，是中国残联在主席团领导下贯彻中央党的群团工作会议精神、进一步加强和改进工作的结果，是各级残联进一步提高基层基础管理水平、密切与基层残疾人血肉联系的结果，对于全国残联系统"精细化"了解全面小康进程中残疾人的"托底补短"需求，"精准化"提供服务改善残疾人基本状况具有十分重要的意义。

2017年要继续开展相关数据的动态更新工作，建立健全动态更新机制，完善服务保障措施，使之真正成为残联推动加快残疾人小康进程的主要抓手，贯彻落实中央党的群团工作会议精神的重要举措，提升残联组织服务能力的基础工程。一要抓好成果转化应用，共享数据资源，坚持以问题为导向，下大力气解决残疾人迫切需要解决的问题，切实做到精准服务、供需对路。二要建立健全评估机制，充分发挥专家委员会的指导作用，省级残联和有条件的地市残联全部成立专家指导委员会，省级残联应确定第三方机构进行全程评估。三要抓好质量控制,进一步加强工作督促和检查验收,继续落实残工委和残联领导双签字制度,确保上报数据真实可靠。四要全力保障人员经费,建立并保持一支相对稳定的骨干队伍,保障基层工作者特别是专职委员的履职条件。五要探索建立信息数据的实时更新机制,积极创造条件推广通过移动终端采集信息等登记方式。

# 2017年度全国残疾人基本服务状况和需求信息数据动态更新工作报告

在国务院残工委统一领导下,中国残联会同国家统计局等十二部门在2015年开展全国残疾人基本服务状况和需求专项调查(以下简称专项调查)、2016年完成全国残疾人基本服务状况和需求信息数据动态更新工作(以下简称动态更新)基础上,顺利实施了2017年全国残疾人基本服务状况和需求信息数据的动态更新工作。连续两年动态更新的全国残疾人基本服务状况和需求实名制信息,准确反映了残疾人工作的成效和存在的不足。

## 一、基本情况

2017年是构建动态更新工作长效机制的关键一年。在国务院残工委统一部署下,各级残联认真落实国务院残工委决策部署、中国残联第六届主席团第四次全体会议和第三十一次全国残联工作会议精神,筹备工作抓得早,组织工作抓得实,各环节的完成质量又有较大提高。

2017年全国动态更新工作登记的是持证残疾人2016年7月1日至2017年6月30日这一时段的基本服务状况和需求信息,与2016年度实名制信息登记时间间隔为1年。

2017年6月30日,全国残疾人人口数据库登记33321195名持证残疾人。截至10月8日,实际完成调查33321195人,完成率100%。除残疾人证注销、查无此人等情况外,共获取全国31630398名持证残疾人的实名制信息数据,比2016年增加1678525人。全国动态更新工作的入户登记率为97%，省、市级入户登记率均在90%以上。同时，获取了全国689706个村（社区）残疾人公共服务设施的基本情况。各地的信息数据均由政府副秘书长、残联理事长"双签字"后逐级上报。

## 二、主要做法

全国动态更新工作得到国务院领导同志的高度关心。2017年2月，王勇国务委员到中国残联调研时专门了解全国动态更新工作。2017年3月，王勇国务委员在国务院残工委第五次全体会议上再次强调，"要继续做好全国残疾人基本服务状况和需求信息数据动态更新，夯实精准化服务和精细化管理基础。加强残疾人事业信息化、标准化和科技应用工作，不断提升为残疾人服务的能力和水平"。

中国残联认真落实国务院领导指示要求，始终高度重视全国残疾人基本服务状况和需求信息数据动态更新工作。中国残联主席张海迪要求，"各级残联组织要不断开拓视野，利用信息化优化和提升内部运行管理，建设高效的服务网络，建好残疾人大数据，提高为残疾人服务的水平和质量"。中国残联理事长鲁勇强调，"抓好持证残疾人基本服务状况和需求的实名制专项调查和相关信息的动态更新工作，是残联必须练好的看家本事。有了这个本事、抓住这个牛鼻子，反映情况就有了底气，做服务工作就接通了地气，争取社会各界支持就有了底数"。中国残联会同统计局、发改委、教育部、工信部、公安部、民政部、财政部、人社部、住建部、卫计委、扶贫办等部门，努力构建动态更新工作的长效机制，圆满完成了2017年全国动态更新工作。

### （一）常态化的工作方式逐步巩固

全面落实组织机构。31个省（区、市）、新疆生产建设兵团残联和黑龙江垦区残联全部成立了由业务部门、信息中心等部门共同参与的动态更新工作办公室，26个省（区、市）残联和部分市县级残联成立了动态更新工作专家指导委员会。在动态更新工作常态化建设进程中，黑龙江、山东新成立信息中心，河南成立专门的"动态更新工作项目办公室"，专人、专编、专责。各地动态办组成部门充分发挥作用，有效开展工作，工作职能进一步强化，工作力量进一步充实。

## 三、全国残疾人基本状况和需求动态更新工作报告

**工作队伍保持稳定。**各地残联努力保持一支相对稳定的专职工作者队伍,及时调整补充工作力量。着重提升专职委员能力,使之真正成为基层登记队伍的支柱力量。积极借助村(社区)干部、民政助理员、残疾人亲友、志愿者以及基层专门协会力量共同参与工作。据初步统计,2017年参与动态更新工作的人员约有143.8万人,其中专职委员56万人,占比39%。56万专职委员中,有41万专职委员直接负责入户登记,比去年增加11万人,15万专职委员陪同入户登记。

**资金保障层层到位。**按照中国残联等十二部门《关于做好全国残疾人基本服务状况和需求信息数据动态更新工作的意见》(残联发〔2016〕9号)要求,各省(区、市)残联带头将相关经费列入同级预算予以保障,指导地市尤其是县级残联认真领会文件精神,在编制年度预算时及时将动态更新工作经费纳入财政预算,统筹考虑、合理安排必要工作经费。在具体工作中,各地残联积极创造条件,严格按照有关规定为基层登记员入户发放高温补贴、填表补贴、误工补贴等费用,保证工作顺利开展。

**考核督查深入开展。**将动态更新工作纳入省级残联考核范围并逐步加大比重,指导各省(区、市)残联将动态更新工作作为考核下级残联的重要内容,进一步加强对基层残联动态更新工作各环节的督导。中国残联在开展贫困残疾人脱贫攻坚专项调研中,突出了动态更新成果的运用和实名制数据的导向。各级专家指导委员会健全多级督导机制,针对试点、培训、入户登记、检查与验收、综合与上报、数据录入与比对等各个工作环节进行现场指导。2017年,仅全国动态更新工作专家指导委员会就深入25个省(区、市)进行了40余批次、120余人次的督导。

**启动研究工作规范。**全国动态更新办会同专家指导委员会,研究制定融合全部工作环节的工作规范,形成《全国动态更新工作规范》的初步研究成果。

**成果应用稳步推进。**中国残联及时将上一年度动态更新数据反馈给各省(区、市),推动各地在统筹推进各项残疾人工作时切实做好数据应用,以实名制数据作为决策依据和业务工作参考,做好成果转化。

### (二)有效推开手持终端采集信息

动态获取、实时更新实名制信息是动态更新工作的设计初衷和努力方

向。2017年，全国使用移动终端采集信息持证残疾人数达到6804169人，占比20.4%，24个省（区、市）残联全部使用或部分使用移动终端采集信息。其中，天津和上海达到了100%，江苏达到97%，青海达到93.2%，四川达到88.8%，北京达到75.9%。

使用手持终端采集信息数据产生了多重效应。提高了效率，减少了差错，给基层工作人员和登记对象带来方便，有利于提高工作积极性和主动性。对基层工作人员履职有了硬性要求，有利于强化基层专职委员队伍建设。数据录入与数据汇总同步完成，有利于各级残联及时统计分析并加速成果转化。数据安全有更大保证，有利于保护持证残疾人隐私。同时，使用手持终端采集信息还为动态采集、实时上报实名制信息创造了条件，在一定程度上摆脱了登记时点、登记地点的限制，在部署工作时能因时制宜、因地制宜、统筹安排。根据工作需要，可以适当增加采集频次，并在信息登记过程中增加入户率和见面率。移动终端采集的信息在上传到基层残联工作系统后，可以依据登记对象的反映及时提供个性化、精准化服务，进一步加强和改进基层残联工作。

### （三）联动工作机制初步形成

在国务院残工委领导下，初步形成了部门联动、上下联动和内部联动机制，协同推进了全国动态更新工作。

国家十一部门大力支持动态更新工作，中国残联充分发挥残工委办公室作用，认真履行动态更新日常工作职能。国家统计局指导工作制度设计及有关工作环节，派出司局级干部和处级干部担任专家指导委员会委员，加强对残疾人基本公共服务状况数据的分析研究。发改委将动态更新工作纳入国家"十三五"基本公共服务均等化规划予以推进。教育部依据动态更新数据启动实施《第二期特殊教育提升计划（2017—2020年）》。工信部依托动态更新数据加大力度推动残疾人信息无障碍工作。公安部积极指导残疾人基础数据库建设并对实名制比对提供支持。民政部加强部门数据资源对接，做好生活困难残疾人兜底保障工作，推进残疾人"两项补贴"信息化建设。财政部积极指导地方财政部门参考动态更新的信息数据，进一步完善帮扶残疾人的政策措施。人社部积极探索数据共享工作，主动了解残疾人在就业、社会保障等方面的详细信息，为开展工作提供参考。住建部会同有关部门，稳步解决包括贫困残疾人在内的农村困难群众住房安全问题。卫计委与中国残联联合印发新的《中华人民共和国残疾人证管理办法》，要求各地结合动态更新工作数据，切实加强业务管理。扶贫办把贫困残疾人等群体作为工作重点，完善贫困残疾人精准识别和退出机制，进一步落实精准帮扶措施。在数据共享方面，在国务院办公厅有力指导下，全国动态更新工作数据已纳入国家电子政务办公室决策平台。教育部、公安部、民政部、扶贫办等多次就有关残疾人实名制信息进行比对、核实。

全国残联系统思想认识进一步统一。中国残联在部署贫困残疾人脱贫攻坚工作、精准康复服务、智能化残疾人证试点、基层残疾人组织建设等工作时将动态更新工作一并部署，在"一带一路"框架下残疾人事务主题活动、亚太残疾人十年中期审查高级别政府间会议等国际场合多次介绍动态更新工作实名制大数据。

各级残联在动态更新工作中，一把手亲自挂帅，分管领导靠前指挥，主责部门全力主抓，相关部门直接联动，有效推动了各地工作的顺利开展。北京等15个省（区、市）残联理事长亲自在动态更新工作省级培训环节做动员，山东、海南等地理事长专门部署动态更新工作，强调抓好质量控制、抓实成果运用、加强工作督导、保障工作条件等工作。上海全面推行手持终端采集方式，"数据可靠、手段创新、效率提高、感情真挚、统计精准、工作务实"。陕西以省政府残工委的名义联合省社会科学院，依托动态更新数据开展残疾人"精准脱贫、精准康复"基本状况调研活动。甘肃全力保障专项工作经费、系统建设经费和入户补贴经费。北京、天津、江苏、浙江、四川、青海等地积极探索动态上报、实时更新的工作方式。据初步统计，各级残联在各级电视、广播、报刊等媒体上共发布1.2万条报道，印制宣传册732万本，发送手机短565.8万条。同时，积极借助微博、微信、客户端等新媒体平台加大宣传力度。

**（四）成果转化正在全面做实**

各级残联坚持问题导向，强化底线思维，依托实名制信息数据持续聚焦残疾人不愁吃、不愁穿，基本医疗、义务教育、住房安全有保障和扩大基本康复服务、家庭无障碍覆盖面，兜底保障残疾人基本民生。

中国残联向国务院残工委专题报告2016年动态更新工作实名制数据，提交国务院残工委第五次全体会议研究部署动态更新工作。以实名制信息数据为依托向十一部门通报2016年动态更新工作情况，十一部门正式复函并对数据共享、工作协同等提出具体工作措施。及时将2016年度各地动态更新实名制数据返还各地，优化全国动态更新工作数据采集系统和统计分析系统，各级残工委办公室和残联可通过该系统实时查询、提取本地区已录入数据。

各地残联加强对成果转化应用工作的组织领导，逐级落实责任，层层分解任务。及时向同级残工委专项报告年度动态更新工作完成情况及工作建议，与政府有关部门依据实名制信息推进残疾人"两不愁、三保障、两扩面"等重点工作任务。县（区）残联等根据实名制的需求提供精准化、个性化的服务，努力打通服务基层残疾人的"最后一公里"。

## 三、工作特点

2017年是国务院残工委第三次全面了解全国持证残疾人基本服务状况和需求的实名制信息，连续四年开展实名制调查工作，工作呈现出许多新特点。

### （一）严把数据质量关

遵守残疾人保障法和统计法等相关法律，严格依照各地质量控制细则，统筹抓细抓实各个工作环节。继续坚持数据上报"双签字"制度，数据逐级上报时由政府副秘书长及残联理事长双签字。继续实行全过程质量控制，对方案制定、业务培训、物资准备、信息采集、数据处理、检查验收等工作的全部环节和步骤，实行全程质量控制。继续落实省级残联作为质量控制第一责任单位的要求，层层建立岗位责任制，责任明确到人。

全国动态更新工作专家指导委员会全程指导、深度参与年度工作全过程，对2017年度全国动态更新工作数据质量做出评价："2017年度动态更新工作是成功的，延续了科学方案，组织完备、管理系统完整，各阶段各环节工作到位，操作严谨；实施过程质量控制工作得力；获取的主要数据真实可靠，质量较高；实现了全国残疾人基本服务状况和需求相关信息数据的及时更新与准确反馈。"

## （二）紧抓各级培训

国家级培训时间提前、准备充分、培训系统、部署全面，各地残联精心组织扎实开展省级培训和县级培训。据初步统计，2017年共开展省级培训66批次、县级培训8782批次，培训工作人员66.5万人。在专家指导委员会指导下，依托"专职委员在线"远程培训平台对全国基层专职委员进行培训。增设"全国动态更新工作专题培训模块"（12科），依据2017年国家级培训班的讲课录像进行编辑和数字化处理，增加入户登记实例、询问技巧等课程，采用动态图表、数字化讲义、情景模拟等数字化技术，厘清逻辑关系，解读指标要义，提示重点难点，切实提高培训效率和培训质量。2017年，21个省（区、市）使用"专职委员在线"平台进行基层培训，其中天津、辽宁实现了专职委员全覆盖。

## （三）重视第三方独立评估

北京大学采取德尔菲评估法、文献资料评估法、实地观察法、问卷调查法、抽样核查法、数据比对法等方法，对国家级试点、各级培训、入户登记、数据录入、数据上报、统计分析等全过程进行独立客观评估："2017年度动态更新工作方案更加科学、合理、可行，登记内容涵盖了残疾人基本服务状况和需求的主要方面；各项工作流程和实施细则可操作性强。各级残联高度重视，严格执行了工作方案，规范开展了各项工作，全程控制调查质量，在工作方式上有较好的创新探索和经验积累。动态更新数据完整，对数据进行检验和分析的结果反映出数据质量较高，真实可靠。残疾人及残疾人亲属对动态更新工作整体满意度高。"据初步统计，25个省（区、市）开展了各种形式的第三方评估工作。

## （四）更加重视残疾人获得感

从三个层面探索建立评价残疾人获得感的反馈机制。一是委托北京大学在第三方评估中增加满意度评估的内容，在10月份随机抽取10省（区、市）的20个乡镇（街道），对1444户持证残疾人家庭进行面对面、实名制评估。有97.7%的回访残疾人对动态更新工作持满意态度，89%的回访残疾人认为动态更新工作对自身或家庭有帮助。二是委托专家在督导工作中专门安排入户满意度访问，对7省（市）10县（区）的37户残疾人的访问结果显示，对动态更新工作的满意率为100%。三是直接委托涵盖东中西部的五类专门协会进行满意度调查，在200名基层持证残疾人及其亲属的实名制反馈中，满意率达到85%。在基层残疾人的实名制满意度评估及其他评估环节中，相关省（区、市）和基层残联、专门协会给予了大力支持与积极配合。

（五）国家级试点成效显著

按照动态更新工作实施方案要求，江苏省扬州市残联等7个国家级试点单位认真履行"试指标、试方法、试手段、试队伍"职责，重点担负信息采集试点和成果转化试点的任务，创造出许多典型经验，摸索出一些工作规律，尤其在动态采集、实时更新、数据共享等方面做出示范。

2017年全国动态更新工作的顺利实施和圆满完成，充分体现了党中央、国务院对残疾人事业的格外关心与格外支持。实名制数据的获得，是国务院残工委有力领导、各部门协同推进的结果，是各级残联共同努力的结果，是广大基层残疾人工作者不辞辛苦、履职担当的结果。在组织实施年度动态更新工作的过程中，进一步落实了中央党的群团工作会议和中央群团改革工作座谈会精神，进一步密切了与基层残疾人的血肉联系，进一步加强和改进了残联工作作风，进一步提高了基层基础管理水平。

2018年，在开创新时代中国特色残疾人事业新局面的新征程中，要更加坚定地以习近平新时代中国特色社会主义思想为统领，深入贯彻党的十九大关于残疾人事业的新部署新要求，自觉落实国务院残工委关于推进全国动态更新工作的重要举措，把动态更新工作作为加快残疾人小康进程的重要着力点和撬动点，更加深入地组织开展覆盖全国所有持证残疾人的实名制调查。要通过不懈努力与长期坚持，一年接着一年干。巩固常态化工作基础，进一步加强组织领导、队伍建设、第三方力量建设和保障条件支撑。充分利用动态更新工作成果，继续坚持以实名制数据反映的问题为导向，聚焦"两不愁、三保障、两扩面"等残疾人基本民生保障，研究解决业务领域存在的问题。加快构建残疾人工作大数据平台，推进残工委成员单位共享相关数据资源，进一步做到系统整合、资源共享、联动真用、安全可靠。完善动态更新工作评价反馈机制和实时更新机制，更加重视残疾人的真实获得感和满意度。

# 四、全国残疾人事业发展统计公报

(2003—2017 年)

## 2003 年中国残疾人事业发展统计公报

残联发〔2004〕10 号

2003 年是中国经济社会经受严峻考验并取得重大成就的一年,在我国残疾人事业发展进程中也是具有重要意义的一年,是继往开来、开创新世纪残疾人事业新局面的一年。党中央、国务院对残疾人事业高度重视,全力支持,从贯彻"三个代表"重要思想的高度,进一步阐明了残疾人工作的重要意义,为新世纪新阶段残疾人事业的发展指明了方向。残疾人事业得到了国际社会的广泛关注和充分肯定。各级党委和政府更加重视解决残疾人的生产生活问题,给予残疾人事业以更多的支持与投入。各项业务工作紧紧围绕"发展残疾人事业,带领残疾人共同奔小康"这一中心任务,认真履行"代表、服务、管理"的职能,全面落实残疾人事业"十五"计划纲要规定的年度任务,在残疾人康复、教育、就业、宣传文体、维权、组织建设和残疾人综合服务设施建设等方面取得了新的进展。

### 一、残疾人康复工作

组织实施白内障复明手术,全年完成白内障复明手术 57.4 万例,人工晶体植入率达到 88%,脱盲率达到 98.1%;组派 62 批医疗队,赴 16 个省(自治区)286 个县(区)及黑龙江农垦总局的 7 个分局,为 4.1 万名贫困白内障患者施行复明手术。

开展低视力康复工作,为 3.1 万名低视力者配用助视器,培训低视力儿童家长 1.2 万名,有效开展家庭康复训练;采取多种培训方式,培训管理和技术人员4200余名；在大中城市设立定点眼镜店，为低视力患者提供验光、配镜和助视器使用训练服务。

加强省级聋儿康复机构建设，完善聋儿康复网络。全国共对1.8万名聋儿进行了听力语言康复训练，入普幼普小率达24.5%；规范聋儿家长学校，开展家庭训练，共培训聋儿家长2.1万名；联合办学培养各类专业人员2632人次；开展"听力助残"活动，实施救助贫困聋儿康复训练项目，资助贫困聋儿7413名，为贫困聋儿配戴助听器8912台。

大力推广"社会化、综合性、开放式"的精神病防治康复工作模式。2003年，在582个市县开展精神病防治康复工作，覆盖总人口数达到4.3亿；对243万重性精神病患者进行综合防治康复，监护率达到90.2%，显好率达到71.1%，社会参与率达到60.6%，肇事率降低至0.3%；解除关锁17427人；救济贫困精神病患者22万人。

明确工作思路，规范工作程序，确保"十五"期间麻风畸残者普遍得到康复服务。2003年对麻风畸残者实施矫治手术3852例，组派医疗队48批，发放辅助用具3.5万件，安装假肢1396具，对9170名麻风畸残者进行了康复训练。开展宣传普及教育，为麻风患者回归社会营造良好社会氛围。

深入开展用品用具供应服务，全面推进普及型假肢装配工作。2003年建立用品用具供应站63个（其中具备普及型假肢装配服务功能的供应站40个），为残疾人减免费用装配了普及型壳式和骨骼式小腿假肢11202例，供应用品用具350种111万件，装配矫形器3.2万件。

按照"分类指导、典型引路"的原则推动康复训练与服务工作。全国461个市辖区、712个县（市）形成了较完善的社会化康复训练服务体系。康复服务任务地区根据残疾人的康复需求，采取社会化工作方式，不同程度地提供了康复医疗、训练指导、心理疏导、知识普及、残疾人亲友培训、简易训练器具制作、用品用具服务、咨询服务和转介服务等多种康复服务。对4.4万肢体残疾人、1.1万脑瘫儿童和2.2万0—14岁的智力残疾儿童进行了康复训练，训练有效率分别达到91.3%、88.4%和87.9%。

开展特需人群补碘的知识普及和社会宣传，发放宣传材料832万份。

## 二、残疾人教育工作

2003年残疾人教育工作进一步发展，残疾人素质和平等参与社会的能力进一步得到提高，残疾人接受教育的权利得到了更好保障。截止到2003年年底，全国特殊教育学校已发展到1655所，普通学校附设特教班已发展到3154个，在校的视力、听力言语和智力三类残疾学生达到57.7万人。

已开办特殊教育普通高中31所，在校生1698人；其中聋高中21所，在校生1351人；盲高中10所，在校生347人。普通高校招收残疾考生工作取得突破，教育部、卫生部、中国残联共同制定了《普通高等学校招生体检工作指导意见》，调整了对残疾考生身体条件和报考专业的限制，全国有3072名残疾人被普通高等院校录取，有827名残疾人进入特殊教育学院学习。

全国省（自治区、直辖市）、地（市、州）、县（区）三级残疾人职业教育培训机构已发展到987个，接受残疾人职业培训的普通机构有3156个，49万残疾人接受了职业教育与培训；达到中等学历的职业教育机构有190个，在校生11311人。各地积极开展扶残助学工作，不断建立和完善残疾儿童少年助学制度。2003年"扶残助学"项目资助了6886名贫困残疾儿童少年就学，"中西部地区盲童入学"项目资助了3300名残疾儿童就学，除此之外，各地还采取多种形式资助了88645名贫困残疾儿童。截止到2003年年底，全国未入学适龄残疾儿童少年总数306474人，其中视力残疾43127人，听力言语残54226人，智力残疾87972人，肢体残疾66433人，精神残疾17178人，多重残疾37538人。

## 三、残疾人就业、保障工作

贯彻多渠道、多层次促进残疾人就业的方针，加强就业培训力度，强化就业服务与指导，积极开发就业岗位，残疾人就业领域不断扩大。2003年，残疾人就业工作成绩显著，新安排32.7万残疾人就业，其中，城镇集中就业的残疾人9.8万人，社会各单位按比例安排8.4万残疾人就业，个体就业和自愿组织起来就业的残疾人有14.5万人；农村残疾人累计就业达到1685.2万人。残疾人就业率达83.9%。

全国累计建立残疾人就业服务机构3004个，完成应建机构数的95.5%。残疾人就业服务机构工作人员总数已达27527人，其中5929人为聘用人员。

按比例安排残疾人就业工作在全国范围基本实施，实施的省已达31个，地55个，市640个，市辖区772个，县1519个。

盲人保健按摩事业发展迅速，2003年度培训盲人医疗按摩人员4821名，盲人保健按摩人员6874名，培训出的盲人保健按摩师就业率达到95%以上；盲人保健按摩机构达到了6835个，医疗按摩机构也达到了2154个；在职业技能鉴定和专业技术职务资格评审中，分别有1938人和3532人通过医疗按摩人员中级和初级职称评审，全国有18名盲人医疗按摩师通过高级职称评审。

残疾人社会保障工作逐步开展。全国城镇已参加社会保险的残疾人已达到103万人；在已经实行最低生活保障制度的城乡，共有259.4万残疾人享受到最低生活保障，44.2万残疾人在各类福利院、养老院享受集中供养、五保供养或通过院户挂钩方式在居民家中分散供养，246.3万残疾人得到临时救济、定期补助和专项补助。

## 四、残疾人扶贫开发工作

各省、自治区、直辖市将残疾人扶贫开发工作纳入政府工作计划，多种渠道积极争取筹措扶贫资金，并认真做好残疾人扶贫资金的管理和使用工作，广泛动员社会力量，对贫困残疾人开展"帮、包、带、扶"，残疾人扶贫开发工作得到了巩固和发展。2003年，扶持贫困残疾人187.7万人，其中123.3万人解决了温饱；当年接受实用技术培训的残疾人达73.3万人。2003年计划安排康复扶贫贷款8亿元，实际落实65228.6万元，到位率达81.5%。其中，扶持基地使用贷款54360.2万元，扶持基地832个；小额信贷扶持到户6519万元，使46172名贫困残疾人受益。当年使用康复扶贫贷款的县达457个，覆盖比例达21.3%。2003年，康复扶贫贷款到期返还率达74.5%。当年，全国各级残联共争取到8105万元的财政扶贫资金和2955万元的专项工作经费用于残疾人扶贫。

截止到2003年年底，全国已建立县级残疾人服务社2076个，占县（市、区）总数的72.6%，实有人员6046人；乡镇残疾人服务分社21531个，占乡镇总数的56.7%，实有人员25428人。

2003年，693.1万贫困残疾人享受到减免照顾等优惠政策，减免税费37871.6万元；对贫困残疾人开展结对帮扶的单位和个人分别达到14.4万个和94.8万人，帮扶物资折款及资金投入共计16916.2万元。

## 五、残疾人文化、体育生活

2003年残疾人文化生活更加丰富活跃，举办了多项残疾人文化活动，残疾人受到社会的广泛关注并更加全面地参与到社会生活之中。第十三次"全国助残日"系列活动成功举办，在社会中引起了广泛关注和积极反响；第七届"中国残疾人事业好新闻奖"评选活动结束，大批反映残疾人事业发展成就和社会扶残、助残良好社会风尚的优秀的新闻作品涌现；成功举办了第五届各地人民广播电台残疾人节目展播。残疾人事业的社会宣传力度进一步加强，社会舆论环境进一步改善。截止到2003年年底，全国各省、自治区、直辖市、兵团残联全年共开辟省级报刊专栏25个，广播专题32个，电视专栏32个；地市级开辟报刊专栏311个，广播专题264个，电视专栏259个。省级公共图书馆和残疾人综合服务设施开设盲人有声读物图书馆（室）23个；省级残疾人文化活动场所31个；举办省级各种残疾人事业展览46场次；已成立残疾人艺术团队131个。

2003年成功举办了第六届全国残运会，这是全国残运会历史上规模最大、参与面最广的一届残运会，共有79人超95项次世界纪录，260人破447项次全国纪录，一批年轻选手脱颖而出，为备战2004年雅典和2008年北京残奥会打下了良好的基础，成为新世纪残疾人体育和宣传残疾人事业的一次综合性盛会。

组织217名残疾人运动员参加了第十一届夏季世界特奥运动会、世界轮椅运动会等国际赛事，在各种国际赛事中共夺得124枚金牌、69枚银牌和52枚铜牌，破8项世界纪录，为祖国赢得了荣誉。

残疾人群众性的体育活动广泛开展。已开辟或设立的省级残疾人活动场所142处，市（地）级体育活动场所1455处；已挂牌的省、市（地）

残疾人体育训练基地分别达到 75 个和 273 个；省级相对稳定的教练员 356 人，市（地）级相对稳定的教练员 944 人。各省共开发适合各类残疾人体育健身项目 56 种；举办省级残疾人运动会及各类残疾人群众体育比赛活动 101 次，参与残疾人 9047 人；举办市（地）级残疾人群众性体育比赛活动 665 次，参与残疾人 25935 人。

## 六、社区残疾人工作

抓住与民政部共同召开全国社区残疾人工作现场会的机遇，积极推动全国社区残疾人组织建设。一大批社区残协残疾人专职委员走上社区残协工作岗位，积极协调有关部门，整合有效资源，为基层残疾人提供了实实在在的帮助。2003 年，各地以直选等方式组建社区残协 3.78 万个，将 85.1 万生活困难的残疾人纳入低保，安置了 69.6 万残疾人在社区就业，使 48.8 万残疾人在社区接受了康复服务，为 9 万残疾人及残疾人子女就学提供了帮助，为 7.1 万残疾人提供了法律服务，为残疾人开展文体活动 37.6 万余人次。

社区助残活动蓬勃开展，团中央、中国残联等部门共同发起开展的"百万青年志愿者助残活动"积极深入社区，共组织 178.8 万社区助残志愿者，为 62.9 万残疾人提供了帮扶服务。

## 七、残疾人事业法制建设

残疾人事业法律法规进一步完善，执法工作力度加大，法律服务、法律援助取得成效。协助残疾人人大代表、政协委员参政议政工作得到加强，残疾人维权工作全面开展。

截止到 2003 年，全国有 18 个省单独设立了维权机构，12 个省设立了组联维权部，近 50% 的地市级残联设立了维权机构；天津、吉林、安徽、贵州等 6 个省完成对残疾人保障法实施办法的修订任务，18 个省出台了在农村税费改革中对残疾人的减免政策；2651 个县和 18576 个乡镇（街道）制定了扶助残疾人的规定。

全国各级人大执法检查 1482 次，省级人大执法检查 9 次，市级人大执法检查 144 次，县级人大执法检查 1329 次；全国各级政协举行视察和专题调研1144次，其中全国政协社会和法制委员会与社会福利和社会保障界部分委员，对广东省、海南省和北京市的残疾人保障法执行情况进行了视察，省级政协视察20次，市级政协视察132次，县级政协视察992次；各省、自治区、直辖市政府，大多数市、县政府也对残疾人保障法执行情况进行了专项检查。

全国有3330家律师事务所接受各级残疾人联合会的指定或者委托，为残疾人提供"优先、优质、优惠"的法律服务；2273个各级残疾人法律援助机构为残疾人提供了及时有效的法律咨询等服务，其中省级残疾人法律援助中心24个，市级法律援助中心残疾人分部（站）246个，县级法律援助中心残疾人分部（站）2003个。

全国共命名了2457个维权示范岗，其中中国残联与司法部共同命名的全国残疾人维权示范岗961个，省级命名残疾人维权示范岗230个，有力地促进了法律援助和法律服务工作。

全国各级残联共协助残联系统人大代表和政协委员提出议案、提案1439个，参与办理建议、提案答复1047个，进一步增强残疾人在政治生活中的作用。

全国有147个省、市（地）出台了无障碍设施建设管理规定，133个省、市（地）建立了无障碍设施建设工作领导小组或联席会议制度，全国省、市（地）共进行无障碍设施建设检查235次。大多数城市无障碍设施建设得到进一步加强，既改善提升了城市形象，也大大方便了广大残疾人、老年人、妇女、儿童、伤病人和全体社会成员参与社会生活。

## 八、残疾人组织建设

残疾人组织是政府联系残疾人的纽带和桥梁，是做好残疾人工作的重要保障。2003年，省级残联领导班子普遍得到调整和充实，班子成员知识层次和综合素质提高；全国31个省（区、市）和新疆生产建设兵团全部配备了残疾人理事长或副理事长，部分市（地）残联配备了残疾人理事长或副理事长，县级残联有了一定数量的残疾人干部，乡镇残联干部队伍素质得到进一步增强；一半的省级残联配备了驻会的盲人、聋人理事，改善残疾人干部队伍的残疾类别结构，切实增强了残联组织的代表性。

全国省级残联圆满完成了机构改革，截止到 2003 年年底，全国残联系统共有编制 7 万个，工作人员已达 7.87 万人。

干部培训工作有了新进展。2003 年，全国残联系统共举办培训班 3 千余期，培训干部近 7 万人次，在编干部几乎人均接受过一次培训，对普遍提高残联系统干部队伍素质起到了重要作用。

专门协会进一步完善了组织架构和工作制度，截止到 2003 年年底，全国的市（不含县级市）和市辖区中，盲协已建数达 68.5%，聋协 68.5%，肢残人协会 73.6%，智力残疾人亲友会 58.3%，精神残疾人亲友会 57.4%；全国的县（含县级市）中，盲协已建数达 54.5%，聋协 54%，肢残人协会 60.4%，智力残疾人亲友会 43.7%，精神残疾人亲友会 43.1%。

## 九、残疾人综合服务设施建设

残疾人综合服务设施建设为广大残疾人提供了康复训练、聋儿语训、就业服务、职业培训、用品用具供应及文娱活动的场所，发挥了较好的经济效益和社会效益，为基层残疾人工作更好地开展提供了基础条件。

截止到 2003 年年底，全国已竣工并投入使用的各级残疾人综合服务设施共计 1616 个，比上年增加 29.4%；在建项目共计 303 个；筹建项目共计 403 个。

其中：省级行政单位已竣工并投入使用的残疾人综合服务设施数已达 53 个，比上年增加 3.9%，总占地面积 254829 平方米，总建设规模 308869 平方米，总投资 6.9034 亿元；地级行政单位已竣工并投入使用的残疾人综合服务设施数已达 215 个，比上年增加 14%，占地级行政单位总数的 35.2%，总占地面积 627417 平方米，总建设规模 717267 平方米，总投资 9.0349 亿元；县级行政单位已竣工并投入使用的残疾人综合服务设施数已达 1348 个，比上年增加 33.6%，占县级行政单位总数的 47%，总占地面积 1337558 平方米，总建设规模 1303789 平方米，总投资 13.9815 亿元。

## 十、国际交流与合作

积极参与并推动"国际残疾人权利公约"的制定进程。2003年11月初,在北京承办了21个亚太国家和地区的政府、非政府组织代表和联合国官员参加的联合国亚太经社会关于残疾人权利公约的政府间会议,会议取得了满意的成果。推出了中国案文,通过了《北京宣言》,一并提交联合国工作机构。国际合作继续扩大,2003年合作项目总金额达到3346万元人民币。

## 十一、信息技术与应用

广泛应用信息技术,积极推进全国残联系统的电子政务,重点落实省级残联"十五"信息化建设任务。

截止到2003年,中国残联网站页面浏览量537万次,日平均访问量1530人次;全国已有20个省级残联纳入全国政府系统"办公业务资源网";16个省级残联和中国残联建立了机关内部办公网;16个省级残联、26个省级以下残联、8个直属事业单位在互联网上开通了公众信息网网站;全国残联互联网邮件系统覆盖近千个用户,实现了网上电子政务信息的相互传送;三分之二的省级残联统计数据可以直接反映县级残联的任务完成情况,实现了数据到县;为全国69个定点城市的残疾人就业信息网搭建了系统平台;开发并建立了白内障复明手术数据库、"长江新里程计划"综合数据库、"救助贫困聋儿康复训练数据库"、"全国优秀残疾人人才库"、"扶残助学春雨行动"和"扶残助学项目管理数据库",累计数据200多万条;对省级残联和部分直属单位的近百名技术人员进行了为期70天的计算机高级技术培训;在33个省级残联中已有64名计算机专业技术人员、33名专兼职统计人员从事基层信息、统计工作。

# 2004 年中国残疾人事业发展统计公报

残联发〔2005〕16 号

2004 年是全面建设小康社会、加快推进社会主义现代化建设取得丰硕成果的一年。全国人民在以胡锦涛同志为总书记的党中央领导下，以邓小平理论和"三个代表"重要思想为指导，深入贯彻党的十六大和十六届三中、四中全会精神，树立和落实以人为本的科学发展观，改革开放和经济建设取得新的重大进展。

2004 年，也是中国残疾人事业全面发展并取得新的成就的一年。贫困残疾人生产生活问题得到关注和重视，扶助政策措施进一步加强；中国残疾人体育代表团在雅典残奥会上实现历史性突破；2008 年北京残奥会筹备工作取得实质性进展；关系残疾人事业长远发展的第二次全国残疾人抽样调查、《中华人民共和国残疾人保障法》修订等重大工作全面启动并取得阶段性成果；残疾人状况进一步改善，越来越多的残疾人自强不息、奉献社会；人道主义思想进一步弘扬，残疾人事业得到更加广泛的重视和支持；中国残疾人事业在国际残疾人事务人权领域发挥着越来越大的作用和影响，赢得了国际社会的普遍认同和赞誉；各级党委、政府更加重视对残疾人事业的投入和支持，形成了更加有利于残疾人事业发展的良好环境；各项业务工作全面落实残疾人事业"十五"计划纲要规定的年度任务，在残疾人康复、教育、就业、社会保障、宣传文体、维权、组织建设和残疾人综合服务设施建设等方面取得了新的进展。

## 一、残疾人康复工作

2004 年社会化康复服务体系继续完善，通过重点康复工程的实施，帮助更多的残疾人改善功能，提高生活自理和社会适应能力，特别是贫困残疾人康复问题得到进一步重视。积极参与精神卫生立法和新型农村合作医疗制度等公共卫生服务改革的调研，大力加强康复知识宣传与普及。

2004 年完成白内障复明手术 56.9 万例，人工晶体植入率达到

88.4%，脱盲率达到97.9%；组派30批医疗队，赴17个省（自治区）149个县（区）为近10万名贫困白内障患者免费施行复明手术。

全年为低视力患者配用助视器3.3万例，培训儿童家长1.4万名，有效开展家庭康复训练；采取逐级培训的方式，为各地培训管理和技术骨干4824名；加强市级（含县级市）医院眼科建设，在大中城市设立定点眼镜店，为低视力患者提供验光、配镜和助视器使用训练服务。

加强省级聋儿康复机构建设，完善聋儿康复网络。全国共对19620名聋儿进行了听力语言康复训练，入普幼普小率达26.8%；规范聋儿家长学校，开展家庭训练，共培训聋儿家长22276名；联合办学培养各类专业人员3358人次；开展"听力助残"活动，实施救助贫困聋儿康复训练项目，资助贫困聋儿15371名，为贫困聋儿配戴助听器9904台。

大力推广"社会化、综合性、开放式"的精神病防治康复工作模式，加强政府为主导、有关部门协作、社会各界广泛参与的组织管理体系。2004年，在582个市县开展精神病防治康复工作，覆盖总人口数达到4.4亿人；对256.8万重性精神病患者进行综合防治康复，监护率达到92.26%，显好率达到72.75%，社会参与率达到62%，肇事率降低至0.18%；解除关锁18385人；救济贫困精神病患者25.4万人。

明确工作思路，规范工作程序，确保"十五"期间麻风畸残者普遍得到康复服务。2004年对麻风畸残者实施矫治手术3714例，组派医疗队28批，发放辅助用具75025件，安装假肢1147具，对8797名麻风畸残者进行了康复训练。开展宣传普及教育，为麻风患者回归社会营造良好社会氛围。

深入开展用品用具供应服务，全面推进普及型假肢装配工作，截止到2004年年底，累计建立普及型假肢装配供应站160个，为15710名残疾人减免费用装配了普及型壳式和骨骼式小腿假肢，供应用品用具35175余种112.2万件，装配矫形器3.5万件。

采取先易后难、打好基础的方针，按照分类指导的原则，逐步推进康复训练与服务工作的开展。全国604个市辖区、1019个县（市）形成了较完善的社会化康复训练服务体系，按要求完成了康复服务任务，为各类残疾人提供了康复服务。对4.9万肢体残疾人、1.1万脑瘫儿童和2.3万

0—14岁的智力残疾儿童进行了康复训练,训练有效率分别达到92.1%、88.3%和88.4%。

开展特需人群补碘的知识普及和社会宣传,发放宣传材料707.3万份。

## 二、残疾人教育工作

2004年残疾人受教育权得到了更好保障,进一步提高了残疾人素质和平等参与社会的能力。全国为盲、聋、智残少年儿童兴办的特殊教育学校已发展到1679所,普通学校附设特教班已发展到2713个,在校的盲、聋、智残学生达到54.9万人。

已开办特殊教育普通高中53所,在校生2416人;其中聋高中41所,在校生2083人;盲高中12所,在校生333人。全国有4104名残疾人被普通高等院校录取,842名残疾人进入特殊教育学院学习。

全国省(自治区、直辖市)、地(市、州)、县(区)三级残疾人职业教育培训机构已发展到1078个,接受残疾人职业培训的普通机构有2257个,57万残疾人接受了职业教育与培训;达到中等学历的职业教育机构有145个,在校生11259人。

各地积极开展资助贫困残疾儿童少年入学工作,2004年资助了108161名贫困残疾儿童入学。中国残联"专项彩票公益金助学"项目资助了20069名残疾儿童就学。截止到2004年年底,全国未入学适龄残疾儿童少年总数275042人,其中视力残疾36798人,听力言语残疾48514人,智力残疾75299人,肢体残疾62662人,精神残疾16417人,多重残疾35352人。

## 三、残疾人就业、保障工作

2004年残疾人就业工作取得新的进展。城镇新安排37.8万残疾人就业,与去年相比增幅明显。其中,集中就业的残疾人已达到10.9万人,社会各单位按规定比例安排残疾人就业8.8万人,个体就业和自愿组织起来就业的残疾人18.1万人;农村残疾人累计就业达到1763.2万人。残疾人就业率达到84.1%。

全国累计建立残疾人就业服务机构3022个,完成应建机构数的96%。残疾人就业服务机构工作人员总数达到28988人,其中6558人为聘用人员。

按比例安排残疾人就业工作在全国范围基本实施。实施的省31个、地50个、市645个、市辖区825个、县1563个。

盲人保健按摩事业发展迅速,保健按摩机构迅速增长。2004年度培训盲人医疗按摩人员5864名,盲人保健按摩人员8008名,已培训的盲人保健按摩师就业率达到95%以上;保健按摩机构达到7284个,医疗按摩机构达到1917个;在职业技能鉴定和专业技术职务资格评审中,分别有1614人和3917人通过医疗按摩人员中级和初级职称评审,全国有42名盲人医疗按摩师通过高级职称评审。

残疾人社会保障工作进展顺利。全国城镇已参加社会保险的残疾人已达到113万人;在已经实行最低生活保障制度的城乡,共有340.8万残疾人享受到最低生活保障,50.8万残疾人在各类福利院、养老院享受集中供养、五保供养,284.5万残疾人得到临时救济、定期补助和专项补助。

## 四、残疾人扶贫开发工作

康复扶贫贷款稳步落实,许多省(自治区、直辖市)将残疾人扶贫开发工作纳入政府工作计划并广泛动员社会力量对贫困残疾人开展"帮包带扶"。

2004年,扶持贫困残疾人192.7万人,其中127.9万人解决了温饱;当年接受实用技术培训的残疾人达103.5万人。

2004年计划安排康复扶贫贷款8亿元,实际落实67748.6万元,到位率达85%。其中,扶持基地使用贷款56116.5万元,扶持基地546个;小额信贷扶持到户3475.6万元,使1.5万贫困残疾人受益。当年使用康复扶贫贷款的县达277个,覆盖比例达9.7%。

2004年,康复扶贫贷款到期返还率达71.5%。当年,全国各级残联共争取9379.9万元的财政扶贫资金和4149.8万元的专项工作经费用于残疾人扶贫。

截止到2004年年底,全国已建立县级残疾人服务社1941个,占县

（市、区）总数的68%，实有人员5636人；乡镇残疾人服务社19971个，占乡镇总数的45.3%，实有人员23805人。

2004年，915.6万贫困残疾人享受到减免照顾等优惠政策，减免税费39617万元；对贫困残疾人开展结对帮扶的单位和个人分别达到106.2万个和237.2万人，帮扶物资折款及资金投入共计20301万元。

### 五、残疾人文化、体育生活

2004年残疾人事业社会宣传力度进一步加强，社会舆论环境进一步改善。第十四次"全国助残日"系列活动成功开展，在社会中引起了广泛关注和积极反响；第六届各地人民广播电台残疾人专题节目展播成功举办，进一步鼓舞了广大新闻工作者宣传报道残疾人事业的工作热情。对第十二届残奥会的成功宣传，展示了广大残疾人自强不息的奋斗精神。截止到2004年年底，全国共开辟省级报刊专栏38个、广播专题29个、电视专栏28个；共开辟地市级报刊专栏278个，广播专栏287个，电视专栏241个。

残疾人文化生活更加丰富活跃，残疾人受到社会的广泛关注并更加全面地参与到社会生活之中。第四届全国盲、聋、培智学校学生艺术汇演的成功举行，活跃了特教学校学生的文化生活；中国残疾人作家联谊会的成立使广大残疾人作家从此有了自己的家。截至2004年年底，全国各省、自治区、直辖市及新疆生产建设兵团残联共开设省级盲文及盲人有声读物图书馆（室）27个，残疾人文化活动场所38个，举办省级残疾人事业展览51次；市（地）级盲文及盲人有声读物图书馆（室）156个，残疾人文化活动场所615个，举办残疾人事业展览498个；已成立残疾人艺术团队150个。

2004年圆满完成7项国际赛事，共组织275名残疾人运动员参加轮椅篮球、乒乓球、游泳、射击等比赛；第十二届夏季残疾人奥运会和冬季特奥运动会，中国残疾人运动员共夺得金牌98枚、银牌61枚、铜牌41枚，破34项世界纪录，为祖国赢得了荣誉。

残疾人群众性体育活动广泛开展。已开辟或设立的省级残疾人活动场所148处，市（地）级体育活动场所710处；已挂牌的省、市（地）残疾人体育训练基地分别达到95个、291个；省级相对稳定教练员403人，市（地）级相对稳定教练员1077人；各省共开发适合各类残疾人体育健身项目75种，举办省级残疾人运动会及各类残疾人群众体育比赛活动77次，参与残疾人8205人；举办市（地）级残疾人群众性体育比赛活动537次，参与残疾人27926人。

## 六、社区残疾人工作

各级残联全面贯彻和落实"全国社区残疾人工作现场会议"精神，社区残疾人工作在原有基础上大踏步前进，呈现出良好的发展局面。全国31个省份已整合的社区中77.7%成立了残协，61.7%配备了残疾人专职委员，79.6%依托"星光计划"或其他公共综合服务设施建立了残疾人活动室。社区残协的组织平台初步建成，一大批优秀残疾人通过专职委员这一岗位参与到残疾人事业中，运用社会化工作方式使最基层的残疾人得到了切实有效的服务。2004年，社区有107万名残疾人纳入低保、73万残疾人就业、103万残疾人得到康复服务、7.8万残疾人得到法律服务、12.5万名残疾人或残疾人子女得到就学服务、6.8万残疾人得到志愿者扶助、4.6万残疾人参加了文体活动，各级残联组织通过社区残协密切了和最基层广大残疾人的联系。

## 七、残疾人维权工作

各级残联维权组织建设加强，残疾人事业法律法规进一步完善，执法工作力度加大，法律服务、法律援助取得成效，协助残疾人人大代表、政协委员参政议政工作稳步推进，无障碍设施建设取得进展，信访工作得到加强，残疾人维权工作全面开展。

截止到2004年，全国省级残联有20个省单独设立了维权机构，11个省设立了残联合署维权机构，62%的地市级残联设立了维权机构；继天津、吉林、安徽、贵州等6个省（市）完成对残疾人保障法实施办法的修订任务后，又有内蒙古、江西、湖南3省（区）完成了对残疾人保障法实施办法的修改；2840个县和18982个乡镇（街道）制定了扶助残疾人的规定。

全国各级人大执法检查1600次。其中，省级人大执法检查8次、市级人大执法检查172次、县级人大执法检查1420次。全国各级政协举行视察和专题调研1177次。其中，省级政协视察11次、市级政协视察125次、县级政协视察1041次。各省、自治区、直辖市政府，大多数市、县政府也对残疾人保障法执行情况进行了专项检查。

2004年，全国有3291家律师事务所接受各级残疾人联合会的指定或者委托，为残疾人提供"优先、优质、优惠"的法律服务；2499个各级残疾人维权机构为残疾人提供了及时有效的法律咨询等服务，其中省级残疾人法律援助中心29个，市级法律援助中心残疾人分部（站）266个，县级法律援助中心残疾人分部（站）2204个。

地方共命名了2127个维权示范岗，其中省级命名残疾人维权示范岗428个，市（地）级命名残疾人维权示范岗293个，有力地促进了法律援助和法律服务工作。

2004年全国有137个市（地）出台了无障碍设施建设管理规定，124个市（地）建立了无障碍设施建设工作领导小组或联席会议制度，全国、省、市（地）三级共进行无障碍设施建设检查1040次。2004年，我国大多数城市无障碍设施建设得到进一步加强，既改善提升了城市形象，也大大方便了广大残疾人、老年人、妇女、儿童、伤病人和全体社会成员参与社会生活。

2004年，全国省、市（地）级残联配合有关部门查处侵害残疾人合法权益案件185件，维护了残疾人合法权益。全国各级残联共处理接待残疾群众来信来访503628件（人）次，其中处理来信78533件次，接待来访425095人次。全年共接待集体访35307人次，其中接待20人以上集体访429批，16706人次。

## 八、残疾人组织建设

残疾人组织是政府联系残疾人的纽带和桥梁，是做好残疾人工作的重要保障。2004年，省级残联领导班子部分得到调整和充实，班子成员知识层次和综合素质普遍提高；全国32个省级残联中，100%的领导班子配备了残疾人理事长或副理事长，41%配备了驻会盲人理事，44%配备了驻会聋人理事，16%完成了配备残疾人干部比例任务；15个副省级城市残联中，40%的领导班子配备了残疾人理事长或副理事长，25%的残联机关配备了驻会盲人理事和聋人理事；419个市（地）级残联中，49.6%的领导班子中配备了残疾人理事长或副理事长；2722个县级残联（不含西藏、新疆生产建设兵团和黑龙江农垦总局的县级残联）中，40%的县级残联机关配备了残疾人干部，残联组织的代表性得到较大加强，残联干部队伍结构得到明显改善，进一步密切了残联组织与残疾人的联系。

目前，全国残联系统共有编制70513个，工作人员已达80213人。干部培训工作取得新进展。2004年，全国残联系统共举办培训班4199期，培训干部87624人次，在编干部普遍接受过一次培训，对提高残联系统干部队伍素质起到了重要作用。

进一步完善专门协会组织架构和工作制度，全国共成立残疾人专门协会11001个，其中，盲人协会2326个、聋人协会2320个、肢残人协会2514个、智力残疾人及亲友协会1875个、精神残疾人及亲友协会1849个、智力残疾人及亲友和精神残疾人及亲友合一的协会117个。截止到2004年年底，全国的市（含地级市）和市辖区中，盲协已建数达80.5%、聋协80%、肢残人协会84%、智力残疾人及亲友协会69%、精神残疾人及亲友协会68.3%；全国的县（含县级市）中，盲协已建数达64.5%、聋协63.9%、肢残人协会71.6%、智力残疾人及亲友协会49.8%、精神残疾人及亲友协会48.9%。

## 九、残疾人综合服务设施建设

残疾人综合服务设施建设得到进一步发展，为基层残疾人工作更好地开展提供了基础条件。截止到2004年年底，全国已竣工并投入使用的各级残疾人综合服务设施共计1795个，比上年增加11.08%；在建项目共计273个；筹建项目共计360个。其中，省级行政单位已竣工并投入使用的残疾人综合服务设施数已达57个，比上年增加7.6%，总占地面积26.8万平方米，总建设规模44.6万平方米，总投资7.1亿元；地级行政单位已竣工并投入使用的残疾人综合服务设施数已达229个，比上年增加6.5%，占地级行政单位总数的37.5%，总占地面积76.8万平方米，总建设规模 74.9 万平方米，总投资 11.4 亿元；县级行政单位已竣工并投入使用的残疾人综合服务设施数已达 1509 个，比上年增加 12%，占县级行政单位总数的 52.8%，总占地面积 154.7 万平方米，总建设规模 144.8 万平方米，总投资 16.1 亿元。

## 十、国际交流与合作

2004 年，残疾人事业领域的对外工作层次高、领域宽，呈现出蓬勃发展的可喜局面，处于近年来最活跃的时期。胡锦涛主席会见国际特奥会代表团，温家宝总理会见国际狮子会代表团，重申了中国政府对残疾人事业的重视，对残疾人事业领域的国际交流与合作给予了充分肯定。中国残疾人联合会积极参加了三次联合国"国际残疾人权利公约"谈判，推动"公约"进程取得实质性进展。继续开展与联合国儿基会、国际劳工组织等国际组织及慈善组织的合作。

## 十一、信息技术与应用

全国残联系统信息化建设呈快速发展趋势，技术应用环境覆盖全国。截止到 2004 年，全国已有省级残联公众信息网 22 个，地市及其他形式的残疾人网站 200 余个；完成省级残联局域网建设的有 22 个；推广应用业务软件、数据库 31 个，累计数据达 300 多万例；全国三分之二的省级残联统计数据可以直接反映县级残联的任务完成情况，实现了数据到县。

# 2005年中国残疾人事业发展统计公报

残联发〔2006〕7号

2005年是实施中国残疾人事业"十五"计划纲要的最后一年。在党和政府的重视、领导下，在国务院残工委和地方政府残工委及各成员单位的共同努力下，中国残联坚持以邓小平理论和"三个代表"重要思想为指导，树立和落实以人为本的科学发展观，紧紧抓住全面建设小康社会和构建社会主义和谐社会的重要机遇，充分履行"代表、服务、管理"的职能，开拓进取，扎实工作，着力解决残疾人在康复、教育、就业、维权、宣传、文化、体育、基础设施和组织建设等方面最关心、最直接、最现实的问题，各项工作取得显著成效，为"十一五"残疾人事业各项工作的顺利开展奠定了良好的工作基础。

## 一、残疾人康复工作

2005年，继续围绕残疾人"人人享有康复服务"目标，完善社会化康复服务体系，通过实施一批重点工程，使352.3万残疾人得到不同程度康复；积极推进残疾人社区康复工作，充分发挥卫生资源在残疾人康复服务中的作用，并积极推动残疾人参加新型农村合作医疗；加大对康复服务机构指导力度和人才队伍建设；大力宣传和普及康复知识。

全年完成白内障复明手术57.2万例，人工晶体植入率达到90.1%，脱盲率达到98.1%；组派60批医疗队，赴31个省（自治区）309个县（区）为5.2万名贫困白内障患者免费施行复明手术。

全年为3.6万名低视力患者配用助视器，培训儿童家长1.3万名，有效开展家庭康复训练；采取逐级培训的方式，为各地培训管理和技术骨干5174名；加强市级（含县级市）医院眼科建设，在大中城市设立定点眼镜店，为低视力患者提供验光、配镜和助视器使用训练服务。

加强省级聋儿康复机构建设，完善聋儿康复网络。全国共对19765名聋儿进行了听力语言康复训练，入普幼普小率达27.1%；规范聋儿家长学校，开展家庭训练，共培训聋儿家长 23374 名；联合办学培养各类专业人员 3586 人次；开展"听力助残"、"听力重建启聪行动"等项目，实施救助贫困聋儿康复训练救助，资助贫困聋儿 17739 名，为贫困聋儿配戴助听器 7564 台。

大力推广"社会化、综合性、开放式"的精神病防治康复工作模式，加强政府为主导、有关部门协作、社会各界广泛参与的组织管理体系。2005 年，在 739 个市县开展精神病防治康复工作，覆盖总人口数达到 4.6 亿人；对 274.3 万重性精神病患者进行综合防治康复，监护率达到 92.4%，显好率达到 73.5%，社会参与率达到 62.3%，肇事率降低至 0.17%；解除关锁 23271 人；救济贫困精神病患者 30.1 万人。

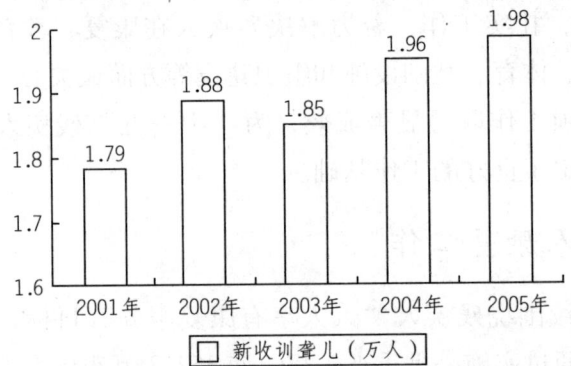

2001—2005 年度全国聋儿听力语言康复训练任务完成情况

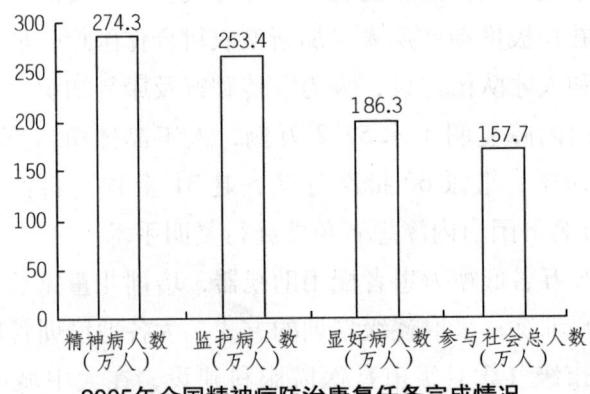

2005 年全国精神病防治康复任务完成情况

全年对麻风畸残者实施矫治手术 3903 例，组派医疗队 42 批，发放辅助用具 58224 件，安装假肢 957 具，对 8514 名麻风畸残者进行了康复训练;开展宣传普及教育,为麻风患者回归社会营造良好社会氛围。

深入开展用品用具供应服务,全面推进普及型假肢装配工作,截止到2005年年底,累计建立普及型假肢装配供应站521个,为残疾人减免费用装配普及型假肢1.7万例,供应用品用具800余种90多万件,装配矫形器3.5万件。

采取先易后难、打好基础的方针,按照分类指导的原则,逐步推进康复训练与服务工作的开展。全国49个市辖区、195个县(市)形成了较完善的社会化康复训练服务体系,按要求完成了康复服务任务,为各类残疾人提供了康复服务。2005年,对5.4万肢体残疾人、1.1万脑瘫儿童和2.4万0—14岁的智力残疾儿童进行了康复训练,训练有效率分别达到92%、91%和90%。

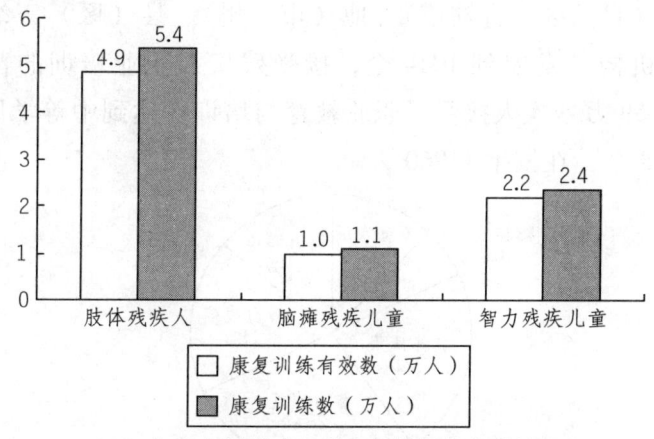

2005年度全国残疾人康复训练任务完成情况

开展特需人群补碘的知识普及和社会宣传,发放宣传材料932.9万份。

## 二、残疾人教育工作

2005年,残疾人受教育权得到更好保障,进一步提高了残疾人素质和平等参与社会的能力。截止到2005年年底,全国为盲、聋、智残少年儿童兴办的特殊教育学校已经发展到1662所,在校的盲、聋、智残学生达到56万人。

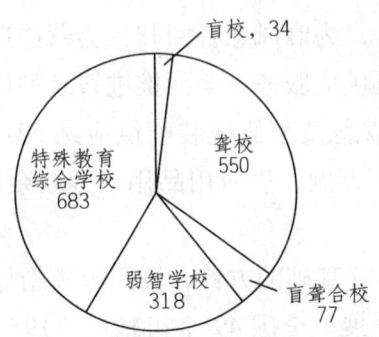

**2005年度全国特教学校建设情况**

已开办特殊教育普通高中66所，在校生3891人；其中聋高中49所，在校生3187人；盲高中17所，在校生704人。全国有4335名残疾人被普通高等院校录取，904名残疾人进入特殊教育学院学习。

全国省（自治区、直辖市）、地（市、州）、县（区）三级残疾人职业教育培训机构已发展到1044个，接受残疾人职业培训的普通机构有2206个，近59万残疾人接受了职业教育与培训；达到中等学历的职业教育机构有158个，在校生11960人。

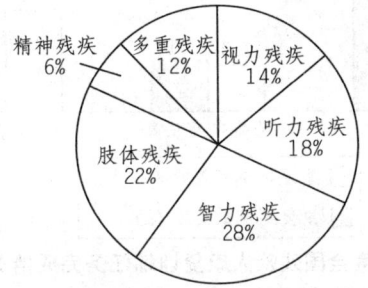

**2005年度全国未入学学龄残疾儿童少年情况**

各地积极开展扶残助学工作，2005年资助12.2万名贫困残疾儿童入学。中国残联"专项彩票公益金助学"项目资助贫困残疾儿童20069人接受义务教育，资助贫困残疾学生2200余人接受高中和大学阶段教育。截止到2005年年底，全国未入学适龄残疾儿童少年总数243490人。其中，视力残疾34560人、听力言语残疾43701人、智力残疾66737人、肢体残疾53127人、精神残疾15231人、多重残疾30134人。

## 三、残疾人就业、保障工作

2005年,残疾人就业工作取得新的进展。城镇新安排39万残疾人就业。其中,集中就业的残疾人11.3万人,社会各单位按比例安排残疾人就业11万人,个体就业和自愿组织起来就业的残疾人16.7万人;农村残疾人累计就业达到1803万人。

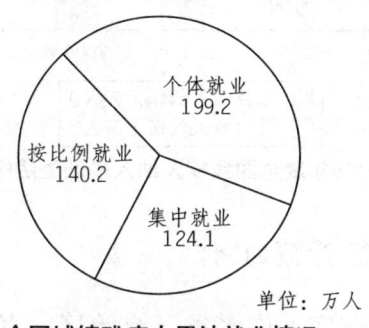

单位:万人

**全国城镇残疾人累计就业情况**
(截止到2005年年底)

截止到2005年年底,全国已建各级残疾人就业服务机构3048个,完成应建机构数的96.7%;残疾人就业服务机构工作人员总数达到30983人,其中7523人为聘用人员。

按比例安排残疾人就业工作在全国范围基本实施。实施的省31个、地51个、市(含县级市)656个、市辖区827个、县1601个。

盲人保健按摩事业发展迅速,保健按摩机构迅速增长。2005年,培训盲人医疗按摩人员5075名,盲人保健按摩人员7399名,已培训的盲人保健按摩师就业率达到95%以上;保健按摩机构达到6625个,医疗按摩机构达到1451个;在职业技能鉴定和专业技术职务资格评审中,分别有1235人和3670人通过医疗按摩人员中级和初级职称评审,全国有40名盲人医疗按摩师通过高级职称评审。

残疾人社会保障状况进一步改善。全国城镇已参加社会保险的残疾人达到125.2万人;在已经实行最低生活保障制度的城乡,共有390.9万残疾人享受到最低生活保障,58.3万残疾人在各类福利院、养老院享受集中供养、五保供养;487.1万残疾人得到临时救济、定期补助和专项补助。

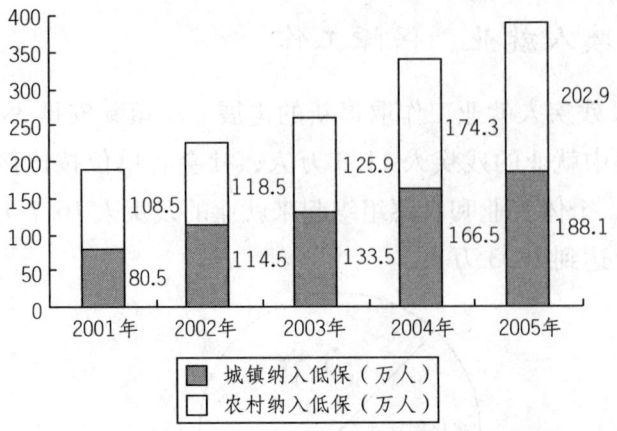

2001—2005年度全国残疾人纳入最低生活保障情况

## 四、残疾人扶贫开发工作

康复扶贫贷款稳步落实，许多省（自治区、直辖市）将残疾人扶贫开发工作纳入政府工作计划，并广泛动员社会力量对贫困残疾人开展"帮包带扶"。

2005年，扶持贫困残疾人194万人。其中，129.3万人解决了温饱；当年接受实用技术培训的残疾人达71.6万人。

2005年，计划安排康复扶贫贷款8亿元，实际落实68341.5万元，到位率达86%。其中，扶持基地使用贷款56257.7万元，扶持基地301个；小额信贷扶持到户贷款6012.8万元，使0.82万名贫困残疾人受益；当年使用康复扶贫贷款的县达201个，覆盖比例达7%。

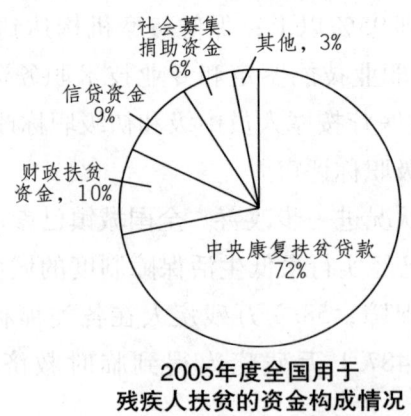

2005年度全国用于
残疾人扶贫的资金构成情况

2005年，康复扶贫贷款到期返还率达77%。当年，全国各级残联共争取9838.8万元的财政扶贫资金和5612万元的专项工作经费用于残疾人扶贫。

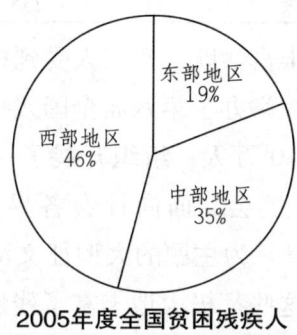

2005年度全国贫困残疾人
东、中、西部分布情况

截止到2005年年底，全国已建立县级残疾人服务社1865个，占县（市、区）总数的65%，实有人员5538人；乡镇残疾人服务社18724个，占乡镇总数的42.5%，实有人员22550人。

2005年，有643.8万贫困残疾人享受减免照顾等优惠政策，减免税费33277.2万元；对贫困残疾人开展结对帮扶的单位和个人分别达到30.6万个和178.5万人，帮扶物资折款及资金投入共计21345万元。

## 五、残疾人宣传文化、体育生活

2005年，残疾人事业社会宣传力度进一步加强，社会舆论环境进一步改善。第十五次"全国助残日"系列活动成功开展，在社会中引起广泛关注和积极反响；组织2005年度"中国残疾人事业好新闻评选"；召开中国残疾人事业新闻宣传促进会全国理事会第三届代表大会；配合主要业务领域，围绕残疾人事业的重大活动，给予集中宣传；展示残疾人事业的各项成就，密切与新闻媒体的联系，有效地扩大了残疾人事业的影响。截止到2005年年底，全国共开辟省级报刊专栏43个、广播专题36个、电视专栏39个；共开辟地市级报刊专栏272个，广播专题235个，电视专栏219个。

2005年度全国残联系统宣传工作开展情况（单位：个）

|  | 报刊专栏 | 广播专题 | 电视专栏 |
|---|---|---|---|
| 省　　级 | 43 | 36 | 39 |
| 市（地）级 | 272 | 235 | 219 |

残疾人文化生活更加丰富活跃，残疾人受到社会的广泛关注并更加全面地参与到社会生活之中。举办了第六届全国残疾人艺术汇演，直接参与到各级汇演的残疾人超过10万人；组织开展了一系列文化活动，举办了残疾人作家联谊会第一次笔会，面向社会各界和广大残疾人开展了以"爱与和平"和"放飞希望"为主题的大型征文活动，成立了中国残疾人美术家和书法家联谊会，这些都极大地丰富了残疾人的精神文化生活。截止到2005年年底，各省、自治区、直辖市及新疆生产建设兵团残联共开设省级盲文及盲人有声读物图书馆（室）25个，残疾人文化活动场所39个，举办省级残疾人事业展览56次；开设市（地）级盲文及盲人有声读物图书馆（室）219个，残疾人文化活动场所997个，举办残疾人事业展览566个；已成立残疾人艺术团队156个。

2005年，圆满完成23项次国际赛事。共组织378名残疾人运动员和49名特奥运动员代表我国参加了轮椅篮球、田径、自行车、击剑、举重、滑雪、射箭、乒乓球、游泳、射击等比赛；中国残疾人运动员共夺得金牌167枚、银牌100枚、铜牌78枚，破6项世界纪录，特奥运动员共夺得金牌37枚、银牌23枚、铜牌15枚，为祖国赢得了荣誉。

残疾人群众性体育活动广泛开展。已开辟或设立的省级残疾人活动场所169处，市（地）级体育活动场所857处；已挂牌的省、市（地）残疾人体育训练基地分别达到126个、338个；省级相对稳定教练员453人，市（地）级相对稳定教练员1148人；各省共开发适合各类残疾人体育健身项目80种，举办省级残疾人运动会及各类残疾人群众体育比赛活动171次，参与残疾人13110人；举办市（地）级残疾人群众性体育比赛活动828次，参与残疾人49507人。

## 六、社区残疾人工作

各级残联全面贯彻和落实"全国社区残疾人工作现场会议"精神，

社区残疾人工作在原有基础上大踏步前进，呈现出良好的发展局面。全国31个省份已整合的社区中87%成立了残协，选聘了49994名残疾人专职委员，依托"星光计划"或其他公共综合服务设施，建立了46041个残疾人活动室。

社区残协的组织平台初步建成，一大批优秀残疾人通过专职委员这一岗位参与到残疾人事业中，运用社会化工作方式使最基层的残疾人得到了切实有效的服务。2005年，社区有130.8万名残疾人纳入低保，86.6万残疾人就业，80.4万残疾人得到康复服务，9万残疾人得到法律服务，14万名残疾人或残疾人子女得到就学服务，87万残疾人得到志愿者扶助，2.6万残疾人参加了文体活动，各级残联组织通过社区残协密切了和最基层广大残疾人的联系。

### 七、残疾人维权工作

各级残联维权组织建设加强，残疾人事业法律法规体系进一步完善，执法检查和监督工作力度加大，法律服务和法律援助工作取得进展，协助残疾人人大代表、政协委员参政议政工作稳步推进，无障碍设施建设取得进展，信访工作得到加强，残疾人维权工作全面开展。

截止到2005年，全国省级残联中有18个省单独设立了维权机构，14个省设立了残联合署维权机构，36.3%的市（地）级残联设立了维权机构；6个省（市）完成对残疾人保障法实施办法的修订；2639个县和17777个乡镇（街道）制定了扶助残疾人的规定。

全国县级以上人大对残疾人保障法执法检查1248次。其中，省级人大执法检查20次、市级人大执法检查143次、县级人大执法检查1085次。全国各级政协进行视察和专题调研1157次。其中，省级政协视察19次、市级政协视察127次、县级政协视察1011次。全国县级以上人民政府及其组成部门开展专项检查1748次。其中，省级政府及其组成部门专项检查45次，市级政府及其组成部门专项检查181次，县级政府及其组成部门专项检查1522次。

2005年度全国残联系统执法检查情况（单位：次）

|  | 人大执法检查 | 政府视察或专题调研 | 政府及有关行政职能单位专项检查 |
|---|---|---|---|
| 省　　级 | 20 | 19 | 45 |
| 市（地）级 | 143 | 127 | 181 |
| 县　　级 | 1085 | 1011 | 1522 |

2005年，全国有3102家律师事务所接受各级残疾人联合会的指定或者委托，为残疾人提供"优先、优质、优惠"的无障碍法律服务；2574个各级残疾人维权机构为残疾人提供了及时有效的法律咨询等服务。其中，省级残疾人法律援助中心27个，市级法律援助中心残疾人分部（站）277个，县级法律援助中心残疾人分部（站）2270个。

全国共命名4370个维权示范岗。其中，省级命名残疾人维权示范岗671个，市（地）级命名残疾人维权示范岗415个，县级命名残疾人维权示范岗3284个，有力地促进了法律援助和法律服务工作。残疾人参政议政工作得到加强，2005年协助残联系统人大代表、政协委员提出议案、建议、提案936件，办理议案、建议、提案743件。

2005年，无障碍建设法规、标准进一步完善，全国有84个市（地）出台了无障碍设施建设管理规定，铁道部颁布实施了《铁道旅客车站无障碍设计规范》；建设部、中国残联等有关部门联合命名北京等12个城市为全国无障碍设施建设示范城市，探索形成了我国城市无障碍建设的模式和经验，为"十一五"无障碍建设的开展奠定了良好的基础。

2005年，全国省、市（地）级残联配合有关部门查处侵害残疾人合法权益案件110件，维护了残疾人的合法权益；全国各级残联共处理接待残疾人群众来信来访518364件次（人次）。其中，处理来信94825件次，接待来访423539人次。其中，集体访33581人次，1253批次，27329人次。

## 八、残疾人组织建设

残疾人组织是政府联系残疾人的纽带和桥梁，是做好残疾人工作的重要保障。2005年，全国32个省级残联中，领导班子全部配备了残疾人理事长或副理事长，40.6%配备了驻会盲人理事，43.8%配备了驻会聋人理事；18.8%的省级残联机关完成了配备15%以上的残疾人干部比例任务；359个市（地）级残联中，41%的领导班子配备了残疾人理事长或副理事长；2801个县级残联（未含西藏、新疆生产建设兵团和黑龙江农垦总局残联系统）中，59%的县级残联机关配备了残疾人干部；乡镇（街道）已配备残联理事长40647名，选聘残疾人专职委员22917名；村委会选聘残疾人专职委员290804名，社区选聘残疾人专职委员49994名。残联组织体系进一步完善，代表性得到较大加强，干部队伍结构有了明显改善，残疾人工作者综合素质普遍提高，与广大残疾人的联系更加紧密。

目前，全国残联系统共有编制76133个，工作人员已达80984人。干部培训工作取得新进展，2005年，全国残联系统共举办培训班4468期，培训干部107914人次，在编干部普遍接受过一次培训，对提高残联系统干部队伍素质起到了重要作用。

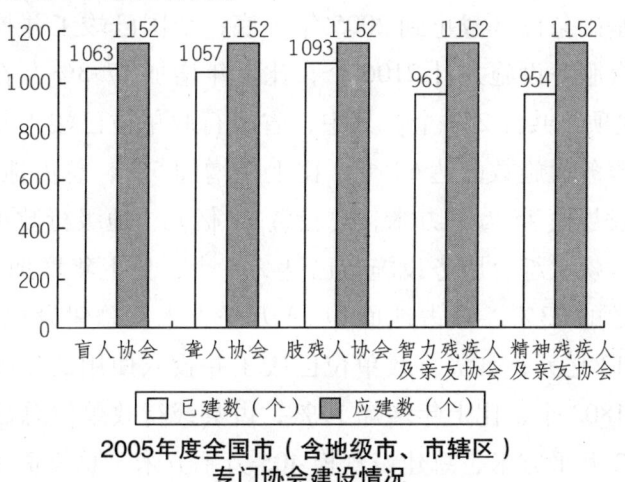

**2005年度全国市（含地级市、市辖区）专门协会建设情况**

专门协会组织架构和工作机制进一步完善。全国共建立各类残疾人专门协会13378个。其中，盲人协会2756个、聋人协会2730个、肢残人协会2886个、智力残疾人及亲友协会2464个、精神残疾人及亲友协会2437个、智力残疾人及亲友协会和精神残疾人及亲友协会二者合一的105个。全国的市和市辖区级专门协会已建比例为90%；县（含县级市）级专门协会已建比例为76%。

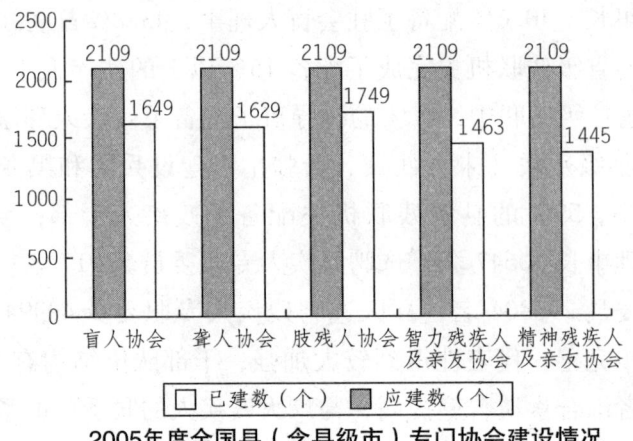

2005年度全国县（含县级市）专门协会建设情况

## 九、残疾人综合服务设施建设

残疾人综合服务设施建设得到进一步发展，为基层残疾人工作更好地开展提供了基础条件。截止到2005年年底，全国已竣工并投入使用的各级残疾人综合服务设施共计2106个，比上年增加17.3%，在建项目共计292个，筹建项目共计279个。其中，省级行政单位已竣工并投入使用的残疾人综合服务设施数已达60个，比上年增加5%，总占地面积26万平方米，总建设规模45万平方米，总投资11亿元；地级行政单位已竣工并投入使用的残疾人综合服务设施数已达244个，比上年增加7%，占地级行政单位总数的73%，总占地面积79万平方米，总建设规模79万平方米，总投资13亿元；县级行政单位已竣工并投入使用的残疾人综合服务设施数已达1802个，比上年增加19%，占县级行政单位总数的63%，总占地面积392万平方米，总建设规模405万平方米，总投资37亿元。

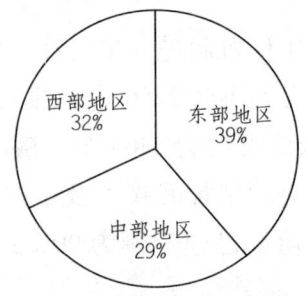

2005年度全国残疾人综合服务设施分地区建设情况

## 十、信息技术与应用

2005年,全国残联系统信息服务与应用协调发展。截止到2005年年底,全国已有25个省级残联、131个市(地)县残联建立了互联网网站;20多个省级残联纳入了全国政府系统"办公业务资源网";22个省级残联和中国残联建立了机关内部办公网;开发并升级改造数据库软件8个,整理发布数据约85万条;中国残联网站全年共收到地方残联稿件近7000件,发稿量达到9000多篇;网站的日平均浏览量达到3万页,日平均浏览人次达到6700人次,日平均访问人数达到3000人。

# 2006年中国残疾人事业发展统计公报

残联发〔2007〕21号

2006年,是实施国民经济和社会发展"十一五"规划的开局之年,残疾人事业加快发展、成果丰硕。2006年6月4日,国务院批转《中国残疾人事业"十一五"发展纲要(2006—2010年)》,纲要提出了2010年残疾人基本生活总体初步达到小康水平的目标,明确了今后五年残疾人事业的指导思想和任务目标,对残疾人康复、教育、就业和社会保障等工作进行了部署和规划,突出了政府责任、长效机制和分类指导的原则,具有更强的政策性和指导性。在中国残联党组、理事会的领导下,中国残联机关各部门与外交部、国家统计局、国务院法制办、北京奥组委等有关部门协调、配合,大力推进重点工作,第二次全国残疾人抽样调查、残疾人权利公约制定、残疾人保障法修改、残疾人就业条例制定、2007上海特奥会和2008北京残奥会筹备等关乎残疾人事业长远发展的重大工作取得突破性进展。2006年,各地按照《中国残疾人事业"十一五"发展纲要(2006—2010年)》的要求,加紧部署和落实年度工作,残疾人事业"十一五"规划年度任务基本完成,一些领域超额完成任务目标,为残疾人事业"十一五"发展纲要的实施开了一个好头。

## 一、残疾人康复工作

2006年,通过实施一批重点康复工程,使437.9万残疾人得到不同程度的康复;顺利完成中国残联专项彩票公益金残疾人康复项目任务,30多万贫困残疾人受益;开展全国残疾人社区康复示范区培育活动,积极推进残疾人社区康复工作;指导加强残疾人康复服务机构建设力度;实施《全国残联系统康复人才培养规划》,加强人才队伍建设;积极推动残疾人参加新型农村合作医疗;大力宣传和普及康复知识。

全年完成白内障复明手术70.6万例;为14.9万名贫困白内障患者免费施行复明手术,其中组派51批医疗队,赴19个省(自治区)214个县(区)为3.2万名贫困白内障患者免费施行复明手术。

全年为3.2万名低视力患者配用助视器,培训儿童家长1.4万名,有效开展家庭康复训练。

全年开展盲人定向行走训练6815人。

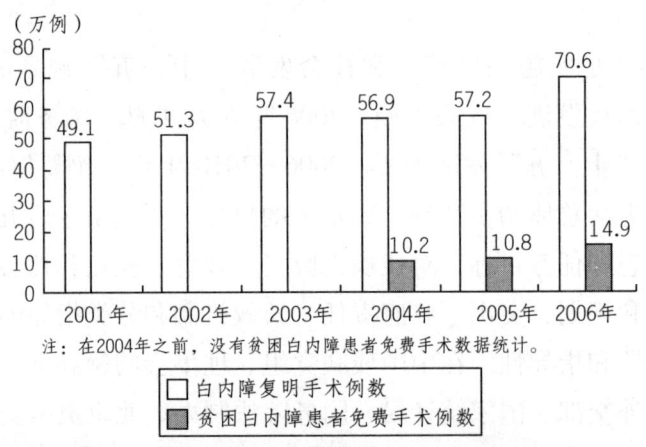

2001—2006年度全国白内障复明任务完成情况

加强省级聋儿康复机构建设,完善聋儿康复网络。全国共对19444名聋儿进行了听力语言康复训练,入普幼普小率达28.7%;规范聋儿家长学校,开展家庭训练,共培训聋儿家长22322名;培养各类专业人员4928人次;实施彩票公益金聋儿康复救助项目,资助贫困聋儿1875名,为贫困聋儿配戴助听器3750台。

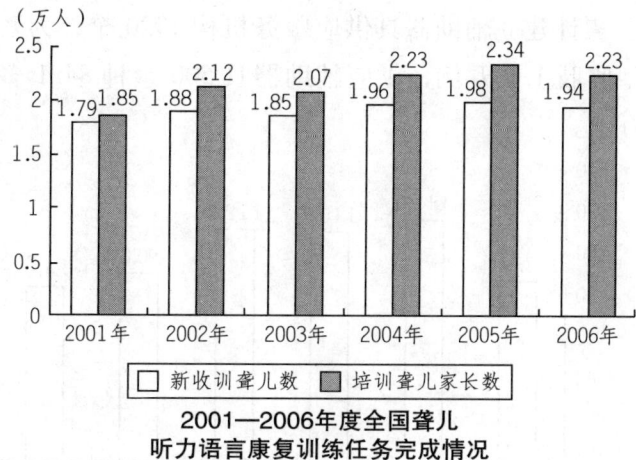

2001—2006年度全国聋儿
听力语言康复训练任务完成情况

大力推广"社会化、综合性、开放式"精神病防治康复工作。2006年，在1294个市县开展精神病防治康复工作，对348.8万重性精神病患者进行综合防治康复，监护率达到88.06%，显好率达到71.09%，社会参与率达到59.5%，肇事率降低至0.3%；解除关锁8017人；对30余万贫困精神病患者进行医疗救助。

成立了25个孤独症儿童康复训练机构，有750名孤独症儿童进行了康复训练。

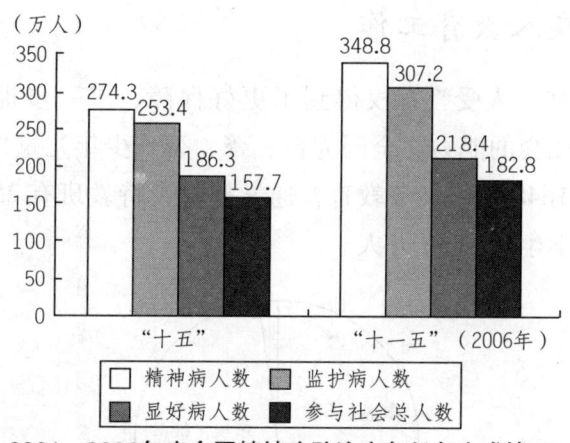

2001—2006年度全国精神病防治康复任务完成情况

全年对麻风畸残者实施矫治手术1692例，开展宣传普及教育，为麻风患者回归社会营造良好社会氛围。

深入开展辅助器具供应服务，全面推进普及型假肢装配，截止到

2006年年底，累计建立辅助器具供应服务机构1920个，为残疾人减免费用装配普及型假肢1.6万例，供应辅助器具500余种84.1多万件，装配矫形器1.5万例。

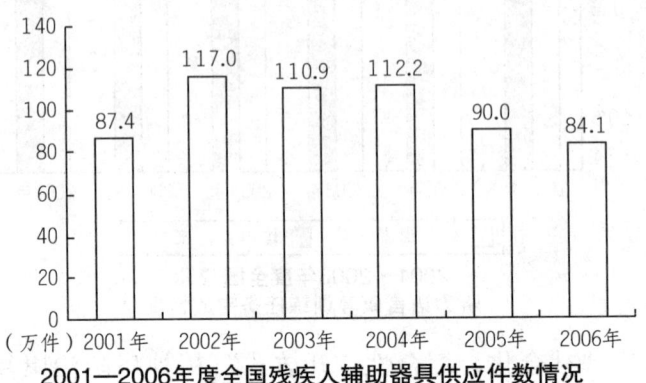

2001—2006年度全国残疾人辅助器具供应件数情况

全国累计成立肢体和智力残疾康复训练服务机构11961个对6.8万肢体残疾人、2.6万0—14岁的智力残疾儿童进行了康复训练。

在692个市辖区和1074个县（市）中开展了社区康复工作，累计建立社区康复站42020个，配备了6.8万名社区康复协调员，394.2万残疾人接受了社区康复服务。

## 二、残疾人教育工作

2006年，残疾人受教育权得到了更好保障，进一步提高了残疾人素质和平等参与社会的能力。全国为盲、聋、智残少年儿童兴办的特殊教育学校已发展到1648所，义务教育普通学校附设特教班有2547个，在校的盲、聋、智残学生达到56万人。

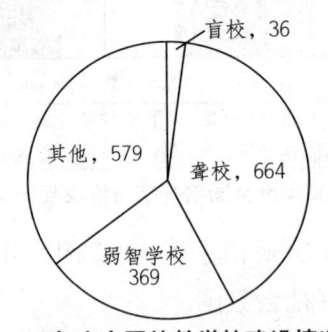

**2006年度全国特教学校建设情况**

已开办特殊教育普通高中69所，在校生4192人；其中聋高中54所，在校生3385人；盲高中15所，在校生807人。全国有4148名残疾人被普通高等院校录取，986名残疾人进入特殊教育学院学习。

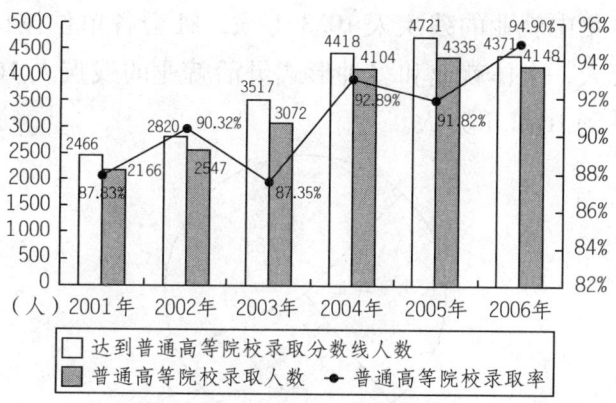

2001—2006年度全国普通高等院校录取残疾考生情况

全国省（自治区、直辖市）、市（地、州）、县（区、市）三级残疾人职业教育培训机构已发展到4457个，接受残疾人职业培训的普通机构有2044个，近64.7万人次的残疾人接受了职业教育与培训，并有7.4万人次获得了职业资格证书；达到中等学历的职业教育机构有116个，在校生8723人，毕业生4984人，其中获得职业资格证书4268人。

各地积极开展扶残助学工作，2006年中国残联"专项彩票公益金助学"项目资助贫困残疾儿童20069人接受义务教育。截止到2006年年底，全国未入学适龄残疾儿童少年总数22.3万人，其中视力残疾3.1万人，听力残疾3.3万人，言语残疾2.2万人，智力残疾4.8万人，肢体残疾4.7万人，精神残疾1.4万人，多重残疾2.7万人。

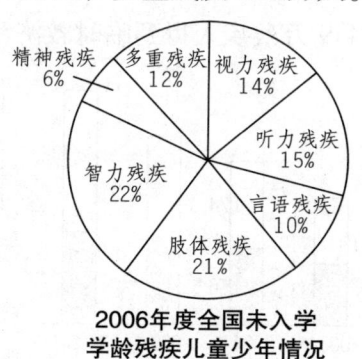

2006年度全国未入学学龄残疾儿童少年情况

## 三、残疾人就业、保障工作

2006年,残疾人就业工作取得新的进展。城镇新安排36.2万残疾人就业。其中,集中就业的残疾人10.3万人,社会各单位按比例安排残疾人就业9.9万人,个体就业和多种形式灵活就业的残疾人16万人;农村残疾人就业达到1672.1万人。

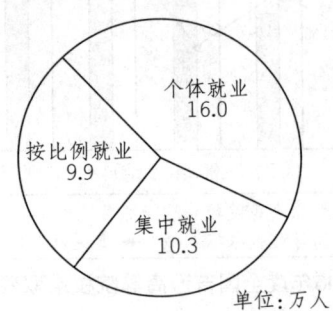

2006年度全国城镇残疾人新安排就业情况

盲人保健按摩事业发展迅速,保健按摩机构迅速增长。2006年度培训盲人医疗按摩人员3481名,盲人保健按摩人员9193名,已培训的盲人保健按摩师就业率达到95%以上;保健按摩机构达到8255个,医疗按摩机构达到1543个;在职业技能鉴定和专业技术职务资格评审中,分别有1589人和3817人通过医疗按摩人员中级和初级职称评审,全国有64名盲人医疗按摩师通过高级职称评审。

残疾人社会保障状况进一步改善。全国城镇已参加社会保险的残疾人达到240.1万人;在已经实行最低生活保障制度的城乡,共有487.9万残疾人享受到最低生活保障,62.3万残疾人在各类福利院、养老院享受集中供养、五保供养;324.9万残疾人得到临时救济和定期补助。

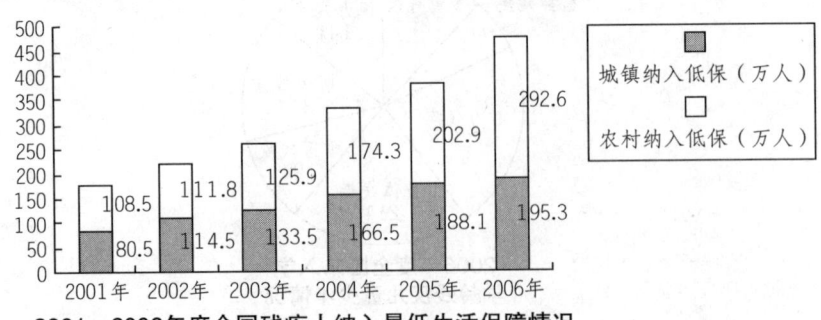

2001—2006年度全国残疾人纳入最低生活保障情况

## 四、残疾人扶贫开发工作

各省（自治区、直辖市）将残疾人扶贫开发工作纳入政府工作计划和政府目标责任制考核范围，并广泛动员社会力量对贫困残疾人开展"帮包带扶"，残疾人扶贫工作取得明显进展，贫困残疾人生活生产状况得到进一步改善。

2006年，扶持贫困残疾人176.7万人，其中126.8万人解决了温饱；当年接受实用技术培训的残疾人达80.8万人次，投入培训经费1.14亿元。

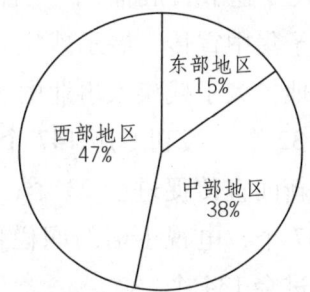

2006年度全国绝对贫困残疾人东、中、西部分布情况

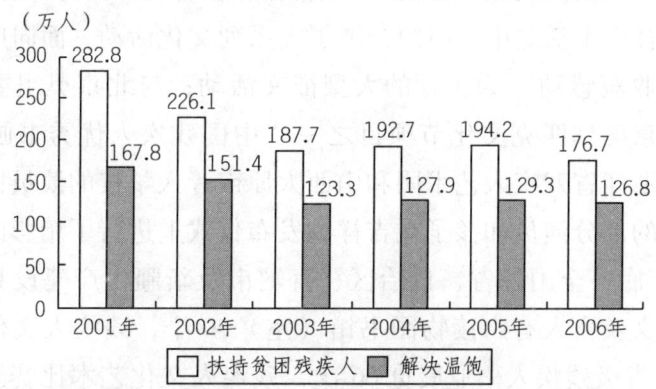

2001—2006年度扶持贫困残疾人和解决温饱情况

2006年，安排各类扶贫资金3.18亿元（不包括康复扶贫贴息贷款8亿元）。有541.9万贫困残疾人享受到多种优惠政策的扶持，对贫困残疾人开展结对帮扶的单位和个人分别达到14.2万个和111.8万人，帮扶物资折款及资金投入共计2.29亿元。建立残疾人扶持基地2693个，投入资金2.49亿元，安排和扶持贫困残疾人27.57万人。

截止到2006年年底，全国县级残疾人服务社1764个，实有人员5108人；残疾人服务分社14526个，实有人员17591人。

2006年，完成5.3万户农村贫困残疾人危房改造，受益残疾人8.9万人。

## 五、残疾人宣传文化

2006年，残疾人事业社会宣传力度进一步加强，社会舆论环境进一步改善。第十六次"全国助残日"系列活动成功开展，在社会中引起了广泛关注和积极反响。组织2006年度"中国残疾人事业好新闻评选"和"各地人民广播电台残疾人专题节目展播"，配合主要业务领域，围绕残疾人事业的重大活动，给予集中宣传，展示残疾人事业的各项成就，密切与新闻媒体的联系，有效地扩大了残疾人事业的影响。截至2006年年底，全国共开辟省级报刊专栏32个、报刊专版147个，电视手语新闻栏目24个，建立省级残疾人事业新闻宣传促进会23个；共开辟市（地）级报刊专栏317个、报刊专版937个，电视手语新闻栏目223个，建立市（地）级残疾人事业新闻宣传促进会134个。

残疾人文化生活更加丰富活跃，残疾人受到社会的广泛关注并更加全面地参与到社会生活之中。组织开展了一系列文化活动，面向广大残疾人开展了以"收获感动"为主题的大型征文活动；与北京奥组委联合主办了第四届北京奥林匹克文化节项目之一"中国残疾人优秀书画作品展"；推荐并组织浙江省残疾人艺术团和山西太原市聋人学校的演员以及北京残疾人艺术团的部分演员和孩子在吉祥物发布仪式上进行了精彩的演出。截至2006年年底，全国各省、自治区、直辖市及新疆生产建设兵团残联共开设省级盲文及盲人有声读物图书馆（室）30个，残疾人文化活动场所35个，举办省级残疾人事业展览66次，残疾人文化艺术比赛及展50个，已成立残疾人艺术团队17个；市（地）级盲文及盲人有声读物图书馆（室）208个，举办残疾人事业展览602次，残疾人文化艺术比赛及展览407个，已成立残疾人艺术团队112个。

## 六、残疾人体育生活

2006年组织547名运动员代表我国参加了23项国际赛事，涵盖田径、游泳、射击、轮椅篮球、轮椅网球、坐式排球、自行车、轮椅橄榄球等项目,共夺得325枚金牌、155枚银牌、118枚铜牌,打破46项世界纪录,向2008年北京残奥会又迈出了坚实的一步。特别是在第九届远南运动会上,派出190名运动员参赛,以199枚金牌、72枚银牌和36枚铜牌,位居金牌榜和奖牌榜首位,并打破17项世界纪录,实现了我国在远南运动会上连续六届保持金牌总数第一。

举办了第四届全国特奥运动会。各省(区、市)和港、澳、台及韩国共37个代表团、1418名运动员参赛、海内外嘉宾与会。为举办2007年上海世界特奥会积累了丰富经验,也极大地推动了特奥运动的发展。

进一步开展残疾人群众性体育活动,推行残疾人自强健身计划,举办残疾人群体项目的竞赛和培训。已开辟或设立的省级残疾人体育活动场所176处,市(地)级体育活动场所1148处;已挂牌的省、市(地)残疾人体育训练基地分别达到175个和405个。省级相对稳定教练员595人,市(地)级相对稳定教练员1269人。各省共开发适合各类残疾人体育健身的项目73种,举办省级残疾人运动会及各类残疾人群众体育比赛活动148次,参与的残疾人运动员达17585人次;举办市(地)级残疾人运动会和群众性体育比赛活动771次,参与的残疾人运动员达53588人次。

## 七、残疾人维权工作

各级残联贯彻落实中国残疾人事业"十一五"发展纲要及残疾人事业法制建设、无障碍建设、残疾人法律救助实施方案,维权组织建设加强,残疾人事业法律法规体系进一步完善,执法检查和监督工作力度加大,法律服务和法律援助工作取得进展,协助残疾人人大代表、政协委员参政议政工作稳步推进,无障碍设施建设取得进展,信访工作得到加强,残疾人维权工作全面开展。

截止到2006年,6个省、38个市(地)制定或修改了关于残疾人的专门法规、规章;17个省、43个市(地)制定或修改了直接涉及残疾人利益的法规、规章;25个省残联、58个市(地)残联参与制定或修改了法规、规章;26个省、160个市(地)、1095个县(市、区)制定或修改了扶助残疾人的规定;57个省、157个市(地)、830个县(市、区)制定了残疾人权益保障政策文件。

全国县级以上人大对残疾人保障法执法检 1301 次。其中,省级人大执法检查 10 次、市级人大执法检查 156 次、县级人大执法检查 1135 次。全国各级政协进行视察和专题调研 1192 次。其中,省级政协视察 21 次、市级政协视察 154 次、县级政协视察 1017 次。全国县级以上残工委组织专项检查 1979 次。其中,省级残工委专项检查 27 次,市级专项检查 278 次,县级专项检查 1674 次。

2006 年,全国开展普法宣传教育活动 5488 次。其中,省级 56 次,市级 523 次,县级 4909 次。全国开展普法宣传教育培训班 1753 个,28.5 万人参加。其中,省级 14 个,1676 人参加;市级 200 个,2 万多人参加;县级 1539 个,26 万多人参加。全国印制普法宣传材料 492.6 万份。其中,省级 6.9 万份,市级 89.7 万份,县级 396 万份。全国举办法律工作者培训班 950 个,2.3 万人参加。其中省级 20 个,634 人参加;市级 124 个,3237 人参加;县级 806 个,近 2 万人参加。

截止到 2006 年年底,全国建立残疾人法律援助(服务)中心 2279 个,办理案件近 2 万件。其中,省级建立残疾人法律援助(服务)中心 22 个,办理案件 516 件;市级建立残疾人法律援助(服务)中心 236 个,办理案件 3618 件;县级建立残疾人法律援助(服务)中心 2021 个,办理案件 1.5 万件。全国共命名了 4978 个维权示范岗,为残疾人提供法律服务的案件有 2.3 万件。其中省级命名残疾人维权示范岗 599 个,为残疾人提供法律服务的案件有 418 件;市(地)级命名残疾人维权示范岗 429 个,为残疾人提供法律服务的案件有 4112 件;县级命名残疾人维权示范岗 3950 个,为残疾人提供法律服务的案件有 1.9 万件,有力地促进了法律援助和法律服务工作。

残疾人参政议政工作得到加强,2006 年协助残联系统人大代表、政协委员提出议案、建议、提案 2369 件,办理议案、建议、提案 1781 件。

2006 年,无障碍建设法规、标准进一步完善,全国有 8 个省、103 个市(地)、406 个县(市、区)出台了无障碍建设与管理法规、政府令;全国有 11 个省、136 个市(地)、631 个县(市、区)成立了无障碍建设领导协调组织;全国有 4660 个市、县、区系统开展无障碍建设;全国开展无障碍建设检查 2119 次,无障碍培训 1.4 万人次,无障碍媒体宣传 3024 次,印发无障碍宣传材料 165.7 万份,为"十一五"无障碍建设的开展奠定了良好的基础。

2006 年,全国省、市(地)、县(区、市)级残联配合有关部门查处侵害残疾人合法权益案件 185 件,维护了残疾人合法权益。

全国各级残联共处理接待残疾人群众来信来访 58 万件(人次),其中处理来信 7.7 万件,接待来访 50.3 万人次,其中集体访 2080 批次,36732 人次。

## 八、残疾人组织建设

残疾人组织是党和政府联系残疾人的桥梁和纽带,是做好残疾人工作的重要保障。在各级党委、政府的高度重视和社会各界大大力支持下,经过各级残联的共同努力,全国残疾人组织体系进一步规范完善,代表性得到较大加强,干部队伍结构有了明显改善,残疾人工作者综合素质普遍提高,与广大残疾人的联系更加紧密,为残疾人服务的能力水平明显提高。

### (一)残疾人干部配备工作得到进一步加强

2006 年,全国 32 个省级残联中,领导班子全部配备了残疾人理事长或副理事长,40.6% 配备了驻会盲人理事,40.6% 配备了驻会聋人理事;40.8% 的省级残联机关配备了 15% 以上的残疾人干部。

16 个副省级城市及黑龙江农垦总局残联中,87.5% 配备了残疾人理事长或副理事长,25% 配备了驻会盲人理事,25% 配备了驻会聋人理事。

420 个市(地)级残联(含直辖市的县、区)中,46.2% 的领导班子配备了残疾人理事长或副理事长。

2988 个县级残联(未含西藏、新疆生产建设兵团和黑龙江农垦总局)中,36.2% 的县级残联机关配备了残疾人干部。

### (二)基层残疾人组织规范化建设得到整体推进

以县为单位,县(区、市)、乡(镇、街道)、村(社区)三级网络整体推进,808 个县级残联达到了基层残疾人组织规范化建设验收标准,占全国县级残联的 25.5%。

在残疾人专职委员选聘方面,40713 个乡镇(街道)中,选聘残疾人专职委员 21377 名;481010 个村委会中,选聘残疾人专职委员 206146 名;

57742个社区中，选聘残疾人专职委员44884名。

### （三）残联干部综合培训工作取得较好成绩

目前，全国省市县乡残联实有人员已达90708人，干部培训工作取得新进展。2006年，全国残联系统共举办培训班9318期，培训干部143120人次，对提高残联系统干部队伍素质起到了重要作用。

### （四）进一步完善专门协会组织架构和工作机制

全国共建立各类残疾人专门协会13682个，其中盲人协会已建2805个、聋人协会已建2775个、肢残人协会已建2928个、智力残疾人及亲友协会已建2528个、精神残疾人及亲友协会已建2512个、智力残疾人及亲友协会和精神残疾人及亲友协会二者合一的已建134个。全国的市和市辖区级专门协会已建比例为90.7%；县（含县级市）级专门协会已建比例为78.2%。

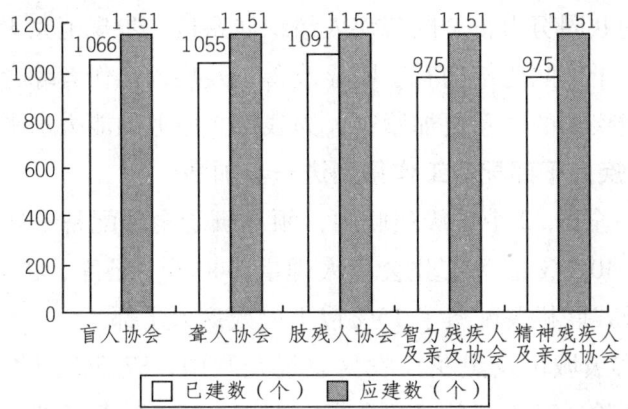

2006年度全国市（含地级市、市辖区）专门协会建设情况

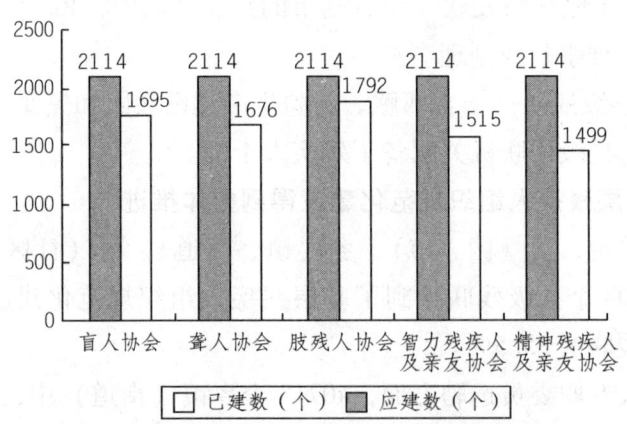

2006年度全国县（含县级市）专门协会建设情况

## 九、残疾人综合服务设施建设

残疾人综合服务设施建设得到进一步发展，为基层残疾人工作更好地开展提供了基础条件。截止到2006年年底，全国已竣工并投入使用的各级残疾人综合服务设施共计2022个，在建项目共计275个，筹建项目共计288个。其中，省级行政单位已竣工并投入使用的残疾人综合服务设施数已达58个，总占地面积38.6万平方米，总建设规模46.3万平方米，总投资7.6亿元；地级行政单位已竣工并投入使用的残疾人综合服务设施数已达232个，占地级行政单位总数的69.7%，总占地面积106.9万平方米，总建设规模85.7万平方米，总投资22.1亿元；县级行政单位已竣工并投入使用的残疾人综合服务设施数已达1732个，占县级行政单位总数的60.5%，总占地面积191.4万平方米，总建设规模184.6万平方米，总投资23.3亿元。

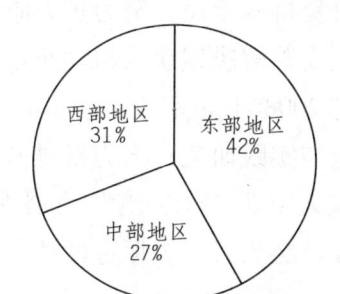

**2006年度全国残疾人综合服务设施
分地区建设完成情况**

## 十、信息技术与应用

2006年，全国残联系统信息服务与应用协调发展。截止到2006年底，全国已有27个省级残联、350个市（地）、县残联建立了互联网网站；中国残联网站全年共收到地方残联稿件近10000件；网站的日平均浏览量达到7万页，日平均浏览人次达到8000人次，日平均访问人数达到3200人。

# 2007年中国残疾人事业发展统计公报

残联发〔2008〕7号

2007年,是全国各族人民继续推动全面小康社会建设、综合国力进一步增强、人民生活进一步改善的一年,也是残疾人事业又好又快发展并取得新的重要成就的一年。贯彻落实党的十七大精神,研究制定残疾人事业发展的新政策、新举措;成功举办第十二届世界夏季特殊奥林匹克运动会,进一步增进了政府和社会对智力残疾人生存与发展状况的关注;圆满完成第二次全国残疾人抽样调查工作;推动残疾人保障法修改进程;中国政府签署《残疾人权利公约》;实施《残疾人就业条例》,举办全国残疾人职业技能大赛,残疾人就业工作取得新进展;深入开展残疾人社区康复示范区培育,加强专业康复机构建设,努力扩大康复服务能力和水平;建立残疾人法律救助机制,妥善解决残疾人机动车运营等突出问题,切实维护残疾人权益;大力推进2008年北京残奥会筹备工作;宣传人道主义思想,加强残疾人事业理论与实践研究;大力推进基层残疾人组织规范化建设;认真实施《中国残疾人事业"十一五"发展纲要》,切实改善残疾人状况,进一步提高政府和社会为残疾人服务的能力和水平。

## 一、残疾人康复工作

2007年,通过实施一批重点康复工程,使535.9万残疾人得到不同程度的康复;顺利完成中国残联专项彩票公益金残疾人康复项目任务,19万贫困残疾人受益;开展全国残疾人社区康复示范区培育活动,积极推进残疾人社区康复工作;指导加强残疾人康复服务机构建设力度;实施《全国残联系统康复人才培养规划》,加强人才队伍建设;积极推动残疾人参加新型农村合作医疗;大力宣传和普及康复知识。

全年完成白内障复明手术80万例;为23万名贫困白内障患者免费施行复明手术,全年为3.2万名低视力患者配用助视器,培训儿童家长1.3万名,有效开展家庭康复训练。

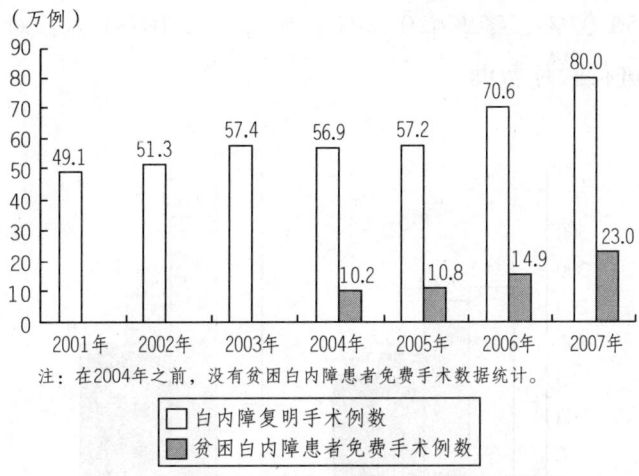

2001—2007年度全国白内障复明任务完成情况

全年开展盲人定向行走训练12224人。

加强省级聋儿康复机构建设，完善聋儿康复网络。全国共对19869名聋儿进行了听力语言康复训练，规范聋儿家长学校，开展家庭训练，共培训聋儿家长26737名；培养各类专业人员5568人次；实施彩票公益金聋儿康复救助项目，资助贫困聋儿6000名，为贫困聋儿配戴助听器12000台。

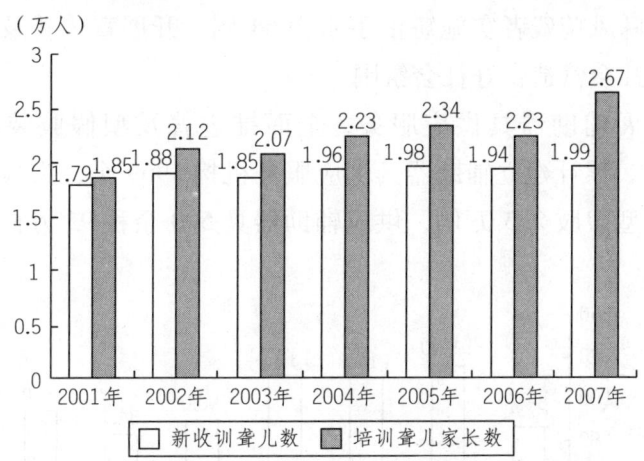

2001—2007年度全国聋儿听力语言康复训练任务完成情况

大力推广"社会化、综合性、开放式"精神病防治康复工作。2007年，在1555个市县开展精神病防治康复工作，对433.9万重性精神病患者进行综合防治康复，监护率达到83.76%，显好率达到69.26%，社会参与率达到56.07%,肇事率0.38%;解除关锁10781人;对33.7万贫困精神病患者进行医疗救助。

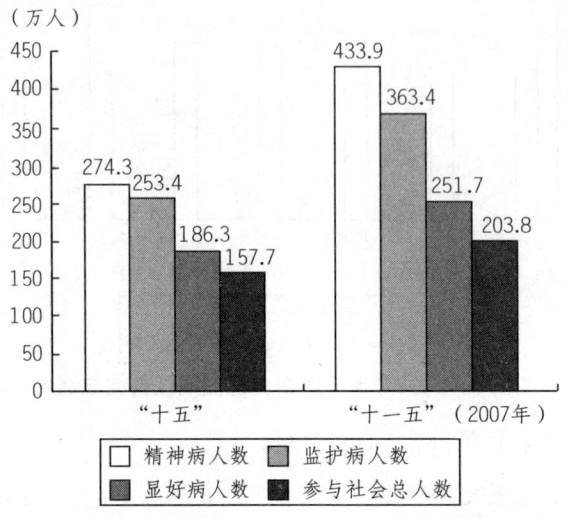

2007年度全国精神病防治康复任务完成情况

成立了27个省级孤独症儿童康复训练机构,有1056名孤独症儿童进行了康复训练。

全年为麻风畸残者实施矫治手术3964例,开展宣传普及教育,为麻风患者回归社会营造良好社会氛围。

深入开展辅助器具供应服务,全面推进普及型假肢装配,截止到2007年年底,累计建立辅助器具供应服务机构1969个,为残疾人减免费用装配普及型假肢2.3万例,供应辅助器具500余种95万件,装配矫形器1.3万例。

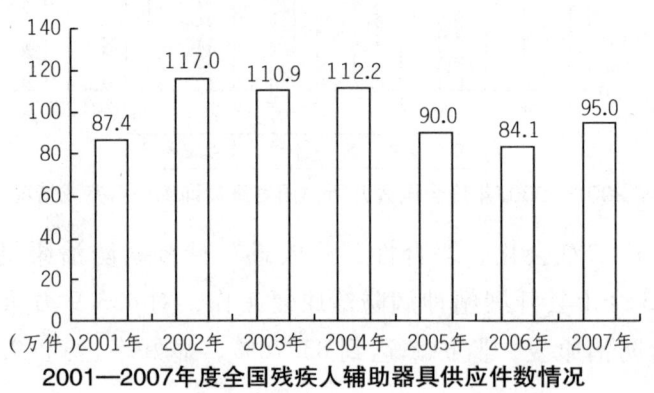

2001—2007年度全国残疾人辅助器具供应件数情况

全国累计成立肢体残疾康复训练服务机构5835个，对8.8万肢体残疾人进行了康复训练；智力残疾康复训练服务机构2229个，对2.6万0—14岁的智力残疾儿童进行了康复训练。

在750个市辖区和1298个县（市）开展了社区康复工作，累计建立社区康复站62026个，配备10.9万名社区康复协调员，560余万残疾人得到康复服务。

## 二、残疾人教育工作

2007年，残疾人受教育权得到了更好保障，进一步提高了残疾人素质和平等参与社会的能力。全国为盲、聋、智残少年儿童兴办的特殊教育学校已发展到1667所，义务教育普通学校附设特教班有2803个，在校的盲、聋、智残学生达到58万人。

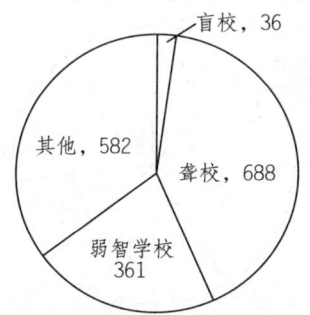

**2007年度全国特教学校建设情况**

已开办特殊教育普通高中83所，在校生4978人；其中聋高中68所，在校生4047人；盲高中15所，在校生931人。全国有5234名残疾人被普通高等院校录取，1086名残疾人进入特殊教育学院学习。

全国省（自治区、直辖市）、市（地、州）、县（区、市）三级残疾人职业教育培训机构已发展到4032个，接受残疾人职业培训的普通机构有2114个，近73万人次的残疾人接受了职业教育与培训，并有9万人次获得了职业资格证书；达到中等学历的职业教育机构有148个，在校生9028人，毕业生5647人，其中获得职业资格证书4345人。

各地积极开展扶残助学工作，2007年中国残联"专项彩票公益金助学"项目资助贫困残疾儿童32000人接受义务教育。截止到2007年年底，

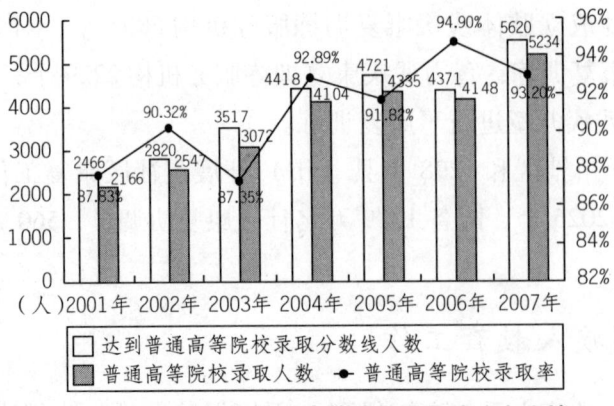

2001—2007年度全国普通高等院校录取残疾考生情况

全国未入学适龄残疾儿童少年总数22.7万人,其中视力残疾3万人,听力残疾3.2万人,言语残疾2.3万人,智力残疾5万人,肢体残疾5万人,精神残疾1.4万人,多重残疾2.8万人。

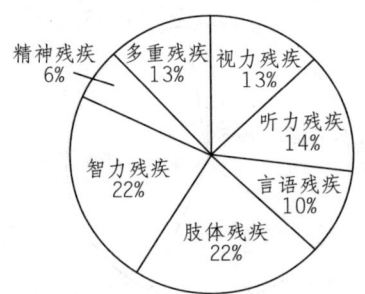

2007年度全国未入学学龄残疾儿童少年情况

## 三、残疾人就业、保障工作

2007年,残疾人就业工作取得新的进展。城镇新安排39.2万残疾人就业。其中,集中就业的残疾人11.9万人,社会各单位按比例安排残疾人就业11.5万人,个体就业和多种形式灵活就业的残疾人15.8万人;农村残疾人就业达到1696.5万人。

盲人保健按摩事业发展迅速,保健按摩机构迅速增长。2007年度培训盲人医疗按摩人员7143名,盲人保健按摩人员10052名,已培训的盲人保健按摩师就业率达到95%以上;保健按摩机构达到10188个,医疗按摩机构达到1500个;在职业技能鉴定和专业技术职务资格评审中,分别

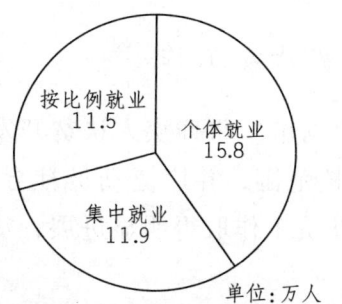

2007年度全国城镇残疾人新安排就业情况

有3257人和5383人通过医疗按摩人员中级和初级职称评审，全国有42名盲人医疗按摩师通过高级职称评审。

自2007年7月召开全国智力、精神残疾人托养服务工作会议以来，托养服务及机构建设取得阶段性成果，共已建、改建、新建托养服务机构1000余个，为1.8万智力残疾人和0.5万精神残疾人及0.47万其他类别中、重度残疾人提供了托养服务。

残疾人社会保障状况进一步改善。全国城镇已参加社会保险的残疾人达到260.7万人；在已经实行最低生活保障制度的城乡，共有635.9万残疾人享受到最低生活保障，60.8万残疾人在各类福利院、养老院享受集中供养、五保供养；370.5万残疾人得到临时救济和定期补助。

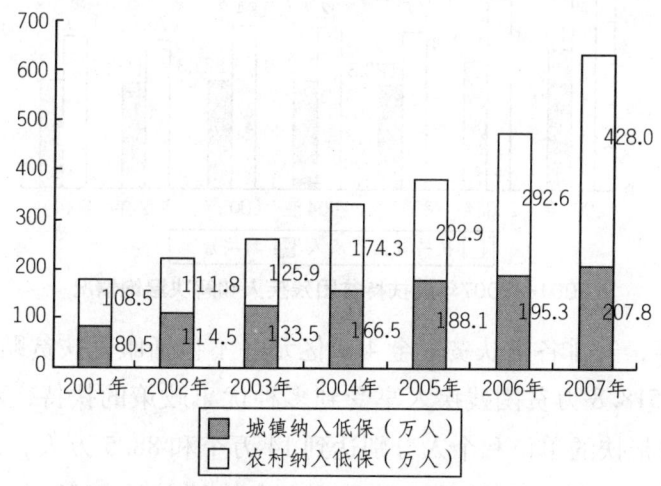

2001—2007年度全国残疾人纳入最低生活保障情况

## 四、残疾人扶贫开发工作

各省（自治区、直辖市）将残疾人扶贫开发工作纳入政府工作计划和政府目标责任制考核范围，并广泛动员社会力量对贫困残疾人开展"帮包带扶"，残疾人扶贫工作取得明显进展，贫困残疾人生产生活状况得到进一步改善。

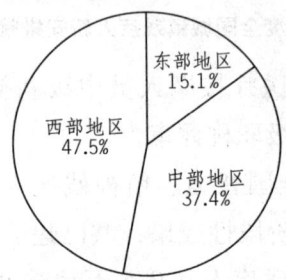

2007年度全国绝对贫困残疾人东、中、西部分布情况

2007年，扶持贫困残疾人179.4万人，其中127.3万人解决了温饱；当年接受实用技术培训的残疾人达77万人次，投入培训经费1.49亿元。

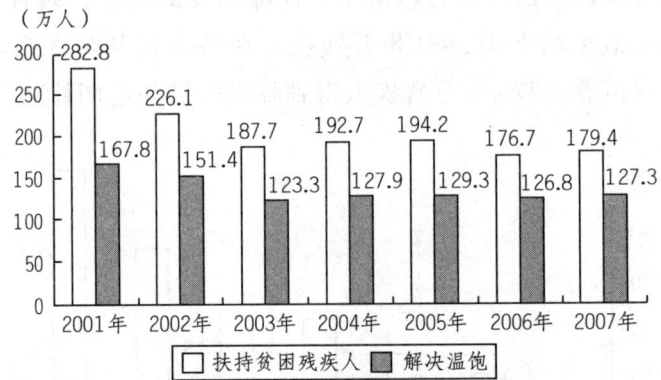

2001—2007年度扶持贫困残疾人和解决温饱情况

2007年，安排各类扶贫资金4.4亿元（不包括康复扶贫贴息贷款7.6亿元）。有518.8万贫困残疾人享受到多种优惠政策的扶持，对贫困残疾人开展结对帮扶的单位和个人分别达到14万个和88.5万人，帮扶物资折款及资金投入共计2.6亿元。建立残疾人扶持基地3123个，投入资金1.86亿元，安排和扶持贫困残疾人24万人。

截止到2007年年底，全国县级残疾人服务社1762个，实有人员5348

人；残疾人服务分社14720个，实有人员18404人。

2007年，完成12.18万户农村贫困残疾人危房改造，受益残疾人16.74万人。

## 五、残疾人宣传文化工作

2007年，残疾人事业社会宣传力度进一步加强，社会舆论环境进一步改善。第17次"全国助残日"系列活动成功开展，在社会中引起了广泛关注和积极反响。组织2006年度中国残疾人事业好新闻评选，并有多部作品获当年的"中国新闻奖"。配合主要业务领域，围绕残疾人事业的重大活动，给予集中宣传，展示残疾人事业的各项成就，密切与新闻媒体的联系，有效地扩大了残疾人事业的影响。截至2007年年底，全国共开辟省级报刊专栏37个、报刊专版161个，残疾人专题广播节目31个，电视手语新闻栏目22个，其他电视残疾人专题栏目11个；建立省级残疾人事业新闻宣传促进会28个；共开辟市（地）级报刊专栏513个、报刊专版867个，残疾人专题广播节目1160个，电视手语新闻栏目190个，其他电视残疾人专题栏目356个，建立市（地）级残疾人事业新闻宣传促进会187个。

残疾人文化生活更加丰富活跃，残疾人受到社会的广泛关注并更加全面地参与到社会生活之中。组织开展并参与了一系列文化活动，2007年中国残联系统报送的五件作品在第十届精神文明建设"五个一工程"评选中获奖，残疾人题材电影《隐形的翅膀》在第十二届"中国电影华表奖"评选中荣获优秀少儿童牛影片奖。2007年，中国残联和教育部、文化部、国家广电总局联合举办了第五届全国盲、聋、培智学校学生艺术汇演，直接参与到各级汇演的残疾人超过10万人。截至2007年年底，全国各省、自治区、直辖市及新疆生产建设兵团残联共开设省级盲文及盲人有声读物图书馆（室）35个，举办省级残疾人文化艺术比赛及展览58个，已成立残疾人艺术团队19个；市（地）级盲文及盲人有声读物图书馆（室）259个，残疾人文化艺术比赛及展览395个，已成立残疾人艺术团队131个。

## 六、残疾人体育生活

2007年，组织594名运动员代表我国参加了39项国际赛事，涵盖游泳、乒乓球、轮椅网球、轮椅击剑、盲人门球、轮椅篮球、坐式排球等项目，共夺得339枚金牌、172枚银牌、147枚铜牌，打破11项世界纪录，向2008年北京残奥会又迈出了坚实的一步。

进一步开展残疾人群众性体育活动，推行残疾人自强健身计划，举办残疾人群体项目的竞赛和培训。已开辟或设立的省级残疾人体育活动场所188处，市（地）级体育活动场所1264处；已挂牌的省、市（地）残疾人体育训练基地分别达到199个和476个。省级相对稳定教练员579人，市（地）级相对稳定教练员1409人，各省共开发适合各类残疾人体育健身的项目104种，举办省级残疾人运动会及各类残疾人群众体育比赛活动95次，参与的残疾人运动员达10157人次；举办市（地）级残疾人运动会和群众性体育比赛活动838次，参与的残疾人运动员达51975人次。

举办了第七届全国残运会，设田径、游泳、举重等20个大项、643个小项，来自31个省、自治区、直辖市和新疆生产建设兵团、香港特别行政区、澳门特别行政区等35个代表团（云南省2个代表团）的三千多名运动员参加了比赛，共产生815枚金牌，打破336项全国纪录，超91项世界纪录，平两项世界纪录，是历届全国残运会项目设置最多、规模最大、奖牌总数最多的一届。

成功举办了第十二届世界夏季特奥运动会，是世界夏季特奥运动会首次在发展中国家和亚洲地区举行，规模堪称历届之最。来自一百六十多个国家和地区的七千多名运动员，在21个比赛项目和4个表演项目中充分展示了自己的风采。上海特奥会总共为运动员颁发了奖牌13500枚，授予专门绶带8000多条，机能比赛的运动员还得到"机能挑战奖"，真正做到了"人人有奖"、"人人都是胜利者"。特奥会期间，举办了智障人士福利全球政策高峰论坛、全球家庭论坛、全球青少年峰会等系列活动，实施了特奥运动员健康计划、娱乐计划、社区接待计划、特奥会体验计划等，举行了各类融合交流活动。运动员在盛会中交流技艺，分享快乐，增进友谊，特奥会"平等、接受、包容"的精神得到完美体现。

## 七、残疾人维权工作

各级残联贯彻落实中国残疾人事业"十一五"发展纲要及残疾人事

业法制建设、无障碍建设、残疾人法律救助实施方案，维权组织建设加强，残疾人事业法律法规体系进一步完善，执法检查和监督工作力度加大，法律服务和法律援助工作取得进展，协助残疾人人大代表、政协委员参政议政工作稳步推进，无障碍设施建设取得进展，信访工作得到加强，残疾人维权工作全面开展。

截止到2007年，制定或修改了关于残疾人的专门法规、规章省级4件、市（地）级40件；制定或修改了直接涉及残疾人利益的法规、规章省级17件、市（地）级48件；残联参与制定或修改了27件省级和74件市（地）级法规、规章；制定或修改了9件省级、126件市（地）级、758件县、（市、区）级的扶助残疾人规定；制定了53件省级、112件市（地）级、687件县、（市、区）级残疾人权益保障政策文件。

全国县级以上人大对残疾人保障法执法检1317次。其中，省级人大执法检查8次、市级人大执法检查163次、县级人大执法检查1146次。全国各级政协进行视察和专题调研1173次。其中，省级政协视察14次、市级政协视察127次、县级政协视察1032次。全国县级以上残工委组织专项检查1885次。其中，省级残工委专项检查25次，市级专项检查204次，县级专项检查1656次。

2007年，全国开展普法宣传教育活动6608次。其中，省级39次，市级520次，县级6049次。全国开办了普法宣传教育培训班2004个，近31万人参加。其中，省级26个，1440人参加；市级200个，2.1万多人参加；县级1778个，28.5万多人参加。全国印制普法宣传材料694万份。其中，省级7.4万份，市级155.7万份，县级530.9万份。全国举办法律工作者培训班903个，2.6万多人参加。其中省级16个，3089人参加；市级131个，3152人参加；县级756个，2万多人参加。

截止到2007年年底，全国建立残疾人法律援助（服务）中心2677个，办理案件2万多件。其中，省级建立残疾人法律援助（服务）中心25个，办理案件451件；市级建立残疾人法律援助（服务）中心282个，办理案件4623件；县级建立残疾人法律援助（服务）中心2370个，办理案件1.5万多件。全国共命名了5998个维权示范岗，为残疾人提供法律服务的案件有2.3万多件。其中省级命名残疾人维权示范岗695个，为残疾人提供法律服务的案件有713件；市（地）级命名残疾人维权示范岗539个，为残疾人提供法律服务的案件有6345件；县级命名残疾人维权示范岗4764个，为残疾人提供法律服务的案件有1.67万件，有力地促进了法律援助和法律服务工作。

残疾人参政议政工作得到加强，2007年协助残联系统人大代表、政协委员提出议案、建议、提案2085件，办理议案、建议、提案1478件。

2007年，无障碍建设法规、标准进一步完善，全国有6个省、76个市（地）、350个县（市、区）出台了无障碍建设与管理法规、政府令；全国有11个省、130个市（地）、650个县（市、区）成立了无障碍建设领导协调组织；全国有827个市、县、区系统开展无障碍建设；全国开展无障碍建设检查2762次，无障碍培训1.75万人次，无障碍媒体宣传8602次，印发无障碍宣传材料194.3万份，为"十一五"无障碍建设的开展奠定了良好的基础。

2007年，全国省、市（地）、县（区、市）级残联配合有关部门查处侵害残疾人合法权益案件124件，维护了残疾人合法权益。

全国各级残联共处理接待残疾人群众来信来访46万多件（人次），其中处理来信7.6万多件，接待来访38万多人次；集体访1125批次，15683人次。

## 八、残疾人组织建设

残疾人组织是党和政府联系残疾人的桥梁和纽带，是做好残疾人工作的重要保障。在各级党委、政府的高度重视和社会各界大大力支持下，经过各级残联的共同努力，全国残疾人组织体系进一步规范完善，代表性得到较大加强，干部队伍结构有了明显改善，残疾人工作者综合素质普遍提高，与广大残疾人的联系更加紧密，为残疾人服务的能力水平明显提高。

### （一）残疾人干部配备工作得到进一步加强

2007年，全国32个省级残联中，领导班子全部配备了残疾人理事长或副理事长，37.5%的省份配备了驻会盲人理事，37.5%配备了驻会聋人理事；40.8%的省级残联机关配备了15%以上的残疾人干部。

15个副省级城市及黑龙江农垦总局残联中，87.5%配备了残疾人理事长或副理事长，25%配备了驻会盲人理事，25%配备了驻会聋人理事。

361个市（地）级残联（含直辖市的县、区）中，51.8%的领导班子配备了残疾人理事长或副理事长。

2917个县级残联（未含西藏、新疆生产建设兵团和黑龙江农垦总局）中，46.4%的县级残联机关配备了残疾人干部。

（二）基层残疾人组织规范化建设得到整体推进

以县为单位，县（区、市）、乡（镇、街道）、村（社区）三级网络整体推进，1513个县级残联达到了基层残疾人组织规范化建设验收标准，占全国县级残联的47.5%。

在残疾人专职委员选聘方面，3.9万个乡镇（街道）中，选聘残疾人专职委员3.3万名；56万个社区（村）中，选聘残疾人专职委员27万名。

（三）残联干部综合培训工作取得较好成绩

目前，全国省市县乡残联实有人员已达9.4万人，干部培训工作取得新进展。2007年，全国各级残联共举办培训班2.1万期，培训干部26.5万人次，对提高残联系统干部队伍素质起到了重要作用。

（四）进一步完善专门协会组织架构和工作机制

全国共建立各类残疾人专门协会14791个，其中盲人协会已建3021个、聋人协会已建2997个、肢残人协会已建3083个、智力残疾人及亲友协会已建2771个、精神残疾人及亲友协会已建2750个、智力残疾人及亲友协会和精神残疾人及亲友协会二者合一的已建169个。全国的市和市辖区级专门协会已建比例为92.8%；县（含县级市）级专门协会已建比例为85%。

## 九、残疾人综合服务设施建设

残疾人综合服务设施建设得到进一步发展，为基层残疾人工作更好地开展提供了基础条件。截止到2007年年底，全国已竣工并投入使用的各级残疾人综合服务设施共计2125个，在建项目共计285个，筹建项目共计318个。其中，省级行政单位已竣工并投入使用的残疾人综合服务设施数已达62个，总占地面积49.6万平方米，总建设规模52万平方米，总投资近10亿元；地级行政单位已竣工并投入使用的残疾人综合服务设施数已达237个，占地级行政单位总数的71%，总占地面积111万平方米，总建设规模 87 万平方米，总投资 22 亿元；县级行政单位已竣工并投入使用的残疾人综合服务设施数已达 1826 个，占县级行政单位总数的 64%，总占地面积 187 万平方米，总建设规模 203 万平方米，总投资 36 亿元。

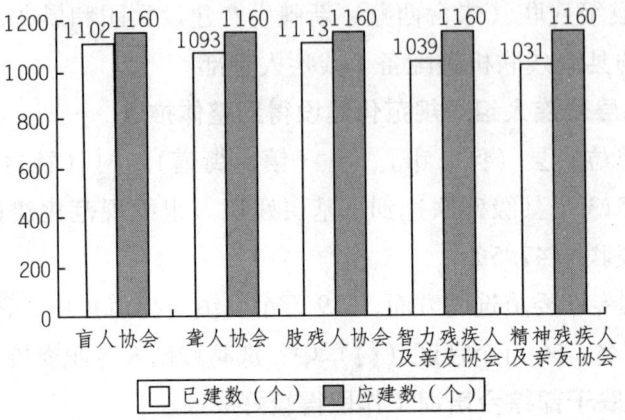

**2007年度全国市（含地级市、市辖区）专门协会建设情况**

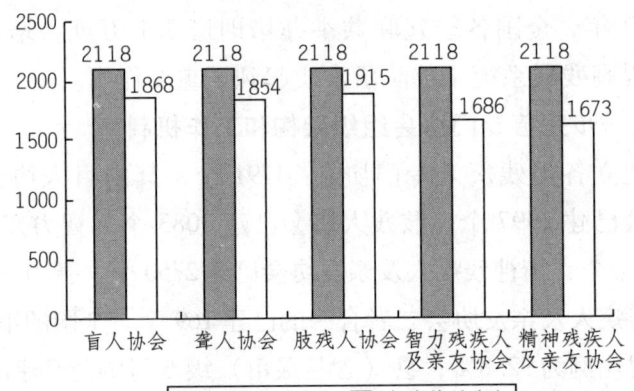

**2007年度全国县（含县级市）专门协会建设情况**

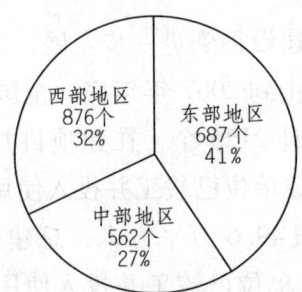

**2007年度全国残疾人综合服务设施分地区建设完成情况**

# 2008年中国残疾人事业发展统计公报

残联发〔2009〕7号

2008年是我们国家发展史上极不平凡的一年，也是残疾人事业极不寻常的一年，大事多、喜事多、实事多。

党中央、国务院高度重视残疾人事业、规划残疾人事业未来发展蓝图。中央政治局会议和常委会专题研究残疾人工作，对发展残疾人事业做出重大部署，下发了《中共中央国务院关于促进残疾人事业发展的意见》（中发〔2008〕7号），深刻阐述了残疾人事业的重大意义，提出了在新的起点上加快发展残疾人事业、帮助残疾人和全国人民一道向高水平小康社会迈进的宏伟目标。胡锦涛总书记视察残疾人体育、特殊教育、就业和社区服务工作，中央和国务院领导同志出席北京残奥会开闭幕式、观看残奥会比赛和残疾人艺术团演出，给广大残疾人和残疾人工作者带来巨大鼓舞。全国人大常委会通过了残疾人保障法修订案，批准我国加入残疾人权利公约。这些都为残疾人事业的发展提供了有力的政治保障、法制保障和理论支撑，为残疾人事业的发展打下了坚实的基础。

成功举办北京残奥会、全社会扶残助残氛围空前浓厚热烈。中国残疾人体育代表团在赛场上自强不息、奋勇争先，再次取得了金牌总数和奖牌总数双第一的优异成绩，为祖国和人民赢得了重大荣誉。北京残奥会极大地增进了全社会对残疾人的关注、了解和重视，关爱帮助残疾人的社会氛围空前浓厚。残奥效应必将长久发挥，为残疾人事业创造更加有利的社会环境。

残疾人组织建设进一步加强，为残疾人事业注入新活力。中国残联第五次全国代表大会成功召开，胡锦涛总书记等党和国家领导人出席大会开幕式，李克强同志向大会致祝词，邓朴方同志做了工作报告。大会全面总结了改革开放以来我国残疾人事业发展的实践与经验，对贯彻落实中央7号文件，加强残疾人社会保障体系和服务体系建设做出了全面的部署。大会选举产生了中国残联新一届领导班子，为残疾人事业发展提供了组织保障，注入了新的生机和活力。

残疾人工作开拓创新、广大残疾人得到更多实惠。各地区、各有关部门认真学习贯彻中央7号文件，结合实际出台了促进残疾人事业发展的意见，提出了很好的目标和切实可行的措施，各有关部门也出台了一系列加快残疾人事业发展的新政策、新举措，残疾人事业呈现出蓬勃发展的新局面。

## 一、残疾人康复工作

2008年，通过实施一批重点康复工程，使556.2万残疾人得到不同程度的康复；顺利完成中国残联专项彩票公益金残疾人康复项目任务，37万贫困残疾人受益；开展全国残疾人社区康复示范区培育活动，积极推进残疾人社区康复工作；指导加强残疾人康复服务机构建设力度；实施《全国残联系统康复人才培养规划》，加强人才队伍建设；积极推动残疾人参加新型农村合作医疗；大力宣传和普及康复知识。

全年完成白内障复明手术88.8万例，为25.1万名贫困白内障患者免费施行复明手术，全年为3.5万名低视力患者配用助视器，培训儿童家长1.1万名，有效开展家庭康复训练。

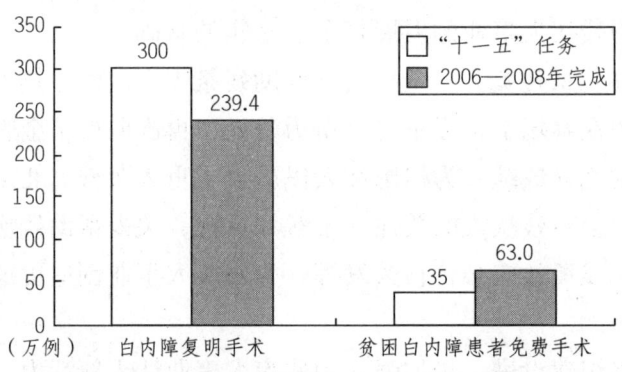

图1-1 全国白内障复明手术"十一五"任务完成情况

全年开展盲人定向行走训练12936人。

加强省级聋儿康复机构建设，完善聋儿康复网络。全国共对20122名聋儿进行了听力语言康复训练，规范聋儿家长学校，开展家庭训练，共培训聋儿家长24314名；培养各类专业人员5417人次；实施彩票公益金聋儿康复救助项目，资助贫困聋儿 6000 名，为贫困聋儿配戴助听器 12000 台。

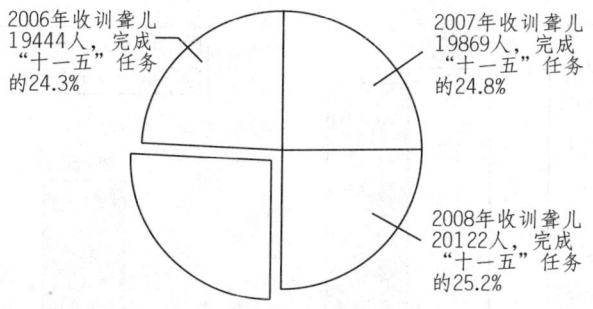

图1-2　全国听力语言残疾康复"十一五"任务完成情况

大力推广"社会化、综合性、开放式"精神病防治康复工作。2008年，在1644个市县开展精神病防治康复工作，对444.3万重性精神病患者进行综合防治康复，监护率达到86.38%，显好率达到70%，社会参与率达到56.88%，肇事率0.22%；解除关锁10033人；对30.6万贫困精神病患者进行医疗救助。

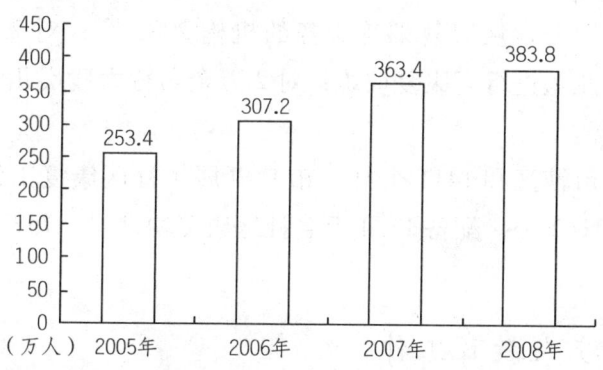

图1-3　2005—2008年度全国精神病人监护情况

成立了29个省级孤独症儿童康复训练机构，有1027名孤独症儿童进行了康复训练。

全年为麻风畸残者实施矫治手术1034例，开展宣传普及教育，为麻风患者回归社会营造良好社会氛围。

深入开展辅助器具供应服务，全面推进普及型假肢装配，截止到2008年年底，累计建立辅助器具供应服务机构2203个，为残疾人减免费用装配普及型假肢2.6万例，供应辅助器具109.5万件，装配矫形器1.2万例。

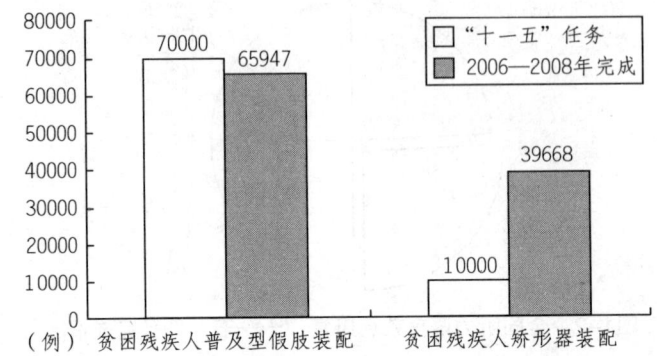

图1-4　全国普及型假肢、矫形器装配"十一五"任务完成情况

全年开展肢体残疾康复训练服务的机构6352个，对3014名贫困肢体残疾儿童实施矫治手术、装配了矫形器等辅助器具，进行了术后康复训练；对1.6万肢体残疾儿童进行了机构康复训练；对8万肢体残疾人进行了社区康复训练。

全年开展智力残疾康复训练服务的机构2083个；对2.7万名0—14岁的智力残疾儿童进行了康复训练；对2万余名智力残疾儿童家长进行了康复知识培训。

在780个市辖区和1411个县（市）开展了社区康复工作，累计建立社区康复站77142个，配备13.4万名社区康复协调员，757.4万残疾人得到康复服务。

## 二、残疾人教育工作

2008年，残疾人受教育权得到了更好保障，进一步提高了残疾人素质和平等参与社会的能力。

全国为盲、聋、智残少年儿童兴办的特殊教育学校已发展到1672所，义务教育普通学校附设特教班有2844个，在校的盲、聋、智残学生约58万人。

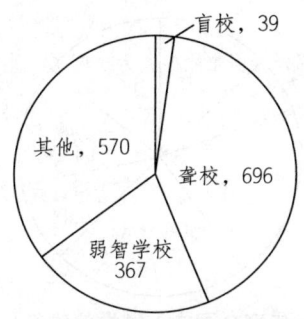

图2-1 2008年度全国特教学校建设情况

已开办特殊教育普通高中95所，在校生5464人；其中聋高中76所，在校生4458人；盲高中19所，在校生1006人。全国有6273名残疾人被普通高等院校录取，1032名残疾人进入特殊教育学院学习。

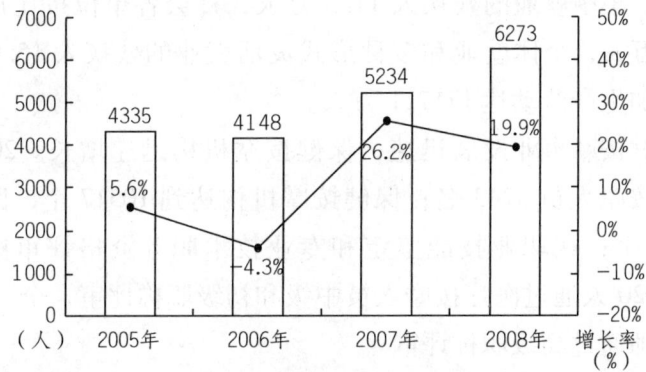

图2-2 2005—2008年全国普通高等院校录取残疾考生情况

全国省（自治区、直辖市）、市（地、州）、县（区、市）三级残疾人职业教育培训机构（系、专业）达1757个，接受残疾人职业培训的普通机构有1974个，77.4万人次残疾人接受了职业教育与培训，并有10.7万人次获得了职业资格证书；达到中等学历的职业教育机构有162个，在校生9932人，毕业生6033人，其中获得职业资格证书4460人。

各地积极开展扶残助学工作，2008年中国残联"专项彩票公益金助学"项目资助贫困残疾儿童35510人接受义务教育。

截止到2008年年底，全国未入学适龄残疾儿童少年总数22万余人，其中视力残疾3.1万人，听力残疾3.1万人，言语残疾2.1万人，智力残疾4.5万人，肢体残疾4.9万人，精神残疾1.4万人，多重残疾2.8万人。

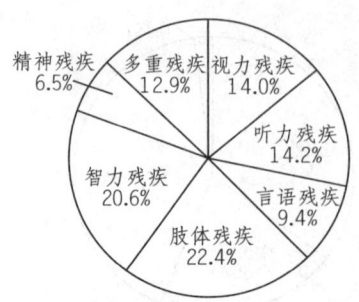

图2-3 2008年度全国未入学学龄残疾儿童少年情况

## 三、残疾人就业、保障工作

2008年，残疾人就业工作取得新的进展。城镇新安排36.8万残疾人就业。其中，集中就业的残疾人11.3万人，社会各单位按比例安排残疾人就业9.9万人，个体就业和多种形式灵活就业的残疾人15.6万人；农村残疾人参加生产劳动达1717.1万人。

盲人保健按摩事业发展迅速，保健按摩机构迅速增长。2008年度培训盲人医疗按摩人员5743名；保健按摩机构达到10517个，医疗按摩机构达到1306个；在职业技能鉴定和专业技术职务资格评审中，分别有1325人和2920人通过医疗按摩人员中级和初级职称评审，全国有45名盲人医疗按摩师通过高级职称评审。

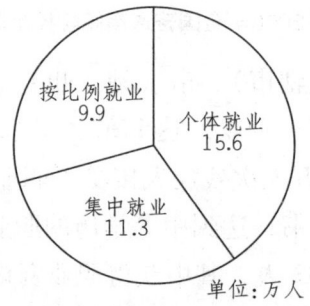

单位：万人

图3-1 2008年度全国城镇残疾人新安排就业情况

自2008年7月召开全国智力、精神残疾人托养服务工作会议以来，托养服务及机构建设取得阶段性成果，共已建、改建、新建托养服务机构1703个，为2.2万智力残疾人和0.8万精神残疾人及1.8万其他类别中、重度残疾人提供了托养服务。

残疾人社会保障状况进一步改善。全国城镇已参加社会保险的残疾人达到297.6万人；在已经实行最低生活保障制度的城乡，共有738.6万残疾人享受到最低生活保障，62.7万残疾人在各类福利院、养老院享受集中供养、五保供养；377.3万残疾人得到临时救济和定期补助。

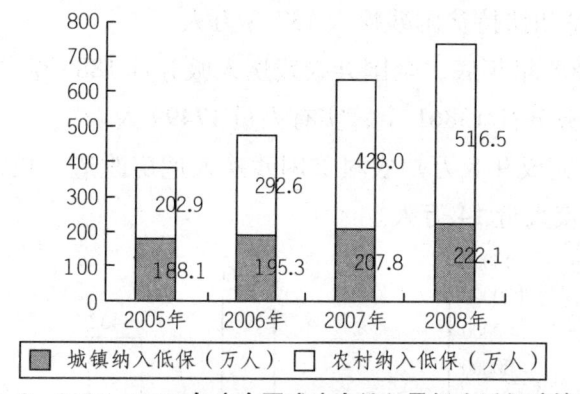

图3-2　2005—2008年度全国残疾人纳入最低生活保障情况

## 四、残疾人扶贫开发工作

各省（自治区、直辖市）将残疾人扶贫开发工作纳入政府工作计划和政府目标责任制考核范围，并广泛动员社会力量对贫困残疾人开展"帮包带扶"，残疾人扶贫工作取得明显进展，贫困残疾人生产生活状况得到进一步改善。

2008年，扶持贫困残疾人179.8万人，其中136.3万人通过扶贫开发解决温饱；当年接受实用技术培训的残疾人近87万人次，投入培训经费近2亿元。

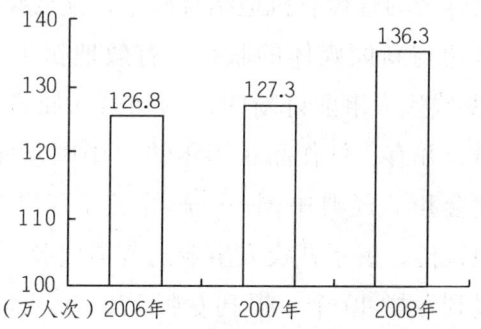

图4-1　2006—2008年度全国扶贫开发解决温饱情况

2008年，安排各类扶贫资金3亿余元（不包括康复扶贫贴息贷款8亿元）。有534.4万贫困残疾人享受到多种优惠政策的扶持，对贫困残疾人开展结对帮扶的单位和个人分别达到11.8万个和85.1万人，帮扶物资折款及资金投入共计3亿余元。建立残疾人扶持基地3157个，投入资金3.5亿元，安排和扶持贫困残疾人137.8万人。

截止到2008年年底，全国县级残疾人服务社1883个，实有人员5562人；残疾人服务分社13861个，实有人员17499人。

2008年，完成9.8万户农村贫困残疾人危房改造，投入危房资金8.2亿元，受益残疾人近14万人。

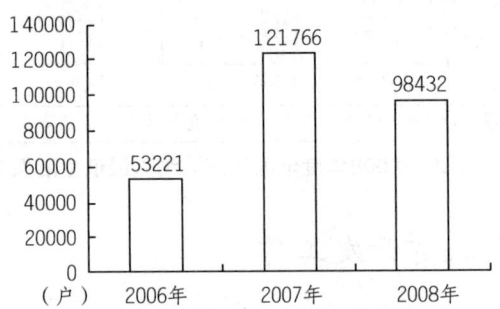

图4-2　2006—2008年度农村贫困残疾人危房改造情况

## 五、残疾人宣传文化工作

2008年，残疾人事业社会宣传力度进一步加强，社会舆论环境进一步改善。第18次全国助残日系列活动成功开展，在社会中引起了广泛关注和积极反响。紧紧抓住北京2008年残奥会在我国筹办的难得宣传契机，将残疾人事业与残奥会的宣传有机地结合起来，使残疾人事业和人道主义思想深入人心。密切与新闻媒体的联系，有效地扩大了残疾人事业的影响。组织2007年度残疾人事业好新闻评选和第八届各地人民广播电台残疾人专题节目展播，并有三件作品获当年的"中国新闻奖"。配合主要业务领域，围绕五代会和"经典中国——辉煌三十年"等残疾人事业的重大活动，给予集中宣传，展示残疾人事业的各项成就。截至2008年年底，全国共开辟省级报刊专栏40个、报刊专版296个，残疾人专题广播节目31个，电视手语新闻栏目22个，其他电视残疾人专题栏目17个；建立省级残疾人事业新闻宣传促进会28个；共开辟市（地）级报刊专栏495个，报刊专版938个，残疾人专题广播节目616个，电视手语新闻栏目143个，其他电视残疾人专题栏目455个，建立市（地）级残疾人事业新闻宣传促进会179个。

残疾人文化生活更加丰富活跃，残疾人受到社会的广泛关注并更加全面地参与到社会生活之中。积极配合北京奥组委做好残奥会开闭幕式文艺演出工作，残联系统近900名残疾人演员、运动员和工作人员直接参加了残奥会开闭幕式以及开幕式仪式前表演。残疾人演员在开闭幕式和开幕式仪式前的精彩表现，向世界展现了中国残疾人的风采，展现了中国社会的文明进步，赢得了社会各界广泛赞誉。截至2008年年底，全国各省、自治区、直辖市及新疆生产建设兵团残联共开设省级盲文及盲人有声读物图书馆（室）41个，各类文化活动场所56个；举办省级残疾人文化艺术比赛及展览75个，已成立残疾人艺术团队16个；市（地）级盲文及盲人有声读物图书馆（室）308个，各类文化活动场所3474个，残疾人文化艺术比赛及展览637个，已成立残疾人艺术团队153个。

## 六、残疾人体育生活

2008年，我国派团参加了44项国际赛事，包括残奥、特奥和聋人三类残疾人运动，涵盖游泳、田径、轮椅网球、轮椅击剑、盲人门球、轮椅篮球、坐式排球、射箭、帆船、射击、硬地滚球等项目，共夺得200枚金牌、138枚银牌、109枚铜牌。

同时，进一步推进残疾人群众性体育活动，增强残疾人体育工作的普惠性。已开辟或设立的省级残疾人体育活动场所139处，市（地）级体育活动场所1053处；已挂牌的省、市（地）残疾人体育训练基地分别达到174个和533个。省级相对稳定教练员645人，市（地）级相对稳定教练员1301人，各省共开发适合各类残疾人体育健身的项目96种，举办省级残疾人运动会及各类残疾人群众体育比赛活动57次，参与的残疾人运动员达11964人次；举办市（地）级残疾人运动会和群众性体育比赛活动784次，参与的残疾人运动员达62107人次。

参赛北京残奥会是2008年残疾人体育工作的重中之重。本届残奥会是迄今我国举办的规模最大、规格最高的综合性残疾人体育盛事。来自147个国家和地区的4032名运动员参加了比赛，在20个大项472个小项上展开了激烈角逐，运动员人数、参赛国家和地区数、比赛项目数都创残奥会历史新高。

中国残奥代表团在党中央、国务院的关心和重视下，在中国残联党组理事会的正确领导下，在各部门的积极配合和大力支持下，组团备赛工作进展顺利，扎实有序。2008年7月17日，中国残奥代表团在京宣告成立，成员由来自全国31个省、自治区、直辖市的547人组成，其中运动员332人，比上届增加132人。参加了北京残奥会全部20个大项的比赛，其中马术、轮椅橄榄球、轮椅篮球、赛艇、帆船、硬地滚球、盲人足球、脑瘫足球、盲人门球9个项目首次参加残奥会。我国选手不畏强手，顽强拼搏，以昂扬的斗志、饱满的精神状态出色完成了参赛任务，以金牌89枚、银牌70枚、铜牌52枚，奖牌总数211枚，56人次打破92项世界纪录的优异成绩再次位居金牌榜、奖牌榜首位。同时运动员在赛场上奋勇拼搏、斗志昂扬的出色表现，深刻揭示了残奥运动的真谛，充分展现了我国残疾人自强不息、积极乐观的精神风貌，赢得了各界的高度赞誉。中国残奥代表团圆满实现了运动成绩和精神文明双丰收的参赛目标，履行了威武之师、文明之师的庄严承诺。

## 七、残疾人维权工作

各级残联贯彻落实中国残疾人事业"十一五"发展纲要及残疾人事业法制建设、无障碍建设、残疾人法律救助实施方案，维权组织建设加强，残疾人事业法律法规体系进一步完善，执法检查和监督工作力度加大，法律服务和法律援助工作取得进展，协助残疾人人大代表、政协委员参政议政工作稳步推进，无障碍设施建设取得进展，信访工作得到加强，残疾人维权工作全面开展。

截止到2008年，制定或修改了关于残疾人的专门法规、规章省级4件、市（地）级23件；制定或修改了直接涉及残疾人利益的法规、规章省级14件、市（地）级36件；残联参与制定或修改了29件省级和42件市（地）级法规、规章；制定或修改了8件省级、114件市（地）级、

621件县（市、区）级的扶助残疾人规定；制定了63件省级、171件市（地）级、559件县（市、区）级残疾人权益保障政策文件。

全国县级以上人大进行残疾人保障法执法检查1201次，其中，省级人大执法检查11次、市（地）级人大执法检查141次、县级人大执法检查1049次。全国各级政协进行视察和专题调研1085次，其中，省级政协视察24次、市（地）级政协视察146次、县级政协视察915次。全国县级以上政府残工委组织专项检查1709次，其中，省级残工委专项检查21次，市（地）级专项检查231次，县级专项检查1457次。

2008年，全国开展普法宣传教育活动6572次，其中，省级69次，市（地）级800次，县级5703次。全国开办了普法宣传教育培训班1966个，近29万人参加，其中，省级28个，2642人参加；市（地）级230个，1.9万人参加；县级1708个，26.7万多人参加。全国印制普法宣传材料952.6万份，其中，省级26.7万份，市（地）级290.2万份，县级635.7万份。全国举办法律工作者培训班813个，2.2万人参加，其中，省级19个，1007人参加；市（地）级116个，4502人参加；县级678个，1.6万人参加。

截止到2008年年底，全国建立残疾人法律援助（服务）中心2711个，办理案件2.1万件，其中，省级建立残疾人法律援助（服务）中心24个，办理案件678件；市（地）级建立残疾人法律援助（服务）中心293个，办理案件4793件；县级建立残疾人法律援助（服务）中心2394个，办理案件1.5万件。全国共命名了6717个维权示范岗，为残疾人提供法律服务的案件有3万余件，其中省级命名残疾人维权示范岗741个，为残疾人提供法律服务的案件有708件；市（地）级命名残疾人维权示范岗590个，为残疾人提供法律服务的案件有12689件；县级命名残疾人维权示范岗5386个，为残疾人提供法律服务的案件有1.7万件，有力地促进了法律援助和法律服务工作。

残疾人参政议政工作得到加强，2008年协助残联系统人大代表、政协委员提出议案、建议、提案2082件，办理议案、建议、提案1329件。

2008年，无障碍建设法规、标准进一步完善，全国有7个省、83个市（地）、330个县（市、区）出台了无障碍建设与管理法规、政府令；全国有8个省、148个市（地）、720个县（市、区）成立了无障碍建设领导协调组织；全国有874个市、县、区系统开展无障碍建设；全国开展无障碍建设检查1668次，无障碍培训1.8万人次，无障碍媒体宣传4383次，印发无障碍宣传材料224.3万份，为"十一五"无障碍建设的开展奠定了良好的基础。

2008年，全国省、市（地）、县（区、市）级残联配合有关部门查处侵害残疾人合法权益案件60件，维护了残疾人合法权益。

全国各级残联共处理接待残疾人群众来信来访约45万件（人次），其中处理来信6.5万件，接待来访38.5万人次，其中集体访1495批次，24230人次。

## 八、残疾人组织建设

残疾人组织是党和政府联系残疾人的桥梁和纽带，是做好残疾人工作的重要保障。在各级党委、政府的高度重视和社会各界大力支持下，经过各级残联的共同努力，全国残疾人组织体系进一步规范完善，代表性得到较大加强，干部队伍结构有了明显改善，残疾人工作者综合素质普遍提高，与广大残疾人的联系更加紧密，为残疾人服务的能力水平明显提高。

残疾人干部配备工作得到进一步加强。2008年，32个省级残联中，领导班子基本上都配备了残疾人理事长或副理事长，50%的省份配备了驻会盲人理事，46.9%配备了驻会聋人理事；18.8%的省级残联机关配备了15%以上的残疾人干部。15个副省级城市及黑龙江农垦总局残联中，93.8%配备了残疾人理事长或副理事长，18.8%配备了驻会盲人理事，25%配备了驻会聋人理事。358个市（地）级残联（含直辖市的县、区）中，60.2%的领导班子配备了残疾人理事长或副理事长。2927个县级残联（未含西藏、新疆生产建设兵团和黑龙江农垦总局）中，59.2%的县级残联机关配备了残疾人干部。

基层残疾人组织规范化建设得到整体推进。以县为单位，县（区、市）、乡（镇、街道）、村（社区）三级网络整体推进，1783个县级残联达到了基层残疾人组织规范化建设验收标准，占全国县级残联的56%。

在残疾人专职委员选聘方面，3.96万个乡镇（街道）中，选聘残疾人专职委员3.68万名；52.1万个社区（村）中，选聘残疾人专职委员34.5万名。

残联干部综合培训工作取得较好成绩。全国省市县乡残联实有人员已达9.45万人，干部培训工作取得新进展。2008年，全国各级残联共举办培训班2.13万期，培训干部43.7万人次，对提高残联系统干部队伍素质起到了重要作用。

进一步完善专门协会组织架构和工作机制。全国共建立各类别残疾人专门协会15204个，其中盲人协会3081个、聋人协会3055个、肢残人协会3125个、智力残疾人及亲友协会2922个、精神残疾人及亲友协会2916个、智力残疾人及亲友协会和精神残疾人及亲友协会二者合一的105个。全国的市和市辖区级专门协会已建比例为94.8%；县（含县级市）级专门协会已建比例为88.2%。

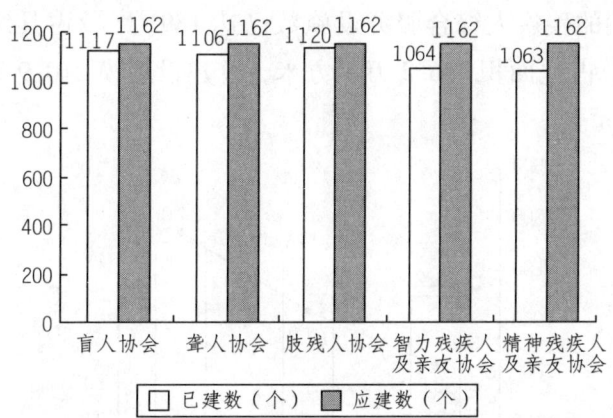

图8-1　2008年度全国市（含地级市、市辖区）专门协会建设情况

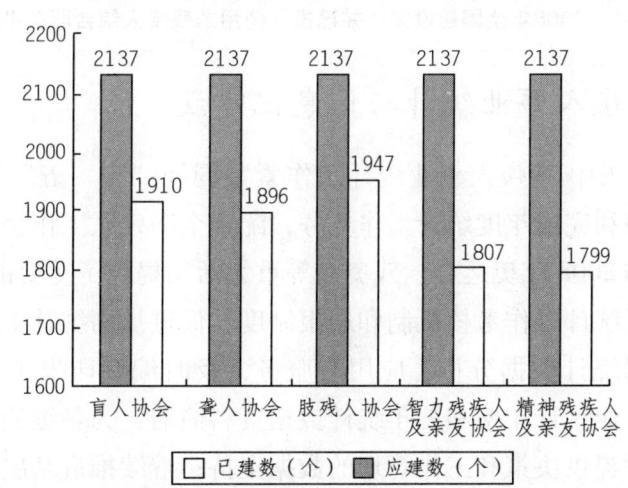

图8-2　2008年度全国县（含县级市）专门协会建设情况

## 九、残疾人综合服务设施建设

残疾人综合服务设施建设得到进一步发展，为基层残疾人工作更好地开展提供了基础条件。截止到 2008 年年底，全国已竣工并投入使用的各级残疾人综合服务设施共计 2205 个，在建项目共计 291 个，筹建项目共计 307 个。其中，省级行政单位已竣工并投入使用的残疾人综合服务设施数已达 65 个，总占地面积 78.2 万平方米，总建设规模 58.2 万平方米，总投资 15.9 亿元；地级行政单位已竣工并投入使用的残疾人综合服务设施数已达 249 个，占地级行政单位总数的 74.8%，总占地面积 148.1 万平方米，总建设规模 99.6 万平方米，总投资 26.2 亿元；县级行政单位已竣工并投入使用的残疾人综合服务设施数已达 1891 个，占县级行政单位总数的 69%，总占地面积 246.2 万平方米，总建设规模 210.9 万平方米，总投资 41.9 亿元。

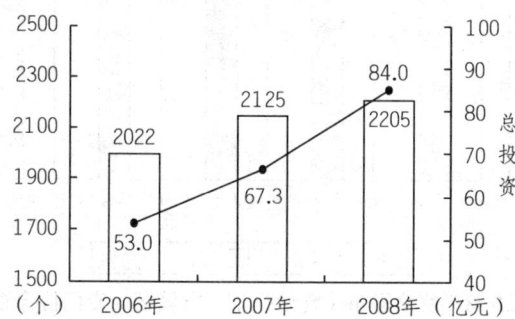

图9-1　2008年全国建设完成并已投入使用的残疾人综合服务设施

## 十、残疾人事业统计与信息化建设

2008 年，中国残疾人事业统计工作紧紧围绕"十一五"发展纲要的工作重点，顺利完成年度统计工作任务，配合全国残联工作会议、五代会等重大会议和 2008 年奥运会、残奥会等重大活动提供了重要的数据支持；建立省级残联统计工作考核机制和通报制度，促进提高统计工作效率和质量；积极开展统计数据分析、应用与服务，及时编制印发了快报统计资料、残疾人事业统计年鉴和五年统计数据资料简册，为各级领导和各业务部门工作及时提供决策和工作管理的数据支持；继续推进基层统计台账建设，29个省、60%的县启动了电子台账的填报工作；充分开发统计软件功能，统计工作水平得到提高；队伍建设进一步加强，全国各省、地（市）、县（市、区）级残联共有3339名专、兼职统计人员从事残疾人事业统计工作，其中15.3%取得统计从业资格证书；统计人员业务素质培养普遍得到重视，全国省级残联举办培训班32期，培训统计人员1406人次；地（市）级举办培训班266期，培训统计人员3335人次。

推动残联系统网站建设，开展残疾人信息服务，实现残疾人事业信息资源共享，是中国残联信息化建设的重要任务。中国残联官方门户网站是残疾人事业权威信息发布平台和服务窗口，网站于2000年试运行，2002年正式开通，2008年全面改版，网站年度总点击数达到1.2亿次，访问人次达到340万次。努力推动地方残联网站建设，截至2008年年底已有29个省级残联开通网站，另外4个省级残联网站正在制作当中；地市级残联已开通网站199个；县级残联网站641个；目前已开通的各级残联网站成为全面反映中国残疾人事业发展，为残疾人提供各项网上服务的重要平台。积极倡导和推动信息无障碍建设，率先实现了中国残联门户网站无障碍，推出中国盲人数字图书馆，部分地方残联也启动了网站无障碍改造工作。重视推进政务信息公开与信息资源共享，加强网站服务功能，2008年中国残联门户网站处理各级残联稿件约1.74万篇，发布稿件约1.1万篇；围绕2008年残奥会等不同时期重点工作开设热点专题，广泛、深入地宣传残疾人事业；开设网上信访、网上咨询、网上服务等专栏切实服务残疾人；充分开发利用各级残联信息资源，建设全国残联信息报送管理系统，收集各级残联的信息资源，推动全国残联信息资源库建设。加强各级残联网站信息人员培训，每年举办一次全国省级残联信息员培训班，2008年省级及地市级残联开设网站技术培训班278期，培训各级残联信息员达6500多人次。

信息化建设方面，各级残联继续加大经费投入力度，信息化人才队伍不断扩大，全国各省、地（市）、县（市、区）级残联共有776名专业技术人员从事信息化工作。

第五编　残疾人事业统计与监测

# 2009年中国残疾人事业发展统计公报

残联发〔2010〕10号

2009年是全党全国坚定信心、共克时艰，推动经济社会发展取得显著成效的一年。中国残联深入贯彻落实《中共中央国务院关于促进残疾人事业发展的意见》（中发〔2008〕7号），积极应对经济社会发展的新形势，稳步推进残疾人社会保障体系和服务体系建设。特殊教育、农村残疾人社会养老保险等保障与服务重点领域工作取得新突破。实施中国残疾人事业"十一五"发展纲要和中央财政专项资金支持项目，广大残疾人得到新实惠。残疾人组织建设、法制建设、信息化、理论研究等基础性工作取得新进展。成功举办第四次全国自强与助残表彰大会和第七届全国残疾人艺术汇演，社会环境呈现新气象。

## 一、残疾人康复工作

2009年，通过实施一批重点康复工程，使620.0万残疾人得到不同程度的康复；顺利完成中国残联专项彩票公益金残疾人康复项目任务，40.8万贫困残疾人受益。开展全国残疾人社区康复示范区、县培育活动，积极推进残疾人社区康复工作；指导加强残疾人康复服务机构建设力度；实施《全国残联系统康复人才培养规划》，加强人才队伍建设；积极推动残疾人参加新型农村合作医疗；大力宣传和普及康复知识。

全年完成白内障复明手术104.3万例；为37.3万名贫困白内障患者免费施行复明手术，全年为40501名低视力患者配用助视器，培训低视力儿童家长15264名，有效开展家庭康复训练。对15034名盲人进行定向行走训练。

加强省级聋儿康复机构建设，完善聋儿康复网络。全国共对19830名聋儿进行了听力语言康复训练，规范聋儿家长学校，开展家庭训练，共培训聋儿家长25654名；培养各类专业人员4582人；实施贫困聋儿人工耳蜗、助听器抢救性康复项目，人工耳蜗项目资助贫困聋儿500名，助听器项目资助贫困聋儿3000名。

## 四、全国残疾人事业发展统计公报

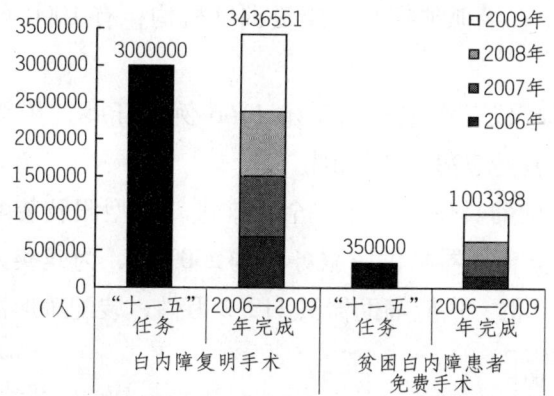

图1-1 全国白内障复明手术"十一五"任务完成情况

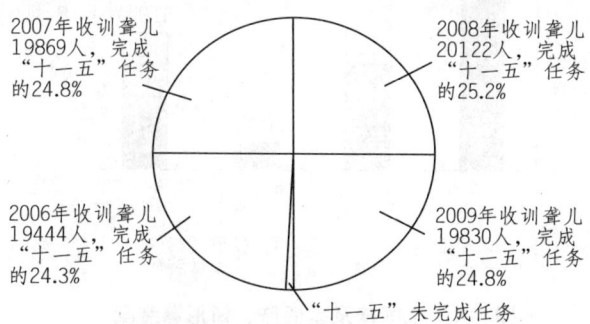

图1-2 全国聋儿康复训练"十一五"任务完成情况

大力推广"社会化、综合性、开放式"精神病防治康复工作。2009年，在1727个市县开展精神病防治康复工作，对490.3万重性精神病患者进行综合防治康复，监护率达到84.19%，显好率达到69.54%，社会参与率达到55.36%，肇事率0.35%；解除关锁7636人；对36.0万贫困精神病患者进行医疗救助。

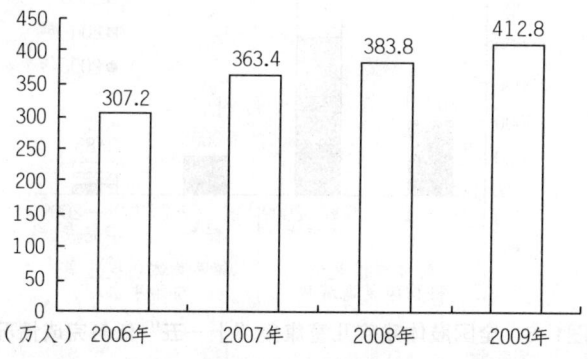

图1-3 2006—2009年度全国精神病人监护情况

建立了32个省级孤独症儿童康复训练机构，有1090名孤独症儿童进行了康复训练。

全年为麻风畸残者实施矫治手术1166例，开展宣传普及教育，为麻风患者回归社会营造良好社会氛围。

深入开展辅助器具供应服务，全面推进普及型假肢装配，截止到2009年年底，累计建立辅助器具供应服务机构2309个，为残疾人减免费用装配普及型假肢25029例，供应辅助器具112.2万件，装配矫形器11425例。

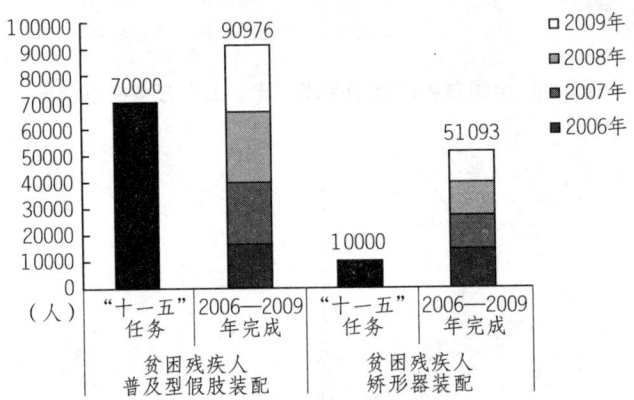

图1-4　全国普及型假肢、矫形器装配"十一五"任务完成情况

全年开展肢体残疾康复训练服务的机构达到4885个，对2817名贫困肢体残疾儿童实施矫治手术、装配了矫形器等辅助器具，进行了术后康复训练；对15058名肢体残疾儿童进行了机构康复训练；对90588名肢体残疾人进行了社区康复训练。

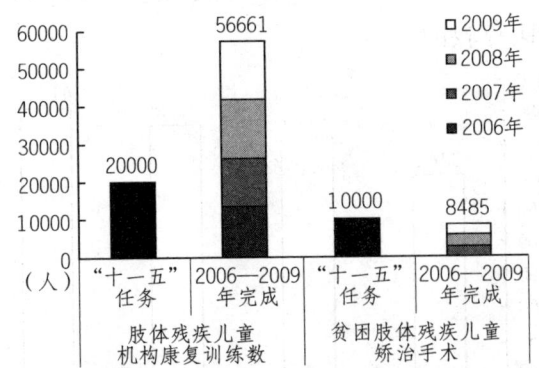

图1-5　全国肢体残疾儿童康复"十一五"任务完成情况

全年开展智力残疾康复训练服务的机构达到2006个；对2.7万名0—14岁的智力残疾儿童进行了康复训练；对2.0万名智力残疾儿童家长进行了康复知识培训；培育了10个智力残疾儿童康复养护试点机构，不同程度地开展了智力残疾儿童早期康复训练与服务。

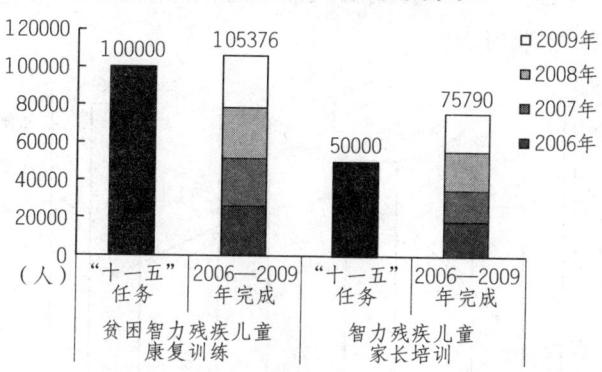

图1-6 全国智力残疾儿童康复"十一五"任务完成情况

在807个市辖区和1569个县（市）开展了社区康复工作，累计建立社区康复站114862个，配备20.9万名社区康复协调员，984.4万残疾人得到康复服务。

## 二、残疾人教育工作

2009年，残疾人受教育权得到了更好保障，进一步提高了残疾人素质和平等参与社会的能力。

全国为盲、聋、智残少年儿童兴办的特殊教育学校已发展到1697所，义务教育普通学校附设特教班有2801个，在校的盲、聋、智残学生54.5万人。

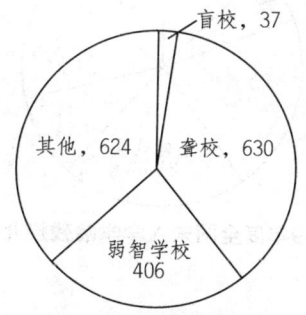

图2-1 2009年度全国特教学校建设情况

已开办特殊教育普通高中104所,在校生6339人;其中聋高中84所,在校生5197人;盲高中20所,在校生1142人。残疾人中等职业教育机构有174个,在校生11448人,毕业生5833人,其中获得职业资格证书4386人。全国有6586名残疾人被普通高等院校录取,1196名残疾人进入特殊教育学院学习。

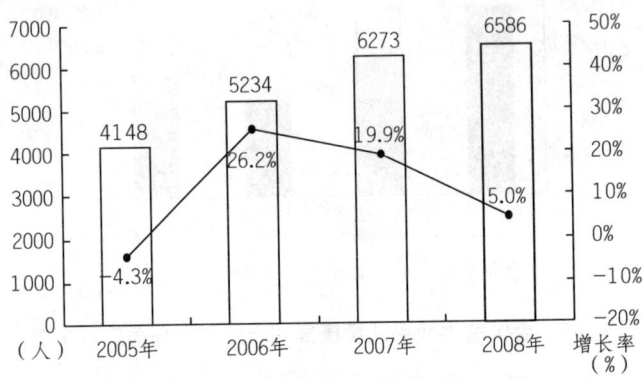

图2-2　2006-2009年全国普通高等院校录取残疾考生情况

全国省(自治区、直辖市)、市(地、州)、县(区、市)三级残联举办残疾人职业教育培训机构达1852个,接受残疾人职业培训的普通机构有2132个,78.5万人次残疾人接受了职业教育与培训,并有10.9万人次获得了职业资格证书。

截止到2009年年底,全国未入学适龄残疾儿童少年总数21.1万人,其中视力残疾3.1万人,听力残疾2.9万人,言语残疾2.0万人,智力残疾4.4万人,肢体残疾4.6万人,精神残疾1.4万人,多重残疾2.7万人。

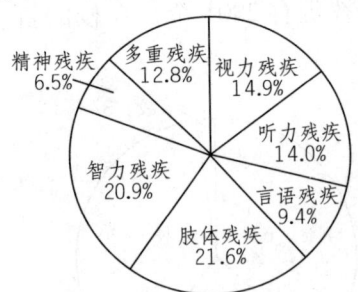

图2-3　2009年度全国未入学学龄残疾儿童少年情况

## 三、残疾人就业工作

2009年,残疾人就业工作在应对金融危机影响,努力保持就业局势稳定的基础上取得新进展。城镇新安排35.0万残疾人就业。其中,集中就业残疾人10.5万,按比例安排残疾人就业8.9万,个体就业和多种形式灵活就业15.6万,全国城镇实际在业人数443.4万;1757.0万农村残疾人稳定实现就业,其中从事农业生产劳动1355.5万。

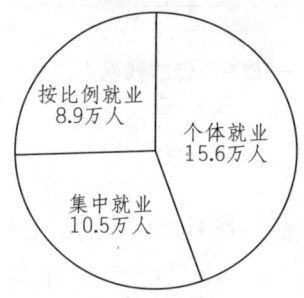

**图3-1 2009年度全国城镇残疾人新安排就业情况**

盲人按摩事业稳定发展,按摩机构迅速增长。2009年度培训盲人医疗按摩人员4686名;保健按摩机构达到10405个,医疗按摩机构达到1259个;在专业技术职务资格评审中,分别有606人和1992人通过医疗按摩人员中级和初级职称评审,全国有60名盲人医疗按摩师通过高级职称评审。

## 四、社会保障工作

2009年残疾人社会保障状况进一步改善。城镇残疾职工参加社会保险人数达到287.6万,其中参加养老保险人数190.3万,参加医疗保险人数129.8万,各级残联共投入4982万残疾人就业保障金对14.7万个体就业残疾人参加养老保险进行补贴;城镇残疾居民参加基本医疗保险达到283.6万人;城乡853.6万人残疾人纳入最低生活保障范围;城镇集中供养残疾人和农村五保供养残疾人分别达到10.5万和58.9万;267.3万城乡残疾人获得临时救济,143.3万城乡残疾人得到定期补助;残疾人托养服务机构达到3474个,比上年度增长1771个,托养残疾人规模达到11.0万人。

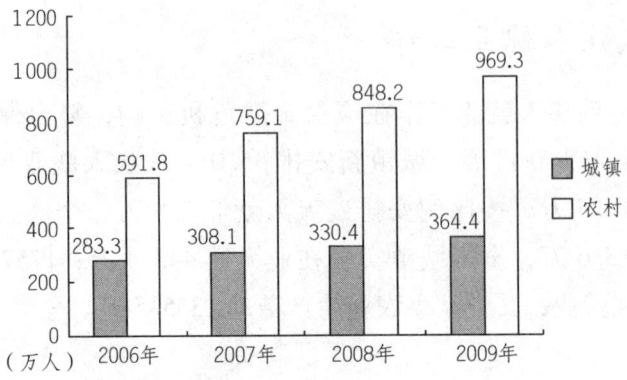

图4-1 2006—2009年全国残疾人接受社会救助情况

## 五、残疾人扶贫开发工作

各省（自治区、直辖市）将残疾人扶贫开发工作纳入政府工作计划和政府目标责任制考核范围，并广泛动员社会力量对贫困残疾人开展"帮包带扶"，残疾人扶贫工作取得明显进展，贫困残疾人生产生活状况得到进一步改善。

2009年，扶持贫困残疾人192.3万人，其中108.5万人通过扶贫开发实际脱贫；当年接受实用技术培训的残疾人近84.0万人次，投入培训经费近2.2亿元。

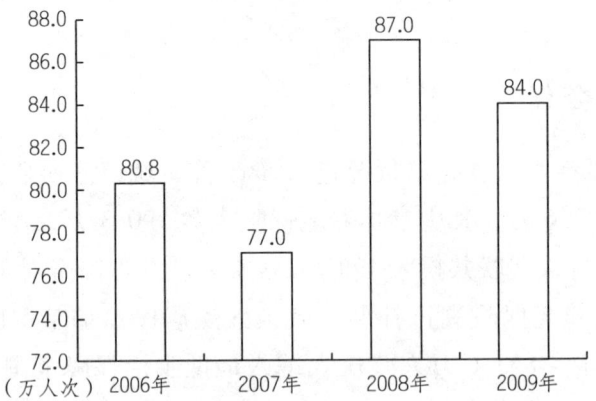

图5-1 2006—2009年度农村贫困残疾人实用技术培训情况

2009年，安排各类扶贫资金5.2亿余元（不包括康复扶贫贴息贷款8亿元）。有564.7万贫困残疾人享受到多种优惠政策的扶持，对贫困残疾人开展结对帮扶的单位和个人分别达到11.4万个和83.8万人，帮扶物资折款及资金投入共计3.8亿余元。建立残疾人扶持基地4021个，投入资金2.0亿元，安排和扶持贫困残疾人30.1万人。

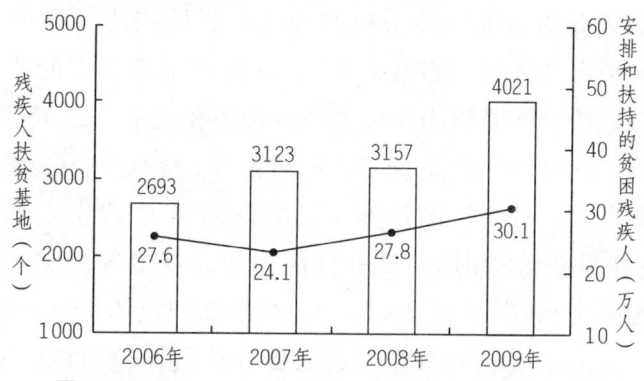

图5-2　2006—2009年度残疾人扶贫基地建设情况

截止到2009年年底，全国县级残疾人服务社1897个，实有人员5672人；残疾人服务分社13943个，实有人员17588人。

2009年，完成10.2万户农村贫困残疾人危房改造，投入危房资金10.4亿元，受益残疾人14.0万人。

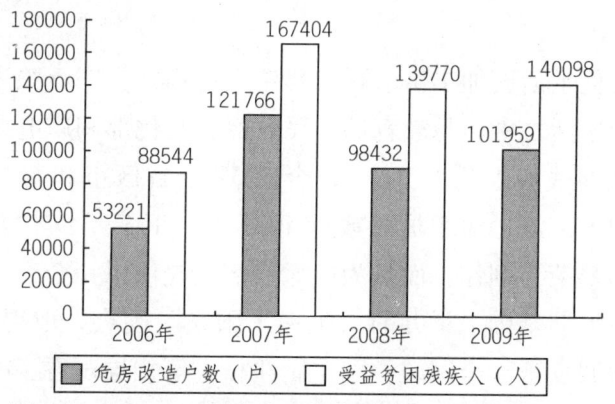

图5-3　2006—2009年度农村贫困残疾人危房改造情况

## 六、残疾人宣传文化工作

2009年，残疾人宣传工作紧密围绕残疾人事业的中心工作，逐步融入国家宣传大局，大力弘扬人道主义思想，全面倡导扶残助残的社会风尚，宣传重点突出，取得了较好的社会动员效果。成功举办以"关爱残疾孩子，发展特殊教育"为主题的第十九次全国助残日活动，营造了广泛关注残疾人事业的社会氛围。以第四次"全国自强模范和扶残助残先进个人"表彰大会为重要宣传契机，编辑出版反映优秀残疾人和助残集体先进事迹的报告文学集《自强之歌》，并选拔推荐其中的八位杰出人物进行媒体重点宣传，同时组织先进事迹报告团在北京、山东、河南、广东等8个省、市以及首都6所高校和2所解放军院校进行了28场报告，直接听众达3万余人，社会反响强烈。组织2008年度残疾人事业好新闻评选工作，2件作品获得特别奖，220件优秀作品获得等级奖。配合主要业务领域，围绕国庆60周年等重大活动，组织新闻媒体重点开展了30余次的集中报道，营造了残疾人事业发展的良好社会舆论氛围。截至2009年年底，全国共开辟省级报刊专栏39个、报刊专版96个，残疾人专题广播节目36个，电视手语新闻栏目26个，其他电视残疾人专题栏目18个；建立省级残疾人事业新闻宣传促进会29个；共开辟地市级报刊专栏423个，报刊专版890个，残疾人专题广播节目373个，电视手语新闻栏目142个，其他电视残疾人专题栏目323个，建立地市级残疾人事业新闻宣传促进会181个。

残疾人文化生活更加丰富活跃，残疾人受到社会广泛关注并更加全面地参与到社会生活之中。与教育部、民政部、文化部和广电总局联合举办了第七届"全国残疾人艺术汇演"，全国31个省区市和新疆生产建设兵团都派队参加了汇演，演职员总数近4000人。汇演不仅有力地促进了基层特殊艺术的繁荣与创作，而且为广大残疾人提供了一个充分展示艺术才华的舞台。在汇演基础上举办的"生命·阳光"晚会，取得了圆满成功，国务院副总理回良玉、全国政协副主席邓朴方等领导观看了晚会并给予了高度评价。中央电视台向全国播出了此台晚会，社会反响热烈。基层残疾人的读书难问题得到初步缓解，在全国200个城市社区开展了"文化进社区"活动，设立了"残疾人书架"；21本为残疾人服务的图书列入了国家"农家书屋"采购书目。截至2009年年底，全国省级和地市级公共图书馆设立盲文及盲人有声读物阅览已达到36家和347家，举办文化艺术比赛及展览分别为77个和747个，已成立残疾人艺术团队17个和178个。

## 七、残疾人体育生活

2009年,在2008年北京残奥会辉煌成就基础上,我国残疾人体育工作持续健康发展,成绩斐然。

2009年共举办14项全国残疾人体育赛事,共有近5000名运动员参与,其中特奥比赛4项,有549名特奥运动员参加。同时,全年中国残联共组织了12批次的赛前集训,共有近800人次运动员参训。

残疾人体育各项制度得到完善。2009年,中国残联出台《全国残疾人体育竞赛管理办法》《国家残疾人体育分级员管理办法》《全国残疾人运动员注册管理办法》,下发《关于切实加强新时期残疾人群众体育工作的意见》,与体育总局等部委联合下发《关于组织开展全民健身日活动的通知》,对残疾人体育各项工作进行了进一步规范和部署。

同时,进一步推进残疾人群众性体育活动,增强残疾人体育工作的普惠性。已开辟或设立的省级残疾人体育活动场所165处,地市级体育活动场所1693处;已挂牌的省级残疾人体育训练基地分别达到190个。省级相对稳定教练员711人,地市级相对稳定教练员1637人,各省举办省级残疾人运动会及各类残疾人群众体育比赛活动110次,参与的残疾人运动员达1.5万人次;举办地市级残疾人运动会和群众性体育比赛活动2120次,参与的残疾人运动员达15.2万人次。

2009年,我国积极参加国际交流,共派团参加了20项国际赛事,包括残奥、特奥和聋人三类残疾人运动,涵盖游泳、田径、轮椅篮球、越野滑雪等项目,共夺得203枚金牌。其中,第九届世界冬季特奥运动会我国派出87人组成的代表团参赛,共夺得33枚金牌、34枚银牌、27枚铜牌,充分发扬了"勇敢尝试,争取胜利"的精神。第二十一届台北听障奥运会我国代表团团结一致,奋勇拼搏,取得12枚金牌、9枚银牌、17枚铜牌,奖牌总数38枚,位列参赛代表团金牌榜第四名,破4项听障世界纪录,夺取我国参加听障奥运会最好成绩,实现了运动成绩和精神文明双丰收。

## 八、残疾人维权工作

各级残联贯彻落实中国残疾人事业"十一五"发展纲要及残疾人事业法制建设、无障碍建设、残疾人法律救助实施方案，维权组织建设加强，残疾人事业法律法规体系进一步完善，执法检查和监督工作力度加大，法律服务和法律援助工作取得进展，协助残疾人人大代表、政协委员参政议政工作稳步推进，无障碍设施建设取得进展，信访工作得到加强，残疾人维权工作全面开展。

截止到2009年，制定或修改了关于残疾人的专门法规、规章省级7件、地市级20件；制定或修改了直接涉及残疾人利益的法规、规章省级10件、地市级21件；残联参与制定或修改了38件省级和60件地市级法规、规章；制定或修改了9件省级、88件地市级、484件县（市、区）级的扶助残疾人规定；制定了48件省级、134件地市级、460件县（市、区）级残疾人权益保障政策文件。

全国县级以上人大进行残疾人保障法执法检查728次，其中，省级人大执法检查10次、地市级人大执法检查105次、县级人大执法检查613次。全国各级政协进行视察和专题调研942次，其中，省级政协视察8次、地市级政协视察160次、县级政协视察774次。全国县级以上政府残工委组织专项检查1362次，其中，省级残工委专项检查15次，地市级专项检查171次，县级专项检查1176次。

2009年，全国开展普法宣传教育活动7058次，其中，省级45次，地市级525次，县级6488次。全国开办了普法宣传教育培训班2509个，55.5万人参加，其中，省级18个，4.0万人参加；地市级197个，6.0万人参加；县级2294个，45.5万人参加。全国印制普法宣传材料954.9万份，其中，省级4.4万份，地市级303.5万份，县级647.0万份。全国举办法律工作者培训班897个，2.3万人参加，其中，省级14个，807人参加；地市级93个，3329人参加；县级790个，1.9万人参加。

截止到2009年年底，全国建立残疾人法律援助（服务）中心2870个，办理案件1.9万件，其中，省级建立残疾人法律援助（服务）中心27个，办理案件388件；地市级建立残疾人法律援助（服务）中心313

个，办理案件4066件；县级建立残疾人法律援助（服务）中心2530个，办理案件1.5万件。全国共命名了7476个维权示范岗，为残疾人提供法律服务的案件有3.3万件，其中省级命名残疾人维权示范岗552个，为残疾人提供法律服务的案件有995件；地市级命名残疾人维权示范岗678个，为残疾人提供法律服务的案件有9527件；县级命名残疾人维权示范岗6246个，为残疾人提供法律服务的案件有2.2万件，有力地促进了法律援助和法律服务工作。

残疾人参政议政工作得到加强，2009年协助残联系统人大代表、政协委员提出议案、建议、提案2114件，办理议案、建议、提案1569件。

2009年，无障碍建设法规、标准进一步完善，全国有6个省、58个地市、279个县（市、区）出台了无障碍建设与管理法规、政府令；全国有14个省、136个地市、677个县（市、区）成立了无障碍建设领导协调组织；全国有542个市、县、区系统开展无障碍建设；全国开展无障碍建设检查2066次，无障碍培训1.9万人次，无障碍媒体宣传5331次，印发无障碍宣传材料222.9万份，为"十一五"无障碍建设的开展奠定了良好的基础。

2009年，全国省、地市、县（区、市）级残联配合有关部门查处侵害残疾人合法权益案件149件，维护了残疾人合法权益。

全国各级残联共处理接待残疾人群众来信来访37.4万件（人次），其中处理来信4.3万件，接待来访33.1万人次，其中集体访1911批次，2.6万人次。

## 九、残疾人组织建设

残疾人组织是党和政府联系残疾人的桥梁和纽带，是做好残疾人工作的重要保障。在各级党委、政府的高度重视和社会各界大力支持下，经过各级残联的共同努力，全国残疾人组织体系进一步规范完善，代表性得到较大加强，干部队伍结构有了明显改善，残疾人工作者综合素质普遍提高，与广大残疾人的联系更加紧密，为残疾人服务的能力水平明显提高。

残疾人干部配备工作得到进一步加强。2009年，32个省级残联中，领导班子基本上都配备了残疾人理事长或副理事长，15个省份配备了驻会盲人理事，13个配备了驻会聋人理事；21.9%的省级残联机关配备了

15%以上的残疾人干部。16个副省级城市及黑龙江农垦总局残联中，15个配备了残疾人理事长或副理事长，4个配备了驻会盲人理事，4个配备了驻会聋人理事。360个地市级残联（含直辖市的县、区）中，228个的领导班子配备了残疾人理事长或副理事长。2812个县级残联（未含西藏、新疆生产建设兵团和黑龙江农垦总局）中，1773个县级残联机关配备了残疾人干部。

基层残疾人组织规范化建设得到整体推进。以县为单位，县（区、市）、乡（镇、街道）、村（社区）三级网络整体推进，2232个县级残联达到了基层残疾人组织规范化建设验收标准，占全国县级残联的72.3%。

在残疾人专职委员选聘方面，40436个乡镇（街道）中，选聘残疾人专职委员41423名；56.8万个社区（村）中，选聘残疾人专职委员45.6万名。

残联干部综合培训工作取得较好成绩。全国省市县乡残联实有人员已达94595人，干部培训工作取得新进展。2009年，全国各级残联共举办培训班22460期，培训干部50.8万人次，对提高残联系统干部队伍素质起到了重要作用。

全国省级以下共建立各类残疾人专门协会15363个，其中盲人协会3092个、聋人协会3071个、肢残人协会3136个、智力残疾人及亲友协会2964个、精神残疾人及亲友协会2958个、智力残疾人及亲友协会和精神残疾人及亲友协会二者合一的142个。全国的市和市辖区级专门协会已建比例为94.9%；县（含县级市）级专门协会已建比例为88.9%。

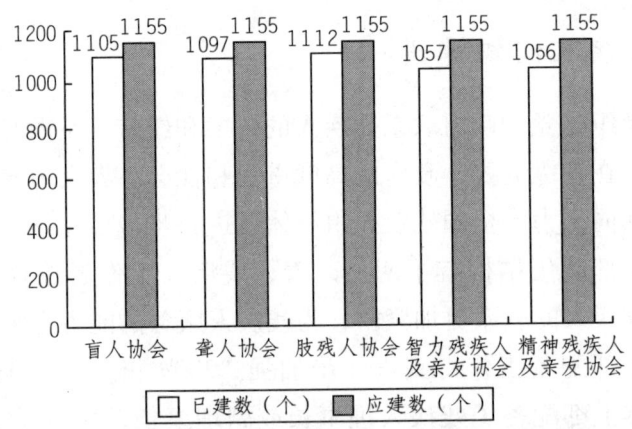

图9-1　2009年度全国市（含地级市、市辖区）专门协会建设情况

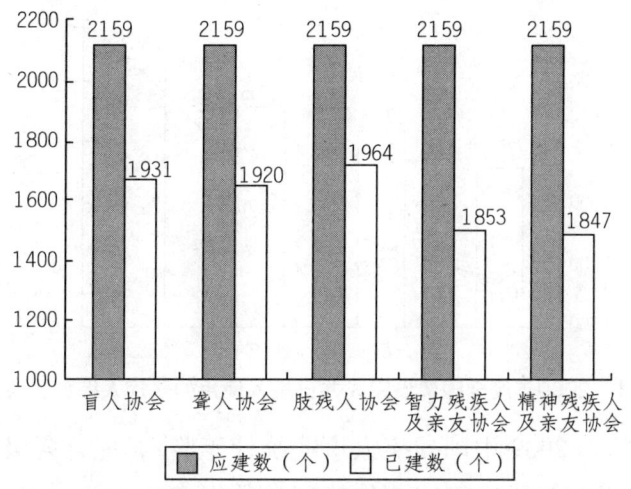

图9-2 2009年度全国县（含县级市）专门协会建设情况

## 十、残疾人综合服务设施建设

残疾人综合服务设施建设得到进一步发展，为基层残疾人工作更好地开展提供了基础条件。截止到2009年年底，全国已竣工并投入使用的各级残疾人综合服务设施共计2383个，在建项目共计406个，筹建项目共计267个。其中，省级行政单位已竣工并投入使用的残疾人综合服务设施数已达59个，总占地面积75.3万平方米，总建设规模57.0万平方米，总投资16.9亿元；地级行政单位已竣工并投入使用的残疾人综合服务设施数已达281个，占地级行政单位总数的84.4%，总占地面积144.4万平方米，总建设规模110.9万平方米，总投资31.9亿元；县级行政单位已竣工并投入使用的残疾人综合服务设施数已达2043个，占县级行政单位总数的71.5%，总占地面积409.5万平方米，总建设规模284.8万平方米，总投资74.8亿元。

## 十一、残疾人事业统计与信息化建设

2009年，中国残疾人事业统计工作紧紧围绕"十一五"残疾人事业发展纲要的工作重点，顺利完成了年度中国残疾人事业统计快报、年报、台账数据的收集、审核和汇总工作，及时编制印刷了《2009中国残疾人事业统计快报资料》《中国残疾人事业"十一五"发展纲要中期执行情况

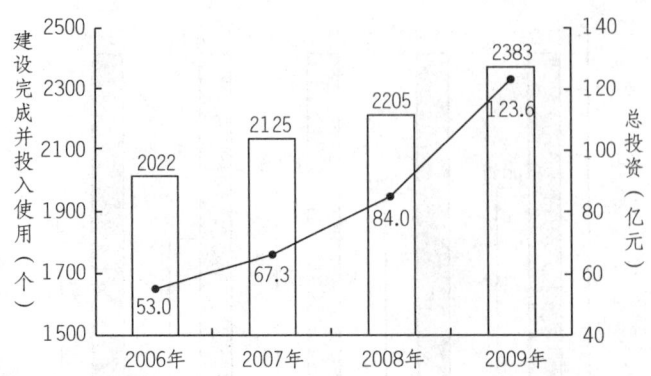

图10-1 2009年度全国建设完成并已投入使用的残疾人综合服务设施

简明统计资料》《2009中国残疾人事业统计年鉴》，配合各级领导和各业务部门工作，及时提供决策和工作管理的数据支持，并为国庆60周年残疾人事业宣传、国务院残疾人工作委员会会议等重要会议和活动提供了重要的参考数据；重新修订了《残联系统统计工作评价办法（试行）》，对各省级残联统计工作进行全面考核评价；进一步规范残疾人事业统计指标，对年报、快报和台账部分表格和指标等方面进行了修改完善；基层统计台账建设工作继续推进，31个省份报送了2009年度电子台账，其中24个省份全部单位填报了电子化台账数据；全面启动残疾人人口基础数据库建设，加强事业统计数据与人口库数据、调查数据的对比分析，为业务工作管理和决策提供数据支持；统计队伍建设进一步加强，全国各省、地市、县（市、区）级残联共有3431名专、兼职统计人员从事残疾人事业统计工作，其中17.6%取得统计从业资格证书；统计人员业务素质培养普遍得到重视，全国省级残联举办培训班33期，参加培训的人员达到1434人次；地市级举办培训班264期，参加培训的人员达到4284人次。

推动残联系统网站建设，开展残疾人信息服务，实现残疾人事业信息资源共享，是中国残联信息化建设的重要任务。中国残联官方门户网站是残疾人事业权威信息发布平台和服务窗口，2009年网站年度浏览量达到2360万次，访问人数达到200万人次。

地方残联全面推进网站建设，目前全国32个省级残联和黑龙江农垦总局残联已全部开通了公众服务网站，有225个地市级残联网站和894个县级残联网站也已开通，网站总数比去年增加283个。这为今后残联系统网站集群服务奠定了基础，残联系统网上信息服务正在逐步覆盖全国。地方残联也积极举办各类信息工作培训班，2009年省级及地市级残联开设网站技术培训班195期，培训各级残联信息员达7476人次。

2009年，积极推动地方残联信息无障碍建设。上海残联已全面完成了网站无障碍改造，同时上海残联也积极推进市政府部门无障碍网站建设，上海市政府网站、上海市人力资源和社会保障局网站、上海民政网站都进行了无障碍改造。目前还有部分地方残联也在积极准备启动无障碍网站建设工作。中国盲人数字图书馆自开通以来受到了盲人朋友的关注与好评，目前网站包括1000多本电子图书、2600多首音频及400多场视频讲座等。网站自开通以来，日平均点击量达到8.4万次，日均访问量近4万人次。

信息化建设方面，各级残联继续加大经费投入力度，2009年全国投入信息化建设资金较2008年增长了81.93%，体现了各级政府对信息化工作的大力支持。信息化安全意识进一步提高，本年度用于购置杀毒软件、隔离卡、防火墙等方面的安全设备投入明显提高；信息化人才队伍不断扩大，全国各省、地市、县（市、区）级残联共有947名专业技术人员从事信息化工作；省级残联共建立局域网23个，网上办公（OA）系统14个。

# 2010年中国残疾人事业发展统计公报

残联发〔2011〕1号

2010年是落实中央关于"保障和改善民生"重大部署，继续深入贯彻《中共中央国务院关于促进残疾人事业发展的意见》（中发〔2008〕7号）文件精神，推动残疾人事业加快发展的重要一年：残疾人社会保障体系和服务体系建设全面启动，残疾人事业"十一五"发展纲要各项任务圆满完成，残疾人基本社会保障和服务的覆盖面不断扩大，残疾人事业总体登上一个新台阶，为"十二五"发展纲要实施奠定了良好基础。

## 一、残疾人康复工作

2010年，通过实施一批重点康复工程，使604.7万残疾人得到不同程度的康复；顺利完成中国残联专项彩票公益金残疾人康复项目任务，18.6万贫困残疾人受益。开展全国残疾人社区康复示范区、县培育活动，积极推进残疾人社区康复工作；指导加强残疾人康复服务机构建设力度；实施《全国残联系统康复人才培养规划》，加强人才队伍建设；积极推动残疾人参加新型农村合作医疗；大力宣传和普及康复知识。

在831个市辖区和1676个县（市）开展了社区康复工作，累计建立社区康复站14.5万个，配备32.9万名社区康复协调员，累计1268.3万残疾人得到康复服务。

完成白内障复明手术79.9万例；为27.3万名贫困白内障患者免费施行复明手术，全年为3.3万名低视力患者配用助视器，培训低视力儿童家长1.2万名，有效开展家庭康复训练。对1.6万名盲人进行定向行走训练。

加强省级聋儿康复机构建设，完善聋儿康复网络。全国共对18809名聋儿进行了听力语言康复训练，规范聋儿家长学校，开展家庭训练，共培训聋儿家长22924名；培养各类专业人员6203人；实施贫困聋儿人工耳蜗、助听器抢救性康复项目，人工耳蜗项目资助贫困聋儿730名，助听器项目资助贫困聋儿3000名。

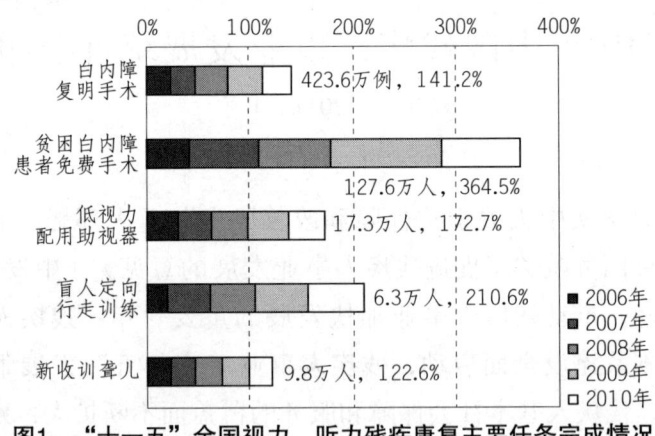

图1 "十一五"全国视力、听力残疾康复主要任务完成情况

大力推广"社会化、综合性、开放式"精神病防治康复工作。2010年，在1818个市县开展精神病防治康复工作，对495.2万重性精神病患者进行综合防治康复，监护率达到84.0%，显好率达到68.4%，社会参

与率达到54.5%,肇事率0.3%;解除关锁5477人;对36.6万贫困精神病患者进行医疗救助。

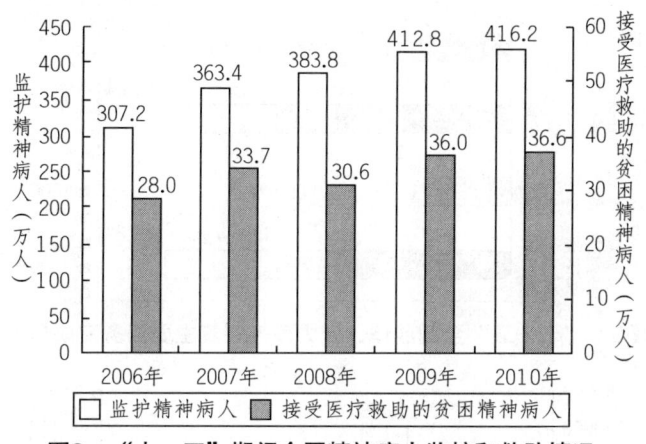

图2 "十一五"期间全国精神病人监护和救助情况

建立了34个省级孤独症儿童康复训练机构,对5620名孤独症儿童进行了康复训练。

开展肢体残疾康复训练服务的机构达到4915个,对2050名贫困肢体残疾儿童实施矫治手术、装配了矫形器等辅助器具,进行了术后康复训练;对2.1万名肢体残疾儿童进行了机构康复训练;对11.5万名肢体残疾人进行了社区康复训练。

全年为麻风畸残者实施矫治手术668例,开展宣传普及教育,为麻风患者回归社会营造良好社会氛围。开展智力残疾康复训练服务的机构达到1870个;对2.7万名0—14岁的智力残疾儿童进行了康复训练;对2.1万名智力残疾儿童家长进行了康复知识培训;培育了10个智力残疾儿童康复养护试点机构,不同程度地开展了智力残疾儿童早期康复训练与服务。

深入开展辅助器具供应服务,全面推进普及型假肢装配,截止到2010年年底,累计建立辅助器具供应服务机构2367个,为残疾人减免费用装配普及型假肢3.0万例,供应辅助器具113.9万件,装配矫形器2.6万例。

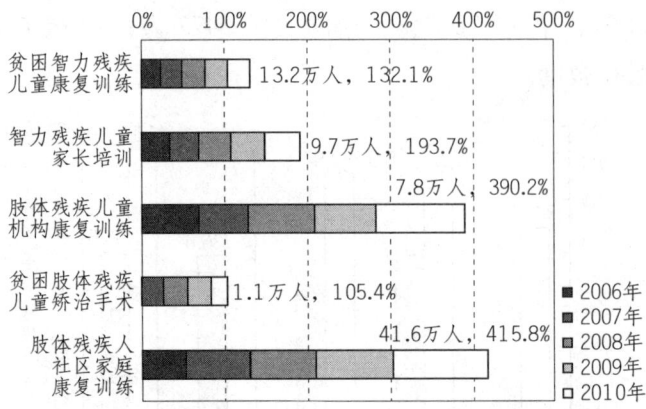

图3 "十一五"全国肢体、智力残疾康复主要任务完成情况

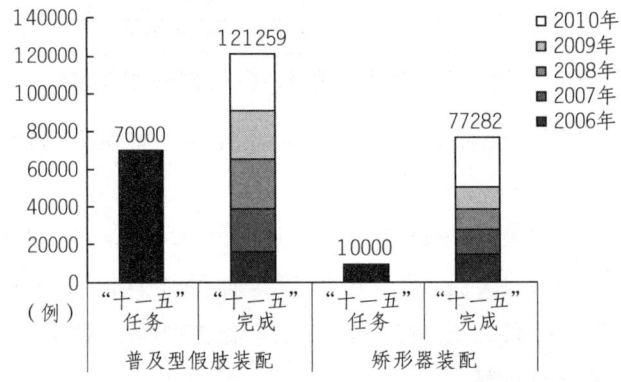

图4 "十一五"全国普及型假肢与矫形器装配任务完成情况

## 二、残疾人教育工作

2010年,残疾人受教育权利得到了更好保障,进一步提高了残疾人素质和平等参与社会的能力。

全国为盲、聋、智残少年儿童兴办的特殊教育学校发展到1705所,义务教育普通学校附设特教班有2775个,在校的盲、聋、智残学生51.9万人。

已开办特殊教育普通高中99所,在校生6067人。其中,聋高中84所,在校生5284人;盲高中15所,在校生783人。残疾人中等职业教育机构有147个,在校生11506人,毕业生6148人,其中获得职业资格证书4685人。全国有7674名残疾人被普通高等院校录取,1057名残疾人进入特殊教育学院学习。

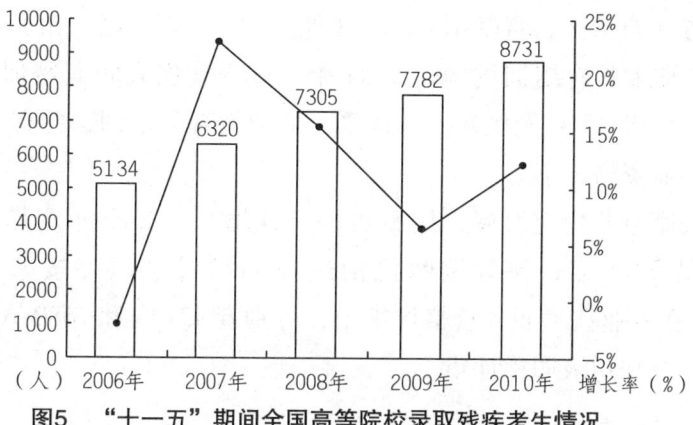

图5 "十一五"期间全国高等院校录取残疾考生情况

截止到2010年年底,全国未入学适龄残疾儿童少年总数14.5万人。其中,视力残疾1.7万人,听力残疾1.5万人,言语残疾1.1万人,智力残疾3.7万人,肢体残疾3.7万人,精神残疾0.8万人,多重残疾2.0万人。

## 三、残疾人就业工作

2010年,残疾人就业工作在应对金融危机影响,努力保持就业局势稳定的基础上取得新进展。城镇新安排32.4万残疾人就业。其中,集中就业残疾人10.2万,按比例安排残疾人就业8.6万,个体就业和多种形式灵活就业13.7万,全国城镇实际在业人数441.2万;1749.7万农村残疾人稳定实现就业,其中从事农业生产劳动1347.3万。

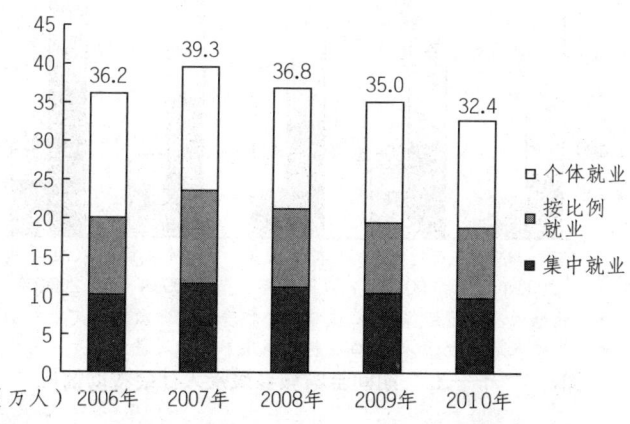

图6 "十一五"期间全国城镇残疾人新增安排就业情况

全国省（自治区、直辖市）、市（地、州）、县（区、市）三级残联举办残疾人职业教育培训机构达2504个，接受残疾人职业培训的普通机构有2200个，83.3万人次残疾人接受了职业教育与培训，并有11.6万人次获得了职业资格证书。

盲人按摩事业稳定发展，按摩机构迅速增长。2010年度培训盲人医疗按摩人员5271名；保健按摩机构达到1152个，医疗按摩机构达到11616个；在专业技术职务资格评审中，分别有421人和1680人通过医疗按摩人员中级和初级职称评审。

### 四、社会保障工作

2010年残疾人社会保障状况进一步改善。城镇残疾职工参加社会保险人数达到283.2万。其中，参加养老保险人数198.5万，参加医疗保险人数155.5万，各级残联共投入7031.9万残疾人就业保障金对15.6万个体就业残疾人参加养老保险进行补贴；城镇残疾居民参加基本医疗保险达到355.9万人；城乡927.1万人残疾人纳入最低生活保障范围；城镇集中供养残疾人和农村五保供养残疾人分别达到10.6万和60.5万；292.0万城乡残疾人获得临时救济，160.3万城乡残疾人得到定期补助。残疾人托养服务机构达到4029个，比上年度增长555个，托养残疾人规模达到14.5万人。

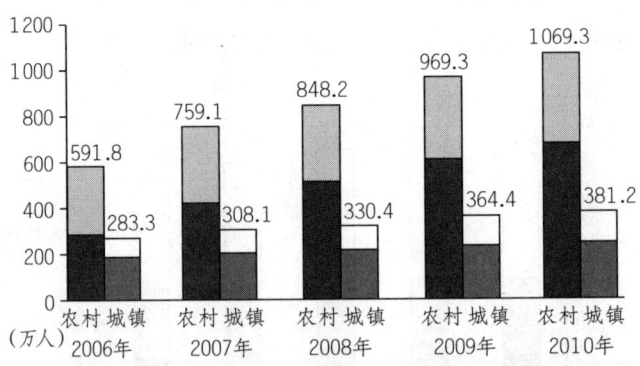

图7 "十一五"期间全国城乡残疾人社会救助情况

## 五、残疾人扶贫开发工作

各省（自治区、直辖市）将残疾人扶贫开发工作纳入政府工作计划和政府目标责任制考核范围，并广泛动员社会力量对贫困残疾人开展"帮包带扶"，残疾人扶贫工作取得明显进展，贫困残疾人生产生活状况得到进一步改善。

2010年，扶持贫困残疾人204.0万人，其中119.5万人通过扶贫开发实际脱贫；当年接受实用技术培训的残疾人85.5万人次，投入培训经费2.6亿元。

2010年，安排各类扶贫资金3.9亿元（不包括康复扶贫贴息贷款8亿元）。有649.1万贫困残疾人享受到多种优惠政策的扶持，对贫困残疾人开展结对帮扶的单位和个人分别达到11.8万个和88.4万人，帮扶物资折款及资金投入共计4.4亿元。建立残疾人扶持基地4575个，投入资金2.1亿元，安排和扶持贫困残疾人23.3万人。

截止到2010年年底，全国县级残疾人服务社1943个，实有人员5837人；残疾人服务分社13985个，实有人员18134人。

2010年，完成11.8万户农村贫困残疾人危房改造，投入危房资金9.7亿元，受益残疾人14.5万人。

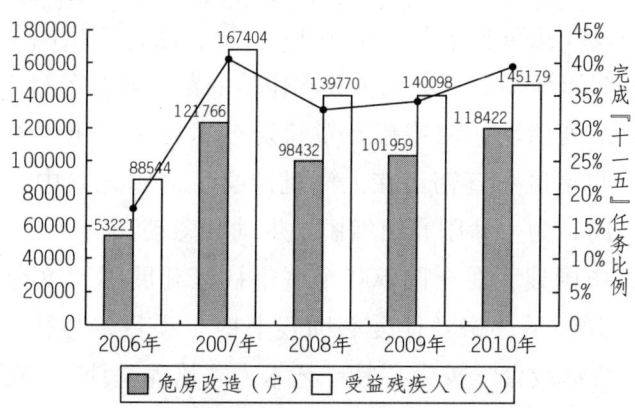

图8 "十一五"期间全国农村贫困残疾人危房改造情况

## 六、残疾人宣传文化工作

2010年,成功举办以"加大扶持与救助力度,帮扶农村贫困残疾人"为主题的第二十次全国助残日活动;组织开展第九届各地人民广播电台残疾人节目展播评选活动和2009年度残疾人事业好新闻评选活动,分别有45件作品和220件优秀作品获得等级奖。配合各个业务领域的相关工作,组织新闻媒体开展全方位的报道。全年共组织媒体集体采访活动30余次,安排记者出席各种采访达900余人次,为残疾人事业可持续发展营造了有利的舆论氛围。截至2010年年底,全国共开辟省级报刊专栏45个、报刊专版119个,残疾人专题广播节目48个,电视手语新闻栏目29个,其他残疾人电视专题栏目19个,建立省级残疾人事业新闻宣传促进会29个;共开辟地市级报刊专栏373个、报刊专版733个,残疾人专题广播节目352个,电视手语新闻栏目161个,其他电视残疾人专题栏目314个,建立地市级新促会184个。

残疾人文化生活更加丰富活跃,残疾人受到社会广泛关注并更加全面地参与到社会生活当中。8月份,以"绽放生命,共享阳光"为主题的首届全国残疾人文化周在全国广泛开展。据不完全统计,全国各地约500万残疾人参加了此项活动。与天津市人民政府共同举办了以"生命·阳光"为主题的首届残疾儿童艺术节,全国14个省、区、市组团参加了艺术节活动。艺术节期间举办了残疾儿童美术作品展览、文艺节目汇演、艺术作品公益展卖等系列活动,使残疾儿童特殊艺术得到了进一步的发展和繁荣。31个省、自治区、直辖市在上海世博会生命阳光馆中举行了"残疾人才艺展示"周,为生命阳光馆增添了生动和感动。

2010年,中国残联在全国600个城市社区开展了"文化进社区"项目,75个社区开展了"格兰仕爱心助残书柜"项目,与教育部共同命名了全国200所特殊教育学校为"特殊艺术人才培养基地"。截至2010年年底,全国省级和地市级公共图书馆设立盲文及盲人有声读物阅览室已达到47和394个,举办残疾人事业展览分别是86和541个,举办残疾人文化艺术类比赛及展览分别是87和631个,已成立残疾人艺术团队19和175个,设立省级和地市级残疾人综合服务设施内的文化场所分别是59和950个。

## 七、残疾人体育生活

2010年,成功举办广州亚残运会、第五届全国特奥运动会,加大为广大残疾人提供体育服务力度,在全社会产生热烈反响,为残疾人事业"两个体系"建设营造良好氛围,积极推动残疾人事业发展。

2010年12月12—19日,首届亚洲残疾人运动会在我国广州举办。本次比赛共有来自41个国家和地区的2512名运动员参赛,设19个大项341个小项,共产生341枚金牌、338枚银牌、341枚铜牌,打破17项世界纪录,82项亚洲纪录。我国派出了614人组成的代表团参加了全部19个大项的比赛,其中运动员431名,以金牌185枚,银牌118枚,铜牌88枚,奖牌总数391枚的优异成绩,位居金牌榜、奖牌榜首位,创10项世界纪录、平1项世界纪录、创47项亚洲纪录,以良好的精神风貌和优异的竞赛成绩,实现了"安全、文明、干净"的参赛目标。

2010年9月19—25日,在福州成功举办了第五届全国特奥运动会。本届特奥运动会是参赛项目最多、参赛规模最大、参赛面最广的一届体育盛会。39个代表团1712名运动员参加比赛。参赛运动员来自全国31个省(直辖市、自治区)、新疆生产建设兵团和香港、澳门特别行政区以及台湾启智代表团参赛,邀请了韩国、新加坡、美国派团参会,加大特奥领域的交流,扩大了我国特奥运动和残疾人事业的影响。运动会期间,举办了健康计划项目、青少年峰会、家庭领袖论坛等非体育项目。

2010年共举办了24项全国残疾人体育锦标赛事。共有4000多名运动员参赛,参赛人数为历来最多的一年。严肃赛风赛纪,全部比赛未出现一起严重违纪违规事件和安全事故。

2010年共派团参加了温哥华冬季残奥会等19项国际赛事,其中有11项为世界锦标赛,共取得了82枚金牌的优异成绩,坐排女队、盲人门球男女队、盲人足球队已经获得伦敦残奥会参赛资格,游泳、击剑、射击等项目拿到15张入场券。参加世锦赛运动员80人中有56人达到A标。

各地踊跃开展残疾人群众体育活动。已开辟或设立的省级残疾人体育活动场所174处,地市级体育活动场所1735处;已挂牌的省级残疾人体育训练基地分别达到221个;省级相对稳定教练员785人,地市级相对稳定教练员2331人；各省举办省级残疾人体育比赛109次，参与的残疾人运动员达2.0万人次。举办地市级残疾人体育活动3370次，参与的残疾人人数达24.3万人次。

## 八、残疾人维权工作

各级残联贯彻落实中国残疾人事业"十一五"发展纲要及残疾人事业法制建设、无障碍建设、残疾人法律救助实施方案，维权组织建设加强，残疾人事业法律法规体系进一步完善，执法检查和监督工作力度加大，法律服务和法律援助工作取得进展，协助残疾人人大代表、政协委员参政议政工作稳步推进，无障碍设施建设取得进展，信访工作得到加强，残疾人维权工作全面开展。

截止到2010年，制定或修改了关于残疾人的专门法规、规章省级12件、地市级24件；制定或修改了直接涉及残疾人利益的法规、规章省级16件、地市级37件；残联参与制定或修改了40件省级和76件地市级法规、规章；制定或修改了18件省级、89件地市级、565件县（市、区）级的扶助残疾人规定；制定了72件省级、208件地市级、569件县（市、区）级残疾人权益保障政策文件。

全国县级以上人大进行残疾人保障法执法检查828次，各级政协进行视察和专题调研851次，县级以上政府残工委组织专项检查1427次。

2010年，全国开展普法宣传教育活动6800次，开办普法宣传教育培训班2246个，57.4万人参加，印制普法宣传材料911.7万份，举办法律工作者培训班790个，2.9万人参加。

截止到2010年年底，全国建立残疾人法律援助（服务）中心2934个，办理案件1.9万件；命名了8898个维权示范岗，为残疾人提供法律服务的案件3.7万件，有力地促进了法律援助和法律服务工作。

2010年，残疾人参政议政工作得到加强，协助残联系统人大代表、政协委员提出议案、建议、提案1930件，办理议案、建议、提案1391件。

无障碍建设法规、标准进一步完善，全国有7个省、81个地市、297个县（市、区）出台了无障碍建设与管理法规、政府令；14个省、193个

## 四、全国残疾人事业发展统计公报

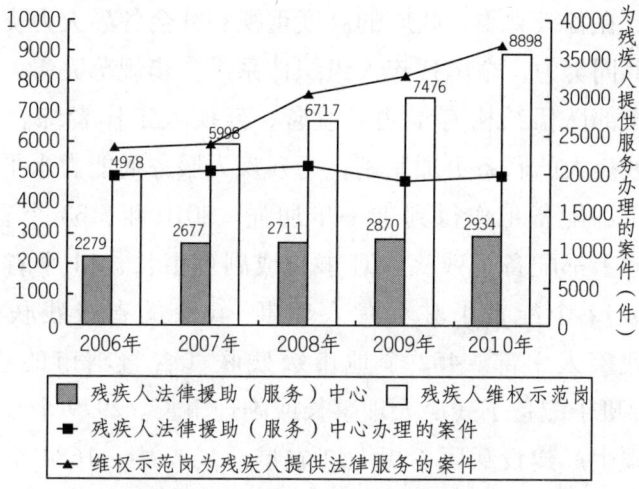

图9 "十一五"期间全国残疾人法律援助机构与服务情况

地市、758个县(市、区)成立了无障碍建设领导协调组织;726个市、县、区系统开展无障碍建设;全国开展无障碍建设检查3219次,无障碍培训2.9万人次,无障碍媒体宣传5774次,印发无障碍宣传材料354万份,为"十二五"无障碍建设的开展奠定了良好的基础。

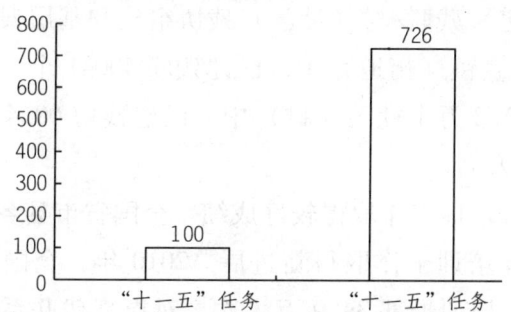

图10 "十一五"期间全国系统开展无障碍建设市、县

2010年,全国省、地市、县(区、市)级残联配合有关部门查处侵害残疾人合法权益案件95件,维护了残疾人合法权益。

全国各级残联共处理残疾人群众来信4.1万件,接待残疾人群众来访36.6万人次,其中集体访1484批次,19835人次。

## 九、残疾人组织建设

残疾人组织是党和政府联系残疾人的桥梁和纽带,是做好残疾人工作的重要保障。在各级党委、政府的高度重视和社会各界大力支持下，经过各级残联的共同努力，全国残疾人组织体系进一步规范完善，代表性得到较大加强，干部队伍结构有了明显改善，残疾人工作者综合素质普遍提高，与广大残疾人的联系更加紧密，为残疾人服务的能力水平明显提高。

残疾人干部配备工作得到进一步加强。2010年，33个省级残联中，领导班子基本上都配备了残疾人理事长或副理事长，14个省份配备了驻会盲人理事，12个配备了驻会聋人理事；6个的省级残联机关配备了15%以上的残疾人干部。452个地市级残联（含直辖市的县、区）中，287个的领导班子配备了残疾人理事长或副理事长。2979个县级残联（未含西藏、新疆生产建设兵团、黑龙江农垦总局）中，1684个县级残联机关配备了残疾人干部。

基层残疾人组织规范化建设得到整体推进。以县为单位，县（区、市）、乡（镇、街道）、村（社区）三级网络整体推进，2661个县级残联达到了基层残疾人组织规范化建设验收标准，占全国县级残联的94.9%（未含西藏、新疆生产建设兵团、黑龙江农垦总局）。

在乡镇（街道）残联/村（社区）残协组建和基层残疾人专职委员选聘方面，40568个乡镇（街道）中，已建残联40041个，选聘残疾人专职委员55271名；65.2万个社区（村）中，已建残协60.4万个，选聘残疾人专职委员50.4万名。

残联干部综合培训工作取得较好成绩。全国省市县乡残联实有人员已达9.9万人，干部培训工作取得新进展。2010年，全国各级残联共举办培训班11700期，培训干部34.9万人次，对提高残联系统干部队伍素质起到了重要作用。

全国省级以下共建立各类残疾人专门协会15500个，其中盲人协会3132个、聋人协会3113个、肢残人协会3168个、智力残疾人及亲友协会3011个、精神残疾人及亲友协会3013个、智力残疾人及亲友协会和精神残疾人及亲友协会二者合一的63个。全国的市级专门协会已建比例为99.6%，市辖区级专门协会已建比例90.5%；县（含县级市）级专门协会已建比例为95.6%。

## 十、残疾人综合服务设施建设

残疾人综合服务设施建设得到进一步发展，为基层残疾人工作更好地开展提供了基础条件。截止到 2010 年年底，全国已竣工并投入使用的各级残疾人综合服务设施共计 2544 个，在建项目共计 428 个，筹建项目共计 223 个。其中，省级行政单位已竣工并投入使用的残疾人综合服务设施 70 个，总占地面积 101.6 万平方米，总建设规模 66.5 万平方米，总投资 23.1 亿元；地级行政单位已竣工并投入使用的残疾人综合服务设施 308 个，占地级行政单位总数的 92.5%，总占地面积 155.6 万平方米，总建设规模 116.2 万平方米，总投资 38.9 亿元；县级行政单位已竣工并投入使用的残疾人综合服务设施 2166 个，占县级行政单位总数的 75.8%，总占地面积 304.0 万平方米，总建设规模 305.0 万平方米，总投资 169.0 亿元。

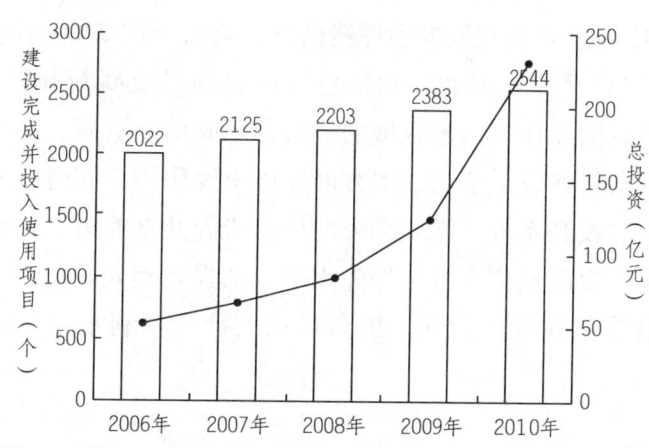

图11　"十一五"期间全国残疾人综合服务设施项目建设情况

## 十一、信息化建设

各级残联继续加大信息化建设经费投入力度，2010 年全国投入信息化建设资金较上年度增长了 11.1%，体现了各级政府对信息化工作的大力支持。信息化安全意识进一步提高，用于信息安全设备的投入显著提高。

2010 年，中国残联继续加强官方网站政务信息建设，网站年度页面浏览量超过2480万次，访问人数达到275万人；丰富中国盲人数字图书馆网站资源，每月推出20本新书，网上累计图书2500余册，音乐近6000首，视频讲座480场，日均访问量3.5万次；全面启动中国残疾人服务网建设，在吉林、山东、山西等特教学校举行校园行系列活动，近2000名残疾学生对服务网进行测试体验和网上注册，目前服务网日平均浏览量达到2万次。2011年除夕夜，服务网首次尝试开展了央视春晚网络文字直播活动，当天有近3000人同时在线收看，使聋人朋友实现了与家人共赏春晚。

全国33个省级残联、256个地市级残联和952个县级残联都已开通公众服务网站，比去年增加89个，为残联系统网站集群服务奠定了基础。北京、湖南、广东、四川及青岛、深圳、济南等省、市积极开展信息无障碍建设。

经过两年的建设，截至2010年年底，全国残疾人人口基础数据库共采集1800万残疾人的基础数据和评残信息，覆盖全国3400多个县级残联（含新疆生产建设兵团、黑龙江农垦总局各农场以及高新开发区等）。残疾人人口基础数据库作为国家权威的残疾人基础信息资源，在提高信息复用能力、减少重复建设、节约成本方面发挥重要作用，同时已基本具备了面向社会公众、残联系统、横向部委的信息资源共享能力，为健全残疾人社会保障制度，提高残疾人社会保障水平，加强残疾人社会救助，落实残疾人社会保险补贴和各项待遇，提高残疾人社会福利水平，提供支持和保障。

# 2011年中国残疾人事业发展统计公报

残联发〔2012〕6号

2011年是"十二五"残疾人事业的开局之年,也是残疾人事业取得重要进展的一年。党中央、国务院高度重视残疾人工作,残疾人事业迈出了新步伐、取得了新成就。

## 一、康复

2011年,通过实施一批重点康复工程,使631.8万残疾人得到不同程度的康复。开展全国残疾人社区康复示范区、县培育活动,积极推进残疾人社区康复工作;指导加强残疾人康复服务机构建设力度;实施《全国残联系统康复人才培养规划》,加强人才队伍建设;积极推动残疾人参加新型农村合作医疗;大力宣传和普及康复知识。

在874个市辖区和1823个县(市)开展了社区康复工作,累计建立社区康复站18.6万个,配备31.4万名社区康复协调员。

开展视力残疾康复机构总数达到991个,完成白内障复明手术75.8万例;为31.0万名贫困白内障患者免费施行复明手术;为3.6万名低视力患者配用助视器,培训低视力儿童家长6997名,有效开展家庭康复训练。对2.5万名盲人进行定向行走训练。

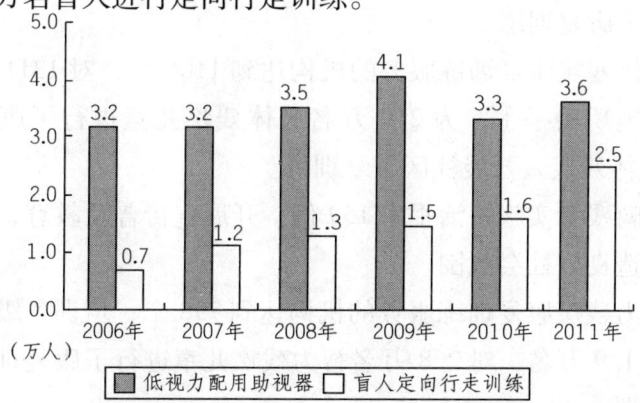

图1-1 2011年低视力康复、盲人定向行走训练开展情况

推进听力语言康复机构规范化管理,完善基层服务网络。已建设省级听力语言康复机构31个,基层听力语言康复机构1028个。全国共对2.7万名聋儿进行了听力语言康复训练,规范聋儿家长学校,开展家庭训练,共培训聋儿家长3.0万名;培养各类专业人员5312人;实施贫困聋儿人工耳蜗、助听器抢救性康复项目,资助700名聋儿免费植入人工耳蜗,资助3000名聋儿免费佩戴助听器。

大力推广"社会化、综合性、开放式"精神病防治康复工作。在2423个市县开展精神病防治康复工作,对522.9万重性精神病患者进行综合防治康复,监护率达到80.5%,显好率达到55.1%,社会参与率达到43.4%,肇事率0.2%;解除关锁4836人;对35.6万贫困精神病患者进行医疗救助。

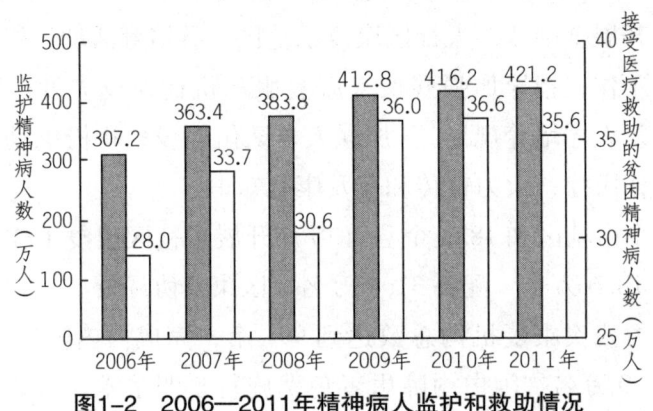

图1-2 2006—2011年精神病人监护和救助情况

建立了30个省级孤独症儿童康复训练机构;6910名孤独症儿童在各级机构进行了康复训练。

开展肢体残疾康复训练服务的机构达到1106个,对1311名贫困肢体残疾儿童实施矫治手术,为2.9万名肢体残疾儿童进行了康复训练,对13.7万名肢体残疾人开展社区康复训练。

为麻风畸残者实施矫治手术159例,开展宣传普及教育,为麻风患者回归社会营造良好社会氛围。

开展智力残疾康复训练服务的机构达到798个;培训各级各类智力残疾康复人员1.9万名,对2.8万名智力残疾儿童进行了康复训练,同时对家长开展培训。

## 四、全国残疾人事业发展统计公报

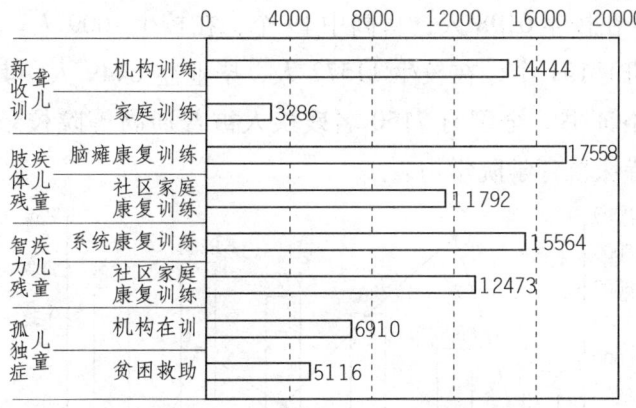

图1-3 2011年残疾儿童康复训练开展情况

加强残疾人辅助器具服务体系建设，深入开展辅助器具供应服务，为残疾人减免费用装配普及型假肢3.1万例，供应辅助器具74.3万件，装配矫形器1.5万例。

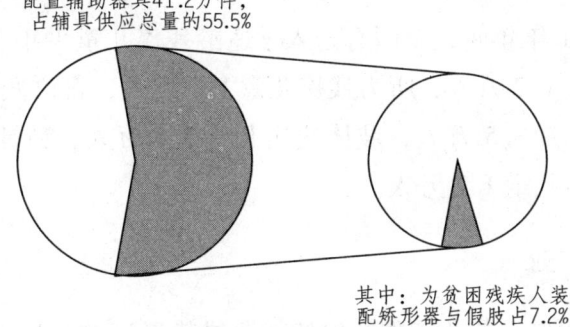

图1-4 2011年辅助器具供应服务情况

## 二、教 育

2011年，残疾人受教育权得到了更好保障，进一步提高了残疾人素质和平等参与社会的能力。

残疾人事业专项彩票公益金助学项目，为全国家庭经济困难的残疾儿童享受普惠性学前教育提供资助1.0万人次。各地也积极多渠道争取资金支持，对6627名残疾儿童给予学前教育资助。

已开办特殊教育普通高中班（部）179个，在校生7207人；其中聋高中145个，在校生6198人；盲高中19个，在校生1009人。残疾人中等职业学校（班）131个，在校生11572人，毕业生6449人，其中4781人获得职业资格证书。全国有7150名残疾人被普通高等院校录取，877名残疾人进入特殊教育学院学习。

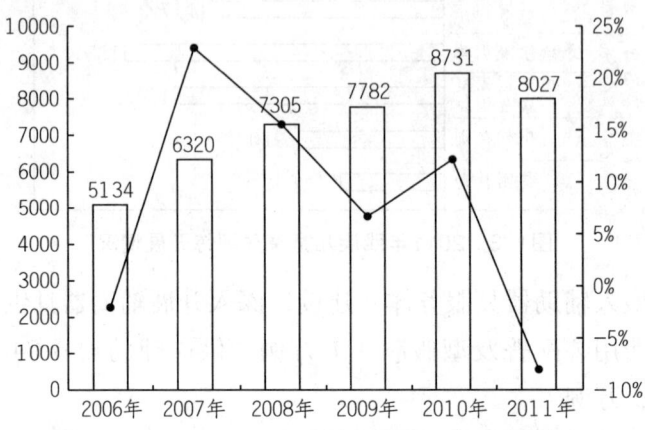

**图2-1　2006—2011年高等院校录取残疾考生情况**

截止到2011年年底，全国有未入学适龄残疾儿童少年12.6万人，其中视力残疾儿童1.2万人，听力残疾儿童1.2万人，言语残疾儿童0.9万人，智力残疾儿童3.5万人，肢体残疾儿童3.5万人，精神残疾儿童0.6万人，多重残疾儿童1.7万人。

## 三、就　业

2011年，残疾人就业工作在保持就业局势稳定的基础上取得新进展。城镇新安排31.8万残疾人就业。其中，集中就业残疾人9.7万，按比例安排残疾人就业7.5万，公益性岗位就业2.1万，个体就业及其他形式灵活就业12.5万，全国城镇实际在业人数440.5万；1748.8万农村残疾人实现稳定就业，其中1367.7万人从事农业生产劳动。

全国残疾人职业培训基地达到5254个，其中残联兴办2368个，依托社会机构兴办2886个，29.9万人次城镇残疾人接受了职业培训。

盲人按摩事业稳定发展，按摩机构迅速增长。2011年度培训盲人保健按摩人员14067名，盲人医疗按摩人员3736名；保健按摩机构达到12170个，医疗按摩机构达到1031个；在专业技术职务资格评审中，分别有965人和2376人通过医疗按摩人员中级和初级职称评审。

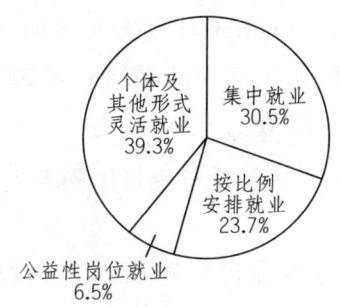

图3-1　2011年城镇残疾人新安排就业情况

## 四、社会保障

2011年残疾人社会保障状况进一步改善。残疾人参加新型农村和城镇居民社会养老保险试点工作全力推进，试点地区有1232.5万残疾人参加了新型农村社会养老保险，参保率68.4%。在参保的残疾人中有重度残疾人294.9万，其中289.6万得到了政府的参保扶助（全部代缴247.7万人，部分代缴41.9万人），有229.2万非重度残疾人也享受了全额或部分代缴的优惠政策。享受养老金待遇的人数达到290.7万人。在2011年7月推行的城镇居民社会养老保险试点工作中，已有260.0万残疾人参保，参保率59.2%。在参保的残疾人中有70.5万重度残疾人，其中67.5万得到了政府的参保扶助，有55.5万非重度残疾人也享受了全额或部分代缴的优惠政策。享受养老金待遇的人数达到69.3万人。

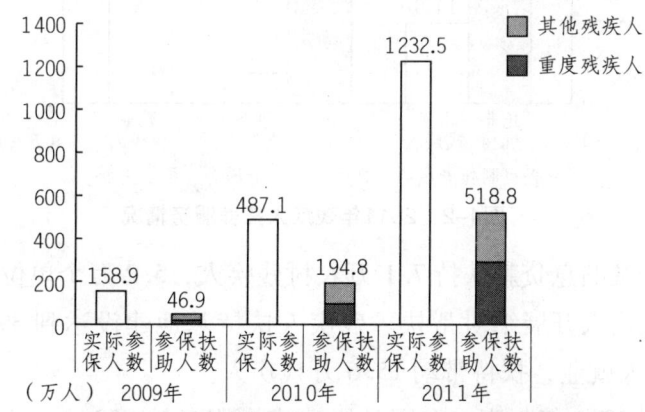

图4-1　2009—2011年农村残疾人参加新农保及参保扶助情况

城镇残疾职工参加社会保险人数达到299.3万,城镇残疾居民参加基本医疗保险达到433.1万人,1474.3万残疾人参加了新型农村合作医疗;城乡1031.4万残疾人纳入最低生活保障范围;城镇集中供养残疾人和农村五保供养残疾人分别达到12.0万和68.5万;232.2万城乡残疾人获得其他救助救济,136.2万和14.0万符合条件的城乡残疾人分别享受了稳定的生活补贴和护理补贴。

残疾人托养服务工作稳步推进,残疾人寄宿制托养服务机构达到3921个,其中事业单位1072个,民办非企业1353个,其他性质的1496个,托养残疾人11.9万人。残疾人日间照料机构达到2368个,为4.6万名残疾人提供托养服务。接受居家托养服务的残疾人达到44.2万人。

## 五、扶贫开发

残疾人扶贫工作取得明显进展,贫困残疾人生产生活状况得到进一步改善。2011年,211.8万贫困残疾人得到扶持,其中122.2万人通过扶贫开发实际脱贫;接受实用技术培训的残疾人达到92.3万人次。

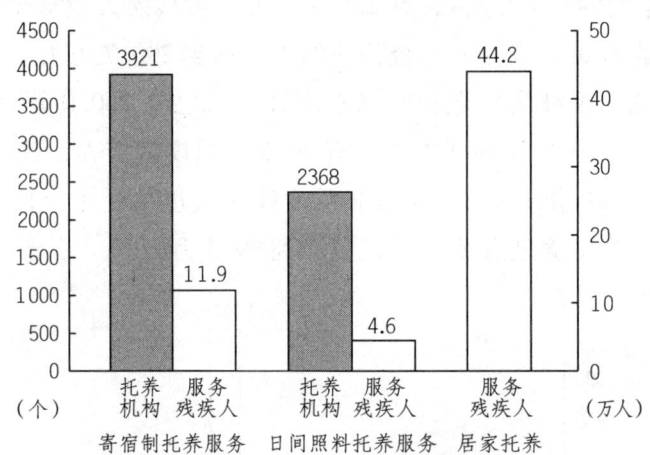

**图4-2　2011年残疾人托养服务情况**

康复扶贫贴息贷款扶持7.1万农村残疾人,5.2万个单位和32.8万个人对贫困残疾人开展结对帮扶。残疾人扶持基地建设达到3985个,安置8.7万残疾人就业,扶持带动15.6万残疾人。

截止到2011年年底,全国县级残疾人服务社853个,乡(镇)残疾人服务分社6511个。

完成9.4万户农村贫困残疾人危房改造,各地投入危房资金9.5亿元,11.5万残疾人受益。

## 六、宣传文化

2011年,残疾人事业宣传工作紧密围绕事业大局,在全社会大力弘扬人道主义,残疾人事业的社会影响力和关注度得到快速提升,为残疾人事业可持续发展营造了良好的舆论氛围。圆满组织以"改善残疾人民生 保障残疾人权益"为主题的第二十一次全国助残日活动,完成第四次全国残疾人职业技能竞赛、第八届全国残疾人运动会的宣传报道工作。截至2011年年底,全国共开辟省级报刊专版152个,残疾人专题广播节目32个,电视手语新闻栏目28个,建立省级残疾人事业新闻宣传促进会23个;共开辟地市级报刊专版1173个,残疾人专题广播节目431个,电视手语新闻栏目168个,建立地市级新促会105个。

残疾人文化生活更加丰富活跃,残疾人受到社会广泛关注并更加全面地参与到社会生活当中。残疾人文化周活动深入开展,全国400多万残疾人参与其中;继续推进"残疾人文化进社区"项目,对全国1000个试点社区进行检查评估;举办第六届全国特殊教育学校学生艺术汇演,149件作品获奖;成立全国残疾人阅读指导委员会,向残疾人推荐阅读书目150种,开展了"我心中的太阳"征文活动,全国已有25个省(区、市)成立了本省残疾人阅读指导委员会;与新闻出版总署联合发起"百家出版社文化助残公益行动",全国200多家出版社捐赠1400多万(码洋)书籍;与澳门签署共同促进残疾人特殊艺术发展项目合作协议,完成"特殊艺术师资培训班"、"残疾青少年特殊艺术人才夏令营"等四个合作项目。

## 七、体 育

2011年,残疾人体育立足国家推进基本公共服务均等化和加强残疾人"两个体系"建设大局,积极推动残疾人体育工作协调发展。"大力推进残疾人体育"纳入《全民健身计划(2011—2015年)》。

成功举办第八届全国残疾人运动会,共有35个代表团3041名运动员参赛,产生723枚金牌、703枚银牌、628枚铜牌,超65项世界纪录、平2项世界纪录,破347项全国纪录,平6项全国纪录。运动会期间首次开展残疾人群众体育展示活动。

积极推进残疾人群众体育健身工作。开展首届残疾人健身周活动。举办全国特教学校盲人跳绳比赛和聋人篮球比赛,深受特教师生欢迎。举办首期国家级残疾人体育健身指导员培训班,30个省市和新疆生产建设兵团共131人获得首批国家级残疾人健身指导员培训讲师资格。

广泛开展国际交流。2011年,派出630人次参加了25项国际赛事,取得268枚金牌,积极争取伦敦残奥会参赛资格。举办了2011年中国残疾人乒乓球公开赛及亚洲坐式排球锦标公开赛两项残疾人体育国际赛事。为备赛国际赛事,提高运动水平,共组织19次集训,涉及田径、乒乓球等18个项目,参训人数615人次。组团参加雅典第十三届世界夏季特奥运动会,97名特奥运动员参加了田径等11个项目的比赛及相关交流活动。成功举办第六届全国特奥日活动及特奥田径、羽毛球、篮球等比赛和健康检查活动。开展特奥足球周活动。举办两期特奥家庭支持联络网培训班。

加强残疾人体育科学研究。设立北京体育大学中国残疾人体育研究中心。举办第三届全国残疾人体育科学论文报告会,共征集111篇论文。

各地深入开展残疾人体育工作。组织省级残疾人群众体育健身活动171次,3.6万人次参加;建设残疾人群众体育活动示范点201个,培训残疾人体育健身指导员885人,组织残疾人体育比赛100次,参赛运动员达1.2万人次;省级残疾人体育训练基地已达220个。组织地市级残疾人体育活动3922次,48.4万人次参加;设立残疾人群众体育活动示范点598个,培训残疾人体育健身指导员3265人。

## 八、维　权

各级残联贯彻落实中国残疾人事业"十二五"发展纲要及实施方案,维权组织建设得到加强,残疾人事业法律法规体系进一步完善,残疾人维权工作全面开展。

2011年，修订残疾人保障法地方实施办法8件，制定或修改了关于残疾人的专门法规、规章省级5件、地市级35件，制定或修改保障残疾人权益的规范性文件省级36件、地市级169件。全国县级以上人大进行残疾人保障法执法检查824次，政协进行视察和专题调研845次。全国开展普法宣传教育活动6030次，77.3万人参加；举办法律工作者培训班1572个，6.8万人参加。

截止到2011年年底，全国成立残疾人法律救助工作协调机构761个，建立残疾人法律救助工作站545个，办理案件4153件。建立残疾人法律援助中心（工作站）2933个，办理案件2.13万件，有力地促进了法律救助和法律援助工作。

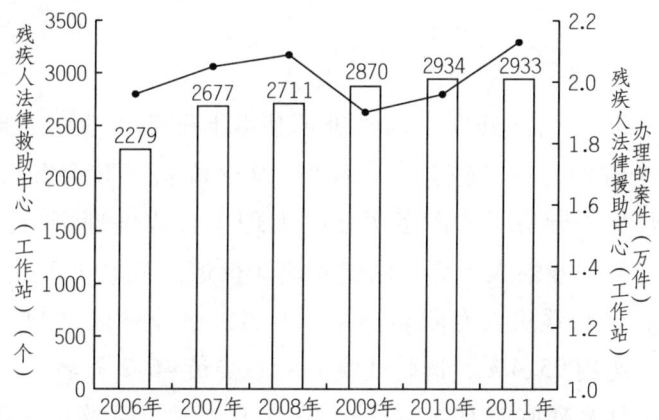

图8-1　2006—2011年残疾人法律服务中心（工作站）服务情况

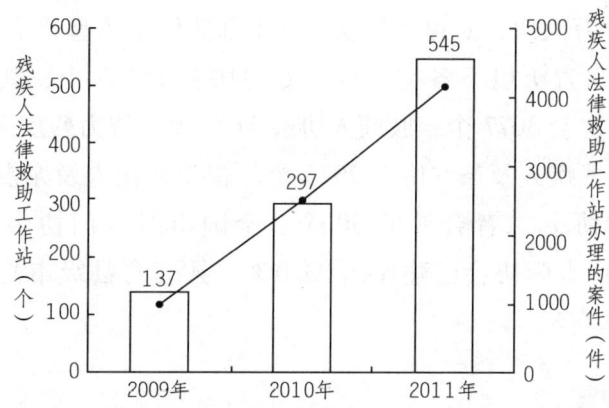

图8-2　2009—2011年残疾人法律救助工作站办理案件情况

残疾人参政议政工作得到加强,各级残联协助人大代表、政协委员提出议案、建议、提案1873件,办理议案、建议、提案1370件。

无障碍建设法规、标准进一步完善。全国有6个省、92个地市、328个县(市、区)出台了无障碍建设与管理法规、规章;18个省、194个地市、857个县(市、区)成立了无障碍建设领导协调组织;845个市、县、区系统开展无障碍建设;全国开展无障碍建设检查2.8万次,无障碍培训3.1万人次;为10.2万个贫困残疾人家庭实施了无障碍改造;为41.9万残疾人发放了残疾人机动轮椅车燃油补贴。

全国各级残联共处理残疾人群众来信6万余件,接待残疾人群众来访34.9万人次,其中集体访1730批次、2.1万人次。

## 九、组织建设

2011年,33个省级残联中领导班子基本上配备了残疾人理事长或副理事长,13个省份配备了驻会盲人理事,9个配备了驻会聋人理事;222个地市级残联在领导班子中配备了残疾人理事长或副理事长;1599个县级残联机关配备了残疾人干部;已建乡镇(街道)残联3.7万个,建设率达到91.3%,选聘残疾人专职委员4.9万名;已建社区(村)残协61.1万个,建设率达到95.4%,选聘残疾人专职委员46.2万名。

全国省市县乡残联实有人员已达10.9万人,干部培训工作取得新进展。各级残联共举办培训班3.3万期,培训机关干部、协会干部及残疾人专职委员90.3万人次,对提高残联系统干部队伍素质起到了重要作用。

全国共建立省级以下各类残疾人专门协会15335个,其中盲人协会3095个、聋人协会3077个、肢残人协会3127个、智力残疾人及亲友协会2973个、精神残疾人及亲友协会2973个,智力残疾人及亲友协会和精神残疾人及亲友协会二者合一的90个。全国市级专门协会已建比例为97.6%,市辖区专门协会已建比例93.0%;县(含县级市)级专门协会已建比例为89.6%。

## 十、信息化建设

2011年,紧密配合残疾人社会保障体系和服务体系建设,中国残疾人联合会网站进行了全新改版,网站年度页面总浏览量超过3100万次。新版网站注重加强政策信息发布、开设网上亮点服务,进一步发挥网上政务信息公开作用。

"中国残疾人服务网"正式开通,网站点击量达到750万次。网站围绕与残疾人生活息息相关的康复、教育、就业等推出了特色服务频道。2012年除夕夜,中国残联在央视特别授权的视频流支持下,首次进行了央视春晚网上无障碍(文字+视频)直播活动,直播期间页面点击量达到43万以上,有约14万人在线观看;重视加强中国盲人数字图书馆网站后续建设,网站日均访问量达到5万次,资源量增长35%,用户量增长33%;与国家图书馆共建开通了中国残疾人数字图书馆,让更多残疾人足不出户就可享受国图的资源与服务。

全国33个省级残联、264个地市级残联和1114个县级残联开通网站,比2010年增加170个。残联系统网站已逐步成为服务于社会和广大残疾人的电子政务信息服务平台,在政务公开、新闻宣传、信息服务等方面发挥了重要窗口作用。

经过三年的建设,截至2011年年底,全国残疾人人口基础信息数据库累计采集、收录持证残疾人实名信息2231万条。结合全国残疾人康复需求调查,采集残疾人康复需求信息2104万条,其中持证残疾人康复需求信息1338万条,非持证残疾人信息766万条。残疾人人口基础数据库作为国家权威的残疾人基础信息资源,为提高残疾人社会保障与服务水平提供支持和保障。

# 2012年中国残疾人事业发展统计公报

残联发〔2013〕3号

2012年是我国发展历史上具有重要意义的一年，党的十八大开启了全面建成小康社会新的伟大征程，揭开了共创中国人民和中华民族更加幸福美好未来的新篇章。残疾人事业保持良好的发展势头，各方面工作取得新成效，广大残疾人得到新实惠。

## 一、康复

2012年，通过实施一批重点康复工程，使760.2万残疾人得到不同程度的康复。开展全国残疾人社区康复示范区、县培育活动，积极推进残疾人社区康复工作；指导加强残疾人康复服务机构建设力度；实施《全国残联系统康复人才培养规划》，加强人才队伍建设；积极推动残疾人医疗康复保障政策的出台和落实；大力宣传和普及康复知识。

在889个市辖区和1905个县（市）开展了社区康复工作，累计已建社区康复站的社区总数20.5万个，配备35.3万名社区康复协调员。

开展视力残疾康复机构总数达到724个，完成白内障复明手术79.6万例；为33.4万名贫困白内障患者免费施行复明手术；为11.7万名低视力患者配用助视器，培训低视力儿童家长3.7万名，有效开展家庭康复训练。对12.0万名盲人进行定向行走训练。

推进听力语言康复机构规范化管理，完善基层服务网络。已建设省级听力语言康复机构32个，基层听力语言康复机构1011个。年度新收训聋儿2.0万名，在训聋儿3.2万名；规范聋儿家长学校，开展家庭训练，共培训聋儿家长3.9万名；开展各级各类听力语言康复专业技术人员培训，共培训专业人员7731人；实施贫困聋儿人工耳蜗、助听器抢救性康复项目，资助4000名聋儿免费植入人工耳蜗，资助4500名聋儿免费配戴助听器；开展彩票公益金成年听力残疾人（助听器）康复项目，为2万名（含2011年度）贫困成年听力残疾人免费验配助听器，各级康复机构共为

3.5万名成年听力残疾人提供技术服务。

大力推广"社会化、综合性、开放式"精神病防治康复工作。在2586个市县开展精神病防治康复工作，对593.6万重性精神病患者进行综合防治康复，监护率达到75.6%，显好率达到67.2%，社会参与率达到52.6%，肇事率0.19%；解除关锁5056人；对44.4万贫困精神病患者进行医疗救助。

建立了30个省级孤独症儿童康复训练机构；1.1万名孤独症儿童在各级机构进行了康复训练。

开展肢体残疾康复训练服务机构达1592个，其中，省级康复机构31个，地市级、县级康复机构1561个；培训各级各类肢体残疾康复人员3.9万人次；全国共对35.7万肢体残疾者实施康复训练；实施救助项目资助3.0万名脑瘫儿童进行机构康复训练，资助6221名贫困肢体残疾儿童实施矫治手术。

为麻风畸残者实施矫治手术458例，开展宣传普及教育，为麻风患者回归社会营造良好社会氛围。

开展智力残疾康复训练服务的机构1206个，其中，省级康复机构29个，地市级、县级康复机构1177个；培训各级各类智力残疾康复人员1.7万人次；全国共对14.0万名智力残疾人进行康复训练；实施救助项目资助2.0万名智力残疾儿童进行机构康复训练，同时培训儿童家长。

加强残疾人辅助器具服务体系建设，深入开展辅助器具供应服务，为残疾人减免费用供应辅助器具114.5万件，其中装配假肢3.9万例、矫形器4.0万例，验配助视器10.5万件。

## 二、教　育

2012年，残疾人受教育权得到了更好保障，进一步提高了残疾人素质和平等参与社会的能力。

残疾人事业专项彩票公益金助学项目，为全国家庭经济困难的残疾儿童享受普惠性学前教育提供资助1.0万人次。各地也积极多渠道争取资金支持，对4429名残疾儿童给予学前教育资助。

已开办特殊教育普通高中班（部）186个，在校生7043人；其中聋高中121个，在校生5555人；盲高中22个，在校生1488人。残疾人中等职业学校（班）152个，在校生10442人，毕业生7354人，其中5816人获得职业资格证书。全国有7229名残疾人被普通高等院校录取，1134名残疾人进入特殊教育学院学习。

截止到2012年年底，全国有未入学适龄残疾儿童少年9.1万人，其中视力残疾儿童0.6万人，听力残疾儿童0.6万人，言语残疾儿童0.6万人，智力残疾儿童2.8万人，肢体残疾儿童2.8万人，精神残疾儿童0.3万人，多重残疾儿童1.3万人。

### 三、就　业

2012年，残疾人就业工作在保持就业局势稳定的基础上取得新进展。城镇新增32.9万残疾人就业，其中，集中就业残疾人10.2万，按比例安排残疾人就业8万，公益性岗位就业1.8万，个体就业及其他形式灵活就业12.3万，辅助性就业0.7万。全国城镇实际在业人数444.8万；1770.3万农村残疾人实现稳定就业，其中1389.9万人从事农业生产劳动。

全国残疾人职业培训基地达到5271个，其中残联兴办1927个，依托社会机构兴办3344个，29.9万人次城镇残疾人接受了职业培训。

盲人按摩事业稳定发展，按摩机构迅速增长。2012年度培训盲人保健按摩人员16514名、盲人医疗按摩人员4925名；保健按摩机构达到12887个，医疗按摩机构达到848个；在专业技术职务资格评审中，分别有551人和1655人通过医疗按摩人员中级和初级职称评审。

### 四、社会保障

2012年残疾人社会保障状况保持平稳。残疾人参加新型农村和城镇居民社会养老保险工作实现了全覆盖，已有325.3万城镇残疾人参加了城镇居民社会养老保险，参保率58.4%。在60岁以下的参保残疾人中有62.8万重度残疾人，其中59.2万得到了政府的参保扶助，有47.7万非重度残疾人也享受了全额或部分代缴的优惠政策。领取养老金待遇的人数达到133.7万人。

新型农村社会养老保险方面，共有1333.8万残疾人参加了新型农村社会养老保险，参保率63.8%。在60周岁以下的参保残疾人中有重度残疾人236.6万，其中224.6万得到了政府的参保扶助（全部代缴188.2万人，部分代缴36.4万人），有150.0万非重度残疾人也享受了全额或部分代缴的优惠政策。享受养老金待遇的人数达到507.4万人。

城镇残疾职工参加社会保险人数达到280.9万，城镇残疾居民参加基本医疗保险达到498.6万人，城乡1070.5万残疾人纳入最低生活保障范围；城镇集中供养残疾人和农村五保供养残疾人分别达到12.2万和68.5万；261.3万城乡残疾人获得其他救助救济，239.1万和36.3万符合条件的城乡残疾人分别享受了稳定的生活补贴和护理补贴。

残疾人托养服务工作稳步推进，残疾人寄宿制托养服务机构达到3903个，其中事业单位1107个，民办非企业1366个，其他性质的1430个，托养残疾人11.3万人。残疾人日间照料机构达到3372个，为7.4万名残疾人提供托养服务。接受居家托养服务的残疾人达到56.0万人。

## 五、扶贫开发

2012年，残疾人扶贫开发成效显著，贫困残疾人生产生活状况得到进一步改善。229.9万贫困残疾人得到扶持，其中137.3万人通过扶贫开发实际脱贫；接受实用技术培训的残疾人达到86.1万人次。

康复扶贫贴息贷款扶持5.5万农村残疾人，6.4万个单位和41.3万个人对贫困残疾人开展结对帮扶。残疾人扶持基地达到5226个，安置10.2万残疾人就业，扶持带动25.8万残疾人。

完成13.2万户农村贫困残疾人危房改造，各地投入危房资金11.9亿元，15.7万残疾人受益。

基层党组织助残扶贫项目帮扶9.4万名农村贫困残疾人。万村千乡市场工程助残扶贫项目安置5968名贫困残疾人就业，帮扶贫困残疾人创办2059个村级农村店。

## 六、宣传文化

2012年，残疾人事业宣传工作在全社会大力弘扬人道主义思想，全面反映残疾人事业"两个体系"建设为残疾人生活带来的明显变化，残疾人事业的社会影响力和关注度得到快速提升，营造了有利于残疾人事业发展的舆论环境。圆满组织以"加强残疾人文化服务保障残疾人文化权益"为主题的第二十二次全国助残日活动，完成伦敦残奥会、《无障碍环境建设条例》颁布实施、《农村残疾人扶贫开发纲要》颁布、《残疾人权利公约》履约等重大事件和重点工作的宣传报道，把残疾人事业宣传纳入党的十八大国家宣传报道计划；举办 2010—2011 年度残疾人事业好新闻评选和第十届各地人民广播电台残疾人专题节目展播活动，217 件新闻作品和 48 件广播专题节目获等级奖；完善全国残疾人事业宣传报道网络，建立两级宣传调控机制，形成残疾人事业宣传合力。截至 2012 年年底，中央电视台《新闻联播》播出残疾人题材报道 68 条，全国共开辟省级报刊专版 168 个，残疾人专题广播节目 38 个，电视手语新闻栏目 30 个，28 个省建立了省级残疾人事业新闻宣传促进会；共开辟地市级报刊专版 1375 个，残疾人专题广播节目 468 个，电视手语新闻栏目 184 个，建立地市级新促会 115 个。

残疾人文化生活更加丰富活跃，残疾人受到社会广泛关注并更加全面地参与到社会生活当中。与中宣部等十一部委联合制定并下发了《关于加强残疾人文化建设的意见》；启动全国残疾人文化体育建设示范市（区）工作；残疾人文化周活动深入开展，全国上百万残疾人参与其中；继续推进"残疾人文化进社区"项目，由中国残联扶持的示范社区已达 1500 个；残疾人题材电影《完美人生》被列入"迎接党的十八大国产重点影片"之一；电影《吴运铎》、图书《雷锋》荣获第十二届精神文明建设"五个一工程"优秀作品奖；举办了"全国残疾人美术大赛"、"兰亭杯"全国残疾人书法大赛、"V 歌赛"等残疾人喜闻乐见的文化活动，出版了残疾人散文集《道德的力量》，有效促进了残疾人文化活动的繁荣发展。

## 七、体　育

2012 年是残疾人体育发展历程中具有里程碑意义的一年。我国派团参赛伦敦残奥会再创新辉煌，全面实施"残疾人自强健身工程"取得新突破。

2012 年 8 月 29 日至 9 月 9 日，我国派出 417 人的代表团参加了第十四届伦敦残奥会,取得了95枚金牌、71枚银牌、65枚铜牌、231枚奖牌的优异成绩,实现了我国在残奥会上金牌榜和奖牌榜的"三连冠",创造了新辉煌。

成功举办第二届残疾人健身周活动,全国共有28个省(区、市)结合本地特色,举办了丰富多彩的残疾人健身周活动。积极举办残疾人群众体育赛事活动。2012年,举办了全国盲人跳绳、盲人乒乓球比赛和全国首期轮椅广播操训练营。全国共有30个省(区、市)的338名特教学生及残疾人工作者参加。

推进残疾人群众体育活动示范点建设。2012年出台《自强健身示范点命名资助办法》,已建设了76个国家级残疾人自强健身示范点。

大力推进聋人体育运动和特奥运动。为备赛世界听障奥运会,举办了5项全国聋人锦标赛,共有28个省市、438名聋人运动员参赛。完成了2013年世界冬季特奥会组团工作。举办了特奥融合篮球邀请赛、大学生特奥教练员培训班等9项特奥活动。特奥运动员总数已达到112万。

积极运用社会化工作方式,拓展残疾人体育发展资源。目前,我国开设残疾人体育课题研究及相关活动的院校已达到18所,开展特奥大学计划的院校达到了150所。2012年考核审批了153名国家级裁判员,有3000多名社会体育技术官员参与了残疾人体育活动,全国已设立29所国家级训练基地。

各地深入开展残疾人体育工作。组织省级残疾人群众体育健身活动218次,4.9万多人次参加;建设省级残疾人群众体育活动示范点351个,培训省级残疾人体育健身指导员2836人,组织残疾人体育比赛80多次,参赛运动员达1.3万多人次;省级残疾人体育训练基地已达200个。组织地市级残疾人体育活动3953次,52.5万人次参加;设立地市级残疾人群众体育活动示范点1040个,培训地市级残疾人体育健身指导员6616人。

## 八、维 权

各级残联贯彻落实中国残疾人事业"十二五"发展纲要及实施方案,维权组织建设得到加强,残疾人事业法律法规体系进一步完善,残疾人维权工作全面开展。

2012年，修订残疾人保障法地方实施办法12件；制定或修改了关于残疾人的专门法规、规章省级5件、地市级25件；制定或修改保障残疾人权益的规范性文件省级61件、地市级109件。全国县级以上人大进行残疾人保障法执法检查923次；政协进行视察和专题调研810次。全国开展普法宣传教育活动8925次，92.8万人参加；举办法律工作者培训班1576个，8.8万人参加。

截至2012年年底，全国成立残疾人法律救助工作协调机构1188个，建立残疾人法律救助工作站811个，办理案件6453件。建立残疾人法律援助中心（工作站）2979个，办理案件2.5万件，有力地促进了法律救助和法律援助工作。

残疾人参政议政工作得到加强，各级残联协助人大代表、政协委员提出议案、建议、提案1771件，办理议案、建议、提案1435件。

无障碍建设法规、标准进一步完善。全国共出台了438个省、地市、县级无障碍建设与管理法规、规章；1084个市、县、区系统开展无障碍建设；全国开展无障碍建设检查3354次，无障碍培训3.4万人次；为14.1万个贫困残疾人家庭实施了无障碍改造；为55.4万残疾人发放了残疾人机动轮椅车燃油补贴。

全国各级残联共处理残疾人群众来信5.5万余件，接待残疾人群众来访34.4万人次，其中集体访1096批次、1.5万人次。

## 九、组织建设

2012年，31个省级残联领导班子中基本上配备了残疾人理事长或副理事长；232个地市级残联在领导班子中配备了残疾人理事长或副理事长；1624个县级残联机关配备了残疾人干部；已建乡镇（街道）残联3.9万个，已建率达到97.5%，选聘残疾人专职委员4.9万名；已建社区（村）残协60.7万个，已建率达到95.6%，选聘残疾人专职委员51.8万名。

全国省市县乡残联实有人员已达12万人。各级残联共举办培训班3万期，培训机关干部、协会干部及残疾人专职委员79万人次。

全国共建立省级以下各类残疾人专门协会15321个，市级专门协会已建比例为98.2%，市辖区专门协会已建比例94.9%；县（含县级市）级专门协会已建比例为89.2%。

## 十、服务设施建设

残疾人服务设施建设得到全面发展。截至2012年年底，全国已竣工并投入使用的各级残疾人综合服务设施1971个，总占地面积444.0万平方米，总建设规模355.8万平方米，总投资96.2亿元；已竣工并投入使用的各级残疾人康复设施231个，总占地面积82.4万平方米，总建设规模67.0万平方米，总投资19.2亿元；已竣工并投入使用的各级残疾人托养服务设施155个，总占地面积71.6万平方米，总建设规模43.1万平方米，总投资12.6亿元。

## 十一、信息化建设

2012年，中国残联网站加大对残疾人各项政策、地方残疾人工作的宣传，年度访问量达到3450万次，完成1.5万条信息更新。全国33个省级残联、272个地市级残联和1235个县级残联开通网站，为广大残疾人和社会公众提供信息服务，其中7个省级残联及2个计划单列市残联网站开展了无障碍建设。中国残疾人服务网开展面向聋人的央视蛇年春晚（文字＋视频）网上直播服务，独立用户访问量14万；发布了近2000个残疾人高端就业岗位。

截至2012年年底，全国残疾人人口基础信息数据库累计采集、收录持证残疾人实名信息近2600万条。结合全国农村贫困残疾人扶贫调查，采集农村贫困残疾人扶贫需求信息1350.6万条。作为国家权威的残疾人基础信息资源，残疾人人口基础数据库为残疾人社会保障体系和服务体系建设提供进一步支持和保障。

第五编　残疾人事业统计与监测

# 2013年中国残疾人事业发展统计公报

残联发〔2014〕29号

2013年中国残联第六次全国代表大会胜利召开，为在新的起点上推动创新发展提供了重要的思想和组织保障。在党中央、国务院正确领导和带领下，党政部门高度重视，残联组织辛勤工作，社会各界积极参与，广大残疾人自强不息，残疾人事业取得了新的进步。

## 一、康　复

2013年，通过实施一批重点康复工程，使746.8万残疾人得到不同程度的康复。开展全国残疾人社区康复示范区、县培育活动，积极推进残疾人社区康复工作；做好儿童残疾预防，尤其是0—6岁儿童残疾筛查工作；指导加强残疾人康复服务机构建设力度；实施《全国残联系统康复人才培养规划》，加强人才队伍建设；积极推动残疾人医疗康复保障政策的出台和落实；大力宣传和普及康复知识。

在901个市辖区和2014个县（市）开展了社区康复工作，累计已建社区康复站的社区总数21.4万个，配备37.9万名社区康复协调员。

1458个县的1844个医疗卫生机构陆续开展残疾儿童筛查工作，年度新诊断0—6岁残疾儿童5.0万人。

开展视力残疾康复机构总数达到805个，完成白内障复明手术74.6万例；为29.1万名贫困白内障患者免费施行复明手术；为12.9万名低视力患者配用助视器，培训低视力儿童家长3.8万名，有效开展家庭康复训练。对12.0万名盲人进行定向行走训练。

推进听力语言康复机构规范化管理，完善基层服务网络。已建设省级听力语言康复机构32个，基层听力语言康复机构1014个。年度新收训聋儿2.0万名，在训聋儿3.2万名；规范聋儿家长学校，开展家庭训练，共培训聋儿家长3.9万名；开展各级各类听力语言康复专业技术人员培训，共培训专业人员6448人；实施贫困聋儿人工耳蜗、助听器抢救性康复项目，资助4288名聋儿免费植入人工耳蜗，资助4500名聋儿免费配戴助听器；开展彩票公益金成年听力残疾人（助听器）康复项目，为1.0万名贫困成年听力残疾人免费验配助听器，各级康复机构共为3.2万名成年听力残疾人提供技术服务。

开展肢体残疾康复训练服务机构达1927个，其中，省级康复机构39个，地市级、县级康复机构1888个；培训各级各类肢体残疾康复人员3.5万人次；全国共对35.4万肢体残疾者实施康复训练；实施救助项目资助3.5万名脑瘫儿童进行机构康复训练，资助6721名贫困肢体残疾儿童实施矫治手术。

为麻风畸残者实施矫治手术418例，开展宣传普及教育，为麻风患者回归社会营造良好社会氛围。

开展智力残疾康复训练服务的机构1471个，其中，省级康复机构35个，地市级、县级康复机构1436个；培训各级各类智力残疾康复人员1.6万人次；全国共对13.1万名智力残疾人进行康复训练；实施救助项目资助2.4万名智力残疾儿童进行机构康复训练，同时培训儿童家长。

大力推广"社会化、综合性、开放式"精神病防治康复工作。在2627个市县开展精神病防治康复工作，对584.0万重性精神病患者进行综合防治康复，监护率达到79.1%，显好率达到66.2%，社会参与率达到51.4%，肇事率0.17%；解除关锁3702人；对46.9万贫困精神病患者进行医疗救助。

建立了34个省级孤独症儿童康复训练机构；1.7万名孤独症儿童在各级机构进行了康复训练。

加强残疾人辅助器具服务体系建设，深入开展辅助器具供应服务，为残疾人减免费用供应辅助器具128.3万件，其中装配假肢2.9万例、矫形器4.7万例，验配助视器12.5万件。

## 二、教　育

2013年，残疾人受教育权得到了更好保障，进一步提高了残疾人素质和平等参与社会的能力。

残疾人事业专项彩票公益金助学项目，为全国家庭经济困难的残疾儿童享受普惠性学前教育提供资助1万余人次。各地也积极多渠道争取资金支持，对3489名残疾儿童给予学前教育资助。

已开办特殊教育普通高中班（部）194个，在校生7313人；其中聋高中125个，在校生5704人；盲高中27个，在校生1609人。残疾人中等职业学校（班）198个，在校生11350人，毕业生7772人，其中6200人获得职业资格证书。全国有7538名残疾人被普通高等院校录取，1388名残疾人进入特殊教育学院学习。

截至2013年年底，全国有未入学适龄残疾儿童少年8.4万人，其中视力残疾0.5万人，听力残疾0.5万人，言语残疾0.5万人，肢体残疾2.6万人，智力残疾2.6万人，精神残疾0.3万人，多重残疾1.2万人。

## 三、就　业

2013年，残疾人就业取得新进展。城镇新就业残疾人36.9万，其中，集中就业残疾人10.7万，按比例安排残疾人就业8.7万，公益性岗位就业1.5万，个体就业及其他形式灵活就业14.6万，辅助性就业1.3万。全国城镇就业人数445.6万；1757.2万农村残疾人在业，其中1385.4万残疾人从事农业生产劳动。

全国残疾人职业培训基地达到5357个，其中残联兴办2022个，依托社会机构兴办3335个，37.8万人次城镇残疾人接受了职业培训。

盲人按摩事业稳定发展，按摩机构迅速增长。2013年度培训盲人保健按摩人员20111名、盲人医疗按摩人员5694名；保健按摩机构达到14704个，医疗按摩机构达到936个；在专业技术职务资格评审中，分别有334人和1043人通过医疗按摩人员中级和初级职称评审。

## 四、社会保障

2013年新型农村和城镇居民社会养老保险进一步扩大覆盖面，已有401.4万城镇残疾人参加了城镇居民社会养老保险，参保率65.1%。在60岁以下的参保残疾人中有77.9万重度残疾人，其中73.1万得到了政府的参保扶助，代缴补贴比例达到93.8%。有56.8万非重度残疾人也享受了全额或部分代缴的优惠政策。领取养老金待遇的人数达到162.0万人。

新型农村社会养老保险方面，共有1638.3万残疾人参加了新型农村社会养老保险，参保率71.2%。在60周岁以下的参保残疾人中有重度残疾人314.0万，其中302.9万得到了政府的参保扶助，代缴补贴比例达到96.5%。有175.2万非重度残疾人也享受了全额或部分代缴的优惠政策。享受养老金待遇的人数达到628.1万人。

城镇残疾职工参加社会保险人数达到296.7万，城镇残疾居民参加基本医疗保险达到547.3万人，城镇264.8万和农村828.2万残疾人纳入最低生活保障范围；城镇集中供养残疾人和农村五保供养残疾人分别达到11.7万和65.2万；366.2万和92.0万符合条件的城乡残疾人分别享受了稳定的生活补贴和护理补贴。266.0万城乡残疾人得到了其他救助救济。

残疾人托养服务工作规范推进，残疾人托养服务机构达到5677个，共为16.0万残疾人提供了托养服务。其中寄宿制托养服务机构1750个；日间照料机构2000个；综合性托养服务机构1927个。接受居家托养服务的残疾人达到78.4万人。

## 五、扶贫开发

2013年，残疾人扶贫开发成效显著，贫困残疾人生产生活状况得到进一步改善。238.7万贫困残疾人得到扶持，其中120.6万人通过扶贫开发实际脱贫；接受实用技术培训的残疾人达到85.6万人次。

康复扶贫贴息贷款扶持7.9万农村残疾人，6.4万个单位和40.5万个人对贫困残疾人开展结对帮扶。残疾人扶贫基地达到6201个，安置16.4万残疾人就业，扶持带动24.6万残疾人。

完成12.2万户农村贫困残疾人危房改造，各地投入危房资金11.5亿元，14.4万残疾人受益。

基层党组织助残扶贫项目帮扶76845名农村贫困残疾人。"万村千乡市场工程"助残扶贫项目安置6925名贫困残疾人就业，帮扶贫困残疾人创办2372个村级农村店。

## 六、宣传文化

2013年，"中国梦"、"走基层"等国家重点宣传栏目推出了多篇有关残疾人内容的报道；结合"帮扶贫困残疾人"第二十三次全国助残日活动，推出扶贫工作系列深度报道《农村残疾人扶贫应该怎么办》；广泛开展典型宣传，组织媒体对全国11名优秀残疾人基层工作者事迹进行报道。全年中央电视台《新闻联播》播出残疾人题材报道40条，《朝闻天下》《新闻直播间》等栏目播出88条，《人民日报》刊登相关社论、侧记和事业综述等80余篇。截至2013年年底，全国共有省级残疾人专题广播节目120个，电视手语栏目36个；地市级残疾人专题广播节目539个，电视手语栏目227个。

残疾人文化生活更加丰富活跃，受到更广泛关注，参与到社会生活更深入。以落实中宣部等11部委《关于加强残疾人文化建设的意见》为重点，全国26个省（区、市）出台了加强残疾人文化的意见，136个地市制定了实施意见；批准了全国32个残疾人文化体育示范市（区）和10个内地与澳门残疾人文化示范市（区）创建；组织第八届全国残疾人艺术汇演，全国31个省（区、市）和新疆兵团的5000余名演职员参加了声乐、器乐、舞蹈和戏剧小品四大类的比赛，少数民族节目超过20个，节目总数达348个，间接参与汇演的残疾人超过10万人，达历史之最；拍摄的残疾人题材电影《一生有爱》获蒙特利尔电影节优秀节目奖，联合摄制的电影《吴运铎》在俄罗斯举行的第十届尤·尼·奥泽罗夫国际军事电影节上荣获最佳视觉效果奖和最佳导演奖。

## 七、体　育

2013年，残疾人体育工作以提高残疾人体育健身服务能力和残疾人体育运动水平为着力点，全面实施"自强健身工程"，不断提高竞技水平。

举办第三届残疾人健身周活动，全国27个省（区、市）开展了残疾人体育健身培训、比赛及体育进家庭等形式多样的活动6000多场次。全国累计培养审批524名国家级残疾人体育健身指导员。在全国27个省（区、市）命名资助90个自强健身示范点；为中西部地区配发35套健身器材，并纳入示范点统一管理；累计资助建设自强健身示范点203个。组织第七次全国特奥日活动、特奥足球比赛及家庭论坛等活动，特奥运动员达到115.9万人。

举办了18项全国单项赛事，2200名运动员参赛，涌现了一批优秀的年轻运动员。参加第二十二届世界夏季听障奥运会、第十届冬季特奥运动会等27项国际赛事交流。在第二十二届世界夏季听障奥运会上获得12金、5银、8铜，位居金牌榜第四位。组织了27批次575人次的运动员集训，残疾人体育人才队伍和组织建设不断加强。注册登记的残疾人运动员达到6800人，审批的裁判员1188人、分级员45人。国家级残疾人体育培训基地达到31所。

各地深入开展残疾人体育工作。组织省级残疾人群众体育健身活动254次，5.8万多人次参加；建设省级残疾人群众体育活动示范点达到596个；培训省级残疾人体育健身指导员达到5352人；组织省级残疾人体育比赛114次，参赛运动员达1.3万人次；省级残疾人体育训练基地已达207个。组织地市级残疾人体育活动4568次，63.6万人次参加；设立地市级残疾人群众体育活动示范点1591个；培训地市级残疾人体育健身指导员1.2万人。

## 八、维　权

各级残联维权组织建设得到加强，残疾人事业法律法规体系进一步完善，残疾人维权工作全面开展。

2013年，修订残疾人保障法地方实施办法4件；制定或修改了关于残疾人的专门法规、规章省级5件、地市级26件；制定或修改保障残疾人权益的规范性文件省级30件、地市级76件。全国县级以上人大进行残疾人保障法执法检查和专题调研799次；政协进行视察和专题调研746次。全国开展普法宣传教育活动6606次，105.2万人参加；举办法律培训班1670个，9.6万人参加。

截至2013年年底，全国成立残疾人法律救助工作协调机构1306个，建立残疾人法律救助工作站901个，办案7905件，建立残疾人法律援助中心（工作站）3096个，办理案件2.3万件，有力地促进了法律救助和法律援助工作。

残疾人参政议政工作得到加强，各级残联协助人大代表、政协委员提出议案、建议、提案1743件,办理议案、建议、提案1464件。

无障碍建设法规、标准进一步完善。全国共出台了444个省、地市、县级无障碍建设与管理法规、规章和规范性文件;1419个市、县、区系统开展无障碍建设;全国开展无障碍建设检查3492次,无障碍培训3.6万人次;为13.6万个贫困残疾人家庭实施了无障碍改造;为65.7万残疾人发放了残疾人机动轮椅车燃油补贴。

全国各级残联共处理残疾人群众来信5.4万余件,接待残疾人群众来访32.3万人次,其中集体访1145批次、1.8万人次。

## 九、组织建设

2013年,30个省级残联领导班子中配备了残疾人理事长或副理事长;251个地市级残联在领导班子中配备了残疾人理事长或副理事长;1625个县级残联机关配备了残疾人干部;已建乡镇(街道)残联4.0万个,已建率达到98.0%,选聘残疾人专职委员4.6万名;已建社区(村)残协58.1万个,已建率达到92.6%,选聘残疾人专职委员53.8万名。

全国省市县乡残联实有人员已达11.1万人。各级残联共举办培训班3.2万期,培训机关干部、协会干部及残疾人专职委员76.5万人次。

全国共建立省级以下各类残疾人专门协会15410个,市级专门协会已建比例为97.6%,市辖区专门协会已建比例96.3%;县(含县级市)级专门协会已建比例为90.4%。

## 十、服务设施建设

残疾人服务设施建设得到全面发展。截至2013年年底,全国已竣工并投入使用的各级残疾人综合服务设施2094个,总建设规模424.1万平方米,总投资119.6亿元;已竣工并投入使用的各级残疾人康复设施542个,总建设规模100.7万平方米,总投资32.7亿元;已竣工并投入使用的各级残疾人托养服务设施353个,总建设规模78.2万平方米,总投资19.6亿元。

## 十一、信息化建设

2013年,中国残联网站年度访问量达到6900万次,刊发各地残联稿件超过1.2万篇,内容更新总量达到1.6万条。全国33个省级残联、277个地市级残联和1307个县级残联开通网站,比2012年增加77个。33个省、291个地市、1779个县级残联实现网上信息报送与审核。首次将网站无障碍纳入中国政府网站绩效评估范围,对117家部委和省政府等网站开展无障碍专项评估。

中国残疾人服务网连续第3年开展央视龙年春晚(文字+视频)网上无障碍直播服务,访问用户超过28万人。为盲人提供图形验证码网上识别服务达127.4万人次。加强与社会专业招聘信息网站合作,提供残疾人专属就业岗位信息超过4000余个。连续组织7期淘宝网"云客服"招募超过1000人报名。

截至2013年年底,全国残疾人人口基础信息数据库累计采集、收录持证和非持证残疾人4020余万人。结合全国农村贫困残疾人扶贫调查,采集农村贫困残疾人扶贫需求信息1500余万条。作为国家残疾人基础信息资源,残疾人人口基础数据库已取得明显的社会效益和经济效益。

# 2014年中国残疾人事业发展统计公报

残联发〔2015〕12号

2014年是全国残联系统认真学习党的十八届三中、四中全会精神,深入贯彻中央关于残疾人事业的新部署新要求,全面落实中国残联"六代会"任务的开局之年。一年来,在党中央、国务院领导下,各级残联主动作为,广大残疾人和残疾人工作者共同努力,各项事业在新起点上取得了重要进展。

## 一、康 复

2014年,通过实施一批重点康复工程,使751.5万残疾人得到不同程度的康复服务。

截至2014年年底，全国共有康复机构6914个，其中残联系统康复机构2622个；康复机构在岗人员总数达到23.36万人，其中业务人员16.0万人，管理人员3.05万人，其他人员4.31万人。

在914个市辖区和2023个县（市）开展了社区康复服务工作，累计已建社区康复站的社区总数21.9万个，配备39.2万名社区康复协调员。

1662个县的1958个医疗卫生机构陆续开展残疾儿童筛查工作，年度新诊断0—6岁残疾儿童4.8万人。依托各级各类残疾儿童康复机构建立儿童家长学校1547个，开展家长学校活动3625次，参与残疾儿童家长达94170人次。

开展视力残疾康复机构总数达到891个，完成白内障复明手术74.8万例；为30.0万名贫困白内障患者免费施行复明手术；为14.2万名低视力患者配用助视器，培训低视力儿童家长3.6万名，有效开展家庭康复训练。对12.3万名盲人进行定向行走训练。

推进听力语言康复机构规范化管理，完善基层服务网络。已建设省级听力语言康复机构31个，基层听力语言康复机构1025个。年度新收训聋儿1.9万名，在训聋儿3.2万名；规范聋儿家长学校，开展家庭训练，共培训聋儿家长3.9万名；开展各级各类听力语言康复专业技术人员培训，共培训专业人员5772人；实施贫困聋儿人工耳蜗、助听器抢救性康复项目，资助11200名聋儿免费植入人工耳蜗，资助19600名聋儿免费配戴助听器；开展彩票公益金成年听力残疾人（助听器）康复项目，为38352名贫困成年听力残疾人免费验配助听器，各级康复机构共为4.0万名成年听力残疾人提供技术服务。

开展肢体残疾康复训练服务机构达2181个，其中，省级康复机构42个，地市级、县级康复机构2139个；培训各级各类肢体残疾康复人员3.5万人次；全国共对36.7万肢体残疾者实施康复训练；实施救助项目资助4.0万名脑瘫儿童进行机构康复训练，资助8860名贫困肢体残疾儿童实施矫治手术。

为麻风畸残者实施矫治手术224例，开展宣传普及教育，为麻风患者回归社会营造良好社会氛围。

开展智力残疾康复训练服务的机构1730个，其中，省级康复机构45个，地市级、县级康复机构1685个；培训各级各类智力残疾康复人员1.5万人次；全国共对13.9万名智力残疾人进行康复训练；实施救助项目资助3.1万名智力残疾儿童进行机构康复训练，同时培训儿童家长。

大力推广"社会化、综合性、开放式"精神病防治康复工作。在2664个市县开展精神病防治康复工作，对583.7万重性精神病患者进行综合防治康复，监护率达到79.4%，显好率达到66.2%，社会参与率达到51.7%，肇事率0.12%；解除关锁4123人；对49.2万贫困精神病患者进行医疗救助。

建立了41个省级孤独症儿童康复训练机构；2.0万名孤独症儿童在各级机构进行了康复训练。

加强残疾人辅助器具服务体系建设，构建覆盖全国的服务网络，培育建设6个国家辅助器具区域中心，建设省级辅助器具服务机构29个，地市级服务机构220个，县级服务机构945个。开展多层次、多形式的专业技术人员培训，共组织培训专业人员6261人次。深入开展辅助器具服务，组织实施系列辅助器具项目，全年共为残疾人减免费用供应辅助器具152.4万件，其中装配假肢2.9万件、矫形器6.4万件，验配助视器17.8万件。

## 二、教　育

2014年，启动实施《特殊教育提升计划（2014—2016年）》，残疾人受教育权得到了更好的保障。

实施残疾人事业专项彩票公益金助学项目，为全国1.1万人次家庭经济困难的残疾儿童享受普惠性学前教育提供资助。各地也积极多渠道争取资金支持，对2908名残疾儿童给予学前教育资助。

全国共有特殊教育普通高中班（部）187个，在校生7227人，其中盲生1054人，聋生6173人。残疾人中等职业学校（班）197个，在校生11671人，毕业生7240人，其中5532人获得职业资格证书。全国有7864名残疾人被普通高等院校录取，1678名残疾人进入特殊教育学院学习。

## 三、就 业

2014年，残疾人就业规模总体保持稳定。城镇新就业残疾人27.8万，其中，集中就业残疾人7.6万，按比例安排残疾人就业7.0万，公益性岗位就业1.2万，个体就业及其他形式灵活就业10.7万，辅助性就业1.3万。全国城镇就业人数436.0万；1723.6万农村残疾人在业，其中1360.4万残疾人从事农业生产劳动。

全国残疾人职业培训基地达到6154个，其中残联兴办2211个，依托社会机构兴办3943个，38.2万人次城镇残疾人接受了职业培训。

盲人按摩事业稳定发展，按摩机构迅速增长。2014年度培训盲人保健按摩人员21296名、盲人医疗按摩人员5623名；保健按摩机构达到15609个，医疗按摩机构达到1018个；在专业技术职务资格评审中，分别有494人和1229人通过盲人医疗按摩人员中级和初级职称评审。

## 四、社会保障

2014年新型农村和城镇居民社会养老保险统一合并实施，已有2180.0万城乡残疾居民参保，参保率74.2%，在60岁以下的参保残疾人中有405.0万重度残疾人，其中379.2万得到了政府的参保扶助，代缴补贴比例达到93.6%。有234.7万非重度残疾人也享受了全额或部分代缴的优惠政策。领取养老金待遇的人数达到858.6万人。

城镇残疾职工参加基本养老和医疗保险人数稳定在280万左右，城镇261.5万和农村844.1万残疾人纳入最低生活保障范围；城镇集中供养残疾人和农村五保供养残疾人分别达到11.2万和66.2万；455.0万和279.0万符合条件的城乡残疾人分别享受了稳定的生活补贴和护理补贴。257.7万城乡残疾人得到了其他救助救济。

残疾人托养服务工作规范推进，残疾人托养服务机构达到5917个，共为16.1万残疾人提供了托养服务。其中寄宿制托养服务机构1758个；日间照料机构2132个；综合性托养服务机构2027个。在以上机构中，共有15933名残疾人实现辅助性就业，3503名残疾人实现了支持性就业。机构之外接受居家托养服务的残疾人达到77.1万人。全年共有4.9万名托养服务管理和服务人员接受了各级各类专业培训，其中接受国家级培训882人。

## 五、扶贫开发

2014年，233.2万贫困残疾人得到扶持，其中119.9万人通过扶贫开发实现脱贫；接受实用技术培训的残疾人达到72.6万人次。

康复扶贫贴息贷款扶持6.1万农村残疾人，残疾人扶贫基地达到6593个，安置12.4万残疾人就业，扶持带动25.8万残疾人户，其中本年度新安置残疾人4.3万人，新增带动9.1万残疾人户。

完成9.0万户农村贫困残疾人危房改造，各地投入危房资金8.5亿元，10.3万残疾人受益。

基层党组织助残扶贫项目帮扶95403名农村贫困残疾人，其中首次接受帮扶57678人。"万村千乡市场工程"助残扶贫项目安置6865名贫困残疾人就业，帮扶贫困残疾人创办1990个村级农村店。

## 六、宣传文化

中央电视台《新闻联播》播出残疾人题材报道44条，《人民日报》刊登消息、侧记和综述等84篇。组织开展第十一届各地人民广播电台残疾人专题节目展播活动以及2012—2013年度好新闻事业评选，分别有40件和219件新闻作品获得等级奖。截至2014年年底，全国共有省级残疾人专题广播节目17个、电视手语栏目30个，播出公益广告42个；地市级残疾人专题广播节目241个、电视手语栏目201个，播出公益广告366个。

推出"百家图书馆"、"百家博物馆"、"百家新闻媒体"三个百家系列公益助残行动活动，开展"残疾人文化周"、残疾人文化进社区、全国残疾人文化体育示范市创建等活动，全国有500多万残疾人走出家门参与各种文化活动，陶冶了情操，丰富了生活，提高了综合素质。截至2014年年底，全国省地县三级公共图书馆共设立盲文及盲人有声读物阅览室1616个，共开展残疾人文化周活动5568场次，共举办残疾人文化艺术类比赛及展览2806次，全国共有各类残疾人艺术团体775个。

## 七、体　育

全国累计培养了 719 名国家级残疾人体育健身指导员。在全国 26 个省（区、市）资助了 150 个示范点；为中西部地区配发了 8 套健身器材，并纳入示范点统一管理；累计共资助建设自强健身示范点 397 个。在北京、河北 1000 个残疾人家庭试点康复体育进家庭项目。组织了第八次全国特奥日活动、特奥足球比赛及家庭论坛等 14 项次系列活动，特奥运动员超过 118 万人。

全年举办了 20 项全国残疾人体育赛事，参赛总人数达 6000 多人。组团参加索契冬季残奥会、仁川亚残运会等 19 项国际赛事交流活动，我轮椅冰壶队在索契冬季残奥会上获得第四名，取得历史性突破。仁川亚残运会上，我代表团夺得 317 枚奖牌，其中金牌 174 枚，实现八连冠。指导训练基地成功举办国际乒联残疾人世锦赛、国际残奥会北京田径公开赛、盲人门球亚洲锦标赛等 5 项国际重要赛事，世界各地 58 支代表队 1000 多名运动员参赛。组织了 39 批次 607 人次的运动员集训，残疾人体育人才队伍和组织建设不断加强。注册登记的残疾人运动员达到 9354 人，审批的裁判员 1188 人、分级员 36 人。国家级残疾人体育培训基地达到 34 所。

组织省级残疾人群众体育健身活动 241 次，6.2 万余人次参加；建设省级残疾人群众体育活动示范点达到 839 个；培训省级残疾人体育健身指导员达到 1.1 万人；组织省级残疾人体育比赛 151 次，参赛运动员达 2.3 万人次；省级残疾人体育训练基地已达 234 个。组织地市级残疾人体育活动 5544 次，69.4 万人次参加；设立地市级残疾人群众体育活动示范点 1930 个；培训地市级残疾人体育健身指导员 1.8 万人。

## 八、维　权

全年修订残疾人保障法地方实施办法 1 件；制定或修改了关于残疾人的专门法规、规章省级 8 件、地市级 10 件；制定或修改保障残疾人权益的规范性文件省级 22 件、地市级 71 件、县级 334 件。全国县级以上人大进行残疾人保障法执法检查和专题调研 649 次；政协进行视察和专题调研 635 次。全国开展普法宣传教育活动 6510 次，93.3 万人参加；举办法律培训班 1511 个，9.2 万人参加。

截至 2014 年年底，全国成立残疾人法律救助工作协调机构 1521 个，建立残疾人法律救助工作站 1348 个，办理案件 4666 件，建立残疾人法律援助中心（工作站）3001 个，办理案件 1.8 万件，有力地推动了法律救助和法律援助工作。

残疾人参政议政工作得到加强，各地残联协助人大代表、政协委员提出议案、建议、提案 1538 件，办理议案、建议、提案 1374 件。

无障碍建设法规、标准进一步完善。全国共出台了 451 个省、地市、县级无障碍建设与管理法规、规章和规范性文件；1506 个市、县、区系统开展无障碍建设；全国开展无障碍建设检查 4906 次，无障碍培训 4 万余人次；为 14.9 万户贫困残疾人家庭实施了无障碍改造；为 67.9 万残疾人发放了残疾人机动轮椅车燃油补贴。

全国各级残联共处理残疾人群众来信 4.8 万件，接待残疾人群众来访 28.6 万人次，其中集体访 1194 批次、1.9 万人次。

## 九、组织建设

截至 2014 年年底，32 个省级残联（含新疆兵团）领导班子中配备了残疾人理事长或副理事长；246 个地市级残联在领导班子中配备了残疾人理事长或副理事长；1631 个县级残联机关配备了残疾人干部；已建乡镇（街道）残联 4.0 万个，已建率达到 98.0%，选聘残疾人专职委员 4.7 万名；已建社区（村）残协 59.0 万个，已建率达到 93.8%，选聘残疾人专职委员 56.1 万名。

全国省市县乡残联实有人员已达 11.5 万人。各级残联共举办培训班 3.3 万期，培训机关干部、协会干部及残疾人专职委员 70.3 万人次。

全国共建立省级以下各类残疾人专门协会 15633 个，其中省级专门协会已建比例为 100%，市级专门协会已建比例为 99.1%，县级专门协会已建比例为 92.9%。全国共建立助残社会组织 2972 个，其中在民政部门注册的为 1581 个，以残联为业务主管单位的 1395 个。

## 十、服务设施建设

残疾人服务设施建设得到全面发展。截至 2014 年年底,全国已竣工并投入使用的各级残疾人综合服务设施 2231 个,总建设规模 460.26 万平方米,总投资 128.64 亿元;已竣工并投入使用的各级残疾人康复设施 613 个,总建设规模 130.01 万平方米,总投资 40.38 亿元;已竣工并投入使用的各级残疾人托养服务设施 442 个,总建设规模 101.39 万平方米,总投资 25.71 亿元。

## 十一、信息化建设

2014 年,中国残联网站对 60 多项惠残服务内容进行分类分项梳理,全年网站浏览量达到 7510 万,浏览人数 660 万。中国残疾人服务网年度浏览量超过 150 万,累计注册用户数量近 4 万人。为盲人提供图形验证码网上识别服务达 126 万人次。截至 2014 年年底,累计服务残疾人求职者达 2.2 万人,为残疾人提供涉残岗位超过 3.1 万个,发布招聘需求企业信息 2.2 万个。截至 2014 年年底,全国 33 个省级单位(含新疆兵团、黑龙江垦区)、280 个地市、1347 个县级残联开通网站,比上年增加 43 个。继续推动网站无障碍建设,对 38 个省级及计划单列市残联网站开展评测,对 118 家部委和省政府等政府网站开展年度网站无障碍专项评估,评测结果为推进工作提供依据。

截至 2014 年 12 月 31 日,全国残疾人人口基础数据库录入采集持证残疾人数据达到 2947 万人。依托残疾人人口基础数据库,中国残联和 20 多个省(区、市)残联开展重点业务系统建设和个性化服务,为向残疾人提供精准服务和业务政策的有效落实提供支持和保障。

# 2015 年中国残疾人事业发展统计公报

残联发〔2016〕14 号

2015 年,中国残疾人事业在党中央、国务院的坚强领导下,各级残联深入贯彻以习近平同志为总书记的党中央关于残疾人事业的新部署,认真落实党的十八届三中、四中、五中全会和中央党的群团工作会议精神,团结进取,务实创新,加快推进残疾人小康进程,全力完成"十二五"规划任务,事业发展取得新的成绩,广大残疾人得到更多福祉。

## 一、康 复

2015 年,通过实施重点康复工程,754.9 万残疾人得到康复服务。

截至 2015 年年底,全国已有残疾人康复机构 7111 个,其中,残联办康复机构 2599 个。康复机构在岗人员达 23.2 万人。其中,管理人员 3.2 万人,业务人员 16 万人,其他人员 4.1 万人。

在 932 个市辖区和 2024 个县(市)开展社区康复工作,已建社区康复站的社区总数 22.2 万个,配备 40.6 万名社区康复协调员,为 181.4 万人提供社区康复服务。

为 29.9 万例贫困白内障患者免费施行复明手术,完成白内障复明手术 73.9 万例。为 15.3 万名低视力患者配用助视器,培训低视力儿童家长 3.8 万名。为 12 万名盲人进行定向行走训练。

对 3.1 万名听障儿童进行康复训练,其中,新收训听障儿童 1.9 万名。资助 4132 名听障儿童免费植入人工耳蜗,3594 名听障儿童免费配戴助听器。培训听障儿童家长 4.2 万名。为 1 万名贫困成年听力残疾人免费验配助听器。为 3.7 万名成年听力残疾人提供助听器验配、听力检测等服务。全国已建设省级听力语言康复机构 31 个,基层听力语言康复机构 961 个。

为 39.8 万名肢体残疾人实施康复训练,其中,实施救助项目,资助 4.5 万名脑瘫儿童机构康复训练,为贫困肢体残疾儿童实施矫治手术 3639 例。为麻风畸残者实施矫治手术 161 例。

为18.6万名智力残疾人进行康复训练,其中,实施救助项目,资助7.3万名智力残疾儿童进行机构康复训练。

大力推广"社会化、综合性、开放式"精神病防治康复工作,在2705个县(市、区)开展精神病防治康复工作,对580.6万重性精神病患者进行综合防治康复,监护率达到79.2%,显好率达到66.6%,社会参与率达到51.6%,肇事率0.1%,解除关锁2585人。对54.6万贫困精神病患者进行医疗救助。对2.3万名孤独症儿童进行康复训练。

1739个县的1912个医疗卫生机构陆续开展残疾儿童筛查工作,年度新诊断0—6岁残疾儿童4.8万人。依托各级各类残疾儿童康复机构建立儿童家长学校1811个,开展家长学校活动5006次,参与残疾儿童家长达11.1万人次。

为残疾人减免费用供应辅助器具195.9万件,其中,为贫困残疾人免费发放辅助器具45.6万件,包括装配假肢1.7万件,装配矫形器1.6万件,验配助视器21.6万件等。培育建设6个国家辅助器具区域中心,28个省级辅助器具服务机构,230个地市级辅助器具服务机构,945个县级辅助器具服务机构。

## 二、教 育

2015年,继续实施《特殊教育提升计划(2014—2016年)》,制定并执行《残疾人参加普通高等学校招生全国统一考试管理规定(暂行)》,与教育部、国家语委、新闻出版广电总局联合印发实施《国家手语和盲文规范化行动计划(2015—2020年)》。残疾人受教育权得到了更好保障,进一步提高了残疾人素质和平等参与社会的能力。

实施残疾人事业专项彩票公益金助学项目,为全国1.2万人次家庭经济困难的残疾儿童享受普惠性学前教育提供资助。各地也积极多渠道争取资金支持,对1767名残疾儿童给予学前教育资助。

全国共有特殊教育普通高中班(部)109个,在校生7488人,其中聋生6191人,盲生1297人。残疾人中等职业学校(班)100个,在校生8134人,毕业生5123人,其中3761人获得职业资格证书。全国有8508名残疾人被普通高等院校录取,1678名残疾人进入特殊教育学院学习。

## 三、就 业

2015年,残疾人就业规模总体保持稳定。城镇新就业残疾人26.3万,其中,集中就业残疾人6.8万,按比例安排残疾人就业6.6万,公益性岗位就业1.2万,个体就业及其他形式灵活就业10.4万,辅助性就业1.3万。全国城镇就业人数430.2万;1678.0万农村残疾人在业,其中1323.2万残疾人从事农业生产劳动。39.3万人次城镇残疾人接受职业培训。

盲人按摩事业稳定发展,按摩机构迅速增长。2015年度培训盲人保健按摩人员19979名、盲人医疗按摩人员5165名;保健按摩机构达到17171个,医疗按摩机构达到1025个;在专业技术职务资格评审中,分别有219人和781人通过医疗按摩人员中级和初级职称评审。

## 四、社会保障

截至2015年年底,城乡残疾居民参加城乡社会养老保险人数达到2229.6万,参保率75.4%,60岁以下的参保残疾人中有422.1万重度残疾人,其中391.5万得到了政府的参保扶助,代缴养老保险费比例达到92.8%。有247.6万非重度残疾人也享受了全额或部分代缴养老保险费的优惠政策。领取养老金待遇的人数达到883.8万人。

城镇残疾职工参加基本养老和医疗社会保险人数稳定在300万左右,城乡1088.5万残疾人纳入最低生活保障范围;城镇集中供养残疾人和农村五保供养残疾人分别达到11.4万和66.6万;517.7万和440.1万符合条件的城乡残疾人分别享受了稳定的生活补贴和护理补贴。265.5万城乡残疾人得到了其他救助救济。

残疾人托养服务工作稳步推进,残疾人托养服务机构达到6352个,共为19.1万残疾人提供了托养服务。其中寄宿制托养服务机构2242个,日间照料机构1971个,综合性托养服务机构2139个。接受居家服务的残疾人达到81.5万人。全年共有近2.3万名托养服务管理和服务人员接受了各级各类专业培训。

## 五、扶贫开发

2015年，残疾人扶贫开发成效显著，贫困残疾人生产生活状况得到进一步改善。226.8万贫困残疾人得到扶持，其中118.3万人通过扶贫开发实际脱贫；接受实用技术培训的残疾人达到72.7万人次。

康复扶贫贴息贷款扶持54.9万农村残疾人，残疾人扶贫基地达到6693个，安置11.4万残疾人就业，扶持带动25万残疾人户。

完成6.9万户农村贫困残疾人危房改造，各地投入危房资金6亿元，9.1万残疾人受益。

## 六、宣传文化

2015年，以"关注孤独症儿童，走向美好未来"为主题组织第二十五次全国助残日活动，开展2015年国际残疾人日系列宣传活动，中央新闻媒体记者集体采访活动37次，采访人数近500人次，圆满完成残疾人事业重大工作项目的宣传报道任务。中央电视台《新闻联播》播出残疾人题材报道25条，《人民日报》刊登消息、侧记和综述等107篇。开通中国残联"两微一端"，至2015年年底，关注、订阅人数近35万人，总阅览量近200万人次。截至2015年年底，全国共有省级残疾人专题广播节目19个、电视手语栏目29个，刊播公益广告35个；地市级残疾人专题广播节目216个、电视手语栏目233个，刊播公益广告367个。

残疾人文化生活更加丰富活跃，残疾人受到社会广泛关注并更加全面地参与到社会生活当中。继续组织开展残疾人文化周活动，先后对市县两级公共图书馆盲人阅览室建设、残疾人特殊艺术人才培养基地建设等项目进行专项扶持。联合文化部非遗司开展了残疾人特殊艺术项目的挖掘与保护，共对全国26个残疾人特殊艺术项目进行了扶持。截至2015年年底，全国省地县三级公共图书馆共设立盲文及盲文有声读物阅览室1515个，共开展残疾人文化周活动5627场次，共举办残疾人文化艺术类比赛及展览3037次，全国共有各类残疾人艺术团773个。

## 七、体　育

2015年，按照"夯实基础管理、创新提升服务、提早谋篇布局"的工作思路，促进残疾人康复体育、健身体育、竞技体育协调发展。

研究印发《残疾人康复体育关爱家庭计划（试行）》，在4省（市）开展重度居家残疾人康复体育服务试点18080户，将"康复体育器材、康复体育方法、康复体育指导"送入重度残疾人家庭。组织开展第五届残疾人健身周、第九次全国特奥日等活动，在全国15个城市举办特奥足球周、特奥融合运动师资培训和幼儿计划、家庭支持网推广活动。联合国家体育总局举办"残健融合关爱跑"活动，协调组织江苏等5省（市）19个城区千余名盲人及融合伙伴参加；举办2015年中国网球公开赛轮椅网球国际邀请赛；特奥运动员人数已超120万。

2015年成功举办全国第九届残运会暨第六届特奥会，来自全国各省区市和新疆生产建设兵团及香港、澳门特别行政区的35个代表团近5000名运动员参加比赛，运动会共产生1561枚金牌，超世界纪录51项，破全国纪录204项，平3项。组团参加27项国际赛事，共获得323枚金牌、219枚银牌和139枚铜牌的优异成绩。在第十八届冬季听障奥运会上，我国代表团夺得1枚金牌、1枚银牌、2枚铜牌，实现了我国冬季听障奥运会金牌零的突破。已获得里约残奥会155个参赛名额，6支集体项目队伍取得入场券。全年共组织36批共1094人次运动员开展赛前短期集训，实施了精英运动员训练计划，收效十分明显。

2015年7月31日，张海迪主席出席国际奥委会第128次全会并独立进行陈述，对北京联合张家口成功获得2022年冬奥会、冬残奥会举办权起到了关键的支撑。以成功申办北京冬奥会、冬残奥会为契机，全力推进残疾人冬季项目发展，及时出台《冬季残奥项目振兴计划》，启动冬季冰上项目发展区域布局和国家残疾人冬季项目训练基地调研工作。

各地深入开展残疾人体育工作。组织省、地市级残疾人群众体育健身活动9055次，80.6万人次参加。全国累计创建残疾人体育活动示范点3591个，培养残疾人体育健身指导员42148名，全面完成"十二五"工作任务。各地组织省级残疾人体育比赛126次，参赛运动员达1.5万人次，省级残疾人体育训练基地225个。

## 八、维权

各级残联维权组织建设进一步巩固提升，残疾人事业法律法规体系更加完善，无障碍环境建设全面推进，残疾人权益保障得到加强，残疾人维权工作全面开展。

2015年，制定或修改了关于残疾人的专门法规、规章省级7件、地市级6件；制定或修改保障残疾人权益的规范性文件省级27件、地市级69件、县级242件。全国县级以上人大进行残疾人保障法执法检查和专题调研548次；政协进行视察和专题调研565次。全国开展普法宣传教育活动7128次，101.6万人参加；举办法律培训班1464个，9.2万人参加。

截至2015年年底，全国成立残疾人法律救助工作协调机构1828个，建立残疾人法律救助工作站1542个，办理案件4615件，建立残疾人法律援助中心（工作站）2997个，办理案件1.6万件，有力地推动了法律救助和法律援助工作。

残疾人参政议政工作得到加强，各地残联协助人大代表、政协委员提出议案、建议、提案1406件，办理议案、建议、提案1238件。

无障碍建设法规、标准进一步完善。全国共出台了451个省、地市、县级无障碍建设与管理法规、规章和规范性文件；1618个市、县、区系统开展无障碍建设；全国开展无障碍建设检查6445次，无障碍培训近3.6万人次；为14.7万户贫困残疾人家庭实施了无障碍改造；为71.3万残疾人发放了残疾人机动轮椅车燃油补贴。

全国各级残联共处理残疾人群众来信4.6万件，接待残疾人群众来访26.9万人次，其中集体访886批次、1.4万人次。

## 九、组织建设

2015年，省市县乡共建立残联4.4万个，各省（区、市）、市（地、州）、县（市、区）全部成立残联，乡镇（街道）残联已建率达到98.8%；已建社区（村）残协58.6万个，已建率达到93.7%。

省市县乡残联实有人员达11.1万人，乡镇（街道）、村（社区）选聘残疾人专职委员总计 61.4 万名。97% 的省级残联配备了残疾人领导干部，68% 的地市级残联配备了残疾人领导干部，53% 的县级残联配备了残疾人干部。

全国共建立省级及以下各类残疾人专门协会 1.6 万个，其中省级专门协会已建比例为 100%，市级专门协会已建比例为 96.6%，县级专门协会已建比例为 92.7%。全国助残社会组织 2826 个。

## 十、服务设施建设

残疾人服务设施建设得到全面发展。截至 2015 年年底，全国已竣工并投入使用的各级残疾人综合服务设施 2281 个，总建设规模 491.37 万平方米，总投资 138.36 亿元；已竣工并投入使用的各级残疾人康复设施 682 个，总建设规模 165.65 万平方米，总投资 51.27 亿元；已竣工并投入使用的各级残疾人托养服务设施 500 个，总建设规模 115.37 万平方米，总投资 29.92 亿元。

## 十一、信息化建设

中国残联门户网站全新改版上线，重点加强了文件查询、机构查询、政策访谈、网上调查等服务栏目建设，发布稿件约 3 万篇，全年网站页面浏览量为 1.6 亿，同比上年增长超过 1 倍，访问人数达到 660 万人，成为残联与残疾人信息沟通交流的重要渠道。

中国残疾人服务网注册用户累计超过 5 万人，其中全年注册用户增长近 1.6 万人；年度页面浏览量近 200 万，访问人数达 65 万人，同比上年分别增长 25% 和 22%。依托中国残疾人服务网开通了全国残疾人就业创业网络服务平台，收集 2.2 万个招聘残疾人企业约 4 万个岗位信息，收录 400 余个残疾人生产经营企业约 1500 件产品信息，为深入开展互联网+残疾人服务发挥重要作用。全面升级中国残疾人服务网微信平台，为残疾人提供残疾人证查询、政策文件查询等微服务。

截至 2015 年年底，全国 32 个省、286 个地市、1376 个县级残联开通网站，比上年增加 34 个。2015 年，开展第三次全国残联系统网站建设评价，除 32 个省级残联网站外，首次将中国残联 14 个直属单位纳入评测范围，A 类（80 分以上）和 B 类（60 分以上 80 分以下）网站占比达到 85%，总体建设水平有了明显提升。

截至 2015 年 12 月 31 日，全国残疾人人口基础数据库收录持证残疾人 3145.7 万人。中央本级惠残业务系统全部基于残疾人人口基础数据库实现残疾人实名验证，为业务工作的有效开展、向残疾人提供精准服务提供了数据支撑。向吉林、福建、安徽、广东、四川、贵州、甘肃等省提供残疾人数据每日推送服务，保障地方个性化业务系统建设和应用服务的顺利开展。残疾人人口基础数据库作为国家权威的残疾人基础信息资源，在提高信息复用能力、减少重复建设的同时，已具备面向社会公众、残联系统、横向部委的信息资源共享能力，为落实残疾人社会保险补贴和各项待遇、提高残疾人社会福利水平提供有效支持和保障。

# 2016 年中国残疾人事业发展统计公报

残联发〔2017〕15 号

2016 年，各级残联认真贯彻党中央、国务院关于残疾人工作的决策部署，推动残疾人事业在"十三五"开局之年取得了新的进步。

## 一、康 复

通过实施精准康复服务，279.9 万残疾儿童及持证残疾人得到基本康复服务，其中视力残疾人 40.0 万、听力残疾人 18.5 万、肢体残疾人 135.7 万、智力残疾人 23.1 万、精神残疾人 62.6 万。全年有 15.0 万 0—6 岁残疾儿童得到基本康复服务，有 132.2 万人次得到盲杖、助视器、假肢、矫形器、人工耳蜗、助听器等各类辅助器具适配服务。

在接受精准康复服务的 40.0 万视力残疾人中，有 21.5 万盲人得到白内障复明手术、辅助器具适配、定向行走及支持性服务，18.5 万低视力残疾人得到辅助器具适配及视功能训练服务。接受精准康复服务的 18.5 万听力残疾人中，2.0 万 0—6 岁残疾儿童得到人工耳蜗植入手术、助听器适配、听觉言语功能训练及家长支持性服务，1.5 万 7—17 岁残疾儿童得到辅助器具适配及家长支持性服务，15.0万成年残疾人得到辅助器具适配及适应性训练服务。接受精准康复服务的135.7万肢体残疾人中，有5.0万0—6岁残疾儿童得到矫治手术、辅助器具适配、运动及适应训练、家长支持性服务，130.7万7岁及以上残疾人得到辅助器具适配、康复治疗及训练、重度残疾人支持性服务。接受精准康复服务的23.1万智力残疾人中，有5.6万0—6岁残疾儿童、17.5万7—17岁残疾儿童及成人得到认知及适应训练、支持性服务。接受精准康复服务的62.6万精神残疾人中，有1.8万0—6岁孤独症儿童及1.4万7—17岁孤独症儿童得到沟通及适应训练、支持性服务，59.4万成年精神残疾人得到精神疾病治疗、精神障碍作业疗法训练或支持性服务。

截至2016年年底，全国已有残疾人康复机构7858个，其中残联办康复机构3049个。康复机构在岗人员达22.3万人，其中管理人员3.0万人、业务人员15.0万人、其他人员4.3万人。

在947个市辖区和2015个县（市）开展社区康复工作①，配备45.4万名社区康复协调员，为354.9万人次残疾人提供社区康复服务。

## 二、教　育

配合国务院法制办、教育部修订《残疾人教育条例》。继续实施《特殊教育提升计划（2014—2016年）》，配合教育部制定《第二期特殊教育提升计划（2017—2020年）》。与教育部、农业部、共青团中央和全国妇联制定实施《"十三五"残疾青壮年文盲扫盲行动方案》。残疾人受教育权得到了更好保障，进一步提高了残疾人素质和平等参与社会的能力。

残疾人事业专项彩票公益金助学项目的实施，为全国1.4万余人次家庭经济困难的残疾儿童享受普惠性学前教育提供资助。各地也多渠道争取资金支持，为2607名残疾儿童提供学前教育资助。

全国共有特殊教育普通高中班（部）111个，在校生7686人，其中聋生6129人、盲生1557人。残疾人中等职业学校（班）118个，在校生

---

① 此数据包含正式行政区划单位和开发区、管委会等非正式行政区划以及新疆兵团、黑龙江垦区下属县级单位。

11209人，毕业生3855人，其中2206人获得职业资格证书。全国有9592名残疾人被普通高等院校录取，1941名残疾人进入高等特殊教育学院学习。

4.3万名残疾青壮年文盲接受了扫盲教育。

## 三、就　业

2016年，全国持证残疾人新增就业31.2万人，其中城镇新增9.3万人、农村新增21.9万人。城乡实名培训60.5万人，其中城镇13.7万人、农村46.8万人。城乡持证残疾人就业人数为896.1万人，其中按比例就业66.9万人、集中就业29.3万人、个体就业63.9万人、公益性岗位就业7.9万人、辅助性就业13.9万人、灵活就业262.9万人、从事农业种养加451.3万人。

盲人按摩事业稳定发展，按摩机构迅速增长。2016年度培训盲人保健按摩人员18997名、盲人医疗按摩人员5267名；保健按摩机构达到18605个，医疗按摩机构达到1211个；在专业技术职务资格评审中，分别有481人和1018人通过医疗按摩人员中级和初级职称评审。

## 四、社会保障

截至2016年年底，城乡残疾居民参加城乡社会养老保险人数达到2370.6万，参保率79.0%。60岁以下的参保残疾人中有482.1万重度残疾人，其中445.7万得到政府的参保扶助，代缴养老保险费比例达到92.5%。有269.4万非重度残疾人也享受了全额或部分代缴养老保险费的优惠政策。领取养老金待遇的人数达到936.1万人。

残疾人托养服务工作稳步推进，残疾人托养服务机构达到6740个，共为20.4万残疾人提供了托养服务。其中，寄宿制托养服务机构2348个，日间照料机构2169个，综合性托养服务机构2223个。接受居家服务的残疾人达到83.8万人。全年共有2万名托养服务管理和服务人员接受了各级各类专业培训。

## 五、扶贫开发

残疾人扶贫开发成效显著，贫困残疾人生产生活状况得到进一步改善。贫困残疾人得到有效扶持，其中87.8万人通过扶贫开发实际脱贫，接受实用技术培训的残疾人达到75.6万人次。

康复扶贫贴息贷款扶持2.2万农村残疾人，残疾人扶贫基地达到7111个，安置11.6万残疾人就业，扶持带动24.9万残疾人户。

完成8.2万户农村贫困残疾人危房改造，各地投入危房资金8.9亿元。

## 六、宣传文化

以"关爱孤残儿童，让爱洒满人间"为主题组织第二十六次全国助残日活动，开展2016年国际残疾人日系列宣传活动；全年组织记者采访400余人次，共进行20余次专题新闻发布，圆满完成残疾人事业重大工作项目的宣传报道任务。2016年，各大媒体大力宣传残疾人事业，新华社发表文章119篇，中央电视台《新闻联播》播发33条、《焦点访谈》1期，《人民日报》发表文章79篇，《光明日报》发表文章54篇，中国国际广播电台播发40条。"两微一端"影响力持续提升，截至2016年年底，关注、订阅人数近357万人，总阅览量约1151万人次。2016年，全国共有省级残疾人专题广播节目26个、电视手语栏目29个，刊播公益广告54个；地市级残疾人专题广播节目197个、电视手语栏目240个，刊播公益广告354个。

残疾人精神文化生活更加丰富，残疾人受到社会广泛关注并更加全面地参与社会生活。2016年，残疾人文化工作从供给侧发力，面向基层、服务群众，组织开展了全国残疾人文化周、"共享芬芳"百县百场巡演巡展走进江西活动，与全国政协书画室共同举办"放飞梦想，共奔小康"首届全国残疾人书画展，均取得较好反响。对市县两级公共图书馆盲人阅览室建设、残疾人特殊艺术人才培养基地建设等项目进行专项扶持。截至2016年年底，全国省市县三级公共图书馆共设立盲文及盲文有声读物阅览室850个，共开展残疾人文化周活动6142场次；全国省地两级残联共举办残疾人文化艺术类比赛及展览719次，共有各类残疾人艺术团241个。

## 七、体　育

在里约残奥会上，中国体育代表团夺得107枚金牌、81枚银牌、51枚铜牌，创造了51项世界纪录，连续四届残奥会位列金牌、奖牌榜双第一。308名运动员参加了17个大项328个小项比赛，是参加境外举行的残奥会中规模最大的一次。其中，参赛重度残疾人运动员57名，比上届残奥会增长39%。187名运动员在13个大项中获得奖牌，占运动员总人数的61%。游泳、田径、乒乓球项目继续保持优势，金牌数占获金牌总数的77%；轮椅击剑、盲人柔道、射箭、自行车等项目表现出色。参赛的6支集体项目队伍全部进入八强，其中坐式排球女队、盲人门球女队获得亚军，盲人足球队打进四强。

推进"十三五"残疾人体育基本公共服务。实施"由西向东"、"自北向南"、"先薄弱后发达"的地区引导政策，资助西部6省（区）康复体育进家庭项目8000户，撬动全国服务88884户；补贴新建社区健身示范点50个，撬动全国新建1842个；培养健身指导员500名，撬动全国新增培养25790名。全国经常参加体育健身活动的残疾人比例由2015年的6.8%提升为9.6%①，残疾人体育的覆盖面和参与率有了较快提升。

落实《冬季残奥项目振兴计划》，积极参与冬残奥会筹办工作。邀请国外技术官员、教练员来华指导训练，填补了冰橇冰球、高山滑雪、单板滑雪、冬季两项等4个项目的国内空白，有12个省（区市）开展残奥冬季项目。组织轮椅冰壶、冰橇冰球、越野滑雪、冬季两项、高山滑雪和单板滑雪共350名运动员开展夏季集训。举办了全国残疾人冰壶锦标赛、国际冰壶邀请赛、国际冰橇冰球邀请赛以及首届全国残疾人越野滑雪锦标赛等赛事。选拔并培训了236名运动员、33名教练员、38名分级员。首批20名轮椅冰壶裁判员通过了培训考核。

---

① 据来源为2015年全国残疾人服务状况和需求专项调查和2016年全国残疾人基本服务状况和需求信息数据动态更新。

## 八、维　权

残疾人事业法律法规体系进一步完善，无障碍环境建设呈现新局面，残疾人权益保障取得新突破，残疾人维权工作全面开展。

2016年，制定或修改了关于残疾人的专门法规、规章，其中省级10件、地市级9件；制定或修改保障残疾人权益的规范性文件省级23件、地市级54件、县级208件。全国县级以上人大进行残疾人保障法执法检查和专题调研392次；政协进行视察和专题调研370次。全国开展省级普法宣传教育活动447次，15938人参加；举办省级法律培训班79个，5562人参加。

截至2016年年底，全国成立残疾人法律救助工作协调机构1921个，建立残疾人法律救助工作站1670个，办理案件3701件。

残疾人参政议政工作稳步开展，各地残联协助人大代表、政协委员提出议案、建议、提案956件，办理议案、建议、提案988件。

无障碍建设法规、标准进一步完善。全国共出台451个省、地市、县级无障碍建设与管理法规、规章和规范性文件；1623个市、县、区系统开展无障碍建设；全国开展无障碍建设检查4904次，无障碍培训3.2万人次；为93万户残疾人家庭实施了无障碍改造，其中包括13万户贫困重度残疾人①；为75万残疾人发放了残疾人机动轮椅车燃油补贴。

全国各级残联共处理残疾人群众来信4万件，接待残疾人群众来访24.6万人次，其中集体来访665批次，共0.9万人次，来电6.5万通，网上投诉1789件。

## 九、组织建设

2016年，全国省市县乡（除兵团、垦区外）共成立残联4.3万个，各省（区、市）、市（地、州）全部成立残联，县（市、区）残联已建率达到95.0%，乡镇（街道）残联已建率达到99.0%；已建社区（村）残

---

①　无障碍改造数据来源为2016年全国残疾人基本服务状况和需求信息数据动态更新（采集时间为2015年1月1日到2016年6月30日）。

协58.4万个，已建率达到94.6%。

省市县乡残联工作人员达11.3万人，乡镇（街道）、村（社区）选聘残疾人专职委员总计61.3万人。96.8%的省级残联配备了残疾人领导干部，69.4%的地市级残联配备了残疾人领导干部，53.3%的县级残联配备了残疾人干部。

全国共建立省级及以下各类残疾人专门协会1.5万余个。其中，省级专门协会已建比例为100%，市级专门协会已建比例为95.6%，县级专门协会已建比例为88.8%。全国助残社会组织2393个。

## 十、服务设施建设

残疾人服务设施建设得到全面发展。截至2016年年底，全国已竣工并投入使用的各级残疾人综合服务设施2294个，总建设规模504.7万平方米，总投资143.9亿元；已竣工并投入使用的各级残疾人康复设施762个，总建设规模213.4万平方米，总投资65.7亿元；已竣工并投入使用的各级残疾人托养服务设施566个，总建设规模129.6万平方米，总投资34.1亿元。

## 十一、信息化建设

中国残联门户网站共计发布稿件约3万篇，围绕中国残联重大活动和重点工作制作"2016里约残奥会专题"等网上专题。截至2016年年底，全国32个省、280个地市、1322个县级残联开通网站。

截至2016年年底，全国残疾人人口基础数据库入库持证残疾人3219.4万人。基于残疾人人口基础数据库，中国残联围绕重点业务领域开发了残疾人精准康复服务等业务应用，为业务工作的开展、残疾人精准服务提供了有效数据支撑。向13个省级残联提供残疾人数据每日推送服务，与横向部门开展数据共享与交换，保障地方个性化业务服务的顺利开展。

# 2017 年中国残疾人事业发展统计公报

残联发〔2018〕24 号

2017 年,在国务院残疾人工作委员会的指导下,全国残联系统深入学习贯彻党的十九大精神,认真贯彻落实党中央、国务院关于残疾人事业发展的一系列重要部署,主动担当,积极作为,推动残疾人事业持续健康发展。

## 一、康　复

2017 年,854.7 万残疾儿童及持证残疾人得到基本康复服务,其中包括 0—6 岁残疾儿童 141239 人。得到康复服务的持证残疾人中,有视力残疾人 88.3 万、听力残疾人 40.7 万、言语残疾人 4.3 万、肢体残疾人 484.6 万、智力残疾人 71.3 万、精神残疾人 125.9 万、多重残疾人 35.5 万。全年共为 244.4 万残疾人提供各类辅助器具适配服务。

截至 2017 年年底,全国已有残疾人康复机构 8334 个,其中,提供视力残疾康复服务的机构 1194 个,提供听力言语残疾康复服务的机构 1417 个,提供肢体残疾康复服务的机构 3088 个,提供智力残疾康复服务的机构 2659 个,提供精神残疾康复服务的机构 1695 个,提供孤独症儿童康复服务的机构 1611 个,提供辅助器具服务的机构 1866 个。康复机构在岗人员达 24.6 万人,其中,管理人员 3.1 万人,专业技术人员 16.5 万人,其他人员 5.0 万人。

## 二、教　育

中国残联、教育部等部门制定实施《第二期特殊教育提升计划(2017—2020 年)》,与教育部正式印发《残疾人参加普通高等学校招生全国统一考试管理规定》,开展残疾人高等融合教育试点工作,将《国家通用手语常用词表》《国家通用盲文方案》纳入国家语委语言文字标准体系。残疾人受教育权得到了更好保障,进一步提高了特殊教育发展水平。

残疾人事业专项彩票公益金助学项目的实施，为全国 1.9 万人次家庭经济困难的残疾儿童享受普惠性学前教育提供资助。各地多渠道争取资金支持，对 2971 名残疾儿童给予学前教育资助。

2017 年，全国共有特殊教育普通高中班（部）112 个，在校生 8466 人，其中聋生 7010 人，盲生 1456 人。残疾人中等职业学校（班）132 个，在校生 12968 人，毕业生 3501 人，其中 1802 人获得职业资格证书。全国有 10818 名残疾人被普通高等院校录取，1845 名残疾人进入高等特殊教育学院学习。

继续实施《"十三五"残疾青壮年文盲扫盲行动方案》。4.3 万名残疾青壮年文盲接受了扫盲教育。

### 三、就　业

2017 年城乡持证残疾人新增就业 35.5 万人，其中，城镇新增就业 13.1 万人，农村新增就业 22.4 万人；培训城乡残疾人 62.5 万人。

全国城乡持证残疾人就业人数为 942.1 万人，其中按比例就业 72.7 万人，集中就业 30.2 万人，个体就业 70.6 万人，公益性岗位就业 9.0 万人，辅助性就业 14.4 万人，社区就业 8.0 万人，居家就业 118.9 万人，灵活就业 145.8 万人，从事农业种养殖 472.5 万人。

盲人按摩事业稳步发展，按摩机构持续增长。2017 年度，全国共培训盲人保健按摩人员 20796 名、盲人医疗按摩人员 7217 名；保健按摩机构 19257 个，医疗按摩机构 1255 个；有 54 人和 870 人分别获得盲人医疗按摩人员中级和初级职务任职资格。

### 四、社会保障

截至 2017 年年底，城乡残疾居民参加城乡社会养老保险人数 2614.7 万；547.2 万 60 岁以下参保的重度残疾人中，有 529.5 万得到政府的参保扶助，代缴养老保险费比例 96.8%。有 282.9 万非重度残疾人享受全额或部分代缴养老保险费的优惠政策。1042.3 万人领取养老金。

残疾人托养服务工作稳步推进，残疾人托养服务机构 7923 个，其中寄宿制托养服务机构 2560 个，日间照料机构 3076 个，综合性托养服务机构2287个,为23.1万残疾人提供托养服务。接受居家服务的残疾人78万人。全年1.9万名托养服务管理和服务人员接受各级各类专业培训。

## 五、扶贫开发

贫困残疾人脱贫攻坚取得阶段性成效,残疾人生产生活状况得到进一步改善。贫困残疾人得到有效扶持,其中92.5万残疾人退出建档立卡;残疾人接受实用技术培训70.6万人次。

康复扶贫贴息贷款扶持2.1万农村残疾人。6692个残疾人扶贫基地安置10.5万残疾人就业,扶持带动21.8万户残疾人家庭。

全国共完成8.2万户农村贫困残疾人危房改造,各地投入危房资金10亿元。

## 六、宣传文化

2017年,以"推进残疾预防,健康成就小康"为主题,组织第二十七次全国助残日活动,开展"残疾预防日"、"国际残奥委会代表大会"、"2017年国际残疾人日"等系列宣传活动;全年组织记者采访500余人次,进行20次专题新闻发布,结合工作实际组织拍摄微视频4部,其中《盲人女孩》入选国家新闻出版广电总局2017年度"百人百部中国梦短纪录片扶持计划"。各大媒体大力宣传残疾人事业,新华社发表文章119篇,中央电视台《新闻联播》播发新闻16条,《人民日报》发表文章65篇。"两微一端"影响力持续提升,至2017年年底,关注、订阅人数近378万人,总阅览量约2391万人次。截至2017年年底,全国共有省级残疾人专题广播节目25个、电视手语栏目31个,地市级残疾人专题广播节目198个、电视手语栏目254个。

2017年,残疾人文化工作强化创新意识,组织开展了全国残疾人文化周等活动,中国残联、教育部、民政部、文化部及国家新闻出版广电总局共同举办第九届全国残疾人艺术汇演。截至2017年年底,全国省地县三级公共图书馆共设立盲文及盲文有声读物阅览室959个,共开展残疾人文化周活动6740场次;全国省地两级残联共举办残疾人文化艺术类的比赛及展览640次,共有各类残疾人艺术团281个。

## 七、体　育

积极落实国务院全民健身部际联席会议要求，努力将残疾人体育基本公共服务融入全民健身计划，全国残疾人康复体育关爱家庭服务13.3万户，新建3620个残疾人体育健身示范点，新增培养35741名残疾人体育健身指导员。"第七届残疾人自强健身周"列入国家体育总局2017年全民健身日系列活动，特奥活动融合性进一步加强，中国残联、国家体育总局、北京冬奥组委等7家中央单位共同组织"第二届中国残疾人冰雪运动季"活动。实现我国冬残奥会项目全覆盖。首次举办全国残疾人高山滑雪、单板滑雪和残奥冰球锦标赛，举办第四届残疾人冰壶锦标赛。参加21项国际赛事，单板滑雪历史性获得一枚世界杯金牌，高山滑雪获得一个洲际杯第一名，有64人次进入前八名，轮椅冰壶队获得世锦赛第四名、公开赛第二名。我国获得平昌冬残奥会5个大项26个参赛名额，实现了参赛规模和项目翻番的目标。中国残联与冬奥组委建立常态化工作机制，无障碍、市场开发、新闻宣传等专家分别深度参与相关工作。

举办23项全国残疾人体育赛事，共有3500多名运动员参赛，涉及17项夏季残奥比赛、3项群体项目比赛、3项特奥比赛，并承办7项国际赛事。在国际赛事中，共取得186枚金牌、88枚银牌、75枚铜牌，创7项世界纪录。在土耳其第二十三届夏季听障奥运会上，获得14枚金牌、9枚银牌、11枚铜牌，位列奖牌榜第5位，破1项世界记录，取得我国参加听障奥运会以来的最好成绩。参加奥地利第十一届世界冬季特奥运动会。

## 八、维　权

各级残联维权组织建设进一步加强，残疾人事业法律法规体系更加完善，无障碍环境建设取得新成果，残疾人维权工作全面开展。

2017年，制定、修改了关于残疾人的专门法规、规章省级11个、地市级10个；制定、修改保障残疾人权益的规范性文件省级12个、地市级53个、县级152个。全国县级以上人大开展《中华人民共和国残疾人保障法》执法检查和专题调研290次，政协开展视察和专题调研267次。全国开展省级普法宣传教育活动283次，19968人参加；举办省级法律培训班 74 个，4810 人参加。

截至 2017 年年底，全国成立残疾人法律救助工作协调机构 1987 个，建立残疾人法律救助工作站 1746 个。

残疾人参政议政工作继续开展，各地残联协助人大代表、政协委员提出议案、建议、提案 753 件，办理议案、建议、提案 993 件。

无障碍建设法规、标准进一步完善。全国共出台 451 个省、地市、县级无障碍建设与管理法规、规章和规范性文件；系统开展无障碍建设市、县、区 1622 个；全国开展无障碍建设检查 4006 次，无障碍培训 3.2 万人次；为 89.2 万户残疾人家庭实施无障碍改造，其中包括 10.5 万户贫困重度残疾人[①]；为 74.9 万残疾人发放残疾人机动轮椅车燃油补贴。

## 九、组织建设

2017 年，全国省市县乡（除兵团、垦区外）共成立残联 4.3 万个，各省（区、市）、市（地、州）全部建立残联；93.5% 的县（市、区）、98.7% 的乡镇（街道）已建立残联；95.4% 的社区（村）建立残协，达到 58.6 万个。

省市县乡残联工作人员达 11.3 万人，乡镇（街道）、村（社区）选聘残疾人专职委员总计 59 万人。93.5% 的省级残联、67.5% 的地市级残联配备了残疾人领导干部，52.7% 的县级残联配备了残疾人干部。

全国共建立省级及以下各类残疾人专门协会 1.5 万余个，其中省级专门协会已建比例为 100%，市级专门协会已建比例为 96.5%，县级专门协会已建比例为 86.4%。全国助残社会组织 2520 个。

## 十、服务设施

残疾人服务设施建设得到全面发展。截至 2017 年年底，全国已竣工并投入使用的各级残疾人综合服务设施 2340 个，总建设规模 533 万平方米，总投资 154.9 亿元；已竣工并投入使用的各级残疾人康复设施 833

---

① 无障碍改造数据来源为 2017 年全国残疾人基本服务状况和需求信息数据动态更新数据

个，总建设规模261.4万平方米，总投资80.8亿元；已竣工并投入使用的各级残疾人托养服务设施649个，总建设规模161.2万平方米，总投资44.3亿元。

## 十一、信息化建设

截至2017年年底，中国残联门户网站发布稿件约3.2万篇，全国31个省、276个地市、1197个县级残联开通网站。全国残疾人人口基础数据库持证残疾人3404.0万人。积极推动残疾人证智能化工作，全国共有21个省申请智能化残疾人证试点。完成浙江省杭州、宁波市与江苏省苏州市两省三市先行发卡。同时开展残疾证电子证照建设，为"互联网+残疾人服务"应用奠定技术基础。

中国残疾人事业重要文件选编（1978—2018）

# 第六编
# 残疾人事业相关国际条约文件

○ 关于残疾人的世界行动纲领
○ 残疾人机会均等标准规则
○ 残疾人权利公约
○ 变革我们的世界：2030年可持续发展议程
○ 琵琶湖千年行动纲要
○ 亚洲及太平洋残疾人"切实享有权利"仁川战略

# 关于残疾人的世界行动纲领

(联合国大会第三十七届会议 1982 年 12 月 3 日第 37/52 号决议通过)

## 第一章 目标、背景和概念

### A. 目 标

1. 《关于残疾人的世界行动纲领》的宗旨是要推行有关残疾预防和康复的有效措施，促进实现以下目标：使残疾人得以"充分参与"社会生活和发展，并享有"平等地位"，也就是说具有与全体公民同等的机会，平等分享因社会和经济发展而改善的生活条件。对所有国家来讲，无论其发展水平如何，这些概念所适用的范畴都是一样的，也都同样是刻不容缓的。

### B. 背 景

2. 世界上有五亿以上的人口由于心智上、身体上或是感官上的缺陷而致残。这些残疾人应该享有同其他人一样的权利、同等的机会。但是往往由于社会上一些物质的和社会的阻碍，使残疾人无法充分参与社会生活，因而他们的生活就处于不利地位。

3. 对残疾人的状况的分析，必须根据不同的经济和社会发展水平和不同的文化具体进行。但无论在什么地方，处理致残后的种种后果的最终责任，都要由各国政府来承担。政府应该担当领导责任，促使人民认识到，让残疾人参与社会、经济和政治生活的各个领域，每个个人和整个社会都能得到好处。政府还应保证，那些因重残而确实不能自立的人也有机会取得与其他公民相同的生活水平。非政府组织可以采取不同的方式来协助政府，可以提出残疾人的各种需求，可以建议适当的解决方法，也可以提供一些服务来辅助政府所进行的各种服务。

4. 只要采取种种措施来克服营养不良、环境污染、卫生条件恶劣、产前产后照料不周、水媒疾病和各种事故，许多残疾是可以预防的。

5. 在许多国家，实现世界行动纲领宗旨所规定的各项目标的先决条件是：经济和社会的发展、向全体人民提供广泛的人道主义服务、重新分配资源和收入以及提高人民的生活水平。如果不采取有效的行动，残疾人问题所产生的后果将会对发展造成更多的障碍。因此，各国在拟定总体发展规划时，应该包括种种刻不容缓的措施，预防残疾的形成，促进残疾人的康复，并使残疾人得以享有机会平等，这是至关重要的。

### C. 定　义

6. 世界卫生组织根据卫生工作的经验，对缺陷、残疾和障碍三者区分如下：

缺陷：是指心理上、生理上或人体结构上，某种组织或功能的任何异常或丧失。

残疾：是指由于缺陷而缺乏作为正常人以正常方式从事某种正常活动的能力。

障碍：是指一个人，由于缺陷或残疾，而处于某种不利地位，以至限制或阻碍该人发挥按其年龄、性别、社会与文化等因素应能发挥的正常作用。

7. 因此，障碍的有无及程度是由残疾人与其生活环境之间的关系所决定的。当残疾人遭受到文化、物质或社会方面的阻碍，不能利用其他人可以利用的各种社会系统时，就产生了障碍。因此，障碍是指与其他人平等参加社会生活的机会的丧失或是这种机会受到限制。

8. 残疾人并不是一个单一的性质的群体，包括精神病者，智力迟钝者，视觉、听觉和言语方面受损者，行动能力受限者和"内科残疾"者等。

9. 本纲领所提出的与行动有关的术语：残疾预防、康复和机会平等，其定义都是根据上述观点做出的。

10. 残疾预防旨在预防出现心智、身体和感官缺陷的各项措施（即一级预防）；或在出现缺陷后，防止它造成不良后果。

11. 康复是指有既定目标并且时间有限的一段过程，这一过程旨在使有缺陷的人在心智上、身体上、参与社会生活的功能上都能达到最佳状态，这样就为其生活的改善提供了自身的条件。康复包括为补偿某一丧失或削弱的功能所采取的各种措施（例如采用辅助器械），也包括有助于使他们适应或重新适应社会生活的措施。

12. 机会平等是指要使整个社会体系能为人人所利用，诸如物质和文化环境、住房和交通、社会服务和保健服务、教育和就业及包括体育运动和娱乐设施在内的文化和社会生活。

### D. 残疾预防

13. 残疾预防战略对于减少缺陷和残疾的出现极为重要。

14. 应该采取措施及早发现缺陷的症状，立即进行治疗或补救，这样就可以预防残疾，或者至少大为减轻残疾的程度，而且往往可以避免造成持久性残疾。

### E. 康 复

15. 康复一般包括下列几种服务：

（a）及早发现、诊断与处理；

（b）医疗护理；

（c）社会、心理和其他方面的咨询和协助；

（d）进行自理训练，包括行动、交往及日常生活技能，并为听觉、视觉受损者和弱智者提供所需的特殊器材；

（e）提供辅助器械、行动工具及其他设备；

（f）专门教育服务；

（g）职业技能训练（包括职业指导）、职业培训、公开招聘的和保护性的就业安置；

（h）后续工作。

16. 在一切康复工作中,要强调残疾人所具备能力的一面,要尊重他们的人格和尊严。

17. 残疾人的家庭和社区康复工作的重要环节,应该对为这一目的工作的家庭和社区组织给予协助。

18. 对残疾人的各项服务应尽可能在社会现有的社会、卫生、教育和劳动体制范围内解决。这包括各级医疗保健,小学、中学和高等教育,职业培训和就业安置综合方案以及各项社会保障和社会服务措施。康复工作应在自然的环境中进行,辅之以社区康复服务和专门的康复机构。

19. 各项康复方案应使残疾人可以参加设计和组织他们本人和家庭认为必要的各种服务。

20. 应尽可能把康复服务纳入其他服务工作,并使残疾人更易得到这些服务。

### F. 机会平等

21. 要达到"充分参与和平等"的目标,仅靠着眼于残疾人的康复措施是不够的。事实表明:决定残疾对于一个人日常生活影响的主要因素是环境。如果一个人失去了获得生活基本因素的机会,而这些机会对于社会其他人却是人人有份的,那就构成了障碍。这些基本因素包括:家庭生活、教育、住房、经济和人身保障、参加社会团体与政治团体、宗教活动、亲密关系和性关系、享用公共设施、行动自由以及一般的日常生活方式。

22. 社会一般来讲仅仅适合于那些身心完好无损的人。但是必须认识到,尽管有了各种残疾预防的措施,总还会有许多人有缺陷、有残疾。因此,社会有必要认清和消除妨碍这些人充分参与社会生活的各种障碍。各国政府有责任保证有残疾公民也分享到发展计划所带来的好处。每个社会的综合规划和行政结构中都应包括为此目的而制订的各种措施。

23. 任何单位都应吸收残疾人。这包括各级公共机构、非政府组织、公司。

24. 对于患有永久性残疾需要社区支助性服务以及辅助器械和设备才能在家里和社区里过正常生活的人,应使他们能够获得这种服务和设备。

25. 残疾人与健全人权利平等的原则是指每个人的需求都同等重要，社会规划必须以这些需求为基础，所有资源必须以确保每个人有平等的参与机会的方式加以使用。有关残疾人问题的政策应确保残疾人可享用所有的社会服务。

26. 既然残疾人享有平等权利，他们也承担同等义务，他们有义务参加社会建设。社会应该充分调动他们的才能投入社会变革，而不是提前给他们退休金或资助。

27. 社会对残疾人的态度可能是残疾人参与社会和取得平等权益的最大障碍。我们看残疾人，应该着重看残疾人所具备的能力，而不是他们的残疾。

28. 在世界各地，残疾人已经着手组织起来，呼吁自己的权益。残疾人组织对于残疾人参与社会生活具有极其重大的意义，必须给予大力支持。

29. 心智残障的人现已开始要求表达他们自己的意见，坚持他们有权参加决策和讨论。这种发展应受到鼓励。

30. 应该寻求所有大众宣传媒介的合作，针对公众及残疾人本身进行宣传，以促进对残疾人权益的理解，避免加深传统陈腐观念及偏见。

## G. 联合国系统所持概念

31. 《联合国宪章》中，对和平原则的重申、对人权和基本自由的信念、对人的尊严与价值和促进社会正义，被赋予了头等重要的意义。

32. 《世界人权宣言》声明，人人享有下列权利：婚姻权，财产所有权，平等享用公用设施的权利，享受社会保障的权利，并有权行使经济、社会和文化方面的各种权利。《国际人权公约》《弱智人权利宣言》和《残疾人权利宣言》也都明确表达了这些原则。

33. 《社会进步和发展宣言》声明，有必要保障残疾人的权利，并保证他的福利和康复，以及每个人都有权并有机会参加劳动。

34. 联合国秘书处内部设有几个机构负责与上述概念和世界行动纲领有关的工作。

35. 联合国的其他组织和方案也采取了与发展有关的种种手段，这些手段对于执行关于残疾人的世界行动纲领具有重大意义。

36. 参与促进、支持和实际工作的联合国各专门机构在残疾预防、残疾人教育、职业培训、就业安置等方案中，已积累了丰富的经验和专门的知识，可供会员国参考。

# 第二章　当前情况

## A. 概　述

37. 现在全世界残疾人估测数字为 5 亿。在许多国家里，每 10 个人中至少有一个残疾，至少有 25% 的人因与残疾人有关而受到不利的影响。

38. 造成缺陷的原因，世界各地不同，残疾的普遍程度和残疾造成的后果也各有不同。造成这些差别的原因，在于社会经济条件不同，也在于各个社会对其成员提供的福利不同。

39. 除极少数例外情况，残疾人到处都碰到物质、文化和社会方面的障碍，妨碍他们的生活。

40. 众多因素造成残疾人数日益增多并把残疾人排挤到社会的边缘。

41. 残疾与贫困有着明显的关系。家里有残疾人，往往对家庭有限的资源造成沉重的负担，并且产生精神压力，因而使得这个家庭更为贫困。这些因素所产生的综合影响，使得社会最贫困阶层中残疾人数的比例特别高。

42. 现有的知识和技能能够预防许多缺陷和残疾的产生，能够协助残疾人克服或尽量减轻残疾，也能使各国消除把残疾人排除正常生活之外的种种障碍。

### 一、发展中国家的残疾人问题

43. 发展中国家的残疾人问题需要给予特别重视。其中有些国家残疾人所占人口比例估计高达 20%，如果算上家属和亲属，就有 50% 的人受到残疾的不利影响。

44. 在这类国家中，残疾人问题由于人口激增而变得更加复杂，迫切需要帮助这些国家制订人口政策、防止残疾人口的增加，并且努力对已经有残疾的人进行康复并提供服务。

**二、特殊群体**

45. 残疾造成的后果对妇女的危害特别大，在许多国家中，妇女在社会、文化和经济方面已处于不利地位，再加上残疾，她们参与社会生活就更困难了。

46. 许多儿童由于有了缺陷而无法获得正常的成长，如果家庭和社会对待他们的态度和行为不恰当，就会使情况更加严重。

47. 在大多数国家，老年人口日益增加，有些国家中，三分之二的残疾人是上了年纪的。

48. 由于犯罪学的一个分支学科"受害者研究"的问世，人们现在才逐步看清，造成永久性或暂时性残疾的罪行对受害者伤害的严重程度。

49. 受到酷刑迫害而致残疾的人，是又一类残疾人。

50. 由于人为的灾难，当今世界上有 1000 多万人沦为难民。其中许多人由于遭受迫害、暴力和各种危险而致残疾。

51. 在国外做工的人，由于环境的改变、对移居国的语言缺乏了解、偏见和歧视、缺乏职业培训和生活条件，他们面临重重障碍。

## B. 残疾预防

52. 预防缺陷的活动正在日益增多，例如：改善卫生、教育和营养条件，改进食品供应和妇幼保健；提供有关遗传和产前保健的咨询服务；免疫、控制疾病与感染；预防事故；改善环境。

53. 大多数发展中国家还有待于通过定期健康检查（特别是对孕妇、婴幼儿）以建立及早发现和预防缺陷的制度。

54. 1981 年 11 月 12 日《关于残疾预防的里兹堡宣言》和国际上一些科学家、医生、卫生行政人员和政治家呼吁，注意残疾预防的实际措施。

55. 人们越来越清楚地认识到，实行预防缺陷和保证缺陷不致发展成为更为严重的残疾方案，要比以后不得不照料残疾人，使社会付出的代价小得多。

## C. 康　复

56. 康复服务往往是通过专门机构提供的。但是现在有一种越来越强的趋势，即更加强调把各种服务归并到一般公共设施中去。

57. 被称为康复的活动，无论是其内容还是精神都在不断变化之中。现在，在提供合格的医疗、社会和教学服务的同时，也使家庭和社区能够支持其残疾成员所做的努力，以使他们能在正常的社会环境中克服对其能力的不利影响。残疾成员所做的努力，以使他们能在正常的社会环境中克服对其能力的不利影响。

58. 许多残疾人需要辅助器械。

59. 许多人只需要简单的器械以便利自己行动、交往和日常生活。现在越来越注意设计更简单、便宜的器械，采用更适合国情的当地生产方法，使产品更适合多数残疾人，并且更容易得到。

## D. 机会平等

60. 残疾人参与社会生活的各项权利可以主要通过各种政治和社会行动获得。

61. 许多国家已经采取了重要步骤来消除或减少残疾人充分参与的障碍，制定了法规，以保证残疾人有求学、就业和利用各项社会设施的权利和机会。

62. 残疾人往往带头使人们进一步理解机会平等的过程。他们自己倡导了把残疾人融合到社会中去。

63. 尽管做了这些努力，但在大多数国家中，残疾人取得平等机会和参与社会的程度仍然远远不能令人满意。

### 一、教　育

64. 至少10%的儿童有残疾。他们与正常儿童同样有受教育的权利，他们需要积极的对策和专门的服务。然而，在发展中国家，大多数残疾儿童没有得到专门服务，也没有接受义务教育的机会。

65. 各国情况千差万别，有些国家残疾人的教育水平很高，有些国家这类设施很有限或根本不存在。

66. 目前一般对残疾人的潜力还缺乏认识。而且往往没有涉及他们需求的法律规定,师资和设备也都不足。

67. 在特殊教育领域,已经有了重要的创新发展,教学技术也有了显著进展,因此残疾人的教育应可取得更大的成绩。

68. 这些进展关系到及早发现、评估和干预以及在各种环境中特殊教育方案,以便除需要非常专注以外的其他许多残疾儿童可以在普通学校环境中就读。

二、就 业

69. 只要有适当的评估、训练和安置,绝大多数残疾人都能按照现行的工作标准从事多种工作,但是实际情况仍然是残疾人通常首先被解雇,最后被录用。许多国家制订了各种方案并采取了各种措施为残疾人创造工作机会,包括受保护的生产车间、受保护的场地、指定的工作职位、为残疾人规定的保障名额、对培训并雇用残疾工人的雇主给予补贴以及由残疾人建立和为残疾人建立的合作社等。

70. 许多残疾人住在农村地区,随着农业变得更加机械化和商业化,残疾人要就业就更加困难了。住在城市贫民窟的许多残疾人被迫无所事事,只得依赖别人;另一些则甚至不得不靠乞讨为生。

三、社会问题

71. 充分参与社会的基本单位——家庭、社会群体和社区——的各种活动是人生的基本要求。《世界人权宣言》中规定了这种参与的机会,平等的权利,因而人人都应能享有这种权利,包括残疾人在内。

72. 各种不正确的态度和行为往往使残疾人被排斥于社会和文化生活之外。

73. 人们往往认识不到残疾人参加正常社会生活的潜在力量,因此未能帮助残疾人与其他社会群体融为一体。

74. 由于这些障碍,残疾人往往很难或无法与他人建立密切的和亲密的关系,即使没有功能方面的限制,也往往无法结婚。

75. 不少残疾人不但被排斥于其社区的正常社会生活之外,而且实际上是被拘囿于安养机构之中。

76. 许多残疾人之所以不能积极参与社会活动,是由于诸如门口过于狭窄，轮椅不能通过；建筑物、公共汽车、火车和飞机的台阶无法登上；电话和电灯开关够不着；卫生设备无法使用。其他障碍也同样可把他们排除在外，诸如听觉有缺陷者无法与人交流；视觉有缺陷者无法阅读书籍。这类障碍是由于无知和缺乏关心造成的；尽管其中多数障碍只要通过仔细规划，花费不大的代价就可以避免，但却仍然存在。

77. 残疾预防、康复以及使残疾人融入社会的现有各种服务、设施和社会行动，是与政府和社会是否愿意并且依据能力向条件不利的群体分配资源、收入和服务密切相关的。

### E. 残疾人问题与国际经济新秩序

78. 根据国际经济新秩序设想由发达国家向发展中国家进行的资源和技术转让，以及旨在加强发展中国家经济的其他规定，如果能得到实行，将会有利于这些国家包括残疾人在内的人民。

79. 《联合国第三个发展十年国际发展战略》指出，应特别努力使残疾人参与发展过程，因此有必要采取有效措施进行残疾预防、康复和机会平等方面的工作。为此目的而采取的积极行动，是为促进发展而调动所有人力资源这一总任务的一部分。

### F. 经济和社会发展的结果

80. 只要使营养、教育、住房、卫生条件和初级保健诸方面的努力能够取得成功，预防缺陷和医治伤残的工作就大有希望。

81. 经济和社会发展的不平衡，增加了残疾人参与社会的困难。

# 第三章
## 执行《关于残疾人的世界行动纲领》的意见

### A. 导 言

82.《关于残疾人的世界行动纲领》的目标旨在促进采取有效措施,以进行残疾人预防、康复并实现有关残疾人"充分参与"社会生活和发展及取得"平等"的各项目标。应当认识到,执行世界行动纲领,本身就会因为动员了全部人力资源和全体人民的充分参与而对社会发展进程做出贡献。

83. 残疾人的状况与整个国家的全面发展密切相关。

84. 要实现这些目标,要求有一个多部门、多学科的全球性战略,采取联合的和协调一致的有关政策和行动,使残疾人获得平等的机会、有效的康复服务及残疾预防措施。

85. 世界行动纲领的进一步修订,其实施应向残疾人和残疾人组织咨询。为此,应尽力鼓励在地方、国家、地域和国际各级建立残疾人组织。他们由本身经验而掌握的专门知识,对规划残疾人方案和服务工作,可以做出相当大的贡献。

### B. 国家行动

86. 世界行动纲领是为所有国家所制订的。但是,执行这个纲领的期限以及所选择的优先执行项目各国有所不同。

87. 执行本节所建议各项措施的最终责任应由各国政府承担,也要号召地方当局和其他公私部门的机构一起来执行世界行动纲领中所载的各项国家性措施。

88. 会员国应迅速开始实行各项国家长期计划,以实现世界行动纲领的目标;此类计划应为国家社会经济发展总政策的一个必要的组成部分。

89. 有关残疾人的事项应该在适当的总体范围内处理,而不应分别处理。政府各部和公私部门的其他机构,都应对它主管或所在部门职权范围内有关残疾人的问题负责。各国政府应设立协调中心(如全国委员会或类似机构)来调查和监督各部、政府其他机构和非政府组织与世界行动纲领有关的活动。所设机构应由所有有关方面包括残疾人的组织共同参加。这种机构应能接触到最高决策人。

90. 为了执行世界行动纲领,会员国必须:

(a) 规划、组织各级活动,并为各级活动提供资金;

(b) 通过立法,为达到各项目标所采取的措施建立必要的法律基础和权威;

(c) 通过消除充分参与的障碍来保证各种机会;

(d) 通过对残疾人给予社会、营养、医疗、教育和职业各方面的协助和辅助器械来提供康复服务;

(e) 成立或动员有关公私组织;

(f) 支持建立和发展残疾人组织;

(g) 编写有关世界行动纲领各项议题的资料,并散发给各界人士,包括残疾人及其家属;

(h) 促进公众教育以保证人们对世界行动纲领有广泛了解;

(i) 促进对世界行动纲领有关事项的研究;

(j) 促进与世界行动纲领有关的技术援助和合作;

(k) 促进残疾人用其组织参加有关世界行动纲领的决策。

## 一、残疾人参与决策

91. 会员国应增加对残疾人组织的支助,帮助他们组织起来协调一致,以代表残疾人的利益并提出他们所关心的问题。

92. 会员国应积极寻求并尽一切可能鼓励由残疾人组成的或代表残疾人的组织的发展。

93. 会员国应与这类组织建立直接联系,并开辟渠道,使它们能在具有切身利害关系的一切领域影响政府的政策和决策。会员国应为此目的给予残疾人组织以必要的财力支持。

94. 各级组织和其他机构应确保残疾人能够最充分地参与其活动。

## 二、缺陷、残疾和障碍的预防

95. 会员国应对预防缺陷和残疾采取适当措施并确保有关知识和技术的传播。

96. 要订立社会各级的残疾人预防协调方案。

## 三、康　复

97. 会员国应制订实现世界行动纲领目标必不可少的残疾人康复服务并保证其切实执行。

98. 鼓励会员为全体人民提供必要的保健及有关服务，以消除或减轻缺陷的致残的恶果。

99. 上述服务包括提供必要的社会、营养、保健和职业方面的服务，使残疾人的机能能够达到最佳状态。

100. 会员国应保证，必须使残疾人能得到适合当地情况的器械和设备，还要保证后续维修和过时器械的更换。

101. 必须保证需要利用此类设备的残疾人有购买和学习使用这些设备的经济来源和实际机会。阻碍从其他国家获得本国不能制造的现成辅助器械和材料的进口关税及其他手续应予以废除。十分重要的是支持在当地生产适合该地技术、社会和经济情况的辅助器械。

102. 为了促进当地生产和发展辅助器械，会员国应考虑建立负有支持这种发展责任的全国中心。

103. 鼓励会员国在其总的社会服务系统里，有为残疾人提供咨询和处理残疾人问题所必需的合格人才。

104. 当总的社会服务系统的能力不足以满足这种需要时，可以提供特殊的服务。

105. 鼓励会员国在现有资源范围内，采取任何必要的措施以确保生活在农村、城市贫民窟的残疾人都能得到必要的服务并能充分利用这些服务。

106. 残疾人不应与他们的家庭和社区隔离。会员国应该保证服务按照需要公平分配到所有人和所有地理区域。

107. 许多国家显然忽视了对精神病患者的医疗保健和社会服务。在精神病患者得到精神病专科治疗的同时，还应为本人及家属提供社会支助和指导。

### 四、机会平等

（a）立　法

108. 会员国应承担责任，确保残疾人获得与其他公民平等的机会。

109. 会员国采取必要措施，消除对残疾人的任何歧视。

110. 各国在起草国家人权立法时，应特别注意避免对残疾人行使公民的各种权利和自由产生不利影响。

111. 会员国应注意残疾人受教育、工作、获得社会保障等具体权利及免受不人道或有辱人格的行为。

（b）物质环境

112. 会员国应致力使各类残疾人都能享用物质环境。

113. 会员国应制定政策，确保在规划住区环境时，注意到便于残疾人利用的问题。

114. 鼓励会员国制定政策确保残疾人能够进出和享用所有新建的公共建筑和设施、公共住房和公共交通工具。此外，还应采取措施，鼓励在可行的情况下，便利残疾人进出现有公共建筑和设施、住房和交通工具，特别要利用翻修改建工作的机会照顾到这点。

115. 会员国应鼓励提供支助性服务，使残疾人可以在社会尽可能地独立生活。

（c）收入保障和社会保障

116. 各会员国均应努力在本国的法规制度中，将世界行动纲领关于社会保障问题的总目标和分项目标的各项条款包括进去。

117. 会员国确保残疾人有平等机会获得一切形式的收入、收入保障和社会保障。这一过程应以与该会员国的经济制度和发展程度相符的形式进行。

118. 如果有全民社会保障、社会保险和其他这类制度存在，应该对这些制度进行检查，以确保向残疾人及其家属提供足够的福利以及残疾预防、康复和机会平等的服务。

119. 应该做出方便可行的安排，使残疾人及其家属能够通过公正无私的听讯，对有关其权利和福利的决定提出申诉。

(d) 教育和培训

120. 会员国应制定政策,确认残疾人有权与其他人有平等接受教育的机会。残疾人的教育应尽可能纳入普通学校系统,教育当局应负起残疾人教育的职责,有关义务教育的法规应适用于有各种残疾包括最严重残疾的儿童。

121. 会员国应在有关入学年龄、升级以及酌情对考试程序的规定用于残疾人时考虑增加其灵活性。

122. 发展对残疾儿童和成人教育服务均应符合基本标准。

123. 把残疾儿童纳入普遍教育系统的工作,需要所有有关方面共同进行规划。

124. 如果普通学校系统的设施不适合某些残疾儿童,这些儿童应在特殊学校就读。

125. 各项教育过程中,残疾儿童的父母的关心、参与是极其重要的。应向其父母提供必要支助,使他们为残疾子女提供尽可能正常的家庭环境。

126. 会员国应为残疾人参加成人教育计划提供方便。

127. 正规成人教育班的设施如不能满足某些残疾人的需求时,有必要提供特别班或训练中心。会员国应给予残疾人有可能受高等教育的机会。

(e) 就　业

128. 会员国应制定政策并设立各项服务的支助性机构,以保证城乡残疾人都能有平等的机会,从事生产性的有酬工作。

129. 会员国通过各种措施,扶持残疾人参加劳动,诸如:给予奖励的保障名额办法,保留的或指派的职位,给残疾人小型企业和合作企业提供贷款或赠款,给雇用残疾人的企业减税、独家承办合同或优先生产权、合同优待或其他技术、财政援助等。会员国应支持发展辅助器械,并使残疾人容易得到工作所需的辅助器械和援助。

130. 但是,无论这些政策还是支助性机构都不应使劳动市场的就业机会受到限制。

131. 政府、雇主组织、工人组织应在中央和地方各级互相合作,拟定共同的战略和共同的行动,以保证残疾人能有较好的就业机会。

132. 这些服务应包括:职业评估及指导、职业培训、就业安置和后续工作,应该为那些有特殊需求或有特别严重障碍而不能适应竞争性就业要求的残疾人提供受保护的职业。这种办法的形式可以是生产车间、居家工作、自营职业以及在竞争性工作中受保护条件下雇用少数有严重残疾的人。

133. 中央和地方政府在作为雇主时,应促进残疾人在公营部门中的就业。各项法律和规章不应为残疾人就业造成障碍。

(f) 娱乐活动

134. 会员国应保证残疾人能够与其他公民有同等机会进行娱乐活动。这包括能够使用饭馆、电影院、剧院、图书馆等以及度假地、运动场、旅馆、海滩和其他娱乐场所。会员国应采取行动消除达到这种效果的一切障碍。

(g) 文 化

135. 会员国确保残疾人有机会充分发挥他们创造性的、艺术上的和智慧方面的潜力,这不仅是为了他们本身的利益,而且也是为了造福社会。为此目的,应确保他们享有文化活动。必要时,应做出特别安排,满足心智或感官受损者的需求,如聋人助听器、盲人点字印刷书籍和盒式录音带以及适应个人智力的阅读材料等。文化活动的领域包括舞蹈、音乐、文学、戏剧和造型艺术等。

(h) 宗 教

136. 应采取措施确保残疾人有机会充分参与社会现有的宗教活动。

(i) 体育运动

137. 体育运动对残疾人的重要性越来越为人们所认识。会员国应鼓励残疾人的一切形式的体育运动,特别是通过提供适当的设施和组织好这些活动。

**五、社区行动**

138. 会员国应特别优先考虑向地方社区提供信息资料、培训和资金,以帮助发展旨在实现世界行动纲领目标的各项方案。

139. 应做出安排以鼓励和促进地方社区相互间的合作以及信息经验

的交流。

140. 重要的是应发动地方政府机关、机构及社区组织诸如公民团体、工会、妇女组织、消费者组织、服务团体、宗教团体、政党和家长会等积极参加。在残疾人组织可以有影响的各社区，都可指定一个适当机构作为筹措资金和开展活动的交流协调中心。

**六、工作人员培训**

141. 负责发展和提供为残疾人服务的当局应注意有关工作人员的事宜，特别是他们的征聘和培训。

142. 培训社区工作人员从事早期发现缺陷、提供初步协助、把患者转送到适当医疗单位就诊和进行后续工作十分重要，培训转诊中心的医务人员及其他人员也很重要。应把上述工作纳入有关部门，诸如初级保健、学校和社区发展方案。

143. 有关残疾人的服务工作如要普及到日益增多的尚未得到服务的人，就必须由当地社区的各医疗卫生人员和社会工作人员来提供。他们还需要专门的指导和培训，如为残疾人及其家属采用的简单的康复措施和技术。

144. 会员国应保证社区工作人员，除了专门的知识和技能以外，接受有关残疾人的社会需求的营养、医疗、教育和职业需求的综合知识。社区工作人员获得了必要的训练和指导，就可以向残疾人提供所需的大部分服务，并且是解决人手不足问题的宝贵财富。应特别强调，已经在社区其他有关方面工作的人员，须增长知识，提高能力和扩大责任，这些包括：教师、社会工作人员、志愿者、专业性的辅助保健人员、行政人员、政府规划人员、社区领导人。

145. 特殊教育教师的培训方面是大有可为的，应尽可能在需要此种特殊教育的国家内进行培训。

146. 把残疾人教育纳入普通教育系统，其成功先决条件是对普通教师和特教教师提供适当的教学培训方案。

147. 培训特教教师时，必须使业务面尽量宽一些，因为在许多发展中国家，特教教师要独立负责教许多课程。

### 七、宣传和公众教育

148. 会员国应对残疾人的权利、贡献和有待满足的需求的全面公共宣传方案予以鼓励，方案应能接触到所有有关人士和一般群众。

149. 应与残疾人组织磋商拟订指导方针，鼓励新闻媒介从事敏锐和确切的报道，在无线电、电视、电影、摄影和印刷品中对残疾人问题和残疾人均能有正确的描写和报道。

150. 政府当局有责任对其宣传工作加以调整，使它普及到包括残疾人在内的每一个人。这不仅用于残疾人问题的宣传，而且也适用于有关公民权益和义务的宣传。

151. 公共宣传方案的设计，应确保最中肯的信息资料能普及到各阶层的人。除一般的传播媒介和其他正常交流渠道以外，还应注意：

（1）编写专门材料，使残疾人及其家属了解他们应享的权利、福利和服务以及需要采取什么步骤纠正制度中的错误和弊端。这些材料应以适当的形式提供，以便视觉、听觉和其他交往方面有困难的人们能够使用和理解；

（2）编写专门材料，供那些通过正常交流渠道难以达到的群体使用；

（3）编写图片资料、视听材料和制订指导原则，供在偏僻地区工作和通过正常交流形式效果不大的社区工作人员使用。

152. 会员国应确保残疾人、残疾人家属以及专业人员能够获得关于方案和服务、立法、康复及安养机构、专门知识、辅助器械和器材的最新信息。

153. 负责公众教育的当局，应确保系统介绍残疾人问题的真实情况及其后果和有关残疾预防、残疾康复和残疾人机会平等的情况。

154. 在关于公共宣传方面，应给予残疾人及其组织同等的参与机会、足够的资源和专业的培训，使他们可以自由地表达他们的观点。

## C. 国际行动

### 一、概　述

155. 经大会通过的《关于残疾人的世界行动纲领》，包括一项长期的国际计划；这项计划是根据与各国政府、联合国系统内各组织和机关、各政府间组织和非政府组织包括残疾人的组织和为残疾人工作的组织广泛协商的结果制订的。如果能在各级保持密切合作，那么实现本纲领各项目标的努力就会取得更快、更有效和更经济的进展。

156. 鉴于联合国社会发展和人道主义事务中心在残疾预防、残疾康复和残疾人机会平等方面所发挥的作用，指定该中心为协调中心，负责协调和监督世界行动纲领的实施，包括对纲领的审查和评价。

157. 联合国大会为国际残疾人年设立的信托基金应用来满足发展中国家和残疾人组织的援助要求，用来促进世界行动纲领的实施。

158. 一般而言，需要增加给予发展中国家实施世界行动纲领目标的资源。应鼓励各国政府和私人的自愿捐款。

159. 行政协调委员会应考虑世界行动纲领对联合国系统内各组织的影响，应利用现有途径继续进行联络工作并协调政策行动。

160. 国际性的非政府组织应该协同努力以实现世界行动纲领的各项目标。

161. 敦促所有国际组织和机构与残疾人组成的或代表残疾人的组织进行合作，并给予协助。

二、人　权

162. 为实现国际残疾人年的主题——"充分参与和平等"强烈敦促联合国系统在其所有设施内消除障碍，确保残疾人可以充分与人沟通；并采取积极行动计划，其中包括关于鼓励整个联合国系统雇用残疾人的行政政策和办法。

163. 在考虑残疾人的权利时，应优先运用联合国各项公约及其他文件以及联合国系统其他国际组织保护所有人权利的公约和文件。

164. 联合国系统的有关负责编拟和执行可能对残疾人有直接或间接影响的国际协议、公约及其他文件的组织和机关，应确保这类文件充分考虑到残疾人状况。

165. 《国际人权公约》的缔约国在这些公约条款的执行情况报告中，应适当注意公约的规定对残疾人是否适用，都应适当注意公约缔约国的报告中这一方面的情况。

166. 可能存在某些特殊情况，阻碍残疾人行使公认为人人普遍享有的权利和自由的能力。联合国有关部门应对这一情况进行研究。

167. 处理残疾人问题的全国委员会或类似协调机关也应对这个问题加以注意。

168. 人权委员会应审议明显侵害基本人权的行为,以期采取相应的措施。

169. 应继续研讨实现国际合作以使人人包括残疾人在内,得享国际公认的基本权利的方法。

### 三、技术和经济合作

(a) 地域间援助

170. 发展中国家在调动足够的资源来满足他们的残疾人和千百万条件不利的人的需求方面越来越困难。因此,国际社会应根据上面第82、83两条,支持这些国家本身做出的努力,大大增加流向发展中国家的资源。

171. 所有同制订关系到残疾人的方案有关各方,都应做出更大努力,使本国政府了解从这些国际机构究竟可以得到什么支持。

172. 关于残疾人预防和康复方面的发展中国家技术合作和技术援助问题世界专家讨论会制订了《维也纳积极行动计划》,这一行动可以作为世界行动纲领范围内进行技术合作的指导方针。

173. 联合国系统内的一些组织,应与各国政府一道,探讨怎样才能给不同部门中现有的和规划中的项目增加一些照顾残疾人特殊需求和残疾预防的内容。

174. 应鼓励有关的所有国际组织,确保优先考虑会员国提出的协助他们按照其本国的优先次序进行残疾预防、康复和机会平等的工作的要求。

175. 在争取与各国政府合作以更好地为满足残疾人的需求服务的过程中,联合国各组织以及双边机构和私人机构都应紧密协调其投入,以有效地促进既定目标的实现。

176. 鉴于联合国大多数有关组织均已有具体责任,它们之间应有明确的责任分工,以响应联合国残疾人年和世界行动纲领提出的要求。

（b）地域性的和双边的援助

177. 联合国各地域委员会和其他地域性机构应促进发展中国家间技术合作领域的活动，应促进残疾人组织的发展。

178. 应鼓励会员国与地域性机构和委员会合作，与残疾人组织和有关国际组织磋商，建立地域性或下一级机构、办事处，以增进残疾人的福利。

179. 捐助国应在自己双边和多边技术援助方案范围内，尽力解决如何满足会员国提出的关于残疾预防、康复和机会平等方面的援助要求。

**四、宣传和公众教育**

180. 联合国应不断开展活动，以加深公众对世界行动纲领各项目标的了解。

181. 参与同世界行动纲领有关的各个项目和方案工作所有机构，应不断努力从事对公众的宣传工作。

182. 联合国应在各有关专门机构合作下，利用多种传播媒介向传统媒介接触不到的人和不习惯使用这种媒介的人传达信息。

183. 国际组织应协助全国性机构和社区机构，通过提出课程设置建议和提供教材及有关世界行动纲领各项目标的背景资料，来制订各项公众教育方案。

## D. 研　究

184. 需要对有关残疾人问题的社会文化问题进行研究，以提出适合人生环境现实情况的办法。

185. 会员国应制订一项研究方案，研究缺陷和残疾原因、种类和发生率，研究残疾人的经济和社会状况，研究用于处理这些事项的现有资源状况及其有效程度。

186. 特别重要的是研究影响残疾人及其家属生活的社会、经济、参与问题以及社会处理这些问题的方式。

187. 还需要鼓励研制供残疾人使用的辅助器械和设备。

188. 联合国及其专门机构应注意国际上研究残疾及与此有关问题的发展趋势，重点是对世界行动纲领所建议的一切形式的行动都开辟创新的途径。

189. 联合国应鼓励并协助旨在提高对世界行动纲领所涉及问题的认识的研究项目。

190. 联合国的各地域委员会及其他地域性机构应将研究活动列入其行动计划,以协助各国政府执行世界的行动纲领。

191. 目前有必要制订各种方案,用医学、心理和社会方面的措施以减轻残疾人适应社会能力欠缺的问题。

192. 诸多领域的研究对发展中国家和发达国家都有价值。

193. 应当鼓励医疗保健和社会科学研究机构对残疾人进行研究并收集有关资料。

### E. 监测和评价

194. 应当定期对有关残疾人的状况做出评估,并建立基准来衡量进展情况。

195. 联合国系统应定期对执行世界纲领的进展情况做出判定性的评价,并应与会员国磋商共同选定适当的评价指标。

196. 应要求各地域委员会履行监测和评价的职责,以有助于在国际范围进行的全球性评估。

197. 在国家一级,应定期对有关残疾人的各种方案做出评价。

198. 敦促联合国统计处与联合国其他部门、各专门机构和各地域委员会一起,与发展中国家合作,拟订出切实可行的数据收集制度。

199. 在这一广泛工作中,联合国社会发展和人道主义事务中心在联合国统计处的支持下,应起主要作用。

200. 秘书长应就联合国及其专门机构增加雇用残疾人并使它们的设施和信息资料能更多地为残疾人利用的情况,定期做出报告。

201. 根据定期评价的结果和世界经济及社会形势的发展,有必要定期修订世界行动纲领。这种修订应每五年进行一次,第一次修订于1987年进行,以秘书长向大会第四十二届会议提交的报告为根据。这种审查活动并应成为《联合国第三个发展十年国际发展战略》的审查和评价过程的一种投入。

# 残疾人机会均等标准规则

(联合国大会一九九三年十二月二十日第48/96号决议通过)

## 导 言

### 背景和当前的需要

1. 在世界各地，在每个社会的各个阶层，都有残疾人的存在。全世界残疾人的数目相当大，而且还在增加。

2. 残疾的原因和后果，世界各地的情况各有不同。这种差异是不同社会经济环境的结果，也是各国在改善人民生活方面尚有差别的结果。

3. 目前的残疾政策是近200年来发展形成的。它在许多方面反映了不同时代的总体生活条件和社会及经济政策。但是在残疾领域，也有许多特殊的因素影响到残疾人的生活条件。无知、忽视、迷信和恐惧都是一些社会因素，在整个残疾史上，这些因素使残疾人陷于孤立，并阻延了他们的发展进程。

4. 多年来，残疾政策从医疗机构的初级护理发展到残疾儿童的教育和对成年后致残者提供康复服务。通过教育和康复，残疾人在残疾政策的进一步发展方面成为更加积极的推动力。成立了残疾人组织、残疾人家属和支持者的组织，为残疾人争取更好的条件。第二次世界大战以后，人们提出了融合和正常化的概念，这些概念反映了人们对残疾人自身的能力有了更大的认识。

5. 接近1960年代末期时，一些国家的残疾人组织开始拟订一个新的残疾概念。这一新概念表明了残疾者个人遇到的限制不但与环境的设计和结构密切相关，而且也与人们的态度密切相关。与此同时，发展中国家的残疾人问题日益受到人们的注意。据估计，有些发展中国家的残疾人口比例非常高,而且大部分残疾人都极为贫穷。

### 此前的国际行动

6. 联合国和其他国际组织长期以来都十分重视残疾人的权利问题。1981年国际残疾人年最重要的成果是联合国大会1982年12月3日第37/52号决议通过的《关于残疾人的世界行动纲领》。国际残疾人年和世界行动纲领对这一领域的进展提供了强大的推动力。两者都强调残疾人有权享有与其他公民同样的机会,并且平等分享因社会和经济发展而改善的生活条件。另外还首次从残疾人与其环境之间的关系这个角度界定了障碍的定义。

7. 1987年,在斯德哥尔摩召开了联合国残疾人十年中期审查《关于残疾人的世界行动纲领》执行情况的全球专家会议。会上建议拟订一项指导原则,以指明今后几年的优先行动事项。这项原则的基础应是承认残疾人的权利。

8. 结果,该会议提请联合国大会召开一个特别会议以期拟定一项消除对残疾人的一切形式歧视国际公约草案,在十年结束之前提交各国批准。

9. 意大利编拟了此项公约的大纲初稿并提交大会第四十二届会议。后来,瑞典又在大会第四十四届会议上进一步提出了关于公约草案的陈述。但是,在上述两届会议上,对于此项公约的适宜性均未能达成共识。许多代表认为,现有的人权文件似乎足以保证残疾人享有与其他人同样的权利。

### 标准规则的由来

10. 根据联合国大会的审议意见,经济及社会理事会在其1990年第一届常会上最后商定集中精力草拟出另一种国际文书。经社理事会1990年5月24日第1990/26号决议授权社会发展委员会在其第三十二届会议上考虑成立一个由自愿捐款提供经费的政府专家特设不限成员名额工作组,与一些专门机构、其他政府间机构和非政府组织特别是残疾人组织一起密切合作,拟订关于残疾儿童、青年和成年人机会均等的规则。经社理事会还请社会发展委员会最后确定这些规则的案文,提供其在1993年审议，并提交联合国大会第四十八届会议。

11. 在联合国大会第四十五届会议上，大会第三委员会开展的讨论表明，人们普遍支持拟定《残疾人机会均等标准规则》的新倡议。

12. 在社会发展委员会第三十二届会议上，制定规则的倡议得到许多代表的支持，会议讨论通过了1991年2月20日第32/2号决议，其中委员会决定根据经济及社会理事会第1990/26号决议，成立一个特设不限成员名额工作组。

## 《残疾人机会均等标准规则》的宗旨和内容

13. 《残疾人机会均等标准规则》是根据联合国残疾人十年（1983—1992年）取得的经验拟订的。由《世界人权宣言》《经济、社会、文化权利国际盟约》和《公民权利和政治权利国际盟约》组成的国际人权宪章以及《儿童权利公约》《消除对妇女一切形式歧视公约》和《关于残疾人的世界行动纲领》，是拟定本规则的政治和思想基础。

14. 本规则虽然不是强制性的，但如果为数众多的国家都本着尊重国际法规则的意向而付诸实施，那么即可成为国际惯例法。它意味着各国承担坚定的道义和政治责任，在残疾人机会均等方面采取行动。它提示了责任、行动与合作方面的重要原则，并且指明了对于生活质量和实现充分参与及平等具有决定性重要意义的领域。本规则为残疾人及其组织提供了决策和行动的手段。为各国、联合国及其他国际组织之间开展技术和经济合作提供了基础。

15. 本规则的宗旨是确保残疾男女和儿童，作为所在社会的公民，可行使与其他人同样的权利与义务。在世界各地的社会中，仍然存在使残疾人无法行使其权利和自由的障碍，因而使他们难以充分参与所在社会的各种活动。各国有责任采取适当的行动消除这些障碍。残疾人及其组织应在这一进程中作为参与伙伴发挥积极的作用。残疾人机会均等是对世界各国致力于调动人力资源的一个重要贡献。在这方面，尤应特别注意诸如下述这样的人口群体：妇女、儿童、老人、贫穷者、移徙工人、患双重或多重残疾的人、土著人和少数民族。此外，还有为数众多的残疾难民，对他们的特殊需要也应加以注意。

## 残疾政策的一些基本概念

16. 下述若干概念在这些规则中，反复出现。它们基本上是由《关于残疾人的世界行动纲领》内的那些概念演化而来。其中有些概念则反映了联合国残疾人十年期间的发展变化。

**残疾与障碍**

17. "残疾"一词概括地泛指世界各国任何人口中出现的许许多多的各种功能上的限制。人们出现的残疾既可以是生理、智力或感官上的缺陷，也可以是医学上的状况或精神疾病。此种缺陷、状况或疾病有可能是长期的，也可能是过渡性质的。

18. "障碍"一词是指机会的丧失或受到限制，无法与其他人在同等基础上参与社会生活。"它"指的是患某种残疾的人与环境的冲突。使用此词的目的是着重强调环境中和社会上许多有组织活动诸如信息、交流和教育中的缺欠，使残疾人无法在平等基础上进行参与。

19. 上文第17和18段所确定的"残疾"和"障碍"两个词的这种用法是从现代残疾史中逐渐演化而来的。1970年代，残疾人组织的代表和残疾领域的专业人员很不赞成当时使用的术语。"残疾"和"障碍"这两个词在使用上往往含义不清和相互混淆，难以很好地指导决策和政治行动。该术语反映的只是医疗和诊断的观点，忽视了周围社会环境的不足和缺陷。

20. 1980年，世界卫生组织采用了一项国际缺陷、残疾和障碍分类，提出了一种更加准确同时又是相对论的方法。这一项国际缺陷、残疾和障碍分类明确地把"缺陷"、"残疾"和"障碍"区分开来。该分类现已广泛用于康复、教育、统计、政策、立法、人口统计、社会学、经济学和人类学等领域。有些使用者表示关切，认为该分类对于障碍一词的定义仍可被视为太偏重于医学，太偏重于个人，也许不足以明确表示出社会状况或社会期望与个人能力之间的相互作用关系。在该分类即将修订的版本中将研讨这些关切以及该分类发表之后12年以来使用者先后表示的其他关切。

21. 根据世界行动纲领的实施经验以及在联合国残疾人十年期间展开的广泛讨论，人们对残疾问题及所用的术语深化了认识，拓宽了理解。目前使用的这些术语确认有必要既看到个人的需要（诸如康复和技术辅助器材等），同时还应看到社会环境的缺欠（阻碍参与的种种障碍）。

**预　防**

22. "预防"一词系指采取一些行动来避免出现生理、智力、精神或感官上的缺陷（初级预防）或防止缺陷出现后造成永久性功能限制或残疾（二级预防）。预防可包括许多类别的行动，诸如初级保健、产前产后的幼儿保健、营养学教育、传染病免疫运动、防治地方病的措施、安全条例、在不同环境中防止发生事故的方案，包括改造工作场所以防止职业残疾和疾病，预防由于环境污染或武装冲突而造成残疾。

**康　复**

23. "康复"一词系指达到下述目标的一个过程，它旨在使残疾人达到和保持生理、感官、智力、精神和（或）社交功能上的最佳水平，从而使他们借助于某种手段，改变其生活，增强自立能力。康复可包括提供和（或）恢复功能、补偿功能缺失或补偿功能限制的各种措施。康复过程不包括初始的治疗。它包括范围广泛的措施和活动，从较为基本的和一般性的康复，到针对具体目标的活动，例如职业方面的恢复。

**机会均等**

24. "机会均等"一词系指使社会各系统和环境诸如服务、活动、信息和文件得以为所有人特别是残疾人享受利用的过程。

25. 同等权利的原则意味着每一个人的需要都具有同等重要性，这些需要必须成为社会规划的基础，必须适当地运用所有资源，确保每一个人都有同等的参与机会。

26. 残疾人是社会的成员，因而有权利留在其当地社区之内他们应能在一般的教育、保健、就业和社会服务的结构内获得所需要的支助。

27. 由于残疾人享有同等的权利，他们也负有同等的义务。既然获得同等权利，那么社会也应对他们提出较高的期望。作为同等机会进程的一部分，应该创造条件，便于残疾人承担其作为社会成员的充分责任。

## 序　言

各国

铭记各国根据《联合国宪章》做出承诺，将与本组织进行合作，联合和分别采取行动，促进生活水平的提高、充分就业和为经济及社会进步和发展创造条件，

重申《宪章》中宣布的人权、基本自由、社会正义和人格尊严和价值，

特别忆及《世界人权宣言》《经济、社会、文化权利国际盟约》和《公民权利和政治权利国际盟约》所规定的国际人权标准，强调这些文书宣布，应确保所有个人不受歧视地一律享有文书中所确认的各项权利，

忆及《儿童权利公约》的规定，其中禁止基于残疾而加以歧视，并要求采取特别措施确保残疾儿童的各项权利，并忆及《保护所有移徙工人及其家庭成员权利国际公约》也规定了防止残疾的一些保护措施，

又忆及《消除对妇女一切形式歧视公约》规定确保残疾女童和妇女的权利，

考虑到《残疾者权利宣言》《智力迟钝者权利宣言》《社会进步和发展宣言》《保护精神病患者和改善精神保健的原则》以及大会通过的其他有关文件，

还考虑到国际劳工组织通过的有关公约和建议书，特别是关于残疾人不受歧视地参与就业的有关公约和建议书，

念及联合国教育、科学及文化组织、世界卫生组织、联合国儿童基金会和其他有关组织的有关建议和工作，特别是教科文组织的《普及教育世界宣言》，

考虑到各国对于保护环境所做出的承诺，

注意到武装冲突造成的破坏并对稀少的资源被用来生产武器深感遗憾，

认识到《关于残疾人的世界行动纲领》和其中关于机会均等的定义

表明国际社会真诚希望使这些国际文书和建议得到实际而具体的实现，

确认联合国残疾人十年（1983—1992年）实施世界行动纲领的目标仍然有效，仍需要采取紧急而持续的行动，

忆及世界行动纲领所依据的概念对发展中国家和工业化国家同样适用，

深信需要加强努力，使残疾人充分而平等地享有人权和参与社会，

再次强调残疾人和他们的父母、监护人、支助者和他们的组织必须作为国家的积极伙伴，参加规划和实施影响其公民、政治、经济、社会和文化权利的所有措施，

遵照经济及社会理事会第1990/26号决议，并根据世界行动纲领详尽列举的为使残疾人达到与其他人平等所需的具体措施，

通过了以下所述的《残疾人机会均等标准规则》，以期：

（a）强调残疾领域的任何行动首先需要对残疾人的状况和特别需要取得足够的认识和经验；

（b）强调使社会组织的各个方面向所有人实现无障碍的过程是社会经济发展的一项基本目标；

（c）阐明残疾领域社会政策的重要方面，适当时还包括积极鼓励技术和经济合作；

（d）为实现机会均等所需的政治决策过程提供示范模式，其中考虑到各国的技术和经济水平尚有很大差别，政治决策过程必须反映出对其所在的文化环境的深刻认识以及残疾人在其中的重要作用；

（e）提议各国建立机制，用以促进各国、联合国系统各机关、其他政府间机构和残疾人组织之间的密切合作；

（f）提议建立有效机制以监测各国努力实现残疾人机会均等的过程。

第六编　残疾人事业相关国际条约文件

# 一、平等参与的先决条件

## 规则 1. 提高认识

各国应采取行动，提高社会对残疾人及其权利、需要、潜能和贡献的认识。

1. 各国应确保主管当局向残疾人及其家属、向这一领域的专业人员和广大群众传播关于现有的方案和服务的最新信息。向残疾人提供信息应采取对他们无障碍的形式。

2. 各国应发起和支持关于残疾人和残疾政策的宣传运动，指明残疾人是具有与其他人同样权利和义务的公民，因此理应采取措施消除不利于充分参与的一切障碍。

3. 各国应促使传播媒介从积极方面描述残疾人；对于这一事项，应征求残疾人组织的意见。

4. 各国应确保公共教育方案在其所有方面均反映出充分参与和平等的原则。

5. 应邀请残疾人及其家属和组织参与有关残疾人事项的公共教育方案。

6. 各国应鼓励私营部门的企业在其活动的各个方面都考虑到残疾问题。

7. 各国应发起和促进旨在提高残疾人对其自身权利和潜能的认识的方案。增强自立能力和活动能力将有助于残疾人利用其所得到的机会。

8. 提高认识应成为残疾儿童教育和康复方案中的一项重要内容。残疾人还可通过自己的组织所开展的活动在提高认识方面相互帮助。

9. 提高认识应作为对所有儿童进行教育的一个内容，并应作为教师培训课程和所有专业人员培训内容的一个组成部分。

### 规则 2. 医疗护理

各国应确保为残疾人提供有效的医疗护理。

1. 各国应努力创造条件,开办由多学科专业人员对生理缺陷加以早期诊断、评估和治疗的方案。这可以防止、减轻或消除致残后果。此种方案应确保在个人级别有残疾人及其家属的充分参与以及在规划和评价级别有残疾人组织的充分参与。

2. 当地社区工作者应得到适当培训以便参与某些领域的工作,例如及早发现缺陷、提供初级协助和为其介绍适当的服务。

3. 各国应确保对残疾人特别是对幼儿和儿童,如同其他社会成员一样,在同一系统内向他们提供同样水平的医疗护理。

4. 各国应确保所有医务人员和护理人员都经过充分的训练,足以向残疾人提供医疗护理,确保他们有机会获得有关的治疗方法和技术。

5. 各国应确保对医务人员、护理人员以及有关人员进行适当培训,使他们不致向家长提出不妥当的建议,从而限制了其子女的治疗选择。此种培训应不断进行,而且应为之提供最新的信息。

6. 各国政府应确保残疾人获得他们所需的任何经常治疗和药品,以维持或改善他们的功能水平。

### 规则 3. 康 复①

各国应确保向残疾人提供康复服务,以使他们达到最佳的独立和功能水平。

1. 各国应为所有类别的残疾人制定国家康复方案。这些方案应考虑到残疾人的实际需要并符合充分参与及平等原则。

2. 这些方案应包括广泛范围的活动,诸如为改进或弥补某项受损害的功能而提供的基本技能培训,对残疾人及其家属提供指导,培养自立能力以及不定期的服务,例如评估和指导。

3. 需要康复的所有残疾人、包括重度残疾和(或)多重残疾的人,

---

① 康复是残疾政策中的一个基本概念,其定义见上文导言部分第 23 段。

应有机会获得康复治疗。

4. 残疾人及其家属应能参与设计和安排涉及他们自己的康复服务。

5. 凡有残疾人居住的社区，均应可得到所有各种康复服务。但是，在某些情况下，为了达到某种特定训练目的，也可举办短期的特别康复训练班，适当时，可采取住宿形式。

6. 应鼓励残疾人及其家属参与康复工作，例如作为受过培训的教师、辅导员或咨询人员。

7. 各国在拟订或评价康复方案时，应吸取残疾人组织的专门知识。

## 规则4. 支助服务

各国应确保为残疾人发展和提供支助服务，包括辅助性器材，帮助他们提高日常生活方面的独立能力和行使他们的权利。

1. 各国应根据残疾人的需要，确保提供各种辅助性器材和设备，并提供个人服务和传译服务，作为实现机会均等的重要措施。

2. 各国应支持研制、生产、销售和维修各种辅助性器材并传播与其有关的知识。

3. 为了做到这一点，应利用普遍可以得到的专门技术知识。拥有高技术工业的国家应利用其技术潜力，提高辅助性器材和设备的标准和有效性。应鼓励研制和生产简单、价廉的器材，尽可能利用当地的材料和当地的生产设施。可让残疾人自己参与这些器材的生产。

4. 各国应认识到，所有需要辅助性器材的残疾人都应有机会获得对其适用的这种器材，包括获得所需的资金。这可能意味着免费提供或以残疾人或其家庭买得起的低廉价格提供辅助性器材和设备。

5. 各国提供辅助性器材和设备的康复方案，应在设计、耐久性和年龄适应性方面考虑到男女残疾儿童的特殊要求。

6. 各国应支持特别为重度残疾和或多重残疾者发展和提供个人服务方案和传译服务。这类方案可使残疾人更多地参与日常生活，参与家庭、工作、学校的活动和娱乐活动。

7. 在设计个人服务方案时，应尽量由使用此种方案的残疾人对方案提供的方式起决定性的作用。

## 二、平等参与的目标领域

### 规则 5. 无障碍环境

各国应确认无障碍环境在社会各个领域机会均等过程中的全面重要性。对任何类别的残疾人，各国均应：（a）采取行动方案，使物质环境实现无障碍；（b）采取措施，在提供信息和交流方面实现无障碍。

**（a）物质环境的无障碍**

1. 各国应采取措施，消除物质环境中影响参与的障碍。此种措施应包括制定标准和准则，并考虑颁布立法，确保社会中各个方面实现无障碍环境，例如确保住房、楼房、公共交通服务和其他交通工具、街道和其他室外环境的无障碍。

2. 各国应确保建筑设计师、建筑工程师和参与物质环境设计和建造的其他专业人员充分了解残疾政策和实现无障碍的措施。

3. 物质环境的设计和建造应从设计过程一开始就将无障碍的要求考虑在内。

4. 在制定环境无障碍的标准和准则时，应征求残疾人组织的意见。在设计公共建筑项目时，还应从初始规划阶段就让当地的残疾人组织参与其事，从而确保最大程度的无障碍环境。

**（b）信息和交流的无障碍**

5. 残疾人以及适当时包括他们的家属和支助者应能在各个阶段，无障碍地了解关于诊断结果、权利和可得到的服务和方案的充分信息。提供此种信息的形式应对残疾人无障碍。

6. 各国应制定办法使信息服务和各种文件做到对各种类别的残疾人均无障碍，应使用盲文、磁带、大字印刷和其他适当技术，使那些有视力缺陷的人无障碍地获得书面信息和文件。同样地，也应使用适当技术，使那些有听力缺陷或有理解困难的人无障碍地获得语言信息。

7. 应考虑在聋童教育中，在其家庭和社区中，使用手语。还应提供手语传译服务来使聋人和其他人之间方便交流。

8. 还应考虑到患有其他交流残疾的人的需要。

9. 各国应该鼓励传播媒介，特别是电视、无线电和报纸，使其服务做到无障碍。

10. 各国应确保供一般公众使用的新的电脑化信息系统和服务系统一开始就使之可为残疾人无障碍地使用，或加以改造，使之可为残疾人无障碍地使用。

11. 在制定措施使信息服务无障碍方面，应征求残疾人组织的意见。

## 规则 6. 教 育

各国应确认患有残疾的儿童、青年和成年人应能在混合班环境中享有平等的初级、中级和高级教育机会的原则。各国应确保残疾人教育成为其教育系统的一个组成部分。

1. 应由一般教育部门承担在混合班环境中对残疾人施行教育的责任。残疾人教育应成为国家教育规划、课程设计和学校安排的一个组成部分。

2. 普通学校的教育应创造条件，提供传译和其他适当支助服务。应为适应不同残疾人的需要而提供充分的无障碍环境和支助服务。

3. 应让家长团体和残疾人组织参与各个级别的教育过程。

4. 在实施义务教育的国家内，应向各种类别和不同程度残疾的男女儿童，其中包括重残儿童，提供义务教育。

5. 应对下述几类人给予特别关注：

（a）特别年幼的残疾儿童；

（b）学龄前残疾儿童；

（c）有残疾的成年人，特别是妇女。

6. 为在普通教育体系中安排为残疾人提供的教育，各国应：

（a）有明确的政策并使之得到学校和社会的广泛理解和接受；

（b）使教学课程可以灵活运用或做出适当的增补和修改；

（c）提供高质量的教材、经常性的教师培训和辅助教员。

7. 应将混合班教育和以社区为基础的方案视作向残疾人提供有效的教育和培训的辅助方法。以社区为基础的国家方案应鼓励社区运用和发展本身的资源，在当地向残疾人提供教育。

8. 如一般学校系统尚未能充分满足所有残疾人的需要，则可考虑提供特殊教育。此种教育应力求为学生做好准备以接受一般学校系统中的教育。此种教育的质量应反映出如同一般教育的同等标准和目标，并应与一般教育密切联系。至少，残疾学生应得到与非残疾学生同样多的教育资源。各国应力图使特殊教育服务逐步地融合于主流普通教育之中。人们承认，在某些情况下，目前可将特殊教育视为最适宜于某些残疾学生的教育形式。

9. 由于聋人和盲聋人在交流上的特别需要，也许应在聋人或盲人学校或在普通学校中的特教班组为他们提供教育。特别在开始阶段，需要特别注重文化上敏感的课程，以期使聋人或盲聋人获得有效的交流技能和最大程度的独立。

### 规则 7. 就　　业

各国应确认残疾人须能在特别是就业领域享有人权的原则。无论在农村或在城市，他们必须在劳力市场上享有从事生产性有偿就业的同等机会。

1. 就业领域的法律和条例不应歧视残疾人，不应对他们的就业设置障碍。

2. 各国应积极支持残疾人参加公开的就业。可以通过各种措施实现这种积极支持，诸如职业培训、奖励性的定额办法、预留名额或分配就业、向小型企业发放贷款或补助金、向对雇用残疾工人的企业授予独家合同或优先生产权利、税收优惠、履约补贴或提供其他技术或财政援助。各国应鼓励企业雇主为安排残疾人工作做出合理的调整。

3. 各国的行动方案应包括：

（a）采取措施，妥善设计和改造工作场所和楼房，使之对各种残疾人无障碍；

（b）支持使用新技术，研制和生产辅助器材、工具和设备，并采取措施，使残疾人能够获得这些器材和设备，以便他们能够获得和保持就业；

(c) 提供适当的培训、安置和不间断的支助，如个人协助和传译服务。

4. 各国应发起和支持旨在提高群众认识的宣传运动，务求消除对残疾工人的不良态度和偏见。

5. 各国以雇主身份，应为残疾人在公共部门的就业创造有利的条件。

6. 国家、工人组织和雇主应共同合作，确保公平的招聘和晋升政策、就业条件、工资标准、为防止工伤和损伤而改进劳动环境的措施以及对工伤者的康复措施。

7. 任何时候，目的都应是使残疾人能在公开的劳力市场上获得就业。对于无法在公开就业中满足需要的那些残疾人，组织小型的保护性或支助性就业形式也许是一种选择办法。重要的是，应评估此种方案的质量，看其有无重要作用，是否足以为残疾人提供机会以利于在劳力市场上获得就业。

8. 应采取措施使私营部门和非正规部门的培训和就业方案把残疾人包括在内。

9. 国家、工人组织和雇主应与残疾人组织共同合作，采取一切措施为残疾人创造培训和就业机会，包括为残疾人安排灵活性工作时间、非全日制工作、协作作业、自营职业和相应的照料。

## 规则 8. 维持收入和社会保障

各国有责任为残疾人提供社会保障和维持他们的收入。

1. 各国应确保向那些由于残疾或与残疾有关的原因而暂时丧失了收入或减少了收入，或得不到就业机会的残疾人提供适当的收入支助。各国应确保在提供支助时把残疾人及其家庭由于残疾带来的经常性开支考虑在内。

2. 实行社会保障、社会保险或其他社会福利制度或正在为一般民众制定这类制度的国家，应确保这类制度不排除或歧视残疾人。

3. 各国还应确保为负责照顾残疾人的个人提供收入支助和社会保障制度的保护。

4. 社会保障制度应包括通过奖励手段来恢复残疾人挣取收入的能力。

这类制度应提供或促进职业培训的举办、发展和资金筹措。社会保障制度还应协助安置工作。

5. 社会保障方案还应为残疾人求职提供奖励措施,以确立或重新确立他们挣取收入的能力。

6. 只要残疾状况仍然存在,就应继续提供收入支助,但此种支助不应达到使残疾人无心谋求职业的程度。只有当残疾人获得足够和可靠的收入后,才应减少或停止支助。

7. 在很大程度上通过私营部门提供社会保障的国家,应鼓励当地社区、福利组织和家庭制定自助办法或奖励措施,促使残疾人就业或从事与就业有关的活动。

## 规则9. 家庭生活和人格完整

各国应促进残疾人充分参与家庭生活。各国应促进他们享有人格完整的权利,并确保法律在性关系、婚姻和生儿育女的权利方面不对残疾人有所歧视。

1. 应使残疾人能够与其家人一起生活。各国应鼓励在家庭咨询中包括关于残疾状况及其对家庭生活影响的适当内容。应向有残疾人的家庭提供临时护理和专门护理服务。各国应为希望认养或收养残疾儿童或残疾成年人者消除一切不必要的障碍。

2. 不得剥夺残疾人进行性生活、保持性关系和生儿育女的机会。考虑到残疾人在结婚和建立家庭方面可能会遇到困难,各国应鼓励向他们提供适当的咨询。残疾人必须享有与其他人同样的机会获得计划生育方法,以及无障碍地获得关于他们生理方面性功能的知识。

3. 各国应促进采取措施,改变社会上仍然普遍存在的对残疾人特别是对残疾少女和妇女的婚姻、性生活和生儿育女所持的消极态度。应鼓励传播媒介在消除这些消极态度方面发挥重要的作用。

4. 需要让残疾人及其家庭充分知道如何采取预防措施来防止性凌虐和其他的虐待。残疾人在家庭、社区或院所中特别容易受到虐待。需要教育残疾人如何防止发生虐待,在发生虐待时认识到事实情况并报告发生这些行为的情况。

## 规则 10. 文　化

各国将确保促进残疾人得以在平等基础上参与或能够参加各种文化活动。

1. 各国应确保残疾人有机会发挥其创造能力以及艺术和智力潜能，不仅为了他们自己，而且还为了丰富他们所在的城乡社区。这类活动可包括舞蹈、音乐、文学、戏剧、造型艺术、绘画和雕塑。在发展中国家尤应强调传统的和当代的艺术形式，如木偶、朗诵和说故事。

2. 各国应促使各种文化表演和服务场所，诸如剧院、博物馆、电影院和图书馆，对残疾人开放并作到无障碍。

3. 各国应着手发展和运用一些特别技术安排，使残疾人可以无障碍地观赏文学、电影和戏剧等。

## 规则 11. 娱乐和体育活动

各国将采取措施，确保残疾人享有进行娱乐和体育活动的同等机会。

1. 各国应采取措施，使娱乐和体育活动场所、旅馆、海滩、运动场、体育馆等做到对残疾人无障碍。这类措施应包括对娱乐和体育活动领域的工作人员提供支助，包括研究无障碍方法的项目以及参加、宣传和培训方案。

2. 旅游局、旅行社、旅馆、自愿组织和从事安排娱乐活动或旅行的其他机构，应向所有人提供服务，同时考虑到残疾人的特殊需要。应进行适当的培训以促进这一进程。

3. 应鼓励体育组织为残疾人提供参加体育活动的机会。有些情形中，无障碍措施足可以提供参与机会。但在某些情况下，仍需要做出特别的安排或举行特殊的运动会。各国应支持残疾人参加全国的或国际的体育活动。

4. 参加体育活动的残疾人应有机会获得与其他参加者同样质量的辅导和培训。

5. 在发展面向残疾人的服务时，体育和娱乐活动的组织者应与残疾人组织进行协商。

### 规则 12. 宗　教

各国将鼓励采取措施，以促进残疾人平等参与所在社区的宗教生活。

1. 各国应与宗教当局磋商，促使采取措施，消除歧视，使残疾人能够无障碍地参加宗教活动。

2. 各国应鼓励向宗教机构和组织分发有关残疾事项的信息。各国还应鼓励宗教当局在宗教职业的培训和宗教教育方案中包含关于残疾政策的情况介绍。

3. 各国还应鼓励使感官缺陷者能够无障碍地阅读宗教书刊。

4. 在制定平等参与宗教活动的措施时，各国和（或）宗教组织应与残疾人组织进行协商。

## 三、执行措施

### 规则 13. 信息和研究

各国承担收集和散播有关残疾人生活状况信息的最终责任并促进对各个方面包括对影响残疾人生活的障碍的综合研究。

1. 各国应定期收集按性别分类的有关残疾人生活状况的统计数字和其他资料。这类数据的收集可与国家人口普查和户口调查同时进行，可在大学、研究所和残疾人组织的密切合作下进行。数据收集应包括关于方案和服务及其使用情况的问题。

2. 各国应考虑建立关于残疾人的数据库，其中包括关于现有服务和方案及不同类别残疾人的统计数字。应牢记需要保护个人隐私和人格尊严。

3. 各国应发起和支持就影响残疾人及其家庭的生活的社会、经济和参与问题而开展的研究方案。此种研究应包括关于致残原因、残疾种类和发生率、现有方案的利用及其有效性、发展及评估服务和支助措施的必要性等。

4. 各国应在残疾人组织的合作下,制定和采用供进行全国性调查的术语和标准。

5. 各国应促进残疾人参加数据收集和研究。为进行此种研究,各国应特别鼓励聘用合格的残疾人。

6. 各国应支持交流研究成果和经验。

7. 各国应采取措施,向国家、区域和当地范围内各级政治和行政机构散播关于残疾的信息和知识。

## 规则 14. 决策和规划

各国将确保将残疾人问题包括在各种有关的决策和国家规划之内。

1. 各国应在国家一级为残疾人提出和规划适当的残疾人政策,并鼓励和支持各区域和地方采取行动。

2. 各国应让残疾人组织参与决定涉及残疾人的计划和方案或影响其经济和社会地位的所有决策过程。

3. 应将残疾人的需要和考虑纳入总体发展规划中,不要将之单独处理。

4. 国家对残疾人状况承担最终责任并不意味着解除其他人的责任。应鼓励负责在社会上提供各种服务、活动或信息的各方面人士承担向残疾人提供此类方案的责任。

5. 各国应促进当地社区为残疾人制定方案和措施。办法之一是编印有关措施的手册或一览表,以及为地方工作人员提供培训。

## 规则 15. 立 法

各国有责任为实现残疾人充分参与和实现平等目标的措施建立法律基础。

1. 涉及公民权利与义务的国家立法应列有残疾人的权利与义务。各国有义务使残疾人能够在与其他公民平等的基础上行使其各种权利,包括人权、公民权利和政治权利在内。各国必须确保残疾人组织参与制定有关残疾人权利的国家立法,参与对这种立法的不断评估。

2. 可能需要采取立法行动来消除影响到残疾人生活的不利条件,包括骚扰和侵害。必须消除对残疾人的任何歧视性规定。国家立法对违反不歧视原则的情况应规定适当的制裁。

3. 国家关于残疾人的立法可采取两种不同的形式。可以在一般立法抑或在专门立法中列入残疾人的权利与义务。可采取以下几种方式确立关于残疾人的专门立法：

（a）颁布专门处理残疾事项的单独立法；

（b）把残疾事项列入特定主题的立法中；

（c）在用以解释现有立法的文件中特别提及残疾人。

最好是将上述几种办法结合起来。也可考虑制订促进平等的特别行动条款。

4. 各国可考虑建立正式法律投诉机制以保护残疾人的利益。

## 规则 16. 经济政策

各国在财政上有责任承担为残疾人创造平等机会的国家方案和措施。

1. 各国应将残疾事项列入所有国家、区域和地方政府机构的经常预算之内。

2. 国家、非政府组织和其他有关机构应相互联系，确定最有效的方法来支持有关残疾人的项目和措施。

3. 各国应考虑采取一些经济措施（贷款、免税、专项补助金、特别基金等等），鼓励和支持残疾人平等参与社会之中。

4. 在许多国家，似可设立残疾人发展基金，用以资助基层一级的各种试点项目和自助方案。

## 规则 17. 工作协调

各国负责成立和加强国家协调委员会或类似的机构，作为本国主管残疾人事项的协调中心。

1. 国家协调委员会应作为常设机构并应有法律和适当的行政条例作为基础。

2. 委员会中同时有私人组织和公共组织的代表参加才最有可能实现跨部门和多学科的人员构成。可由有关的政府各部、残疾人组织和非政府组织指派代表。

3. 残疾人组织在国家协调委员会中应具有相当的影响力,以确保适当反馈其关心的问题。

4. 国家协调委员会在决策能力方面应具有履行其职责的充分的自主权和资源。国家委员会应向最高的政府级别报告工作。

规则 18. 残疾人组织

各国应确认残疾人组织在国家、区域和地方各级均拥有代表残疾人的权利。各国还应承认残疾人组织在残疾人事务决策中的咨询作用。

1. 各国应在资金上以及其他方面鼓励和支持建立和加强残疾人组织、残疾人家属和(或)支持者的组织。各国应承认,这些组织在制定残疾政策中应起到一定作用。

2. 各国应同残疾人组织建立经常的联系并确保这些组织参与政府政策的制定。

3. 残疾人组织的作用可以是查明需要和优先事项,参与规划、执行和评价与残疾人生活有关的服务和措施,促进公众的认识和大力推动改革。

4. 作为自助的手段,残疾人组织可提供和促进各领域发展技能的机会,促进成员之间的相互支持和信息交流。

5. 残疾人组织可通过多种渠道发挥其咨询作用,诸如在政府提供资金的机构的管理委员会中派有常设代表,参加公共部门委员会以及对有关的项目提供专家知识。

6. 残疾人组织的咨询作用应是经常性的,以便发展和深化国家与残疾人组织之间的意见和信息交流。

7. 国家协调委员会或类似的机构中应有残疾人组织的常设代表。

8. 应发展和加强地方残疾人组织的作用,以确保其对社区一级事务的影响力。

规则 19. 人员培训

各国负责确保对从事规划和提供有关残疾人的方案和服务的各级人员

进行适当的培训。

1. 各国应确保在残疾领域提供服务的所有当局都对其人员进行适当的培训。

2. 在残疾人领域专业人员的培训中以及一般培训方案中提供关于残疾的信息时，均应适当体现出充分参与及平等的原则。

3. 各国应与残疾人组织协商制定培训方案，应邀请残疾人作为教师、辅导员或顾问参加工作人员培训方案。

4. 社区工作人员的培训具有极大的战略意义，特别是在发展中国家。这类培训应吸收残疾人参加，其内容应包括树立新的观念，培养工作能力和技术，以及适宜于残疾人、其父母、家庭和社区成员实际应用的技能。

## 规则20. 在执行标准规则过程中国家对残疾方案的监测和评价

各国负责不断监测和评价有关残疾人机会均等的国家方案和服务的执行情况。

1. 各国应定期和系统地评价国家残疾方案并散播评价的基准和结果。

2. 各国应为评价有关残疾的方案和服务制定和颁布一套术语和标准。

3. 应从最初酝酿和规划阶段就与残疾人组织密切合作来制定这些标准和术语。

4. 各国应参加国际合作，以便为国家残疾领域的评价工作制定共同的标准。各国应鼓励国家协调委员会也参加这种国际合作。

5. 残疾领域各项方案的评估在方案规划阶段就应考虑在内，以便可以对其实现政策目标的总体有效性做出评估。

## 规则21. 技术和经济合作

各国，无论是工业化国家还是发展中国家，均有责任开展合作和采取措施，改善发展中国家残疾人的生活条件。

1. 应将实现包括残疾难民在内的残疾人机会均等的措施纳入总体发展方案。

2. 必须将这些措施纳入所有形式包括双边和多边、政府和非政府的技术和经济合作之中。各国在与对应方讨论这类合作时，应提出残疾问题。

3. 在规划和评价技术和经济合作方案时，应特别注意这类方案对残疾人境况的影响。特别重要的是，为残疾人设计的任何发展项目，均应征求残疾人和残疾人组织的意见。应让残疾人及其组织直接参与这类项目的制定、实施和评价。

4. 技术和经济合作的优先领域应包括：

（a）在人力资源的开发中发展残疾人的技能、能力和潜能，开展为残疾人创造就业和残疾人自己创造就业的活动；

（b）发展和推广与残疾人有关的技术和专门知识。

5. 也应鼓励各国支持成立和加强残疾人组织。

6. 各国应采取措施，使管理技术和经济合作方案的各级人员加强对残疾问题的认识。

## 规则 22. 国际合作

各国将积极参加涉及残疾人机会均等政策的国际合作。

1. 各国应在联合国、其各专门机构和其他有关的政府间组织范围内，参与制定残疾政策。

2. 在关于标准、信息交流、发展方案等内容的一般谈判中，各国应酌情提及有关残疾方面的问题。

3. 各国应鼓励和支持下述组织机构或个人之间交流知识和经验：

（a）与残疾问题有关的非政府组织；

（b）残疾问题的研究机构和研究人员；

（c）残疾领域外地方案代表和专业团体的代表；

（d）残疾人组织；

（e）国家协调委员会。

4. 各国应确保联合国及其各专门机构以及所有政府间机构及各国议会间机构在全球和区域级别把全球和区域残疾人组织纳入其工作范围。

## 四、监测机制

1. 监测机制的目的是推动规则的有效实施，帮助每一国家评估规则的执行水平，估量执行进度。此机制应查明所遇障碍，提出有助于成功实施规则的适当措施。监测机制将承认个别国家现有的经济、社会和文化特点。提供咨询意见和在国与国之间交换经验和资料将是一个重要内容。

2. 应在社会发展委员会各届会议的范围内对规则进行监测。必要时可利用预算外资源，任命一名在残疾问题上和在国际组织中具有丰富经验的特别报告员，任期三年，负责监测规则的执行。

3. 应提请在经济及社会理事会具有咨商地位的国际残疾人组织和代表那些尚未建立自己的组织的残疾人的组织在它们当中创立一个专家小组，以便特别报告员和适当时也使秘书处得以征求咨询意见。专家小组的组成应由残疾人组织占大多数并应考虑到不同种类的残疾和必要的公平地域分配。

4. 特别报告员可请专家小组就规则的促进、执行和监测，进行审查、提出意见和提供反馈及建议。

5. 特别报告员应向各国、联合国系统内各实体以及政府间组织和非政府组织包括残疾人组织，寄发一份调查问卷。调查问卷应包括询问各国关于规则的执行计划。问卷所提问题应经过精选，并应涵盖拟予深入评价的一些具体规则。在编拟问题时，特别报告员应征求专家小组和秘书处的意见。

6. 特别报告员应不仅与各国政府而且与一些地方非政府组织建立直接联系，征求它们对拟录入报告内的任何资料的看法和意见。特别报告员应就规则的执行和监测提供咨询服务，并协助编写对调查问卷的答复。

7. 作为联合国残疾问题协调中心的秘书处政策协调和可持续发展部，以及联合国开发计划署、联合国系统内的其他实体和机构诸如各区域委员会、各专门机构和机构间会议，应在规则在国家一级的执行和监测方面与特别报告员合作。

8. 特别报告员应在秘书处的协助下，编写提交社会发展委员会第三十四届和第三十五届会议的报告。在编写这些报告时，报告员应与专家小组协商。

9. 各国应鼓励国家协调委员会或类似机构参加执行和监测工作。作为国家一级残疾事项的协调中心，应鼓励它们建立程序，用以协调对规则的监测。应鼓励残疾人组织积极参与各个级别的监测过程。

10. 如能得到预算外资源，应设立一个或多个规则区域间顾问职位，以便向各国提供直接的服务，其中包括：

（a）就规则的内容举行国家或区域范围的培训研讨会；

（b）制定准则，以帮助拟订执行规则的战略；

（c）散发关于执行规则的最佳做法的资料。

11. 社会发展委员会在其第三十四届会议上应建立一个不限成员名额工作组，审查特别报告员提出的报告，并就如何改进规则的适用提出建议。为审查特别报告员的报告，委员会应通过其不限成员名额工作组，根据经济及社会理事会职司委员会议事规则第71条和第76条，征求国际残疾人组织和一些专门机构的意见。

12. 在特别报告员任期届满后的一届会议上，社会发展委员会应研讨展延其任期的可能性，或者任命一位新的报告员，或者考虑另一监测机制；并应就此问题向经济及社会理事会提出适当建议。

13. 应鼓励各国向联合国残疾人自愿基金提供捐款，以利于推动规则的执行。

# 残疾人权利公约

(2006年12月13日第六十一届联合国大会通过)

## 序 言

**本公约缔约国**

(一) 回顾《联合国宪章》宣告的各项原则确认人类大家庭所有成员的固有尊严和价值以及平等和不可剥夺的权利,是世界自由、正义与和平的基础。

(二) 确认联合国在《世界人权宣言》和国际人权公约中宣告并认定人人有权享有这些文书所载的一切权利和自由,不得有任何区别。

(三) 重申一切人权和基本自由都是普遍、不可分割、相互依存和相互关联的,必须保障残疾人不受歧视地充分享有这些权利和自由。

(四) 回顾《经济、社会、文化权利国际公约》《公民及政治权利国际公约》《消除一切形式种族歧视国际公约》《消除对妇女一切形式歧视公约》《禁止酷刑和其他残忍、不人道或有辱人格的待遇或处罚公约》《儿童权利公约》和《保护所有移徙工人及其家庭成员权利国际公约》。

(五) 确认残疾是一个演变中的概念,残疾是伤残者和阻碍他们在与其他人平等的基础上充分和切实地参与社会的各种态度和环境障碍相互作用所产生的结果。

(六) 确认《关于残疾人的世界行动纲领》和《残疾人机会均等标准规则》所载原则和政策导则在影响国家、区域和国际各级推行、制定和评价进一步增加残疾人均等机会的政策、计划、方案和行动方面的重要性。

(七) 强调必须使残疾问题成为相关可持续发展战略的重要组成部分。

（八）又确认因残疾而歧视任何人是对人的固有尊严和价值的侵犯。

（九）还确认残疾人的多样性。

（十）确认必须促进和保护所有残疾人的人权，包括需要加强支助的残疾人的人权。

（十一）关注尽管有上述各项文书和承诺，残疾人作为平等社会成员参与方面继续面临各种障碍，残疾人的人权在世界各地继续受到侵犯。

（十二）确认国际合作对改善各国残疾人，尤其是发展中国家残疾人的生活条件至关重要。

（十三）确认残疾人对其社区的全面福祉和多样性做出的和可能做出的宝贵贡献，并确认促进残疾人充分享有其人权和基本自由以及促进残疾人充分参与，将增强其归属感，大大推进整个社会的人的发展和社会经济发展以及除贫工作。

（十四）确认个人的自主和自立，包括自由做出自己的选择，对残疾人至关重要。

（十五）认为残疾人应有机会积极参与政策和方案的决策过程，包括与残疾人直接有关的政策和方案的决策过程。

（十六）关注因种族、肤色、性别、语言、宗教、政治或其他见解、民族本源、族裔、土著身份或社会出身、财产、出生、年龄或其他身份而受到多重或加重形式歧视的残疾人所面临的困难处境。

（十七）确认残疾妇女和残疾女孩在家庭内外往往面临更大的风险，更易遭受暴力、伤害或凌虐、忽视或疏忽、虐待或剥削。

（十八）确认残疾儿童应在与其他儿童平等的基础上充分享有一切人权和基本自由，并回顾《儿童权利公约》缔约国为此目的承担的义务。

（十九）强调必须将两性平等观点纳入促进残疾人充分享有人权和基本自由的一切努力之中。

（二十）着重指出大多数残疾人生活贫困，确认在这方面亟须消除贫穷对残疾人的不利影响。

（二十一）铭记在恪守《联合国宪章》宗旨和原则并遵守适用的人权文书的基础上实现和平与安全，是充分保护残疾人，特别是在武装冲突和外国占领期间充分保护残疾人的必要条件。

（二十二）确认无障碍的物质、社会、经济和文化环境、医疗卫生和教育以及信息和交流，对残疾人能够充分享有一切人权和基本自由至关重要。

（二十三）认识到个人对他人和对本人所属社区负有义务，有责任努力促进和遵守《国际人权宪章》确认的权利。

（二十四）深信家庭是自然和基本的社会组合单元，有权获得社会和国家的保护，残疾人及其家庭成员应获得必要的保护和援助，使家庭能够为残疾人充分和平等地享有其权利做出贡献。

（二十五）深信一项促进和保护残疾人权利和尊严的全面综合国际公约将大大有助于在发展中国家和发达国家改变残疾人在社会上的严重不利处境，促使残疾人有平等机会参与公民、政治、经济、社会和文化生活。

议定如下：

## 第一条 宗 旨

本公约的宗旨是促进、保护和确保所有残疾人充分和平等地享有一切人权和基本自由，并促进对残疾人固有尊严的尊重。

残疾人包括肢体、精神、智力或感官有长期损伤的人，这些损伤与各种障碍相互作用，可能阻碍残疾人在与他人平等的基础上充分和切实地参与社会。

## 第二条 定 义

为本公约的目的：

"交流"包括语言、字幕、盲文、触觉交流、大字本、无障碍多媒体以及书面语言、听力语言、浅白语言、朗读员和其他辅助或替代性交流方式、手段和模式，包括无障碍信息和通信技术。

"语言"包括口语和手语及其他形式的非语音语言。

"基于残疾的歧视"是指基于残疾而做出的任何区别、排斥或限制，其目的或效果是在政治、经济、社会、文化、公民或任何其他领域，损害或取消在与其他人平等的基础上，对一切人权和基本自由的认可、享有或行使。基于残疾的歧视包括一切形式的歧视，包括拒绝提供合理便利。

"合理便利"是指根据具体需要,在不造成过度或不当负担的情况下,进行必要和适当的修改和调整,以确保残疾人在与其他人平等的基础上享有或行使一切人权和基本自由。

"通用设计"是指尽最大可能让所有人可以使用,无需做出调整或特别设计的产品、环境、方案和服务设计。"通用设计"不排除在必要时为某些残疾人群体提供辅助用具。

## 第三条 一般原则

本公约的原则是:

(一)尊重固有尊严和个人自主,包括自由做出自己的选择,以及个人的自立;

(二)不歧视;

(三)充分和切实地参与和融入社会;

(四)尊重差异,接受残疾人是人的多样性的一部分和人类的一分子;

(五)机会均等;

(六)无障碍;

(七)男女平等;

(八)尊重残疾儿童逐渐发展的能力并尊重残疾儿童保持其身份特性的权利。

## 第四条 一般义务

一、缔约国承诺确保并促进充分实现所有残疾人的一切人权和基本自由,使其不受任何基于残疾的歧视。为此目的,缔约国承诺:

(一)采取一切适当的立法、行政和其他措施实施本公约确认的权利;

(二)采取一切适当措施,包括立法,以修订或废止构成歧视残疾人的现行法律、法规、习惯和做法;

(三)在一切政策和方案中考虑保护和促进残疾人的人权;

(四)不实施任何与本公约不符的行为或做法,确保公共当局和机构遵循本公约的规定行事；

（五）采取一切适当措施，消除任何个人、组织或私营企业基于残疾的歧视；

（六）从事或促进研究和开发本公约第二条所界定的通用设计的货物、服务、设备和设施，以便仅需尽可能小的调整和最低的费用即可满足残疾人的具体需要，促进这些货物、服务、设备和设施的提供和使用，并在拟订标准和导则方面提倡通用设计；

（七）从事或促进研究和开发适合残疾人的新技术，并促进提供和使用这些新技术，包括信息和通信技术、助行器具、用品、辅助技术，优先考虑价格低廉的技术；

（八）向残疾人提供无障碍信息，介绍助行器具、用品和辅助技术，包括新技术，并介绍其他形式的协助、支助服务和设施；

（九）促进培训协助残疾人的专业人员和工作人员，使他们了解本公约确认的权利，以便更好地提供这些权利所保障的协助和服务。

二、关于经济、社会和文化权利，各缔约国承诺尽量利用现有资源并于必要时在国际合作框架内采取措施，以期逐步充分实现这些权利，但不妨碍本公约中依国际法立即适用的义务。

三、缔约国应当在为实施本公约而拟订和施行立法和政策时以及在涉及残疾人问题的其他决策过程中，通过代表残疾人的组织，与残疾人，包括残疾儿童，密切协商，使他们积极参与。

四、本公约的规定不影响任何缔约国法律或对该缔约国生效的国际法中任何更有利于实现残疾人权利的规定。对于根据法律、公约、法规或习惯而在本公约任何缔约国内获得承认或存在的任何人权和基本自由，不得以本公约未予承认或未予充分承认这些权利或自由为借口而加以限制或减损。

五、本公约的规定应当无任何限制或例外地适用于联邦制国家各组成部分。

## 第五条　平等和不歧视

一、缔约国确认，在法律面前，人人平等，有权不受任何歧视地享有法律给予的平等保护和平等权益。

二、缔约国应当禁止一切基于残疾的歧视，保证残疾人获得平等和有效的法律保护，使其不受基于任何原因的歧视。

三、为促进平等和消除歧视，缔约国应当采取一切适当步骤，确保提供合理便利。

四、为加速或实现残疾人事实上的平等而必须采取的具体措施，不得视为本公约所指的歧视。

## 第六条　残疾妇女

一、缔约国确认残疾妇女和残疾女孩受到多重歧视，在这方面，应当采取措施，确保她们充分和平等地享有一切人权和基本自由。

二、缔约国应当采取一切适当措施，确保妇女充分发展，地位得到提高，能力得到增强，目的是保证妇女能行使和享有本公约所规定的人权和基本自由。

## 第七条　残疾儿童

一、缔约国应当采取一切必要措施，确保残疾儿童在与其他儿童平等的基础上，充分享有一切人权和基本自由。

二、在一切关于残疾儿童的行动中，应当以儿童的最佳利益为一项首要考虑。

三、缔约国应当确保，残疾儿童有权在与其他儿童平等的基础上，就一切影响本人的事项自由表达意见，并获得适合其残疾状况和年龄的辅助手段以实现这项权利，残疾儿童的意见应当按其年龄和成熟程度适当予以考虑。

## 第八条　提高认识

一、缔约国承诺立即采取有效和适当的措施，以便：

（一）提高整个社会，包括家庭，对残疾人的认识，促进对残疾人权利和尊严的尊重；

（二）在生活的各个方面消除对残疾人的定见、偏见和有害做法，包

括基于性别和年龄的定见、偏见和有害做法;

(三) 提高对残疾人的能力和贡献的认识。

二、为此目的采取的措施包括:

(一) 发起和持续进行有效的宣传运动,提高公众认识,以便:

1. 培养接受残疾人权利的态度;

2. 促进积极看待残疾人,提高社会对残疾人的了解;

3. 促进承认残疾人的技能、才华和能力以及他们对工作场所和劳动力市场的贡献。

(二) 在各级教育系统中培养尊重残疾人权利的态度,包括从小在所有儿童中培养这种态度。

(三) 鼓励所有媒体机构以符合本公约宗旨的方式报道残疾人。

(四) 推行了解残疾人和残疾人权利的培训方案。

## 第九条 无障碍

一、为了使残疾人能够独立生活和充分参与生活的各个方面,缔约国应当采取适当措施,确保残疾人在与其他人平等的基础上,无障碍地进出物质环境,使用交通工具,利用信息和通信,包括信息和通信技术和系统,以及享用在城市和农村地区向公众开放或提供的其他设施和服务。这些措施应当包括查明和消除阻碍实现无障碍环境的因素,并除其他外,应当适用于:

(一) 建筑、道路、交通和其他室内外设施,包括学校、住房、医疗设施和工作场所;

(二) 信息、通信和其他服务,包括电子服务和应急服务。

二、缔约国还应当采取适当措施,以便:

(一) 拟订和公布无障碍使用向公众开放或提供的设施和服务的最低标准和导则,并监测其实施情况;

(二) 确保向公众开放或为公众提供设施和服务的私营实体在各个方面考虑为残疾人创造无障碍环境;

(三) 就残疾人面临的无障碍问题向各有关方面提供培训;

(四) 在向公众开放的建筑和其他设施中提供盲文标志及易读易懂的

标志；

（五）提供各种形式的现场协助和中介，包括提供向导、朗读员和专业手语译员，以利向公众开放的建筑和其他设施的无障碍；

（六）促进向残疾人提供其他适当形式的协助和支助，以确保残疾人获得信息；

（七）促使残疾人有机会使用新的信息和通信技术和系统，包括因特网；

（八）促进在早期阶段设计、开发、生产、推行无障碍信息和通信技术和系统，以便能以最低成本使这些技术和系统无障碍。

## 第十条　生命权

缔约国重申人人享有固有的生命权，并应当采取一切必要措施，确保残疾人在与其他人平等的基础上切实享有这一权利。

## 第十一条　危难情况和人道主义紧急情况

缔约国应当依照国际法包括国际人道主义法和国际人权法规定的义务，采取一切必要措施，确保在危难情况下，包括在发生武装冲突、人道主义紧急情况和自然灾害时，残疾人获得保护和安全。

## 第十二条　在法律面前获得平等承认

一、缔约国重申残疾人享有在法律面前的人格在任何地方均获得承认的权利。

二、缔约国应当确认残疾人在生活的各方面在与其他人平等的基础上享有法律权利能力。

三、缔约国应当采取适当措施，便利残疾人获得他们在行使其法律权利能力时可能需要的协助。

四、缔约国应当确保，与行使法律权利能力有关的一切措施，均依照国际人权法提供适当和有效的防止滥用保障。这些保障应当确保与行使法律权利能力有关的措施尊重本人的权利、意愿和选择，无利益冲突和不当影响，适应本人情况，适用时间尽可能短，并定期由一个有资格、独立、公正的当局或司法机构复核。提供的保障应当与这些措施影响个人权益的程度相称。

五、在符合本条规定的情况下，缔约国应当采取一切适当和有效的措施，确保残疾人享有平等权利拥有或继承财产，掌管自己的财务，有平等机会获得银行贷款、抵押贷款和其他形式的金融信贷，并应当确保残疾人的财产不被任意剥夺。

## 第十三条 获得司法保护

一、缔约国应当确保残疾人在与其他人平等的基础上有效获得司法保护，包括通过提供程序便利和适龄措施，以便利他们在所有法律诉讼程序中，包括在调查和其他初步阶段中，切实发挥其作为直接和间接参与方，包括其作为证人的作用。

二、为了协助确保残疾人有效获得司法保护，缔约国应当促进对司法领域工作人员，包括警察和监狱工作人员进行适当的培训。

## 第十四条 自由和人身安全

一、缔约国应当确保残疾人在与其他人平等的基础上：

（一）享有自由和人身安全的权利；

（二）不被非法或任意剥夺自由，任何对自由的剥夺均须符合法律规定，而且在任何情况下均不得以残疾作为剥夺自由的理由。

二、缔约国应当确保，在任何程序中被剥夺自由的残疾人，在与其他人平等的基础上，有权获得国际人权法规定的保障，并应当享有符合本公约宗旨和原则的待遇，包括提供合理便利的待遇。

## 第十五条 免于酷刑或残忍、
## 不人道或有辱人格的待遇或处罚

一、不得对任何人实施酷刑或残忍、不人道或有辱人格的待遇或处罚。特别是不得在未经本人自由同意的情况下，对任何人进行医学或科学试验。

二、缔约国应当采取一切有效的立法、行政、司法或其他措施，在与其他人平等的基础上，防止残疾人遭受酷刑或残忍、不人道或有辱人格的待遇或处罚。

## 第十六条　免于剥削、暴力和凌虐

一、缔约国应当采取一切适当的立法、行政、社会、教育和其他措施，保护残疾人在家庭内外免遭一切形式的剥削、暴力和凌虐，包括基于性别的剥削、暴力和凌虐。

二、缔约国还应当采取一切适当措施防止一切形式的剥削、暴力和凌虐，除其他外，确保向残疾人及其家属和照护人提供考虑到性别和年龄的适当协助和支助，包括提供信息和教育，说明如何避免、识别和报告剥削、暴力和凌虐事件。缔约国应当确保保护服务考虑到年龄、性别和残疾因素。

三、为了防止发生任何形式的剥削、暴力和凌虐，缔约国应当确保所有用于为残疾人服务的设施和方案受到独立当局的有效监测。

四、残疾人受到任何形式的剥削、暴力或凌虐时，缔约国应当采取一切适当措施，包括提供保护服务，促进被害人的身体、认知功能和心理的恢复、康复及回归社会。上述恢复措施和回归社会措施应当在有利于本人的健康、福祉、自尊、尊严和自主的环境中进行，并应当考虑到因性别和年龄而异的具体需要。

五、缔约国应当制定有效的立法和政策，包括以妇女和儿童为重点的立法和政策，确保查明、调查和酌情起诉对残疾人的剥削、暴力和凌虐事件。

## 第十七条　保护人身完整性

每个残疾人的身心完整性有权在与其他人平等的基础上获得尊重。

## 第十八条　迁徙自由和国籍

一、缔约国应当确认残疾人在与其他人平等的基础上有权自由迁徙、自由选择居所和享有国籍，包括确保残疾人：

（一）有权获得和变更国籍，国籍不被任意剥夺或因残疾而被剥夺；

（二）不因残疾而被剥夺获得、拥有和使用国籍证件或其他身份证件的能力，或利用相关程序，如移民程序的能力，这些能力可能是便利行使迁徙自由权所必要的；

（三）可以自由离开任何国家，包括本国在内；

（四）不被任意剥夺或因残疾而被剥夺进入本国的权利。

二、残疾儿童出生后应当立即予以登记，从出生起即应当享有姓名权利，享有获得国籍的权利，并尽可能享有知悉父母并得到父母照顾的权利。

## 第十九条 独立生活和融入社区

本公约缔约国确认所有残疾人享有在社区中生活的平等权利以及与其他人同等的选择，并应当采取有效和适当的措施，以便利残疾人充分享有这项权利以及充分融入和参与社区，包括确保：

（一）残疾人有机会在与其他人平等的基础上选择居所，选择在何处、与何人一起生活，不被迫在特定的居住安排中生活；

（二）残疾人获得各种居家、住所和其他社区支助服务，包括必要的个人援助，以便在社区生活和融入社区，避免同社区隔绝或隔离；

（三）残疾人可以在平等基础上享用为公众提供的社区服务和设施，并确保这些服务和设施符合他们的需要。

## 第二十条 个人行动能力

缔约国应当采取有效措施，确保残疾人尽可能独立地享有个人行动能力，包括：

（一）便利残疾人按自己选择的方式和时间，以低廉费用享有个人行动能力；

（二）便利残疾人获得优质的助行器具、用品、辅助技术以及各种形式的现场协助和中介，包括以低廉费用提供这些服务；

（三）向残疾人和专门协助残疾人的工作人员提供行动技能培训；

（四）鼓励生产助行器具、用品和辅助技术的实体考虑残疾人行动能力的各个方面。

## 第二十一条 表达意见的自由和获得信息的机会

缔约国应当采取一切适当措施，包括下列措施，确保残疾人能够行使自由表达意见的权利，包括在与其他人平等的基础上，通过自行选择本公约第二条所界定的一切交流形式，寻求、接受、传递信息和思想的自由：

（一）以无障碍模式和适合不同类别残疾的技术，及时向残疾人提供公共信息，不另收费；

（二）在政府事务中允许和便利使用手语、盲文、辅助和替代性交流方式及残疾人选用的其他一切无障碍交流手段、方式和模式；

（三）敦促向公众提供服务，包括通过因特网提供服务的私营实体，以无障碍和残疾人可以使用的模式提供信息和服务；

（四）鼓励包括因特网信息提供商在内的大众媒体向残疾人提供无障碍服务；

（五）承认和推动手语的使用。

## 第二十二条 尊重隐私

一、残疾人，不论其居所地或居住安排为何，其隐私、家庭、家居和通信以及其他形式的交流，不得受到任意或非法的干预，其荣誉和名誉也不得受到非法攻击。残疾人有权获得法律的保护，不受这种干预或攻击。

二、缔约国应当在与其他人平等的基础上保护残疾人的个人、健康和康复资料的隐私。

## 第二十三条 尊重家居和家庭

一、缔约国应当采取有效和适当的措施，在涉及婚姻、家庭、生育和个人关系的一切事项中，在与其他人平等的基础上，消除对残疾人的歧视，以确保：

（一）所有适婚年龄的残疾人根据未婚配偶双方自由表示的充分同意结婚和建立家庭的权利获得承认；

（二）残疾人自由、负责任地决定子女人数和生育间隔，获得适龄信息、生殖教育和计划生育教育的权利获得承认，并提供必要手段使残疾人

（三）残疾人，包括残疾儿童，在与其他人平等的基础上，保留其生育力。

二、如果本国立法中有监护、监管、托管和领养儿童或类似的制度，缔约国应当确保残疾人在这些方面的权利和责任；在任何情况下均应当以儿童的最佳利益为重。缔约国应当适当协助残疾人履行其养育子女的责任。

三、缔约国应当确保残疾儿童在家庭生活方面享有平等权利。为了实现这些权利，并为了防止隐藏、遗弃、忽视和隔离残疾儿童，缔约国应当承诺及早向残疾儿童及其家属提供全面的信息、服务和支助。

四、缔约国应当确保不违背儿童父母的意愿使子女与父母分离，除非主管当局依照适用的法律和程序，经司法复核断定这种分离确有必要，符合儿童本人的最佳利益。在任何情况下均不得以子女残疾或父母一方或双方残疾为理由，使子女与父母分离。

五、缔约国应当在近亲属不能照顾残疾儿童的情况下，尽一切努力在大家庭范围内提供替代性照顾，并在无法提供这种照顾时，在社区内提供家庭式照顾。

## 第二十四条　教　育

一、缔约国确认残疾人享有受教育的权利。为了在不受歧视和机会均等的情况下实现这一权利，缔约国应当确保在各级教育实行包容性教育制度和终生学习，以便：

（一）充分开发人的潜力，培养自尊自重精神，加强对人权、基本自由和人的多样性的尊重；

（二）最充分地发展残疾人的个性、才华和创造力以及智能和体能；

（三）使所有残疾人能切实参与一个自由的社会。

二、为了实现这一权利，缔约国应当确保：

（一）残疾人不因残疾而被排拒于普通教育系统之外，残疾儿童不因残疾而被排拒于免费和义务初等教育或中等教育之外；

（二）残疾人可以在自己生活的社区内，在与其他人平等的基础上，获得包容性的优质免费初等教育和中等教育；

（三）提供合理便利以满足个人的需要；

（四）残疾人在普通教育系统中获得必要的支助，便利他们切实获得教育；

（五）按照有教无类的包容性目标，在最有利于发展学习和社交能力的环境中，提供适合个人情况的有效支助措施。

三、缔约国应当使残疾人能够学习生活和社交技能，便利他们充分和平等地参与教育和融入社区。为此目的，缔约国应当采取适当措施，包括：

（一）为学习盲文，替代文字，辅助和替代性交流方式、手段和模式，定向和行动技能提供便利，并为残疾人之间的相互支持和指导提供便利；

（二）为学习手语和宣传聋人的语言特性提供便利；

（三）确保以最适合个人情况的语文及交流方式和手段，在最有利于发展学习和社交能力的环境中，向盲、聋或聋盲人，特别是盲、聋或聋盲儿童提供教育。

四、为了帮助确保实现这项权利，缔约国应当采取适当措施，聘用有资格以手语和（或）盲文教学的教师，包括残疾教师，并对各级教育的专业人员和工作人员进行培训。这种培训应当包括对残疾的了解和学习使用适当的辅助和替代性交流方式、手段和模式、教育技巧和材料以协助残疾人。

五、缔约国应当确保，残疾人能够在不受歧视和与其他人平等的基础上，获得普通高等教育、职业培训、成人教育和终生学习。为此目的，缔约国应当确保向残疾人提供合理便利。

## 第二十五条 健　康

缔约国确认，残疾人有权享有可达到的最高健康标准，不受基于残疾的歧视。缔约国应当采取一切适当措施，确保残疾人获得考虑到性别因素的医疗卫生服务，包括与健康有关的康复服务。缔约国尤其应当：

（一）向残疾人提供其他人享有的，在范围、质量和标准方面相同的免费或费用低廉的医疗保健服务和方案，包括在性健康和生殖健康及全民公共卫生方案方面；

（二）向残疾人提供残疾特需医疗卫生服务，包括酌情提供早期诊断和干预，并提供旨在尽量减轻残疾和预防残疾恶化的服务，包括向儿童和老年人提供这些服务；

（三）尽量就近在残疾人所在社区，包括在农村地区，提供这些医疗卫生服务；

（四）要求医护人员，包括在征得残疾人自由表示的知情同意基础上，向残疾人提供在质量上与其他人所得相同的护理，特别是通过提供培训和颁布公共和私营医疗保健服务职业道德标准，提高对残疾人人权、尊严、自主和需要的认识；

（五）在提供医疗保险和国家法律允许的人寿保险方面禁止歧视残疾人，这些保险应当以公平合理的方式提供；

（六）防止基于残疾而歧视性地拒绝提供医疗保健或医疗卫生服务，或拒绝提供食物和液体。

## 第二十六条 适应训练和康复

一、缔约国应当采取有效和适当的措施，包括通过残疾人相互支持，使残疾人能够实现和保持最大程度的自立，充分发挥和维持体能、智能、社会和职业能力，充分融入和参与生活的各个方面。为此目的，缔约国应当组织、加强和推广综合性适应训练和康复服务和方案，尤其是在医疗卫生、就业、教育和社会服务方面，这些服务和方案应当：

（一）根据对个人需要和体能的综合评估尽早开始；

（二）有助于残疾人参与和融入社区和社会的各个方面，属自愿性质，并尽量在残疾人所在社区，包括农村地区就近安排。

二、缔约国应当促进为从事适应训练和康复服务的专业人员和工作人员制订基础培训和进修培训计划。

三、在适应训练和康复方面，缔约国应当促进提供为残疾人设计的辅助用具和技术以及对这些用具和技术的了解和使用。

## 第二十七条 工作和就业

一、缔约国确认残疾人在与其他人平等的基础上享有工作权,包括有机会在开放、具有包容性和对残疾人不构成障碍的劳动力市场和工作环境中,为谋生自由选择或接受工作的权利。为保障和促进工作权的实现,包括在就业期间致残者的工作权的实现,缔约国应当采取适当步骤,包括通过立法,除其他外:

(一)在一切形式就业的一切事项上,包括在征聘、雇用和就业条件、继续就业、职业提升以及安全和健康的工作条件方面,禁止基于残疾的歧视;

(二)保护残疾人在与其他人平等的基础上享有公平和良好的工作条件,包括机会均等和同值工作同等报酬的权利,享有安全和健康的工作环境,包括不受骚扰的权利,并享有申诉的权利;

(三)确保残疾人能够在与其他人平等的基础上行使工会权;

(四)使残疾人能够切实参加一般技术和职业指导方案,获得职业介绍服务、职业培训和进修培训;

(五)在劳动力市场上促进残疾人的就业机会和职业提升机会,协助残疾人寻找、获得、保持和恢复工作;

(六)促进自营就业、创业经营、创建合作社和个体开业的机会;

(七)在公共部门雇用残疾人;

(八)以适当的政策和措施,其中可以包括平权行动方案、奖励和其他措施,促进私营部门雇用残疾人;

(九)确保在工作场所为残疾人提供合理便利;

(十)促进残疾人在开放劳动力市场上获得工作经验;

(十一)促进残疾人的职业和专业康复服务、保留工作和恢复工作方案。

二、缔约国应当确保残疾人不被奴役或驱役,并在与其他人平等的基础上受到保护,不被强迫或强制劳动。

## 第二十八条 适足的生活水平和社会保护

一、缔约国确认残疾人有权为自己及其家属获得适足的生活水平,包括适足的食物、衣物、住房,以及不断改善生活条件;缔约国应当采取适当步骤,保障和促进在不受基于残疾的歧视的情况下实现这项权利。

二、缔约国确认残疾人有权获得社会保护,并有权在不受基于残疾的歧视的情况下享有这项权利;缔约国应当采取适当步骤,保障和促进这项权利的实现,包括采取措施:

(一)确保残疾人平等地获得洁净供水,并且确保他们获得适当和价格低廉的服务、用具和其他协助,以满足与残疾有关的需要;

(二)确保残疾人,尤其是残疾妇女、女孩和老年人,可以利用社会保护方案和减贫方案;

(三)确保生活贫困的残疾人及其家属,在与残疾有关的费用支出,包括适足的培训、辅导、经济援助和临时护理方面,可以获得国家援助;

(四)确保残疾人可以参加公共住房方案;

(五)确保残疾人可以平等享受退休福利和参加退休方案。

## 第二十九条 参与政治和公共生活

缔约国应当保证残疾人享有政治权利,有机会在与其他人平等的基础上享受这些权利,并应当承诺:

(一)确保残疾人能够在与其他人平等的基础上,直接或通过其自由选择的代表,有效和充分地参与政治和公共生活,包括确保残疾人享有选举和被选举的权利和机会,除其他外,采取措施:

1. 确保投票程序、设施和材料适当、无障碍、易懂易用;

2. 保护残疾人的权利,使其可以在选举或公投中不受威吓地采用无记名方式投票、参选、在各级政府实际担任公职和履行一切公共职务,并酌情提供使用辅助技术和新技术的便利;

3. 保证残疾人作为选民能够自由表达意愿,并在必要时根据残疾人的要求,为此目的允许残疾人自行选择的人协助投票。

(二)积极创造环境,使残疾人能够不受歧视地在与其他人平等的基

础上有效和充分地参与处理公共事务,并鼓励残疾人参与公共事务,包括:

1. 参与涉及本国公共和政治生活的非政府组织和社团,参加政党的活动和管理;

2. 建立和加入残疾人组织,在国际、全国、地区和地方各级代表残疾人。

## 第三十条  参与文化生活、娱乐、休闲和体育活动

一、缔约国确认残疾人有权在与其他人平等的基础上参与文化生活,并应当采取一切适当措施,确保残疾人:

(一) 获得以无障碍模式提供的文化材料;

(二) 获得以无障碍模式提供的电视节目、电影、戏剧和其他文化活动;

(三) 进出文化表演或文化服务场所,例如剧院、博物馆、电影院、图书馆、旅游服务场所,并尽可能地可以进出在本国文化中具有重要意义的纪念物和纪念地。

二、缔约国应当采取适当措施,使残疾人能够有机会为自身利益并为充实社会,发展和利用自己的创造、艺术和智力潜力。

三、缔约国应当采取一切适当步骤,依照国际法的规定,确保保护知识产权的法律不构成不合理或歧视性障碍,阻碍残疾人获得文化材料。

四、残疾人特有的文化和语言特性,包括手语和聋文化,应当有权在与其他人平等的基础上获得承认和支持。

五、为了使残疾人能够在与其他人平等的基础上参加娱乐、休闲和体育活动,缔约国应当采取适当措施,以便:

(一) 鼓励和促进残疾人尽可能充分地参加各级主流体育活动;

(二) 确保残疾人有机会组织、发展和参加残疾人专项体育、娱乐活动,并为此鼓励在与其他人平等的基础上提供适当指导、训练和资源;

(三) 确保残疾人可以使用体育、娱乐和旅游场所;

(四) 确保残疾儿童享有与其他儿童一样的平等机会参加游戏、娱乐和休闲以及体育活动,包括在学校系统参加这类活动;

（五）确保残疾人可以获得娱乐、旅游、休闲和体育活动的组织人提供的服务。

## 第三十一条 统计和数据收集

一、缔约国承诺收集适当的信息，包括统计和研究数据，以便制定和实施政策，落实本公约。收集和维持这些信息的工作应当：

（一）遵行法定保障措施，包括保护数据的立法，实行保密和尊重残疾人的隐私；

（二）遵行保护人权和基本自由的国际公认规范以及收集和使用统计数据的道德原则。

二、依照本条规定收集的信息应当酌情分组，用于协助评估本公约规定的缔约国义务的履行情况，查明和清除残疾人在行使其权利时遇到的障碍。

三、缔约国应当负责传播这些统计数据，确保残疾人和其他人可以使用这些统计数据。

## 第三十二条 国际合作

一、缔约国确认必须开展和促进国际合作，支持国家为实现本公约的宗旨和目的而做出的努力，并将为此在双边和多边的范围内采取适当和有效的措施，并酌情与相关国际和区域组织及民间社会，特别是与残疾人组织合作采取这些措施。除其他外，这些措施可包括：

（一）确保包容和便利残疾人参与国际合作，包括国际发展方案；

（二）促进和支持能力建设，如交流和分享信息、经验、培训方案和最佳做法；

（三）促进研究方面的合作，便利科学技术知识的获取；

（四）酌情提供技术和经济援助，包括便利获取和分享无障碍技术和辅助技术以及通过技术转让提供这些援助。

二、本条的规定不妨害各缔约国履行其在本公约下承担的义务。

## 第三十三条 国家实施和监测

一、缔约国应当按照本国建制,在政府内指定一个或多个协调中心,负责有关实施本公约的事项,并应当适当考虑在政府内设立或指定一个协调机制,以便利在不同部门和不同级别采取有关行动。

二、缔约国应当按照本国法律制度和行政制度,酌情在国内维持、加强、指定或设立一个框架,包括一个或多个独立机制,以促进、保护和监测本公约的实施。在指定或建立这一机制时,缔约国应当考虑与保护和促进人权的国家机构的地位和运作有关的原则。

三、民间社会,特别是残疾人及其代表组织,应当获邀参加并充分参与监测进程。

## 第三十四条 残疾人权利委员会

一、应当设立一个残疾人权利委员会(以下称"委员会"),履行下文规定的职能。

二、在本公约生效时,委员会应当由十二名专家组成。在公约获得另外六十份批准书或加入书后,委员会应当增加六名成员,以足十八名成员之数。

三、委员会成员应当以个人身份任职,品德高尚,在本公约所涉领域具有公认的能力和经验。缔约国在提名候选人时,务请适当考虑本公约第四条第三款的规定。

四、委员会成员由缔约国选举,选举须顾及公平地域分配原则,各大文化和各主要法系的代表性,男女成员人数的均衡性以及残疾人专家的参加。

五、应当在缔约国会议上,根据缔约国提名的本国国民名单,以无记名投票选举委员会成员。这些会议以三分之二的缔约国构成法定人数,得票最多和获得出席并参加表决的缔约国代表的绝对多数票者,当选为委员会成员。

六、首次选举至迟应当在本公约生效之日后六个月内举行。每次选举,联合国秘书长至迟应当在选举之日前四个月函请缔约国在两个月内递交提名人选。秘书长随后应当按英文字母次序编制全体被提名人名单，注明提名缔约国，分送本公约缔约国。

七、当选的委员会成员任期四年，可以连选连任一次。但是，在第一次选举当选的成员中，六名成员的任期应当在两年后届满；本条第五款所述会议的主席应当在第一次选举后，立即抽签决定这六名成员。

八、委员会另外六名成员的选举应当依照本条的相关规定，在正常选举时举行。

九、如果委员会成员死亡或辞职或因任何其他理由而宣称无法继续履行其职责，提名该成员的缔约国应当指定一名具备本条相关规定所列资格并符合有关要求的专家，完成所余任期。

十、委员会应当自行制定议事规则。

十一、联合国秘书长应当为委员会有效履行本公约规定的职能提供必要的工作人员和便利，并应当召开委员会的首次会议。

十二、考虑到委员会责任重大，经大会核准，本公约设立的委员会的成员，应当按大会所定条件，从联合国机构领取薪酬。

十三、委员会成员应当有权享有联合国特派专家根据《联合国特权和豁免公约》相关章节规定享有的便利、特权和豁免。

## 第三十五条　缔约国提交的报告

一、各缔约国在本公约对其生效后两年内，应当通过联合国秘书长，向委员会提交一份全面报告，说明为履行本公约规定的义务而采取的措施和在这方面取得的进展。

二、其后，缔约国至少应当每四年提交一次报告，并在委员会提出要求时另外提交报告。

三、委员会应当决定适用于报告内容的导则。

四、已经向委员会提交全面的初次报告的缔约国，在其后提交的报告中，不必重复以前提交的资料。缔约国在编写给委员会的报告时，务请采用公开、透明的程序，并适当考虑本公约第四条第三款的规定。

五、报告可以指出影响本公约所定义务履行程度的因素和困难。

## 第三十六条　报告的审议

一、委员会应当审议每一份报告，并在委员会认为适当时，对报告提出提议和一般建议，将其送交有关缔约国。缔约国可以自行决定向委员会提供任何资料作为回复。委员会可以请缔约国提供与实施本公约相关的进一步资料。

二、对于严重逾期未交报告的缔约国，委员会可以通知有关缔约国，如果在发出通知后的三个月内仍未提交报告，委员会必须根据手头的可靠资料，审查该缔约国实施本公约的情况。委员会应当邀请有关缔约国参加这项审查工作。如果缔约国做出回复，提交相关报告，则适用本条第一款的规定。

三、联合国秘书长应当向所有缔约国提供上述报告。

四、缔约国应当向国内公众广泛提供本国报告，并便利获取有关这些报告的提议和一般建议。

五、委员会应当在其认为适当时，把缔约国的报告转交联合国专门机构、基金和方案以及其他主管机构，以便处理报告中就技术咨询或协助提出的请求或表示的需要，同时附上委员会可能对这些请求或需要提出的意见和建议。

## 第三十七条　缔约国与委员会的合作

一、各缔约国应当与委员会合作，协助委员会成员履行其任务。

二、在与缔约国的关系方面，委员会应当适当考虑提高各国实施本公约的能力的途径和手段，包括为此开展国际合作。

## 第三十八条　委员会与其他机构的关系

为了促进本公约的有效实施和鼓励在本公约所涉领域开展国际合作：

（一）各专门机构和其他联合国机构应当有权派代表列席审议本公约中属于其职权范围的规定的实施情况。委员会可以在其认为适当时，邀请专门机构和其他主管机构就公约在各自职权范围所涉领域的实施情况提供专家咨询意见。委员会可以邀请专门机构和其他联合国机构提交报告，说明公约在其活动范围所涉领域的实施情况；

（二）委员会在履行任务时，应当酌情咨询各国际人权条约设立的其他相关机构的意见，以便确保各自的报告编写导则、提议和一般建议的一致性，避免在履行职能时出现重复和重叠。

### 第三十九条 委员会报告

委员会应当每两年一次向大会和经济及社会理事会提出关于其活动的报告，并可以在审查缔约国提交的报告和资料的基础上，提出提议和一般建议。这些提议和一般建议应当连同缔约国可能做出的任何评论，一并列入委员会报告。

### 第四十条 缔约国会议

一、缔约国应当定期举行缔约国会议，以审议与实施本公约有关的任何事项。

二、联合国秘书长至迟应当在本公约生效后六个月内召开缔约国会议。其后，联合国秘书长应当每两年一次，或根据缔约国会议的决定，召开会议。

### 第四十一条 保存人

联合国秘书长为本公约的保存人。

### 第四十二条 签　署

本公约自二〇〇七年三月三十日起在纽约联合国总部开放给所有国家和区域一体化组织签署。

### 第四十三条 同意接受约束

本公约应当经签署国批准和经签署区域一体化组织正式确认，并应当开放给任何没有签署公约的国家或区域一体化组织加入。

## 第四十四条 区域一体化组织

一、"区域一体化组织"是指由某一区域的主权国家组成的组织，其成员国已将本公约所涉事项方面的权限移交该组织。这些组织应当在其正式确认书或加入书中声明其有关本公约所涉事项的权限范围。此后，这些组织应当将其权限范围的任何重大变更通知保存人。

二、本公约提及"缔约国"之处，在上述组织的权限范围内，应当适用于这些组织。

三、为第四十五条第一款和第四十七条第二款和第三款的目的，区域一体化组织交存的任何文书均不在计算之列。

四、区域经济一体化组织可以在缔约国会议上，对其权限范围内的事项行使表决权，其票数相当于已成为本公约缔约国的组织成员国的数目。如果区域一体化组织的任何成员国行使表决权，则该组织不得行使表决权，反之亦然。

## 第四十五条 生 效

一、本公约应当在第二十份批准书或加入书交存后的第三十天生效。

二、对于在第二十份批准书或加入书交存后批准、正式确认或加入的国家或区域一体化组织，本公约应当在该国或组织交存各自的批准书、正式确认书或加入书后的第三十天生效。

## 第四十六条 保 留

一、保留不得与本公约的目的和宗旨不符。

二、保留可随时撤回。

## 第四十七条 修 正

一、任何缔约国均可以对本公约提出修正案，提交联合国秘书长。秘书长应当将任何提议修正案通告缔约国，请缔约国通知是否赞成召开缔约国会议以审议提案并就提案做出决定。在上述通告发出之日后的四个月内，如果有至少三分之一的缔约国赞成召开缔约国会议，秘书长应当在联合国主持下召开会议。经出席并参加表决的缔约国三分之二多数通过的任何修正案应当由秘书长提交大会核可,然后提交所有缔约国接受。

二、依照本条第一款的规定通过和核可的修正案,应当在交存的接受书数目达到修正案通过之日缔约国数目的三分之二后的第三十天生效。此后,修正案应当在任何缔约国交存其接受书后的第三十天对该国生效。修正案只对接受该项修正案的缔约国具有约束力。

三、经缔约国会议协商一致决定,依照本条第一款的规定通过和核可但仅涉及第三十四条、第三十八条、第三十九条和第四十条的修正案,应当在交存的接受书数目达到修正案通过之日缔约国数目的三分之二后的第三十天对所有缔约国生效。

## 第四十八条　退　约

缔约国可以书面通知联合国秘书长退出本公约。退约应当在秘书长收到通知之日起一年后生效。

## 第四十九条　无障碍模式

应当以无障碍模式提供本公约文本。

## 第五十条　作准文本

本公约的阿拉伯文、中文、英文、法文、俄文和西班牙文文本同等作准。下列签署人经各自政府正式授权在本公约上签字,以昭信守。

# 变革我们的世界：
# 2030年可持续发展议程

(2015年9月25—27日联合国可持续发展峰会通过)

## 序　言

本议程是为人类、地球与繁荣制订的行动计划。它还旨在加强世界和平与自由。我们认识到，消除一切形式和表现的贫困，包括消除极端贫困，是世界最大的挑战，也是实现可持续发展必不可少的要求。

所有国家和所有利益攸关方将携手合作，共同执行这一计划。我们决心让人类摆脱贫困和匮乏，让地球治愈创伤并得到保护。我们决心大胆采取迫切需要的变革步骤，让世界走上可持续且具有恢复力的道路。在踏上这一共同征途时，我们保证，绝不让任何一个人掉队。

我们今天宣布的17个可持续发展目标和169个具体目标展现了这个新全球议程的规模和雄心。这些目标寻求巩固发展千年发展目标，完成千年发展目标尚未完成的事业。它们要让所有人享有人权，实现性别平等，增强所有妇女和女童的权能。它们是整体的，不可分割的，并兼顾了可持续发展的三个方面：经济、社会和环境。

这些目标和具体目标将促使人们在今后15年内，在那些对人类和地球至关重要的领域中采取行动。

**人　类**

我们决心消除一切形式和表现的贫困与饥饿，让所有人平等和有尊严地在一个健康的环境中充分发挥自己的潜能。

**地　球**

我们决心阻止地球的退化，包括以可持续的方式进行消费和生产，管理地球的自然资源，在气候变化问题上立即采取行动，使地球能够满足今世后代的需求。

**繁 荣**

我们决心让所有的人都过上繁荣和充实的生活，在与自然和谐相处的同时实现经济、社会和技术进步。

**和 平**

我们决心推动创建没有恐惧与暴力的和平、公正和包容的社会。没有和平，就没有可持续发展；没有可持续发展，就没有和平。

**伙伴关系**

我们决心动用必要的手段来执行这一议程，本着加强全球团结的精神，在所有国家、所有利益攸关方和全体人民参与的情况下，恢复全球可持续发展伙伴关系的活力，尤其注重满足最贫困最脆弱群体的需求。

各项可持续发展目标是相互关联和相辅相成的，对于实现新议程的宗旨至关重要。如果能在议程述及的所有领域中实现我们的雄心，所有人的生活都会得到很大改善，我们的世界会变得更加美好。

# 宣 言

## 导 言

1. 我们，在联合国成立七十周年之际于 2015 年 9 月 25 日至 27 日会聚在纽约联合国总部的各国的国家元首、政府首脑和高级别代表，于今日制定了新的全球可持续发展目标。

2. 我们代表我们为之服务的各国人民，就一套全面、意义深远和以人为中心的具有普遍性和变革性的目标和具体目标，做出了一项历史性决定。我们承诺做出不懈努力，使这一议程在 2030 年前得到全面执行。我们认识到，消除一切形式和表现的贫困，包括消除极端贫困，是世界的最大挑战，对实现可持续发展必不可少。我们决心采用统筹兼顾的方式，从经济、社会和环境这三个方面实现可持续发展。我们还将在巩固实施千年发展目标成果的基础上,争取完成它们尚未完成的事业。

3. 我们决心在现在到 2030 年的这一段时间内,在世界各地消除贫困与饥饿;消除各个国家内和各个国家之间的不平等;建立和平、公正和包容的社会;保护人权和促进性别平等,增强妇女和女童的权能;永久保护地球及其自然资源。我们还决心创造条件,实现可持续、包容和持久的经济增长,让所有人分享繁荣并拥有体面工作,同时顾及各国不同的发展程度和能力。

4. 在踏上这一共同征途时,我们保证,绝不让任何一个人掉队。我们认识到,人必须有自己的尊严,我们希望实现为所有国家、所有人民和所有社会阶层制定的目标和具体目标。我们将首先尽力帮助落在最后面的人。

5. 这是一个规模和意义都前所未有的议程。它顾及各国不同的国情、能力和发展程度,尊重各国的政策和优先事项,因而得到所有国家的认可,并适用于所有国家。这些目标既是普遍性的,也是具体的,涉及每一个国家,无论它是发达国家还是发展中国家。它们是整体的,不可分割的,兼顾了可持续发展的三个方面。

6. 这些目标和具体目标是在同世界各地的民间社会和其他利益攸关方进行长达两年的密集公开磋商和意见交流尤其是倾听最贫困最弱势群体的意见后提出的。磋商也参考借鉴了联合国大会可持续发展目标开放工作组和联合国开展的重要工作。联合国秘书长于 2014 年 12 月就此提交了一份总结报告。

## 愿 景

7. 我们通过这些目标和具体目标提出了一个雄心勃勃的变革愿景。我们要创建一个没有贫困、饥饿、疾病、匮乏并适于万物生存的世界。一个没有恐惧与暴力的世界。一个人人都识字的世界。一个人人平等享有优质大中小学教育、卫生保健和社会保障以及心身健康和社会福利的世界。一个我们重申我们对享有安全饮用水和环境卫生的人权的承诺和卫生条件得到改善的世界。一个有充足、安全、价格低廉和营养丰富的粮食的世界。一个有安全、充满活力和可持续的人类居住地的世界和一个人人可以获得价廉、可靠和可持续能源的世界。

8. 我们要创建一个普遍尊重人权和人的尊严、法治、公正、平等和非歧视，尊重种族、民族和文化多样性，尊重机会均等以充分发挥人的潜能和促进共同繁荣的世界。一个注重对儿童投资和让每个儿童在没有暴力和剥削的环境中成长的世界。一个每个妇女和女童都充分享有性别平等和一切阻碍女性权能的法律、社会和经济障碍都被消除的世界。一个公正、公平、容忍、开放、有社会包容性和最弱势群体的需求得到满足的世界。

9. 我们要创建一个每个国家都实现持久、包容和可持续的经济增长和每个人都有体面工作的世界。一个以可持续的方式进行生产、消费和使用从空气到土地、从河流、湖泊和地下含水层到海洋的各种自然资源的世界。一个有可持续发展、包括持久的包容性经济增长、社会发展、环境保护和消除贫困与饥饿所需要的民主、良政和法治，并有有利的国内和国际环境的世界。一个技术研发和应用顾及对气候的影响、维护生物多样性和有复原力的世界。一个人类与大自然和谐共处，野生动植物和其他物种得到保护的世界。

## 共同原则和承诺

10. 新议程依循《联合国宪章》的宗旨和原则，充分尊重国际法。它以《世界人权宣言》、国际人权条约、《联合国千年宣言》和2005年世界首脑会议成果文件为依据，并参照了《发展权利宣言》等其他文书。

11. 我们重申联合国所有重大会议和首脑会议的成果，因为它们为可持续发展奠定了坚实基础，帮助勾画这一新议程。这些会议和成果包括《关于环境与发展的里约宣言》、可持续发展问题世界首脑会议、社会发展问题世界首脑会议、《国际人口与发展会议行动纲领》、《北京行动纲要》和联合国可持续发展大会。我们还重申这些会议的后续行动，包括以下会议的成果：第四次联合国最不发达国家问题会议、第三次小岛屿发展中国家问题国际会议、第二次联合国内陆发展中国家问题会议和第三次联合国世界减灾大会。

12. 我们重申《关于环境与发展的里约宣言》的各项原则，特别是宣言原则7提出的共同但有区别的责任原则。

13. 这些重大会议和首脑会议提出的挑战和承诺是相互关联的，需要有统筹解决办法。要有新的方法来有效处理这些挑战。在实现可持续发展方面，消除一切形式和表现的贫困，消除国家内和国家间的不平等，保护地球，实现持久、包容和可持续的经济增长和促进社会包容，是相互关联和相辅相成的。

## 当今所处的世界

14. 我们的会议是在可持续发展面临巨大挑战之际召开的。我们有几十亿公民仍然处于贫困之中，生活缺少尊严。国家内和国家间的不平等在增加。机会、财富和权力的差异悬殊。性别不平等仍然是一个重大挑战。失业特别是青年失业，是一个令人担忧的重要问题。全球性疾病威胁、越来越频繁和严重的自然灾害、不断升级的冲突、暴力极端主义、恐怖主义和有关的人道主义危机以及被迫流离失所，有可能使最近数十年取得的大部分发展进展功亏一篑。自然资源的枯竭和环境退化产生的不利影响，包括荒漠化、干旱、土地退化、淡水资源缺乏和生物多样性丧失，使人类面临的各种挑战不断增加和日益严重。气候变化是当今时代的最大挑战之一，它产生的不利影响削弱了各国实现可持续发展的能力。全球升温、海平面上升、海洋酸化和其他气候变化产生的影响，严重影响到沿岸地区和低洼沿岸国家，包括许多最不发达国家和小岛屿发展中国家。许多社会和各种维系地球的生物系统的生存受到威胁。

15. 但这也是一个充满机遇的时代。应对许多发展挑战的工作已经取得了重大进展，已有千百万人民摆脱了极端贫困。男女儿童接受教育的机会大幅度增加。信息和通信技术的传播和世界各地之间相互连接的加强在加快人类进步方面潜力巨大，消除数字鸿沟，创建知识社会，医药和能源等许多领域中的科技创新也有望起到相同的作用。

16. 千年发展目标是在近十五年前商定的。这些目标为发展确立了一个重要框架，已经在一些重要领域中取得了重大进展。但是各国的进展参差不齐，非洲、最不发达国家、内陆发展中国家和小岛屿发展中国家尤其如此，一些千年发展目标仍未实现，特别是那些涉及孕产妇、新生儿和儿童健康的目标和涉及生殖健康的目标。我们承诺全面实现所有千年发展目标，包括尚未实现的目标，特别是根据相关支助方案，重点为最不发达国家和其他特殊处境国家提供更多援助。新议程巩固发展了千年发展目标，力求完成没有完成的目标，特别是帮助最弱势群体。

17. 但是，我们今天宣布的框架远远超越了千年发展目标。除了保留消贫、保健、教育和粮食安全和营养等发展优先事项外，它还提出了各种广泛的经济、社会和环境目标。它还承诺建立更加和平、更加包容的社会。重要的是，它还提出了执行手段。新的目标和具体目标相互紧密关联，有许多贯穿不同领域的要点，体现了我们决定采用统筹做法。

## 新议程

18. 我们今天宣布 17 个可持续发展目标以及 169 个相关具体目标，这些目标是一个整体，不可分割。世界各国领导人此前从未承诺为如此广泛和普遍的政策议程共同采取行动和做出努力。我们正共同走上可持续发展道路，集体努力谋求全球发展，开展为世界所有国家和所有地区带来巨大好处的"双赢"合作。我们重申，每个国家永远对其财富、自然资源和经济活动充分拥有永久主权，并应该自由行使这一主权。我们将执行这一议程，全面造福今世后代所有人。在此过程中，我们重申将维护国际法，并强调，将采用信守国际法为各国规定的权利和义务的方式来执行本议程。

19. 我们重申《世界人权宣言》以及其他涉及人权和国际法的国际文书的重要性。我们强调，所有国家都有责任根据《联合国宪章》尊重、保护和促进所有人的人权和基本自由，不分其种族、肤色、性别、语言、宗教、政治或其他见解、国籍或社会出身、财产、出生、残疾或其他身份等任何区别。

20. 实现性别平等和增强妇女和女童权能将大大促进我们实现所有目标和具体目标。如果人类中有一半人仍然不能充分享有人权和机会，就无法充分发挥人的潜能和实现可持续发展。妇女和女童必须能平等地接受优质教育，获得经济资源和参政机会，并能在就业、担任各级领导和参与决策方面，享有与男子和男童相同的机会。我们将努力争取为缩小两性差距大幅增加投入，在性别平等和增强妇女权能方面，在全球、区域和国家各级进一步为各机构提供支持。将消除对妇女和女童的一切形式歧视和暴力，包括通过让男子和男童参与。在执行本议程过程中，必须有系统地顾及性别平等因素。

21. 新的目标和具体目标将在2016年1月1日生效，是我们在今后十五年内决策的指南。我们会在考虑到本国实际情况、能力和发展程度的同时，依照本国的政策和优先事项，努力在国家、区域和全球各级执行本议程。我们将在继续依循相关国际规则和承诺的同时，保留国家政策空间，以促进持久、包容和可持续的经济增长，特别是发展中国家的增长。我们同时承认区域和次区域因素、区域经济一体化和区域经济关联性在可持续发展过程中的重要性。区域和次区域框架有助于把可持续发展政策切实变为各国的具体行动。

22. 每个国家在寻求可持续发展过程中都面临具体的挑战。尤其需要关注最脆弱国家，特别是非洲国家、最不发达国家、内陆发展中国家和小岛屿发展中国家，也要关注冲突中和冲突后国家。许多中等收入国家也面临重大挑战。

23. 必须增强弱势群体的权能。其需求被列入本议程的人包括所有的儿童、青年、残疾人（他们有80%的人生活在贫困中）、艾滋病毒/艾滋病感染者、老人、土著居民、难民和境内流离失所者以及移民。我们决心根据国际法进一步采取有效措施和行动，消除障碍和取消限制，进一步提供支持，满足生活在有复杂的人道主义紧急情况地区和受恐怖主义影响地区人民的需求。

24. 我们承诺消除一切形式和表现的贫困，包括到2030年时消除极端贫困。必须让所有人的生活达到基本标准，包括通过社会保障体系做到这一点。我们决心优先消除饥饿，实现粮食安全，并决心消除一切形式的营养不良。我们为此重申世界粮食安全委员会需要各方参与并发挥重要作用，欢迎《营养问题罗马宣言》和行动框架。我们将把资源用于发展中国家的农村地区和可持续农业与渔业，支持发展中国家、特别是最不发达国家的小户农民（特别是女性农民）、牧民和渔民。

25. 我们承诺在各级提供包容和平等的优质教育——幼儿教育、小学、中学和大学教育、技术和职业培训。所有人，特别是处境困难者，无论性别、年龄、种族、族裔为何，无论是残疾人、移民还是土著居民，无论是儿童还是青年，都应有机会终身获得教育，掌握必要知识和技能，充分融入社会。我们将努力为儿童和青年提供一个有利于成长的环境，让他们充分享有权利和发挥能力，帮助各国享受人口红利，包括保障学校安全，维护社区和家庭的和谐。

26. 为了促进身心健康，延长所有人的寿命，我们必须实现全民健康保险，让人们获得优质医疗服务，不遗漏任何人。我们承诺加快迄今在减少新生儿、儿童和孕产妇死亡率方面的进展，到2030年时将所有可以预防的死亡减至零。我们承诺让所有人获得性保健和生殖保健服务，包括计划生育服务，提供信息和教育。我们还会同样加快在消除疟疾、艾滋病毒/艾滋病、肺结核、肝炎、埃博拉和其他传染疾病和流行病方面的进展，包括处理抗生素耐药性不断增加的问题和在发展中国家肆虐的疾病得不到关注的问题。我们承诺预防和治疗非传染性疾病，包括行为、发育和神经系统疾病，因为它们是对可持续发展的一个重大挑战。

# 可持续发展目标

目标1. 在全世界消除一切形式的贫困
目标2. 消除饥饿，实现粮食安全，改善营养状况和促进可持续农业
目标3. 确保健康的生活方式，促进各年龄段人群的福祉
目标4. 确保包容和公平的优质教育，让全民终身享有学习机会
目标5. 实现性别平等，增强所有妇女和女童的权能
目标6. 为所有人提供水和环境卫生并对其进行可持续管理
目标7. 确保人人获得负担得起的、可靠和可持续的现代能源
目标8. 促进持久、包容和可持续的经济增长，促进充分的生产性就业和人人获得体面工作
目标9. 建造具备抵御灾害能力的基础设施，促进具有包容性的可持续工业化，推动创新
目标10. 减少国家内部和国家之间的不平等

目标11. 建设包容、安全、有抵御灾害能力和可持续的城市和人类住区

目标12. 采用可持续的消费和生产模式

目标13. 采取紧急行动应对气候变化及其影响①

目标14. 保护和可持续利用海洋和海洋资源以促进可持续发展

目标15. 保护、恢复和促进可持续利用陆地生态系统，可持续管理森林，防治荒漠化，制止和扭转土地退化，遏制生物多样性的丧失

目标16. 创建和平、包容的社会以促进可持续发展，让所有人都能诉诸司法，在各级建立有效、负责和包容的机构

目标17. 加强执行手段，重振可持续发展全球伙伴关系

## 目标1. 在全世界消除一切形式的贫困

1.3 执行适合本国国情的全民社会保障制度和措施，包括最低标准，到2030年在较大程度上覆盖穷人和弱势群体

1.4 到2030年，确保所有男女，特别是穷人和弱势群体，享有平等获取经济资源的权利，享有基本服务，获得对土地和其他形式财产的所有权和控制权，继承遗产，获取自然资源、适当的新技术和包括小额信贷在内的金融服务

1.5 到2030年，增强穷人和弱势群体的抵御灾害能力，降低其遭受极端天气事件和其他经济、社会、环境冲击和灾害的概率和易受影响程度

## 目标2. 消除饥饿，实现粮食安全，改善营养状况和促进可持续农业

2.1 到2030年，消除饥饿，确保所有人，特别是穷人和弱势群体，包括婴儿，全年都有安全、营养和充足的食物

---

① 确认《联合国气候变化框架公约》是谈判确定全球气候变化对策的首要国际政府间论坛。

目标 4. 确保包容和公平的优质教育，让全民终身享有学习机会

4.5 到 2030 年，消除教育中的性别差距，确保残疾人、土著居民和处境脆弱儿童等弱势群体平等获得各级教育和职业培训

目标 6. 为所有人提供水和环境卫生并对其进行可持续管理

6.2 到 2030 年，人人享有适当和公平的环境卫生和个人卫生，杜绝露天排便，特别注意满足妇女、女童和弱势群体在此方面的需求

目标 8. 促进持久、包容和可持续经济增长，促进充分的生产性就业和人人获得体面工作

8.5 到 2030 年，所有男女，包括青年和残疾人实现充分和生产性就业，有体面工作，并做到同工同酬

目标 10. 减少国家内部和国家之间的不平等

10.2 到 2030 年，增强所有人的权能，促进他们融入社会、经济和政治生活，而不论其年龄、性别、残疾与否、种族、族裔、出身、宗教信仰、经济地位或其他任何区别

目标 11. 建设包容、安全、有抵御灾害能力和可持续的城市和人类住区

11.2 到 2030 年，向所有人提供安全、负担得起的、易于利用、可持续的交通运输系统，改善道路安全，特别是扩大公共交通，要特别关注处境脆弱者、妇女、儿童、残疾人和老年人的需要

11.7 到 2030 年，向所有人，特别是妇女、儿童、老年人和残疾人，普遍提供安全、包容、无障碍、绿色的公共空间

## 目标17. 加强执行手段，重振可持续发展全球伙伴关系

**数据、监测和问责**

17.18 到2020年，加强向发展中国家，包括最不发达国家和小岛屿发展中国家提供的能力建设支持，大幅增加获得按收入、性别、年龄、种族、民族、移徙情况、残疾情况、地理位置和各国国情有关的其他特征分类的高质量、及时和可靠的数据

# 后续落实和评估

74. 各级的后续落实和评估工作将遵循以下原则：

（g）后续评估工作将保持严谨细致和实事求是，并参照各国主导的评价工作结果和以下各类及时、可靠和易获取的高质量数据：收入、性别、年龄、种族、族裔、迁徙情况、残疾情况、地理位置和涉及各国国情的其他特性。

# 琵琶湖千年行动纲要

2002年10月25—28日联合国经济及社会理事会

亚洲及太平洋经济社会委员会

亚洲及太平洋残疾人十年（1993—2002）告竣

高级别政府间会议审议通过

## 一、前　言

我们，出席亚洲及太平洋十年告竣高级别政府间会议的亚太经社会成员和准成员，

1. 认识到虽然亚洲及太平洋区域人数估计为4亿的残疾人有能力为国家发展做贡献，通过其集体行动，已日益成为其所在社区的变革主体，但多数残疾人依然被排除在教育、就业和其他经济及社会机会的大门之外，并且构成了最贫困人口的20%左右，

2. 忆及在1981年国际残疾人年以后，联合国大会1982年12月3日第37/52号决议通过了《关于残疾人的世界行动纲领》，旨在实现残疾人的充分参与和平等并保护他们的权利，

3. 还忆及亚洲及太平洋区域各政府通过在联合国残疾人十年（1983—1992年）结束时宣布"亚洲及太平洋残疾人十年"（1993—2002年）以及于1992年在北京启动"十年"时通过《亚洲及太平洋区域残疾人充分参与和平等宣言》和《1993—2002年亚洲及太平洋残疾人十年行动议程》，继续承诺促进亚洲及太平洋区域残疾人的充分参与和平等并改善他们的生活，

4. 确认"行动议程"为在12个政策领域（国家协调、立法、信息、

公众认识、通行便利和交通、教育、培训和就业、预防致残、康复服务、辅助器具、自助组织和区域合作）实现"亚洲及太平洋残疾人十年"的目标以及实现1995年在区域审评会上通过（1999年又进一步强化）并于2000年由经社会第五十六届会议核准的107个具体指标所提出的政策性指导原则，

5. 认识到在二十世纪九十年代，联合国在教育、环境、人权、人口与发展、社会发展、提高妇女地位、儿童、住房和生境领域就全球政策和方案所采取的举措纳入了残疾人问题，将其作为各宣言、纲要和战略行动方案中的实质性内容。特别是，1995年3月在哥本哈根举行的社会发展问题世界首脑会议在《社会发展问题哥本哈根宣言》中指出，作为世界上最大的少数群体的残疾人往往被迫陷入贫困、失业和社会上的孤立。宣言建议，推广《残疾人机会均等标准规则》并制订实施这些规则的战略，

6. 注意到国际社会于2000年9月8日通过了体现出许多旨在二十一世纪改善人类命运的具体承诺的联大第55/2号决议《联合国千年宣言》，以此表示决心在面对迅速全球化的情况下求经济和社会发展，

7. 赞赏在全球和区域两级这种有利的政策环境下，亚太经社会成员和准成员政府通过了2002年5月22日第58/4号决议，"推动在二十一世纪为亚洲及太平洋区域残疾人缔造一个包容、无障碍和以权利为本的社会"，其中宣布将"1993—2002年亚洲及太平洋残疾人十年"再延长十年（2003—2012年）。该决议将进一步推动2002年以后在本区域执行《关于残疾人的世界行动纲领》和《亚洲及太平洋残疾人十年行动议程》，

8. 一致认为在"行动议程"内所有12个政策领域总体情况已有改善，但进展快慢不一，尤其是在残疾青少年受教育的比例依旧低得惊人，而且各次区域之间在这方面的差距很大，

9. 鼓励各政府积极转变思路，将慈善性做法转变为以权利为本的做法，帮助残疾人发展，并转向人权的观点，特别是残疾人的发展权观点，同时铭记联大2001年12月19日第二步战略目标58/168号决议《综合全面促进和保护残疾人权利和尊严的国际公约》，

10. 敦促本区域那些尚未签署《亚洲及太平洋区域残疾人充分参与和平等宣言》的政府成为签署方，并努力实现"亚洲及太平洋残疾人十年

行动议程"的107项落实指标,

11. 通过《琵琶湖千年行动纲要》,以推动本区域的残疾人缔造一个包容、无障碍和以权利为本的社会。一个"包容的"社会意味着一个为了所有人的社会,一个"无障碍的"社会意味着一个没有物质和观念上的以及社会、经济和文化上障碍的社会,一个"以权利为本的"社会意味着一个以人权、包括发展权概念为基础的社会,

12. 确认《琵琶湖千年行动纲要》的制订参照了有关的专门针对残疾问题的联合国国际文书、授权和建议,其中包括:联大1971年12月20日第2856(XXVI)号决议《弱智者权利宣言》,1975年12月9日3447(XXX)号决议《残疾人权利宣言》,1982年12月3日37/52号决议《关于残疾人的世界行动纲领》,国际劳工组织1983年6月20日通过的《1983年(残疾人)职业康复和就业公约》(第159号)及其关于该公约的建议,1993年12月20日联大第48/96号决议《残疾人机会均等标准规则》和《特殊需求教育萨拉曼卡声明和行动纲要》,

13. 预计《琵琶湖千年行动纲要》将有助于实现千年发展目标和指标,因为与残疾人相关的问题是在实现相关的千年发展目标和指标过程中有待关注的极为重要的问题。

## 二、琵琶湖千年行动纲要的原则和政策方针

14. 为推动实现为亚洲及太平洋区域残疾人缔造一个包容、无障碍和以权利为本的社会的目标,《琵琶湖千年行动纲要》以以下原则和政策为指导:

(1)制订和/或执行关于残疾人享有平等机会和待遇以及他们在教育、卫生、信息和通信、培训和就业、社会服务等领域享有平等权利的立法和政策。此类立法和政策应包括所有类别的残疾人,如残疾男女、城区、边远和农村地区的残疾人。这些立法和政策应以权利为本并推广包容性和多部门的做法。

（2）将残疾人问题所有方面纳入所有新的和现行法律、政策、计划、方案和制度中。

（3）建立或强化残疾问题国家协调委员会，在残疾人组织和助残组织的有效参与下残疾问题政策并协调助残政策的执行和监测。

（4）支持残疾人及其组织的发展，将他们纳入国家的残疾问题政策决策过程，并特别重视残疾妇女的发展及其参与残疾人自助组织以及参与将性别问题主流化的各项举措。

（5）确保残疾人成为实现千年发展目标所做努力的一个组成部分，特别是在扶贫、初等教育、性别和青年就业等领域。

（6）增强残疾问题统计数据收集和分析方面的国家能力，以支持政策的制订和方案的实施。

（7）在包括教育、卫生和康复、为刚出生到4岁的残疾婴儿提供社会服务在内的所有多部门领域早期干预政策。

（8）在预防致残根源、康复和残疾人享有平等机会方面增强立足社区的做法。

（9）在发展设施和服务过程中，特别在城乡发展、住房、交通和电信等领域，实行针对所有公民的普遍和包容性的设计这一具有成本效益的理念。

# 三、优先行动领域

15. 需要进一步努力将重点放在那些在"1993—2002年亚洲及太平洋残疾人十年"落实过程中进展不够和行动滞后的优先领域。根据第58/4号决议，本区域各政策领域确定为：

（a）残疾人自助组织及相关家庭和家长联合会；

（b）残疾妇女；

（c）早期发现、早期干预和教育；

（d）培训和就业，包括个体经营；

（e）出入各类建筑环境和公共交通；

(f) 享用信息和通信设施，包括信息通信技术和辅助技术；

(g) 通过能力建设，社会保障和可持续的生计等方案扶贫。

为每一个优先领域都确定了以下方面：

(a) 紧要问题；

(b) 千年发展目标（在适用的地方）；

(c) 琵琶湖纲要的指标；

(d) 实现这些指标所需的行动。

# 四、优先领域的指标和行动

## A. 残疾人自助组织及相关家庭和家长联合会

### （A）紧要问题

16. 残疾人最有资格也最有条件来支持、教育和宣传自己和其他残疾人。有证据显示，当残疾人本身积极地表达自己的关切并参与决策时，残疾人及其整个所在社区的生活质量就得到改善。要代表残疾人阐明如何恰当地设计和落实政策、立法和战略来确保残疾人能充分参与社会、经济、文化和政治生活并使他们能对其所在社区的发展做出贡献，在这些方面，自助组织最有资格，消息最灵通，并且最有动力。

17. 必须认识到，残疾人有权代表自己，并增强他们参与决策过程的能力。残疾人应该阐明他们自己的问题并宣传改革，使他们在各自社区和社会中实现发展和独立生活。然而，当儿童等一些人不能代表自己时，应鼓励和支助他们的家长、家庭成员和其他养护人帮他们声张权利和需要，直到再也不需要这种支持为止。

18. 推动一场残疾人追求民主和代表权的运动是一种帮助确保政府规章切合残疾人的需要和权利的途径。残疾人自助组织应包括来自农村地区的团体和组织，以及残疾妇女和女童、有智障的人、精神残疾的人等特别被边际化的残疾人的团体和组织。

(B) 指　标

指标1. 各政府、国际供资机构和非政府组织应在 2004 年前确定政策，并拨出所需的资源来支持各个领域残疾人自助组织的发展和建立，要特别将重点放在贫民区和农村残疾人。各政府应采取步骤确保到 2005 年在地方一级成立家长联合会，并到 2010 年成立全国性的联合会。

指标2. 各政府和民间社团组织应在 2005 年前充分吸收残疾人自助组织参与直接或间接影响残疾人生活的规划和方案实施的决策过程。

(C) 达标所需的行动

（1）各政府应在残疾问题国家协调委员会的指导下落实措施，提高残疾人自助组织与民间团体和私营部门之间磋商的层次。这些措施应包括就如何有效地参与各种决策过程培训残疾人（包括残疾妇女）。各政府应制订开展磋商的指导原则，并应由残疾人自助组织的代表定期检查和评估磋商。

（2）各政府应在残疾问题国家协调委员会中建立一个由各类残疾人代表组成的政策审查小组。该小组将审查所有直接或间接影响残疾人的政策及其执行情况。

（3）各政策应采取行动，扩大残疾人在公共生活的所有领域，包括从中央到地方的各级政府、立法机构和司法机关的代表权。这应通过平权行动和反歧视立法来予以促进。

（4）自助组织应制订能力建设方案，增强其包括残疾青年和妇女在内的成员的权力，在整个社区以及在其所在组织内发挥咨询和领导作用，使这些成员能担当培训自助组织其他成员提高自身领导才干和管理技能的教员。

（5）由各类残疾人群体组成的国家自助组织应培育机制，使农村残疾人参与自助组织，相互支持、相互宣传和介绍各种方案和服务，并积极与农村和城市发展非政府组织协作和积极配合政府在农村的发展举措。

（6）国际供资机构和非政府组织应在其发展政策中优先高度重视提供资金和技术援助来促进并增强残疾人自助组织。

## B. 残疾妇女

### （A） 紧要问题

19. 残疾妇女是属于社会最边缘化的一个群体，她们作为妇女、作为残疾人、和作为贫困者中比例最大的人群的地位使她们处于多种不利的境遇。与残疾男孩和男子相比，残疾妇女和女童在家庭内受到更大的歧视，更容易被剥夺享受卫生保健、教育、职业培训、就业和创收的机会，也更多地被排除在社交和社区活动之外。

20. 残疾妇女和女童由于受肉体和性虐待的危险更高，也可能被剥夺生育的权利，结婚和过家庭生活的机会更少，从而遭受进一步的歧视。在农村地区，女童和妇女处境更为不利，她们文盲率更高，缺乏获得信息和服务的机会。残疾女童从很小开始就遭受耻辱和排斥，在成长过程中被剥夺了机会，因此长大以后便缺乏一种自我价值和自尊的意识，也没有机会在所在社区发挥妇女应有的作用。

21. 在本区域一些国家的某些残疾人自助组织内部，残疾妇女面临进一步的歧视。在自助组织的成员中，残疾妇女的代表不足，也几乎看不到她们发挥领导和管理作用，在自助组织的议程上没照顾到妇女的关切，残疾女青年不在领导才能培训人员之列。

22. 将性别问题纳入主流运动已对改善非残疾妇女的生活质量产生了重大影响，但对残疾妇女的生活产生的影响却微乎其微。在性别问题主流化组织的成员中未包括残疾妇女，对其问题也只是注意到她们应受到特别的关注而已，这些妇女也缺乏宣传才能来改变这种状况。

23. 各政府负有特殊责任，要纠正各种不平等现象；要提供必要的支助服务来推动残疾妇女充分参与主流发展。

### （B） 指 标

指标3. 各政府应在2005年前确保落实反歧视措施来维护残疾妇女的权利。

指标4. 全国性残疾人组织应在2005年前实行政策，推动残疾妇女充分参与包括管理、组织培训和宣传方案在内的各项活动，并有平等的代表权。

指标5. 残疾妇女应在2005年前成为国家主流妇女协会的成员。

（C）达标所需的行动

（1）各政府应落实措施，坚持残疾妇女的权利，保护她们免受歧视。尤其是要采取措施确保她们有公平的机会获得医疗服务、教育、培训和就业机会，以及保护她们免遭性和其他形式的虐待和暴力。

（2）各政府、非政府组织和自助组织应开展各种方案，提高人们对残疾妇女处境的认识，并为这些妇女的发展提倡积极的态度，宣传她们中的模范人物并为她们创造机会。

（3）各政府应推动在区域，国家和地方三级建立一种机制，在残疾妇女中传播相关的涉及性别问题的信息。这类信息应包括（但不仅限于）国际文书和关于国家立法的信息。

（4）残疾人的自助组织应确保残疾妇女在地方、国家和区域各级组织中有代表权。

（5）自助组织应确保残疾妇女至少应占出席会议、讲习班和研讨会代表团人数的一半。

（6）应鼓励残疾妇女参加并优先享受由自助组织提供的管理和一般技能培训的机会。

（7）各政府、非政府组织、自助组织和捐助方应为残疾妇女提供领导才能方面的培训，提高她们对性别问题的认识，增强她们的能力，参与各级残疾人自助组织的政策制订和决策过程，发挥宣传和与政府磋商的作用以及参与民间团体。

（8）残疾妇女应在自助组织中建立自助团体，并建立国家和区域网络，作为一种相互支持、传播和共享信息的手段。

（9）残疾妇女的团体和网络应促进残疾女童的发展，尤其应重视她们有机会接受教育、卫生知识、培训和参与社会发展。

（10）残疾妇女的国家及区域的团体和网络应游说主流妇女团体，使残疾妇女及其自助团体和她们关心的问题能被纳入主流妇女团体，使残疾妇女及其自助团体和她们关心的问题能被纳入主流妇女团体的组织和网络，以便传播信息和相互支持。

（11）主流妇女组织应通过提供便利的渠道、安排和支持以及以方便格式编制的培训教材,来切实的吸收残疾妇女参加其培训方案。

(12) 所有机构,包括各国政府,非政府组织,自助组织,援助方以及公民社会,都必须始终推动和坚持残疾妇女享有做出选择和自主决定的权利。

## C. 早期发现,早期干预和教育

### (A) 紧要问题

24. 现有资料表明不到10%的残疾儿童和青年得到任何形式的教育。相比之下,亚洲及太平洋区域非残疾儿童和青年初级教育入学超过70%。尽管国际上已确定任务宣布教育是所有儿童的一项基本权利,并呼吁到2015年使所有儿童接受初级教育,这种局势仍然存在,各国政府在下一个十年应确保提供适当教育,以照顾到各种类型的残疾儿童的需求。

人们已认识到亚洲及太平洋区域各国政府对残疾儿童提供教育的做法差别很大,而且儿童目前受教育的环境也各式各样,有正规和非正规的,也有单独和混合的学校。

25. 残疾儿童被排除在教育之外,其结果是将其排斥在进一步发展的机会大门之外,尤其是降低了他们获得职业培训、就业、创收和商业发展的机会。无法获得教育和培训则妨碍实现经济和社会独立,更容易遭受贫困,从而可能陷入代代相传不可自拔的循环。

26. 残疾婴儿和年幼的儿童需要得到早期干预服务,包括早期发现和确诊(出生—4岁),并向父母和家庭提供支助和培训,以帮助他们的残疾儿童最大程度地发育全面的潜力。如果不向残疾婴儿和年幼的残疾的儿童提供早期发现、确诊和干预服务,不向其父母和护理人员提供支助,将再次造成致残的环境,进一步限制他们享受教育机会的能力,提供早期干预应是教育、卫生和/或社会服务的联合努力目标。

27. 在亚洲及太平洋区域许多国家,残疾儿童和青年的教育目前主要集中在特殊学校和市区中心。获得服务的儿童人数十分有限。《特殊需求教育萨拉曼卡声明和行动纲要》建议,能在地方街区或社区普通学校入学的混合型教育为大多数残疾儿童和青年提供了最佳的教育机会,在乡村地区也是如此。只有在特殊学校或设施的教育才能满足个别儿童的需要的情况下才应考虑这一规律的例外情况。人们认识到，在某些情况下对残疾儿童来说，特殊教育可被视为最为合适的教育形式①。包括残疾儿童在内的所有儿童在当地或社区学校接受教育，有助于消除障碍和负面态度，有利于社区融合和社区的凝聚。家长和当地社区参与社区学校活动会进一步加强这一进程。

28. 各种教育环境中阻挠残疾儿童获得高质量教育的障碍包括缺乏早期确诊和干预服务，负面态度，排斥性的政策和做法，师资培训不足（尤其是所有普通教师接受教育残疾儿童的培训不足）课程评估工作不够灵活，缺少专业职工人员协助特殊班和普通话班的教师工作；缺乏适当的教学设备和设施，并且未能修改校园环境使残疾人通行无阻。可以通过政策、规划、战略执行和资源分配克服这些障碍，使残疾儿童和青年参加非残疾儿童和青年的所有全国性卫生和教育发展活动。

29. 各政府应与其他利益攸关方合作向残疾人提供体育、休闲和娱乐活动及设施，以实现他们享有改善生活的基本权利。

（B）千年发展目标

30. 在本优先领域，千年发展目标是要确保：到 2015 年世界各地的儿童，不论是男孩和女孩，都将能完成全面初级教育，女孩和男孩将有进入各级教育的平等权利。

（C）指　标

指标 6. 残疾儿童和青年将成为确保到 2015 年所有男女儿童都将能够完成全面初级教育这一千年发展目标所针对的人口的一个组成部分。

指标 7. 到 2010 年，至少 75% 的学龄残疾儿童和青年将得以完成全面初级教育。

指标 8. 到 2012 年，所有婴儿和年幼儿童（出生—4 岁）能够利用并获得社区一级确保生存的早期干预服务，并其家庭能得到支助和培训。

指标 9. 各政府应确保在残疾儿童很幼年时就发现其残疾问题。

---

① 见 1993 年 12 月 20 日联大第 48/96 号决议《残疾人机会平等标准规则》附件，规则 6. 教育，第 8 段。

(D) 达标所需的行动

(1) 各国政府应立法并建立执行机制,规定包括残疾儿童在内的所有儿童享有教育,以实现《达卡行动框架》和千年发展目标规定的2015年之前所有儿童享有(初级)教育目标。残疾儿童应明确纳入所有国家教育规划之中,包括《达卡行动框架》的人人享有教育国家计划。

(2) 各国教育部应与残疾人家庭和组织磋商,制定教育政策和规划,并制订教育方案,使残疾儿童得以在当地小学就读。应执行政策,酌情帮助学校实行混合式教育制度,并明确认识到所有儿童都享有入学权利,而学校有责任容纳不同的学生。

(3) 须提供一系列教育选择,以便挑选最适合个人学习需求的学校。

(4) 应在教育预算中拨出专门用于残疾儿童教育的充足公共款项。

(5) 各国政府应与其他各方协作,收集出生—16岁残疾儿童的全面数据,并应用于规划从出生到学龄期适当早期干预和教育、资金以及支助服务工作。

(6) 应订立五年目标,用于招收残疾儿童参加早期干预服务以及学前、小学、中学和大学(学后)教育,应密切监督实现上述目标的进展,从而实现2012年75%的残疾儿童入学的目标。

(7) 卫生部和其他相关部委应在医院、初级保健中心和社区保健所设立健全的早期发现和诊断服务,并为所有残疾婴儿和儿童(出生—4岁)提供早期干预转诊服务制度。各政府应对高风险孕妇和高风险新生儿进行例行检查,以在出生时或出生后不久就早期发现残疾问题。

(8) 卫生部和教育部应与其他相关部委、自助组织、非政府组织和社区机构协作,设立早期干预服务,向所有残疾婴儿和儿童(出生—4岁)及其家庭提供早期干预、支助和培训服务。

(9) 政府(包括教育部)应与国家和地方非政府组织建立伙伴关系,发起公众宣传运动,以教育残疾儿童家庭、学校和地方社区,使他们了解残疾儿童和青年有权参加城市和乡村地区的各级教育,入学男女比例失调的地方尤其要强调接受残疾女童。

(10) 本区域各国政府应酌情采取下列各项措施,以改善特殊和混合教育环境中包括残疾儿童在内的所有儿童在所有学校的教育质量:

（a）为包括教育和学校行政人员在内的公共官员以及教师提供宣传教育和培训，以促进积极看待残疾儿童，更自觉地注意残疾儿童享受在当地学校接受教育的权利，并为普通学校接纳残疾儿童和青年制订具体战略；

（b）为所有教师提供全面任前和任内培训，介绍为能力不同的儿童授课的方法和技巧，制订灵活的课程，讲授和评估方法；

（c）鼓励合适的残疾人选加入教师行列；

（d）建立各种程序用于儿童甄选、识别和分班，以儿童为中心的个别授课方法，以及乡村和城市地区教、学支助的全面体系，包括资料中心和专家教师；

（e）确保在不受版权限制的情况下提供适当的、可供使用的教学材料、设备和设施；

（f）确保有适合于各个儿童能力并符合当地情况的灵活过程；

（g）确保评估和监督程序适用于学生的不同需要。

（11）政府应执行一项目2012年之前实现无障碍、残疾人通行便利的校园以及校车的渐进方案。

（12）政府应鼓励大学教育机构开展研究项目，为教育残疾儿童和青年进一步开发有效的方法。

（13）残疾人组织和残疾人服务机构应将倡导残疾儿童的教育作为其议程上高度优先项目。

（14）应加强区域合作，协助交流经验和良好做法，并支助制订混合教育措施。

## D. 培训和就业，包括自我就业

（A）紧要问题

31. 残疾人融合和纳入经济主流的挑战尚未解决，尽管有国际标准，而且一些国家的培训和就业立法、政策和做法堪称典范，残疾人，尤其是妇女、青年和那些在乡村地区的残疾人，教育不足、没有培训、失业、就业不足和贫穷的比例依然过高。

32. 残疾人有权得到像样的工作。像样的工作是在自由、平等、安全和享有人的尊严的环境中从事生产性的工作。残疾人有鲜明的特点和独到的能力，他们应有权根据自己的能力，而不是他们的残疾，而选择他们想做的工作。他们需要得到与其他人同样的教育、职业培训、就业和商业发展机会。一些残疾人或许需要专门支助服务，辅助装置或工作调整，但是与其终身的生产力和贡献相比较这只是微小的投资。此外，终身被排斥常常导致心理障碍，如果残疾人要想在培训和就业中取得成功，这一问题必须得到解决。

33. 必须从残疾人充分参与社区生活以及人口动态的变化和工作场所的宏观角度看待职业培训和就业问题。处理类似全球化、就业保障、扶贫以及青年和老年工人的失业等问题时，必须同时考虑这些问题及其处理方法对残疾人的影响。

34. 总体来看，缺少训练有素、胜任的工作人员从事残疾人工作，在培训和就业方面尤其如此，还必须继续处理其他涉及在国家和区域一级制订、执行、评估和传播有效的政策和方案的其他能力问题，残疾人应该积极地参加就业和培训相关的活动，不仅仅是享受服务，还要倡导、设计和提供服务。

（B）指　标

指标9. 到2012年，至少有30%的签约国（成员国）批准1983年国际劳工组织《关于康复与就业（残疾人）公约》。

指标10. 到2012年，签约国家至少有30%的职业培训方案将包括残疾人，并向残疾人提供适当的支助和就业安排或商业发展服务。

指标11. 到2010年，所有国家都将具备用以衡量残疾人就业和自我就业比例的可靠数据。

（C）达标所需的行动

（1）政府应审查、批准和执行1983年国际劳工组织关于职业康复和就业（残疾人）公约。

（2）政府应制订政策和书面规划，并建立协调机构和某种机制以评估残疾人纳入培训、就业、自我就业和扶贫方案方面取得的发展。应该与残疾人组织和残疾人服务组织以雇主组织和工人组织进行磋商组织这些活动。

（3）政府应制订并执行雇主奖励办法和战略以推动残疾人进入公开就业，并认识到在大多数国家作为主要雇主的政府应在雇佣、留用和提升残疾工人方面树立榜样。

（4）政府应检查和/或颁布反歧视立法以保护残疾工人享有在工作场所和工作市场得到平等待遇和机会的权利。政府应鼓励和促进私营部门雇佣残疾人，并应提供一种机制，保护受到裁员和缩编影响的残疾人的权利。

（5）政府、国际组织、非政府组织、培训机构和其他社会伙伴，应携手努力增加负责提供培训、就业和职业康复服务工作的工作人员并提高其工作能力，以确保有足够的训练有素的胜任的工作人员。应该积极招聘和吸收残疾人参加这种培训方案并雇佣为工作人员。

（6）政府在非政府组织的帮助下应确保残疾人得到需要的支助服务，参加主流职业培训和就业；另外拨出所需的资金消除阻挠实现包容的障碍，并充分认识到排斥造成的代价更高。

（7）政府、非政府组织和残疾人组织应更好地与雇主、工会和其他社会伙伴协调工作，建立伙伴关系，制订政策，加强相互了解，以及提供更为有效的职业培训和就业服务，造福正规和非正规就业和自我就业的残疾人。

（8）政府与雇主组织、工人组织、残疾人组织和残疾人服务组织以及其他社会伙伴协作，要审议目前有关残疾人职业培训的政策、实践和成果，以确定差距和需求所在，并根据应全球化和信息通信技术所带来的工作环境变化，以及确定差距和需求所在，并根据应全球化和信息通信技术所带来的工作环境变化，以及生活在偏远和乡村社区的需要而制订规划来满足这些需求。

（9）必须拨出款项，采取过渡工作讲习所以及当地社区就业等战略，解决那些残疾情况十分严重的残疾人的需要，尽可能地向他们提供在有尊严、包容性的环境中接受培训和就业的服务。

（10）认识到许多国家缺乏正规就业机会，政府、国际机构、援助方、非政府组织和民间社会其他各方必须确保残疾人、残疾人组织和残疾人服务组织能够平等获得并纳入有关商业发展、创业和信贷分配的各种方案。

（11）包括残疾人组织在内的区域性组织应与国家政府和国际机构协作，设立有关培训和就业各个方面的良好实践的信息收集和传播机制，尤其是包括那些反映区域文化需求的实践做法。

### E. 出入建筑环境和公共交通

#### （A）紧要问题

35. 无法出入包括公共交通系统在内的建筑环境依然是阻挠本区域各国残疾人积极参加社会和经济活动的主要障碍。一些政府承认残疾人享有平等出入建筑环境的基本权利。修建非畅通的建筑环境、街道和交通系统是对残疾人和社会其他成员的歧视。共用/混合使用设计方法已证明不仅对残疾人有利，而且对社会上很多其他人也有利，如老年人，孕妇和携带幼儿的家长。

36. 世界上大多数老年人居住在亚太地区区域。根据目前人口动态趋势，老年人数字预计将大幅度上升，鉴于在几乎所有的贫富国家妇女的寿命都超过男人，老年妇女的比例也在稳步增长。而且随着更多的高龄男女的出现，残疾老年人的数目在增长。此外，老年期出现肢体残疾只会恶化老年人所面对的社会耻辱，因为他们常常被视为负担和累赘。然而，所有残疾人，不管年轻或年老，都面临着同样影响他们的共同问题。这包括我们环境中存在的各种障碍，如无法出入建筑环境和公共交通。

37. 共用/混合使用设计办法降低了事故发生率，为所有人提供更为安全的环境。众所周知，有形障碍妨碍了残疾人充分参与并减少他们的经济和社会产出，从经济角度来看，进行投资以消除和预防建筑和设计造成的障碍越来越证明是值得的，尤其是在那些对社会和经济参与非常重要的地方（例如交通、住房、教育、就业、保健、政府、公共演讲、文化和宗教活动、休闲和娱乐）。必须指出，不光是设施，而且包括整套服务都应该可供使用。与残疾人打交道应成为工作人员培训课程的一个重要部分。

#### （B）指　标

指标13. 各国政府应通过并执行公共设施、基础设施和交通包括乡村/农业地区规划通行便利标准。

指标14. 所有新建和翻修的公共交通系统，包括公路、水路、轻型和重型大众铁路和空中运输体系，必须能够使残疾人和老年人完全自由出入；现有陆路、水路和空中大众交通系统（车辆、停车站和终点站）应该尽快达到出入方便并可供使用。

指标15. 所有国际和区域设施开发应在其贷款/赠款颁发标准中包括共用和混合使用设计概念。

（C）达标所需的行动

（1）政府应与残疾人组织，专业建筑和工程协会等民间团体及其他公司部门协作，支持建立全国和/或区域机制，以便就如何实现出入方便的环境交流信息，形式有展览、图书馆和研究措施、信息中心，并与研究机构和/或教育性质的建筑和工程机构建立网络。

（2）确保建筑、规划和园林以及房屋和工程专业教育和学术课程应列有混合性设计原则；确保本区域所有设计学校开设切实教授实际的出入方便设计的"师资培训"课程，包括由残疾人积极参加的流动讲习班；并支助为有经验的从业人员开办混合式设计技巧最佳实践的成人教育专业发展课程，包括那些与终端使用者密切接触的专业人员，例如社区的康复机构人员。

（3）通过设计比赛、建筑奖和其他奖励及其他形式的支助，鼓励采取创新技术，确定可以提高出入方便程度的具体应用，并且采用当地知识和材料。应该开发和提供当地材料，使建筑环境出入方便，例如可摸读的墙块及防地滑地板砖。应该建立传播创新技术网络。

（4）支助建立评估机制，研究制订、应用和执行各种规定和标准的情况，以及在各国对提高出入方便程度的影响。地区性的（而不是单一的新的或翻修的建筑物）反馈和个案研究并介绍和传播其成果十分重要，同时还应展示可如何加以改进。

（5）确保将残疾人的出入便利需要纳入所有乡村/农业发展方案之中，包括（但不限于）获得和使用卫生设施和供水服务，这应通过与残疾使用者团体和其他方面进行一系列磋商完成。

（6）在地方、省一级和全国一级设立残疾人事务官员或职位，并确立残疾人事务官员的职能，它包括为建筑师/设计院/开发商提供技术咨询和信息,介绍残疾人出入便利法规和混合式设计的应用,以及在乡村、城市周围和城市内的自然建筑环境中的适当技术。

(7) 残疾人组织应执行建立信心和宣传措施,以便整体有效地提出他们对人为环境的要求,要代表不同的残疾群体用一个声音表达需要。

## F. 对包括信息通信技术和辅助技术在内的信息和通信检索便利

### (A) 紧要问题

38. 信息通信技术(ICT)一直是经济增长的动力并继续推动全球化进程。然而,信息通信技术发展的利益在穷人和富人之间,在发达和发展中国家之间分配不平衡。

39. 信息通信技术给残疾人同时带来了积极和消极的影响。很多残疾人从信息通信技术发展中获益,因为这些技术为各个层次的技能打开了就业的大门,并为在社区中独立生活带来机会。经过适当培训的聋哑盲人可以使用刷新式布莱尔屏幕阅读机,患有严重脑中风的人则通过因特网参加信息交流。然而,这些很大程度上只限于较发达国家的残疾人。信息通信技术的迅速发展对于某些残疾人带来无法预料的问题。例如,在线办理注册,银行事务或购物交易对那些患有认智/智能、肢体或视觉和/或听觉残疾的人可能无法使用。

40. 亚洲及太平洋区域发展中国家的多数残疾人很贫穷,被排除在利用信息和通信技术的大门之外,虽然发展中国家乡村地区利用信息通信技术具有极大潜在优势。

41. 由亚-太电信共同体组织,于2000年11月在东京举行的亚-太信息社会首脑会议通过的《21世纪通过信息通信技术实现亚太复兴东京宣言》宣布,亚洲及太平洋区域的人应尽可能在2005年之前上因特网。宣言同时承认残疾与收入、年龄和性别一样是造成数码鸿沟的原因之一。2003年在日内瓦和2005年在突尼斯将举行信息社会世界峰会。会上应讨论有关残疾人和其他处境不利群体的问题。

42. 在信息社会,检索信息和通信是基本人权。版权持有者应承担责任确保包括残疾人在内的所有人均可检索内容。任何反盗版或数码权利管理技术均不应阻挠残疾人检索信息和通信技术①。信息通信技术应打破通信和广播系统的障碍。发展中国家在信息和通信技术领域需要得到更多的支持。

43. 在亚洲及太平洋许多国家,手势语、盲文、手指盲文(摸读符号文字)尚未标准化。这些以及其他形式的沟通方式需要加以发展和传播。无法掌握这类沟通方式,盲人和有听觉障碍的人就无法受益于信息通信技术的发展。更重要的是,他们在日常生活中被剥夺享用语言和通信的基本人权。

(B) 指　标

指标 16. 到 2005 年,残疾人应该至少达到像本区域国家的其他公民他同样程度的因特网上网率和相关服务的使用率。

指标 17. 负责国际信息通信技术标准的国际组织(如国际电信联盟、国际标准化组织、世界贸易组织、万维网联合集团、电影工程集团)应在 2004 年之前将残疾人检索便利标准纳入国际信息和通信技术标准。

指标 18. 政府应在 2005 年之前在其国家信息和通信技术政策之中采用残疾人信息通信技术检索便利指南,并采取适当措施特别将残疾人作为目标受益群体。

指标 19. 各政府应在本国发展和协调统一的手势语和手指盲文(摸读符号文字),并通过一切手段,如出版物、只读光盘等,传播和教授这些

---

① 获得信息和通信技术的权利应包括但不限于残疾人享用:国家机构购买和使用或由私人机构购买和拥有并为公共使用的电脑硬件/软件和相关辅助设备;公共通信设施;广播系统,包括社区电台、录像内容和数码电视;电信系统,包括电话服务;因特网,包括万维网、多媒体内容、因特网通话和编写网络内容的软件;其他消除者电子/通信设施,包括移动通信设施;互动式交易机器(ITM),包括机器亭;通过电子信息系统提供的服务;教育资料,包括课本、教师版教材和电子学习环境;通过符号语言解读的口语及其相反过程;用个人母语的信息和通信,包括自身可能没有书面文字的土著语言;各种形式的印刷材料,例如电脑屏幕阅读机,盲文,其他增强性和替代办法;任何旨在用于公共使用的未来通信信息和通信技术。如果不管什么原因,残疾人无法直接现成地享用上述各项,信息和通信技术开发人应确保其产品和服务与残疾人使用的辅导技术可有效地兼容使用。

语言。

指标20. 各政府应在本国建立培训和派遣手势语翻译、盲文翻译、手指盲文翻译和解读员的系统，并雇佣他们。

(C) 达标所需的行动

(1) 政府应颁布并执行法律、政策和方案，以监督和保护残疾人享有信息和通信的权利；例如，立法规定在某些情况下对向残疾人提供信息资料的组织实行版权豁免。各国政府与其他有关机构和民间组织合作，应当：

(2) 在信息通信技术部/管理机构内设立信息通信技术检索便利股，并鼓励私营公司设立相应的单位，以便协调机构/公司内外的活动。

(3) 开展和鼓励针对信息通信技术决策者，管理机构，代表以及私营信息通信技术公司的技术人员的宣传培训，以增强对残疾问题的认识，其中包括残疾人对信息通信技术公司的检索需求、能力以及成为有所作为的社会成员的心愿。

(4) 支持针对残疾人的计算机知识培训和能力建设，培养他们如何与软硬件开发商和标准化组织进行交流，以解决他们的需求。

(5) 采取各种奖励办法，其中包括减免残疾人使用的信息通信技术装置的税收，补贴助残技术设备的使用。以确保有需要的残疾人能够买得起这些设备。

(6) 支持在国家、区域和国际一级设立残疾消费者的网络，其中包括合作社，以加强对信息通信技术产品和服务的讨价还价能力和购买力，因为这些产品和服务在单独购买时通常极为昂贵。

(7) 采取一切必要步骤，在制订信息通信技术检索便利的措施和标准时确保残疾人组织能够参与整个过程。

(8) 采取和支持以普遍的/公开的/无专利的国际标准为基础的信息通信技术开发活动，以确保长期致力于在所有部门中为残疾人提供信息通信技术检索便利，应特别重视采用具有检索便利组成部分和特点并已证明十分有效的标准。例如，万维网联合会的网上检索便利倡议，数码检索信息系统联合会。

(9) 要求当地的语言应用程序和内容使用国家/国际标准字体编码和

模式,如统一模式语言,并鼓励就字体编码和模式的检索便利要求开展对话。

(10) 支持各民间团体的参与,以便在区域和国际一级的标准讨论中代表和反映残疾人要求,逐步实现在更大程度上统一国际标准的目标,以支持残疾人的需求。在缺乏这种国际标准的领域中,各国政府应当支持采取替代方法来解决这些需求,同时应当顾及与国际标准的兼容性和相互可操作性。

(11) 双边和多边捐款机构和国际筹资机构应当采用以接受机构/组织的社会责任为基础的奖励标准,其中包括它们促进残疾人信息和通信技术检索便利的责任。

(12) 支持并建立一个区域工作组,制订信息通信技术、通信和广播的标准,以确保新的现有的技术以包容残疾人的标准为基础并以通用设计概念进行研发。除了信息通信技术之外,还需采取其他措施确保残疾人的通信,包括发展统一的手势语和盲文。

## G. 通过能力建设、社会保障和可持续的生计方案扶贫

### (A) 紧要问题

44. 在亚太区域,估计有1.6亿残疾人,40%的残疾人生活贫困。这些残疾人得不到社会其他成员所享有的应有权利,其中包括卫生、食品、教育、就业和其他基本社会服务,以及无法参与社区的决策进程。

45. 贫困既是残疾的根源,也是残疾的后果。贫困和残疾往往相互加重,致使残疾人的脆弱性和遭受社会排斥的程度越来越严重。营养不良、危险的工作和生活条件,得不到充分的免疫接种和卫生及产妇保健、不清洁、卫生条件差,不能充分了解致残的原因、战争和冲突以及自然灾害,是造成残疾的种种因素。在这些致残因素中,许多是可以预防的。残疾会减少人们的生计手段,加剧与市场脱节和经济紧张,这反过来又加重了贫困。这不仅影响到个人,而会影响整个家庭。

46. 现在,高寿的老年人人数越来越多,比例越来越大,这意味着残疾人人数将增加,这可能成为人类贫困的一个推动因素。老年人关心的问

题涉及与老龄化相关的残疾以及提供恰当的医疗保健和社会保障,在老龄化社会中,这些问题尤其对国家医疗制度和长期的保健体系以及现有的社会保障体系是否充分产生深远的影响。

47. 造成对贫困的残疾人的社会服务程度低下的主要因素往往是由家庭和社区造成的。但是,目前人们对本区域中的发展中国家残疾人福利水平低下的决定性因素知之甚少。目前缺乏开展因素分析所必需的家庭和社区一级的社会经济调查数据。社区一级的基础设施的发展会在何种程度上影响向贫困的残疾人提供服务?对这一问题进行调查是十分重要的。

48. 需要采取一项综合方针,将预防和康复与提高地位的战略和改变态度联系起来,应当将残疾问题的重要性作为一个关键的发展问题加以评估,应当在考虑贫困、人权以及实现国际商定的发展指标时承认残疾的问题的重要性。如果无视残疾人的权利和需求,就不可能消除世界上的贫困现象。

49. 联合国千年发展目标为消除贫困确定了一个具体的指标。这是一种积极的做法。但是,这一战略有可能遗漏了残疾人这一重要的脆弱群体,因为实现这些指标的努力可能会将重点放在那些最容易脱贫的人身上,而不是那些生活在赤贫中的人们,而在这些人中,残疾人占了很大的比例。造成残疾人贫困的根源十分复杂,而且多种多样。因此,应当在消除贫困的战略中自觉地将残疾人纳入应当优先脱贫的对象群体中,从而实现千年发展目标。

(B) 千年发展目标

50. 本优先领域的千年发展目标是:到 2015 年,将世界上每日收入低于一美元的人口比例和挨饿的人口比例减少一半,并且将无法取到或买得起安全饮用水的比例减少一半。

(C) 指 标

指标 21. 各国政府应当在 1990 年至 2015 年期间将每日收入、消费不到一美元的残疾人比例减少一半。

(D) 达标所需的行动

(1) 各国政府应当立即将残疾人作为一个主要的对象群体纳入其国家扶贫方案中,以便实现千年发展目标中指标 1,"消除赤贫和饥饿"。

（2）各国政府应当拨出足够的农村发展和扶贫资金用于向残疾人提供服务。

（3）各国政府应当将残疾方面和贫困状况绘图与残疾一同纳入有关收入贫困、教育、卫生等千年发展目标基准数据收集和分析之中，以确保贫困的残疾人基准数据。

（4）各国政府应当通过下属办法将残疾问题纳入扶贫发展战略的主体之中：

（a）为贫困的残疾人增加资源分配并建立社会残疾预算；

（b）通过采用更有效的方法，其中包括使用公民报告卡方法，对现行的社会和经济政策进行参与性评估；

（c）建立适当的社会保障体系，如针对拥有残疾儿童和身体及精神残疾的老年人的贫困家庭的学费补助和/或医疗保险；

（d）制订针对残疾人和拥有残疾人的家庭的全面的发展政策。

（5）各国政府应当记录和宣传能使残疾人脱贫的实用最佳办法，把这些办法作为政府部门、民间组织和私营部门能力建设的样板。

（6）各国政府应当鼓励残疾人组织与社区发展组织在联合国系统的援助下建立战略联盟，以便将残疾问题纳入发展政策并向政策制造者宣传残疾问题的重要性。

（7）旨在尽可能减少致残因素和提供康复服务的预防性措施应当成为各国政府、私营部门和非政府组织的正常工作的组成部分，应当把预防残疾方案和康复方案纳入国家计划、政策和预算之中。

（8）各国政府应当制订和通过一项预防致残因素和残疾人康复的国家战略。

（9）国家战略应当承认住院康复、院外康复、和社区康复这三种方法在残疾人康复中的作用。应当特别强调以社区为基础的方法，以使各项服务能够最大程度地扩大其覆盖面和触角，并尽可能提高其成本效益。

（10）政府和非政府的医疗服务结构应当包括生理疗法和职业疗法等康复服务，并提供必要的助残装置服务。上前人们对有关老年妇女和男子的精神健康和身体残疾的区分性别的措施和医疗保健方法还知之甚少。应当注意向老年精神病患者提供服务。应当特别重视确保在地方一级，其中包括农村和城市贫穷地区,能够获得这种服务。

(11)各国政府应当支持在农村和城市的贫穷地区建立残疾人的自助团体及其联合会,以便发展其互助、宣传和参与决策进程的能力。

# 五、实现琵琶湖千年行动纲要指标的战略

51. 下述战略应当支持各国政府与民间团体合作实现第四章所列出的指标。

## A. 残疾问题国家行动计划(五年)

52. 有关残疾问题的国家行动计划是在国家和地区一级执行2003—2012年琵琶湖千年行动纲要的关键所在。

战略1. 各国政府应当在2004年前与残疾人组织其他民间团体合作制订并通过一项为期五年的全面的国家行动计划,以实施2003—2012年琵琶湖千年行动纲要的指标和战略。国家行动计划应当确定将残疾人纳入主流发展计划和方案的包容性政策和方案。

## B. 促进对残疾问题采取以权利为本的方针

53. 为了推进残疾人事业,应当采取以权利为本的方针。残疾人的公民权利、文化权利、经济权利、政治权利和社会权利应当得到解决和保护。应当把残疾问题纳入有关发展的国家计划和人权议程。世界上已有40多个国家通过了有关残疾问题的非歧视性法律,但在亚太区域中只有9个国家做到了这一点。

战略2. 各国政府应当研究通过各项法律和政策并对现行的法律进行审查,以保护残疾人的权利,特别是要确保不歧视。法律应当明确具体地确定对残疾人歧视的定义。这些法律和政策应当符合联合国有关人权和残疾问题的标准。残疾人应当享有获得有效补救措施的平等权利,以根据这些法律行使其权利。

战略3. 各国的人权机构应当提请人们特别注意残疾人的权利,并将它们纳入其职能的整个范围之中。政府应当考虑根据各自国家和地区的具体情况,设立一个独立的残疾人权利机构,以保护残疾人的权利。

战略4. 各国政府应当确保残疾人,其中包括民间残疾人团体,从一开始就能充分参与协助制订将影响其生活的法律和政策并监督和评估这些法律和政策的实施工作以及提出改进意见。

战略5. 各国应当考虑批准主要的国际人权条约。① 各国政府应当在与残疾人团体进行磋商后根据他们已经批准的条约,将有关残疾人权利的具体情况列入提交条约监测机构的各项报告中。

战略6. 各国政府应当考虑支持和协助2001年12月19日联大56/168号决议设立的、为审议关于缔结一项"全面完整的国际公约以促进和保护残疾人权利"的建议的特设委员会制订全面综合的国际公约的工作,以促进和保护残疾人的权利和尊严,并应当鼓励和推动世界各地区广泛的残疾人团体能够充分参与为委员会的工作做贡献。

战略7. 各国政府应在国家、区域和国际一级关于起草和通过拟议的残疾人人权公约(如联大2001年12月19日第56/168号决议所决定的)的程序中包括残疾人及其组织,公约一旦通过,将确保对残疾人的权利和责任有一种受消费者强烈影响的监测机制。

## C. 用于规划的残疾问题统计数据/对残疾的共同定义

54. 缺乏的充分的数据是导致本区域的残疾问题,其中包括制订政策和监测及评估政策实施的措施,受到忽视的最重要的因素之一。在许多发展中国家中,所收集的数据不能充分反映残疾问题的现状。这种局限性部分是由于所采用的概念框架,所开展的调查的范围和覆盖面,以及为收集残疾人数据而采用的定义、分类和方法所造成的。人们还认识到,在本区

---

① 六项主要的人权条约如下:《公民及政治权利国际公约》《经济、社会和文化权利国际公约》《禁止酷刑和其他残忍、不人道或有辱人格的待遇或处罚公约》《儿童权利公约》《消除对妇女一切形式歧视公约》和《消除一切形式种族歧视国际公约》。

域还没有统一采用一种对残疾进行界定和分类的共同制度。在这方面，如果能够在本区域各国中更广泛地使用"国际功能、残疾和健康分类"将能够为确定残疾的定义和分类的这一共同制度奠定一个基础。

战略8. 各国政府到2005年时应当建立其进行残疾人数据收集和分析的体系，以编制相关统计数据，并按照残疾类别加以分列，以支持决策和方案规划工作。

战略9. 各国政府到2005年时应当采用以"建立残疾人统计数据的指导方针和原则"① 为基础的残疾定义，从而可在本区域进行国与国比较。

## D. 为预防致残因素、康复和提高残疾人的地位而加强立足社区的方针

55. 本区域的许多发展中国家目前已开始使用更加适合其贫困、高失业率和社会服务资源有限的社会和经济环境的方法来补充和取代传统的机构和集中性的康复方案和项目。以社区为基础的康复方案构成了这种战略的主体。以社区为基础的方法特别适用于预防致残因素、对残疾儿童进行早期鉴别和干预、面向农村地区的残疾人、提高认识并倡导在社区的所有活动中，其中包括社交、文化和宗教活动，将残疾人包容在内。这一方法还可以满足教育、培训和就业方面的需求。极为重要的是，残疾人应当有权对以社区为基础的康复方案进行选择和控制。

战略10. 各国政府如果还没有制订国家政策，应与残疾人组织和民间团体合作立刻制订国家政策，以促进社区为基础的预防致残因素和康复方针，并增强残疾人的权力。立足社区的康复观点应反映一种人权观念并以独立生活概念为目标，其中包括同伴的安慰。

---

① 联合国出版物，销售品号 NO. E. 01. XVII. 15

## 六、为落实琵琶湖千年行动纲要提供合作与支持

### A. 次区域合作与协作

56. 新的区域纲要的重点之一是要加强各国政府在次区域一级的合作与协作。同属一个次区域的国家有着共同关心的问题、愿望和困难,能够最好地开展互助与合作。在此方面,每个次区域的各国政府必须制订其自身的次区域优先事项和行动计划,以便在实施琵琶湖千年行动纲要时寻求相互支持。

战略11. 各国政府与亚太区域各次区域的有关非政府组织和残疾人自助组织合作,到2004年时应建立次区域机制,以实现琵琶湖千年行动纲要中所规定的指标和战略。

战略12. 各次区域的国家政府应与有关的非政府组织合作,在适当的次区域组织之间设立牵头组织,以便协调有关残疾人的次区域活动。

### B. 区域协作

(A) 与亚洲及太平洋残疾人发展中心合作

57. 到2004年时将在曼谷设立亚太残疾人发展中心,作为"亚洲及太平洋残疾人十年"的一个结晶,以促进残疾人的权利并在亚太区域建立一个无障碍的社会。该中心将通过培训和信息支持向亚洲及太平洋区域的残疾人和从事残疾人工作的人士提供服务。

战略13. 各政府、联合国系统、民间组织和私营部门应当合作、支持和利用该中心在本区域残疾领域中的培训和通信能力,中心还应当明确地处理太平洋区域残疾人的能力建设问题。

(B) 重点领域英才中心的联网

58. 在亚太区域的残疾领域中,有各种政府研究所和机构,以及民间团体和私营组织正在从事研究与开发工作,实施新的方法。物色这些研究

所/机构/组织作为英才中心,并协助它们交流信息、经验和人员,推动联网,以便最大程度地扩大合作与协作是十分有益的。亚太残疾人发展中心在建立和维护这样一种网络方面可以发挥支持作用。

战略14. 各国政府、民间组织和私营部门应建立重点领域英才中心网络,以最大程度地扩大合作与协作。

战略15. 亚太经济社会和其他联合国机构应当通过物色和促进这类中心来协助建立重点领域英才中心网络。

战略16. 为加速高效分享资源,本区域各政府应就贸易、技术转让和人力资源开发缔结一项适当的协定。各政府还应促进区域合作,交流信息并将实现琵琶湖千年纲要目标的良好实践编成文献。

### C. 区域间协作

59. "1993—2002年亚洲及太平洋残疾人十年"已对国际一级的发展特别是非洲国家产生了影响。"2000—2009年非洲残疾人十年"已于1999年宣布。预计将宣布"2003—2012年阿拉伯残疾人十年",该十年恰巧与新延长的亚太区域残疾人区域纲要相吻合。为了加强区域方案,学习其他区域的经验并在各区域的残疾人纲要之间建立协调,开展区域间的交流活动是十分重要。

战略17. 亚太区域、非洲区域和西亚区域应当加强其合作与协作,以便通过区域间信息、经验和专门知识的交流在实施区域十年方面建立协调,这将给所有区域带来互利。

# 七、监测与审评

### A. 组织区域和次区域会议

60. 经社会2002年5月22日第58/4号决议"推动在二十一世纪为亚洲及太平洋区域残疾人缔造一个包容、无障碍和以权利为本的社会"要求执行秘书在"十年"结束之前,每两年向经社会汇报执行该决议的进展情况。亚太经社会应当每两年举行一次会议,审评所得的成绩并查明为实施琵琶湖千年行动纲要可能必须采取的行动。在这些会议上,将邀请由政府各部委/机构、非政府组织、自助组织和媒体组成的国家残疾问题协调委员会的代表提交报告,以审评在国家和地区一级实施琵琶湖千年行动纲要的进展情况。应当鼓励残疾人自助组织积极参加这一审评进程。区域会议应当在下述主题领域中通过的指标中每次集中讨论一项:

(a) 残疾人的自助组织、残疾妇女、教育、培训和就业;

(b) 出入建筑环境和享有信息和通信;

(c) 通过社会保障和可持续生计扶贫。

61. 各次区域的国家政府应当召开次区域会议,对所取得的成绩进行审评,并以上一段中所述的区域一级的同样方式根据其次区域的优先重点和行动计划查明为实施琵琶湖千年行动纲要可能必须采取的行动。

## B. 协调和监测琵琶湖千年行动纲要的区域工作组

62. 一个由本区域的联合国系统、各国政府、包括残疾人组织在内的民间组织组成的区域工作应当定期开会,以协调和监测琵琶湖千年行动纲要的实施工作。

## C. 琵琶湖千年行动纲要中期审评

63. 应当对琵琶湖千年行动纲要进行中期审评。在这一审评的基础上,可以对"十年"的后五年目标和战略计划进行修正,并制订新的目标和战略计划。

# 亚洲及太平洋残疾人"切实享有权利"仁川战略

## 导　言

亚太经社会区域各国政府，于 2012 年 10 月 29 日至 11 月 2 日在大韩民国仁川市聚会，为新一轮亚洲及太平洋残疾人十年（2013—2022 年）制定方针。来自各种民间社会组织的代表也参加了会议，其中包括残疾人组织和为残疾人服务的组织。参加会议的还有政府间组织、发展合作机构以及联合国系统的代表。

2003—2012 年亚洲及太平洋残疾人十年执行情况最后审查高级别政府间会议，由亚太经社会组织、大韩民国政府主办。这次会议标志着第二个亚洲及太平洋残疾人十年（2003—2012 年）的结束，及新的"十年"的开始。

参加高级别政府间会议的各国政府通过了《2013—2022 年亚洲及太平洋残疾人十年部长级宣言》以及《亚洲及太平洋残疾人"切实享有权利"仁川战略》。

《仁川战略》是亚太区域乃至全世界第一套区域商定的包容残疾人的发展目标。

《仁川战略》经各国政府和民间社会利益攸关方两年多磋商协调而制定，含 10 个大目标、27 个小目标和 62 项指标。

《仁川战略》以《残疾人权利公约》以及《为亚洲及太平洋残疾人实现包容、无障碍和以权利为本的社会琵琶湖千年行动框架和琵琶湖 +5》

为基础而制定。

《仁川战略》将协助亚太区域追踪为6.5亿残疾人改善生活质量及实现各种权利的进展情况,这些残疾人大部分都生活在贫困之中。亚太经社会秘书处的任务是每隔三年提供一份关于《部长级宣言》和《仁川战略》执行进展的情况报告,直至2022年"十年"结束为止。

# 2013—2022年亚洲及太平洋残疾人十年部长级宣言

我们,来自联合国亚洲及太平洋经济社会委员会(亚太经社会)成员和准成员的部长和代表们汇聚一堂,出席于2012年10月29日至11月2日在大韩民国仁川举行的2003—2012年亚洲及太平洋残疾人十年执行情况最终审评高级别政府间会议,

回顾大会在其1982年12月3日第37/52号决议中通过了《关于残疾人的世界行动纲领》①、在其1993年12月20日第48/96号决议中通过了《残疾人机会均等标准规则》,同时亦确认残疾人既是发展的参与者,也是发展各个层面的受益者,

还回顾大会在其2006年12月13日第61/106号决议中通过了《残疾人权利公约》及其任择议定书——二者均已于2008年5月3日开始生效,

进一步回顾大会在其标题为"履行诺言:团结一致实现千年发展目标"的2010年9月22日第65/1号决议中,除其他外,"认识到,政策和行动必须集中于穷人和那些在最易受伤害境况中生活的人们,包括残疾人,使他们能从实现千年发展目标的进展中受益",

欣见大会决定于2013年9月23日举行关于为残疾人实现千年发展目标和其他国际商定发展目标的国家元首和政府首脑级大会高级别会议,其中心主题为:"前进之路:直至2015年及其后时期兼顾残疾问题的发展议

---

① 文件 A/37/351/Add.1 和 Corr1,附件,第八部分,建议一(第四项)。

程"①，

回顾大会在其 2012 年 9 月 10 日第 66/290 号决议针对人类安全概念确定了共同商定的理解，同时特别阐明，所有个人特别是那些处境脆弱的民众，都享有免于恐惧和匮乏的权利，并有权享有其所有权利和充分发展其人身潜力的平等机会，

还回顾经社会在其标题为"1993—2002 年亚洲及太平洋残疾人十年"的 1992 年 4 月 23 日第 48/3 号决议中宣布了世界上第一个此种区域十年，

进一步回顾经社会在其标题为"推动在二十一世纪为亚洲及太平洋区域残疾人缔造一个包容的、无障碍的和以权利为本的社会"的 2002 年 5 月 22 日第 58/4 号决议中"宣布将亚洲及太平洋残疾人十年（1993—2002 年）再延长十年（2003—2012 年）"，

回顾经社会在其标题为"在本区域落实《2003—2012 年残疾人十年期间为亚洲及太平洋残疾人缔造一个包容、无障碍和以权利为本的社会琵琶湖千年行动框架》"的 2003 年 9 月 4 日第 59/3 号决议中，除其他外，要求各成员和准成员支持实施《琵琶湖千年行动框架》，

回顾经社会在其标题为"《为亚洲及太平洋残疾人创建一个具有包容性的、无障碍的和以权利为本的社会琵琶湖千年行动框架和琵琶湖 +5》的区域执行工作"的 2008 年 4 月 30 日第 64/8 号决议中，授权"在'2003—2012 年亚洲及太平洋残疾人十年'的结束年，即 2012 年，举行一次高级别政府间会议，对琵琶湖千年行动框架和琵琶湖 +5 的执行情况进行审评"，

还回顾经社会在其标题为"对 2003—2012 年亚洲及太平洋残疾人十年执行情况进行最终审评的政府间高级别会议的区域筹备工作"的 2010 年 5 月 19 日第 66/11 号决议中，"鼓励所有重要利益攸关方，包括亚太区域各残疾人组织，积极全程参与政府间高级别会议的筹备工作"，

进一步回顾经社会在其 2012 年 5 月 23 日第 68/7 号决议中，"宣布 2013—2022 年为亚洲及太平洋残疾人十年"，并"促请所有成员和准成员积极参加这一高级别政府间会议，以便审议并通过一个以《残疾人权利

---

① 见联大 2011 年 12 月 19 日第 66/124 号决议。

公约》所规定的一般原则和义务为指导开展十年活动的战略框架",

注意到根据《世界残疾报告》的估算,世界人口中有15%苦于某种形式的残疾。就亚洲及太平洋区域而言,这相当于有6亿的残疾人,其中80%生活在发展中国家①,

欣见在横跨1993年至2012年的两个亚洲及太平洋十年期间,亚太经社会成员和准成员在为采取一种以权利为本、注重残疾人的尊严的做法来促进包容性发展的做法奠定基础方面尤其是在为此而做出政策和体制机制上的承诺方面所取得的各项成就,同时亦对它们在立法和增强权能方面取得的新的重大进步表示欢迎,

赞赏地注意到各民间社团特别是由残疾人组成的社团和为残疾人服务的组织为这些进展所做的贡献,包括其通过不断提高公众对多种多样的残疾人权利的认识、采取创新型良好做法和参与政策对话等行动所做的贡献,

铭记太平洋领导人在维拉港举行的第四十一次太平洋岛屿论坛上,通过其于2010年8月5日发表的公报②,重申大力支持《2010—2015年太平洋残疾人区域战略》③,其目的是保护和促进残疾人的权利,为协作建设一个包容残疾的太平洋提供一个框架,并努力加强各利益攸关方对执行《残疾人权利公约》和其他与残疾有关的人权文书的投入,

赞赏地注意到东南亚国家联盟在印度尼西亚巴厘岛举行的第十九届东盟首脑会议期间于2011年11月17日通过了《加强东盟共同体残疾人的作用与参与巴厘宣言》④;东盟在其中,除其他外,宣布2011—2020年期间为东盟残疾人十年,其目的是确保残疾人的有效参与,并将残疾人的视角列为东盟共同体经济、政治安全和社会文化支柱中的相关东盟政策和方

---

① 世界卫生组织/世界银行,《世界残疾报告》(日内瓦:世界卫生组织,2011年)第29页。

② 见:www.forumsec.org/resources/uploads/attachments/documents/2010_Forum_Communique.pdf。

③ 太平洋岛屿论坛秘书处,文件 PIFS(09)FDMM07(见:www.forumsec.org.fj)。

④ 见:www.aseansec.org/documents/19th%20summit/Bali_Declaration_on.Disabled_Person.pdf。

案的主要内容，

欣见在大韩民国釜山举行的第四次援助成效问题高级别论坛于2011年12月1日通过了"提高发展合作成效釜山伙伴关系"①，其中除其他外，确认了关于残疾问题的国际承诺对于为开展合作提高发展成效奠定基础的重要性，

欢迎由北京论坛于2012年6月8日通过的《融合残疾发展北京宣言》②，其主题为"消除障碍·促进融合"，其中除其他外，认识到加速批准和执行《残疾人权利公约》以及在各个不同部门把残疾问题纳入2015年之后时期的联合国发展议程之中，

注意到《社区康复指南》③是世界卫生组织、国际劳工组织、联合国教育、科学及文化组织以及国际残疾与发展联合会共同撰写的一份联合文件，其中为执行《残疾人权利公约》提供了一项全面的、跨越多部门的减贫战略，

回顾联合国可持续发展大会在其于2012年6月22日通过的标题为"我们期望的未来"④的会议成果文件中，除其他外，对残疾人予以认同，并确认他们享有融入旨在加快履行可持续发展承诺的相关措施的权利，

关切地注意到，要确保亚洲及太平洋残疾人有权平等地获得经济和社会机会和政治参与机会乃至参与生活的所有层面，仍需应对许多挑战，

强调必须设法解决因亚洲及太平洋正在发生的人口迅速老龄化而产生的长期后果中与残疾问题有关的层面，

注意到并严重关切，亚洲及太平洋残疾人过多地受到灾害影响，而在过去的30年里，亚洲及太平洋正是受灾次数最多的区域，

还注意到并严重关切，对残疾人的负面角色定位和歧视行为目前仍然普遍存在，

---

① 见：www.aideffectiveness.org/busanhlf4/images/stories/hlf4/OUTCOME_DOCUMENT_-_FINAL_EN.pdf。
② 见文件 E/ESCAP/APDDP（3）/INF/5。
③ 见 www.who.int/disabilities/cbr/guidelines/en/index.html。
④ 见联大2012年7月27日第66/288号决议。

铭记如今有越来越多的机会可用来促进和保护残疾人的权利，包括使用各种新技术来增强其出入有形环境、享用公共交通、知识以及信息和通信手段的机会，

1. 通过列于本文件的附件中的"促进亚洲及太平洋残疾人'切实享有权利'仁川战略"，以期推动各方采取行动，从而在2013—2022年新的亚洲及太平洋残疾人十年期间，加快实现建设一个能够确保促进和维护亚洲及太平洋所有残疾人权利的包容性社会的区域构想；

2. 认识到政府可在确保、促进和维护残疾人权利以及在促进在各个不同部门把残疾问题纳入2015年之后时期的发展议程诸方面发挥核心作用；

3. 致力于执行本宣言和《仁川战略》，为此将推动各方采取各种相关行动，以便到2022年实现各项相关的仁川目标及其具体目标；

4. 邀请所有有关利益攸关方，包括以下各方，加入区域范围的合作伙伴关系，以便为执行本宣言和《仁川战略》做出贡献：

a 各次区域政府间实体，包括东南亚国家联盟、经济合作组织、太平洋岛屿论坛和南亚区域合作联盟，与亚太经社会协作，共同推动和加强各次区域的合作，促进实现兼顾残疾人的发展；

b 各发展合作机构，努力增强其政策、计划和方案对残疾人的包容性；

c 世界银行和亚洲开发银行，努力利用其技术和财政资源，促进在亚洲及太平洋实现包容残疾人的发展；

d 联合国系统，包括各方案、基金、专门机构和亚太经社会，携手促进在亚洲及太平洋实现兼顾残疾人的发展包括有效利用国家、区域和国际各级的各种现有机制，诸如联合国发展集团和联合国国家工作队等；

e 各民间社会团体，特别是那些由残疾人组成的组织和为残疾人服务的组织，有效参与监测和评估残疾人十年的活动，重点为继续设法满足残疾人的热切期望和需要包括通过开展外联活动与各个不同残疾人群体建立联系，并推动制订政策和方案及其执行工作；

f 残疾人组织及为残疾人提供服务的组织积极参与关于《仁川战略》的决策进程；

g 私营部门，努力促进各企业采取包容残疾人的做法。

5. 请亚太经社会执行秘书：

a 优先重视支持成员和准成员充分和有效地执行本宣言和《仁川战略》，为此将与其他相关实体开展合作；

b 与各有关利益攸关方接触，并鼓励它们参与执行本宣言和《仁川战略》；

c 将本次高级别政府间会议的成果提交经社会第六十九届会议核可；

d 通过大会主席把本次高级别政府间会议的成果提交定于2013年9月23日举行的关于为残疾人实现千年发展目标和其他国际商定发展目标大会高级别会议；

e 此后每三年向经社会报告本宣言和《仁川战略》的执行进展情况，直至本十年期结束为止；

f 绘制一份执行《残疾人"切实享有权利"仁川战略》的工作路线图，包括各项汇报工作要求，供提交经社会第七十届会议。

6. 建议经社会在其六十九届会议上决定举行一次高级别政府间会议，以便在本十年的中期（2017年）审查本十年执行工作的进展情况，并纪念本十年的结束（2022年）。

# 促进亚洲及太平洋残疾人"切实享有权利"仁川战略

## A. 背　景

1. "促进亚洲及太平洋残疾人'切实享有权利'仁川战略"的拟定工作源自1993—2002年和2003—2012年两个连续的亚洲及太平洋残疾人十年的执行经验，以及联大于2006年历史性地通过的《残疾人权利公约》①。

---

① 联大第61/106号决议，附件一。

2. 《仁川战略》的拟定工作得益于各相关政府、残疾人组织和为残疾人服务的组织以及其他主要利益攸关方所做的贡献。在拟定工作过程中，吸纳了通过以下区域协商汇集的观点、反馈意见和远见卓识：审查2003—2012年亚洲及太平洋残疾人十年执行情况专家组会议暨利益攸关方协商；《琵琶湖千年行动框架》（2010年6月23—25日，曼谷）、社会发展委员会第二届会议（2010年10月19—21日，曼谷）、2003—2012年亚洲及太平洋残疾人十年执行情况最终审查高级别政府间会议区域利益攸关方协商会议（2011年12月14—16日，曼谷）以及2003—2012年亚洲及太平洋残疾人十年执行情况最终审查高级别政府间会议区域筹备会议（2012年3月14—16日，曼谷）。

3. 各相关政府以及残疾人组织和为残疾人服务的组织对亚太经社会2011—2012年关于2003—2012年亚洲及太平洋残疾人十年最终审查的残疾调查问卷所做的答复，为制定《仁川战略》提供了丰富的循证基础。

4. 《仁川战略》无意复制《为亚洲及太平洋残疾人缔造一个包容的、无障碍的和以权利为本的社会琵琶湖千年行动框架》《琵琶湖+5》以及《残疾人权利公约》的全面覆盖内容——这些文书将继续成为残疾领域区域工作的统领性政策框架。

5. 与千年发展目标①相类似，仁川目标及其具体目标也是有时限的：即在2013—2022年的新十年期间，特别重视实现一整套重点目标和具体目标，同时推进对亚洲及太平洋国家和领土所取得的进展进行量测，从而加快实施工作的进度。

## B. 主要原则和政策方向

6. 《仁川战略》系以《联合国残疾人权利公约》的以下各项相关原则为基础拟订：

a 尊重固有尊严和个人自主，包括自由做出自己的选择，以及个人的自立；

b 不歧视；

---

① 千年发展目标由8项总体目标、21项具体目标和60项指标组成。

c 充分和切实地参与和融入社会；

d 尊重差异，接受残疾人是人的多样性的一部分和人类的一分子；

e 机会均等；

f 无障碍；

g 男女平等；

h 尊重残疾儿童逐渐发展的能力，并尊重残疾儿童保持其身份特性的权利。

7.为了实现和保护亚洲及太平洋区域残疾人的权利，《仁川战略》强调了以下政策方向：

a 有利于实现权利的相关立法、行政和其他措施得到通过、执行、审查和加强，以便消除基于残疾的歧视；

b 相关发展政策和方案是包容残疾、对性别敏感的，而且挖掘了综合利用通用设计和技术进步的潜力，从而使残疾人能够切实享有他们的权利；

c 相关发展政策和方案应对生活在贫困中的残疾人及其家人的基本需求；

d 致力于有效和及时地收集和分析按性别分列的残疾人数据，以便循证决策；

e 确保国家、省市及地方各级的政策和方案切实依据明确兼顾残疾人的计划进行，同时亦把残疾人通过其代表组织积极参与相关决策进程列为优先事项；

f 在各级为兼顾残疾的发展提供必要的预算支持，并使税收政策便利对残疾人的包容；

g 参与发展事业的所有国家、次区域、区域和国际实体单位在其政策和方案中兼顾残疾人问题；

h 国家、省市和地方各级与区域和次区域之间的相互协调和联系，确保通过开展多部门协商和协作，在发展政策和方案中增强融合残疾人的力度，加快并审查本十年的实施工作，并交流有关良好做法；

i 促进基于社区和家庭的包容发展，确保所有残疾人，不分社会经济地位、宗教信仰、种族和所在的地方，都能够与其他人一样，平等地为各种相关发展举措特别是减贫方案做出贡献并从中受益；

j 使残疾人得以融入主流社区生活和得到支持，并与其他人一样能够拥有平等的生活选择，包括根据其意愿选择独立生活；

k 残疾人能够享用各种物质环境、公共交通、知识和信息和通信系统，这些设施应以可用的方式提供，并通过通用型设计和辅助性技术提供合理的便利设施，同时考虑到要融合其经济、地理、语言和文化多样性的其他方面的需要——所有这些合起来构成实现其权利的一个关键性桥梁；

l 增强各类残疾群体的权能，其中包括但不仅限于以下代表性不足的群体：残疾女孩和男孩、残疾青年、残疾妇女、智力、学习和发育方面的残障者、自闭症者、社会心理残疾者、失聪者、听力困难者、完全失聪者、聋盲人、多重残疾者、广度残疾者、残疾老年人、患有艾滋病的残疾人、患有各种非传染性疾病的残疾人、患有麻风病的残疾人、因医疗状况而致残的人、患有难以治愈的癫痫病的残疾人、因道路交通事故而致残者、土著和少数民族残疾人、无家可归和缺少住房的残疾人、处于各种危险境况的残疾人，包括武装冲突、人道主义紧急事件、因自然和人为灾难而受到影响的残疾人以及因地雷而致残的残疾人、那些没有法律地位的残疾人以及沦为家庭暴力受害者的残疾人，特别是妇女和儿童、家庭倡权群体以及尤其是那些生活在贫民窟、农村和偏远地区和海岛环礁的被边缘化的残疾人；

m 残疾人组织和为残疾人服务的组织、自助团体和自我倡权群体，在残疾人家人和护理者的支持下，酌情参与决策，以确保被边缘化群体的利益能够得到充分的重视；

n 在整个十年期间，在亚洲及太平洋区域加强并继续开展提高认识的行动，包括提供充足的预算支持，以改进人们的观念和行为，并调动多部门有效地参与实施方式。

## C. 仁川目标及其具体目标

8.《仁川战略》系由 10 项相互关联的目标、27 项具体目标和 62 项指标组成。

9. 实现这些目标及其具体目标的时间表是 2013 至 2022 年的"亚洲

及太平洋残疾人十年"。

10. 目标通常阐述所希望取得的最终结果。具体目标则要在一个给定的时间框架内实现。指标用于衡量执行具体目标所取得的进展、并核实具体目标已切实得到实现。指标分成两种类型：核心指标和补充性指标①。各项指标都应尽可能按性别加以分类。

**目标1 减少贫困以及改善工作和就业前景**

11. 必须在本十年内大幅减少残疾人及其家人的贫困程度。残疾人在进入就业市场方面处于非常不利地位，参与经济活动的机会较少，而且与那些没有残疾的人相比远处更为贫困的境地。使他们得以拥有一份体面的工作、获得必要的教育、培训和支持以保住这份工作，正是消除贫困的最佳途径之一。因此，必须更好地支持和保护那些有能力而且想工作的残疾人，并向他们传授此方面的能力。这就需要有一个更包容的劳动力市场。使残疾人及其家庭摆脱贫困，将有助于实现包容性增长和可持续发展。

具体目标1. A

使所有残疾人都摆脱赤贫

具体目标1. B

增加达到就业年龄且能够和愿意工作的残疾人的工作和就业机会

具体目标1. C

使残疾人更多参与职业培训和其他由政府资助的就业方案

跟踪进展指标

核心指标

1.1 按照由世界银行予以增订的、相对于总人口的标准天生活费低于1.25美元（PPP）的国际贫困线的残疾人所占比例

1.2 残疾人就业相对于一般人口就业的比例

1.3 与所有接受培训者相比较，参加政府资助的职业培训和其他就业支助方案的残疾人比例

---

① 核心指标为在各国之间交流在新的十年期间所取得的进展提供便利，可通过做出努力来为这些指标编制数据。补充性指标则可便利有类似的社会和经济发展条件的国家之间跟踪进度，此方面的数据收集工作可能相对不易。

补充性指标

1.4 生活在国家贫困线以下的残疾人比例

**目标 2 促进参与政治进程和决策**

12. 残疾人参与政治进程和决策是实现残疾人权利的基石。能够行使选举权和被选举权是这一目标的固有要求。必须在本十年中做到：在各类不同的残疾人群体，包括残疾妇女和青年，参与各级政治进程和决策方面，取得更大和更广泛的进展。此外，技术进步应该加以利用，以使残疾人能参与公共决策过程，并作为社会的正式成员行使自己的权利和履行义务。这些改进包括：为残疾人提供一个有利的环境，使他们得以平等地享有在政府的司法行政和立法诸部门，包括最高法院以及各相关部委和国家立法机构，获得任命的机会。

具体目标 2.A

确保残疾人在政府决策机构的代表性

具体目标 2.B

提供合理的便利条件，使残疾人得以更多地参与政治进程

跟踪进展指标

核心指标

2.1 残疾人在议会或同等的国家立法机构中任职的比例

2.2 各类残疾人群体代表在负责处理残疾问题的国家协作机构成员构成中所占比例

2.3 残疾妇女代表在负责处理两性平等和妇女赋权的国家妇女机构中所占比例

2.4 在国家首都设立的确保残疾选民保密性程序的无障碍投票站的比例

补充性指标

2.5 在国家一级担任内阁职位的残疾人比例

2.6 担任最高法院法官的残疾人比例

2.7 规定国家选举委员会在举行选举时使各类残疾群体得以无障碍参与的相关立法的完备情况

**目标3 增加享用物质环境、公共交通、知识以及信息和通信手段的机会**

13. 享用物质环境、公共交通、知识以及信息和通信手段是残疾人在一个包容性社会里享受自己权利的一个先决条件。基于通用设计的城市、农村和偏远地区的无障碍环境，不仅为残疾人，而且也为社会的所有其他成员，提高了安全性和易用性。对无障碍程度的审核是确保无障碍性的一个重要手段，必须涵盖规划、设计、施工、维护以及监测和评价过程的各个阶段。享用辅助器具及相关支持服务也是残疾人在日常生活中尽可能保持独立性和有尊严地生活的一个前提条件。要确保那些生活在资源缺乏环境的人能切实享用辅助器具，就要鼓励研究、开发、生产、分配和维修。

具体目标3. A

提高在国家首都向公众开放的物质环境的无障碍程度

具体目标3. B

提高公共交通的无障碍程度和实用性

具体目标3. C

提高信息和通信服务的无障碍程度和实用性

具体目标3. D

使那些需要但却无法获得适用辅助器具或产品的残疾人比例减半

跟踪进展指标

核心指标

3.1 在国家首都的无障碍政府大楼所占比例

3.2 无障碍国际机场所占比例

3.3 公共电视新闻节目中日常配有字幕和手语解说的节目所占比例

3.4 符合国际公认的无障碍标准的可提供读取和使用的公共文件及网站所占比例

3.5 需要而且能够切实享用辅助器具或产品的残疾人所占比例

3.6 需有残疾专家参加的政府无障碍程度审核方案的订立情况

3.7 参照各种国际公认标准，诸如由国际标准化组织（标准化组织）制订的标准等，管辖公众成员可使用的建筑物的所有设计的审批的强制性无障碍技术标准的拥有情况

3.8　手语译员人数

3.9　参照各种国际公认标准，诸如由国际标准化组织（标准化组织）制订的标准等，制约对公众成员开放的网站等所有信通技术服务的审批的强制性无障碍技术标准的订立情况

**目标 4　加强社会保护**

14. 在亚太区域发展中国家，社会保护覆盖往往只提供给那些在正规部门有固定就业合同的人，而且通常仅限于社会保险方案，致使绝大多数人，尤其是残疾人，无法得到足够的覆盖。因此，至为关键的是，应确保残疾人能够在与其他人平等的基础上享受社会保护，并需要把残疾视角列为总体社会保障计划的主要内容之一，同时进一步推进订立社会保障的最低标准，重点放在保健和基本收入保障方面，以造福所有人，尤其是残疾人。此外，还缺乏负担得起的、能够使残疾人得以在社区内独立生活的服务，包括个人协助和同侪咨询服务等。对于许多残疾人而言，这些服务是其参与社会的先决条件。

具体目标 4. A

为残疾人提供更多的保健服务，包括康复服务

具体目标 4. B

扩大社会保护方案中对残疾人的覆盖范围

具体目标 4. C

加强旨在支持残疾人尤其是那些患有多重残疾者、广度残疾者和多种残疾者在社区独立生活的相关服务和方案，包括个人协助和同侪咨询

跟踪进展指标

核心指标

4.1　与总人口相比较使用政府医疗保健方案的残疾人所占比

4.2　在社会保护方案中覆盖残疾人，包括社会保险及社会援助方案

4.3　由政府资助的、旨在使残疾人得以在社区独立生活的相关服务和方案的完备情况，包括个人协助和同侪咨询补充性指标

4.4　政府资助的保健服务（包括临时护理）方案的数量

4.5　国家社区康复方案的完备情况

4.6　为残疾人提供健康保险

4.7　减少援助和支持服务的未满足需求量

**目标5　扩大残疾儿童的早期干预和教育**

15. 儿童发育迟缓和残疾问题相对而言已被忽视，其中许多儿童的家庭是穷困家庭。在亚洲及太平洋许多地方，过多的残疾儿童未能接受早期干预和教育方案。早期发现发育达标迟缓与定期测量婴幼儿的身高和体重一样重要。在早期发现发育达标迟缓后，必须采取及时而又适当的应对措施，以最大程度促进其全面发育。此种早期干预应对措施，除其他外，包括刺激、培育和护理以及学龄前教育。对儿童早期方案进行投资，其回报要高于后续的教育和培训。政府对幼儿期方案的投入将可显著提高其发育成果。此外，政府还应确保残疾儿童能与他们所在社区的其他人一样在平等的基础上，接受优质小学和中学教育，这一点至关重要。这一过程包括吸纳其家人为合作伙伴，为残疾儿童提供更有效的支持。

具体目标5.A

加强针对从出生到学龄前的残疾儿童的早期发现和干预措施

具体目标5.B

把残疾儿童与非残疾儿童之间在小学和中学教育入学率的差距减半

跟踪进展指标

核心指标

5.1　接受幼儿期干预的残疾儿童数目

5.2　残疾儿童小学教育入学率

5.3　残疾儿童中学教育入学率

补充性指标

5.4　提供关于残疾儿童早期发现和残疾儿童权利保护的信息和服务的孕期和产前保健设施所占比例

5.5　为聋哑儿童使用手语作为授课媒介的学校所占比例

5.6　使用无障碍型教材的视障学生所占比例

5.7　那些在智力上有残疾、患有成长方面的残疾、患有失聪和失明、自闭症及其他残疾而且能获得辅助装置和经过适当调整的课程和适宜学习材料的学生所占比例

### 目标6 确保两性平等和对妇女赋权

16. 残疾女孩和妇女要面对多种形式的歧视和虐待。被孤立、加上对照顾者的依赖，使她们极易受到多种形式的剥削、暴力和虐待，而且还面临着随之而来的其他风险，包括感染艾滋病毒、怀孕和孕产妇死亡和婴儿死亡等。残疾女孩和妇女大都在主流的两性平等方案中没有一席之地。关于性健康与生殖健康、一般性保健及与此相关的服务的信息，很少能以简单易懂的形式和语言提供。只有当残疾女孩和妇女成为主流发展的积极参与者时，本十年的各种真正承诺才能得到全面实现。

具体目标6.A

使残疾女孩和残疾妇女有机会平等参与主流发展

具体目标6.B

确保在政府决策机构中有残疾妇女代表

具体目标6.C

确保残疾妇女和女童能够同那些无残疾妇女和女童一样平等地享受性健康和生殖健康服务

具体目标6.D

增加保护残疾女孩和妇女免受所有形式的歧视和虐待的措施

跟踪进展指标

核心指标

6.1 促进残疾妇女和女童参与其国家性别平等行动计划和妇女赋权行动计划的国家数目

6.2 残疾妇女在议会或同等国家立法机构中所占席位的比例

6.3 与无残疾妇女和女童相比较，能够获得政府和民间社团提供的性健康服务和生殖健康服务的残疾女童和妇女所占比例

6.4 由政府及相关机构发起、旨在消除针对残疾女童和妇女的歧视和暴力行为、包括性虐待和性剥削的方案数目

6.5 由政府及各相关机构发起、旨在向那些沦为任何形式的暴力和虐待行为受害者的残疾妇女和女童提供照料和辅助的方案数目，其中包括康复服务方案

**目标7　确保以兼顾残疾人的方式减少和管理灾害风险**

17. 亚太区域是受灾害影响最严重的区域，包括那些由气候变化引发的影响。残疾人和其他弱势群体面临死亡、受伤的和更多损害的风险较高，因为他们被减少灾害风险的相关政策、计划和方案排斥在外。公共服务公告也常常以残疾人无法了解的形式和语言发布。此外，紧急出口、庇护所和相关设施往往不是无障碍的。残疾人定期参加应急备灾演习和在地方和地区级别采取其他减少灾害风险的措施，可在灾害发生时预防风险和损坏或将其降至最低。采用通用设计原则的物质和信息基础设施，将可改善安全和幸存的机会。

具体目标7.A

加强兼顾残疾人的减少灾害风险规划

具体目标7.B

加强执行旨在及时和适宜地向残疾人提供应对灾害的支助的措施

跟踪进展指标

核心指标

7.1　兼顾残疾人的减少灾害风险计划的制订情况

7.2　向所有军警部门服务人员提供兼顾残疾人的培训的情况

7.3　无障碍应急避难场所和救灾网站所占比例

补充性指标

7.4　因灾害死亡或致残的残疾人数目

7.5　为援助受灾残疾人调集社会心理支持服务人员的情况在防范和应对各种灾害方面向残疾人提供辅助装置和技术的情况

**目标8　提高残疾数据的可靠性和可比性**

18. 残疾人往往被视而不见、听而不闻，而且未被纳入数据统计。近年来，尽管他们已开始越来越多地被纳入数据统计，但在整个亚太区域内用来收集残疾数据的"残疾"和"残疾人"的定义差别巨大。汇总之后进行的不同国家间的数据比较经常是不可靠的。亚太地区需要关于各种残疾人人口及其社会经济地位的更准确的统计数据。有了足够的残疾统计数据，将使决策具有循证基础，有利于支持实现残疾人的权利。本十年将为加强旨在编制出关于一段时间内具有跨境可比性的残疾统计数据的数据收集工作提供一个机会。关于《仁川战略》指标的基线数据可用以有效跟踪实现各项目标和具体目标的进展情况,因此至关重要。

具体目标8.A

编制和以对残疾人无障碍的形式传播可靠和具有国际可比性的残疾统计数据

具体目标8.B

至本十年中期(2017年)时建立可靠的残疾统计,以此作为跟踪《仁川战略》各项目标及其具体目标执行进展情况的资料来源

跟踪进展情况的指标

核心指标

8.1 根据《国际功能、残疾和健康分类》,按年龄、性别社会经济地位分列的残疾发生率统计数据

8.2 至2017年时为追踪《仁川战略》各项目标及其具体目标的实现进展情况建立了基线数据的亚太区域政府数目

8.3 残疾妇女和女童参与主流发展方案和政府服务部门的分列数据的提供情况,包括其健康以及性健康和生殖健康方面的方案

**目标9 加快对《残疾人权利公约》的批准和执行以及使本国的立法与公约协调一致**

19.《残疾人权利公约》是第一项具体针对残疾问题的国际法律文书,从而为尊重、保护和实现残疾人的权利提供了一个全面的方法。此项公约明确地把残疾人作为权利的拥有者而增强其权能,有别于与被作为慈善的对象来对待的做法。亚太经社会区域在此项公约的发起和起草过程中发挥了有益的历史性作用。截至2012年10月30日,全球已有126个国家成为这一公约缔约国,154个国家已成为签署国,其中亚太区域已有35个政府签署了公约、25个政府已批准或加入了公约。

具体目标9.A

到本十年中期(2017年),应另有10个亚太政府批准或加入《残疾人权利公约》;到本十年结束时(2022年)将又有10个亚太政府批准或加入公约。

具体目标9.B

制订旨在维护和保护残疾人权利的国家法律，包括反歧视的规定、技术标准和其他措施，并修正或废除直接或间接歧视残疾人的国家法律，以期使国家法律与《残疾人权利公约》协调一致

跟踪进展的指标

核心指标

9.1　已批准公约的政府数目

9.2　维护和保护残疾人权利的国家反歧视立法的完备情况

补充性指标

9.3　批准了《残疾人权利公约任择议定书》的亚太政府数目

9.4　经过修正或废除的直接或间接歧视残疾人的法律数目

**目标10　促进次区域、区域和区域间合作**

20. 通过先前的两个亚洲及太平洋十年积累的经验突显了在次区域、区域和区域间各个级别开展合作对于促进相互支持、包括交流所汲取的经验教训、良好做法和创新解决方法所具有的价值。在2011年12月1日第四次援助成效问题高级别论坛上（大韩民国釜山）通过的《釜山促进有效发展合作伙伴关系》①确认关于残疾问题的国际承诺对于为有效地发展合作奠定基础的重要性。民间社会和私营部门可在推动采取创新做法实现各项仁川目标及其具体目标方面发挥重要作用。亚太区域目前面临着一些长期挑战。残疾情况进一步恶化并破坏民众的生计。本十年为开展涉及多部门层面的国际合作以应对这些挑战并支持有效的执行工作提供了机会。

具体目标10.A

向由亚太经社会管理的亚太多方捐助者信托基金提供捐助，以及为推动执行《2013—2022年亚洲及太平洋残疾人十年部长级宣言》和《仁川战略》的相关举措和方案做出贡献

具体目标10.B

亚太区域相关发展合作机构加强其政策和方案的残疾包容程度

---

① 见：www.aideffectiveness.org/busanhlf4/images/stories/hlf4/OUTCOME_DOCUMENT_ — FINAL EN.pdf。

具体目标 10.C

相关联合国区域委员会就残疾问题和《残疾人权利公约》的执行工作加强区域间经验和良好做法的交流

跟踪进度指标

核心指标

10.1 各国政府及其他捐助方向亚太多方捐助者信托基金提供年度自愿捐款，用以支持执行《2013—2022年亚洲及太平洋残疾人十年部长级宣言》及《仁川战略》

10.2 每年向亚太多方捐助者信托基金捐款以支持《2013—2022年亚洲及太平洋残疾人十年部长级宣言》的执行工作和《仁川战略》执行工作的捐助方数目

10.3 各国政府及其他捐助方为执行《2013—2022年亚洲残疾人十年部长级宣言》和《仁川战略》的举措或方案提供年度自愿捐款的情况

10.4 制定了明确支持执行《2013—2022年亚洲及太平洋残疾人十年部长级宣言》和《仁川战略》的相关区域合作方案（包括南南合作方案）的联合国实体数目

10.5 制定了支持执行《2013—2022年亚洲及太平洋残疾人十年部长级宣言》和《仁川战略》的相关方案（包括南南合作方案）的次区域政府间机构数目

10.6 区域和次区域项目（包括南南合作项目）的数目，其中包括残疾人组织或为残疾人服务的组织为支持《2013—2022年亚洲及太平洋残疾人十年部长级宣言》及《仁川战略》的执行工作而参与的项目数目

10.7 拥有在亚洲及太平洋运作的授权、政策和行动计划以及从事融合残疾人发展、支持批准和执行公约以及对相关后续行动进行审查的经验丰富的联络点的发展合作机构数目

10.8 联合国五个区域委员会为支持《残疾人权利公约》的执行工作而开展的联合活动数目

10.9 亚洲及太平洋区域接受过由亚太经社会及其他相关机构提供的残疾问题统计工作培训的统计师数目，特别是接受过关于依照《国际功能、残疾和健康分类》开展统计工作方面的统计培训的人员数目

10.10 根据联合国发展集团关于联合国在国家层面方案制订中纳入残疾人权利的指导意见明确提及包容残疾人的发展的联合国国家或区域一级发展援助框架数目

## D. 有效开展执行工作的方式：国家、次区域和区域各级

21. 本节内容确定了能够共同促进和支持执行工作的方法。尤其是通过采用这些方式建立相关数据和信息，并加强多级别的合以便通过在本十年期间执行《仁川战略》，推动在实现残疾人利方面取得进展。

1. 国家一级

22. 《仁川战略》执行工作的核心正是那些负责处理残疾人事务的国家协调机制及其极为重要的国家以下各级的关联机构。

23. 许多此种机制都是在过去的两个亚洲及太平洋残疾人十年期间设立的。因此，它们将对在国家和国家以下各级协调和促进《仁川战略》的执行担负起首要责任。

24. 在国家协调机制的主持下，国家统计部门将充当相关指标建立基线数据和追踪执行《仁川战略》所取得的进展情况的协调单位的角色。

25. 负责处理残疾人事务的国家协调机制开展的工作应包括但不限于以下各个方面：

a 调动多部门的部委、各级部门和政府机构、民间社团（包括残疾人组织和为残疾人服务的组织及其家人辅助团体）、相关研究机构以及私营部门，携手促进多部门在全国范围参与《仁川战略》的执行工作；

b 制订、监测和报告旨在实现《仁川战略》的目标及其具体目标的相关国家行动计划的执行情况

把《仁川战略》翻译成本国文字，并确保以无障碍形式；

c 用本国文字版本提供，以便向各部门并在所有的行政级别进行广泛传播；

d 开展旨在促进对残疾人的正面认识的国家和国家以下各级的运动，例如"切实享有权利运动"等，以便在本十年期间提高对残疾问题的认识；

e 促进和支持对残疾人状况开展研究，以此作为决策基础。

26. 联合国国家工作队应根据需要支持国家协调机制的振兴及其职能的履行，尤其应关注旨在促进执行工作的宣导、协作和合作，包括在国家以下各级采取的行动。

2. 次区域一级

27. 次区域一级的政府间实体，诸如东南亚国家联盟、经济合作组织、太平洋岛屿论坛、上海合作组织、南亚区域合作联盟等，可发挥重要作用，在其各自的授权范围内通过积极促进包容残疾的政策和方案，为加快执行《部长级宣言》和《仁川战略》做出贡献。

28. 亚太经社会秘书处应在其促进2013—2022年亚洲及太平洋残疾人十年的工作中，与相关次区域政府间机构结成伙伴关系，支持次区域和次区域间的合作。在采取这些行动时，秘书处应在其区域机构①的支持下，推动其北亚和中亚次区域办事处、东亚和东北亚次区域办事处、太平洋次区域办事处、南亚和西南亚次区域办事处的积极参与，共同促进实现包容残疾的发展。

3. 区域一级

29. 亚太经社会成员和准成员应在社会发展委员会或相当的机构的例行届会中讨论执行《部长级宣言》及《仁川战略》的进程、所遇到的挑战以及相关的良好做法。同时亦应鼓励各民间社团组织的代表出席这些会议。

30. 应设立2013—2022亚洲及太平洋残疾人十年区域工作组。这一工作组应在整个十年期间支持全面和有效地开展执行工作。应把其职能重点放在就《部长级宣言》和《仁川战略》的区域执行工作，同时酌情向成员和准成员提供咨询意见和支持。工作组的职权范围草案见本文件的附件。

---

① 亚洲及太平洋信息和通信技术促进发展培训中心（亚太信通技术培训中心，设于大韩民国仁川）、亚洲及太平洋技术转让中心（亚太技转中心，设于印度新德里）、亚洲及太平洋统计研究所（亚太统计所，设于印度尼西亚茂物）、亚洲及太平洋农业工程和机械中心（亚太农工机械中心，设于北京）。

31. 亚太经社会秘书处应为《部长级宣言》和《仁川战略》的执行做出贡献，为此应发挥其区域召集和制订规范的作用、开展相关分析工作、向各相关政府提供技术支持。秘书处尤应与各有关联合国实体开展合作，携手采取以下各项行动：

a 支持各相关政府酌情使其立法与《残疾人权利公约》协调一致，并大力推进"切实享有权利"运动；

b 推动在各成员和准成员之间就促进包容残疾人的发展以及保护和维护残疾人权利问题相互交流相关国家经验和良好做法，包括在国家立法或行政机构之间相互交流经验，以推动和支持《残疾人权利公约》的执行工作；

c 追踪所取得的进展，并支持在本十年期间改善残疾统计工作；

d 支持各相关成员和准成员开展能力建设，以促进实现包容残疾人的发展；

e 促进各民间社团组织特别是残疾人组织和为残疾人服务的组织的参与，并为各相关利益攸关方开展协商提供个区域平台。

32. 亚洲及太平洋残疾人发展中心是作为第一个亚洲及太平洋残疾人十年的遗产而设立的，其目的是增强对残疾人及代表残疾人的组织的赋权和建设一个无障碍的包容性社会。谨此要求这一中心继续开展残疾人的能力建设和多部门协作，并特别关注鼓励私营部门参与融合残疾的企业行为，推动对残疾人友好的产品、服务就业机会和企业家精神的培养。

33. 邀请拟由大韩民国发起并设于该国的切实享有权利基金为成功执行《2013—2022 年亚洲及太平洋残疾人十年部长级宣言》及《仁川战略》提供支持。

34. 鼓励各民间社会团体特别是残疾人组织和为残疾人服务的组织在本十年期间参与《部长级宣言》和《仁川战略》的执行工作，并促进持续不断地对残疾人的各种理想和需求做出回应。

附 件

# 亚洲及太平洋残疾人十年工作组职权范围

**目　标**

1. 拟设立的"亚洲及太平洋残疾人十年区域工作组"的目标是向各成员和准成员提供技术咨询意见和支持，以促进全面有效地开展2013—2022十年的工作。

**职　能**

2. 依照上文第1段所列出的目标，工作组应当就以下诸方面的事项向各成员和准成员提供咨询意见：

a 审查在本十年间取得的进展，尤其是有关《2013—2022年亚洲及太平洋残疾人十年部长级宣言》和《关于促进亚洲及太平洋残疾人切实享有权利的仁川战略》的执行情况；

b 开展推进《部长级宣言》和《仁川战略》执行工作的区域和次区域合作；

c 就亚太区域残疾人所面临的不断变化的形势开展研究；

d 与国家和地方两级诸多残疾人团体进行外联和建立联网。

**成员构成**

3. 工作组由亚太经社会成员和准成员的代表以及那些在亚洲及太平洋区域和次区域两级运作的民间社会团体的代表共同组成。

4. 工作组成员任期为五年，而且可连任五年。

5. 亚太经社会的所有成员和准成员均有资格参加工作组。

6. 工作组应由以下30名成员构成，并应考虑到性别平等问题：15名成员来自亚太经社会成员和准成员、其余15名成员来自民间社团组织的代表。应保证分配给民间社团组织的代表席位至少有一半由残疾人和新成立的民间社团组织代表担任。

7. 符合以下标准的民间社会团体有资格担任工作组成员：（a）在亚洲及太平洋区域和/或次区域运作；（b）作为代表、支持和（或）促进各类残疾人相关权益的组织或网络行事；（c）具备与推进《部长级宣言》和《仁川战略》执行工作相关的技术知识。

8. 那些有意成为工作组成员的亚太经社会成员和准成员及民间社会团体须在定于 2012 年 10 月 29 日至 11 月 2 日在大韩民国仁川举行的"2003—2012 年亚洲及太平洋残疾人十年执行情况最后审查高级别政府间会议"上正式表明其意愿。

9. 工作组的拟议成员构成须提交于本次高级别政府间会议结束之后举行的那一届经社会会议，供其就此事项做出最后决定。为此将在经社会 2013 年第六十九届会议上就工作组 2013—2017 年第一任期的成员构成做出最后决定。第二批有意参加工作组的亚太经社会成员和准成员及各民间社会团体须在本十年中期（2017 年）举行的下一届高级别政府间会议上正式表明其意愿。将在经社会 2018 年第七十四届会议上就工作组 2018—2022 年第二任期的成员构成做出最后决定。

10. 亚太经社会成员和准成员、民间社团组织、特别是残疾人组织次区域政府间组织、联合国机构、发展合作机构以及开发银行均可作为观察员出席工作组会议。

**议事规则**

11. 工作组须通过其自己的议事规则。

**秘书处**

12. 亚太经社会秘书处担任工作组秘书处，除其他工作外，负责以无障碍形式分发工作组文件。

# 附 录

○ 中国残疾人联合会章程
○ 残疾人事业相关机构人员名单

# 附录一
# 中国残疾人联合会章程

## 中国残疾人联合会章程

1988年3月13日
中国残疾人联合会第一次全国代表大会通过

## 第一章 总 则

**第一条** 本会定名为中国残疾人联合会,简称中国残联。

**第二条** 中国残联是中国政府批准的全国性残疾人事业团体。中国残联代表残疾人的共同利益,维护残疾人的合法权利;为残疾人服务;承担政府委托的任务,动员社会力量,推进残疾人事业。

**第三条** 中国残联的宗旨是:适应社会主义现代化建设的需要,发展残疾人事业。动员社会发扬社会主义人道主义精神,理解、尊重、关心、帮助残疾人,促进残疾人平等参与社会生活;鼓励残疾人坚持爱国主义和乐观主义,自尊、自信、自强、自立,为社会贡献力量。

## 第二章 任 务

**第四条** 关心残疾人生活、学习和工作,做好宣传舆论工作,为残疾人创造良好的社会环境。

**第五条** 团结残疾人遵守国家法律,履行社会义务,做有理想、有道德、有文化、有纪律的公民。

**第六条** 促进和发展残疾人的康复、教育、就业、文化、体育、科研、社会服务及福利事业,推动残疾的预防工作。

第七条 推进残疾人事业的社会化管理，培养残疾人事业的社会工作者。

第八条 沟通政府、社会与残疾人之间的联系，协助国家研究、制定和实施有关残疾人事业的法规、政策和规划。

第九条 协调残疾人社会团体的工作。

第十条 开展国际（地区间）交流与合作。

第十一条 承担"联合国残疾人十年中国组织委员会"的日常工作。

第十二条 完成政府交办的任务，向政府提交工作报告和建议。

## 第三章 全国组织

第十三条 全国代表大会

中国残联全国代表大会由中国残联主席团召集，每五年举行一次。代表中残疾人不少于半数。代表大会实行民主集中制。

代表大会职权：

一、选举中国残联主席团委员，委员中残疾人不少于半数；

二、确定工作方针，审议工作报告；

三、制定、修改中国残联章程。

第十四条 名誉职务

中国残联设名誉职务，人选由中国残联主席团聘请。

第十五条 中国残联主席团

主席团每届任期五年。主席团会议由中国残联主席召集，每年举行一次，必要时可提前或延期召开。主席团实行民主集中制。

主席团职权：

一、选举中国残联主席、副主席；

二、检查代表大会决议执行情况，审议年度工作报告和工作计划；

三、检查执行理事会、评议委员会的工作；

四、调换因工作变动或其他原因不宜继续任职的主席团委员；

五、决定其他重大事项。

第十六条 执行理事会

执行理事会为中国残联的常设执行机构，代表中国残联，负责日常工作。理事长由中国残联主席团推举，政府批准。副理事长、理事由理事长聘任。执行理事会实行理事长负责制。

中国残联的常设执行机构负责办理中国残疾人福利基金会的日常工作。

**第十七条** 评议委员会

评议委员会为中国残联的监督、咨询机构。评议委员会主任、副主任、委员由中国残联主席团推选，委员中残疾人不少于三分之二。

**第十八条** 专门协会

中国残联设中国盲人协会、中国聋人协会、中国肢残人协会、中国智残人精神病残疾人亲友会等专门协会。专门协会委员从中国残联主席团委员中产生。

**第十九条** 团体会员

与残疾人事业有关的全国性社会团体，承认本章程，可申请作为本会的团体会员。

## 第四章 地方组织

**第二十条** 按照行政区划建立省（自治区、直辖市）、市（自治州）、县（区）各级残疾人联合会。地方残疾人联合会是中国残联的地方组织，由地方同级政府批准，受上级残联指导。

**第二十一条** 省（自治区、直辖市）残疾人联合会，每五年召开一次，设主席团、执行理事会和评议委员会。

**第二十二条** 街道、乡镇及残疾人比较集中的企业、事业单位建立的残疾人基层群众组织，受当地残联业务指导。

## 第五章 经 费

**第二十三条** 经费来源：
一、政府财政拨款；
二、捐助；
三、其他。

## 第六章 附 则

**第二十四条** 本章程经中国残联全国代表大会通过后生效。

**第二十五条** 地方残联可依据本章程制定实施细则。

**第二十六条** 本章程解释权属中国残联。

# 中国残疾人联合会章程

1993 年 10 月 9 日
中国残疾人联合会第二次全国代表大会部分修改通过

## 第一章 总 则

**第一条** 中国残疾人联合会（简称中国残联）是国家法律确认、国务院批准的全国性残疾人事业团体。

**第二条** 中国残联的宗旨是：弘扬人道主义，发展残疾人事业，保障残疾人平等地充分参与社会生活，投身社会主义建设，共享社会物质文化成果。

**第三条** 中国残联，由残疾人和残疾人工作者组成，具有代表、服务、管理三种职能，代表残疾人的共同利益，维护残疾人的合法权益；团结教育残疾人，为残疾人服务；承担政府委托的任务，管理和发展残疾人事业。

## 第二章 任 务

**第四条** 密切联系残疾人，听取残疾人意见，反映残疾人需求，全心全意为残疾人服务。

**第五条** 团结、教育残疾人遵守法律，履行应尽的义务，发扬乐观进取精神，自尊、自信、自强、自立。

**第六条** 宣传残疾人事业，沟通政府、社会与残疾人之间的联系，动员社会理解、尊重、关心、帮助残疾人。

**第七条** 开展和促进残疾人的康复、教育、劳动就业、文化生活、福利、社会服务和残疾预防工作，改善残疾人参与社会生活的环境和条件。

**第八条** 协助政府研究、制定和实施残疾人事业的法规、政策、规划和计划，发挥综合、组织、协调、咨询、服务作用，对有关领域的工作进行管理和指导。

**第九条** 推行社会化的工作原则；协调残疾人和为残疾人服务的社会团体的工作；培养残疾人事业工作者。

**第十条** 开展国际交流与合作。

**第十一条** 承担政府残疾人工作协调委员会的日常工作。

## 第三章 全国组织

**第十二条** 全国代表大会

中国残联全国代表大会每五年举行一次，由中国残联主席团召集。代表中残疾人不少于半数。代表大会实行民主集中制。

代表大会职权：

一、选举产生残联主席团，主席团委员中残疾人不少于半数；

二、审议主席团工作报告，确定工作方针和任务；

三、修改中国残联章程。

**第十三条** 名誉职务

中国残联设名誉主席、名誉副主席，由主席团聘请。

**第十四条** 主席团

主席团每届任期五年。主席团会议由主席团主席召集，每年举行一次，必要时可提前或延期召开。主席团实行民主集中制。

主席团职权：

一、选举主席、副主席；

二、检查代表大会决议执行情况，审议工作报告和工作计划；

三、检查执行理事会、评议委员会的工作；

四、调换、增补主席团委员；

五、决定其他重大事项。

**第十五条** 执行理事会

执行理事会是中国残联的常设执行机构，由理事长、副理事长、理事组成,代表中国残联,负责日常工作。

理事会成员中必须有残疾人。

理事长由残联主席团推举,政府任命。副理事长、理事由理事长提名,政府批准。执行理事会实行理事长负责制。

中国残联的办事机构承办中国残疾人福利基金会的日常工作。

第十六条 评议委员会

评议委员会是中国残联的监督、咨询机构。评议委员会主任、副主任、委员由中国残联主席团推选,委员中残疾人和残疾人亲属不少于三分之二。

第十七条 专门协会

中国残联设中国盲人协会、中国聋人协会、中国肢残人协会、中国智力残疾人亲友会、中国精神残疾人亲友会等专门协会。专门协会委员从中国残联主席团委员中产生。

第十八条 团体会员

与残疾人事业有关的全国性社会团体,承认本章程,可申请作为本会的团体会员。

## 第四章 地方组织

第十九条 省(自治区、直辖市)、地(市、州、盟)、县(市、区、旗)、乡(镇、街道)设残疾人联合会。地方各级残疾人联合会是中国残联的地方组织,在同级政府领导下工作,接受上级残联指导。

第二十条 县级以上(含县级)残疾人联合会,每五年召开一次代表大会,设主席团、执行理事会,可设名誉主席、名誉副主席。主席团每届任期五年,每年举行一次会议,必要时可提前或延期召开。

省级残疾人联合会设评议委员会、专门协会,省级以下残疾人联合会可设专门协会。

第二十一条 乡、镇、街道残疾人联合会,每三年召开一次代表会议,设主席、副主席、委员和助理员,助理员负责日常工作。

## 第五章 基层组织

**第二十二条** 村民委员会、居民委员会、残疾人集中的企业事业单位，建立残疾人协会或残疾人小组。协会或小组是基层残疾人组织，受上级残联指导。

大型企业事业单位，经省（自治区、直辖市）残联同意、本单位批准，可设残疾人联合会。

**第二十三条** 残疾人协会设主席、副主席，残疾人小组设组长、副组长。

残疾人协会或残疾人小组，每年至少召开一次残疾人会议。

**第二十四条** 基层组织的任务是：联系、团结、教育残疾人，反映残疾人的要求，开展有益活动，为残疾人服务。

## 第六章 经 费

**第二十五条** 经费来源

一、政府财政拨款；

二、社会捐助；

三、其他。

## 第七章 附 则

**第二十六条** 本章程由中国残联解释。

# 中国残疾人联合会章程

1998年10月19日
中国残疾人联合会第三次全国代表大会部分修改通过

## 第一章 总 则

**第一条** 中国残疾人联合会（简称中国残联），是国家法律确认、国务院批准的各类残疾人的统一组织，是全国性残疾人事业团体。

**第二条** 中国残联的宗旨是：弘扬人道主义，发展残疾人事业，保障残疾人平等地充分参与社会生活，共享社会物质文化成果。

**第三条** 中国残联由残疾人和残疾人工作者组成，具有代表、服务、管理三种职能：代表残疾人共同利益，维护残疾人合法权益；团结教育残疾人，为残疾人服务；履行政府赋予的职责，管理和发展残疾人事业。

## 第二章 任 务

**第四条** 密切联系残疾人，听取残疾人意见，反映残疾人需求，全心全意为残疾人服务。

**第五条** 团结、教育残疾人，遵守法律，履行应尽义务，发扬乐观进取精神，自尊、自信、自强、自立，为现代化建设贡献力量。

**第六条** 沟通政府、社会与残疾人之间的联系，宣传残疾人事业，动员社会理解、尊重、关心、帮助残疾人。

**第七条** 开展和促进残疾人康复、教育、劳动就业、文化生活、福利、社会服务和残疾预防工作，改善残疾人参与社会生活的环境和条件。

**第八条** 协助政府研究、制定和实施残疾人事业的法规、政策、规划和计划，发挥综合、协调、咨询、服务作用，对有关领域的工作进行管理和指导。

**第九条** 承担政府残疾人工作协调委员会的日常工作。

**第十条** 管理和发放中华人民共和国残疾人证。

**第十一条** 联系、指导各残疾人群众组织，培养残疾人工作者。

**第十二条** 开展国际交流与合作，发挥联合国经社理事会特别咨商地位的作用。

## 第三章 全国组织

**第十三条** 全国代表大会

中国残联全国代表大会每五年举行一次，由中国残联主席团召集。代表中残疾人及残疾人亲属应超过半数。

全国代表大会职权：

一、审议中国残联主席团报告，确定工作方针和任务；

二、修改中国残联章程；

三、选举产生中国残联主席团，主席团委员中残疾人及残疾人亲属应超过半数。

**第十四条** 名誉职务

中国残联设名誉主席、名誉副主席，由中国残联主席团聘请。

**第十五条** 主席团

中国残联主席团由主席、副主席、委员组成，每届任期五年。主席团会议由主席团主席召集，每年举行一次，必要时可提前或延期召开。主席团实行民主集中制。

主席团职权：

一、选举主席、副主席；

二、检查代表大会决议执行情况；

三、审议执行理事会、评议委员会工作报告；

四、决定其他重大事项。

**第十六条** 执行理事会

中国残联执行理事会是中国残联的常设执行机构，由理事长、副理事长、理事组成。

理事会成员中残疾人应占相当比重。

理事长由中国残联主席团推举，政府任命，任职不超过两届。副理事长、理事由理事长提名，政府批准。执行理事会实行理事长负责制。

执行理事会下设办事机构，承办中国残联和中国残疾人福利基金会的日常工作。

**第十七条** 评议委员会

中国残联评议委员会是中国残联设立的监督、咨询机构。评议委员会主任、副主任、委员由中国残联主席团从主席团委员中的残疾人和残疾人亲属中推选。

**第十八条** 专门协会

中国残联设盲人协会、聋人协会、肢残人协会、智力残疾人亲友会、精神残疾人亲友会等专门协会。各专门协会由中国残联主席团委员中的残疾人、残疾人亲属按残疾类别组成。专门协会的主要任务是：联系本类别残疾人，反映特殊需求，开展适宜活动，参与国际交往。专门协会设主席、副主席，由专门协会会议推选。

**第十九条** 团体会员

与残疾人事业有关的全国性社会团体，承认本章程，可申请作为本会的团体会员。

## 第四章 地方组织

**第二十条** 按国家行政区划设立中国残联的各级地方组织。

**第二十一条** 县（市、区、旗）及县以上残疾人联合会，每五年召开一次代表大会，设主席团、执行理事会，可设名誉主席、名誉副主席。主席团每届任期五年，每年举行一次会议，必要时可提前或延期召开。

省（自治区、直辖市）残疾人联合会设评议委员会。

县（市、区、旗）及县以上残疾人联合会可设专门协会。

**第二十二条** 乡、镇、街道残疾人联合会，每三年召开一次代表会议，设主席、专职理事长，专职理事长负责日常工作。

## 第五章 基层组织

**第二十三条** 村民委员会、居民委员会、残疾人集中的企业事业单位，建立残疾人协会或残疾人小组。大型企业事业单位，经省（自治区、直辖市）残疾人联合会同意、本单位批准，可设残疾人联合会。

**第二十四条** 基层组织的任务是：联系、团结、教育残疾人，反映残疾人的需求，开展有益活动，为残疾人服务。

## 第六章 经 费

**第二十五条** 经费来源

一、政府财政拨款；

二、社会捐助；

三、其他。

## 第七章 附 则

**第二十六条** 本章程由中国残联解释。

# 中国残疾人联合会章程

2003 年 9 月 9 日
中国残疾人联合会第四次全国代表大会部分修改通过

## 第一章 总 则

**第一条** 中国残疾人联合会（简称中国残联）是国家法律确认、国务院批准的各类残疾人的统一组织，是全国性残疾人事业团体。

**第二条** 中国残联的宗旨是：弘扬人道主义，发展残疾人事业，促进残疾人平等、充分参与社会生活，共享社会物质文化成果。

**第三条** 中国残联由残疾人及其亲友和残疾人工作者组成，具有代表、服务、管理三种职能：代表残疾人共同利益，维护残疾人合法权益；团结教育残疾人，为残疾人服务；履行法律赋予的职责，承担政府委托的任务，管理和发展残疾人事业。

## 第二章 任 务

**第四条** 宣传贯彻《中华人民共和国残疾人保障法》，维护残疾人在政治、经济、文化、社会和家庭生活等方面同其他公民平等的权利，密切联系残疾人，听取残疾人意见，反映残疾人需求，全心全意为残疾人服务。

第五条 团结、教育残疾人遵守法律，履行应尽义务，发扬乐观进取精神，自尊、自信、自强、自立，为全面建设小康社会，推进现代化建设贡献力量。

第六条 沟通政府、社会与残疾人之间的联系，宣传残疾人事业，动员社会理解、尊重、关心、帮助残疾人。

第七条 开展和促进残疾人康复、教育、扶贫、劳动就业、维权、文化体育、社会保障和残疾预防等工作，改善残疾人参与社会生活的环境和条件。

第八条 参与研究、制定和实施残疾人事业的法律、法规、政策、规划和计划，发挥综合、协调、咨询、服务作用，对有关领域的工作进行管理和指导。

第九条 承担政府残疾人工作协调委员会的日常工作。

第十条 管理和发放中华人民共和国残疾人证。

第十一条 管理和指导各类残疾人群众组织，培养残疾人工作者，使残疾人在残疾人组织中更加活跃，残疾人组织在基层更加活跃，残疾人和残疾人组织在社会上更加活跃。

第十二条 开展国际交流与合作，发挥联合国经社理事会特别咨商地位的作用。

## 第三章 全国组织

第十三条 全国代表大会 中国残联的最高权力机构是全国代表大会。全国代表大会每五年举行一次，由中国残联主席团召集。代表中残疾人及残疾人亲属应超过半数。

全国代表大会职权是：

一、审议中国残联主席团报告，确定工作方针和任务；

二、修改中国残联章程；

三、选举中国残联主席团，主席团委员中残疾人及残疾人亲属应超过半数。

**第十四条　名誉职务**

中国残联可设名誉主席、名誉副主席，由中国残联主席团聘请。

**第十五条　主席团**

主席团每届任期五年。在全国代表大会闭会期间，负责贯彻全国代表大会决议，领导全国残联工作。

主席团由主席一人、副主席若干人、委员若干人组成。

主席团会议由主席团主席召集，每年至少举行一次。主席团实行民主集中制。

主席团职权是：

一、选举主席、副主席；

二、推举执行理事会理事长，通过执行理事会组成人员；

三、检查代表大会决议执行情况；

四、审议执行理事会工作报告；

五、监督执行理事会贯彻有关残疾人事业的法律、法规、方针、政策、规划、计划的情况；

六、监督"人道、廉洁"职业道德建设情况；

七、决定其他重大事项。

**第十六条　执行理事会**

执行理事会是中国残联全国代表大会及其主席团的常设执行机构，由理事长一人、副理事长若干人、理事若干人组成。

理事会成员中应有各类残疾人或残疾人亲属代表。

理事长由中国残联主席团推举，政府任命，任职不超过两届。副理事长由理事长提名，主席团通过，政府任命。理事由理事长提名，主席团通过。执行理事会实行理事长负责制。

执行理事会下设办事机构，承办中国残联的日常工作。

**第十七条　专门协会**

中国残联设盲人协会、聋人协会、肢残人协会、智力残疾人及亲友协会、精神残疾人及亲友协会等专门协会。

专门协会委员会由中国残联全国代表大会代表中同类别的残疾人、残疾人亲友选举产生。

专门协会的主要任务是：代表、联系、团结、教育本类别残疾人，反映特殊愿望及需求，维护合法权益，争取社会帮助，开展适宜活动，参与国际交往。

专门协会设主席、副主席，由专门协会委员会选举产生。

第十八条 团体会员与残疾人事业有关的全国性社会团体，承认本章程，可申请作为本会的团体会员。

## 第四章 地方组织

第十九条 按国家行政区划设立中国残联各级地方组织。

第二十条 县（市、区、旗）及县以上残疾人联合会，每五年召开一次代表大会。代表大会审议同级主席团报告，确定工作方针和任务，选举本级大会主席团。可设名誉主席、名誉副主席。主席团每届任期五年，每年举行一次会议，必要时可提前或延期召开。

代表大会及其主席团的常设执行机构为执行理事会，设理事长、副理事长、理事。

县（市、区、旗）及县以上残疾人联合会设专门协会。

第二十一条 乡、镇、街道残疾人联合会，每五年召开一次代表会议，设主席、理事长。理事长负责日常工作。

## 第五章 基层组织

第二十二条 社区居民委员会、村民委员会、残疾人集中的企业事业单位，建立残疾人协会或残疾人小组。大型企业事业单位，经省（自治区、直辖市）残疾人联合会同意、本单位批准，可建立残疾人协会或残疾人联合会。

第二十三条 基层组织的任务是：代表残疾人利益，反映残疾人需求，维护残疾人权益，开展有益活动，为残疾人办实事。

## 第六章 经 费

第二十四条 经费来源

一、政府财政拨款；

二、社会捐助；

三、其他。

## 第七章 附 则

**第二十五条** 本章程由中国残联解释。

# 中国残疾人联合会章程

2008年11月12日
中国残疾人联合会第五次全国代表大会部分修改通过

## 第一章 总 则

**第一条** 中国残疾人联合会（简称中国残联）是国家法律确认、国务院批准的由残疾人及其亲友和残疾人工作者组成的人民团体，是全国各类残疾人的统一组织。

**第二条** 中国残联的宗旨是：弘扬人道主义思想，发展残疾人事业，促进残疾人平等、充分参与社会生活，共享社会物质文化成果。

**第三条** 中国残联具有代表、服务、管理三种职能：代表残疾人共同利益，维护残疾人合法权益；团结教育残疾人，为残疾人服务；履行法律赋予的职责，承担政府委托的任务，管理和发展残疾人事业。

## 第二章 任 务

**第四条** 宣传贯彻《中华人民共和国残疾人保障法》，维护残疾人在政治、经济、文化、社会等方面平等的公民权利，密切联系残疾人，听取残疾人意见，反映残疾人需求，全心全意为残疾人服务。

**第五条** 团结、教育残疾人遵守法律，履行应尽义务，自尊、自信、自强、自立，为构建和谐社会、全面建设小康社会贡献力量。

**第六条** 沟通政府、社会与残疾人之间的联系，宣传残疾人事业，动员社会理解、尊重、关心、帮助残疾人。

**第七条** 开展和促进残疾人康复、教育、扶贫、劳动就业、维权、文化体育、社会保障和残疾预防等工作，改善残疾人参与社会生活的环境和条件。

**第八条** 参与研究、制定和实施残疾人事业的法律、法规、政策、规划，发挥综合、协调、咨询、服务作用，对有关领域的工作进行管理和指导。

**第九条** 承担政府残疾人工作委员会的日常工作。

**第十条** 管理和发放中华人民共和国残疾人证。

**第十一条** 管理和指导各类残疾人群众组织，培养残疾人工作者，使残疾人在残疾人组织中更加活跃，残疾人组织在基层更加活跃，残疾人和残疾人组织在社会上更加活跃。

**第十二条** 开展国际交流与合作，发挥联合国经社理事会特别咨商地位的作用。

## 第三章　全国组织

**第十三条** 全国代表大会

中国残联的最高权力机构是全国代表大会。

全国代表大会每五年举行一次，由中国残联主席团召集。代表中残疾人及残疾人亲友应超过半数。

全国代表大会职权是：

一、审议中国残联主席团报告，确定工作方针和任务；

二、修改中国残联章程；

三、选举中国残联主席团。

**第十四条** 名誉职务

中国残联可设名誉主席、名誉副主席，由中国残联主席团聘请。

**第十五条** 主席团

主席团每届任期五年。在全国代表大会闭会期间，负责贯彻全国代表大会决议，领导全国残联工作。

主席团由主席一人、副主席若干人、委员若干人组成。主席团委员中残疾人及残疾人亲友应超过半数。

主席团会议由主席团主席召集，每年至少举行一次。主席团实行民主集中制。

主席团职权是：

一、选举主席、副主席；

二、推举执行理事会理事长，通过执行理事会组成人员；

三、检查代表大会决议执行情况；

四、审议执行理事会工作报告；

五、调换、增补主席团委员；

六、监督执行理事会贯彻有关残疾人事业的法律、法规、方针、政策、规划的情况；

七、监督"人道、廉洁、服务、奉献"职业道德建设情况；

八、决定其他重大事项。

**第十六条** 执行理事会

执行理事会是中国残联全国代表大会及其主席团的常设执行机构，由理事长一人、副理事长若干人、理事若干人组成。

理事会成员中应有各类残疾人或残疾人亲属代表。

理事长由中国残联主席团推举，政府任命，任期不超过两届。副理事长由理事长提名，主席团通过，政府任命。理事由理事长提名，主席团通过。执行理事会实行理事长负责制。

执行理事会下设办事机构，承办中国残联的日常工作。

**第十七条** 专门协会

中国残联设盲人协会、聋人协会、肢残人协会、智力残疾人及亲友协会、精神残疾人及亲友协会等专门协会。

专门协会委员会由中国残联全国代表大会代表中同类别的残疾人、残疾人亲友选举产生。

专门协会的主要任务是：代表、联系、团结、教育本类别残疾人，反映特殊愿望及需求，维护合法权益，争取社会帮助，开展适宜活动，参与国际交往。

专门协会设主席、副主席，由专门协会委员会选举产生。

**第十八条** 团体会员与残疾人事业有关的全国性社会团体，承认本章程，可申请作为本会的团体会员。

## 第四章　地方组织

**第十九条**　按国家行政区划设立中国残联各级地方组织。

**第二十条**　县（市、区、旗）及县以上残疾人联合会，每五年召开一次代表大会。代表大会审议同级主席团报告，确定工作方针和任务，选举本级大会主席团。可设名誉主席、名誉副主席。主席团每届任期五年，每年举行一次会议，必要时可提前或延期召开。

代表大会及其主席团的常设执行机构为执行理事会，设理事长、副理事长、理事。县（市、区、旗）及县以上残疾人联合会设专门协会。

**第二十一条**　乡、镇、街道残疾人联合会，每五年召开一次代表会议，设主席、理事长。理事长负责日常工作。

## 第五章　基层组织

**第二十二条**　社区居民委员会、村民委员会、残疾人集中的企业事业单位，建立残疾人协会或残疾人小组大中型企业事业单位，经省（自治区、直辖市）残疾人联合会同意、本单位批准，可建立残疾人协会或残疾人联合会。

**第二十三条**　基层组织的任务是：代表残疾人利益，反映残疾人需求，维护残疾人权益，开展有益活动，为残疾人办实事。

## 第六章　经　费

**第二十四条**　经费来源

一、政府财政拨款；

二、社会捐助；

三、其他。

## 第七章　会　徽

**第二十五条**　中国残疾人联合会会徽外形为梅花图案，中心由"残疾人"三字汉语拼音缩写CJR组成。底色为翠绿色，中心图形和边线为金黄色。

**第二十六条** 中国残联会徽可在残疾人联合会办公地点、活动场所、会场悬挂，也可作徽章佩戴。

## 第八章　附　则

**第二十七条** 中国残疾人联合会英文译名是"China Disabled Persons' Federation"，缩写为"CDPF"。

**第二十八条** 本章程解释权属于中国残疾人联合会。

# 中国残疾人联合会章程

2013 年 9 月 18 日
中国残疾人联合会第六次全国代表大会部分修改通过

## 第一章　总　则

**第一条** 中国残疾人联合会（简称中国残联）是国家法律确认、国务院批准的由残疾人及其亲友和残疾人工作者组成的人民团体，是全国各类残疾人的统一组织。

**第二条** 中国残联的宗旨是：弘扬人道主义思想，发展残疾人事业，促进残疾人平等、充分参与社会生活，共享社会物质文化成果。

**第三条** 中国残联具有代表、服务、管理三种职能：代表残疾人共同利益，维护残疾人合法权益；团结帮助残疾人，为残疾人服务；履行法律赋予的职责，承担政府委托的任务，管理和发展残疾人事业。

## 第二章　任　务

**第四条** 宣传贯彻《中华人民共和国残疾人保障法》，维护残疾人在政治、经济、文化、社会等方面平等的公民权利，密切联系残疾人，听取残疾人意见，反映残疾人需求，全心全意为残疾人服务。

**第五条** 团结、激励残疾人自尊、自信、自强、自立，履行法定义务，为构建和谐社会贡献力量。

**第六条** 沟通政府、社会与残疾人之间的联系，宣传残疾人事业，动员社会理解、尊重、关心、帮助残疾人，消除歧视、偏见和障碍。

**第七条** 协助政府制定实施残疾人事业发展纲要，促进残疾人康复、教育、劳动就业、扶贫、维权、文化体育、社会保障、科技信息化应用和残疾预防等工作，改善残疾人参与社会生活的环境和条件。

**第八条** 参与研究、制定和实施残疾人事业的法律法规、政策规划，发挥综合协调、咨询服务作用，对有关领域的工作进行管理和指导。

**第九条** 承担政府残疾人工作委员会的日常工作。

**第十条** 管理和发放中华人民共和国残疾人证。

**第十一条** 管理和指导各类残疾人社会组织。培养残疾人工作者。使残疾人和残疾人组织更加活跃。

**第十二条** 开展国际交流与合作，发挥联合国经社理事会特别咨商地位的作用。参与联合国《残疾人权利公约》履约工作。

## 第三章 全国组织

**第十三条** 全国代表大会

中国残联的最高权力机构是全国代表大会。

全国代表大会每五年举行一次，由中国残联主席团召集。代表中残疾人及残疾人亲友应超过半数。

全国代表大会职权是：

一、审议中国残联主席团报告，确定工作方针和任务；

二、修改中国残联章程；

三、选举中国残联主席团。

**第十四条** 名誉职务

中国残联可设名誉主席、名誉副主席，由中国残联主席团聘请。

**第十五条** 主席团

主席团每届任期五年。在全国代表大会闭会期间，负责贯彻全国代表大会决议，领导全国残联工作。

主席团由主席一人、副主席若干人、委员若干人组成。主席团委员中残疾人及残疾人亲友应超过半数。

主席团会议由主席团主席召集，每年至少举行一次。主席团实行民主集中制。

主席团职权是：

一、选举主席、副主席；

二、推举执行理事会理事长，通过执行理事会组成人员；

三、检查代表大会决议执行情况；

四、审议执行理事会工作报告；

五、调换、增补主席团委员；

六、监督执行理事会贯彻有关残疾人事业的法律法规、政策规划的情况；

七、监督"人道、廉洁、服务、奉献"职业道德建设情况；

八、决定其他重大事项。

**第十六条** 执行理事会

执行理事会是中国残联全国代表大会及其主席团的常设执行机构，由理事长一人、副理事长若干人、理事若干人组成。

理事会成员中应有各类残疾人或残疾人亲属代表。

理事长由中国残联主席团推举，政府任命，任期不超过两届。副理事长由理事长提名，主席团通过，政府任命。理事由理事长提名，主席团通过。执行理事会实行理事长负责制。

执行理事会下设办事机构，承办中国残联的日常工作。

**第十七条** 专门协会

中国残联领导盲人协会、聋人协会、肢残人协会、智力残疾人及亲友协会、精神残疾人及亲友协会等专门协会。

专门协会委员会由中国残联全国代表大会代表中同类别的残疾人、残疾人亲友选举产生。

专门协会的主要任务是：代表、联系、团结、服务本类别残疾人，反映特殊愿望及需求，维护合法权益，争取社会帮助，开展适宜活动，参与国际交往。

专门协会设主席、副主席，由专门协会委员会选举产生。

**第十八条** 团体会员

与残疾人事业有关的全国性社会团体，承认本章程，可申请作为本会的团体会员。

## 第四章　地方组织

**第十九条**　按国家行政区划设立中国残联各级地方组织。

**第二十条**　县（市、区、旗）及县以上残疾人联合会，每五年召开一次代表大会。代表大会审议同级主席团报告，确定工作方针和任务，选举本级大会主席团。可设名誉主席、名誉副主席。主席团每届任期五年，每年举行一次会议，必要时可提前或延期召开。

代表大会及其主席团的常设执行机构为执行理事会，设理事长、副理事长、理事。

县（市、区、旗）及县以上残疾人联合会设专门协会。

**第二十一条**　乡、镇、街道残疾人联合会，每五年召开一次代表会议，设主席、理事长。理事长负责日常工作。

## 第五章　基层组织

**第二十二条**　社区居民委员会、村民委员会、残疾人集中的企业事业单位，建立残疾人协会或残疾人小组。

大中型企业事业单位、开发区，经省（自治区、直辖市）残疾人联合会同意、本单位批准，可建立残疾人协会或残疾人联合会。

**第二十三条**　基层组织的任务是：代表残疾人利益，反映残疾人需求，维护残疾人权益，开展有益活动，为残疾人办实事。

## 第六章　经　费

**第二十四条**　经费来源

一、政府财政拨款；

二、社会捐助；

三、其他。

## 第七章　会　徽

**第二十五条**　中国残疾人联合会会徽外形为梅花图案，中心由"残疾人"三字汉语拼音缩写CJR组成。底色为翠绿色，中心图形和边线为金黄色。

**第二十六条** 中国残疾人联合会会徽可在办公地点、活动场所、会场悬挂，也可作徽章佩戴。

## 第八章 附 则

**第二十七条** 中国残疾人联合会英文译名是"China Disabled Persons' Federation"，缩写为"CDPF"。

**第二十八条** 本章程解释权属于中国残疾人联合会。

# 中国残疾人联合会章程

2018年9月15日
中国残疾人联合会第七次全国代表大会部分修改通过

## 第一章 总 则

**第一条** 中国残疾人联合会（简称中国残联）是国家法律确认、国务院批准的由残疾人及其亲友和残疾人工作者组成的人民团体，是全国各类残疾人的统一组织。

**第二条** 中国残联的宗旨是：在中国共产党领导下，在马克思列宁主义、毛泽东思想、邓小平理论、"三个代表"重要思想、科学发展观、习近平新时代中国特色社会主义思想指导下，坚持以人民为中心，弘扬人道主义思想，发展残疾人事业，促进残疾人平等、充分参与社会生活，实现融合发展，共享社会物质文化成果。

**第三条** 中国残联具有代表、服务、管理三种职能：代表残疾人共同利益，维护残疾人合法权益；团结帮助残疾人，为残疾人服务；履行法律赋予的职责，承担政府委托的任务，管理和发展残疾人事业。

## 第二章 任 务

**第四条** 宣传贯彻《中华人民共和国残疾人保障法》，维护残疾人在政治、经济、文化、社会等方面平等的公民权利，密切联系残疾人，听取残疾人意见，反映残疾人需求，全心全意为残疾人服务。

第五条 团结、激励残疾人自尊、自信、自强、自立，履行法定义务，践行社会主义核心价值观，为建设富强民主文明和谐美丽的社会主义现代化强国、实现中华民族伟大复兴的中国梦贡献力量。

第六条 沟通党和政府、社会与残疾人之间的联系，宣传残疾人事业，动员社会理解、尊重、关心、帮助残疾人，消除歧视、偏见和障碍。

第七条 协助政府制定实施残疾人事业发展纲要，促进残疾人康复、教育、劳动就业、扶贫、托养、维权、文化体育、社会保障、无障碍环境建设、科技信息化应用、残疾人服务标准化建设和残疾预防等工作，改善残疾人参与社会生活的环境和条件。

第八条 参与研究、制定和实施残疾人事业的法律法规、政策规划，发挥综合协调、咨询服务作用，对有关领域的工作进行管理和指导。

第九条 承担政府残疾人工作委员会的日常工作。

第十条 管理和发放中华人民共和国残疾人证。

第十一条 加强党的建设，深化自身改革，保持和增强政治性、先进性、群众性。联系和指导各类残疾人社会组织。培养残疾人工作者。使残疾人和残疾人组织更加活跃。

第十二条 开展国际交流与合作，发挥联合国经社理事会特别咨商地位的作用。参与联合国《残疾人权利公约》履约工作。

## 第三章 全国组织

第十三条 全国代表大会

中国残联的最高权力机构是全国代表大会。

全国代表大会每五年举行一次，由中国残联主席团召集。代表中残疾人及残疾人亲友应超过半数。

全国代表大会职权是：

一、审议中国残联主席团报告，确定工作方针和任务；

二、修改中国残联章程；

三、选举中国残联主席团。

**第十四条  名誉职务**

中国残联可设名誉主席、名誉副主席，由中国残联主席团聘请。

**第十五条  主席团**

主席团每届任期五年。在全国代表大会闭会期间，负责贯彻全国代表大会决议，领导全国残联工作。

主席团由主席一人、副主席若干人、委员若干人组成。主席团委员中残疾人及残疾人亲友应超过半数。

主席团会议由主席团主席召集，每年至少举行一次。主席团实行民主集中制。

主席团职权是：

一、选举主席、副主席；

二、推举执行理事会理事长，通过执行理事会组成人员；

三、检查代表大会决议执行情况；

四、审议执行理事会工作报告；

五、调换、增补主席团委员；

六、监督执行理事会贯彻有关残疾人事业的法律法规、政策规划的情况；

七、监督"人道、廉洁"职业道德建设情况；

八、决定其他重大事项。

**第十六条  执行理事会**

执行理事会是中国残联全国代表大会及其主席团的常设执行机构，由理事长一人、副理事长若干人、理事若干人组成。

理事会成员中应有各类残疾人或残疾人亲属代表。

理事长由中国残联主席团推举，政府任命，任期不超过两届。副理事长由理事长提名，主席团通过，政府任命。理事由理事长提名，主席团通过。执行理事会实行理事长负责制。

执行理事会下设办事机构，承办中国残联的日常工作。

**第十七条  专门协会**

中国残联领导盲人协会、聋人协会、肢残人协会、智力残疾人及亲友协会、精神残疾人及亲友协会等专门协会。

专门协会委员会由中国残联全国代表大会代表中同类别的残疾人、残疾人亲友选举产生。

专门协会的主要任务是：代表、联系、团结、服务本类别残疾人，反映特殊愿望及需求，维护合法权益，争取社会帮助，开展适宜活动，参与国际交往。

专门协会设主席、副主席，由专门协会委员会选举产生。

**第十八条** 团体会员

与残疾人事业有关的全国性社会团体，承认本章程，可申请作为本会的团体会员。

## 第四章 地方组织

**第十九条** 按国家行政区划设立中国残联各级地方组织。

**第二十条** 县（市、区、旗）及县以上残疾人联合会，每五年召开一次代表大会。代表大会审议同级主席团报告，确定工作方针和任务，选举本级大会主席团。可设名誉主席、名誉副主席。主席团每届任期五年，每年举行一次会议，必要时可提前或延期召开。

代表大会及其主席团的常设执行机构为执行理事会，设理事长、副理事长、理事。

县（市、区、旗）及县以上残疾人联合会领导所设专门协会。

**第二十一条** 乡、镇、街道残疾人联合会，每五年召开一次代表会议，设主席、理事长。理事长负责日常工作。

## 第五章 基层组织

**第二十二条** 社区居民委员会、村民委员会及残疾人集中的企业、事业、社会组织等单位，建立残疾人协会或残疾人小组。

大中型企业事业单位、开发区，经省（自治区、直辖市）残疾人联合会同意、本单位批准，可建立残疾人协会或残疾人联合会。

**第二十三条** 基层组织的任务是：代表残疾人利益，反映残疾人需求，维护残疾人权益，开展有益活动，为残疾人办实事。

## 第六章 经 费

**第二十四条** 经费来源

一、政府财政拨款；

二、社会捐助；

三、其他。

## 第七章 会 徽

**第二十五条** 中国残疾人联合会会徽外形为梅花图案，中心由"残疾人"三字汉语拼音缩写CJR组成。底色为翠绿色，中心图形和边线为金黄色。

**第二十六条** 中国残疾人联合会会徽可在办公地点、活动场所、会场悬挂，也可作徽章佩戴。

## 第八章 附 则

**第二十七条** 中国残疾人联合会英文译名是"China Disabled Persons' Federation"，缩写为"CDPF"。

**第二十八条** 本章程解释权属于中国残疾人联合会。

# 附录二
# 残疾人事业相关机构人员名单

## 一、中国残疾人联合会 历届名誉主席、名誉副主席

**中国残疾人联合会名誉主席**

1989年3月16日中国残联第一届主席团第二次全体会议通过

王　震

**中国残疾人联合会名誉主席、副主席**

1993年10月8日中国残联第二届主席团第一次全体会议通过

名　誉　主　席　　李瑞环
名誉副主席　　彭珮云

**中国残疾人联合会名誉主席、副主席**

1998年10月19日中国残联第三届主席团第一次全体会议通过

名　誉　主　席　　李瑞环
名誉副主席　　司马义·艾买提

## 中国残疾人联合会名誉主席

2003年9月9日中国残联第四届主席团第一次全体会议通过

李瑞环

## 中国残疾人联合会名誉主席

2008年11月13日中国残联第五次全国代表大会通过

邓朴方

## 中国残疾人联合会名誉主席

2013年9月19日中国残联第六次全国代表大会通过

邓朴方

## 中国残疾人联合会名誉主席

2018年9月16日中国残联第七次全国代表大会通过

邓朴方

## 二、中国残疾人联合会历届主席团主席、副主席

### 中国残疾人联合会第一届主席团主席、副主席
1988年3月15日

中国残疾人联合会第一届主席团第一次全体会议选举产生

主　席

　　邓朴方（肢残）

副主席

　　黄　乃（盲）　　李石涵（聋）　　谢　晋（智残亲属）
　　刘小成　　　　　江亦曼（女）

### 中国残疾人联合会第二届主席团主席、副主席
1993年10月18日

中国残疾人联合会第二届主席团第一次全体会议选举产生

主　席

　　邓朴方（肢残）

副主席

　　吴庆彤（肢残）　　黄　乃（盲）　　戴　目（聋）
　　李明豫（肢残）　　谢　晋（智残亲属）
　　杜润生（精残亲属）　刘小成

## 中国残疾人联合会第三届主席团主席、副主席

1998年10月19日

中国残疾人联合会第三届主席团第一次全体会议选举产生

主　席

　　邓朴方（肢残）

副主席

　　吴庆彤（肢残）　　甘柏林（盲）　　戴　目（聋）
　　谢　晋（智残亲属）　郭本瑜（精残亲属）
　　郭建模（肢残）　　刘小成

## 中国残疾人联合会第四届主席团主席、副主席

2003年9月9日

中国残疾人联合会第四届主席团第一次全体会议选举产生

主　席

　　邓朴方（肢残）

副主席

　　李明豫（女、肢残）　甘柏林（盲）　　丁　佑（聋）
　　张海迪（女、肢残）　王铁成（智残亲属）
　　张明园（精残工作者）　王新宪（肢残）　汤小泉（女）

## 中国残疾人联合会第五届主席团主席、副主席
2008年11月13日
中国残疾人联合会第五次全国代表大会选举产生

主　席

张海迪（女、肢残）

副主席

王新宪（肢残）　　王乃坤（女）　　李志军（盲）
刘再军（聋）　　　马廷慧（女、智残亲属）
张明园（精残工作者）　汤小泉（女）　　吕世明（肢残）

## 中国残疾人联合会第六届主席团主席、副主席
2013年9月19日
中国残疾人联合会第六次全国代表大会选举产生

主　席

张海迪（女、肢残）

副主席

鲁　勇　　　　孙先德　　　李志军（盲）
刘再军（聋）　沈晓明　　　黄悦勤（女）
刘德培　　　　王新宪（肢残）
王乃坤（女）　吕世明（肢残）

## 中国残疾人联合会第七届主席团主席、副主席
2018 年 9 月 16 日
中国残疾人联合会第七次全国代表大会选举产生

主　席

　　张海迪（女、肢残）

副主席

　　周长奎　　　吕世明（肢残）　　程　凯（肢残）
　　刘再军（聋）　侯晶晶（女、肢残）　陈国民
　　黄悦勤（女）　沙马友古（肢残）

# 三、中国残疾人联合会
# 历届评议委员会主任、副主任

## 中国残疾人联合会第一届评议委员会主任、副主任
1988 年 3 月 15 日

主　任

　　吴庆彤（肢残）

副主任

　　钱信忠　甘柏林（盲）　戴　目（聋）　谢　良（肢残）

## 中国残疾人联合会第二届评议委员会主任、副主任
1993年10月8日

主　任

　　吴庆彤（肢残）

副主任

　　钱信忠　　甘柏林（盲）　　戴　目（聋）
　　罗应怀（肢残）　　王铁成（智残亲属）
　　杜润生（精残亲属）

## 中国残疾人联合会第三届评议委员会主任、副主任
1998年10月19日

主　任

　　吴庆彤（肢残）

副主任

　　李明豫（女、肢残）　　李志军（盲）　　丁　佑（聋）
　　叶廷芳（肢残）　　郭念锋（智残亲属）
　　张伯源（精残亲属）

## 四、中国残疾人联合会历届执行理事会成员

### 中国残疾人联合会第一届执行理事会成员
#### 1988年3月15日

理 事 长　邓朴方（肢残）
副理事长　刘小成　周敬东　林　泰　林用三
理　　事　刘　京　薛恩元　滕伟民（盲）　富志伟（聋）

〔刘小成1991年8月任理事长；刘京1988年4月23日任副理事长；郭建模（肢残）1988年7月至1991年2月任理事，1991年2月任副理事长；王成金1992年12月任副理事长；李三友1989年4月任理事。〕

### 中国残疾人联合会第二届执行理事会成员
#### 1993年10月8日

理 事 长　刘小成
副理事长　周敬东　郭建模（肢残）　王成金
理　　事　滕伟民（盲）　富志伟（聋）

〔王智钧1996年8月任理事，1997年9月任副理事长；钟健（肢残）1997年1月任副理事长；郭志强（肢残）1996年4月任副理事长。〕

## 中国残疾人联合会第三届执行理事会成员
### 1998 年 10 月 19 日

理 事 长　郭建模（肢残）
副理事长　王成金　钟　健（肢残）　王智钧
理　　事　滕伟民（盲）　富志伟（聋）　赵济华　汤小泉（女）

〔王新宪（肢残）2000 年 5 月任副理事长，11 月任常务副理事长，汤小泉 2001 年 11 月任副理事长；程凯（肢残）2001 年 6 月任理事。〕

## 中国残疾人联合会第四届执行理事会成员
### 2003 年 9 月 9 日

理 事 长　汤小泉（女）
副理事长　吕世明（肢残）　孙先德　程　凯（肢残）　申知非
理　　事　贾　勇　李伟洪（盲）　杨　洋（女、聋）
　　　　　张宝林（智残亲属）

## 中国残疾人联合会第五届执行理事会成员
### 2008 年 11 月 13 日

理 事 长　王新宪（肢残）
副理事长　王乃坤（女）　孙先德　程　凯（肢残）
　　　　　申知非　贾　勇
理　　事　相自成　李伟洪（盲）　杨　洋（女、聋）

## 中国残疾人联合会第六届执行理事会成员
2013 年 9 月 19 日

理 事 长　鲁　勇
副理事长　孙先德　程　凯（肢残）　贾　勇　王梅梅（女）
理　　事　尤　红（女）　张　伟　李庆忠（盲）
　　　　　杨　洋（女、聋）

## 中国残疾人联合会第七届执行理事会成员
2018 年 9 月 16 日

理 事 长　周长奎
副理事长　程　凯（肢残）　贾　勇　王梅梅（女）　相自成
理　　事　李庆忠（盲）　杨　洋（女、聋）

# 五、中国残疾人联合会各专门协会历届名誉主席、主席、副主席

## 第 一 届

### 中国盲人协会
1988 年 3 月 14 日中国残联第一次全国代表大会通过

主　　席　甘柏林
副主席　　滕伟民

## 中国聋人协会

1988年3月14日中国残联第一次全国代表大会通过

主　席　戴　目
副主席　富志伟

## 中国肢残人协会

1988年3月14日中国残联第一次全国代表大会通过

主　席　谢　良
副主席　郭建模

## 中国智残人精神病残疾人亲友会

1989年3月14日中国残联主席团一届二次会议通过

主　席　张文松
副主席　孙素元

# 第 二 届

## 中国盲人协会

1993年10月8日中国残联第二次全国代表大会通过

主　席　甘柏林
副主席　滕伟民

## 中国聋人协会

1993 年 10 月 8 日中国残联第二次全国代表大会通过

主　席　戴　目
副主席　富志伟

## 中国肢残人协会

1993 年 10 月 8 日中国残联第二次全国代表大会通过

主　席　罗应怀
副主席　吕争鸣

## 中国智力残疾人亲友会

1993 年 10 月 8 日中国残联第二次全国代表大会通过

主　席　王铁成
副主席　孙素元

## 中国精神残疾人亲友会

1993 年 10 月 8 日中国残联第二次全国代表大会通过

主　席　杜润生
副主席　刘劲翔

# 第 三 届

## 中国盲人协会

1998年10月18日中国残联第三次全国代表大会盲人代表会议通过

主　席　甘柏林
副主席　侯永庚　滕伟民　李志军　杨　佳（女）

## 中国聋人协会

1998年10月18日中国残联第三次全国代表大会通过

主　席　戴目
副主席　丁　佑　富志伟　包额尔敦·陶吐格　杨　洋（女）

## 中国肢残人协会

1998年10月18日中国残联第三次全国代表大会通过

主　席　张海迪（女）
副主席　叶廷芳　孙　恂（女）　陈　宁　程　凯

## 中国智力残疾人亲友会

1998年10月18日中国残联第三次全国代表大会通过

主　席　王铁成
副主席　李　岩　郭念峰　马廷慧（女）

## 中国精神残疾人亲友会
1998年10月18日中国残联第三次全国代表大会通过

主　席　郭本瑜
副主席　张伯源　姚文祥　闫振华

# 第四届

## 中国盲人协会
2003年9月10日
中国盲协第四届委员会第一次全体会议通过

名誉主席　甘柏林
主　席　李志军
副主席　李伟洪　滕伟民　杨　佳（女）　夏荣强

## 中国聋人协会
2003年9月10日中国聋协第四届委员会第一次全体会议通过

名誉主席　丁　佑
主　席　唐　英
副主席　杨　洋（女）　刘再军　陈　捷　于　兵

## 中国肢残人协会
2003年9月10日中国肢协第四届委员会第一次全体会议通过

主　席　张海迪（女）
副主席　程　凯　孙　恂（女）　杜　仲　王　延

## 中国智力残疾人及亲友协会

2003年9月10日中国智协第四届委员会第一次全体会议通过

名誉主席　王铁成
主　　席　马廷慧（女）
副 主 席　张宝林　贾思蕊（女）　陈云英（女）　王桂祝

## 中国精神残疾人及亲友协会

2003年9月10日中国精协第四届委员会第一次全体会议通过

名誉主席　张明园
主　　席　闫振华
副 主 席　刘志跟（女）　王　珏（女）　雷富有

# 第 五 届

## 中国盲人协会

2008年11月12日中国盲协第五届委员会第一次全体会议通过

名誉主席　甘柏林
主　　席　李志军
副 主 席　李伟洪　滕伟民　杨　佳（女）　夏荣强　王　结

## 中国聋人协会

2008 年 11 月 12 日中国聋协第五届委员会第一次全体会议通过

名誉主席　丁　佑
主　　席　刘再军
副主席　杨　洋（女）　陈　捷　于　兵　邱丽君（女）　高晓峰

## 中国肢残人协会

2008 年 11 月 12 日中国肢协第五届委员会第一次全体会议通过

主　　席　徐凤建
副主席　孙俊明　孙　恂（女）　杜　仲　王　延

## 中国智力残疾人及亲友协会

2008 年 11 月 12 日中国智协第五届委员第一次全体会议通过

名誉主席　马廷慧（女）
主　　席　张宝林
副主席　贾思蕊（女）　陈银芝（女）　张国良　马思祥

## 中国精神残疾人及亲友协会

2008 年 11 月 12 日中国精协第五届委员会第一次全体会议通过

名誉主席　闫振华
主　　席　潘　健
副主席　吴　宪　温　洪（女）　陈红辉　虞　宏

# 第六届

## 中国盲人协会

2013年9月18日中国残联第六次全国代表大会、
中国盲人协会第三次全国会员代表大会通过

名誉主席　李志军
主　　席　李伟洪
副 主 席　李庆忠　杨　佳（女）　王　结　崔　健　田　超

## 中国聋人协会

2013年9月18日中国残联第六次全国代表大会、
中国聋人协会第二次全国会员代表大会通过

名誉主席　刘再军
主　　席　杨　洋（女）
副 主 席　陈　捷　邱丽君（女）　高晓峰　邰丽华（女）　范宜涛

## 中国肢残人协会

2013年9月18日中国残联第六次全国代表大会、
中国肢残人协会第二次全国会员代表大会通过

名誉主席　丁晓兵
主　　席　徐凤建
副 主 席　王建军　孙俊明　王　延　孙建博　侯晶晶（女）

## 中国智力残疾人及亲友协会

2013年9月18日中国残联第六次全国代表大会、
中国智力残疾人及亲友协会第二次全国会员代表大会通过

名誉主席　马廷慧（女）
主　　席　张宝林
副 主 席　马思祥　许家成　汤晓霞（女）　沈冬梅（女）
　　　　　李秀云（女）

## 中国精神残疾人及亲友协会

2013年9月18日中国残联第六次全国代表大会、
中国精神残疾人及亲友协会第二次全国会员代表大会通过

名誉主席　张明园　潘　健
主　　席　温　洪（女）
副 主 席　陈红辉　肖　扬（女）　林勇强　苏小云（女）　郑　毅

# 第 七 届

## 中国盲人协会

2018年9月15日中国残联第七次全国代表大会、
中国盲人协会第四次全国会员代表大会通过

主　　席　李庆忠
副 主 席　崔　健　王永澄　汤建泉　封红年

## 中国聋人协会

2018年9月15日中国残联第七次全国代表大会、
中国聋人协会第三次全国会员代表大会通过

主　　席　　杨　洋（女）
副 主 席　　范宜涛　孔军强　张　江（女）　尹　平　徐　聪

## 中国肢残人协会

2018年9月15日中国残联第七次全国代表大会、
中国肢残人协会第三次全国会员代表大会通过

主　　席　　王建军
副 主 席　　孙建博　张银良　赵学良　杨　燕（女）　汪凯燕

## 中国智力残疾人及亲友协会

2018年9月15日中国残联第七次全国代表大会、
中国智力残疾人及亲友协会第三次全国会员代表大会通过

主　　席　　胡　斌
副 主 席　　张晓成　沈冬梅（女）　胡艳苹（女）　张世军　付振海

## 中国精神残疾人及亲友协会

2018年9月15日中国残联第七次全国代表大会、
中国精神残疾人及亲友协会第三次全国会员代表大会通过

主　　席　　温　洪（女）
副 主 席　　林勇强　郑　毅　郭德华　王向前　赵新玲（女）

## 七、中国残疾人福利基金会历届理事会成员

### 中国残疾人福利基金会第一届理事会成员

#### 1984 年 3 月

名誉理事长　　王　震
理　事　长　　崔乃夫
副理事长　　　李　正　邓朴方　张自宽　郭　济

#### 1985 年 3 月

名誉理事长　　王　震
理　事　长　　邓朴方
副理事长　　　李　正　张自宽　郭　济　王鲁光　俞正声
秘　书　长　　王鲁光（兼）

#### 1986 年 3 月

名誉理事长　　王　震
理　事　长　　邓朴方
副理事长　　　李　正　张自宽　郭　济　王鲁光
秘　书　长　　王鲁光（兼）

### 1988 年 2 月

名誉理事长　王　震
理　事　长　邓朴方
副 理 事 长　张自宽　郭　济　王鲁光　林用三　刘小成　周敬东
秘　书　长　赵凤梧

（1991 年 4 月，增补迟宝兰为中国残疾人福利基金会副理事长，张自宽不再担任中国残疾人福利基金会副理事长。1992 年，林用三不再担任中国残疾人福利基金会副理事长。）

### 1994 年 5 月

名誉理事长　宋　平
理　事　长　邓朴方
副 理 事 长　郭　济　王鲁光　刘小成　周敬东　迟宝兰　刘雪冬
秘　书　长　贺邯生

（1998 年 6 月，增补贺邯生为中国残疾人福利基金会副理事长，任命尚英春为秘书长。）

### 1999 年 1 月

名誉理事长　刘华清
理　事　长　邓朴方
副 理 事 长　郭　济　迟宝兰　王鲁光　刘小成　周敬东
　　　　　　刘雪冬　贺邯生
秘　书　长　尚英春

（2000 年 7 月，增补郭建模为中国残疾人福利基金会副理事长，任命邢建绪为秘书长。）

2001年7月

名誉理事长　刘华清
理　事　长　邓朴方
常务副理事长　刘雪冬
副 理 事 长　郭　济　周敬东　王鲁光　贺邯生　王新宪
秘　书　长　刘雪冬（兼）

## 中国残疾人福利基金会第二届理事会成员
2006年3月

名誉理事长　刘华清
会　　　长　邓朴方　王鲁光
理　事　长　江上舟
副 理 事 长　凌晓光　王　名　邢建绪　吕　力
秘　书　长　凌晓光（兼）

（2006年3月15日，中国残疾人福利基金会第二届理事会第一次会议追认王鲁光为会长。）

2007年6月

名誉理事长　刘华清
会　　　长　邓朴方
理　事　长　江上舟
副 理 事 长　凌晓光　王　名　邢建绪　吕　力
秘　书　长　凌晓光（兼）

### 2008年10月

会　　长　　邓朴方
理 事 长　　汤小泉
副理事长　　凌晓光　王　名　邢建绪　吕　力
秘 书 长　　凌晓光（兼）

### 2009年4月

会　　长　　邓朴方
理 事 长　　汤小泉
副理事长　　吕　力　邢建绪　凌晓光　王　名
秘 书 长　　费　薇

### 2010年4月

会　　长　　邓朴方
理 事 长　　汤小泉
副理事长　　吕　力　邢建绪　凌晓光　王　名　刘德华
秘 书 长　　费　薇

## 中国残疾人福利基金会第三届理事会成员
### 2011年6月

会　　长　　邓朴方
理 事 长　　汤小泉
副理事长　　吕　力　邢建绪　费　薇　王　名　刘德华
秘 书 长　　费　薇（兼）

2015 年 4 月

会　　　长　　邓朴方
理 事 长　　王乃坤
副理事长　　吕　力　费　薇　许小宁　王　名　刘德华
秘 书 长　　费　薇（兼）

## 中国残疾人福利基金会第四届理事会成员

2016 年 4 月

会　　　长　　邓朴方
理 事 长　　王乃坤
副理事长　　吕　力　费　薇　许小宁　王　名　刘德华
秘 书 长　　张雁华

2017 年 10 月

会　　　长　　邓朴方
理 事 长　　王乃坤
副理事长　　吕　力　许小宁　王　名
秘 书 长　　张雁华

# 后　记

　　本书的编辑出版工作在邓朴方名誉主席、张海迪主席的关心指导和中国残联党组理事会的统一领导下进行，由中国残联研究室、残疾人事业发展研究会组织实施。参加编辑工作的有：郭春宁、厉才茂、江传曾、胡仲明、李耘、冯善伟、张梦欣、赵溪、宫瑞娟、贾洪宝、霍本科。

　　在编辑出版过程中，得到了中国残联党组理事会和中国残联各部门、各专门协会、各直属单位，中国残疾人福利基金会，各省、自治区、直辖市残联，新疆生产建设兵团残联，黑龙江垦区残联给予的大力支持与协助，在此表示诚挚的谢意。编辑工作难免疏漏之处，敬请大家不吝赐教。

中国残联研究室<br>
残疾人事业发展研究会<br>
2018 年 9 月